Gerhard Bäcker · Gerhard Naegele · Reinhard Bispinck
Klaus Hofemann · Jennifer Neubauer

Sozialpolitik und soziale Lage in Deutschland

Das Lehr- und Handbuch mit Internet-Aktualisierung:

www.sozialpolitik-aktuell.de:

Alle 150 Tabellen und 200 Grafiken des Buches werden laufend aktualisiert und als Präsentationsgrafiken zum Download bereitgestellt.

www.sozialpolitik-aktuell.de

informiert umfassend über alle Bereiche und Themen der Sozialpolitik:
- Neuregelungen und Reformen
- Berichte, Gutachten, Dokumente und Literatur
- Daten und Fakten zu kontroversen Themen

www.sozialpolitik-aktuell.de

enthält Links zu
- Behörden, Verbänden, Ämtern
- Wissenschaft, Hochschule, Forschung
- Zeitschriften
- externen Statistiken und Daten

www.sozialpolitik-aktuell.de

verweist auf
- sozialpolitische Lexika
- detaillierte Praxisinformationen
- Veröffentlichungen der Autoren

www.sozialpolitik-aktuell.de

- bietet einen Newsletter an
- ist für die Leser ein wertvolles, aber kostenloses Ergänzungsangebot

Gerhard Bäcker · Gerhard Naegele
Reinhard Bispinck · Klaus Hofemann
Jennifer Neubauer

Sozialpolitik und soziale Lage in Deutschland

Band 2: Gesundheit, Familie, Alter und Soziale Dienste

5., durchgesehene Auflage

VS VERLAG

Bibliografische Information der Deutschen Nationalbibliothek
Die Deutsche Nationalbibliothek verzeichnet diese Publikation in der Deutschen Nationalbibliografie; detaillierte bibliografische Daten sind im Internet über <http://dnb.d-nb.de> abrufbar.

5., durchgesehene Auflage 2010

Lektorat: Frank Schindler

VS Verlag für Sozialwissenschaften ist eine Marke von Springer Fachmedien.
Springer Fachmedien ist Teil der Fachverlagsgruppe Springer Science+Business Media.
www.vs-verlag.de

Umschlaggestaltung: KünkelLopka Medienentwicklung, Heidelberg
Druck und buchbinderische Verarbeitung: Ten Brink, Meppel
Gedruckt auf säurefreiem und chlorfrei gebleichtem Papier
Printed in the Netherlands

ISBN 978-3-531-17478-5

Vorwort

Im Jahr 1980 erschien die erste Auflage dieses Lehrbuches unter dem Titel „*Sozialpolitik – Eine problemorientierte Einführung*“. Damals hätte keiner von uns daran gedacht und geglaubt, dass wir 27 Jahre später die vierte Auflage vorlegen würden. Aber gerade die Unterschiede in den Themenfeldern, mit denen sich jeder Einzelne von uns in den vergangenen Jahren beschäftigt hat, waren eine wesentliche Voraussetzung für die vollständige inhaltliche Überarbeitung, Erweiterung und Aktualisierung des Lehrbuchs. Dass uns dieser Kraftakt – neben allen sonstigen beruflichen Belastungen – gelungen ist, freut uns sehr. Zugleich freuen wir uns, dass wir mit Jennifer Neubauer eine weitere (jüngere) Mitautorin gewonnen haben.

Was 1980 noch in einen Band mit rund 400 Seiten passte, ist mittlerweile in der vierten, erweiterten und vollständig überarbeiteten Auflage auf zwei Bände mit 10 Kapiteln auf insgesamt über 1.200 Seiten angewachsen. Dahinter steht das Bemühen, die Themenbreite und Komplexität der Sozialpolitik so aufzubereiten und vorzustellen, dass einerseits „Einsteigern“ eine verständliche Einführung geboten wird und zum anderen aber auch eine differenzierte Analyse der Probleme und Entwicklungsperspektiven in den einzelnen sozialpolitischen Bereichen ermöglicht wird. Wir hoffen, dass das Ergebnis auf positive Resonanz stößt.

Was ist geblieben und was hat sich geändert? Zunächst: Das grundlegende Konstruktionsprinzip, die Darstellung an den sozialen Problemen und Risiken der Bevölkerung zu orientieren und von dort aus zur Sozialpolitik mit ihrem vielfältigen Geflecht von Maßnahmen, Leistungen und Institutionen fortzuschreiten, haben wir – selbstverständlich – beibehalten. Leitlinie für die Beurteilung von sozialen Risiken und die Auswirkungen der Sozialpolitik bleibt für uns die materielle und immaterielle *Lebenslage* der Menschen. Sozialpolitik greift dabei weit über das staatliche System der sozialen Sicherung hinaus und umfasst u.a. Fragen der Einkommensverteilung, der beruflichen Bildung, der Arbeitsmarktpolitik, des Arbeitsschutzes und der Familienpolitik. Auch die Berücksichtigung der nichtstaatlichen sozialpolitischen Aktivitäten ist aus unserer Sicht für das Verständnis der Sozialpolitik und ihrer Entwicklung mehr denn je unverzichtbar. Das gilt insbesondere für die tarifvertraglichen und betrieblichen Regelungen wie für den Bereich der sozialen Dienstleistungen im Spannungsfeld von Staat, Wohlfahrtsverbänden, Familie sowie Selbsthilfe und Ehrenamt.

Dem Ziel, Einblick in und Verständnis für die Vielfalt sozialpolitischer Maßnahmen und Einrichtungen und das Dickicht sozialrechtlicher Gesetze und Vorschriften zu gewinnen, soll durch eine problemorientierte Herangehensweise Rechnung getragen werden. Die Darstellung beginnt deshalb nicht – wie vielfach üblich – unmittelbar mit der Darstellung des sozialpolitischen Leistungssystems selbst, in dem etwa die verschiedenen Institutionen, die Prinzipien und die Ausgestaltung der Leistungsgewährung im Vordergrund stehen; ihr Ausgangspunkt sind vielmehr die vielfältigen sozialen Risiken und die daraus erwachsenden sozialen Probleme, von denen die Menschen betroffen sein können und die erst den Anlass für sozialpolitische Aktivitäten geben.

Die Gesamtdarstellung greift folgende sozialpolitische Risiko-, Problem- und Handlungsfelder in jeweils in sich geschlossenen Kapiteln auf:

- Einkommen (Kap. III)
- Arbeit und Arbeitsmarkt (Kap. IV)
- Arbeit und Gesundheitsschutz (Kap. V)
- Gesundheit und Gesundheitssystem (Kap. VI)
- Familie und Kinder (Kap. VII)
- Alter (Kap. VIII)
- Soziale Dienste (Kap. IX)

Vorab werden in Kapitel I die theoretischen und institutionellen Grundlagen der Sozialpolitik dargestellt und in Kapitel II „Ökonomische Grundlagen und Finanzierung" die wirtschaftlichen und finanziellen Rahmenbedingungen der Sozialpolitik behandelt.

Dieser Aufbau hat folgende Vorteile:

- Die LeserInnen erhalten zunächst einen Überblick über die jeweilige sozialen Risiken und Probleme anhand ihrer detaillierten Beschreibung und Analyse. Sie können sich damit vorab ein Urteil darüber bilden, welches Ausmaß und welche innere Struktur die zur Diskussion stehenden sozialpolitischen Anknüpfungspunkte aufweisen.
- Anschließend wird über die verschiedenen, auf die Bearbeitung und Bewältigung dieser sozialen Risken und Probleme gerichteten sozialpolitischen Strategien und Einzelmaßnahmen informiert. Auf dieser Basis lässt sich beurteilen, ob und in welchem Maße die Maßnahmen der Sozialpolitik der zugrunde liegenden Problematik gerecht werden.
- Die Analyse der Leistungsfähigkeit aber auch der Defizite des Systems der Sozialen Sicherung leitet schließlich über zur Diskussion über Reformperspektiven in den einzelnen Bereichen.

In der Realität zeigt sich, dass zwischen den einzelnen Risiko- und Problembereichen vielfältige Quer- und Wechselbeziehungen bestehen. Solche Interdependenzen gilt es bei der Beschreibung und Analyse der sozialen Problembereiche ebenso zu beachten wie bei der Darstellung und Beurteilung der sozialpolitischen Bewältigungsstrategien. Wir haben uns im Übrigen bemüht, stärker als in früheren Auflagen europäische Aspekte der Sozialpolitik zu berücksichtigen und die deutsche Sozialpolitik im Kontext internationaler Vergleiche zu analysieren.

In manchen Einzelfragen hat sich unsere inhaltliche Einschätzung gegenüber den früheren Auflagen (weiter) verändert. Das liegt daran, dass Sozialpolitik und Sozialstaat keine statischen Gebilde sind, sondern im Zuge gesellschaftlicher, ökonomischer, demografischer und politischer Veränderungen ständig vor neue Aufgaben gestellt werden. Schon in den vorangegangenen Auflagen haben wir darauf hingewiesen, dass der Sozialstaat in der kritischen Diskussion steht und sich in einem Prozess des Ab- und Umbaus befindet. Dieser Prozess hat sich verstärkt. Reformen, die diesen Namen verdienen, weil sie eine angemessene Antwort auf die neuen Herausforderungen geben und dazu beitragen, die Lebenslage der Bevölkerung zu verbessern, finden sich hingegen kaum.

Sozialpolitik und Sozialstaat genießen nach wie vor eine hohe Anerkennung in der Bevölkerung. Gerade in Zeiten eines raschen Umbruchs sozialer Strukturen und hoher ökonomischer Unsicherheiten wächst der Bedarf an sozialer Sicherung. Aber unübersehbar ist auch, dass die Infragestellung des Sozialstaates und die z.T. tiefen Leistungseinschnitte Vertrauen und Zustimmung ausgehöhlt haben. Wenn verloren gegangenes Vertrauen wieder gewonnen und Verunsicherungen abgebaut werden sollen, bedarf es einer Reformpolitik, die die Finanzierungs- und Leistungsfähigkeit der Systeme garantiert. Die geschichtliche Entwicklung wie auch internationale Vergleiche zeigen, dass sich eine demokratische Gesellschaft, die auf die Beteiligung und Teilhabe der ganzen Bevölkerung zielt, nur auf der Grundlage verlässlicher sozialstaatlicher Strukturen entwickeln kann.

Wenn unser Lehrbuch dazu beiträgt, ein *kritisch-konstruktives* Verhältnis zum deutschen Sozialstaat zu entwickeln und Verständnis für die Option einer *reformorientierten Weiterentwicklung* zu wecken, dann erfüllt es im Rahmen der aktuellen sozialpolitischen Auseinandersetzungen auch eine wichtige politische Funktion.

Das Manuskript wurde im Frühjahr 2007 abgeschlossen und berücksichtigt – soweit möglich und verfügbar – den zu diesem Zeitpunkt gegebenen Daten- und Sachstand. Doch kaum ein anderer Politikbereich unterliegt so raschen und starken Veränderungen wie die Sozialpolitik. Durch die Einrichtung einer eigenen Internet-Seite haben wir dem Rechnung getragen. Unter der Adresse: www.sozialpolitik-akutell.de findet sich ein umfassendes Angebot, das die Daten, Fakten, Informationen und Rechtslagen zur Sozialpolitik auf tagesaktuellem Stand hält. Insbesondere werden die 130 Tabellen und 110 Abbildungen dieses Buches in der Rubrik „Datensammlung Sozialpolitik" der Internetseite www.sozialpolitik-aktuell.de nicht nur laufend aktualisiert, sondern auch zum Download und Ausdruck bereit gestellt. Dem Problem der schnellen Alterung von statistischen Daten und Fakten, unter dem (teure) Lehrbücher leiden, wird dadurch begegnet.

Die im Anschluss an jedes Kapitel gegebenen Hinweise auf weiterführende Literatur, regelmäßige Veröffentlichungen und Materialquellen und Zeitschriften sollen die weitere Beschäftigung mit den Themen ermöglichen. Auf Literaturverweise im laufenden Text haben wir – aus Gründen der Übersichtlichkeit und besseren Lesbarkeit – verzichtet.

Bei der Erarbeitung dieser Auflage des Lehrbuchs haben wir wiederum tatkräftige Unterstützung von vielen Personen erfahren. Das gilt insbesondere für MitarbeiterInnen, für wissenschaftliche KollegInnen in den Hochschulen und verschiedenen sozialpolitischen Institutionen sowie – last but not least – für ganze Generationen von Studierenden, die mit dem Buch gearbeitet und uns immer wieder auf Probleme hingewiesen haben. Ihnen allen gilt unser herzlicher Dank. Insbesondere danken wir Dipl. Soz.-Wiss. Stefan Koch und Dipl. Soz.-Wiss. Agnes Plotzke, die bei der Datenrecherche und der Gestaltung der Grafiken mitgewirkt haben.

Das Manuskript wurde im Frühjahr 2007 abgeschlossen. Über Anregungen und kritische Rückmeldungen zu dem Lehrbuch würden wir uns freuen. Über die Internet-Seite www.sozialpolitik-aktuell.de ist eine Kontaktaufnahme leicht möglich.

Wir wollen auch in diesem Vorwort daran erinnern, dass wir die ersten Schritte in das weite Feld der Sozialpolitik unter Anleitung unseres Lehrers und Freundes Professor Otto Blume (1919-1987), unternommen haben. Er hat uns und ungezählte andere Studierende am Sozialpolitischen Seminar der Universität zu Köln mit dem vielschichtigen und spannenden Feld der Sozialpolitik vertraut gemacht.

Gerhard Bäcker
Reinhard Bispinck
Klaus Hofemann
Gerhard Naegele
Jennifer Neubauer

Duisburg, Düsseldorf, Köln und Dortmund im April 2007

Inhaltsübersicht

Band 1

Kapitel IV: Arbeit und Arbeitsmarkt

Band 2

Kapitel V: Arbeit und Gesundheitsschutz

Kapitel VI: Gesundheit und Gesundheitssystem

Inhaltsverzeichnis

Verzeichnis der Übersichten

Kapitel V:

Kapitel VI

Kapitel VII

Kapitel VIII

Kapitel IX

Verzeichnis der Abbildungen

Kapitel V:

Kapitel VI:

Kapitel VII:

Kapitel VIII:

Kapitel IX:

Verzeichnis der Tabellen

Kapitel V:

Kapitel VI:

Kapitel VII:

Kapitel IX:

Abkürzungsverzeichnis

a.a.O.	am angegebenen Ort
ABM	Arbeitsbeschaffungsmaßnahmen
ABS	Gesellschaft zur Arbeitsförderung, Beschäftigung und Strukturentwicklung
Abs.	Absatz
AentG	Arbeitnehmerentsendegesetz
AEVO	Ausbilder-Eignungsverordnung
AfbG	Aufstiegsfortbildungsgesetz
AFG	Arbeitsförderungsgesetz
AG	Aktiengesellschaft
AGG	Allgemeines Gleichbehandlungsgesetz
AGH	Arbeitsgelegenheiten
AHB	Anschlussheilbehandlung
AKA	kirchliche Altersversorgung
ALG II	Arbeitslosengeld II
ALG	Arbeitslosengeld
ALHi	Arbeitslosenhilfe
ALV	Arbeitslosenversicherung
AMG	Arzneimittelgesetz
AOK	Allgemeine Ortskrankenkasse
ARGE	Arbeitsgemeinschaft
Art.	Artikel
ASD	Allgemeiner Sozialer Dienst
ASiG	Arbeitssicherheitsgesetz
AsylBLG	Asylbewerberleistungsgesetz
AU	Arbeitsunfähigkeit
Aufl.	Auflage
AU-Tage	Arbeitsunfähigkeitstage
AVAVG	Arbeitsvermittlungs- und Arbeitslosenversicherungsgesetz
AVE	Allgemeinverbindlicherklärung
aW	aktueller Rentenwert
AWO	Arbeiterwohlfahrt

BA	Bundesagentur für Arbeit/Bundesanstalt für Arbeit
BAB	Berufsausbildungsbeihilfe
BaFin	Bundesanstalt für Finanzdienstleistungen
BAföG	Bundesausbildungsförderungsgesetz
BAG	Bundesarbeitsgericht
BAGFW	Bundesarbeitsgemeinschaft der freien Wohlfahrtspflege
BAT	Bundesangestelltentarifvertrag
BAuA	Bundesanstalt für Arbeitsschutz und Arbeitsmedizin
bAV	Betriebliche Altersversorgung
BBiG	Berufsbildungsgesetz
Bd.	Band
BDA	Bundesvereinigung der Deutschen Arbeitgeberverbände
BDI	Bundesverband der Deutschen Industrie
BDO	Bundesverband der Ortskrankenkassen
BeschFG	Beschäftigungsförderungsgesetz
BetrVG	Betriebsverfassungsgesetz
BfA	Bundesversicherungsanstalt für Angestellte
BfArM	Bundesinstitut für Arzneimittel und Medizinprodukte
BFS	Berufsfachschule
bfw	Berufsbildungswerk des DGB
BG	Berufsgenossenschaft
BGB	Bürgerliches Gesetzbuch
BGJ	Berufsgrundbildungsjahr
BIBB	Bundesinstitut für Berufsbildung
BIP	Bruttoinlandsprodukt
BKK	Betriebskrankenkassen
BL	Bundesländer
BLK	Bund-Länder-Kommission für Bildungsplanung und Forschungsförderung
BMA	Bundesministerium für Arbeit und Soziales
BMG	Bundesministerium für Gesundheit
BSD	besondere soziale Dienste
BSG	Bundessozialgericht
BSHG	Bundessozialhilfegesetz
BSI	Beschäftigung schaffende Infrastrukturmaßnahmen
BSP	Bruttosozialprodukt
bspw.	beispielsweise

BT	Bundestag
BT-Drs.	Bundestags-Drucksache
BU	Berufsunfähigkeit
BV	Beamtenversorgung
BVJ	Berufsvorbereitungsjahr
bzw.	beziehungsweise
ca.	circa
CDU	Christlich Demokratische Union Deutschlands
CSU	Christlich-Soziale Union in Bayern
d.h.	das heißt
DAG	Deutsche Angestelltengewerkschaft
DAK	Deutsche Angestellten-Krankenkasse
DBB	Deutscher Beamtenbund
DCV	Deutscher Caritasverband
DDR	Deutsche Demokratische Republik
ders.	derselbe
DGB	Deutscher Gewerkschaftsbund
dgl.	dergleichen
dies.	dieselbe(n)
DIW	Deutsches Institut für Wirtschaftsforschung
DKV	Deutsche Krankenversicherung AG
DM	Deutsche Mark
DMP	Disease-Management-Programme
DPG	Deutsche Postgewerkschaft
DPWV	Deutscher Paritätischer Wohlfahrtsverband
DRG	Diagnosis Related Groups
DRK	Deutsches Rotes Kreuz
DRV	Deutsche Rentenversicherung
DW	Diakonisches Werk der Evangelischen Kirche Deutschlands
ebd.	ebenda
EBM	Einheitlicher Bewertungsmaßstab
ECHP	Europäisches Haushaltspanel
EFZG	Entgeltfortzahlungsgesetz
EG	Einstiegsgeld
E-GO	Ersatzkassen-Gebührenordnung
EGZ	Eingliederungszuschüsse

EKD	Evangelische Kirche Deutschlands
EMEA	European Medicines Evaluation
EP	Entgeltpunkte
ERA	Entgeltrahmenabkommen
ESF	Europäischer Sozialfond
ET	Erwerbstätige
etc.	et cetera
EU	Erwerbsunfähigkeit
EU	Europäische Union
EuGH	Europäischer Gerichtshof
EVS	Einkommens- und Verbrauchsstichprobe des Statistischen Bundesamtes
evtl.	eventuell
EWG	Europäische Wirtschaftsgemeinschaft
EWR	Europäischer Wirtschaftsraum
EWWU	Europäische Wirtschafts- und Währungsunion
ExGZ	Existenzgründungszuschuss
EZB	Europäische Zentralbank
EZN	Einstellungszuschüsse bei Neugründungen
f.	und folgende Seite
ff.	und mehrere folgende Seiten
FOS	Fachoberschule
GewO	Gewerbeordnung
GG	Grundgesetz
ggf.	gegebenenfalls
GKV	Gesetzliche Krankenversicherung
GmbH	Gesellschaft mit beschränkter Haftung
GMG	Gesundheitsmodernisierungsgesetz
GOÄ	Gebührenordnung für Ärzte
GOZ	Gebührenordnung für Zahnärzte
GBP	Great Britain Pound/Britische Pfund
GPV	Gesetzliche Pflegeversicherung
GRG	Gesundheitsreformgesetz
GRV	Gesetzliche Rentenversicherung
GSG	Gesundheitsstruktur-Gesetz
GUV	Gesetzliche Unfallversicherung
HBL	Hilfe in besonderen Lebenslagen

HBV	Gewerkschaft Handel, Banken und Versicherungen
HLU	Hilfe zum Lebensunterhalt
HMO	Health Maintenance Organisation
Hrsg.	Herausgeber
HwO	Handwerksordnung
i.d.R.	in der Regel
i.d.S.	in dem Sinne
i.e.S.	im engeren Sinne
IAB	Institut für Arbeitsmarkt- und Berufsforschung der Bundesagentur für Arbeit
ICD	International Statistical Classification of Diseases and Related Health Problems
IG BAU	Industriegewerkschaft Bauen, Agra, Umwelt
IG BCE	Industriegewerkschaft Bergbau, Chemie, Energie
IG	Industriegewerkschaft
IGEL	individuelle Gesundheitsleistungen
IGM	Industriegewerkschaft Metall
IKK	Innungskrankenkasse
ILO	International Labour Organisation
inkl.	inklusive
INQA	Initiative Neue Qualität der Arbeit
JGG	Jugendgerichtsgesetz
JWG	Jugendwohlfahrtsgesetz
KAiG	Konzentrierte Aktion im Gesundheitswesen
Kap.	Kapitel
KBV	Kassenärztliche Bundesvereinigung
Kfz	Kraftfahrzeug
KHG	Krankenhausfinanzierungsgesetz
Kita	Kindertagesstätte
KJHG	Kinder- und Jugendhilfegesetz
KMK	Kultusministerkonferenz
KnRV	Knappschaftliche Rentenversicherung
KSchG	Kündigungsschutzgesetz
KSD	Kommunaler Sozialdienst
KSVG	Künstlersozialversicherungsgesetz
KUG	Kurzarbeitergeld
KV	Kassenärztliche Vereinigung

KVdR	Krankenversicherung der Rentner
KVG	Krankenversicherungsgesetz
LG	Leistungsgruppe
LVA	Landessozialversicherungsanstalten
MAK-Wert	Maximale Arbeitsplatzkonzentration
MdE	Minderung der Erwerbsfähigkeit
Mio.	Millionen
Mrd.	Milliarden
mtl.	monatlich
NAV	Verband der niedergelassenen Ärzte Deutschlands
NPOs	Non-Profit-Organisationen
NRW	Nordrhein-Westfalen
NSM	Neue Steuerungsmodelle
o.ä.	oder ähnlich
o.g.	oben genannt
o.J.	ohne Jahr
o.O.	ohne Ort
OECD	Organization for Economic Cooperation and Development
ÖGD	öffentlicher Gesundheitsdienst
ÖTV	Gewerkschaft Öffentliche Dienste, Transport und Verkehr
PEI	Paul-Ehrlich-Institut
PISA	Programme for International Student Assessment
Pkt.	Punkt
PKV	Private Krankenversicherung
PSA	Personal-Service-Agentur(en)
PSV	Pensionssicherungsverein
PsychKG	Psychisch Kranken-Gesetz
PVdr	Pflegeversicherung der Rentner
RaF	Rentenartfaktor
rd.	rund
RehaAngLG	Rehabilitationsangleichungsgesetz
RSA	Risikostrukturausgleich
RV	Rentenversicherung
S.	Seite
s.o.	siehe oben
s.u.	siehe unten

SAM OfW	Strukturanpassungsmaßnahmen Ost für Wirtschaftsunternehmen
SAM	Strukturanpassungsmaßnahmen
sbE	sozial-bürgerschaftliches Engagement
SchwbG	Schwerbehindertengesetz
SEp	Summe der persönlichen Entgeltpunkte
SGB	Sozialgesetzbuch
SKF	Sozialdienst katholischer Frauen
SOEP	Sozio-oekonomisches Panel
sog.	so genannte(r)
SPD	Sozialdemokratische Partei Deutschlands
Std.	Stunde(n)
StGB	Strafgesetzbuch
SV	Sozialversicherung
TAB	technische Aufsichtsbeamte
TAD	Technische Aufsichtsdienste
Tsd.	Tausend
TVG	Tarifvertragsgesetz
TVöD	Tarifvertag öffentlicher Dienst
TzBfG	Teilzeit- und Befristungsgesetz
u.	und
u.a.	und andere
u.a.	unter anderem
u.a.m.	und anderes mehr
u.U.	unter Umständen
u.v.a.m.	und vieles andere mehr
ÜG	Überbrückungsgeld
UN	United Nations
UNO	United Nations Organization
usw.	und so weiter
UVV	Unfallverhütungsvorschriften
VBL	Versorgungsanstalt des Bundes und der Länder
VDR	Verband Deutscher Rentenversicherungsträger
VerDi	Vereinigte Dienstleistungsgesellschaft
verh.	verheiratet
vgl.	vergleiche
vH	von Hundert

vs.	versus
VvaG	Versicherungs-Verein auf Gegenseitigkeit
WHO	World Health Organizaiton/Weltgesundheitsorganisation
WSG	Gesetz zur Stärkung des Wettbewerbs in der Gesetzlichen Krankenversicherung
WSI	Wirtschafts- und Sozialwissenschaftliches Institut der Hans-Böckler-Stiftung
z.B.	zum Beispiel
z.T.	zum Teil
z.Z.	zu Zeit
ZF	Zugangsfaktor
ZÖD	Zusatzversorgung im öffentlichen Dienst
ZWST	Zentralwohlfahrtstelle der Juden in Deutschland

V Arbeit und Gesundheitsschutz

1 Gesundheitsgefährdung in der Arbeitswelt: Belastungsgeschehen und gesundheitliche Auswirkungen

Die Gefährdung und Beeinträchtigung der Gesundheit ist ein elementares soziales Risiko für den Menschen. Die Absicherung gegen dieses Risiko zählt deshalb zum Kernbereich der Sozialpolitik. Dabei spielt eine zentrale Rolle für die Maßnahmen, die die Entstehung von Krankheiten verhindern sollen, welche Ursachen die Krankheiten haben. Unterschiedliche Ursachen bedingen unterschiedliche Herangehensweisen bei der Risikobegrenzung und Bewältigung der Krankheitsfolgen. Eine der Ursachen für Gesundheitsgefährdung kann in der Erwerbsarbeit liegen (vgl. zum Gesamtspektrum der Bestimmungsfaktoren von Erkrankungen, Kap. „Gesundheit und Gesundheitssystem", Pkt. 2.4).

Erwerbsarbeit kann eine Quelle des Selbstwertgefühls und des individuellen Wohlbefindens sein. Wenn die beruflichen Fähigkeiten, Kenntnisse und Fertigkeiten der Menschen gebraucht werden, wenn diese noch dazu an den Inhalten ihrer Arbeit interessiert sind, dann wirkt sich die Erwerbstätigkeit außerordentlich positiv auf das Wohlbefinden des Einzelnen aus. Selbst die im Arbeitsleben stark benachteiligten Beschäftigtengruppen, wie z.B. im Bereich der monotonen, wenig anspruchsvollen Fließbandarbeit, sind keineswegs nur aus finanziellen Gründen an ihrer Arbeit interessiert. Die produktive Arbeit als solche und nicht zuletzt die sozialen Kontakte zu Kollegen führen zu einer persönlichen Wertschätzung auch wenig attraktiver Tätigkeiten. Die große Bedeutung, die die Erwerbsarbeit für den Einzelnen hat, wird indirekt auch an den problematischen Folgen der Erwerbslosigkeit für die Betroffenen deutlich. Neben den materiellen Folgen sind es vor allem die Konsequenzen für den psycho-physischen Gesundheitszustand der Arbeitslosen, die erkennen lassen, wie wichtig die Integration in das Erwerbsarbeitsleben für die meisten Menschen ist (vgl. Bd. I, Kap. „Arbeit und Arbeitsmarkt", Pkt. 6.7.2).

Arbeit selbst ist andererseits mit Risiken verbunden. Die konkreten Arbeitsbedingungen können mit belastenden, ja gesundheitsschädigenden Auswirkungen verbunden sein. Und dies in einem doppelten Sinne: Die konkrete Ausgestaltung des Arbeits- und Produktionsprozesses, angefangen bei Lage und Dauer der Arbeitszeit über schädigende Einflüsse aus der Arbeitsumgebung bis hin zum Arbeitsvollzug selbst, kann eine direkte Quelle gesundheitlicher Gefährdungen darstellen.

Deutliche Belege für arbeitsbedingte Gesundheitsrisiken sind:

- die amtlich registrierten Arbeitsunfälle,
- die Berufskrankheiten,
- der kaum merkliche chronische Gesundheitsverschleiß und
- die weit verbreiteten gesundheitlichen Befindlichkeitsstörungen.

Art und Umfang dieser Gefährdungen sind je nach Wirtschaftszweig und Tätigkeitsbereich sehr unterschiedlich, und in vielen Fällen ist der Nachweis der ursächlichen Verbindung von Arbeitsbedingungen und Gesundheitsbeeinträchtigung nicht leicht zu erbringen. Dennoch liefern die vorliegenden Zahlen und Fakten Hinweise auf eindeutige Zusammenhänge.

Die Erwerbsarbeit spielt aber auch indirekt eine die gesundheitliche Lage prägende Rolle: Die Teilnahme des Menschen am Erwerbsleben vermittelt über das Einkommen den materiellen Gestaltungsspielraum der individuellen Lebensführung. Die Möglichkeiten der Versorgung mit Konsumgütern, der Wohnbedingungen, der Freizeit- und Urlaubsgestaltung u.a. werden weitgehend durch das Arbeitseinkommen begrenzt. Die Arbeitsbedingungen und -erfahrungen beeinflussen zugleich Wertorientierungen und Verhaltensweisen, darunter auch den persönlichen Gesundheitsbegriff jedes Einzelnen, seine subjektive Bereitschaft, Gesundheitsrisiken in Kauf zu nehmen bzw. sie zu vermeiden.

1.1 Bestimmungsgrößen der Gesundheitsgefährdung

Es sind drei Bereiche, die unmittelbar Auswirkungen auf die arbeitsbedingte Struktur der Gesundheitsrisiken entfalten:

- Der Einsatz und die Gestaltung der technisch-materiellen Grundlagen des Arbeits- und Produktionsprozesses, d.h. die Produktionstechnik und die Arbeitsmittel als zentrale Bestandteile der sachlichen Produktivkräfte,
- der auf diese Produktionsstruktur bezogene Arbeitskräfteeinsatz, der wesentlich durch die konkrete Arbeitsteilung und Gestaltung der Arbeitsorganisation bestimmt wird und
- die Festlegung der unmittelbaren Leistungsbedingungen durch die konkreten Maßnahmen der Personalwirtschaft und die Ausgestaltung des Lohn-Leistungsverhältnisses.

Diese Bereiche lösen sich bei näherem Hinsehen in zahlreiche einzelne Bestimmungsfaktoren auf, die für die nach Branchen und Tätigkeitsbereichen sehr unterschiedlichen Arbeitsbedingungen ursächlich sind. Dazu zählen:

- inhaltliche Arbeitsanforderungen und Arbeitsablauf,
- Umfang der quantitativen Arbeitsleistung,
- Dauer, Lage und Verteilung der Arbeitszeit,

- physikalisch-chemische Einflüsse aus Produktionsprozess und Arbeitsumgebung,
- Kooperationszusammenhänge und Kommunikationsmöglichkeiten im Arbeitsprozess,
- betriebliche Ansprüche an das Arbeitsverhalten,
- betriebliche Lohn-Leistungspolitik und
- betriebliche Beschäftigungs- und Arbeitseinsatzpolitik.

Das Zusammenspiel dieser belastungsbestimmenden Faktoren ergibt die verschiedenen Belastungsprofile und -muster, die die objektive Seite des Zusammenhangs von Arbeit und Gesundheitsgefährdung kennzeichnen. Die Faktoren lassen erkennen, dass das Niveau der Gesamtbelastung und seine Entwicklung immer auch durch die konkrete sozialökonomische Situation mitbestimmt wird. Insbesondere in ökonomischen Krisenphasen verstärken sich die arbeitsbedingten Belastungen, da die Unternehmen den ökonomischen Problemdruck durch Arbeitsintensivierung aufzufangen versuchen. Zudem verfolgen sie eine selektive, auf die Rekrutierung von jüngeren und hochleistungsfähigen Beschäftigten („olympiareife Belegschaften") gerichtete betriebliche Beschäftigungspolitik. Nach wie vor werden ältere und weniger leistungsfähige Beschäftigte systematisch ausgegrenzt. Diese personalpolitische Strategie ist angesichts der nach wie vor hohen Massenarbeitslosigkeit vielfach problemlos durchsetzbar, denn unter dem Druck des drohenden Arbeitsplatzverlustes werden von den Beschäftigten oftmals auch schlechtere Arbeitsbedingungen akzeptiert.

Lange Zeit herrschte die optimistische Einschätzung vor, dass durch den *technischen Fortschritt* wie Mechanisierung und Automatisierung die Arbeitsbedingungen gewissermaßen im Selbstlauf leichter, die körperlichen und nervlichen Belastungen geringer und die Arbeit selbst interessanter werden würden. Diese Erwartungen haben sich jedoch so nicht erfüllt: Zwar haben die klassischen Gefährdungen durch körperlich schwere Arbeit und belastende Umgebungseinflüsse in einer Reihe von Wirtschaftszweigen und Tätigkeitsbereichen an Bedeutung verloren, und dazu haben neben dem wirtschaftlich-technischen Wandel nicht zuletzt die Maßnahmen des Arbeitsschutzes beigetragen. Zugleich sind jedoch vielfach auch neue, vornehmlich psycho-soziale Belastungen durch Stress, Monotonie, soziale und kommunikative Anforderungen sowie Isolierung und Unterforderung hinzugekommen. Längst nicht überall ist es deshalb zu einem generellen Absinken des Niveaus der Gesamtbelastung gekommen, sondern eher zu einer Verschiebung im Belastungsprofil.

Wie sich die arbeitsbedingten Belastungen auf die Beschäftigten konkret auswirken, hängt von einem vielschichtigen Bedingungsgefüge insbesondere der subjektiven Verarbeitung der gegebenen Arbeits- und Belastungssituation durch die Betroffenen ab (vgl. Kap. „Gesundheit und Gesundheitssystem", Pkt. 2.4). Die Belastbarkeit gegenüber einzelnen Einflussfaktoren ist sehr unterschiedlich ausgeprägt. Das gilt für die körperlichen Belastungen, etwa durch Schwerarbeit und Zwangshaltungen, für nervlich-psychische Belastungen, z.B. durch Zeitdruck, monotone inhaltsleere Arbeiten oder auch durch hohe Anforderungen an Konzentration und Dispositionsfähigkeit wie auch für soziale Belastungen, z.B. infolge von Konflikten mit Vorgesetzten oder in der Zusammenarbeit mit anderen Arbeitskollegen. Es ist aber keineswegs so, dass die belastenden Arbeitsbedingungen – lediglich gebrochen bzw. gefiltert durch die physische und psychische Konstitution und Disposition der Beschäftigten – unmittelbar zu gesundheitlichen Auswirkungen führen. Die Bewältigung von Belastungen stellt selbst einen dynamischen Prozess dar, der sowohl einen kompensierenden wie auch verschärfenden Effekt haben kann. Das Bewältigungshandeln des Einzelnen („*coping*") hängt von den Freiheits- und Handlungsspielräumen in der Arbeit ab und wird außerdem bestimmt von den sonstigen Lebensbedingungen wie Familiensituation, Wohnverhältnisse usw. Es deckt in seiner konkreten Ausprägung ein sehr breites Spektrum ab: Es reicht vom passiven Erleiden der Arbeitssituation, Medikamentenkonsum, verstärkten Alkohol- und Tabakkonsum über gesundheitsbewusstes Verhalten außerhalb der Arbeit bis hin zum betrieblichen und gewerkschaftlichen Engagement zur Verbesserung der Arbeitsbedingungen.

Das der Arbeit und den Arbeitsbedingungen innewohnende Belastungspotenzial wird hinsichtlich der von ihm ausgehenden Gesundheitsgefahren aus zwei Gründen systematisch unterschätzt. Zum einen vermeiden bzw. verlassen die Beschäftigten selbst, soweit ihnen das möglich ist, frühzeitig Berufe und Tätigkeiten, die sie körperlich oder nervlich-psychisch überfordern. Zum anderen gibt es eine gezielte Selektion durch die Betriebe bei der Personalauswahl. Dieser gleichermaßen selbst- und fremdgesteuerte Ausleseprozess sorgt dafür, dass hochbelastende Arbeitsplätze von vornherein mit Personen besetzt werden, die den Belastungen weit besser gewachsen sind als der Durchschnitt. Dieser „*Healthy-worker-Effekt*" muss bei der folgenden Darstellung von ausgewählten belastenden Arbeitsbedingungen und ihren gesundheitlichen Folgewirkungen berücksichtigt werden.

1.1.1 Dauer, Lage und Verteilung der Arbeitszeit

Die *Arbeitszeit* steckt den zeitlichen Rahmen ab, in dem sich die Belastungen etwa aus der Arbeitsumgebung und dem Arbeitsvollzug auswirken können. Außerdem wirkt sie dadurch belastungsbeeinflussend, dass sie die zur Regeneration der Arbeitskraft potenziell verbleibende Zeit begrenzt. Je höher der Grad der Ausnutzung des physischen und psychischen Leistungsvermögens der Arbeitenden, umso mehr arbeitsfreie Zeit zur Erholung ist notwendig.

In dem Maße, wie eine vollständige Regenerierung mittel- bzw. langfristig aufgrund hoher Belastung und langer Arbeitszeiten unmöglich ist, steigt die Gefahr einer Schädigung der Arbeitskraft. Eine lange Dauer bzw. ungünstige Lage oder Verteilung der Arbeitszeit erhöht darüber hinaus die unmittelbare Gesundheitsgefährdung. Generell gilt: Je höher die arbeitszeitinduzierte Belastung, desto größer die materiellen und immateriellen Reproduktionserfordernisse der betroffenen ArbeitnehmerInnen und damit auch die prägende Wirkung des gesamten Arbeitszeitarrangements auf den Reproduktionsbereich.

Arbeitszeitdauer

Die Entwicklung der tariflichen und der effektiven Arbeitszeit in der Bundesrepublik zeigt das andauernde, wenn auch nicht immer gleichermaßen erfolgreiche Bemühen der Gewerkschaften um die Verkürzung der Arbeitszeit. So sank die tarifliche Wochenarbeitszeit für alle beschäftigten Arbeitnehmer in den alten Bundesländern von 44,6 Stunden im Jahr 1960 über 40,3 Stunden im Jahr 1975 auf 37,4 Stunden im Jahr 2003. In den neuen Bundesländern beträgt 2003 die tarifliche Wochenarbeitszeit 39,0 Std. (vgl. Bd. I, Kap. „Arbeit und Arbeitsmarkt", Pkt. 2.2.3). Um ein realistisches Bild von der tatsächlich geleisteten Arbeitszeit zu gewinnen, müssen auch die geleisteten Mehrarbeitsstunden berücksichtigt werden. Nach einer Umfrage aus 2003 leistet mehr als die Hälfte der Befragten (54 %) regelmäßig (mindestens 1 - 2 mal im Monat) Überstunden, wobei der Anteil der Männer dabei mit 62 % deutlich höher liegt als der Anteil der Frauen mit 46 %. Das Überstundenvolumen ist im langfristigen Trend zwar gesunken, jedoch seit 1999 stabil. 2003 leisteten die Beschäftigten im Durchschnitt 2,7 Überstunden pro Woche. Der Anteil der *in Freizeit abgegoltenen* Überstunden ist von 38 % (1995) auf 54 % (2003) gestiegen, die *bezahlten* Überstunden im gleichen Zeitraum von 37 % auf 22 % zurückgegangen, der Anteil der *nicht abgegoltenen* Überstunden ist mit 24 % relativ konstant geblieben.

Auch die Berücksichtigung der gesamten effektiv geleisteten Arbeitszeit gibt noch keine Auskunft darüber, wie viel Stunden am Tag die Beschäftigten durch ihre Arbeit insgesamt beansprucht werden. Das relevante Maß ist hier die sog. *arbeitsgebundene* Zeit, die vom Verlassen der Wohnung bis zur Heimkehr nach der Arbeit reicht, also An- und Abfahrt, Pausen und Rüstzeiten mit einschließt. Eine repräsentative Befragung aus 1995 ergab, dass die vollzeitbeschäftigten Männer in den alten Bundesländern eine erwerbsarbeitsgebundene Zeit von durchschnittlich 46,3 Stunden in der Woche haben, bei den Frauen mit Vollzeitarbeitsplatz sind es 43,8 Stunden in der Woche. Für die neuen Bundesländer ergeben sich geringfügig höhere Werte.

Lage und Verteilung der Arbeitszeit

Nacht- und Schichtarbeit sind in der Bundesrepublik weit verbreitete Arbeitszeitformen. Rund 16 % der Beschäftigten leisten regelmäßig Schicht- und/oder Nachtarbeit, 18 % der Männer und 13 % der Frauen. 45 % der Beschäftigten arbeiten im Zweischichtsystem, 29 % im Dreischichtsystem und 5 % im vollkontinuierlichen Wechselschichtsystem. Nacht- und Schichtarbeit sind dabei sehr ungleichmäßig über die Wirtschaftszweige verteilt (Angaben für 2003 – vgl. Tabelle V.1).

Nachtarbeit und einige Formen der Schichtarbeit wie Dreischicht- und vollkontinuierliche Schichtarbeit sind gravierende Belastungsfaktoren mit pathogenen

Wirkungen. Da der Mensch auch nach langer Gewöhnungszeit nicht in der Lage ist, seinen biologischen Tagesrhythmus auf Nachtschicht- und Wechselschichtarbeit umzustellen, arbeiten die Schichtbeschäftigten gegen ihre „innere Uhr" und werden noch dazu durch den Wechsel der Schichtzeit (Schichtlage) belastet. Hinzu kommt, dass die Schlafbedingungen von Schichtarbeitern erheblich ungünstiger als normal sind: Der Tagschlaf ist deutlich kürzer als der Nachtschlaf, und seine Qualität ist z.B. wegen der häufigen Störungen erheblich schlechter. Das daraus resultierende Schlafdefizit ist selbst ein zusätzlicher Belastungsfaktor. Außerdem sind sowohl physische wie auch psychische Belastungsmomente bei SchichtarbeiterInnen in wesentlich stärkerem Maße ausgeprägt als bei Beschäftigten, die selten oder nie in Schicht arbeiten.

Tabelle V.1:

Strukturdaten zur Schicht- und Nachtarbeit 2003

Strukturmerkmal	in %
Regelmäßige Schicht- und/oder Nachtarbeit	
- insgesamt	16
- Männer	18
- Frauen	13
Regelmäßige Schicht- und/oder Nachtarbeit nach Wirtschaftszweigen	
- Primärer Sektor	7
- Verarbeitendes Gewerbe	28
- Baugewerbe	1
- Distributive Dienstleistungen	14
- Unternehmensbezogene Dienstleistungen	5
- Personenbezogene Dienstleistungen	20
- Soziale Dienstleistungen	16
Schichtbeschäftigte nach Schichtsystemen, davon:	
- Einschichtsystem	9
- Zweischichtsystem	45
- Dreischichtsystem	29
- Konti-Schichtsystem	5

Quelle: Bauer, F., Groß, H., Lehmann, K., Munz, E., Arbeitszeit 2003 – Arbeitszeitgestaltung, Arbeitsorganisation und Tätigkeitsprofile, Köln 2004.

Neben Schlafstörungen gibt es zahlreiche Befindlichkeitsstörungen und Erkrankungen, die für Schichtarbeiter typisch sind. Dazu zählen chronische Appetitstörungen, Störungen der Magen- und Darmfunktionen u.a. Außerdem verstärkt die Schichtarbeit Herz-Kreislauf-Beschwerden. Dort, wo Schichtarbeit bei gefährlichen Tätigkeiten geleistet wird, erhöht sich das Unfallrisiko, so z.B. bei Transport- und Verkehrsberufen, für Instandhaltungs- und Reparaturtätigkeiten oder für die Bedienung von Maschinen und Werkzeugmaschinen. Nacht- und Schichtarbeit haben schließlich problematische soziale Folgen für das Familienleben, die Teilnahme am gesellschaftlichen Leben und die individuelle Freizeit.

Neben der Nacht- und Schichtarbeit können auch andere, von der Normalarbeitszeit abweichende flexible Arbeitszeitformen besondere Belastungen nach sich ziehen. So hat sich die seit Mitte der 1980er Jahre realisierte Verkürzung der tariflichen Wochenarbeitszeit in zahlreichen Wirtschaftszweigen ambivalent ausgewirkt: Zum einen hat sie zweifellos entlastende Wirkungen entfaltet, zum andern haben sich bei der betriebspraktischen Umsetzung besondere Formen der (belastenden) Arbeitszeitflexibilisierung herausgebildet. Diese orientiert sich an den konjunkturellen, saisonalen und branchenspezifischen Produktions- und Nachfrageschwankungen und dem daraus resultierenden variablen Personalbedarf. In vielen Branchen gibt es Arbeitszeitkorridore mit Schwankungsbreiten der regelmäßigen Arbeitszeit von fünf und mehr Stunden in der Woche. Die vorgeschriebene wöchentliche Arbeitszeit muss zumeist lediglich im Durchschnitt eines Ausgleichszeitraums von einem Jahr oder noch länger erreicht werden. Zu diesen Variationsmöglichkeiten der regelmäßigen Arbeitszeit kommt das Flexibilitätspotenzial der Mehrarbeit noch hinzu. Darüber hinaus bestehen in einigen Bereichen bereits traditionell belastende Arbeitszeitmuster. Im Hotel- und Gaststättengewerbe existiert beispielsweise häufig eine gespaltene Arbeitszeit, der Teilschichtdienst, bei dem die Arbeitszeit durch eine lange, mehrstündige Pause unterbrochen wird. Im Einzelhandel ist vor allem die Arbeit auf Abruf, bei der auf der Grundlage individueller Arbeitsverträge Beschäftigungsverhältnisse mit variabler Dauer und Lage vereinbart werden, weit verbreitet. Beginn und Ende der Arbeitszeit werden dabei in der Regel kurzfristig festgelegt.

1.1.2 Belastungen aus der Arbeitsumgebung und aus dem Arbeitsvollzug

Die konkrete Ausgestaltung der Arbeitsumgebung sowie Formen und Inhalt des Arbeitsvollzugs selbst bilden wesentliche Bestandteile der Arbeitsbedingungen der Beschäftigten. Dazu gehören beispielsweise das Klima, der Lärm, gefährliche Arbeitsstoffe, körperliche Schwerarbeit, Zwangshaltungen, taktgebundene Arbeiten, konzentrationsfordernde monotone Arbeiten usw. Tabelle V.2 zeigt den Verbreitungsgrad belastender Arbeitsanforderungen unter den Erwerbstätigen.

Nach neuesten Erhebungen (2005/2006) arbeitet immer noch ein erheblicher Anteil der Erwerbstätigen unter physisch starken Beanspruchungen. Mehr als die Hälfte arbeitet im Stehen, rund ein Viertel muss schwere Lasten heben und tragen, arbeitete oft oder immer unter Lärm. Rund ein Fünftel arbeitet unter ungünstigen klimatischen Bedingungen, ist Schmutz und Dreck ausgesetzt bzw. arbeitete mit Öl oder Fett bzw. muss Schutzkleidung tragen. Typisch waren Mehrfachbelastungen. Über die Hälfte der Erwerbstätigen sieht sich ständig starkem Termin- und Leistungsdruck ausgesetzt, fast ebenso viele müssen sich ständig wiederholende Tätigkeiten ausführen, jede/r sechste gibt an, nahezu ständig bis an die Grenze der Leistungsfähigkeit zu gehen. Bei 15 % der Beschäftigten ist die Arbeit bereits bei kleinen Fehlern mit großen finanziellen Verlusten verbunden. Die Zahlen aus der entsprechenden Vorläuferuntersuchung (1998/1999) zeigen, dass sich bei vielen Belastungsfaktoren die Verbreitung nicht wesentlich verändert hat. Zunahmen sind zu verzeichnen u. a. bei Arbeiten im Stehen und unter Lärm, bei Termin- und Leistungsdruck, bei Störungen und Arbeitsunterbrechungen, bei ständig wiederkehrenden Arbeitsvorgängen. Zurückgegangen sind Arbeit unter Zwangshaltung, Heben und Tragen schwerer Lasten, geringer Handlungsspielraum sowie Arbeiten mit hohem finanziellen Schadensrisiko.

Tabelle V.2:

Auftreten von ausgewählten körperlichen und psychischen Arbeitsbelastungen

Arbeitsbelastungen[1)]	2005/2006 in %	1998/1999 in %
Arbeiten im Stehen	56	38
Arbeit unter Zwangshaltungen	14	19
Heben und Tragen schwerer Lasten	23	27
Arbeit unter Lärm	24	21
Umgang mit gefährlichen Stoffen, Strahlung	7	6
Kälte, Hitze, Nässe, Feuchtigkeit, Zugluft	21	21
Öl, Fett, Schmutz, Dreck	18	18
Tragen von Schutzkleidung, -ausrüstung	21	17
Rauch, Staub, Gase, Dämpfe	14	15
Starker Termin- und Leistungsdruck	54	50
Arbeitsdurchführung in allen Einzelheiten vorgeschrieben	23	31
Arbeiten an der Grenze der Leistungsfähigkeit	17	20
Ständig wiederkehrende Arbeitsvorgänge	51	45
Bei der Arbeit gestört, unterbrochen	46	34
Stückzahl, Leistung oder Zeit vorgegeben	31	26
Kleine Fehler - große finanzielle Verluste	15	29

1) von der Arbeitsbelastung sind … % oft oder immer betroffen

Quelle: 2005/2006: Bundesministerium für Arbeit und Soziales, Sicherheit und Gesundheit bei der Arbeit 2005.- Tabelle TE 1, S. 203 1998/1999: Jansen, R., Arbeitsbedingungen, Arbeitsbelastungen und Veränderungen auf betrieblicher Ebene, in: Dostal, W., Jansen, R., Parmentier, K. (Hrsg.), Wandel der Erwerbsarbeit: Arbeitssituation, Informatisierung, berufliche Mobilität und Weiterbildung. BeitrAB 231, Nürnberg 2000, S. 39 ff.

Gesundheitsgefährdende Belastungen entstehen nicht allein aus der technisch-arbeitsorganisatorischen Anforderungsstruktur. Sie erschließen sich in ihrer Gesamtheit nur, wenn auch die Auswirkungen der *betrieblichen Leistungspolitik* berücksichtigt werden. Mit unterschiedlichen Mitteln und Methoden wird je nach Tätigkeit und Arbeitsbereich ein bestimmtes, von den Beschäftigten zu erreichendes Leistungsniveau festgelegt. Je höher das zu erfüllende Arbeitssoll, umso größer sind auch die Arbeitsintensität und damit letztlich die real existierenden Belastungen.

Ein wesentliches Instrument der betrieblichen Leistungspolitik sind die zahlreichen Verfahren der leistungs- und ergebnisbezogenen Lohn- und Einkommensfindung. Die betrieblichen und tarifpolitischen Konflikte um Lohn und Leistung sind deshalb nicht nur Auseinandersetzungen um das Arbeitseinkommen, sondern immer auch um das Ausmaß und die Intensität der Arbeitsbelastungen (vgl. auch Bd. I, Kap. „Einkommen" Pkt. 3.7).

Leistungsverdichtung wird von den Unternehmen aber nicht nur über die Beeinflussung des Lohn-Leistungs-Verhältnisses angestrebt, auch die anderen Konzepte zur wirksameren betrieblichen Arbeitskräftenutzung haben belastungsrelevante Auswirkungen:

- Dazu gehören z.B. personalwirtschaftliche Rationalisierungsmaßnahmen, die ausgehend von einer „Personalpolitik der unteren Linie" durch Reduzierung der Stammbelegschaften über den verstärkten Einsatz von Fremdfirmen (Outsourcing) und Leiharbeit, befristete und geringfügige Arbeitsverhältnisse die Kosten senken und den Personaleinsatz effektivieren wollen.
- Ferner sind innerbetriebliche Organisationskonzepte z.B. nach der Profit- bzw. Cost-Center-Methode zu nennen, die den leistungspolitischen Zugriff auf die Beschäftigten in den einzelnen Betriebsteilen verschärfen.
- Von Bedeutung ist schließlich auch, wie die Betriebe und Unternehmen generell mit Krankheit und Arbeitsunfähigkeit der Beschäftigten umgehen. Hier reicht das Spektrum des betrieblichen Verhaltens von harter negativer Sanktionierung über systematische Nichtzurkenntnisnahme bis hin zu Maßnahmen verhaltensbezogener gesundheitlicher Prävention, betrieblicher Gesundheitsförderungsprogramme usw.

Insgesamt gilt: Der betriebliche Umgang mit Arbeitsbedingungen, Belastungen und Krankheit ist auch Ausdruck der *„betrieblichen Sozialverfassung"*, also des Charakters der Gesamtheit der Beziehungen zwischen Betriebs- oder Unternehmensleitung einerseits und den Beschäftigten und ihrer Interessenvertretung andererseits.

1.2 Art und Ausmaß der Gesundheitsgefährdung

Das Belastungsgeschehen in seiner Gesamtheit führt nicht unmittelbar und zwangsläufig zu gesundheitlichen Beeinträchtigungen oder Schäden der betroffenen Beschäftigten. Seine gesundheitlichen Auswirkungen hängen wesentlich von den individuellen und auch kollektiven Verarbeitungs- und Bewältigungsmöglichkeiten ab. Es gehört zu den typischen Erscheinungsformen des sozial und beruflich sehr ungleich verteilten Belastungsgeschehens, dass es Wirkungsketten wie „belastungsbedingte verminderte Leistungsfähigkeit → geringeres Einkommen → schlechtere Reproduktionschancen“ usw. hervorruft.

Die gesundheitsbezogenen Wirkungen der Arbeitsbedingungen können akut und kurzfristig auftreten (z.B. Arbeitsunfälle), sie zeigen sich aber vor allem als Folgen eines langfristigen (Verschleiß-) Prozesses. Dieser kann sich in einem breiten Spektrum von Gesundheitsbeeinträchtigungen äußern, das von dauerhaften Befindlichkeitsstörungen über arbeitsbedingte Erkrankungen einschließlich der offiziell anerkannten Berufskrankheiten bis zu dauerhafter Invalidität und vorzeitigem Tod reicht.

1.2.1 Gesundheitsbeeinträchtigungen, arbeitsbedingte und Berufskrankheiten

Die als arbeitsbedingt anerkannten und sozialrechtlich bedeutsamen Gesundheitsschäden in Form von Arbeitsunfällen und Berufskrankheiten bilden den amtlich zur Kenntnis genommenen kleineren Teil der gesundheitlichen Beeinträchtigungen. Das Massengeschehen findet im Bereich gesundheitlicher Befindlichkeitsstörungen und arbeitsbedingter Erkrankungen im weitesten Sinne statt. Zahlreiche Untersuchungen belegen, dass ein Großteil der ArbeitnehmerInnen an gesundheitlichen Beeinträchtigungen im Vorfeld offenkundiger Gesundheitsstörungen und Erkrankungen leidet, die im engen Zusammenhang mit den Belastungen ihrer Erwerbstätigkeit stehen. Ihre Ermittlung bedarf der subjektiven Einschätzung und Beurteilung des Gesundheitszustandes durch die Betroffenen selbst. Diese Selbstbeurteilung ermöglicht und erleichtert das frühzeitige Aufspüren von besonderen Belastungs- und Verschleißschwerpunkten, die dann zum Gegenstand einer gezielten präventiven Gesundheitspolitik gemacht werden können.

Als arbeitsbedingte Erkrankungen können solche Krankheiten gelten, die durch bestimmte berufs- und tätigkeitsspezifische Belastungen hervorgerufen oder zumindest teilweise mitverursacht werden. Ein deutlicher Hinweis auf arbeitsbedingte Erkrankungen liegt immer dann vor, wenn Krankheiten unter Angehörigen bestimmter Berufs- und Tätigkeitsgruppen signifikant häufiger vorkommen als im Durchschnitt der Erwerbstätigen oder der Bevölkerung. Nur ein kleiner Teil der arbeitsbedingten Krankheiten ist jedoch sozialversicherungsrechtlich als Berufskrankheit anerkannt und begründet insofern Entschädigungsansprüche in Form von Unfallrenten (vgl. Pkt. 3.1 dieses Kapitels).

Zur Ermittlung arbeitsbedingter Erkrankungen können sehr unterschiedliche Datenquellen und methodische Ansätze herangezogen werden. Abbildung V.1 zeigt z.B. ausgewählte Berufe der Metall- und Elektroindustrie geordnet nach der Zahl der Arbeitsunfähigkeitstage. Die Unterschiede zwischen den Berufen fallen so groß aus, dass mit Sicherheit angenommen werden kann, dass die Arbeitsbedingungen und -belastungen dafür mit ursächlich sind. So beläuft sich die Zahl der

AU-Tage bei den Formgießerberufen auf 28,4, bei den Datenverarbeitungsfachleuten dagegen nur auf 9,5.

Abbildung V.1:

Arbeitsunfähigkeitstage in der Metall- und Elektroindustrie nach Berufsgruppen 2005

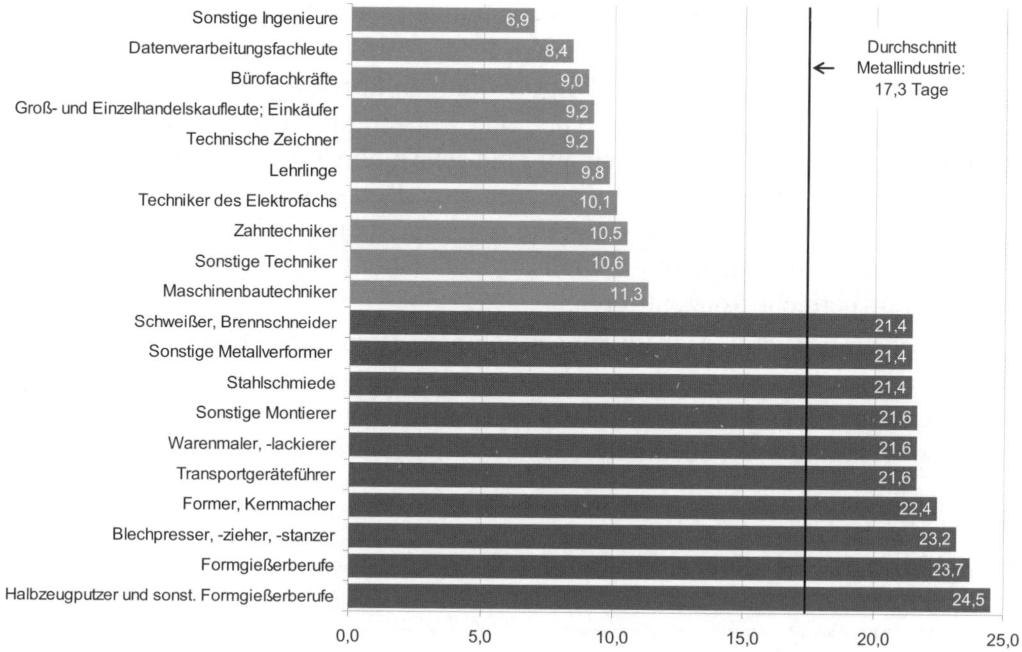

Quelle: Vetter, C. u.a., Krankheitsbedingte Fehlzeiten in der deutschen Wirtschaft im Jahr 2005, in: Badura, B. u.a. (Hrsg.), Fehlzeitenreport 2006, Berlin, Heidelberg 2007, S. 364.

Das Ausmaß arbeitsbedingten Gesundheitsverschleißes nimmt erheblich zu, wenn eine *Belastungskumulation* über ein ganzes Arbeitsleben hinweg erfolgt und so ein Aufschaukelungsprozess von Belastung und Gesundheitsbeeinträchtigung zustande kommt. Die Stärke des Zusammenhangs von Arbeitstätigkeit und Gesundheitsgefährdung wird allerdings vielfältig überlagert und gebrochen z.B. durch:

- Berufs- und Tätigkeitswechsel, mit der Folge, dass viele ArbeitnehmerInnen belastende Arbeitsplätze verlassen, bevor die Belastungswirkungen sichtbar werden,
- die selektive Wirkung von arbeitsmedizinischen Einstellungs- und Vorsorgeuntersuchungen,
- die Selbstselektion z.B. bei Schichtarbeitern, die dadurch zustande kommt, dass leistungsgeminderte und ältere ArbeitnehmerInnen sich kaum für Schichtarbeitsplätze bewerben,

- die Unterbrechung der Erwerbstätigkeit von Frauen,
- Phasen der Arbeitslosigkeit; gesundheitlich beeinträchtigte ArbeitnehmerInnen haben ein höheres Zugangs- wie Verbleibsrisiko in Arbeitslosigkeit,
- Frühverrentung mit der Folge, dass gesundheitlich beeinträchtigte Beschäftigte aus dem Erwerbsprozess ausscheiden.

Außerdem ist zu berücksichtigen, dass zahlreiche Beanspruchungen unterhalb der Schwelle der Arbeits-, Berufs- und Erwerbsunfähigkeit verbleiben.

Längsschnittuntersuchungen mit dem Ziel, Abfolge und Zusammenhang von Belastungen und gesundheitlichen Folgewirkungen über die Zeit herauszuarbeiten, kommen zu dem Ergebnis, dass es eine hohe Konzentration von schwerwiegenden arbeitsbedingten Gesundheitsrisiken auf eine sehr kleine Gruppe von Beschäftigten gibt, denen ein Ausbruch aus der *Wirkungskette* „Belastung – gesundheitliche Beeinträchtigung – berufliche Benachteiligung" nur selten gelingt. Präventive Arbeitsschutz- und Gesundheitspolitik müsste sich daher vorrangig auf diese Gruppen und Tätigkeitsbereiche konzentrieren.

Die sozialrechtlich entschädigungspflichtigen Berufskrankheiten bilden nur einen sehr kleinen, wenn auch nicht unbedeutenden Ausschnitt des Gesamtspektrums (vgl. Abbildung V.2). Ihre Entwicklung kann daher auch nicht als Indikator für die Gesamtentwicklung arbeitsbedingter Gesundheitsgefährdung gewertet werden.

Abbildung V.2:

Entwicklung der Berufskrankheiten 1970 - 2005

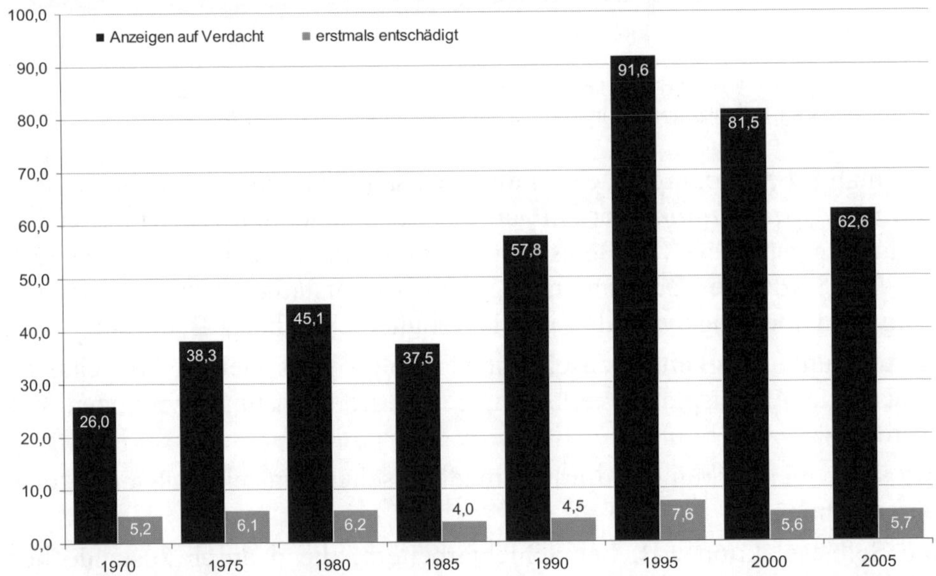

Angaben ab 1995 für Gesamtdeutschland

Quelle: Bundesministerium für Wirtschaft und Arbeit (Hrsg.), Sicherheit und Gesundheit bei der Arbeit 2005. Berlin 2006, S. 240.

Bei Berufskrankheiten handelt es sich um solche Krankheiten, „die nach den Erkenntnissen der medizinischen Wissenschaft durch besondere Einwirkungen verursacht sind, denen bestimmte Personengruppen durch ihre versicherte Tätigkeit in erheblich höherem Gerade als die übrige Bevölkerung ausgesetzt sind" (§ 9 Absatz 1 SGB VII). Die offizielle Berufskrankheitenliste, die zuletzt 2002 erweitert wurde, umfasst aber lediglich 68 Krankheiten. Ihr liegt ein restriktives, rein naturwissenschaftliches Verursachungsmodell zugrunde, das Krankheitsfolgen nur aufgrund bestimmter physikalischer oder chemischer Einflüsse (Noxen) anerkennt. Gesundheitliche Beanspruchungen, die etwa aus arbeitsorganisatorischen Bedingungen, psychischen Belastungsfaktoren wie hohe Verantwortung, Zeitdruck u.ä. oder Mehrfachbelastungen resultieren, bleiben ausgeklammert. Tabelle V.3 zeigt die häufigsten Berufskrankheiten.

Tabelle V.3:

Angezeigte Verdachtsfälle und anerkannte Berufskrankheiten 2005

Berufskrankheiten	Angezeigte Fälle	Anerkannte Fälle
Insgesamt	62.569	16.519
darunter:		
Hauterkrankungen	16.896	916
Lärmschwerhörigkeit	9.787	5.962
Lendenwirbelsäule, Heben und Tragen	5.847	189
Durch Asbest verursachte Berufskrankheiten	7.784	3.887
Obstruktive Atemwegserkrankungen	3.904	614
Meniskusschäden	1.659	279
Quarzstaublungenerkrankung	1.601	1.079
Infektionskrankheiten	3.970	642
Chronische obstruktive Bronchitis/Emphysem	799	336

Quelle: Bundesministerium für Wirtschaft und Arbeit (Hrsg.), Sicherheit und Gesundheit bei der Arbeit 2005, Berlin 2006.

Die statistisch erfassten Berufskrankheiten unterzeichnen das faktische Ausmaß des Berufskrankheitengeschehens, da sie vom Anzeigeverhalten der (Betriebs-) Ärzte, Arbeitgeber und ArbeitnehmerInnen abhängen. Es zeigt sich weiter, dass die Zahl der Verdachtsfälle und der Entschädigungsfälle weit auseinander klafft. Ursächlich dafür ist nicht nur der Tatbestand, dass in immer größerem Umfang bereits dann eine Anzeige gemacht wird, wenn erste Verdachtsmomente vorliegen, ohne dass bereits Arbeitsunfähigkeit besteht, sondern auch der vielfach beklagte Tatbestand einer restriktiveren Anerkennungspraxis der Berufsgenossenschaften als Träger der Gesetzlichen Unfallversicherung. Außerdem werden nur in ganz geringem Umfang Berufskrankheiten nach § 9 (2) SGB VII bestätigt. Dieser Paragraf ermöglicht eine Entschädigung von arbeitsbedingten Erkrankungen auch dann, wenn sie noch nicht in der Berufskrankheitenliste enthalten sind, aber über sie neue einschlägige Erkenntnisse vorliegen.

1.2.2 Arbeitsunfälle

Die Zahl der Arbeitsunfälle ist in den vergangenen Jahrzehnten stark zurückgegangen. Der rückläufige Trend ist nicht allein ein Erfolgsausweis des Arbeitsschutzes. Eine gewichtige, für bestimmte Zeiträume ausschlaggebende Rolle spielen insbesondere folgende Faktoren:

- Veränderung der Branchenstruktur, die zum Rückgang von Branchen mit besonders unfallträchtigen Tätigkeiten geführt hat,
- Veränderung der Sozialstruktur der Erwerbstätigen mit einer erheblichen Zunahme des Anteils weniger von Arbeitsunfällen gefährdeter Angestellten,
- Abbau von unfallträchtigen Überstunden sowie
- Veränderungen im Unfallmeldeverhalten.

Tabelle V.4:

Meldepflichtige Arbeitsunfälle nach Wirtschaftszweigen 1980 - 2005

Wirtschaftszweige	1980	1990	1995	2000	2005
Bergbau	140	77	61	33	24
Steine und Erden	120	84	77	62	42
Gas und Wasser	64	43	32	27	24
Eisen und Metall	116	78	67	55	41
Feinmechanik und Elektrotechnik	35	27	25	21	16
Chemie	55	35	27	21	15
Holz	150	108	87	83	62
Papier und Druck	71	47	40	28	26
Textil und Leder	50	40	33	29	22
Nahrungs- u. Genussmittel	103	75	59	56	49
Bau	155	120	110	90	67
Handel- und Verwaltung	41	30	27	22	18
Verkehr	82	55	57	50	41
Gesundheitsdienst	22	28	23	16	13
Insgesamt:	76	52	47	37	27
- je 1 Mill. geleistete Arb.-Stunden	42	33	30	24	17

Arbeitsunfälle je 1000 Vollzeitbeschäftigten

Quelle: Hauptverband der gewerblichen Berufsgenossenschaften (Hrsg.), Geschäfts- und Rechnungsergebnisse, verschiedene Jahrgänge, Sankt Augustin.

Die Betroffenheit von Arbeitsunfällen ist je nach Berufstätigkeit und Branchenzugehörigkeit sehr unterschiedlich. Tabelle V.4 zeigt, dass 2005 an der Spitze der Wirtschaftszweige die Bauwirtschaft mit 67 meldepflichtigen Arbeitsunfällen je 1000 Vollzeit-ArbeitnehmerInnen stand, gefolgt von der Holzwirtschaft mit 62, der Nahrungs- und Genussmittelwirtschaft mit 49, der Steine- und Erdenindustrie mit 42, der Metallindustrie mit 41 Arbeitsunfällen je 1000. Am Ende standen die Bereiche Handel und Verwaltung mit 18, Feinmechanik und Elektrotechnik mit 16 sowie Gesundheitsdienst mit 13 Arbeitsunfällen je 1.000 Beschäftigte.

1.2.3 Erwerbsminderung

Das gesundheitsbedingte vorzeitige Ausscheiden von ArbeitnehmerInnen aus dem Arbeitsprozess aufgrund von Erwerbsminderung signalisiert sowohl ein besonders hohes Maß an Belastungen am Arbeitsplatz als auch die kumulative, sich selbst verstärkende Wirkung von dauerhaften negativen Arbeitseinflüssen. Darüber hinaus bewirken auch außerberufliche Belastungen und Gesundheitsgefährdungen den Eintritt von Erwerbsminderungen.

Für den weitaus größten Teil der Frühverrentungen ist nur eine sehr begrenzte Zahl von Krankheitsbildern verantwortlich. Dazu gehören Krankheiten des Bewegungsapparates, Herz-Kreislauf-Krankheiten, psychische Erkrankungen, bösartige Neubildungen, Stoffwechselerkrankungen sowie Krankheiten des Verdauungsapparates. Die in diesen Diagnosehauptgruppen zusammengefassten Erkrankungsfälle machten 2003 rund 82 % der Rentenzugänge wegen verminderter Erwerbstätigkeit aus. Vor allem die chronischen Verschleiß- und psychosomatischen Erkrankungen deuten auf belastende Arbeitsbedingungen als ursächlichen Hintergrund hin. FrührentnerInnen weisen folgende berufliche Faktoren besonders häufig auf: gering qualifizierte Tätigkeiten, häufigere Überlastung und Unterauslastung durch die Tätigkeit, häufigere Arbeitslosigkeit, häufigerer Arbeitsplatz- und Berufstätigkeitswechsel sowie niedrigere Zufriedenheit mit Arbeitseinkommen und Arbeitsleben insgesamt.

Tabelle V.5:

Rentenzugänge wegen verminderter Erwerbsfähigkeit 2005

	Versichertenrenten insgesamt	Renten wegen Erwerbsminderung	
	absolut	absolut	in %
insgesamt	937.227	163.960	17,5
Männer	474.758	91.356	19,2
Frauen	462.469	72.604	15,7

Quelle: Deutsche Rentenversicherung, Rentenversicherung in Zahlen 2006, Berlin 2006.

Die Rentenzugangsstatistik weist folgende Zahlen auf (vgl. Tabelle V.5): 17,5 % der Beschäftigten sind 2005 wegen Erwerbsminderung vorzeitig in Rente gegangen. Bei den Männern waren es 19,2 %, bei den Frauen dagegen 15,7 %. In der Praxis zeigt sich, dass die schlechte Arbeitsmarktlage sowie das geringe Angebot an zumutbaren Arbeitsplätzen für gesundheitlich Beeinträchtigte sowie die Selektionspraxis der betrieblichen Personalpolitik zusätzlich zu Lasten der in ihrer Erwerbsfähigkeit geminderten ArbeitnehmerInnen gehen. Durch diese personalpolitische und arbeitsmarktbedingte Ausgliederung erscheint überdies der Gesundheitszustand der verbliebenen Beschäftigten positiver als er ohne diese Selektion wäre.

1.2.4 Arbeitsbelastungen und berufliche Mobilität

Arbeitsbelastungen und ihre gesundheitlichen Folgen stehen in einer vielfältigen Wechselbeziehung zum Arbeitsmarktgeschehen, insbesondere zur Arbeitslosigkeit. Die berufliche Mobilität der Beschäftigten wird in erheblichem Umfang durch die konkreten Arbeitsbelastungen bestimmt. Umgekehrt beeinträchtigen arbeitsbedingte Gesundheitsschädigungen die Arbeitsmarktchancen.

Ein weiterer Selektionseffekt verbindet sich mit der betrieblichen Arbeitskräftepolitik, insbesondere bei Einstellungen und Entlassungen. Die Unternehmen haben beispielsweise die Möglichkeit, denjenigen ArbeitnehmerInnen, die häufig und lange krank sind, eine verhaltensbedingte Kündigung auszusprechen. Selektionsmöglichkeiten ergeben sich zudem bei Neueinstellungen. So besteht ein hoher und über einen gewissen Zeitraum der Massenarbeitslosigkeit wachsender Anteil von Arbeitslosen mit gesundheitlichen Beeinträchtigungen. Der schlechte Gesundheitszustand, chronische Erkrankungen und psychosomatische Beschwerden stehen in einem engen Zusammenhang mit hohen Belastungen am Arbeitsplatz. Arbeitslose mit gesundheitlichen Einschränkungen verrichteten an ihrem letzten Arbeitsplatz überdurchschnittlich häufig körperlich schwere, eintönige Arbeit mit hoher Stressbelastung, verkrampfter Körperhaltung und schädlichen Umgebungseinflüssen. Gesundheitliche Gründe spielten bei drei Viertel der Beeinträchtigungen eine kündigungsbedeutsame Rolle. Diese doppelte Benachteiligung gesundheitlich Belasteter und Beeinträchtigter setzt sich in der Arbeitslosigkeit fort. Sie haben wesentlich schlechtere Wiedereingliederungschancen als die Arbeitslosen insgesamt, sind also länger arbeitslos und scheitern an der verschärften Selektionspraxis der Betriebe bei Neueinstellungen.

Wenn die Wiedereingliederung gelingt, dann häufig um den Preis von beruflichem Abstieg und Dequalifikation. So entstehen instabile Wiederbeschäftigungskarrieren mit einer Problemhäufigkeit bei älteren, gesundheitlich beeinträchtigten ArbeitnehmerInnen,

2 Gesundheitsschutz: Tarif- und betriebspolitische Regelungen

Die Begrenzung arbeitsbedingter Gesundheitsgefährdungen ist seit dem Aufkommen der industriell-kapitalistischen Produktionsweise stets Gegenstand von unmittelbaren Auseinandersetzungen zwischen Kapital und Arbeit sowie von staatlicher Regulierung gewesen. In betrieblichen, später auch tarifvertraglichen Vereinbarungen und auch in gesetzlichen Vorschriften wurden Schutzbestimmungen und -standards festgelegt, die eine übermäßige Belastung und Ausbeutung der Arbeitskräfte verhindern sollten. Zu den staatlichen Vorschriften traten später auch von den Berufsgenossenschaften erlassene Arbeitsschutzvorschriften. Diese beziehen sich vorrangig auf Gefährdungen, die sich aus der angewandten Produktionstechnik (Maschinen und Anlagen, Produktionsverfahren), aus der Gestaltung und Einrichtung der Betriebe und Produktionsstätten sowie aus den im Produktionsprozess verarbeiteten Stoffen und Materialien ergeben. Hingegen unterliegen insbesondere Dauer und Intensität der Verausgabung menschlicher Arbeitskraft, die sich auf Grund der Arbeitszeit, der arbeitsinhaltlichen Anforderungen und des Lohn-Leistungsverhältnisses ergeben, in der Hauptsache Regelungen unmittelbar zwischen Gewerkschaften und Arbeitgebern. Die Maßnahmen des Arbeits- und Gesundheitsschutzes dienen nicht nur dem individuellen Gesundheitsschutz, sondern können sich auch als ökonomisch sinnvoll erweisen. Der schonendere Umgang mit den Beschäftigten im Sinne eines effizienteren Einsatzes der Humanressourcen zeitigt Produktivitätseffekte und reduziert durch konsequente Prävention tendenziell auch die gesamtwirtschaftlich durch arbeitsbedingten Gesundheitsverschleiß entstehenden Kosten.

Die Fülle der auf betrieblicher und tariflicher Ebene getroffenen Schutzbestimmungen ist in ihrer Gesamtheit kaum überschaubar. Der folgende Überblick soll daher vor allem anhand zentraler Regelungsbereiche beispielhaft den Stand und das Niveau der getroffenen tariflichen Vereinbarungen illustrieren. Sie werden in aller Regel in sog. Rahmen- und Manteltarifverträgen festgelegt, die zwischen Arbeitgeberverbänden und Gewerkschaften für die einzelnen Tarifgebiete abgeschlossen werden (vgl. Bd. I, Kap. „Einkommen", Pkt. 3.7). Die auf der betrieblichen Ebene getroffenen Vereinbarungen in Form von Betriebs- bzw. Dienstvereinbarungen stellen vielfach Vorläufer, häufig aber auch eine Konkretisierung und Verbesserung tariflicher bzw. gesetzlicher Regelungen dar.

Die Tarifverträge enthalten insbesondere Regelungen zu folgenden belastungs- und damit gesundheitsrelevanten Arbeitsbedingungen:

- Arbeitszeit,
- Arbeitsinhalt und -organisation,
- Arbeitserschwernisse,
- Lohn-Leistungsverhältnis.

2.1 Arbeitszeit, Arbeitsinhalt, Arbeitsorganisation

Die Regulierung der *Arbeitszeit* ist einer der wichtigsten Ansatzpunkte zur Begrenzung von arbeitsbedingten Belastungen und Gesundheitsgefährdungen. Zum einen richtet sich die gewerkschaftliche Tarifpolitik auf die Reduzierung der Belastungen aus der Dauer der Arbeitszeit, zum anderen zielt sie auf die Regulierung der Binnen- und Feinstruktur der Arbeitszeit (Arbeitszeitlage und Arbeitszeitverteilung, Pausen u.a.). Dabei spielen auch andere Ziele, wie z.B. die bessere Vereinbarkeit von Familie und Beruf, eine Rolle.

Eine wichtige Kenngröße der tariflichen Arbeitszeitregelungen ist die *Wochenarbeitszeit*. Nach den Tarifauseinandersetzungen seit Mitte der achtziger Jahre wurde die lange Zeit bestehende „Schallmauer“ der 40-Stunden-Woche als tarifliche Regelarbeitszeit schrittweise durchbrochen. Die durchschnittliche tarifliche Wochenarbeitszeit für die gesamte Wirtschaft beträgt Anfang 2007 in den alten Bundesländern 37,4 Stunden. Für ein knappes Viertel der Beschäftigten ist eine Wochenarbeitszeit von 35 Stunden vereinbart. Sie gilt für knapp ein Viertel der von Tarifverträgen erfassten Beschäftigten. In den neuen Ländern wird tariflich im Durchschnitt etwa eineinhalb Stunden länger gearbeitet.

Eine weitere wichtige, die Arbeitszeit bestimmende Komponente ist der *Urlaub*. Tarifvertragliche Regelungen insbesondere in den 70er und 80er Jahren haben dazu geführt, dass 2006 der durchschnittliche Urlaubsanspruch in der Endstufe für die Wirtschaft in den alten Bundesländern rund 30,1 Tage betrug. In den neuen Ländern lag er mit 29,5 Tagen einen halben Tag niedriger.

Tabelle V.6:

Tarifliche Arbeitszeitregelungen 2006

Tarifregelung	neue Länder	alte Länder	Gesamt
Wochenarbeitszeit (Std.)	38,9	37,4	37,7
Anteil der Beschäftigten (in %) mit:			
35 Std.	3,5	24,1	20,7
36 - 37 Std.	5,6	10,5	9,7
37,5 - 38,5 Std.	30,7	39,9	38,3
39 - 40 und mehr Std.	60,1	25,2	30,4
Urlaub (Arbeitstage)	29,5	30,1	30,0
Jahresarbeitszeit (Std.)	1.720,3	1.644,7	1.657,0

Quelle: WSI-Tarifarchiv, Stand: 31. 12. 2005.

Die tarifliche *Jahresarbeitszeit*, die sich auf dieser Grundlage berechnen lässt, betrug 2006 im Durchschnitt für die Wirtschaft in den alten Bundesländern rund 1.645 Stunden, in den neuen Ländern mit 1.720 Std. immerhin 75 Std. mehr. Die

Lebensarbeitszeit hängt neben den genannten Arbeitszeitkomponenten maßgeblich vom Ausbildungs- und Erwerbseintrittalter und dem Rentenzugangsalter ab.

In einigen Branchen wurde die Wochen- bzw. Jahresarbeitszeit für einzelne Beschäftigtengruppen, vor allem für Schichtarbeiter und ältere ArbeitnehmerInnen, noch stärker verkürzt. Manche Altersteilzeit-Regelungen ermöglichen auch einen schrittweisen bzw. frühzeitigeren Übergang in den Ruhestand und verkürzen auf diese Weise die Lebensarbeitszeit.

Arbeitszeitverkürzung kann grundsätzlich eine doppelt positive gesundheitliche Wirkung entfalten: Einerseits verringert sie den Zeitraum, in dem die ArbeitnehmerInnen belastenden und gesundheitsgefährdenden Arbeitsbedingungen ausgesetzt sind, andererseits weitet sie die Regenerations- und Erholungszeit aus. Der präventive Effekt ist dabei um so größer, je belastungsnäher die Verkürzung realisiert wird. Dabei ist allerdings zu berücksichtigen, dass die Entlastungswirkungen von Arbeitszeitverkürzung auch von weiteren Faktoren abhängig sind.

Generelle Voraussetzung für die belastungsbegrenzende Wirkung von kürzeren Arbeitszeiten ist, dass einer Intensivierung der Arbeit als Reaktion auf Arbeitszeitverkürzung wirksam vorgebeugt wird. Die Kontrolle der Arbeits- und Leistungsbedingungen ist daher unter Belastungsgesichtspunkten unverzichtbare Ergänzung jeglicher Politik der Arbeitszeitverkürzung. In der (betrieblichen und tarifpolitischen) Praxis zeigt sich, dass diese Voraussetzung längst nicht immer zu gewährleisten ist. Die kollektive Verkürzung der wöchentlichen Arbeitszeit seit Mitte der achtziger Jahre wurde begleitet von einer starken Flexibilisierung der Arbeitszeit, die zu einer effektiveren Ausschöpfung der Personalkapazitäten und damit vielfach auch zu einer Arbeitsverdichtung führte. In vielen Betrieben hat dies auch zu partieller bzw. phasenweiser Arbeitszeitverlängerung geführt.

Während die globalen Arbeitszeitverkürzungen eine Verminderung der Belastungen durch das quantitative Ausmaß der Leistungsverausgabung bewirken, haben die betrieblichen Interessenvertretungen und die Gewerkschaften darüber hinaus Arbeitszeitregelungen vereinbart, die auf eine Reduzierung der Arbeitsintensität pro Zeiteinheit, etwa eines Arbeitstages, abzielen. Von besonderer Bedeutung sind hier die bezahlten (Erhol-)Pausen, die in vielen Tarifverträgen und Betriebsvereinbarungen für bestimmte, meist besonders belastete Beschäftigtengruppen festgeschrieben sind. In verschiedenen weiteren Tarifverträgen sind z.B. für ArbeitnehmerInnen in Dreischichtarbeit bezahlte Pausen von 20 bis 30 Minuten vereinbart. Darüber hinaus gibt es auch in einigen Bereichen, z.B. in der chemischen Industrie, für Beschäftigte in Konti-Schicht eine kürzere Wochenarbeitszeit

Schließlich sind die Arbeitszeitregelungen zu erwähnen, die bei besonderen Belastungen, wie etwa durch Mehrarbeit, eine Begrenzung und einen Freizeitausgleich vorsehen. Ein anderes Beispiel sind die Zeitzuschläge, die die Beschäftigten im Einzelhandel für die Spätarbeit erhalten.

Übersicht V.1:

Tarifliche Regelungen zur Arbeitsgestaltung
Metallindustrie Nordwürttemberg-Nordbaden

Im Lohnrahmentarifvertrag II der *Metallindustrie Nordwürttemberg-Nordbadens* von 1973 finden sich detaillierte Bestimmungen zur Gruppen-, Fließband- und Taktarbeit. Bei Gruppenarbeit müssen deren Einführung und die dabei zu beobachtenden Grundsätze in einer Betriebsvereinbarung geregelt werden.

Im Tarifvertrag Entlohnungsgrundsätze der *Volkswagen AG* von 1984 wurden Vereinbarungen über die Soll-Personalbesetzung insbesondere von computergesteuerten Arbeitssystemen getroffen. Sie wird aufgrund arbeitssystembezogener Kenndaten (z.B. Nutzung, Ausbringung pro Schicht) zwischen dem Unternehmen und dem Betriebsrat festgelegt.

Im Manteltarifvertrag der *Druckindustrie* von 1990 sind in verschiedenen Anhängen Bestimmungen zum Einsatz von Fachkräften in verschiedenen Arbeitsbereichen des Gewerbes festgelegt. Für jeden Bereich gibt es spezielle Detailvorschriften.

Neben der Arbeitszeit sind die Arbeits- und Leistungsbedingungen selbst Gegenstand betrieblicher und tarifvertraglicher Regulierungen. Nachdem zunächst in Rationalisierungsschutzabkommen das Hauptgewicht auf den monetären Ausgleich von Einkommensverlusten bei Rationalisierung gelegt wurde, rückte seit Beginn der 1970er Jahre auch der Arbeits- und Produktionsprozess selbst in den Vordergrund. Unmittelbare Wirkung auf die Arbeitsintensität haben neben den arbeitsinhaltlichen und -organisatorischen Regelungen die tariflichen Bestimmungen zur Ermittlung der Leistungsvorgaben. Sie regeln letztlich das Lohn-Leistungs-Verhältnis und damit das Verhältnis von Einkommenshöhe und Verausgabung der Arbeitskraft. Überall dort, wo es keine zeitbezogenen Arbeitsentgelte gibt, ist die Frage der Definition einer „Normal-Leistung“ (*Bezugsleistung*), einschließlich der Ermittlung der erforderlichen Daten, ihrer statistischen Auswertung und die Feststellung der real erbrachten Leistung ein wichtiger Regelungsbereich.

Der tief greifende Umbruch der Unternehmens- und Betriebsorganisation verknüpft mit neuen Produktions- und Steuerungstechnologien und neuen Formen der Arbeitsorganisation entzieht allerdings den zum Teil jahrzehntealten Tarifbestimmungen zunehmend die Grundlage. Die Tarifierung flexibler, stark dezentraler auf Gruppenarbeit basierender Arbeits- und Organisationsformen ist nicht nur objektiv schwer zu bewerkstelligen, die Vorschläge der Gewerkschaften stoßen auch auf Widerstand der Unternehmen und Arbeitgeberverbände, die den so gewonnen Flexibilitäts- und damit auch Produktivitätszuwachs nicht einbüßen wollen.

2.2 Arbeitserschwernisse

Neben den aus der Arbeitszeit, den Arbeitsanforderungen und der Intensität der Leistungsverausgabung resultierenden Belastungen sind vor allem die sich aus den Arbeitsumgebungsbedingungen ergebenden Arbeitserschwernisse Gegenstand von tariflichen und betrieblichen Regelungen. So spielen die Zahl und das Ausmaß der Arbeitserschwernisse in vielen (Lohn-)Rahmentarifverträgen bei der Differenzierung der Lohn- und Gehaltsgruppen eine wichtige Rolle. Zu den Arbeitsumgebungseinflüssen gehören u.a. Schmutz, Staub, Öl/Fett, Hitze, Nässe, Säure, Lauge, Gase, Dämpfe, Lärm, Erschütterung, Blendung und Lichtmangel, Erkältungsgefahr, Unfallgefahr und hinderliche Schutzkleidung. In Systemen der analytischen *Arbeitsbewertung* als Grundlage der Lohndifferenzierung geht jede dieser Erschwerniskomponenten in die Berechnung des Arbeitswertes ein, der letztlich die Grundlage der Lohngruppenbildung bildet. Je größer die Belastung durch Erschwernisse, desto höher die Eingruppierung. Viele Tarifverträge sehen auch Erschwerniszuschläge vor. Solche Zuschläge können auch von den Betriebsräten auf betrieblicher Ebene durchgesetzt werden.

Diese betriebs- und tarifpolitische Strategie hat entgegen den ursprünglichen Zielvorstellungen die Unternehmen nicht zu einem nennenswerten Belastungsabbau veranlasst, weil die dadurch entstehenden zusätzlichen Kosten offensichtlich immer noch niedriger sind als diejenigen, die durch wirksame Arbeitsschutzmaßnahmen entstehen würden. Problematisch ist in diesem Zusammenhang, dass die betroffenen Beschäftigten aufgrund der Kopplung von Belastungsfaktoren und Lohnbestandteilen oftmals kein Interesse an einer spürbaren Reduzierung der Arbeitserschwernisse haben, weil die entsprechenden Einkommensbestandteile fest eingeplant sind und die Einkommensverhältnisse insgesamt einen Verzicht darauf schwer machen oder gar nicht erlauben.

2.3 Betriebliche Gesundheitsförderung und Mitbestimmung im Arbeits- und Gesundheitsschutz

Seit Beginn der 1980er Jahre haben verschiedene Maßnahmen und Aktivitäten der betrieblichen Gesundheitsförderung an Bedeutung gewonnen (vgl. auch Kap. „Gesundheit und Gesundheitssystem", Pkt. 3.1). Sie werden zum Teil in eigener Regie von den Betrieben und Unternehmen durchgeführt, zum Teil werden sie auch von den Krankenkassen initiiert und gefördert. Das Spektrum der Maßnahmen ist sehr breit gefächert. Dazu zählen u.a.

- betriebliche Gesundheitsberichte (z.B. Krankenstandsanalysen),
- Gesundheitserziehung/Verhaltensprävention (z.B. Stressmanagement, Rückenschule, Anti-Raucherprogramme),
- Fitnessprogramme (Sport, Gymnastikprogramme),
- Gesundheitsseminare (z.B. Yoga, Ernährung),
- Beratung und Betreuung für Suchtgefährdete,
- betriebliche Gesundheitszirkel zur Arbeitsverbesserung und zum Abbau von Gesundheitsrisiken (Verhältnisprävention).

So positiv die mit diesen Maßnahmen verbundenen Absichten generell zu werten sind, so schwer sind die tatsächlichen Wirkungen abzuschätzen. Eine kritische

Bilanzierung kommt u.a. zu folgenden Ergebnissen: Die ausschließlich auf individuelle Verhaltensprävention abzielenden Maßnahmen sind eher skeptisch zu beurteilen, weil sie häufig nur kurzfristige Wirkungen erreichen, die nicht von einer dauerhaften Verhaltensänderung begleitet werden. Positiver sind dagegen struktur- bzw. verhältnispräventive Maßnahmen einzuschätzen. Insbesondere betriebliche Gesundheitszirkel, an denen die verschiedenen betrieblichen Akteure und Gruppen beteiligt sind, können als wirkungsvolles Instrument eingesetzt werden, wenn die entsprechenden Rahmenbedingungen gegeben sind. Problematisch sind sie immer dann, wenn die Einrichtung nur vorübergehend erfolgt, die Beschäftigten eher symbolisch einbezogen werden und die Zirkel im Wesentlichen ein Instrument kurzfristiger Konzepte der Krankenstandssenkung bilden.

Übersicht V.2:

Gesundheitsförderung im Tarifvertrag Metallindustrie Niedersachsen

Detaillierte tarifliche Bestimmungen zur betrieblichen Gesundheitsförderung gibt es beispielsweise in der niedersächsischen Metallindustrie:

Dort sind die Betriebsparteien verpflichtet, eine Bestandsaufnahme über den Gesundheitsstand vorzunehmen. Sie sollen, differenziert für Abteilungen oder Betriebsgruppen, die Entwicklung der „Gesundheitsquote" in den letzten Jahren ermitteln. Auf der Grundlage der so ermittelten Daten werden Schwerpunkte der Gesundheitsförderung bestimmt. Ein konkreter Maßnahmenkatalog soll dem Ziel dienen, Technik, Arbeitsorganisation, sonstige Arbeitsbedingungen, soziale Beziehungen und Einfluss der Umwelt auf den Arbeitsplatz sachgerecht zu verknüpfen. Die Geschäftsleitung hat Betriebsrat und Belegschaft regelmäßig über die Entwicklung zu informieren.

Nicht nur die betriebliche Gesundheitsförderung, sondern sämtliche Maßnahmen und Konzepte des betrieblichen Arbeits- und Gesundheitsschutzes müssen die arbeitsschutzbezogenen Pflichten des Arbeitgebers und die diesbezüglichen Rechte der Beschäftigten berücksichtigen. Sie sind weit überwiegend in Gesetzen und Unfallverhütungsvorschriften festgelegt. Allerdings gibt es entsprechende Regelungen auch in Tarifverträgen, die z.B. auch den betrieblichen Umweltschutz miteinbeziehen. Sie sind nicht zuletzt eine Reaktion auf mangelnde Aktivitäten des Gesetzgebers auf diesem Gebiet.

3 Maßnahmen staatlicher Sozialpolitik: Der Arbeitsschutz

Der Arbeits- und Gesundheitsschutz stellt den Kernbereich präventiver Gesundheitspolitik in Deutschland dar. Seine Vorschriften sind vorrangig darauf ausgerichtet, die Ursachen von Gefährdungen im Arbeitsprozess zu beseitigen bzw. diese gar nicht entstehen zu lassen. Hinzu kommen Bestimmungen, die – im medizinischen Arbeitsschutz angesiedelt – die möglichst frühzeitige Erkenntnis (arbeitsbedingter) gesundheitlicher Beeinträchtigungen der Beschäftigten gewährleisten sollen, um diese im Zweifel von gefährdenden Tätigkeiten fernzuhalten. Die Arbeitsschutzvorschriften gelten grundsätzlich für die abhängig Beschäftigten, die wachsende Zahl von (Kleinst-)Selbständigen, die zum Teil unter ebenfalls sehr belastenden Arbeitsbedingungen tätig sind, wird dagegen nicht erfasst.

Die Gesamtheit der Arbeitsschutzvorschriften gilt als schwer durchschaubar und teilweise unsystematisch und lückenhaft, gleichwohl beinhaltet sie doch Rechtsansprüche, die nicht beliebig je nach den aktuellen politischen und ökonomischen Verhältnissen wieder verändert oder rückgängig gemacht werden können. Qualität und Präzision der Arbeitsschutzvorschriften entscheiden zu einem wesentlichen Teil mit über die Chancen der Beschäftigten, bei ihrer Arbeit gesund zu bleiben bzw. die Gesundheitsrisiken in der Arbeitswelt zu minimieren. Ein detailliertes Vorschriftenwerk ist insofern eine notwendige, aber keinesfalls hinreichende Voraussetzung für einen wirkungsvollen Arbeitsschutz.

3.1 Die rechtliche Struktur des Arbeitsschutzsystems

3.1.1 Staatliches Arbeitsschutzrecht und Unfallverhütungsrecht

Das Arbeitsschutzsystem ist zweigleisig aufgebaut (vgl. Abbildung V.3): Es besteht aus den staatlichen Arbeitsschutzvorschriften, im Wesentlichen Gesetze und Verordnungen des Bundes und zum Teil der Länder, und aus den Unfallverhütungsvorschriften der Berufsgenossenschaften, den Trägern der Gesetzlichen Unfallversicherung. Dieses *duale System* hat historische Ursachen: Seit der Durchsetzung der industriellen Revolution und der kapitalistischen Produktionsweise erließ der Staat etwa seit Mitte des 19. Jahrhunderts Schutzvorschriften zugunsten der abhängig Beschäftigten, die jedoch lange Zeit weder sehr zahlreich noch besonders wirksam waren. Als Beginn der staatlichen Arbeitsschutzgesetzgebung gilt allgemein das 1839 erlassene preußische „Regulativ über die Beschäftigung jugendlicher Arbeiter in Fabriken". Die Schutzvorschriften bezogen sich zunächst vor allem auf das „Gewerbe" mit der Folge, dass bis heute wesentliche Teile der staatlichen Arbeitsschutzvorschriften in der Gewerbeordnung (GewO) verankert oder von dort abgeleitet sind.

Im Zuge der Bismarckschen Sozialversicherungsgesetzgebung wurde 1884 auch die Gesetzliche Unfallversicherung eingerichtet. Ihre Träger, die Berufsgenossenschaften, sind auch zuständig für die Unfallverhütung und deswegen berechtigt, Unfallverhütungsvorschriften (UVVen) zu erlassen, die als Satzungsrecht die Mitglieder der jeweiligen Berufsgenossenschaft binden. Diese Unfallverhütungsvorschriften regeln im Wesentlichen branchenbezogene Bereiche, so sicherheitstechnische Anforderungen an Maschinen wie etwa hydraulische Pressen, Druckgießmaschinen, Drahtziehmaschinen, Hochöfen u.v.a.m. Demgegenüber werden in den staatlichen Vorschriften vor allem branchenübergreifende Probleme geregelt, wie etwa die Gestaltung der Arbeitsstätten.

Abbildung V.3:

Das Arbeitsschutzsystem in Deutschland

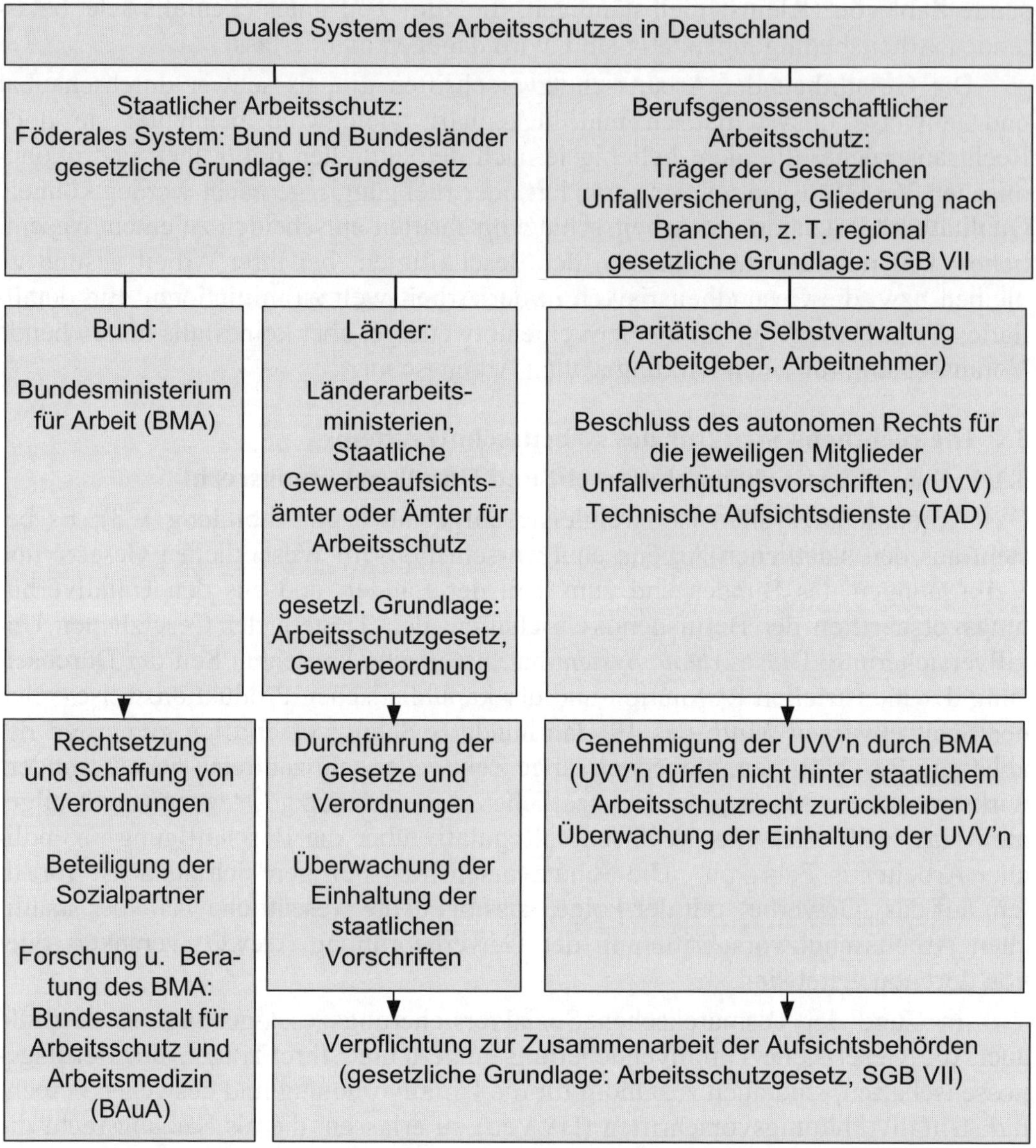

Trotz dieser generellen Arbeitsteilung kommt es zwischen den beiden Regelungswerken zu Überschneidungen und konkurrierenden Regelungen, die die Überschaubarkeit und damit die Effektivität des Vorschriftensystems stark beeinträchtigen. Unterteilt man die existierenden Arbeitsschutzregelungen nach inhaltlichen Kriterien, dann ergeben sich folgende sechs Hauptgruppen des Arbeitsschutzrechts:

- Maschinen, Geräte und technische Anlagen (z.B. Geräte- und Produktsicherheitsgesetz),
- Arbeitsstätten einschließlich Betriebshygiene (z.B. Arbeitsstättenverordnung),
- gefährliche Arbeitsstoffe und Strahlen (z.B. Gefahrstoffverordnung),
- Arbeitszeitregelungen (z.B. Arbeitszeitgesetz),
- Schutz bestimmter Personengruppen (z.B. Jugendarbeitsschutzgesetz),
- Arbeitsschutz-Organisation im Betrieb (z.B. Arbeitssicherheitsgesetz).

Die grundlegenden Pflichten der Arbeitgeber und ArbeitnehmerInnen in Bezug auf den Arbeitsschutz sind im *Arbeitsschutzgesetz* von 1996 enthalten.

Die Unübersichtlichkeit des Systems an Arbeitsschutzvorschriften wird schon an der Vorschriftenvielfalt deutlich. Mehrere Dutzend Gesetze und über 100 Rechtsverordnungen von Bund und Ländern befassen sich ausschließlich mit dem Arbeitsschutz. Darüber hinaus finden sich in einer weitaus größeren Zahl von Gesetzen und Verordnungen arbeitsschutzbezogene Bestimmungen. Ein ähnlich unübersichtliches Bild findet sich bei den Berufsgenossenschaften. Dort bestehen eine große Zahl verschiedener Mustervorschriften, die von den einzelnen Berufsgenossenschaften in unterschiedlicher Zahl als Unfallverhütungsvorschriften erlassen worden sind.

Seit Mitte der achtziger Jahre wird das nationale Vorschriftenwerk in zunehmendem Maße auch durch Bestimmungen der Europäischen Union beeinflusst. Neben zahlreichen Einzelrichtlinien ist vor allem die EU-Rahmenrichtlinie Arbeitsschutz von 1989 von Bedeutung, die erst im August 1996 als „Gesetz zur Umsetzung der EG-Rahmenrichtlinie Arbeitsschutz und weiterer Arbeitsschutz-Richtlinien" (Arbeitsschutzgesetz) in Kraft getreten ist (vgl. Pkt. 3.2.1 dieses Kapitels).

3.1.2 Aufbau und Entstehung von Arbeitsschutzvorschriften

Die Regelungen des bundesdeutschen Arbeitsschutzsystems sind fast ausnahmslos dadurch charakterisiert, dass sie Mindeststandards festlegen. Diese Standards reichen von der Festschreibung der Abmessungen von Arbeitsräumen über die Definition zulässiger Grenzwerte für bestimmte Arbeitsstoffe bis hin zu Beschäftigungsverboten bzw. -beschränkungen für bestimmte Personengruppen.

Die Arbeitsschutzvorschriften beschränken sich – mit wenigen Ausnahmen – auf die stofflich-materiellen Komponenten der Arbeit und der Arbeitsbedingungen. Nicht quantifizierbare, lediglich qualitativ zu charakterisierende Faktoren bleiben weitgehend unberücksichtigt. Hierzu zählen etwa der gesamte Komplex der Arbeitsorganisation und das damit eng verbundene Problem der Intensität der Verausgabung von Arbeitskraft.

Übersicht V.3:

Überblick über ausgewählte Bestimmungen des Arbeitsschutzsystems		
Sachgebiet	*Vorschriften und Bestimmungen*	*Inhalte/Normen*
1. Maschinen, Geräte, Technische Anlagen	- EG-Maschinenrichtlinie - Geräte- und Produktsicherheitsgesetz	- Inverkehrbringen und Ausstellen technischer Arbeitsmittel
2. Arbeitsstätten einschließlich Betriebshygiene	- Arbeitsstättenverordnung und Regeln für Arbeitsstätten - Unfallverhütungsvorschrift Lärm	- Mindestgröße der Arbeitsräume - Beleuchtung und Lüftung - Raumtemperatur - Flucht- und Rettungswege - Sozial- und Sanitäreinrichtungen
3. Gefährliche Arbeitsstoffe sowie Strahlen	- Chemikaliengesetz und Gefahrstoffverordnung - Strahlenschutzverordnung - Störfallverordnung	- Einstufung, Kennzeichnung, Verpackung und Umgang mit gefährlichen Stoffen
4. Arbeitszeit	- Arbeitszeitgesetz - Ladenschlussgesetz - Bäckereiarbeitszeitgesetz	- werktägliche Arbeitszeit - tägliche und wöchentliche Ruhezeiten - Pausen und Arbeitszeitlänge
5. Schutz besonderer Personengruppen	- Heimarbeitsgesetz - Jugendarbeitsschutzgesetz - Mutterschutzgesetz - Schwerbehindertenschutz (SGB IX) - Arbeitnehmerüberlassungsgesetz	- Beschäftigungsverbote - ärztliche Untersuchungen - Pausen und Arbeitszeitlänge
6. Organisation des Arbeitsschutzes im Betrieb	- Arbeitsschutzgesetz - Arbeitssicherheitsgesetz - Betriebsverfassungsgesetz und Personalvertretungsgesetze	- Aufgabenfelder und Zusammenarbeit von Betriebsärzten, Fachkräften für Arbeitssicherheit, Betriebs- und Personalräten

Jedes Arbeitsschutzsystem muss eine zentrale Aufgabe lösen: Einerseits müssen die Vorschriften hinreichend präzise sein, damit sie greifen und dem Adressaten, also dem Unternehmen, keine Ausweichmöglichkeiten lassen. Andererseits muss das System insgesamt so flexibel sein, dass es auch technische Entwicklungen und Veränderungen von Produktionsverfahren, Gefährdungen durch neue Arbeitsstoffe usw. berücksichtigt und nicht hinter der (technischen) Entwicklung in den Betrieben und Verwaltungen zurückbleibt. Diese doppelte Anforderung hat zur Konsequenz, dass die Verankerung von Vorschriften in Gesetzen allein nicht ausreicht. Der Gesetzgebungsapparat ist viel zu schwerfällig, als dass er diesen sich ständig weiterentwickelnden Anforderungen entsprechen könnte. Es hat sich daher im Laufe der geschichtlichen Entwicklung ein hierarchisch gegliedertes, duales System von Vorschriften mit unterschiedlicher rechtlicher Qualität herausgebildet.

Das besondere Strukturprinzip des bundesdeutschen Arbeitsschutzsystems, allgemeine Rahmenvorschriften mit konkretisierenden Durchführungsbestimmungen zu verbinden, die z.T. ihrerseits auf weitere Einzelbestimmungen verweisen, lässt erkennen, dass gerade die Entstehungsprozesse von Vorschriften unterhalb der Ebene des Gesetzgebers von besonderem Interesse sind. Während bei Arbeitsschutzgesetzen, die den normalen parlamentarischen Weg gehen, der Tatbestand der Einflussnahme durch die Industrie-Lobby (und auch durch die Gewerkschaften) bekannt ist und sich z.T. nach vorgeschriebenen Regeln (z.B. durch Anhörungen usw.) vollzieht, ist dies bei der Erstellung von Verordnungen, Vorschriften oder Richtlinien nicht der Fall. Unterhalb der Aufmerksamkeitsschwelle der Öffentlichkeit und nur einem kleinen Kreis von Arbeitsschutzexperten bekannt, werden aber gerade auf diesen unteren Ebenen für den Arbeits- und Unfallschutz wichtige Entscheidungen getroffen. Die Unübersichtlichkeit wird zusätzlich durch die große Zahl von Gesetz- und Vorschriftengebern wie auch Regelsetzern erhöht.

3.2 Inhalt und Struktur von Arbeitsschutzvorschriften

Um exemplarisch zumindest einen groben Einblick in die Inhalte des Arbeitsschutzes zu geben, sollen neben dem übergreifenden Arbeitsschutzgesetz beispielhaft einige Einzelgesetze und Vorschriften zu folgenden Bereichen vorgestellt werden:

- Arbeitsbedingungen: Arbeitszeitgesetz, Gefahrstoffverordnung,
- Schutz bestimmter Personengruppen: Frauenarbeitsschutz, Jugendarbeitsschutzgesetz, Schwerbehindertenschutz,
- Arbeitschutzorganisation: Arbeitssicherheitsgesetz.

3.2.1 Rahmenvorschriften: Arbeitsschutzgesetz

Das *Arbeitsschutzgesetz* von 1996 kodifizierte erstmals in der Geschichte des Arbeitsschutzes eine einheitliche gesetzliche Grundlage für den Arbeits- und Gesundheitsschutz der Beschäftigten in allen Tätigkeitsbereichen der privaten Wirtschaft und des öffentlichen Dienstes. Es beschreibt u.a. die Grundpflichten des Arbeitgebers, es legt allgemeine Grundsätze für die Arbeitsschutzmaßnahmen fest und schreibt dem Arbeitgeber eine Beurteilung der Arbeitsbedingungen und der damit verbunden Gefährdung für die Beschäftigten vor. Das Gesetz fixiert Rechte und Pflichten der Beschäftigten und regelt das Zusammenwirken von staatlichen Behörden und den Trägern der Gesetzlichen Unfallversicherung. Es ermächtigt ferner die Bundesregierung bzw. den Bundesarbeitsminister, Verordnungen und allgemeine Verwaltungsvorschriften zu erlassen, und sieht u.a. Bußgelder bei Verstößen vor (bis zu 25.000 €).

Die *allgemeinen Grundsätze* betonen vor allem den Grundsatz der Prävention, und geben Gestaltungsmaßnahmen den Vorrang vor persönlichen Schutzmaßnahmen. Die Maßnahmen sollen Technik, Arbeitsorganisation, sonstige Arbeitsbedingungen, soziale Beziehungen und Einflüsse der Umwelt auf den Arbeitsplatz sachgerecht miteinander verknüpfen. Damit wird die bislang vorherrschende systematische Ausblendung sozialer Faktoren aus dem Arbeits- und Gesundheitsschutz bewusst aufgebrochen. Darüber hinaus ist festgehalten, dass mittelbar oder unmittelbar geschlechtsspezifisch wirkende Regelungen nur zulässig sind, wenn dies aus biologischen Gründen zwingend geboten ist.

Der Arbeitgeber hat die Ergebnisse der Gefährdungsbeurteilungen zu dokumentieren und muss die Beschäftigten über Sicherheit und Gesundheitsschutz bei der Arbeit (gegebenenfalls regelmäßig) unterweisen. Bei besonderen Gefahren muss der Arbeitgeber u.a. dafür sorgen, dass nur Beschäftigte Zugang zu besonders gefährlichen Arbeitsbereichen haben, die zuvor geeignete Anweisungen erhalten haben.

Übersicht V.4:

Grundpflicht des Arbeitgebers nach § 3 ArbSchG:
„Der Arbeitgeber ist verpflichtet, die erforderlichen Maßnahmen des Arbeitsschutzes unter Berücksichtigung der Umstände zu treffen, die Sicherheit und Gesundheit der Beschäftigten bei ihrer Arbeit beeinflussen. Er hat die Maßnahmen auf ihre Wirksamkeit zu überprüfen und erforderlichenfalls sich verändernden Gegebenheiten anzupassen. Dabei hat er eine Verbesserung von Sicherheit und Gesundheitsschutz der Beschäftigten anzustreben.“

Die Beschäftigten werden durch das Gesetz verpflichtet, nach ihren Möglichkeiten sowie entsprechend der Unterweisung des Arbeitgebers für ihre Sicherheit und Gesundheit bei der Arbeit selbst Sorge zu tragen. Sie sind berechtigt, dem Arbeitgeber Vorschläge zu allen Fragen der Sicherheit und Gesundheitsschutzes zu machen. Sie haben unter bestimmten Umständen auch das Recht, sich an die zuständige Behörde zu wenden, ohne dass ihnen daraus Nachteile entstehen dürfen.

In der betrieblichen Umsetzung der Vorschriften gibt es erhebliche Defizite. Nach einer repräsentativen Befragung von Betriebsräten aus dem Jahr 2004 werden die vom Gesetz vorgeschriebenen Gefährdungsbeurteilungen lediglich in der Hälfte der Betriebe durchgeführt. Dabei bestehen erhebliche Unterschiede nach Betriebsgröße und Branche.

3.2.2 Arbeitszeitgesetz

Das *Arbeitszeitgesetz*, das 1994 die Arbeitszeitordnung von 1938 ablöste, stellt nicht nur eine Vereinheitlichung der bis dahin stark zersplitterten, zum Teil noch aus dem 19. Jahrhundert stammenden Arbeitszeitregelungen dar, sondern brachte auch erhebliche inhaltliche Änderungen mit sich. Es erlaubt – wie früher – eine flexible Verteilung der Arbeitszeit auf die Woche, allerdings sind Ausnahmen vom generellen Verbot der Sonn- und Feiertagsarbeit seitdem leichter möglich. Ferner wurde der bisherige besondere Frauenarbeitszeitschutz aus Gründen der Gleichbehandlung weitgehend aufgehoben. Bei der Dauer der Arbeitszeit und den Ruhepausen gelten nunmehr einheitliche Bestimmungen für männliche und weibliche Beschäftigte. Das Arbeitszeitrecht ist in Teilen tarifdispositiv, d.h. es kann durch Tarifverträge abweichend, und unter Umständen sogar ungünstiger gestaltet werden. Die grundlegenden Bestimmungen sehen u.a. vor:

- Die Höchstdauer der regelmäßigen Arbeitszeit darf werktäglich acht Stunden nicht überschreiten, d.h. eine Wochenarbeitszeit von Montag bis Samstag von 48 Stunden ist zulässig. Eine Verlängerung auf bis zu 10 Stunden täglich ist möglich, wenn innerhalb von 6 Monaten ein Ausgleich auf 8 Stunden täglich erfolgt. Abweichend davon kann ohne Ausgleich an höchstens 60 Tagen im Jahr die Arbeitszeit auf bis zu 10 Stunden werktäglich verlängert werden.
- Spätestens nach 6 Stunden Arbeit ist den Beschäftigten eine Pause einzuräumen. Die Pause beträgt bei 6 bis 9 Stunden Arbeit 30 Minuten, bei mehr als 9 Stunden 45 Minuten. Die Mindestruhezeit beträgt 11 Stunden nach Beendigung der täglichen Arbeitszeit.
- Es besteht ein grundsätzliches Beschäftigungsverbot an Sonn- und gesetzlichen Feiertagen. Davon kann in zahlreichen im Gesetz festgelegten Tätigkeitsbereichen (z.B. Not- und Rettungsdienste, Krankenhäuser, Hotels und Gaststätten, kulturelle und Freizeitveranstaltungen, Energieversorgung, Bewachungsgewerbe u.a.m.) abgewichen werden, wenn die Arbeiten nicht an Werktagen vorgenommen werden können.
- Darüber hinaus hat die Aufsichtsbehörde in weiteren Ausnahmefällen einen Ermessensspielraum. Sie hat Sonn- und Feiertagsarbeit zu bewilligen, "wenn bei einer weitgehenden Ausnutzung der gesetzlich zulässigen wöchentlichen Betriebszeiten und bei längeren Betriebszeiten im Ausland die Konkurrenzfähigkeit unzumutbar beeinträchtigt ist und durch die Genehmigung von Sonn- und Feiertagsarbeit die Beschäftigung gesichert werden kann".

3.2.3 Schutz einzelner Personengruppen

Jugendarbeitsschutzgesetz

Das Gesetz zum Schutze der arbeitenden Jugend (Jugendarbeitsschutzgesetz) gilt für alle Personen unter 18 Jahren, die sich in einer Berufsausbildung o.ä. befinden oder als ArbeitnehmerInnen bzw. HeimarbeiterInnen tätig sind. Es enthält neben einem, allerdings von Ausnahmen durchbrochenen, Kinderarbeitsverbot (bis 14 Jahre) vor allem Regelungen zu den Bereichen Arbeit und Freizeit, Beschäftigungsbeschränkungen und -verbote sowie zur gesundheitlichen Betreuung.

Jugendliche dürfen nicht mehr als 8 Stunden am Tag und 40 Stunden in der Woche arbeiten sowie nur in der Zeit von 6.00 bis 20.00 Uhr beschäftigt werden. Nachtarbeit ist also ebenso untersagt wie Samstags- und Sonntagsarbeit. Beide Verbote werden allerdings durch Ausnahmen abgeschwächt: In der Landwirtschaft darf während der Erntezeit länger gearbeitet werden, im Gaststättengewerbe bis 22.00 Uhr, in Bäckereien z.T. bereits ab 4.00 Uhr usw. Jugendliche haben einen längeren gesetzlichen Urlaub als Erwachsene: Er beträgt je nach Alter zwischen 25 und 30 Werktagen pro Jahr.

Jugendliche dürfen keine der im Gesetz näher bezeichneten gefährlichen Arbeiten, wie z.B. Akkord- und tempoabhängige Arbeiten sowie Untertagearbeit, ausüben. Auch hier gelten jedoch weit reichende Ausnahmen. Jugendliche unterliegen einer besonderen gesundheitlichen Betreuung: So müssen sie sich einer Erstuntersuchung bei der Einstellung sowie einer Nachuntersuchung nach Ablauf eines Jahres unterziehen. Weitere Nachuntersuchungen sind möglich, wenn auch nicht zwingend vorgeschrieben. Abgesehen davon, dass zahlreiche Ausnahmebestimmungen die Wirksamkeit des Gesetzes begrenzen, liegen die Hauptprobleme in dem großen Ausmaß der Verstöße gegen einzelne Bestimmungen und – wie bei allen Arbeitsschutzvorschriften – in der mangelhaften Kontrolle der Einhaltung des Gesetzes, für die die Gewerbeaufsichtsämter zuständig sind. Bei Verstößen können Geldbußen bis zu 15.000 € verhängt werden.

Frauenarbeitsschutz und Mutterschutz

Das Arbeitsschutzgesetz von 1996 enthält eine allgemeine Bestimmung, nach der spezielle Frauenarbeitsschutzbestimmungen nur dann zulässig sind, wenn dies aus biologischen Gründen gerechtfertigt ist. Diese Regelung trägt einer jahrelangen Diskussion über die Frage Rechnung, ob die Arbeitsschutzbestimmungen die Frauen tatsächlich umfassend vor gesundheitsschädigenden Belastungen in der Erwerbsarbeit schützen und inwieweit sie Ausdruck einer (indirekten) Benachteiligung der Frauen darstellen.

Die Arbeitsschutzbestimmungen, die speziell für Frauen gelten, beziehen sich im Wesentlichen auf die Bereiche Mutterschutz und spezielle Beschäftigungsbeschränkungen. Die Arbeitsschutzvorschriften zum Mutterschutz zielen darauf ab, die gesundheitlichen Risiken, die sich aus dem Arbeitsprozess für Mutter und Kind während der Schwangerschaft und in der Zeit danach ergeben können, möglichst weitgehend auszuschalten. Das Mutterschutzgesetz enthält als wichtigste Bestimmung ein Verbot der Beschäftigung sechs Wochen vor und acht Wochen nach der Entbindung. Darüber hinaus verbietet das Gesetz die Mehr- und Nachtarbeit, die Akkord- und Fließbandarbeit sowie solche schwere körperliche und andere Arbeiten, bei denen Schwangere schädlichen Einwirkungen von gesundheitsgefährdenden Stoffen oder Strahlen, Staub, Gasen, Dämpfen, Hitze, Kälte, Nässe, Erschütterungen oder Lärm ausgesetzt sind.

Sonstige generelle Beschäftigungsverbote für Arbeitnehmerinnen sind auf den Untertagebau beschränkt; im Baugewerbe dagegen gibt es keine Ausnahmen mehr. Zum Schutz der Frauen im gebärfähigen Alter sieht die Gefahrstoffverordnung ein Verbot des Umgangs mit Stoffen vor, die Blei oder Quecksilberalkyle enthalten.

Schwerbehindertenschutz – Sozialgesetzbuch IX

Gesundheitlich beeinträchtigte und schwerbehinderte ArbeitnehmerInnen gehören zu den besonders benachteiligten Gruppen des Arbeitsmarktes (vgl. Bd. I, Kap. „Arbeit und Arbeitsmarkt", Pkt. 6). Mit dem arbeitsrechtlichen *Schwerbehindertenschutz*, der seit 2001 Bestandteil des Sozialgesetzbuches IX „Rehabilitation und Teilhabe behinderter Menschen" ist, soll dieser Beschäftigtengruppe ein besonderer Schutz am Arbeitsplatz und im Erwerbsleben zuteil werden. Die Vorschriften gelten für alle Personen mit einem Grad der Behinderung von mindestens 50 %. Der amtlichen Statistik zufolge sind dies rund 6,7 Mio. Menschen in der Bundesrepublik, wovon die meisten aber nicht (mehr) im Erwerbsleben stehen. (vgl. Kap. „Gesundheit und Gesundheitssystem", Pkt. 2.2).

Das SGB IX enthält nicht nur spezielle Arbeitsschutzvorschriften, sondern sieht auch Bestimmungen vor, die die Beschäftigungssituation der Schwerbehinderten insgesamt verbessern sollen:

So müssen alle privaten und öffentlichen Arbeitgeber, die über mindestens 20 Arbeitsplätze verfügen, auf mindestens 5 % der Arbeitsplätze Schwerbehinderte beschäftigen (Pflichtquote). Dabei sind schwerbehinderte Frauen besonders zu berücksichtigen. Solange dieser Anteil nicht erreicht wird, muss für jeden nicht besetzten Pflichtplatz monatlich eine Ausgleichsabgabe von 105, 180 bzw. 260 € gezahlt werden, je nachdem ob die Beschäftigungsquote über 3 %, zwischen 2 bis 3 % oder unter 2 % liegt.

Eine Kündigung des Arbeitsverhältnisses ist nicht ohne weiteres möglich. Sie bedarf der vorherigen Zustimmung des Integrationsamtes. Dieses holt vor seiner Entscheidung eine Stellungnahme der Arbeitsagentur, des Betriebs- oder Personalrates und der Schwerbehindertenvertretung ein und hört auch den Betroffenen an.

Von zentraler Bedeutung für die Durchführung des Gesetzes sind die *Integrationsämter* (früher: Hauptfürsorgestelle). Ihnen obliegt nicht nur der Kündigungsschutz, sondern auch die Erhebung und Verwendung der Ausgleichsabgabe und die Leistung begleitender Hilfen im Arbeits- und Berufsleben. Die Arbeitgeber müssen durch geeignete Maßnahmen sicherstellen, dass die Schwerbehinderten eine möglichst dauerhafte behinderungsgerechte Beschäftigung finden. Sie haben die Schwerbehinderten zur Förderung ihres beruflichen Fortkommens bei innerbetrieblichen Maßnahmen der beruflichen Fortbildung bevorzugt zu berücksichtigen. In jedem Betrieb mit mindestens fünf Schwerbehinderten ist eine Vertrauensperson zu wählen, die die Interessen dieser Beschäftigten zu vertreten hat. Das Gesetz enthält darüber hinaus u.a. Bestimmungen zur Förderung der Werkstätten für Behinderte und zur kostenlosen Beförderung von Schwerbehinderten im öffentlichen Personenverkehr.

In der Praxis zeigt der Schwerbehindertenschutz längst nicht die erforderliche Wirkung: So wird die vorgeschriebene Pflichtquote keinesfalls in allen Betrieben und Verwaltungen erreicht, weil die gestaffelte und im Durchschnitt gering bemessene Ausgleichsabgabe offensichtlich kein wirksames Mittel darstellt, um die Beschäftigungssituation der Schwerbehinderten nachhaltig zu verbessern. Auch hat der besondere Kündigungsschutz die hohe Arbeitslosigkeit der Schwerbehinderten nicht verhindern können.

3.2.4 Gefahrstoffverordnung

Die Verordnung zum Schutz vor Gefahrstoffen (*Gefahrstoffverordnung*) wurde aufgrund von Ermächtigungen des Chemikaliengesetzes erlassen und zuletzt Ende 2004 novelliert. Sie beinhaltet Vorschriften über das Inverkehrbringen gefährlicher Stoffe und Zubereitungen sowie über den Umgang mit Gefahrstoffen. Die Anhänge der Verordnung enthalten u.a. spezielle Bestimmungen zur Einstufung und Kennzeichnung von Gefahrstoffen und spezielle Vorschriften zum Umgang mit besonderen, z.B. krebserzeugenden Stoffen. Für bestimmte Stoffe sieht die Verordnung Herstellungs- und Verwendungsverbote bzw. allgemeine Beschäftigungsverbote und -beschränkungen vor.

Aus Sicht des Arbeits- und Gesundheitsschutzes sind vor allem die Vorschriften zum Umgang mit Gefahrstoffen von Bedeutung. Sie gelten für alle Stoffe und Zubereitungen, die explosionsgefährlich, brandfördernd, entzündlich, giftig, ätzend, reizend, sensibilisierend, krebserzeugend, fortpflanzungsgefährdend, erbgutverändernd, umweltgefährlich sind oder sonstige chronisch schädigende Eigenschaften besitzen. Sie verpflichten zunächst den Arbeitgeber zu einer umfassenden *Gefährdungsbeurteilung* und der darauf basierenden Festlegung von Schutzmaßnahmen. Unter anderem muss geprüft werden, ob es Stoffe mit geringerem Gesundheitsrisiko gibt und welche Arbeitsplatzgrenzwerte, z.B. die sog. Maximalen Arbeitsplatzkonzentrationen (MAK-Wert), oder biologischen Grenzwerte einzuhalten sind.

Bei den vorgesehenen Schutzmaßnahmen ist eine feste Rangfolge vorgeschrieben: An erster Stelle steht die Gestaltung geeigneter Verfahren und die Verwendung geeigneter Arbeitsmittel und Materialien nach dem Stand der Technik. An zweiter Stelle folgen kollektive Schutzmaßnahmen an der Gefahrenquelle, z.B. durch angemessene Be- und Entlüftung, und schließlich drittens Vorschriften zur Durchführung von individuellen Schutzmaßnahmen, z.B. auch die Anwendung von persönlicher Schutzausrüstung. Durch verständliche Betriebsanweisungen sind die Beschäftigten zu informieren, welche Gefahren ihnen drohen und welche Schutzmaßnahmen und Verhaltensregeln beachtet werden müssen. Ferner enthält die Verordnung detaillierte Vorschriften über arbeitsmedizinische Vorsorgeuntersuchungen.

3.2.5 Arbeitsstättenverordnung

Die *Verordnung über Arbeitsstätten* wurde erstmalig im Jahr 1975 erlassen und im Jahr 2004 auf Grundlage des Arbeitsschutzgesetzes komplett neu gefasst. An die Stelle eines detaillierten Vorschriftenwerks mit 58 Paragrafen trat eine auf acht Paragrafen reduzierte Verordnung. Sie wird durch einen Anhang mit speziellen Anforderungen an die Arbeitsstättengestaltung ergänzt, die aber weit weniger detailliert ausgeprägt sind. Die erklärte politische Absicht war, den Arbeitsschutz in diesem Bereich zu „entbürokratisieren" und den Betrieben mehr Gestaltungsspielraum zu geben.

Die Arbeitgeber werden verpflichtet, die Arbeitsstätten so einzurichten und zu betreiben, dass von ihnen keine Gefährdungen für Sicherheit und Gesundheit der Beschäftigten ausgehen. Sie müssen dabei die Regeln für Arbeitsstätten berücksichtigen, die vom neu eingerichteten *Ausschuss für Arbeitsstätten* ermittelt werden sollen.

In diesem Ausschuss sind die privaten wie öffentlichen Arbeitgeber, die Gewerkschaften und die Wissenschaft mit je drei Personen vertreten. Die bislang bestehenden Arbeitsstättenrichtlinien gelten nur noch für eine Übergangsfrist von sechs Jahren. Bis dahin soll ein neues Regelwerk geschaffen werden. Bei seiner Arbeit hat der Ausschuss die allgemeinen Grundsätze des Arbeitsschutzes (§ 4 Arbeitsschutzgesetz) zu berücksichtigen. Die von ihm zu erstellenden Arbeitsstätten-Regeln müssen insbesondere den Stand von Technik, Arbeitsmedizin und Hygiene sowie sonstige gesicherte arbeitswissenschaftliche Erkenntnisse berücksichtigen.

Zentrale Regelungsbereiche der Arbeitsstättenverordnung sind die allgemeinen Anforderungen an Arbeitsgebäude (z.B. Konstruktion und Festigkeit, Energieverteilungsanlagen, Fenster, Türen, Tore, Raumabmessungen), Maßnahmen zum Schutz gegen besondere Gefahren (Brandschutz, Fluchtwege), die Bedingungen am Arbeitsplatz (u.a. Lüftung, Raumtemperaturen, Beleuchtung, Schutz gegen Lärm, Bewegungsfläche am Arbeitsplatz) sowie Anforderungen an Pausen-, Sanitär- und Erste-Hilfe-Räume.

3.2.6 Betrieblicher Arbeitsschutz: Arbeitssicherheitsgesetz

Das Gesetz über Betriebsärzte, Sicherheitsingenieure und andere Fachkräfte für Arbeitssicherheit (*Arbeitssicherheitsgesetz* – ASiG) schreibt den Betrieben den Einsatz von Betriebsärzten und Sicherheitsfachkräften verbindlich vor. Für die Einsatzzeit der Betriebsärzte und der Fachkräfte werden in Unfallverhütungsvorschriften der Berufsgenossenschaften genaue Vorgaben gemacht, die je nach Branche und Arbeitsbereich sehr unterschiedlich ausfallen können. Dem einzelnen Arbeitgeber ist freigestellt, ob er haupt- oder nebenamtliche Mediziner und Fachkräfte oder ein überbetriebliches Zentrum verpflichten will.

Die sehr umfassend definierten Aufgaben der Betriebsärzte beinhalten u.a. die Beratung des Arbeitgebers bei Planung und Unterhaltung von Betriebsanlagen, bei der Einführung von Arbeitsverfahren und Arbeitsstoffen, bei arbeitsphysiologischen, arbeitspsychologischen und sonstigen ergonomischen sowie arbeitshygienischen Fragen. Hinzu kommen die Untersuchung der ArbeitnehmerInnen, ihre arbeitsmedizinische Beurteilung und Beratung sowie die Erfassung und Auswertung der Untersuchungsergebnisse, die Beobachtung der Durchführung des Arbeitsschutzes und der Unfallverhütung und die im Zusammenhang damit regelmäßig vorzunehmende Begehung der Arbeitsstätten. Ferner sollen die Betriebsärzte Maßnahmen zur Beseitigung der festgestellten Mängel vorschlagen, Ursachen von arbeitsbedingten (nicht nur Berufs-)Krankheiten untersuchen und Maßnahmen zur Verhütung dieser Erkrankungen vorschlagen. Sie sollen darauf hinwirken, dass alle im Betrieb Beschäftigten sich den Anforderungen des Arbeitsschutzes und der Unfallverhütung entsprechend verhalten. Für die Arbeitssicherheitsfachkräfte gelten entsprechende Aufgaben. Beide Gruppen sind zur Zusammenarbeit mit dem Betriebsrat verpflichtet.

Die umfassende Aufgabenstellung, die erstmals in einem Arbeitsschutzgesetz auch die Analyse arbeitsbedingter Erkrankungen zum Gegenstand des Arbeitsschutzes erklärt, macht das ASiG zu einem arbeitsschutzpolitischen Gesetz von zentraler Bedeutung, das die arbeitsmedizinische und sicherheitstechnische Versorgung und Betreuung der Arbeitnehmer in der Bundesrepublik quantitativ und qualitativ zweifellos deutlich verbessert hat.

3.3 Wirksamkeit von Arbeitsschutzvorschriften

Die Wirkung von präventiven Arbeitsschutzvorschriften hängt nicht nur von der Qualität ihrer Inhalte, sondern gleichermaßen von ihrer praktischen Umsetzung und Kontrolle ab. Angesichts des für die Unternehmen grundsätzlich bestehenden Interessenkonflikts zwischen betriebswirtschaftlichen Rentabilitätskalkülen und der Realisierung der Arbeitsschutzvorschriften kommt insbesondere der *Kontrolle* eine Schlüsselfunktion zu.

Der größte Teil der Arbeitsschutzvorschriften muss im Betrieb angewandt, und die Einhaltung der Bestimmungen muss auch vor Ort kontrolliert werden. Zu den wichtigen betrieblichen Akteuren, die Verantwortung für den Arbeitsschutz tragen, zählen neben dem Arbeitgeber, den Betriebsärzten und den Sicherheitsfachkräften die betrieblichen Interessenvertretungen. In Betrieben, in denen es einen Betriebsarzt oder eine Sicherheitsfachkraft gibt, ist darüber hinaus ein Arbeitsschutzausschuss zu bilden, der Fragen des Arbeitsschutzes und der Unfallverhütung berät. Ihm gehören sämtliche genannten Akteure an.

Das *Betriebsverfassungsgesetz* enthält eine Reihe von für den Arbeitsschutz wichtigen Paragrafen. Sie regeln die Kontroll-, Mitsprache-, und Mitbestimmungsrechte des Betriebsrates. So hat der Betriebsrat bei Regelungen über die Verhütung von Arbeitsunfällen und Berufskrankheiten sowie über den Gesundheitsschutz im

Rahmen der gesetzlichen Vorschriften oder der Unfallverhütungsvorschriften mitzubestimmen. In einem weiteren Bereich hat er Informations- und Beratungsrechte sowie ein initiatives Mitbestimmungsrecht: Der Arbeitgeber hat den Betriebsrat über die Planung von Neu-, Um- und Erweiterungsbauten, von technischen Anlagen, Arbeitsverfahren, Arbeitsabläufen und Arbeitsplätzen rechtzeitig unter Vorlage der erforderlichen Unterlagen zu unterrichten. Dabei sollen die gesicherten arbeitswissenschaftlichen Erkenntnisse über die menschengerechte Gestaltung der Arbeit berücksichtigt werden.

In der Praxis zeigt sich, dass das arbeitsschutzpolitische Durchsetzungsvermögen der Betriebsräte, vor allem in Klein- und Mittelbetrieben, in denen immerhin weit über die Hälfte der Beschäftigten arbeiten, nur unzureichend entwickelt ist.

Die Aufsichtsdienste im Arbeitsschutz: Gewerbeaufsicht und technische Aufsichtsbeamte der Berufsgenossenschaften

Zwar ist die betriebliche Interessenvertretung durch das BetrVG zur Kontrolle des Unternehmens in Sachen Arbeitsschutz verpflichtet, die Hauptaufgabe in diesem Bereich liegt jedoch bei den staatlichen Gewerbeaufsichtsbeamten und beim technischen Aufsichtsdienst der Berufsgenossenschaften, den technischen Aufsichtsbeamten (TAB).

Die Gewerbeaufsichtsämter bzw. die Ämter für Arbeitsschutz sind bei den Ländern angesiedelt, regional gegliedert und beschäftigten (2005) 3.870 Gewerbeaufsichtsbeamte. Die Gesetzliche Unfallversicherung wird von 35 gewerblichen Berufsgenossenschaften, 19 landwirtschaftlichen Berufsgenossenschaften und 33 Unfallversicherungsträgern der öffentlichen Hand getragen. Die gewerblichen Berufsgenossenschaften sind im Gegensatz zu den Gewerbeaufsichtsämtern in erster Linie nach Branchen und nur zum Teil (brancheninterm) regional organisiert. Insgesamt hatten die Träger der Gesetzlichen Unfallversicherung (2005) 3.065 technische Aufsichtsbeamte mit Besichtigungstätigkeit eingesetzt. Neben den Gewerbeaufsichtsämtern und dem technischen Aufsichtsdienst der Berufsgenossenschaften sind die Technischen Überwachungsvereine als Kontrollinstitutionen tätig. Als Sanktionsmittel stehen den beiden Aufsichtsdiensten bei ihrer Arbeit verschiedene Mittel und Maßnahmen mit z.T. unterschiedlicher rechtlicher Grundlage zur Verfügung wie z.B. die Revisions- und Besichtigungsschreiben, Anordnungen und schließlich Zwangsmaßnahmen. Bußgelder und Strafanzeigen stellen die härteste Maßnahme der Aufsichtsdienste zur Ahndung von Verstößen gegen die Arbeitsschutzvorschriften dar.

Insgesamt wurden im Jahr 2005 rund 162.405 von 2.030.712 Betrieben besichtigt. Allein diese Zahlen belegen, dass die Ämter mit ihrer Kontrollaufgabe bei ihrem derzeitigen Personalstand überfordert sind. Dabei besteht ein erhebliches Betriebsgrößengefälle. Während von den Betrieben mit 200 bis 1000 Beschäftigten gut die Hälfte von den Besichtigungen erfasst werden, ist es bei den Kleinbetrieben mit bis zu 19 Beschäftigten weniger als jeder zehnte.

Arbeitsschutz im Strukturwandel

Trotz seines ausgeprägten Beharrungsvermögens hat das deutsche Arbeitsschutzsystem in den vergangenen zwei Jahrzehnten einen bemerkenswerten Wandel durchlaufen. Das Geflecht von Arbeitsschutzvorschriften hat – insbesondere infolge der Reformaktivitäten der siebziger Jahre sowie durch die Umsetzung der EU-Richtlinien in jüngster Vergangenheit – an Systematik und Flächendeckung gewonnen. Eine durchgehende Präventionsorientierung bei gleichzeitig systematischer Abstufung der Schutzmaßnahmen lässt das Vorschriftensystem zwar nicht als vorbildlich, aber mittlerweile doch als sehr vorzeigbar erscheinen.

Positiv ist in diesem Zusammenhang zu vermerken, dass auch die – staatlich geförderte – arbeitsschutzbezogene Forschung den Erkenntnisbestand für betriebsbezogene Gesundheitspolitik langsam aber sicher erweitert hat. Dennoch bestehen in einigen Bereichen immer noch erhebliche Forschungslücken. Zudem ist in der betrieblichen Praxis ein beträchtliches Umsetzungsdefizit zu konstatieren. Die Bundesregierung hat deswegen verschiedene Förderprogramme und Initiativen aufgelegt, die diese Defizite beseitigen sollen. Seit 2000 besteht das "Programm zur Förderung von Modellvorhaben zur Bekämpfung arbeitsbedingter Erkrankungen", das vor allem auf den Transfer neuer Erkenntnisse auf diesem Gebiet in die betriebliche Praxis zielt. Darüber hinaus soll die 2001 gegründete „Initiative Neue Qualität der Arbeit“ (INQA) als Zusammenschluss von Bund, Ländern, Sozialversicherungspartnern, Gewerkschaften und Arbeitgeberverbänden sowie Unternehmen einen Beitrag zur Verknüpfung von positiven, gesundheits- und persönlichkeitsförderlichen Arbeitsbedingungen mit der Notwendigkeit wettbewerbsfähiger Arbeitsplätze leisten.

Der Handlungsdruck für die Weiterentwicklung des Arbeits- und Gesundheitsschutzes wird nicht zuletzt aufgrund des *demografischen Wandels* größer. Der Anteil der Beschäftigten zwischen dem 45. und 64. Lebensjahr wird von 2000 bis 2010 von 37 % auf 42 % steigen und die Heraufsetzung des gesetzlichen Rentenalters wird diesen Trend noch verstärken (vgl. Kap. „Alter“, Pkt. 12). Diese Wandlung der Altersstruktur verstärkt die Notwendigkeit der Entwicklung alternsgerechter Arbeitsstrukturen. Nur wenn es gelingt, dies zum Leitkriterium betrieblichen Handelns vom Arbeitsschutz über die Gestaltung der Leistungsanforderungen bis hin zur Weiterbildungspolitik und langfristigen Personalplanung zu machen, bestehen realistische Aussichten auf eine erfolgreiche Umsetzung solcher Konzepte.

4 Entgeltfortzahlung im Krankheitsfall

4.1 Ausgangslage und gesetzliche Grundlagen

Die Entgeltfortzahlung im Krankheitsfall dient in erster Linie dem Ausgleich des Einkommensausfalls während Zeiten der Arbeitsunfähigkeit und hat insofern vorrangig eine monetäre Kompensationsfunktion. Die Leistungen nach dem *Entgeltfortzahlungsgesetz* (EFZG) werden unabhängig von der Verursachung der Arbeits-

auch nur einen indirekten Arbeitsweltbe-
Entgeltfortzahlung eine gesundheitsför-
n Voraussetzungen dafür schafft, die Ge-
rbeit und damit auch ohne den Druck ar-
tellen.

n, die ein erwerbsloses Einkommen garan-
auch die Entgeltfortzahlung immer wieder
litischer Kontroversen. Während die Be-
dige und sinnvolle Leistung bewerten, ar-
alverdacht des Missbrauchs durch die an-
und fordern zumindest eine restriktive
ie Durchsetzung der Entgeltfortzahlung im
ft und ihre Ausgestaltung unterlag im Lau-

ntgeltfortzahlung reichen bis ins 19. Jahr-
kaufmännischen Angestellten einen An-
der dann auch auf die technischen Ange-
ürgerlichen Gesetzbuch (1896) wurde eine
ten verankert. In der Nachkriegszeit gelang
ortzahlungsgesetz 1969 die völlige Gleich-
stellten, wobei der Arbeitskampf um die
steinischen Metallindustrie 1956/57 eine
unterschiedlichen Rechtsgrundlagen wur-
zusammengefasst. Die 1996 vorgenomme-
rtzahlung von 100 auf 80 % des Nettoein-
ertragliche Regelungen ausgeglichen. Nach
setzliche Kürzung von der rot-grünen Re-
macht.

e Bestimmungen: Wenn ein/e Arbeitneh-
e einer Krankheit die Arbeitsleistung nicht
volle Entgeltfortzahlung bis zur Dauer von
ch bei Maßnahmen der medizinischen Vor-
gebend ist das den Beschäftigten bei regel-
entgelt.

en dabei berücksichtigt:

.B. Stunden- oder Akkordlohn, Monatsge-

ntagsarbeit, für Gefahren oder Erschwernis-

- Aufwendungsersatz, wenn die Aufwendungen auch während der Krankheit anfallen,
- allgemeine Lohnerhöhungen (oder Lohnminderungen).

Das Überstundenentgelt wird bei der Entgeltfortzahlung nicht berücksichtigt. Die Tarifparteien haben das Recht, die Bemessungsgrundlage der Entgeltfortzahlung anders festzulegen, also beispielsweise auch die Mehrarbeitsvergütung einzubeziehen, sie können aber auch nach unten davon abweichen.

Der Anspruch entsteht erst nach vierwöchiger ununterbrochener Dauer des Arbeitsverhältnisses. Jede neue krankheitsbedingte Arbeitsunfähigkeit begründet einen erneuten Anspruch auf Entgeltfortzahlung. Wird ein Beschäftigter wegen derselben Krankheit arbeitsunfähig, hat er nur dann einen (erneuten) Anspruch auf Entgeltfortzahlung, wenn diese Erkrankung mindestens sechs Monate zurückliegt oder wenn seit Beginn der ersten Arbeitsunfähigkeit infolge dieser Krankheit mindestens zwölf Monate vergangen sind.

Die Beschäftigten sind verpflichtet, dem Arbeitgeber die Arbeitsunfähigkeit und die voraussichtliche Dauer unverzüglich mitzuteilen und – wenn sie länger als drei Kalendertage dauert – eine ärztliche Bescheinigung (Attest) beizubringen. Sie sind nicht verpflichtet, den Arbeitgeber über die Art der Erkrankung und die Krankheitssymptome zu unterrichten. Der Arbeitgeber ist berechtigt, die Vorlage der Bescheinigung früher zu verlangen. Bei einem Auslandsaufenthalt sind die Beschäftigten verpflichtet, die voraussichtliche Dauer, Fall der Arbeitsunfähigkeit und die Adresse am Aufenthaltsort schnellstmöglich mitzuteilen. Der Arbeitgeber kann die Entgeltfortzahlung verweigern, wenn die Bescheinigung nicht vorliegt oder wenn die Beschäftigten ihren Mitteilungspflichten nicht nachkommen.

Die Krankenkassen können, wenn sie Zweifel an der Arbeitsunfähigkeit eines versicherten Arbeitnehmers haben, diesen durch den Medizinischen Dienst der Krankenversicherung untersuchen lassen. Das kann auch auf Verlangen des Arbeitgebers erfolgen, wenn dieser Zweifel an der Arbeitsunfähigkeit darlegt. Solche Zweifel sind laut SGB insbesondere in den Fällen anzunehmen, in denen der/die Versicherte auffällig häufig oder auffällig nur für kurze Dauer arbeitsunfähig ist oder der Beginn der AU häufig auf einen Arbeitstag am Beginn oder am Ende einer Woche fällt. Das Gleiche gilt, wenn die AU von einem Arzt festgestellt worden ist, der durch die Häufigkeit der von ihm ausgestellten Bescheinigungen auffällig geworden ist. Die Bestimmungen des Gesetzes sind mit Ausnahme des Festlegung der Bemessungsgrundlage unabdingbar, das heißt, sie dürfen nicht zuungunsten der Beschäftigten abgeändert werden.

4.2 Krankenstand und Entgeltfortzahlung – eine sozialpolitische Dauerkontroverse

Auch wenn seit Mitte der neunziger Jahre der Krankenstand sinkt und sich auf einem historischen Tiefstand befindet, ist die Diskussion um das Wechselverhältnis von Krankenstand und Entgeltfortzahlung keineswegs irrelevant geworden. Immer wiederkehrend ist in der Vergangenheit der Krankenstand der Erwerbstätigen und damit zusammenhängend die Entgeltfortzahlung im Krankheitsfall Gegenstand (sozial-)politischer Kontroversen. Aus Sicht der Unternehmen gilt der Krankenstand der Beschäftigten als zu hoch, er verursache erhebliche Kosten, beeinträchtige die Wettbewerbsfähigkeit der deutschen Wirtschaft und gefährde dadurch letztendlich auch Arbeitsplätze. Zur Untermauerung dieser Kritik wird in der Regel mit der Krankenstandstatistik argumentiert. Die hohe Zahl der Arbeitsunfähigkeitsmeldungen am Wochenanfang („blauer Montag“) (vgl. Abbildung V.4), die starken Schwankungen im Konjunkturverlauf mit einem Anstieg des Krankenstandes in konjunkturellen Hochphasen und auch das angeblich im internationalen Vergleich hohe Niveau der Fehlzeiten werden als Belege angeführt.

Tabelle V.7:

Entwicklung des Krankenstands 1970 - 2006

	Alte Bundesländer	Neue Bundesländer	Deutschland
	Arbeitsunfähigkeit der Pflichtmitglieder der GKV in %		
1970	5,60		
1975	5,30		
1980	5,67		
1985	4,66		
1990	5,20		
1995	5,08	5,09	5,08
2000	4,20	4,31	4,22
2001	4,18	4,26	4,19
2002	4,00	4,07	4,02
2003	3,60	3,66	3,61
2004	3,38	3,42	3,39
2005	3,62	3,85	3,66
2006	3,29	3,39	3,31

Quelle Bundesministerium für Gesundheit, Gesetzliche Krankenversicherung, Mitglieder, mitversicherte Angehörige und Krankenstand, Berlin 2007.

Als Ursache für den Krankenstand werden häufig die unzureichende Arbeitsmoral und die damit eng verknüpfte missbräuchliche Inanspruchnahme von sozialen Leistungen genannt. Insbesondere die vermeintlich zu komfortable Ausstattung der gesetzlichen Regelung zur Entgeltfortzahlung verführe geradezu zum „Krankfeiern“. Als Mittel zur Beseitigung der Missstände werden verschiedene Maßnahmen von verschärften Missbrauchskontrollen über die Einführung von Karenztagen bis hin zur Kürzung des fortzuzahlenden Entgelts vorgeschlagen. Gelegentlich wird auch das Konstruktionsprinzip selbst, die Finanzierung der Entgeltfortzahlung durch den einzelnen Arbeitgeber, infrage gestellt und stattdessen eine (privat)versicherungsrechtliche Lösung vorgeschlagen.

Diese Kritik lässt gesicherte Erkenntnisse zur Entwicklung und Verursachung von Arbeitsunfähigkeit und Krankenstand außer Acht. Die Krankenstandsstatistik, die den (an Stichtagen gemessenen) prozentualen Anteil der arbeitsunfähigen Pflichtmitglieder an allen Pflichtmitgliedern der GKV wiedergibt, zeigt vielmehr einen entgegen gesetzten Befund an (vgl. Tabelle V.7): In dem Zeitraum ab 1970 (für die alten Bundesländer) schwankt der Krankenstand um 5 % und sinkt dann ab Mitte der 1990er Jahre kontinuierlich ab.

Die Ende der 1960er Jahre bei Verabschiedung des Lohnfortzahlungsgesetzes geäußerte Befürchtung eines (dauerhaften) Anstiegs des Krankenstandes hat sich also nicht bewahrheitet. Die Veränderung des Krankenstandes im Zeitablauf korreliert deutlich mit der Entwicklung auf dem Arbeitsmarkt. In Zeiten ansteigender Arbeitslosigkeit geht der Krankenstand zurück, bei wirtschaftlicher Erholung steigt er in der Regel wieder an. Der krisenbedingte Rückgang ist im Wesentlichen Ausdruck der Tatsache, dass viele ArbeitnehmerInnen aus Sorge um den eigenen Arbeitsplatz auf eine (notwendige) Krankmeldung verzichten. Hinzu kommt, dass missbräuchliche Krankmeldungen zurückgehen. In Phasen guter Konjunktur fällt der Krankenstand zum einen deswegen höher aus, weil auch die Arbeitsbelastungen und die daraus resultierenden Gesundheits- und Unfallgefahren etwa durch Überstunden und verschärften Leistungsdruck in diesen Zeiten zunehmen, zum anderen fällt der disziplinierende Druck des Entlassungsrisikos geringer aus. Zudem steigen im Konjunkturaufschwung die Chancen gesundheitsbeeinträchtigter ArbeitnehmerInnen, einen Arbeitsplatz zu finden.

Der kräftige Rückgang seit Mitte der 1990er Jahre hat eine zusätzliche Ursache in der vorübergehenden gesetzlichen Beschränkung der Entgeltfortzahlung von 100 % auf 80 %. Darüber hinaus hat es in vielen Betrieben Anstrengungen zur Senkung des Krankenstandes gegeben, die mittelfristig Wirkung gezeitigt haben. Dazu gehören Instrumente wie die sog. *Krankenrückkehrgespräche* mit häufig problematischen Wirkungen, aber auch Maßnahmen der betrieblichen Gesundheitsförderung, die auf das individuelle Gesundheitsverhalten wie auch auf die Gestaltung der Arbeitsbedingungen abzielen. Nicht zu vergessen ist auch der „Gesundheits"-Effekt, der sich aus der Selektionswirkung beim alters- und leistungsorientierten Belegschaftsabbau und -aufbau ergibt.

Verschiedene Analysen von Entwicklung und Struktur des Arbeitsunfähigkeitsgeschehens ergaben keine substanziellen Hinweise auf die Existenz eines „blauen Montags". Zwar beginnt tatsächlich ein überdurchschnittlicher Anteil der Arbeitsunfähigkeiten am Montag, doch schließt dies Erkrankungen, die bereits am Wochenende begannen, mit ein, weil zumeist erst zu Wochenbeginn die Möglichkeit besteht, die erforderliche AU-Bescheinigung zu erhalten. Die Zahl der Arbeitsunfähigkeitstage bei Kurzeiterkrankungen verteilt sich im Übrigen relativ gleichmäßig auf die Wochentage (vgl. Abbildung V.4). Das Ende der Arbeitsunfähigkeiten verteilt sich nicht gleichmäßig auf die Wochentage, sondern hängt stark von der Dauer der Arbeitsunfähigkeit ab: So ergaben Untersuchungen, dass 1 - 3tägige Krankschreibungen am häufigsten mittwochs enden, 1 - 5tägige dagegen mehrheitlich freitags, 6- und 7tägige sowie die Langzeit-Arbeitsunfähigkeiten am häufigsten am Wochenende. Hierin kommt auch ein bestimmtes rekonvaleszenzbezogenes Verordnungsverhalten der Ärzte zum Ausdruck, die das Wochenende durchaus in den Genesungsprozess miteinbeziehen.

Abbildung V.4:

Beginn der Arbeitsunfähigkeit nach Wochentag 2005

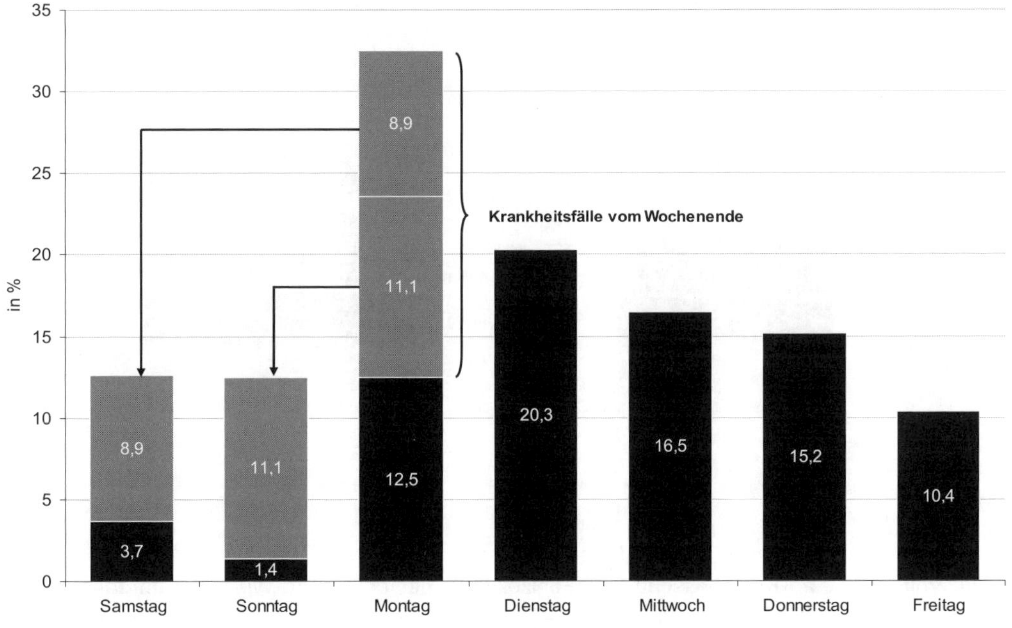

Nur Mitglieder der AOK

Quelle: Vetter, C. u.a., Krankheitsbedingte Fehlzeiten in der deutschen Wirtschaft im Jahr 2005, in: Badura, B. u.a. (Hrsg.), Fehlzeitenreport 2006, Berlin, Heidelberg 2007, S. 228.

Im Hinblick auf die Kostenbelastung durch die Entgeltfortzahlung ist zu berücksichtigen, dass die kurzzeitigen Erkrankungen, die gerne als Beleg für das „Blaumachen" bzw. „Krankfeiern" genommen werden, nur einen geringen Anteil des gesamten Krankheitsgeschehens ausmachen. Zwar liegt ihr Anteil an den Arbeitsunfähigkeits*fällen* am höchsten, ihr Anteil an den gesamten Arbeitsunfähigkeits*tagen* jedoch am niedrigsten. Bis zu vier Fünftel des Arbeitsunfähigkeitsvolumens entfallen auf Langzeiterkrankungen von mehreren Wochen (vgl. Abbildung V.5).

Auch internationale Vergleiche sind nicht geeignet, die bestehende Entgeltfortzahlungsregelung in Frage zu stellen. Zumeist werden unscharf und unterschiedlich definierte „Fehlzeiten" miteinander verglichen, die keineswegs pauschal mit Arbeitsunfähigkeit gleichgesetzt werden können. Zudem verbietet sich aufgrund unterschiedlicher gesellschaftlicher und sozialrechtlicher Rahmenbedingungen der Vergleich etwa mit Japan oder den USA. Bezogen auf den europäischen Raum weist Deutschland keineswegs eine überdurchschnittlich hohe Fehlzeitenrate, sondern liegt im Mittelfeld.

Abbildung V.5:
Arbeitsunfähigkeit nach Fällen und Tagen 2005

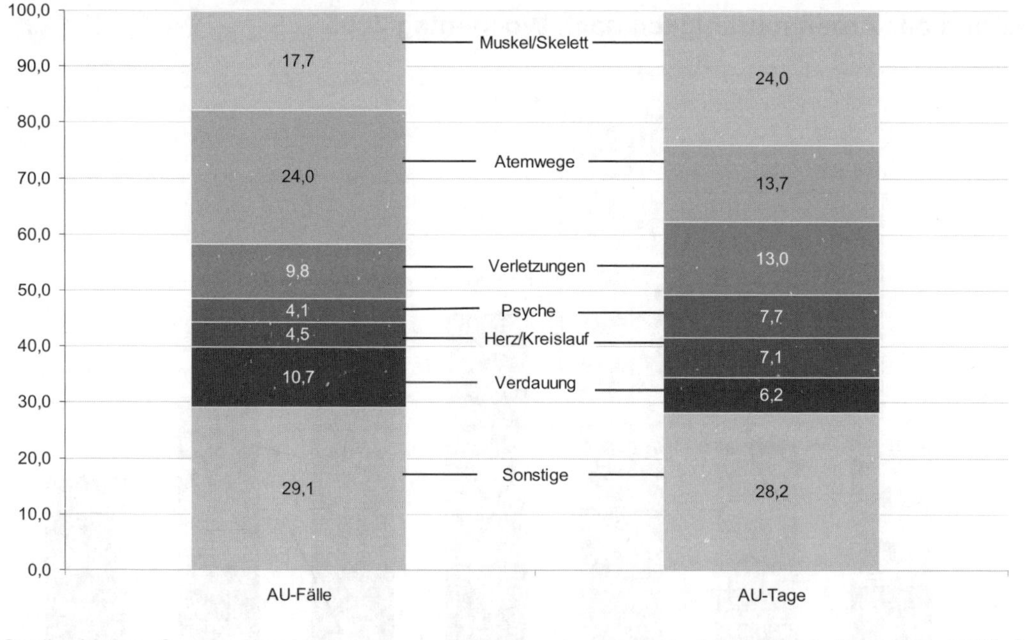

Quelle: Vetter, C. u.a., Krankheitsbedingte Fehlzeiten in der deutschen Wirtschaft im Jahr 2005, in: Badura, B. u.a. (Hrsg.), Fehlzeitenreport 2006, Berlin, Heidelberg 2007, S. 233.

5 Gesetzliche Unfallversicherung

5.1 Aufgaben und Leistungen

Im Gesamtzusammenhang der Maßnahmen und Institutionen zur Bewältigung der gesundheitlichen Risiken der Beschäftigten nehmen die Träger der *Gesetzlichen Unfallversicherung* eine doppelte Funktion ein: Sie treffen Maßnahmen zur Unfallverhütung sowie zur Vermeidung von Berufskrankheiten und sonstiger arbeitsbedingter Gesundheitsgefahren und sind damit zuständig für den Arbeitsschutz, der präventiv in den betrieblichen Entstehungszusammenhang von Gesundheitsgefährdung eingreift. Auf der anderen Seite übernehmen sie Leistungen zum Schadensausgleich und zur Rehabilitation, treffen also Maßnahmen mit kurativem und rehabilitativem Charakter. Durch diese *Doppelgleisigkeit* sind die Unfallversicherungen die einzige institutionelle Nahtstelle zwischen Arbeitsschutz und dem System der gesundheitlichen Versorgung.

Die Gesetzliche Unfallversicherung wurde 1996 als Siebtes Buch in das Sozialgesetzbuch (SGB VII) eingegliedert. Im Rahmen dieser Eingliederung wurde der Präventionsauftrag der Unfallversicherung auf die Verhütung nicht nur von Unfällen und Berufskrankheiten sondern aller arbeitsbedingten Gesundheitsgefahren erweitert. Die Unfallversicherungsträger sind seitdem ausdrücklich verpflichtet, den Ursachen von arbeitsbedingten Gesundheitsgefahren z.B. durch entsprechende Forschungstätigkeit nachzugehen und bei ihrer Verhütung mit den Krankenkassen zusammenzuarbeiten.

Die Gesetzlichen Unfallversicherung hat seit ihrer Gründung 1884 die individuelle, *privatrechtliche Haftpflicht* der Arbeitgeber gegenüber unfallverletzten Beschäftigten abgelöst und in eine allgemeine öffentlich-rechtliche Regelung überführt, bei der auch dann Schadensersatzleistungen gewährt werden, wenn ein unmittelbares Verschulden des Arbeitgebers nicht nachweisbar oder der Schaden aufgrund der Fahrlässigkeit des Betroffenen eingetreten ist. Ziele der Leistungen der Unfallversicherung sollen dem Anspruch nach sein:

- die Folgen entstandener Unfälle möglichst zu begrenzen,
- die Erwerbsfähigkeit wiederherzustellen und den Betroffenen in Betrieb und Beruf wieder einzugliedern
- sowie – wenn dies nicht gelingt – den Betroffenen (oder seine Hinterbliebenen) durch Geldleistungen zu entschädigen.

Der Kreis der Pflichtversicherten in der Unfallversicherung umfasst viele Gruppen: Neben allen ArbeitnehmerInnen und Personen mit arbeitnehmerähnlicher Stellung (unabhängig von der Höhe ihres Arbeitsentgelts) sind auch Personen in Ausbildung (Auszubildende, SchülerInnen, Studierende, Kinder in Krippen, Kindergärten und -horten) erfasst, so dass von einer allgemeinen Unfallversicherung, die über den Bereich des Arbeitslebens hinausragt, gesprochen werden kann. Allerdings sind z.B. Freizeitunfälle oder Unfälle im Haushalt gesetzlich nicht versichert. Selbständige sind im Allgemeinen nicht versichert; sie können aber durch Satzung der einzelnen Berufsgenossenschaft einbezogen werden oder sich selbst freiwillig versichern.

Leistungen der Unfallversicherung werden gewährt, wenn durch einen Arbeitsunfall, einen Wegeunfall oder durch eine Berufskrankheit Schaden erlitten wurde. Bei den Wegeunfällen handelt es sich um Arbeitsunfälle im weit gefassten Sinne, die mit dem Weg von und zu dem Betrieb in Verbindung stehen. Auch Berufskrankheiten sind als Arbeitsunfälle im weit gefassten Sinne, nämlich als die langfristigen Folgen gesundheitsschädigender Arbeitsbedingungen zu verstehen.

Die Sachleistungen der Unfallversicherung im Schadensfall beziehen sich auf das Ziel der Wiederherstellung der Gesundheit und Erwerbsfähigkeit und müssen den Maßnahmen der Rehabilitation zugeordnet werden. Die Geldleistungen bestehen im Wesentlichen aus dem *Verletztengeld*, dem Übergangsgeld und der Unfallrente.

Während der Heilbehandlung erhalten die Versicherten, wenn sie arbeitsunfähig sind oder eine ganztägige Erwerbstätigkeit wegen einer Heilmaßnahme nicht ausüben können, Verletztengeld. Es beträgt 80 % des vorher erzielten (Brutto-) Einkommens, jedoch nicht mehr als das Nettoeinkommen. Für die ersten sechs Wochen einer durch Arbeitsunfall verursachten Arbeitsunfähigkeit haben die Versicherten jedoch in der Regel Anspruch auf Entgeltfortzahlung durch den Arbeitgeber. Wenn die Versicherten berufsfördernde Leistungen erhalten und deshalb nicht ganztägig erwerbstätig sein können, erhalten sie *Übergangsgeld*. Das Übergangsgeld beträgt für Versicherte mit einem Kind oder wenn der/die EhepartnerIn den/die Verletzte(n) pflegt und nicht erwerbstätig sein kann, 75 % der Bemessungsgrundlage, bei den übrigen Versicherten beläuft es sich auf 68 %. Das Übergangsgeld wird für den Zeitraum der Rehabilitationsmaßnahmen, längstens aber bis zum Zeitpunkt der Rentengewährung, gezahlt und ist dynamisiert.

Die *Unfallrente* als wichtigste Form der Entschädigungsleistung soll die Beeinträchtigung der Erwerbsfähigkeit finanziell ausgleichen. Bei einer Minderung der Erwerbsfähigkeit (MdE) um mindestens 20 % über die 26. Woche nach dem Unfall hinaus sind für den Rentenbezug die Voraussetzungen gegeben. Die relative Rentenhöhe richtet sich nach dem Grad der Erwerbsminderung. Bei vollständigem Verlust der Erwerbstätigkeit wird eine Vollrente gezahlt, bei eingeschränkter Erwerbsfähigkeit beträgt die Rente den Teil der Vollrente, der dem Grad der Minderung der Erwerbsfähigkeit entspricht.

Die Festsetzung des Grades der Erwerbsminderung ermittelt sich aus ärztlichen Befunden und Gutachten, aber auch unter Berücksichtigung der Arbeitsmarktlage. Diese Unbestimmtheit des Erwerbsunfähigkeitsbegriffs macht die fortwährenden arbeits- und sozialrechtlichen Auseinandersetzungen um seine Festlegung verständlich: Für die Betroffenen bedeutet dies nicht selten Unsicherheit.

Die Vollrente beträgt zwei Drittel des Brutto-Jahresarbeitsverdienstes, das als Bemessungsgrundlage für die Unfallrenten gilt, und liegt damit nahe beim letzten Nettoverdienst. Für die Höhe des Jahresarbeitsverdienstes sind Mindest- und Höchstgrenzen festgelegt, um minimale wie auch maximale Renten auszuschalten.

Hinterbliebenenrenten können von den Ehegatten, den Kindern und den Verwandten der aufsteigenden Linie in Anspruch genommen werden. Die Witwenrente beläuft sich auf 30 % des Jahresverdienstes des Ehemannes, erhöht sich aber auf 40 %, wenn die Witwe das 45. Lebensjahr vollendet hat, Kinder erzieht oder berufs- bzw. erwerbsunfähig ist. Die Halbwaisenrente beträgt 20 %, die Vollwaisenrente 30 % des Jahresarbeitsverdientes des Elternteils.

Die Anpassung der Renten aus der Unfallversicherung erfolgt in Anlehnung an die Entwicklung der Altersrenten (vgl. Kap. „Alter“, Pkt. 6.6).

5.2 Organisation und Finanzierung

Die Trägerschaft der Unfallversicherung ist nach Gewerbe- bzw. Berufszweigen geordnet. Die wichtigsten Träger sind die 35 gewerblichen und 10 landwirtschaftlichen Berufsgenossenschaften. Für die Bediensteten von Bund und Ländern stehen besondere staatliche Ausführungsbehörden: für die Kommunalbediensteten sind Gemeindeunfallversicherungsverbände eingerichtet, die auch den Schutz für Kindergartenkinder, SchülerInnen und Studierende übernehmen. Die gewerblichen Berufsgenossenschaften sind Körperschaften öffentlichen Rechts mit paritätischer Selbstverwaltung durch Arbeitgeber- und Versichertenvertreter.

Die Ausgaben der Unfallversicherung werden grundsätzlich über lohnsummenbezogene Arbeitgeberbeiträge im Wege des Umlageverfahrens finanziert. Eine Beitragspflicht der Arbeitnehmer besteht wegen des Arbeitgeber-Haftpflichtcharakters der Unfallversicherung nicht. Die Höhe der Beiträge variiert nach den einzelnen Berufsgenossenschaften und nach den *Gefahrenklassen*, in die die einzelnen Betriebe eingeordnet werden. Die Gefahrenklassen richten sich nach Zahl und Schwere der vorgekommenen Arbeitsunfälle und Berufskrankheiten. Unter Berücksichtigung der angezeigten Unfälle können einzelne Unternehmen Zuschläge zum Beitragssatz auferlegt oder auch Nachlässe gewährt werden. Auch werden Prämien je nach Wirksamkeit der Unfallverhütung vergeben.

Dieses Finanzierungssystem entspricht in seiner Anlage dem Kausalitäts- und *Verursacherprinzip* und zielt darauf ab, die Unternehmen über finanzielle Anreize bzw. Strafen zur Schadensverhütung zu bewegen. Allerdings bleibt fraglich, ob nicht durch die Abwälzung der Beiträge in die Preise der angestrebte Mechanismus weitgehend unwirksam bleibt. Höhere, aber überwälzbare Beiträge sind nach der einzelwirtschaftlichen Rentabilitätsorientierung oftmals billiger als kurzfristig noch kostspieligere Unfallverhütungsmaßnahmen.

6 Literaturhinweise

Ahlers, E., Arbeitsbedingungen, Leistungsdruck, Gesundheit am Arbeitsplatz, WSI-Diskussionspapier 112, Düsseldorf 2003.

Ahlers, E., Brussig, M., Gefährdungsbeurteilungen in der betrieblichen Praxis, in: WSI-Mitteilungen 9/2005, S. 517-523.

Badura, B., Litsch, M., Vetter, Ch. (Hrsg.), Fehlzeiten-Report 1999. Psychische Belastungen am Arbeitsplatz, Berlin, Heidelberg 2000.

Badura, B., Ritter, W., Scherf, M., Betriebliches Gesundheitsmanagement – ein Leitfaden für die Praxis, Berlin 1999.

Badura, B., Schellschmidt, H., Vetter, Ch. (Hrsg.), Fehlzeiten-Report 2005. Arbeitsplatzunsicherheit und Gesundheit, Berlin/Heidelberg 2005.

Badura, B., Schellschmidt, H., Vetter, Ch. (Hrsg.), Fehlzeiten-Report 2003. Zahlen, Daten, Analysen aus allen Branchen der Wirtschaft. Wettbewerbsfaktor Work-Life-Balance. Betriebliche Strategien zur Vereinbarkeit von Beruf, Familie und Privatleben, Berlin/ Heidelberg 2004.

Badura, B., Schellschmidt, H., Vetter, Ch. (Hrsg.), Fehlzeiten-Report 2002. Zahlen, Daten, Analysen aus allen Branchen der Wirtschaft. Demographischer Wandel: Herausforderung für die betriebliche Personal- und Gesundheitspolitik, Berlin/Heidelberg 2003.

Bedner, K., Gesundheitsschutz und Gesundheitsförderung in Betrieben, München/Mering 2001.

Beermann, B., Klenner, C. (Hrsg.), Olympiareife Mannschaften gesucht? Flexible Arbeitszeiten und Arbeitsschutz, Düsseldorf 2001.

Bertelsmann Stiftung, Hans-Böckler-Stiftung (Hrsg.), Erfolgreich durch Gesundheitsmanagement. Beispiele aus der Arbeitswelt, Gütersloh 2000.

Bullinger, H.J., u.a., Einführung in den Arbeitsschutz, Stuttgart 1999.

Bundesanstalt für Arbeitsschutz und Arbeitsmedizin (BAUA), Ermittlung gefährdungsbezogener Arbeitsschutzmaßnamen im Betrieb – ein Ratgeber, Schriftenreihe der BAUA, Sonderschrift S 42, Dortmund 1997.

Bundesmann-Jansen, J., Groß, H., Munz, E., Arbeitszeit '99 – Ergebnisse einer repräsentativen Beschäftigtenbefragung zu traditionellen und neuen Arbeitszeitformen in der Bundesrepublik Deutschland, Köln 2000.

Bundesministerium für Arbeit und Soziales (Hrsg.), Sicherheit und Gesundheit bei der Arbeit 2005, Berlin 2006.

Elkeles, Th., Georg, A., Bekämpfung arbeitsbedingter Erkrankungen. Evaluation eines Modellprogramms, Weinheim 2002.

Elsner, G., Leitfaden Arbeitsmedizin. Ein Handbuch für Betriebsräte, Personalräte und Gewerkschafter, Hamburg 2002.

Europäische Stiftung zur Verbesserung der Lebens- und Arbeitsbedingungen, Dritte Europäische Umfrage über die Arbeitsbedingungen 2000, Luxemburg 2002.

Gerlinger, Th., Arbeitsschutz und europäische Integration: Europäische Arbeitsschutzrichtlinien und nationalstaatliche Arbeitsschutzpolitik, Opladen 2000.

Giesert, M., Geißler, H., Betriebliche Gesundheitsförderung – Analyse und Handlungsempfehlungen, Reihe „Betriebs- und Dienstvereinbarungen", Frankfurt a.M. 2003.

Göbel, E., Kuhn, J. (Hrsg.), Arbeit, Gesundheit, Profit. Prävention in der Arbeitswelt zwischen gesundheitlichen und wirtschaftlichen Interessen, Frankfurt a. M. 2003.

IG Metall (Hrsg.), Gute Arbeit unter Druck? Psychische Belastungen in der Arbeitswelt – Stand, Entwicklungen, Handlungsmöglichkeiten, Frankfurt a.M. 2002.

Ilmarinen, J., Tempel, J., Arbeitsfähigkeit 2010 – Was können wir tun, damit Sie gesund bleiben, Hamburg 2002.

Jansen, R., Arbeitsbedingungen, Arbeitsbelastungen und Veränderungen auf betrieblicher Ebene, in: Dostal, W., Jansen, R., Parmentier, K. (Hrsg.), Wandel der Erwerbsarbeit: Arbeitssituation, Informatisierung, berufliche Mobilität und Weiterbildung. Beiträge aus der Arbeitsmarkt- und Berufsforschung 231, Nürnberg 2000.

Kittner, M., Pieper, R., Arbeitsschutzrecht. Kommentar für die Praxis zum Arbeitsschutzgesetz, Arbeitssicherheitsgesetz und anderen Arbeitsschutzvorschriften, Frankfurt a.M. 2006.

Kohler, H., Krankenstand, ein beachtlicher Kostenfaktor mit fallender Tendenz. Entwicklung, Struktur und Bestimmungsfaktoren krankheitsbedingter Fehlzeiten, IAB-Werkstattbericht Nr. 1 vom 30.1.2002.

Lehndorff, St. (Hrsg.), Das Politische in der Arbeitspolitik. Ansatzpunkte für eine nachhaltige Arbeits- und Arbeitszeitgestaltung, Berlin 2006.

Lenhardt, U., Rosenbrock, R., Wegen Umbau geschlossen – Auswirkungen betrieblicher Reorganisation auf den Gesundheitsschutz, Berlin 2006.

Marstedt, G., Mergner, U., Gesundheit als produktives Potential – Arbeitsschutz und Gesundheitsförderung im gesellschaftlichen und betrieblichen Strukturwandel, Berlin 1995.

Marstedt, G., Müller, R., Ein kranker Stand? Fehlzeiten und Integration älterer Arbeitnehmer im Vergleich Öffentlicher Dienst – Privatwirtschaft, Berlin 1998.

Ministerium für Arbeit, Soziales, Qualifikation und Technologie NRW (Hrsg.), Arbeitswelt NRW 2004, Belastungsfaktoren – Bewältigungsformen – Arbeitszufriedenheit, Düsseldorf 2005.

Morschhäuser, M. (Hrsg.), Gesund bis zur Rente. Konzepte gesundheits- und alternsgerechter Arbeits- und Personalpolitik, Stuttgart 2002.

Müller, R., Rosenbrock, R. (Hrsg.), Betriebliches Gesundheitsmanagement, Arbeitsschutz und Gesundheitsförderung – Bilanz und Perspektiven, St. Augustin 1998.

Oppolzer, A., Gesundheitsmanagement im Betrieb. Koordination menschengerechter Gestaltung der Arbeit, Hamburg 2006.

Pickshaus, K., Schmitthenner, H., Urban, H.-J., Arbeiten ohne Ende, Neue Arbeitsverhältnisse und gewerkschaftliche Arbeitspolitik, Hamburg 2001.

Piper, R., Vorath, B.-J., Handbuch Arbeitsschutz. Sicherheit und Gesundheitsschutz am Arbeitsplatz, Frankfurt a.M. 2000.

Prott, J., Betriebsorganisation und Arbeitzufriedenheit, Opladen 2001.

Rosenbrock, R., Lenhardt, U., Die Bedeutung von Betriebsärzten in einer modernen betrieblichen Gesundheitspolitik, Gütersloh 1999.

Teske, U., Witte, B. (Hrsg.), Prävention arbeitsbedingter Erkrankungen; Band 1: Arbeitsbedingungen, -belastungen und Gesundheitsrisiken in der Arbeitswelt; Band 2: Gesundheitliche Auswirkungen und Erkrankungen durch die Arbeitswelt; Band 3: Menschengerechte Arbeitsgestaltung, Bedingungen und Chancen, Hamburg 2002.

Wissenschaftliches Institut der Ortskrankenkassen, Arbeit und Gesundheit – Ergebnisse aus Mitarbeiterbefragungen in mehr als 150 Betrieben, WIdO-Materialien, Bd. 52, Bonn 2005.

WSI-Mitteilungen, Schwerpunktheft „Perspektiven des Arbeits- und Gesundheitsschutzes“, Heft 9/2005.

Regelmäßige Veröffentlichungen und Materialquellen

Bundesministerium für Arbeit und Soziales (Hrsg.), Sicherheit und Gesundheit in der Arbeit, jährlich, zuletzt 2006.

Hauptverband der gewerblichen Berufsgenossenschaften (Hrsg.), Jahresbericht, St. Augustin, zuletzt 2005.

Zeitschriften

Bundesarbeitsblatt

BG Die Berufsgenossenschaft – Fachzeitschrift für Arbeitssicherheit, Gesundheitsschutz und Unfallversicherung

Dr. med. Mabuse

Gute Arbeit – Zeitschrift für Gesundheitsschutz und Arbeitsgestaltung

sicher ist sicher – Arbeitsschutz aktuell. Fachzeitschrift für Sicherheitstechnik, Gesundheitsschutz und menschengerechte Arbeitsgestaltung

Soziale Sicherheit

WSI-Mitteilungen

VI Gesundheit und Gesundheitssystem

1 Was bedeutet Gesundheit?

Die Gesundheit gilt den meisten Menschen als das höchste Gut. Die Hoffnung auf ein von dauerhaften Gesundheitsbeeinträchtigungen freies Leben spiegelt das Wissen um die aus Krankheit und Pflegebedürftigkeit resultierenden körperlich-seelischen Belastungen und sozialen Folgen wider. Hinzu kommt: Wer gesund und damit leistungsfähig ist, kann zumindest von seinen persönlichen Voraussetzungen her für den eigenen Lebensunterhalt und eventuell den seiner Angehörigen sorgen. Kranke Menschen sind auf die Hilfe anderer angewiesen und bedürfen oftmals der finanziellen Unterstützung.

Gesundheit ist aber nicht nur die Voraussetzung für die materielle Existenzsicherung, sondern darüber hinaus eine wesentliche Grundlage für die Selbstentfaltung des Einzelnen und seiner sozialen und gesellschaftlichen Aktivitäten. Gesundheit kann deshalb nicht nur funktional auf die Arbeitsfähigkeit bezogen werden, sondern schließt Wohlbefinden, Zufriedenheit und soziales Wohlergehen mit ein.

Die Frage, was als gesund oder krank zu gelten hat, lässt sich nicht eindeutig beantworten, denn das Krankheits- bzw. Gesundheitsverständnis wird nicht von vermeintlich objektiven medizinischen Kriterien bestimmt, sondern ist von sozialen und gesellschaftlichen Einflussfaktoren abhängig. Eine Vielzahl von sich wechselseitig beeinflussenden Faktoren und Rahmenbedingungen spielt in diesem Zusammenhang eine Rolle:

- Die individuelle Auffassung wie auch das *gesellschaftlich vorherrschende Verständnis* von Gesundheit und Krankheit sind vom kulturell geprägten Normen- und Wertsystem abhängig. Die Lebens- und Arbeitsbedingungen und das gesamte soziale Umfeld der Menschen beeinflussen das Gesundheitsbewusstsein, die subjektive Wahrnehmung von gesundheitlichen Beeinträchtigungen und auch das Verhalten gegenüber dem Medizinsystem. Längst nicht alle, die nach medizinischen Kriterien als krank gelten, gehen auch tatsächlich zum Arzt. Das Abwarten, ob die Beschwerden von selbst verschwinden, Selbstmedikation und das Nichtausheilen von Krankheiten sind weit verbreitete Handlungsweisen. Die Unsicherheit darüber, ob Beschwerden Anzeichen für Erkrankungen sind und therapiert werden müssen, ist oft Ausdruck sozialer Zwänge, in denen der Einzelne steckt: Angst vor der Diagnose, der drohende

Verlust des Arbeitsplatzes oder unaufschiebbare Familienpflichten können Gründe für die Nichtinanspruchnahme des Gesundheitssystems sein.

- Das Verständnis von und der Umgang mit Gesundheit und Krankheit werden von den vorherrschenden medizinischen Auffassungen über Entstehung und Wirkungsweise von Krankheiten bestimmt. Der traditionelle *Krankheitsbegriff der Medizin* geht von einem naturwissenschaftlich geprägten Krankheitsverständnis aus, demzufolge Krankheit eine Störung biologischer Vorgänge im menschlichen Organismus darstellt, hervorgerufen z.B. durch Verletzungen von Organen und Geweben, durch gestörte körperliche Funktionen oder durch Wirkung von Viren oder Bakterien, denen eine genau zurechenbare Ursache wie etwa ein Unfall oder eine Infektion zu Grunde liegt.
- Das *Gesundheitssystem* wirkt mit seinen Strukturen und Aktivitäten selbst wieder auf das Krankheitsverständnis zurück. Als krank gilt zunächst, wer einer ärztlichen Behandlung bedarf, und darüber entscheidet in erster Linie der Arzt auf Grund der ihm allein zugestandenen Fachkompetenz. Die ärztliche Diagnose über Vorhandensein, Art und Schwere der gesundheitlichen Beeinträchtigungen bestimmt aber nicht nur die medizinische „Patientenkarriere", sie entscheidet auch über die Arbeits(un)fähigkeit und legt damit u.a. fest, ob jemand seiner Erwerbstätigkeit nachgehen muss oder bis zu seiner Genesung einen Anspruch auf Lohnfortzahlung oder Krankengeld hat.

Die *Sichtweisen* von Gesundheit und Krankheit werden also von sich überlagernden medizinischen, sozialen und ökonomisch-politischen Einflussfaktoren und Interessen bestimmt. In der Praxis ist der Krankheitsbegriff, wie er seit Jahrzehnten in der *Sozialrechtsprechung* (Urteil des Bundessozialgerichts von 1972) verwendet wird, von zentraler Bedeutung: „Unter Krankheit ist ein regelwidriger körperlicher oder geistiger Zustand zu verstehen, der entweder lediglich die Notwendigkeit ärztlicher Behandlung oder zugleich (in Ausnahmefällen auch allein) Arbeitsunfähigkeit zur Folge hat."

Als wichtiger Steuerungsmechanismus für die Zuteilung sozialer Leistungen (z.B. ärztliche Behandlung, Zahlung von Krankengeld) lehnt sich der Krankheitsbegriff an das traditionelle biologisch-medizinische Krankheitsmodell an und zeichnet sich durch eine enge Ausrichtung auf die Arbeitsfähigkeit aus; subjektive Bedürfnislagen gehen in ihn ebenso wenig ein wie die Realisierung sozialer Ziele. Allerdings hat die relative Offenheit dieser Definition, in der die Notwendigkeit ärztlicher Behandlung hervorgehoben wird, gegenüber neuen Krankheitsbildern und mit Blick auf den medizinischen Fortschritt den Vorteil, dass er einer Weiterentwicklung des Medizinsystems nicht im Wege steht. Die Rechtsfortbildung der sozialgerichtlichen Rechtsprechung hat im Laufe der Jahre den Krankheitsbegriff erweitert. So werden beispielsweise psychosomatische Erkrankungen, Neurosen, Einschränkung der Zeugungsfähigkeit, Alkoholismus, geistige Behinderungen etc.

als Krankheiten anerkannt und damit die erforderliche ärztliche Behandlung von den Kassen getragen.

In eine andere Richtung zielt die aus dem Jahre 1948 stammende Definition der *Weltgesundheitsorganisation* (WHO). Sie skizziert ein eher utopisches Bild eines anzustrebenden Gesundheitszustandes: „Gesundheit ist ein Zustand vollständigen physischen, geistigen und sozialen Wohlbefindens und nicht die bloße Abwesenheit von Krankheit und Gebrechlichkeit. Der Genuss des höchsten erreichbaren Niveaus von Gesundheit ist eines der fundamentalen Rechte jedes Menschen ohne Unterschiede von Rasse, Religion, politischer Überzeugung, ökonomischer und sozialer Stellung."

Auch wenn die WHO-Definition die individuelle Bewertung sehr in den Vordergrund stellt und zu allgemein ist, um eine rechtlich präzise und sozialpolitisch praktikable Abgrenzung von Krankheit und Gesundheit zu geben, zeigt sie doch, dass Gesundheit nicht allein eine Angelegenheit des Medizinsystems ist, sondern rechtliche, politische und ökonomische Dimensionen hat.

In Anlehnung an die WHO-Definition befassen sich die Gesundheitswissenschaften heute zunehmend mit einer positiven Bestimmung des anzustrebenden Zieles „Gesundheit". Danach sind Menschen gesund, wenn sie sich mit ihren körperlichen, psychischen und sozialen Eigenschaften in Einklang mit der eigenen Entwicklung, den eigenen Möglichkeiten und Zielvorstellungen befinden. Eine Beeinträchtigung von Gesundheit und möglicherweise eine Krankheit liegen dann vor, wenn sich Anforderungen ergeben, die nicht bewältigt werden können. Gesundheit und Krankheit sind demnach keine scharf voneinander abgrenzbaren Zustände, sondern Pole eines Kontinuums. Auch für die Gesundheitspolitik ergibt sich eine Neuorientierung. Sie fragt nicht mehr in erster Linie „Was macht uns krank?", sondern „Was macht und erhält uns gesund?" (*salutogenetischer Ansatz*).

Vor diesem Hintergrund müssen die aktuellen Aufgaben der *Gesundheitspolitik* und die konkrete Ausgestaltung des Versorgungssystems bestimmt werden. Das heißt insbesondere, die vielfältigen gesellschaftlichen Determinanten für Erkrankungen und Belastungen zu untersuchen. Umweltfaktoren, die Arbeitswelt, Wohnverhältnisse und Lebensweisen gehören ebenso zum Gesamtkomplex „Gesundheit" wie die institutionelle Ausgestaltung des Versorgungssystems und seine jeweilige Leistungsfähigkeit. Das Herstellen von Gesundheit schließt auch die Kompetenz des Einzelnen ein, mit Störungen umzugehen und psycho-physische Belastungen zu bewältigen.

2 Das Krankheitspanorama und seine Ursachen

Für eine Gesundheitspolitik, die den Gefährdungen und Beeinträchtigungen der Gesundheit vorbeugen, Krankheiten heilen oder zumindest lindern und ihre negativen sozialen und ökonomischen Folgen ausgleichen will, sind vor allem gesicherte

Informationen über Ausmaß und Art gesundheitlicher Risiken und Beeinträchtigungen erforderlich. Dazu gehören auch Informationen über die gesellschaftlichen, psycho-sozialen und biologischen Determinanten und ihre Verteilung auf die Bevölkerung. Aufbauend auf den vorliegenden Daten können

- *Präventionsstrategien,* die unmittelbar auf die Risiko- und Gefährdungsursachen einwirken, entwickelt und umgesetzt werden,
- Zeitpunkt, Art und Umfang der *Interventionen des Gesundheitssystems* geregelt sowie
- Art und Ausmaß finanzieller *Kompensationsleistungen* (Krankengeld, Renten wegen Erwerbsminderung u.ä.) festgelegt werden.

Zwar ist das hoch differenzierte Spektrum von Krankheiten und gesundheitlichen Beeinträchtigungen in seiner Gesamtheit kaum überschaubar, bei näherer Betrachtung zeigt sich jedoch, dass es nur wenige Krankheitsbilder und -gruppen sind, die das Krankheitsgeschehen im Wesentlichen bestimmen. Es dominieren Herz-Kreislauf-Krankheiten, rheumatische Erkrankungen, Krebs, Diabetes und psychiatrische Erkrankungen. Rund 50 % der Deutschen leiden an einer chronischen Erkrankung.

Relevante Indikatoren zum Gesundheitszustand der Bevölkerung sind die Verbreitung von Krankheiten sowie die Lebenserwartung und Sterblichkeit. Wissenschaftliche Erkenntnisse über den Gesundheitszustand der Bevölkerung liefern vor allem sozialepidemiologische Untersuchungen und Statistiken, die sich mit der Beschreibung und Verteilung von Krankheiten auf Bevölkerungsgruppen befassen *(Morbiditätsstatistiken).* Eine allgemeine repräsentative Morbiditätsstatistik existiert z. Z. nicht. Im Rahmen nationaler Gesundheitssurveys werden repräsentative Daten erhoben. Die bekannteste ist die Deutsche Herz-Kreislauf-Präventionsstudie. 1998 erschien der erste Bundesgesundheitssurvey, der repräsentative Daten zur gesundheitlichen Versorgung, der Verbreitung von Krankheiten und Risikofaktoren erhoben hat. Darüber hinaus existieren eine Reihe regionaler Studien und Gesundheitsberichte, z.B. der Gesundheitsbericht NRW (2000) und der sächsische Gesundheitsbericht (2000).

- Nach dem Bundesseuchengesetz sind die Gesundheitsämter der Gemeinden verpflichtet, bestimmte übertragbare Krankheiten (Hepatitis, Malaria usw.) zu erfassen. Hierzu zählen auch die besonders gefährlichen Infektionskrankheiten wie Tuberkulose, Pocken, Cholera. Seit 1987 müssen ferner die nachgewiesenen HIV-Infektionen in anonymisierter Form dem Bundesgesundheitsamt gemeldet werden. Die örtlichen Gesundheitsämter verfügen ebenfalls über die Daten der Schulgesundheitsuntersuchungen.
- Die Allgemeinen Ortskrankenkassen (AOK) und die Betriebskrankenkassen (BKK) erheben regelmäßig Daten über die Krankheitsarten, die Krankenhausbehandlung, den Krankenstand sowie Arbeitsunfälle und werten diese aus.

- Das Statistische Bundesamt erfasst im Mikrozensus, einer repräsentativen Bevölkerungsstichprobe (1 %), gesundheitsrelevante Daten der Bevölkerung. Diese basieren auf den subjektiven Angaben der Befragten.
- Die Todesursachenstatistik (*Mortalitätsstatistik)* enthält Informationen über Anzahl und Ursachen der Todesfälle. Sie stellt einen Ausschnitt aus der Morbiditätsstatistik dar und basiert auf einer Auswertung der ärztlichen Leichenschauscheine. Die Verlässlichkeit, die stark variiert, ist von den Angaben des ausfüllenden Arztes abhängig. Da soziale Merkmale (Beruf, Einkommen, soziale Schichtzugehörigkeit) nicht erhoben werden, sind einer sozialwissenschaftlichen Auswertung enge Grenzen gesetzt.

2.1 Chronisch-degenerative Erkrankungen als moderne Volkskrankheiten

Obwohl eine umfassende und systematisch angelegte Datenbasis fehlt, lassen sich doch einige wichtige Aussagen über das Krankheitsgeschehen, die Todesursachen und die Sterblichkeit treffen. So haben sich die Häufigkeiten einzelner Erkrankungen und ihre Bedeutung für die Sterblichkeit (*Krankheitspanorama)* im Laufe des vergangenen Jahrhunderts und auch noch in den letzten Jahrzehnten drastisch gewandelt. Waren es im 19. Jahrhundert vor allem die Infektionskrankheiten (Tuberkulose, Diphtherie, Meningitis, infektiöse Darmerkrankungen) und schwere Volksseuchen (Cholera, Fleckfieber, Pocken), die einen wesentlichen Anteil unter den *Todesursachen* ausmachten, so entfällt heute der größte Teil der lebensbedrohenden Krankheiten auf Herz-Kreislauf-Krankheiten, die nahezu die Hälfte aller Todesfälle verursachen, sowie zu einem Viertel auf bösartige Neubildungen (Krebs). Allerdings sind auch Viruserkrankungen noch bzw. wieder von Bedeutung. Immunschwächekrankheiten (AIDS) zeigen eine zunehmende Tendenz.

Die repräsentativen Befragungen im Rahmen des Mikrozensus vermitteln einen ersten Eindruck von der *quantitativen* Verbreitung von Krankheiten (vgl. Tabelle VI.1): 2005 waren 8,6 Mio. Personen krank und knapp 0,4 Mio. unfallverletzt, d.h. rund 11 % der Bevölkerung waren zu diesem Zeitpunkt gesundheitlich beeinträchtigt. Die Krankheitsquote hängt dabei stark vom Lebensalter ab: In der Altergruppe 40 - 65 Jahre lag sie bei 11,5 %, in der Altersgruppe 75 Jahre und mehr bei 26,9 %, Frauen sind – vor allem wegen des größeren Anteils Älterer – etwas stärker von Krankheit betroffen als Männer.

Abbildung VI.1:
Verstorbene nach Todesursachen 2005

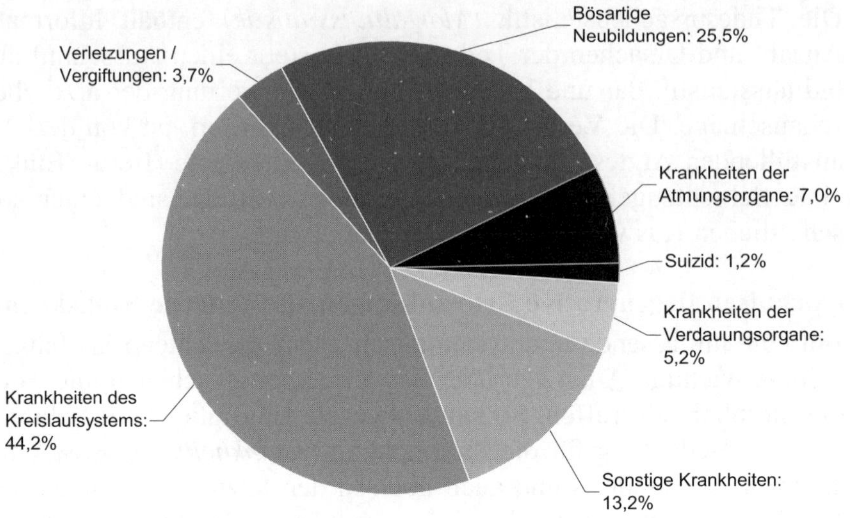

Quelle: Statistisches Bundesamt 2006.

Tabelle VI.1:
Kranke und unfallverletzte Personen in Deutschland 2005

	Personen mit Angabe über ihre Gesundheit	Kranke		Unfallverletzte	
	jeweils in 1.000	jeweils in 1.000	in %[1)]	jeweils in 1.000	in %[1)]
Insgesamt	71.121	8.625	12,1	433	0,6
Männlich	34.780	3.959	11,4	245	0,7
Weiblich	36.341	4.666	12,8	188	0,5
Ausgewählte Altersgruppen:					
Unter 15 Jahre	9.788	923	9,4	39	0,3
15 - 40 Jahre	22.482	1.800	8,0	154	0,7
40 - 65 Jahre	24.814	2.861	11,5	141	0,6
65 Jahre u. mehr	17.337	3.042	17,5	100	0,6
75 Jahre u. mehr	5.716	1.539	26,9	49	0,9

1) Bezogen auf die Bevölkerung mit Angaben über ihre Gesundheit

Quelle: Statistisches Bundesamt: Leben in Deutschland – Haushalte, Familien und Gesundheit, Ergebnisse des Mikrozensus 2005.

Die Datenlage lässt den allgemeinen Morbiditätswandel nur in Umrissen erkennen. Eine Auswertung der Krankenscheine der pflichtversicherten AOK-Patienten von 2005 zeigt gegenüber 1980 eine Zunahme der Erkrankungen der Atmungsorgane, der rheumatischen Erkrankungen und insbesondere der psychischen Erkrankungen. Auf folgende Krankheitsgruppen konzentrieren sich über 70 % der *Arbeitsunfähigkeitsfälle*:

- Krankheiten der Atemwege (24,0 %) ,
- Krankheiten des Skeletts, der Muskeln und des Bindegewebes (17,7 %),
- Verletzungen und Vergiftungen (9,8 %),
- Erkrankungen der Verdauungsorgane (10,7 %),
- Herz-Kreislauf-Erkrankungen (4,5 %),
- Psychische Erkrankungen (4,1 %).

Nach Angaben des Statistischen Bundesamtes über die *stationär* behandelten Krankheiten in Krankenhäusern stieg die Fallzahl je 10.000 Einwohner von 1.837 (1995) auf 2.046 (2005). Die Herz-Kreislauf-Erkrankungen, die auch die häufigste Todesursache sind (vgl. Abbildung VI.1), spielen hierbei die wichtigste Rolle.

Im Krankheitsspektrum haben die psychischen Störungen und Erkrankungen ein zunehmendes Gewicht. Deren empirische Erfassung ist besonders schwierig, so dass mit einer hohen Dunkelziffer gerechnet werden muss. Die Zahl der innerhalb eines Jahres *Behandlungsbedürftigen* wird für das Jahr 2000 auf 10 bis 12,5 % der Bevölkerung veranschlagt. In dieser Zahl enthalten sind rund 2,5 Mio. behandlungsbedürftige Alkoholiker, rund 1,4 Mio. Medikamentenabhängige und gut 150.000 Abhängige von illegalen Drogen. Diese groben Angaben verdeutlichen, dass psychische Störungen eines der ernsthaftesten Gesundheitsprobleme darstellen.

Kennzeichnend für das Krankheitspanorama ist die große Bedeutung der *chronischen* Krankheiten. Sie entwickeln sich über einen längeren Zeitraum und können, wenn sie das Stadium der Befindlichkeitsstörungen überschritten haben, meist nicht mehr geheilt, sondern allenfalls in ihren Auswirkungen gelindert werden. *Chronische Krankheiten,* die überdies nicht eine einzige, isolierbare Ursache haben, sondern multifaktoriell, also von einem ganzen Bündel von Faktoren, verursacht sind, betreffen vor allem ältere Menschen. Von den 15- bis 40jährigen Kranken leidet ein Drittel unter chronischen Krankheiten, von den über 65jährigen sind es dagegen 90 %.

Am Beispiel der Volkskrankheit Diabetes lässt sich sowohl die generelle Zunahme der Diabetes-Erkrankungen – schätzungsweise 6 - 8 Mio. Personen sind an Diabetes erkrankt – wie auch die Altersabhängigkeit der Erkrankung zeigen. Gravierend und kostspielig sind vor allem die Folgeerkrankungen wie Augenschwäche, Bluthochdruck, Nierenerkrankungen und Fußschäden.

Neben dem Krankheitspanorama sind auch die *Lebenserwartung und die Morbiditätsentwicklung* wichtige Merkmale der gesundheitlichen Lage:

- Die *mittlere* Lebenserwartung eines männlichen Neugeborenen stieg von rund 37 Jahren (1881/90) auf 76,2 Jahre (2003/2005) und bei den weiblichen Neugeborenen von 40 Jahren auf 81,8 Jahre im gleichen Zeitraum.
- Ebenfalls angestiegen ist die *fernere* Lebenserwartung. So betrug 2003/2005 die Lebenserwartung 30jähriger Männer (Frauen) noch 47,2 (52,4) Jahre und die 60jähriger Männer (Frauen) noch 20,3 (24,3) Jahre.

Gegenstand der Gesundheitsforschung ist der Zusammenhang zwischen Alter und Morbidität und den sich daraus ergebenden Konsequenzen für das Versorgungssystem und die Kostenentwicklung. Aktuell liegen die Ausgaben der Krankenversicherung der Rentner fast doppelt so hoch wie für die übrigen Versicherten (vgl. Abbildung VI.8). Bedeutet die gestiegene Lebenserwartung deshalb auch einen Morbiditätsanstieg und steigende Gesundheitsausgaben? Ein monokausaler Zusammenhang zwischen Alter und Krankheit wird im Allgemeinen verneint. Nicht das längere Leben der Älteren ist entscheidend, sondern ihr Gesundheitszustand.

Zur Frage der zukünftigen Morbiditätsentwicklung liegen drei Sichtweisen vor:

- Die *Kompressionsthese* geht von der Annahme aus, dass sich als Ergebnis allgemein besserer Lebensbedingungen und des medizinisch-technischen Fortschritts der Gesundheitszustand der Bevölkerung insgesamt verbessert und eine Verlängerung der Lebenserwartung auch mit einem Herausschieben von (schweren) Krankheiten und von Pflegebedürftigkeit verbunden ist. Entscheidend sind nach dieser Sicht die letzten Lebensmonate vor dem Tod. Da jeder Mensch nur ein letztes Lebensjahr erlebt, werden sich Morbidität und Pflegebedürftigkeit nicht aufgrund einer längeren Lebenserwartung erhöhen.
- Nach der *Medikalisierungsthese* wird hingegen erwartet, dass die Morbiditätsraten allgemein, die altersspezifischen Morbiditätsraten im Besonderen zunehmen werden. Lebensbedrohliche Krankheiten im jüngeren Alter lassen sich zwar verhindern oder heilen. Aber in der Folge erreichen damit immer mehr Menschen ein Alter, das durch ein Auftreten von langwierigen, chronischen Krankheiten mit schwerwiegenden Beeinträchtigungen und einem hohen Behandlungs- und Pflegeaufwand charakterisiert ist. Die verlängerte Lebenserwartung verlängert auch die Zahl der Lebensjahre unter diesen schwierigen Bedingungen.
- Das bipolare *Kombinationsmodell* kombiniert beide Überlegungen. Es geht generell von einem verbesserten Gesundheitszustand zukünftiger Generationen aus und unterstellt gleichzeitig die Zunahme chronisch Kranker und Pflegebedürftiger. Eine Erweiterung erfährt das Modell durch die Ausdifferenzierung der Bevölkerung nach sozio-ökonomischer Lage. Bei benachteiligten Bevölkerungsgruppen nehmen die Gesundheitsrisiken zu, während bei Personengruppen mit gutem materiellem Status die Zahl der gesunden Lebensjahre steigen dürfte.

Wesentliche Ursachen für die gestiegene Lebenserwartung sind die Erfolge bei der Bekämpfung der Säuglingssterblichkeit, das verbesserte Versorgungssystem, der medizinische Fortschritt sowie ganz entscheidend die überwiegend gute sozialökonomische Lage des größten Teils der Bevölkerung und der breite Versicherungsschutz durch die Gesetzliche Krankenversicherung. Im internationalen Vergleich nimmt die Bundesrepublik eine mittlere Position ein. Die sich aus der demografischen Entwicklung ergebenden Konsequenzen für die Morbidität gelten auch für Pflegebedürftigkeit und Behinderung.

Die *statistischen Langzeitprognosen* sind jedoch mit erheblichen Unsicherheiten behaftet. Diese beziehen sich sowohl auf die tatsächliche Bevölkerungsentwicklung wie auch auf die Morbidität, die durch ein verändertes Verhalten der Bevölkerung oder verbesserte Therapien erheblich beeinflusst werden können.

2.2 Behinderungen und Pflegebedürftigkeit

Der medizinische und soziale Fortschritt schafft z.T. seine eigenen gesundheitlichen Folgeprobleme: Je höher die Lebenserwartung, umso größer werden die Zahl älterer Menschen und ihr Anteil an der Gesamtbevölkerung und damit Zahl und Anteil der Kranken und gesundheitlich Beeinträchtigten. Ältere Menschen, die bereits Jahrzehnte körperlicher, seelischer und sozialer Belastungen hinter sich haben und deswegen wie auch aus biologischen Gründen nicht mehr über die Gesundheit, Leistungskraft und Widerstandsfähigkeit der jüngeren Generation verfügen, sind häufiger krank, leiden insbesondere unter chronischen Krankheiten und sind zu einem erheblichen Anteil pflegebedürftig.

Die *Pflegebedürftigkeit* ist ein weit verbreitetes und wachsendes soziales Risiko. Im Jahr 2005 wurden 2,129 Mio. Menschen als pflegebedürftig eingestuft (vgl. Abbildung VI.2), das waren 2,6 % der Bevölkerung. Zu den Schwerstpflegebedürftigen (Pflegestufe III) zählten 13,2 % aller Pflegebedürftigen, 36,1 % sind schwerpflegebedürftig und 50,2 % erheblich pflegebedürftig. Pflegebedürftigkeit ist in starkem Maße altersabhängig. Ein besonders hohes Pflegerisiko findet sich bei den Hochbetagten: So lag die Pflegequote in der Altersgruppe 90 - 95 Jahre im Jahr bei fast 61 %. (vgl. Pkt. 7.1 dieses Kapitels und Abbildung VI.13).

Die in Deutschland lebenden Menschen mit *Behinderung* sind keine genau abgrenzbare Gruppe. In Anlehnung an die Definition der WHO werden alle diejenigen als Behinderte bezeichnet, die von den Auswirkungen einer nicht nur vorübergehenden Funktionsbeeinträchtigung betroffen sind und deren Zustand von vergleichbaren Menschen des jeweiligen Lebensalters in körperlicher, geistiger oder seelischer Hinsicht abweicht. Die Abgrenzung der Schwerbehinderung geht von dieser Begriffsbestimmung aus und hebt auf die besondere Schwere der Behinderung ab. Über 8 % der Bevölkerung oder 6,6 Mio. sind schwerbehindert und bei den Versorgungsämtern/Integrationsämtern als anerkannte Schwerbehinderte registriert. Darunter versteht man Personen mit einer Minderung der Erwerbsfähigkeit (MdE) von 50 % und mehr.

Abbildung VI.2:
Pflegebedürftige 2005

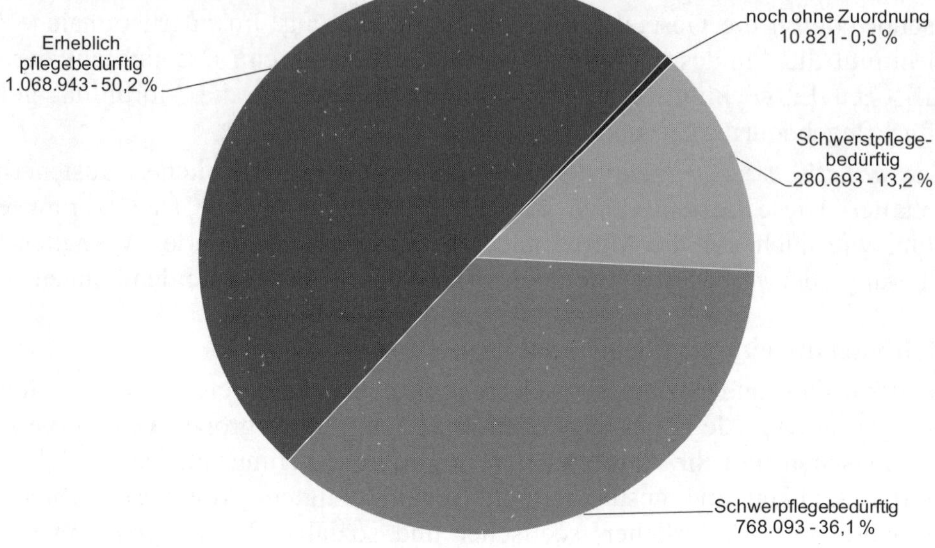

Quelle: Statistisches Bundesamt, Pflegestatistik 2005.

Allerdings sind erhebliche statistische Ungenauigkeiten zu vermuten: Denn die Statistik erfasst ausschließlich jene Personen, die den rechtlichen Status eines Schwerbehinderten (Behinderungsgrad über 50 %) und den damit verbundenen Schwerbehindertenausweis erfolgreich *beantragt* haben.

Insgesamt steigt der Anteil der Behinderten an der Gesamtbevölkerung mit zunehmendem *Lebensalter*. So sind in Altersgruppe zwischen 25 - 45 Jahren 2,8 % der Bevölkerung amtlich als anerkannte Schwerbehinderte registriert, in der Altersgruppe der 65 - 70jährigen sind es dagegen bereits 16,8 % (vgl. Abbildung VI.3). Generell liegt die ausgewiesene Schwerbehindertenquote der Frauen unter der der Männer.

Weiterhin lässt sich eine *schichtenspezifische Verteilung* von Behinderungen nachweisen: Mit sinkendem Sozialstatus steigt der Anteil der Behinderten. Nur der kleinere Teil der Behinderten steht im *Erwerbsleben*. Auf der anderen Seite sind Behinderte weitaus stärker von *Arbeitslosigkeit* (insbesondere von Langzeitarbeitslosigkeit) betroffen; dies trotz bestehender Einstellungspflicht und eines besonderen Kündigungsschutzes nach SGB IX (vgl. Kap. „Arbeit und Gesundheitsschutz", Pkt. 3 und Pkt. 9 in diesem Kapitel).

Abbildung VI.3:

Schwerbehinderte und Schwerbehindertenquote nach Altersgruppen 2005

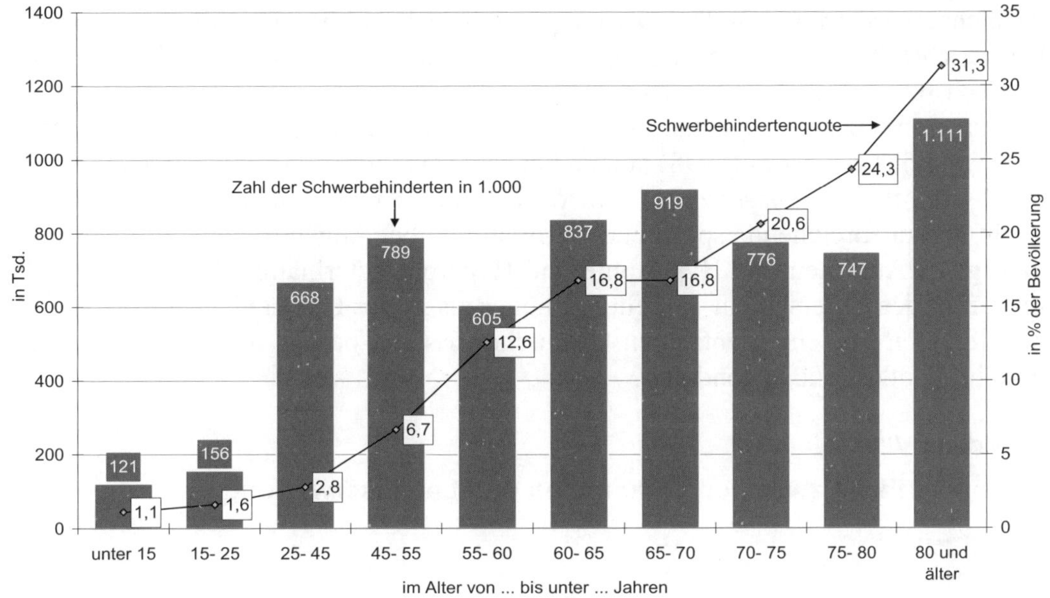

Quelle: Statistisches Bundesamt, Soziale Sicherung, Schwerbehinderte, Wiesbaden 2006.

2.3 Ungleiche Verteilung von Gesundheitsrisiken und Krankheiten

Eine Reihe empirischer Untersuchungen hat bestätigt, dass Morbidität und Mortalität regional, demografisch, nach Geschlecht und sozial stark differieren:

- *Regionale* Morbiditätskennziffern zeigen, dass Menschen in Ballungsgebieten und alten Industriegebieten in besonderem Maße Gesundheitsgefährdungen ausgesetzt sind. Nach Untersuchungen des deutschen Krebsforschungszentrums Heidelberg ist die Krebssterblichkeit in den Ballungszentren des Ruhrgebietes fast doppelt so hoch wie in einigen ländlichen Kreisen. In den neuen Bundesländern liegt das Herz-Kreislauf-Risiko über dem der westlichen Länder.
- *Krankheitspanorama*, Morbidität und Mortalität variieren stark mit dem *Lebensalter*. Nach der Mikrozensusbefragung von 2005 waren die über 65jährigen mehr als doppelt so häufig krank wie die 15 - 40jährigen. Speziell bei den über 65jährigen bestimmen chronische Erkrankungen, Multimorbidität und Pflegebedürftigkeit die Morbiditätsrisiken.

Die Zusammenhänge zwischen Krankheit und *sozialer Lage* dokumentieren u.a. die im Rahmen des 1. und 2. Nationalen Gesundheitssurveys der Deutschen Herz-Kreislauf-Präventionsstudie in den Jahren 1984-86 und 1987-88 erhobenen Daten. Sie geben einen auch heute noch gültigen Überblick über die *subjektiv* eingeschätzte Morbidität der Befragten. Bei der Einschätzung des eigenen Gesundheitszustandes ergaben sich erhebliche Unterschiede in Bezug auf die soziale Schicht, jedoch kaum geschlechtsspezifische Abweichungen: Männer (Frauen) der Unterschicht bezeichneten ihren Gesundheitszustand jeweils 2,1 mal häufiger als „weniger gut" bzw. „schlecht" als die Angehörigen der Oberschicht. Auch die Anzahl der aufgetretenen bzw. aktuell vorhandenen chronischen Erkrankungen ist in der Regel in den unteren sozialen Schichten deutlich höher als in der Oberschicht. Die Daten des Gesundheitssurveys (1998) zeigen bei sozio-ökonomisch Schwachen eine überdurchschnittliche *Konzentration von Risikofaktoren* wie Rauchen, starkes Übergewicht und unzureichende sportliche Aktivität und bei Angehörigen der Oberschicht häufigeres Auftreten von Hypertonie und Hypercholesterinämie. Das Beschwerdeniveau in der Unterschicht ist deutlich höher als in der Oberschicht. Bei sozial benachteiligten Schichten entstehen Gesundheitsrisiken bereits in erheblichem Ausmaß im Kindes- und Jugendalter.

Abbildung VI.4:

Zusammenhang zwischen Einkommen und Lebenserwartung

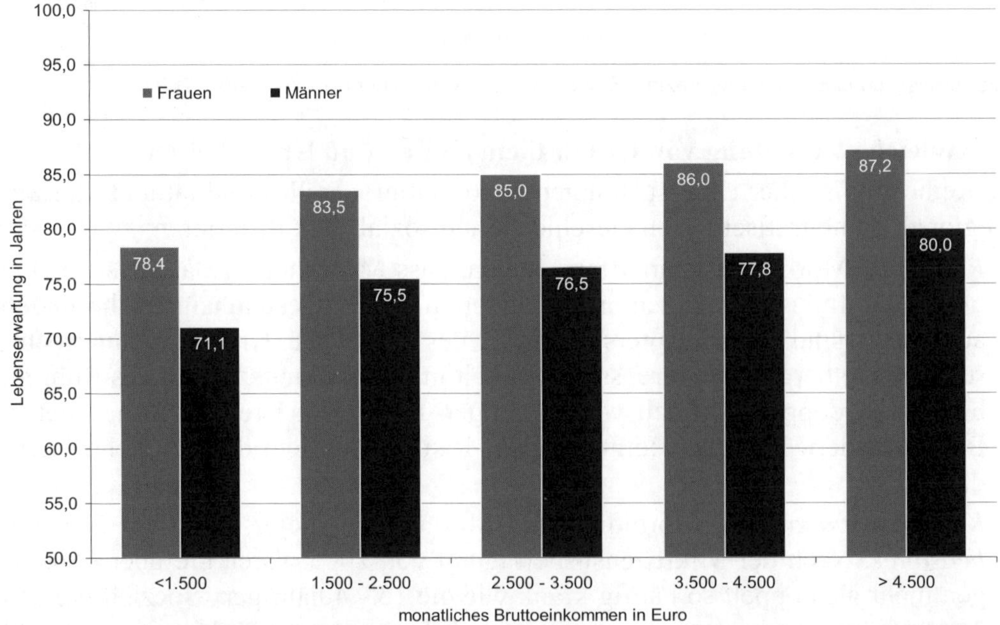

Einbezogen wurden vier Jahre (Einkommen der Jahre 2000 bis 2003, Sterbefälle der Jahre 2001 bis 2004), um die Aussagekraft zu erhöhen.

Quelle: Institut für Gesundheitsökonomie und Klinische Epidemiologie, Zum Zusammenhang zwischen Einkommen und Lebenserwartung, Köln 2006.

Ein ähnliches Bild zeichnen auch die Daten über die *Arbeitsunfähigkeit,* die von den Krankenkassen erhoben werden. Die Häufigkeit und die Dauer der Arbeitsunfähigkeit variieren sehr stark in Abhängigkeit von der beruflichen Situation. Der Krankenstand ungelernter Arbeiter liegt nach einer älteren Studie des Bundesverbandes der Betriebskrankenkassen 1,7 mal höher als bei Facharbeitern und doppelt so hoch wie bei Angestellten.

Eine überdurchschnittliche Betroffenheit von Arbeitsunfähigkeit kommt als Spätfolge in den Frühinvaliditätszahlen zum Ausdruck. So ist das *Erwerbsminderungsrisiko* von Arbeitern deutlich höher als das der Angestellten. Frühinvalidität geht zudem einher mit Frühsterblichkeit. Nach Berechnungen der Gesetzlichen Rentenversicherung ist die Lebenserwartung von 65jährigen Rentnern wegen Erwerbsminderung (Männer) in der Arbeiterrentenversicherung 15,3 Jahre (Frauen: 9,0) niedriger als die durchschnittliche Lebenserwartung der Rentner insgesamt. Auf der Basis epidemiologischer Daten sind auch erhebliche Differenzierungen in der *Lebenserwartung* je nach Einkommenspositionen nachgewiesen. So beträgt (bezogen auf die Stebefälle 2001-2004) die mittlere Lebenserwartung von Einkommensbeziehern von über 4.500 €/Monat 87,2 Jahre (Frauen) bzw. 80,0 Jahre (Männer). Im Bereich der Einkommen von weniger als 1.500 €/Monat fällt hingegen die Lebenserwartung um 8,8 Jahre (Frauen) bzw. 8,9 Jahre (Männer) niedriger aus (vgl. Abbildung VI.4).

2.4 Verursachungszusammenhänge gesundheitlicher Beeinträchtigungen und Krankheiten

Eine sozialwissenschaftlich und sozialmedizinisch ausgerichtete Analyse des Krankheitsgeschehens einer Gesellschaft kann heute vor allem von folgenden paradigmatischen Krankheitstheorien ausgehen:

- Das *biologisch-medizinische* Krankheitsmodell, das auf einem chemisch-biologischen Krankheitsverständnis basiert, geht davon aus, dass jede Erkrankung eine spezifische Ursache hat, die zu Schädigungen des Organismus führt. Dieses Konzept kennzeichnet heute immer noch mehr oder weniger das herrschende Verständnis von Krankheit und Gesundheit.
- Die *psychosomatische* Medizin erweitert das enge biologisch-medizinische Paradigma durch die Einbeziehung von körperlich-seelischen Wechselbeziehungen zwischen psychischen Belastungen und körperlichen Auswirkungen. Nach diesem Krankheitsverständnis dominiert jedoch die isolierte Betrachtung des einzelnen Menschen. Die soziale Dimension von Krankheit, die das Verhältnis von Krankheit und Gesellschaft und insbesondere die sozialen und ökonomischen Bedingungen, unter denen die Menschen leben, beinhaltet, bleibt in diesem Modell weitgehend ausgeblendet.
- Das *sozialmedizinische* Modell betrachtet die über den individuellen Fall hinausgehenden sozialen Bedingungs- und Folgezusammenhänge von Krankheit.

Sozialökonomische Lebenslagenmerkmale wie Einkommen, Ernährung, Wohnsituation u.a. Lebensbedingungen können demnach maßgeblich für die Krankheitsentstehung sein. Die Sozialmedizin erhebt diese Zusammenhänge mit sozialwissenschaftlichen Methoden und wertet sie in Bezug auf relevante Verursachungsfaktoren aus (*Sozialepidemiologie*). Dieses sozialmedizinische Verständnis ist häufig die Basis für gesundheitspolitische Vorschläge und Reformen.

Das *Risikofaktorenmodell* verbindet die medizinische und die sozialwissenschaftliche Sichtweise von Krankheit. Grundlage sind epidemiologische Studien, wonach es eine signifikante Verbreitung von Erkrankungen bei sozialen Gruppen mit risikoreichen Verhaltensweisen (Rauchen, falsche Ernährung usw.) bzw. ungünstigen Lebens- und Arbeitsumständen gibt (Asbest am Arbeitsplatz, Stress usw.). Die Gesundheitspolitik, insbesondere die Präventionspolitik, greift häufig auf empirisch-statistische Zusammenhänge zurück, die in sozialepidemiologischen Studien belegt wurden.

Auf der individuellen Ebene versteht das *Stress-Coping Modell* Krankheit als ein Versagen von Regulationsmechanismen auf körperliche, psychische und soziale Anforderungen und hebt die Bewältigungsmöglichkeiten des Menschen in Hinblick auf Belastungen hervor. Je größer die Fähigkeit, gegenüber Belastungen einen Gleichgewichtszustand zu erhalten, umso gesünder ist das Individuum. Diese Konzeption kennt keine scharfe Trennlinie mehr zwischen Gesundheit und Krankheit, sondern geht von einem Kontinuum aus.

Andere Aspekte des Krankheitsgeschehens thematisiert die *soziologische* Sichtweise. Sie setzt sich mit der sozialen Definition von Krankheit auseinander und untersucht die Rolle, die Kranke in einer Gesellschaft einnehmen. Kranke sind legitimiert, während der Zeit der Erkrankung nicht dem Arbeitsprozess zur Verfügung zu stehen und haben ein Anrecht, das gesellschaftliche Versorgungssystem (ökonomisch, medizinisch, sozial) in Anspruch zu nehmen. Aus der Krankenrolle erwachsen Ansprüche des Kranken gegenüber der Gesellschaft. Krankheit wird allerdings auch zum Stigma, da Erwartungen und Aufgaben nicht mehr erfüllt werden können.

Diese Zugänge zu Krankheit und Gesundheit führen je nach Fragestellung zu unterschiedlichen Erkenntnissen. Im Hinblick auf die zu kurierenden Krankheiten legen sie den Schwerpunkt auf bestimmte *Therapieformen* (z.B. Arzneitherapie, psycho-soziale Beratung, Umgang mit Belastungen bzw. Belastungsreduktion, Reduzierung von Risikofaktoren) oder thematisieren die Inanspruchnahme des Versorgungssystems durch die Übernahme der Krankenrolle. Richtet man das Augenmerk auf das medizinische Versorgungssystem, so strukturieren die vorherrschenden Therapieformen nicht nur das vom Medizinsystem bereitgestellte Versorgungsangebot, sondern auch Ansatzpunkte und Bedeutung der Präventionspolitik oder steuern die Qualifizierung der Beschäftigten und die Kostenentwicklung.

Nach dem heutigen Stand der medizinischen und sozialwissenschaftlichen Forschung ist Krankheit mithin das Ergebnis komplexer und z.T. noch nicht exakt bekannter Verursachungszusammenhänge. Ganz allgemein können Entstehungsbereiche gesundheitsgefährdender Faktoren liegen in

- der genetischen Disposition und in erlernten Bewältigungsressourcen, die dem Einzelnen zur Verfügung stehen,
- den jeweiligen Lebens-, Arbeits- und Umweltbedingungen sowie in
- der persönlichen Lebensweise des Einzelnen inklusive seinen Sozialbeziehungen.

Veranlagungen und Bewältigungsressourcen bestimmen den Umgang mit Belastungen

Gesundheit hängt zunächst von der körperlichen und seelischen *Belastungsfähigkeit* ab. Die den Menschen von Geburt an mitgegebene physisch-psychische Konstitution unterliegt allerdings lebensgeschichtlich wirkenden Einflüssen und verändert sich daher im Laufe der Zeit. Physisch-psychisch robuste Naturen sind eher imstande, körperliche oder seelische Belastungen ohne gesundheitliche Schädigungen zu ertragen als weniger stabil veranlagte Menschen.

Übersicht VI.1:

Zusammenhang zwischen Risikofaktoren und Krankheiten	
Risikofaktoren	**Krankheiten**
Übergewicht	Diabetes mellitus
Häufiger Zuckerkonsum	Zahnkaries
Ballaststoffmangel	Magen-Darm-Krankheiten Stoffwechselerkrankungen
Rauchen	Chronische Bronchitis Lungenkrebs Herz-Kreislauf-Erkrankungen
Bewegungsmangel	Erkrankungen des Stütz- und Halteapparates Herz-Kreislauf-Erkrankungen Stoffwechselkrankheiten Magen-Darm-Krankheiten
Alkoholmissbrauch	Leberzirrhose
Bluthochdruck	Schlaganfall, Herzinsuffizienz Herzinfarkt
Stress-Bluthochdruck	Nierengefäßerkrankungen
Fehlhaltungen/einseitige Belastungen	Erkrankungen des Stütz- und Halteapparates
Schadstoffe am Arbeitsplatz bzw. in der Umwelt (z.B. Strahlen, Asbest, Teer etc.)	Allergische Reaktionen, Krebs

Die *Bewältigungsmöglichkeiten* sind von subjektiven und kollektiven Lernprozessen in Bezug auf den Umgang mit Belastungen abhängig. Umfang und Qualität der persönlichen Beziehungen zur Familie, zu Freunden oder Arbeitskollegen spielen eine große Rolle. Die gesamte soziale Einbindung des Menschen in seine Umgebung wirkt sich in gesundheitsrelevanter Weise auf sein Verhalten aus, bestimmt das Maß an sozialer Unterstützung und an psychischer Kraft, mit der er Belastungen bewältigen kann. Ein differenziertes und stabiles soziales Netzwerk kann eine wesentliche Hilfestellung und Unterstützung bei dem Bemühen um gesundheitsgerechte Lebensweise, die Bewältigung von Gesundheitsgefährdungen und Krankheiten sowie den Umgang mit Krankheitsfolgen sein. Umgekehrt wirkt sich ein Mangel an solchen sozialen Ressourcen negativ auf die gesundheitliche Lage und das gesundheitsbezogene Verhalten aus und erschwert einen positiven Umgang mit Krankheiten.

Lebens-, Arbeits- und Umweltbedingungen führen zu unterschiedlichen Belastungen

Die Lebens- und Arbeitsbedingungen bestimmen zusammen mit den Umwelteinflüssen die vorgegebenen äußeren Risikofaktoren und Gefährdungsbereiche der Gesundheit des Einzelnen. Wer einer Erwerbsarbeit nachgeht, die nicht nur inhaltlich anspruchsvoll und gut bezahlt ist, sondern sich zusätzlich durch positive Arbeitsbedingungen und ein geringes Belastungsniveau auszeichnet, ist in mehrfacher Hinsicht privilegiert: So ist das gesundheitsgefährdende Risikopotenzial unter solchen Umständen begrenzt. Zudem bieten sich vielfältigere Möglichkeiten, die außerbetrieblichen Lebensbedingungen gesundheitsgerecht zu gestalten. Großzügige, ruhige Wohnverhältnisse, Erholungsurlaub, gesundheitsfördernde Freizeitaktivitäten und Teilhabe am kulturellen Leben bieten günstige Voraussetzungen für die Regeneration der Arbeitskraft. Auch führt eine berufliche Arbeitssituation, die gekennzeichnet ist durch große Handlungs- und Entscheidungsspielräume, ein angenehmes Betriebsklima oder eine selbstverantwortete Tätigkeit mit entsprechender Zeitsouveränität zu mehr Arbeitszufriedenheit und weniger gesundheitlichen Beeinträchtigungen. Eine große Zahl der Erwerbstätigen ist jedoch belastenden Arbeitsbedingungen ausgesetzt: Lange und unregelmäßige Arbeitszeiten einschließlich Nacht- und Schichtarbeit, schwere körperliche Arbeit, schädliche Arbeitsumgebungseinflüsse und psychosoziale Belastungen können je nach Ausmaß und Intensität im Laufe eines Arbeitslebens zu mehr oder minder starken gesundheitlichen Beeinträchtigungen führen (vgl. Kap. „Arbeit und Gesundheitsschutz“, Pkt. 1).

Hinzu kommen die *Umweltbedingungen*, denen die Menschen allgemein – und auch am Arbeitsplatz – ausgesetzt sind. Die Luftverschmutzung, schadstoffbelastete Böden oder verunreinigte Gewässer wirken sich unmittelbar oder beispielsweise über die Nahrungskette auf die Gesundheit der Menschen aus. Atemwegserkrankungen, Allergien, Krebserkrankungen, Frucht- und Erbgutschäden und viele andere Gesundheitsschädigungen stehen ursächlich mit ökologischen Belastungsfaktoren im Zusammenhang. Zwar ist der Satz „Not ist hierarchisch, Smog ist demokratisch“ durchaus plausibel, gleichwohl besteht nach wie vor ein sozial gestaffeltes Gefälle vieler umweltbedingter Gesundheitsgefährdungen, insbesondere bei wohnortbedingten Lärm- und Schadstoffemissionen.

Abbildung VI.5:
Zusammenhänge zwischen sozialer und gesundheitlicher Ungleichheit

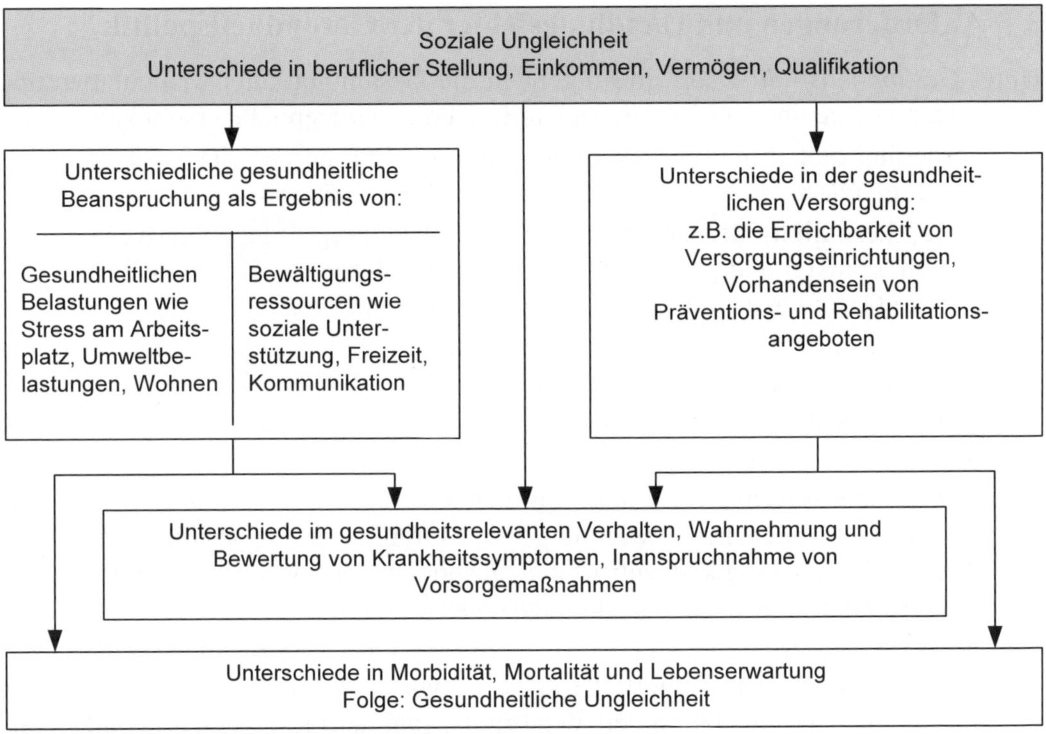

Quelle: nach Elkeles, T., Mielck, A., Soziale und gesundheitliche Ungleichheit, Berlin 1993, S. 29.

Gesundheitsrelevante Lebensstile kennzeichnen die Risikostruktur

Auch die individuelle Lebensweise der Menschen hat Einfluss auf Risikostruktur und Gesundheitszustand. Bewegungsmangel, Fehl- und Überernährung, Rauchen, Alkoholkonsum usw. sind nachweislich Risikofaktoren, die insbesondere mit den chronisch-degenerativen Volkskrankheiten in Zusammenhang stehen. Lebens- und Verhaltensweisen sind vom Einzelnen beeinflussbar, lassen sich jedoch nicht beliebig verändern, sondern entwickeln sich vielmehr in enger Wechselbeziehung mit den allgemeinen Lebens- und Arbeitsbedingungen. Ganz generell ist die Lebensweise der Menschen als Ausdruck ihres persönlichen Bewältigungsverhaltens gegenüber den Anforderungen und Belastungen des alltäglichen Lebens zu verstehen. Dabei überlagern sich langfristige gesellschaftliche Entwicklungstrends und unmittelbar wirksame Einflussfaktoren, die z.B. aus den Arbeits- und Umweltbedingungen resultieren. So zeigen beispielsweise die Statistiken einerseits, dass im Verlaufe der Nachkriegszeit der Alkoholkonsum der Bevölkerung generell stark angestiegen ist. Andererseits gibt es einen deutlichen Zusammenhang zwischen bestimmten belastenden Arbeitsbedingungen wie z.B. Nacht- und Schichtarbeit, Akkordarbeit, Untertagearbeit und einem erhöhten Alkoholkonsum (vgl. Kap. „Arbeit und Gesundheitsschutz“, Pkt. 1).

3 Anforderungen und Handlungsfelder der Gesundheitspolitik

Unter *Gesundheitspolitik* soll im Folgenden die Gesamtheit aller Maßnahmen und Leistungen verstanden werden, die sich auf mehrere Zielbereiche erstrecken:

- Förderung und Erhalt der Gesundheit durch Minimierung der gesundheitsbedrohenden Risikopotenziale und ihrer Ursachen *(Prävention)*,
- Wiederherstellung der Gesundheit durch Behandlung, Pflege und Rehabilitation von Kranken und gesundheitlich Beeinträchtigten mit Hilfe der Einrichtungen des Gesundheitssystems (*Kuration, Rehabilitation und Pflege*),
- Sicherung des materiellen Lebensunterhalts im Fall von z.B. Krankheit, Arbeits- und Erwerbsunfähigkeit (*soziale Sicherung bei Krankheit*),
- effektiver und effizienter Einsatz der knappen Ressourcen *(Gesundheitsökonomie)*,
- umfassende Information nach räumlichen, sozialen und betrieblichen Gesichtspunkten über die Entwicklung von Mortalität und Morbidität der Bevölkerung, die Wirksamkeit getroffener gesundheitspolitischer Maßnahmen und über vorhandene Defizite *(Gesundheitsberichterstattung)*.

Gesundheitspolitik ist somit eine gesellschaftliche *Querschnittsaufgabe*, die unterschiedliche Politikfelder tangiert. Zwar steht das Gesundheitsversorgungssystem mit der ambulanten und stationären Versorgung und der Gesetzlichen Krankenversicherung mit ihrer Sicherungs- und Lenkungsfunktion im Vordergrund; eine wirksame Gesundheitspolitik kann jedoch ebenso wenig auf Krankheitsverhütung durch das Arbeitsschutzsystem und die Umweltpolitik verzichten wie auf eine Kontrolle des knappen Ressourceneinsatzes für vorrangige Gesundheitsziele. Schließlich ist eine umfassende Gesundheitsberichterstattung die Voraussetzung einer rationalen Gesundheitspolitik.

3.1 Gesundheitsförderung, Public Health, Prävention

Aktuell entfallen weniger als 5 % der Gesundheitsausgaben auf Prävention und Gesundheitsschutz. Nach Expertenschätzungen ist das Potenzial wirksamer Vorbeugung in keiner Weise ausgeschöpft. Schätzungsweise können durch wirksame Prävention 25 - 30 % der Ausgaben für Kuration und Rehabilitation vermieden werden. Eine Beschränkung der Gesundheitspolitik auf die traditionellen (Be)-Handlungsmöglichkeiten des Gesundheitssystems vernachlässigt damit eine wichtige Strategie zur Verbesserung der Gesundheit und einen effizienteren Einsatz der vorhandenen Ressourcen. Mehr Ärzte, wirksamere Arzneimittel und bessere medizinisch-technische Versorgung sind kein Allheilmittel, wenn es um die frühzeitig eingreifende Ursachenbekämpfung insbesondere chronischer Erkrankungen geht. Auch angesichts der demografischen Entwicklung kommt wirksamer Prävention eine zunehmende Bedeutung zu.

Die Gesundheitswissenschaft unterscheidet zwischen Gesundheitsförderung und Prävention. Unter *Gesundheitsförderung* werden vor allem die *unspezifischen* Maßnahmen zur Verbesserung der Gesundheit verstanden. Hierbei geht es um die Krankheitsverhütung im weiteren Sinne, wie u.a. um die Steigerung des gesundheitlichen Wohlbefindens und die Vermeidung von körperlichem und psychischem Verschleiß. Durch politisch-administrative Eingriffe sollen allgemeine, zunehmend globale Gesundheitsrisiken (z.B. Klimabelastung, Luft- und Wasserqualität) eingeschränkt werden. Eine maßgebliche Orientierung bietet die *Ottawa-Charta* der UNO zur Gesundheitsförderung von 1986. Sie betont, dass Gesundheitsförderung ein wesentlicher Bestandteil des alltäglichen Lebens ist und ein koordiniertes Handeln zur Schaffung gesundheitsfördernder Lebenswelten auf allen Ebenen und in allen Bereichen (Ernährung, Wohnen, Arbeiten, Freizeit etc.) der Gesellschaft erfordert. Sie bündelt die gesundheitsfördernden Aktivitäten in folgende fünf Handlungsfelder:

- Entwicklung einer gesundheitsfördernden Gesamtpolitik,
- Schaffung von gesundheitsfördernden Lebenswelten,
- Stärkung gesundheitsbezogener Aktivitäten in der Gemeinde,
- Entwicklung persönlicher Kompetenzen,
- Neuorientierung der Gesundheitsdienste.

Als Handlungsstrategien werden Beraten *(advocating)*, Befähigen *(enabling)* und Vermitteln *(mediating)* vorgeschlagen, die Menschen werden selbst zu Betroffenen der Präventionsarbeit. Einen besonderen Stellenwert haben lokale Initiativen zur Gesundheitsförderung, weil sie individuelle Verhaltensänderungen mit regionalen Erfordernissen in Einklang bringen können.

Die in der Ottawa-Charta konzipierte Gesundheitsförderung ist wesentlicher Bestandteil dessen, was man unter *Public Health* versteht. Zwar gibt es in Deutschland keine allgemein akzeptierte Abgrenzung dieses Begriffes, dennoch kann man Public Health als gesundheitspolitisches Konzept bezeichnen, das auf der Basis von sozialepidemiologischen Studien wissenschaftliche Strategien zur Verminderung der Erkrankungswahrscheinlichkeit bereitstellt. Gesundheitsförderung und Prävention stellen in diesem Konzept wichtige Handlungsparameter dar.

Gegenüber der Gesundheitsförderung kann *präventive* Gesundheitspolitik als *spezielle* Handlungsstrategie eines umfassenden Public-Health-Konzeptes angesehen werden. Sie zielt darauf ab, durch gezielte Maßnahmen den Eintritt von Krankheiten zu verhindern, zu verzögern oder eine Verschlimmerung bereits eingetretener Erkrankungen zu vermeiden. Zum Kernbereich präventiver Gesundheitspolitik gehört die Begrenzung arbeits- und umweltbedingter Gesundheitsrisiken. In der Gesundheitspolitik hat sich für diese Präventionsstrategien, die sich auf die Arbeitswelt, die Umwelt oder die Lebensverhältnisse erstrecken, der Begriff *Verhältnisprävention* durchgesetzt. Maßnahmen, die auf diese Ebene von Prävention abzielen, sind z.B. die Reduzierung von Schadstoffen in der Luft, im Wasser und im Boden sowie die Begrenzung bzw. die Reduzierung der Belastungen in der Lebens- und Arbeitswelt (vgl. Kap. „Arbeit und Gesundheitsschutz", Pkt. 1). Die Institutionen des Medizinsystems, insbesondere die Krankenkassen und Ärzteverbände, können zum Beispiel durch eine zielgerichtete Auswertung des umfangreichen statistischen Materials eine entsprechende Aus- und Weiterbildung der Ärztinnen und Ärzte oder durch Kooperation mit den arbeits- und umweltpolitischen Akteuren die staatlichen Organe bei präventionsgerichtetem Handeln unterstützen und/oder entsprechende Maßnahmen einfordern. Eine gesetzliche Verpflichtung der Kassen zu arbeitsweltbezogener Prävention ist, wenn auch in sehr allgemeiner Form, im SGB V festgeschrieben.

Diese Ebene der Prävention bedarf der Ergänzung durch gesundheitsgerechtes Verhalten des Einzelnen bzw. von Gruppen also der *Verhaltensprävention.* Verhältnisprävention und Verhaltensprävention sollten verzahnt sein, um voll wirksam werden zu können. Dies gilt besonders für die Veränderung risikoreichen Verhaltens. Verhaltenspräventive Strategien zielen auf die Vermeidung gesundheitsriskanten Verhaltens und das Erlernen risikoarmer und gesundheitsfördernder Lebensformen. Beispiele für verhaltenspräventive Konzepte sind die Einschränkung des Rauchens, um das Lungenkrebsrisiko zu reduzieren, eine gesunde Ernährung, um Stoffwechselerkrankungen vorzubeugen, oder der Ausbau der Zahnprophylaxe, um Karieserkrankungen zu vermeiden. Eine Reihe von Orts- und Betriebskrankenkassen haben in den letzten Jahren zahlreiche verhaltenspräventive Konzepte, z.B. zum Abbau von Bewegungsmangel, zur Senkung des Bluthochdrucks, zur Raucherentwöhnung, zur Gewichtsreduzierung, zur gesunden Ernährung und Stressbewältigung realisiert. Der Vorteil verhaltenspräventiven Vorgehens ist, dass die Verantwortlichkeit für Prävention zielgenau beim Individuum ansetzen kann, ohne lange politische oder bürokratische Entscheidungsprozesse abwarten zu müssen.

Verhaltenspräventive Maßnahmen müssen allerdings mit verhältnispräventiven Maßnahmen verzahnt werden. So haben zahlreiche gesundheitsschädigende Verhaltensweisen ihre Ursache z.B. in beruflicher Über- oder Unterforderung, in Arbeitslosigkeit oder in familiären Konfliktsituationen. Die verhaltensorientierte Präventionspolitik hat die objektiven Begrenzungen der individuellen Handlungsspielräume durch die vorgegebenen Lebensbedingungen zu berücksichtigen und diese nach Möglichkeit selbst zum Gegenstand von Lernprozessen zu machen. Dies kann durch Stärkung der individuellen und kollektiven Bewältigungsmöglichkeiten von Belastungen geschehen.

Während bei der Verhaltens- und Verhältnisprävention die gesellschaftlichen Verhältnisse und die Lebensweise des Individuums Gegenstand von Interventionen sind, setzt die Unterscheidung in Primär-, Sekundär-, Tertiärprävention an dem Entstehungszeitpunkt einer Erkrankung an. Diese Präventionsmaßnahmen werden überwiegend vom Gesundheitssystem im engeren Sinne geleistet:

- Ein typisches Beispiel für *primärpräventive* Maßnahmen, die die Entstehung von Erkrankungen verhindern sollen, sind Schutzimpfungen.
- Für die GKV haben vor allem die *sekundärpräventiven* Maßnahmen, wie Vorsorge- oder Früherkennungsuntersuchungen, große Bedeutung. Sie zielen nicht auf die Verhinderung, sondern auf die Früherkennung beginnender Erkrankungen. Damit kann die Therapie bereits zu einem früheren Zeitpunkt einsetzen, so dass im Allgemeinen die Heilungschancen vergrößert und die Behandlungsdauer verkürzt werden. Sie können als Weiterentwicklung des Konzepts einer rein kurativ ausgerichteten Individualmedizin verstanden werden. Unstrittig sind Früherkennungsmaßnahmen allerdings nur, wenn zum Zeitpunkt der Diagnose auch entsprechende Therapiekonzepte vorliegen. Massenscreenings (medizinische Suchverfahren wie z.B. Labortests, Radiologie, physikalische Messungen usw.) sind nicht generell sinnvoll und z.T. sogar mit neuen Risiken behaftet. So sind zum Beispiel Röntgenuntersuchungen immer mit Strahlenbelastungen verbunden. Eine zusätzliche Belastung des Organismus ist aber nur bei konkreten Verdachtsmomenten zu vertreten. Die Krankenkassen können die Inanspruchnahme der bereits bestehenden Früherkennungsuntersuchungen verbessern, wenn diese nicht nur passiv angeboten werden, sondern aktiv an die Zielgruppen herangetragen werden, z.B. durch bessere Kooperation mit den Hausärzten.
- *Tertiärpräventive* Maßnahmen, zu denen häufig auch die Rehabilitation gezählt wird, widmen sich den Folgen von Erkrankungen. Sie sollen – soweit möglich – den Gesundheitszustand vor der Erkrankung wiederherstellen, zumindest aber Verschlimmerungen oder Folgeerkrankungen vorbeugen sowie eine berufliche und soziale Wiedereingliederung herbeiführen (vgl. Pkt. 9 dieses Kapitels).

Angesichts der Zunahme chronischer und altersabhängiger Erkrankungen werden Primär-, Sekundär- und Tertiärprävention immer wichtiger. Gelingt es, das Eintreten derartiger Erkrankungen in spätere Lebensjahre zu verschieben oder Verschlimmerungen vorzubeugen, ist dies nicht nur mit mehr Lebensqualität für die Betroffenen verbunden, sondern wirkt sich zudem kostensenkend aus. Die Zunahme des Anteils Älterer muss damit nicht zwangsläufig zu höherer Pflegebedürftigkeit und einem Anstieg von altersbedingten Behandlungskosten führen.

Übersicht VI.2:

Beispiele für präventive Maßnahmen
Senkung des Bluthochdrucks: Über veränderte Lebensgewohnheiten könnte das Auftreten koronarer Herzerkrankungen um 15 % und die der Schlaganfälle um 27 % reduziert werden. *Typ II – Diabetiker:* Ihr höheres Herzinfarktrisiko könnte durch geeignete Interventionsmaßnahmen um 5 - 10 % gesenkt werden. *Schlaganfall:* Durch vollständige Reduktion der Hypertonie (Bluthochdruck) könnten 40 % aller Schlaganfälle vermieden werden. *Herz-Kreislauf-Erkrankungen:* Personen über 40 Jahre, die täglich Zigaretten rauchen, sterben an ischämischen Herzkrankheiten im Durchschnitt 5 Jahre eher als Nichtraucher. *Herzinfarkt:* Durch cholesterinreduzierte Ernährung, Nichtrauchen, Gewichtskontrolle, körperliche Bewegung und Blutdruckkontrolle könnte eine Reduktion der tödlichen Herzinfarkte um 21 % und der nicht-tödlichen um 26 % erreicht werden.

Quelle: Walter, U., Schwartz, F.W., Prävention im deutschen Gesundheitswesen, Hannover 2001.

Ein ungelöstes Problem der Prävention in Deutschland ist das der *Zuständigkeit*. Sie erstreckt sich von der kommunalen Ebene (Gesundheitsämter) bis zur Verantwortung des Bundes (z.B. als Gesetzgeber, der den Aufgabenkatalog der GKV definiert oder der Grenzwerte für Schadstoffemissionen festlegt), umfasst alle Institutionen des Medizinsystems und reicht weit in die Arbeits-, Umwelt-, Wirtschafts- und Verkehrspolitik hinein. Bei der Erfassung der *Präventionsausgaben* bezieht das statistische Bundesamt folgende Institutionen mit ein: öffentlicher und betrieblicher Gesundheitsschutz, Lebensmittel und Trinkwasserkontrolle, Hygieneüberwachung, Umweltmonitoring gesundheitlicher Stoffe, Lärmbekämpfung, Mütterberatung, präventive soziale Dienste, Schulgesundheitspflege sowie die Leistungen der Krankenkassen vor allem für Vorsorge und Früherkennung. Insgesamt entfallen 4,6 % der gesamten Gesundheitsausgaben auf Prävention (vgl. Tabelle VI.2). Gemessen an den Gesamtausgaben der einzelnen Träger sind vor allem die Unfallversicherung (21,3 %), die Arbeitgeber (13,3 %) und die öffentlichen Haushalte (10,4 %) in der Prävention aktiv. Die Gesetzliche Krankenversicherung als der wichtigste Ausgabenträger im Gesundheitswesen hingegen wendet nur 3,0 % der Ausgaben für Prävention auf.

Die bisherige Allzuständigkeit der zahlreichen Institutionen, Verbände und staatlichen Träger hat dazu geführt, dass eine klare Verantwortlichkeit fehlt. Es fehlen eindeutig formulierte Präventionsziele. Ein neues Präventionsgesetz könnte derartige Zielvorgaben übernehmen. Denkbar wäre es, Prävention stärker in den

Aufgabenkreis der GKV zu integrieren oder die Rolle der Gesundheitsämter zu stärken, um dadurch die gewachsenen Verantwortlichkeiten und Strukturprinzipien in der GKV fortzuentwickeln und mit regionalen Aktivitäten zu verknüpfen (z.B. regionale Gesundheitskonferenzen, Landesarbeitsgemeinschaften zur Gesundheitsförderung, lokale Gesundheitsberichterstattung).

Tabelle VI.2:

Ausgaben für Prävention nach Ausgabenträgern 2005

Ausgaben	Gesamt	Öffentl. Haushalte	Sozialversicherungen GKV	GPV	GRV	GUV	PKV	Arbeitgeber	Private
Insgesamt in Mrd. €	239.703	18.786	136.031	16.499	4.344	4.097	20.612	9.923	29.409
Prävention in Mrd. €	11.096	1.960	4.086	266	108	871	46	1.315	2.446
in %	4,6	10,4	3,0	1,6	2,5	21,3	0,2	13,3	8,3

Quelle: Bundesministerium für Gesundheit, Statistisches Taschenbuch Gesundheit 2005, Berlin 2005.

3.2 Wiederherstellung der Gesundheit

Die Wiederherstellung der Gesundheit bildet die zentrale Aufgabe des Medizinsystems. Um die gesundheitlich Beeinträchtigten und Kranken kümmert sich ein hoch differenziertes Geflecht von medizinischen Berufsgruppen und Einrichtungen. Die Hauptzentren sind der ambulante Sektor mit den niedergelassenen Ärzten im Mittelpunkt und die Krankenhausversorgung. Dazu gehören auch Institutionen, die sich mit solchen gesundheitlich Beeinträchtigten befassen, die sich nicht (mehr) in medizinischer Akut-Behandlung befinden, aber gleichwohl der gesundheitlichen Betreuung bedürfen. Dies sind vor allem die Einrichtungen zur Pflege und Rehabilitation kranker oder behinderter Menschen wie Pflegeheime oder Kureinrichtungen. Gesundheitlich bedeutsame Leistungen werden zudem von Einrichtungen erbracht, die auch allgemeine soziale Dienstleistungsfunktionen erfüllen wie z.B. Sozialstationen.

Übersicht VI.3 vermittelt einen Eindruck davon, mit welchen Maßnahmen im Gesundheitswesen auf die Prävention, Kuration und Rehabilitation von Krankheiten bzw. kranken Menschen hingewirkt wird. Die Akteure und Einrichtungen des Gesundheitssystems werden keineswegs automatisch initiativ, wenn gesundheitliche Beeinträchtigungen und Krankheiten auftreten. Voraussetzung ist, dass die Menschen ihre gesundheitlichen Probleme auch als solche wahrnehmen und für behandlungsbedürftig halten. Das hängt von ihrem individuellen Gesundheits- und Krankheitsverständnis, aber auch von den sonstigen Lebensbedingungen und den daraus resultierenden Zwängen ab. Ein großer Teil meist leichterer Erkrankungen gelangt überhaupt *nicht* bis in das *professionelle Medizinsystem.* Sie werden gar nicht kuriert oder individuell behandelt und verbleiben somit im Laiensystem.

Übersicht VI.3:

Ziele und Maßnahmen im Gesundheitswesen		
Bereich	**Ziel**	**Maßnahmen (Beispiele)**
Primärprävention (Vorsorge)	Verhütung der Entstehung von Krankheit durch - Verstärkung der körpereigenen Abwehrkräfte - Verhütung von Faktoren, die das Krankheitsrisiko erhöhen - generelle Begrenzung potenziell belastender Umweltfaktoren	Spezifische Maßnahmen: - Schutzimpfungen - Fluoridprophylaxe - Vitamin D-Prophylaxe Unspezifische Maßnahmen: - Etablierung von gesundheitsfördernden Einstellungen und Normen - Verhaltensbeeinflussung zu ausgewogener Lebensführung (Gesundheitserziehung) - Verbesserung der Wohn- und Arbeitssituation - Umweltschutz
Sekundärprävention (Krankheitsfrüherkennung)	Erkennung von pathologischen Abweichungen im Frühstadium einschließlich Aufdecken von Risikofaktoren, die bereits einen krankhaften Zustand beschreiben	Screening-Verfahren - Massenscreening (z.B. Tbc-Untersuchung) - selektives Screening (z.B. Früherkennung bei Kindern) - Selbstuntersuchungen (z.B. Zuckertest) - Verbesserte Information der Laien und Ärzte über Früherkennung, Unterstützung von Selbsthilfegruppen, Gesundheitszirkel im Betrieb
Kuration (Behandlung)	Heilung / Linderung erkannter Krankheiten - im ambulanten Bereich - im stationären Bereich - Versorgung mit Arzneimitteln, Heil- und Hilfsmitteln	Ärztliche Heilkunst Psychotherapie Verhaltensbeeinflussung Arzneitherapie, anerkannte therapeutische Verfahren (Physiotherapie, Bewegungstraining etc.) Einkommenssicherung bei Krankheit und Kostenübernahme der Behandlung
Rehabilitation (Tertiärprävention)	Verhinderung von Rückfällen bei bereits geheilten und von Verschlimmerung bei gelinderten Krankheiten Vermeidung von Folgeerkrankungen Schaffung größtmöglicher Funktionsfähigkeit und „Lebensqualität" trotz bestehender und irreversibler Schäden	Kompensation verlorener Funktionen Ständige Kontrollen Dauermedikation Arbeitsplatz- / Berufswechsel Verhaltensbeeinflussung Einkommenssicherung bei Wiedereingliederung und Kostenübernahme der Rehabilitation

Viele Krankheiten und Krankheitsfolgen werden vor, während und nach Beendigung der (Akut-)Behandlung im Medizinsystem auch durch *Gesundheitsselbsthilfegruppen* aufgegriffen, die als Bindeglied zwischen dem Einzelnen und dem professionellen System fungieren. Das Spektrum der Krankheiten, für die das gilt, hat sich im Laufe der Jahre stark ausgeweitet. Es reicht von Suchtkrankheiten, wie z.B. Alkoholismus, über Behinderungen, psychische Erkrankungen bis hin zu rheumatischen Erkrankungen und Herz-Kreislauf-Krankheiten (vgl. auch Kap. „Soziale Dienste“, Pkt. 8.3.3).

3.3 Ethische und ökonomische Fragen des Einsatzes von Ressourcen

Ausgangspunkt ökonomischer Überlegungen in Bezug auf das Gesundheitssystem ist das Problem, knappe Finanzmittel auf den vielfältigen Bedarf für Gesundheitsleistungen zu verteilen. Dabei steht die ökonomische Betrachtungsweise keineswegs im Widerspruch zu ethischen Fragen. Im Gegenteil: Werden knappe Mittel ineffizient (unwirtschaftlich) eingesetzt, stehen möglicherweise für wichtige andere Aufgaben keine Gelder mehr zur Verfügung. Um diese und ähnliche Fragen kümmert sich die *Gesundheitsökonomie*. Ihr Anwendungsbereich ist vielfältig und erstreckt sich auf die unterschiedlichen Ebenen des Gesundheitssystems. Dabei werden in der Regel drei Ebenen unterschieden:

- Auf der *Makroebene* geht es darum, wie sich die Gesamtausgaben für Gesundheitsleistungen in einer Gesellschaft auf den Gesundheitszustand und die Lebenserwartung der Bevölkerung auswirken. Im Vergleich zu weniger entwickelten Ländern führt in der Regel der hohe Ressourceneinsatz in den Industrieländern zu besserer medizinischer Versorgung und höherer Lebenserwartung. Eine weitere Frage z.B. ist: Wie viele Mittel sollen für Kuration, wie viele Mittel für Prävention zur Verfügung gestellt werden? Die Bundesrepublik hat z.B. eine technologisch hoch stehende Versorgung, gibt aber nach Expertenmeinung einen zu kleinen Teil der Gesamtausgaben für präventive Maßnahmen aus. Vermutlich wäre der Nutzen der eingesetzten Mittel höher und könnte ein besserer Gesundheitszustand realisiert werden, wenn mehr Ressourcen für Gesundheitsförderung und Prävention zur Verfügung stünden.
- Auf der *Mesoebene* geht es um eine Systemanalyse: Wie ist das Gesundheitsversorgungssystem unter ökonomischen Gesichtspunkten aufgebaut, und wie funktionieren Leistungserbringung und Finanzierung. Hier geht es z.B. darum, wie ambulante und stationäre Versorgung organisiert und aufeinander abgestimmt werden, wie die Arzneimittelversorgung gesteuert werden soll, z.B. durch eine vorgegebene Liste erstattungsfähiger Medikamente (Positivliste) oder umgekehrt durch eine Negativliste oder ohne staatliche Eingriffe? Eine andere Frage ist die Auswirkung unterschiedlicher Vergütungssysteme der ärztlichen Versorgung auf Leistungserbringung, Qualität und Kosten (vgl. Pkt. 6.1 dieses Kapitels).

- Auf der *Mikroebene* schließlich interessieren die einzelnen Einrichtungen und Träger, die einzelwirtschaftliche Organisation von Krankenhäusern, Arztpraxen, Apotheken. Auch geht es z.B. darum, wie hier jeweils effektiv und effizient gearbeitet werden kann.

Eine Hauptaufgabe des Gesundheitssystems ist die Sicherstellung und *Finanzierung* der medizinischen Versorgung. Sie bestimmt, welche Anteile des Sozialprodukts für Prävention, Kuration und Rehabilitation aufzubringen sind und wer sie zu finanzieren hat. Auch das Niveau der finanziellen Absicherung im Krankheitsfall ist ein ganz wesentlicher Indikator der Qualität des Gesundheitssystems insgesamt, weil es nicht zuletzt über die Chancen entscheidet, die angebotenen Leistungen tatsächlich in Anspruch nehmen zu können und Krankheiten ganz auszuheilen.

Ökonomischer Mitteleinsatz ist stets eng verknüpft mit *ethischen* Fragen. Dies zeigt folgendes Beispiel: Soll ein Früherkennungsprogramm, das mit hohen Kosten verbunden ist, alle Personen ab einer Altersgrenze umfassen oder sollen nur Risikogruppen in das Programm einbezogen werden? Die Kosten der zweiten Vorgehensweise sind wesentlich geringer als die der ersten. Es könnten allerdings nicht alle Personen erfasst werden. Dafür stünden noch Mittel für andere Zwecke zur Verfügung. Bei der ersten Variante dagegen ist die Erfassung total. Unterstellt man jedoch Mittelknappheit, müsste an anderen medizinischen Aufgaben gespart werden. Gesundheitsökonomische Berechnungen – z.B. über gewonnene Lebensjahre oder eingesparte Behandlungskosten – können ethische Entscheidungen nicht ersetzen. Ethische Vorgaben sind gleichsam Rahmenbedingungen für ökonomisches oder medizinisches Handeln.

In der gesundheitsökonomischen Diskussion spielt häufig der Begriff der *Rationierung medizinischer Leistungen* eine Rolle. Zwei Formen kommen in Betracht. Die *explizite* Versagung von Leistungen für bestimmte Personengruppen, z.B. nach Kriterien wie Alter, Schweregrad einer Behinderung, Höhe der Kosten. Als Beispiel kann hier die Verweigerung einer Dialyse-Behandlung für über 70jährige genannt werden, wie sie z.B. in Großbritannien praktiziert wird. Demgegenüber wird die *implizite* Rationierung unterschieden, in der eine *generelle* Inanspruchnahmebarriere die medizinische Versorgung begrenzt. Als Beispiele können hier die Aufnahme bzw. Nichtaufnahme von Leistungen in den Leistungskatalog der Kassen oder die Planung der Versorgungsdichte mit ambulanten oder stationären Angeboten oder die Einführung einer Praxisgebühr genannt werden. Ein häufig angeführtes Beispiel ist die regionale Versorgung mit Unfallkrankenhäusern je nach Unfallschwerpunkten.

Wenn von Rationierung die Rede ist, ist in der Regel der *explizite* Ausschluss medizinischer Leistungen gemeint. Berühmtes Beispiel ist eine im US-Bundesstaat Oregon abgelehnte Finanzierung einer Organtransplantation bei einem siebenjährigen Patienten. Der Staat bewertete unter Kosten-Nutzen-Gesichtspunkten die Finanzierung von Vorsorgeuntersuchungen bei Kindern und schwangeren Müttern höher. Ähnlich gelagert sind Entscheidungen über Organtransplantationen bei geringen Erfolgsausichten bzw. bei geringer Überlebenswahrscheinlichkeit.

Die Ethik-Debatte in Deutschland lehnt eine derartige ökonomisch begründete Verweigerung einer medizinisch wirksamen Leistung bislang noch ab. Zu Recht wird darauf verwiesen, dass derartige Entscheidungsprobleme nur vordergründig existieren. Gesundheitspolitik verfügt über genügend Finanzierungsspielräume, um Leistungen, die medizinisch anerkannt sind und deren Nutzen unbestritten ist, allen zugute kommen zu lassen.

3.4 Gesundheitsberichterstattung

Eine rationale gesundheitspolitische Steuerung ist ohne ausreichende Informationen über das Ausmaß von Gesundheitsrisiken, ihre Entwicklung und die Wirkungsweise des Versorgungssystems nicht möglich. Die vom Statistischen Bundesamt durchgeführte Gesundheitsberichterstattung informiert laufend über die gesundheitlichen Risiken, den Gesundheitszustand der Bevölkerung, den Standort und die Entwicklung der gesundheitlichen Versorgung sowie die hierfür anfallenden Kosten. Ferner wurde ein Informations- und Dokumentationszentrum aufgebaut, in dem vertiefte Informationen abrufbar sind. Parallel dazu existieren Gesundheitsberichterstattungen in den Bundesländern mit entsprechenden Berichten sowie eine teilweise sehr differenzierte Gesundheitsberichterstattung auf kommunaler Ebene. Die Funktion der Gesundheitsberichterstattung erschöpft sich aber nicht im Aufarbeiten statistischer Zusammenhänge. Sie kann auch dazu beitragen, dass Gesundheit ein Gegenstand öffentlichen Interesses wird, dass Selbsthilfegruppen mit Experten zusammengebracht sowie Aktivitäten der örtlichen Gesundheitsämter angeregt werden.

4 Gesundheitswesen

4.1 Grundmodelle gesundheitlicher Versorgung

4.1.1 Besonderheiten von Angebot und Nachfrage auf dem Gesundheitsmarkt

Wenn Menschen krank werden, Ärzte aufsuchen müssen, Arzneimittel benötigen oder ein Krankenhausaufenthalt erforderlich wird, so nehmen sie im Allgemeinen Einrichtungen, Leistungen und Güter des Gesundheitswesens in Anspruch. Wenn im Folgenden das Gesundheitswesen in der Bundesrepublik dargestellt und analysiert werden soll, dann werden dabei nicht allein medizinische und soziale Probleme berührt; gleichermaßen bedeutsam ist auch die ökonomische Dimension: Ärzteschaft, pharmazeutische Unternehmen und Krankenhäuser sind – ökonomisch gesehen – Anbieter im Gesundheitswesen. Nachfrager sind die Kranken, die die Gesundheitsleistungen und -güter benötigen.

Seit langem wird in Deutschland – wie auch im Ausland – eine Diskussion darüber geführt, ob und inwieweit die Bedarfsdeckung im Gesundheitsbereich primär über den Markt oder durch die Politik gesteuert werden soll. Dabei ist zu fragen, ob der Markt für Gesundheitsleistungen etwa mit dem Markt für Konsumgüter vergleichbar ist oder ob er Besonderheiten aufweist, die es erforderlich machen, den Markt als Zuteilungsmodell von Gesundheitsleistungen kritisch zu bewerten und ihn einer sozialstaatlichen Regulierung zu unterwerfen.

Ökonomisch gesehen setzt eine Versorgung über den Markt auf der *Nachfrageseite* voraus, dass

- der Patient weiß, worunter er leidet und welche Therapie für ihn in Frage kommt, ökonomisch gesprochen, welches „Produkt" er erwerben will,
- Transparenz über das vorhandene Angebot existiert,
- der Patient zeitlich und räumlich eigenständig und frei entscheiden kann („Konsumentensouveränität"),
- der Preis das Verhältnis von Angebot und Nachfrage reguliert.

Diese grundlegenden Voraussetzungen sind aber bei der Nachfrage nach Gesundheitsleistungen nicht oder nur unzureichend vorhanden.

- Das zu erwerbende *„Produkt"* Heilung steht häufig vor einer Behandlung noch nicht fest. Bei vielen Erkrankungen, z.B. bei chronischen Erkrankungen, ist das Behandlungsziel zu Beginn schwer abschätzbar. Der Bedarf der Kranken an Heilung oder Linderung ist meist *unspezifisch*. Die Betroffenen können bestenfalls entscheiden, ob, wann und zu welchem Arzt sie gehen (Primärnachfrage). Im Übrigen bestimmen die Ärzte durch ihre Diagnosen, Therapien, Überweisungen, Krankenhauseinweisungen, Arzneimittelverordnungen usw. die Sekundärnachfrage. So gesehen sind die Ärzte die eigentlichen Nachfrager im Gesundheitssystem.
- Den Kranken fehlen auch meist die Kenntnisse, um die ärztlichen Leistungen beurteilen und kontrollieren zu können *(unvollständige Information)*. Auch die Wirksamkeit oder Gefährlichkeit von Arzneimitteln können Laien in aller Regel nicht abschätzen. Letztlich entscheiden die behandelnden Ärzte auf der Grundlage medizinischer Erkenntnisse, was als gesund und krank zu gelten hat und welche Diagnose und Therapie zum Zuge kommen. Die Medizin kennt bei den heute vorherrschenden Krankheiten eine Fülle z.T. widersprüchlicher Behandlungsmethoden. Selbst der einzelne behandelnde Arzt kann längst nicht mehr alle Diagnose- und Therapieformen überblicken und deren Wirkungen abschätzen. Versuche von Wissenschaftlern und Verbänden, Effizienz, Qualität und Kosten transparent zu machen, z.B. in Bezug auf Arzneimittel und Krankenhausversorgung, sind bisher nur in Teilbereichen gelungen. Ein neuer Ansatz besteht darin, durch *Leitlinien* Ärzte und Patienten bei der Entscheidung über zweckdienliche Maßnahmen der Krankenversorgung (Prävention, Diagnostik, Therapie und Nachsorge) zu unterstützen.
- Im Unterschied zum Gütermarkt kann nicht von einer *„Konsumentensouveränität"* ausgegangen werden. Der Patient befindet sich vielfach in einer Notsi-

tuation und kann nicht frei entscheiden, ob, wann und wo er sich behandeln lassen will. Soll Heilung erfolgen, muss häufig sofort behandelt werden. Bei der Anschaffung eines Autos oder eines Videogerätes spielt dagegen der Zeitfaktor kaum eine so entscheidende Rolle. Zudem fehlt ein wichtiges Merkmal der „Konsumentensouveränität", nämlich die Information über die Qualität der Behandlung. Hierüber ist kaum Transparenz herzustellen, vor allem deswegen, weil die Qualität erst im Nachhinein bewertbar ist. Auch der *Preis* ist kein Qualitätsindikator oder Regulierungsmechanismus. So ist die Nachfrage nach Gesundheit bei existenziell notwendigen Diagnosen und Therapien starr und reagiert nicht wie auf dem Gütermarkt.

Entscheidend ist jedoch vor allem, dass der Preis den Zugang zum Gesundheitssystem und die Nachfrage nach medizinischen Leistungen nicht steuern und begrenzen *soll*. Denn individuell zu zahlende Preise machen die Nachfrage vom Einkommen abhängig. Im Zuge der sozialstaatlichen Entwicklung der Bundesrepublik ist ein breiter gesellschaftspolitischer Konsens darüber entstanden, allen BürgerInnen im Krankheits- und Bedarfsfall die notwendigen Gesundheitsgüter und -leistungen gleichermaßen zur Verfügung zu stellen. Dieses Ziel, das allerdings nicht mehr als unumstößlich gilt und von vereinzelten Interessengruppen mehr und mehr in Frage gestellt wird, kann nur erreicht werden, wenn die Nachfrage von der individuellen Zahlungsfähigkeit abgekoppelt wird. Dies ist nicht nur für die Bezieher von Niedrigeinkommen von großer Bedeutung. Selbst hohe Einkommen reichen oft nicht aus, um z.B. die Kosten einer intensivmedizinischen Krankenhausbehandlung oder einer andauernden Arzneimitteltherapie bei chronischen Krankheiten abzudecken. Eine gesicherte Finanzierung außerhalb des Marktsystems ist schließlich auch notwendig, um zu verhindern, dass sich die Weiterentwicklung der Medizin mangels kaufkräftiger Nachfrage selbst blockiert. Diese Notwendigkeit zur kollektiven Finanzierung der Nachfrage kennzeichnet damit den „Gesundheitsmarkt" als einen besonderen Markt. Ähnliche Verhältnisse charakterisieren die sozialen Dienste (vgl. Kap. „Soziale Dienste", Pkt. 2.2).

Aber auch auf der *Angebotsseite* zeigen sich Besonderheiten, die den marktwirtschaftlichen Idealvorstellungen widersprechen. Im Grundsatz ist der Gesundheitsmarkt ein Anbietermarkt, der den Leistungserbringern eine dominante Position einräumt. Zwischen Angebot und Nachfrage besteht kein Gleichgewicht. Ursächlich dafür ist, dass sich der Bedarf an medizinischer Versorgung in der Regel weder vorhersehen noch zeitlich steuern lässt und dass sich die Nachfrage in den Kernbereichen des Gesundheitswesens, also im ambulanten und stationären Sektor und in der Arzneimittelversorgung, nur sehr begrenzt nach dem Preis richtet. In Notlagen, etwa bei einem lebensbedrohlichen Unfall, orientiert sich die Nachfrage nach schnellstmöglicher Behandlung überhaupt nicht am Preis. Es würde jeder Preis gezahlt, um Leben zu retten.

4.1.2 Leistungserstellung und Finanzierung

Diese Besonderheiten des Gesundheitsmarktes hinsichtlich Nachfrage und Angebot haben historisch dazu geführt, dass in den meisten entwickelten Industriestaaten sowohl die *Finanzierung* als auch die Organisation der *Leistungserstellung* mehr oder minder deutlich vom reinen Marktmodell abweichen.

Dabei lassen sich folgende Grundtypen unterscheiden:

Finanzierung

- *Direktzahlungen:*

  Die Zahlungen an die Leistungserbringer erfolgen unmittelbar aus laufendem Einkommen oder Vermögen der Kranken. Hierbei ist zu beachten, dass diese Finanzierungsform – wenn überhaupt – nur von einer wohlhabenden Minderheit wahrgenommen werden kann. Für die Masse der Bevölkerung sind Direktzahlungen gesundheits- und sozialpolitisch nur dann vertretbar, wenn es sich um geringfügige Kosten handelt. Eine besondere Form der Direktzahlung stellen die Zuzahlungen und individuellen Gesundheitsleistungen dar (vgl. Pkte. 5.1.4 und 6.1.3 dieses Kapitels).

- *Private Krankenversicherung (PKV):*

  Um Vorsorge vor den unkalkulierbaren Krankheitsrisiken zu treffen, kann Schutz bei einer privaten Krankenversicherung gesucht werden. Der Beitritt zur Versicherung ist freiwillig. Preis und Umfang der auf Gewinnerzielung ausgerichteten Versicherungen variieren. Die Versicherung erstattet die von den Leistungserbringern in Rechnung gestellten Kosten ganz oder anteilig (Kostenerstattungsprinzip). Der Preis der Versicherung (Prämie) ist risikoabhängig: Je höher das Gesundheitsrisiko, je schlechter der Gesundheitszustand, desto höher fällt die Prämie aus.

- *Gesetzliche Krankenversicherung (GKV):*

  Es besteht eine Pflichtversicherung in der Gesetzlichen Krankenversicherung. Der Kreis der versicherungspflichtigen Personen und der Leistungskatalog werden gesetzlich geregelt. Die Versicherung stellt die medizinische Leistung als Sachleistung kostenlos zur Verfügung (*Sachleistungsprinzip*). Anspruchsberechtigt ist der Kreis der jeweils Versicherten. Die Krankenkassen finanzieren sich über Beiträge, die die anfallenden Kosten decken (*Kostendeckungsprinzip*). Diese sind im Gegensatz zur PKV nicht risiko-, sondern einkommensabhängig (*Solidarprinzip*) bemessen.

- *Staatshaushalt:*

  Der Staat finanziert über allgemeine Steuermittel die Leistungen, die von den BürgerInnen kostenlos in Anspruch genommen werden können (z.B. Krankenhausbehandlung). Das Gesundheitsbudget ist Teil des Staatsbudgets.

Leistungserstellung

- *Privatwirtschaftliche Anbieter:*

  Private Anbieter wie gewinnwirtschaftliche Unternehmen (z.B. Pharmaindustrie, Hersteller medizinisch-technischer Geräte), Freiberufler in Arztpraxen und Apotheken und gemeinnützige Einrichtungen (Krankenhäuser) verkaufen ihre Güter und Leistungen. Leistungserstellung und Preisgestaltung können dabei durch gesetzliche Regelungen normiert werden. Dies drückt sich z.B. im Arzneimittelrecht aus oder in der staatlichen Zulassung zur Berufsausübung von Ärzten und Apothekern (Approbationsordnung, Gebührenordnungen usw.). Diese privatwirtschaftliche Form der Leistungserstellung kann idealtypisch zusammentreffen mit

  - privaten Direktzahlungen der Kranken,
  - Kostenerstattungen durch Privatversicherungen,
  - einer Finanzierung durch die Gesetzliche Krankenversicherung.

  Im letzten Fall können die Krankenkassen mit den Anbietern (und ihren Verbänden) Verträge über Preise und Mengen abschließen.

- *Einrichtungen der Krankenkassen:*

  Die Krankenkassen erstellen in eigener Regie medizinische Leistungen und Güter. Sie stellen z.B. in Ambulatorien Ärzte an, die die ambulante Versorgung für die Versicherten übernehmen. Weitere Möglichkeiten bestehen in kasseneigenen Laboratorien, Röntgeninstituten oder Gesundheitszentren. Die Finanzierung erfolgt durch die Kassen.

- *staatliche Einrichtungen:*

  Der Staat übernimmt die Leistungserstellung und beschäftigt in Gesundheitsämtern, Krankenhäusern und Gesundheitszentren Ärzte, Pflegepersonal usw. Öffentliche Leistungserstellung und Finanzierung sind in der Regel integriert. Durch staatliche Finanzierung und Leistungserstellung entsteht ein umfassendes Gesundheitsversorgungssystem für alle BürgerInnen (nationaler Gesundheitsdienst).

Es handelt sich bei dieser Auflistung um Grundtypen, die in der Realität in den unterschiedlichen Ländern nebeneinander bestehen oder kombiniert sind. Zugleich ist zu berücksichtigen, dass die Form der Finanzierung auf die Art der Erstellung zurückwirkt. Wird z.B. ein Gesundheitssystem überwiegend aus Steuermitteln finanziert, dann wird in aller Regel auch die Leistungserstellung öffentlich erfolgen.

Für die Bundesrepublik Deutschland ist das Zusammentreffen von Gesetzlicher Krankenversicherung als Finanzierungsträger und privaten Leistungserstellern typisch. Die private Krankenversicherung spielt bislang eine nachrangige Rolle. Die Krankenhausversorgung ist teilweise in öffentlicher, teilweise in privater Trägerschaft. Der öffentliche Gesundheitsdienst nimmt im Gesundheitswesen nur Aufgaben, die im Interesse der Allgemeinheit liegen, wahr.

4.2 Strukturmerkmale des Gesundheitswesens

Nach den Ergebnissen des Mikrozensus 2005 sind 87,8 % der Bevölkerung in der Bundesrepublik als Mitglieder, RentnerInnen oder Familienangehörige in der Gesetzlichen Krankenversicherung (GKV) versichert, 9,7 % sind ausschließlich Mitglieder einer privaten Krankenkasse (darunter auch die Beamten), und nur 0,2 % sind ohne Krankenversicherungsschutz. Der Rest ist anderweitig gesichert (z.B. Bundeswehrangehörige, Zivildienstleistende, SozialhilfeempfängerInnen). Dieser hohe Anteil gesetzlich Krankenversicherter ist Folge der historischen Entscheidung der staatlichen Sozialpolitik, die abhängig Beschäftigten – bis zu einer gewissen Einkommensgrenze (Versicherungspflichtgrenze) – sowie die EmpfängerInnen von Lohnersatzleistungen (Arbeitslose, Rentner) in einer Gesetzlichen Krankenkasse pflichtzuversichern und die nichterwerbstätigen Familienangehörigen in den Versicherungsschutz mit einzubeziehen.

Für alle diese Personen besteht im Grundsatz ein voller Anspruch auf die Leistungen des Gesundheitssystems. Prüfungen der Bedürftigkeit sind auf Grund des Versicherungsprinzips mit der medizinischen Versorgung nicht verbunden. Die Leistungen erfolgen im Grundsatz kostenfrei und richten sich nach dem jeweiligen *Bedarf*. Dieser Grundsatz wird allerdings durch Praxisgebühren, Zuzahlungen und Leistungsausgrenzungen eingeschränkt.

Das Angebot an Versorgungseinrichtungen und -leistungen ist vielfältig. Es erstreckt sich auf den gesamten Komplex der professionellen medizinischen, sozialmedizinischen, psychologischen und sozialen Leistungen des Gesundheitswesens, einschließlich des Angebotes an Arzneimitteln, Heil- und Hilfsmitteln. Das Angebot an Gesundheitsleistungen wird weitgehend privat erbracht. Es bleibt freien Berufen wie Ärzten, Apothekern, privaten Großunternehmen (wie Pharmaunternehmen) oder privatgemeinnützigen Einrichtungen (wie Krankenhäuser in gemeinnütziger Trägerschaft) sowie in geringem Maße öffentlichen Einrichtungen wie Gesundheitsämtern, städtischen Krankenhäusern und Hochschulkliniken überlassen. Den Krankenkassen ist es rechtlich nicht möglich, eigene medizinische Einrichtungen zu unterhalten, wie dies z.B. durch die Anstellung von Ärzten in kasseneigenen Ambulatorien vorteilhaft wäre und historisch möglich war. Auch der Staat betätigt sich als Leistungsanbieter nur nachrangig und auch nur in der Krankenhausversorgung. Erst dann, wenn privatrechtliche Anbieter nicht tätig werden, können öffentlich-rechtliche Träger auftreten (vgl. zum Subsidiaritätsprinzip Kap. „Soziale Dienste“, Pkt. 3.2.3).

Eine Sonderstellung nimmt der *öffentliche Gesundheitsdienst* (ÖGD) ein. Auf Bundes-, Länder- und vor allem kommunaler Ebene übt er überwiegend Steuerungs- und Kontrollfunktionen aus, auf kommunaler Ebene ist er auch Anbieter von Gesundheitsdienstleistungen *(Gesundheitsämter)*. Neben dem Bundesministerium für Gesundheit, das auf Bundesebene die Hauptverantwortung für die Gesundheitsversorgung und -politik hat, existieren eine Reihe von Bundesinstituten (z.B. Robert-Koch-Institut, zuständig für Infektionskrankheiten). Auf Länderebene haben die entsprechenden Landesministerien die Aufsicht über nachgeordnete Landesbehörden sowie über die Ärztekammern, kassenärztlichen Vereinigungen und die Landesverbände der Krankenkassen. Im Mittelpunkt der kommunalen Verantwortlichkeit stehen Aufgaben wie:

- Verhütung und Bekämpfung übertragbarer Krankheiten,
- Aufsicht über Arztpraxen, Apotheken, Krankenhäuser,
- Schulgesundheitspflege und Gesundheitserziehung,
- amtliche Bescheinigungen,
- Gesundheitsberichterstattung.

Die trotz öffentlicher Gesamtverantwortung überwiegend privatwirtschaftlich geprägte Angebotsstruktur des Gesundheitswesens ist die Grundlage für den hohen Grad an Autonomie der Leistungsanbieter. Menge, Preis und Qualität der Leistungen liegen ganz wesentlich in ihrem Gestaltungsspielraum. Ökonomische Interessen nach Gewinn- bzw. Einkommenserzielung, Umsatzausweitung oder Marktbeherrschung stellen eine zentrale Rahmenbedingung für die Gesundheitsversorgung dar.

Die Dominanz der Leistungsanbieter wird durch die Zersplitterung und Vielfältigkeit der Nachfrage- und Finanzierungsseite noch verstärkt. Die GKV ist in knapp 400 selbstständige Kassen gegliedert. Allerdings hat in den vergangenen Jahren eine erhebliche Konzentration stattgefunden. Auch wird eine Reihe von Gesundheitsleistungen neben der GKV auch noch von der Gesetzlichen Unfallversicherung, der Gesetzlichen Rentenversicherung, der Pflegeversicherung, vom Staat, der Kriegsopferversorgung, der Sozialhilfe und von den privaten Krankenversicherungen getragen. Darüber hinaus wird ein großer und wachsender Teil an Gesundheitsgütern und -leistungen individuell finanziert und erbracht: Selbstmedikation, Massagen, Meditation, Heilpraktiker, Selbsterfahrungsgruppen usw.

Die Gesundheitsversorgung in Deutschland konzentriert sich im Wesentlichen auf die Kuration von Krankheiten. Maßnahmen der primären und sekundären Prävention haben insgesamt nur eine untergeordnete Bedeutung, so dass eher von einem Krankheitsversorgungssystem gesprochen werden muss, das seine vorrangige Aufgabe in der Heilung, Linderung oder Vermeidung von Verschlechterungen bereits eingetretener Krankheiten sieht.

Die ökonomische Bedeutung des Gesundheitswesens ist außerordentlich groß und in den vergangenen Jahren noch gewachsen. Das bezieht sich auf die *Gesamtausgaben* für Gesundheit, hinter denen ein erhebliches Umsatz- und Einkommensvolumen der Anbieter steht, aber auch auf den starken *Beschäftigungszuwachs.*

Die Gesundheitsausgaben der öffentlichen Haushalte, Krankenversicherungen, Rentenversicherungen, Arbeitgeber und Privaten stiegen von knapp 70 Mrd. DM im Jahre 1970 auf über 300 Mrd. DM im Jahr 1990 (früheres Bundesgebiet). In den alten und neuen Bundesländern zusammen betrugen sie 2005 239,4 Mrd. €, inklusive der Einkommensleistungen 300,2 Mrd. € (vgl. Tabelle VI.3). Das sind (*ohne* Einkommensleistungen wie Entgeltfortzahlung im Krankheitsfall, Krankengeld, Berufs- und Erwerbsunfähigkeitsrenten) rund 10,7 % des Bruttoinlandsproduktes, die für die Erhaltung und Wiederherstellung der Gesundheit beansprucht werden. 1970 waren es nur 6,5 %.

Tabelle VI.3:
Ökonomische Kennziffern des Gesundheitswesens 1995 - 2005

Jahr	Gesamtausgaben in Mrd. €	Gesamtausgaben in % des Bruttoinlandsprodukts	Beschäftigte im Gesundheitswesen in Mio.
1995	186,5	10,1	-
1996	194,8	10,4	-
1997	196,0	10,2	4.107
1998	201,1	10,2	4.104
1999	207,1	10,3	4.096
2000	212,3	10,3	4.087
2001	220,5	10,4	4.137
2002	227,9	10,6	4.187
2003	233,6	10,8	4.230
2004	234,0	10,6	4.235
2005	239,4	10,7	4.264

Quelle: Statistisches Bundesamt, Gesundheit – Ausgaben 1996 - 2005, Wiesbaden 2007. Statistisches Bundesamt, Gesundheit – Personal 2005, Wiesbaden 2007.

Im Jahr 2005 waren knapp 2,3 Mio. Personen direkt im Gesundheitswesen (Gesundheitsdienstberufe) tätig, im weiteren Sinne (inkl. pharmazeutische Industrie, Gesundheitshandwerker etc.) waren es 4,3 Mio. Personen, das entspricht etwa 12 % aller Erwerbstätigen. Eine Aufschlüsselung nach Einrichtungen zeigt Abbildung VI.6: Als Beschäftigungsträger dominieren die Krankenhäuser und andere stationäre und teilstationäre Einrichtungen.

Abbildung VI.6:

Beschäftigte im Gesundheitswesen 2005

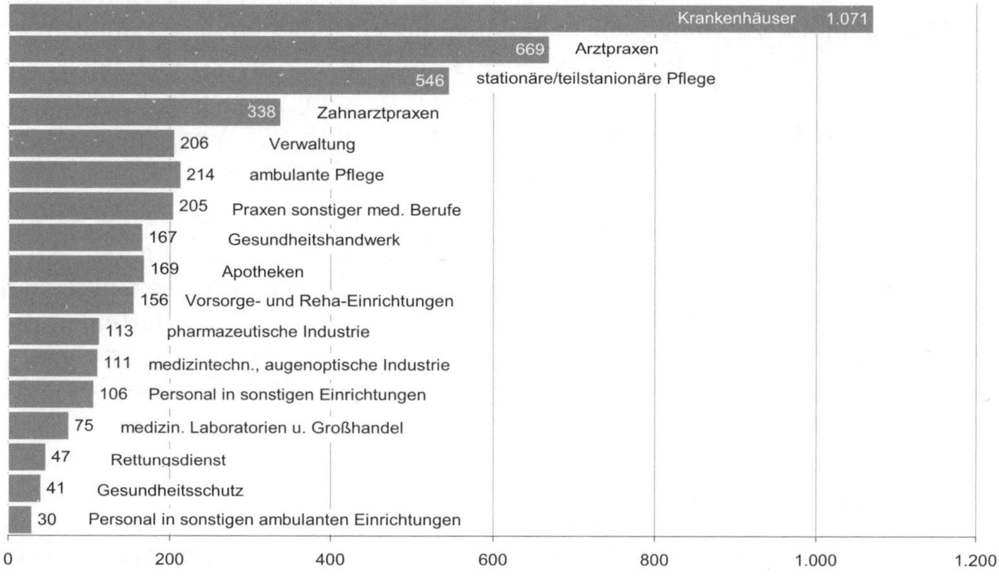

Beschäftigte in 1.000.
Quelle: Statistisches Bundesamt, Gesundheitspersonal 2005, Wiesbaden 2007.

5 Krankenversicherung

5.1 Gesetzliche Krankenversicherung

5.1.1 Grundprinzipien und geschützter Personenkreis

Hauptaufgabe der Gesetzlichen Krankenversicherung (GKV) ist die Sicherstellung der gesundheitlichen Versorgung der versicherten Bevölkerung sowie der Ersatz des ausgefallenen Erwerbseinkommens durch Einkommensleistungen (Krankengeld). Das Recht der Krankenversicherung ist im Sozialgesetzbuch (SGB) Buch V geregelt. Die GKV basiert dabei auf mehreren Grundprinzipien: auf dem *Bedarfsdeckungsprinzip*, dem *Solidarprinzip* und dem *Sachleistungsprinzip*.:

- Nach dem *Bedarfsdeckungsprinzip* haben alle Versicherten einen (individuell einklagbaren) Rechtsanspruch auf die Gewährung *aller* medizinisch *notwendigen* Leistungen. Die Kassen sind verpflichtet, eine bedarfsgerechte und gleichmäßige, dem allgemein anerkannten Stand der medizinischen Erkenntnisse entsprechende Versorgung der Versicherten zu gewährleisten. Daneben wird den Versicherten auch ein Anspruch auf soziale Dienst- und Beratungsleistungen eingeräumt. Zudem sind präventive Leistungen vorgesehen.
- Nach dem *Solidarprinzip* hat jeder Versicherte unabhängig von der Höhe seiner Beitragszahlung einen Anspruch auf bedarfsgerechte Leistungen. Dieser

Anspruch gilt auch für Familienangehörige. Die Finanzierung über Beiträge richtet sich hingegen nach der wirtschaftlichen Leitungsfähigkeit; der Beitrag wird als Prozentsatz vom beitragspflichtigen Einkommen erhoben.

- Nach dem *Sachleistungsprinzip* erhalten die Versicherten die Leistungen natural und damit kostenlos. Die Krankenkassen bieten diese Leistungen jedoch nicht in eigener Regie an; sie schließen mit Leistungsanbietern Verträge ab, in denen sich die Anbieter gegen Zahlung der vereinbarten Vergütungen zur Behandlung und Versorgung der Versicherten verpflichten.

Versichert ist nicht die gesamte Bevölkerung. Seit der Einführung der GKV im Jahre 1883 mit dem „Gesetz, betreffend die Krankenversicherung der Arbeiter (Krankenversicherungsgesetz, KVG)" hat sich der geschützte Personenkreis allerdings ständig erweitert. Waren es zunächst nur die IndustriearbeiterInnen, die in der GKV versichert waren, so sind es heute fast alle abhängig Beschäftigten und ihre mitversicherten Familienangehörigen sowie weitere Personengruppen (vgl. Übersicht VI.4).

Übersicht VI.4:

Der Kreis der Versicherungspflichtigen in der Gesetzlichen Krankenversicherung

- ArbeiterInnen und Angestellte bis zur Versicherungspflichtgrenze. Diese dynamische, von der allgemeinen Entgeltentwicklung abhängige Grenze liegt im Jahr 2007 bei 3.975 € Monatseinkommen. Für abhängig Beschäftigten, deren Einkommen höher liegt, entfällt die Versicherungspflicht.
- RentnerInnen der Gesetzlichen Rentenversicherung. Diese müssen mindestens neun Zehntel der zweiten Hälfte ihres Erwerbslebens in der Gesetzlichen Krankenversicherung Mitglied oder familienversichert gewesen sein.
- Arbeitslose, die Arbeitslosenunterstützung (ALG I und ALG II) beziehen.
- Personen, die in Einrichtungen der Jugendhilfe für eine Erwerbstätigkeit befähigt werden, sowie die Teilnehmer an berufsfördernden Maßnahmen zur Rehabilitation.
- Behinderte, die in Anstalten, Heimen oder gleichartigen Einrichtungen beschäftigt sind und mindestens ein Fünftel der Leistung eines voll Erwerbstätigen erbringen.
- Land- und Forstwirte sowie ihre im Unternehmen arbeitenden Familienangehörigen sowie Künstler.
- Studierende bis zum Abschluss des vierzehnten Semesters, längstens bis zur Vollendung des 30. Lebensjahres,
- BezieherInnen von Erziehungsgeld bzw. Elterngeld

Nach dem GKV-Wettbewerbsstärkungsgesetz von 2007 sind nunmehr auch jene Personen versicherungspflichtig, die bis dahin ohne jeden Versicherungsschutz waren und auch nicht in der privaten Krankenversicherung versicherungspflichtig sind.

Mitversichert (familienversichert) sind unterhaltsberechtigte Familienangehörige (Ehegatten, Kinder), wenn sie keinen eigenen gesetzlichen Anspruch auf Krankenversicherungsschutz haben oder ein bestimmtes monatliches Einkommen nicht überschreiten.

Freiwillig weiter versichern können sich alle ArbeiterInnen und Angestellte, deren Einkommen über der Versicherungspflichtgrenze liegt. Personen, die über kein oder nur ein geringes Einkommen verfügen, zahlen einen Mindestbeitrag von ca. 120 €. Für freiwillige Mitglieder, die hauptberuflich selbstständig sind, gilt die monatliche Beitragsbemessungsgrenze als Berechnungsgrundlage für die Beitragssätze.

Versicherungsfrei sind ArbeitnehmerInnen, die geringfügig beschäftigt sind (Mini-Job bis 400 €). Für sie zahlt lediglich der Arbeitgeber einen pauschalen Beitragssatz von 11 % an die Krankenversicherung. Für Einkommen von 400 € - 800 € (Midi-Zone) steigen die Beiträge der ArbeitnehmerInnen schrittweise bis zur vollen Beitragshöhe an (vgl. Bd. I, Kap. „Ökonomische Grundlagen und Finanzierung“, Pkt. 3.4).

Nicht versichert sind Arbeitslose ohne Leistungsanspruch, z.B. solche Arbeitslose, die mit längeren Sperrzeiten belegt sind oder die wegen fehlender Bedürftigkeit keinen Anspruch auf Arbeitslosengeld II haben. In der Praxis entfällt der Versicherungsschutz einige Wochen, nachdem die Bundesagentur für Arbeit die Beitragszahlungen eingestellt hat. Die Betroffenen können und müssen sich dann bei ihrer Kasse gegen einen Mindestbeitrag freiwillig versichern.

2005 hatte die GKV insgesamt 70,5 Mio. Versicherte. Davon waren

- 28,7 Mio. Pflichtmitglieder,
- 16,9 Mio. Rentner,
- 4,8 Mio. freiwillige Mitglieder und
- 20,1 Mio. mitversicherte Familienangehörige.

5.1.2 Organisation und Selbstverwaltung

Die GKV ist durch eine Vielfalt an Trägern gekennzeichnet. Diese Organisationsstruktur der Krankenversicherung kann rational kaum begründet werden, sondern ist das Ergebnis gewachsener Strukturen, die bereits vom Gesetzgeber 1883 und der Reichsversicherungsordnung von 1911 vorgegeben waren. Die Zersplitterung der Trägerschaft gilt bis heute, wobei die Zahl der Kassen in den letzten Jahren durch Zusammenschlüsse erheblich abgenommen hat. Jede der ca. 390 Kassen (vgl. Tabelle VI.4) ist organisatorisch und finanziell selbstständig. Ihre Unterteilung („gegliedertes System“) hat ihren Ursprung in regionalen (Ortskrankenkassen), betrieblichen (Betriebskrankenkassen) und berufsständischen (Innungskassen, Angestelltenersatzkassen) Gesichtspunkten. Die vormals gesetzliche Zuweisung von Beschäftigten an die Kassen ist weggefallen. Beschäftigte können seitdem wählen zwischen der

- Ortskrankenkasse des Beschäftigungs- oder Wohnortes,

- jeder Ersatzkasse,
- jeder Betriebs- oder Innungskasse, falls deren Satzung dies vorsieht.

Studierende können die AOK oder jede Ersatzkasse an dem Ort wählen, der Sitz der Hochschule ist. Für die Kassen besteht ein *Kontrahierungszwang*.

Für die Gründung einer Betriebs- bzw. Innungskasse bestehen spezielle Vorschriften. So kann ein Arbeitgeber eine Betriebskrankenkasse errichten, wenn mindestens 1.000 versicherungspflichtige Beschäftigte vorhanden sind, ihre Leistungsfähigkeit auf Dauer gesichert und der Bestand der vorhandenen Ortskrankenkasse nicht gefährdet ist. Unternehmen gründen häufig eine Betriebskrankenkasse, weil ihre meist jungen, gesunden und gut verdienenden Beschäftigten erheblich geringere Beiträge zahlen, als wenn sie in einer anderen Kasse mit ungünstigeren Risiken versichert wären. Dies spart, gerade bei Großbetrieben, erhebliche Arbeitgeber- und Arbeitnehmerbeiträge.

Tabelle VI.4:

Krankenkassen, Beitragssätze und Versicherte in der GKV 2005

Kassenarten	Anzahl	Durchschnittl. Beitragssatz in %	Versicherte insg. in 1.000	Pflichtmitglieder in %[1)]	freiwillige Mitglieder in %[1)]	Rentner in %[1)]	Familienmitglieder in %[1)]
GKV	391	13,73	70.501	40,7	6,8	24,0	28,5
Ortskrankenkassen	17	13,89	25.341	38,6	3,7	30,1	27,6
Betriebskrankenkassen	317	13,42	14.595	46,4	7,4	15,7	30,4
Innungskrankenkassen	25	13,69	4.722	48,8	5,7	15,0	30,6
Ersatzkassen für Angestellte	13	13,89	21.821	39,5	10,7	22,0	27,8
Ersatzkassen für Arbeiter	6	13,69	1.580	47,0	7,0	13,8	32,2
Sonstige	13	-	2.442	19,7	3,3	51,1	25,7

1) in % der Versicherten insgesamt

Quelle: Bundesministerium für Gesundheit.

Der Gesamtmitgliederbestand der GKV verteilt sich zu 35,9 % auf die Ortskrankenkassen, zu 20,7 % auf die Betriebskrankenkassen, zu 6,7 % auf die Innungskrankenkassen und zu 33,2 % auf die Ersatzkassen (vgl. Tabelle VI.4). Neben den großen Kassen, wie den zentral organisierten Angestellten-Ersatzkassen (z.B. der Barmer Ersatzkasse mit mehr als 5 Mio. Mitgliedern), existieren kleinere, regional begrenzte Kassen. In den letzten Jahren neu gegründet worden sind (geöffnete) Betriebskrankenkassen, die den Kontakt zu den Versicherten über Call-Center und Online-Verfahren herstellen und auf ein teures Zweigstellennetz verzichten.

Die Gesetzlichen Krankenkassen unterliegen der *Selbstverwaltung*. Das Selbstverwaltungsprinzip bedeutet in der GKV – wie auch in den anderen Bereichen der Sozialversicherung – eine staatsunmittelbare *Autonomie*, bei der der Gesetzgeber den Handlungsrahmen und die Aufgaben festlegt, die die Organe der Selbstverwaltung eigenverantwortlich zu erfüllen haben. Selbstverwaltungsorgane sind der Verwaltungsrat und der Vorstand. Der *Verwaltungsrat* ist paritätisch aus Vertretern der Arbeitgeber und Versicherten zusammengesetzt und bestellt für jeweils sechs Jahre den hauptamtlichen *Vorstand*. Der Verwaltungsrat hat insbesondere die Satzung sowie deren Änderungen zu beschließen. Er entscheidet über die Höhe des Beitrages, über die Einführung von Mehrleistungen und stellt den Haushaltsplan auf. Die Organe der Ersatzkassen setzen sich ausschließlich aus Versichertenvertretern zusammen.

Die Krankenkassen sind je nach Art in Landes- und Bundesverbänden zusammengeschlossen. An die Stelle dieser Spitzenverbände der jeweiligen Kassenarten tritt ab Juli 2008 der „Spitzenverband Bund der Krankenkassen", der von allen Krankenkassen gebildet wird.

Ihre Begründung bezieht das Selbstverwaltungsprinzip aus der Überlegung, Zentralisierung und Dezentralisierung, Machtkonzentration und Machtbeschränkung, staatliche Steuerung und freie Selbstregulierung miteinander zu verbinden. Vor allem im Bereich der sozialen Dienstleistungen gelten zentralstaatliche Systeme leicht als überfordert bei der Aufgabe, bürgernah und bedürfnisorientiert zu handeln. Neben praktischen Vorteilen entspricht das Selbstverwaltungsprinzip der demokratischen Tradition der Sozialversicherung und erfüllt Demokratie- und Mitbestimmungserfordernisse.

Die Möglichkeiten der Selbstverwaltung zur Kontrolle, Steuerung und Planung des Leistungsangebotes werden insbesondere auf unterer Ebene nicht immer genutzt. Gegenüber den Versicherten und dem Verwaltungsrat dominiert die Verwaltung durch ihr Expertenwissen.

Insgesamt ist der Entscheidungsspielraum der Selbstverwaltung in Bezug auf den Leistungsumfang relativ klein, da der Gesetzgeber den Leistungsrahmen vorgibt. Er ist auch für die rechtlichen Grundlagen der Kassen verantwortlich und greift in ihre Finanzierung ein. In den letzten Jahren ist allerdings der Spielraum der Kassen in Bezug auf die Steuerung von Leistungsangeboten und Kosten erheblich ausgeweitet worden. So schließen sie z.B. Verträge mit den wichtigsten Leistungserbringern, wie Ärzteverbände und Krankenhäuser, ab und legen hierin vor allem die Honorierung der abrechenbaren Leistungen fest. Darüber hinaus können sie Modellvorhaben vereinbaren bzw. durchführen, um Wirtschaftlichkeit und Qualität der Versorgung zu erhöhen. Vereinzelt können sie auch Versorgungsverträge mit einzelnen Ärztegruppen oder Anbietern abschließen.

Die Krankenkassen haben u.a. folgende Handlungsspielräume:

- Festlegung der Beitragssätze (durch den neuen, ab 2009 vorgesehenen Gesundheitsfonds, der durch die dann gesetzlich fixierten Beitragssätze finanziert wird, ergibt sich hier allerdings eine grundlegenden Änderung – vgl. Pkt. 12.2 dieses Kapitels),
- Beschluss über Satzungs- und Ermessensleistungen,
- Mitgliederinformation, z.B. über Kassenaktivitäten im Bereich der Prävention,
- Abschluss von Verträgen mit Ärzten, Zahnärzten, Krankenhäusern und anderen Leistungserbringern.

Fragen von Qualität und Quantität der Leistungserbringung, der Festlegung des konkreten Leistungskatalogs und der Vergütung werden von Vertretern der Krankenkassen gemeinsam mit Vertretern der Leistungsanbieter in der sog. *gemeinsamen Selbstverwaltung* behandelt und entschieden. Die gemeinsame Selbstverwaltung, die in paritätisch besetzten Ausschüssen (z.B. in den Zulassungsausschüssen oder im gemeinsamen Bundesausschuss – vgl. Pkt. 12.1 dieses Kapitels) zum Ausdruck kommt, ist durch Gesetz vorgeschrieben und entlastet den Staat von Steuerungs- und Kontrollaufgaben im Gesundheitssystem.

5.1.3 Leistungen

Das Leistungsspektrum der GKV bezieht sich auf Leistungen zur:

- Förderung der Gesundheit,
- Verhütung von Krankheiten,
- Früherkennung von Krankheiten,
- Behandlung von Krankheiten,
- Rehabilitation.

Im Vordergrund stehen die *Sachleistungen*, also ärztliche und zahnärztliche Behandlung, Krankenhauspflege und die Versorgung mit Arzneimitteln sowie Heil- und Hilfsmitteln, die zusammen etwa 85 % der Gesamtausgaben ausmachen. Nach dem Sachleistungsprinzip können die Versicherten die Leistungen der Kasse ohne eigene Aufwendungen in Anspruch nehmen (zu den Ausnahmen vgl. Pkt. 5.1.4 dieses Kapitels). Für die Bereitstellung des Angebotes sorgt die Krankenkasse, indem sie mit den Leistungsanbietern *Verträge* abschließt. Das Sachleistungsprinzip sichert eine vom Einkommen der Kranken unabhängige gesundheitliche Versorgung, die ausschließlich dem medizinischen Bedarf entspricht, da eine direkte Bezahlung der Leistungserbringer – auch wenn sie durch die Kasse später erstattet wird – die Versicherten finanziell schnell überfordern und Abschreckungswirkungen auslösen würde. Zwischen Patienten und Leistungsanbietern bestehen keinerlei direkte finanzielle und vertragliche Beziehungen. Die Versicherten weisen sich lediglich durch die Krankenversicherungskarte aus und sind damit auch von der Aufgabe entlastet, die Angemessenheit der geforderten Vergütungen zu überprüfen. Das Sachleistungsprinzip eröffnet den Krankenkassen darüber hinaus die Möglichkeit, bei den Leistungserbringern die Qualität der Leistungen und die Vergütungen zu beeinflussen und zu kontrollieren.

Nach zahlreichen Kostendämpfungs- und Neuordnungsgesetzen sind Bedarfsdeckungs- und Sachleistungsprinzip allerdings nicht mehr die uneingeschränkten Leistungsprinzipien der GKV. Die hohen Zuzahlungen bei der Inanspruchnahme von Leistungen und die Begrenzung des Leistungsspektrums nähern die GKV in einigen Versorgungsbereichen an das System der privaten Krankenversicherung an (vgl. Pkt. 5.2 dieses Kapitels).

Gegenüber den Sachleistungen spielen in der GKV die *Geldleistungen* eine nachrangige Rolle. Die wichtigste ist das Krankengeld, das nach der Entgeltfortzahlung einsetzt. Eine zunehmende Bedeutung haben hingegen die sozialen Dienste der Kassen: Beratungsleistungen bei der Inanspruchnahme von Vorsorge- und Früherkennungsmaßnahmen oder bei Rehabilitationsleistungen sind z.T. gesetzlich vorgeschrieben, z.T. sind sie zusätzliche Aufgaben, die auf Initiativen der Selbstverwaltung zurückgehen. Entsprechende Angebote machen z.B. die sozialen Dienste einzelner Krankenkassen in Form von Arzneimittelberatung, Beratung bei zahnärztlicher Behandlung, bei Raucherentwöhnung oder Ernährungsberatung.

Die Versicherten haben einen Rechtsanspruch auf alle gesetzlich festgelegten Leistungsarten und Leistungen. Bei der überwiegenden Mehrzahl handelt es sich dabei um Regelleistungen, die alle Kassen erbringen müssen. Zusätzlich zu den Regelleistungen ist es den Kassen freigestellt, durch Bestimmungen in ihren Satzungen freiwillige Leistungen anzubieten (Satzungsleistungen). Das betrifft z.B. Leistungen zur Gesundheitsförderung, Naturheilverfahren oder alternative Heilmethoden.

Insgesamt unterliegt die Leistungserbringung dem Wirtschaftlichkeitsgebot: Alle Leistungen, die zu Lasten der GKV erbracht werden, müssen *ausreichend*, *zweckmäßig* sowie *wirtschaftlich* sein und dürfen das Maß des Notwendigen nicht überschreiten. Welche Leistungen diesen Kriterien entsprechen bzw. nicht entsprechen, etwa in Bezug auf Heilverfahren oder Diagnosemethoden, ist im Gesetz nicht festgelegt, sondern wird vor allem durch Entscheidungen des Gemeinsamen Bundesausschusses geregelt; hier handelt es sich um ein Gremium der gemeinsamen Selbstverwaltung, das durch Krankenkassen und Ärzte besetzt wird.

Nicht zuletzt sind die Kassen auch durch Urteile der Sozialgerichte zu Leistungen verpflichtet worden. Hierzu gehört z.B. auch die Feststellung, dass Alkoholismus, Rauschgift- oder Medikamentensucht behandlungsbedürftige Krankheiten sind.

Die wesentlichen Leistungen der GKV stellen sich im Überblick wie folgt dar:

(1) Vorbeugende Gesundheitsleistungen

Eine Reihe von GKV-Leistungen zielt auf die Vermeidung von Zivilisationskrankheiten, die Früherkennung chronischer Erkrankungen und die Prophylaxe zahnmedizinischer Erkrankungen. Hierbei hat die GKV den Auftrag, mit allen zuständigen Stellen für Präventionsaufgaben zusammenzuarbeiten. Im Bereich präventiver Leistungen können Leistungen zur Förderung der Gesundheit und Verhütung von Krankheiten sowie Leistungen zur Früherkennung von Krankheiten unterschieden werden:

- *Verhütung von Krankheiten*

  Die Krankenkassen arbeiten bei der Verhütung arbeitsbedingter Gesundheitsgefahren mit den Trägern der Gesetzlichen Unfallversicherung zusammen und unterrichten diese über die Erkenntnisse, die sie über Zusammenhänge zwischen Erkrankungen und Arbeitsbedingungen gewonnen haben. Wenn angenommen werden muss, dass es sich um berufsbedingte Gefährdungen oder Erkrankungen handelt, hat die Krankenkasse dies der Unfallversicherung mitzuteilen. Schutzimpfungen können als Satzungsleistungen aufgenommen werden. Selbsthilfegruppen, die sich die Prävention oder Rehabilitation von Versicherten zum Ziel gesetzt haben, können von den Kassen durch Zuschüsse gefördert werden.

  Die Spitzenverbände der Krankenkassen erstellen ein einheitliches Verzeichnis der Krankheitsbilder, bei denen die Förderung von Prävention oder Rehabilitation zulässig ist. Dies sind u.a. folgende Krankheitsgruppen: Herz-Kreislauf-Erkrankungen, Krankheiten des Skeletts, der Gelenke und des Bindegewebes, Tumorerkrankungen, allergische und asthmatische Erkrankungen, Erkrankungen der Verdauungsorgane, Lebererkrankungen, Nervenerkrankungen, Immunschwäche, psychische Erkrankungen.

  Zur Verhütung von Zahnerkrankungen haben sich die Kassen insbesondere in Kindergärten und Schulen an Maßnahmen der Gruppenprophylaxe ihrer Versicherten bis zum 12. Lebensjahr zu beteiligen. Versicherte können sich kostenlos einmal im Kalenderhalbjahr ab dem 6. Lebensjahr bis zum 18. Lebensjahr zahnärztlich untersuchen lassen.

  Reichen ärztliche Behandlung und/oder die Versorgung mit Arzneimitteln nicht aus, um die Gesundheit wiederherzustellen, einer Gefährdung eines Kindes entgegenzuwirken oder Pflegebedürftigkeit zu vermeiden, so können die Kassen ambulante Vorsorgekuren oder die Unterbringung in Vorsorgeeinrichtungen finanzieren.

- *Leistungen zur Früherkennung*

  Zielgruppen dieser Präventionsprogramme sind:
  - Kinder bis zur Vollendung des 6. Lebensjahres. Das Früherkennungsprogramm umfasst neun ärztliche Untersuchungen.
  - Frauen von Beginn des 20. Lebensjahres und Männer von Beginn des 45. Lebensjahres. Diese Gruppe hat Anspruch auf kostenlose Früherkennungsuntersuchungen von Krebserkrankungen.
  - Männer und Frauen nach Vollendung des 35. Lebensjahres. Dieser Personenkreis hat jedes dritte Jahr im Rahmen eines „Check-up" Anspruch auf eine ärztliche Gesundheitsuntersuchung zur Früherkennung von Herz-Kreislauf- und Nierenerkrankungen sowie von Diabetes.
  - Kinder, Jugendliche und Erwachsene haben Anspruch auf präventive Betreuung zur Vermeidung oder Behebung von Zahnerkrankungen. Es werden Leistungen der Gruppen- und Individualprophylaxe angeboten.

  Die Teilnahme an diesen Maßnahmen ist unterschiedlich. So ist die Inanspruchnahme von Früherkennungsuntersuchungen mit über 90 % sehr hoch. Bei Männern liegt die Beteiligung deutlich niedriger als bei Frauen. Die Inanspruchnahme schwankt sehr stark nach Kassenzugehörigkeit.

  Das Einbeziehen von Vorsorge- und Früherkennungsmaßnahmen in den Leistungskatalog der GKV kann als ein erster Schritt der Weiterentwicklung der Krankenversicherung hin zu einer Institution der Gesundheitssicherung angesehen werden. Diese Entwicklung wird unterstützt durch die Beratungsangebote im Rahmen der Verhaltensprävention, z.B. Angebote zur Raucherentwöhnung, Ernährungsberatung, Bewegungstraining, aber auch durch Mutterschaftshilfen und Hilfen im Rahmen des § 218 StGB (Schwangerschaftsunterbrechung).

  Seit den Anfang der 1970er Jahre eingeführten Früherkennungsmaßnahmen ist der präventionspolitische Gestaltungsspielraum der Kassen durch zusätzliche Früherkennungsmaßnahmen erweitert worden. Der notwendige Ausbau der *verhältnis*präventiven Aktivitäten ist jedoch unterblieben. Zwar haben einige Kassen ihr umfangreiches Datenmaterial im Hinblick auf die Verursachung von Krankheiten ausgewertet und damit u.a. einen wertvollen Beitrag zur Aufklärung der Zusammenhänge von Arbeit und Krankheit geleistet, die Zusammenarbeit mit Kommunen und staatlichen Einrichtungen zur Bekämpfung verhältnisbezogener Verursachungsfaktoren steht jedoch noch aus. Denkbar wären stärkere Aktivitäten der Kassen bei der Dokumentation sozialer Risikofaktoren, zu der sie auf Grund ihrer umfassenden Gesundheitsdaten fähig sind, und bei darauf aufbauenden örtlichen Initiativen zur Abwehr umwelt- oder arbeitsweltbezogener Risikosituationen, wie z.B. die Mitwirkung in betrieblichen Gesundheitszirkeln.

Dass Prävention noch nicht den Stellenwert erlangt hat, die ihr angesichts der zunehmenden Bedeutung von chronisch-degenerativen Erkrankungen und den damit verbundenen Kostensteigerungen im Gesundheitswesen zukommt, zeigt sich z.B. auch daran, dass die GKV nur ca. 3 % ihrer Gesamtausgaben für präventive Leistungen verwendet. Der breite gesundheitspolitische Konsens in Bezug auf die Notwendigkeit präventiver Gesundheitspolitik entspricht in keiner Weise ihrer faktischen Bedeutung. Auch die staatliche Gesundheitspolitik schafft ungünstige Rahmenbedingungen für die Verhältnisprävention: Indem sie die Kassen zunehmend in eine Wettbewerbssituation um günstige Risiken und niedrige Beitragssätze bringt, ist die Chance für gemeinsame verhältnispräventive Anstrengungen gering.

(2) Ärztliche Behandlung (vgl. Pkt. 6.1 dieses Kapitels)

Innerhalb des Leistungsspektrums stehen ärztliche Leistungen (Krankenhilfe) im Vordergrund. Sie umfassen

- Behandlung durch Kassenärzte (Beratungen, Untersuchungen, Besuche, Eingriffe, Operationen u.ä.) und
- Inanspruchnahme von Leistungen der Heil- und Hilfsberufe nach ärztlicher Anordnung.

(3) Zahnärztliche Behandlung (vgl. Pkt. 6.1 dieses Kapitels)

Zahnärztliche *Behandlung* im Rahmen des Sachleistungsprinzips wird ohne Zuzahlungen gewährt. Allerdings haben die Versicherten für den *Zahnersatz* erhebliche Zuzahlungen zu leisten.

(4) Krankenhausaufenthalt (vgl. Pkt. 6.3 dieses Kapitels)

Behandlung im Krankenhaus, in Kur- und Spezialeinrichtungen, Krankenpflege (ärztliche, zahnärztliche, pflegerische Betreuung inkl. Verpflegung, Unterkunft, Medikamente u.ä.).

(5) Häusliche Krankenpflege

Wenn eine Krankenhausbehandlung geboten, aber nicht ausführbar ist, oder wenn sie durch häusliche Krankenpflege vermieden oder verkürzt wird, leistet die Kasse Grund- und Behandlungspflege sowie hauswirtschaftliche Versorgung. Ferner erhalten Versicherte häusliche Behandlungspflege, wenn sie zur Sicherung der ärztlichen Behandlung erforderlich ist.

(6) Arzneimittel, Heil- und Hilfsmittel (vgl. Pkt. 6.2 dieses Kapitels)

Versicherte haben Anspruch auf Arzneimittel, soweit diese nicht von der Versorgung ausgeschlossen sind. Heilmittel sind ein wichtiger Bestandteil ärztlicher Therapie. Hierzu zählen physikalisch-therapeutische Verordnungen, wie z.B. Massagen, Bäder, Krankengymnastik sowie Sprach- und Beschäftigungstherapie. Die Spitzenverbände der Krankenkassen entwickeln Qualitätsstandards und erstellen ein Verzeichnis der von den Kassen finanzierten Leistungen. Als Hilfsmittel gelten u.a. Brillen, Hörgeräte, Prothesen und Rollstühle.

(7) Krankengeld

Das Krankengeld ist Lohnersatz im Falle von Krankheit und wird im Anschluss an die Entgeltfortzahlung des Arbeitgebers gezahlt (vgl. Kap. „Arbeit und Gesundheitsschutz", Pkt. 4). Anspruch auf Krankengeld haben bei Krankheit auch Arbeitslose (mit Anspruch auf Unterstützungszahlungen). Das Krankengeld beträgt 70 % des regelmäßigen Bruttoarbeitseinkommens, maximal jedoch 90 % des Nettoeinkommens. Das Krankengeld ist beitragspflichtig zur Arbeitslosen- und zur Rentenversicherung. Der Beitrag wird je zur Hälfte von den Versicherten und den Kassen gezahlt. Zeiten der Arbeitsunfähigkeit können einen Anspruch auf Arbeitslosenunterstützung begründen und sich rentensteigernd auswirken. Bei Vorliegen ein und derselben Krankheit besteht ein Anspruch auf Krankengeld längstens für 78 Wochen innerhalb eines Zeitraumes von drei Jahren.

Für jedes Kind unter 12 Jahren, das wegen Krankheit gepflegt werden muss, können für jeden Elternteil bis zu 10 (Alleinerziehende bis zu 20) Tage Krankengeld in Anspruch genommen werden. Bei mehreren Kindern ist der Anspruch auf 25 (Alleinerziehende 50) Tage erweitert. Für die Pflege behinderter oder pflegebedürftiger Jugendlicher oder Erwachsener wird kein Krankengeld gezahlt, wohl aber ist u.U. die Zahlung von Pflegegeld nach SGB XI möglich (vgl. Pkt. 7 dieses Kapitels).

Seit 2006 müssen gesetzlich versicherte ArbeitnehmerInnen das Krankengeld alleine, d.h. ohne Arbeitgeberanteil, durch einen Sonderbeitrag finanzieren. Dies gilt auch für die Kosten des Zahnersatzes. Der Sonderbeitragssatz liegt bei 0,9 %.

(8) Mutterschaftshilfe und -geld

Während der Schwangerschaft und nach der Entbindung hat die Versicherte Anspruch auf ärztliche Behandlung. Während der arbeitsrechtlichen Schutzfrist für Mütter (6 Wochen vor und 8 Wochen nach der Entbindung) wird Mutterschaftsgeld in Höhe von höchstens 13 € pro Kalendertag gezahlt. Der Arbeitgeber ist verpflichtet, die Differenz zum Nettoeinkommen durch eigene Leistungen aufzustocken. Im Anschluss an das Mutterschaftsgeld kann Elterngeld beantragt werden (vgl. Kap. „Familie", Pkt. 6.2.1).

(9) Rehabilitation

Zu den Kassenleistungen gehören auch medizinische und ergänzende Leistungen zur Rehabilitation. Reicht zur Krankenbehandlung oder zur medizinischen Rehabilitation die ambulante ärztliche Behandlung nicht aus, kann die Kasse ambulante oder stationäre Rehabilitationskuren genehmigen. Auch Anschlussheilbehandlungen, Belastungserprobung und Arbeitstherapie müssen finanziert werden, wenn andere Träger (z.B. die Rentenversicherung) nicht vorrangig zuständig sind. Seit Mitte 2001 ist das neue SGB IX „Rehabilitation und Teilhabe behinderter Menschen“ in Kraft. Es hat das alte Schwerbehindertengesetz abgelöst (vgl. Pkt. 9 dieses Kapitels).

Abbildung VI.7:
Aufteilung der Ausgaben der GKV 2005

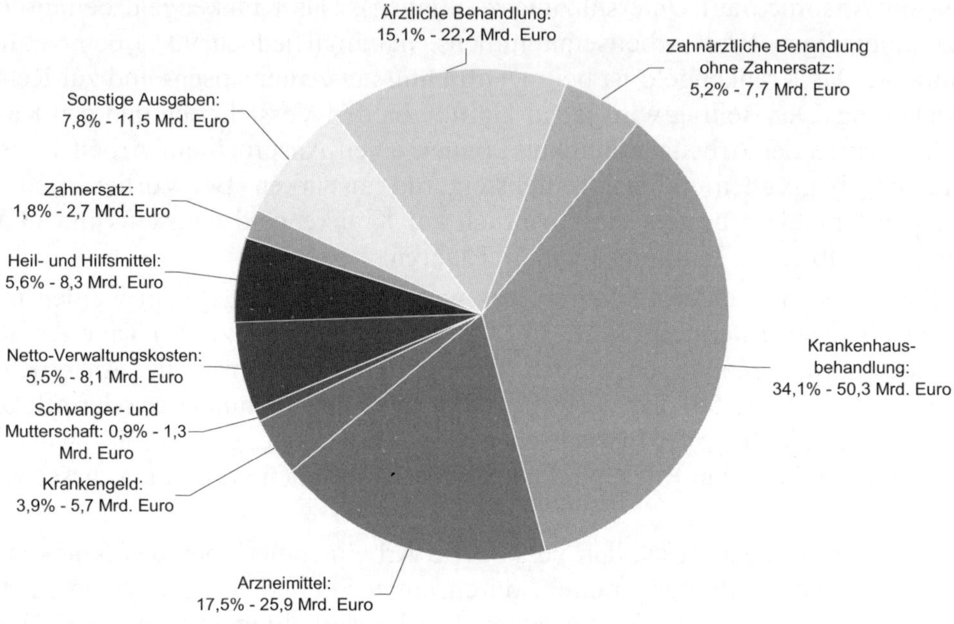

Quelle: Bundesministerium für Gesundheit.

Das hier skizzierte Leistungsspektrum lässt sich auch anhand seiner quantitativen Bedeutung, also hinsichtlich des Ausgabevolumens darstellen. Die Gesamtausgaben der GKV beliefen sich 2005 auf ca. 143,6 Mrd. €, davon 8,0 Mrd. € Verwaltungskosten. Innerhalb der GKV haben die Ausgaben für Krankenhauspflege (inklusive der in den Krankenhäusern verordneten Arzneimittel) mit rund 34 % das größte Gewicht (vgl. Abbildung VI.7). Ambulante ärztliche und zahnärztliche Behandlung machen zusammen einen Anteil von gut einem Fünftel aus.

Allerdings veranlassen die niedergelassenen Ärzte den größten Teil der übrigen Leistungen, wie z.B. Arzneimittel, Zahnersatz, Heil- und Hilfsmittel oder die Krankenhausbehandlung. In den letzten Jahrzehnten haben sich erhebliche Strukturverschiebungen ergeben. So stieg der Anteil der Ausgaben für stationäre Behandlung von 25 % im Jahr 1970 auf über 34 % im Jahr 2005. Gesunken sind dagegen die Anteile der Ausgaben für ärztliche Behandlung und Krankengeld.

5.1.4 Zuzahlungen, Wahltarife und Kostenerstattungen

Bedarfsdeckungs- und Sachleistungsprinzip der GKV werden durch Regelungen zur Zuzahlung sowie durch Wahltarife und Regelungen zur Kostenerstattung relativiert.

Zuzahlungsreglungen

Zuzahlungen legen fest, dass Kranke bei der Leistungsinanspruchnahme einen Eigenbeitrag (zusätzlich zum Versicherungsbeitrag) zu entrichten haben. Von den Zuzahlungen ausgenommen sind Kinder und Jugendliche unter 18 Jahren. Die Zuzahlungen, auch als Selbstbeteiligung bezeichnet, finden sich durchgängig im gesamten Leistungsspektrum der GKV (vgl. Übersicht VI.5):

- *Praxisgebühr:* 10 € pro Quartal beim Zahnarzt oder Arzt.
- *Arzneimittel*: Für alle verschreibungspflichtigen Arznei-, Verband- und Hilfsmittel, gilt eine Zuzahlung von 10 % des Preises, mindestens 5 € und maximal 10 €. Nicht verschreibungspflichtige, aber apothekenpflichtige Arzneimittel werden nicht mehr erstattet.
- *Heil- und häusliche Krankenpflege*: Zuzahlung von 10 % der Kosten des Mittels zuzüglich 10 € je Verordnung (bei häuslicher Krankenpflege auf 28 Tage begrenzt).
- Bei einem *Krankenhausaufenthalt* müssen Kranke in den ersten 28 Tagen täglich 10 € zuzahlen.
- Zum *Zahnersatz* (einschließlich Honorar) haben Versicherte Zuzahlungen bis maximal 50 % der Kosten zu leisten. Ein Bonus von bis zu 15 % wird bei der regelmäßigen Inanspruchnahme von Vorsorgeuntersuchungen berücksichtigt.

Die Zuzahlungen werden bis zum Erreichen der jährlichen Belastungsgrenzen fällig. Oberhalb von 2 % des Bruttoeinkommens (Familieneinkommen) dürfen keine Zuzahlungen mehr erhoben werden. Voraussetzung ist, dass die Versicherten die entsprechenden Belege vorweisen können. Für Familien verringert sich die Belastungsgrenze durch Kinderfreibeträge, pro Kind 3.648 € und gegebenenfalls für den Ehepartner 4.347 €. Bei Empfängern von Sozialhilfe und Grundsicherung gilt der Regelsatz des Haushaltsvorstandes als Berechnungsgrundlage für die Belastungsgrenze. Für chronisch Kranke gilt eine Grenze von 1 % des Einkommens. Der hierunter fallende Personenkreis ist eng begrenzt.

Kritisch ist anzumerken, dass Zuzahlungen keine „Kostendämpfungsmaßnahmen" sind, da sie nicht die Gesamtkosten senken, sondern nur die von den Kassen zu tragenden Kostenanteile. Es handelt sich um Kostenverschiebungen auf Kranke. Zwar schaffen die Befreiungsregelungen einen sozialen Ausgleich, aber problematisch ist, dass

- die Belastungsgrenzen sehr hoch angesetzt sind,
- viele Versicherte nicht wissen, wann sie diese erreichen bzw. überschreiten,

- in das Versicherungssystem zunehmend Bedürftigkeitsprüfungen eingebracht werden,
- der bürokratische Aufwand zunimmt, da die Versicherten alle Belege sammeln müssen, um eine finanzielle Überforderung nachzuweisen, und auch die Kassen alle Belege und die Einkommensverhältnisse zu prüfen haben,
- das Solidar- und Sachleistungsprinzip dadurch stark eingeschränkt werden.

Eine ausführliche Bewertung der Zuzahlungsregelungen, vor allem unter dem Aspekt der Kostensteuerung, erfolgt unter Pkt. 12.3.1 dieses Kapitels.

Übersicht VI.5:

Zuzahlungsregelungen im Überblick Stand 2007	
Krankenkassenleistungen	**Zuzahlungen**
Stationäre Versorgung und Rehabilitation	10 € pro Tag, max. 28 Tage
Arznei-, Hilfs- und Heilmittel 10 % je Medikament	mind. 5 €, max. 10 €
Sonstige Leistungen (z.B. häusliche Krankenpflege)	10 % , mind. 5 €, max. 10 €
Arzt / Zahnarztbesuch	10 € , außer Kinderarztfälle und Vorsorge
Fahrtkosten	10 %, mind. 5 €, max. 10 € pro Fahrt
Zahnersatz und damit verbundene zahnärztliche Behandlung sowie Krankengeld	Sonderbeitrag in Höhe von 0,9 %, der alleine von den Versicherten zu zahlen ist.
Belastungsobergrenzen: Die jährliche Eigenbeteiligung der Versicherten darf 2 % der Bruttoeinnahmen nicht überschreiten. Für chronisch Kranke gilt eine Grenze von 1 %. Familien erhalten Kinderfreibeträge. Bei Sozialhilfeempfängern gilt der Regelsatz des Haushaltsvorstands als Berechnungsgrundlage.	

Kostenerstattung

Versicherte können statt der Sachleistung die Kostenerstattung wählen. Die Kosten werden nur bis zu dem Betrag erstattet, der bei entsprechender Sachleistung angefallen wäre, abzüglich gesetzlicher Zuzahlungen und einem Abschlag für fehlende Wirtschaftlichkeitsprüfung und Verwaltungskosten. Es dürfen auch nur Leistungserbringer in Anspruch genommen werden, mit denen die Krankenkasse Verträge abgeschlossen haben. Von dieser Option, die in der Praxis allerdings nur selten wahrgenommen wird, erhofft sich der Gesetzgeber eine bessere Transparenz der entstehenden Kosten für die Versicherten und eine sparsamere Inanspruchnahme von Versicherungsleistungen.

Bei genauer Betrachtung zeigt sich allerdings, dass die Kostenerstattung sozialpolitisch nicht unproblematisch ist. Würden die gesetzlichen Kassen, wie die privaten, das Kostenerstattungsprinzip zur Regel machen, so wäre das sozial- und gesundheitspolitisch nachteilig: So fehlt den meisten Menschen die erforderliche Liquidität, um die z.T. hohen Beträge vorzustrecken. Dies kann insbesondere Bezieher niedriger Einkommen davon abschrecken, ärztliche Behandlung möglichst frühzeitig in Anspruch zu nehmen und notwendige Behandlungsschritte einzuleiten. Der Abschreckungseffekt kann sich noch verschärfen, wenn unklar ist, ob überhaupt und in welcher Höhe die berechneten Leistungen anerkannt werden. Auch bleibt das Preisrisiko (Unsicherheit darüber, ob die Kasse die gesamten Kosten übernimmt) bei den Kranken. Schwierig gestaltet sich bei der Kostenerstattung auch die Steuerung des Leistungsangebotes in Bezug auf Qualität und Quantität. Den Kassen werden zudem die Möglichkeiten genommen, im Rahmen von Kollektivverträgen durch Wirtschaftlichkeits- und Qualitätskontrollen auf das Leistungsangebot einzuwirken.

Wahltarife: Selbstbehalte, Beitragsrückerstattung, besondere Leistungen

Die gesetzlichen Krankenkassen können den Versicherten verschiedene Wahltarife anbieten. Hierbei handelt es sich u.a. um Selbstbehalttarife, in denen sich Versicherte verpflichten, im Krankheitsfall einen festgelegten jährlichen Höchstbetrag (Selbstbehalt) selbst zu tragen. Dafür gewährt die Kasse einen Bonus. Vergleichbar sind Tarife, die eine Beitragsrückerstattung vorsehen, wenn im Verlauf eines Jahres keine Leistungen in Anspruch genommen werden. Darüber hinaus werden Wahltarife angeboten, die besondere Leistungen (z.B. Arzneimittel besonderer Therapierichtungen) oder Bedingungen (z.B. Hausarztmodell) vorsehen.

Wahltarife vergrößern die Wahlfreiheit der Versicherten. Kritisch ist jedoch anzumerken, dass diese Wahlfreiheit nur für Gesunde konzipiert und interessant ist. Für chronisch Kranke hingegen, die regelmäßig Leistungen in Anspruch nehmen *müssen*, kommt ein Tarif mit Beitragsrückerstattung oder Selbstbehalten nicht in Frage. Diese Selektion widerspricht damit dem Prinzip des Solidarausgleichs. Denn wenn bei der Gruppe mit guten Risiken die Beitragssätze niedriger ausfallen, Prämien gezahlt werden oder Beiträge rückerstattet werden, dann müssen die fehlenden Einnahmen von der Gesamtheit der Versicherten ausgeglichen werden.

5.1.5 Finanzierung

Während der Leistungsumfang der Krankenkassen gesetzlich geregelt ist, müssen die Beitragssätze von den einzelnen Kassen selbst festgelegt werden. Da die Kassen einen ausgeglichenen Haushalt aufstellen müssen, folgt die Festlegung der Beitragssätze der erwarteten Ausgabenentwicklung. Im Unterschied zur Renten- oder Arbeitslosenversicherung sind die Kassen damit in der Lage, ihre Einnahmen autonom zu bestimmen (zur Neuregelung durch die Einführung des Gesundheitsfonds vgl. Pkt. 12.2 dieses Kapitels).

Die Ausgaben der GKV werden im Umlageverfahren durch Mitgliedsbeiträge aufgebracht. Staatliche Zuschüsse werden nur in wenigen Ausnahmefällen (Mutterschaftsgeld) gewährt. Die Beiträge sind je zur Hälfte vom Arbeitgeber und dem Versicherten zu zahlen. Die Ausgaben für Krankengeld und Zahnersatz sind von dieser hälftigen Beitragsfinanzierung ausgenommen und werden ausschließlich von den Versicherten finanziert. Die Beiträge werden prozentual vom Bruttoeinkommen berechnet, allerdings nur bis zur *Beitragsbemessungsgrenze* (3.562,50 € im Jahr 2007). Für die Bezieher von Leistungen nach dem SGB III trägt die Bundesagentur für Arbeit, nach dem SGB II der Bund die Beiträge. Die Beiträge für Künstler und Publizisten werden von der Künstlersozialkasse, für Rehabilitanden und Personen in Einrichtungen der Jugendhilfe von den jeweiligen Trägern der Einrichtung übernommen. Studierende und Praktikanten tragen ihren Beitrag selbst, Rentner die Hälfte. Bei freiwillig versicherten Rentnern werden auch Einkommen aus Zinsen, Mieten, Pachten etc. bis zur Beitragsbemessungsgrenze in die Beitragsberechnung einbezogen.

Die Höhe der Beiträge ist je nach Kasse verschieden und weist eine Streubreite von mehreren Prozentpunkten auf. Der durchschnittliche Beitragssatz lag 2006 bei 13,6 % (zur längerfristigen Entwicklung der Beitragssätze vgl. Abbildung VI.20 in diesem Kapitel). Vor Inkrafttreten des Gesundheitsstrukturgesetzes (1993) mit seinen Regeln zur Begrenzung der Beitragssatzdivergenzen erreichten die Unterschiede zwischen den Kassenarten sehr viel höhere Werte. Nach Wirksamwerden des Risikostrukturausgleichs (s.u.) sind die Unterschiede in den Beitragssätzen erheblich reduziert worden.

Umverteilungswirkungen und Solidarprinzip

Die Beiträge werden – anders als bei der privaten Krankenversicherung – unabhängig vom jeweils individuellen Risiko (Gesundheitszustand, Alter, Geschlecht) erhoben. Familienangehörige sind kostenfrei mitversichert. Dadurch ist die Gesetzliche Krankenversicherung durch einen relativ umfassenden Solidarausgleich (*Solidarprinzip*) gekennzeichnet, der auch deshalb besonders ausgeprägt ist, weil zwar die Beiträge nach der finanziellen Leistungsfähigkeit berechnet werden, sich die Sachleistungen hingegen ausschließlich am Bedarf orientieren. Unabhängig von der Beitragshöhe wird allen Versicherten die gleiche Leistung geboten. So kann eine teure Krankenhausbehandlung völlig unabhängig von der Höhe des Beitrages in Anspruch genommen werden. Das Äquivalenzprinzip gilt nur für das Krankengeld.

Der dem Solidarprinzip zugrunde liegende Ausgleich beinhaltet folgende (sozialpolitisch gewollte) Umverteilungsprozesse:

- *Solidarausgleich zwischen Gesunden und Kranken*
  Gesunde Mitglieder zahlen für krankheitsanfälligere mit. Die unterschiedliche Risikosituation wird jedoch bei den Beiträgen nicht berücksichtigt.

- *Einkommensumverteilung*
  Erwerbstätige mit höherem Einkommen zahlen für Mitglieder mit geringeren Einkommen. Sind beide Ehepartner erwerbstätig, so zahlen diese auch für Familien, in denen nur ein Ehepartner erwerbstätig ist.
- *Familienlastenausgleich*
  Ledige und kinderlose Mitglieder zahlen für Verheiratete und Familien mit Kindern.
- *Generationenausgleich*
  Die hohen Krankheitsausgaben für RentnerInnen werden nur teilweise durch ihre Beiträge gedeckt. Im Erwerbsleben Stehende zahlen für die RentnerInnen mit (vgl. Abbildung VI.8).

Abbildung VI.8:

Generationenausgleich in der Gesetzlichen Krankenversicherung 2005

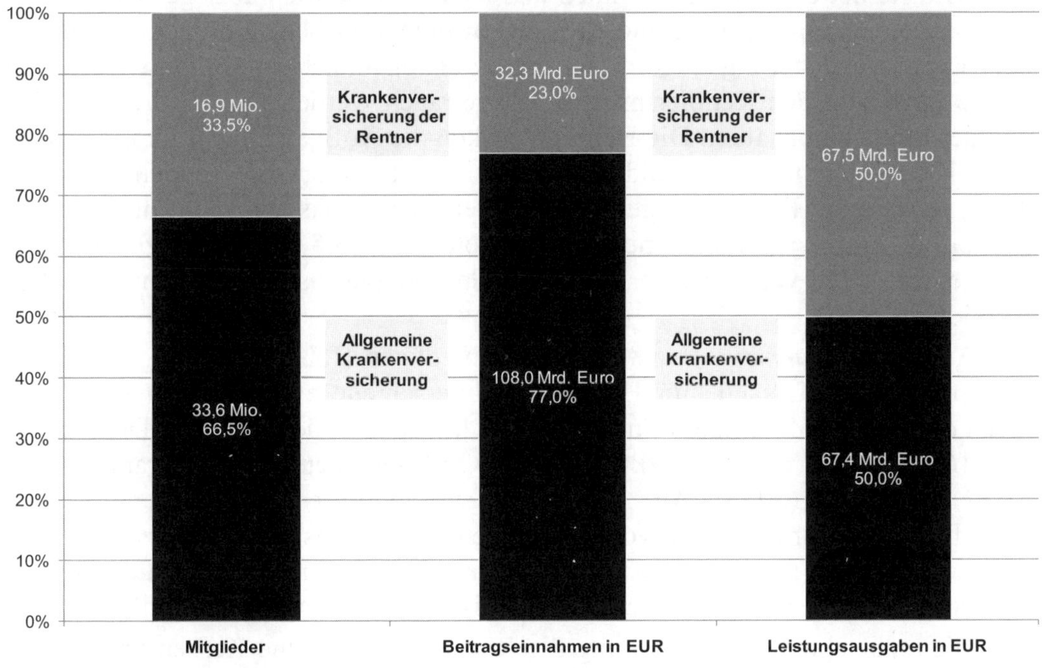

Quelle: Bundesministerium für Gesundheit, Kennzahlen und Faustformeln der Gesetzlichen Krankenversicherung, Berlin 2007; Gesetzliche Krankenversicherung - Mitglieder, mitversicherte Angehörige und Krankenstand, Berlin 2007.

Allerdings wird das Solidarprinzip durch die *Versicherungspflichtgrenze* (3.975 €) und die darunter liegende *Beitragsbemessungsgrenze* (3.562,50 €) (jeweils für 2007) eingeschränkt:

- Die Umverteilungswirkungen beziehen sich lediglich auf die unteren und mittleren Einkommensbezieher. Für Einkommensbezieher oberhalb der Beitragsbemessungsgrenze sinkt sogar mit steigendem Einkommen die relative Beitragsbelastung. Diese Gruppe trägt somit relativ weniger zum Solidarausgleich bei als die Gruppe der Versicherten mit niedrigerem Einkommen.
- Bezieher höherer Einkommen, die über der Versicherungspflichtgrenze liegen, haben die Möglichkeit, die GKV zu verlassen und sich privat zu versichern. Diese Öffnungsklausel hat zur Konsequenz, dass sich „gute" Risiken, z.B. gut verdienende Jüngere ohne Familienangehörige, häufig für eine private Absicherung entscheiden. Für Besserverdienende mit mehreren Kindern und nicht erwerbstätigen Ehepartnern ist demgegenüber ein Verbleib in der GKV zweckmäßig, da Familienangehörige kostenfrei mitversichert sind.

Risikostrukturausgleich

Die RentnerInnen sind in der GKV versichert, soweit die Voraussetzungen erfüllt sind. Die sie betreffenden Einnahmen und Ausgaben werden aber gesondert in der Krankenversicherung der Rentner (KVdR) ausgewiesen. Die Beiträge werden von den Rentenversicherungsträgern an die Krankenversicherung überwiesen. Die Hälfte muss von den RentnerInnen selbst getragen werden und wird automatisch von der Rente einbehalten. Die Beiträge decken die Aufwendungen für die gesundheitlich stärker gefährdeten und beeinträchtigten RentnerInnen jedoch nur zu ca. 40 %, so dass die Erwerbstätigen die RentnerInnen gewissermaßen im Generationenvertrag mitfinanzieren. Eine Rentnerquote von 33,5 % der Mitglieder nahm 2005 einen Anteil von 50 % der gesamten Gesundheitsausgaben in Anspruch (vgl. Abbildung VI.8).

Auf der *Einnahmenseite* ist die unterschiedliche Höhe der beitragspflichtigen Einkommen eine Ursache für Beitragssatzunterschiede zwischen den Kassen. So lagen die beitragspflichtigen Einnahmen pro Mitglied in den AOK im Durchschnitt bei 16.185 €, in den Ersatzkassen 20.882 € und den Betriebskrankenkassen 23.521 € jährlich (2005). Auf der *Ausgabenseite* führt insbesondere die unterschiedliche Inanspruchnahme von Leistungen zu Beitragssatzdifferenzen. Benachteiligt sind damit jeweils die Kassen, die auf Grund eines ungünstigen Gesundheitszustandes ihrer Mitglieder ein hohes Leistungsniveau verkraften müssen.

Die unterschiedliche Verteilung der Risiken auf einzelne Kassen und Kassenarten (Familienquote, Rentnerquote) und die Unterschiede bei den Beitragseinnahmen zwischen den Kassen stellen den Grundsatz der *Einkommensproportionalität* als Element des Solidarprinzips in Frage. Das heißt, dass für die gleichen Leistungen die Versicherten in Kassen mit hohen Beitragssätzen deutlich mehr zu bezahlen haben als in Kassen mit niedrigen Beiträgen. Zudem verschaffen hohe Beitragssatzunterschiede den Kassen mit hohen Beiträgen existenzbedrohende Wettbewerbsnachteile bei der Erhaltung und Sicherung des Mitgliederbestandes.

Um die Spannweite der Beitragssätze zu mildern, wurde 1994 ein *Risikostrukturausgleich* (RSA) eingeführt. Krankenkassen, die auf Grund der Höhe der beitragspflichtigen Einnahmen ihrer Mitglieder, der Zahl der Familienversicherten und des Alters oder Geschlechts der Versicherten ungünstige Risikostrukturen haben, erhalten zu Lasten von Krankenkassen mit günstigeren Versichertenstrukturen Ausgleichsleistungen. Zudem existiert ein Risikopool für überdurchschnittlich hohe Ausgaben für Versicherte. Unberücksichtigt bleiben bislang die unterschiedlichen Morbiditätsrisiken der Kassen. Dieser Risikostrukturausgleich soll ab 2009 – mit Wirksamwerden des Gesundheitsfonds und des einheitlichen Beitragssatzes – jedoch durch einen morbiditätsorientierten Risikoausgleich ergänzt werden.

Um die Handlungsmöglichkeiten der Kassen in Bezug auf die Kostenentwicklung chronisch Kranker zu erhöhen, wurden Disease-Management-Programme (DMP) eingeführt, die zu einer deutlich verbesserten Versorgungsqualität bei chronisch Kranken führen sollen (vgl. Pkt. 12.2 dieses Kapitels).

Da der RSA keine tatsächlichen Ausgaben erstattet, sondern allen Kassen einen nach Risikoäquivalenz berechneten Beitragsbedarf zumisst, werden lediglich Benachteiligungen ausgeglichen, ohne dass unwirtschaftliches Verhalten belohnt wird. Die Ausgleichszahlungen erstrecken sich demnach auch auf Kassen innerhalb der gleichen Kassenart. So sind z.B. Betriebskrankenkassen sowohl Zahler als auch Leistungsempfänger. Hauptempfängerkassen sind aber die Ortskrankenkassen.

5.2 Private Krankenversicherung

5.2.1 Grundlagen und Prinzipien

Die private Krankenversicherung (PKV) ist heute fester Bestandteil des Systems der sozialen Sicherung. Sie hat in den letzten Jahren einen erheblichen Bedeutungszuwachs erfahren. Während die PKV 1973 erst 4,2 Mio. Vollversicherte zählte, stieg die Zahl der Versicherten, die ausschließlich privat versichert waren, bis 2005 auf 8,4 Mio. Hinzu kommen noch 7,9 Mio. Personen, die in der Gesetzlichen Krankenversicherung versichert sind und zusätzlich eine private Zusatzversicherung, z.B. über ein Krankenhaustagegeld, abgeschlossen haben.

Der Bedeutungszuwachs spiegelt sich nicht nur in der quantitativen Entwicklung wider. Die sich ändernde Stellung in der Gesundheitsversorgung zeigt eine schrittweise Annäherung zwischen GKV und PKV. Augenfälliger Ausdruck dieser Entwicklung ist die Tatsache, dass seit 2007 die private Krankenversicherung eine *Pflicht*versicherung für all jene Personen ist, die nicht zum Versichertenkreis der GKV zählen. Zugleich müssen die privaten Versicherungen für diese Personen einen Basistarif anbieten. Diese Entwicklung ist bereits mit der Einführung der Pflegeversicherung eingeleitet worden, denn die PKV ist die *Pflege-Pflichtversicherung* für die bei ihr Krankenversicherten. Für diesen Personenkreis hat der Gesetzgeber strenge Vorgaben im Hinblick auf den (einheitlichen) Leistungskatalog und die Beiträge (beitragsfreie Kinderversicherung und Beitragsermäßigung für Ehegatten) gemacht.

Übersicht VI.6:

Zentrale Unterschiede zwischen GKV und PKV (Krankheitsvollversicherung)		
	GKV	**PKV**
Art der Versicherung	Gesetzliche Versicherung	Privatrechtlicher Versicherungsvertrag
Personenkreis	Pflichtversicherte und freiwillig Versicherte	Personen, die nicht der Versicherungspflicht in der GKV unterliegen
Familienversicherung	beitragsfrei	Versicherung jedes einzelnen Familienangehörigen
Kontrahierungszwang	ja	nein
Leistungskatalog	gesetzlich vorgegeben	per Vertrag zu vereinbaren
Leistungsverfahren	Sachleistungsprinzip	Kostenerstattungsprinzip
Risikoausgleich	ja	ja, nach Risikogruppen
Solidarausgleich	ja	nein, nur risikobezogener Versicherungsausgleich
Wahltarife	möglich	ja
Freie Arztwahl	unter den niedergelassenen Vertragsärzten	unter allen Ärzten
Finanzierung	einkommensabhängige Beiträge	risikoabhängige Prämien nach Alter, Geschlecht, Gesundheitszustand
Finanzierungsverfahren	Umlagefinanzierung	Anwartschaftsdeckungsverfahren
Abschluss von Versorgungsverträgen	Verträge mit Leistungserstellern gemäß Sachleistungsprinzip	nein, PKV ist kein Vertragspartner der Leistungserbringer
Honorierung der niedergelassenen Ärzte	Gesamtvergütung und Anwendung des EBM	nach GOÄ
Verwaltungs- und Abschlusskosten	Verwaltungskosten	neben Verwaltungskosten hohe Abschlusskosten

EBM: Einheitlicher Bewertungsmaßstab
GOÄ: Gebührenordnung Ärzte

Andererseits sind mit dem Gesundheitsmodernisierungsgesetz von 2003 und dem GKV-Wettbewerbsstärkungsgesetz von 2007 typische Elemente der PKV in die

GKV implantiert worden, so hinsichtlich von Wahltarifen (Beitragsrückerstattung, Kostenerstattung und Selbstbehalten) und der Möglichkeit der Kostenerstattung.

Gesetzliche Grundlage für das Wirken der PKV ist das *Versicherungsvertragsgesetz* von 1908, das spezielle Regeln über die Besonderheiten des Versicherungsvertrages enthält, ohne allerdings die Krankenversicherung explizit zu erwähnen. Da die private Krankenversicherung risikointensiv ist, werden besondere Anforderungen an die Versicherungsunternehmen gestellt. Sie dürfen nach dem Versicherungsaufsichtsgesetz von 1901 nur in der Rechtsform von Aktiengesellschaften, Versicherungsvereinen auf Gegenseitigkeit oder Körperschaften des öffentlichen Rechts betrieben werden. Von den Vollversicherten sind ca. die Hälfte in Versicherungsvereinen auf Gegenseitigkeit (VVaG), mehr als ein Drittel in Aktiengesellschaften (AG) und gut 10 % in Körperschaften öffentlichen Rechts organisiert. Insgesamt existieren ca. 100 Versicherungsunternehmen, von denen sich die 48 größten im Verband der Privaten Krankenversicherung organisiert haben und auf die 99,9 % des gesamten Marktanteils entfallen.

Eine Besonderheit der Privaten Krankenversicherung ist die Rechtsform des Versicherungsvereins auf Gegenseitigkeit (VVaG), eine eigene für den Betrieb von Versicherungsgeschäften errichtete privatrechtliche Unternehmensform, die aus einer Mischung von Elementen des Vereins- und Genossenschaftsrechts sowie dem Recht der Kapitalgesellschaften (AG) besteht. Typische Merkmale des VvaG sind die

- Selbstverwaltung durch die Versicherungsnehmer,
- die Eigenaufbringung der Mittel durch die Mitglieder, indem der Bilanzüberschuss zumindest teilweise in die Rücklagen fließt und
- die Gewinnbeteiligung durch die Mitglieder.

Die Besitz- und Beteiligungsverhältnisse an den Aktiengesellschaften der Privaten Krankenversicherung sind in der Öffentlichkeit weitgehend unbekannt. So gehört die Deutsche Krankenversicherung (DKV) neben der Hamburg-Mannheimer, der Victoria und der D.A.S. zur ERGO-Versicherungsgruppe, die wiederum mehrheitlich von der Münchener Rück beherrscht wird.

Die *Grundprinzipien* der PKV unterscheiden sich erheblich von denen der GKV (vgl. Übersicht VI.6):

- Das Versicherungsverhältnis in der PKV wird zwischen Versicherungsgesellschaft und Versichertem durch einen *Vertrag* vereinbart, während das Versicherungsverhältnis für die GKV-Versicherten gesetzlich geregelt ist (SGB V).
- Für die PKV ist das *Äquivalenzprinzip* typisch, für die GKV hingegen das Solidarprinzip und Sachleistungsprinzip.
- Die PKV arbeitet teilweise *kapitalfundiert* (Anwartschaftsdeckungsverfahren, vgl. Bd. I, Kap. „Ökonomische Grundlagen und Finanzierung“, Pkt. 3.2); die GKV finanziert sich im Umlageverfahren.

Tabelle VI.5:

Eckdaten der privaten Krankenversicherung 1991 - 2004

	Beitrags-einnahmen in Mio. €	Vollversicherte (Krankheitskostenversicherung) in 1.000	Wechsel zwischen GKV und PKV Nettozugewinn der PKV in 1.000	Zusatzversicherte in 1.000	Pflegezusatzversicherung in 1.000	Versicherung für Wahlleistungen im Krankenhaus in 1.000
1991	10.518	6.378	231	1.780	133	3.964
1992	11.605	6.733	329	1.910	195	4.155
1993	13.152	6.877	132	1.987	298	4.262
1994	14.454	6.983	92	2.002	316	4.332
1995	16.408	6.945	85	2.025	380	4.296
1996	17.517	6.977	66	2.027	405	4.337
1997	18.558	7.065	171	2.219	412	4.359
1998	19.320	7.206	173	2.338	543	4.381
1999	19,910	7.356	176	2.538	570	4.362
2000	20.712	7.494	176	2.623	605	4.394
2001	21.718	7.710	213	2.782	656	4.453
2002	23.082	7.924	232	2.942	690	4.473
2003	24.741	8.110	208	3.127	750	4.715
2004	26.413	8.259	167	1.979	787	4.804
2005	27.341	8.373	120	2.012	833	5.040

Quelle: Zusammengestellt nach: PKV-Zahlenbericht 2005/2006, Köln 2006.

Das für die PKV charakteristische Äquivalenzprinzip geht von einer Gleichwertigkeit der Beiträge im Verhältnis zu den Leistungen aus. Danach wird der Beitrag nach dem Risiko bemessen, das die PKV mit dem Abschluss des Versicherungsvertrages übernommen hat, um den Versicherungsschutz zu gewährleisten. Ein versicherungstypischer Risikoausgleich besteht lediglich in einer Zeitpunktbetrachtung, indem aus den Beiträgen aller Versicherten die Krankheitskosten der Behandlungsbedürftigen finanziert werden sowie in einem Risikoausgleich im Zeitablauf eines Versichertenlebens. Für den altersbedingten Morbiditätsanstieg bildet die PKV Rückstellungen, während die GKV diese Risiken auf dem Wege der Umlagefinanzierung bewältigt.

5.2.2 Beiträge und Leistungen

Die Beitragsgestaltung erfolgt unabhängig vom Einkommen des Versicherten und seiner wirtschaftlichen Leistungsfähigkeit, auch soziale Aspekte (so Unterhalt von Kindern oder Arbeitslosigkeit) bleiben unberücksichtigt. Die Höhe der Beiträge bemisst sich dagegen ausschließlich nach dem gewählten Leistungstarif und dem individuellen Gesundheitsrisiko des Versicherten. Indikatoren für das Gesundheitsrisiko sind Eintrittsalter, Geschlecht und Gesundheitszustand. Für die PKV besteht kein Kontrahierungszwang: Antragsteller, deren Eintritt in die Versicherung ein hohes Risiko bedeuten würde, weil sie z.B. chronisch krank, an Aids erkrankt sind oder einen Herzfehler aufweisen, haben keinen Anspruch auf Aufnahme in die Versicherung; ggf. können Risikozuschläge gefordert werden.

Bei Frauen liegt der Beitrag in der Regel – vor allem in jüngeren Jahren – über dem der Männer. Sie zahlen – auf eine lebenslange Mitgliedschaft bezogen – 10.000 € bis 15.000 € mehr an Beiträgen als Männer. Der Beitragssatz für jüngere Alleinstehende liegt in der Regel deutlich unter dem der GKV. Nur vereinzelt bieten Versicherungen einen gemeinsamen Tarif für Männer und Frauen an.

Privatversicherte ArbeitnehmerInnen erhalten zu ihrem Beitrag für die Krankheitskosten-Vollversicherung einen Zuschuss des Arbeitgebers in Höhe der Hälfte des Beitrages, der bei Versicherungspflichtigen an die zuständige Krankenkasse zu zahlen wäre, maximal aber die Hälfte des *durchschnittlichen* Höchstbetrages der GKV.

Privatpatienten haben die freie Wahl unter den Leistungserbringern, mit denen sie in *privatrechtliche* Vertragsbeziehungen eintreten. Maßgeblich für den Eintritt in eine PKV sind angenommene oder tatsächlich bestehende Vorteile, die sich aus der Rolle des „Privatpatienten" ergeben. Beschäftigte, die in der GKV versichert sind, schließen daher häufig mit der PKV Verträge über Zusatzleistungen ab, z.B. für die Behandlung und Unterbringung im Krankenhaus (Krankenhauskosten-Zusatzversicherung) oder für die Aufstockung des Krankengeldes im Krankheitsfall (Verdienstausfall-Versicherung). Beamten und Freiberuflern steht als Krankenkasse nur die PKV offen, da die GKV diese Personengruppe nur in Ausnahmefällen versichert.

Die Leistungserbringung erfolgt nach dem *Kostenerstattungsprinzip*. Die Versicherungsgesellschaft steht mit den Leistungserbringern in keinerlei vertraglichen Beziehungen und ist nicht in die Steuerung und Bewertung der Leistungserbringung durch Ärzte, Zahnärzte, Krankenhäuser, Pharmaunternehmen einbezogen. Versicherte erhalten, z.B. nach einer ärztlichen Behandlung, eine Rechnung, die bei der zuständigen PKV einzureichen ist. Der Rechnungsbetrag wird entsprechend der Absicherung des Risikos unter Berücksichtigung der vereinbarten Selbstbeteiligung von der Kasse erstattet. Lediglich bei Krankenhausbehandlungen sind einige Gesellschaften zur Direktabrechnung zwischen Kasse und Krankenhaus übergegangen. Nicht erstattete Leistungen sind von den Versicherten selbst zu tragen.

Die PKV kennt mehrere Versicherungsarten, von denen die Krankheitskostenversicherung die größte Bedeutung hat. Die jeweiligen Tarife werden entweder als Einzeltarife oder in Kombinationstarifen angeboten. Im Einzelnen bestimmen sich die Leistungen nach der gewählten Tarifart. Für ambulante und stationäre Behandlung, Gesundheitsvorsorgeuntersuchungen, Heilmittel, Zahnersatz und Laborleistungen werden die Kosten im tariflich vereinbarten Umfang übernommen. Nicht erstattete Rechnungsbeträge, z.B. wegen überhöhter Gebühren, verbleiben beim Versicherten. Nur durch Zusatztarife oder überhaupt nicht vorgesehen sind: Kuren, Vorsorgeleistungen (z.B. Ernährungsberatung), Rehabilitation oder Soziale Dienste. Dagegen werden Kosten für Heilpraktiker, anders als in der GKV, in der Regel erstattet.

Übersicht VI.7:

Auszug aus der Beitragstabelle einer PKV (2007), Tarif für Vollversicherung, Arbeitnehmeranteil inkl. Pflegeversicherung in €/Monat

Eintrittsalter, Jahre	Männer	Frauen
20	87,83	143,39
30	119,99	162,38
40	164,52	190,98
50	227,18	242,81
60	301,82	295,39
70	473,95	431,93

Tarif K2B (ohne Berücksichtigung von möglichen Risikozuschlägen):
Kostenerstattung: 100 % ambulant, 100 % Zahnbehandlung, 50 % Zahnersatz, 90 % Arznei-, Heil- und Hilfsmittel, 100 % Kieferorthopädie, 100 % stationäre Behandlung (Zweibettzimmer und privatärztliche Behandlung). Selbstbehalt: 500 € im Jahr für ambulante Behandlung. Erfolgsabhängige Beitragsrückerstattung.

Die Zielgruppen der PKV sind Beschäftigte, deren Einkommen die Versicherungspflichtgrenze übersteigen, sowie Selbstständige und Freiberufler. Zur umworbenen Zielgruppe gehören ferner Beamte und Studierende. Die Beamten sind grundsätzlich nicht in der GKV versichert. Der Staat übernimmt einen Teil der bei ihnen anfallenden Krankheitskosten durch die Beihilfe, deren anteilige Kostenübernahme sich nach der Familiensituation richtet. Für den nicht gedeckten Teil der anfallenden Kosten können Beamte sich bei einer PKV versichern.

Angesichts der relativ niedrigen Versicherungspflichtgrenze in der Gesetzlichen Krankenversicherung, die in etwa dem 1,5fachen des Durchschnittseinkommens entspricht, ist der Kreis der Beschäftigten, die das Wahlrecht zum Wechsel in die PKV haben, recht groß. Sie werden sich für den Wechsel entscheiden, wenn die Privatversicherung ihnen günstigere Konditionen bietet. Das bedeutet in der Praxis, dass gesunde, allein stehende Beschäftigte häufig eine PKV wählen und damit aus dem solidarischen Risikoausgleich der GKV ausscheiden. Dies ermöglicht der PKV eine Politik des „Rosinenpickens“, d.h. das Abwerben günstiger Risiken. Um die Mitgliederselektion zu Lasten der GKV einzuschränken, hat der Gesetzgeber den späteren Wiedereintritt PKV-Versicherter in die GKV sehr restriktiv geregelt bzw. gänzlich ausgeschlossen.

Zusätzliche Betätigungsfelder hat der Gesetzgeber der PKV durch Einschränkungen bei den Leistungen der GKV geschaffen. Für die in der GKV Versicherten werden von der PKV daher vielfach Versicherungstarife angeboten, die jene Leistungen abdecken, die die GKV gar nicht mehr oder nicht mehr voll trägt. Solche Tarife beziehen sich z.B. auf die Zuzahlungsregelungen bei Hörgeräten und Brillen, Zahnersatz und Krankenhausaufenthalt.

Die *Beitragskalkulation* der PKV setzt sich aus mehreren Teilschritten zusammen. Ausgangspunkt ist der *Risikobeitrag*. Mit ihm bezeichnet man den Teil des Beitrages, der erforderlich ist, um die Krankheitsrisiken abzudecken. Seine Höhe basiert auf Erfahrungswerten der Versicherungen. Zum Risikobeitrag kommen *Altersrückstellungen*. Sie sollen im Voraus Kostensteigerungen wegen zunehmender Altersmorbidität berücksichtigen. Deshalb liegt in jungen Jahren der Beitrag oberhalb der tatsächlich in Anspruch genommenen Gesundheitsleistungen, in späteren Jahren darunter. Die Differenz zwischen dem Beitrag in jungen Versicherungsjahren und den rechnerischen Kosten wird in Altersrückstellungen verzinslich angelegt, die dann aufgelöst werden, wenn in späteren Jahren die rechnerischen Kosten über den Beiträgen liegen.

In die Prämienkalkulation gehen außerdem Verwaltungskosten und vor allem Abschlusskosten (Akquisition, Werbung, Marketing) ein. Laufende Kostensteigerungen werden in regelmäßigen Prämienanhebungen weitergeben. 2003 erfolgten z.B. Erhöhungen um durchschnittlich 10 %.

Private Krankenversicherer müssen ab 2009 einen Basistarif anbieten, der den Leistungen der gesetzlichen Krankenversicherung entspricht. Die Versicherer dürfen keinen Kunden ablehnen und es darf keine vom Krankheitsrisiko abhängigen Zuschläge oder Leistungsausschlüsse geben. Für Ärztinnen und Ärzte gilt eine Behandlungspflicht. Ab 2007 – als Übergang zum Basistarif – muss die PKV ihren Standardtarif für alle bisher nicht versicherten Rückkehrer öffnen. Für Standard- und Basistarif gelten dabei die gleichen Bedingungen. Die Beiträge zum Standard- und Basistarif dürfen höchstens so teuer sein wie der durchschnittliche Höchstbeitrag in der GKV (April 2007: rund 500 €).

In den letzten Jahren haben die Privaten Krankenkassen – vor allem auf Grund ihrer Wettbewerbssituation mit den Gesetzlichen Kassen und der unerwartet stark gestiegenen Ausgaben für ältere Versicherte – zu geringe Altersrückstellungen vorgenommen und die altersbedingten Kostensteigerungen zu niedrig angesetzt. Spürbare Anhebungen der Prämien waren die zwangsläufige Folge dieser Fehlkalkulation. Um angesichts der zu erwartenden demografischen Entwicklung über ausreichende Rücklagen zu verfügen, hat der Gesetzgeber im Rahmen des GKV-Gesundheitsreformgesetzes 2000 die Versicherungsunternehmen der PKV verpflichtet, für alle neuen Mitglieder einen Zuschlag von 10 % zum Beitrag zu erheben.

5.2.3 Versicherungswechsel und Kostenentwicklung

Versicherte, die einmal aus der GKV ausgetreten sind, können in der Regel nicht wieder in ihren Schutz eintreten. Eine Rückkehr ist nur dann möglich, wenn das aktuelle Einkommen unter der Versicherungspflichtgrenze liegt, also z.B. bei Arbeitslosigkeit oder Berufswechsel. Für ältere Privatversicherte (nach Vollendung des 55. Lebensjahres) ist ein Wechsel ausgeschlossen. Dies ist z.B. bei privat Versicherten der Fall, wenn sie nach dem 55. Lebensjahr (z.B. auf Grund gesunkener Arbeitseinkommen) wieder versicherungspflichtig werden.

Für PKV-Versicherte ist der Wechsel von einer PKV in eine andere kaum praktikabel. Die Altersrückstellungen können bei einem Wechsel zu einem anderen Versicherer nicht mitgenommen werden. Sie verbleiben beim Erstversicherer und müssen in der neuen Gesellschaft neu aufgebaut werden. Hinzu kommt, dass die Beiträge vom Eintrittsalter abhängen und bei einem Wechsel dann entsprechend höher sind. Nach dem GKV-Wettbewerbsstärkungsgesetz soll jedoch der Wechsel zwischen privaten Versicherungsunternehmen durch Kontrahierungszwang und Portabilität der Altersrückstellung im Umfang des Basistarifs erleichtert werden.

Da private Kassen zu den Leistungserbringern keine Vertragsbeziehungen unterhalten, beschränken sie sich auf die Rolle des nachträglich zahlenden Dritten. Damit hat die PKV keine Möglichkeiten, in die Abläufe der Gesundheitsversorgung und Kostenentwicklung steuernd einzugreifen. Das Fehlen von Instrumenten zur Kosten- und Qualitätssteuerung bei den Anbietern führt dazu, dass die Kassen, um die Kostenentwicklung nicht aus dem Ruder laufen zu lassen, immer häufiger strenge Prüfungen der Arztrechnungen durchführen und dem Patienten in Rechnung gestellten Leistungen nicht mehr unbesehen erstatten. In Folge dieser Praxis nehmen die Beschwerden von privat Versicherten beim Ombudsmann der privaten Kranken- und Pflegeversicherung zu.

Abbildung VI.9 vergleicht den Anstieg der Ausgaben je Versicherten mit denen der GKV im Zeitraum 1995 - 2005. Der Vergleich zeigt, dass in allen vier Versorgungsbereichen die Ausgaben der PKV deutlich stärker gestiegen sind als die der GKV. So ist der Ausgabenzuwachs bei der ambulanten ärztlichen Behandlung im dargestellten Zeitraum bei der PKV um 44,9 Prozentpunkte *höher* ausgefallen als bei der GKV.

Nach Angaben der PKV belaufen sich die Gesamtleistungen 2005 auf 20,4 Mrd. €. Hierin sind 17,3 Mrd. € Krankenversicherungsleistungen für die Versicherten enthalten und knapp 1 Mrd. € als Zuführung zu den Altersrückstellungen. Insgesamt haben die Vermögensanlagen 2005 ca. 119 Mrd. € erreicht. Die Verwaltungskosten für dieses Jahr betragen 2,9 % der Beitragseinnahmen und sind mit denen der GKV vergleichbar. Zusätzlich fallen noch 8,6 % für Abschlusskosten, also für Werbung und Provisionen für Neuabschlüsse und Umstufungen an.

Abbildung VI.9:

GKV und PKV im Vergleich: Ausgaben je Versicherten 1995 - 2005, 1995 = 100

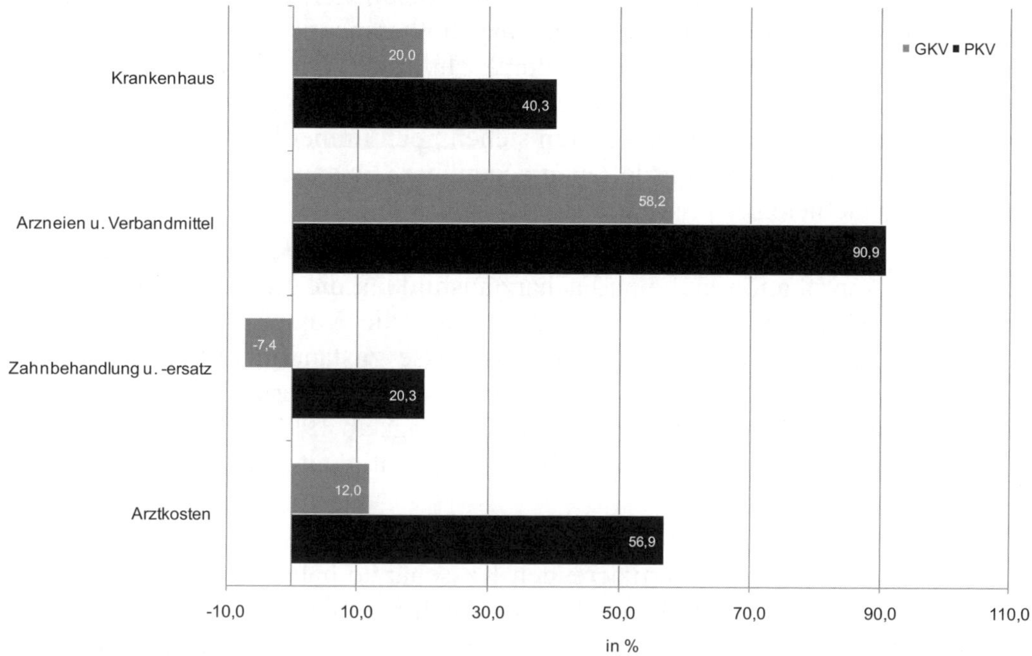

Quelle: PKV-Zahlenbericht 2005/2006, Köln 2006.

6 Bereiche gesundheitlicher Versorgung

Zu den Kernbereichen der Gesundheitsversorgung gehören die ambulante ärztliche Versorgung und die Krankenhausversorgung sowie die Bereitstellung von Arzneimitteln. Eng verzahnt mit diesen Versorgungsbereichen sind die psycho-soziale Versorgung, die soziale Absicherung bei Pflegebedürftigkeit und die Rehabilitation.

6.1 Ambulante ärztliche Versorgung

Die ambulante ärztliche Versorgung in Deutschland wird nahezu vollständig von niedergelassenen Ärztinnen und Ärzten getragen. Das Krankenhaus und die Krankenhausärzte sind von der ambulanten Diagnostik und Therapie weitgehend ausgeschlossen. Über 90 % der niedergelassenen Ärzte sind als Vertragsärzte zugelassen. Die überragende Bedeutung der GKV für die gesundheitliche Versorgung wird auch hieran deutlich. In der ambulanten vertragsärztlichen Versorgung waren Ende 2005 knapp 133.000 Ärzte tätig, hinzu kommen noch 55.000 Zahnärzte. Im internationalen Vergleich liegt Deutschland in Bezug auf die Arztdichte (1.000 Einwohner je Arzt) im oberen Drittel. Gegenüber 1980 mit 452 Einwohnern je Arzt (insgesamt berufstätige Ärzte) verbesserte sich die Relation bis 2005 auf 265.

Die Zunahme der Versorgungsdichte in den letzten Jahrzehnten ist überwiegend auf die Zunahme von Fachärzten (auch Gebietsärzte genannt, wie z.B. Internisten, Radiologen) zurückzuführen. Während ihre Zahl seit 1970 um mehr als 150 % anstieg, stagnierte die Zahl der Allgemeinmediziner. Einzelne Facharztgruppen, wie Nervenärzte (zusammen mit den psychotherapeutisch tätigen Ärzten), Orthopäden und Urologen, wuchsen überdurchschnittlich. Die hohe Arztdichte konzentriert sich vor allem auf die Ballungsgebiete. Zentren mit einem hohen Angebot meist hochspezialisierter Facharztpraxen stehen noch immer Regionen und Versorgungsbereiche mit Versorgungsdefiziten gegenüber (Beispiel: Kinderärzte in strukturschwachen Gebieten).

Für die Zulassung zur *kassenärztlichen* Versorgung sind das ärztliche Staatsexamen, die Approbation und eine Facharztausbildung die Voraussetzung. Um als Vertragsarzt (Kassenarzt) tätig zu werden, muss die Kassenzulassung beantragt werden. Hierfür sind Kassenzulassungsausschüsse zuständig, die paritätisch mit Vertretern der Kassen und der *kassenärztlichen Vereinigungen* (KV) besetzt sind. Seit 1993 bestehen Zulassungssperren, die allerdings ab 1998 wesentlich gelockert wurden, um jungen Ärzten die Chance beruflicher Tätigkeit zu geben.

6.1.1 Schlüsselstellung des Vertragsarztsystems

Die niedergelassenen, frei praktizierenden Kassenärzte haben in der Gesundheitsversorgung der Bundesrepublik eine Schlüsselstellung. Sie sind nicht nur zuständig für die ambulante Versorgung und Behandlung, sondern koordinieren zugleich auch die Einzelaktivitäten der anderen Leistungserbringer. Die Arbeitsverteilung zwischen den Teilbereichen der gesundheitlichen Versorgung wird damit wesentlich durch die Kassenärzteschaft beeinflusst.

- Bis auf wenige Ausnahmen (Unfälle, Notfälle) sind die niedergelassenen Ärzte die ausschließliche Anlaufstelle für rat- und hilfesuchende Laien. Nach dem Sozialgesetzbuch und dem *Kassenarztrecht* (Gesetz über Kassenarztrecht von 1955) haben die Ärzteschaft bzw. die kassenärztlichen Vereinigungen den Auftrag, die den Krankenkassen obliegende ärztliche Versorgung gemeinsam mit diesen sicherzustellen *(Sicherstellungsauftrag)*. Gemäß herrschender Rechtsauffassung wird aus diesem Sicherstellungsauftrag ein weitgehendes *Behandlungsmonopol* abgeleitet. Der Sicherstellungsauftrag geht allerdings auf die Krankenkassen über, wenn mehr als 50 % der Kassenärzte die Kassenzulassung zurückgeben, oder die vertragsärztliche Versorgung verweigern.

  Ausgeschlossen von der ambulanten kassenärztlichen Versorgung sind
  - die werksärztliche Versorgung durch Betriebsärzte,
  - der öffentliche Gesundheitsdienst in den Gesundheitsämtern,
  - die Krankenkassen selbst, die keine eigenen Ambulanzen und Polikliniken (Einrichtungen zur ambulanten Behandlung durch angestellte Ärzte meist mehrerer Fachrichtungen) bereitstellen (können),

- die Krankenhäuser, denn diese dürfen nur in abgegrenzten Fällen ambulant behandeln, so in Notfällen oder bei ambulanten Operationen. Zulässig sind auch vorstationäre Diagnostik und nachstationäre Behandlung.

- Die Kassenarztpraxis ist der Ort der allgemein- oder fachärztlichen *Erstbehandlung*. Aber auch die Behandlung und Versorgung im Krankenhaus ist abhängig von der kassenärztlichen Überweisung. Die Entscheidung über die Notwendigkeit einer Einweisung in ein Krankenhaus (vgl. Pkt. 6.3 dieses Kapitels) wird von den niedergelassenen Ärzten getroffen.
- Den niedergelassenen Ärzten obliegen nicht nur die ambulante Versorgung, sondern auch *Spezialaufgaben* wie Vorsorge- und Früherkennung, Mutterschaftsuntersuchungen, die Ausstellung von Arbeitsunfähigkeitsbescheinigungen und die Bescheinigung über eine Indikation beim Schwangerschaftsabbruch.
- Die niedergelassenen Ärzte veranlassen darüber hinaus weitere Leistungen: So werden rezeptpflichtige *Arznei-, Heil- und Hilfsmittel* verschrieben und Überweisungen an andere veranlasst. Diese Ausgaben sind vier Mal höher als die Kosten des eigentlichen ärztlichen Honorars und summieren sich auf mehr als 70 % der Gesamtausgaben der GKV. Ärztlich festgestellte Arbeitsunfähigkeit begründet zudem den Anspruch auf Entgeltfortzahlung gegenüber dem Arbeitgeber bzw. das spätere Krankengeld oder sonstige Ansprüche an die Sozialversicherung.

Bei der vertragsärztlichen Versorgung wird zwischen *Hausärzten* und *Fachärzten* unterschieden. An der hausärztlichen Versorgung können Allgemeinärzte, praktische Ärzte, Internisten ohne Fachgebietsbezeichnung und Kinderärzte teilnehmen. Sie müssen sich bei der Kassenärztlichen Vereinigung einschreiben. Hausärzten kommt eine wichtige Rolle zu, da sie die Lebenssituation des Patienten kennen und Einzelbefunde zusammenführen können. Sie fungieren als Wegweiser im Gesundheitssystem und können dazu beitragen, dass (teure) Mehrfachdiagnostik und „Ärztehopping" vermieden werden. Gleichwohl haben die Versicherten die freie Wahl unter allen Vertragsärzten, also auch unter Fachärzten. Ein Facharzt kann direkt aufgesucht werden, ein vorheriger Kontakt beim Hausarzt, der dann eine Überweisung ausstellen muss, ist nicht erforderlich.

Ungeachtet des gesundheitspolitisch hohen Stellenwerts des Hausarztes und vieler Maßnahmen zur Aufwertung dieser Versorgungsform, ist eher ein Rückgang der hausärztlichen Versorgung eingetreten. So nimmt nur etwa die Hälfte der Vertragsärzte an der hausärtzlichen Versorgung teil, und die Patienten- bzw. Behandlungsfallzahlen der Hausärzte bleiben zunehmend hinter denen der Fachärzte zurück. Offen ist, ob durch die Zahlung der Praxisgebühr der Trend der ärztlichen Erstinanspruchnahme bei einem Facharzt und nicht beim Hausarzt gestoppt worden ist.

Ein Weg zur Aufwertung von Hausärzten sind Wahltarife mit *Hausarztmodellen*, die den Hausarzt als „gate keeper“ vorsehen und im Beitragssatz niedriger liegen. Hier haben die Krankenkassen die Möglichkeit, auf der Basis gesamtvertraglicher Vorgaben mit einzelnen Hausärzten Verträge zu schließen, die neben einer besonderen Vergütung besondere Anforderungen an die Ärzte vorsehen: Ausrichtung der Behandlung an Qualitätsstandards, wie evidenz-basierte Leitlinien, praxisinternes Qualitätsmanagement oder patientenzentrierte Gesprächsführung.

Dominierender Typ der Organisation der Leistungserbringung ist immer noch die *Einzelpraxis*. Im Durchschnitt beschäftigt jede Arztpraxis 4 - 5 ArzthelferInnen. Die gewachsene Personalstärke korrespondiert mit der Anschaffung medizinisch-technischer Geräte und einem entsprechend hohen Kostenanteil, der im Durchschnitt ca. 55 % des Umsatzes beträgt. Der hohe Kostendruck der teilweise sehr teuren Diagnosegeräte führt zu einem ökonomischen Zwang der Auslastung, d.h. zur entsprechenden Abrechnung von Leistungspositionen bei den Krankenkassen.

Die ökonomischen Rahmenbedingungen der ambulanten Versorgung, verbunden mit dem Interesse der Ärzteschaft nach Kooperation, haben zu neuen Betriebsformen geführt. *Praxisgemeinschaften*, die ein Zusammenschluss weiterhin selbstständiger Einzelpraxen unterschiedlicher Fachrichtungen in Ärztehäusern sind, oder *Gemeinschaftspraxen*, in denen mehrere Ärzte in einer gemeinsamen Praxis zusammenarbeiten, sowie partielle Praxisgemeinschaften, wie Apparate- und Laborgemeinschaften, gewinnen zunehmend an Bedeutung. Die Zahl der Gemeinschaftspraxen hat sich seit 1980 mehr als verdoppelt, so dass im Jahr 2005 gut 40.500 der niedergelassenen Ärzte in Gemeinschaftspraxen tätig sind.

Neben Vertragsärzten können neuerdings auch *medizinische Versorgungszentren* als Leistungserbringer an der vertragsärztlichen Versorgung teilnehmen. Die medizinischen Versorgungszentren erbringen ihre Leistungen durch angestellte Ärzte. Mit dieser Neuregelung besteht die Möglichkeit, medizinische Versorgung aus einer Hand anzubieten und eine enge Kooperation mehrerer Fachgebiete zu ermöglichen.

6.1.2 Ablauf der ambulanten medizinischen Versorgung

Der Ablauf der ambulanten medizinischen Versorgung und die Beziehungen zwischen Kassenärzten, Krankenkassen, Versicherten und Kassenärztlichen Vereinigungen lassen sich anschaulich in einem Kreislaufmodell darstellen (vgl. Abbildung VI.10). Der schematisierte Kreislauf zeigt die dem Sachleistungsprinzip entsprechende Abrechnung der Honorare sowie die Vertragsbeziehungen zwischen Kassenärztlichen Vereinigungen und Kassen.

Versicherte erhalten von der Kasse eine Versichertenkarte. Ist ärztliche oder zahnärztliche Behandlung erforderlich, wenden sich die Versicherten an niedergelassene Ärzte, die die jeweiligen Behandlungen vornehmen. Es erfolgt keine direkte Bezahlung durch Geldleistungen (die vom Arzt einzuziehende Praxisgebühr wird an die GKV weitergeleitet), sondern der Arzt ruft die Versichertendaten von der Versichertenkarte ab und leitet die Daten mit den erbrachten Leistungen am Ende eines Quartals an die zuständige Kassenärztliche Vereinigung weiter und erhält von ihr sein Honorar. Die KV wiederum übergibt die Leistungsdaten nach Arztgruppen geordnet den Kassen, die den KVen eine Gesamtvergütung überweisen. Für die kassenzahnärztliche Versorgung gilt entsprechendes.

Abbildung VI.10:

Leistungs- und Vertragsbeziehungen in der ambulanten Versorgung

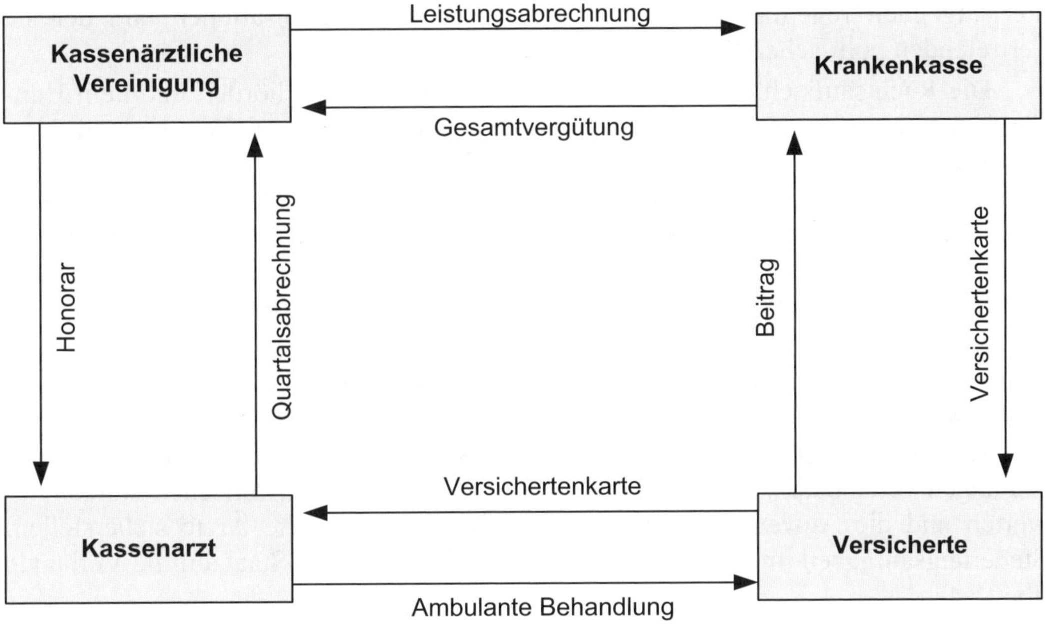

Zwischen den Ärzten bzw. medizinischen Versorgungszentren und den Krankenkassen bestehen keine Einzelverträge. Als Zwischenstationen sind die Kassenärztlichen Vereinigungen eingeschaltet, in der alle Ärzte Pflichtmitglieder sind, die Kassenpatienten behandeln. Die *Kassenärztlichen Vereinigungen* nehmen die Rechte und Ansprüche der einzelnen Ärzte bzw. Zahnärzte gegenüber den Kassen wahr. Die Kassenärztlichen Vereinigungen, von den Praxisinhabern in langjährigen Auseinandersetzungen seit den 30er Jahren als Gegenmacht zu den Kassen aufgebaut, sind regional gegliederte Körperschaften des öffentlichen Rechts und für die ärztliche und zahnärztliche Versorgung getrennt. Sie stehen anders als die paritätisch verwalteten Krankenversicherungen in voller ärztlicher Selbstverwaltung und bilden auf Landes- und Bundesebene Zusammenschlüsse (Kassenärztliche Landes- und Bundesvereinigung). Ihre Aufgaben umfassen folgende Felder:

- Sicherstellung der kassenärztlichen Versorgung (wobei sie verpflichtet sind, mit den Kassen zusammenzuarbeiten),

- die Vereinbarung von Kollektivverträgen mit den Kassen über die ärztliche Versorgung (Leistungen, Bewertung, Honorierung),
- die Abrechnung und Überwachung der kassenärztlichen Tätigkeit,
- die Bedarfsplanung (Ärztebedarf, Großgeräteeinsatz usw.) zusammen mit den Kassen.

Indem sie sowohl einen öffentlichen Versorgungsauftrag wahrnehmen wie auch die Interessenvertretung der Vertragsärzte organisieren, haben sie eine widersprüchliche Doppelfunktion. Versuche, ihre Monopolstellung abzuschaffen und direkte Vertragsbeziehungen zwischen Ärzten und Kassen zu organisieren, sind in der Vergangenheit regelmäßig am Widerstand der Ärzteorganisationen und der sie vertretenden politischen Parteien gescheitert.

Die Rechtsaufsicht wird von den zuständigen Landesbehörden und dem Bundesministerium für Gesundheit ausgeübt. Die in der Institution KV angelegte Vermischung von fachlichen und öffentlich-rechtlichen Aufgaben mit Einkommensinteressen bei Honorarverhandlungen ist jedoch problematisch. Da in den KVen Pflichtmitgliedschaft für Kassenärzte besteht, erwächst ihnen eine starke Verhandlungsmacht gegenüber den Kassen, die häufig in Konkurrenz zueinander stehen und in Honorarverhandlungen unterschiedliche Interessen vertreten.

Nach den Rahmenvorschriften des SGB V dürfen neue Untersuchungs- und Behandlungsmethoden nur dann angewendet werden, wenn im *Gemeinsamen Bundesausschuss* die Selbstverwaltungspartner Kassenärztliche Bundesvereinigung, Deutsche Krankenhausgesellschaft und GKV-Spitzenverbände entsprechende Empfehlungen vereinbaren, die u.a. den diagnostischen und therapeutischen Nutzen bewerten und die Anwendung durch entsprechend qualifizierte Ärzte sicherstellen. Steuerungsaufgaben im Gesundheitssystem werden also vom Staat auf die Verbände übertragen.

Generell sind Ärzte, nicht nur die Kassenärzte, Pflichtmitglieder der *Ärztekammern.* Sie sind Körperschaften öffentlichen Rechts, haben eine direkte Aufsichtspflicht gegenüber den Ärzten und organisieren die Weiterbildung. Die Landesärztekammern sind zur Bundesärztekammer als Arbeitsgemeinschaft der Ärztekammern zusammengeschlossen. Ihr oberstes Gremium ist der *Deutsche Ärztetag*. Hiervon zu unterscheiden sind die *Ärzteverbände*, deren Mitgliedschaft freiwillig ist. Zu nennen sind z.B. der Hartmannbund, der Verband niedergelassener Ärzte Deutschlands (NAV), der Verein Demokratischer Ärztinnen und Ärzte oder der Marburger Bund. Letzterer vertritt die Interessen der Krankenhausärzte und schließt seit 2006 für diese Gruppe auch eigenständige Tarifverträge ab.

6.1.3 Honorierung

Ärztliche Leistungen sind Dienstleistungen, die nur begrenzt marktfähig sind und deren Bewertung deshalb nicht nach Angebot und Nachfrage erfolgt. Der Preis für *privat*ärztliche Leistungen unterliegt der direkten staatlichen Festlegung durch eine staatliche Gebührenordnung (Gebührenordnung für Ärzte, GOÄ). Die Bewertung der *kassen*ärztlichen Leistungen erfolgt durch Vereinbarungen der Selbstverwaltungskörperschaften der Kassen und der Ärzte, die in Gruppenverhandlungen den Preis für ärztliche Leistungen festlegen. Der Staat hat weitgehend nur die Rahmenrichtlinien fixiert. Im Sozialgesetzbuch (SGB V) sind die Ebenen und Regulierungsformen festgelegt:

- Auf Bundesebene werden von den Bundesverbänden der Krankenkassen und der Kassenärztlichen Bundesvereinigung Empfehlungsvereinbarungen ausgesprochen.
- Die eigentlichen Honorarverhandlungen finden auf Landesebene statt. Zwischen den Landesverbänden der Krankenkassen und den Kassenärztlichen Vereinigungen werden für einen bestimmten Zeitraum (z.B. ein Jahr) Gesamtvergütungen in einem Gesamtvertrag ausgehandelt. Die Gesamtvergütung kann als Festbetrag oder auf der Grundlage des Bewertungsmaßstabes nach Einzelleistungen erfolgen.
- Die Kassenärztliche Vereinigung verteilt die Gesamtvergütung auf die Kassenärzte. Hierbei bezieht sie sich auf den mit den Krankenkassen festgelegten Honorarverteilungsmaßstab. Sie hat Art und Umfang der vom Arzt erbrachten Leistungen zu berücksichtigen. Der einzelne Kassenarzt erhält monatliche Abschlagszahlungen.

Allgemein können als Formen der Ärztehonorierung unterschieden werden:

- das Gehalt,
- die Kopfpauschale,
- die Fallpauschale und
- die Vergütung nach Einzelleistungen.

Im Gegensatz zum festen Gehalt, wie es bei den Krankenhausärzten üblich ist, orientiert sich die Honorierung nach der Kopfpauschale an der Zahl der eingeschriebenen Patienten, unabhängig von der Inanspruchnahme. Die Fallpauschale legt demgegenüber als Maßstab der Vergütung die Anzahl der Krankheitsfälle fest. Steigt die Morbidität, z.B. bei einer Grippewelle, so erhöht sich die Honorierung entsprechend. Demgegenüber wird bei der Vergütung nach Einzelleistungen jede ärztlich erbrachte und im Leistungskatalog festgelegte Leistung vergütet. In Deutschland dominiert in der ambulanten ärztlichen Versorgung die Vergütung nach erbrachten *Einzelleistungen.*

Welche Leistungen abrechnungsfähig sind und wie ihre relative Bewertung ist, bestimmt der Einheitliche Bewertungsmaßstab (EBM). Er enthält eine Nummerierung der ca. 1.500 abrechnungsfähigen *Einzelleistungen* und drückt ihre relative Bewertung in *Punktzahlen* aus (vgl. Übersicht VI.8). Der EBM wird von den Bundesverbänden der Krankenkassen und der Kassenärztlichen Bundesvereinigung gemeinsam festgelegt. Vom EBM abgeleitet werden der für die Primärkassen geltende Bewertungsmaßstab Ärzte (BMÄ) sowie für die Ersatzkassen die Ersatzkassen-Gebührenordnung (E-GO).

Übersicht VI.8:

Beispielhafter Auszug aus dem Einheitlichen Bewertungsmaßstab (Stand 01.04.2007)		
Ziffer	Leistung	Punkte
Arztgruppenübergreifende allgemeine Leistungen		
01220	Reanimation	2.500
01410	Besuch eines Kranken	400
01600	Ärztlicher Bericht nach Untersuchung	100
01750	Röntgenuntersuchung im Rahmen des Mammographie-Screening	1.195
Allgemeine diagnostische und therapeutische Leistungen		
02100	Infusion	155
Hausärztlicher Versorgungsbereich		
03000	Hausärztliche Grundvergütung	90
03111	Ordinationskomplex für Versicherte ab Beginn des 6. bis zum vollendeten 59. Lebensjahr	145
03112	Ordinationskomplex für Versicherte ab Beginn des 60. Lebensjahrs	225
03210	Behandlung und Betreuung eines Patienten mit chronisch-internistischer(n) Grunderkrankung(en)	455
Fachärztlicher Versorgungsbereich		
Augenärztliche Leistungen		
06211	Ordinationskomplex für Versicherte ab Beginn des 6. bis zum vollendeten 59. Lebensjahr	405
06321	Schielbehandlung ab 6. Lebensjahr	495
Frauenärztliche Leistungen, Geburtshilfe und Reproduktionsmedizin		
08410	Verweilen im Gebärraum	645
08411	Betreuung und Leitung einer Geburt	3.420
Nuklearmedizinische Leistungen		
17373	Radiosynoviorthese an großen oder mittleren Gelenken	2.125
Arztgruppenübergreifende spezielle Leistungen		
Diagnostische und interventionelle Radiologie, Computertomographie und Magnetfeld-Resonanz-Tomographie		
34451	MRT-Untersuchung der Hand, des Fußes und/oder deren Teile	3.040

Basis des kassenärztlichen Honorars des einzelnen Kassenarztes ist die Gesamtmenge der von ihm erbrachten Einzelleistungen. Sie ergibt sich als Addition der mit Punktzahlen gewichteten Einzelleistungen (Mengenkomponente). Der Wert eines Punktes, der Punktwert, wird in den Gesamtverträgen der Kassenärztlichen Vereinigungen ausgehandelt (Preiskomponente). Multipliziert man die Punktzahlen der erbrachten Einzelleistungen mit den Punktwerten, ergibt sich das Honorar. Allerdings ist der Punktwert kein fixer Euro-Betrag, seine Höhe steht erst fest, wenn die von den Kassen entrichtete Gesamtvergütung durch die gesamte Leistungsmenge aller Ärzte, also durch die summierten Punktwerte dividiert wird. Für den einzelnen Arzt ist also ex ante nicht absehbar, welches Honorar er tatsächlich erhält.

Der EBM ist häufig geändert und den Erfordernissen an eine moderne Versorgung angepasst worden. Er stellt mittlerweile eine Kombination aus differenzierter Pauschalvergütung je Behandlungsfall (Ordinationskomplex) und fortbestehender Vergütung von Einzelleistungen dar, differenziert nach hausärztlichem und fachärztlichem Versorgungsbereich. Wichtige Eckpfeiler des EBM sind die Definition eines hausärztlichen Versorgungsbereichs, die Einführung einer hausärztlichen Grundvergütung und die Aufwertung der persönlichen ärztlichen Zuwendung. Die für eine Arztgruppe typischen Grund- und Sonderleistungen werden in einer Ordinationsgebühr von 200 bis 400 Punkten je nach Ärztegruppe (z.B. Allgemeinärzte, Internisten usw.) und Versichertenstatus (Mitglied bzw. Rentner) für die Basisversorgung zusammengefasst. Diese kann *einmal* im Behandlungsfall für Beratung, Erörterung therapeutischer Maßnahmen und die Untersuchung eines Organsystems abgerechnet werden. Für weitere Behandlungen wird nach der wesentlich geringer bewerteten Konsultationsgebühr (50 Punkte je Behandlungsfall) abgerechnet.

Die Begrenzung der Mengenausweitung wird darüber hinaus durch eine häufigkeitsbezogene Abstaffelung technischer Leistungen angestrebt, bei der die Punktzahl mit zunehmender fallbezogener Leistungserbringung abgesenkt wird. Weiter hat die Förderung der „sprechenden Medizin" Eingang in den EBM gefunden, indem Pauschalvergütungen für Hausärzte vorgesehen sind, die Behinderte, Demenzkranke oder Sterbende behandeln.

Die ärztliche Honorierung ist laufend Gegenstand von Auseinandersetzungen auf mehreren Ebenen:

- *Zwischen Kassen und Ärzteverbänden* sind Höhe und Anstieg der Ärzteeinkommen strittig. Während die Kassen eine Anbindung der Gesamtvergütung an die Einkommen der Versicherten – und damit an ihre Beitragseinnahmen – anstreben, um einen überproportionalen Kostenanstieg und damit Beitragssatzanstiege zu verhindern, lehnen die Ärzte bzw. die Ärzteverbände eine derartige Deckelung durch ein Gesamtbudget ab, da dieses bei einer steigenden Zahl von Vertragsärzten und zunehmenden sowie aufwändigen Krankheits- und Behandlungsfällen (Morbiditätsrisiko) einen Rückgang der individuellen

Ärztehonorare zur Folge hat. Denn bei gegebener Gesamtvergütung sinkt der Punktwert umso stärker, je mehr Einzellleistungen abgerechnet werden.

- *Innerhalb der Ärzteschaft* ist die Verteilung der Gesamthonorare Gegenstand der Auseinandersetzung zwischen Ärztegruppen, die am unteren Ende der Einkommensskala liegen, wie Kinderärzte und Allgemeinmediziner, und den Spitzenverdienern, meist Erbringer technisch-diagnostischer Leistungen. Konflikte entstehen auch zwischen Ärzten, die ihre Leistungsmenge stark ausweiten, und jenen, die dies nicht tun. Durch die Einführung eines arztgruppenspezifischen Praxisbudgets („Regelleistungsvolumen") soll dem entgegengewirkt werden.

Eine grundlegende Reform des Vergütungssystems erfolgte 2003. Das finanzielle Risiko der morbiditätsbedingten Mengenausweitung trägt die Krankenkasse. Grundlage der ärztlichen Vergütung ist der *Behandlungsbedarf*, der auf dem bei der Leistungsabrechnung verwendeten Diagnoseschlüssel (ICD) basiert und sich aus der Zahl und der Morbiditätsstruktur der Versicherten ergibt. Auf die einzelnen Arztgruppen aufgeteilt ergeben sich daraus die arztgruppenbezogenen *Regelleistungsvolumina*. Die Leistungen des einzelnen Arztes werden hieraus abgeleitet. Ihm steht ein sog. Regelleistungsvolumen zur Verfügung. Die darin erbrachten Leistungen werden mit einem festen Regelpunktwert vergütet. Darüber hinaus gehende Leistungsmengen werden abgestaffelt und nur noch mit 10 % des Regelpunktwertes vergütet. Durch die Berücksichtigung der Zahl der Ärzte bei der Ermittlung des arztbezogenen Regelleistungsvolumens wird das Risiko steigender Arztzahlen nicht mehr von den Kassen getragen. Die Einführung der Regelleistungsvolumina erfolgt seit 2006.

Nach dem GKV-Wettbewerbungsstärkungsgesetz von 2007 sollen ab 2009 ärztliche Leistungen nach einer für alle gesetzlichen Krankenkassen geltenden Gebührenordnung mit *festen* Euro-Preisen vergütet werden. Die für die vertragsärztliche Versorgung zur Verfügung stehende Gesamtvergütung soll sich künftig an der Morbidität der Versicherten orientieren. Müssen die Ärzte mehr Leistungen erbringen, weil dies ein veränderter Gesundheitszustand ihrer Patienten erfordert, müssen die Krankenkassen mehr Honorar zur Verfügung stellen. Dies steht im Zusammenhang mit der Einführung des morbiditätsorientierten Risikostrukturausgleichs zwischen den Krankenkassen. Damit soll dann auch die enge Koppelung der Ärzte-Vergütung an die allgemeine Lohn- und Gehaltsentwicklung entfallen.

Nach der Kostenstrukturanalyse der Kassenärztlichen Bundesvereinigung (2002) bietet sich für die Einkommenssituation der Ärzte ein nach Ärztegruppen differenziertes Bild. Danach gibt es eine recht breite Einkommensspreizung zwischen umsatzstarken und umsatzschwachen Praxen. So beträgt der *Praxisumsatz* bei Chirurgen in den alten Bundesländern im unteren Drittel ca. 150.000 € und ca. 450.000 € im oberen Einkommensdrittel. Bei Allgemeinmedizinern liegt die Spannweite zwischen 110.000 € und 290.000 €. Nach Abzug der *Praxiskosten*

(Allgemeinmediziner ca. 55 %, Radiologen ca. 80 % des Umsatzes), Vorsorgeaufwendungen und Steuern beläuft sich bei Allgemeinmedizinern im unteren Umsatzdrittel das verfügbare Einkommen auf ca. 28.000 € und im oberen Einkommensdrittel auf ca. 65.000 € im Jahr. Das Einkommensniveau in den neuen Bundesländern liegt in allen Facharztgruppen deutlich unter dem in den alten Ländern. Der Anteil der Einkommen aus privatärztlicher Tätigkeit schwankt zwischen 10 % und 20 % der Einnahmen, d.h. zwischen 80 % und 90 % der Einnahmen von Arztpraxen stammen im Durchschnitt aus kassenärztlicher Tätigkeit.

Die Spitzenstellung in der Einkommensrangfolge nehmen Facharztpraxen hochtechnisierter Richtungen, wie z.B. Radiologen, Orthopäden und Zahnärzte ein, während praktische Ärzte und Kinderärzte am Ende der Skala liegen. Diese Unterschiede weisen daraufhin, dass das Honorierungssystem beachtliche Bewertungsmängel aufweist. Hochspezialisierte medizintechnische Tätigkeiten werden immer noch gegenüber primärärztlicher Versorgung, Beratung und sozialer Betreuung besser bewertet. Bei der Bewertung der Ärzteeinkommen sind allerdings auch die überdurchschnittlich langen Arbeitszeiten und die langen Ausbildungszeiten bis zur Approbation zu berücksichtigen. Ein echter Einkommensvergleich mit anderen Berufsgruppen muss sich auf die Gegenüberstellung des Lebenseinkommens beziehen.

Zusätzliche Einnahmen aus der Behandlung von Kassenpatienten haben sich die Ärzte mit der Abrechnung von Leistungen, die nicht von den Kassen erstattet werden, durch die „individuellen Gesundheitsleistungen" (IGEL), erschlossen. Diese sind von den Patienten bar zu zahlen und unterliegen nicht den Begrenzungen des Praxisbudgets. Es handelt sich in der Regel um medizinisch nicht erforderliche Leistungen, deren diagnostischer oder therapeutischer Nutzen fragwürdig ist, oder um Leistungen, über deren Aufnahme in den Leistungskatalog der GKV noch nicht entschieden worden ist. Die IGEL-Leistungen etablieren die privatärztliche Tätigkeit auch für gesetzlich Versicherte, sie können als Einfallstor für die Reduzierung der GKV-Leistungen auf eine sog. Basisversorgung fungieren und die Vollversicherung der GKV aushöhlen.

6.2 Arzneimittelversorgung

6.2.1 Die Rolle der Arzneimittel in der Gesundheitsversorgung

Als Hilfsmittel der ärztlichen Versorgung haben Arzneimittel eine ständig steigende Bedeutung erlangt. Zur Vorbeugung und Heilung von Krankheiten sowie zur Linderung von Beschwerden sind Arzneimittel oftmals unerlässlich. Die Arzneimitteltherapie hat einen festen Platz in der modernen naturwissenschaftlich orientierten Medizin, deren Krankheitsverständnis dem chemisch-biologischen Krankheitsparadigma entspricht. Sie ermöglicht nach herrschendem Medizinverständnis eine zielgerichtete Therapie. Zwar ist die Sensibilität gegenüber Arzneitherapie angesichts einer Reihe von Arzneimittelskandalen gestiegen, bei den Patienten hat sie aber immer noch eine hohe Akzeptanz.

Hervorzuheben ist der Doppelcharakter von Arzneimitteltherapie. Sie hat gegenüber Therapieformen, wie z.B. der eines chirurgischen Eingriffs im Rahmen einer stationären Behandlung, eine Reihe von Vorteilen, u.a. in Bezug auf die Kosten. Andererseits suggeriert sie Heilung z.B. bei unspezifischen psychischen Krankheitssyndromen, ohne dass ihr immer eine klare Diagnose und zielgerichtete Behandlung zu Grunde liegt.

Die Versorgung mit Arzneimitteln ist eine Sachleistung der Krankenversicherung. Aber nicht alle Arzneimittel werden von der Krankenversicherung bezahlt. Für bestimmte Indikationsgebiete hat der Gesetzgeber die Leistungspflicht der Kassen ausgeschlossen (Negativliste). So werden für Kranke über 18 Jahren Arzneimittel gegen Erkältungskrankheiten und grippale Infekte, Abführmittel, Mund- und Rachentherapeutika sowie Arzneimittel gegen Reisekrankheiten nicht von der Kasse übernommen. Durch eine Rechtsverordnung können weitere Arzneimittel ausgeschlossen werden. Das Gleiche gilt für „unwirtschaftliche" Arzneimittel, die z.B. die für die Therapie nicht erforderlichen Wirkstoffe oder eine Kombination mehrerer (mehr als drei) Wirkstoffe enthalten. Diese Vorschrift trifft insbesondere die relativ teueren Kombinationspräparate. Seit 2004 werden auch nicht verschreibungspflichtige Medikamente nicht mehr erstattet.

Bei der Inanspruchnahme von Arzneimitteln müssen (bis auf wenige Ausnahmen) Zuzahlungen (10 % Zuzahlung, mindestens 5 € und maximal 10 €) geleistet werden (vgl. Übersicht VI.5). Die Ausgrenzung von Arzneimitteln und die Zuzahlung bei verordneten Arzneimitteln ist mit dem Grundsatz einer bedarfsgerechten und dem anerkannten Stand der medizinischen Erkenntnisse entsprechenden Versorgung nur schwer zu vereinbaren. Denn auch geringfügige Beschwerden können Symptome für Erkrankungen sein.

Im Jahr 2004 wurden 570 Mio. Verordnungen auf dem GKV-Arzneimittelmarkt registriert. Gegenüber 1992 (1.015 Mio.) ist dies ein erheblicher Rückgang. Allerdings stieg im gleichen Zeitraum der Wert je Verordnung von 16,20 € auf etwa 38 €, so dass 2004 Arzneimittel im Wert von 20,3 Mrd. € verordnet wurden. Der rechnerische Durchschnittsverbrauch verteilt sich nicht gleichmäßig auf die gesamte Bevölkerung. Gut die Hälfte der Bevölkerung nimmt nie oder selten Arzneimittel. Sehr groß ist der Anteil des Arzneimittelverbrauchs bei Älteren. So entfielen (2005) auf die Rentner in der GKV (KVdR) über die Hälfte des gesamten GKV-Arzneimittel-Umsatzes, obwohl sie nur etwa ein Drittel der Versicherten ausmachen.

Das Angebot der in der Bundesrepublik auf dem Markt befindlichen Arzneimittel ist – verglichen mit anderen Ländern – überdurchschnittlich hoch und wenig transparent. 54.500 verkehrsfähige Arzneimittel sind (2007) beim Bundesinstitut für Arzneimittel und Medizinprodukte registriert und zugelassen. In dieser Zahl sind jedoch verschiedene Stärken und Darreichungsformen (Tabletten, Tropfen, Säfte usw.) noch nicht enthalten. Etwa 60 % der Arzneimittel sind verschreibungspflichtig, der Rest ist apothekenpflichtig (34 %) oder frei verkäuflich (4,4 %). In der Praxis werden jedoch weit weniger Arzneimittel benötigt. 90 % der GKV-Ausgaben konzentrieren sich auf 2.000 Präparate.

Tabelle VI.6:

Eckdaten der Arzneimittelversorgung 1993 - 2006

	1992	1994	1996	1998	2000	2002	2004	2006
Verordnungen und Rezepte								
Rezepte je Mitglied	11,9	11,5	12,4	11,3	11,0	10,5	8,4	8,5
Verordnungen je Mitglied	20,6	19,0	20,0	18,0	17,0	15,7	14,4	14,8
Wert je Verordnung in €	16,12	17,24	18,86	22,64	25,80	29,80	37,99	x
Apotheken								
Zahl der Apotheken	20.350	21.084	21.290	21.556	21.592	21.465	21.392	21.551
Einwohner je Apotheke	3.590	3.890	3.850	3.800	3.800	3.840	3.858	3.825
Ausgaben der GKV								
in Mrd. €	16,64	15,17	17,13	17,08	19,25	22,26	20,34	23,95
je Mitglied insgesamt	327	294	337	337	378	441	401	473
Veränderung zum Vorjahr in %		+ 5,0	+ 6,3	+ 5,0	+ 4,1	+ 5,3	- 10,9	+ 1,1

Quelle: Bundesvereinigung Deutscher Apothekerverbände, Zahlen, Daten, Fakten 2006, Berlin 2007.- Nink, K., Schröder H., Ökonomische Aspekte des deutschen Arzneimittelmarktes 2003. In: Schwabe U, Paffrath, D. (Hrsg.), Arzneiverordnungs-Report 2004. Berlin, Heidelberg, New York 2004.

Das Arzneimittelgesetz regelt, welche Arzneimittel für die ambulante Versorgung von Apotheken abgegeben werden und welche freiverkäuflich sind. Insgesamt existierten 21.551 Apotheken, die einen Gesamtumsatz von ca. 35 Mrd. € erzielen (2006). 70 % der Umsätze entfallen auf die GKV. Der Apotheken-Umsatz mit Arzneimitteln wird zu 73 % durch *verschreibungspflichtige* und zu 27 % durch *rezeptfreie* Mittel bestimmt. Auf Selbstmedikation, also auf den nicht ärztlich verordneten Kauf von rezeptfreien oder freiverkäuflichen Arzneimitteln, die von den Patienten selber bezahlt werden müssen, entfällt ein Anteil von 15,5 % des Arzneimittelumsatzes. Dieser Anteil ist von 2,4 Mrd. € (1987) auf 5,4 Mrd. € (2006) gestiegen. Unter den verschreibungspflichtigen Arzneimitteln machen die Generika

(Arzneimittel mit patentfreien Wirkstoffen) gut ein Drittel der Verordnungen und die Hälfte des Umsatzes aus.

Die Preisgestaltung der Apotheken ist stark reguliert. Der Abgabepreis basiert auf dem Herstellerabgabepreis, dem Großhandelshöchstzuschlag, dem Apothekenfestzuschlag und der Mehrwertsteuer. Um einheitliche Abgabepreise sicherzustellen, legt die Arzneimittel-Preisverordnung Einzelheiten fest. Die Apotheker sind zur Abgabe preisgünstiger Import-Arzneimittel verpflichtet und haben zudem innerhalb wirkungs- und wirkstoffgleicher Medikamente die kostengünstigen Arzneimittel auszugeben („Aut-idem Regelung").

Bei der Arzneimittelabgabe haben die Apotheken ein Monopol. Aber der Markt wandelt sich: Die Gründung von Filialen ist möglich geworden, und auch der Versandhandel gewinnt an Bedeutung. So können in Internetapotheken auch rezeptpflichtige Arzneimittel geordert werden.

6.2.2 Besonderheiten des Arzneimittelmarktes

Der Markt für Arzneimittel ist gekennzeichnet durch eine große Zahl von pharmazeutischen Unternehmen, Produkten und Vertriebswegen. Er unterscheidet sich von den Märkten für andere Güter und Produkte durch eine Reihe von Besonderheiten:

- Wirksame und therapeutisch sinnvolle Arzneimittel müssen ständig verfügbar sein.
- An Arzneimittel werden besondere Anforderungen in Bezug auf Sicherheit, Wirksamkeit und therapeutischen Nutzen gestellt.
- Es müssen die Patienten-Compliance (positives Befolgen ärztlicher Anordnung) und Bioverfügbarkeit auch wirkstoffgleicher Mittel berücksichtigt werden.
- Arzneimittel müssen zu bezahlbaren Preisen angeboten werden.

Um die Versorgung mit wirksamen und qualitativ unbedenklichen Arzneimitteln sicherzustellen, hat der Gesetzgeber die Herstellung von Arzneimitteln an die Erteilung einer landesbehördlichen Herstellungserlaubnis und den Verkauf an die amtliche Zulassung gebunden. Hierfür sind das Bundesinstitut für Arzneimittel und Medizinprodukte (BfArM) in Berlin und bei Seren und Impfstoffen das Paul-Ehrlich-Institut (PEI) zuständig. Ein vom BfArM eingerichtetes Informationssystem enthält eine öffentlich zugängliche Datenbank über Arzneimittel und Arzneistoffe. Über die Zahl der relevanten Medikamente informiert die von den Verbänden der pharmazeutischen Industrie herausgegebene „rote Liste".

Die Modalitäten der Zulassung legt das mehrfach novellierte Arzneimittelgesetz (AMG) von 1978 fest. Bei der Zulassung von Arzneimitteln nach dem AMG steht der Wirksamkeitsnachweis im Zentrum. Der Antragsteller muss dazu entsprechende Belege vorlegen. Weist der Hersteller bereits therapeutische Ergebnisse in einer beschränkten Zahl von Fällen nach, kann die Zulassungsbehörde die Zulassung nur verweigern, wenn sie den Nachweis der Unwirksamkeit führt. Diese sog.

Beweislastumkehr macht es der Zulassungsbehörde aus methodischen Gründen schwer nachzuweisen, dass keine therapeutischen Ergebnisse festgestellt werden können. Gegenstand der Zulassung ist lediglich die therapeutische Wirksamkeit und nicht der therapeutische Nutzen, der hinter dem von bereits am Markt befindlichen Präparaten zurückbleiben kann. Für Präparate, die vor dem AMG auf dem Markt waren, gilt eine modifizierte Zulassung.

Eine europaweite Zulassung kann über zwei Wege erfolgen: Die von der EU-Kommission eingerichtete Agentur zur Beurteilung von Arzneimitteln (European Medicines Evaluation, EMEA) oder die gegenseitige Anerkennung der Zulassungen. Die EMEA konzentriert sich auf gen- und biotechnologisch hergestellte Präparate.

Die Hauptkritik an der Arzneimittelversorgung konzentriert sich auf die nicht immer nachgewiesene Wirksamkeit, das Preisniveau, die mangelnde Transparenz und die Mehrfachmedikation. Hieraus wird u.a. die Forderung nach einer Positivliste abgeleitet.

Wirksamkeit

Neu zugelassene Präparate bedeuten nicht immer einen Fortschritt. Die medizinisch-therapeutische Bewertung der neu zugelassenen Arzneimittel ergibt nur in wenigen Fällen einen therapeutischen Gewinn. Der Arzneiverordnungs-Report 2002 des Bundesverbandes der Ortskrankenkassen (BDO) kam zu dem Ergebnis, dass von den 2001 neu zugelassenen 2.616 Fertigarzneimitteln lediglich 642 Arzneimittel mit neuen Wirkstoffen auf den Markt kamen.

Das Fehlen einer ausreichenden Arzneimittelüberwachung und die oft unkritische Verordnungsweise vieler Ärzte können erhebliche Schäden zur Folge haben. Zum Beispiel lässt sich zeigen, dass bei vielen Dialysepatienten das Nierenversagen auf den Gebrauch von Schmerzmitteln zurückzuführen ist. Kritisiert wird auch das Verschreiben von Tranquilizern, die teilweise zu lange und zu häufig verordnet werden. Ähnlich problematisch ist die Verschreibung von Schlafmitteln.

Preisniveau

Für viele Präparategruppen bestehen faktische Monopole. Bei weitgehender Ausschaltung des Wettbewerbs können Preise realisiert werden, die das internationale Preisniveau übertreffen. Allerdings wird von Seiten der Pharmaunternehmen darauf hingewiesen, dass erst das hohe Preisniveau die Finanzierung der teuren Pharmaforschung (2005: ca. 4,5 Mrd. €) ermögliche. Ein gewisser Konkurrenzdruck ist durch die Nachahmerpräparate (Generika) entstanden, die die gleichen Wirkstoffe enthalten wie Originalpräparate, jedoch wesentlich preiswerter sind, da für diese Mittel der Patentschutz von 20 Jahren abgelaufen ist. Ein Teil der Generika-Anbieter sind allerdings Tochterunternehmen der großen Arzneimittelhersteller, so dass die Generika nur bedingt als Preisbrecher fungieren. Da die Kassenärzte zur wirtschaftlichen Verordnung von Arzneimitteln verpflichtet sind, beläuft sich der von der GKV für Generika getragene Arzneimittelaufwand auf über 40 % der Gesamtausgaben für Arzneimittel.

In die Kritik geraten ist die Pharmaindustrie wegen des überhöhten Preisniveaus, vor allem im internationalen Vergleich. Hinzu kommt die ständig steigende Zahl neuer Arzneimittel, deren Preis über dem bisheriger Präparate liegt. Die pharmazeutische Industrie ist kein sehr hoch konzentrierter Wirtschaftszweig. Die führenden Anbieter sind allerdings mit den Großkonzernen der chemischen Industrie eng verbunden.

Die Weigerung der Pharmaunternehmen, mit den Gesetzlichen Kassen Verträge über Preise und Produkte abzuschließen, erlaubt eine praktisch unbehinderte Unternehmenspolitik, die eine gute Gewinnsituation garantiert. Für die Ärzteschaft ist es trotz vorhandener Preisvergleichslisten schwierig, sich einen Überblick über Wirksamkeit, Unbedenklichkeit, therapeutischen Fortschritt, Qualität und Preis zu verschaffen. Eine kostspielige Absatzförderung sichert den Pharmaunternehmen eine umsatz- und gewinnträchtige Position der Artikel.

Zu den wichtigsten Mitteln der Absatzförderung zählen die Produktdiversifikation und der Einsatz von Pharmaberatern. Da nur wenig neue Substanzen auf den Markt kommen, spielen neue Wirkstoffkombinationen eine große Rolle. Diese „neuen“ Präparate in der ärztlichen Praxis einzuführen, ist u.a. Aufgabe der ca. 12.000 Pharmaberater. Ein weiteres besonders kostspieliges Instrument der Absatzförderung ist die Abgabe von Arzneimittelmustern.

6.2.3 Instrumente der Steuerung

Der Pharmamarkt ist wesentlich weniger durch Verträge zwischen den Arzneimittelherstellen und Krankenkassen reguliert, als dies in der ambulanten oder stationären Versorgung der Fall ist. Dennoch steht der staatlichen Gesundheitspolitik und den Kassen eine Reihe von Eingriffsmöglichkeiten zur Verfügung. Diese können sich auf das Angebot an Arzneimitteln konzentrieren wie auch auf die Nachfrage durch Ärzte und Patienten richten.

Das Angebot an Arzneimitteln

Variablen, die von der staatlichen Gesundheitspolitik beeinflussbar sind, sind Arzneimittelpreise, verordnete Mengen und die Art der zugelassenen Arzneimittel.

Arzneimittelpreise

Die Herstellerabgabepreise unterliegen im Grundsatz keiner staatlichen Festlegung. Reguliert werden hingegen die Großhandels- und die Apothekenzuschläge auf die jeweiligen Einkaufspreise. Indirekt wird seit dem Gesundheitsreformgesetz 1988 versucht, das Preisniveau durch die Einführung von *Festbeträgen* bei Arzneimitteln zu beeinflussen. Damit sollen Wirtschaftlichkeitsreserven der Hersteller ausgeschöpft und der Preiswettbewerb forciert werden. Festbeträge sind Höchstbeträge, die die GKV für bestimmte Arzneimittel zahlt. Für welche Gruppen von Arzneimitteln Höchstbeträge festgelegt werden, bestimmt der Gemeinsame Bundesausschuss. Es werden drei Gruppen von Arzneimitteln unterschieden, für die Festbeträge bestimmt werden:

- Arzneimittel mit denselben Wirkstoffen,
- Arzneimittel mit pharmakologisch-therapeutisch vergleichbaren Wirkstoffen,
- Arzneimittel mit pharmakologisch-therapeutisch vergleichbarer Wirkung, insbesondere Kombinationspräparate.

Seit Einführung der Festbeträge ist es zu erheblichen Preissenkungen der Hersteller gekommen. Die Festbetragshöhe der betroffenen Wirkstoffe wurden von den Spitzenverbänden der Gesetzlichen Krankenkassen im Durchschnitt rund 30 % unterhalb des Preisniveaus der jeweiligen Originalpräparate festgesetzt. 2003 machte der Anteil der Festbetrags-Arzneimittel über 70 % aller GKV-Verordnungen und 35 % der über die GKV finanzierten Arzneimittelumsätze aus. Gleichzeitig haben die Hersteller allerdings auf den durch Festbeträge nicht regulierten Märkten, z.B. bei Neupräparaten, spürbare Preisanhebungen vorgenommen, so dass langfristig ein geringeres Einsparpotenzial realisiert werden dürfte.

Arzneimittel unterliegen der vollen Mehrwertsteuer. Das bedeutet, dass eine Anhebung der Mehrwertsteuer zu Preiserhöhungen und zu Zusatzbelastungen der Krankenkassen führt. So wird als Folge der Erhöhung der Mehrwertsteuer von 16 % auf 19 % ab 2007 mit einer Belastung der Krankenkassen von 0,9 Mrd. € gerechnet.

Arzneimittelbudget

Mit Kostendämpfungsmaßnahmen wurde immer wieder versucht, auch die Mengen in der Arzneimittelversorgung zu begrenzen. So sollten die in den 1990er Jahren durchgängig geltenden Arzneimittelbudgets, die sich an der Lohnentwicklung der Versicherten orientieren, zur Beitragssatzstabilität beitragen. Bei Budgetüberschreitungen „hafteten“ die Ärzte im Kollektivregress durch eine entsprechende Minderung ihrer Gesamtvergütung. Diese Rückzahlungsforderungen wurden zeitweise außer Kraft gesetzt, und statt des Kollektivregresses kamen Richtgrößen als Steuerungsinstrument zur Anwendung. Mit dem *Arzneimittelbudet*-Ablösegesetz (2001) wurde die Budgetierung aufgehoben und die rückwirkende Aufhebung aller Budgetüberschreitungen verfügt.

Zugelassene Arzneimittel

Reformvorstellungen beziehen sich auch auf eine schärfere Fassung der Arzneimittelzulassung. Diese sollte nur noch dann erfolgen, wenn die Präparate therapeutisch sinnvoll, medizinisch wirksam und gegenüber vorhandenen Präparaten überlegen sind. Dadurch lässt sich die Menge der verfügbaren Mittel begrenzen und die Transparenz auf dem Arzneimittelmarkt vergrößern.

In eine vergleichbare Richtung geht die Forderung nach einer *Positivliste* für Arzneimittel, die zu Lasten der GKV verordnet werden dürfen. Diese Liste umfasst

– im Gegensatz zur Negativliste – die Arzneimittel, die nach heutigem Wissensstand den therapeutischen Nutzen gewährleisten und zu einem vergleichsweise günstigen Preis zu bekommen sind. Hierdurch ließen sich vor allem alle unwirtschaftlichen Verordnungen, deren Wirksamkeit oder therapeutischer Nutzen nicht gewährleistet ist, aussortieren und mehr Transparenz schaffen.

Der Arzneiverordnungsreport beziffert das Einsparpotenzial für 2004 auf 2,9 Mrd. €. Dies könne durch die Umstellung von Originalpräparaten auf preisgünstige Generika (1,1 Mrd. €), die Substitution teuerer Analogpräparaten durch pharmakologisch-therapeutisch vergleichbarer Wirkstoffe (1,2 Mrd. €) sowie den Verzicht auf umstrittene Arzneimittel (0,6 Mrd. €) erreicht werden. In den europäischen Nachbarstaaten schwankt die Zahl der verordnungsfähigen Medikamente zwischen 3.500 (Schweden) und 10.900 (Österreich). Die Entwicklung einer Positivliste nach den auf der Basis der im GKV-Gesundheitsreformgesetz 2000 verabschiedeten Kriterien würde die Zahl der Medikamente auf 20.000 reduzieren und ein Einsparvolumen von schätzungsweise 800 Mio. € ermöglichen. Hauptstoßrichtung einer Positivliste ist die Qualitätssicherung. Angesicht der erheblichen Zahl von auf dem Markt befindlichen Arzneimitteln noch ohne AMG-Zulassung besteht hierin eine dringende Notwendigkeit. Kritiker sehen die Einschränkung der Therapiefreiheit der Ärzte, mittelständische Unternehmen ihre wirtschaftliche Existenz gefährdet. Im GKV-Modernisierungsgesetz (2003) wurde das ursprünglich vorgesehene Instrument der Positivliste dann doch gestrichen.

Die Nachfrage nach Arzneimitteln

Der Gesetzgeber hat in den zahlreichen Kostendämpfungsgesetzen der Vergangenheit überwiegend den Patienten belastet. Durch Zuzahlungsregelungen sollte mehr Eigenverantwortung beim Arzneimittelverbrauch erreicht werden. Eine Rolle hat auch die große Zahl verschriebener, aber nicht verbrauchter Arzneimittel gespielt.

Die Kritik an dieser Strategie, durch Zuzahlungsregelungen die Kosten zu dämpfen, setzt auf mehreren Ebenen an: Wichtigstes Argument ist die Tatsache, dass die Verschreibung von Arzneimitteln in der Verantwortung des Arztes liegt, der Patient also hierauf keinen Einfluss hat. Der Patient ist meistens nicht darüber informiert, ob und gegebenenfalls welche preiswerteren Arzneimittel zur Verfügung stehen. Grundsätzlich sind Gesundheitsgüter nur begrenzt marktfähig, da Kranke auf die Einnahme von Medikamenten zwingend angewiesen sind und nicht als souveräne Marktteilnehmer agieren können (vgl. Pkt. 4.1.1 dieses Kapitels).

Unter Kostendämpfungsgesichtspunkten kann gezeigt werden, dass die Gesamtkosten der Arzneitherapie nicht gesenkt werden. Lediglich der Teil der Kosten, den die Kassen zu tragen haben, wird kurzfristig stabilisiert. Die Höhe der Zuzahlungen für Arzneimittel wird für 2005 auf 2,3 Mrd. € geschätzt. Damit führen Zuzahlungsregelungen verteilungspolitisch zu einer Kostenverlagerung in mehrfacher Hinsicht. Der Solidarausgleich zwischen Gesunden und Kranken wird zu Lasten der Kranken ausgehöhlt, und bei der Finanzierung der Zuzahlungen sind die Arbeitgeber nicht beteiligt.

6.3 Stationäre medizinische Versorgung

6.3.1 Strukturmerkmale und Basisdaten der Krankenhausversorgung

Im Gesamtspektrum der gesundheitlichen Versorgung kommt den Krankenhäusern eine hohe Bedeutung zu. Bei schweren Erkrankungen oder Verletzungen oder bei Erkrankungen mit einer aufwändigen Spezialbehandlung müssen die Patienten stationär behandelt und versorgt werden. In Krankenhäusern werden gebündelt ärztliche Behandlung, Krankenpflege, Unterkunft und Verpflegung bereitgestellt. Das Krankenhaus ist der zentrale Ort der Anwendung und Umsetzung des medizinisch-technischen Fortschritts in Diagnose und Therapie und spielt eine zentrale Rolle bei der Ausbildung von Gesundheitsberufen. Es ist für viele Menschen aber auch die letzte Station vor dem Tod; nahezu die Hälfte aller Sterbefälle findet im Krankenhaus statt.

Die Aufwendungen für die stationäre Behandlung machen gut ein Drittel der Gesamtausgaben im Gesundheitswesen aus (vgl. Tabelle VI.7). Bezogen allein auf die Ausgaben der GKV verursacht der Krankenhaussektor 36,3 % (2005) der Ausgaben – und dies mit seit Jahren steigender Tendenz. Im Krankenhaus fallen dabei nicht nur Aufwendungen für ärztliche Behandlung und Pflege an, sondern auch für Unterkunft und Versorgung sowie für Arznei- sowie Heil- und Hilfsmittel.

Sicherstellungsauftrag

Der Auftrag zur Sicherstellung einer bedarfsgerechten Krankenhausversorgung liegt bei den Bundesländern. Sie müssen im Sinne der Daseinsvorsorge gewährleisten, dass eine ausreichende Zahl von Krankenhäusern und Betten in erreichbarer Nähe vorhanden ist. Das schließt auch die Verpflichtung ein, für die Behandlung und Versorgung in Notfällen und bei Epidemien Kapazitäten vorzuhalten. Zu diesem Zweck erstellen die Länder Krankenhauspläne. Die Pläne umfassen die Verteilung der Krankenhäuser nach Standort, Bettenzahl, Fachrichtungen und Versorgungsstufen. Unterschieden wird zwischen den Stufen: Grund-, Regel- und Maximalversorgung. Da keine konkreten Anforderungen oder Kriterien für eine bundeseinheitliche Bedarfsplanung festgelegt sind, entwickelt sich das Krankenhauswesen in den 16 Bundesländern ungleichmäßig.

Jedes Krankenhaus, das die Anforderungen erfüllt und in diesen Plan aufgenommen worden ist (Plankrankenhaus), ist auch für die Versorgung von Kassenpatienten zugelassen. Den Kassen ist es nicht möglich, mit einzelnen Häusern Versorgungsverträge abzuschließen und andere Plankrankenhäuser auszuschließen. Gemäß dem Subsidiaritätsprinzip betreiben die Länder Krankenhäuser nicht in eigener Regie (mit Ausnahme der Universitätskliniken), sondern ermöglichen anderen Trägern (Kommunen, gemeinnützige Wohlfahrtsverbände, Privatunternehmen) den Betrieb solcher Einrichtungen.

Träger und Beschäftigte

Zu unterscheiden sind die allgemeinen Krankenhäuser von den sonstigen Krankenhäusern. Bei den sonstigen Krankenhäusern handelt es sich um Einrichtungen der psychiatrischen und neurologischen Versorgung, der Rehabilitation sowie um Tages- oder Nachtkliniken, die der teilstationären Versorgung dienen.

Tabelle VI.7:

Eckdaten: Krankenhäuser in Deutschland 1995 - 2005

	1995	2000	2005
Krankenhäuser	2.325	2.242	2.139
davon			
öffentliche Krankenhäuser	972	744	751
in % der Einrichtungen	41,8	37,1	35,1
in % der Betten	56,7	54,2	52,3
freigemeinnützige Krankenhäuser	944	813	818
in % der Einrichtungen	40,6	40,6	38,2
in % der Betten	37,6	38,3	35,3
private Krankenhäuser	409	445	570
in % der Einrichtungen	17,6	22,3	26,4
in % der Betten	5,7	7,4	12,5
Betten in 1.000	609	560	524
Betten je 10.000 Einwohner	74,6	68,1	63,5
Bettenauslastung in %	81,7	81,9	75,6
Fallzahl in 1.000	15.002	17.263	16.874
Fallzahl je 10.000 Einwohner	1.837,1	2.100,4	2046,2
Berechnungs- und Belegungstage (Pflegetage) in 1.000	182.627	167.789	144.576
Durchschnittliche Verweildauer in Tagen	11,4	9,7	8,6
Personal in Krankenhäusern	1.161.863	1.108.646	1.071.000
Gesundheitsausgaben in stationären/teilstationären Einrichtungen in Mrd. €	76,6	78,8	87,4
in % der Gesundheitsausgaben insg.	39,5	37,1	36,5
GKV-Ausgaben: Krankenhausbehandlung in Mrd. €	40,8	-	49,0
in % der GKV-Leistungsausgaben	34,8	-	36,3

Quelle: Statistisches Bundesamt, Fachserie 12, Reihe 6.1 „Grunddaten der Krankenhäuser und Vorsorge- oder Rehabilitationseinrichtungen 2000, Wiesbaden 2000.- Statistisches Bundesamt, Fachserie 12, Reihe 6.1.1 „Grunddaten der Krankenhäuser 2005“, Wiesbaden 2006.- Statistisches Bundesamt, Gesundheit. Ausgaben 1996 bis 2005, Wiesbaden 2007.

Allgemeinkrankenhäuser sind heute große, hochspezialisierte und arbeitsteilige Dienstleistungsunternehmen mit zumeist mehreren hundert abhängig Beschäftigten und Millionenumsätzen. Im Jahre 2005 gab es 2.139 Einrichtungen mit 524.000 Betten. Die Zahl der Einrichtungen und der Betten hat sich seit Beginn der 1980er Jahre erheblich verringert.

Bei der Trägerschaft ist zu unterscheiden zwischen öffentlichen (Gemeinde, Gemeindeverbände, Bundesländer, Körperschaften des öffentlichen Rechts), frei-gemeinnützigen (Wohlfahrtsverbände, Kirchen) und privat-erwerbswirtschaftlichen Häusern. Die öffentlichen Einrichtungen konzentrieren sich dabei auf die Regel- und Maximalversorgung, während die frei-gemeinnützigen und privat-erwerbswirtschaftlichen Häuser ihren Schwerpunkt in der Spezialisierung haben. Der Anteil der öffentlichen Krankenhäuser liegt 2005 im Bundesdurchschnitt (noch) bei 35,1 % der Häuser und 52,3 % der Betten, zwischen den Bundesländern zeigen sich dabei aber starke Abweichungen: In NRW liegt der Anteil der öffentlichen Träger bei einem Fünftel, in Bayern bei gut der Hälfte. In den letzten Jahren hat sich ein erheblicher Strukturwandel in Richtung einer Privatisierung vollzogen. Immer häufiger veräußern Kommunen und auch gemeinnützige Träger ihre teilweise defizitären Einrichtungen an private Unternehmen. Dies können große Kapitalgesellschaften mit einer Vielzahl von einzelnen Häusern (Krankenhausketten wie Rhön-Klinikum AG, Marseille-Kliniken AG, Fresenius AG/Helios-Kliniken, Asklepsios GmbH) wie auch Arztgruppen sein. Vielfach gehen kommunale und freigemeinnützige Träger auch Partnerschaften mit privaten Krankenhausketten ein. Bundesweit stieg die Zahl der Betten privater Krankenhausträger auf über 65.000 Betten, während die der anderen Träger zurückging. Nicht fortgesetzt hat sich der Trend zu Großkrankenhäusern.

Die Krankenhausträger der jeweiligen Bundesländer schließen sich zu Landeskrankenhausgesellschaften zusammen, diese wiederum bilden auf Bundesebene die Deutschen Krankenhausgesellschaft. Im Unterschied zu den Kassenärztlichen Vereinigungen handelt es sich hier nicht um öffentlich-rechtliche Körperschaften, sondern um privatrechtliche Vereine.

Mit nahezu 1,1 Mio. Beschäftigten (2005) ist der Krankenhaussektor einer der bedeutendsten Wirtschaftszweige in Deutschland (vgl. Tabelle VI.7). Mehr als 25 % aller Beschäftigten im Gesundheitswesen arbeiten im Krankenhaus. Allerdings sind insbesondere im Pflegedienst im hohen und steigenden Maße Teilzeitbeschäftigte zu finden, so dass die Beschäftigung in Vollzeitäquivalenten gerechnet niedriger liegt. Wie die Tabelle VI.7 zeigt, hat in den letzten Jahren sogar – mit Ausnahme des ärztlichen Bereichs – ein Abbau der Beschäftigtenzahlen stattgefunden. Dazu trägt auch bei, dass die Krankenhäuser dazu übergangen sind, viele Aufgaben auszugliedern und auf Fremdfirmen zu übertragen.

Tabelle VI.8:

Personal in Krankenhäusern in Vollzeitäquivalenten 1995 - 2005

	1995	2000	2005
Ärztinnen und Ärzte	101.590	108.696	121.610
Pflegedienst	350.571	332.269	302.346
Medizinisch-technischer Dienst	124.503	123.852	122.810
Funktionsdienst	81.195	82.399	84.283
Klinisches Hauspersonal	33.735	22.728	15.626
Wirtschafts- & Versorgungsdienst	85.511	68.297	53.312
Verwaltungspersonal	60.164	57.331	57.114
Technischer Dienst	22.606	20.819	18.645
Sonderdienst	8.140	4.540	3.962
sonstiges Personal	19.551	13.654	16.391
Summe	885.564	834.585	796.097

Quelle: Statistisches Bundesamt, Fachserie 12, Gesundheitswesen. Grunddaten der Krankenhäuser 2005, Wiesbaden 2006.

Fallzahlen und Verweildauer

Immer mehr Menschen werden immer häufiger stationär behandelt. Im Jahre 2005 wurden 16,8 Mio. *Krankenhausfälle* registriert – gegenüber 8,9 Mio. im Jahre 1960 (inklusive DDR). Dies ist nicht nur auf die steigende Wohnbevölkerung zurückzuführen, sondern auch auf die Zunahme schwerer Erkrankungen, die veränderte Altersstruktur der Bevölkerung und auf das Überweisungsverhalten der niedergelassenen Ärzte. Kamen 1970 auf 100 Einwohner 17,5 Krankenhausfälle, so stieg die Häufigkeit bis 2005 auf 20,5 Fälle an. Fälle sind allerdings nicht mit Patienten gleichzusetzen. Ein Anstieg der Krankenhausfälle kann auch daher rühren, dass Patienten schneller entlassen, dann aber auch häufiger wieder aufgenommen werden („Fall-Splitting"), um bei einer fallbezogenen Vergütung finanzielle Vorteile zu erzielen.

Trotz der Erhöhung der Fallzahlen hat sich in den letzten Jahren die durchschnittliche *Verweildauer* (durchschnittliche Belegung eines Krankenhausbettes je Patient) stark verringert und zwar von 24,6 Tagen (1970) auf 8,6 Tage (2005). In der Folge kam es – nach einem vorübergehenden Ausbau – ab 1975 zu einem Abbau von Krankenhausbetten von 729.000 auf 524.000 (2005).

Diese gegenläufige Entwicklung von steigenden Krankenhausfallzahlen auf der einen Seite und einer rückläufigen Verweildauer und sinkenden Bettenzahlen auf der anderen Seite lässt sich anhand von Abbildung VI.11 erkennen.

Abbildung VI.11:

Entwicklung der Krankenhausversorgung 1991 - 2005

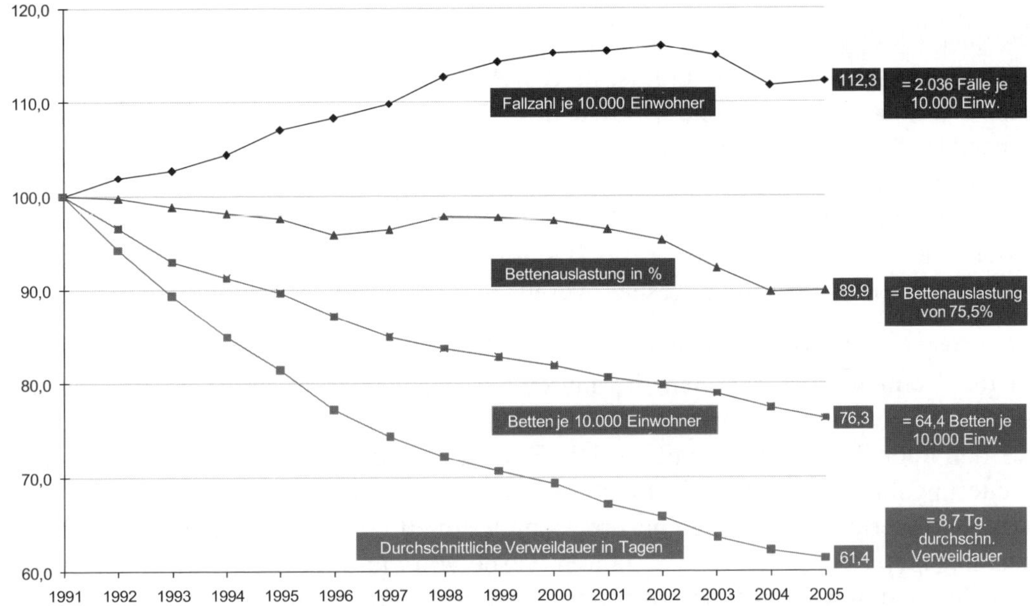

Quelle: Statistisches Bundesamt, Fachserie 12, Reihe 6.1, Wiesbaden 2006.

6.3.2 Steuerung und Finanzierung

Die Behandlung in einem Krankenhaus setzt für gesetzlich Versicherte eine Einweisung durch einen niedergelassenen Arzt voraus. Ausnahmen von dieser Einweisungspflicht bestehen lediglich bei Unfällen und Notfällen. Eine ambulante Behandlung im Krankenhaus ist für gesetzlich Versicherte im Regelfall nicht möglich. Zwar hat in den zurückliegenden Jahren eine vorsichtige und schrittweise Öffnung der Krankenhäuser für die ambulante Versorgung stattgefunden. Aber es handelt sich um begrenzte Möglichkeiten einer vor- und nachstationären Behandlung.

Die Pflichtversicherten können im Krankenhaus ärztliche Behandlung, Pflege, Unterkunft, Verpflegung, Arzneimittel, Heil- und Hilfsmittel kostenlos in Anspruch nehmen (Bedarfsdeckungs- und Sachleistungsprinzip). Allerdings muss je Tag der stationären Unterbringung (bis maximal 28 Tage) eine Zuzahlung von 10 € entrichtet werden, die an die Kassen fließt.

Die Krankenhäuser decken ihre Kosten durch ein *duales* Finanzierungssystem. Nach dem Krankenhausfinanzierungsgesetz werden

- die *Bereitstellungskosten*, d.h. die Investitionskosten, durch die Länder getragen und durch Steuern finanziert.

- die *Benutzerkosten,* d.h. die laufenden Betriebskosten, die unmittelbar durch die Behandlung entstehen, über Pflegesätze bzw. Fallpauschalen mit den Krankenkassen abgerechnet und von diesen durch die Beiträge finanziert,

Bereitstellungskosten

Die Bereitstellungskosten umfassen die Ausgaben für Errichtung und Unterhalt von Gebäuden (Investitionen) sowie für Beschaffung und Erneuerung medizinischer Geräte. Die Finanzierung dieser Ausgaben durch die Bundesländer ist Ausdruck der Tatsache, dass die Vorhaltung von Krankenhäusern eine öffentliche Aufgabe darstellt. Ein Anrecht auf öffentliche Finanzierung haben die Krankenhäuser jedoch nur dann, wenn sie in die Bedarfspläne der einzelnen Bundesländer, die jeweils eigene Krankenhausgesetze verabschiedet haben, aufgenommen werden.

Benutzerkosten: Vom Selbstkostendeckungsprinzip zu Fallpauschalen

In die Benutzerkosten gehen die laufenden Ausgaben für ärztliche Behandlung, Pflege, Unterbringung, Verpflegung, Arzneimittel, Heil- und Hilfsmittel ein. Sie werden über Pflegesätze ermittelt. Die Festlegung des Pflegesatzes ist ein zentrales Steuerungsinstrument für die Leistungs- und Kostenströme. Bis Ende der 1980er Jahre existierte ein tagesgleicher, pauschalierter Pflegesatz nach dem *Selbstkostendeckungsprinzip*. In den 1990er Jahren wurde von diesem retrospektiven Selbstkostenprinzip abgewichen. Die entstandenen Kosten wurden nicht mehr rückwirkend, d.h. zur Abdeckung bereits entstandener Aufwendungen erstattet, sondern es wurde ein Budget auf der Basis vorauskalkulierter, „prospektiver" Pflegesätze vereinbart, um Anreize für wirtschaftliches Verhalten zu geben und das Finanzierungsrisiko stärker auf die Träger zu verlagern. Damit wurde es den Krankenhäusern ermöglicht, Gewinne zu machen, bei „unwirtschaftlicher" Leistungserbringung drohen aber auch Verluste.

Ein grundlegender Umbruch im Finanzierungsverfahren erfolgte durch die Einführung eines preisorientierten Vergütungssystems, das zunächst als Mischsystem von Fallpauschalen, Abteilungspflegesätzen, Basispflegesätzen und Sonderentgelten praktiziert wurde, dann aber im Zuge des Gesundheitsreformgesetzes von 2000 auf rein diagnosebezogene Fallpauschalen umgestellt wurde. Bei den Fallpauschalen handelt es sich um ein Entgeltsystem, das an Diagnosen anknüpft. Grundlage ist ein System der *Diagnosis Related Groups* (DRG), das landeseinheitlich leistungsbezogene Fallpauschalen vorsieht, die unabhängig von den tatsächlichen Kosten berechnet werden. Ziel ist es, den Wettbewerb zwischen den Einrichtungen zu verstärken, unrentable Abteilungen oder Häuser aufzugeben und die Verweildauer der Patienten zu verkürzen. Denn da allein der Fall honoriert wird, rechnet es sich für ein Krankenhaus nicht mehr, die Pflegetage zu erhöhen. Ganz im Gegenteil gerät ein Krankenhaus in wirtschaftliche Schwierigkeiten, das durch hohe Kosten und lange Behandlungszeiten charakterisiert ist.

Bei der Zuordnung eines Patienten zu einer Fallgruppe im Rahmen eines Patientenklassifikationssystems geht man von der ersten Diagnose, der Hauptdiagnose aus. Der Arzt bestimmt, welche Diagnose die Hauptdiagnose ist. Es gibt 23 Hauptkategorien, die den wichtigsten Organsystemen zugeordnet sind. Um der Schwere der Erkrankung gerecht zu werden, wird jeder Diagnose ein Schweregrad – zwischen vier und fünf Stufen je Fachgruppe – zugeordnet. Insgesamt gibt es 878 Fallgruppen. Ab 2009 soll das neue Abrechnungssystem – mit Ausnahme des psychiatrischen Versorgungsbereichs – voll wirksam werden.

Für die Fallgruppen werden – ähnlich wie bei der Einzelleistungsvergütung nach dem EBM (vgl. Pkt. 6.1.3 dieses Kapitels) – Punktzahlen festgelegt, die die relativen Gewichte der Fallgruppen beziffern. Durch die Multiplikation der Punktzahlen mit dem vereinbarten Punktwert (Basisfallwert) errechnet sich der Preis für eine Fallpauschale in €. Die Höhe des Basisfallwertes wird in Verhandlungen zwischen den Landesverbänden der Krankenhäuser und der Krankenkassen vereinbart. Dabei umreißen die politisch gesetzten Gesamtbudgets den Rahmen des Ausgabevolumens.

6.3.3 Probleme der stationären Versorgung

Die Krankenhauspolitik wird seit Jahren geprägt von überdurchschnittlichen Ausgabesteigerungen und Versuchen, dieser Entwicklung durch Kostendämpfungsmaßnahmen entgegenzuwirken. Diese Konzentration auf die Finanzproblematik hat die Frage nach der Qualität und Wirksamkeit der medizinischen und pflegerischen Versorgung im Krankenhaus in den Hintergrund gedrängt. Leistungsfähigkeit und Kostengünstigkeit des Krankenhauses lassen sich aber erst beurteilen, wenn die Stellung des Krankenhauses im gesamten Gesundheitssystem betrachtet wird.

Mangelnde Integration der Versorgungsbereiche

Das Krankenhaus ist zwar die medizinisch-technisch am höchsten entwickelte Institution der gesundheitlichen Versorgung, in seinen Aufgaben und Möglichkeiten aber von den vor- und nachgelagerten ambulanten wie stationären Versorgungsbereichen abhängig. Die Entscheidung, wie viele Patientinnen und Patienten in welchem Stadium ihrer Krankheit und mit welchen Behandlungs- und Pflegebedarfen ins Krankenhaus kommen, wird durch die Einweisung der niedergelassenen Ärzte getroffen; Art und Menge der Zugänge werden damit weitgehend extern festgelegt. Besonders nachteilig wirkt sich hier die Trennung zwischen ambulantem und stationärem medizinischen Sektor aus. Sie führt zu kostentreibenden und gesundheitlich nicht unbedenklichen Mehrfachuntersuchungen. Inwieweit die Öffnung der Krankenhausversorgung für ambulantes Operieren sowie für vor- und nachstationäre Behandlung für ausreichend Flexibilität sorgt, ist derzeit noch nicht absehbar.

Auf der anderen Seite liegen Patienten, die der Hochleistungsmedizin gar nicht bedürfen, immer noch nur deswegen in einem Akutkrankenhaus, weil wegen fehlender ambulanter pflegerischer und sozialer Dienste eine häusliche Versorgung nicht gewährleistet ist (z.B. viele allein stehende ältere Menschen) oder weil entsprechende nachgelagerte stationäre Spezialeinrichtungen, wie Pflegeheime, Nachsorgekliniken nicht (ausreichend) vorhanden sind. Die fehlende Verknüpfung des Krankenhauses mit den vor- und nachgelagerten Versorgungsbereichen ist Ausdruck der Tatsache, dass es keine über das Krankenhauswesen hinaus reichende, integrierte Bedarfsplanung von der ambulanten medizinischen bis hin zur pflegerischen und rehabilitativen stationären Versorgung gibt und dass diese Versorgungsbereiche unterschiedlichen Kostenträgern zugewiesen sind. Angesichts der wachsenden Zahl chronisch kranker und pflegebedürftiger (älterer) Menschen ergeben sich aus dieser Dysfunktionalität nicht nur kostentreibende Fehlbelegungen, sondern auch unzureichende Versorgungsstandards für diese Personengruppen.

Trotz hoher Investitionsrückstände kann die apparative Ausstattung in den Krankenhäusern als gut bezeichnet werden. Viele Erfolge der klinischen Hochleistungsmedizin sind wegweisend. Aber entscheidend für die Qualität der Versorgung ist nicht, ob alle Krankenhäuser die höchsten medizinisch-technischen Standards erreichen, sondern ob Behandlung und Pflege dem dominanten Krankheitsspektrum und den sozialen Bedürfnissen der Patienten entsprechen. Der Überbetonung der spektakulären Akutmedizin steht eine Vernachlässigung der Chronikermedizin und Geriatrie (Altersmedizin) gegenüber, zumal weit über die Hälfte der Krankenhauspatienten über 65 Jahre alt sind. Für die Genesung sind auch nicht nur naturwissenschaftlich-medizinische Faktoren von Bedeutung, sondern gleichermaßen die körperlich-seelische Befindlichkeit der Patienten. Eine Orientierung in diese Richtung setzt aber eine ausreichende Personalausstattung insbesondere in der Pflege voraus.

Qualitätssicherung

Die Umstellung der Krankenhausfinanzierung auf Fallpauschalen ist mit hohen Risiken hinsichtlich der Versorgungsqualität verbunden. Die ökonomischen Anreize des neuen Systems zielen nämlich darauf, die Kosten je Fall zu senken (durch möglichst frühzeitige Entlassungen, durch Reduzierung des Aufwandes bei Diagnostik und Therapie) und/oder möglichst jene Patienten aufzunehmen, die als „einfache" Fälle einen geringen Behandlungsaufwand haben und damit kostengünstiger sind. Im Ergebnis wird ein Wettbewerb um niedrige Kosten und Preise aber nicht um die Qualität der Versorgung eingeleitet. Krankenhäuser, die aufgrund ihres umfassenden Versorgungsauftrages oder wegen regionaler Besonderheiten hier nicht mithalten können, erwirtschaften Defizite und drohen geschlossen zu werden. Ein derartiger wettbewerblicher Ausleseprozess gerät jedoch in Widerspruch zu der Aufgabe der Krankenhausplanung der Länder, eine bedarfsdeckende und wohnortnahe Versorgung sicherzustellen.

Unter diesen Bedingungen wird eine umfassende Qualitätssicherung zu einer unverzichtbaren Aufgabe. Qualitätssicherung bezieht sich dabei nicht nur auf die ärztliche Behandlung, sondern auch auf die pflegerische Versorgung. Erforderlich ist die Erhebung und Veröffentlichung ausgewählter fallbezogener Merkmale: Operationsrate, Komplikationsrate, Infektionsrate, Sterberate, Verweildauer nach

Krankheiten, Wiederaufnahmerate. Die Qualitätskontrolle kann z.B. durch externe Prüfungen unabhängiger Institute, regelmäßige interne Prüfungen der Krankenhäuser und berufsgruppenübergreifende Qualitätszirkel vorgenommen werden. Zusätzlich sinnvoll sind Patientenfürsprecher und Beschwerdestellen im Rahmen regionaler Gesundheitskonferenzen.

Seit der Einführung der Fallpauschalen sind flankierende Qualitätssicherungsmaßnahmen zwingend vorgesehen. So haben die Spitzenverbände der Krankenkassen und die Deutsche Krankenhausgesellschaft Mindestanforderungen für Struktur und Ergebnisqualität zu vereinbaren. Ferner sind die Krankenhäuser verpflichtet, alle zwei Jahre einen Qualitätsbericht zu veröffentlichen, der den Stand der Qualitätssicherung betrifft. Auch werden die Prüfrechte des Medizinischen Dienstes der Krankenkassen ausgebaut. Es bleibt abzuwarten, ob diese Maßnahmen geeignet sind, um die negativen Folgewirkungen der Fallpauschalen zu vermeiden.

Kostenentwicklung, duales oder monistisches Finanzierungssystem

Die Kostenentwicklung im Krankenhaus (inklusive den dort verordneten Arzneimitteln) liegt über der durchschnittlichen Entwicklung der Leistungsausgaben in der GKV. Da es sich um den größten Ausgabensektor handelt, liegt es nahe, die durch Fallpauschalen und Budgetierung geprägte Kostendämpfungspolitik beizubehalten. Jedoch deutet viel darauf hin, dass die Rationalisierungsreserven im Krankenhaus weitgehend erschöpft sind und ein fortgesetzter finanzieller Druck vermehrt zu Lasten der Leistungsqualität und zu Lasten der Beschäftigten geht. Denn gut zwei Drittel der Krankenhauskosten sind Personalkosten. Hinzu kommt ein steigendes Morbiditätsrisiko, das sich in steigenden Fallzahlen ausdrückt, verbunden mit der Zunahme älterer Patienten mit längerer Verweildauer. Und auch die Hochleistungsmedizin kostet ihren Preis.

Verwiesen wird allerdings darauf, dass es im Krankenhaussektor immer noch Überkapazitäten gebe. Eine Ursache dafür sei das duale Finanzierungssystem, das die Finanzierung von Investitions- und Betriebskosten trenne und den Krankenkassen keinen Einfluss auf die Krankenhaus- und damit Kapazitätsplanung gebe. So wird von den Krankenkassen gefordert, von der dualen Finanzverantwortung abzugehen und auch die Investitionskosten den Gesetzlichen Krankenkassen zu übertragen (monistisches Finanzierungssystem), um Leistungs- und Finanzverantwortung in eine Hand zu legen. Problematisch hieran ist jedoch, dass damit lediglich die Gesetzliche Krankenversicherung und damit die Beitragszahler zur Finanzierung der Krankenhausversorgung beitragen würden. Der Staat würde aber nicht nur finanziell in den Hintergrund treten, sondern auch von der Aufgabe entpflichtet, für eine bedarfsgerechte, flächendeckende Versorgung im Krankenhaussektor Verantwortung zu tragen.

7 Versorgung bei Pflegebedürftigkeit und Pflegeversicherung

Die soziale Sicherung bei Pflegebedürftigkeit hat sich zu einem eigenständigen, abgegrenzten sozialpolitischen und sozialrechtlichen Tatbestand entwickelt. Unter Pflegebedürftigkeit ist das ständige Angewiesensein auf die persönliche Hilfe anderer bei den gewöhnlichen und regelmäßig wiederkehrenden Verrichtungen des täglichen Lebens (z.B. An- und Auskleiden, Körperpflege, Benutzung der Toilette, Essen und Trinken, häusliche Versorgung, Fortbewegung, Erhaltung und Vermittlung sozialer Kontakte) zu verstehen. Pflegebedürftigkeit ist danach zu unterscheiden von Krankheit und Behinderung: Nicht jeder Kranke oder Behinderte ist pflegebedürftig, aber jeder Pflegebedürftige ist entweder krank oder behindert. In der Praxis gibt es häufig Schwierigkeiten, Pflegebedürftigkeit von der Behandlungsbedürftigkeit chronischer Erkrankungen zu trennen. Abgrenzungsprobleme bei der Kostenträgerschaft zwischen Kranken- und Pflegekassen sind die Folge.

Pflegebedürftigkeit beruht auf multifaktoriell verursachten chronischen Erkrankungen oder Behinderungen. Die häufigsten Erkrankungen, die zur Pflegebedürftigkeit führen, sind neben Frakturen (häufig nach Unfällen) und Amputationen insbesondere Hirngefäßerkrankungen (Schlaganfälle), andere chronische Erkrankungen der inneren Organe und des Bewegungsapparates, schwere rheumatische Erkrankungen, psychische Erkrankungen sowie Beeinträchtigungen der Sinnesorgane. Durchgängiges Merkmal von Pflegebedürftigkeit sind erhebliche Mobilitätseinschränkungen, die dazu führen, dass typische alltägliche Verrichtungen, etwa im Bereich der Hygiene oder sich in der eigenen Wohnung zu bewegen, nicht mehr ohne fremde Hilfe ausgeführt werden können. Ein weiteres Merkmal sind die insbesondere bei älteren Pflegebedürftigen häufig auftretenden psychischen Beeinträchtigungen.

7.1 Familiäre, ambulante und stationäre Versorgung

Pflegebedürftigkeit ist heute kein Einzelschicksal mehr, sondern zu einem allgemeinen Lebensrisiko vor allem für ältere Menschen geworden. Die Zahl der in Deutschland lebenden Pflegebedürftigen im Sinne des Pflegeversicherungsgesetzes beläuft sich 2005 nach der amtlichen Statistik auf 2,13 Mio. Personen. 68 % waren Frauen, 82 % waren 65 Jahre und älter, 33 % über 85 Jahre. Mehr als zwei Drittel (68 % bzw. 1.44 Mio.) wurden zu Hause versorgt. 32 % (0,68 Mio.) werden in Pflegeheimen betreut. Diese Daten verdeutlichen, dass keine Rede davon sein kann, pflegebedürftige Angehörige würden ins Heim „abgeschoben". Die Einweisung in eine stationäre Einrichtung wird in aller Regel erst dann vorgenommen, wenn wegen des Grades der Pflegebedürftigkeit und/oder aufgrund fehlender häuslicher Versorgungsmöglichkeiten keine andere Wahl mehr bleibt. Klagen über eine rückläufige Pflegebereitschaft der Familien und eine unzureichende Motivation zur häuslichen Pflege sind nicht begründet (vgl. Kap. „Alter", Pkt. 8.1).

In der häuslichen Pflege spielen die Angehörigen die entscheidende Rolle, Nachbarn oder Bekannte übernehmen nur sehr selten Pflegeaufgaben. In fast allen Fällen ist die Hauptpflegeperson eine eng verwandte Person, die wiederum in über der Hälfte der Fälle mit dem Pflegebedürftigen in einem gemeinsamen Haushalt lebt. Die Hauptlast der familiären Pflege tragen die Frauen, meist die Ehefrauen, oft die Töchter und Schwiegertöchter. Entsprechend der Altersstruktur der Pflegebedürftigen werden Pflegeleistungen von Familienangehörigen sehr häufig *von* älteren Menschen *für* ältere Menschen erbracht. Ein Drittel der Hauptpflegepersonen ist 65 Jahre und älter, knapp 60 % zwischen 40 und 65 Jahren.

Abbildung VI.12:

Pflegebedürftigkeit und pflegerische Versorgung 2005

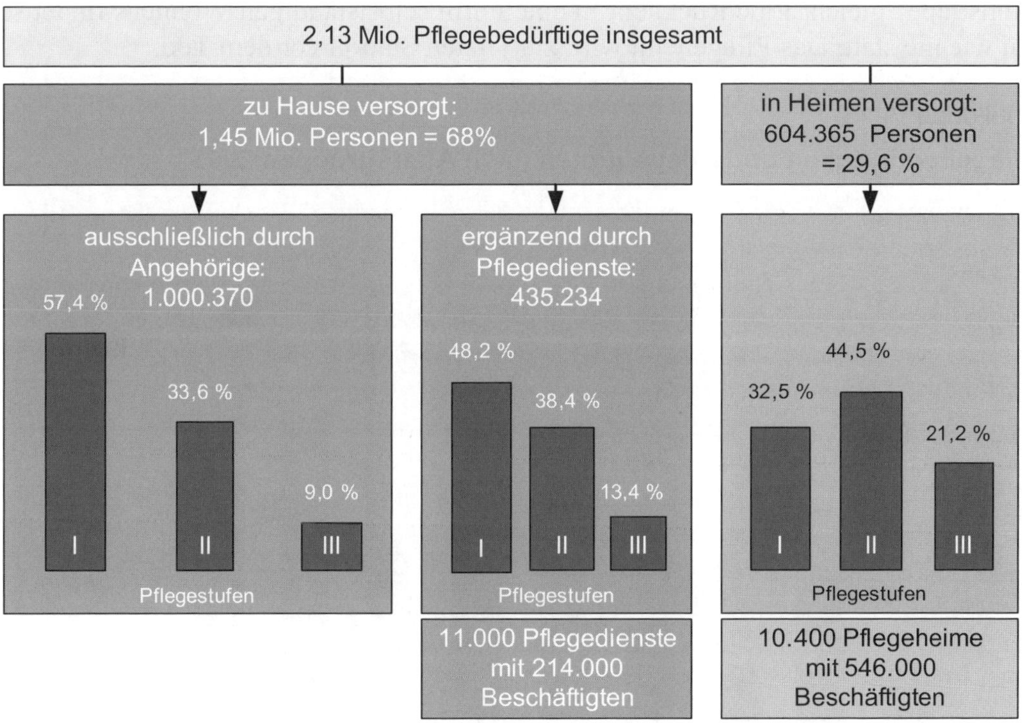

Quelle: Nach Statistisches Bundesamt, Pflegestatistik 2005, Wiesbaden 2007.

Pflegebedürftigkeit ist keine Folge des Alters allein. Aber die Wahrscheinlichkeit steigt, dass mit zunehmendem Alter Krankheiten auftreten, sich chronifizieren und infolgedessen die Alltagsaufgaben nicht mehr alleine bewältigt werden können. In der Altersgruppe der 65 bis 70jährigen Männer (Frauen) sind 2,8 % (2,4 %) hilfs- und pflegebedürftig. In der Altersgruppe der 85- bis 90jährigen steigt der Pflegebedarf auf 26,9 % (39,7 %). Eine ähnliche Altersabhängigkeit zeigt der Bedarf an hauswirtschaftlicher Unterstützung (vgl. Abbildung VI.13).

Nur rund jeder dritte Pflegehaushalt erhält Unterstützung durch professionelle Pflegedienste. Die ambulanten Dienste werden (2005) von knapp 11.000 Anbietern erbracht, darunter ca. 6.400 private, 4.500 freigemeinnützige und 200 öffentliche Träger.

In den Pflegeheimen befinden sich weit überwiegend Schwer- und Schwerstpflegebedürftige. Rüstige ältere Menschen ziehen heute in der Regel nicht mehr in ein Heim – es sei denn, sie können und wollen sich ein privates, sehr teures Altenwohnstift mit hohem Prestigewert leisten. Ein hoher Anteil der Heimbewohner wird aus den Akutkrankenhäusern übernommen. Im Unterschied zum Krankenhaus ist die Verweildauer in den Pflegeheimen recht hoch. Durch die Erhöhung des Durchschnittsalters der Bewohner hat sich in den letzten Jahren aber auch hier die Verweildauer verkürzt. Die Übersiedlung in ein Heim kommt dabei einer „Einbahnstraße“ gleich: Eine Rückkehr in eine Form selbstständigen Wohnens findet so gut wie nie statt. Das Pflegeheim wird zur letzten Station vor dem Tod.

Abbildung VI.13:

Pflegebedürftigkeit und Pflegequoten nach Altersgruppen 2005

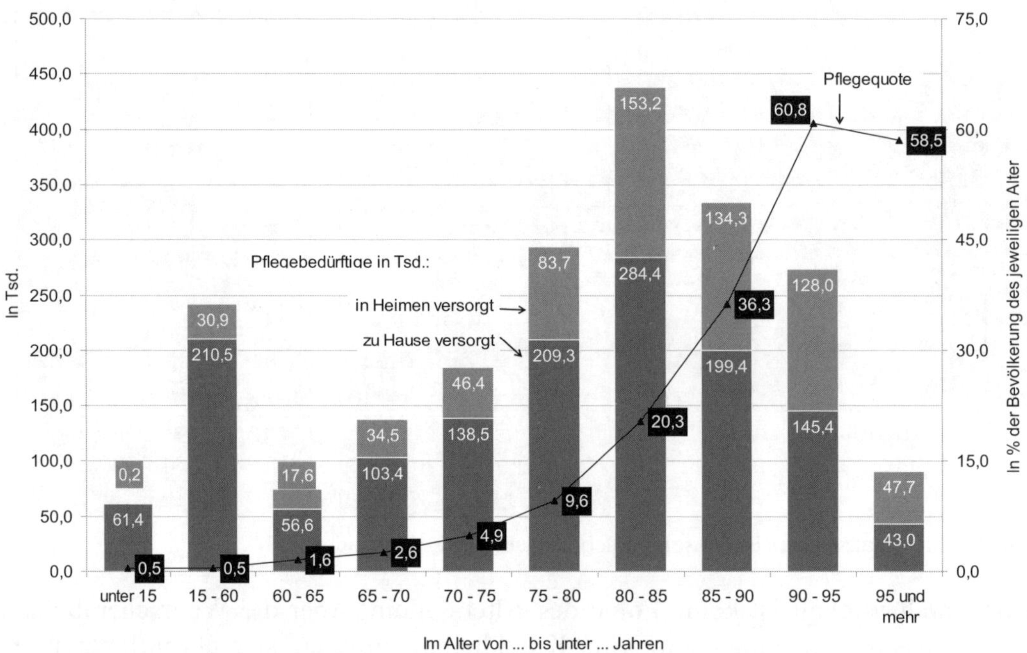

Quelle: Nach Statistisches Bundesamt, Pflegestatistik 2005, Wiesbaden 2007.

7.2 Die Absicherung des Pflegerisikos durch die Pflegeversicherung

7.2.1 Ziele, Prinzipien, Versicherte und Organisation

Die soziale Absicherung des Pflegerisikos erfolgt durch die *Gesetzliche Pflegeversicherung*, die im Buch XI. des Sozialgesetzbuches geregelt ist. Sie trat 1995 nach zwanzigjähriger Diskussion als 5. Säule des Sozialversicherungssystems stufenweise in Kraft.

Ziel der Gesetzlichen Pflegeversicherung ist es, Pflegebedürftigen trotz ihres Hilfebedarfs ein selbstständiges und selbstbestimmtes Leben zu ermöglichen, d.h. Pflegebedürftige sollen möglichst lange in der gewohnten häuslichen Umgebung verbleiben können. Damit zielt die Pflegeversicherung mit ihren Leistungen vorrangig auf die *häusliche* Pflege und die Stützung der *Pflegebereitschaft* von Angehörigen und Nachbarn. Ein hoher Stellenwert kommt ferner der Prävention und Rehabilitation zu.

Darüber hinaus sollten durch die beitragsfinanzierten Leistungen der Versicherung die Kommunen von pflegebedingten Sozialhilfeausgaben entlastet und die Pflegebedürftigen vom Rückgriff auf die Sozialhilfe befreit werden. Vor Einführung der Pflegeversicherung waren ca. 80 % der stationär, d.h. in Heimen, untergebrachten Pflegebedürftigen auf Leistungen aus der Sozialhilfe (Hilfe zur Pflege) angewiesen. Die hohen Kosten für die Heimunterbringung konnten aus den Alterseinkommen nur noch teilweise aufgebracht werden. In dem Maße, wie die Sozialhilfe für immer mehr pflegebedürftige Menschen, insbesondere für Heimbewohner, de facto zur Regelsicherung wurde, stieg die Belastung der kommunalen Haushalte. Die Finanzierung des Pflegerisikos über die Sozialhilfe widersprach dem ursprünglichen Leistungsauftrag dieses Systems, nämlich als „Ausfallbürge" für individuelle und außergewöhnliche Notlagen zu fungieren. Zudem war nicht länger zu begründen, warum im Unterschied zur sozialversicherungsrechtlichen Absicherung bei Krankheit oder Unfall das Risiko der Pflegebedürftigkeit als Folge von Krankheit und Behinderung privat zu finanzieren war und Leistungen der Sozialhilfe nur nach Auflösung von Vermögen und unter Berücksichtigung der Unterhaltsverpflichtungen von Eltern bzw. Kindern erfolgten (vgl. Bd. I, Kap. „Einkommen", Pkt. 7.1).

Die Gesetzliche Pflegeversicherung umfasst die gesamte Bevölkerung und zwar nach dem Grundsatz: „Die Pflegeversicherung folgt der Gesetzlichen Krankenversicherung". Alle krankenversicherungspflichtigen Personen, also ArbeiterInnen und Angestellte, BezieherInnen von Arbeitslosengeld I und Arbeitslosengeld II, selbstständige Künstler und Publizisten, TeilnehmerInnen an berufsfördernden Maßnahmen zur Rehabilitation, Behinderte, die in anerkannten Werkstätten tätig sind, Studierende an Hochschulen sowie RentnerInnen sind pflichtversichert. Das gilt auch für freiwillig Versicherte in der GKV. Kinder und Ehepartner sind beitragsfrei mitversichert, wenn ihr monatliches Einkommen die Geringfügigkeitsgrenze nicht überschreitet. Die Beitragshöhe richtet sich wie bei der GKV allein nach dem Einkommen, Faktoren wie besonderes Risiko oder hohes Lebensalter werden nicht berücksichtigt. Versicherungspflichtgrenze und Beitragsbemessungsgrenze der GKV gelten auch für die Pflegeversicherung.

Wer wegen Krankheit in einer *privaten* Krankenkasse (PKV) versichert ist, *muss* eine private Pflegeversicherung abschließen. Damit ist die PKV zum ersten Mal in die Versorgung der Bevölkerung per Gesetz einbezogen. Sie muss die gleichen Leistungen gewährleisten wie die Gesetzlichen Pflegekassen und sich bei der Prämiengestaltung an die gesetzliche Versicherung annähern. Das bedeutet, dass die Staffelung der Prämien nach Geschlecht und Gesundheitszustand der Versicherten sowie Leistungsausschlüsse und Risikozuschläge nicht erlaubt sind. Ferner ist die PKV zum Vertragsabschluss (Kontrahierungszwang) und die beitragsfreie Mitversicherung der Kinder verpflichtet. Sie hat sich bei der Prämiengestaltung auf den Höchstbeitrag der Gesetzlichen Pflegeversicherung zu beschränken. Für Beamte, die beihilfeberechtigt sind, ist die PKV zuständig.

Träger der Gesetzlichen Pflegeversicherung sind die Pflegekassen, die organisatorisch den gesetzlichen Krankenkassen zugeordnet sind. Jede Gesetzliche Krankenkasse errichtet eine Pflegekasse. Die Selbstverwaltungsorgane der Krankenkassen nehmen zugleich die Aufgaben der Pflegekassen wahr. Beide haben ein gemeinsames Verwaltungspersonal und einen gemeinsamen medizinischen Dienst.

Der *Sicherstellungsauftrag* liegt bei den Pflegekassen, die Versorgungsverträge mit den Leistungserbringern (ambulante Dienste und stationäre Einrichtungen) schließen. Der Versorgungsbedarf (Art und Umfang der Pflegebedürftigkeit) wird dabei nicht über Ärzte definiert, sondern von der Pflegeversicherung unter Einschaltung des medizinischen Dienstes selbst festgestellt. Im Gegensatz zur Krankenversicherung gilt bei der Pflegeversicherung das Bedarfsdeckungsprinzip *nicht*; Ziel ist es, lediglich die pflegerische *Grundversorgung* abzusichern, die Kosten für Unterkunft, Verpflegung sowie für die Pflegeleistungen, die über die Grundversorgung hinaus reichen, müssen hingegen selbst getragen werden. Dies führt dazu, dass bei der Absicherung die Sozialhilfe immer noch eine wichtige Rolle spielt. Sie muss in Anspruch genommen werden, wenn die private Finanzierung nicht möglich oder ausreichend ist. Der Beitragssatz zur Pflegeversicherung ist durch Gesetz festgelegt. Das Prinzip der *Beitragssatzstabilität* hat Vorrang vor der bedarfsgerechten Bereitstellung der Leistungen; das Leistungsniveau ist – trotz der allgemeinen Einkommens- und Preisentwicklung – seit 1995 unverändert geblieben.

7.2.2 Die Leistungen der Pflegeversicherung

Das Gesetz geht von folgenden *Grundsätzen* aus:

- Prävention und Rehabilitation haben Vorrang vor Pflege.
- Die häusliche Familienpflege hat Vorrang vor der stationären Unterbringung.
- Ehepartner, Familie und ehrenamtliche Pflegepersonen sollen verstärkt in die Pflege einbezogen werden.

- Die pauschalierten Geld- und/oder Sachleistungen sollen einen *Zuschuss* zu den Kosten ausmachen (Teilkaskoversicherung).

Die Leistungen der Versicherung beziehen sich auf die Personen, die nach der Legaldefinition des Gesetzes „pflegebedürftig" sind. Darunter werden Personen verstanden, die „wegen einer Krankheit oder Behinderung für die gewöhnlichen und regelmäßig wiederkehrenden Verrichtungen des täglichen Lebens auf Dauer, voraussichtlich für *mindestens sechs* Monate, in erheblichem Maße der Hilfe bedürfen". Durch die Einschränkung, dass Hilfebedürftigkeit auf Dauer vorliegen muss, fallen kurzfristig Pflegebedürftige aus dem Leistungssystem heraus. Allerdings kommt es bei der gesetzten Frist von sechs Monaten auf die „Voraussichtlichkeit" an, d.h. bereits vor Ablauf von sechs Monaten kann eine Entscheidung über das Vorliegen von Pflegebedürftigkeit getroffen werden. Pflegebedürftigkeit auf Dauer ist auch dann gegeben, wenn die verbleibende Lebensspanne möglicherweise weniger als sechs Monate beträgt.

Das Gesetz untergliedert den Hilfebedarf in vier Bereiche der Verrichtungen des täglichen Lebens. Die Kriterien der Pflegebedürftigkeit beziehen sich auf alle Altersgruppen, also auch auf ältere Menschen und auf Behinderte im jüngeren Lebensalter.

Übersicht VI.9:

„Verrichtungen" nach § 14, 4 SGB XI
1. Bereich der Körperpflege: Waschen, Duschen, Baden, Zahnpflege, Kämmen, Darm- und Blasenentleerung,
2. Ernährung: mundgerechtes Zubereiten oder Aufnahme der Nahrung,
3. Mobilität: selbstständiges Aufstehen und Zu-Bett-Gehen, An- und Auskleiden, Gehen, Stehen, Treppensteigen oder Verlassen und Wiederaufsuchen der Wohnung,
4. hauswirtschaftliche Versorgung: Einkaufen, Kochen, Reinigen der Wohnung, Spülen, Wechseln und Waschen der Wäsche und Kleidung oder Beheizen.

Der *Grad der Pflegebedürftigkeit* wird durch drei *Pflegestufen* bestimmt, die jeweils unterschiedliche Leistungen nach sich ziehen:

- *Pflegestufe I (erheblich Pflegebedürftige)*

  Hierzu zählen Personen, die bei der Körperpflege, bei der Ernährung oder der Mobilität für wenigstens zwei Verrichtungen aus einem oder mehreren Bereichen mindestens einmal täglich der Hilfe bedürfen und zusätzlich mehrfach in der Woche Hilfe bei der hauswirtschaftlichen Versorgung benötigen.
- *Pflegestufe II (Schwerpflegebedürftige)*

  Hier ist mindestens dreimal täglich zu verschiedenen Tageszeiten Hilfe notwendig und zusätzlich mehrfach in der Woche bei hauswirtschaftlichen Verrichtungen.

- *Pflegestufe III (Schwerstpflegebedürftige)*

  Hierzu zählen Personen, die bei der Körperpflege, der Ernährung oder der Mobilität täglich rund um die Uhr, auch nachts, der Hilfe bedürfen und zusätzlich mehrfach in der Woche Hilfen bei der hauswirtschaftlichen Versorgung benötigen.

Zusätzlich sieht das Gesetz zeitliche Vorgaben vor. So muss der Zeitaufwand für den Hilfebedarf in der Pflegestufe I durchschnittlich pro Tag mindestens 90 Minuten betragen, bei einem rein pflegerischen Aufwand von mindestens 45 Minuten. Für die Pflegestufe II erhöht er sich auf durchschnittlich 3 Stunden pro Tag (mindestens 2 Stunden für die reine Pflege). Der höchste Zeitaufwand wird für die Pflegestufe 3 festgelegt. Er muss mindestens 5 Stunden (mindestens 4 Stunden für die reine Pflege) betragen.

Die Feststellung der Pflegebedürftigkeit und die Zuordnung zu den Pflegestufen werden vom *Medizinischen Dienst* der Krankenkassen vorgenommen.

7.2.3 Die Leistungen bei häuslicher und stationärer Pflege

Die Leistungen der Pflegeversicherung unterscheiden sich in Leistungen bei *häuslicher, teilstationärer* und *stationärer* Pflege sowie in *Sach-* und *Geldleistungen.* Sie staffeln sich in ihrer Höhe nach dem Grad der Pflegebedürftigkeit.

Sachleistungen bei häuslicher Pflege

Wenn Pflegebedürftige im häuslichen Bereich Pflege und Betreuung von *professionellen* Pflegekräften benötigen, können Grundpflege und hauswirtschaftliche Versorgung als Sachleistungen beantragt werden. Hierbei finanzieren die Pflegekassen Pflegeeinsätze einer ambulanten Pflegeeinrichtung in der Pflegestufe I bis zu 384 €, für Schwerpflegebedürftige (Pflegestufe II) bis zu 921 € und für Schwerstpflegebedürftige (Pflegestufe III) bis zu 1.432 €, wobei in besonderen Härtefällen bis zu 1.918 € gezahlt werden können. Die im Rahmen einer ärztlichen Behandlungspflege (z.B. Wundversorgung) anfallenden Pflegekosten verbleiben bei den Krankenkassen.

Die kostenlose Inanspruchnahme einer Pflegesachleistung setzt voraus, dass die Pflegekraft in einem Vertragsverhältnis zur Pflegekasse steht bzw. einer Einrichtung (z.B. Sozialstation) angehört, die mit der Pflegekasse einen Versorgungsvertrag mit entsprechenden Vergütungsvereinbarungen getroffen hat.

Pflegegeld für selbst beschaffte Pflegehilfen

Um die Grundpflege und die Versorgung sicherzustellen, können Pflegebedürftige ein Pflegegeld beantragen. Es ist nach dem Schweregrad der Pflegebedürftigkeit gestaffelt und beträgt in der Stufe I monatlich 205 €, Pflegestufe II 410 € und in der Pflegestufe III 665 €. Das Pflegegeld wird von der Pflegekasse an den anspruchsberechtigten Pflegebedürftigen gezahlt, der den Betrag dann als Anerkennung an die Pflegeperson weitergeben soll. Es soll damit als Anreiz zum *Erhalt der privaten Pflegebereitschaft* von Angehörigen, Freunden und Nachbarn dienen.

Abbildung VI.14:
Leistungen des Pflegeversicherungsgesetzes

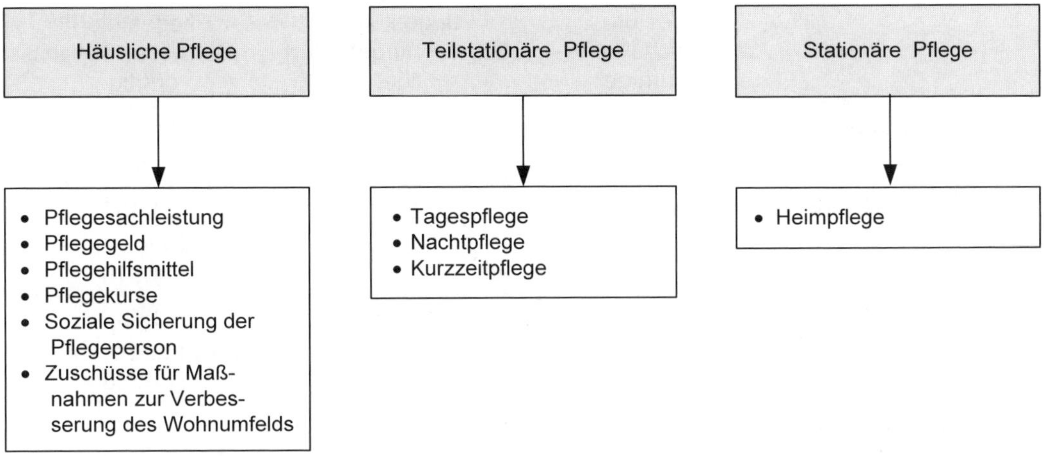

Das Pflegegeld wird beim Bezug bedürftigkeitsgeprüfter Sozialleistungen, z.B. von Arbeitslosengeld II oder Sozialhilfe, *nicht* auf den Leistungsbezug angerechnet. Das Pflegegeld gilt auch nicht als Entgelt für erbrachte Pflegeleistungen. Wenn die Pflegeperson vom Pflegebedürftigen das Pflegegeld erhält, verliert sie deshalb nicht den Anspruch auf die beitragsfreie Familienversicherung. Nur wenn das Pflegegeld im Rahmen eines *Beschäftigungsverhältnisses* zwischen Pflegebedürftigem und Pflegeperson gezahlt wird, stellt es Einkommen dar, das entsprechend versichert und versteuert werden muss.

Wer häusliche Pflege leistet, ist in die Gesetzliche Unfallversicherung einbezogen. Zudem zahlen die Pflegekassen für Pflegepersonen, die nicht erwerbsmäßig einen Pflegebedürftigen wenigstens 14 Stunden wöchentlich pflegen, Beiträge zur Rentenversicherung. Auch für Pflegepersonen, die anderweitig versicherungspflichtig erwerbstätig sind (bis zu 30 Wochenstunden), werden Beiträge entrichtet. Die Höhe der Beiträge richtet sich nach der Pflegestufe und dem Umfang der Pflegetätigkeit.

Die Zahlung von Pflegegeld soll zur Verbesserung der Versorgung beitragen. Um dies zu garantieren und eine nicht sachgerechte Verwendung des Pflegegeldes auszuschließen, führt der Medizinische Dienst Überprüfungen durch (vgl. Pkt. 7.2.5 dieses Kapitels).

Pflegegeld und Pflegesachleistung können *kombiniert* werden, wenn die Sachleistung nicht in voller Höhe ausgeschöpft wird. Dann kann gleichzeitig ein entsprechend *gemindertes* Pflegegeld ausgezahlt werden. Bei Verhinderung der Pflegeperson übernimmt die Pflegekasse zusätzlich einmal jährlich für vier Wochen eine Ersatzpflegekraft bis zu 1.432 €.

Übersicht VI.10:

Sach- und Geldleistungen der Pflegeversicherung nach Leistungshöhe in €			
	Pflegestufe I: „erheblich Pflegebedürftige"	Pflegestufe II: „Schwerpflegebedürftige"	Pflegestufe III: „Schwerstpflegebedürftige"
Ambulante Pflege			
- Pflegegeld	205	410	665
- Pflegesachleistung	384	921	1.432 in Härtefällen bis zu 1.918
Stationäre Pflege	1.023	1.279	1.432 in Härtefällen bis zu 1.688
Kurzzeitpflege bzw. Pflegevertretung	Bis zu 1.432 im Kalenderjahr		
Tages- und Nachtpflege	384	921	1.432
Anpassung des Wohnumfeldes	Bis zu 2.557 je Maßnahme		

Tages- und Nachtpflege, Kurzzeitpflege

Kann die häusliche Pflege vorübergehend nicht sichergestellt werden, besteht Anspruch auf teilstationäre Pflege in Einrichtungen der Tages- und Nachtpflege. Die Leistungshöhe ist wiederum nach dem Grad der Pflegebedürftigkeit gestaffelt:

- für Pflegestufe I bis zu 384 €,
- für Pflegestufe II bis zu 921 €,
- für Pflegestufe III bis zu 1.432 €.

Kurzzeitpflege in einer stationären Einrichtung kommt z.B. in Frage, wenn die Pflegeperson ausfällt. Allerdings gibt es bislang keine Nachtpflegeeinrichtungen.

Stationäre Pflege

Pflegebedürftige können im Grundsatz frei entscheiden, ob häusliche oder stationäre Pflege in Anspruch genommen wird. Bei der stationären Pflege werden von der Pflegekasse bis zu 1.432 € monatlich gezahlt. Für Schwerstpflegebedürftige stehen zur Vermeidung von Härtefällen ausnahmsweise bis zu 1.688 € monatlich zur Verfügung. Kosten für Unterkunft und Verpflegung („Hotelkosten") trägt der Pflegebedürftige selbst.

7.2.4 Finanzierung

Bei der Finanzierung muss zwischen den Aufgaben der Pflegekassen und den Investitionen unterschieden werden (duales Finanzierungssystem). Für die Kapazitätsvorhaltung und die Investitionen im stationären Sektor sind die Länder verantwortlich, die laufenden Betriebs- und Versorgungskosten werden im Rahmen der festgelegten Sätze von den Pflegekassen übernommen. Die genaue Abgrenzung wird durch Landesrecht bestimmt.

Die Finanzierung der Aufgaben der Pflegekassen erfolgt durch Beiträge; der Beitragssatz beträgt 1,7 % des Bruttoeinkommens der versicherungspflichtig Beschäftigten. Die Beiträge werden je zur Hälfte von den Arbeitnehmern und den Arbeitgebern gezahlt. Erstmalig in einer Sozialversicherung hat der Gesetzgeber den Arbeitgebern eine Kompensation für die Belastung durch die zusätzliche Beitragszahlung ermöglicht, indem ein gesetzlicher Feiertag, der stets auf einen Werktag fällt, nämlich der Buß- und Bettag, gestrichen wurde. In Bundesländern (so in Sachsen), in denen die Landtage dies nicht beschlossen haben, zahlen die Arbeitnehmer den Beitrag in voller Höhe. Beitragspflichtig sind auch Lohnersatzeinkommen. Seit 2004 zahlen Rentner den vollen Beitrag. Die Beitragsbemessungsgrenze entspricht mit 3.562,50 € im Jahr 2007 der in der GKV.

In Reaktion auf ein Urteil des Bundesverfassungsgerichtes, das eine Besserstellung von Familien im Beitragsrecht der Pflegeversicherung verlangt hatte, müssen gesetzlich Versicherte zwischen 23 und 65 Jahren ohne Kinder seit 2005 einen Zuschlag von 0,25 Prozentpunkten zur Pflegeversicherung bezahlen. Empfänger vom Arbeitslosengeld II sind vom Sonderbeitrag ausgenommen. An diesem Zuschlag werden die Arbeitgeber nicht beteiligt, so dass der Arbeitnehmerbeitrag um 0,25 Prozentpunkte auf 1,1 % gestiegen ist.

Die Finanzierung der Pflegeversicherung erfolgt nach dem Umlageprinzip. Die gesetzlich vorgeschriebene Rücklage muss 1,5 Monatsausgaben abdecken. Einen Bundeszuschuss oder eine Defizithaftung des Bundes gibt es nicht. Der Beitragssatz wird gesetzlich festgelegt. Im Jahre 2006 betrugen die Beitragseinnahmen 18,49 Mrd. €, die Ausgaben 18,03 Mrd. €. Diese Situation eines leichten Einnahmenüberschusses hat eine Phase deutlicher Ausgabenüberschüsse in den Jahren von 1999 bis 2005 abgelöst (vgl. dazu Pkt. 7.4 dieses Kapitels). Die Finanzreserve liegt bei 3,5 Mrd. €.

7.2.5 Steuerung, Vergütung und Qualitätssicherung

Für die *Sicherstellung* der bedarfsgerechten pflegerischen Versorgung ihrer Versicherten sind die Pflegekassen verantwortlich. Eine staatliche Planung der stationären Pflegeeinrichtungen analog zum Krankenhaussektor gibt es nicht. Da die Kassen über keine eigenen Einrichtungen verfügen, mit denen sie den Sicherstellungsauftrag erfüllen können, schließen die Landesverbände der Pflegekassen *Versorgungsverträge* und *Vergütungsvereinbarungen* mit den einzelnen Trägern von

Pflegeeinrichtungen und ambulanten Pflegediensten ab. Die Einrichtungen und Dienste müssen zugelassen sein; Bedingung dafür ist die Erfüllung von qualitativen Mindestvoraussetzungen (vgl. Abbildung VI.15).

Abbildung VI.15:

Leistungs- und Vertragsbeziehungen in der pflegerischen Versorgung

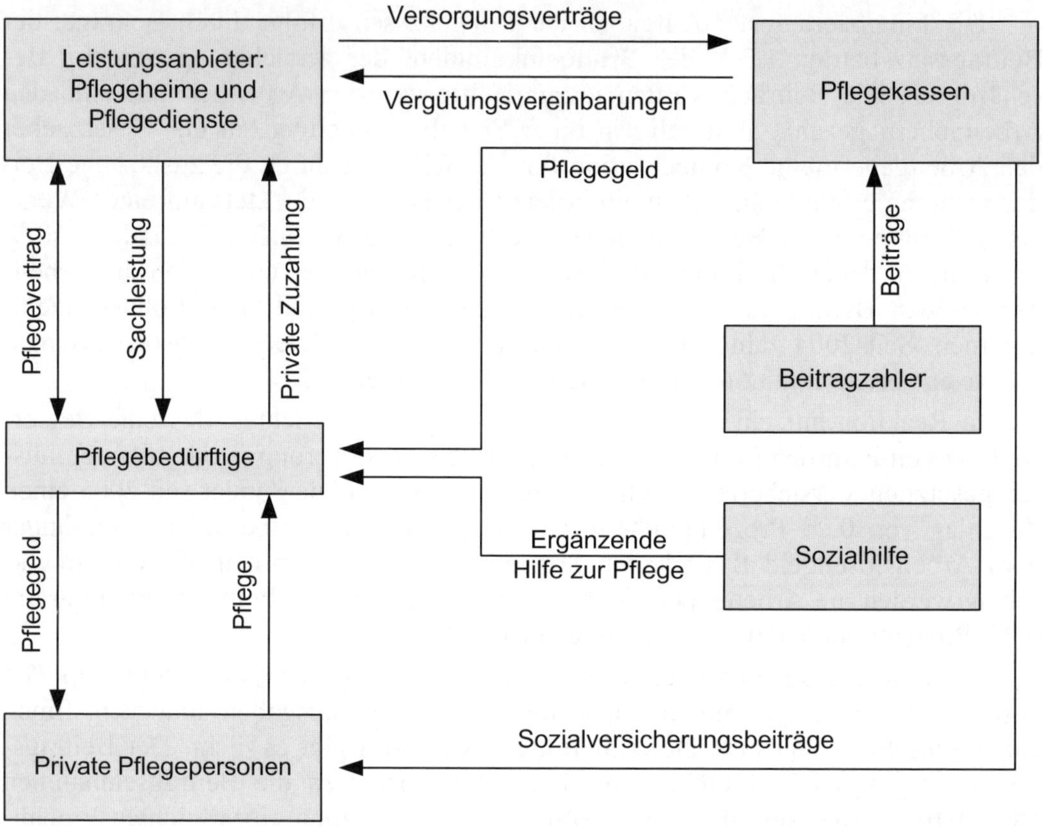

Über die Vertragsgestaltung können die Pflegekassen Art, Menge, Kosten und Qualität der Versorgung steuern (vgl. Kap. „Soziale Dienste", Pkt. 5.2). Als Vertragspartner für Versorgungsverträge sieht das Pflegeversicherungsgesetz ausdrücklich auch privat-erwerbswirtschaftliche Anbieter vor. Bei einer notwendigen Auswahl zwischen mehreren Versorgungseinrichtungen sollen die Versorgungsverträge vorrangig mit freigemeinnützigen und privaten Trägern abgeschlossen werden (vgl. Kap. „Soziale Dienste", Pkt. 3.2.3).

Die *Angebotsstrukturen* im Bereich der *ambulanten Dienste* sind durch das starke Gewicht (kleinerer) *privater* Pflegedienste gekennzeichnet, ihr Anteil an der Gesamtzahl der knapp 11.000 Pflegedienste (2005) liegt bei 57,6 % (vgl. Tabelle

VI.9), freigemeinnützige Träger haben einen Anteil von 40,6 %. In den ambulanten Diensten sind gut 214.000 Beschäftigte tätig, wobei die *Personalstruktur* durch einen sehr hohen Anteil von (in der Regel unqualifizierten) Teilzeitbeschäftigten und geringfügig Beschäftigten geprägt ist. Nur etwa ein Viertel der Beschäftigten sind vollzeitig tätig. Im stationären Sektor sind mit 55,1 % die freigemeinnützigen Einrichtungen etwas stärker, die privaten mit 38,1 % etwas schwächer vertreten. Auch die Personalstruktur unterscheidet sich nur leicht: In den Heimen arbeiten 38,1 % der Beschäftigten auf Vollzeitbasis, aber 54,2 % in einer versicherungspflichtigen oder versicherungsfreien Teilzeitbeschäftigung.

Tabelle VI.9:

Anbieter und Personal in der ambulanten und stationären Altenpflege 2005

	Ambulante Dienste		Pflegeheime	
	absolut	in %	absolut	in %
Träger				
Insgesamt	10.977	100	10.424	100
Private Träger	6.327	57,6	3.974	38,1
Freigemeinnützige Träger	4.457	40,6	5.748	55,1
Öffentliche Träger	193	1,7	702	6,7
Personal				
Insgesamt	214.307	100	546.397	100
Darunter				
Vollzeitbeschäftigte	56.354	26,3	208.201	38,1
Teilzeitbeschäftigte	103.181	48,1	240.870	44,1
Geringfügig Beschäftigte	47.957	22,4	55.238	10,1

Quelle: Statistisches Bundesamt, Pflegestatistik 2005, Wiesbaden 2007.

Die Vergütung der *stationären* Pflege erfolgt nach dem Vereinbarungsprinzip, nach dem prospektiv die Pflegesätze zwischen dem Träger des einzelnen Pflegeheims und den Pflegekassen festgelegt werden. Bei der Vergütung der *ambulanten* Pflege werden – ebenfalls im Rahmen des Vereinbarungsprinzips – Leistungskomplexe zu Grunde gelegt, in denen typischerweise zusammenfallende pflegerische Verrichtungen in ein Punktsystem eingeordnet werden, in das auch der angenommene Zeitaufwand eingeht. Vergütet werden dann die Leistungspakete, die ein Pflegebedürftiger entsprechend seiner individuellen Situation abruft. Zurzeit existieren, nach Bundesland differenziert, ca. 20 Leistungskomplexe mit unterschiedlichen Punktzahlen. So wird z.B. in Hamburg die „Hilfe bei der Nahrungsaufnahme" mit 250 Punkten und der Leistungskomplex „große Morgen-/Abendtoilette" mit 400 Punkten beziffert. Die *Bewertung* der Punktzahlen wird in Vergütungsverhandlungen zwischen den Landesverbänden der Kassen und den Trägern bestimmt. Bei einem Punktwert von 0,04 € errechnet sich dann für den Leistungskomplex „Hilfe bei der Nahrungsaufnahme“ ein Satz von 10 €.

Die *Qualitätssicherung* ist im Pflegegesetz in einer Reihe von Bestimmungen geregelt. So ist es verpflichtender gesetzlicher Auftrag, dass sich die Pflegeeinrichtungen an Maßnahmen der Qualitätssicherung beteiligen. Ferner können Verträge nur mit Einrichtungen geschlossen werden, in denen die Pflege von einer ausgebildeten leitenden Pflegefachkraft geleitet wird. Um die Qualität der selbst beschafften Pflegehilfen zu gewährleisten, überprüft der Medizinische Dienst im Rahmen seiner Begutachtung (Erst- und Wiederholungsgutachten), ob die erforderliche Grundpflege und hauswirtschaftliche Versorgung sichergestellt ist. Außerdem ist vorgesehen, dass Pflegebedürftige, die ausschließlich Pflegegeld erhalten, in regelmäßigen Abständen einen Pflegeeinsatz durch eine zugelassene Pflegeeinrichtung abrufen müssen.

Die Qualitätssicherung bei zugelassenen Pflegeeinrichtungen ist in gemeinsamen Grundsätzen und Maßstäben der Selbstverwaltung vereinbart worden. Diese Vereinbarungen richten sich auf die organisatorische, fachliche und personelle Struktur (Strukturqualität), die praktische Durchführung der Pflege (Prozessqualität) und die Dokumentation der Ergebnisse (Ergebnisqualität) (vgl. Kap. „Soziale Dienste“, Pkt. 7).

In der Vergangenheit sind immer wieder *Qualitätsmängel* bekannt geworden. Diese beziehen sich auf die Überforderung der Pflegekräfte im Rahmen der vorgegebenen Zeiten, auf die individuellen Wünsche und Bedürfnisse der Pflegebedürftigen einzugehen. Häufig ist nur eine Minimalversorgung gewährleistet. Auch die gesetzlich vorgeschriebene Fachkraftquote von 50 % ist in Heimen nicht immer gegeben und der Besetzungsschlüssel unzureichend.

Es bleibt die Frage, wie bei der Pflegegeldzahlung das Risiko einer inadäquaten Pflege und damit einer falschen Verwendung der Mittel ausgeschlossen werden kann. Über die Auswirkungen der Kontrollbesuche ist wenig bekannt. Es fehlt an Qualitätsstandards für die häusliche Pflege, die einer Überprüfung zu Grunde liegen müssten. Zudem ist es für die mit der Prüfung beauftragten Pflegefachkräfte kaum möglich, in die Intimsphäre von familialen Pflegebeziehungen einzudringen.

7.3 Inanspruchnahme der Leistungen

Ende 2005 erhielten knapp 2 Mio. Personen Leistungen der sozialen Pflegeversicherung (die in der privaten Pflegeversicherung abgesicherten Pflegebedürftigen sind hierbei nicht berücksichtigt), davon waren 51,8 % in der Pflegestufe I eingestuft, 35,3 % in der Pflegestufe II und 12,9 % in der Pflegestufe III (vgl. Tabelle VI.10). Erkennbar ist, dass sich seit 1995 die Zahl der Pflegebedürftigen insgesamt deutlich erhöht hat – nämlich von 1,55 Mio. im Jahr 1996 auf 1.95 Mio. im Jahr 2005. Zugleich hat sich das Gewicht der Pflegestufen verschoben: Der Anteil der Schwerst- und Schwerpflegebedürftigen (Pflegestufe II und II) ist gesunken, der

Anteil der erheblich Pflegebedürftigen (Pflegestufe I) gestiegen, von 40,1 % (1995) auf 51,8 %. Unterscheidet man nach Versorgungsformen, so beziehen 1,31 Mio. Personen Leistungen für die ambulante und 0,64 Mio. Personen für stationäre Pflege.

Die Verteilung der Leistungsempfänger nach *Leistungsarten* in der sozialen Pflegeversicherung zeigt (vgl. Abbildung VI.16), dass das Pflegegeld die größte Bedeutung hat. Etwa 48 % der Empfänger wählten diese Leistungsart, gefolgt von knapp 27 %, die vollstationäre Pflege in Anspruch nahmen. 10 % beanspruchten die Kombinationsleistung aus Pflegegeld und Pflegesachleistung, und 8,8 % entschieden sich für die Pflegesachleistung. Die Verteilung der Leistungsarten variiert dabei deutlich nach den Pflegestufen. In der Pflegestufe I dominiert das Pflegegeld, während in den Pflegestufen II und III die Bedeutung der Sachleistung bzw. der vollstationären Pflege zunehmen. Generell hat sich in allen Pflegestufen der Anteil der stationären Leistungsempfänger zu Lasten der ambulanten Leistungen verschoben.

Tabelle VI.10:

Leistungsempfänger in der sozialen Pflegeversicherung nach Pflegestufen 1996 - 2006

		Pflegestufe			Pflegeform			
	insgesamt	I	II	III	ambulant u. teilstationär		vollstationär	
	absolut	in %	in %	in %	absolut	in %	absolut	in %
1996	1.546.746	40,1	43,3	16,6	1.162.184	75,1	384.562	24,9
1997	1.660.710	43,9	40,7	15,4	1.198.103	72,1	462.607	27,9
1998	1.738.118	46,3	39,3	14,4	1.226.715	70,6	511.403	29,4
1999	1.826.362	47,8	38,2	14,0	1.280.379	70,1	545.983	29,9
2000	1.822.104	49,0	37,5	13,5	1.260.760	69,2	561.344	30,8
2001	1.839.602	49,8	36,9	13,3	1.261.667	68,6	577.935	31,8
2002	1.888.969	50,6	36,3	13,1	1.289.152	68,2	599.817	31,8
2003	1.893.181	51,3	35,8	12,9	1.279.907	67,6	613.274	32,4
2004	1.925.703	51,5	35,6	12,9	1.296.811	67,3	628.892	32,7
2005	1.951.953	51,8	35,3	12,9	1.309.506	67,1	642.447	32,9
2006	1.968.505	52,5	34,7	12,8	1.309.751	66,5	658.754	33,5

Quelle: Bundesministerium für Gesundheit.

Obgleich die Sachleistungen deutlich höher als das Pflegegeld bewertet sind, wird also nur selten auf professionelle pflegerische Dienste zurückgegriffen. Diese Verteilungsstruktur der Leistungen hat mehrere Gründe: Zunächst dürften finanzielle Motive überwiegen, denn das Pflegegeld steht als anrechnungs- und steuerfreies Einkommen zur individuellen Verfügung und kann das Haushaltsbudget nicht unerheblich aufbessern. Hinzu kommt die soziale Absicherung. Das spielt insbesondere bei jenen Angehörigen eine Rolle, die nicht (mehr) erwerbstätig sind oder wegen der Pflegeverpflichtungen ihre Erwerbstätigkeit aufgegeben haben. Zum anderen ist zu berücksichtigen, dass die von der Pflegeversicherung finanzierten Sachleistungen begrenzt sind, da die festgeschriebenen Leistungshöchstsätze – selbst bei Schwerstpflegebedürftigkeit – nur eine geringe Zahl täglicher Pflegeeinsätze ermöglichen und immer nur eine Ergänzung zur familiären Pflege darstellen. Dies kann ein Beweggrund sein, dann die Pflege lieber vollständig zu übernehmen und dafür ein ungeschmälertes Pflegegeld zu erhalten.

Abbildung VI.16:

Leistungsempfänger der Sozialen Pflegeversicherung nach Leistungsarten 2005

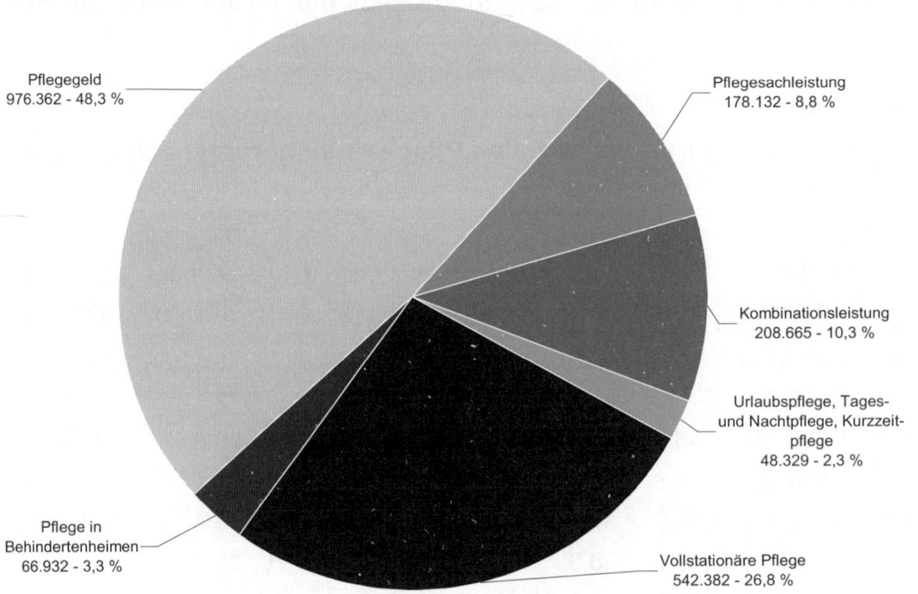

Quelle: Bundesministerium für Gesundheit.

7.4 Entwicklung der Ausgaben

Betrachtet man die Struktur der *Ausgaben* (vgl. Abbildung VI.17), wird sichtbar, dass allein die vollstationäre Pflege mehr als die Hälfte der Gesamtausgaben (50,2 %) ausmacht; auf das Pflegegeld entfallen 23,9 % und auf die Pflegesachleistungen 14,1 % der Ausgaben. Im Verlauf seit 1996 haben insbesondere die Ausgaben für die stationäre Pflege stark zugenommen, während die anderen Ausgabensektoren sich nur schwach erhöht haben (Sachleistungen) oder sogar rückläufig sind (Pflegegeld). Da in der Pflegeversicherung die Leistungssätze – differenziert nach Leistungsarten und Pflegestufen – in ihrer Höhe nominal festgeschrieben sind, wird die Ausgabenentwicklung anders als bei der Krankenversicherung nicht durch Preis- und Mengeneffekte (je Fall) bestimmt. Bei fixierten Leistungssätzen sind für die Ausgaben die Zahl der Pflegebedürftigen, der Schweregrad ihrer Pflegebedürftigkeit und die Art ihrer Versorgung bzw. die in Anspruch genommene Leistungsart entscheidend.

Stellt man der Entwicklung der Ausgaben die der Einnahmen gegenüber, so zeigt sich im Verlauf der Jahre von 1999 bis 2005 ein Ausgabenüberschuss, der zu einem Abschmelzen der Rücklagen geführt hat. Ursache für diese defizitäre Lage der Pflegeversicherung war aber nicht der insgesamt moderat verlaufende Ausgabenanstieg, sondern das Zurückbleiben der beitragsbezogenen Einnahmen in Folge der Arbeitslosigkeit, des Rückgangs versicherungspflichtiger Beschäftigungsverhältnisse und der schwachen Lohnentwicklung. Beginnend ab 2006 scheint sich der Trend infolge der günstigen Entwicklung in der Wirtschaft und auf dem Arbeitsmarkt umzukehren: Es kommt zu einem Einnahmenüberschuss, und die Reserven wachsen wieder an, sie liegen 2006 bei 3,5 Mrd. €, das entspricht 2,3 Monatsausgaben der Kassen.

Abbildung VI.17:

Ausgaben der Sozialen Pflegeversicherung nach Leistungsarten 2006

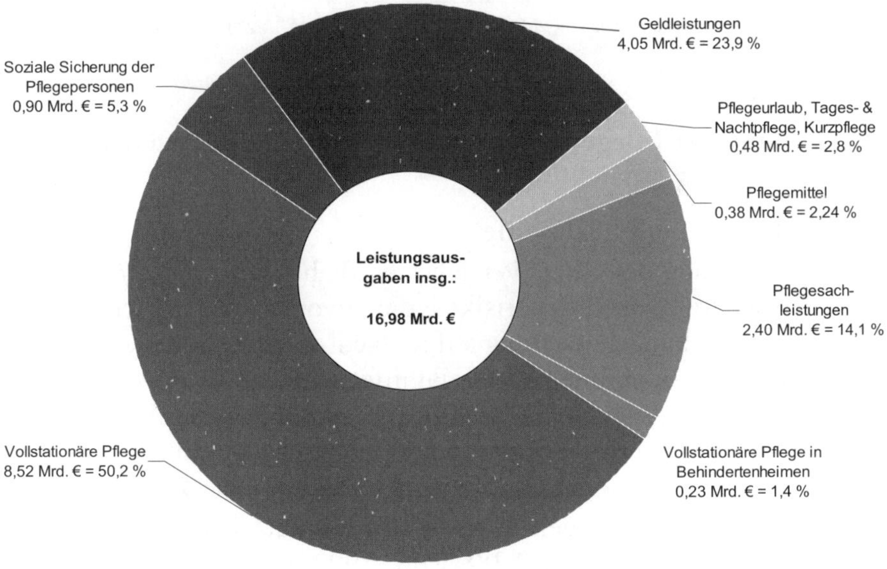

Quelle: Bundesministerium für Gesundheit.

Abbildung VI.18:
Entwicklung von Ausgaben und Einnahmen in der sozialen Pflegeversicherung 1996 - 2006

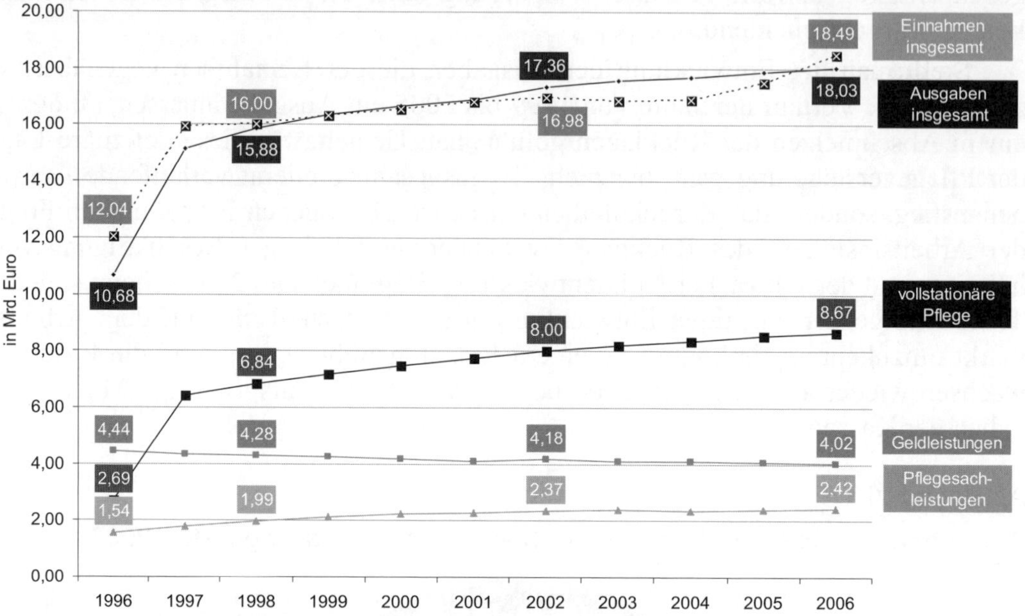

Quelle: Bundesministerium für Gesundheit.

7.5 Die Stellung der Pflegeversicherung im System der Sozialen Sicherung und ihre Weiterentwicklung

Pflegeversicherung und Sozialhilfe

Durch die Einführung der Pflegeversicherung haben sich die *öffentlichen* Finanzmittel zur Absicherung des Pflegerisikos, die zuvor im Wesentlichen von der Sozialhilfe und der Krankenversicherung aufgebracht worden sind, deutlich erhöht. Das angestrebte Ziel, die kommunalen Sozialhilfeträger finanziell zu entlasten, ist erreicht worden. Von 1994 bis 2001 sind die Ausgaben der Hilfe zur Pflege im BSHG von 9,06 Mrd. € um ca. 6 Mrd. € auf 2,9 Mrd. € gesunken.

Gleichermaßen erreicht worden ist die Zielsetzung, die Zahl der auf Sozialhilfe angewiesenen Pflegebedürftigen abzusenken. So hat sich die Zahl der ambulant gepflegten Hilfeempfänger von 2.388 Mio. 1994 auf 83.277 im Jahr 2001 reduziert. Dieser deutliche Rückgang der Sozialhilfebedürftigkeit gilt allerdings für den stationären Bereich nur sehr begrenzt. Hier ist die Zahl der Hilfeempfänger nur von 330.429 in Jahre 1994 auf 247.537 (2001) gesunken.

Dieser noch immer hohe Anteil ist Folge der Konstruktion der Pflegeversicherung: Da diese nicht für die „Hotelkosten" aufkommt und auch die Pflegeaufwendungen nur bis zu einem Höchstbetrag übernimmt, verbleibt ein erheblicher Restbetrag bei den Pflegebedürftigen. Die Leistungen der Pflegeversicherung reichen im Schnitt nur zur Hälfte aus, um die Gesamtausgaben zu decken, wobei mit zunehmender Pflegestufe der Grad der Unterdeckung steigt. Da die Einkommen der Pflegebedürftigen oder die ihrer Angehörigen vielfach nicht ausreichen, um den Restbetrag zu finanzieren, muss die Sozialhilfe ergänzend einspringen.

Da die Leistungssätze der Pflegeversicherung festgeschrieben sind, die Kosten in der Pflege aber steigen, kann es nicht verwundern, dass die Zahl der Pflegebedürftigen in Heimen, die ergänzende Leistungen der Sozialhilfe erhalten, seit Anfang 2000 wieder ansteigt. So wurden im Jahr 2004 bereits wieder 328.000 Hilfeempfänger gezählt. Auch die Bruttoausgaben für die Hilfe zur Pflege steigen wieder an, sie lagen 2004 bei 3,1 Mrd. €.

Pflegeversicherung und Krankenversicherung

Die Gesetzliche Pflegeversicherung ist organisatorisch zwar unter dem Dach der Gesetzlichen Krankenversicherung untergebracht, ihre Konstruktionsprinzipien weichen jedoch erheblich von denen der GKV ab. So sind Sachleistungs- und Bedarfsdeckungsprinzip für die Krankenversicherung grundlegend (vgl. Pkt. 5.1.3 dieses Kapitels), für die Pflegeversicherung gilt dies nur sehr begrenzt:

- Der Pflegebedürftigkeitsbegriff und die darauf aufbauenden Leistungstatbestände der Pflegeversicherung sind im Gesetz exakt definiert und auch nicht durch Rechtsprechung entwicklungsfähig. Demgegenüber findet sich im Krankenversicherungsrecht keine abschließende Konkretisierung des Krankheitsbegriffs.
- Bei der Pflegeversicherung besteht eine Wahlmöglichkeit zwischen pauschalierten Geldleistungen mit *nicht kostendeckendem* Charakter im Bereich der häuslichen Pflege und zwischen pauschalen Sachleistungen mit *begrenztem Kostenrahmen* in der stationären und ambulanten Pflege. Eine Differenzierung der Leistungshöhe findet lediglich durch die Pflegestufen statt. Demgegenüber ist die Krankenversicherung eine Vollkostenversicherung, d.h. jeder Versicherte erhält die Leistungen, die dem allgemein anerkannten Stand der medizinischen Erkenntnisse zu entsprechen und den medizinischen Fortschritt zu berücksichtigen haben. Auch aufwändige medizinische Leistungen werden voll abgegolten.
- Da die Leistungen in ihrer nominalen Höhe festgeschrieben sind und der Beitragssatz gesetzlich fixiert ist, fehlt der Pflegeversicherung jeder Handlungsspielraum für Leistungsanpassungen oder -verbesserungen. In der Krankenversicherung hingegen können die Kassen (bislang) Ausgabensteigerungen durch Anhebungen der Beitragssätze finanzieren.
- Die Deckelung der Leistungen führt in der Pflegeversicherung angesichts steigender Kosten für die arbeits- und lohnintensiven Dienstleistungen (vgl. Kap. „Soziale Dienste", Pkt. 2.1) zwangsläufig zu *realen* Leistungsverschlechterungen. In der Krankenversicherung kommt es durch den Anspruch jedes Versi-

cherten auf alle notwendigen Leistungen zu einer automatischen Leistungsdynamisierung.

Ein Systembruch ist die Kompensation der Arbeitgeberbelastungen durch die Abschaffung eines bezahlten Feiertages. Damit wird von dem Prinzip abgewichen, soziale Standardrisiken wie Krankheit, Invalidität und Alter, Arbeitslosigkeit sowie Unfall gemeinsam durch Arbeitgeber und Arbeitnehmer zu finanzieren. Ob diese Konstruktionsprinzipien der Pflegeversicherung den Maßstab abgeben für einen Einstieg in den Ausstieg aus der Sozialversicherung allgemein und der Krankenversicherung im Besonderen, wird die Zukunft zeigen.

In einigen Punkten bedeutet die Pflegeversicherung eine Weiterentwicklung und Verbesserung der entsprechenden Regelungen in der Krankenversicherung. So hat die Pflegeversicherung den alleinigen Sicherstellungsauftrag, den die Krankenversicherung an die Kassenärztlichen Vereinigungen abgegeben hat. Weiter erlaubt der medizinische Dienst die Festlegung der Pflegestufen ohne Rückgriff auf das ärztliche System, was allerdings auch die Gefahr einer primär finanziell bestimmten, durch die Kasse gesteuerten Einstufungspraxis beinhaltet. Positiv sind die Ansätze, die Qualität der Pflege einer ständigen Überprüfung zu unterziehen und entsprechende Standards auszuarbeiten.

In der Diskussion um die Zukunft der Sozialsysteme wird häufig empfohlen, die Eigenständigkeit der Pflegeversicherung aufzugeben und sie vollständig in die GKV zu integrieren. Erhofft wird davon eine Lösung der Schnittstellenproblematik zwischen GKV und Pflegeversicherung. Dagegen spricht allerdings, dass die Pflegeversicherung als Teilkaskoversicherung konzipiert ist und nicht hälftig von den Arbeitgebern finanziert ist. Darüber hinaus decken die beiden Versicherungen Risiken in unterschiedlichem Umfang ab. So ist das Pflegerisiko wesentlich stärker altersabhängig als das Krankheitsrisiko. Weiterentwicklungen in Folge des demografischen Wandels sind allerdings in Bezug auf die Erweiterung des Pflegebegriffs notwendig. Die Betreuung altersdementer Personen und das Angebot an Kommunikation sind im aktuellen Leistungsanspruch unzureichend geregelt. Auch ist eine Anpassung der Leistungssätze erforderlich, um den Realwert der Leistungen zu sichern.

7.6 Pflege und Pflegeversicherung im demografischen Umbruch

Für die Zukunft muss mit einer Zunahme der Pflegebedürftigkeit gerechnet werden. Das Statistische Bundesamt kommt auf der Grundlage seiner Bevölkerungsvorausberechnung zu dem Befund, dass die Pflegebedürftigen von gut 2 Mio. im Jahr 2001 auf 2,83 Mio. im Jahr 2020 zunehmen werden. Dies entspricht einem Anstieg von mehr als einem Drittel (39 %). Würde man diese Berechnung bis zum Jahr 2030 oder 2040 verlängern, ließen sich noch weit höhere Zuwachsraten errechnen. Nun beruhen derartige, allein aus der Alterszusammensetzung der Bevölkerung abgeleitete Berechnungen auf bestimmten und durchaus strittigen Voraussetzungen: Die gegenwärtigen Pflege- und Erkrankungswahrscheinlichkeiten (Prävalenzen) nach Altersgruppen werden konstant gesetzt und auf die zukünftigen Altersgruppen übertragen. Da die Besetzungsstärke vor allem in den höheren Altersgruppen steigt, erhöht sich auch entsprechend die Zahl der Kranken und Pflegebedürftigen.

Diese Konstantsetzung der Prävalenzraten von Pflegebedürftigkeit wie von Krankheit ist aber zu hinterfragen. Es ist nicht zwingend vorgegeben, dass mit der Verschiebung der Mortalität in höhere Altersgruppen auch eine entsprechende Verlängerung der Morbiditäts- und Pflegephase verbunden ist. Auch das Gegenteil kann der Fall sein, dass sich nämlich bei steigender Lebenserwartung die Phase, in der mit erhöhten Prävalenzen zu rechnen ist, in höhere Altersgruppen verschiebt (Kompressionsthese, vgl. Pkt. 2.1 dieses Kapitels).

Ebenso schwierig ist es, den Entwicklungstrend der Art der Versorgung – ambulant, teilstationär oder stationär – die Inanspruchnahme der Leistungsvarianten der Pflegeversicherung (Pflegegeld, Pflegesachleistung, Kombinationsleistung, Tages- und Nachtpflege, Kurzzeitpflege, vollstationäre Pflege) und die Verteilung auf die Pflegestufen einzuschätzen. Hier lässt sich ein breites Band von Bestimmungsfaktoren identifizieren, die vom ökonomischen, sozial-strukturellen und sozial-kulturellen Wandel geprägt sind:

- Durch die niedrige Geburtenhäufigkeit wird sich das familiäre Pflegepotenzial ausdünnen, da immer mehr ältere Menschen keine oder nur wenige Kinder haben, fehlen im Umfeld der Abstammungsfamilie Personen, die eine häusliche Pflege übernehmen können.
- Dieser Prozess eines rückläufigen familiären Pflegepotenzials überlagert sich mit den Auswirkungen der steigenden Fraucnerwerbstätigkeit, veränderter Lebens- und Familienformen und wachsender beruflicher und räumlicher Mobilität.

Insgesamt deutet viel darauf hin, dass sich die schon jetzt beobachtbare Verschiebung von den ambulanten auf teilstationäre und stationäre Versorgungsformen fortsetzen wird. Die Frage, in welchem Maße sich diese Trends ausprägen werden, ist allerdings nicht losgelöst von den politisch gestaltbaren Maßnahmen zur Stärkung des familiären, nachbarschaftlichen und ehrenamtlichen Pflegepotenzials zu sehen. Wenn es beispielsweise gelingt, familiäre Pflege und Berufstätigkeit besser als bislang zu vereinbaren, dann kann über diesen Weg der steigende Bedarf an professionellen Pflegeleistungen zwar nicht gestoppt, aber doch begrenzt werden (vgl. dazu Kap. „Familie“, Pkt. 7).

Mittel- und längerfristig sind insofern Beitragssatzsteigerungen unvermeidbar. Zweifelhaft bleibt, ob dieser Belastungsanstieg durch einen Übergang zur *Teilkapitaldeckung* der Pflegeversicherung vermieden werden kann. Denn auf mittlere Sicht ist der Aufbau eines Kapitalstocks mit einer deutlichen *Mehr*belastung verbunden, denn zusätzlich zu den regulären Beiträgen müssten dann noch Beiträge in einen Sonderfonds oder in eine private Pflegeversicherung gezahlt werden (vgl. Bd. I., Kap. „Ökonomische Grundlagen und Finanzierung“, Pkt. 3.2).

8 Versorgung psychisch Kranker

Psychische Störungen und Erkrankungen wie Psychosen, Neurosen, psychische Alterskrankheiten, psychosomatische Erkrankungen, psychische Anfälligkeiten und Erkrankungen von Kindern (vgl. Pkt. 2.1 dieses Kapitels) nehmen im Krankheitsspektrum eine in mehrfacher Hinsicht besondere Rolle ein: Der Krankheitsverlauf ist in der Regel langwierig und phasenhaft. Bei den Betroffenen besteht die Tendenz, die psychische Erkrankung nicht als solche wahrzunehmen oder sie nicht einzugestehen. Die Erkrankung macht zudem oft initiativ- und motivationslos, so dass Ärzte oder andere Helfende nicht oder nur sehr spät aufgesucht werden. Zugleich reagiert die Umwelt auf psychische Erkrankungen häufig mit Vorurteilen und Diskriminierungen. Psychisch erkrankte und behinderte Personen werden schnell aus ihrem sozialen Beziehungsgeflecht ausgegrenzt, bei der Arbeitsplatzsuche benachteiligt und abgeschoben.

Bei der Versorgung psychisch Kranker sind sehr verschiedenartige Gruppen von Krankheiten und Behinderungen zu berücksichtigen. Die Betroffenen benötigen Hilfen in den vielfältigen Formen psychotherapeutischer, medikamentöser und sozialer Hilfe. Um zu gewährleisten, dass die Betroffenen sich möglichst nicht von der Familie, dem Arbeitsbereich und dem räumlichen und sozialen Umfeld lösen müssen, kommt der gemeindenahen ambulanten Versorgung dabei der Vorrang vor der teilstationären und stationären Versorgung zu (*Gemeindepsychiatrie* als Handlungs- und Organisationsprinzip).

Bei einer Übersicht über das aktuelle Versorgungsangebot ist zu berücksichtigen, dass die psycho-soziale Versorgung hauptsächlich durch die Bundesländer und die Gemeinden geregelt wird und sich deshalb regional stark unterscheidet.

8.1 Ambulante Versorgung

Die ambulante medizinische Versorgung psychisch Kranker wird weit überwiegend von den niedergelassenen *Kassenärzten* und von *zugelassenen psychologischen Psychotherapeuten* getragen. Der größte Teil der Betroffenen sucht *Ärzte für Allgemeinmedizin* und Internisten auf, insbesondere dann, wenn sich bei den Betroffenen somatische und psychische Krankheiten überlagern. Ärzte für Neurologie und/oder Psychiatrie (Nervenärzte), die eine qualifizierte Weiterbildung in den genannten Gebieten aufweisen, haben demgegenüber eine eher nachrangige Bedeutung. An der vertragsärztlichen Versorgung nehmen (2005) 5.732 Nervenärzte und 4.004 ärztliche Therapeuten teil (vgl. Tabelle VI.11). Speziell auf Kinder und Jugendliche bezogen existieren 664 Praxen für Kinder- und Jugendpsychiatrie. Der die ambulante medizinische Versorgung über lange Jahre prägende Mangel an ärztlichen Therapeuten hat sich heute normalisiert. Die rechnerische Versorgungsquote hat den Stand vergleichbarer Länder erreicht, sie differiert allerdings stark zwischen Ballungsräumen und ländlichen Gebieten. Insgesamt ist die Zahl der psychotherapeutisch tätigen Ärzte seit Beginn der 90er Jahre stark gestiegen.

Neben den genannten Fachärzten können unter bestimmten Voraussetzungen auch nichtärztliche Psychotherapeuten an der kassenärztlichen Versorgung teilnehmen. Nach dem Psychotherapeutengesetz von 1998 dürfen Kinder- und Jugendlichentherapeuten alle Patienten behandeln, die jünger als 21 Jahre sind. Darüber hinaus ist der Heilberuf des psychologischen Psychotherapeuten in die Kassenärztlichen Vereinigungen und das System der GKV integriert. Bedingung ist eine Approbation als Psychotherapeut und die Qualifikation in anerkannten Behandlungsverfahren.

Tabelle VI.11:

Ambulante Psychotherapie 1996 - 2005

An der vertragsärztlichen Versorgung Teilnehmende	1996	2005
Ärztliche Psychotherapeuten	2.502	4.004
Psychologische Psychotherapeuten	-	12.564
Kinder- und Jugendpsychiater	332	664
Kinder- und Jugendlichenpsychotherapeuten	-	2.605
Nervenärzte	5.246	5.732

Quelle: Kassenärztliche Bundesvereinigung.

Gerade für die Versorgung psychisch Kranker wirkt sich die im Gesundheitssystem vorherrschende Abschottung zwischen ambulanter und stationärer Versorgung nachteilig aus. Allerdings ist es bei Vorliegen einer *Ermächtigung* durch die Kassenärztliche Vereinigung möglich, dass sich die psychiatrischen Krankenhäuser bzw. die psychiatrischen Fachabteilungen von Allgemeinkrankenhäusern mit *Instituts- oder Fachambulanzen* an der ambulanten Versorgung beteiligen. In den letzten Jahren sind die Ambulanzen deutlich ausgebaut worden. Zielgruppen sind vor allem jene chronisch kranken Patienten, die (wiederholt) stationär behandelt worden sind und der Nachsorge bedürfen. In den Ambulanzen arbeiten neben den Ärzten häufig auch PsychologInnen, SozialarbeiterInnen und Pflegekräfte, so dass das Hilfespektrum breiter angelegt ist als in der Kassenarztpraxis.

Die ambulante Versorgung durch niedergelassene Ärzte steht vor dem Problem, dass psychisch Kranke mehr brauchen als den Arzt, der in seiner Praxis auf sie wartet („Komm-Struktur"). Viele Patienten bedürfen vielmehr aktiv *aufsuchender* Betreuung und sozialer Hilfe. Mit den im Zuge der Psychiatrie-Reform *eingerichteten sozialpsychiatrischen Diensten* wird versucht, auf dieses Problem zu reagieren. Die sozialpsychiatrischen Dienste, die auf Grundlage der Landesgesetze für psychisch Kranke (PsychKG) tätig werden und den kommunalen *Gesundheitsämtern* angegliedert sind, erfüllen aber nicht nur Vorsorge-, Beratungs-, Betreuungs- und teilweise auch Behandlungsfunktionen, sondern auch hoheitliche Aufgaben, wie die zwangsweise Unterbringung psychisch Kranker in Kliniken (vgl. Pkt. 8.4 dieses Kapitels).

Einen wichtigen Beitrag zur Hilfe bei psycho-sozialen Problemen und Störungen außerhalb der Kassenarztpraxis leisten die *psycho-sozialen Kontakt- und Beratungsstellen.* Während sich diese direkt an psychisch Kranke richten, zielen allgemeine Beratungsstellen (Familien-, Erziehungs- und Sexualberatung, Beratung bei Alkohol- und Drogenproblemen) auf einen breiteren Bevölkerungskreis und bieten Hilfen bei persönlichen Problemlagen und Lebenskrisen an. Träger dieser Einrichtungen und Stellen sind die Kommunen, die Wohlfahrtsverbände oder sonstige freie Träger. Beratungsstellen können das soziale Umfeld der Betroffenen mit einbeziehen (Angehörigenarbeit), Selbsthilfegruppen initiieren und fördern und können deshalb als Ergänzung der ärztlichen/therapeutischen Versorgung angesehen werden (vgl. Kap. „Soziale Dienste").

8.2 Stationäre und teilstationäre Versorgung

Kommen psychisch Kranke nicht mehr mit ihrem Leben zurecht, sind alle sonstigen komplementären und ambulanten Behandlungs- und Hilfemöglichkeiten ausgeschöpft und besteht möglicherweise sogar die Gefahr, dass sie sich selbst oder anderen Schaden zufügen, dann müssen sie in einem Krankenhaus stationär behandelt werden. Eine stationäre Unterbringung kann auch wegen der notwendigen Diagnose und Behandlung notwendig werden. Die stationäre Versorgung findet vor allem in folgenden Einrichtungen statt:

- Fachkrankenhäuser für Psychiatrie und Neurologie,
- Fachabteilungen für Psychiatrie und Neurologie an Allgemeinkrankenhäusern,
- Psychiatrische Universitätskliniken,
- Fachkrankenhäuser und Fachabteilungen für Kinder- und Jugendpsychiatrie,
- Fachkrankenhäuser für Gerontopsychiatrie,
- Fachkrankenhäuser für Suchtkranke.

Die vollstationäre Therapie wird von Ärzten, psychiatrisch und allgemeinpflegerisch qualifiziertem Pflegepersonal, Sozialarbeiter- und -pädagogInnen sowie Beschäftigungs- und ArbeitstherapeutInnen durchgeführt. Seit der Psychiatriereform hat die stationäre Behandlung psychisch Kranker im Verhältnis zur ambulanten Versorgung an Bedeutung verloren. Nach dem Abbau der psychiatrischen Großkrankenhäuser sind die Kliniken kleiner geworden, haben sich geöffnet und die Verweildauer der Patientinnen und Patienten ist deutlich gesunken. Ausgebaut worden ist das Angebot an psychiatrische *Tageskliniken*, in denen die Patientinnen und Patienten tagsüber behandelt werden und die deshalb eine Alternative zur vollstationären Unterbringung darstellen und durch deren Besuch eine Krankenhausbehandlung vermieden oder verkürzt werden kann. Die Patienten bleiben auf Grund der begrenzten zeitlichen Bindung an die Institution unabhängiger und behalten einen größeren Freiheits- und Entscheidungsspielraum. Sie werden nicht aus ihrem sozialen Umfeld isoliert. Insofern entspricht die tagesklinische Behandlung den Forderungen nach einer offenen, auf die Förderung und Erweiterung der Selbsthilfepotenziale und den Erhalt sozialer Bindungen ausgerichteten Psychiatrie.

8.3 Rehabilitation und komplementäre Versorgung

Psychische Erkrankungen verlaufen oft sehr langwierig. Mit einer Akutbehandlung wird die soziale und berufliche Eingliederung chronisch Kranker nicht immer erreicht. Ein wesentlicher Bestandteil der Versorgung psychisch Kranker sind deshalb Rehabilitationseinrichtungen und -maßnahmen. Diese haben die Aufgabe, chronisch Kranken und Behinderten ein eigenständiges Leben zu ermöglichen, sie in das Netz der sozialen Beziehungen wiedereinzugliedern und ihre Arbeitsfähigkeit so weit wie möglich wiederherzustellen.

Erkrankungswege, Erkrankungsfelder und Genesungsaussichten psychisch Kranker machen spezifische Rehabilitationsmaßnahmen notwendig. Folgende Einrichtungen und Maßnahmen zur Rehabilitation psychisch Kranker sind zu unterscheiden:

- Wohnheime, die geschützte Wohn- und oft auch Beschäftigungsmöglichkeiten anbieten und eine sozialtherapeutische, pädagogische und pflegerische Betreuung sicherstellen,
- Wohngemeinschaften, Wohngruppen, betreute Einzelwohnungen, in denen die Menschen weitgehend selbstständig leben und bei Bedarf fachlich betreut werden,
- Tagesstätten mit Beratungs-, Kontaktstiftungs- und Beschäftigungsfunktionen und mit Hilfen zur Tagesstrukturierung sowie zur Alltags- und Freizeitgestaltung,
- arbeitstherapeutische und geschützte Werkstätten für psychisch Behinderte.

Trotz aller Verbesserungen, die in den letzten Jahren erreicht worden sind, ist die Situation psychisch Kranker immer noch durch eine Reihe von Problemen und Defiziten gekennzeichnet. Dies gilt für die ambulante Behandlung, für die teil- und vollstationäre Versorgung sowie für die medizinische, berufliche und soziale Rehabilitation in komplementären Einrichtungen. Auch die soziale und sozialpolitische Ausgrenzung der Betroffenen besteht nach wie vor: 90 % der chronisch psychisch Kranken sind aus dem Erwerbsleben ausgegrenzt. Die Zahl derer wächst, die infolge von Arbeitslosigkeit und schärferer Auslese auf dem Arbeitsmarkt als „neue chronisch Kranke“ bezeichnet werden können. Eine volle sozialrechtliche Gleichstellung psychisch Kranker mit somatisch Kranken ist nicht erreicht. Viele der notwendigen therapeutischen und rehabilitativen Leistungen übernimmt die Krankenversicherung nicht. Und auf Grund der Besonderheiten des gewöhnlich phasenhaften und langwierigen Verlaufs verlieren viele der schwerkranken Patientinnen und Patienten früher oder später die Anspruchsvoraussetzungen für die Leistungen der Krankenversicherung mit einer maximalen Leistungsdauer des Krankengeldes von 78 Wochen. Psychisch Kranke sind deshalb im hohen Maße auf Sozialhilfe- bzw. Grundsicherungsleistungen angewiesen. Ihre soziale und materielle Lage ist damit erheblich schlechter als die somatisch Kranker.

In der ambulanten Versorgung besteht ein Defizit an Ambulanzen, sozialpsychiatrischen Diensten, psycho-sozialen Kontakt- und Beratungsstellen und psychiatrischen Pflegediensten. Bei der Versorgung durch die niedergelassenen Kassenärzte führt vor allem das Kassenarztrecht zu Fehlentwicklungen. Denn durch die geltenden Vorschriften wird der Aufbau eines multiprofessionellen Teams, bestehend z.B. aus Ärzten, Psychologen und Sozialarbeitern und eine flexible Kooperation mit anderen Diensten sehr erschwert. Auch die stationäre Behandlung weist Mängel auf. Fehlende Behandlungskontinuität, insbesondere in Bezug zur vorhergehenden ambulanten Behandlung, Mehrfachbetreuung und die sog. Drehtürpsychiatrie sind und bleiben Hauptkritikpunkte. Das Angebot an teilstationären Einrichtungen (Tageskliniken, Nachtkliniken) entspricht nicht dem Bedarf.

Bei psychisch Kranken entspricht der Leitsatz „Rehabilitation vor Rente“ noch weit weniger der Realität als bei körperlich Kranken. Die herkömmliche vom Leistungsrecht und den Institutionen geprägte strenge Trennung zwischen medizinischer, beruflicher und sozialer Rehabilitation ist für psychisch Kranke wenig zweckmäßig. Medizinische Behandlung und Pflege überschneiden sich häufig mit beruflichen und sozialen Rehabilitationsmaßnahmen.

8.4 Betreuungsrecht, zwangsweise Unterbringung psychisch Kranker

Mit dem Abbau der stationären Versorgung und dem Ausbau gemeindenaher ambulanter und teilstationärer Versorgungsangebote wurde erreicht, dass die gesellschaftliche Diskriminierung psychisch Kranker zwar nicht aufgehoben, aber doch verringert worden ist. Diesem Zweck dient auch das 1992 in Kraft getretene *Betreuungsgesetz*. Das Betreuungsrecht richtet sich nach dem Grundsatz der Erforderlichkeit aus und sieht anstelle der früheren Entmündigung und Vormundschaft weniger einschneidende persönliche Betreuungsmaßnahmen vor. Die Betreuung richtet sich in ihrem Ausmaß danach, inwieweit Betreute ihre Angelegenheiten in Bezug auf Heilbehandlung, Unterbringung, Vermögensangelegenheiten nicht mehr selbst besorgen können. Bei der Auswahl des Betreuers ist primär den Wünschen des Betreuten und seinen persönlichen Bindungen Rechnung zu tragen.

Die gegen den Willen der Betroffenen oder im Zustand der Willenlosigkeit durchgeführte Unterbringung in einer psychiatrischen Klinik stellt eine Beschneidung der grundgesetzlich garantierten Freiheitsrechte dar. Einschränkungen können deshalb nur auf Grund eines förmlichen Gesetzes und nur durch richterliche Anordnung stattfinden. Entsprechende *Landesgesetze* regeln die Bedingungen, unter denen Einweisung und Verbleiben in einer geschlossenen Krankenanstalt rechtmäßig sind.

So erlaubt das Gesetz über Hilfen und Schutzmaßnahmen bei psychischen Krankheiten (PsychKG) in Nordrhein-Westfalen bei psychischen Störungen nur dann die Unterbringung gegen den Willen der Betroffenen, wenn „Gefahr für die öffentliche Sicherheit und Ordnung" besteht oder Selbsttötung bzw. eine Gefährdung der Gesundheit befürchtet werden müssen. Bevor eine Einweisung erfolgen darf, sind andere Hilfen zu prüfen. Der Antrag auf Unterbringung muss vom zuständigen Amtsgericht angeordnet werden und soll ein ärztliches Zeugnis enthalten. In den Fällen, in denen eine sofortige Unterbringung notwendig ist, kann nur dann ohne gerichtliche Entscheidung gehandelt werden, wenn ein aktueller ärztlicher Befund vorliegt. Ist die Unterbringung nicht bis zum folgenden Tage durch ein Gericht angeordnet, muss der/die Betroffene entlassen werden.

9 Rehabilitation

9.1 Definition und Ziele

Mit dem Abschluss der Akutbehandlung einer Krankheit oder eines Unfalls durch den niedergelassenen Arzt oder durch das Krankenhaus ist zwar in der Regel der akute Krankheitsprozess zum Stillstand gebracht, in vielen Fällen jedoch noch nicht gewährleistet, dass auch die Gesundheit wieder voll hergestellt ist und dass eine unbehinderte Wiedereingliederung in das berufliche und gesellschaftliche Leben erfolgen kann. Viele Krankheiten sind langwieriger und schwerwiegender Natur, beinhalten die Gefahr einer chronischen Beeinträchtigung und/oder von gesundheitlichen Nebenfolgen bzw. Nachfolgeerkrankungen. Dies trifft insbesondere auf die „modernen Volkskrankheiten", die chronisch-degenerativen Erkrankungen wie Rheuma, Herz-Kreislauf-Erkrankungen, aber auch auf Suchterkrankungen und psychische Erkrankungen zu. Nicht selten droht die Gefahr einer dauerhaften Behinderung und/oder von Frühinvalidität und damit auch einer dauerhaften Erwerbsunfähigkeit. Diese Gefahr zu verringern, bleibende Gesundheitsschäden zu vermeiden und die Wiedereingliederung in das berufliche und gesellschaftliche Leben nach einer Krankheit zu erleichtern, ist Aufgabe der *Rehabilitation.*

Rehabilitation kommt damit für all diejenigen Menschen in Frage, denen auf Grund ihrer Erkrankung eine körperliche, geistige oder seelische Behinderung *droht* oder die bereits behindert sind. Ihr Ziel ist die Wiederherstellung des bestereichbaren Standes ihres Leistungsvermögens und die Wiedereingliederung in das berufliche und soziale Leben. Rehabilitation ist also zugleich auch *Prävention* und zielt vom Grundsatz auf alle Altersgruppen, also auch auf ältere Menschen. Rehabilitation ist somit weit mehr als Behindertenhilfe. Als Grundsätze der Rehabilitation gelten:

- Integration behinderter Menschen in die Gesellschaft;

- Rehabilitation vor Rente;
- Teilhabe statt Pflege, Fördern statt Versorgen;
- individuelle Hilfe, die auf die konkrete Bedarfssituation abstellt;
- nahtloser Übergang von medizinischer Behandlung und Rehabilitation;
- frühzeitige Intervention, um Fehlentwicklungen in einem möglichst frühen Stadium zu korrigieren und die Wirksamkeit der Therapie zu erhöhen;
- Finalität, d.h. notwendige Hilfen werden jedem behinderten Menschen unabhängig von der Ursache der Behinderung zuteil, auch wenn unterschiedliche Träger zuständig sind;
- Wunsch- und Wahlrecht bezüglich der Rehabilitationseinrichtungen.

In den 1980er Jahren hat die WHO ein Klassifikationsschema von Krankheiten und Behinderung entwickelt, welches die auf drei Ebenen definierten Krankheitsfolgen als Gegenstand der Rehabilitation beschreibt:

- *Schäden (Impairments*), als Verlust seelischer, geistiger oder körperlicher Funktionen, wie z.B. Verlust des Gehörs;
- *Fähigkeitsstörungen* (*Disabilities*), die aufgrund der Schädigung entstanden sind und als Einschränkungen der seelischen, geistigen und körperlichen Aktivitäten im Alltagsleben wirken;
- *Soziale Benachteiligungen* (*Handicaps*), die aufgrund der Schäden und/oder der Funktionsstörung entstanden sind.

Anfang 2000 wurde dieser störungs- und defizitorientierte Ansatz von der WHO durch einen ressourcenorientierten Ansatz weiterentwickelt. Hiernach sind nicht mehr die Defizite einer Person maßgeblich, sondern ihre persönlichen Fähigkeiten und die soziale Teilhabe:

- *Impairments:* Beeinträchtigung einer Körperfunktion oder -struktur im Sinn einer wesentlichen Abweichung oder eines Verlustes;
- *Activity:* Möglichkeiten der Aktivität eines Menschen, seine persönliche Verwirklichung zu erreichen;
- *Participation:* Maß der Teilhabe an öffentlichen, gesellschaftlichen, kulturellen Aufgaben, Angelegenheiten und Errungenschaften;
- *Kontextfaktoren:* Physikalische, soziale und einstellungsbezogene Umwelt, in der ein Mensch sein eigenes Leben gestaltet.

9.2 Maßnahmen und Ablauf

Im Sinne des auch in den Katalog der sozialen Rechte (§10 SGB I) aufgenommenen Anspruchs auf Rehabilitation wird nicht mehr nach den Ursachen der Behinderung unterschieden. In der Praxis ist die Gewährung von Rehabilitationsleistungen jedoch kausal von konkreten Ursachen abhängig und wird vom Gesetzgeber den verschiedenen Trägern zugewiesen. Im Einzelfall sieht das Rehabilitationsrecht verschiedene Maßnahmen und Leistungen vor, die allerdings nicht streng voneinander getrennt durchgeführt und angeboten werden. Vielmehr soll sich eine sinnvolle Rehabilitation als *nahtlos* ablaufender Prozess vollziehen, bei dem die einzelnen Phasen im Rahmen eines *Gesamtplanes* ineinander greifen und sich ergänzen.

Um dieses Ziel einer umfassenden Rehabilitation auch praktisch zu verwirklichen, ist der jeweils zuständige Rehabilitationsträger zur Aufstellung eines *Gesamtplanes* verpflichtet, der alle zur vollständigen und dauerhaften Rehabilitation erforderlichen Maßnahmen in einer genauen zeitlichen Abfolge festlegt und der für die anderen beteiligten Träger verbindlich sein soll. Allerdings ist dies in der Praxis kaum realisiert. Lediglich die Unfallversicherung bedient sich regelmäßig bereits in der akuten medizinischen Frühphase der Einrichtung des „Berufshelfers“, der den Patienten von Anfang an bei der Bewältigung der organisatorischen Probleme unterstützt.

Als Konzept hat sich in den letzten Jahren das Konzept des *Case Managements* durchgesetzt. Es erlaubt Kassen, Trägern und Einrichtungen, die kaum noch zu überschauenden Leistungsangebote und Zuständigkeiten sinnvoll zu strukturieren und die Nahtlosigkeit der Phasen sowie die Qualität sicherzustellen. Danach lassen sich auf mehreren Ebenen patientenorientiert Handlungs- und Problemlösungsverfahren beschreiben, die die medizinisch-pflegerischen und psychosozialen Angebote koordinieren.

Übersicht VI.11:

Arbeitsschritte beim Case Management
- Am Anfang steht die methodisch organisierte Aufnahme des Patienten. - In einem zweiten Schritt folgt die Ermittlung des medizinischen oder psycho-sozialen Reha-Bedarfs. - Es folgt die Planung der konkreten Maßnahme. Hierzu gehört auch die Motivierung des Patienten, seine Aufklärung und Beratung über die beabsichtigte Therapie. - Den eigentlichen Kern stellt die Einleitung und Durchführung der Maßnahme dar. Hierzu gehört die regelmäßige medizinische Beratung und die psycho-soziale Betreuung. - Dem schließt sich eine Bestandsaufnahme über bisherige Erfahrungen, Prüfen und Überwachen der Schritte an sowie ihre Ergänzung und ggf. Korrektur der eingeleiteten Therapie. - Das Case Management wird abgeschlossen mit der Auswertung und Nachbetreuung des Patienten.

Die Rehabilitation umfasst die medizinische, schulische, berufliche und soziale Rehabilitation:

Medizinische Rehabilitation

Die medizinische Rehabilitation bezieht sich auf alle Hilfen, um einer drohenden Behinderung vorzubeugen, eine Behinderung zu beseitigen oder eine Verschlimmerung zu verhüten. Nicht alle diese Maßnahmen sind rehabilitationsspezifisch. Die meisten sind deckungsgleich mit der Krankenbehandlung, die auch mit der Zielsetzung erbracht werden muss, Behinderungen abzuwenden, zu beseitigen oder zu bessern. Eine Akutbehandlung hat immer zugleich den Zielen der Rehabilitation zu dienen. Im Einzelnen umfassen diese Maßnahmen:

- ärztliche und zahnärztliche Behandlung,
- stationäre Heilmaßnahmen in Krankenhäusern, Kur- und Spezialeinrichtungen einschließlich Unterkunft und Verpflegung,
- ggf. weitere Anschlussheilbehandlungen,
- Heilmittel, einschließlich Krankengymnastik, Bewegungs-, Sprach- und Ergotherapie, Sporttherapie, Kunsttherapie etc.,
- Ausstattung mit Prothesen, orthopädischen und anderen Hilfsmitteln,
- Belastungserprobung und Arbeitstherapie.

Schulische Rehabilitation

Die schulische Rehabilitation soll behinderten Kindern und Jugendlichen die für sie erreichbare Bildung vermitteln und erhalten. Bildungsangebote haben vor allem für jüngere Altersgruppen eine besondere Bedeutung. Dies gilt für die Förderung im Kindergartenalter, z.B. durch das Angebot an integrativen Gruppen, wie für die schulische Bildung und die Hochschulen. Es existiert ein ausgebautes Sonderschulwesen, bestehend aus Schulen für Lernbehinderte, Sehgeschädigte, geistig Behinderte, Körperbehinderte und Sprachbehinderte.

Berufsfördernde Leistungen

Berufsfördernde Leistungen sollen die Erwerbsfähigkeit behinderter Menschen erhalten, bessern, herstellen oder wiederherstellen, um sie möglichst auf Dauer in Arbeit und Beruf einzugliedern. In Ergänzung zu den Schulgesetzen der Länder sieht das SGB III berufliche Bildungsmaßnahmen vor. Im Einzelnen umfassen die Maßnahmen:

- Hilfen zur Erhaltung oder Erlangung eines Arbeitsplatzes einschließlich Leistungen zur Förderung der Arbeitsaufnahme sowie Eingliederungshilfen an Arbeitgeber,
- Berufsfindung und Arbeitserprobung, Berufsvorbereitung einschließlich einer wegen der Behinderung erforderlichen Grundausbildung,
- berufliche Fortbildung, Ausbildung und Umschulung einschließlich eines zur Teilnahme an diesen Maßnahmen erforderlichen schulischen Abschlusses,
- sonstige Hilfen der Arbeits- und Berufsförderung, um den Betroffenen eine angemessene und geeignete Erwerbs- oder Berufstätigkeit auf dem allgemeinen Arbeitsmarkt oder in einer Werkstatt für Behinderte zu ermöglichen.

Zu den wichtigsten beruflichen Rehabilitationseinrichtungen zählen die Berufsbildungswerke und Berufsförderungswerke. *Berufsbildungswerke* sind überbetriebliche Einrichtungen zur beruflichen Erstausbildung behinderter Jugendlicher, die auf begleitende Betreuung (auch ärztlich, psychologisch usw.) angewiesen sind. *Berufsförderungswerke* bieten Umschulungsplätze an, es handelt sich um überbetriebliche Einrichtungen zur beruflichen Umschulung erwachsener Behinderter, die ausbildungsbegleitende Dienste benötigen.

Daneben treten anerkannte *Werkstätten für behinderte Menschen*, die Behinderten, die noch nicht oder nicht wieder auf dem allgemeinen Arbeitsmarkt tätig sein können, Gelegenheit zur Ausübung einer geeigneten Beschäftigung bieten sollen. Bundesweit gibt es (2005) etwa 690 anerkannte Werkstätten mit über 260.000 Plätzen. Als Bindeglied zwischen beruflicher und medizinischer Rehabilitation fungieren spezielle Einrichtungen der medizinisch-beruflichen Rehabilitation *(Rehabilitationszentren)* für spezielle Behinderungen (z.B. Hirnverletzungen, Querschnittslähmungen).

Für die berufliche Wiedereingliederung hat das SGB IX die *Beschäftigungspflicht* der Arbeitgeber neu geregelt und die Beschäftigungspflichtquote gesenkt. Betriebe mit mindestens 20 Beschäftigten haben wenigstens 1 % der Arbeitsplätze mit Schwerbehinderten zu besetzen. Kommen sie dieser Beschäftigungspflicht nicht nach, haben sie an die zuständigen Integrationsämter eine Ausgleichsabgabe zu zahlen. Die Höhe richtet sich nach dem Ausmaß der Nichterfüllung der Quote und beträgt ab 2002 zwischen 105 € und 260 € monatlich für jeden nicht besetzten Pflichtarbeitsplatz. Für Klein- und Mittelbetriebe existieren Sonderregelungen. 71 % der privaten Arbeitgeber kommen ihrer Beschäftigungspflicht nicht oder nicht in dem erforderlichen Umfang nach. Das Aufkommen aus dieser Abgabe in Höhe von ca. 490 Mio. € (2005) wird z.T. von den Integrationsämtern und von der Bundesagentur für Arbeit für die Förderung des Arbeits- und Ausbildungsplatzangebotes verwendet. Der Rest fließt in einen Ausgleichsfond. Von den 1.059.800 Pflichtplätzen im Jahr 2004 waren 798.800 besetzt. Die Beschäftigungsquote lag damit bei nur 4,1 % (öffentlicher Dienst: 5,1 %, private Wirtschaft 3,1 %).

Soziale Rehabilitation

Soziale Rehabilitation soll den Betroffenen helfen, sich in der Gemeinschaft über den Beruf hinaus in den familiären, politischen, kulturellen und sportlichen Bereich wieder einzufinden und sich – soweit möglich – unabhängig von Betreuung und Pflege weiterzuentwickeln. Eine wichtige Rolle spielen dabei sozialpsychologische und psychosoziale Betreuung, Freizeitangebote, Wohnhilfen, Haushaltshilfen und der Sport.

Persönliches Budget

Die Leistungsform des Persönlichen Budgets sieht vor, dass die Leistungsempfänger von den Rehabilitationsträgern anstelle von Dienst- oder Sachleistungen zur Teilhabe ein Budget wählen können. Hieraus bezahlen sie die Aufwendungen, die zur Deckung ihres persönlichen Hilfebedarfs erforderlich sind. Damit werden behinderte Menschen zu Budgetnehmern, die den „Einkauf“ der Leistungen eigenverantwortlich, selbstständig und selbstbestimmt regeln können; sie werden Käufer, Kunden oder Arbeitgeber. Das Persönliche Budget löst das bisherige Dreieck zwischen Leistungsträger, Leistungsempfänger und Leistungserbringer auf; Sachleistungen werden durch Geldleistungen oder Gutscheine ersetzt (vgl. dazu Kap. „Soziale Dienste“, Pkt. 6.3).

Besondere Bedeutung für die Fortentwicklung der Leistungen zur Teilhabe haben trägerübergreifende Persönliche Budgets als Komplexleistungen. Hiervon spricht man, wenn mehrere Leistungsträger unterschiedliche Teilhabe- und Rehabilitationsleistungen in einem Budget erbringen. Seit dem 1. Juli 2004 ist geregelt, dass neben allen Leistungen zur Teilhabe auch andere Leistungen der gesetzlichen Krankenkassen, Leistungen der sozialen Pflegeversicherung, Leistungen der Unfallversicherung bei Pflegebedürftigkeit sowie Pflegeleistungen der Sozialhilfe in trägerübergreifende Persönliche Budgets einbezogen werden können.

Für ein Persönliches Budget müssen Menschen mit Behinderungen einen entsprechenden Antrag beim Leistungsträger stellen. Ab 2008 besteht auf Leistungen in Form des Persönlichen Budgets ein Rechtsanspruch.

9.3 Träger und Finanzierung

Trotz der finalen Orientierung gibt es bis heute in Deutschland keinen eigenständigen Rehabilitationsträger mit einheitlicher Zuständigkeit, z.B. eine „Bundesanstalt für Rehabilitation“. Stattdessen besteht ein Nebeneinander von sieben verschiedenen Trägergruppen, wobei nach dem *Kausalitätsprinzip* jeder Träger für *seine* Rehabilitationsleistung zuständig ist. Für Voraussetzungen, Art, Umfang und Finanzierung der Leistungen sind die jeweiligen Rechtsvorschriften der einzelnen Institution maßgeblich. Die Konsequenzen hieraus sind unterschiedliche Leistungen der einzelnen Rehabilitationsträger. Diese Trägerstruktur und der damit zusammenhängende Kompetenzwirrwarr führen zu Unübersichtlichkeit nicht nur für die Betroffenen, sondern selbst für Experten. Die Durchsetzung des umfassenden finalen Rehabilitationsziels im Sinne des postulierten Rehabilitations-Gesamtplanes wird dadurch erheblich erschwert. Die Zersplitterung spiegelt zugleich die Entstehungsgeschichte des heutigen gegliederten Systems der sozialen Sicherung einschließlich der Besitzstandsinteressen der jeweiligen Träger wider.

Um diese Mängel im Rehabilitationssystem zu beseitigen, wurde im Jahre 2001 das SGB IX verabschiedet, das wesentliche Verbesserungen bringt. Das neue Gesetz zur „Rehabilitation und Teilhabe behinderter Menschen“ ist zwar kein einheitliches Rehabilitationsgesetz, aber es unternimmt den Versuch, die strukturellen Voraussetzungen für die Kooperation der verschiedenen Träger zu verbessern:

- Klare Regelungen gibt es über die Zuständigkeit der Träger und den Zeitraum, in dem Leistungsbescheide erteilt werden müssen. Bei Nichteinhalten der Frist kann der Rehabilitand selbst Leistungen „einkaufen“.
- Bei der Leistungskoordination werden die Integrationsämter einbezogen.

- In kreisfreien Städten und Landkreisen sind gemeinsame örtliche Servicestellen der Reha-Träger einzurichten.
- Sozial- und Jugendhilfe sind mit ihren Eingliederungsleistungen in den Kreis der Träger einbezogen.

Insgesamt bleibt es aber auch nach der Verabschiedung des SGB IX bei der Zuständigkeit der folgenden sieben Trägergruppen:

(1) Gesetzliche Rentenversicherung

Der wohl wichtigste Rehabilitationsträger ist die *Gesetzliche Rentenversicherung.* Ziel ihrer Rehabilitationsmaßnahmen ist die Erhaltung der gefährdeten bzw. die wesentliche Besserung oder Wiederherstellung der geminderten Erwerbsfähigkeit. Diesem Ziel dienen sowohl medizinische Leistungen in Form von stationären Heilbehandlungen in Schwerpunktkliniken, Kurkliniken und Sanatorien als auch berufsfördernde Maßnahmen. Ihr Schwerpunkt liegt eindeutig im medizinischen Bereich.

Neben den medizinischen Voraussetzungen müssen bestimmte versicherungsrechtliche Bedingungen erfüllt sein, die sich u.a. nach der Dauer der Beitragszahlung und Versicherungszeit richten. Altersruhegeldempfänger erhalten von der Rentenversicherung keine Rehabilitationsmaßnahmen.

Zentral für die GRV ist der Grundsatz *„Rehabilitation vor Rente“.* Danach sollen Renten wegen verminderter Erwerbsfähigkeit erst dann gewährt werden, wenn zuvor Maßnahmen zur Rehabilitation durchgeführt worden sind oder wenn ein Erfolg solcher Maßnahmen nicht zu erwarten ist. In der Praxis, insbesondere bei älteren Arbeitnehmerinnen und Arbeitnehmern mit geringen Arbeitsmarktchancen und reduzierten betrieblichen Einsatzmöglichkeiten, läuft dieser Grundsatz aber häufig ins Leere, weil er letztlich doch keine Beschäftigung ermöglicht und somit die Rehabilitationsmaßnahme nur ein Zwischenstadium zur vorgezogenen Rente darstellt. Die hohe Zahl von Erwerbsminderungsrenten im frühen Lebensalter zeigt, wie weit die Praxis von diesem Ziel entfernt ist (vgl. Kap. „Alter“, Pkt. 3). Ein weiterer Grundsatz bezieht sich auf die Vermeidung von Pflegebedürftigkeit. *„Rehabilitation vor Pflege“* ist im V. und XI. Buch des SGB verankert.

Die Gesetzliche Rentenversicherung gab 2005 für medizinische und berufliche Leistungen der Rehabilitation (*Leistungen zur Teilhabe* einschließlich Übergangsgeld) 2,1 % (4,8 Mrd. €) der Gesamtausgaben aus.

(2) Gesetzliche Krankenversicherung

Liegen die Voraussetzungen für eine Leistungspflicht des Rentenversicherungsträgers nicht vor, kommen Rehabilitationsleistungen durch die *Krankenversicherung* in Betracht. Sie gewährt allerdings nur ambulante und stationäre medizinische, nicht aber berufliche Rehabilitationsmaßnahmen.

Als Rehabilitationsmaßnahmen der Gesetzlichen Krankenversicherung werden in erster Linie die Behandlungen in Kur- und Spezialeinrichtungen erfasst. Für die erwerbstätigen und damit in aller Regel rentenversicherten Rehabilitanden kommen jedoch die Leistungen der Krankenkassen nur insoweit in Betracht, als die Rentenversicherung nicht mit Rehabilitationsleistungen eintritt. Somit deckt die Krankenversicherung hauptsächlich das gesamte Spektrum der medizinischen Leistungen für die Personen ab, die nicht im Erwerbsleben stehen, wie z.B. Kinder, Hausfrauen und ältere Menschen. Eine besondere Bedeutung spielen die *Anschlussheilbehandlungen* (AHB). Sie können in Anspruch genommen werden, wenn ambulante oder stationäre Krankenbehandlung nicht ausreichen. Die Gesetzliche Krankenversicherung gab 2005 etwa 2,3 Mrd. €, das sind 1,1 % ihrer Gesamtleistungsausgaben, für die stationäre Rehabilitation und für Anschlussheilbehandlungen aus.

(3) Bundesagentur für Arbeit

Die *Bundesagentur für Arbeit* als dritter Rehabilitationsträger führt ausschließlich berufliche Rehabilitationsmaßnahmen durch. Ihr Ziel ist die (Wieder)Eingliederung der Rehabilitanden ins Berufs- und Arbeitsleben oder die Erhaltung bzw. Sicherung ihrer Arbeitsplätze. Die Arbeitsförderung übernimmt diese Leistungen, soweit hierfür kein anderer Träger zuständig ist. Die Bundesagentur ist somit für die berufliche Rehabilitation fast aller Schulabgänger verantwortlich sowie für fast alle Personen, die weniger als 15 Jahre im Arbeitsleben gestanden haben. Die Bundesagentur für Arbeit gab 2005 für berufsfördernde Maßnahmen zur Rehabilitation ca. 2,85 Mrd. € aus, das entspricht 5,1 % aller Ausgaben.

(4) Gesetzliche Unfallversicherung

Die Gesetzliche Unfallversicherung als vierter Träger ist bei Arbeitsunfällen (einschließlich Unfällen beim Besuch von Kindergärten, Schulen, Hochschulen) und Berufskrankheiten für medizinische, berufliche und soziale Rehabilitation zuständig. Dabei haben alle Maßnahmen zur Wiederherstellung der Gesundheit und zur beruflichen und sozialen Eingliederung auch hier Vorrang vor den zum Ausgleich des erlittenen materiellen Schadens vorgeschriebenen Geldleistungen. Da die Leistungen ebenfalls auf die Erhaltung, Besserung bzw. Wiederherstellung der Erwerbsfähigkeit abzielen, sind – wie bei der Rentenversicherung – unter den Rehabilitanden der Unfallversicherung zum allergrößten Teil erwerbstätige Personen vertreten.

(5) Kriegsopferversorgung

Kriegsopfer und Soldaten der Bundeswehr erhalten im Rahmen der *Kriegsopferversorgung und -fürsorge* Rehabilitationsleistungen bei gesundheitlichen Schäden, die durch Kriegseinwirkungen bzw. durch den Wehrdienst entstanden sind.

(6) Sozialhilfe

Die örtlichen und überörtlichen Träger der *Sozialhilfe* treten mit Rehabilitationsleistungen erst dann ein, wenn sich der Hilfesuchende selbst nicht mehr helfen kann und auch von keiner anderen Seite, insbesondere von keinem anderen Reha-Träger, Hilfe erhält. Die Heranziehung der Eltern durch die Bedürftigkeitsprüfung der Sozialhilfe ist für Leistungen der medizinischen Rehabilitation und beruflichen Teilhabe aufgehoben. Die Sozialhilfeträger wendeten im Jahr 2004 11,5 Mrd. € an Eingliederungshilfen für Behinderte auf.

(7) Jugendhilfe
Die Gebietskörperschaften (Städte, Kreise, Kreisangehörige Gemeinden mit eigenem Jugendamt) sind auch Rehabilitationsträger. Dasselbe gilt für die überörtlichen Träger der Jugendhilfe. Sie sind zuständig für Leistungen zur medizinischen Rehabilitation, zur Teilhabe am Arbeitsleben und zur Teilhabe am Leben in der Gemeinschaft.

9.4 Probleme

Die recht hohen Zahlen der durchgeführten Rehabilitationsmaßnahmen verdecken *Mängel in der Rehabilitationspraxis.* Die Kritik ist vielfältig und bezieht sich neben der Unüberschaubarkeit in der Trägerstruktur insbesondere auf die *fehlende Nahtlosigkeit* zwischen den einzelnen Phasen im Rehabilitationsprozess. Dies ist besonders offensichtlich, wenn mehrere Träger am Rehabilitationsprozess beteiligt sind, wenn zeitaufwändige Zuständigkeits- und Kostenabklärungen erforderlich sind und damit eine zügige Abwicklung des Verfahrens einschließlich der rechtzeitigen Einleitung von Nachfolgemaßnahmen verhindert wird. Dies gilt vor allem für die Schnittstellen zwischen vorangehender medizinischer und nachgehender beruflicher und sozialer Rehabilitation.

In der medizinischen Rehabilitation bezieht sich die unzureichende Nahtlosigkeit auf die Übergänge zwischen kurativer Medizin bzw. stationärer Krankenhausbehandlung und ambulanter Nachsorge. Medizinische Rehabilitation wird praktisch nur stationär betrieben. Die nachsorgende medizinische Rehabilitation gibt es dagegen selten, sei es, weil die niedergelassenen Ärzte darauf kaum vorbereitet bzw. dafür qualifiziert sind, oder sei es, weil viel zu wenige ambulante, ortsnah arbeitende Rehabilitationsdienste bestehen.

Obwohl die psycho-soziale Betreuung wesentlicher Bestandteil jeder Versorgung sein muss, unabhängig davon, von welchem Träger sie erbracht wird, sind *psycho-soziale Angebote* nur unzureichend vorhanden. Vor allem besteht ein Mangel an Angeboten für chronisch Kranke, psychisch Kranke und Behinderte. Die erforderlichen Sozialen Dienste zur gesellschaftlichen Reintegration von psychisch Kranken, Sucht- oder Aidskranken sind nicht bedarfsgerecht ausgebaut. Dienste, die sich auf die Familien der Betroffenen oder ihr soziales Umfeld richteten, sind Ausnahmen.

Die Rehabilitationspraxis hat aber auch beachtliche Erfolge aufzuweisen. So lassen sich z.B. nach Abschluss der medizinischen Rehabilitationsmaßnahmen bei fast 81 % der Rehabilitanden Verbesserungen des Gesundheitszustandes nachweisen. Rund 91 % der Teilnehmer an beruflichen Rehabilitationsmaßnahmen können danach wieder ihre letzte Beschäftigung aufnehmen, wobei jedoch die Wiederbeschäftigungsquoten bei Älteren erheblich niedriger sind. Dies spiegeln auch die überdurchschnittlich hohen Arbeitslosenquoten und die lange Dauerarbeitslosigkeit von Schwerbehinderten bzw. gesundheitlich stark Eingeschränkten sowie die zahlreichen Frühverrentungen wider (vgl. Kap. „Alter“, Pkt. 3.2). Der erfolgreiche Abschluss einer beruflichen Rehabilitationsmaßnahme hat also keineswegs auch immer die erfolgreiche Wiedereingliederung in das Erwerbsleben zur Folge.

Die dargestellten Mängel, insbesondere im medizinischen Rehabilitationssystem als dem quantitativ weitaus bedeutsamsten, erfordern vielfältige Umorientierungen und Reformen. Im Bereich der *medizinischen* Rehabilitation ist insbesondere eine bessere Abstimmung zwischen dem Krankenhaus und den ambulanten Versorgungsangeboten notwendig, ebenso wie die Vernetzung des Krankenhaussektors mit den übrigen sozialpflegerischen und sonstigen rehabilitativ ausgerichteten Diensten wie Psychotherapie, Physiotherapie und Krankengymnastik, Ergotherapie oder den verschiedenen sozialarbeiterischen Diensten. Solche Mängel bestehen insbesondere in der Geriatrie und der Gerontopsychiatrie. Ambulante Therapiezentren, gerontopsychiatrische Regionalzentren, ambulante Zentren für die Versorgung behinderter und chronisch kranker Kinder und Jugendlicher als Ergänzung zu Krankenhäusern und Arztpraxen sind Beispiele für ein vernetztes Versorgungsangebot, die jedoch bundesweit Mangelware sind.

Im Bereich der *beruflichen Rehabilitation* beziehen sich die Forderungen insbesondere auf den Ausbau von Arbeitsschutzmaßnahmen zur Vermeidung von berufsbedingten Behinderungen sowie auf die gezielte Verbesserung der Qualifikation insbesondere älterer Behinderter. Notwendig sind weiterhin verstärkte Bemühungen um die Verbesserung der Wiedereingliederungschancen arbeitsloser Rehabilitanden. Dies setzt allerdings wesentlich die Mitwirkungs- und Einstellungsbereitschaft der Betriebe voraus, die bei einem hohen Arbeitslosenbestand erfahrungsgemäß kaum gegeben ist. Um diese zu erhöhen, wären u.a. die Ausweitung der Pflichtquote der Betriebe für die Beschäftigung Schwerbehinderter, die spürbare Anhebung der Ausgleichsabgabe für einstellungsunwillige Betriebe sowie nicht zuletzt die Verbesserung des Kündigungsschutzes für Schwerbehinderte voranzutreiben.

10 Finanzierung und Finanzierungsprobleme des Gesundheitssystems

Die Gesundheitsausgaben steigen seit Jahren an, dies nicht nur in Deutschland, sondern auch in den meisten vergleichbaren Staaten. Vor diesem Hintergrund stehen Fragen der Finanzierbarkeit des Gesundheitswesens seit langem im Mittelpunkt der sozialpolitischen Diskussion. Die Metapher von der „Kostenexplosion“ scheint zu signalisieren, dass die Ausgaben außer Kontrolle geraten und die Grenzen der Finanzierbarkeit überschritten sind. Dies ist allerdings nicht der Fall.

Die Höhe der Gesundheitsausgaben sagt weder positiv noch negativ etwas über die Wirksamkeit und Qualität der gesundheitlichen Versorgung und auch nicht über die Wirtschaftlichkeit der eingesetzten Mittel aus. Ein insgesamt teures Gesundheitswesen kann ineffektiv und schlecht sein, ein kostengünstigeres womöglich besser. Die Beurteilung des Gesundheitswesens kann sich deshalb nicht primär und allein auf die Ausgaben- und Kostenentwicklung beschränken. Entscheidend ist vielmehr, ob Gesundheitssystem und -politik den zentralen Gesundheitsproblemen der Bevölkerung entsprechend eine bedarfsgerechte und qualitativ hochwertige Versorgung für alle Gruppen der Bevölkerung sicherstellen und ob die Mittel effizient eingesetzt werden.

10.1 Ausgabenentwicklung

Wenn überprüft werden soll, in welchem Ausmaß die Gesundheitsausgaben gewachsen sind, ob diese Entwicklung als bedrohlich eingeschätzt werden muss, welche Bestimmungsfaktoren ihr zu Grunde liegen und welche Lösungswege sich anbieten, ist zu klären, welche Ausgaben gemeint sind. Zu unterscheiden ist zwischen

- den öffentlichen und privaten Gesundheitsausgaben insgesamt und
- den Ausgaben, die durch die Gesetzliche Krankenversicherung finanziert werden.

Gesamtausgaben für Gesundheit

Die Gesamtausgaben für die Erhaltung und Wiederherstellung der Gesundheit beliefen sich 2005 in Deutschland auf insgesamt auf 239,4 Mrd. €. Von 1995 bis 2001 errechnet sich ein Anstieg von 28,4 % (vgl. Tabelle VI.12). Die Aufteilung nach *Trägern* zeigt, dass mit einer Summe von 135,9 Mrd. € mehr als die Hälfte aller Ausgaben (56,8 %) auf die Gesetzlichen Krankenkassen entfällt. Einen spürbaren Bedeutungszuwachs hat auch die PKV erfahren. Demgegenüber ergibt sich ein deutlicher Rückgang bei den öffentlichen Haushalten, deren Finanzierungsanteil sich von 10,7 % auf 5,7 % nahezu halbiert hat. Bei der Aufgliederung nach *Einrichtungen* lässt sich erkennen, dass 84,8 % aller Ausgaben in die ambulanten und (teil)stationären Einrichtungen fließen.

Die *absolute* Höhe der Ausgaben für Gesundheit gibt allerdings noch keine Auskunft über ihre Bedeutung in einer Volkswirtschaft. Erst in der Relation zur Wirtschaftskraft lässt sich deren gesamtwirtschaftliche Dimension ermessen. Aussagefähig sind deshalb nur die *Gesundheitsquoten,* die den Anteil der Gesundheitsausgaben am Bruttoinlandsprodukt wiedergeben. Auch internationale Vergleiche sind nur auf dieser Berechnungsbasis sinnvoll. Die Entwicklung der Gesundheitsquote im Zeitverlauf hängt dabei nicht nur von den Ausgabesteigerungen ab, sondern variiert auch mit den Veränderungen des Bruttoinlandsprodukts. Bei einem rückläufigen Sozialprodukt und konstanten Gesundheitsausgaben kommt es zu einem Anstieg der Gesundheitsausgaben am Sozialprodukt, umgekehrt sinkt die Quote, wenn die wirtschaftliche Leistungsfähigkeit stärker wächst als die Gesundheitsausgaben. Die Gesundheitsquote belief sich 2005 auf 10,7 %, gegenüber

10,1 % im Jahr 1995 (vgl. Tabelle VI.12). Von einer Ausgaben- bzw. Kosten„explosion“ kann keine Rede sein.

Tabelle VI.12:
Gesundheitsausgaben 1995 - 2005

	1995		2005	
	in Mio. €	in %	in Mio. €	in %
Gesundheitsausgaben insgesamt	186.474	100,0	239.357	100,0
nach Ausgabenträgern				
öffentliche Haushalte	19.917	10,7	13.623	5,7
Gesetzliche Krankenversicherung	112.474	60,3	135.868	56,8
Soziale Pflegeversicherung	5.292	2,8	17.888	7,5
Gesetzliche Rentenversicherung	4.370	2,3	3.478	1,5
Gesetzliche Unfallversicherung	3.408	1,8	3.997	1,7
Private Krankenversicherung	14.275	7,7	22.023	9,2
Arbeitgeber	7.772	4,2	10.081	4,2
private Haushalte	18.965	10,2	32.399	13,5
nach Einrichtungen				
Prävention/Gesundheitsschutz	1.782	1,0	1.985	0,8
ambulante Einrichtungen	86.970	46,6	115.494	48,3
stationäre/teilstationäre Einrichtungen	70.939	38,0	87.424	36,5
Rettungsdienste	1.731	0,9	2.567	1,1
Verwaltung	11.032	5,9	14.621	6,1
Sonst. Einrichtg. u. priv. Haushalte	6.204	3,3	7.284	3,0
Ausland	568	0,3	906	0,4
Investitionen	7.248	3,9	9.077	3,8
Gesundheitsausgaben				
- in % des Bruttoinlandsprodukts	-	10,1	-	10,7
- je Einwohner	2.080	-	2.900	-
Einkommensersatzleistungen	66.696	-	60.802	-

Quelle: Statistisches Bundesamt, Gesundheit - Ausgaben, Krankheitskosten und Personal 2004, Wiesbaden 2006.- Statistisches Bundesamt, Gesundheit - Ausgaben 1995 - 2006, Wiesbaden 2007.

Unabhängig von diesen statistischen Befunden stellt sich die Frage, warum hohe und steigende Ausgaben in dem Wirtschaftssektor „Gesundheit“ per se ein Anlass für Besorgnis sein sollen. Auch die Umsatz- und Ausgabenzuwächse in vielen anderen Bereichen des Dienstleistungssektors lassen sich nicht als bedrohliche Kostenexplosion bezeichnen. Vielmehr gilt der prosperierende Dienstleistungssektor als *die* Wachstums- und Beschäftigungshoffnung. Wenn dennoch die Ausgaben des Gesundheitswesens häufig anders betrachtet werden, dann wegen der unterschiedlichen Finanzierung. Steigende Gesundheitsausgaben werden dann zum Problem (gemacht), wenn sie statt durch Preise durch Steuern oder Beiträge *öffentlich* finanziert werden und sich in steigenden Einkommensabzügen und Lohnnebenkosten niederschlagen. Aus der erwünschten „Wachstumsdynamik“ wird dann eine „Kostenexplosion“ (vgl. Bd. I, Kap. „Ökonomische Grundlagen und Finanzierung“, Pkt. 3.8.).

Ausgaben der Gesetzlichen Krankenversicherung

Im Mittelpunkt des politischen Interesses stehen weniger die Gesundheitsausgaben insgesamt als vielmehr die beitragsfinanzierten *Ausgaben der GKV,* die in etwa die Hälfte des Gesamtvolumens ausmachen. Die Ausgabenentwicklung der GKV wird durch sehr unterschiedliche Faktoren beeinflusst. Zu nennen sind vor allem

- die Veränderung des Krankheitsgeschehens,
- der medizinisch-technische und pharmakologische Fortschritt (Hochleistungsmedizin),
- die Altersstruktur der Bevölkerung,
- die Mengen-, Preis- und Einkommenssteigerungen sowie
- die Verlagerungen von Ausgaben anderer Bereiche der Sozialversicherung und des Staates auf die Krankenversicherung.

Eine Ausweitung des Leistungskataloges der Krankenversicherung hat es seit Beginn der 1980er Jahre – bis auf kleinere Ausnahmen – hingegen nicht gegeben. Vielmehr ist es im Rahmen der Kostendämpfungspolitik zu zahlreichen Kürzungen und Leistungsausgrenzungen gekommen (vgl. Pkt. 12.2 dieses Kapitels).

Unterscheidet man die Entwicklung der Ausgaben nach *Leistungsarten* (vgl. Abbildung VI.19) lässt sich für die alten Bundesländer für die Zeit von 1993 bis 2005 erkennen, dass vor allem in den Bereichen Arzneimittel, Heil- und Hilfsmittel und Krankenhaus ein überproportionaler Anstieg zu verzeichnen war. Ein starker Rückgang zeigt sich demgegenüber beim Krankengeld.

Die Ausgabesteigerungen in den drei großen Versorgungsbereichen ambulante ärztliche Behandlung, stationäre Behandlung und Arzneiverordnungen sind überwiegend auf die sich verändernde Morbidität (Zunahme chronisch-degenerativer Erkrankungen), die Alterung der Bevölkerung und angebotsinduzierte Einflussfaktoren zurückzuführen. Letzteres gilt vor allem für die steigenden Ausgaben für Arzneimittel. Ursache ist die zunehmende Verschreibung teuerer Präparate, während die Zahl der Verordnungen sinkt. Die Kostendämpfungspolitik nach 2002 hat im Bereich der Arzneimittel zwar zu einem starken Ausgabenrückgang geführt, aber seit 2004 steigen die Ausgaben wieder an. Die Ausgabenentwicklung im Krankenhaus ist wesentlich auf die steigende Zahl der Behandlungsfälle und die kostspieligere Behandlung pro Fall zurückzuführen. Verweildauer und Bettenkapazitäten dagegen sinken seit langem.

Abbildung VI.19:

Ausgabenzuwächse in der GKV nach Leistungsarten 1993 - 2006, Index: 1993 = 100

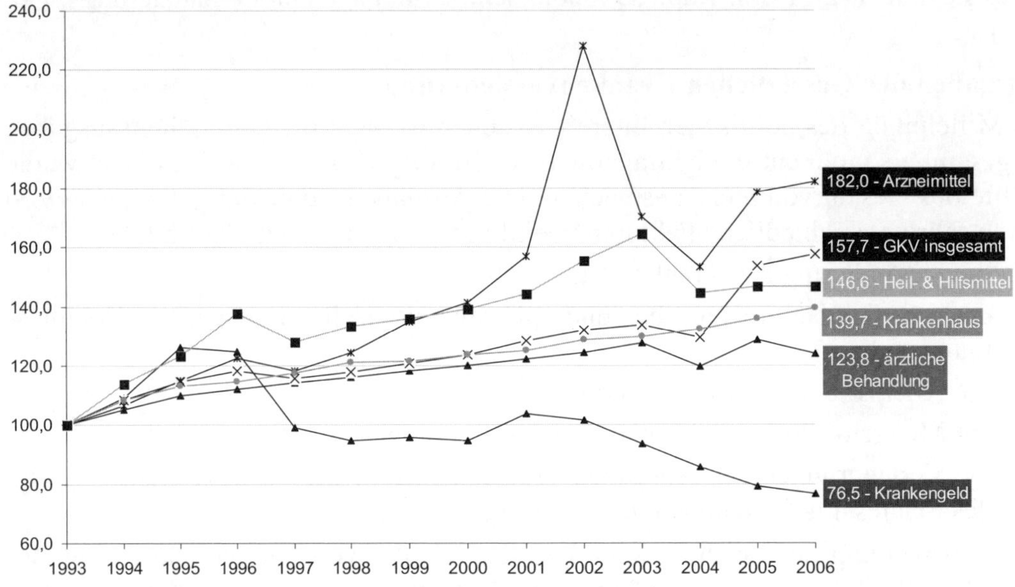

Quelle: Bundesministerium für Gesundheit.

Die Altersstruktur der Bevölkerung ist insofern eine wichtige Determinante für die Ausgabenentwicklung des Gesundheitswesens allgemein und der Krankenversicherung im Besonderen, da ältere Menschen überproportional häufig zu den Leistungsempfängern zählen. So lassen sich (2004) 36,6 % der gesamten Krankheitskosten der Gruppe der Bevölkerungsgruppe im Alter zwischen 65 und 85 Jahren zurechnen, diese Gruppe macht aber nur 16,6 % der Bevölkerung aus.

Insgesamt sind die GKV-Ausgaben zwischen 1992 und 2005 um 40,1 % gestiegen, gleichzeitig stieg das BIP um 38,4 %. Der Anteil der GKV-Ausgaben am Bruttoinlandsprodukt hat sich damit im Zeitverlauf nur geringfügig verändert und weist mit 6,1 % im Jahr 2005 nur einen um 0,1 Prozentpunkt höheren Wert als im Jahr 1990 auf.

10.2 Einnahmeentwicklung in der GKV

Trotz der weitgehend parallelen Entwicklung von GKV-Ausgaben und Sozialprodukt mussten die Krankenkassen auf Grund immer wieder neu auftretender Finanzierungsdefizite die *Beitragssätze* laufend anheben. Trotz ausgeprägter Schwankungen zeichnet sich ein durchgängiger Trend zu höheren Beitragssätzen ab. Lag der durchschnittliche Beitragssatz 1970 noch bei 8,2 %, so war er 1980 bereits auf 11,4 % angestiegen und hat 2006 einen Wert von 13,6 % erreicht (vgl. Abbildung VI.20 und Bd. I, Kap. „Ökonomische Grundlagen und Finanzierung", Pkt. 3.4).

Abbildung VI.20:

Entwicklung des durchschnittlichen Beitragssatzes der GKV 1970 - 2006

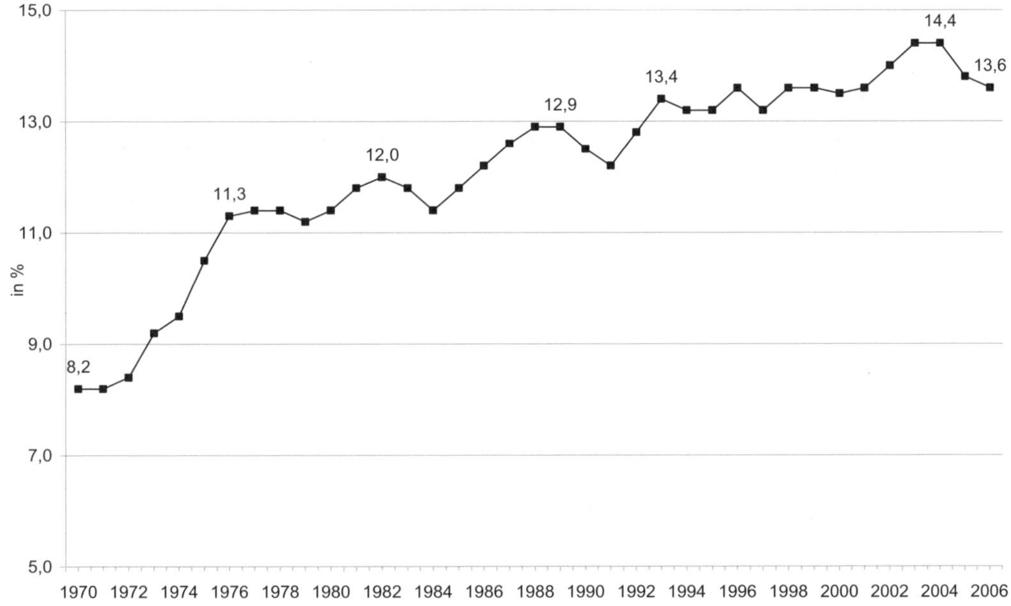

alte Bundesländer, ohne Berücksichtigung des Sonderbeitrags für Versicherte von 0,9 % ab 01.07.2005.
Quelle: Bundesministerium für Arbeit und Sozialordnung, Statistisches Taschenbuch 1950 - 1990, Bonn 1992.- Bundesministerium für Arbeit und Soziales, Statistisches Taschenbuch 2006, Berlin 2006.

Analysiert man die Ursachen für diesen Widerspruch, lässt sich feststellen, dass der Anstieg der Beitragssätze weniger Folge einer über das Wachstum der Volkswirtschaft hinaus reichenden Ausgabesteigerung ist, sondern vielmehr einer hinter dem Anstieg des Sozialprodukts zurückbleibenden Entwicklung der *Finanzierungsbasis* der GKV, nämlich der versicherungspflichtigen Entgelte der Arbeitnehmer (*Grundlohnsumme*). So betrug der Grundlohnzuwachs in den alten Bundesländern zwischen 1995 und 2000 7,2 %, während hier das nominale *Wirtschaftswachstum* (BIP) in dem Berichtszeitraum 13,3 % betrug (vgl. Abbildung VI.21). Dieses Zurückbleiben der Grundlohnsumme spiegelt wider, dass seit Mitte der 1980er Jahre der Anteil der Löhne und Gehälter am Volkseinkommen (Lohnquote) abnimmt (vgl. Bd. I, Kap. „Einkommen", Pkt. 2.2). Im Ergebnis muss damit die GKV aus einer geringer werdenden Arbeitnehmereinkommensquote finanziert werden. Abbildung VI.21 zeigt, dass im Zeitverlauf von 1995 bis 2005 die Zuwächse beim

Grundlohn je Mitglied deutlich hinter den Leistungsausgaben je Mitglied und diese wiederum hinter dem Anstieg des Bruttoinlandsprodukts zurückgeblieben sind. Zum Haushaltsausgleich wurden Beitragssatzerhöhungen notwendig.

Hinzu kommt, dass der Gesetzgeber mehrmals andere Zweige der Sozialversicherungen zu Ungunsten der GKV entlastet hat („Verschiebebahnhof"). Beispielsweise wurde ab 1995 die Bemessungsgrundlage für den Krankenversicherungsbeitrag der Arbeitslosen von 100 % auf 80 % des Bruttolohnes gekürzt, 2003 wurde die Bemessungsgrundlage für die Beiträge von Arbeitslosenhilfeempfängern auf die Höhe der Arbeitslosenhilfe abgesenkt.

Abbildung VI.21:

Anstieg des BIP, der Einnahmen und der Ausgaben der GKV 1995 - 2005, Index 1995 = 100

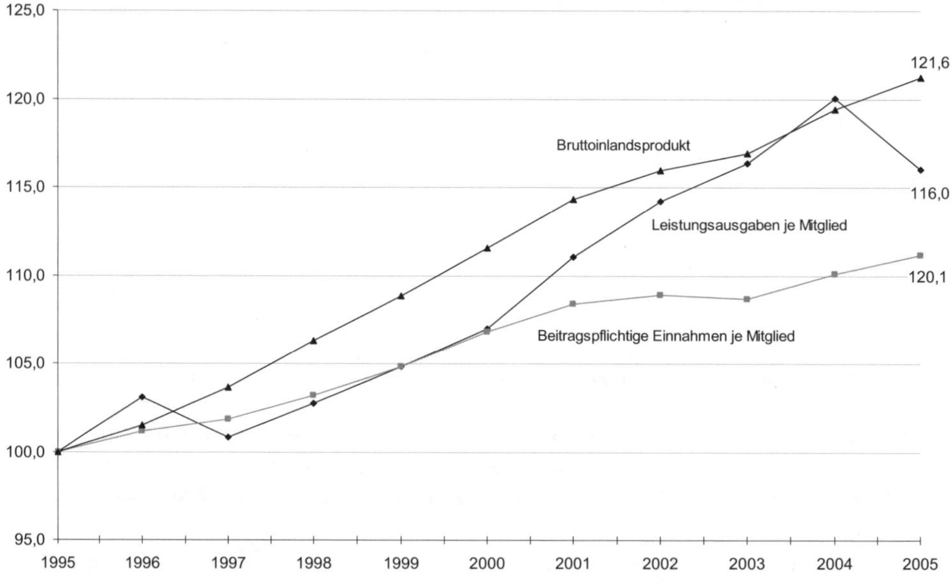

Quelle: Bundesministerium für Gesundheit.

11 Ein Blick über die Grenzen zu den europäischen Nachbarn

Systemvielfalt im europäischen Sozialmodell

Der Blick über die Grenzen wird in einer Welt, in der zunehmend internationale Zusammenhänge auch die nationale Politik prägen, wichtiger denn je. Regelmäßig wird auf Sozialsysteme verwiesen, die tatsächlich oder vermeintlich bessere Versorgungsstrukturen haben, kostengünstiger sind oder besserer Qualität liefern. In Bezug auf die Gesundheitsversorgung ist hier z.B. der World Health Report 2000 zu nennen, der für 182 Nationen ein Ranking in Bezug auf Versorgungs-, Verteilungs- und Qualitätsmerkmale enthält. Er bestätigt, was auch nationale Studien belegen, dass in Bezug auf bestimmte Qualitätsmerkmale in Deutschland erheblich Defizite existieren. Internationale Vergleichsstudien zeigen darüber hinaus, dass nicht ein bestimmter Systemtyp (privat, Staat, Sozialversicherungen oder Mischsysteme) in Bezug auf Qualität oder Kosten die Nase vorn hat, sondern dass der Charakter der Gesundheitssysteme stark von kulturellen Eigenheiten der Nationen geprägt ist und die Steuerung von Versorgungs- und Kostenstrukturen entscheidend ist.

Der Blick über die Grenzen oder das Motto „Von den Nachbarn lernen", spielt in der Reformdebatte eine wichtiger werdende Rolle. Nicht zuletzt geht von der europäischen Union ein Trend zur Angleichung der Sozialsysteme bzw. einzelner Leistungsbereiche aus, obwohl von einer Konvergenz – gerade wegen der kulturellen, politischen und sozialen Traditionen – nur auf lange Frist ausgegangen werden kann. Insofern ist es nicht möglich, andere Systeme oder Systembestandteile komplett zu kopieren und zu implementieren. Auch die Typologie von Wohlfahrtsstaaten (vgl. Kap. 1 „Sozialpolitik und soziale Lage", Pkt. 2) „liberal", „konservativ", „sozialdemokratisch" ist auf die Gesundheitssysteme kaum anwendbar und zu grobmaschig. So sind z.B. die Länder Frankreich, Belgien, Deutschland und Österreich, die überwiegend durch Sozialversicherungssysteme geprägt sind, in ihrer Versorgungs-, Finanzierungs- und Organisationsstruktur sehr unterschiedlich und darüber hinaus Mischsysteme mit staatlichen und privaten Versorgungsstrukturen. Großbritannien wiederum, das zum liberalen Typus gerechnet wird, hat mit dem Nationalen Gesundheitsdienst ein Gesundheitssystem, das mit seinem Versorgungscharakter eher dem skandinavischen Typus zuzuordnen ist.

Sehr unterschiedlich ausgeprägt ist auch die Finanzierung. Während z.B. in Italien der Arbeitgeberanteil 9,6 % des Einkommens beträgt, zahlen die Arbeitnehmer nur 0,9 %. Eine ähnliche Aufteilung existiert in den Niederlanden. In Irland, das einen öffentlich finanzierten nationalen Gesundheitsdienst kennt, sind die Kosten für die medizinische Versorgung für das untere Einkommensdrittel frei. Zuzahlungen sind weit verbreitet, weichen aber stark voneinander ab: In Frankreich haben die Patienten im Durchschnitt ca. 20 % der Arzneimittelkosten selbst zu tragen, wobei Zuzahlungen bei „notwendigen" Medikamenten entfallen, während sie bei „Komfort-Medikamenten" 65 % betragen. Auch bei den Behandlungskosten sind erhebliche Zuzahlungen (ein Drittel) fällig. Einige Länder regulieren die Arzneimittelausgaben durch eine Positivliste für Arzneimittel statt durch Zuzahlungen.

Groß ist die Vielfalt von Versorgungsstrukturen: Einige Länder setzen auf kommunale (Finnland) oder regionale (Frankreich) Gesundheitszentren, in denen die ambulante Versorgung stattfindet. In Großbritannien wiederum findet die ambulante fachärztliche Versorgung überwiegend durch die Krankenhäuser statt. Die strenge Abschottung zwischen ambulantem, durch Privatpraxen geprägten Sektor und dem Krankenhaus, das nur für die stationäre Versorgung zuständig ist, findet sich nur in Deutschland.

Gemeinsame Probleme und Suche nach Lösungen

Trotz der Systemvielfalt haben die europäischen Staaten mit ähnlichen Problemen zu tun und suchen unabhängig vom jeweiligen System ähnliche Lösungen bzw. haben entsprechende Konzepte entwickelt. Angesichts vergleichbarer Rahmenbedingungen (Anstieg chronisch-degenerativer Erkrankungen, demografische Umbruch, Weiterentwicklung von Diagnostik und Therapie) haben es alle Nationen mit einem Kostenanstieg zu tun. Im *Ländervergleich* lässt sich die These eines besonders teuren Gesundheitssystems in Deutschland bestätigen. Nach einer internationalen Vergleichsstatistik liegt Deutschland mit einer Gesundheitsquote (ohne Einkommensleistungen) von 10,8 % im Jahr 2004 an der Spitze der europäischen Länder (vgl. Tabelle VI.13). Das überwiegend von Privatversicherungen dominierte System der USA, mit etwa 40 Mio. Personen ohne Krankenversicherung und weiteren 40 Mio., die unterversichert sind, beansprucht hingegen ca. 15,2 % des Sozialproduktes.

Alle Vergleichsländer suchen nach Umbaukonzepten. Nahezu durchgängig wird auf die Stärkung der Marktsteuerung gesetzt. Diese bezieht sich auf Zuzahlungen der Patienten, auf Marktregulierungen durch Einkaufsmodelle und auf die Verbindung von privaten und sozialen Sicherungssystemen. Eine wichtige Rolle spielt auch die Aufwertung der Hausärzte. Sie sollen eine „gate-keeper"-Funktion im Versorgungssystem ausüben und der unkontrollierten Leistungsausweitung durch Fachärzte Einhalt gebieten. Während bei der ambulanten Versorgung das Konzept der evidenzbasierten Medizin, bei dem die Behandlung der Patienten sich an wissenschaftlich begründeten Leitlinien orientiert, international an Boden gewinnt, verspricht man sich bei der stationären Behandlung viel von einer Finanzierung nach diagnoseorientierten Fallpauschalen.

Nationales Recht und europäische Steuerungskompetenzen

Nach den europäischen Verträgen verbleibt die Gesundheitsversorgung in der Verantwortung der Mitgliedsstaaten. Allerdings ist bei grenzüberschreitender Inanspruchnahme von Leistungen des Gesundheitssystems das Verhältnis von Gemeinschaftsrecht zum nationalen Sozialrecht relevant. So schränkt das europäische Wettbewerbsrecht die sozialversicherungsrechtliche Autonomie der Mitgliedsstaaten ein. Urteile des EuGH zur Inanspruchnahme von Gesundheitsleistungen im Ausland stärken die Patientenrechte nach freier Behandlungswahl und begrenzen damit das Sachleistungsprinzip. So können seit 2004 GKV-Versicherte aus Deutschland ohne vorherige Genehmigung durch die Kasse Leistungen im EU-Ausland in Anspruch nehmen (das gilt nicht für Krankenhausbehandlungen).

Tabelle VI.13:

Gesundheitsausgaben, ärztliche Versorgung und Krankenhausbetten im internationalen Vergleich 2004

Staaten	Gesundheitsausgaben[1] in % des BIP	Öffentl. finanzierte Gesundheitsausgaben in % der Gesamtausgaben	Ärzte je 1.000 Einwohner	Akut-Krankenhausbetten je 1.000 Einwohner
Belgien	10,1	71,1	4,0	4,8
Dänemark	8,9	-	3,0	3,3
Deutschland	10,8	78,7	3,4	6,6
Finnland	7,4	76,2	2,4	3,0
Frankreich	10,4	78,3	3,4	3,8
Griechenland	10,5	53,6	4,7	-
Großbritannien	7,8	85,6	2,2	3,7
Irland	7,2	78,0	2,6	3,0
Italien	8,4	73,7	4,1	3,7
Luxemburg	7,7	90,6	2,7	5,7
Niederlande	9,1	63,0	3,5	2,8
Österreich	9,6	70,3	3,4	6,6
Portugal	9,8	73,5	3,3	3,1
Schweden	9,3	85,4	3,3	2,2
Spanien	7,9	70,4	3,2	2,8
Vereinigte Staaten	15,2	44,6	2,4	2,8
Japan	8,0	81,5	2,0	8,5

1) Öffentliche und private Ausgaben.

Quelle: OECD, Health Data 2006.

12 Ansatzpunkte, Probleme und Perspektiven der Gesundheitspolitik

12.1 Ebenen gesundheitspolitischer Steuerung

In dem pluralistischen und korporatistischen Gesundheitssystem Deutschlands wird Gesundheitspolitik durch viele Akteure gestaltet. Verantwortlich sind u.a.

- der Staat (Bund, Länder und Gemeinden),
- die Gesetzlichen Krankenkassen,
- die Unfall-, Pflege- und Rentenversicherung,
- die Kassenärztlichen Vereinigungen,
- die anderen Leistungsanbieter und ihre Verbände,
- die im Gesundheitswesen tätigen Interessens- und Berufsverbände,
- die Arbeitgeber und
- die Gewerkschaften.

Abbildung VI.22:

Hierarchie der Steuerungskompetenz im Gesundheitswesen

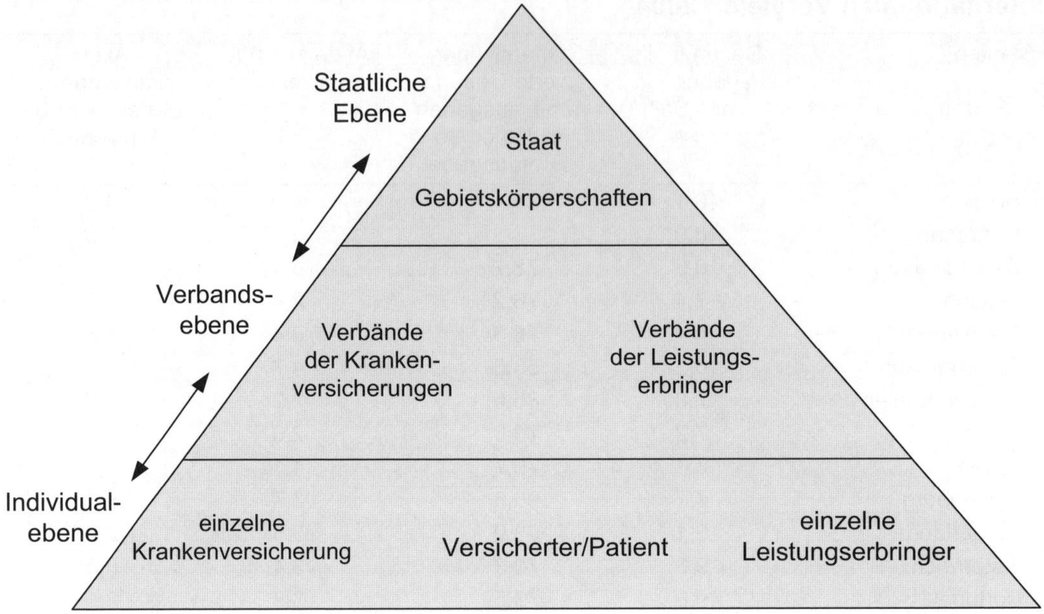

Quelle: Sachverständigenrat für die Konzertierte Aktion im Gesundheitswesen, Sachstandsbericht 1994, Baden-Baden 1995, S. 207

Die *Steuerungskompetenz* in der Gesundheitspolitik ist entsprechend auf mehreren Ebenen angesiedelt und ist in den letzten Jahren erheblich verändert worden. Der Staat ist im Wesentlichen für die gesetzlichen Rahmenbedingungen zuständig und gestaltet diese durch seine Gesetzgebung. Die Selbstverwaltungsorgane der Gesetzlichen Krankenkassen sind auf einer untergeordneten, teilautonomen Ebene zusammen mit den Kassenärztlichen Vereinigungen für die Sicherstellung und Finanzierung der Gesundheitsversorgung verantwortlich. Die Hierarchie der Steuerungskompetenz kann in einer Steuerungspyramide dargestellt werden, die die verschiedenen Eingriffsebenen mit den dazu gehörenden Akteuren illustriert (vgl. Abbildung VI.22):

- Der *Staat* hat im Rahmen seiner Gesetzgebung zum SGB V in den letzten Jahren umfassend in ca. 60 Einzelgesetzen und über 7.000 Einzelbestimmungen in Leistungen, Organisation, Finanzierung und Steuerung eingegriffen. Zahlreiche Einzelgesetze kennzeichnen die laufende Anpassung der gesetzlichen Vorschriften an sich verändernde Rahmenbedingungen, lassen aber auch den Wandel von Zielvorstellungen erkennen.

  Der/die zuständige Bundesminister/in beruft einen *Sachverständigenrat*, der zur Entwicklung der Versorgung, dem Abbau von Versorgungsdefiziten und Überversorgung sowie Möglichkeiten zur Weiterentwicklung Stellung nehmen soll.

- Die *verbandliche Steuerung* findet auf Bundesebene durch den *gemeinsamen Bundesausschuss* statt. Er besteht aus Vertretern der Leistungserbringerseite (Deutsche Krankenhausgesellschaft, Kassenärztliche Bundesvereinigung, Kassenzahnärztliche Bundesvereinigung), der GKV-Spitzenverbände und unparteiischen Mitgliedern. Dieses Gremium trifft alle versorgungsrelevanten Entscheidungen einschließlich der Qualitätssicherung. Es bildet Unterausschüsse zu Fragen der ärztlichen und stationären Versorgung.
- Auf der *Individualebene* treten die Versicherten mit ihrer Krankenversicherung in Kontakt. Sie wählen die für sie in Frage kommende Versicherung; diese vergibt Chipkarten, zieht die Beiträge ein und entscheidet auch in Ermessensfällen.

So systematisch diese Steuerungsstruktur auch beim ersten Hinsehen erscheint, so wenig kann generell von einer alle Ebenen umfassenden, demokratisch legitimierten und zielgerichtet aufeinander abgestimmten Gesundheitspolitik die Rede sein. Ziele und Prioritäten ergeben sich jeweils nach Maßgabe vorherrschender Ideologien und Interessen sowie unter dem massiven Einfluss von Leistungsanbietern oder bestimmten Finanzierungsmodalitäten. Die Entscheidungsstrukturen sind bestimmt durch die Interessengegensätze der gesundheitspolitischen Akteure:

- Die gesundheitspolitischen Kompetenzen und Verantwortlichkeiten sind im föderalen System in Deutschland zwischen Bund und Ländern (Sozial- und Gesundheitsministerien auf Bundes- und Länderebene) aufgeteilt. Interessengegensätze bestehen u.a. bei der Finanzierung von stationären Versorgungseinrichtungen, z.B. hinsichtlich von Krankenhausinvestitionen oder der Vorhaltung von Rehabilitations-Kliniken.
- Auf der politischen Ebene werden Parteiinteressen wirksam, die eine unterschiedliche Wählerklientel abdecken und sich z.T. diametral gegenüberstehen. So werden regelmäßig an wirtschaftsliberalen Vorstellungen orientierte Interessen gegen sozialstaatliche Leitbilder positioniert.
- Konflikte und Abgrenzungsprobleme ergeben sich zwischen den Sozialversicherungsträgern, so ist es beispielsweise zwischen der Pflege- und der Krankenversicherung strittig, welcher Träger die Kosten der medizinischen Behandlungspflege in stationären Pflegeeinrichtungen zu übernehmen hat.
- Wichtige gesundheitspolitische Entscheidungen sind auf die GKV und die Kassenärztlichen Vereinigungen als Körperschaften öffentlichen Rechts delegiert. In der GKV stehen sich im Rahmen der Selbstverwaltung Arbeitnehmer- und Arbeitgeberinteressen gegenüber. Zudem konkurrieren die einzelnen Kassen untereinander um gut verdienende Beitragszahler. Die GKV insgesamt steht bei der Finanzierung und Leistungserbringung mit dem Staat sowie mit anderen Zweigen der Sozialversicherung in Konkurrenz, z.B. bei der Rehabilitation und bei der Krankenhausversorgung. In den KVen konkurrieren ver-

schiedene Ärztegruppen (z.B. Fachärzte und Allgemeinmediziner) um die Bewertung ihrer Leistungen und damit um die begrenzten Verteilungsspielräume.

- Infolge der institutionellen Trennung von Leistungserbringung und Finanzierung tragen die Kassen zwar die Kostenverantwortung, ohne allerdings durchgreifende Gestaltungsmöglichkeiten in Bezug auf die Leistungsangebote zu haben.
- Die Leistungsanbieter (so vor allem Pharmaunternehmen und Großgerätehersteller, aber auch niedergelassene Ärzte und ihre Verbände sowie Apotheker etc.) machen in der Politik ihre ökonomischen Interessen geltend. Wiederholt ist – mit Erfolg – versucht worden, auf Entscheidungen des Gesetzgebers Einfluss zu nehmen, z.B. bei der Einführung der Positivliste und einer Großgeräteplanung.

Angesichts dieses Interessengeflechtes erweckt die Kennzeichnung des Gesundheitswesens als „System" einen falschen Eindruck. Eine klare Richtungsbestimmung in zentralen Fragen ist nur schwer möglich: Wie kann z.B. der Zunahme von chronischen Krankheiten und Pflegebedürftigkeit begegnet werden? Welchen Stellenwert soll die kurative gegenüber der präventiven Medizin in Zukunft haben? Wie soll die Qualität der gesundheitlichen Versorgung gesichert und überprüft werden? Wie können die Leistungen wirtschaftlich erbracht werden, ohne die Qualität zu beeinträchtigen? Diese und ähnliche Fragen bestimmen seit vielen Jahren die gesundheitspolitische Debatte.

12.2 Gesundheitsreformen

Kostendämpfungspolitik

Seit Mitte der 1970er Jahre wird versucht, mit *Kostendämpfungsgesetzen* die Ausgabenzuwächse der GKV zu begrenzen. Zur Leitlinie der Gesundheitspolitik wurde der Grundsatz der „einnahmeorientierten Ausgabenpolitik": Die Ausgaben sollen nicht stärker steigen als die Einnahmen, um den Beitragssatz stabil zu halten und die Lohnnebenkosten zu begrenzen (vgl. Band I, Kap. „Ökonomische Grundlagen und Finanzierung", Pkt. 7). Beschränkt man sich bei der Darstellung der Kostendämpfungspolitik auf die 1990er Jahre, so lassen sich die zahlreichen gesetzlichen Regelungen und Änderungen, die in den drei Stufen des Gesundheitsreformgesetzes (1. Stufe: 1989, 2. Stufe: 1992, 3. Stufe: 1997) durchgesetzt wurden, den folgenden Ansatzpunkten zuordnen:

- Budgetierung und Grundlohnanbindung: Einführung von Globalbudgets, Sektoralbudgets und Vergütungsbegrenzungen,
- Neugestaltung der Kassenorganisation: Kassenwahlrecht und Wettbewerb zwischen den Kassen,
- Einführung des Risikostrukturausgleichs,
- Verstärkung der Wettbewerbsstrukturen zwischen den Leistungsanbietern,

- Ausbau von Zuzahlungsregelungen,
- Ausgrenzung von Versicherungsleistungen aus dem Leistungskatalog.

Die rot-grüne Gesundheitspolitik nach 1998 setzt die Kostendämpfungsstrategie der christlich-liberalen Koalition im Grundsatz fort, setzt jedoch auch Impulse zur Einführung einer integrierten medizinischen Versorgung.

Ansätze einer integrierten Versorgung

Als eine grundlegende Innovation ist die Einführung von *Disease-Management Programmen* (DMP) zu bewerten, mit denen erstmals auf die zunehmende Zahl chronischer Erkrankungen und die qualitativ sehr unterschiedliche Behandlung reagiert wird. Die medizinische Versorgung der Patienten soll nicht wie bisher durch traditionelle ärztliche Kriseninterventionen des behandelnden Arztes erfolgen, sondern im Rahmen von langfristig angelegter Planung der Patientenbetreuung auf der Basis *evidenzbasierter Leitlinien* oder strukturierter Behandlungsprogramme. Hierbei soll die evidenzbasierte Medizin das Wissen aus Forschung und die klinische Erfahrung des Arztes zusammenführen. Die Patienten können sich nunmehr von besonders ausgebildeten Ärzten (DMP-Ärzte) behandeln lassen. In Kliniken entstehen DMP-Zentren (so Brustzentren), die einem internen Qualitätsmanagement unterworfen sind. Mittlerweile werden strukturierte Behandlungsprogramme für Versicherte mit folgenden Diagnosen angeboten: Diabetes mellitus Typ 1 und Typ 2, Koronare Herzkrankheit, Brustkrebs, Asthma und chronisch obstruktive Atemwegserkrankungen. Auch die Qualitätssicherung in der ambulanten Versorgung wird zu einem Thema, die Ärzteverbände gründen ein *Ärztliches Zentrum für Qualität in der Medizin.*

Diese Umorientierung basiert nicht zuletzt auf Gutachten des Sachverständigenrates zur Begutachtung der Entwicklung im Gesundheitswesen, in denen Bedarfsgerechtigkeit und Wirtschaftlichkeit, Finanzierung, Nutzerorientierung und Qualität sowie Über-, Unter- und Fehlversorgungen thematisiert wurden. Probleme liegen u.a. in einem nicht ausgeschöpften Potenzial an Primär- und teilweise Sekundär- bzw. Tertiärprävention. Als ein zentrales, zu Über-, Unter- und Fehlversorgung führendes Problem wird die mangelnde Koordination und unzureichende sektoren- und schnittstellenübergreifende Versorgung genannt, die die Bildung nahtloser und zielorientierter Versorgungsketten einschränkt.

GKV-Modernisierungsgesetz

Das 2004 in Kraft getretene GKV-Modernisierungsgesetz (GMG) enthält als Kompromisspaket von rot-grüner Regierung und Bundestagsmehrheit einerseits und christlich-liberaler Opposition und Bundesratsmehrheit andererseits eine Reihe von Neuregelungen, die die Modernisierung der Versorgungsstrukturen vorantreiben. Zugleich wird aber auch die Kostendämpfungspolitik auf eine neue Stufe gehoben: Die Zuzahlungen werden weiter erhöht und nunmehr auch Arztbesuche mit einer Praxisgebühr belegt, einzelne Leistungsbereiche (Zahnersatz und Krankengeld) müssen durch Zusatzbeiträge ausschließlich von den Versicherten finanziert werden, die Anwendung privatversicherungstypischer Instrumente wie Kostenerstattung, Selbstbehalte und Wahltarife wird erstmalig möglich.

Die Versorgungsstrukturen werden durch das GMG insofern weiterentwickelt, als die hausärztliche Versorgung aufgewertet wird, *medizinische Versorgungszentren* (als Ergänzung des bestehenden Typs der Einzelpraxis) errichtet werden können und die Krankenhäuser (begrenzte) Möglichkeiten der ambulanten Versorgung erhalten. Neu ist auch, dass die Kassen Direktverträge mit den medizinischen Versorgungszentren abschließen können. Das im Auftrag des Gemeinsamen Bundesausschusses und des Bundesgesundheitsministeriums eingerichtete unabhängige *Institut für Qualität und Wirtschaftlichkeit im Gesundheitswesen* entwickelt Behandlungsleitlinien, gibt Empfehlungen zu Disease-Management-Programmen und zum Qualitätsmanagement in der ambulanten Versorgung ab.

GKV-Wettbewerbsstärkungsgesetz

Das von der großen Koalition 2007 verabschiedete Wettbewerbsverstärkungsgesetz (WSG) versucht, entgegengesetzte Konzepte unter einen Hut zu bringen. Dies betrifft vor allem die Finanzierung im Gesundheitssystem: So forderte die CDU/CSU den Einstieg in die Finanzierung der GKV durch ein Prämienmodell (einheitliche und einkommensunabhängige Kopfpauschale für alle Versicherten) bei Beibehaltung der Abgrenzung zwischen privater und gesetzlicher Versicherung, während die SPD für einen Ausbau der GKV zur Bürgerversicherung (umfassende Versicherungspflicht, Beiträge auf das gesamte Einkommen) plädierte. Angesichts dieser widerstreitenden Positionen ist die angekündigte komplette Neuausrichtung der Finanzierung der Gesundheitsversorgung ausgeblieben. Elemente beider Modelle finden sich aber in der Konstruktion des Gesundheitsfonds wieder, der 2009 eingerichtet werden soll (vgl. dazu weiter unten).

Neben dieser grundsätzlichen Umorientierung bei der Finanzierung sieht das Wettbewerbsstärkungsgesetz weitere zentrale Veränderungen vor:

- *Krankenkassen:* Öffnung aller Kassen, Möglichkeit kassenartenübergreifender Fusionen, Gründung eines einzigen Krankenkassenspitzenverbandes auf Bundesebene, Festlegung des allgemeinen Beitragssatzes zur Krankenversicherung durch Gesetz, dadurch Verlust von zentralen Selbstverwaltungskompetenzen.
- *Leistungen:* Eltern-Kindkuren und die Versorgung Schwerkranker zu Hause werden von Satzungs- und Ermessenleistungen zu Pflichtleistungen.
- *Vorsorge und Zuzahlung:* Wer zur Früherkennung geht, kann ab 2008 bei einer späteren chronischen Erkrankung mit einer Reduzierung der Zuzahlung von zwei Prozent auf ein Prozent der Haushaltseinkommens rechnen. Der Gemeinsame Bundesausschuss wird Ausnahmeregeln für jene Krankheiten festlegen, die nicht zwangsläufig durch Vorsorgeuntersuchungen oder therapiegerechtes Verhalte nachgewiesen werden können. Die Regelungen gelten nicht für Versicherte, die bestimmte Altersgrenzen überschritten haben.

- *Wahltarife:* Auch für Pflichtversicherte *können* die Kassen Tarife mit Selbstbehalten, mit Beitragsrückerstattung oder mit Kostenerstattung anbieten. Für diese freiwillig angebotenen Wahltarife gilt eine gesetzlich vorgeschriebene Bindungsfrist von drei Jahren. Die Kassen *müssen* für besondere Versorgungsformen (hausarztzentrierte Versorgung, integrierte Versorgung oder Tarife mit Bindung an bestimmte Leistungserbringer) spezielle Tarifgestaltungen anbieten. Bei Hausarzttarifen, bei denen meist die Praxisgebühr erlassen wird, binden sich die Versicherten an den Hausarzt und müssen immer zuerst ihn aufsuchen. Er überweist an Fachärzte.
- *Vertragsregelungen:* Zulassung von Vereinbarungen mit einzelnen Ärzten oder Gruppen von Ärzten.
- *Vergütung der Vertragsärzte:* ab 2009 schrittweise Einführung von festen, bei Mengenüberschreitungen abgestaffelten Preisen, Stärkung der Pauschalvergütung und Rückführung der Einzelleistungsvergütungen, Ablösung der Sektoralbudgets durch neue Instrumente der Mengensteuerung, Übertragung des Morbiditätsrisikos auf die Kassen.
- *Krankenhäuser:* Erleichterung der ambulanten Leistungserbringung am Krankenhaus, Sanierungsbeitrag der Krankenhäuser in Höhe von 0,8 % der Krankenhausausgaben.
- *PKV/GKV:* Keine Änderung der Versicherungspflichtgrenze, aber Wechsel von der GKV in die PKV nur noch dann möglich, wenn das Jahresarbeitsentgelt in drei aufeinander folgenden Jahren die Versicherungspflichtgrenze übersteigt.
- *PKV:* Verpflichtung, ab 2009 einen Basistarif ohne Risikozuschläge anzubieten, der sich in Bezug auf den Höchstbeitrag und die Leistungen an der GKV orientiert; Erleichterung des Wechsels zwischen privaten Versicherungsunternehmen, da – in engen Grenzen – ein Teil der Altersrückstellung (im Umfang des Basistarifs und für Bestandstarife zeitlich befristet) mitgenommen werden kann. Zudem unterliegt die PKV einem Kontrahierungszwang, der ihr nicht mehr erlaubt, bestimmte Risiken auszugrenzen.
- *Umfassende Versicherungspflicht:* ab 2009 allgemeine Pflicht zur Versicherung, Nichtversicherte, die der PKV zuzuordnen sind, erhalten das Recht sich im Basistarif zu versichern. Die betroffene Gruppe beläuft sich Schätzungen zufolge auf 200.000 bis 300.000 Personen.

Finanzierung der Krankenversicherung durch einen Gesundheitsfonds

Der für 2009 vorgesehene Gesundheitsfonds kann als das Kernstück des GKV-Wettbewerbsstärkungsgesetzes bezeichnet werden. Der Fonds wird aus den Beiträgen der Versicherten und der Arbeitgeber gespeist. Die Verteilung der Beitragslast soll der aktuellen Relation entsprechen (2007: Beitragssatz der Arbeitnehmer von 7,7 % des Bruttoeinkommens einschließlich des Sonderbeitrags von 0,9 %; Beitragssatz der Arbeitgeber von 6,8 %). Hinzu kommt ein Bundeszuschuss aus Steuermitteln, der die gesamtgesellschaftlichen Aufgaben der Krankenkassen abdecken und schrittweise angehoben werden soll. Die Höhe des Zuschusses ist noch nicht absehbar, da dies von der allgemeinen Finanzlage des Bundes abhängt. In den Gesundheitsfonds wird die private Krankenversicherung nicht einbezogen.

Abbildung VI.23:

Der Gesundheitsfonds ab 2009

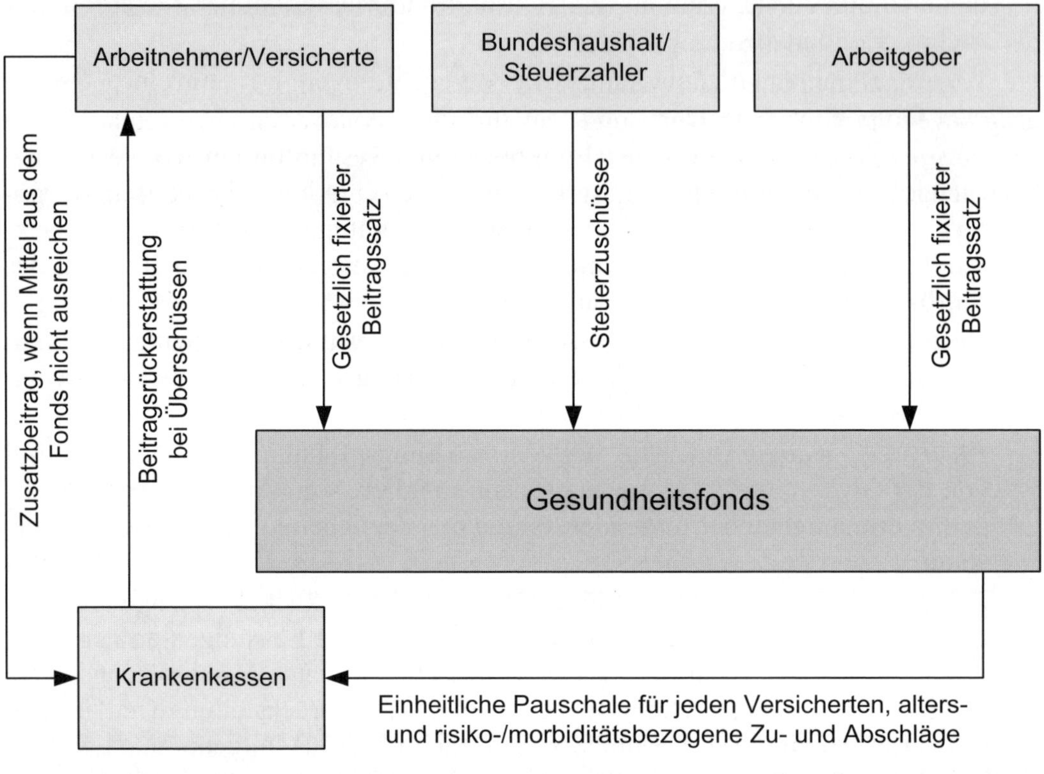

Für jeden Versicherten erhalten die Krankenkassen aus dem Gesundheitsfonds einen einheitlichen Beitrag (Pauschalprämie). Alters- und Morbiditätsrisiken werden durch einen Zuschlag ausgeglichen. Kommen die Krankenkassen mit den Zuweisungen aus dem Fonds nicht aus, können sie von ihren Versicherten einen Zusatzbeitrag erheben. Dabei ist es ihnen freigestellt, ob dieser Beitrag eine feste Höhe hat („kleine Kopfpauschale") oder auf das Einkommen erhoben wird. Er darf jedoch nicht mehr als 1 % der beitragspflichtigen Einnahmen betragen (die Einkommensüberprüfung entfällt bis zu einer Höhe von 8 €). Für Bedürftige gilt eine Härteklausel. Der Gesundheitsfonds muss aber immer mindestens 95 % der Ausgaben aller Krankenkassen decken. Ist dies nicht gewährleistet, müssen die Beitragssätze der Versicherten und der Arbeitgeber angehoben werden.

Bewertet man diesen Gesundheitsfonds, so fällt als erstes auf, dass die private Krankenversicherung von der Gesetzlichen Krankenversicherung organisatorisch und finanziell strikt getrennt bleibt. Die Versicherungspflichtgrenze ändert sich nicht, und die privaten Versicherungen werden auch nicht in den Risikostrukturausgleich mit einbezogen. Die Abhängigkeit der Finanzierung der GKV von Lohneinkommen ist geblieben, Einkommensquellen wie Zins- und Kapitalerträge bleiben ausgespart. Auch die einkommensstarken Personengruppen oberhalb der Beitragsbemessung der GKV sowie die Privatversicherten tragen nicht zur Deckung der strukturellen Finanzierungslücke.

Aber innerhalb der Gesetzlichen Krankenversicherung kommt es zu einem grundlegenden Umbruch: Der Bund legt für alle Versicherten einen einheitlichen Beitragssatz fest, was im Vergleich zum bisherigen System für einzelne Versicherte (je nach Krankenkasse und Region) zu Entlastungen oder Mehrbelastungen führen wird. Der Selbstverwaltung der Krankenkassen wird ein zentrales Recht entzogen.

Angesichts der Kostenentwicklung im Gesundheitssystem ist absehbar, dass für viele Kassen die pauschalen Zuweisungen aus dem Fonds nicht ausreichen werden, um ihre Ausgaben abzudecken. Da der Bund den regulären, einheitlichen Beitragssatz festlegt, ist aber davon auszugehen, dass ähnlich wie bei der Pflegeversicherung eine Festschreibung erfolgt. Insofern werden die Kassen Zusatzbeiträge erheben müssen, die allein die Versicherten belasten. Die ohnehin ungleiche Lastenverteilung zwischen Arbeitnehmern und Arbeitgebern wird sich dadurch verstärken. Zugleich wird sich der Wettbewerb zwischen den Kassen noch einmal deutlich verschärfen, dies wird Fusionen von Kassen erzwingen und insgesamt zu einer Konzentration in der Kassenlandschaft führen. Der Weg zu einigen wenigen großen Krankenkassen oder gar einer einheitlichen Krankenversicherung, ähnlich wie bei der Rentenversicherung, scheint vorgezeichnet.

Auch wenn es bei der Trennung von gesetzlicher und privater Krankenversicherung bleibt, so nähern sich doch die Leistungsprinzipien in den Systemen langsam einander an: Basistarif, Kontrahierungszwang, Portabilität und Versicherungspflicht, diese für die gesetzliche Versicherung typischen Elemente werden in die PKV eingeführt. Und in der GKV wiederum durchlöchern Wahltarife und Kostenerstattungsregelungen das Solidarprinzip.

12.3 Gesundheitspolitik am Scheideweg – Mehr Marktorientierung oder Erhalt der solidarischen Krankenversicherung?

Die Ausgestaltung der *Gesundheitspolitik* wird durch Leitbilder und Prinzipien bestimmt. Sozialpolitik beruht immer auf normativen Grundlagen, die nicht nur in die praktische Politik einfließen, sondern auch bei einer wissenschaftlichen Analyse der Politik zur Geltung kommen und explizit formuliert werden sollten, um nicht den Eindruck einer bei der Diskussion von Grundpositionen vermeintlich objektiven Wissenschaft entstehen zu lassen. Als grundlegende Prinzipien im Rahmen eines am Sozialstaatspostulat orientierten Gesundheitssystems werden deshalb folgende Punkte genannt:

- Die Gesundheitsversorgung der Menschen darf nicht von ihren finanziellen Möglichkeiten abhängen, was direkte Markt-Preis-Beziehungen zwischen Kranken und den Leistungserbringern ausschließt. *Bedarfsdeckungs-* und *Sachleistungsprinzip* sind Ausdruck dieser Wertorientierung. Sie sorgen dafür, dass den Versicherten die im Bedarfsfall erforderlichen medizinischen Dienste und Leistungen uneingeschränkt zur Verfügung stehen.
- Die Gesundheitsversorgung hat sich am medizinischen *Bedarf* der Menschen zu orientieren und darf nicht durch ökonomische Kennziffern bestimmt werden. Der Anteil der Gesundheitsausgaben am Sozialprodukt oder die Höhe eines bestimmten Beitragssatzes sind keine maßgeblichen Größen für die Qualität der Gesundheitsversorgung.
- Die soziale Krankenversicherung mit Pflichtmitgliedschaft verbindet besser als andere Formen, wie z.B. eine freiwillige private Versicherung oder ein staatliches Versorgungssystem, das Ziel eines umfassenden Gesundheitsschutzes mit dem Ziel individueller *Freiheit*.
- Dem Staat kommt die *Gesamtverantwortung* für das Gesundheitssystem zu. Im Rahmen der vom Gesetzgeber gesetzten Bedingungen und Verantwortlichkeiten haben die Krankenkassen zusammen mit den Anbietern von Gesundheitsleistungen Vereinbarungen über die Ausgestaltung der Versorgungsangebote (Menge und Qualität) und ihre Preise zu treffen.
- Die Finanzierung des Gesundheitssystems erfolgt im Wesentlichen über Versicherungsbeiträge, die paritätisch von Arbeitnehmern und Arbeitgebern aufgebracht werden und sich allein an der Höhe des Einkommens, nicht jedoch am Gesundheitszustand, Familienstand oder Geschlecht orientieren. Zugleich ist der Anspruch auf die Leistungen unabhängig von der Höhe der gezahlten Beiträge *(Solidarprinzip)*.

Diese Prinzipien eines solidarischen Gesundheitssystems sind allerdings keinesfalls unstrittig, sondern werden spätestens seit Anfang der 1990er Jahre mehr und mehr in Frage gestellt. Verstärkt wird dafür plädiert, das Leitbild einer liberalen Marktökonomie, nämlich die Steuerung von Angebot und Nachfrage über Preise, Schritt für Schritt auch in das Gesundheitssystem zu übertragen. Dahinter steht die Vorstellung, durch die Übernahme von Markt- und Wettbewerbsprinzipien lasse sich das Gesundheitssystem nicht nur finanzierbar (stabile Beitragssätze), sondern auch effizienter gestalten. Zugleich werden von einem „freien" Gesundheitsmarkt attraktivere Gewinnchancen für die Anbieter von Gesundheitsleistungen sowie positive Beschäftigungseffekte erwartet (zur Problematik der Übertragbarkeit von Marktregulierung auf die Gesundheitsversorgung vgl. auch Pkt. 4.1 dieses Kapitels).

12.3.1 Probleme und Grenzen der Wettbewerbs- und Marktsteuerung

Wie der Überblick gezeigt hat, hat die Gesundheitspolitik der vergangenen Jahre eine Reihe von Instrumenten geschaffen, durch die marktliche Steuerungsmechanismen auf die Gesundheitsversorgung übertragen werden und die Finanzierungsanteile der Arbeitgeber zu Lasten von Versicherten und Kranken verschoben werden. Absicht der Gesundheitspolitik war es dabei lange Zeit, unterstellte „Überversorgung", „missbräuchliche Inanspruchnahme" und „selbstverschuldete Krankheit" zu bekämpfen. Denn – so die Auffassung – der bestehende volle Versicherungsschutz führe zu einer „Vollkasko-Mentalität" und zu einem „Anspruchsverhalten". Es sei für die einzelnen Versicherten rational, möglichst viele Leistungen für ihren Versicherungsbeitrag zu beanspruchen, die Versicherung also möglichst „auszunutzen", zumal die aus dem Ausgabenanstieg resultierende zusätzliche Beitragsbelastung für sie unmerklich (These des „moral hazard" bzw. der „Rationalitätenfalle") sei.

Diese die gesamte Geschichte der Sozialpolitik begleitenden Thesen sind jedoch in den Hintergrund getreten. Im Mittelpunkt steht seit einigen Jahren vielmehr die Absicht, den Gesundheitsmarkt als expansiven Markt mit hohen Gewinn- und Beschäftigungspotenzialen zu begreifen und auszubauen, ihn aber anders zu finanzieren. Der private Sektor, sowohl was die privaten Versicherungen als auch was die privaten Leistungsanbieter betrifft, soll ausgeweitet und der öffentliche Sektor durch eine Verlagerung der finanziellen Belastungen auf die Versicherten bzw. die Kranken umgebaut werden. Dahinter steht das Bestreben, die Finanzierungsanteile der Arbeitgeber zu deckeln bzw. abzusenken.

Zugleich sollen durch die Verstärkung von Wettbewerbselementen auf der Seite der Krankenkassen und Leistungsanbieter und durch die Einführung von Markt-Preis-Mechanismen auf der Seite der Nachfrager die Wirtschaftlichkeit des Gesundheitssystems gesichert und die Nachfrage nach Gesundheitsgütern nach Maßgabe der individuellen Kaufkraft bzw. des individuellen Kosten-Nutzen-Kalkül gesteuert werden.

Wettbewerb der Leistungsanbieter untereinander

Der Wettbewerb der Leistungsanbieter untereinander kann sich auf alle Leistungsbereiche beziehen oder nur auf ausgewählte, wie z.B. Großgeräte, Arzneimittel oder Heil- und Hilfsmittel. Grundsätzlich erleichtert der Wettbewerb auf dem *Anbietermarkt* es den Kassen, Produkte (z.B. Arzneimittel) zu günstigeren Preisen bereitzustellen und Wirtschaftlichkeitsreserven auszuschöpfen. Ein stärkerer Wettbewerb zwischen den Leistungsanbietern wäre auch in der ambulanten Versorgung denkbar: Statt wie derzeit den Sicherstellungsauftrag der Kassenärztlichen Vereinigung zu übertragen, könnten die Kassen für ihre Mitglieder Leistungen einzelner Ärzte oder Ärztezentren zu bestimmten Preisen einkaufen (*„Einkaufsmodell").* Dieses Konzept orientiert sich an den amerikanischen Health Maintenance Organisationen (HMO).

Problem eines Wettbewerbsmodells bei den Leistungsanbietern ist, dass keinesfalls gewährleistet ist, ob der „billigste“ Anbieter auch der preisgünstigste ist und eine ausreichende Qualität sicherstellt. Wettbewerb im Gesundheitssystem beinhaltet zudem immer die Gefahr, dass die Anbieter „schlechte“ und „teure“ Risiken, d.h. Patienten mit besonderen Problemen, ausgrenzen, weil sich diese nicht rechnen.

Wettbewerb der Gesetzlichen Kassen untereinander

Die freie Wahl zwischen den Krankenkassen und mehr noch die Finanzierung der Kassen durch den Gesundheitsfonds forcieren den internen Wettbewerb. Ziel ist es, Wirtschaftlichkeitsreserven der Kassen zu aktivieren und sie zu bewegen, mit den Anbietern günstige Konditionen auszuhandeln. Fraglich ist allerdings, welche Auswirkungen diese Form von Wettbewerb auf den Versicherungsschutz der Kranken hat. Krankenkassen, die miteinander konkurrieren, haben ein ökonomisches Interesse daran, Personengruppen mit *geringen* Risiken als Mitglieder aufzunehmen. Eine günstige Risikomischung entscheidet über die Ausgaben und die finanzielle Leistungsfähigkeit einer Kasse und damit auch über den Verhandlungsspielraum, den die Kasse gegenüber den Leistungsanbietern hat. Krankenkassen, die auf Grund hoher Ausgaben gezwungen sind, „billige“ Leistungen bei den Anbietern zu kaufen, laufen Gefahr, beim Wettlauf um neue Mitglieder den Kürzeren zu ziehen und wegen der schlechten Beitrags-Leistungs-Relation Personengruppen mit guter Gesundheit, die häufig über ein größeres Maß an Markttransparenz verfügen, zu verlieren. Damit sind die Grundvoraussetzungen für ein solidarisches Versicherungssystem gefährdet.

GKV als Basissicherung und Ausweitung der PKV

Weitreichender sind die Vorstellungen, die GKV von einer Vollversicherung auf eine Basisversicherung zu reduzieren, um den privaten Versicherungsunternehmen ein größeres Marktsegment zu sichern. Danach sollen die Versicherungspflichtgrenze deutlich abgesenkt und nur noch untere Einkommensbezieher der Versicherungspflicht unterworfen werden. Diese drastische Reduzierung des Versichertenkreises würde einen solidarischen Risikoausgleich unmöglich machen, weil „gute“ Risiken und Bezieher höher Einkommen nicht mehr Mitglied der Solidargemeinschaft wären. Damit wäre das Ende der GKV eingeleitet.

Grund- und Zusatzleistungen, Wahltarife, Beitragsrückerstattung

Der Vorschlag, die Leistungen der GKV in *Grund- und Zusatzleistungen* aufzuteilen, zielt darauf ab, nur noch die Grundleistungen, die sich auf das medizinisch unbedingt Notwendige beschränken, allen Versicherten zuzuerkennen. Wer sich über diesen Basistarif hinaus absichern will und dazu finanziell auch in der Lage ist, ist auf Zusatztarife angewiesen. Dieses Modell von Basis- und Zusatztarifen (*Wahltarife)* kann auch so aussehen, dass diejenigen, die bereit sind, eine (prozentuale) Selbstbeteiligung an den Krankheitskosten zu tragen, niedrige Tarife zahlen, während für eine Vollversicherung ohne Selbstbeteiligung Höchsttarife anfallen.

Tarife mit *Selbstbehalten* oder mit *Beitragsrückerstattung* setzen auf rationales Verhalten der Versicherten: Versicherte, die im Kalenderjahr keine Leistungen in Anspruch genommen haben, zahlen auch keinen Selbstbehalt oder erhalten eine Teil-Rückerstattung ihrer Beiträge. Damit soll die Vermeidung risikoreicher Verhaltensweisen „belohnt" und die Inanspruchnahme des Versorgungssystems „bestraft" werden. Dieses auch als „Bonus-Regelung" bekannte Instrument begünstigt jedoch eindeutig Gesunde und Mitglieder ohne Kinder. Ältere, chronisch kranke und kinderreiche Mitglieder, die für sich oder ihre Kinder Leistungen in Anspruch nehmen müssen, kommen nicht in die Vorteile der Beitragsrückerstattung. Im Ergebnis findet eine Einschränkung des Risikoausgleichs zwischen Gesunden und Kranken statt: Beitragsrückerstattungen führen zu Mindereinnahmen, aber nicht zu Minderausgaben. Untersuchungen haben ergeben, dass von diesem Instrument kaum Steuerungswirkungen in Richtung gesünderen Verhaltens ausgehen. Und Privatversicherungen, die mit diesen Tarifen operieren, weisen eine höhere Ausgabendynamik als die gesetzlichen Versicherungen auf (vgl. Pkt. 5.2.3 dieses Kapitels). Hinzu kommt ein hoher Verwaltungsaufwand, so dass Beitragssatzanhebungen absehbar sind, die dann vermehrt bei den (chronisch) Kranken anfallen, da diese keine Ausweichmöglichkeiten haben.

Im Ergebnis wird durch Wahltarife das Solidarprinzip der Krankenversicherung durchbrochen. Die „Jungen", „Gesunden", „Gutverdienenden" und „Kinderlosen" können sich die niedrigsten Beiträge erlauben, während Familien, chronisch Kranke, ältere Menschen, die auf Vollleistungen der GKV zwingend angewiesen sind und das finanzielle Risiko der Selbstbeteiligung nicht tragen können, gerade deswegen hohe Beiträge zahlen müssen.

Auch die Reduzierung der Pflichtleistungen auf eine Grundversorgung lässt sich medizinisch nicht begründen, da bereits jetzt lediglich das medizinisch Notwendige erbracht werden muss und unklar bleibt, welche Leistungen als Zusatzleistungen definiert werden, auf die dann im Normalfall verzichtet werden muss.

Zuzahlungsregelungen

Als ein wesentlicher Schritt auf dem Wege zur Marktorientierung wird die Ausweitung und Verallgemeinerung der *Zuzahlungsregelungen* im Zusammenwirken mit der Einführung einer Kostenerstattung gesehen. Selbstbeteiligung mache – so die Begründung – den Zusammenhang zwischen individueller Nachfrage und den dadurch verursachten Kosten unmittelbar finanziell fühlbar. Die Inanspruchnahme z.B. von ärztlichen Leistungen, Medikamenten und Krankenhausleistungen sinke auf ein vernünftiges Maß, missbräuchliche Inanspruchnahme werde eingeschränkt und die Ausgaben verringerten sich. Dieser unterstellte Wirkungsmechanismus setzt jedoch voraus, dass die Nachfrage nach medizinischen Leistungen „preiselastisch" ist und Preissteigerungen tatsächlich zu einer sinkenden Nachfrage führen.

Analysen zeigen, dass dieser Mechanismus weder empirisch noch theoretisch haltbar ist:

- *Nicht* in erster Linie die Patienten entscheiden bei der stationären, ambulanten oder pharmazeutischen Versorgung über die Inanspruchnahme von gesundheitlichen Diensten und Leistungen. Es sind die behandelnden, verschreibenden und überweisenden Ärzte, die im Wesentlichen die Nachfrage auslösen.
- Die Patienten haben keine ernst zu nehmende Möglichkeiten, Mengen und Preise zu bestimmen. Wesentliche Teile der Gesundheitsgüter und -leistungen, man denke nur an Operationen und an die Notfallmedizin, werden völlig preisunelastisch nachgefragt. Niemand geht freiwillig in ein Krankenhaus oder bleibt dort möglichst lange, um aus seiner Versicherung „Leistungen herauszuholen".
- Wenn allerdings die Inanspruchnahme weitgehend preisunelastisch ist, dann bedeutet Selbstbeteiligung nichts anderes als eine *Kostenverschiebung* von der solidarischen Krankenkassenfinanzierung zu den Privatzahlungen. Eine reale Ausgabensenkung findet bei dieser Kostenverschiebung nicht statt. Gesenkt werden lediglich Ausgaben der Krankenversicherung, nicht aber die des Gesundheitswesens.
- Zuzahlungsregelungen, wie z.B. der Zuschuss zum Zahnersatz, verfestigen die für die Kostensteigerung mitverantwortlichen Effizienzprobleme, so dass vom Patienten auch mangelhafte Leistungen finanziert werden.
- Auch internationale Erfahrungen bestätigen, dass Selbstbeteiligung und Marktsteuerung keinen wirklichen Ausgabendämpfungseffekt haben. Länder mit weitgehenden Zuzahlungsregelungen sind von Ausgabesteigerungen gleichermaßen betroffen. Und auch die Privaten Krankenversicherungen, deren Kostenerstattung mit Selbstbeteiligung verbunden ist, weisen ähnliche oder höhere Kostensteigerungen auf wie die GKV (vgl. Pkt. 5.2 dieses Kapitels).

Wenn Selbstbeteiligungen die Nachfrage begrenzen und Steuerungswirkungen entfalten sollen, dann müssen sie so hoch sein, dass sie beim Versicherten massiv spürbar sind. Dann ist aber eine sozial selektive Inanspruchnahme von Gesundheitsleistungen die Folge, denn Zuzahlungsregelungen wirken bei einkommensschwachen Patienten stärker als bei Patienten in guten Einkommensverhältnissen. Der Grundsatz gleicher Versorgungschancen würde verletzt. Überdies bleibt offen, ob ein wegen der Selbstbeteiligung unterlassener Besuch beim Arzt nicht langfristig sehr kostspielig werden kann, weil womöglich eine ernsthafte Erkrankung dann zu spät erkannt wird.

Das Modell der Kopfpauschale

In der Diskussion über alternative Finanzierungsmodelle im Gesundheitswesen nimmt das Modell der *Kopfpauschale* bzw. der *Gesundheitsprämie* eine zentrale Rolle ein. Das Modell sieht vor, den Arbeitgeberbeitrag gänzlich abzuschaffen, ihn dem Bruttoeinkommen zuzuschlagen und zugleich den am Arbeitseinkommen ansetzenden Versichertenbeitrag durch eine Pauschalzahlung zu ersetzen. Danach zahlt jeder (erwachsene) Versicherte ohne Berücksichtigung seines Einkommens und seiner finanziellen Leistungsfähigkeit eine *gleich hohe* Prämie an seine Krankenkasse. Diejenigen, die aufgrund ihres niedrigen Einkommens dadurch finanziell überfordert werden, erhalten einen steuerfinanzierten Ausgleich, die systeminternen Umverteilungsprozesse werden also aus der Sozialversicherung ausgegliedert und dem Steuersystem zugeordnet. Die Prämienhöhe orientiert sich am vereinbarten Leistungsumfang der Versicherung und nicht mehr an dem erzielten (Lohn)-einkommen. Dadurch werden Kostensteigerungen des Gesundheitswesens von den Lohnnebenkosten abgekoppelt.

Der soziale Ausgleich soll durch steuerfinanzierte Transfers an einkommensschwache Personengruppen hergestellt werden. Hierbei wird je nach Ausgestaltung des Prämienmodells mit einem Finanzierungsvolumen von ca. 23 - 28 Mrd. € gerechnet. Die Aufbringung dieser Mittel soll z.T. aus der Besteuerung der Arbeitgeberanteile zur GKV refinanziert werden. Ein weiteres Element dieses Konzeptes ist das Abgehen vom bisherigen Umlageverfahren zum Kapitaldeckungsverfahren analog der PKV. Die sozialpolitische Bewertung dieses Konzeptes hängt entscheidend von den tatsächlichen Ausgleichszahlungen für einkommensschwache Personengruppen ab. Da diese den Bundeshaushalt belasten, ist unter dem Paradigma eines schlanken Staates, der sich mehr und mehr aus der sozialpolitischen Verantwortung zurückzieht, mit unzureichenden Ausgleichszahlungen zu rechnen (vgl. dazu ausführlich Bd. I, Kap. „Ökonomische Grundlagen und Finanzierung", Pkt. 7.1).

12.3.2 Perspektiven: Erhalt und Ausbau der solidarischen Gesundheitsversorgung

Wie sich ein Gesundheitsversorgungssystem entwickeln soll, ist nicht nur auf der Instrumenten- und Steuerungsebene zu diskutieren. Gesellschaftspolitische *Zielvorstellungen* bestimmen letztlich, welche volkswirtschaftlichen Ressourcen für die Gesundheitsversorgung bereitgestellt werden sollen, welches Maß an Gleichheit realisiert werden soll, wo die Schwerpunkte (Prävention, Rehabilitation, Primärversorgung, Hochleistungsmedizin, soziale Dienste) liegen und aus welchen Finanzierungsquellen die zu erbringenden Mittel gespeist werden sollen.

Insgesamt kann festgestellt werden, dass das Gesundheitssystem in Deutschland ein hohes medizinisches und soziales Versorgungsniveau für fast alle Gruppen der Bevölkerung garantiert und zu einer raschen sowie gleichmäßigen Verbreitung des medizinischen Fortschritts beigetragen hat. Auch im internationalen Vergleich schneidet das deutsche System gut ab. Dieses positive Ergebnis ist vor allem bedingt durch das Sachleistungs- und Solidarprinzip der Krankenversicherung. Das Vorhandensein stark divergierender Gesundheitsrisiken geht weniger vom Versorgungssystem als von Unterschieden der Bevölkerung in der sozial-ökonomischen Lage und ihrer Stellung im Erwerbsleben aus.

Eine Gesundheitspolitik, die darauf abzielt, ein der gesamten Bevölkerung offen stehendes hochwertiges Versorgungsniveau zu erhalten und auszubauen und dieses an den Wandel des Krankheitspanoramas sowie an die ökonomischen, sozialen und demografischen Veränderungen anzupassen, muss vor allem die Steuerungskompetenz der Krankenversicherung stärken. Zuzahlungsregelungen und medizinisch nicht vertretbare Leistungsausgrenzungen sollten hingegen rückgängig gemacht werden. Da zugleich darauf geachtet werden muss, dass das System auch bezahlbar bleibt, muss eine Reformpolitik auf mehreren Ebenen ansetzen. Von vorrangiger Bedeutung sind drei Strategien:

Erhöhung der Steuerungskompetenz durch Budgetierung und Ausschöpfen von Wirtschaftlichkeitsreserven

Die Vergangenheit hat gezeigt, dass eine wirksame Kostenkontrolle notwendig ist. Die Budgetierung kann das Ausgabenvolumen begrenzen und für Beitragssatzstabilität sorgen. In einigen Sektoren (Ärzte, Arzneimittel, Zahnersatz) wurden vorübergehend gute Erfahrungen gemacht. Ihre Wirksamkeit als Kostensteuerung hängt davon ab, inwieweit bei den Leistungserbringern ein Regress bei Überschreitung des Budgets durchgesetzt werden kann. Hier fehlen z.T. die Instrumente, aber auch genaue Kenntnisse über unwirtschaftliche Angebote, Handlungsweisen und Strukturen.

Um die bei der *sektoralen* Budgetierung drohende Fortschreibung unwirtschaftlicher Mittelverausgabung in den Griff zu bekommen und den Widerspruch zwischen Überversorgung in einigen und Unterversorgung in anderen Bereichen aufzubrechen, ist ein Übergang zum Konzept der *globalen* Budgetierung notwendig. Das Globalbudget könnte über einen mittelfristigen Zeitraum festgeschrieben werden und *medizinische Orientierungsdaten* berücksichtigen, wie z.B. den Anstieg der Morbidität. Bislang fehlen noch wichtige institutionelle Voraussetzungen (vertragsfähige Parteien auf regionaler Ebene, wirksame Instrumente der Steuerung) sowie Informationen, um die Leistungsströme in den verschiedenen Sektoren des Gesundheitssystems wirtschaftlich zu gestalten. Grenzen der globalen wie sektoralen Budgetierung bestehen da, wo Versorgungsziele und Qualitätsstandards verletzt werden. Insofern ist Flexibilität erforderlich, um das Leistungssystem an die jeweiligen gesundheitspolitischen Erfordernisse anzupassen.

Solange erhebliche Einsparpotenziale ausgeschöpft werden können, ist eine Anhebung der Beitragssätze nicht erforderlich. Grundsätzlich sollten jedoch gesundheitspolitische Ziele in Bezug auf den anzustrebenden Versorgungsgrad und die gewünschte Qualität das Ausgabenniveau bestimmen und nicht das „Dogma" eines konstanten Beitragssatzes zur GKV.

Sicherung der finanziellen Grundlagen durch eine Beitragsreform

Überlegungen, die Finanzbasis zu verbreitern, konzentrieren sich vor allem auf eine Reform der *Beitragsgestaltung*. Hier gilt es, die Vorteile gegenüber möglichen Nachteilen abzuwiegen.

- *Anhebung von Versicherungspflichtgrenze und Beitragsbemessungsgrenze*

  Im Gegensatz zur GRV und der Arbeitslosenversicherung besteht in der GKV eine abgesenkte Versicherungspflichtgrenze. Diese Besonderheit wird als „Friedensgrenze" zur PKV bezeichnet und schirmt den Versichertenkreis der beiden Systeme ab.

  Bei einem Einbeziehen der höheren Einkommen durch eine Anhebung der Beitragsbemessungsgrenze kann mit einem positiven Finanzierungseffekt gerechnet werden, da lediglich das Krankengeld einkommensabhängig ist und die Bezieher höherer Einkommen Leistungen nur durchschnittlich in Anspruch nehmen. Nachteilig könnte es sich auswirken, wenn bislang freiwillig Versicherte wegen der höheren Beitragsbelastung in die PKV abwanderten. Eine parallele Anhebung der Versicherungspflichtgrenze ist deshalb unverzichtbar.

- *Erweiterung der Beitragsbemessungsgrundlage*

  Grundlage der Beitragsbemessung sind bislang Löhne, Gehälter und Renten. Lediglich bei freiwillig versicherten Rentnern werden weitere Einkommen in die Beitragserhebung einbezogen. Denkbar ist das Einbeziehung von Mieten, Kapitaleinkommen und sonstiger Einkommen der Versicherten. Dies würde einer stärkeren Orientierung an der individuellen Leistungsfähigkeit entsprechen und damit dem Solidarprinzip. Problematisch ist allerdings die Erfassung und die Berücksichtigung besonderer Belastungen (Freibeträge) bei der Beitragserhebung. Hier würde die Beitragsberechnung in die Nähe einer Einkommensbesteuerung durch das Finanzamt gerückt werden. Beim Einbeziehen weiterer Einkommen der Versicherten in die Versicherungspflicht würde auch von der paritätischen Finanzierung abgewichen werden. Die Arbeitgeber würden entsprechend entlastet.

- *Einschränkung der beitragsfreien Mitversicherung*

  Sind keine Kinder zu erziehen, entfällt die sozialpolitische Notwendigkeit der kostenlosen Mitversicherung des nicht-erwerbstätigen Ehepartners. Vorgeschlagen wird für diese Fälle die Entrichtung eines Mindestbeitrages für mitversicherte Ehepartner oder eine Beitragszahlung von 50 %.

- *Bürgerversicherung*

  Die Ausweitung des Kreises der sozialversicherungspflichtigen Personen auf alle Gruppen der Bevölkerung, also auch auf Beamte und Selbstständige, und die Erweiterung der Bemessungsgrundlage auf alle Einkommen sind Kernelemente des Konzeptes der „*Bürgerversicherung*". Dies bedeutet, dass die Versicherungspflichtgrenze aufgehoben und die Beitragsbemessungsgrenze angehoben wird. Die privaten Krankenkassen müssen sich dann auf das Angebot von Zusatzversicherungen beschränken (vgl. dazu ausführlich Bd. I, Kap. „Ökonomische Grundlagen und Finanzierung", Pkt. 7.3).

Reformen in einzelnen Leistungsbereichen

Chronische Krankheiten, Behinderungen, zunehmende psychische Erkrankungen und Pflegebedürftigkeit bestimmen heute das Krankheitsgeschehen. Die neuen Volkskrankheiten lassen sich aber mit dem Einsatz immer anspruchsvollerer Medizintechnik, mit steigenden Ärztezahlen und mit immer mehr Arzneimitteln allein nicht bewältigen. Die vorherrschende kurative Medizin – orientiert auf die Bekämpfung akuter somatischer Krankheiten – gerät an ihre Grenzen. Sie kann zwar noch weiter verbessert werden, aber sie wird keine Umkehr des Entwicklungstrends bei den wichtigsten Massenerkrankungen erreichen können. Immer wichtiger werden demgegenüber Aufgaben wie individuelle und gesellschaftliche Prävention, langfristig angelegte Behandlung und soziale Betreuung, Pflege und Rehabilitation. Diese Aufgaben werden aber in der Prioritätenskala des Gesundheitssystems nachrangig gewichtet bzw. kommen in den Strukturen des Systems nicht ausreichend zur Geltung.

Die Gesundheitsbelastungen und -beeinträchtigungen in der Bevölkerung sind *sozial ungleich* verteilt. Die Defizite bei Prävention und Rehabilitation treffen vor allem die gesundheitlich hoch belasteten Bevölkerungsgruppen, deren Risiko zu erkranken und erwerbsunfähig zu werden, überproportional hoch ist. Umso wichtiger wird deshalb die Herstellung von Chancengleichheit bei der Versorgung mit medizinischen Gütern und Dienstleistungen.

Sowohl medizinische Versorgung als auch ärztliche Denk- und Arbeitsweise sind häufig einseitig naturwissenschaftlich geprägt. Dieses mit der kurativen Ausrichtung des Gesundheitssystems verbundene Krankheitsverständnis führt dazu, dass die Wechselwirkungen zwischen Lebenslage, Lebensweise und Gesundheit weitgehend ausgeblendet werden und dass die gesellschaftliche Situation sowie die psycho-soziale Lage der Patienten aus dem Blickfeld geraten. Die Folgen sozialer Probleme werden vielmehr häufig als somatische Krankheiten definiert und in den ärztlichen Zuständigkeitsbereich gezogen. Medizintechnik und Medikamente können aber soziale Problemlösungen und persönliche Betreuung nicht ersetzen.

Im Vordergrund zukünftiger Gesundheitspolitik sollte u.a. die *Integration* der vorhandenen Versorgungsangebote stehen. Das gilt einmal für eine bessere Verzahnung von ambulanter und stationärer Versorgung, aber auch innerhalb der ambulanten Versorgung. In den vergangenen Jahren sind vor allem *Managed Care*-Modelle diskutiert worden. Zielrichtung ist es, die Kontrolle über den gesamten Krankheitsverlauf der Patienten bei einer Institution zu bündeln und unnötige Überweisungen an andere Fachärzte oder Kliniken zu vermeiden. Managed Care zielt auch darauf ab, die Rolle des „Gate Keepers", der den Zugang zu den Versorgungsangeboten steuert, zu stärken, eine Aufgabe, die bislang bei den Hausärzten liegt. Eine entsprechende Integration der Versorgung könnte auch im Rahmen des

Hausarztmodells oder mit dem Projekt der *vernetzen Praxen* erreicht werden. Hausarzt und Kasse stehen über die weitere Behandlung und Betreuung des Patienten in engem Kontakt. Case-Manager der Kasse beraten die Ärzte über kurative und rehabilitative Angebote und betreuen den Patienten auch bei einer eventuellen Einweisung ins Krankenhaus und nachfolgender Rehabilitation.

Das Einbeziehen von *Selbsthilfegruppen* kann die professionelle Versorgung um Elemente gegenseitiger emotionaler und sozialer Unterstützung ergänzen und stützen. Beispiele dafür sind die Selbsthilfegruppen von Suchtkranken, psychisch Kranken, Krebs- und Rheumakranken, Behinderten usw. (vgl. Kap. „Soziale Dienste", Pkt. 8.3.3). Aufgabe der Krankenkassen sowie der staatlichen Gesundheitspolitik ist es, Selbsthilfegruppen zu initiieren und zu unterstützen sowie diese in das Versorgungssystem zu integrieren.

13 Literaturhinweise

Verbreitung von Krankheiten, Prävention, Public Health

Allhoff, P., Flatten, G., Laaser, U., Krankheitsverhütung und Früherkennung, Berlin/Heidelberg/New York 1993.

Altgeld, Th., Laser, I., Walter, U. (Hrsg.), Wie kann Gesundheit verwirklicht werden? Weinheim/München 1997.

Deutscher Bundestag (Hrsg.), Abschlussbericht der Enquete-Kommission Demographischer Wandel – Herausforderungen unserer älter werdenden Gesellschaft an den einzelnen und die Politik, Bundestagsdrucksache 14/8800.

Deutscher Bundestag (Hrsg.), Enquete-Kommission Strukturreform der Gesetzlichen Krankenversicherung, Band 1 und 2, Bundestagsdrucksache 11/6380.

Deutscher Bundestag (Hrsg.), Zweiter Zwischenbericht der Enquete-Kommission Demographischer Wandel – Herausforderungen unserer älter werdenden Gesellschaft an den einzelnen und die Politik, Bundestagsdrucksache 13/11460.

Helmert, U., Bammann, K., Voges, W., Müller, R. (Hrsg.), Müssen Arme früher sterben? Soziale Ungleichheit und Gesundheit in Deutschland, Weinheim/München 2000.

Hurrelmann, K., Laaser, U., Razum, O. (Hrsg.), Handbuch Gesundheitswissenschaften, 4. Auflage, Weinheim/München 2006.

Klotter, Ch., Prävention im Gesundheitswesen, Stuttgart 1997.

Mielck, A., Soziale Ungleichheit und Gesundheit. Einführung in die aktuelle Diskussion, Bern 2005.

Polak, G. (Hrsg.), Handbuch Public Health, Berlin 1998.

Rosenbrock, R., Kühn, H., Köhler, B. M., Präventionspolitik, Berlin 1994.

Schaeffer, D., Moers, M., Rosenbrock, R. (Hrsg.), Public Health und Pflege – Zwei neue gesundheitswissenschaftliche Disziplinen, Berlin 1994.

Schwartz, F.W., Badura, B., Busse, R., Das Public Health Buch. Gesundheit und Gesundheitswesen, 2. Auflage, München 2002.

Streich, W., Wolters, P., Brand, H., Berichterstattung im Gesundheitswesen, Analysen zur Entwicklung und Perspektiven für einen Neubeginn, Weinheim/München 1998.

Waller, H., Sozialmedizin, Stuttgart/Berlin/Köln 1997.

Weber, I., Gesundheit sozialer Randgruppen, Stuttgart 1997.

Gesundheitswesen, Krankenversicherung, Gesundheitsökonomie

Alber, J., Das Gesundheitswesen in der Bundesrepublik Deutschland, Frankfurt a.M./New York 1992.

Badura, B., Siegrist, J., Evaluation im Gesundheitswesen. Ansätze und Ergebnisse, Weinheim/München 1998.

Breyer, F., Zweifel, P.S., Kifmann, M., Gesundheitsökonomik, 5. Auflage, Berlin 2004.

Bundesministerium für Arbeit und Soziales (Hrsg.), Übersicht über das Sozialrecht, Nürnberg 2007.

Carels, J., Pirk, O., Wörterbuch Gesundheitswesen von A - Z, 2. Auflage, Berlin 2005.

Deutscher Bundestag (Hrsg.), Enquete-Kommission Strukturreform der Gesetzlichen Krankenversicherung, Band 1 und 2, Bundestagsdrucksache 11/6380.

Eberstein, B.v., Gesundheitssystem und Gesundheit in Deutschland. Eine soziologische Analyse, Frankfurt a. M. 2005.

Hajen, L., Paetow, H., Schumacher, H., Gesundheitsökonomie. Strukturen – Methoden – Praxisbeispiele, 3. Auflage, Stuttgart 2006.

Hurrelmann, K., Gesundheitssoziologie, 6. Auflage, Weinheim/München 2006.

Lauterbach, K.W., Schrappe, M. (Hrsg.), Gesundheitsökonomie, 2. Auflage Stuttgart 2004.

Lauterbach, K.W., Schrappe, M., (Hrsg.), Gesundheitsökonomie, Qualitätsmanagement und Evidence-based Medicine. Eine systematische Einführung, 2. Auflage, Stuttgart 2004.

Lauterbach, K.W., Stock, St., Brunner, H. (Hrsg.), Gesundheitsökonomie. Lehrbuch für Mediziner und andere Gesundheitsberufe, Bern 2006.

Nagel, E., Das Gesundheitswesen in Deutschland. Struktur – Leistungen – Weiterentwicklung, 3. Auflage, Köln 2007.

Preusker, U.K. (Hrsg.), Kompass Gesundheitsmarkt 2007. Zahlen – Daten – Fakten, Heidelberg 2007.

Riege, F., Kurzer Abriss der Gesundheitspolitik: Das Gesundheitswesen in der Bundesrepublik Deutschland, Frankfurt a.M. 1999.

Rosenbrock, R., Gerlinger, T., Gesundheitspolitik – Eine systematische Einführung, 2. Auflage, Bern 2006.

Schulenburg, J., Greiner, W., Gesundheitsökonomik, 2. Auflage, Tübingen 2007.

Simon, M., Das Gesundheitssystem in Deutschland. Eine Einführung in Struktur und Funktionsweise, Bern 2005.

Specke, H.K., Der Gesundheitsmarkt in Deutschland. Daten – Fakten – Akteure, 3. Auflage, Bern 2005.

Waller, H., Gesundheitswissenschaft, 3. Auflage Stuttgart 2002.

Wendt, C., Wolf, C., Soziologie der Gesundheit, Wiesbaden 2006.

Analysen der Versorgungsbereiche

Arnold, M., Klauber, J., Schellschmidt, H., Krankenhaus-Report 2002, Schwerpunkt: Krankenhaus im Wettbewerb, Stuttgart 2003.

Arnold, M., Litsch, M., Schellschmidt, H., Krankenhaus-Report 2000, Schwerpunkt: Vergütungsreform mit DRGs, Stuttgart 2001.

Klauber, J., Robra, B.P., Schellschmidt, H., Krankenhaus-Report 2006, Schwerpunkt: Krankenhausmarkt im Umbruch, Stuttgart 2006.

Klauber, J., Robra, B.P., Schellschmidt, H., Krankenhaus-Report 2003, Schwerpunkt: G-DRGs im Jahre 1, Stuttgart 2004.

Lüngen, M., Lauterbach, K.W., DRG in deutschen Krankenhäusern. Umsetzung und Auswirkungen, Heidelberg 2003.

Paff, M., Wassener, D., Das Krankenhaus im Gefolge des Gesundheits-Struktur-Gesetzes, Baden-Baden 1995.

Sachverständigenrat für die Konzertierte Aktion im Gesundheitswesen, Gesundheitsversorgung und Krankenversicherung 2000: Mehr Ergebnisorientierung, mehr Qualität und mehr Wirtschaftlichkeit, Sondergutachten, Baden-Baden 1995.

Sachverständigenrat für die Konzertierte Aktion im Gesundheitswesen, Gesundheitswesen in Deutschland – Kostenfaktor und Zukunftsbranche, Band 1: Demographie, Morbidität, Wirtschaftlichkeitsreserven und Beschäftigung, Sondergutachten 1996, Baden-Baden 1996.

Sachverständigenrat für die Konzertierte Aktion im Gesundheitswesen, Gesundheitswesen in Deutschland – Kostenfaktor und Zukunftsbranche, Band 2: Fortschritt und Wachstumsmärkte, Finanzierung und Vergütung, Sondergutachten 1997, Baden-Baden 1997.

Sachverständigenrat für die Konzertierte Aktion im Gesundheitswesen, Gutachten 2003: Finanzierung, Nutzerorientierung und Qualität, Band I und Band II, Baden-Baden 2004.

Sachverständigenrat für die Konzertierte Aktion im Gesundheitswesen, Gutachten 2000/2001: Bedarfsgerechtigkeit und Wirtschaftlichkeit, Band III: Über-, Unter- und Fehlversorgung, Baden-Baden 2002.

Sachverständigenrat zur Begutachtung der Entwicklung im Gesundheitswesen, Koordination und Qualität im Gesundheitswesen, Band I und Band II, Stuttgart 2006.

Schwabe, U., Paffrath, D. (Hrsg.), Arzneiverordnungs-Report 2006: Aktuelle Daten, Kosten, Trends und Kommentare, Berlin 2007.

Gesundheitssysteme im internationalen Vergleich

Alber, J., Bernardi-Schenkluhn, B., Westeuropäische Gesundheitssysteme im Vergleich, Frankfurt a.M./New York 1992.

Döring, D., Dudenhofen, B., Hundt, J., Europäische Gesundheitssysteme unter Globalisierungsdruck. Vergleichende Betrachtung der Finanzierungsstrukturen und Reformoptionen in den EU 15-Staaten und der Schweiz. Hessen-Agentur im Auftrag der Hans-Böckler-Stiftung, Wiesbaden 2005.

Eisen, R., Mager, H.-Ch. (Hrsg.), Pflegebedürftigkeit und Pflegesicherung in ausgewählten Ländern, Opladen 1999.

Hohmann, J., Gesundheits-, Sozial- und Rehabilitationssysteme in Europa – Gesellschaftliche Solidarität auf dem Prüfstand, Göttingen 1998.

Klusen, N., Wettbewerb und Solidarität im europäischen Gesundheitsmarkt, Baden-Baden 2006.

Maschke, M., Behindertenpolitik in der Europäischen Union, Ein Vergleich der Lebenssituationen behinderter Menschen und der nationalen Behindertenpolitik, Wiesbaden 2007.

Stapf-Finé, H., Schölkopf, M., Die Krankenhausversorgung im internationalen Vergleich – Zahlen, Fakten, Trends, Deutsche Krankenhausverlagsgesellschaft, Düsseldorf 2003.

Wendt, C., Krankenversicherung oder Gesundheitsversorgung? Gesundheitssysteme im Vergleich, Wiesbaden 2003.

Pflege, Rehabilitation, Versorgung psychisch Kranker

Altenbericht der Bundesregierung, Vierter Bericht zur Lage der Lage der älteren Generation in der Bundesrepublik Deutschland: Risiken, Lebensqualität und Versorgung Hochaltriger – unter besonderer Berücksichtigung demenzieller Erkrankungen, Bundestagsdrucksache 14/8822.

Bieker, R. (Hrsg.), Teilhabe am Arbeitsleben. Wege der Integration von Menschen mit Behinderung, Stuttgart 2005.

Blinkert, B., Klie, Th., Pflege im sozialen Wandel. Die Situation von Pflegebedürftigen nach Einführung der Pflegeversicherung, Hannover 1999.

Bundesministerium für Gesundheit, 3. Bericht über die Entwicklung der Pflegeversicherung, Berlin 2005.

Dietz, B., Die Pflegeversicherung. Ansprüche, Wirklichkeiten und Zukunft einer Sozialreform, Wiesbaden 2002.

Fachinger, U., Rothgang, H. (Hrsg.), Die Wirkungen des Pflegeversicherungsgesetzes, Berlin 1997.

Hermer, M., Pittrich, W., Spöhing, W., Evaluation der psychiatrischen Versorgung in der Bundesrepublik. Zur Qualitätssicherung im Gesundheitswesen, Opladen 1995.

Igl, G., Naegele, G., Harndorf, S. (Hrsg.), Reform der Pflegeversicherung – Auswirkungen auf die Pflegebedürftigen und die Pflegepersonen, Münster 2007.

Klie, Th., Pflegeversicherung, 7. Auflage, Hannover 2005.

Meyer, J.A., Der Weg zur Pflegeversicherung, Frankfurt a.M. 1996.

Rennen-Allhoff, B., Schaeffer, D. (Hrsg.), Handbuch Pflegewissenschaft, Weinheim/München 2000.

Rössler, W., Salize, H.J., Die psychiatrische Versorgung chronisch psychisch Kranker. Daten, Fakten, Analysen, Baden-Baden 1996.

Rothgang, H., Ziele und Wirkungen der Pflegeversicherung: Eine ökonomische Analyse, Frankfurt a.M./New York 1997.

Schmidt, R., Thiele, A., Konturen der neuen Pflegelandschaft. Positionen, Widersprüche, Konsequenzen, Regensburg 1998.

Schneekloth, U. u.a., Hilfe- und Pflegebedürftige in privaten Haushalten, in: Schriftenreihe des Bundesministeriums für Familie, Senioren, Frauen und Jugend, Bd. 111.2, Stuttgart/Berlin/Köln 1996.

Schneekloth, U., Müller, U., Wirkungen der Pflegeversicherung, Baden-Baden 1999.

Schölkopf, M., Altenpflegepolitik in der Bundesrepublik Deutschland, Opladen 2000.

Strünck, Ch., Pflegeversicherung – Barmherzigkeit mit beschränkter Haftung. Institutioneller Wandel, Machtbeziehungen und organisatorische Anpassungsprozesse, Opladen 2000.

Wansing, G., Teilhabe an der Gesellschaft. Menschen mit Behinderung zwischen Inklusion und Exklusion, Wiesbaden 2005.

Gesundheitspolitik, Reformalternativen

Badura, B., Hart, D., Schellschmidt, H., Bürgerorientierung des Gesundheitswesens, Baden-Baden 1999.

Bandelow, N.C., Gesundheitspolitik, Opladen 1997.

Blanke, B. (Hrsg.), Krankheit und Gemeinwohl. Gesundheitspolitik zwischen Staat, Sozialversicherung und Medizin, Opladen 1994.

Bode, I., Wandel in Grenzen, in: Die Betriebskrankenkasse, 12/2002, S. 551 ff.

Braun, B., Kühn, H., Reiners, H., Das Märchen von der Kostenexplosion, Frankfurt a.M. 1998.

Büllinger, J., Von der Budgetierung zur Strukturreform im Gesundheitswesen, Heidelberg 1996.

Deppe, H.-U. (Hrsg.), Medizin und wirtschaftlicher Wettbewerb, Frankfurt a.M. 1998.

Deppe, H.-U., Burkhardt, W., Solidarische Gesundheitspolitik. Alternativen zu Privatisierung und Zwei-Klassen-Medizin, Hamburg 2002.

Deppe, H.-U., Zur sozialen Anatomie des Gesundheitswesens. Neoliberalismus und Gesundheitspolitik in Deutschland, Frankfurt a.M. 2000.

Elsner, G., Gerlinger, Th., Stegmüller, K. (Hrsg.), Markt versus Solidarität. Gesundheitspolitik im deregulierten Kapitalismus, Hamburg 2004.

Engelen-Kefer, U. (Hrsg.), Reformoption Bürgerversicherung. Wie das Gesundheitssystem solidarisch finanziert werden kann, Hamburg 2004.

Igl, G., Naegele, G. (Hrsg.), Perspektiven einer sozialstaatlichen Umverteilung im Gesundheitswesen, München/Wien 1999.

Kaupen-Haas, H., Rothmaler, C. (Hrsg.), Strategien der Gesundheitsökonomie, Frankfurt a.M. 1998.
Klose, J., Schellschmidt, H., Finanzierung und Leistungen der Gesetzlichen Krankenversicherung. Einnahmen- und ausgabenbezogene Gestaltungsvorschläge im Überblick, Bonn 2001.
Knoche, M., Hungeling, G. (Hrsg.), Soziale und ökologische Gesundheitspolitik, Frankfurt a.M. 1998.
Körner, U., Mosandl, R., Huber, E. (Hrsg.), Wird Gesundheit zur Luxusware? Solidarische Gesundheitsversorgung und die Zukunft der Medizin, Dortmund 1998.
Kühn, H., Rationierung im Gesundheitswesen: Politische Ökonomie einer internationalen Ethikdebatte, Berlin 1991.
Neubauer, G., Schenk, R., Patientenorientierung im Gesundheitswesen – Erfahrungen und Perspektiven, München 1998.
Oberender, P., Hebborn, A., Zerth, J., Wachstumsmarkt Gesundheit, 2. Auflage, Stuttgart 2006.
Pereschke-Hartmann, Ch., Die doppelte Reform. Gesundheitspolitik von Blüm zu Seehofer, Opladen 1994.
Pfaff, A., Busch, S., Rindsfüßer, Ch., Kostendämpfung in der Gesetzlichen Krankenversicherung. Auswirkungen der Reformgesetzgebung 1989 und 1993 auf die Versicherten, Frankfurt a.M./New York 1994.
Pfaff, A., Pfaff, M. u.a., Finanzierungsalternativen der GKV: Einflussfaktoren und Optionen zur Weiterentwicklung, Augsburg 2006.
Rosenbrock, R., Gerlinger, T., Gesundheitspolitik – Eine systematische Einführung, 2. Auflage, Bern 2006.
Schmidt, A., Jahn, E., Scharf, B., Der solidarischen Gesundheitssicherung die Zukunft, Bericht der gesundheitspolitischen Strukturkommmission beim DGB-Bundesvorstand, 2 Bände, Köln 1988.
Simon, M., Steuerungsprobleme in der stationären Krankenversorgung, Wiesbaden 1998.
Slesina, W. (Hrsg.), Reformierung des Gesundheitssystems – oder: In welchem Gesundheitssystem wollen wir leben? Wiesbaden 2005.
Wasem, J., Groß, St., Rothgang, H., Kopfprämien in der GKV – Eine Perspektive für die Zukunft?, Essen/Fulda 2005.

Regelmäßige Veröffentlichungen und Materialquellen

Arzneiverordnungsreport, Berlin, jährlich.
Bundesministerium für Gesundheit, Statistisches Taschenbuch Gesundheit, zuletzt Berlin 2005.
Die private Krankenversicherung, Zahlenbericht, Köln, jährlich.
Gesundheitsberichtserstattung des Bundes (Robert Koch Institut und Statistisches Bundesamt), Gesundheit in Deutschland, Berlin 2006.
Jahrbuch für Kritische Medizin im Argument, Hamburg.
Krankenhausreport, Heidelberg, jährlich.
Medizinischer Dienst der Spitzenverbände der Krankenkassen, Leistungen der GKV in der Primärprävention und betrieblichen Gesundheitsförderung, Essen, jährlich.
Sachverständigenrat für die Konzertierte Aktion im Gesundheitswesen, Jahresgutachten und unregelmäßige Sondergutachten, Baden-Baden.
Sozialberichte der Bundesregierung, alle 4 Jahre, zuletzt: Sozialbericht 2005, Bonn 2005.

Statistisches Bundesamt (Hrsg.)
- Fachserie 12: Gesundheitswesen.
- Fachserie 13: Sozialleistungen.

Zeitschriften

Bundesarbeitsblatt
Das Krankenhaus
Deutsches Ärzteblatt
Die Betriebskrankenkasse
Die Ersatzkasse
Die Krankenversicherung
Dr. med. Mabuse
Forum Sozialstation
Gesundheit und Gesellschaft
Gesundheit und Sozialpolitik
Krankenhaus-Umschau
Soziale Sicherheit
Sozialer Fortschritt
Wirtschaft und Statistik
WSI-Mitteilungen
Zeitschrift für Gesundheitswissenschaft
Zeitschrift für Sozialreform

VII Familie und Kinder

1 Familien und Familienpolitik

1.1 Familien und Familienfunktionen

Für die überwiegende Mehrzahl der Bevölkerung zählen das Zusammenleben in Partnerschaften oder Ehen sowie die Geburt von Kindern zur Normalität des Lebenslaufs. In modernen Gesellschaften unterliegt die Form des familiären Zusammenlebens allerdings einem Wandel, und es macht Schwierigkeiten, die Vielfalt bestehender Familienformen definitorisch in den Griff zu bekommen. Heute zählen neben dem sog. Normalfall von dauerhaft verheirateten Ehepaaren mit ihren leiblichen Kindern auch Ehepaare mit nicht leiblichen Kindern (Stiefeltern mit Stiefkindern, Adoptivkinder), Einelternfamilien (alleinerziehende Mütter oder Väter mit ihren Kindern) sowie Gemeinschaften unverheirateter Paare mit Kindern zu den Familien. Allgemein gefasst lässt sich „Familie" damit als eine Eltern-Kind-Gemeinschaft definieren, die gewöhnlich, aber keineswegs immer, auf einer Ehe beruht oder daraus abgeleitet ist. Dieser auf die Lebensgemeinschaft mit Kindern bezogene Familienbegriff orientiert auf die Kernfamilie, die in einem gemeinsamen Haushalt lebt und mit dem Auszug der erwachsenen Kinder auseinander geht. Alleinlebende aber auch Ehepaare oder eheähnliche Gemeinschaften ohne Kinder bilden insofern keine familiären Lebensformen.

Bei einer erweiterten Betrachtung von Familie muss allerdings berücksichtigt werden, dass Kinder auch dann ihrer Herkunftsfamilie noch verbunden bleiben, wenn sie einen eigenen Haushalt führen oder eine eigene Familie gründen. Austausch- und Hilfsbeziehungen zwischen den Generationen sowie psychische Zugehörigkeitsgefühle begrenzen sich weder aus der Sicht der Eltern noch ihrer Kinder auf die gemeinsame Wohnung, sondern übergreifen räumliche Distanzen. „Familie" im weiteren Sinne zeigt sich damit als ein dynamischer Prozess, der nicht auf eine Formstruktur festgelegt ist, sondern als Folge von Generationen verstanden werden kann, die unabhängig von räumlicher Zusammengehörigkeit biologisch und/oder sozial miteinander verbunden sind. So gesehen sind fast alle Menschen mehr oder weniger stark in familiäre Zusammenhänge eingebunden, haben also irgendwo eine „Familie".

Der prozessuale Verlauf von Familie prägt auch die Kernfamilie, die mehrere Phasen durchläuft: Der Gründungs- und Kleinkinderphase folgt das Zusammenleben mit Schulkindern und Jugendlichen. Verlassen die Kinder das Elternhaus, löst sich die ursprüngliche Kernfamilie auf. Die Kinder gründen womöglich eine eigene Familie, und für die Eltern beginnt die nachelterliche Phase („leeres Nest"). Stirbt ein Ehepartner (in der Regel zunächst der Mann), bleibt die Witwe zurück und bildet einen Einpersonenhaushalt.

In modernen Gesellschaften sind das Eingehen von Partnerschaften und Ehen sowie die Geburt von Kindern freie und eigenverantwortete Entscheidungen der einzelnen Paare. Gleichwohl ist die Bereitschaft von Eltern, Kinder zu bekommen, sie zu betreuen und zu versorgen und ihren Lebensweg zu begleiten, keine Privatangelegenheit, die Staat und Gesellschaft nicht berühren. Familien erfüllen vielmehr gesellschaftlich unverzichtbare Funktionen und Aufgaben. Im Vergleich zu früheren Zeiten haben sich diese Funktionen gewandelt: Einige Aufgaben sind im Zuge der gesellschaftlichen Arbeitsteilung und Spezialisierung auf- und abgegeben worden (so vor allem die Produktion) oder werden durch die Leistungen anderer gesellschaftlicher Teilsysteme und Institutionen ergänzt, so vor allem durch die verschiedenen Bildungs- und Ausbildungsträger, die Institutionen der sozialen Sicherung oder durch soziale Dienste. Allerdings bleibt ein wichtiger, nicht ersetz- und übertragbarer Kernbestand. Zugleich stehen den Funktionsverlusten auch Aufgabenzuwächse gegenüber, wenn man insbesondere an die Pflege der älteren Generation denkt.

Es sind die Familien, die die (Haupt)Verantwortung tragen für

- die Nachwuchssicherung (*generative Funktion*),
- die Betreuung, Erziehung und Platzierung der Kinder (*Erziehungs- und Platzierungsfunktion*),
- die Übermittlung von Werten, Kultur, Einstellungen und Verhaltensmustern (*Sozialisationsfunktion*)
- Haushaltsführung und Versorgung (*Reproduktionsfunktion*),
- die emotionale Unterstützung, d.h. Zuwendung, Anerkennung, Trost, Ermunterung und Geborgenheit (*psychische Regenerationsfunktion*),
- wechselseitige Hilfe-, Pflege- und Unterstützungsleistungen zwischen den Generationen (*intergenerative Solidarfunktion*).

1.2 Aufgaben von Familienpolitik

Wegen der Bedeutung dieser Funktionen ist die Förderung und Unterstützung von Familien zu einer wichtigen Aufgabe des Sozialstaats geworden. Mit der *Familienpolitik* hat sich ein eigenständiger Teil von Sozialpolitik entwickelt. Ziel von Familienpolitik ist es, die wirtschaftlichen und sozialen Lebensbedingungen von Familien zu sichern und zu verbessern, die Familien in ihren Aufgaben und Funktionen zu unterstützen und zu fördern und damit die Voraussetzungen dafür zu schaffen, dass sich der Wunsch nach Kindern auch realisieren lässt.

Ausgangspunkt dafür ist die Feststellung, dass Betreuung und Versorgung von Kindern für die Eltern mit Freude und Erfüllung, aber auch mit einem hohen Maß an Verantwortung, vielfältigen Einschränkungen und (zeitlichen) Belastungen verbunden sind. Auch ist die Integration der Kinder in eine komplexer werdende Gesellschaft nicht einfach, wie es die wachsenden Anforderungen an eine gute Ausbildung verdeutlichen.

Da die Lebens- und Entwicklungsbedingungen der Familien und ihrer Mitglieder von den unterschiedlichsten politischen, gesellschaftlichen und ökonomischen Faktoren geprägt und beeinflusst werden, kann Familienpolitik nur dann wirksam und erfolgreich sein, wenn sie sich als Teil einer umfassenden Gesellschaftspolitik versteht. Die Maßnahmen der Familienpolitik konzentrieren sich dabei auf folgende Ebenen und Bereiche:

- *Festlegung und Umsetzung der rechtlichen Rahmenbedingungen für den Schutz der Familie und für das Zusammenleben in Familien*

  Maßgeblich sind die grundgesetzlichen Normen (hier insbesondere Artikel 6 GG, Satz 1 und 2: „Ehe und Familie stehen unter dem besonderen Schutz der staatlichen Ordnung“, „Pflege und Erziehung der Kinder sind das natürliche Recht der Eltern und die zuvörderst ihnen obliegende Pflicht. Über ihre Betätigung wacht die staatliche Gemeinschaft”) und die sie konkretisierenden Regelungen des gesamten Familienrechts. Beim Familienrecht ist zu unterscheiden zwischen Eherecht (allgemeines Eherecht, Scheidungs- und Scheidungsfolgenrecht), Kindschaftsrecht (Sorge-, Umgangs-, Adoptions- und Vormundschaftsrecht) sowie Unterhaltsrecht (Kindesunterhalt, Ehegattenunterhalt).

- *Wirtschaftliche Hilfen für Familien*

  Durch Einkommensübertragungen und/oder Steuererleichterungen sollen die materiell-finanziellen Bedingungen in den Familien verbessert werden, da bei der Entlohnung auf dem Arbeitsmarkt die besonderen familiären Bedarfe unberücksichtigt bleiben. Im Konkreten handelt es sich hier um die vielfältigen Leistungen im Rahmen des Familienleistungsausgleichs bzw. Kinderlastenausgleichs.

- *Verbesserung der Wohnungsversorgung und Wohnumfeldgestaltung*

  Durch Wohnungsbaupolitik (sozialer Wohnungsbau, Wohnungsbauförderung), Wohngeldzahlungen, Städtebaupolitik und Wohnumfeldverbesserung soll familiengerechter Wohnraum preisgünstig zur Verfügung gestellt und für ein den Lebensbedürfnissen von Kindern entsprechendes Wohnumfeld Sorge getragen werden.

- *Verbesserung der Vereinbarkeit von Berufstätigkeit und Familienaufgaben*

  Wenn Eltern nach der Geburt ihrer Kinder nicht dauerhaft ihre Berufstätigkeit aufgeben möchten, sondern die Erziehung der Kinder mit der Berufstätigkeit verknüpfen wollen, so bedarf es sowohl Anpassungen in der Arbeitswelt (Arbeitsorganisation, Verkürzung und Flexibilisierung von Arbeitszeiten, Freistellungsmöglichkeiten) als auch eines bedarfsdeckenden Angebotes an Tagesstätten für Kinder.

- *Hilfen zur Unterstützung der Eltern in ihren Erziehungsleistungen*

  Familienbildungsmaßnahmen sowie Beratungsangebote (so Erziehungs-, Sucht-, Ernährungs- und Wohnungsberatung) sollen Hilfestellung in Erziehungsfragen geben und die Eltern in ihrem Erziehungsauftrag unterstützen.
- *Pädagogische und soziale Hilfen für Kinder und Jugendliche*

  Adressaten dieser Hilfen sind Kinder und Jugendliche. Ihre individuelle und soziale Entwicklung soll gefördert und ihr Wohl geschützt werden, insbesondere dann, wenn Schwierigkeiten in der Person des jungen Menschen oder in seiner Familie auftreten. Es handelt sich hier um das breite Spektrum der Angebote an familienergänzenden, im Bedarfsfall auch familienersetzenden Hilfen, das im SGB VIII (Kinder- und Jugendhilfe) geregelt ist.
- *Hilfen für Familien in besonderen Lebenslagen*

  Familien weisen unterschiedliche Lebenslagen und Problemsituationen auf: So stellt das Leben mit behinderten oder kranken Kindern besondere Anforderungen. Auch Alleinerziehende haben mit besonderen, nicht nur finanziellen Schwierigkeiten zu kämpfen. Wiederum andere Probleme haben Familien von MigrantInnen. Familienpolitik muss durch differenzierte Hilfen auf diese jeweiligen Lebenslagen eingehen.
- *Hilfen für ältere Familienmitglieder*

  Im Zuge des demografischen Wandels ist die Unterstützung und Versorgung hilfe- und pflegebedürftiger älterer Familienmitglieder zu einer zunehmend wichtigen Aufgabe von Familien geworden. Familien- wie Altenpolitik müssen die betroffenen Familien dabei wirkungsvoll unterstützen (vgl. Kap. „Alter", Pkt. 4).

Die hier skizzierte Breite der familienpolitischen Aufgabenstellungen macht deutlich, dass Familienpolitik kein inhaltlich, instrumentell und institutionell abgegrenztes Politikfeld ist. Die Entscheidungen in vielen anderen Politikfeldern, so u.a. in der Steuerpolitik, Wohnungspolitik, Bildungspolitik, haben unmittelbare Rückwirkungen auf die Situation von Familien. Familienpolitik lässt sich auch nicht nur auf die bundesstaatliche Ebene und hier auf ein Ressort reduzieren; sie ist vielmehr eine umfassende Querschnittsaufgabe und berührt eine Vielzahl politischer Akteure und Institutionen. Angesprochen sind alle Gebietskörperschaften, d.h. Bund, Länder und Gemeinden gleichermaßen, aber auch die Sozialversicherungsträger und die Tarifvertrags- und Arbeitsmarktparteien. Da Familienpolitik ganz maßgeblich auf dem Einsatz sozialer Dienste beruht, zählen auch freigemeinnützige Einrichtungen, Wohlfahrtsverbände, Kirchen und Selbsthilfeinitiativen zu den Trägern familienpolitischer Maßnahmen (vgl. Kap. „Soziale Dienste" Pkt. 3).

Die Kernfamilie ist nicht nur eine Lebensgemeinschaft als solche. Sie setzt sich aus den einzelnen Familienmitgliedern zusammen, die gemeinsame, aber auch jeweils besondere, womöglich konkurrierende Lebensbedingungen und -interessen haben. Ins Blickfeld gehören zunächst die Kinder, deren Lebensraum durch das Dreieck zwischen Familie, Kindergarten/Schule und Wohnumfeld/städtische Infrastruktur geprägt ist. Lebensräume für Kinder zu gestalten und zu verbessern, ist Aufgabe einer spezifischen *Kinderpolitik*, die sich erst in jüngerer Zeit entwickelt hat und Kinder nicht nur aus der Perspektive von Eltern und Erziehungsberechtigten sieht, sondern als eigenständige Subjekte mit eigenen Bedürfnissen und Meinungen ernst nimmt.

Das Grundgesetz sieht ein explizites Recht der Kinder auf Förderung ihrer Entwicklung (noch) nicht vor. Allerdings sind Kinder uneingeschränkt Träger aller Grundrechte. Die Erziehungsverantwortung der Eltern („Elternrecht") muss deshalb an den Interessen des Kindes („Kindeswohl") orientiert sein. Zugleich hat der Staat über die Betätigung der elterlichen Verantwortung zu wachen („staatliches Wächteramt" gemäß Art. 6 Abs. 2 Satz 2 GG) und die Pflicht dann einzugreifen, wenn das Kindeswohl gefährdet ist. Aus diesem Wächteramt folgt aber auch eine strukturelle staatliche Verantwortung für die Schaffung kindgerechter Lebensbedingungen. Zu berücksichtigen ist zudem internationales Recht, hier vor allem die UN-Kinderrechtskonvention, die auch für Deutschland gilt.

Kinderpolitik ist zum einen Politik *für* Kinder. Auf lokaler und regionaler Ebene gewinnt die Durchführung von Kinderfreundlichkeitsprüfungen an Bedeutung (so in der kommunalen Infrastruktur- und Bauplanung). Es geht aber auch um Politik *mit* Kindern (Einrichtung von Kinderforen, Kinderbüros, Kinder- und Jugendparlamenten, Kinderbeauftragten). Angesichts des demografischen Wandels mit der Folge eines rückläufigen Anteils von Kindern und Jugendlichen und wachsenden Anteils älterer Menschen an der Bevölkerung gewinnen beide Aufgaben an Bedeutung.

Nach der traditionellen geschlechtsspezifischen Arbeitsteilung werden Familienarbeit, Kindererziehung und familiäre Pflegeverpflichtungen vorrangig Frauen zugewiesen bzw. von ihnen wahrgenommen. Diese Rollen- und Aufgabenzuschreibung ist Ursache und Folge zugleich der vielfältigen Benachteiligungen, denen Frauen in der Gesellschaft im Allgemeinen und in der Arbeitswelt im Besonderen unterliegen. *Frauenpolitik* und *Gleichstellungs- bzw. Genderpolitik* zielen auf die Überwindung dieser Benachteiligungen und eine gleichberechtigte Partnerschaft zwischen den Geschlechtern. Der Blick der Frauen- und Gleichstellungspolitik auf die Frage der Gleichberechtigung von Männern und Frauen auch in der Familie kann dabei in Konflikt geraten zu einer traditionellen Familienpolitik, die die Förderung der Familie durch Festschreibung der geschlechtsspezifischen Rollenzuschreibung erreichen möchte und die Frauen auf Haushalt und Kindererziehung verweist. Familienpolitik und Frauenpolitik greifen jedoch dann ineinander und ergänzen sich, wenn es beispielsweise um die Verbesserung der Vereinbarkeit von Beruf und Familie geht.

2 Wandel der familialen Lebensformen und der Geschlechterrollen

Noch bis in die 1970er Jahre hinein war das Familienleben durch weithin anerkannte gesellschaftliche Normen strukturiert. Nach diesem Leitbild ist es selbstverständlich, dass junge Menschen heiraten, eine Familie mit mehreren Kindern gründen und lebenslang mit dem Ehepartner zusammenleben. Für Frauen ist die Rolle als Hausfrau und Mutter vorgesehen. Sie übernehmen mit der Heirat und der Geburt der Kinder die alleinige Verantwortung für die Haus- und Erziehungsarbeit sowie für die private Lebenssphäre, während der Mann einer kontinuierlichen Erwerbsarbeit nachgeht und das für den Familienunterhalt notwendige Einkommen erzielt.

Dieses Bild der nicht berufstätigen, für die Familie zuständigen Hausfrau und Mutter beruht auf einer streng geschlechtsspezifischen Arbeitsteilung und Trennung der Lebensbereiche. Die materielle und soziale Sicherung der Frau wird durch den Ehemann gewährleistet. Der Mann übernimmt die „Ernährerrolle" und sorgt für den Unterhalt der Frau und der Kinder. Die unentgeltliche Pflege-, Haus- und Erziehungsarbeit der Frau in der Familie und für den Mann begründet ihren Anspruch auf Unterhalt. Die Ehe ist damit eine Versorgungs- und Sicherungsinstitution.

Auch das soziale Sicherungssystem knüpft weitgehend an dieses Leitbild an. Es ist zugleich erwerbszentriert (für den Mann) und ehezentriert (für die Frau): Einen eigenständigen, vom Ehemann und vom Fortbestand der Ehe unabhängigen sozialversicherungsrechtlichen Schutz hat die nichterwerbstätige Frau nicht. Entfallen beim Tod des Mannes die Unterhaltsleistungen, zahlt die Sozialversicherung eine Unterhaltsersatzleistung. Die Existenzsicherung der Frau ist also jeweils abgeleitet und abhängig vom Arbeits- und Lohnersatzeinkommen des Mannes (vgl. Bd. I, Kap. „Einkommen", Pkt. 6.8).

Dieses Modell der bürgerlichen Familie hatte zwar über viele Jahre hinweg einen hohen, nahezu allgemeingültigen *normativen* Stellenwert, ist allerdings nie durchgehend praktiziert worden. So war in Arbeiterfamilien und in der Landbevölkerung die Erwerbstätigkeit von Müttern an der Tagesordnung, dies vor allem aus dem Zwang der ökonomischen Verhältnisse heraus. Auch die Familien- und Lebensformen waren vielfältiger, als es dem Bild der Kleinfamilie entspricht.

Beginnend ab den 1970er Jahren setzt ein nachhaltiger Wandel ein, in dessen Folge die normative Verbindlichkeit des bürgerlichen Familienmusters erodiert. Unter dem Einfluss ökonomischer, sozialer, kultureller und politischer Umwälzungen verändern sich die familiären Lebensformen und Geschlechterrollen. Die fraglose Selbstverständlichkeit, zu heiraten und eine Familie zu gründen, hat sich aufgelöst. Ehe und Elternschaft werden nicht mehr als gewissermaßen unausweichlich vorgegebene Lebensperspektiven verstanden, sondern als Gegenstand bewusster Lebensentwürfe und verantworteter Entscheidungen:

- Die Ehe verliert ihren Leitbildcharakter und ihr „Quasi-Monopol“ als – möglichst unauflösliche – Lebensform des Zusammenlebens und als alleiniger legitimer Ort für Sexualität. Eine wachsende Zahl von Menschen wohnt über längere Phasen allein oder mit einem Partner in nicht-ehelichen Lebensgemeinschaften zusammen. Ehepartner sehen sich in ihrem Selbstverständnis mehr und mehr frei, sich aus einer Ehe auch wieder trennen zu können. Steigende Frauenerwerbstätigkeit und die Verfügung über eigenes Erwerbseinkommen sowie die Veränderungen im Scheidungs- und Scheidungsfolgenrecht haben Frauen aus dem Zwang befreit, aus materiellen und sozialen Motiven in einer unerträglich gewordenen Beziehung verharren zu müssen.
- Der Wunsch, Kinder zu haben, ist nicht mehr *der*, sondern ein *möglicher* Lebensinhalt.
- Die Geburtenziffer ist gegenüber der Situation gegen Mitte der 1970er Jahre deutlich gesunken, das Erstgeburtsalter deutlich gestiegen. Eine größer werdende Zahl verheirateter und nichtverheirateter Paare bleibt zeitlebens kinderlos. Weder hat Eheschließung automatisch Mutterschaft zur Folge, noch ist Mutterschaft notwendigerweise an eine Ehe gekoppelt.
- Es wird später und seltener geheiratet. Heirats- und Wiederverheiratungshäufigkeit sind gesunken, die Eheschließung erfolgt zunehmend im Zusammenhang mit dem Wunsch nach einem Kind oder einem bereits erwarteten bzw. geborenen Kind.
- Vor allem infolge der hohen Scheidungshäufigkeit nehmen Anzahl und Anteil der Kinder zu, die nur mit einem Elternteil, in aller Regel mit den Müttern, zusammenleben.
- Zahl und Anteil der Familien- bzw. Zwei-Generationenhaushalte gehen zurück. Immer mehr Menschen leben in Einpersonenhaushalten oder in Paarhaushalten ohne Kinder.

Diese Veränderungen der privaten Lebensformen und des generativen Verhaltens sind Ausdruck und Folge der rechtlichen und kulturellen Liberalisierung, des kontinuierlichen Wohlstandsanstiegs, des Ausbaus des Sozialstaates, der Bildungsexpansion und vor allem der sich wandelnden Lebensorientierung von Frauen. Die traditionelle Beschränkung allein auf die Rolle der Familienhausfrau, des Daseins für andere und die Benachteiligung in den außerfamiliären Lebensbereichen wird heute nicht länger fraglos akzeptiert. Frauen fordern auch für sich die Vorteile einer freien, selbstbestimmten Lebensgestaltung, die lange Zeit den Männern vorbehalten war, und sie erwarten eine eigenständige Existenzsicherung, unabhängig von der Existenz und dem Bestand einer Ehe und von der Einkommensposition des Mannes. Das Modell des männlichen Alleinernährers entspricht nicht länger der gesellschaftlichen Norm und wird auch in der Realität seltener. Das Familienrecht hat sich dieser Entwicklung weitgehend angepasst.

Die Umbrüche in den Geschlechterrollen dokumentieren sich insbesondere im Bildungs- und Erwerbsverhalten junger Frauen, das mittlerweile weitgehend dem junger Männer angeglichen ist. Auch verheiratete Frauen und Mütter sind in wachsendem Maße erwerbstätig; mit der Eheschließung allein wird nur noch in seltenen Fällen der Beruf aufgegeben. Und immer mehr Mütter bleiben auch dann erwerbstätig, wenn Kinder zu versorgen und zu erziehen sind, oder sie nehmen nach einer kürzer werdenden Familien- und Erziehungspause wieder ihre Berufstätigkeit auf. Demgegenüber sinkt der Anteil der Frauen, die nach der Erziehungsphase nicht mehr in den Beruf zurückkehren oder zurückkehren möchten und ihr Leben dauerhaft als „Hausfrau" führen. Berufstätigkeit ist für die Frauen zu einem festen Bestandteil ihrer biographischen Grundorientierung geworden.

Der durch die Neubestimmung der weiblichen Geschlechterrolle sowie durch den ökonomischen, kulturellen und sozialen Umbruch geprägte Wandel der privaten Lebensformen führt dazu, dass Familien einem Wandel unterliegen und ihr Gesicht ändern. Das Leben mit Kindern ist schwieriger und voraussetzungsvoller geworden und steht in wachsender Konkurrenz zu anderen, kinderlosen Lebensformen. Für den Lebensalltag der Kinder ergeben sich neue personelle Konstellationen im erweiterten Familienzusammenhang: Geburtenrückgang und verlängerte Lebenserwartung bedeuten aus Sicht der Kinder, dass die Chance sinkt, mit Geschwistern, Onkeln und Tanten, Cousins und Cousinen zusammenzutreffen. Auf der anderen Seite wächst auf der vertikalen Ebene der Generationenfolge die Wahrscheinlichkeit, neben den Groß- auch die Urgroßeltern zu erleben. Kinder in Stiefelternfamilien kommen zudem in die Situation, neben den leiblichen Eltern und Großeltern auch mit den „neuen" Eltern und Großeltern Beziehungen aufzunehmen. Es entstehen Patchworkfamilien bzw. binukleare Familien.

Trotz dieses Umbruchs kann allerdings von einer „Auflösung" oder einem „Zerfall" der Institution Familie nicht die Rede sein. Die Veränderungen sind weniger spektakulär als dies auf den ersten Blick erscheint. So ist immer noch die weit überwiegende Mehrheit der Menschen im Laufe ihres Lebens verheiratet und hat Kinder. Der größte Teil der Ehen wird nach wie vor nicht geschieden, sondern endet durch den Tod eines Partners bzw. einer Partnerin. Die große Mehrzahl der minderjährigen Kinder wächst bei ihren leiblichen und in erster Ehe verheirateten Eltern auf. Und alle Befragungsergebnisse lassen erkennen, dass in den Lebensvorstellungen der Menschen, auch und gerader junger Menschen, Kinder und Elternschaft, Partnerschaft und auch die Ehe, vor allem wenn Kinder zu versorgen sind, einen hervorgehobenen Platz einnehmen. Die Familie gilt neben der Gesundheit als der wichtigste Lebensbereich, als Grundelement eines erfüllten Lebens. Die Ansprüche und Anforderungen an Familie und eine glückliche, liebesorientierte Partnerschaft nehmen zu; was womöglich einer der Faktoren zur Erklärung des häufigeren Scheiterns von Beziehungen ist. Das dauerhafte Alleinwohnen als Single ohne stabile Partnerschaft und ohne Kinder entspricht nicht den Lebenswünschen der meisten Menschen.

Der Anteil der Menschen, die ganz bewusst auf Kinder verzichten und ein Leben ohne Kinder anstreben, ist insgesamt gering. Dabei fallen die Unterschiede nach sozialen Gruppen auf. Der Kinderwunsch ist am geringsten bei höher und hoch qualifizierten Frauen und Männern. Insgesamt gilt, dass die Entscheidung für Kinder und über die Kinderzahl in der Regel bewusst und überlegt getroffen wird. Der Zeitpunkt von Familiengründung und Heirat wird dabei zunehmend abhängig gemacht vom Abschluss der Ausbildung, der gelungenen Einmündung in den Arbeitsmarkt und von einer zumindest einigermaßen gesicherten Einkommensposition. Frühe Elternschaft ist eher bei Frauen ohne eine qualifizierte Schul- und Berufsausbildung anzutreffen. Das Hinausschieben des Kinderwunsches kann allerdings dazu führen, dass es für eine Geburt dann biologisch-biographisch zu spät ist.

Das Familienleben unterscheidet sich nach unterschiedlichen Phasen und Konstellationen, die von den Menschen als durchaus vereinbar angesehen werden: So münden viele der nicht-ehelichen Lebensgemeinschaften, die in der Phase der Postadoleszenz eingegangen werden, bei der Geburt von Kindern in eine Ehe. Diese neue Lebensform lässt sich somit eher als Vorstufe oder Übergangsform zur späten Ehe bzw. als Alternative zur Frühehe interpretieren, aber nicht als grundsätzliche Alternative zur Ehe überhaupt. Auch viele Geschiedene heiraten wieder und gründen zum Teil neue Familien. Viele der in der amtlichen Statistik als „alleinerziehend" Definierten haben – in getrennten Wohnungen – neue Lebenspartner. Wenn sie mit diesen zusammenziehen, werden sie in der Statistik als nicht-eheliche Lebensgemeinschaft erfasst. Zugleich wächst die Zahl der ledigen oder geschiedenen bzw. getrennten Paare, die trotz getrennter Wohnungen und womöglich neuer Partnerbindungen ihren leiblichen Kindern gegenüber gemeinsam eine aktive und verantwortliche Elternschaft (gemeinsame Sorge) praktizieren.

Die hohe und wachsende Zahl von Einpersonenhaushalten sowie von kinderlosen Zweipersonenhaushalten signalisiert nicht, dass die Lebensform der Kernfamilie in eine gesellschaftliche Minderheitsposition gerät. Auch sind diese Daten häufig nur das Ergebnis von Stichtags- bzw. Querschnittsbetrachtungen. Verfolgt man nämlich die Lebensform der Menschen im Verlauf der gesamten Lebensbiographie, dann zeigt sich, dass der Anteil der Kinderlosen sehr viel geringer ist. Viele Jüngere werden noch Kinder bekommen, und viele Ältere haben Kinder gehabt (vgl. Pkt. 4 dieses Kapitels). Infolge der Verringerung der durchschnittlichen Kinderzahl je Paar verkürzt sich allerdings die Phase der Kernfamilie auf einen begrenzten, überschaubaren Zeitraum. Und angesichts der gleichzeitigen Verlängerung der Lebenserwartung dehnt sich die Phase des Zusammenlebens ohne Kinder deutlich aus. Diese Nachkinderphase ist dabei oftmals gleichzeitig die Pflegephase für die eigene Elterngeneration.

Der Großteil der Alleinstehenden setzt sich aus allein lebenden älteren, meist verwitweten Frauen zusammen. Die Gruppe der jüngeren Singles hat sich zwar – parallel zum steigenden Heiratsalter und zur sinkenden Heiratshäufigkeit – deutlich ausgedehnt, ist aber für die Alleinstehenden nicht typisch. Für die jüngeren, unverheirateten und kinderlosen Menschen ist eher der verlängerte Verbleib im elterlichen Haushalt charakteristisch. Infolge vor allem der verlängerten Ausbildung und des späteren Berufseinstiegs schiebt sich die Jugendphase immer weiter in den Lebenslauf hinein. Der Status *Alleinstehend* oder Alleinwohnend ist zudem nicht mit Vereinzelung oder gar Isolation gleichzusetzen. Im der amtlichen Statistik gelten als Alleinstehende nicht nur die Alleinlebenden (in einem Einpersonenhaushalt), sondern alle Personen, die im befragten Haushalt ohne (Ehe)Partner und ohne ledige Kinder leben. Hierbei kann es sich auch um einen Mehrpersonenhaushalt handeln, z.B. das Wohnen in einer studentischen Wohngemeinschaft oder das Zusammenleben von Geschwistern.

Und bei den *Alleinlebenden* wird lediglich erfasst, dass die entsprechenden Personen allein wohnen, unabhängig davon, ob bzw. welche sozialen Beziehungen sie unterhalten, ob sie z.B. in einer dauerhaften Partnerschaft leben oder ob sie als geschiedener Elternteil eine aktive Elternrolle für das außerhalb ihres Haushaltes wohnende Kind einnehmen.

Unberücksichtigt bleibt auch, dass die räumliche Trennung der Generationen noch lange nicht bedeutet, dass auch die sozialen Kontakte und wechselseitigen Hilfeleistungen abgebrochen werden. Denn auch getrennt von der Kernfamilie lebende Kinder und Großeltern werden in aller Regel immer noch als fester Bestandteil der Familie angesehen. Familienmitglieder helfen einander auch über die Kernfamilien hinaus und über Entfernungen hinweg. Das betrifft zum einen materiell-finanzielle Hilfen – überwiegend von den Eltern zu ihren Kindern (in Ausbildung) und von den Großeltern zu ihren Enkelkindern, sehr viel seltener von den Kindern zu den Eltern und Großeltern. Umfangreicher und selbstverständlicher als finanzielle Hilfen sind aber immaterielle persönliche Hilfen zwischen den Generationen bei Krankheit, Kinderbetreuung, Pflegebedürftigkeit und bei Arbeiten im Haushalt (vgl. Kap. „Alter“, Pkt. 1.2.2).

Auch der Wandel der Geschlechterrollen darf nicht überzeichnet werden. Bei genauerer Betrachtung der Berufstätigkeit von Frauen zeigt sich sehr schnell, dass die steigende Frauenerwerbsbeteiligung nicht dazu geführt hat, dass sich die Berufsverläufe vollständig an die der Männer angeglichen haben. Die weibliche Erwerbsbeteiligung sinkt immer noch dann drastisch, wenn ein Kind geboren ist. Die überwiegende Zahl der Mütter unterbricht oder reduziert ihre Berufstätigkeit, um zu Hause hauptverantwortlich für die Kinder zu sorgen. Angesichts der wenig familienfreundlichen Anforderungen der Arbeitswelt, eines unzureichenden Angebotes an öffentlichen Kinderbetreuungseinrichtungen und der Weigerung vieler Männer, sich partnerschaftlich an der Familien- und Erziehungsarbeit zu beteiligen, sind Frauen weder in der Lage noch dazu subjektiv bereit, sich an das männliche, auf kontinuierliche Vollzeitarbeit orientierte Erwerbsmuster, das heißt an das sog. Normalarbeitsverhältnis, anzupassen. Das müttertypische Erwerbsmuster ist mehrheitlich durch phasenweise Berufsunterbrechung und Teilzeitarbeit charakterisiert (vgl. Pkt. 7.2 dieses Kapitels sowie Bd. I, Kap. „Arbeit und Arbeitsmarkt“, Pkt.

2.4). Das heißt aber auch, dass das (oftmals niedrige) Erwerbseinkommen von Frauen weder zum eigenständigen Lebensunterhalt ausreicht noch geeignet ist, eine eigenständige und ausreichende soziale Sicherung aufzubauen. Es bleibt die zumindest partielle Angewiesenheit auf das Einkommen des Mannes. Versorgerehe und männliche Ernährerrolle haben sich modifiziert, nicht aber aufgelöst.

3 Lebensformen und Familienstrukturen im Überblick

Familienstrukturen und Lebensformen in Deutschland und deren Entwicklungstrends lassen sich anhand der nachstehenden Daten illustrieren. Die Vergleiche beruhen dabei weitgehend auf Querschnittsdaten.

3.1 Lebensformen und Haushaltstypen

Im Jahre 2004 lebten die etwa 82,5 Mio. Einwohner Deutschlands in 39,12 Mio. Haushalten (vgl. Tabelle VII.1). Im Vergleich zum Jahr 1995 zeigt sich ein Anstieg der Bevölkerung um rund 1 Mio. Personen oder 1,2 %. Die steigende Lebenswartung und vor allem die Zuwanderung haben die niedrige Geburtenzahl bislang mehr als ausgeglichen. Sehr viel stärker als die Zahl der Einwohner ist in dem 10-Jahresvergleich jedoch die Zahl der Haushalte angestiegen, nämlich um 5,9 %. Die bereits seit langer Zeit bemerkbare Verschiebung in der Struktur der Haushalts- und Lebensformen kommt hier zum Ausdruck. Die Zahl der Haushalte steigt, gleichzeitig sinkt aber die Zahl der in ihnen lebenden Menschen. Unterscheidet man zwischen der Größe der Haushalte, zeigt sich, dass sich diese zu

- 37,2 % aus Einpersonenhaushalten und zu
- 62,8 % aus Mehrpersonenhaushalten

zusammensetzen.

Einpersonenhaushalte

Deutlich mehr als ein Drittel (37,2 %) aller Haushalte in Deutschland sind (2004) Einpersonenhaushalte. Hinter diesem wachsenden Haushaltstyp verbergen sich verschiedene Lebensformen. Eine große Gruppe wird von älteren Menschen gebildet: Die Hälfte der Alleinlebenden ist 55 Jahre und älter, darunter gibt es zu 35 % Verwitwete. Dies trifft vor allem für Frauen zu: Unter den alleinlebenden Frauen ist fast die Hälfte 55jährig und älter und zugleich verwitwet. Mit zunehmendem Alter verstärkt sich diese Entwicklung noch: Im Alter von 75 Jahren und mehr leben knapp zwei Drittel der Frauen allein („Feminisierung“ und „Singularisierung“ des Alters; vgl. Kap. „Alter“, Pkt. 2.2 und Abbildung VIII.4.

Einpersonenhaushalte entstehen auch durch Scheidungen; sind noch Kinder zu versorgen, bleiben in der Regel das Kind/die Kinder bei der Mutter, während der Vater alleine wohnt. Aus einem gemeinsamen Mehrpersonenhaushalt werden ein neuer Einpersonenhaushalt und ein neuer Mehrpersonenhaushalt.

Tabelle VII.1:

Haushalte nach Haushaltstyp 2004, 1972 und 1995

Haushaltstyp	Deutschland			Alte Bundesländer			Neue Bundesländer		
	2004		1995	2004		1972	2004		1972
	Mio.	in %	in %	Mio.	in %	in %	Mio.	in %	in %
Haushalte insgesamt	39,12	100	100	31,89	100	100	7,23	100	100
Einpersonenhaushalte	14,57	37,2	34,9	11,91	37,3	26,2	2,66	36,8	30,4
Mehrpersonenhaushalte darunter:	24,56	62,8	65,1	19,99	62,7	73,8	4,57	63,2	69,6
Mehrpersonenhaushalte ohne Kinder	11,99	30,6	27,5	9,74	31,0	23,4	2,24	31,0	27,6
darunter:									
- Ehepaare	9,85	25,2	24,0	7,96	25,0	22,9	1,89	26,1	24,8
- Lebensgemeinschaften	2,14	5,5	3,4	1,79	6,0	0,5	0,36	4,9	2,9
Haushalte m. Kindern = Familienhaushalte	12,57	32,1	34,5	10,24	32,1	44,5	2,33	32,2	38,5
darunter:									
- Ehepaare m. Kindern	9,25	23,6	28,0	7,78	24,4	38,9	1,47	20,3	29,4
- Lebensgemeinschaften mit Kindern	0,81	2,1	1,3	0,52	1,6	0,1	0,30	4,1	3,1
- Alleinerziehende	2,51	6,4	5,3	1,95	6,1	5,5	0,56	7,8	6,0
darunter:									
- Mütter	2,12	5,4	4,2	1,64	5,1	4,8	0,48	6,7	4,9
- Väter	0,39	1,0	1,1	0,31	1,0	0,7	0,08	1,1	1,1

Kinder: ledige Kinder ohne Altersbegrenzung

Quelle: Statistisches Bundesamt, Fachserie 1, Reihe 3, Haushalte und Familien.- Engstler, H., Menning, S., Die Familie im Spiegel der amtlichen Statistik, erstellt im Auftrag des Bundesministeriums für Familie, Senioren, Frauen und Jugend, Bonn 2004.

Auch in den Einpersonenhaushalten von ledigen Menschen findet sich eine große Vielfalt. Die Lebensform reicht vom wirklichen Alleinleben über die faktische alltäglichen Einbindung in familiäre Netzwerke bei separater Wohnung (z.B. Kinder wohnen in einer Einliegerwohnung im Haus der Eltern) bis hin zu festen Lebenspartnerschaften, bei denen eine gemeinsame Wohnung nicht gewünscht wird oder nicht möglich ist, z.B. wegen der beruflichen Tätigkeit beider Partner in entfernt liegenden Städten. Bei studierenden Kindern wiederum ist es üblich, dass sie im Nebenwohnsitz alleine wohnen, im Hauptwohnsitz gemeinsam mit ihren Eltern. Insgesamt nimmt der Anteil der Einpersonenhaushalte an allen Haushalten mit steigender Einwohnerzahl des Wohnortes zu. In Großstädten mit 500.000 und mehr Einwohnern sind fast 50 % aller Haushalte Einpersonenhaushalte.

Mehrpersonenhaushalte

Unter den 24,56 Mio. Mehrpersonenhaushalten (2004) dominieren mit 76 % die kleinen, d.h. die Zwei- und Dreipersonenhaushalte. Sie machen knapp die Hälfte aller Haushalte aus. Haushalte mit 5 und mehr Personen bilden demgegenüber nur noch etwa 4 % aller Haushalte. Entsprechend ist die durchschnittliche Haushaltsgröße seit den 1950er Jahren um etwa ein Viertel gesunken und liegt 2004 nur noch bei 2,15 Personen.

Bei den Mehrpersonenhaushalten ist zu unterscheiden, ob diese (noch) kinderlos sind bzw. die Kinder bereits den Haushalt verlassen haben oder ob hier Kinder leben. Im letzteren Fall kann, wenn es sich um ledige Kinder handelt, von *Familienhaushalten* gesprochen werden.

Familienhaushalte

Familienhaushalte machen in Deutschland (2004) etwa die Hälfte aller Mehrpersonenhaushalte aus. Die 12,6 Mio. Familienhaushalte – die Statistik (Mikrozensus) definiert diese als Haushalte als solche, in denen ledige Kindern ohne Altersbegrenzung mit ihren leiblichen Eltern, Stief-, Pflege- oder Adoptiveltern zusammen leben – setzen sich zusammen aus:

- Haushalten von Ehepaaren mit Kindern (23,6 % der Haushalte insgesamt und 73,6 % aller Familienhaushalte),
- Haushalten von Alleinerziehenden (6,4 % der Haushalte insgesamt und 20,0 % aller Familienhaushalte),
- nicht-ehelichen Lebensgemeinschaften mit Kindern (2,1 % der Haushalte insgesamt und 6,4 % aller Familienhaushalte).

Vergleicht man die Zusammensetzung der Haushalte mit der Situation in den 1970er Jahren (Tabelle VII.1), so wird deutlich, dass sich seither der Anteil der Familienhaushalte erheblich verringert, dagegen der Anteil der kinderlosen Haushalte, darunter vor allem der der Einpersonenhaushalte, stark erhöht hat. So betrug in den alten Bundesländern der Anteil der Einpersonenhaushalte an allen Haushalten 1972 erst 26,2 % gegenüber noch 44,5 % bei den Haushalten mit Kindern. 2004 haben sich die entsprechenden Vergleichswerte auf 37,3 % bzw. auf 32,1 % verschoben.

Auffällig ist auch, dass Ein-Elternfamilien, d.h. das Alleinerziehen, zu einer zunehmend verbreiteten familiären Lebensform geworden sind. Zwischen 1972 und 2004 ist die Zahl der Ein-Elternfamilien in den alten Ländern um über 50 % gestiegen. Der Verbreitungsgrad dieser Lebensform war und ist in der ehemaligen DDR bzw. in den neuen Ländern traditionell höher als in den alten Ländern. Ein-Eltern-Familien sind dabei weit überwiegend Resultat gescheiterter Ehen (Scheidung oder dauerhaftes Getrenntleben), ledige und verwitwete Alleinerziehende haben demgegenüber eine geringere Bedeutung. Abbildung VII.1 weist aus, dass sich die Zunahme von Einpersonen- und Paarhaushaushalten, in denen keine Kinder leben, und die Abnahme von Familienhaushalten seit den 1990er Jahren – hier bezogen auf Gesamtdeutschland – unvermindert fortsetzen.

Abbildung VII.1:
Lebensformen nach Haushaltstypen 1995 - 2004

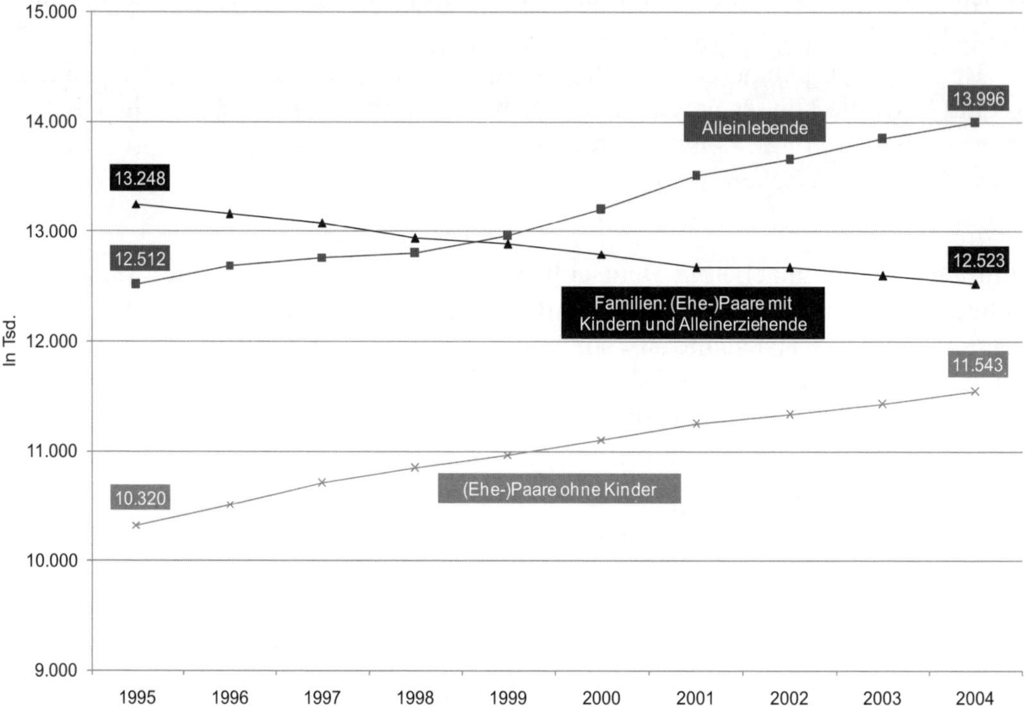

Quelle: Statistisches Bundesamt, Mikrozensus 2006.

Der Anstieg von Haushalten ohne Kinder ist allerdings nicht mit einer entsprechenden Zunahme von dauerhafter Kinderlosigkeit gleichzusetzen. Bei den kinderlosen Haushalten handelt es sich auch um Haushalte, in denen noch keine Kinder geboren sind, aus denen die Kinder bereits ausgezogen sind oder in denen die Kinder nicht mehr ledig sind.

Kinder in Familienhaushalten

Unter den 12,5 Mio. Familienhaushalten (2004) finden sich zu etwa 50 % Haushalte mit einem Kind. Haushalte mit zwei Kindern machen gut ein Drittel aller Familienhaushalte aus, Haushalte mit drei und mehr Kindern gut 12 %. Erkennbar ist (vgl. Tabelle VII.2), dass in den neuen Bundesländern die Familienhaushalte im Schnitt kleiner sind. Haushalte mit einem Kind finden sich hier in 61 % der Familienhaushalte, in den alten Bundesländern sind es 48,2 %.

Generationenstruktur der Haushalte

Von großer Bedeutung für das Aufwachsen von Kindern und die Pflege älterer Familienangehöriger ist die Generationenstruktur der Haushalte. Der überwiegende Teil aller Haushalte setzt sich (2004) aus Eingenerationenhaushalten zusammen:

- etwa 31 % der Haushalte sind Eingenerationenhaushalte, in denen (Ehe)Paare ohne Kinder leben:
- in gut 37 % aller Haushalte lebt ausschließlich eine Person;
- in 31 % der Haushalte leben zwei Generationen, nämlich Eltern und Kinder oder Enkel;
- drei und mehr Generationen, das heißt Eltern und ihre Kinder, deren Groß- und ggf. Urgroßeltern, finden sich nur noch in etwa 1 % aller Haushalte.

Tabelle VII.2:

Mehrpersonenhaushalte nach Haushaltsgröße und Zahl der Kinder im Haushalt 2004

Haushalte mit … Personen	Insgesamt	ohne Kinder	mit Kindern			
			zusammen	1	2	3 u. mehr
	in 1.000	in 1.000	in 1.000	in % der Haushalte mit Kindern		
Deutschland						
2	13.335	11.727	1.608	100	x	x
3	5.413	244	5.169	88,4	11,6	x
4	4.218	32	4.186	3,3	93,6	3,1
5 u. mehr	1.590		1.585	1,6	8,1	90,3
insgesamt	24.556	12.007	12.549	50,6	37,0	12,4
Alte Bundesländer						
2	10.743	9.517	1.226	100	x	x
3	4.251	201	4.050	88,2	11,8	x
4	3.560	29	3.531	3,1	93,8	3,1
5 u. mehr	1.433		1.429	1,6	7,7	90,6
insgesamt	19.987	9.751	10.236	48,2	38,1	13,7
Neue Bundesländer						
2	2.592	2.210	382	100	x	x
3	1.161	43	1.118	89,3	10,7	x
4	658	x	655	4,4	92,5	3,1
5 u. mehr	157	x	157	x	11,5	86,6
insgesamt	4.569	2.257	2.312	61,1	32,1	6,8

Kinder: Ledige Kinder ohne Altersbegrenzung

Quelle: Statistisches Bundesamt, Mikrozensus 2005.

Bevölkerung in Haushalten
In den skizzierten Daten über die Haushalts- und Lebensformen und ihre Trends wird die Zahl der *Haushalte* als Referenz genommen. Das sagt allerdings noch wenig aus über die Zahl der *Personen*, die in diesen Haushalten leben. Da in Mehrpersonenhaushalten mindestens zwei Menschen leben, wird bei haushaltsbezogenen Betrachtung die Bedeutung der Mehrpersonenhaushalte unter- und die Bedeutung der Einpersonenhaushalte überschätzt. Bezieht man sich hingegen bei der Berechnung auf die in den Haushalten lebenden Personen (Abbildung VII.2), dann zeigen sich andere Relationen: Das gemeinsame Leben von Elternpaaren bzw. Elternteilen und Kindern in einem Haushalt trifft (2005) auf etwas mehr als die Hälfte der Bevölkerung (52,9 %) zu. Darunter befinden sich 20,67 Mio. Kinder und 22,58 Mio. Eltern.

Abbildung VII.2:
Lebensformen der Bevölkerung 1996 und 2005

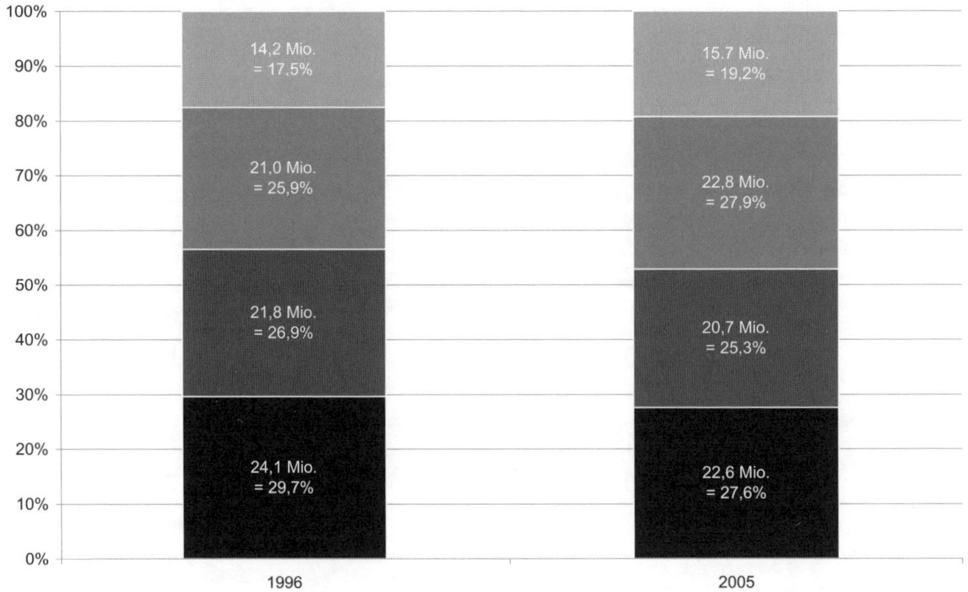

Bevölkerung: Bevölkerung in Privathaushalten, Hauptwohnsitz

Alleinstehende: Alleinlebende (Einpersonenhaushalte) sowie Personen, die ohne ledige Kinder und ohne PartnerIn gemeinsam mit anderen Personen (verwandt oder nicht verwandt) in Mehrpersonenhaushalten leben.

Kinder: Ledige Kinder ohne Altersbegrenzung

Quelle: Statistisches Bundesamt, Mikrozensus 2006.

Die knappe andere Hälfte der Bevölkerung (47,1 %) lebt – allein oder als Paar – ohne Kinder im Haushalt. Zu wiederholen ist dabei, dass sich diese auf den Befragungsergebnissen des Mikrozensus basierende Betrachtung lediglich auf einen

Zeitpunkt bezieht (März 2005), damit ist insofern noch nicht gesagt, dass die in der Querschnittsbetrachtung „Kinderlosen“ auch zeitlebens kinderlos bleiben.

Der zeitliche Vergleich zu 1996 lässt allerdings auch bei der bevölkerungsbezogenen Betrachtung erkennen, dass der Anteil der Bevölkerung in Familienhaushalten rückläufig ist (vgl. Abbildung VII.2). 1996 lebten noch fast 57 % der Menschen als Kinder und Eltern(teile) in Familienhaushalten.

Lebensformen nach Lebensalter

Um den *Verlauf* von Lebens- und Familienformen zu berücksichtigen, ist es sinnvoll, nach dem Lebensalter zu unterscheiden. Hier zeigt sich folgendes Bild (Tabelle VII.3): Von der Bevölkerung im Alter von 18 Jahren und mehr insgesamt leben (2003)

- 57,4 % mit einem Ehepartner zusammen,
- 20,7 % allein (ledig oder nicht mehr ledig),
- 9,0 % bei ihren Eltern (als ledige Kinder),
- 3,7 % als Alleinerziehende,
- 6,9 % in einer nicht ehelichen Lebensgemeinschaft.

Tabelle VII.3:

Lebensformen der volljährigen Bevölkerung nach Lebensalter 2003

Lebensalter	Kinder bei Eltern	Alleinlebende		Mit Partner ohne Kinder		Mit Partner und Kind(ern)		Alleinerziehende	Sonstige
		ledig	nicht ledig	verheir.	unverh.	verheir.	unverh.		
				in %					
18 – 24	63,5	15,7	0,2	3,1	7,5	3,7	1,5	1,4	3,4
25 – 29	19,8	23,9	1,3	9,6	13,9	20,9	4,2	3,1	3,3
30 – 34	6,8	17,4	2,7	10,5	9,0	41,6	5,8	4,5	1,7
35 – 44	3,3	10,5	4,4	9,2	4,4	55,9	4,6	6,3	1,4
45 – 54	0,3	6,0	7,6	27,3	3,3	46,4	1,8	5,0	1,4
55 – 64	0,1	4,1	12,8	59,3	2,8	16,9	0,4	2,2	1,3
65 – 74	-	3,7	21,3	62,3	2,2	6,2	0,1	2,1	2,1
75 – 79	-	4,5	37,3	47,7	1,6	2,7	-	2,2	3,9
80 +	-	4,5	54,2	28,1	1,0	1,0	-	2,5	8,7
Insges.	9,0	9,2	11,5	29,3	4,7	28,1	2,2	3,7	2,3
- Frauen	6,7	7,4	15,4	28,3	4,5	27,1	2,1	6,0	2,5
- Männer	11,5	11,2	7,2	30,4	4,9	29,2	2,3	1,2	2,0

Kinder: ledige Kinder

Quelle: Statistisches Bundesamt, Aktualisierte Tabellen zum Datenreport „Die Familie im Spiegel der amtlichen Statistik“, Bonn 2004.

Wie Tabelle VII.3 und Abbildung VII.3 erkennen lassen, variieren diese Lebensformen mit dem Lebensalter:

- Von den 18 - 24jährigen leben noch 63,5 % bei ihren Eltern, 15,7 % als Ledige allein, 7,5 % mit einer/m nicht-ehelichen Partner/in und 6,7 % mit einer/m Ehepartner/in.
- In der Altersgruppe 25 - 29 erreichen die Lebensformen des ledigen Singles mit 23,9 % und die des nicht-ehelichen Zusammenlebens mit 18,1 % ihre höchsten Anteilswerte. Der Anteil der Verheirateten steigt auf 30,5 %.
- In der Altersgruppe 35 - 44 sind dann bereits 65,1 % aller Männer und Frauen verheiratet. Die Verheiratetenquote erreicht ihr Maximum mit 76,2 % in der Altersgruppe 55 - 64 Jahre.
- Auch das Zusammenleben mit einem Kind (verheiratet, unverheiratet oder alleinerziehend) nimmt mit steigendem Lebensalter zu; in der Altersgruppe 35 - 44 Jahre trifft diese Lebensform auf 66,8 % zu.
- In den Altersgruppen oberhalb von 65 Jahren wächst dann der Anteil derer, die (als Ledige, Verwitwete oder Geschiedene) alleine leben. Dies sind bei den über 80jährigen mehr als die Hälfte (58,7 %) dieser Gruppe.

Abbildung VII.3:

Lebensformen nach Lebensalter 2003

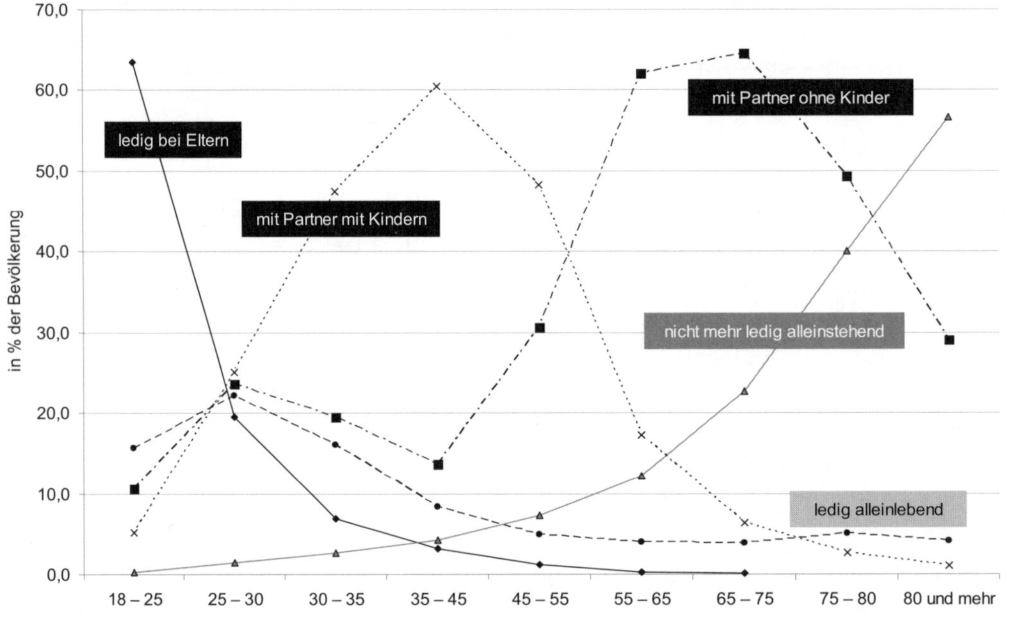

Quelle: Statistisches Bundesamt, Aktualisierte Tabellen zum Datenreport „Die Familie im Spiegel der amtlichen Statistik“, Bonn 2004.

Diese Altersspezifik signalisiert, dass Menschen im Verlauf ihrer Gesamtbiografie verschiedene Lebens- und Familienformen „durchlaufen". Als ein typischer Fall kann gelten, dass ein junger Mensch aus dem Elternhaus auszieht, zunächst alleine wohnt und dann mit dem Partner bzw. der Partnerin eine nicht-eheliche Lebensgemeinschaft aufbaut. Vor oder auch erst nach der Geburt eines Kindes wird geheiratet. Nachdem das Kind bzw. die Kinder ihre Ausbildung abgeschlossen bzw. einen eigenen Haushalt gegründet hat/haben, wird die Familien- und Erziehungsphase durch die nachelterliche Phase „Partnerschaft ohne Kind im Haushalt" abgelöst. Im höheren Lebensalter schließlich wächst die Wahrscheinlichkeit, dass ein Ehepartner stirbt und eine Situation des Alleinlebens wegen Verwitwung beginnt. Infolge der höheren Lebenserwartung von Frauen und der Unterschiede im Heiratsalter zwischen Mann und Frau konzentriert sich dieses Lebensrisiko auf Frauen.

In einem anderen Fall wird die Ehe während der Phase der Kindererziehung geschieden. Dann folgt der Trennung vom Partner die Gründung von zwei neuen Haushalten, wobei ein Elternteil – in der Regel immer noch die Mutter – gemeinsam mit dem Kind lebt und als Alleinerziehende erfasst wird. Tritt ein neuer Partner hinzu, womöglich mit eigenen Kindern, und bezieht das neue (Ehe)Paar eine gemeinsame Wohnung, entsteht eine neue Paar-Konstellation des Zusammenlebens mit Kindern.

3.2 Geburtenrate, Heirats- und Scheidungshäufigkeit

Die Gründe für den in allen europäischen Ländern erkennbaren Trend zum Rückgang der Zahl der Menschen, die gemeinsam mit Kindern leben, sind vielfältig. Die Geburtenrate hat sich verringert und liegt seit Jahren auf einem niedrigen Niveau. Da die durchschnittliche Zahl der Kinder gesunken ist, wird in Familienhaushalten die Lebensphase mit Kindern kürzer und die nachelterliche Phase länger. Auch der Anstieg der ferneren Lebenserwartung führt zur Ausdehnung der nachelterlichen Phase. Immerhin haben Frauen, die 55 Jahre alt sind und bei denen damit das Kind/die Kinder in aller Regel volljährig sind, im Schnitt noch eine Lebenserwartung von 28,5 Jahren vor sich (Sterbetafel für 2002/2004). Bei Männern, die ihr 55. Lebensjahr vollendet haben, beträgt die fernere Lebenserwartung noch 24,1 Jahre. Durch dieses Zusammenwirken von demografischen und verhaltensbedingten Faktoren kommt es dazu, dass Lebensformen wie „mit Partner ohne Kinder" oder „geschieden oder verwitwet allein lebend" an Bedeutung gewonnen haben. Im Einzelnen lassen sich folgende Entwicklungstrends erkennen:

- Die *Geburtenziffer* (in den alten Bundesländern) liegt (2004) bei 1,34 Kindern je Frau. 1970 lag der Wert noch bei 2,0. Die Geburtenziffer von 1,4 wurde in den alten Ländern erstmals Anfang der 1980er Jahre erreicht – seitdem variiert sie zwischen 1,3 und 1,4.
- Parallel dazu ist ein signifikanter Anstieg im Durchschnittsalter der Frauen bei der Geburt des *ersten* Kindes zu beobachten. Dies gilt für West- wie Ostdeutschland gleichermaßen, ist aber in den neuen Ländern noch sehr viel aus-

geprägter: Das Durchschnittsalter stieg zwischen 1980 und 2004 von 25,2 auf über 29,0 Jahre (alte Länder) bzw. von 21,6 auf 28,5 Jahre (neue Länder)

Auch die *Heiratsentwicklung* ist seit Mitte der 1970er Jahre durch einen deutlichen Rückgang geprägt: Die *Erst*heiratsziffer von Männern und Frauen im Alter zwischen 15 und 49 Jahren lag im Jahr 2004 in den alten Bundesländern bei 53 % Männer bzw. 60 % Frauen. Diese Ziffer zeigt an, wie viel Prozent der Ledigen – unter der Annahme einer Fortgeltung der aktuellen Heiratshäufigkeiten – heiraten werden. 1970 lag die Ziffer noch bei 90 bzw. 97 %. Andererseits sind heute immer mehr Eheschließungen Folgeehen nach einer Scheidung.

Es wird aber nicht nur seltener, sondern auch später geheiratet, denn zugleich ist das Durchschnittsalter bei der Erstheirat signifikant angestiegen – von 25,6 Jahre/ Männer bzw. 23,0 Jahre/Frauen im Jahr 1970 (alte Bundesländer) auf 32,4 Jahre/ Männer bzw. 29,4 Jahre/Frauen im Jahr 2004 (Deutschland). Nicht verschoben hat sich demgegenüber der Altersabstand im Heiratsalter von Mann und Frau. Er liegt bei etwa 3,0 Jahren.

Die Eltern von Neugeborenen sind (2004) zu 27,9 % nicht verheiratet. 12 % der Eheschließenden haben schon ein gemeinsames Kind bzw. gemeinsame Kinder; in den neuen Bundesländern sind es sogar über 27 %. Das heißt, dass die Geburt eines Kindes einen zentralen Heiratsanlass bildet.

Stark zugenommen haben die *nicht-ehelichen Lebensgemeinschaften.* Ihre Zahl lag 2004 (alte Bundesländer) bei 2,31 Mio. gegenüber 0,14 Mio. im Jahr 1972. In Westdeutschland ist diese Lebensform zu 74 % kinderlos, in Ostdeutschland zu 50 % (vgl. Tabelle VII.1).

Deutlich gestiegen ist auch das *Scheidungsrisiko*. Die Scheidungsziffer beträgt 42,5 (Deutschland/2004). Das heißt, dass von 100 Ehen (bis zu einer Ehedauer von 25 Jahren) 42,5 durch eine Scheidung enden, unterstellt dass die derzeitigen ehedauerspezifischen Scheidungsraten fortgelten. Von knapp der Hälfte der Scheidungen sind minderjährige Kinder betroffen. Insgesamt handelt es sich im Durchschnitt um rund 170.000 Kinder je Jahr. Die andere Hälfte der Scheidungen bezieht sich auf kinderlose Ehepaare oder auf Ehepaare im höheren Lebensalter, bei denen die Kinder bereits das Elternhaus verlassen haben. Die durchschnittliche Ehedauer bei Scheidung ist angestiegen und liegt (2004) bei 13,4 Jahren. Auch Scheidungen nach langer Ehedauer und im höheren Lebensalter sind nicht unüblich. Nicht zuletzt die gestiegene Lebenserwartung ist dafür verantwortlich. Denn wer heute mit 30 Jahren heiratet, kann damit rechnen, über eine Dauer von im Schnitt 47 Jahren (Restlebenserwartung 2002/2004 von Männern in diesem Alter) mit dem Partner ein gemeinsames Leben zu führen.

Insgesamt zeigt sich, dass hinsichtlich der Lebens- und Familienformen zwischen den alten und neuen Bundesländern immer noch gewichtige Unterschiede bestehen, die aus den spezifischen historischen Bedingungen abgeleitet werden können. Allgemein lassen sich für die DDR folgende Trendaussagen treffen: Heirats- und Geburten- und Scheidungsziffer lagen höher, das Erstgeburts- und Heiratsalter niedriger. Der Anteil der dauerhaft Kinderlosen war geringer, der Anteil der Alleinerziehenden und nicht-ehelich Zusammenlebenden war größer. Durchgängige (Vollzeit)Berufstätigkeit von Müttern – nahezu identisch mit der männlichen Erwerbsquote – zählte zur Normalität. In den neuen Bundesländern hat jedoch seit 1989 eine schnelle Anpassung an die westdeutschen Verhältnisse eingesetzt. Besonders drastisch hat sich die Geburtenziffer entwickelt. Während sie 1989 in der DDR noch bei 1,5 Kindern je Frau lag, war sie 1995 auf 0,8 gesunken. Seit 1995 steigt die Geburtenziffer langsam wieder an und dürfte zwischenzeitlich das westdeutsche Niveau erreicht haben.

3.3 Kinder

Die Frage nach den Lebensformen der Bevölkerung lässt sich auch aus der Perspektive der Kinder beantworten (Tabelle VII.4): 2005 lebten 20,67 Mio. ledige Kinder bei Ehepaaren, in Lebensgemeinschaften oder bei alleinerziehenden Elternteilen. Von diesen Kindern waren 70 % minderjährig und 30 % bereits volljährig.

Im Folgenden beziehen wir uns auf die unter 18jährigen Kinder und unterscheiden nach Altersgruppen sowie nach den Familienformen, in denen sie (in der Querschnittsbetrachtung) aufwachsen. Die entsprechenden Daten liegen in dieser Differenzierung allerdings nur für das Jahr 2003 vor. Die minderjährigen Kinder lebten zu

- 79 % in den Haushalten von Ehepaaren,
- 21 % in den Haushalten unverheirateter oder getrennt lebender Mütter (17,3 %) bzw. Väter (3,7 %), wobei in dieser Sonderauswertung des Mikrozensus dazu auch Mütter und Väter zählen, die in nicht-ehelichen Lebensgemeinschaften leben.

Insgesamt leben also mit vier Fünfteln die weitaus meisten aller ledigen Kinder unter 18 Jahren mit beiden (ebenfalls weit überwiegend verheirateten) Elternteilen (das können auch Adoptiv-, Stief- oder Pflegeeltern sein). Dabei gibt es deutliche Ost-West-Unterschiede, denn in den neuen Ländern leben nur 64 % der Kinder bei ihren beiden Eltern, 30,2 % bei ihren Müttern und 5,8 % bei ihren Vätern. Besonders auffällig in den neuen Ländern ist der hohe Anteil der Kinder, die bei ihren *ledigen* Müttern leben: Bei den unter 3jährigen sind es 34,1 % und im Schnitt aller Altersstufen unter 18 Jahren 16,1 %. Während der Anteil der Kinder, die bei ihren ledigen Müttern leben, mit steigendem Lebensalter sinkt, erhöht sich umgekehrt mit steigendem Lebensalter der Anteil der Kinder, die mit ihren getrennten oder geschiedenen Kindern zusammen leben.

Tabelle VII.4:

Minderjährige Kinder nach Alter und Familienform 2003

Alter[1)] des Kindes	Kinder insgesamt	bei Ehepaaren	bei Alleinerziehenden oder Lebensgemeinschaften				
			Mütter[2)]				Väter[2)]
			ledig	geschieden	verwitwet	zusammen	
	Mio.	%	%	%	%	%	%
Deutschland							
unter 3	2,163	77,6	12,1	4,1	-	16,2	5,9
3 – 5	2,366	81,0	8,1	7,1	0,4	15,6	3,3
6 – 9	3,139	80,2	5,6	10,5	0,8	16,9	2,9
10 – 14	4,450	78,4	4,4	12,5	1,5	18,4	3,3
15 – 17	2,747	77,8	3,1	13,0	2,2	18,3	4,0
unter 18	14,865	79,0	6,1	10,1	1,1	17,3	3,7
Alte Bundesländer							
unter 3	1,848	82,5	8,4	3,8	-	12,4	5,1
3 – 5	2,064	84,6	5,5	6,7	0,4	12,7	2,8
6 – 9	2,797	82,0	4,2	10,3	0,8	15,4	2,6
10 – 14	3,743	80,4	3,0	12,0	1,4	16,5	3,1
15 – 17	2,151	79,7	2,2	12,2	2,2	16,5	3,8
unter 18	12,603	81,6	4,3	9,6	1,1	15,0	3,4
Neue Bundesländer							
unter 3	314	49,0	34,1	5,7	-	40,1	10,9
3 – 5	302	56,9	25,8	9,7	-	36,2	6,8
6 – 9	341	65,2	17,3	11,9	-	29,8	5,0
10 – 14	707	67,6	11,5	14,9	1,7	28,0	4,4
15 – 17	596	70,6	6,5	16,2	2,1	24,8	4,6
unter 18	2,261	64,0	16,1	12,8	1,3	30,2	5,8

Kinder: ledige Kinder

1) Alter des jüngsten Kindes in der Familie

2) Unverheiratet oder verheiratet Getrenntlebende ohne oder mit (!) Lebenspartner im Haushalt, der auch der andere Elternteil des Kindes sein kann

Quelle: Statistisches Bundesamt, Aktualisierte Tabellen zum Datenreport „Die Familie im Spiegel der amtlichen Statistik“, Bonn 2004.

Abbildung VII.4:

Kinder unter 18 Jahren nach Familienstand der Eltern 1972, 1991, 2003

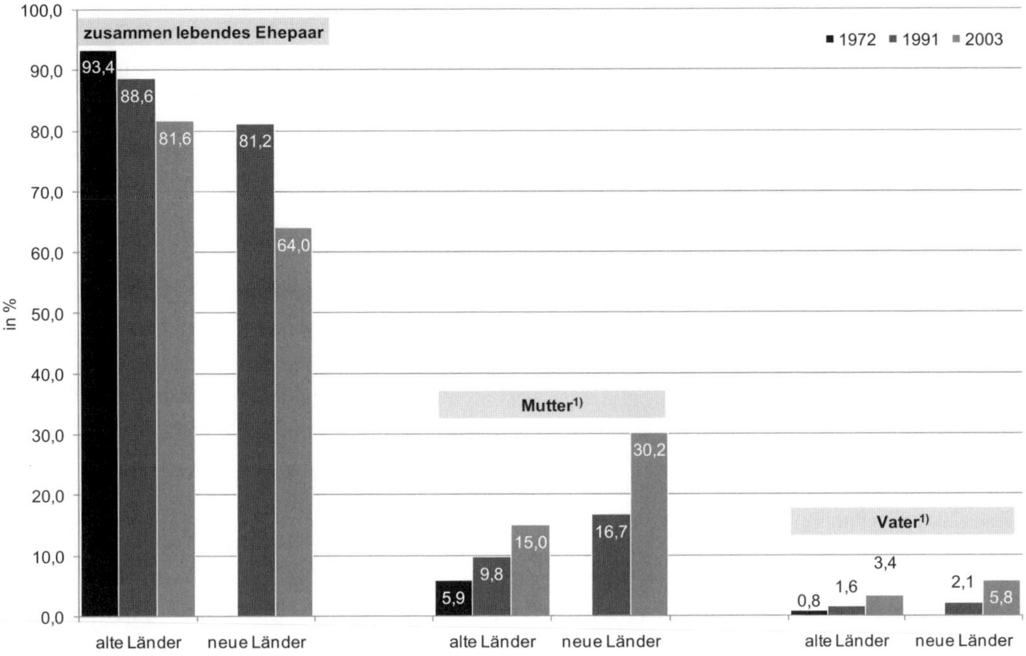

1) Unverheiratet oder verheiratet Getrenntlebende ohne oder mit (!) Lebenspartner im Haushalt, der auch der andere Elternteil des Kindes sein kann

Quelle: Statistisches Bundesamt, Aktualisierte Tabellen zum Datenreport „Die Familie im Spiegel der amtlichen Statistik", Bonn 2004.

Im mittel- und längerfristigen Vergleich (Abbildung VII. 4) wird sichtbar, dass ein immer größerer Teil der Kinder nur bei alleinerziehenden Müttern oder Vätern aufwächst: So lebten in den alten Ländern im Jahr 1972 erst 5,9 % der Kinder bei ihren Müttern – im Jahr 2003 sind 13,5 %. In den neuen Ländern waren es 16,7 % im Jahr 1991 und 30,2 % im Jahr 2003.

Auch die *Kinderhäufigkeit* in den Familienhaushalten lässt sich aus der Sicht der zu Hause lebenden ledigen Kinder betrachten. Nimmt man die Kinder als Basis zeigt sich (vgl. Tabelle VII.5) für 2003, dass

- 24,9 % der im elterlichen Haushalt lebenden Kinder unter 18 Jahren (noch) Einzelkinder waren,
- weitere 47,3 % mit einem Bruder oder einer Schwester aufwuchsen und
- 19,2 % mit zwei Geschwistern sowie 8,6 % mit drei und mehr Geschwistern gemeinsam groß wurden.

Tabelle VII.5:

Kinder in Familien nach Geschwisterzahl und Alter 2003

Alter des Kindes	Insgesamt	davon: mit … Geschwistern im Haushalt			
		0	1	2	3 und mehr
	in Mio.		in %		
unter 3	2,163	42,1	39,1	13,2	5,6
3 – 5	2,366	24,7	50,2	17,7	7,4
6 – 9	3,139	18,4	50,6	21,5	9,4
10 – 14	4,450	20,6	47,8	21,6	10,0
15 – 17	2,474	26,1	46,5	18,6	8,8
unter 18 insg.	14,864	24,9	47,3	19,2	8,6
1991					
unter 18 insg.	15,522	25,0	48,5	18,3	8,2

Kinder: ledige Kinder Geschwister: Ledige Voll- oder Halbgeschwister ohne Altersbegrenzung

Quelle: Statistisches Bundesamt, Aktualisierte Tabellen zum Datenreport „Die Familie im Spiegel der amtlichen Statistik", Bonn 2004.

Es stimmt also nicht, dass die Mehrheit der Kinder heute ohne Bruder oder Schwester aufwächst. Zudem ist zu berücksichtigen, dass von den Querschnittsdaten nicht umstandslos auf endgültige Kinderzahlen geschlossen werden kann. Die statistisch zu einem Zeitpunkt erfassten Einzelkinder sind womöglich keine, da die Geschwister noch nicht geboren sind oder bereits den elterlichen Haushalt verlassen haben. Dieser Effekt lässt sich minimieren, wenn man die Kinder in der Altersgruppe zwischen 6 und 9 Jahren betrachtet: Hier sind jüngere Geschwister zumeist bereits geboren sind und ältere Geschwister wohnen überwiegend noch zu Hause: Von diesen Kindern haben gut 80 % Geschwister. Das können Voll- oder Halbgeschwister sein. Überraschend ist auch, dass sich die Geschwisterverteilung gegenüber 1991 so gut wie nicht verändert hat. Es gilt die Feststellung: Wenn eine Entscheidung für Kinder getroffen wird, dann werden in der Regel mehrere Kinder gewünscht und geboren.

Zu einer anderen, eher irreführenden Sicht der Geschwisterverteilung kommt man, wenn die *Haushalte* als Bezugsgröße gewählt werden: Danach setzen sich die Familienhaushalte zu knapp 51 % aus Haushalten mit einem Kind (ohne Altersbegrenzung), zu 37 % aus Haushalten mit zwei Kindern und zu knapp 12 % aus Haushalten mit drei und mehr Kindern zusammen (vgl. Tabelle VII.2). Da bei dieser Sicht unberücksichtigt bleibt, dass in den Haushalten unterschiedlich viele Kinder leben, erhalten die Haushalte mit nur einem Kind ein überproportional hohes Gewicht.

3.4 Familien und Kinder der ausländischen Bevölkerung

Fast zwei Drittel aller AusländerInnen in Deutschland leben in Familienhaushalten gegenüber knapp die Hälfte bei der deutschen Bevölkerung. Diese deutlich stärkere Verbreitung des gemeinsamen Lebens mit Kindern ist zum einen Folge der Altersstruktur: Die ausländische Bevölkerung ist im Schnitt jünger als die deutsche Bevölkerung; Menschen im mittleren und höheren Lebensalter, die die Familienphase bereits hinter sich haben, sind schwächer vertreten. Hinzu kommt aber auch, dass ausländische Frauen eine höhere Geburtenhäufigkeit aufweisen: Wenngleich eine Angleichung in den Geburtenraten von Migrantinnen an die Geburtenzahlen der deutschen Frauen unübersehbar ist, liegt die Geburtenziffer ausländischer Frauen mit 1,5 immer noch über der der deutschen Frauen.

Abbildung VII.5:

Geburten von Kindern mit Migrationshintergrund 1997 - 2003

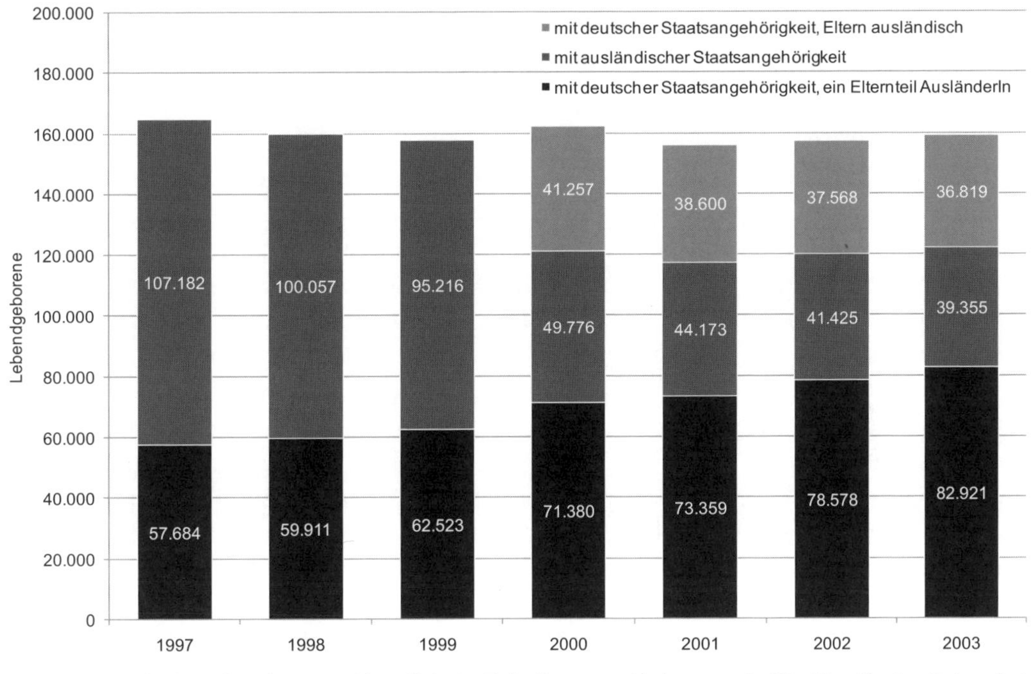

Quelle: Statistisches Bundesamt, Aktualisierte Tabellen zum Datenreport „Die Familie im Spiegel der amtlichen Statistik", Bonn 2004.

2005 hatten 9,5 % der Kinder und Jugendlichen in einem Alter von bis zu unter 20 Jahren keine deutsche Staatsangehörigkeit. Berücksichtigt man zusätzlich noch die Kinder und Jugendlichen in diesem Alter, die zwar eine deutsche Staatsangehörigkeit besitzen, aber einen Migrationshintergrund haben (z.B. Kinder von Spätaussiedlern), steigt der Anteil auf 17,6 %. Zugleich hatte jedes achte in Deutschland geborene Kind Eltern mit ausländischer Staatsangehörigkeit (nicht mitgezählt sind

SpätaussiedlerInnen und die nach der Einbürgerungsreform von 2000 eingebürgerten AusländerInnen.).

Insgesamt war (2003) etwa jede/r Fünfte AusländerIn in Deutschland geboren, hat also keine eigene Migrationserfahrung. In der Altersgruppe der unter 18jährigen ohne deutsche Staatsengehörigkeit oder mit ausländischen Eltern(teilen) waren es mehr als zwei Drittel und unter den Kindern unter sechs Jahren 85 %. Seit Inkrafttreten des neuen Staatsangehörigkeitsrechts am 1. Januar 2000 erhalten Kinder ausländischer Eltern die deutsche Staatsangehörigkeit bei Geburt (jus soli), sofern ein Elternteil seit mindestens acht Jahren seinen Aufenthalt in Deutschland hat und eine Aufenthaltberechtigung oder seit drei Jahren eine unbefristete Aufenthaltserlaubnis besitzt. In Folge dieser Regelung ist seit 2000 die Zahl der in Deutschland geborenen Kinder mit ausländischer Staatsangehörigkeit deutlich gesunken (vgl. Abbildung VII.5).

4 Niedrige Geburtenziffern und Kinderlosigkeit

4.1 Geburtenhäufigkeit und demografischer Wandel

Die dauerhaft niedrige Geburtenhäufigkeit in der Größenordnung von 1,3 – 1,4 Kindern je Frau im gebärfähigen Alter, wie sie sich seit Mitte der 1970er Jahre in den alten Bundesländern und ab 1989 auch in den neuen Bundesländern zeigt, hat vielfältige (und in der wissenschaftlichen Diskussion durchaus strittige) soziale, ökonomische, kulturelle und gesellschaftliche Ursachen, die an dieser Stelle nicht skizziert und bewertet werden können. Um ein mit dem Schlagwort vom „Pillenknick“ häufig verbundenes Missverständnis zu vermeiden, muss aber darauf verwiesen werden, dass der Rückgang der Geburtenhäufigkeit in Deutschland (und in den vergleichbaren Ländern Europas) bereits gegen Ende des 19. Jahrhunderts eingesetzt hat: Im Übergang von der Agrar- zur Industriegesellschaft haben sich die gesellschaftlichen und wirtschaftlichen Rahmenbedingungen und damit auch – mit einem gewissen time-lag – das generative Verhalten der Bevölkerung grundlegend verändert. Dieser Verhaltenswandel ist zugleich durch den Rückgang der Kindersterblichkeit und die Steigerung der Lebenserwartung beeinflusst worden. Die Zeit nach dem 2. Weltkrieg mit der wieder ansteigenden Geburtenhäufigkeit in den Jahren zwischen 1950 und 1970 (Phase der sog. „baby-boomer“ Generation mit der höchsten Geburtenziffer im Jahr 1965 mit einem Wert von 2,51) ist insofern nur als Zwischenphase anzusehen. Danach hat sich dann ein „Normalzustand“ eingestellt, dass nämlich die Geburtenrate nicht ausreicht, um die Elterngeneration zu ersetzen. Diese Entwicklung ist durch die Verfügbarkeit effektiver Verhütungsmittel unterstützt, aber nicht ausgelöst worden.

Eine solche Konstellation führt dazu, dass die Bevölkerungszahl sinkt; abgebremst allerdings durch die verlängerte Lebenserwartung und durch die Zuwanderung (vgl. zur demografischen Entwicklung ausführlich Bd. I, Kap. „Ökonomische Grundlagen und Finanzierung“, Pkt. 5). Wenn man davon ausgeht, dass sich die

Geburtenziffer in den Jahren bis 2050 kaum verändert, aber zugleich die Lebenserwartung weiter steigt und die Nettozuwanderung anhält, dann wird sich nach den Vorausberechnungen des Statistischen Bundesamtes die Einwohnerzahl in Deutschland schrittweise verringern, allerdings keineswegs dramatisch: Im Jahr 2050 wird die Bevölkerung dann bei etwa 74 Mio. liegen – 8,5 Mio. weniger als 2006, aber immer noch höher als im Jahr 1960. Viel wichtiger und folgenreicher sind hingegen die Umbrüche in der Altersstruktur der Bevölkerung: Der Anteil älterer Menschen (60 Jahre und älter) an der Gesamtbevölkerung wird sich laufend erhöhen, von 25 % (2006) auf bis zu 38,8 % im Jahr 2050; cntgegengesetzt dazu wird der Anteil der jüngeren Menschen (bis zu 20 Jahren) sinken, von 19,8 % auf 15,5 % (vgl. Abbildung VII.6). In absoluten Zahlen kommt es zu einem Bevölkerungsrückgang bei den Kindern und Jugendlichen von 16,21 Mio. auf 11,41 Mio.

Abbildung VII.6:

Bevölkerung von unter 20 Jahren 2006 - 2050

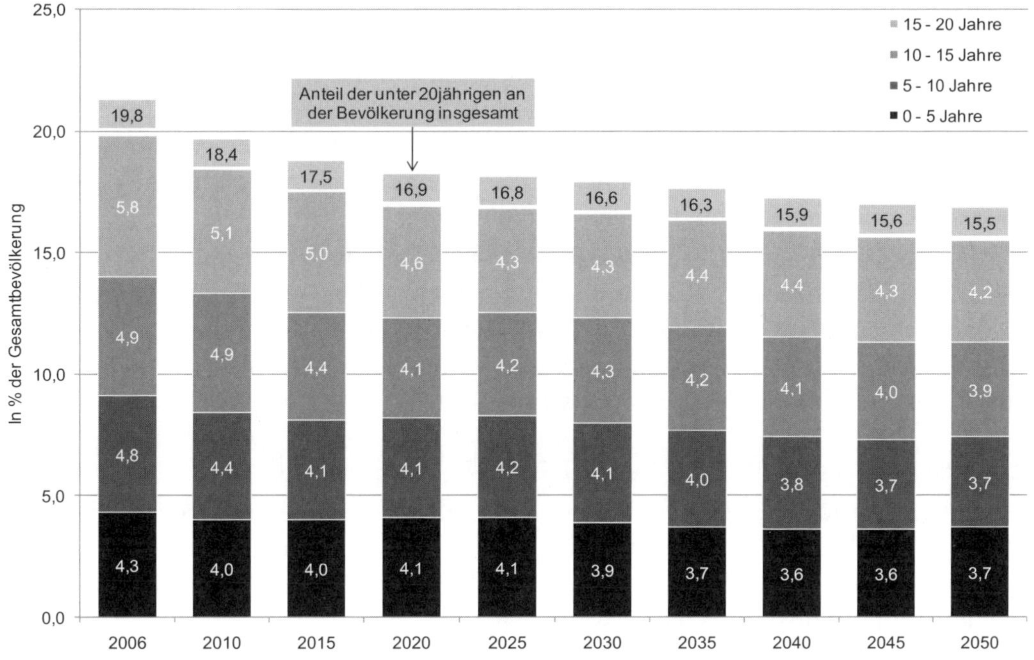

Annahmen der 11. koord. Bevölkerungsvorausschätzung (Variante 1 – W2. Obergrenze der „mittleren" Bevölkerung)

Quelle: Statistisches Bundesamt, 11. Koordinierte Bevölkerungsvorausberechnung - Annahmen und Ergebnisse, Wiesbaden 2007.

Sozialpolitisch hat dieser Umbruch zur Konsequenz, dass sich die finanziellen Belastungen vor allem in den Systemen der Alterssicherung sowie in der Pflegeversicherung erhöhen werden. Allerdings hängt die Finanzierungsfähigkeit nicht primär von den demografischen Relationen, so vom steigenden Altenquotienten ab, viel entscheidender sind die ökonomischen Rahmenbedingungen, insbesondere was die Entwicklung von Beschäftigungsverhältnissen und Arbeitslosigkeit sowie von Wachstum, Produktivität und Einkommensverteilung betrifft (vgl. Bd. I, Kap. „Ökonomische Grundlagen und Finanzierung“, Pkt. 5.3).

Schaut man sich die demografischen Verschiebungen differenzierter an, wird sichtbar, dass sie sich mit Prozessen der Binnenwanderung überlagern und regional und lokal unterschiedlich ausprägen. Zu erkennen sind anhaltende Fortzüge aus den neuen Bundesländern in die alten Bundesländer, Abwanderungen aus den alten Industrieregionen (so aus dem Ruhrgebiet) vor allem nach Süddeutschland und Fortzüge aus innerstädtischen Wohnvierteln in Randgemeinden. Im Ergebnis wird es durch diesen Doppeleffekt dazu kommen, dass in einzelnen Regionen und Stadtteilen Familienhaushalte und damit Kinder nur noch selten zu finden sind. In diesen Gebieten wird die Mehrheit der Bevölkerung dann 60 Jahre und älter sein. Kindheit und Jugend als Lebensbereiche verengen sich. Dadurch besteht Gefahr, dass sich die Lebensbedingungen und Entwicklungsperspektiven für Familien und Kinder zusätzlich verschlechtern. Um der drohenden „Verinselung“ von Kindheit und Jugend zu begegnen, bedarf es deshalb des Ausbaus und der Gestaltung organisierter Orte für Kinder. Insofern sind Tageseinrichtungen für Kinder und Ganztagsschulen nicht nur ein Angebot zur besseren Vereinbarkeit von Beruf und Familie und zur Bildungsförderung, sondern aus der Perspektive der Kinder auch ein zentrales Element zur Schaffung und Sicherung einer Lebenswelt, die die Bedürfnisse von Kindern und Jugendlichen berücksichtigt.

Unter dem Diktat der Finanzkrise in den öffentlichen Haushalten können die zunehmend „kinderleeren“ Räume allerdings auch Anlass geben, die Ausgaben in den unterschiedlichen Bereichen der Familien- und auch Bildungspolitik entsprechend nach unten hin anzupassen. Dadurch würden aber alle Ansätze zur familienfreundlichen Gestaltung der Gesellschaft gefährdet.

4.2 Entscheidungen für oder gegen Kinder

Entscheidungen für oder gegen Kinder sind allein die private und selbstverantwortete Angelegenheit von Männern und Frauen. Niedrige Geburtenziffern können insofern *nicht* als ein soziales bzw. gesellschaftliches Problem angesehen werden, das aus bevölkerungspolitischen Motiven heraus „gelöst“ werden muss. Dies gilt auch deshalb, weil die aus dem demografischen Umbruch resultierenden Herausforderungen in wohlhabenden Ländern durchaus zu bewältigen sind. Zum Problem werden niedrige Geburtenziffern aber immer dann, wenn die gesellschaftlichen Verhältnisse es den Menschen erschweren oder sie gar daran hindern, *Wünsche* nach einem Leben mit Kindern auch realisieren zu können. Entscheidungen für Kinder beruhen nicht mehr auf Traditionen, religiösen Motiven oder ökonomischen Gründen (soziale Absicherung durch Kinder), sondern sind ein Teil von Sinnerfüllung und Lebensverwirklichung.

Die empirische Familienforschung lässt erkennen, dass die Lebensvorstellungen von Männern und Frauen einerseits und die Realisierung dieser Lebenspläne in Ehe, Partnerschaft und Familie andererseits häufig auseinander laufen. Ob sich die Vorstellungen realisieren lassen, ob Eltern den Wunsch nach einem Leben mit Kindern mit einer gleichberechtigten beruflichen und gesellschaftlichen Teilhabe verbinden können und welche Entwicklungschancen sich für die Kinder bieten, dies hängt entscheidend von den ökonomischen, sozialen und politischen Voraussetzungen ab, unter denen Familien leben bzw. leben müssen. Die realen Lebensbedingungen von Familien wirken zugleich auf die Wünsche und Orientierungen jüngerer Menschen zurück.

In Deutschland sind die Voraussetzungen für eine Familiengründung und ein Leben mit Kindern offensichtlich besonders ungünstig. Dies zeigt auch ein Blick über die Grenzen: Zwar handelt es sich bei der säkular gesunkenen und anhaltend niedrigen Geburtenrate um ein Phänomen, das nicht allein auf Deutschland begrenzt ist, sondern durchgängig alle Länder in Europa erfasst. Dennoch gibt es durchaus bemerkenswerte Unterschiede in den Geburtenziffern. So weisen die skandinavischen Staaten durchgängig höhere Geburtenziffern auf, das gleiche gilt für Frankreich und für Großbritannien. Am unteren Ende der Skala liegen Deutschland und die südeuropäischen Länder (vgl. Tabelle VII.6).

Tabelle VII.6:

Geburtenziffern in ausgewählten Staaten der EU 1993 - 2004

	1993	1996	2000	2004
Dänemark	1,8	1,8	1,8	1,8
Deutschland	1,3	1,3	1,4	1,4
Finnland	1,8	1,8	1,7	1,8
Frankreich	1,7	1,7	1,9	1,9
Italien	1,3	1,2	1,2	1,3
Niederlande	1,6	1,5	1,7	1,7
Polen	1,9	1,6	1,3	1,2
Schweden	2,0	1,6	1,5	1,8
Spanien	1,3	1,2	1,2	1,3
Vereinigtes Königreich	1,8	1,7	1,6	1,7
Weitere Staaten				
Norwegen	1,9	1,9	2,0	1,8
USA	2,1	2,0	2,1	2,1

Quelle: Statistisches Bundesamt, 11. Koordinierte Bevölkerungsvorausberechnung - Annahmen und Ergebnisse, Wiesbaden 2007.

Bei der (schwierigen) Frage nach den Hintergründen für diese Abweichungen ist es hilfreich zu unterscheiden, ob die niedrige Geburtenziffer in Deutschland vorrangig resultiert

- aus dem Rückgang der Mehrkindergeburten oder
- aus der Zunahme der Kinderlosigkeit.

Die empirischen Befunde zeigen, dass für Deutschland zwar beide Faktoren von Bedeutung sind, dass sich aber in den letzten Jahren die lebenslange Kinderlosigkeit immer stärker ausgeprägt hat. Der säkulare Rückgang der Mehrkindergeburten hat sich demgegenüber eher abgeschwächt. Diejenigen Paare, die heute Kinder bekommen, entscheiden sich mehrheitlich für mehrere Kinder; nicht mehr für vier oder fünf, aber für zwei oder drei Kinder.

Abbildung VII.7:

Kinderlosenquoten der 25- bis 40jährigen Frauen nach Altersgruppen 2003

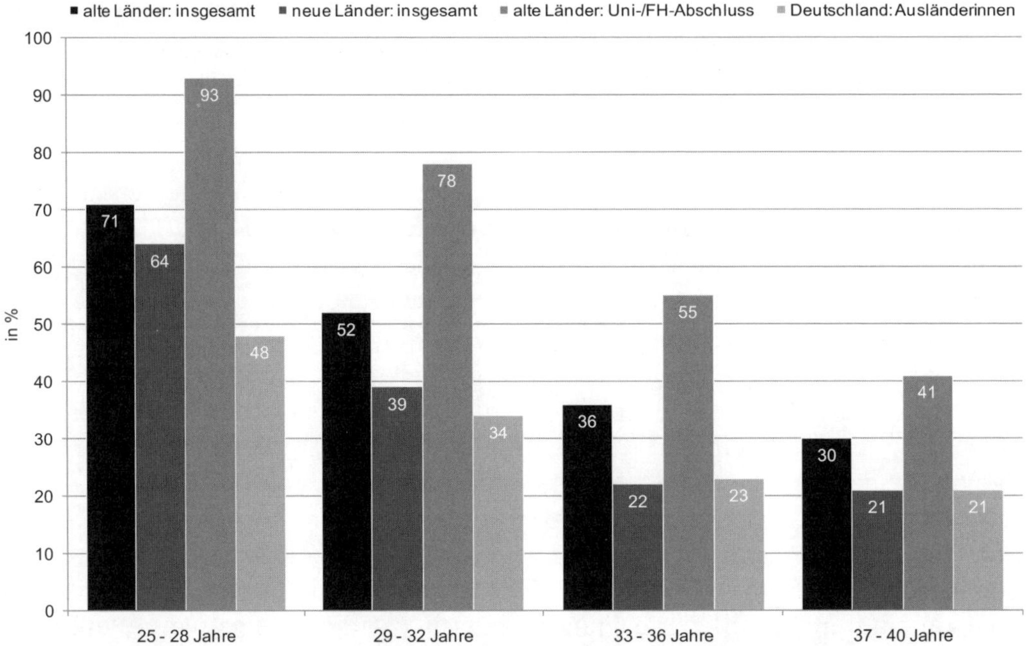

Anteil der kinderlosen Frauen (ohne ledige Kinder unter 18 Jahren in der Familie) an allen Frauen.
Quelle: Duschek, K.-J., Wirth, H., Kinderlosigkeit von Frauen im Spiegel des Mikrozensus. Eine Kohortenanalyse der Mikrozensen 1987 bis 2003., in: Wirtschaft und Statistik 8/2005.

Im internationalen Vergleich überproportional hoch ist mittlerweile der Anteil der Frauen, die zeitlebens *kinderlos* bleiben. Von den Frauen, die 2003 (alte Bundesländer) zwischen 37 und 40 Jahren alt waren, sind im Durchschnitt etwa 30 % kinderlos (vgl. Abbildung VII.7). Schwächer ausgeprägt (mit je 21 %) ist die Kinderlosigkeit bei Frauen aus den neuen Bundesländern und bei Ausländerinnen. Besonders stark fällt die dauerhafte Kinderlosigkeit hingegen bei Frauen mit einem Universitäts- oder Fachhochschulabschluss aus (41 % in den alten Bundesländern).

Diese nach dem Lebensalter gestaffelten Querschnittsdaten werden allerdings durch Kohorteneffekte überlagert; deshalb ist es möglich, dass infolge später einsetzender Erstgeburten bei den nachrückenden Jahrgängen die Kinderlosigkeit der Qualifizierten etwas niedriger ausfällt. Problem ist auch, dass allein auf die Frauen abgestellt wird und damit aus dem Blick gerät, dass Kinderlosigkeit gleichermaßen die Männer betrifft. Nach repräsentativen Umfragen aus dem Jahre 2004 wünschen sich sogar mehr Männer als Frauen keine Kinder.

4.3 Rücksichtslosigkeit der Gesellschaft gegenüber einem Leben mit Kindern

Gesellschaft und Wirtschaft in Deutschland sind nach *Kaufmann* durch eine „strukturelle Rücksichtslosigkeit“ gegenüber einem Leben mit Kindern gekennzeichnet. Das heißt, dass die Verhältnisse wenig förderlich sind, sich für ein Leben mit Kindern zu entscheiden. Familien und Kinder finden zwar große moralische, aber unzureichende materielle und gesellschaftliche Anerkennung. Eltern werden gegenüber Kinderlosen in vielfältiger Hinsicht benachteiligt. So spielen in einem marktwirtschaftlichen Wirtschaftssystem Kinder und die daraus resultierenden finanziellen Bedarfe der Familie bei der Entlohnung keine Rolle, denn diese richtet sich nach Markt- und Leistungskriterien und nicht nach Bedarfskriterien. Insofern sind jene Personen automatisch finanziell besser gestellt, die kinderlos bleiben und keine Unterhaltspflichten zu erfüllen haben. Im Vergleich zu den Kinderlosen wiegen die finanziellen Belastungen derjenigen besonders schwer, die aus einem vergleichsweise niedrigen Einkommen (mehrere) Kinder zu versorgen haben.

Für die Kinderlosigkeit der Frauen mit einem hohen Bildungsabschluss haben vor allem die indirekten Kosten oder Opportunitätskosten, die durch eine kinderbedingte Arbeitsunterbrechung oder -reduzierung und ein entsprechend entgangenes Einkommen entstehen, eine entscheidende Bedeutung. Denn je höher das Arbeitseinkommen, desto stärker fallen die Einkommensverluste aus. Es deutet viel darauf hin, dass dieser Effekt gerade in Deutschland einen großen Stellenwert hat, da (in den alten Bundesländern) die infrastrukturellen Rahmenbedingungen zur besseren Vereinbarkeit von Beruf und Familie (vgl. dazu Pkt. 7 dieses Kapitels) besonders ungünstig sind und qualifizierte Frauen faktisch vor die Alternative gestellt werden, entweder im Beruf erfolgreich zu sein und auf Kinder zu verzichten oder aber die Berufstätigkeit zumindest für die ersten Lebensjahre des Kindes zu unterbrechen. Der internationale Vergleich zeigt, dass in den skandinavischen Ländern mit ihren höheren Geburtenraten zugleich auch die Erwerbsbeteiligung der Frauen deutlich höher ausfällt. Ursache dafür dürften vor allem die besseren Angebote im Bereich der Kleinkinderbetreuung sein.

Auch die Verhältnisse auf dem Arbeitsmarkt geben Auskunft über die fehlende Familien- und Kinderfreundlichkeit einer Gesellschaft. Denn gerade im Bereich qualifizierter Tätigkeiten geht die Organisation der Arbeitswelt implizit von der

Voraussetzung aus, dass sich der berufliche Einsatz der Beschäftigten allein nach den betrieblichen Anforderungen, und dies heißt vor allem nach den betrieblichen Arbeitszeitanforderungen, zu richten hat. Erfolgreich im Wettlauf um eine berufliche Karriere ist das hochmobile, von Familienpflichten unbelastete Individuum, das seine ganze Kraft in den Beruf steckt. Menschen, die ihre Zeit auch für die Betreuung von Kindern einsetzen müssen und *wollen*, und damit nicht dem männlichen Berufsrollenmuster entsprechen, unterliegen in der Konkurrenz um qualifizierte Positionen.

„Strukturelle Rücksichtslosigkeit“ gegenüber einem Leben mit Kindern erzeugt der Arbeitsmarkt zudem durch die mit der anhaltenden Arbeitslosigkeit einhergehenden unsicheren Beschäftigungs- und Zukunftsperspektiven für die junge Generation: Durch die langen Ausbildungszeiten erfolgt der Einstieg in den Arbeitsmarkt und die Überwindung der finanziellen Abhängigkeit von den Eltern ohnehin erst spät. Eine *sichere* ökonomische Basis, die eine Voraussetzung für eine verantwortete Elternschaft ist, erlangen junge Paare jedoch erst dann, wenn die in der Regel durch befristete Arbeitsverträge und prekäre Beschäftigungsverhältnisse (Praktikum, Werk- und Honorarverträge usw.) geprägte berufliche Einstiegsphase überwunden und ein Mindestmaß an Planungssicherheit vorhanden ist. Dies kann solange dauern, bis junge Menschen ihren Kinderwunsch ganz aufgeben. Keineswegs selbstverständlich ist auch, ob in jenem enger werdenden Zeitrahmen, in denen der Kinderwunsch realisiert werden soll, auch ein Partner/eine Partnerin vorhanden ist bzw. bereit ist, den Kinderwunsch aktiv mitzutragen.

Da die Lasten der Kinder von den Eltern weitgehend allein getragen werden müssen, aber der Nutzen der Kinder von der Allgemeinheit in Anspruch genommen wird, zählen Kinder im Ergebnis zu einem „öffentlichen“, d.h. kostenlosen Gut; jeder andere hat die Möglichkeit, sich der erforderlichen Aufwendungen für die Kinder zu entziehen. Das soll nicht heißen, dass sich die Entscheidung der Menschen, Kinder zu haben, nach Kosten-Nutzen Kalkülen richtet. Aber zu beachten ist doch, dass es rein ökonomisch gesehen wenig attraktiv ist, Elternverantwortung zu übernehmen, da Kinder in vielfacher Hinsicht eine finanzielle und berufliche Belastung darstellen. In der Folge droht sich die Gesellschaft in einen Familien- und Nicht-Familiensektor aufzuspalten, wobei der zweite Sektor ökonomisch und sozial besser gestellt ist, sowohl hinsichtlich des Lebensstandards (verfügbares Pro-Kopf-Einkommen) als auch hinsichtlich der beruflichen Karriere und der sozialen Absicherung. Die Entscheidung über Kinder und deren Zahl wird damit zu einem wichtigen Element sozialer Ungleichheit.

Die Belastungen und Benachteiligungen treffen allerdings nicht „die“ Institution Familie pauschal und gleichverteilt. Die Schichtzugehörigkeit (soziale Herkunft, Bildung, Berufsposition und Einkommen) kommt als weiterer Faktor der Ungleichheit hinzu und kumuliert mit dem Faktor „Kinder“. Die Familienforschung hat gezeigt, dass sich Angehörige unterer Schichten und Milieus eher am traditionellen, ehe- und familienorientierten Lebensstil orientieren. Träger der neuen Lebensformen ohne Kinder sind demgegenüber eher die Bevölkerungsgruppen mit hohem Einkommens- und Bildungsgrad, konzentriert auf die großstädtischen Regionen.

Eine auf die konkrete Lebenslage der Menschen gerichtete, von starren Leitbildern befreite Familienpolitik muss deshalb sowohl die Vielfältigkeit von familiären Lebensformen als auch deren Phasenverläufe respektieren und stützen. Da Ehe und Elternschaft nicht mehr gleichgesetzt werden können, viele Ehen kinderlos bleiben und eine wachsende Zahl von Kindern außerhalb der Ehe aufwächst, muss sich Familienpolitik auf Elternschaft und Kinder und nicht auf die Ehe orientieren, wenn der Konflikt zwischen Eltern und Kinderlosen gelöst werden soll.

Die „strukturelle Rücksichtslosigkeit" der Gesellschaft gegenüber der Familie belastet einseitig die Frauen. Denn nach wie vor sind es vorrangig die Mütter, die die Arbeiten in der Familie zu bewältigen haben. Die Veränderung weiblicher Lebensorientierung hin zur Integration in das Erwerbsleben hat bislang nicht dazu geführt, dass die Männer bereit wären, ihre Berufsorientierung zu lockern und sich stärker auf die Familienarbeit einzulassen. Zwar haben sich die männlichen Einstellungen zur Haus- und Erziehungsarbeit verändert, aber kaum das tatsächliche Verhalten im Alltag. Zeitbudgetstudien zeigen, dass sich Männer nach wie vor nur wenig an den familiären Aufgaben beteiligen; ihre Hilfe geht sogar zurück, wenn Kinder geboren werden (die Familienphase läuft weitgehend parallel zur beruflichen Aufbau- und Karrierephase). Solange aber die Frage nach der Sorge um Kinder (und auch der familiären Pflege von älteren Angehörigen) als ein reines Frauenproblem begriffen wird und die Männer die Verantwortung für die Entwicklung der Familie weitgehend an die Frauen delegieren, gerät auch von daher das Zusammenleben mit Kindern unter Druck. Veränderungsbedürftig sind die Rollen beider Geschlechter, und das heißt dann auch die geschlechtshierarchische Arbeitsteilung sowohl in der Erwerbs- als auch in der Familienarbeit.

4.4 Kinderlose: Ein Leben auf Kosten der „Kinder der anderen"?

In der sozialpolitischen Diskussion sorgt die These für Aufmerksamkeit, dass Eltern gegenüber Kinderlosen neben allen kinderbedingten direkten und indirekten Kosten noch zusätzlich dadurch benachteiligt werden, dass aufgrund der Finanzierungs- und Leistungsprinzipien des sozialen Sicherungssystems die Personen, die keine Kinder haben, bei der Inanspruchnahme ihrer Renten oder von Pflegediensten auf Kosten derjenigen leben, die Kinder geboren und unterhalten haben. Denn wenn keine eigenen Kinder in die Welt gesetzt worden seien, so die Argumentation, müsse im Alter auf die „Kinder der anderen" zurückgegriffen werden, sei es bei der Finanzierung von Renten und Pflegegeldern im Umlageverfahren oder bei der Inanspruchnahme von pflegerischen Diensten. Werden also durch das System der Sozialen Sicherung die Kinderlosen begünstigt und die Eltern diskriminiert? Werden die Renten der kinderlosen Doppelverdiener durch die erwachsen gewordenen

Kinder „fremder“ Leute finanziert – mit der Folge, dass sich die Eltern die Renten mit den Kinderlosen teilen müssen?

Zutreffend ist, dass die jetzt mittlere Generation, dann wenn sie alt geworden ist, von der erwachsen gewordenen Kindergeneration versorgt und alimentiert werden muss. Das Güter- und Dienstleistungsvolumen, d.h. die im Sozialprodukt zum Ausdruck kommende volkswirtschaftliche Wertschöpfung, ist die einzige Quelle, die zur Einkommensumverteilung und -verwendung genutzt werden kann. Auch die Konsumansprüche der Älteren, die nicht mehr am Erwerbsleben teilnehmen und kein Erwerbseinkommen erhalten, können nur aus den Ergebnissen der jeweils aktuellen Produktion, die von der mittleren, erwerbstätigen Generation erwirtschaftet wird, befriedigt werden. Es sind immer die jetzigen Kinder und späteren Erwerbstätigen, die über Beiträge und Steuern und/oder über private Unterhaltsleistungen die Einkommensübertragungen an die dann Älteren finanzieren, haben die Älteren nun selbst Kinder gehabt oder nicht. Das gilt gleichermaßen für umlagefinanzierte Sozialsysteme wie für kapitalgedeckte Vorsorgesysteme (vgl. Bd. I, Kap. „Finanzierung und ökonomische Grundlagen“, Pkt. 3.2).

Dieser Übertragungsprozess von Einkommen und Ansprüchen auf das Sozialprodukt bezieht sich dabei nicht nur auf die Älteren, sondern auf *alle* Personen, die kein eigenes Erwerbseinkommen beziehen, das sind nachwachsende Kinder, Hausfrauen, Arbeitslose, Invalide und Ältere. Eingeschlossen sind sämtliche private und öffentliche Ausgaben, für Renten, Pflege- und Gesundheitsleistungen, für soziale Dienste, für innere und äußere Sicherheit, für Infrastruktur und für die allgemeine öffentliche Verwaltung.

Zu verteilungspolitischen Fehlschlüssen kommt es jedoch, wenn die Wirtschaftsleistungen der jetzigen Kinder- und späteren Erwerbstätigengeneration nur ihren Eltern zugerechnet werden. Auf die Leistungen der Kinder einschließlich der von ihnen abgeführten Steuern und Beiträge haben die Eltern keinen Anspruch oder gar ein „Eigentumsrecht“. Verteilungszusammenhänge lassen sich nicht über Generationen hinweg konstruieren. Den Eltern wird daher nichts „weggenommen“ und von den Kinderlosen ungerechtfertigterweise angeeignet.

Kinder sind auch kein „Deckungskapital“ für die Zukunft; durch die Geburt und Betreuung von Kindern leisten die Eltern keinen „generativen Beitrag“. Selbstverständlich gilt, dass das Sozialprodukt in der nächsten Periode durch Menschen erwirtschaftet werden muss. Aber die Leistungsfähigkeit der Volkswirtschaft, der materielle Reichtum der Gesellschaft und damit die Finanzierbarkeit der öffentlichen Aufgaben auch in der Zukunft hängen weder allein noch hauptsächlich von der Zahl der nachwachsenden Bevölkerung ab, sondern vorrangig von ökonomischen Größen, ausdrückbar in den Kennziffern „technischer Fortschritt und Produktivitätsentwicklung“, „Realkapitalbildung“, „Produktions- und Einkommensniveau“. So zeigen Berechnungen, dass die Erhöhung des Bruttoinlandsproduktes vor allem auf die Realkapitalbildung und die Steigerung der Arbeitsproduktivität zurückzuführen ist. Eine der Methode des „Köpfezählens“ verhaftete Betrachtungsweise vernachlässigt folglich, dass auch bei einer rückläufigen Bevölkerungszahl die finanzielle Leistungsfähigkeit der Volkswirtschaft steigen kann, wenn die ökonomischen Voraussetzungen dafür geschaffen werden. Dazu tragen aber auch Kinderlose bei.

Die sozial- und verteilungspolitische Frage lautet deshalb allein, wie in der aktuellen Phase Lohneinbußen und die finanziellen Belastungen der Eltern infolge der Kindererziehung durch den Familienleistungsausgleich ausgeglichen werden, welche Sozialversicherungsansprüche auch denjenigen zuerkannt werden, die wegen der Kindererziehung ein nur niedriges oder kein Erwerbseinkommen hatten, und wer, ebenfalls in der aktuellen Periode, die Finanzierungslasten für diese Ausgleichsleistungen trägt.

Gleichwohl ist die Fiktion, dass Kinder als ein „generativer Beitrag“ der Eltern zur Finanzierung der umlagefinanzierten Sozialversicherung anzusehen sind, vom Bundesverfassungsgericht aufgegriffen und seiner Rechtsprechung über die Finanzierung der Sozialen Pflegeversicherung wirksam geworden: Eltern werden seit 2005 in der sozialen Pflegeversicherung insofern (relativ) begünstigt, da Kinderlose einen Sonderbeitrag von 0,25 % zahlen müssen (vgl. Kap. „Gesundheit und Gesundheitssystem“, Pkt. 7.2.4).

Nicht nur die Begründung für die Entscheidung des höchsten Gerichts sondern auch ihre politische Umsetzung sind problematisch. Denn die Entlastung erreicht nur jene Eltern, die überhaupt Beiträge für die Soziale Pflegeversicherung zahlen. Arbeitslose, Studierende aber auch in der Privaten Pflegeversicherung Versicherte bleiben unberücksichtigt. Und wenn schon die Geburt und der Unterhalt von Kindern als „Naturalbeitrag“ angesehen werden, dann gilt dies auch für steuerfinanzierte staatliche Leistungen und für kapitalgedeckte private Vorsorgesysteme. Die Zusatzbelastung für die Kinderlosen hingegen begrenzt sich auf die Versicherten – und dies nur bis zur Beitragsbemessungsgrenze. Zudem wirken die Entlastungen nicht für jedes Kind gleich; aufgrund der auf das Einkommen bezogenen Beitragssätze haben Bezieher höherer Einkommen einen größeren absoluten Vorteil. Diese Kritikpunkte weisen darauf hin, dass auch die Vorstellungen, in der Gesetzlichen Rentenversicherung die Beitragssätze nach der Kinderzahl zu differenzieren oder die Rentenberechnung von der Kinderzahl abhängig zu machen, verteilungspolitisch problematisch sind (vgl. dazu Kap. „Alter“, Pkt. 11.3.4).

5 Einkommens- und Versorgungslagen von Familien

5.1 Scherenentwicklung von steigenden Ausgaben und sinkenden Einkommen

Mit der Geburt von Kindern entsteht für Familien ein doppeltes Einkommensproblem:

Zum einen fallen Kosten für den Lebensunterhalt der Kinder an sowie für deren Betreuung und Erziehung. Die Aufwendungen variieren nach dem Lebensalter der Kinder und der Familienphase und ziehen sich heute vielfach über mehr als zwei Jahrzehnte hinweg. Denn je länger die Ausbildung dauert, umso größer und langwieriger wird der Aufwand. So absolvieren aufgrund der Bildungsexpansion immer mehr Kinder eine (sich zugleich verlängernde) weiterführende schulische und/oder berufliche Ausbildung, z.T. bis über das 25. Lebensjahr hinaus. Die schwierige Lage auf dem Arbeitsmarkt trägt zudem dazu bei, dass der Zugang zu einer existenzsichernden Berufstätigkeit später erfolgt. In der Folge wohnen junge Menschen, vor allem junge Männer, immer länger im Haushalt ihrer Eltern („Hotel Mama"). Die Aufwendungen für die Kinder sind allerdings nicht auf das Zusammenleben im gemeinsamen Haushalt beschränkt, wenn man an die Unterhaltsleistungen der Eltern an auswärts studierende Kinder oder auch an arbeitslose Kinder denkt.

Zum anderen sinkt das Haushaltseinkommen, wenn ein/e PartnerIn, in der Regel die Frau, ihre Berufstätigkeit unterbricht oder zeitlich reduziert (Teilzeit), was bei Kindern im jüngeren Alter und mit steigender Kinderzahl immer wahrscheinlicher wird (vgl. Pkt. 7.1 dieses Kapitels). Diese Einkommensverluste fallen für die Lebensbedingungen von Familien auch insofern stark ins Gewicht, weil wegen der oben skizzierten sozio-strukturellen Wandlungsprozesse der Referenzmaßstab für den Einkommens- und Lebensstandard von Haushalten heute nicht mehr das alleinige Erwerbseinkommen des Mannes (der sog. Familienlohn) ist, sondern das Einkommen zwei (voll)erwerbstätiger, kinderloser Partner.

Wenn Mütter ihre Berufstätigkeit einschränken oder unterbrechen, dann verlieren sie ihre ökonomische Unabhängigkeit. Sie sind auf die Teilhabe am Einkommen ihres Mannes angewiesen, das Prinzip der Versorgerehe wird wieder wirksam. Der Einkommensverlust setzt sich auch dann fort, wenn die Frauen nach der Familienphase ins Erwerbsleben zurückkehren. Denn die Gefahr ist groß, den beruflichen Anschluss zu verpassen und dauerhafte Einbußen im Lebenseinkommen hinnehmen zu müssen, weil die berufliche Wiedereingliederung nur noch auf einem schlechter bezahlten, nicht qualifikationsadäquaten Arbeitsplatz gelingt. Unterbrochene und durch Teilzeitarbeit geprägte weibliche Berufsverläufe spiegeln sich zudem in den Anwartschaften und späteren Leistungen der sozialen Sicherung, insbesondere der Alterssicherung, wider, was für viele Frauen bedeutet, über keine ausreichenden eigenständigen Sicherungsansprüche zu verfügen. Die Gefahr von Armut im Alter ist nur dadurch begrenzt, dass verheiratete Frauen auf die privatrechtlichen Unterhaltsleistungen des Mannes und die Unterhaltsersatzleistungen der Sozialversicherung (Witwenrenten) zurückgreifen können.

Um die ökonomische „Leistung" von Familien zu bewerten, lassen sich neben den direkten Kosten (Aufwendungen für Kinder) und den Opportunitätskosten (entgangenes Einkommen) auch noch die zeitaufwändigen Betreuungs- und Erziehungsleistungen der Eltern monetär berechnen. Wenn man die durchschnittlichen familiären Betreuungs- und Erziehungsstunden mit den Lohnsätzen von Erzieherinnen bewerten würde, errechnen sich schnell Summen in mehrfacher Milliardenhöhe. Da diese familiären Leistungen aber unentgeltlich erbracht werden (und auch keine Situation absehbar ist, in der Kinderbetreuung und -erziehung rund um die Uhr auf marktförmiger, bezahlter Grundlage erfolgen), ist es ökonomisch wenig sinnvoll, sie als „Kosten" zu bewerten. Deutlich wird jedoch, dass Arbeit mehr ist als Erwerbsarbeit und die individuelle wie gesellschaftliche Wohlstandsposition nicht allein durch das Bruttoinlandsprodukt bzw. Volkseinkommen zu messen sind (vgl. Bd. I, Kap. „Einkommen", Pkt. 1.1).

5.2 Familieneinkommen und Lebenslage

Das Zusammentreffen von steigenden Bedarfen und stagnierenden bis rückläufigen finanziellen Ressourcen führt dazu, dass mit wachsender Haushaltsgröße die Pro-Kopf-Einkommen in der Familie sinken. Aus sozialpolitischer Sicht ist die Frage entscheidend, ob ein Unterschreiten des Existenzminimums vermieden wird, was in Sozialschichten mit höherem Einkommen zu erwarten ist, oder aber ob Eltern wie Kinder unter Einkommens- und Versorgungsmängeln zu leiden haben. Ein ausreichendes Familieneinkommen ist zwar nicht die einzige, aber sicherlich eine zentrale Voraussetzung für gute Entfaltungs- und Lebenschancen von Kindern. Da der Zutritt zu nahezu sämtlichen Lebensbereichen durch die Verfügung über Geld bestimmt wird, angefangen von der Wohnung, über den Kauf von Konsumgütern bis hin zum Urlaub und zur Freizeitgestaltung, kann ein unzureichendes Haushaltseinkommen zu massiven Beschränkungen in der Lebenslage führen. Der Anregungs- und Entfaltungsspielraum wird begrenzt, Wohnung und Wohnumfeld bieten einen unzureichenden Lebensraum, soziale Kontakte verengen sich, die Beteiligung an kulturellen und Freizeitangeboten wird erschwert, Bildungsentscheidungen werden beeinträchtigt. Nicht zuletzt können familiäre Konflikte und Krisen erzeugt oder verstärkt werden.

Inwieweit es durch den Unterhalt von Kindern zu einer schwierigen Lage beim Haushalts- und Pro-Kopf-Einkommen in den Familien kommt - bis hin zum Erreichen oder Unterschreiten der Armutsgrenze, hängt von mehreren Faktoren ab:

- Die finanziellen Belastungen wachsen mit der *Zahl* der Kinder. Zwar tritt bei bestimmten Ausgaben eine Kostendegression ein (so bei den Fixkosten der Haushaltsführung), die Entscheidung für zwei oder drei Kinder hat auf kurz oder lang jedoch auch die Konsequenz, eine größere Wohnung suchen zu müssen. Auf dem Wohnungsmarkt ist es aber für größere Familien immer noch ausgesprochen schwer, eine angemessene und bezahlbare Wohnung zu finden. Auch der Weg, Wohneigentum zu erwerben, ist mit erheblichen finanziellen Belastungen verbunden und von daher nur einer begrenzten Zahl von jungen Eltern möglich.

- Die Ausgaben je Kind nehmen mit steigendem *Alter* zu und erreichen bei der Finanzierung eines Studiums ihr Maximum (Unterhaltskosten und Studiengebühren). Andererseits werden die Kinder selbstständiger, so dass der Betreuungs- und Erziehungsaufwand sinkt und Betreuungskosten entfallen (Kindergartengebühren, Kosten für Tagesmütter usw.). Zugleich wird es für die Frau leichter, erwerbstätig zu sein. Jugendliche in der Berufsausbildung erhalten Ausbildungsvergütungen, die in das Haushaltseinkommen einfließen. Das Gleiche gilt für Einkünfte aus Nebenerwerbstätigkeiten, die SchülerInnen und Studierende erzielen.
- Die kindbedingten Mehraufwendungen lassen sich um so eher bewältigen, je höher die der Familie zufließenden Erwerbseinkommen sind. Entscheidend ist, ob beide Eltern erwerbstätig sind und zum Haushaltseinkommen beitragen oder nicht. Möglichkeit und Bereitschaft der Frauen, ihre Erwerbstätigkeit nicht längerfristig zu unterbrechen und zumindest eine Teilzeitarbeit zu realisieren, hängen maßgeblich von Anzahl und Alter der Kinder, den Bedingungen des Arbeitsmarktes und den Angeboten zur außerhäuslichen Kinderbetreuung ab. Müssen die Kinderbetreuungsangebote für kleinere Kinder privat finanziert werden (Tagesmütter, Kinderfrauen), weil öffentliche Angebote fehlen, dann rechnet sich bei einem niedrigen Einkommen der Mutter dieser Weg nicht oder nur kaum. Das zusätzliche Nettoeinkommen wird durch die Kinderbetreuungskosten aufgezehrt.
- Die Erwerbseinkommen variieren in ihrer Höhe sowohl nach beruflicher Stellung und Qualifikation als auch nach dem Lebensalter. Je jünger die Beschäftigten sind und je kürzer ihre Betriebszugehörigkeit, desto niedriger liegen im Regelfall auch die Einkommen. Das hängt einerseits vom erreichten Qualifikations-, Erfahrungs- und Leistungsgrad ab, der in der Tendenz mit höherem Alter steigt, und andererseits von der in vielen Wirtschaftsbereichen immer noch praktizierten Entlohnung nach dem *Senioritätsprinzip*. Aus familienpolitischer Sicht hat die Senioritätsentlohnung problematische Folgen: Die relative Einkommensposition ist am Ende der Berufstätigkeit am höchsten; dann aber muss für die Kinder in aller Regel kein Unterhalt mehr geleistet werden, während in der beruflichen Einstiegsphase, die mit der Geburt von Kindern zusammenfällt, nicht nur höhere Ausgaben für den Lebensunterhalt der Kinder anfallen, sondern auch die Grundausstattung des Haushaltes finanziert werden muss.
- Die Einkommenslage gestaltet sich vor allem dann problematisch, wenn junge Eltern eine Familie gründen. Ein frühes Heirats- und Erstgeburtsalter konzent-

riert sich auf die Gruppe der eher gering qualifizierten Beschäftigten. Um das Lebensstandardniveau zu sichern, sehen sich gerade hier viele Väter gezwungen, Überstunden zu machen, ungünstige, aber besser bezahlte Arbeitszeiten (Schicht-, Nacht-, Wochenendarbeit) zu akzeptieren und Nebenjobs anzunehmen, was wiederum ihre Verfügbarkeit für die Familie begrenzt und die alten Rollenmuster verfestigt.

- Insbesondere Arbeitslosigkeit wirkt sich prekär auf das Familieneinkommen aus, da die Versicherungsleistung Arbeitslosengeld deutlich unterhalb des letzten Nettoeinkommens liegt und das Arbeitslosengeld II lediglich das Existenzminimum abdeckt (vgl. Bd. I, Kap. „Arbeit und Arbeitsmarkt“, Pkt. 7). Lebt die Familie von nur einem Erwerbseinkommen und entfällt dieses durch Arbeitslosigkeit, ist ein tiefer Absturz im Lebensstandard unausweichlich. Da sich Arbeitslosigkeit insbesondere im Segment der Beschäftigten mit niedrigen Qualifikationen und niedrigen Einkommen konzentriert, ist das Risiko der Verarmung und des sozialen Abstiegs hier besonders hoch. Hinzu kommt, dass im Zuge des Strukturwandels von Arbeitsmarkt und Arbeitsverhältnissen das „Normalarbeitsverhältnis”, das die Grundlage der männlichen Ernährerrolle darstellt, auch für Männer zunehmend unsicher geworden ist (vgl. Bd. I, Kap. „Arbeit und Arbeitsmarkt“, Pkt. 3.2).
- Die finanziellen Mehrbelastungen durch den Unterhalt von Kindern werden zum einen durch die allgemeinen und spezifischen Transferleistungen im Rahmen des Familienleistungsausgleichs gemindert. Zum anderen treten zu den öffentlichen Transfers häufig private Übertragungen hinzu, sei es auf freiwilliger Grundlage (Großeltern und/oder kinderlose Onkel und Tanten unterstützen ihre Enkelkinder bzw. Neffen und Nichten) oder aufgrund rechtlicher Verpflichtungen. Unterhaltszahlungen spielen in erster Linie bei getrennten oder geschiedenen Paaren und bei ledigen Müttern eine Rolle (vgl. Pkt. 5.6. dieses Kapitels)
- Ausschlaggebend für die Einkommens- und Versorgungslage von Familien sind aber nicht nur die direkten monetären öffentlichen und privaten Transferleistungen. Entlastend wirken zusätzlich auch die kostenfrei oder kostenreduziert angebotenen Einrichtungen und Dienste des Sozial- und Bildungswesens, die Maßnahmen des sozialen Wohnungsbaus sowie familienbezogene Preisvergünstigungen (bei Nahverkehr, Bahn, öffentlichen Einrichtungen usw.). Ob und inwieweit auf die Erhebung von Schul- und Studiengebühren verzichtet wird, Lernmittelfreiheit sowie die unentgeltliche Inanspruchnahme familienorientierter Beratungsstellen und Erziehungshilfen garantiert werden, hat somit unmittelbare Auswirkungen auf die Einkommenslage von Familien.

5.3 Einkommenslagen im Vergleich

Der Wissensstand über die Einkommensverhältnisse von Familien ist lückenhaft und unzureichend. Die amtliche Statistik (Mikrozensus, Einkommens- und

Verbrauchsstichprobe) bietet keine hinreichend aktuellen und differenzierten Informationen über Höhe und Struktur der Haushaltseinkommen, strukturiert nach der Zahl der Kinder, deren Alter und nach der Zahl der Erwerbstätigen und Einkommensbezieher. Erst recht fehlen Informationen über familiäre *Einkommensverläufe* (vgl. Bd. I, Kap. „Einkommen", Pkt. 2.1). Nach Haushalts- und Familienkonstellationen aufgeschlüsselte Daten über die verfügbaren Haushaltseinkommen (= Summe aller Einkünfte aus Erwerbstätigkeit und Vermögen, privater Unterhaltsleistungen sowie der öffentlichen Transferleistungen unter Abzug von Steuern und Beiträgen) liefert jedoch das repräsentative Sozio-Oekonomische Panel (SOEP).

Abbildung VII.8:

Bedarfsgewichtete Pro-Kopf-Haushaltseinkommen nach Haushaltstypen 2002

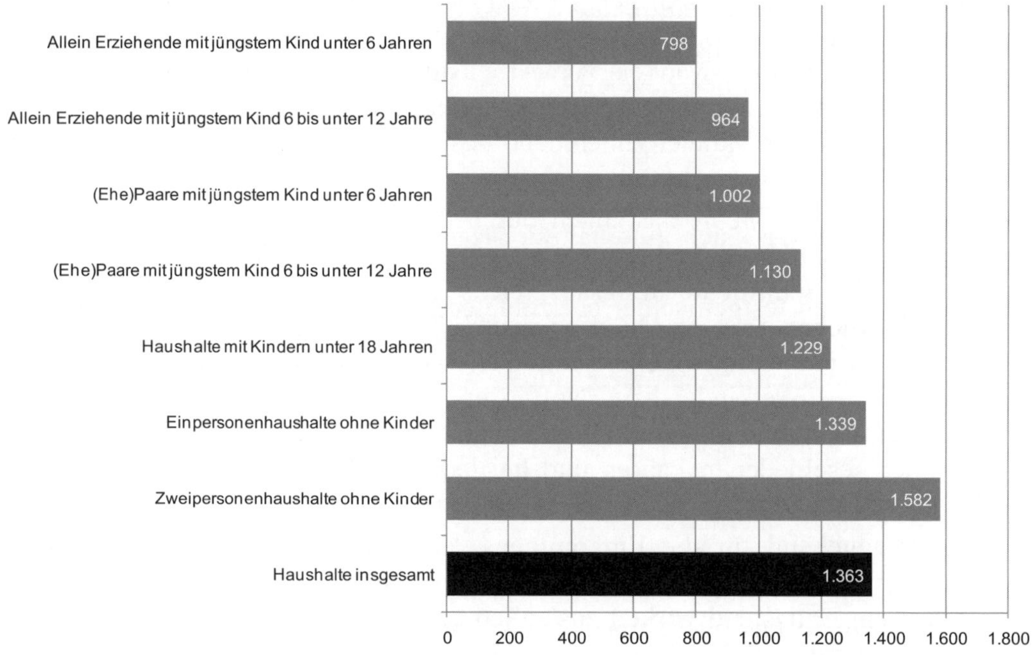

in Euro/Monat

Quelle: Sozio-Ökonomisches Panel, Deutsches Institut für Wirtschaftsforschung, Berlin 2004.

Um die materielle Situation der unterschiedlichen Haushaltsformen mit jeweils unterschiedlichen Personenzahlen vergleichen zu können, muss die absolute Höhe des verfügbaren Haushaltseinkommens in Pro-Kopf-Einkommen umgerechnet werden. Dabei bleibt zu berücksichtigen, dass mit wachsender Haushaltsgröße der durchschnittliche Kostenaufwand je Person (Vorteile der gemeinsamen Haushaltsführung) sinkt und dass Kinder einen geringeren Bedarf als Erwachsene haben. Dem wird dadurch Rechnung getragen, dass bei der Division des Haushaltseinkommens durch die Personenzahl der Divisor nach Haushaltsgröße und Bedarf gewichtet wird und über dieses Verfahren Nettoäquivalenzeinkommen ermittelt werden (vgl. Bd. I, Kap. „Einkommen“, Pkt. 2.4.1).

In der Abbildung VII.8 werden die so modifizierten bedarfsgewichteten Pro-Kopf-Einkommen je nach Haushaltsform und Alter der Kinder für das Jahr 2002 ausgewiesen. Bei der Interpretation der Daten interessiert dabei weniger die absolute Höhe der Nettoäquivalenzeinkommen; aussagekräftiger sind die relativen Abweichungen der Einkommensverhältnisse je nach Haushaltsform. Nimmt man das durchschnittliche Nettoäquivalenzeinkommen aller Haushalte als Basis (100 %), so zeigt sich folgendes Bild:

- Haushalte mit Kindern unterschreiten allesamt diese Durchschnittsgröße. Je jünger die Kinder sind, umso schlechter ist die Einkommenslage. Der Haushaltstyp (Ehe)Paare mit jüngstem Kind unter 6 Jahren muss beispielsweise mit rund 74 % des durchschnittlichen Pro-Kopf-Einkommens auskommen.
- Besonders problematisch sind die Einkommensverhältnisse von Alleinerziehenden. So werden bei einer/m Alleinerziehenden mit jüngstem Kind von unter 6 Jahren nur noch etwas mehr als 58 % des Durchschnittseinkommens erreicht.

Bei den hier vorgestellten Daten handelt es sich um Durchschnittswerte. Mittelwerte verdecken aber, dass sich innerhalb der Haushaltstypen, auch innerhalb der Familienhaushalte, die Einkommen stark spreizen. Ein ausschließlich an den Durchschnittseinkommen festgemachter horizontaler Vergleich der Einkommensposition von Familienhaushalten und Nicht-Familienhaushalten kann zu ungenauen, womöglich irreführenden Ergebnissen führen, wenn übersehen wird, dass hinter den Durchschnittswerten Einkommensschichtungen stehen. So finden sich in (Ehe) Paarhaushalten mit Kindern gut, ja sogar sehr gut versorgte Familien mit einem Pro-Kopf-Einkommen, das das von vielen Alleinstehenden oder kinderlosen Paarhaushalten deutlich übertrifft. Vor allem in Selbstständigen- sowie höher qualifizierten Angestellten- und Beamtentätigkeiten realisieren viele Familien ein hohes Wohlstands- und Konsumniveau. Dem entspricht der Lebensstandard der Kinder aus diesem Milieu. Der ausgeprägte Markt für kinder- und jugendorientierte Produkte und Dienste (Kleidung, Medien, Freizeit) ist ein Ausdruck für die wachsende Kaufkraft dieser Zielgruppe.

5.4 Familien und Kinder in Armut

Die andere Seite der sozialen Wirklichkeit repräsentieren jene Familien, deren Einkommens- und Versorgungsniveau die Grenze des sozial-kulturellen Existenzminimums unterschreitet und die als einkommensarm bezeichnet werden können. Die vorliegenden Verteilungsdaten lassen erkennen, dass zwischen materieller Unterversorgung bis hin zur Einkommensarmut und dem Unterhalt von Kindern ein enger Zusammenhang besteht. Der Familienleistungsausgleich (dessen Leistungen in den erhobenen verfügbaren Einkommen bereits enthalten sind) lockert diesen Zusammenhang, hebt ihn aber nicht auf. Die Rede ist von der „Infantilisierung der Armut". Dabei ist zu unterscheiden zwischen jenen Haushalten, deren Einkommen sich bereits vor der Geburt von Kindern an oder unterhalb der Armutsschwelle befindet – hier verschlechtert sich die Situation noch weiter, und jenen Haushalten, die erst durch den Unterhalt von Kindern in ihrer Einkommenslage abfallen. Hier kann man davon sprechen, dass die Versorgung von Kindern zu einem eigenständigen Verarmungsrisiko wird, da die öffentlichen Transfers die zusätzlichen Kosten und das reduzierte Erwerbseinkommen nicht ausreichend auffangen.

Nimmt man die neue OECD-Skala mit 60 % des Medianeinkommens zum Maßstab zur Armutsmessung (vgl. dazu ausführlich Bd. I, Kap. „Einkommen", Pkt. 8), so zeigen die Befunde, dass zwischen 1998 und 2004 die Betroffenheit von Armut in der Bevölkerung insgesamt zugenommen hat. Gleichzeitig wird auch deutlich, dass das Armutsrisiko vor allem in größeren (Familien)Haushalten, d.h. bei drei und mehr Kindern, sowie insbesondere bei Alleinerziehenden überdurchschnittlich hoch ist (vgl. Abbildung VII.8).

Abbildung VII.9:

Armutsquoten nach ausgewählten Haushaltsformen 2004

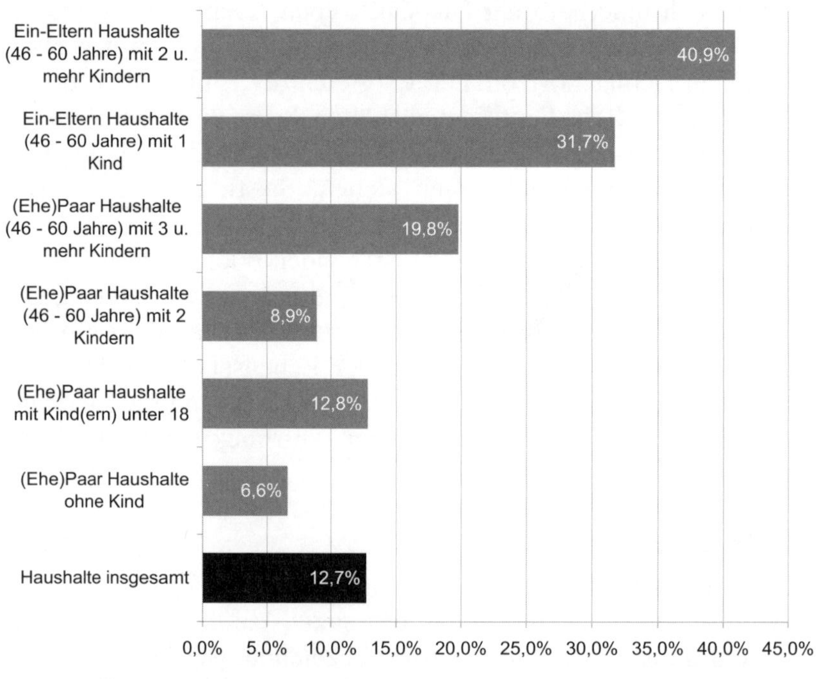

Armut: Unterschreiten der 60-Prozent-Grenze des Median-Einkommens, ältere OECD-Skala

Datenbasis: Sozio-Oekonomisches Panel

Quelle: Goebel, J., Habich, R., Krause, P., Einkommen: Verteilung, Angleichung, Armut und Dynamik, in: Statistisches Bundesamt, Datenreport 2006, Wiesbaden 2007.

Insgesamt mussten im Jahre 2004 35,8 % aller Haushalte von Alleinerziehenden zu den Einkommensarmen gerechnet werden, da ihr Einkommen 60 % des Durchschnitts (Median) nicht erreicht. Bei Alleinerziehenden mit 2 und mehr Kindern lag die Quote bei 40,9 %. (Ehe)Paar-Haushalte mit 3 und mehr Kindern wiesen eine Armutsquote von 19,8 % auf. Die Befunde zeigen allerdings auch, dass das Armutsrisiko von Paar-Haushalten mit einem Kind (13,4 %) die Armutsquote der Gesamtbevölkerung (12,7 %) nur wenig übersteigt.

Aus differenzierten Verteilungsanalysen kann entnommen werden, dass die monetären Transfers im Rahmen des Familienleistungsausgleichs, d.h. vor allem Kindergeld, Erziehungsgeld/Elterngeld, Unterhaltsvorschuss und BAföG, die relative Einkommensarmut von Familien zwar reduzieren – aber nur unzureichend.

Das Armutsrisiko von Familien und Kindern drückt sich auch in den Empfängerzahlen von Arbeitslosengeld II und Sozialgeld aus: Rund 1,9 Mio. Bezieherinnen und Bezieher der Grundsicherung waren im Januar 2007 Kinder unter 15 Jahren. Das entspricht 26 % aller Leistungsempfänger nach dem SGB II und einer Grundsicherungsquote von 16 % der Bevölkerung in diesem Alter. Unter den Leistungen empfangenden Bedarfsgemeinschaften sind Alleinerziehende mit 17,5 % überproportional hoch vertreten.

Besonders große Armutsrisiken tragen Kinder in den neuen Bundesländern einerseits sowie ausländische Familien und ihre Kinder, und hier in erster Linie Flüchtlinge und Asylbewerber, andererseits. Ursächlich für die hohe Familien- und Kinderarmut in der ausländischen Bevölkerung ist neben der im Schnitt höheren Kinderzahl bei diesen Haushalten vor allem die überproportional hohe Betroffenheit von Arbeitslosigkeit bei gleichzeitig niedrigen Arbeitsverdiensten. Auch die Sozialhilfestatistik und die Statistik nach dem Asylbewerberleistungsgesetz spiegeln die prekäre Situation von Ausländerfamilien wider (vgl. Bd. I, Kap. „Einkommen", Pkt. 7.1.4).

Die Kinderarmut hat gravierende soziale Konsequenzen. Das Risiko ist groß, dass materielle Unterversorgung die Entwicklungschancen und Lebensperspektiven von Kindern nachhaltig beeinträchtigt. Denn mit Einkommensarmut sind nicht nur Einschränkungen in der Versorgung mit den erforderlichen Gütern des täglichen Bedarfs verbunden, sondern auch Defizite in der Wohnungsversorgung und -qualität, im elterlichen Erziehungsverhalten, in der sozialen Kontakt- und Bewegungsfähigkeit, in der Bildungsbeteiligung und in der gesellschaftlichen Partizipation. Den betroffenen Familien fällt es insbesondere schwer, eine ausreichend große Wohnung mit angemessener Miete zu finden. Sie sind an den zurückliegenden Statusverbesserungen im Wohnbereich (Fläche je Person, bessere Ausstattung) kaum beteiligt gewesen. Ein weiterer kritischer Punkt bezieht sich auf die eingeschränkte Beteiligung an der Freizeit-, Erlebnis- und Modekultur. In einer Gesellschaft, in der über Teilnahme an kommerzieller Freizeitgestaltung und durch warenförmige Ausstattungssymbole sozialer Status vermittelt wird, bedeutet für Kinder das Nicht-Mithalten-Können, angefangen bei bestimmten Kleidungstypen bis hin zu Spielsachen, oftmals so etwas wie *sozialer Ausschluss*. Kinder und Jugendliche sind Objekt und Adressat von Produktwerbung geworden. Diesem Sog sind auch jene ausgesetzt, die aufgrund ihrer begrenzten Einkommenslage nicht dem Leitbild der kaufkräftigen Kinder- und Jugendgeneration entsprechen können.

Die Aussage, dass sich Einkommensarmut von Familien nachteilig auf die Gesundheit, die Sozialentwicklung sowie auf die kognitiven und Schulleistungen der Kinder auswirken kann, darf indes nicht als Determinismus verstanden werden. Entscheidend bleibt, welche Dauer die Armutsphase aufweist, ob es sich also um eine eher kurzfristige Zwischenphase im Lebenslauf oder um eine langfristig prekäre Lebenssituation handelt (vgl. Bd. I, Kap. „Einkommen", Pkt. 8.4). Wichtig ist ebenfalls, wie die Eltern, aber auch die Umwelt, d.h. Freundeskreis und Nachbarschaft, Kindergärten, Schulen, mit dieser Situation umgehen, d.h. ob Einkommensarmut zur Stigmatisierung sowie zur gesellschaftlichen und sozialen Ausgrenzung führt oder ob den Kindern trotz der schwierigen Bedingungen Entwicklungschancen gegeben werden.

5.5 Einkommens- und Lebenslage von Alleinerziehenden

Die referierten Daten lassen erkennen, dass Ein-Eltern-Familien, also Alleinerziehende und ihre Kinder, im besonderen Maße von Einkommensproblemen betroffen sind. Charakteristisch für diese Familienform ist der Tatbestand, dass die Betreuung und Erziehung des Kindes/der Kinder und gleichzeitig die Unterhaltssicherung durch Erwerbsarbeit im Wesentlichen durch eine Person geleistet werden müssen. Im Unterschied zu Verheirateten können sich Alleinerziehende nicht auf die laufende Teilhabe am Partnereinkommen und die abgeleiteten sozialen Sicherungsansprüche verlassen. Sie können zwar für ihre Kinder und u.U. auch für sich Unterhaltsansprüche geltend machen, sind aber ansonsten weitgehend auf sich allein gestellt.

Diese generelle Problematik darf allerdings nicht in dem Sinne missverstanden werden, dass Ein-Eltern-Familien eine homogene Gruppe seien. Differenzierungen sind geboten: Die Lebens- und Einkommensverhältnisse von alleinerziehenden Eltern(teilen) und ihren Kindern unterscheiden sich u.a. nach dem Grund des Alleinerziehens, dem Alter der Kinder, den individuellen Bewältigungsstrategien, den Neuorientierungen und Partnerschaftsentscheidungen im Zeitablauf, der Verfügung über privatrechtliche Unterhaltszahlungen bzw. über sozialrechtliche Unterhaltsersatzleistungen und nach den Möglichkeiten der eigenständigen Existenzsicherung durch Erwerbstätigkeit.

Die amtliche Statistik weist aus, dass im Jahr 2005 15,1 % aller Kinder unter 18 Jahren bei Alleinerziehenden leben. Der überwiegende Teil dieser Kinder wohnt bei geschiedenen/getrennt lebenden Müttern, ein wachsender Teil der minderjährigen Kinder bei ihren ledigen Müttern. Der Familientyp „verwitwete Mütter" betrifft demgegenüber nur Minderheiten. Diese Minderheitenposition gilt auch für die minderjährigen Kinder in Ein-Eltern-Familien, die gemeinsam mit ihren alleinstehenden, weit überwiegend geschiedenen *Vätern* aufwachsen. Allerdings sind im Verlauf der letzten Jahre ihre Anteile leicht gestiegen. Auffällig ist, dass in den neuen Bundesländern der Anteil der minderjährigen Kinder, die (zumindest zeitweise) mit nur einem Elternteil leben, mit 21,6 % deutlich höher ist als in den alten Bundesländern (13.7 %).

Berücksichtigt man das Lebensalter der Kinder, so fällt auf, dass bei den jüngeren Kindern der Familientyp „ledige Mütter" dominiert. Mit steigendem Lebensalter der Kinder hat hingegen ein Großteil der ledigen Mütter geheiratet. Die nichtehelich geborenen Kinder werden durch eine spätere Heirat, oft mit dem Vater der Kinder, zu ehelichen Kindern. In der Entwicklung der letzten Jahre zeigt sich für Deutschland, dass ledige Mutterschaften bei jungen Frauen („Teenager-Mütter") stark rückläufig sind. Bei den Kindern in den höheren Altersgruppen gewinnen die Familientypen „verwitwete Mütter" und vor allem „getrennt lebende/geschiedene Mütter" an Gewicht.

Mit den unterschiedlichen Typen von Ein-Eltern-Familien sind jeweils besondere Bedingungen bei den Einkommens- und Lebensverhältnissen verbunden:

- *Alleinerziehende Väter* leben vorwiegend mit älteren Kindern zusammen, geben normalerweise ihre Berufstätigkeit nicht auf und üben überdurchschnittlich oft einen qualifizierten, gutbezahlten Beruf aus.
- *Verwitwete Mütter* und ihre Kinder sind im Schnitt älter. Witwen und Waisen haben dabei in der Regel Ansprüche auf sozialrechtliche Unterhaltsersatzleistungen, d.h. auf Hinterbliebenenrenten aus den Alterssicherungssystemen, und zählen insofern zu der Gruppe der Ein-Eltern-Familien mit dem noch besten und stabilsten Versorgungsniveau. Gleichwohl reichen die Witwenrenten bei einem frühen Tod des Mannes in den meisten Fällen nicht aus, um ein ausreichendes Einkommens- und Alterssicherungsniveau sicherzustellen. Schon allein deswegen sind bislang nicht-erwerbstätige Mütter nach dem Tod ihres Mannes gehalten, eine Berufstätigkeit (wieder) aufzunehmen. Jedoch ist zu berücksichtigen, dass die in der Hinterbliebenensicherung geltende Regelung der Anrechnung des eigenen Einkommens (vgl. Kap. „Alter", Pkt. 6.9) Erwerbstätigkeit eher bestraft.
- *Ledige Mütter* sind im besonderen Maße von finanziellen Problemen betroffen, dies vor allem dann, wenn es sich um junge Frauen handelt, die noch nicht im Erwerbsleben Fuß gefasst und/oder (noch) keine Ausbildung haben. Die Kinder haben zwar Unterhaltsansprüche gegenüber ihren Vätern, aber die Mutter kann – da nicht verheiratet – dem Mann gegenüber keinen nachehelichen oder Betreuungsunterhalt geltend machen. Allerdings hat eine nichteheliche Mutter für die ersten drei Jahre nach der Geburt des Kindes einen ähnlichen Unterhaltsanspruch wie eine geschiedene Frau.

- Die Einkommenslage *geschiedener bzw. getrennt lebender Mütter* hängt davon ab, ob und in welcher Höhe sie für sich und ihre Kinder mit Unterhaltszahlungen rechnen können und ob sie erwerbstätig sind bzw. zur Berufsrückkehr in der Lage und bereit sind. Die Höhe des späteren Rentenanspruchs der geschiedenen Frau wird maßgeblich durch die Ergebnisse des Versorgungsausgleichs bestimmt: Die während der Ehe gemeinsam erworbenen Rentenanwartschaften werden unter den Ehegatten gleichmäßig aufgeteilt. Dies führt dann zu einem finanziellen Problem, wenn im Wesentlichen nur ein Ehepartner – in der Regel der Mann – erwerbstätig war und nur wenig verdient hat. Die gesplitteten Anwartschaften haben dann für beide Ehegatten unzureichende Rentenansprüche zur Folge. Ein Ausgleich kann nur durch zusätzliche vor- und/oder nachehelich erworbene Anwartschaften erfolgen (vgl. Kap. „Alter“, Pkt. 6.9).

Unterhalt

Anspruch auf (aufstockenden) *Ehegattenunterhalt* besteht, wenn der unterhaltspflichtige Mann leistungs-, d.h. zahlungsfähig ist und die Frau wegen der Betreuung eines Kindes (Betreuungsunterhalt) bzw. wegen Alters, Krankheit, Ausbildung oder Erwerbslosigkeit nicht oder nur eingeschränkt erwerbstätig sein kann oder ihr Lebensstandard nach der Scheidung ungebührlich absinken würde.

Die Höhe des *Kindesunterhalts* orientiert sich am Alter der Kinder, am Nettoeinkommen des Unterhaltspflichtigen (abzüglich berufsbedingter Aufwendungen und berücksichtigungsfähiger Schulden) und dem notwendigen bzw. angemessenen Eigenbedarf (Selbstbehalt). In der Praxis orientieren sich die Gerichte an Tabellenwerten. Maßgebend für die alten Bundesländer ist die vom Oberlandesgericht Düsseldorf erstellte „Düsseldorfer Tabelle” (Tabelle VII.7). Für die neuen Bundesländer dient die „Berliner Tabelle” als Richtschnur.

Das Hauptproblem bei den Unterhaltszahlungen liegt darin, dass viele Väter den Kindes- wie Ehegattenunterhalt in nur geringer Höhe oder gar nicht oder nur schleppend leisten. Auf der einen Seite mangelt es häufig an der finanziellen Leistungsfähigkeit („Mangelfälle“); auf der anderen Seite versuchen aber auch viele Väter, sich der Zahlungspflicht zu entziehen bzw. ihr tatsächliches Einkommen zu verbergen. Schwierig für alle Seiten wird es, wenn Unterhaltspflichtige eine neue Familie gründen. Nach der geplanten Reform des Unterhaltsrecht soll in Mangelfällen der Unterhalt für die Kinder Vorrang vor allen anderen Unterhaltsansprüchen haben, wobei hier eheliche und nichteheliche Kinder gleichgestellt werden. Die zweite Rangstelle soll dann der Betreuungsunterhalt einnehmen.

Es verwundert nicht, dass die Erwerbsbeteiligung alleinerziehender Mütter deutlich höher liegt als die verheirateter Mütter. Zugleich ist auch die Vollzeiterwerbstätigkeit stärker ausgeprägt. Erwerbstätigkeit ist auch deshalb unverzichtbar, um im Alter ausreichende Rentenansprüche zu erreichen, die durch den Versorgungsausgleich (bei geschiedenen Frauen) in aller Regel nicht garantiert werden. Zugleich sind aber die Schwierigkeiten, die Berufstätigkeit mit der Betreuung und

Erziehung der Kinder zu vereinbaren, besonders groß. Die Analyse des Arbeitsmarktes lässt erkennen, dass alleinerziehende Frauen, die nach einer Unterbrechung wieder in den Arbeitsmarkt einsteigen möchten, im Durchschnitt schlechtere Vermittlungschancen haben. In vielen Fällen muss eine ausbildungsinadäquate, unterwertige Beschäftigung angenommen werden. Der Wiedereinstieg wird dabei um so schwieriger, je älter die Frau ist und je länger sie ihren Beruf unterbrochen hat.

Tabelle VII.7:

Monatliche Richtsätze für den Kindesunterhalt (Düsseldorfer Tabelle) 2007

Nettoeinkommen des Unterhaltspflichtigen in €	Altersstufen in Jahren			
	0 - 5	6 - 11	12 - 17	ab 18
Bis 1.300 (zugleich Regelunterhalt)	202	245	288	389
1.300 – 1.500	217	263	309	389
1.500 – 1.700	231	280	329	389
1.700 – 1.900	245	297	349	401
1.900 – 2.100	259	314	369	424
2.100 – 2.300	273	331	389	447
2.300 – 2.500	287	348	409	471
2.500 – 2.800	303	368	432	497
2.800 – 3.200	324	392	461	530
3.200 – 3.600	344	417	490	563
3.600 – 4.000	364	441	519	596
4.000 – 4.400	384	466	548	629
4.400 – 4.800	404	490	576	662
Über 4.800	Nach den Umständen des Falles			

Quelle: OLG Düsseldorf

Die für Ein-Eltern-Familien charakteristischen finanziellen Probleme verleiten in der öffentlichen Diskussion dazu, die Gruppe der Alleinerziehenden pauschal als „Problemgruppe" zu bezeichnen und zugleich die Leistungsfähigkeit dieses Familientyps als defizitär zu beschreiben. Eine solche Defizitbetrachtung führt jedoch dazu, dass die gerade erst überwundene Diskriminierung und Stigmatisierung der „unvollständigen" Familien (wie es früher in Abgrenzung zu den als „normal" unterstellten „vollständigen" Familien hieß) durch eine neue, eher „sozialarbeiterische Klientelisierung" abgelöst würde. Die Lebens- und Entwicklungschancen der Kinder aus Ein-Eltern-Familien sind aber nicht allein deswegen schlechter, weil sie nur bei einem Elternteil, in der Regel bei der Mutter, aufwachsen. Etwa auftretende Probleme von Trennungs- und Scheidungskindern bei der Schulleistung und der sozialen Anpassung sind immer auch im Zusammenhang mit der häufig schwierigen wirtschaftlichen Situation und dem in vielen Fällen notwendig werdenden Wechsel von Wohnung, Wohnumgebung, Schule und Freundeskreis zu sehen.

Zweifelsohne leiden Kinder unter der Trennung ihrer Eltern, und zwar je nach dem Lebensalter der Kinder mit unterschiedlichen Ausprägungen und Folgen. Auf der anderen Seite kann ein endgültiger Bruch in den Beziehungen zwischen den Eltern auch eine Befreiung von einer spannungsgeladenen und zerrütteten Partnerschaft sein, die nicht zuletzt auch die Kinder belastet hat. Die Auswirkungen von Trennung und Scheidung dürfen also weder verharmlost, noch darf die „Ehepaar-Familie" idealisiert werden. Denn auch die Formstruktur des Familientyps „Zusammenleben beider Elterteile mit den Kindern“ sagt noch nicht aus über das Maß der tatsächlichen Anwesenheit des Vaters in der Familie oder über seine Beziehungen zu den Kindern. Die (Ehe)Paarkonstellation lässt nicht erkennen, welche Beziehungen zwischen den (Ehe)Partnern bestehen und wie sich diese – bei problematischen Fällen – auf die Erziehung und Entwicklung der Kinder auswirken.

Die Beziehung des Kindes zum (leiblichen) Vater muss durch die Auflösung der Familie nicht notwendigerweise abbrechen. Für die Kinder kommt es nach der Trennung entscheidend darauf an, wie die Eltern miteinander umgehen, und ob es ihnen gelingt, ihrer gemeinsamen Verantwortung gegenüber den Kindern gerecht zu werden. Auch das Kindschaftsrecht ist durch den Grundsatz der Verantwortung beider Eltern für ihre Kinder auch nach der Trennung geprägt: Die *gemeinsame Sorge* um das Kind gilt als Leitbild, das alleinige Sorgerecht als der abweichende Fall, der allerdings auch weiterhin sehr häufig von einem Partner als erwünscht angesehen wird bzw. unumgänglich ist.

6 Familienpolitik durch Transfers: Familienleistungsausgleich

Die klassische Funktion der Familienpolitik besteht darin, den durch die Betreuung, Erziehung und Ausbildung der Kinder entstehenden finanziellen Folgeproblemen durch direkte Geldleistungen oder durch steuerliche Entlastungen zu begegnen. Der Versuch, einen Überblick über diese Leistungen der Familienpolitik zu geben, wird dadurch erschwert, dass familienpolitische Aspekte bei nahezu allen Sozialgesetzen berücksichtigt werden. Von einem überschaubaren System kann nicht gesprochen werden. Vielmehr bestimmt eine Vielzahl von Leistungen, Trägern, Finanzierungsverfahren, Zuständigkeiten und Ämtern das Bild. Einen Eindruck über die Vielgestaltigkeit familienpolitischer Transfers, die wir auch als Familienleistungsausgleich im weiteren Sinne bezeichnen können, bieten Tabelle VII.11 und Pkt. 6.6 dieses Kapitels.

Gleichwohl ist es möglich, eine Systematisierung vorzunehmen. Im Folgenden ist zu unterscheiden zwischen

- kinder(kosten)bezogenen Leistungen,
- erziehungsbezogenen Leistungen,
- ausbildungsbezogenen Leistungen und
- ehebezogenen Leistungen.

Gesondert zu betrachten sind die Leistungen, die auf die Gruppe der Alleinerziehenden zielen. Quer dazu, also innerhalb der jeweiligen Leistungsgruppen ist zu unterscheiden, ob es sich um direkte Übertragungen oder um indirekt wirkende steuerliche Vergünstigungen handelt.

6.1 Kinderbezogene Leistungen

Nach dem Unterhaltsrecht des BGB sind die Eltern für ihre Kinder unterhaltspflichtig, und zwar bis zum Abschluss einer Berufs- bzw. Hochschulausbildung (gesteigerte Unterhaltspflicht). Darüber hinaus besteht wechselseitige Unterhaltspflicht zwischen den Eltern und ihren volljährigen Kindern („Generationensubsidiarität"). Die kinderbezogenen Leistungen der Familienpolitik zielen ganz allgemein darauf ab, die Eltern durch Steuerermäßigungen und direkte Zahlungen in die Lage zu versetzen, diesen Unterhalt auch tatsächlich und ohne unzumutbare Einbußen in ihrem Lebensstandard leisten zu können, d.h. die Aufwendungen für die Betreuung, Erziehung und Ausbildung ihrer Kinder finanzieren zu können.

Der Familienleistungsausgleich bzw. Kinderlastenausgleich im engeren Sinne mit seinen Elementen Kindergeld und steuerlichem Kinderfreibetrag ist das Kernstück dieser Transfers. Daneben finden sich eine Reihe spezifischer, d.h. an bestimmte Lebenslagen und Zweckbindungen gekoppelte Leistungen, die hier nur aufgelistet, aber nicht weiter erläutert werden sollen. Zu nennen sind:

- kostenfreie Mitversicherung der Kinder in der Kranken- und Pflegeversicherung (Familienhilfe) (vgl. Kap. „Gesundheit und Gesundheitssystem“, Pkt. 5.1.1),
- Waisenrenten in der Renten- und Unfallversicherung (vgl. Kap. „Alter“, Pkt. 6.9),
- Unfallschutz für Kindergartenkinder, Schüler und Studierende in der Unfallversicherung (vgl. Kap. „Arbeit und Gesundheitsschutz“, Pkt. 5) ,
- Erhöhung des Leistungssatzes des Arbeitslosengelds, wenn unterhaltspflichtige Kinder zu versorgen sind (vgl Bd. I, Kap. „Arbeit und Arbeitsmarkt“, Pkt. 7.2.1),
- Berücksichtigung von Kindern bei den Leistungen nach dem SGB II (Sozialgeld) und bei der Sozialhilfe nach dem SGB XII (vgl. Bd. I, Kap. „Einkommen“, Pkt. 7.1.2),
- Berücksichtigung von Kindern beim Wohngeld, beim sozialen Wohnungsbau und der Wohneigentumsförderung (vgl. Bd. I, Kap. “Einkommen“, Pkt. 7.4),

- Staffelung der Zulagen zum Aufbau einer privaten Altersversorgung („Riester-Rente") nach Zahl der Kinder (vgl. Kap. „Alter", Pkt. 7.3.1),
- Preis- und Tarifermäßigungen für Familien.

6.1.1 Zielsetzungen des Familienleistungsausgleichs

Zum Familienleistungsausgleich im engeren Sinne (gesprochen wird auch vom Familienlastenausgleich) zählen Kindergeld und steuerliche Kinderfreibeträge. Diese als „duales System" beschriebene Doppelgleisigkeit ist Folge der unterschiedlichen Zielsetzungen, die mit dem Familienleistungsausgleich verbunden werden. Im Wesentlichen lassen sich zwei gegenläufige Gedankengänge bzw. Zielvorstellungen unterscheiden:

(1) der horizontale Leistungsausgleich („Steuergerechtigkeit") und

(2) der vertikale Leistungsausgleich („Bedarfsgerechtigkeit").

Horizontaler Leistungsausgleich und Steuergerechtigkeit

Beim horizontalen Ausgleich geht es darum, den Rückgang des Lebensstandards von Eltern mit Kindern gegenüber kinderlosen Paaren bzw. gegenüber Eltern mit weniger Kindern innerhalb *gleicher* Einkommensgruppen insofern zu beschränken, als die geringere wirtschaftliche Leistungsfähigkeit von Eltern mit Kindern steuerlich berücksichtigt wird. Das Einkommen, das für den Unterhalt der Kinder (zumindest für den existentiellen Sachbedarf sowie für den Erziehungs- und Betreuungsaufwand) eingesetzt werden muss, soll nicht noch durch Steuerabzüge vermindert, sondern durch Berücksichtigung eines Freibetrags von der Besteuerung freigestellt werden. Ein Beispiel: Es ist zu berücksichtigen, dass ein Ehepaar mit zwei Kindern und einem Einkommen von 70.000 € steuerlich nicht so leistungsfähig ist wie ein gleich gut verdienendes kinderloses Ehepaar.

Im Ergebnis bedeutet dieses Prinzip der Steuergerechtigkeit durch Einführung eines Steuerfreibetrages, dass sich die Entlastungen der Familien mit steigendem Einkommen erhöhen: Denn entsprechend des Verlauf des Einkommensteuertarifs (vgl. Bd. I, Kap. „Einkommen", Pkt. 4.1) wirkt sich die durch einen Kinderfreibetrag bewirkte Verminderung der steuerlichen Bemessungsgrundlage bei einem Ehepaar mit einem Spitzenverdienst sehr viel stärker aus als bei einem Ehepaar mit mittlerem Einkommen. Völlig leer gehen jene Familien bei der steuerlichen Gleichstellung aus, die überhaupt keine direkten Steuern zahlen. Hier handelt es sich zumeist um niedrig verdienende (junge) Familien, die mit ihrem Einkommen den steuerlichen Grundfreibetrag nicht übersteigen, sowie um nichterwerbstätige Arbeitslose, Grundsicherungsempfänger und Alleinerziehende.

Das Bundesverfassungsgericht hat in seiner Rechtsprechung zur Steuerfreiheit des Existenzminimums aus den Jahren 1990, 1992 und 1999 ausdrücklich den Grundsatz der horizontalen Steuergerechtigkeit betont. Nach Entscheidung des Gerichtes von 1999 widerspricht es zudem der Verfassung, die steuerliche Abzugsfähigkeit von Kinderbetreuungskosten (erwerbsbedingter Betreuungsbedarf) und

Haushaltsfreibetrag (Erziehungsbedarf) auf die Alleinerziehenden und unverheirateten Elternpaare zu begrenzen. Diese besonderen Kinderbedarfe, die über die Sicherung des Existenzminimums hinausreichen, müssen auch bei verheirateten Eltern Berücksichtigung finden.

Bei seinen Entscheidungen hat es das Gericht allerdings freigestellt, wie die steuerliche Gleichbehandlung erreicht werden soll, ob durch Abzug eines Betrages von der steuerlichen Bemessungsgrundlage (steuerlicher Kinderfreibetrag), durch einen Kindergrundfreibetrag, durch die Zahlung von Kindergeld oder durch eine Kombination dieser Maßnahmen. Wenn die verfassungsrechtlich gebotene Freistellung des Existenzminimums sowie des Erziehungs- und Betreuungsbedarfs von der Besteuerung durch die Zahlung von Kindergeld erreicht werden soll, dann muss aber das Kindergeld so hoch sein, dass es in allen Einkommensgruppen, also auch in der höchsten Einkommensgruppe, der steuerlichen Entlastungswirkung des Freibetrages entspricht.

Nach der Rechtsprechung des Bundesverfassungsgerichts muss dem Steuerpflichtigen nach Erfüllung seiner Einkommensteuerschuld von seinem Einkommen zumindest soviel verbleiben, wie er zur Bestreitung seines notwendigen Lebensunterhalts und – unter Berücksichtigung von Artikel 6 Abs. 1 GG – desjenigen seiner Familie bedarf (Existenzminimum). Die Höhe des dabei steuerlich zu verschonenden Existenzminimums hängt von den allgemeinen wirtschaftlichen Verhältnissen und dem anerkannten Mindestbedarf ab. Die entsprechende Einschätzung erfolgt alle zwei Jahre neu im *Existenzminimumbericht* der Bundesregierung. Dabei darf jedoch das von der Einkommensteuer zu verschonende Existenzminimum nicht den Mindestbedarf nach dem Sozialhilferecht unterschreiten. Dieser fungiert somit als Maßgröße für das einkommensteuerrechtliche Existenzminimum, was auch sinngemäß für die Ermittlung des Existenzminimums eines Kindes gilt. Da die Leistungsfähigkeit von Eltern über den existenziellen Sachbedarf und den erwerbsbedingten Betreuungsbedarf hinaus generell durch den Betreuungs- und Erziehungs- oder Ausbildungsbedarf eines Kindes gemindert wird, ist auch dieser Bedarf im Steuerrecht – zusätzlich zum sächlichen Existenzminimum – von der Einkommensteuer zu verschonen.

Vertikaler Leistungsausgleich

Der vertikale Familienleistungsausgleich zielt darauf, Familien mit geringem bis mittlerem Einkommen und mehreren Kindern durch direkte Zahlungen finanziell gezielt zu unterstützen, d.h. einen Anteil an den Kinderkosten zu übernehmen, um die Entwicklung der Kinder und die Lebensbedingungen der Eltern sicherzustellen. Durch die erwähnte Freistellung des Existenzminimums von der Einkommensbesteuerung lässt sich dieses Ziel nicht erreichen, da die Steuerentlastung nicht bedeutet, dass sich der Staat an den Kosten beteiligt und die Steuerentlastung auch nur dann wirkt, wenn überhaupt Steuern zu zahlen sind.

Beim vertikalen Ausgleich richtet sich die Beteiligung des Staates an den Kosten des Kindesunterhalts nach dem Kriterium der *Bedarfsgerechtigkeit*. Diesem Maßstab entspricht ein Kindergeldsystem, dessen Leistungen umso höher ausfallen, je weniger die Familien aufgrund niedriger Einkommen aus eigener Kraft ihren Kindern einen angemessenen soziokulturellen Standard sichern können. In den oberen Einkommensgruppen können diese Leistungen entfallen, da hier das Einkommen ausreicht, um die Kinderkosten abzudecken, während es in den unteren Einkommensgruppen bis hin zu einer völligen Übernahme des Mindestaufwands für Kinder kommen kann. Durch die Einkommensabhängigkeit des Kindergeldes wird demnach ein Ausgleich von den oberen zu den unteren Einkommen erreicht.

Die Gegensätzlichkeit dieser beiden Ziele hat seit Einführung des Familienleistungsausgleichs für kontroverse Diskussionen über die Prioritäten der finanziellen Förderung von Familien gesorgt und je nach den parlamentarisch-politischen Machtverhältnissen zu unterschiedlichen Ausgestaltungen des Familienleistungsausgleichs geführt. Denn angesichts knapper öffentlicher Kassen ist der Weg des „sowohl als auch" kaum realisierbar. Die Gefahr ist nicht von der Hand zu weisen, dass hohe Kinderfreibeträge zwar dem Postulat der horizontalen Steuergerechtigkeit entsprechen, aber nur den besser gestellten Familien zu Gute kommen und den finanziellen Spielraum zur Erhöhung des Kindergeldes oder zum Ausbau der Kinderbetreuung einengen.

Um beurteilen zu können, wie hoch Steuerfreibeträge und Kindergeld liegen müssen, um die Ziele von Steuer- und/oder Bedarfsgerechtigkeit erfüllen zu können, muss entschieden werden, welche Kosten, die durch den Unterhalt der Kinder entstehen, in welchem Umfang als anerkennungswürdig und ausgleichsbedürftig angesehen werden. Bis heute gilt der Grundsatz, dass der Familienleistungsausgleich die Kosten, die für den Unterhalt (existentieller Sachbedarf) sowie für die Betreuung und Erziehung von Kindern anfallen, weder für alle Familien noch in voller Höhe berücksichtigen kann und soll. Den Eltern werden *Eigenleistungen* zugemutet.

Strittig ist die Frage, wie hoch je nach der Einkommenslage der Eltern der Eigenanteil sein soll. Kontrovers diskutiert wird ebenfalls, wie die Kosten bzw. Bedarfe von Kindern zu bestimmen sind. Denn deren Höhe lässt sich nicht einfach ermitteln, sondern hängt von einer Reihe von Variablen ab. Zu unterscheiden ist zunächst zwischen den *tatsächlich* entstandenen Kosten bzw. getätigten Aufwendungen und den normativ gesetzten, soziokulturellen *Mindest*kosten. In beiden Fällen variieren die Kosten mit der Zahl und dem Alter der Kinder und möglichen besonderen Bedarfssituationen (Ausbildung, Wohnung etc.):

- Die tatsächlich getätigten durchschnittlichen Aufwendungen der Eltern für ihre Kinder lassen sich aus der Einkommens- und Verbrauchstichprobe des Statistischen Bundesamtes ableiten. Aktuell verfügbar sind Daten aus dem Jahr 2003. Danach beliefen sich die Lebenshaltungsaufwendungen für ein Kind bis zu 18

Jahren für die alten Bundesländer auf 549 € (Ehepaar mit einem Kind) und 474 € (Ehepaar mit zwei Kindern). Zu berücksichtigen bleibt, dass es sich hier um Durchschnittswerte handelt; die Aufwendungen differieren stark nach Zahl und Alter der Kinder und vor allem nach dem Einkommen der Eltern.

- Hinweise auf die Höhe der Unterhaltskosten können auch die Werte der „Düsseldorfer-Tabelle" liefern, die den Gerichten als Richtlinie für die Bemessung des Kindesunterhalts dienen. Die in Tabelle VII.7 wiedergegebenen Werte lassen erkennen, dass die Richtwerte je nach dem Alter des Kindes und dem Nettoeinkommen des Unterhaltspflichtigen eine außerordentlich große Spannweite aufweisen.
- Für die auf die Sicherstellung des soziokulturellen Existenzminimums abzielenden Mindestkosten von Kindern sind die Sozialhilfe-Regelsätze in der Hilfe zum Lebensunterhalt bzw. die Regelleistungen im SGB II die entscheidende Maßgröße. Da diese Bedarfssätze nach zwei Altersstufen der Kinder variieren (bis zur bzw. ab der Vollendung des 14. Lebensjahres), findet sich hier für 2007 eine Spannweite zwischen 207 € (bis Vollendung des 14. Lebensjahres) und 276 € (ab Vollendung des 14. Lebensjahres) (vgl. Bd. I, Kap. „Einkommen", Pkt. 7.1.3). Hinzuzurechnen sind noch jeweils die anteiligen Kosten für Miete und Heizung. Zusammengenommen und auf einen altersübergreifenden Durchschnittswert bezogen beziffert die Bundesregierung in ihrem 5. Existenzminimumbericht für 2005 die *existenzminimalen* Kinderkosten für ein Kind auf 304 € im Monat bzw. auf 3.648 € im Jahr.

6.1.2 Kindergeld und Kinderfreibeträge

Die langjährige Kontroverse um die „gerechte" Ausgestaltung des Kinderleistungsausgleichs im Spannungsfeld der Ziele von Steuer- und Bedarfsgerechtigkeit hat – entsprechend der Vorgaben des Bundesverfassungsgerichtes in dessen Urteil vom November 1998 – seit Anfang 2002 ein vorläufiges Ende gefunden. Seitdem sind Kindergeld und Steuerfreibeträge miteinander verknüpft und können nur noch *alternativ* genutzt werden; die eine Leistungsform schließt also die andere aus. Kindergeld und Kinderfreibeträge sind im *Steuerrecht* geregelt.

Allen Eltern steht für (ihre im Inland lebenden) Kinder unabhängig von ihrem Einkommen Kindergeld zu. Die monatliche Höhe des Kindergeldes variiert in Abhängigkeit von der Ordnungszahl der Kinder und liegt seit 2002 für das erste, zweite und dritte Kind bei je 154 € sowie für das vierte und jedes weitere Kind bei je 179 € (vgl. Tabelle VII.8).

Kindergeld wird monatlich als Steuervergütung durch die Finanzämter gezahlt. Es wird grundsätzlich nicht an das Kind, sondern für ein Kind an den so genannten Kindergeldberechtigten gezahlt (in der Regel ein Elternteil). Zahlstelle sind die bei den Arbeitsämtern residierenden, aber der Finanzverwaltung unterstehenden *Familienkassen*.

Tabelle VII.8:

Höhe von Kindergeld und Kinderfreibeträgen 1996 - 2007

	Jährlicher Kinderfreibetrag je Kind in DM/€		Monatliches Kindergeld in DM/€			
	allein Stehende	Verheiratete/ Zusammenveranlagung	1. Kind	2. Kind	3. Kind	4. u. weitere Kinder
1996	3.132	6.264	200	200	300	350
1997	3.456	6.912	220	220	300	350
1998	3.456	6.912	220	220	300	350
1999	3.456	6.912	250	250	300	350
2000	4.968[1)]	9.936[2)]	270	270	300	350
2001	4.968[1)]	9.936[2)]	270	270	300	350
2001[3)]	2.556[1)]	5.112[2)]	138	138	154	179
seit 2002	2.904[4)]	5.808[5)]	154	154	154	179

1) Kinderfreibetrag in Höhe von 3.456 DM/1.782 € zuzüglich Betreuungsfreibetrag je Kind unter 16 Jahre in Höhe von 1.512 DM/774 €.

2) Kinderfreibetrag in Höhe von 6.912 DM bzw. 3.564 € zuzüglich Betreuungsfreibetrag je Kind unter 16 Jahre in Höhe von 3.024 DM bzw. 1.548 €.

3) In €.

4) Kinderfreibetrag in Höhe von 1.824 € zuzüglich eines Freibetrags für Betreuung und Erziehung oder Ausbildung in Höhe von 1.080 €. Dies entspricht einer Ergänzung des Betreuungsfreibetrags von 774 € um eine Erziehungs- und Ausbildungskomponente von 306 €.

5) Kinderfreibetrag in Höhe von 3.648 € zuzüglich eines Freibetrags für Betreuung und Erziehung oder Ausbildung in Höhe von 2.160 €. Dies entspricht einer Ergänzung des Betreuungsfreibetrags von 1.548 € um eine Erziehungs- und Ausbildungskomponente von 612 €.

Quelle: Bundesministerium der Finanzen, Datensammlung zur Steuerpolitik, Berlin 2005.

Der Kinderfreibetrag beträgt seit 2002 je Kind für Alleinstehende 1.824 € und für Verheiratete (bei Zusammenveranlagung) 3.648 € jährlich. Zusätzlich gibt es einen Freibetrag für den Betreuungs- und Erziehungs- oder Ausbildungsbedarf in Höhe von 1.080 € für Alleinstehende und 2.160 € für Verheiratete, der das Existenzminimum eines Kindes widerspiegeln soll. Orientierungsgröße für die Festlegung des Freibetrags ist der sozialhilferechtliche Mindestbedarf. Zwischen dem Bezug von Kindergeld und der Inanspruchnahme des Kinderfreibetrags besteht ein *Wahlrecht* nach Maßgabe des *Günstigkeitsprinzips*: Danach werden die Steuerentlastungen mit dem Kindergeld verrechnet. Wirkt sich der Freibetrag für die Familie günstiger als das Kindergeld aus, liegen also die steuerlichen Entlastungen höher als die Kindergeldzahlungen, werden die zuviel gezahlten Steuern im Rahmen des Steuerjahresausgleichs zurückerstattet.

Tatsächlich wird für die weit überwiegende Zahl der Kinder (2005: 88,7 %) das Kindergeld gezahlt, weil sich der Freibetrag ausschließlich in den höheren Einkommensgruppen „rechnet". Der Schwellenwert, bei dem die steuerliche Entlastung durch die Freibeträge den Betrag des Kindergelds übersteigt, lag 2006 für erste und zweite Kinder bei Verheirateten bei rund 63.000 € (Alleinstehende 33.000 €) zu versteuerndem Einkommen und damit bei einem Grenzsteuersatz von etwa 33 %. Bei einem Einkommen von 55.000 € bzw. 110.000 € und mehr im Jahr und einem Grenzsteuersatz von 42 % erreicht die Entlastung durch den Freibetrag den Höchstbetrag.

Tabelle VII.9:
Eckdaten zum Familienleistungsausgleich

	1998	2002	2006
Anzahl der Kinder in 1.000			
1. Kinder	10.656	11.023	11.102
2. Kinder	5.505	5.557	5.483
3. Kinder	1.460	1.471	1.427
4. u. weitere Kinder	491	499	487
Kinder insgesamt	18.112	18.327	18.068
Mit Kindergeldförderung	17.323	16.297	14.482
Mit Kinderfreibetragsgewährung	880	2.300	2.100
Ausgaben in Mio. €			
Familienleistungsausgleich	25.605	35.950	36.500
davon			
Kindergeld	25.554	34.518	35.000
Zusatzentlastung durch Kinderfreibetrag	51	1.432	1.500
Freistellung des Existenzminimums	14.100	21.900	20.600
Förderanteil	11.505	14.050	15.900

Quelle: Bundesministerium der Finanzen, Datensammlung zur Steuerpolitik, Berlin 2006.

Bei allen Einkommen unterhalb des Schwellenwertes liegt das Kindergeld höher als der Effekt der Steuerfreistellung. Der die Steuerentlastung überschießende Teil des Kindergeldes ist insofern eine bedarfsbezogene Leistung (Bedarfsgerechtigkeit). Dieser Förderanteil des Kindergeldes liegt umso höher, je geringer das Einkommen der Eltern ist. Das Kindergeld, das Eltern zufließt, die überhaupt keine Einkommensteuer zahlen, ist eine ausschließliche Förderleistung. Bezogen auf die Ausgaben des Familienleistungsausgleichs (2005: 36,5 Mrd. €) macht der Förderanteil 43,6 % aus, 56,4 % der Ausgaben dienen dem verfassungsrechtlichen Gebot der steuerlichen Freistellung des Existenzminimums (vgl. Tabelle VII.9).

Die allgemeine Altersgrenze der Kinder für den Bezug von Kindergeld bzw. für die Inanspruchnahme von Kinderfreibeträgen liegt beim 18. Lebensjahr. Der Bezugszeitraum verlängert sich bei arbeitslosen Kindern bis zum 21. und bei Kindern in Ausbildung/Studium bis zum vollendeten 25. Lebensjahr (vor 2007: 27. Lebensjahr). Das Kindergeld ist bei Schulbesuch, Studium oder Berufsausbildung abhängig vom Einkommen des Kindes und entfällt, wenn das Kind mehr als 7.680 € im Jahr verdient.

Kindergeld und die Entlastungen durch die Freibeträge mindern das Aufkommen aus der Einkommensteuer. Insofern gehen diese Minderungen zu Lasten des Bundes, der Länder und der Gemeinden und zwar im Verhältnis 42,5 % : 42,5 % : 15 %.

Zu problematisieren bleibt, ob das Leistungsniveau ausreichend ist. So deckt das Kindergeld nur nur einen Teil der Mindestunterhaltskosten für Kinder ab. Nimmt man die Sozialhilfe- bzw. Sozialgeldsätze für Kinder als Vergleich, so liegt selbst das Kindergeld für das vierte und weitere Kind noch unterhalb dieses Niveaus (vgl. Bd. I, Kap. „Einkommen“, Pkt. 7.1.3). Die Abweichung wird umso größer, je älter die Kinder werden. Durch die Staffelung des Kindergeldes nach der Ordnungszahl der Kinder wird lediglich erreicht, dass mit zunehmender Kinderzahl der Deckungsanteil der Leistungen an den Kinderkosten relativ steigt.

Gleichwohl summiert sich der privat zu finanzierende Kostenanteil bei mehreren Kindern auf sehr hohe Beträge, die im unteren Einkommensbereich nicht mehr getragen werden können. Wenn – wegen der Kinder – das Haushaltseinkommen das sozialkulturelle Existenzminimum unterschreitet, muss auf ergänzende Hilfe der Grundsicherung nach dem SGB II zurückgegriffen werden. Betroffen davon sind nicht zuletzt Arbeitnehmerhaushalte aus dem Bereich niedriger Arbeitseinkommen; wenn sich hier das Grundsicherungsniveau mit den verfügbaren Einkommen einschließlich von Transferleistungen überschneidet (vgl. Bd. I, Kap. „Einkommen“, Pkt. 7.1.3), so liegt dies nicht an „überhöhten“ Leistungssätzen, sondern am unzureichenden Familienleistungsausgleich.

Einen Ausgleich bietet hier der *Kinderzuschlag* (vgl. Bd. I, Kap. „Einkommen“, Pkt. 7.3.2). Durch Zahlung dieses Kinderzuschlags, der als einkommensabhängige Leistung dem Bezug von Leistungen nach dem SGB II vorgelagert ist und das einkommensunabhängige Kindergeld aufstockt, soll vermieden werden, dass Bedarfsgemeinschaften allein wegen des Unterhaltsbedarfes für ihre Kinder Anspruch auf Arbeitslosengeld II und/oder Sozialgeld haben. Den Kinderzuschlag erhalten also Familien, in denen der Bedarf der Eltern aus eigenen Mitteln gedeckt werden kann. Erwerbseinkommen der Eltern, das ihren Bedarf übersteigt, wird zu 70 % auf den Kinderzuschlag angerechnet. Der Kinderzuschlag wird maximal in Höhe von 140 € pro Kind für längstens 36 Monate erbracht.

Kritisch zu sehen ist des Weiteren, dass die Höhe des Kindergeldes keiner festen Dynamisierung nach Maßgabe der Einkommensentwicklung unterliegt, so wie dies bei den Leistungen der Sozialversicherung üblich ist, was – angesichts knapper Kassen – zu der Gefahr führt, dass eine diskontinuierliche Anpassung erfolgt und der Realwert der Leistungen sinkt. Allerdings sind durch die verfassungsrechtlich vorgegebene Anbindung des Kinderfreibetrags an das sozialhilferechtliche Existenzminimum und durch die Verknüpfung von Freibeträgen und Kindergeld (aber nicht umgekehrt) einer willkürlichen Entwicklung Grenzen gesetzt. Wie Tabelle VII.8 erkennen lässt, ist seit 1996 das Kindergeld für das erste und zweite Kind zweimal angehoben worden; die Erhöhung um insgesamt 70 DM oder 35 % liegt deutlich oberhalb der allgemeinen Einkommens- und Preisentwicklung in diesem Zeitraum. Im internationalen Vergleich liegt Deutschland mit seinen familienpolitischen *Geld*leistungen ganz vorne.

6.1.3 Steuerliche Berücksichtigung von Kinderbetreuungskosten und von haushaltsnahen Dienstleistungen

Ergänzend zum Kindergeld bzw. zu den steuerlichen Kinderfreibeträgen können Eltern Betreuungs- und Dienstleistungskosten steuerlich geltend machen:

- Berufstätige Alleinerziehende und Paare, bei denen beide Teile berufstätig sind, können für jedes Kind (bis zu 14 Jahren) zwei Drittel der Kinderbetreuungskosten bis maximal 4.000 € im Jahr als Werbungskosten bzw. Betriebsausgaben absetzen. Dabei ist es gleichgültig, wie das Kind betreut wird, ob im Kindergarten, bei Tagesmüttern oder ob eine Betreuungsperson ins Haus kommt.
- Auch Paare, bei denen nur ein Elternteil erwerbstätig ist (Hausfrauenehen), können Betreuungskosten bis zu 4.000 € im Jahr als Sonderausgaben absetzen; dies gilt jedoch nur für Kinder in der Altersspanne zwischen 3 und 6 Jahren.
- Zusätzlich zu den o.g. absetzbaren Kinderbetreuungskosten kann die Steuer für Dienstleistungen im eigenen Haushalt („haushaltsnahe Dienstleistungen") – so für Haushalts- und Putzhilfen – um 20 % der Kosten, höchstens um 600 € ermäßigt werden.

Diese steuerlichen Entlastungen begünstigen allerdings nur jene Eltern, die überhaupt Steuern zahlen. Auch traditionelle Alleinverdiener- bzw. Hausfrauenehen erhalten eine Entlastung, obgleich die Kinderbetreuungskosten nicht erwerbsbedingt sind, d.h. sie werden auch dann anerkannt, wenn ein Elternteil (die Mutter) keine beruflichen Verpflichtungen hat und häuslich anwesend ist. Diese Kinderbetreuungskosten werden dabei gerade in jenen Hausfrauenehen anfallen und bezahlt werden können, in denen das Einkommen des allverdienenden Mannes sehr hoch ist. Hingegen haben arbeitslose Eltern oder Eltern mit einem geringen Einkommen von diesen steuerlichen Entlastungen keinen Vorteil, da sie keine oder nur sehr niedrige Steuern zahlen – allerdings werden in diesen Fällen in der Regel auch keine Elternbeiträge bei der Betreuung des Kindes in einer Tagesstätte erhoben.

Ehepaare zahlen (2007) ab einem zu versteuernden Einkommen von 15.328 € Steuern; dies entspricht einem Bruttolohn von rund 21.500 € im Jahr (beide Teile berufstätig) bzw. von rund 20.400€ im Jahr (Alleinverdiener). Wenn also ein beiderseitig berufstätiges Ehepaar Kinderbetreuungskosten für ein Kind in Höhe von 1.200 € im Jahr hat (davon sind 2/3, also 800 € absetzbar), sind erst ab einem gemeinsamen Bruttoeinkommen von 22.300 € Steuern zu zahlen.

6.2 Erziehungsbezogene Leistungen: Erziehungsgeld/Elterngeld sowie Kindererziehungszeiten in der Rentenversicherung

Wie oben beschrieben, verschlechtert sich die Einkommenslage von Familien vor allem dann, wenn ein Elternteil, in der Regel die Mutter, nach der Geburt des Kindes ihre Erwerbstätigkeit unterbricht oder reduziert. Dieses Risiko des Einkommensausfalls wegen erziehungsbedingter Erwerbsunterbrechung ist im deutschen System der sozialen Sicherung nicht als Standardrisiko des Erwerbslebens anerkannt. Gleichwohl wäre es sehr wohl vorstellbar, in diesen Fällen versicherungsförmige Lohnersatzleistungen zu zahlen – ähnlich wie bei arbeitslosigkeits- oder krankheitsbedingter Erwerbsunterbrechung. Die in skandinavischen Ländern eingeführte Elternschaftsversicherung geht diesen Weg.

In Deutschland hingegen zielte bisher die Zahlung von Erziehungsgeld in die Richtung einer Honorierung von Erziehungsarbeit. Von einer Einkommensersatzleistung konnte nicht geredet werden, weil das Erziehungsgeld nicht an vorangegangene Erwerbstätigkeit anknüpfte und in der Höhe pauschaliert war. Eine ähnliche Zielsetzung haben die Zahlung von Pflegegeld und die rentenversicherungsrechtliche Anrechnung von Pflegezeiten, hier wird Pflegearbeit honoriert (vgl. Kap. „Gesundheit und Gesundheitssystem“, Pkt. 7.2.1).

Durch die Umgestaltung des Erziehungsgeldes in ein *Elterngeld*, das die Leistungshöhe an das vormalige Erwerbseinkommen koppelt und damit einen Lohnersatzcharakter hat, ist jedoch ab 2007 ein Richtungswechsel in diesem Bereich der Familienpolitik eingeleitet worden.

6.2.1 Das vormalige Erziehungsgeld und das neue Elterngeld

Erziehungsgeld

Alle nicht oder nur teilzeitig (bis zu 19 Stunden) erwerbstätigen Mütter oder Väter konnten seit 1986 ein Erziehungsgeld beantragen. Es betrug bis zu 300 € im Monat und konnte für längstens 24 Monate nach der Geburt eines jeden Kindes bezogen werden. Alternativ konnte von einem Budgetmodell Gebrauch gemacht werden, das ein Erziehungsgeld bis zu 450 € für das erste Lebensjahr des Kindes vorsah. Die den erwerbstätigen Eltern zustehende Elternzeit, zuvor als Erziehungsurlaub bezeichnet, erstreckt sich hingegen über maximal 36 Monate (vgl. Pkt. 7.5.2 dieses Kapitels).

Das Erziehungsgeld war eine einkommensgeprüfte Leistung nach Maßgabe des Familiennettoeinkommens. Wurden die Einkommensgrenzen überschritten, verminderte sich das Erziehungsgeld schrittweise. Einkommensabhängige Sozialleistungen (wie Grundsicherung/Sozialhilfe, Wohngeld, Ausbildungsförderung) wurden nicht angerechnet. Der Bezug von Erziehungsgeld wurde wiederum auch bei der Grundsicherung/Sozialhilfe nicht angerechnet; in Durchbrechung des Nachrangprinzips stockte das Erziehungsgeld die Hilfe zum Lebensunterhalt bzw. die Regelleistungen nach dem Arbeitslosengeld II auf (vgl. Bd I, Kap. „Einkommen", Pkt. 7.1). In der Praxis wirkte damit das Erziehungsgeld wie eine zeitlich begrenzte und einkommensabhängige Erhöhung des Kindergeldes – ausgeschlossen waren allerdings jene Eltern, die schon bald nach der Geburt des Kindes vollzeitig weiterarbeiten wollten oder mussten (was gerade bei vielen Alleinerziehenden der Fall war). Das Erziehungsgeld wurde aus allgemeinen Steuermitteln des Bundes finanziert. 2005 beliefen sich die Aufwendungen auf 3,6 Mrd. €.

Elterngeld

Das *Elterngeld* kann von allen Eltern beantragt werden, deren Kinder ab dem 01.01.2007 geboren sind. Auch die Ehe- bzw. LebenspartnerInnen, die das Kind betreuen – auch wenn es nicht ihr eigenes ist –, können Elterngeld erhalten. Es ersetzt 67 % des vorherigen Nettoeinkommens bis zu einer Obergrenze von maximal 1.800 €. Elterngeld wird auch für die Zeit gezahlt, in der ein Elternteil die Erwerbstätigkeit nicht unterbricht, aber nicht mehr als 30 Stunden pro Woche arbeitet. Wer mehr als 30 Stunden in der Woche arbeitet, gilt als erwerbstätig und hat keinen Anspruch. Maßstab für die Höhe des Elterngeldes bei Stundenreduzierung ist ebenfalls der tatsächliche Einkommensausfall. Ist das Nettoeinkommen geringer als 1.000 € im Monat, erhalten Eltern ein erhöhtes Elterngeld. Für je 20 €, um die das Einkommen die Grenze von 1.000 € unterschreitet, erhöht sich die Einkommensersatzrate um jeweils einen Prozentpunkt bis maximal auf 100 %.

Auch vor der Geburt der Kinder nichterwerbstätige Mütter oder Väter haben Anspruch auf Elterngeld. Unabhängig von der Höhe des Haushaltseinkommens wird in diesem Fall ein *Mindestelterngeld* von 300 € im Monat gezahlt. Das Elterngeld, bis auf den Mindestbetrag, wird auf das Arbcitslosengeld und das Arbeitslosengeld II angerechnet.

Die Bezugsdauer des Elterngeldes für ein Elternteil beträgt 12 Monate. Anspruch auf bis zu zwei weitere Monatsbeträge haben Eltern, wenn beide vom Anspruch des Elterngeldes Gebrauch machen (Partnerbonus). Die Eltern können die Anzahl der Monatsbeträge bis auf die Partnermonate frei untereinander aufteilen. Das Elterngeld kann bei gleichem Budget bis auf die doppelte Anzahl der Monate gedehnt werden. Lebensmonate des Kindes, in denen die Mutter Mutterschaftsgeld der Gesetzlichen Krankenversicherung bezieht, gelten als Monate, für die die Mutter Elterngeld bezieht. Bei Alleinerziehenden besteht Anspruch auf 14 Monate Elterngeld.

Familien mit mehr als einem Kind können einen Geschwisterbonus erhalten: Das Elterngeld wird um 10 %, mindestens aber um 75 € im Monat erhöht. Auch der Mindestbetrag erhöht sich um 75 € auf 375 €. Geleistet wird – bei zwei Kindern – bis das älteste Geschwisterkind drei Jahre als ist. Bei drei und mehr Kindern genügt es, wenn mindestens zwei Geschwisterkinder das sechste Lebensjahr noch nicht vollendet haben.

BezieherInnen von Elterngeld bleiben in der Gesetzlichen Kranken- und Pflegeversicherung versichert, wenn sie vorher Pflichtmitglieder waren. Das Elterngeld ist nicht beitragspflichtig. Das Elterngeld wird vom Bund aus allgemeinen Steuermitteln finanziert. Die Bundesregierung rechnet mit Ausgaben von etwa 4 Mrd. €, wenn die Neuregelung voll wirksam wird. Zuständig für die Auszahlung des Elterngeldes sind die Länder. Sie haben die Elterngeldstellen unterschiedlich organisiert und z.T. anderen Ämtern zugeordnet, beispielsweise den Versorgungsämtern (in Nordrhein-Westfalen und Hessen) oder den Jugendämtern (in Rheinland-Pfalz).

Ziel der Neuregelung ist es, durch die Anknüpfung an das individuelle Erwerbseinkommen die wirtschaftliche Selbstständigkeit innerhalb der Partnerschaft zu sichern und die partnerschaftliche Teilhabe auch von Vätern an der Betreuungs- und Erziehungsarbeit zu fördern. Denn durch die einkommensabhängige Leistung können auch Väter, die in der Regel das höhere Einkommen in der Familie haben, ihre Erwerbsarbeit unterbrechen, ohne wie zuvor einen tiefen Einkommenseinschnitt befürchten zu müssen. Zudem besteht die Erwartung, dass durch die Einkommensabhängigkeit der Leistung die mit der Entscheidung für ein Kind verbundenen Opportunitätskosten sinken (vgl. Pkt. 4.3 dieses Kapitels) und die Geburtenziffer bei höher Qualifizierten und besser Verdienenden steigt.

Den Leistungsverbesserungen stehen aber auch Verschlechterungen gegenüber: Arbeitslose, Studierende und andere Nicht-Erwerbstätige erhalten den Mindestbetrag von 300 € nur noch für maximal 14 Monate; das vormalige Erziehungsgeld in Höhe von 300 € wurde hingegen für 24 Monate gezahlt.

6.2.2 Anrechnung von Kindererziehungszeiten in der Rentenversicherung

Die strikte Erwerbsorientierung der Rentenversicherung wird durch die Anerkennung von Kindererziehungszeiten durchbrochen. Mütter – ggf. auch Väter – werden wegen der Kindererziehung in der Rentenversicherung versicherungspflichtig. Je Kind werden drei Kindererziehungsjahre – bewertet mit 100 % des Durchschnittsverdienstes aller Versicherten – angerechnet. Für Geburten vor 1992 begrenzt sich die Anrechnung auf ein Jahr je Kind. Kindererziehungszeiten fließen außerdem in die „Berücksichtigungszeiten" ein (vgl. zu diesen Regelungen im Einzelnen Kap. „Alter", Pkt. 6.5.2.1).

Kindererziehungszeiten gelten als Pflichtbeitragszeiten und wirken damit rentenbegründend und rentensteigernd. Allerdings bleibt die Höhe der allein aus Kindererziehungszeiten erworbenen Rentenansprüche mit 26,13 € (alte Bundesländer für das Jahr 2005/2006) bzw. 22,97 € (neue Bundesländer) je Kind und Jahr vergleichsweise gering. Kindererziehungszeiten werden additiv angerechnet: Frauen, die in den ersten drei Lebensjahren ihres Kindes versicherungspflichtig gearbeitet und Beiträge entrichtet haben, erhalten die Leistungen zusätzlich.

6.3 Ausbildungsfinanzierung und Ausbildungsförderung

Für Eltern bzw. für SchülerInnen und Studierende treten gesteigerte finanzielle Belastungen auf, wenn weiterführende Bildungseinrichtungen besucht werden. Wenn es aber gesellschaftspolitisches Ziel ist, es jedem Kind zu ermöglichen, unabhängig von der eigenen und der finanziellen Lage des Elternhauses und entsprechend seiner Neigung, Eignung und Leistung eine qualifizierte Ausbildung aufzunehmen und erfolgreich zu beenden, bedarf es spezifischer Transfers, die über den allgemeinen Familienleistungsausgleich hinausreichen und zur Abdeckung des Lebensunterhalts (u.a. Verpflegung, Unterkunft) sowie der Ausbildungskosten (Lehr- und Lernmaterial) dienen.

Das Ziel von Chancengleichheit und Förderung einer möglichst umfassenden Bildung und Ausbildung der gesamten Bevölkerung setzt aber nicht nur eine individuelle Ausbildungsförderung voraus, sondern auch eine institutionelle Ausbildungsfinanzierung. In Deutschland werden weiterführende Schulen sowie Hochschulen durch den Staat (von den Bundesländern) bereitgestellt und finanziert. Der Besuch von Schulen erfolgt (weitgehend) ohne Eigenfinanzierung, denn die Erhebung von Schulgebühren würde die Nachfrage nach einer weiterführenden Bildung beschränken und zugleich einen sozialen Selektionseffekt auslösen. Dieses Argument für eine kostenfreie weiterführende Bildung gilt jedoch für die Hochschulausbildung nicht mehr. Im Verlauf der letzten Jahre sind in mehreren Bundesländern *Studienbeiträge* eingeführt worden (so in NRW in Höhe von maximal 500 € je Semester), wobei es die Möglichkeit gibt, verzinsliche Darlehen aufzunehmen, um die Finanzierung bestreiten zu können.

Mit dem Bundesausbildungsförderungsgesetz (BAföG) von 1971 sollte das Ziel verfolgt werden, allen SchülerInnen und Studierende einen Anspruch auf *individuelle* Ausbildungsförderung zu geben, wenn die für den Lebensunterhalt und die Ausbildung erforderlichen Mittel anderweitig nicht zur Verfügung stehen. Ausbildungsförderung nach diesem Gesetz ist ein bedarfsorientierter und einkommensabhängiger Transfer (familienabhängige Förderung), der nicht nur den Bezug von Sozialhilfe vermeiden, sondern darüber hinausgehend auch Kindern, deren Eltern im mittleren Einkommensbereich liegen, einen Förderungsanspruch einräumen soll. Für SchülerInnen und Studierende ist der Bezug von Grundsicherung/Sozialhilfe und von Wohngeld sogar ausdrücklich ausgeschlossen.

Die Ausbildungsförderung nach dem BAföG bezieht sich nicht auf die Förderung der beruflichen Ausbildung (mit Ausnahme der Ausbildung von Fachkräften zu Meistern = Meister-BAföG), denn die Förderung der betrieblichen und überbetrieblichen Berufsausbildung sowie die Teilnahme an berufsvorbereitenden Maßnahmen richtet sich nach dem Recht der Arbeitsförderung (vgl. Bd. I., Kap. „Arbeit und Arbeitsmarkt“, Pkt. 4.5).

Die Leistungsvergabe nach dem BAföG erfolgt im Grundsatz beim Besuch aller beruflichen Vollzeitschulen, Schulen des zweiten Bildungsweges sowie von Hochschulen. Der Besuch weiterführender allgemeinbildender Schulen ist nur dann förderungsfähig, wenn die SchülerInnen nicht bei ihren Eltern wohnen und die Ausbildungsstätte nicht zumutbar täglich vom Elternhaus erreichbar ist. Gefördert wird bis zur Förderungshöchstdauer. Die Auszubildenden dürfen bei Beginn ihrer Ausbildung grundsätzlich nicht älter als 30 Jahre sein.

Die Höhe des Förderungsbetrages soll dem Anspruch nach den Bedarf voll abdecken. Je nach Art der besuchten Bildungseinrichtung und der elternabhängigen bzw. -unabhängigen Unterkunft werden pauschalierte Förderungssätze berechnet.
Seit 2005 gelten für den Hochschulbesuch folgende monatliche Bedarfssätze:

- Wohnung bei den Eltern: 377 €
- auswärtige Unterkunft: 466 €

Bei besonders hohen Mietkosten einer auswärtigen Unterkunft kann der Bedarfssatz aufgestockt werden (Mietzuschuss). Zusätzlich wird ein Zuschuss zur Kranken- und Pflegeversicherung der Studierenden geleistet. Der maximale monatliche Förderbetrag für auswärtig wohnende Studierende beträgt damit (seit 2005) 512 €.

Auf den Bedarf werden Einkommen und Vermögen der Auszubildenden, ihrer Ehepartner und ihrer Eltern in dieser Reihenfolge angerechnet. Eine eltern*un*abhängige Förderung erfolgt nur unter bestimmten Voraussetzungen, z. B. nach Absolvierung einer dreijährigen berufsqualifizierenden Ausbildung und einer anschließenden Erwerbstätigkeit von drei Jahren. Diese Einkommens- bzw. Familienabhängigkeit der Ausbildungsförderung führt zu einem System, dessen Leistungen bis zur Freibetragsgrenze in voller Höhe gezahlt werden (Vollförderung), sich dann verringern (nur noch Teilförderung) und oberhalb gewisser Grenzen ganz auslaufen. Die anrechnungsfreien Beträge des Elterneinkommens werden danach ausgelegt, dass zunächst der Mindestbedarf der Eltern selbst und der von ihnen Abhängigen gesichert bleibt. Übersteigt das Einkommen diese Freibeträge, wird der übersteigende Einkommensteil nicht vollständig, sondern prozentual in Anrechnung gebracht. Anrechnungsfrei bleiben 50 % zuzüglich 5 % für jedes Kind.
Die absoluten Freibeträge betragen (seit 2005) u. a.

- Grundfreibetrag Elterneinkommen: 1.440 €,
- Freibetrag für Antragsteller und weitere Kinder in Ausbildung: 102 €,
- Freibetrag für Kinder unter 15 Jahren: 435 €.

SchülerInnen und Studierende gelten als vollgefördert, wenn die Förderung den errechneten Gesamtbedarf in voller Höhe abdeckt. Als teilgefördert gelten diejenigen, deren Bedarf gemindert wurde, weil eigenes Einkommen, Vermögen oder das Einkommen von Eltern oder Ehegatten angerechnet wird. Zur Ermittlung des Förderungsbetrages wird vom Gesamtbedarf das anzurechnende Einkommen abgezogen.

Der Unterhaltsbetrag, den die Eltern leisten müssen, wird vorausgeleistet, wenn die Eltern nicht zahlen. Der Unterhaltsanspruch in der Höhe der Vorauszahlungsbeträge geht damit auf die Ämter für Ausbildungsförderung über, die diesen gegenüber den unterhaltspflichtigen Eltern (notfalls gerichtlich) geltend machen.

Die Studierendenförderung erfolgt zur Hälfte auf der Basis zinsloser Darlehen, zur anderen Hälfte als Zuschuss. Bezugsberechtigt sind die Auszubildenden selber. Das Darlehen ist nach Freijahren ratierlich rückzahlbar, wenn das Einkommen eine Mindesthöhe übersteigt. Gute und frühzeitige Examen sowie Kindererziehung können die Darlehenssumme mindern. Übersteigt die Förderung die Regelstudienzeit, so erfolgt eine Verzinsung der auf diese Zeit bezogenen Darlehenssumme.

Die Finanzierung der Ausbildungsförderung wird zu 65 % vom Bund und zu 35 % von den Ländern getragen. Die Durchführung der Leistungen erfolgt über die Ämter für Ausbildungsförderung bzw. über die Studentenwerke.

Eine dynamisierte Anpassung von Förderungssätzen und Freibeträgen an die Preis- und Einkommensentwicklung ist nicht vorgesehen, aber deren Überprüfung im zweijährigen Turnus. Die in den letzten Jahren erfolgten Anpassungen haben allerdings die wirtschaftliche Entwicklung nur teilweise aufgefangen. Dieser Anpassungsrückstand wirkt sich in zweifacher Hinsicht aus: Zum einen deckt der Bedarfssatz nicht die tatsächlichen Kosten einer Ausbildung, und zum anderen erhalten immer weniger Studierende die Förderung, da das Elterneinkommen zu immer größeren Teilen angerechnet wird. Von einer bedarfsdeckenden Förderung, die eine von finanziellen Problemen unbehinderte Ausbildung ermöglicht, kann also nicht gesprochen werden.

Tabelle VII.10:

Nach BAföG geförderte Studierende 1975 - 2005

	1975[1)]	1985[1)]	1995	2000	2005
Geförderte (in Tsd.)	334	291	311	232	345
Gefördertenquote in % der Gesamtzahl der Studierenden	42,0	23,1	25,2	15,1	17,1
Gefördertenquote in % der Anspruchsberechtigten	x	x	26,9	21,4	25,1

1) Nur alte Bundesländer

Quelle: 17. Bericht nach § 35 des Bundesausbildungsförderungsgesetzes, Bundestagsdrucksache 16/4123.- Berechnungen nach Bundesminister für Bildung und Wissenschaft, Grund- und Strukturdaten, Bonn, mehrere Jahrgänge.

Entweder sind die Eltern veranlasst, trotz ihres geringen Einkommens zusätzliche Unterstützung zu leisten, oder die Studierenden sind gezwungen, die Finanzierung ihrer Ausbildung durch Erwerbstätigkeit zu sichern. Zahl und Anteil erwerbstätiger Studierender auch während des Semesters sind in den letzten Jahren kontinuierlich gestiegen. Ein Großteil der geringfügig Beschäftigten setzt sich aus SchülerInnen und Studierenden zusammen (vgl. Kap. „Arbeit und Arbeitsmarkt", Pkt. 3.2.3). Ein zügiger Studienabschluss wird dadurch erschwert; die verlängerten Studienzeiten und die hohen Abbrecherquoten haben einen wesentlichen Grund in der unzureichenden Ausbildungsförderung.

Seit Mitte der 1970er Jahre ist die Gefördertenquote unter den Studierenden an deutschen Hochschulen stetig zurückgegangen. Erhielten 1975 noch 42 % aller Studierenden eine Unterstützung nach dem BAföG, traf das 2005 lediglich auf 17,1 % zu (vgl. Tabelle VII.10). In den neuen Bundesländern liegen die Gefördertenquoten mit etwa einem Drittel jedoch deutlich höher. Der Unterschied zwischen den alten und neuen Ländern ist eine Folge der nach wie vor unterschiedlichen Einkommenssituation.

Der Rückgang der Förderquote lässt sich darauf zurückführen, dass

- die Bedarfssätze und Freibeträge nur in unzureichendem Maße an die allgemeine Preis- und Einkommensentwicklung angepasst wurden und
- der Kreis der prinzipiell Anspruchsberechtigten begrenzt worden ist und (2005) nur noch bei 71,3 % aller Studierenden liegt.

Eine weitere Ursache für den Rückgang der Gefördertenquote liegt darin, dass die Förderungshöchstdauer immer weniger der tatsächlichen Studiendauer entspricht. Der Rückgang der Förderungsquote dürfte schließlich auch aus dem Abschreckungseffekt resultieren, der mit der (hälftigen) Darlehensfinanzierung verbunden ist. Es ist zu befürchten, dass dadurch gerade Studierende aus eher bildungsfernen Schichten mit niedrigen Einkommen davon abgehalten werden, ein Studium aufzunehmen. Dieser Effekt wird durch die Studienbeiträge noch verschärft.

Neben der an die Studierenden ausgezahlten Ausbildungsförderung erhalten auch die Eltern Transferleistungen. Sofern die studierenden Kinder das 25. Lebensjahr noch nicht vollendet haben, wird Kindergeld gezahlt oder können alternativ dazu die steuerlichen Kinderfreibeträge geltend gemacht werden. Zusätzlich können die Eltern steuerliche Ausbildungsfreibeträge für ihre Kinder in Ausbildung (Berufsausbildung, Schule, Hochschule) in Anspruch nehmen (sofern auswärtig untergebracht) in Höhe von 924 € jährlich.

6.4 Ehebezogene Leistungen

6.4.1 Abgeleitete soziale Sicherung des Ehepartners in der Sozialversicherung

Wie eingangs skizziert, können heute Familie und Ehe nicht mehr gleichgesetzt werden. Tatsächlich geht die Sozial- und Familienpolitik bei einer Reihe von Leistungen aber immer noch von dieser Gleichsetzung aus. Insbesondere die Sozialversicherung baut in ihren Grundstrukturen auf dem traditionellen, durch die Hausfrauenehe bestimmten Familienmodell auf und regelt die soziale Sicherung der Ehefrau als eine vom Mann abgeleitete Sicherung. Die wichtigsten Regelungen von abgeleiteten Sozialversicherungsansprüchen finden sich im Bereich der Rentenversicherung (Witwenrente) und der Krankenversicherung (beitragsfreie Mitversicherung der Frau im Rahmen der Familienhilfe).

Witwenrente/Witwerrente

Stirbt der Mann und hat die Witwe ein bestimmtes Alter erreicht, so zahlt die Rentenversicherung der Witwe eine Hinterbliebenenrente als Unterhaltsersatzleistung in Höhe von 55 % der gesamten Rentenanwartschaften des Ehemannes – unabhängig von der Dauer der Ehe. Seit 1986 steht dieser Anspruch auf eine Hinterbliebenenrente grundsätzlich auch dem Witwer zu. Auf die Hinterbliebenenrente werden eigenes Erwerbs- und Erwerbsersatzeinkommen oberhalb eines Freibetrages zu 40 % angerechnet (vgl. im Einzelnen Kap. „Alter“, Pkt. 6.9).

Familienhilfe in der Krankenversicherung

Nicht erwerbstätige (oder nur geringfügig beschäftigte) Ehefrauen sind in der Gesetzlichen Krankenversicherung und Pflegeversicherung ihres Mannes kostenfrei mitversichert und erhalten im Rahmen der Familienhilfe außer dem Krankengeld alle Leistungen.

Witwenrente und kostenfreie Mitversicherung der nicht erwerbstätigen Ehefrauen in der Krankenversicherung sind hinsichtlich ihrer finanziellen Dimensionen (vgl. Pkt. 6.6 dieses Kapitels) wesentliche Elemente der Familienpolitik. In dem Maße allerdings, in dem die Zahl der Alleinerziehenden steigt, ein wachsender Teil verheirateter Frauen kinderlos bleibt und sich auch für die verheirateten Mütter die Phase der Kindererziehung verkürzt, stellt sich die Frage nach der Sinnhaftigkeit einer rein eheorientierten und nicht kinderorientierten Förderung. Die Ausgaben für die Witwenrente und für die Familienhilfe in der Krankenversicherung werden weit überwiegend durch die Beitragszahlungen der Erwerbstätigen finanziert, nicht zuletzt durch die Zahlungen erwerbstätiger Frauen und Mütter. Wenn sich ein Paar entscheidet, dass ein Partner – in der Regel die Frau – nicht erwerbstätig ist, so ist schwerlich zu begründen, warum die Kosten der abgeleiteten sozialen Sicherung der Ehefrau auch dann von allen Beitragszahlern übernommen werden müssen, wenn keine Kinder (mehr) zu versorgen sind, während eine alleinstehende erwerbstätige Mutter von ihrem Arbeitseinkommen Sozialversicherungsbeiträge bezahlen muss und im Alter mit einer Rente auskommen muss, die u.U. niedriger liegt als die aus dem hohen Einkommen eines Mannes abgeleitete Witwenrente. Reformdebatten in der Rentenversicherung zielen insofern auf die Frage nach einer Einschränkung abgeleiteter und einem Ausbau eigenständiger Sicherungsansprüche von Frauen (vgl. Kap. „Alter“, Pkt. 11.3.3).

6.4.2 Ehegattensplitting im Steuerrecht

Die Probleme einer eheorientierten Familienförderung zeigen sich am deutlichsten im Steuerrecht: Bei der Besteuerung werden die Ehepartner nicht individuell, sondern gemeinsam veranlagt. Jeder Partner wird so behandelt, als habe er vom Gesamteinkommen genau die Hälfte verdient. Das so gesplittete Einkommen wird jeweils nach dem Steuersatz für Ledige versteuert; der Steuerbetrag wird dann verdoppelt, so dass sich die Gesamtsteuerschuld ergibt. Progressionsbedingt (aber auch als Folge des doppelt berechneten Grundfreibetrages) ergeben sich dadurch erhebliche finanzielle Vorteile, denn die Steuerschuld von zwei halben Einkommen ist geringer als die eines Gesamteinkommens in der gleichen Höhe. Die Vorteile werden dabei umso größer,

- je größer der Unterschied zwischen den Einkommen der beiden Ehepartner ist. Besonders günstig wirkt es sich aus, wenn die Ehefrau überhaupt nicht arbeitet und kein eigenes Einkommen bezieht, während sich die Vorteile umso mehr begrenzen, je mehr die Frau verdient.
- je höher das Einkommen des Alleinverdieners ist. Bei einem zu versteuernden Jahreseinkommen ab 104.304 €, wenn durch das Splitting der Spitzensteuersatz erreicht ist, summieren sich die Entlastungen auf immerhin 7.914 € im Jahr (Daten für 2005).

Da die Entlastung allein am juristischen Tatbestand „Ehe“ anknüpft, tritt sie auch dann ein, wenn keine Kinder zu versorgen sind oder die Kinder bereits das Haus verlassen haben. Ziel des Splitting ist es, das Einkommen von Ehepaaren gleich zu besteuern – unabhängig von der Verteilung der Einkommen auf die Partner. Alle Ehepaare mit gleichen Einkommen unterliegen der gleichen steuerlichen Belastung.

Ausgeschlossen vom Splittingvorteil werden demgegenüber alleinstehende Mütter sowie alle Familien mit Niedrigeinkommen, die keine oder nur sehr wenig Steuern bezahlen müssen und insofern nicht von Steuerentlastungen profitieren können. Wie oben gesehen, liegen aber gerade in der Familiengründungsphase die Erwerbseinkommen sowie die pro-Kopf-Haushaltseinkommen besonders niedrig.

Das Splitting hat neben seiner problematischen Verteilungswirkung auch negative Rückwirkungen auf den Arbeitsanreiz von verheirateten Frauen: Nehmen sie eine Erwerbstätigkeit auf, erhalten sie – durch die Kombination der Steuerklassen III (Mann) und V (Frau) – ein sehr geringes, durch hohe Abzüge belastetes Nettoeinkommen. So entstehen Anreize, nicht zu arbeiten oder die Erwerbstätigkeit auf einen Mini-Job zu begrenzen. Ein Beispiel: Von einem Bruttoeinkommen von 1.000 € bleiben nach Abzug von Steuern (Steuerklasse V) und Sozialversicherungsbeiträgen noch etwa 590 € übrig. Das Nettoeinkommen liegt also nur um 190 € höher als bei einem Mini-Job, bei dem das Einkommen von 400 € weder durch Steuer- noch durch Beitragsabzüge vermindert wird.

6.5 Soziale Sicherung Alleinerziehender

Unterhaltsvorschuss

Dem oben dargestellten Problem, dass Kindesunterhalt häufig nicht, nicht ausreichend oder nicht regelmäßig gezahlt wird, wird – teilweise – durch öffentliche Unterhaltsvorschussleistungen begegnet. Unterhaltsvorschuss nach dem Unterhaltsvorschussgesetz (eingeführt 1980) steht Kindern unter 12 Jahren zu, die mit ihrem alleinstehenden Elternteil zusammenleben und die nicht Unterhalt mindestens in Höhe des Regelbedarfs erhalten. Die Höhe des Unterhaltsvorschusses entspricht dem Regelbedarf für nicht-eheliche Kinder (vgl. Tabelle VII.7) abzüglich der Hälfte des Erstkindergeldes und wird bis zu 72 Monate geleistet. Die Leistungen werden als vorrangige Leistungen auf die Grundsicherung/Sozialhilfe angerechnet. Bei der Gestaltung der Unterhaltsvorschussleistungen hat der Gesetzgeber dabei eindeutig zum Ausdruck gebracht, dass die Leistung nicht als Unterhaltsausfallgarantie für Kinder bis zu deren wirtschaftlicher Selbstständigkeit konzipiert ist, sondern lediglich in besonders schwierigen Lebens- und Erziehungssituationen helfen will. Aus diesem Grunde beschränkt sich die Leistungsdauer auch nur auf einen bestimmten Zeitraum, nämlich bis zur Vollendung des 12. Lebensjahres.

Der Unterhaltsvorschuss beträgt seit 2005

- für Kinder unter 6 Jahren: 127 € (alte Bundesländer) bzw. 111 € (neue Bundesländer),
- für Kinder zwischen 7 und 11 Jahren 170 € (alte Bundesländer) bzw. 151 € (neue Bundesländer).

Die Zahl der Kinder, die Unterhaltsvorschuss beziehen, ist in den letzten Jahren kontinuierlich angestiegen. Im Jahre 2004 waren es rund 480.000, darunter zu einem hohen Anteil nicht-eheliche Kinder. Die Finanzierung erfolgt zu zwei Dritteln durch Länder und Gemeinden und zu einem Drittel durch den Bund. Die Gesamtausgaben beliefen sich 2004 auf rund 800 Mio. €.

Das Unterhaltsvorschussgesetz wird im Auftrag des Bundes von den Ländern ausgeführt, sie haben die Unterhaltsvorschusskassen den kommunalen Jugendämtern zugeordnet. Der Anspruch auf Unterhalt gegenüber dem nicht zahlungswilligen Unterhaltspflichtigen geht auf das Land über. Gelingt der Rückgriff, ist es durch die Klärung der Rechtslage leichter, auch dann regelmäßig Unterhalt vom Zahlungspflichtigen zu bekommen, wenn der Staat nicht mehr eintritt. Tatsächlich treiben die Länder jedoch nur einen kleinen Teil der Leistungen von den Unterhaltspflichtigen ein, sei es weil die Unterhaltspflichtigen zahlungsunfähig sind oder weil sie sich der Zahlungspflicht entziehen oder weil die beauftragten Jugendämter wenig energisch auftreten. Schätzungen gehen von einer Rückholquote der Leistungen durch die Jugendämter von lediglich 10 bis 15 % aus.

Leistungen nach dem SGB II (Arbeitslosengeld II und Sozialgeld)

Alleinerziehende Mütter wie auch Väter mit ihren Kindern können, Bedürftigkeit vorausgesetzt, Leistungen nach dem SGB II erhalten (Arbeitslosengeld II für den Elternteil und Sozialgeld für die Kinder). Erwerbs*fähigkeit* muss gegebenen sein, Erwerbs*tätigkeit* wird aber bis zum 3. Lebensjahr des Kindes (bei einem Kind) nicht zugemutet (vgl. Bd I, Kap. „Einkommen", Pkt. 7.3.2).

Alleinerziehende mit einem Kind unter 7 Jahren bzw. mit zwei oder drei Kindern unter 16 Jahren erhalten einen Zuschlag von 36 % auf den Regelbedarf; bei vier oder mehr Kindern von 12 % des Regelbedarfs für jedes Kind, höchstens 60 %.

Von großer Bedeutung für Alleinerziehende mit jüngeren Kindern, insbesondere für ledige Mütter, war das Erziehungsgeld. Da das Erziehungsgeld nicht auf die Sozialhilfe angerechnet wurde, erzielten alleinerziehende Hilfeempfängerinnen in den ersten beiden Lebensjahren des Kindes ein vergleichsweise hohes Einkommensniveau (Regelsätze + Mehrbedarfszuschläge + Mietkosten + Erziehungsgeld). Mit der Vollendung des zweiten Lebensjahres erfolgte durch den Wegfall des Erziehungsgeldes jedoch ein drastischer Einschnitt im Einkommens- und Lebensstandard. Das neue Elterngeld, dessen Mindestbetrag ebenfalls anrechnungsfrei ist, wird hingegen nur noch für maximal 14 Monate gezahlt.

Stiftung Mutter und Kind

Nicht nur, aber insbesondere für Alleinerziehende, sind die Leistungen der Bundesstiftung „Mutter und Kind - Schutz des ungeborenen Lebens" gedacht. Vergeben werden einmalige finanzielle Hilfen für die Babyausstattung, Schwangerenbekleidung, Kinderbetreuung und kindgerechte Wohnungsausstattung. Es muss dabei eine Notlage erkennbar sein; die wirtschaftlichen Verhältnisse der Schwangeren sowie der mit ihr in Haushaltsgemeinschaft lebenden Personen werden überprüft. Auf die Hilfen besteht kein Rechtsanspruch.

6.6 Gesamtdimension der familienpolitischen Geldleistungen

Bei dem Versuch, das Gesamtspektrum der familienpolitischen Leistungen aufzulisten und deren finanzielle Volumina zu beziffern, ergeben sich Probleme. Denn das Leistungssystem ist zersplittert, unübersichtlich und in seinen Verteilungswirkungen kaum abschätzbar. Die Intransparenz kommt auch darin zum Ausdruck, dass die Datenlage unzureichend ist. So werden im Sozialbudget (vgl. Bd. I, Kap. „Finanzierung und ökonomische Grundlagen", Pkt. 2) viele Leistungen überhaupt nicht oder nicht gesondert ausgewiesen.

Im Sozialbudget machten im Jahre 2005 die dem Funktionsbereich „Ehe und Familie" zugeordneten Leistungen einschließlich der steuerlichen Entlastungen und der Leistungen der Kinder- und Jugendhilfe einen Betrag von 122 Mrd. € aus. Dies entspricht einem Anteil am gesamten Sozialbudget von 13,3 % und einem Anteil am Bruttoinlandsprodukt von 4,4 %. Nicht enthalten sind in diesen Beträgen die

Ausgaben für die Witwen/Witwerversorgung sowie für die rentenrechtliche Anerkennung von Kindererziehungszeiten, diese werden im Sozialbudget dem Funktionsbereich Alter zugeordnet.

Einen differenzierteren Überblick geben die in Tabelle VII.11 erfassten Leistungen, wobei offen bleibt, ob diese Leistungen in jedem Fall unter Familienpolitik zu subsumieren sind. Auch lässt sich argumentieren, dass einzelne steuerliche Entlastungen nicht als Transferleistungen interpretiert werden können, sondern als Ergebnis einer Besteuerung nach dem Prinzip der Leistungsfähigkeit zu verstehen sind.

Tabelle VII.11:

Ausgewählte familienpolitische Leistungen 2005

Familienpolitische Leistungen in Mio. €		
1.	*Direkte Transfers aus öffentlichen Haushalten, davon*	*31.215*
-	Ausbildungsförderung (ohne Darlehen)	1.502
-	Erziehungsgeld	2.900
-	Familienleistungen Grundsicherung/Sozialhilfe	4.485
-	Mehrbedarfszuschläge für Alleinerziehende bei der Grundsicherung	420
-	Beiträge des Bundes für Kindererziehungszeiten an die GRV	11.715
-	Kinderzuschlag	103
-	Familienzuschläge im öffentlichen Dienst	6.800
-	Kinderbezogene Differenzierung beim Wohngeld	450
-	Familienkomponente beim sozialen Wohnungsbau	1.790
-	Unterhaltsvorschuss	805
-	Erziehungsgeld der Länder	245
2.	*Steuerliche Förderung, davon*	*65.380*
-	Familienleistungsausgleich: Kindergeld/Kinderfreibeträge	36.169
-	Ausbildungsfreibetrag	540
-	Unterhaltsfreibetrag	120
-	Kinderbetreuungskosten	131
-	Entlastungsfreibetrag für Alleinerziehende	630
-	Freibetrag für Haushaltshilfen	300
-	Aufwendungen für haushaltsnahe Beschäftigungsverhältnisse	870
-	Kinderkomponenten bei der Eigenheimförderung	5.670
-	Kinderzulage beim Aufbau einer privaten Altersvorsorge	200
-	Ehegattensplitting	20.750

3.	*Leistungen im Rahmen der Sozialversicherung, davon*	*43.157*
-	Familienhilfe in der Kranken- und Pflegeversicherung	30.970
-	Sachleistungen der GKV bei Schwangerschaft	2.400
	Krankenhausbehandlung bei stationärer Entbindung	1.720
-	Beitragsausfälle durch Mutterschutz und Elternzeit	1.300
-	Waisenrenten in der Renten- und Unfallversicherung	1.135
-	Mutterschaftsgeld	590
-	Kinderkomponente beim Arbeitslosengeld	700
-	Berufsausbildungsbeihilfen	1.082
-	Krankengeld bei Erkrankung eines Kindes	110
-	Beitragserhöhung für Kinderlose in der Pflegeversicherung	350
-	Gesetzl. Unfallschutz für Kindergartenkinder, Schüler und Studenten	2.800
4.	*Leistungen der Kinder- und Jugendhilfe, davon*	*19.347*
-	Tageseinrichtungen für Kinder	12.227
-	Jugendsozialarbeit	920
-	Jugendhilfe	6.200
5.	*Nachrichtlich: Bildungswesen (2003)*	
-	Vorschulische Erziehung	5.100
	allgemeinbildende Schulen	45.400
-	berufliche Schulen	8.600
-	Hochschulen	12.000

Quelle: nach Rosenschon, A., Finanzpolitische Maßnahmen zugunsten von Familien – Eine Bestandsaufnahme für Deutschland, Institut für Weltwirtschaft, Kieler Arbeitspapier 1273/2006.- Bundesministerium für Bildung und Forschung, Grund- und Strukturdaten 2005, Berlin 2006.

Der Überblick macht erkenntlich, dass familienpolitische Transfers von verschiedenen Trägern und Institutionen, verschiedenen öffentlichen Haushalten (Bund, Länder, Gemeinden und Sozialversicherungshaushalte) sowie von unterschiedlichen Ressorts verwaltet und geleistet werden. Auch in ihrer Höhe und Berechnung unterscheiden sich die Leistungen zum Teil grundlegend: Sie werden direkt oder indirekt (steuerliche Förderung) gewährt, ihre Finanzierung erfolgt über Steuern oder Beiträge, es handelt sich um Pauschalzahlungen oder um einkommensabhängige Zahlungen, wobei die Einkommensabhängigkeit positiv ausgestaltet sein kann (mit steigendem Einkommen erhöhen sich die Leistungen) oder negativ (mit steigendem Einkommen verringern sich die Leistungen und laufen aus). Die Leistungshöhe schließlich kann nach Zahl und Alter der Kinder differieren.

Im Einzelnen lassen sich folgende Strukturen erkennen:

- Eine überragende Bedeutung in der Familienpolitik haben die steuerlichen Leistungen unter Einschluss von Kindergeld und Kinderfreibeträgen. Die Mindereinnahmen durch das Ehegattensplitting machen dabei mit 20,75 Mrd. € nahezu ein Drittel des Gesamtvolumens der steuerlichen Förderung aus und mehr als die Hälfte der Aufwendungen für Kindergeld und Kinderfreibeträge (36,2 Mrd. €).
- Im Bereich der Leistungen der Sozialversicherungen dominiert mit fast 31 Mrd. € die von der Solidargemeinschaft der Beitragszahler finanzierte Familienhilfe in der Kranken- und Pflegeversicherung, d.h. die beitragsfreie Mitversicherung von Kindern und nicht erwerbstätigen Ehepartnern.
- Die direkten familienbezogenen Transfers aus den öffentlichen Haushalten haben eine nachrangige Bedeutung, hier spielen die Beitragszahlungen des Bundes für die Kindererziehungszeiten in der Rentenversicherung die größte Rolle. Die Ausgaben für Erziehungsgeld und Ausbildungsförderung (ohne Darlehen) bleiben mit 2,9 Mrd. € und 1,5 Mrd. € eher gering.
- In die Betrachtung einbezogen werden müssen auch die Realtransfers, d.h. die Kosten für die Bereitstellung von Diensten und Einrichtungen im Bereich der Kinder- und Jugendhilfe. Die Ausgaben für Tageseinrichtungen für Kinder, finanziert überwiegend durch die Kommunen, beziffern sich auf 12,2 Mrd. € und liegen damit deutlich unterhalb der o.g. großen Posten im Bereich der steuerlichen Entlastungen.
- Da es fragwürdig ist, auch die Aufwendungen im Gesamtbereich des Bildungswesens unter „Familienpolitik“ zu fassen, sind hier bezifferten Ausgaben eher als ergänzende Information zu verstehen.

6.7 Reformperspektiven

Die Darstellung und Bewertung der familienpolitischen Leistungssysteme haben Probleme und Reformbedarfe in diesem Bereich der Sozialpolitik sichtbar gemacht. Die Debatte über neue Orientierungen in der Familienpolitik konzentriert sich dabei auf mehrere Punkte: Zum einen geht es um die Frage nach der Ausgestaltung und Bemessung von Kindergeld und Kinderfreibeträgen. Zum zweiten wird diskutiert, wie und mit welcher Zielrichtung Erziehungsarbeit anerkannt und honoriert werden soll, und zwar sowohl im Hinblick auf die materielle Unterstützung während der Erziehungszeit als auch hinsichtlich der sozialen Absicherung im Alter. Zum dritten gewinnt angesichts knapper öffentlicher Kassen das Problem der individuellen und institutionellen Ausbildungsfinanzierung an Bedeutung und Aufmerksamkeit. Zum vierten erweist sich die Frage nach einer besseren Systematik und verlässlicheren Finanzierung der Familienleistungen als Thema. Vor allem aber beherrscht das Problem einer besseren Vereinbarkeit von Beruf und Familie die Debatte (vgl. hierzu Pkt. 7 dieses Kapitels).

Bedarfsabhängige Kindergeldaufstockung

Bei der Ausgestaltung des Familienleistungsausgleichs im engeren Sinne muss zunächst die verfassungsrechtliche Vorgabe, das Kinderexistenzminimum steuerfrei zu stellen, berücksichtigt werden. Dabei besteht ein enger Zusammenhang zwischen der Sozialhilfebemessung und der steuerlichen Familienförderung. Höhere Regelsätze führen nicht nur zu Mehrausgaben in der Grundsicherung/Sozialhilfe, sondern durch die notwendige Anpassung von Grundfreibetrag und Kinderfreibetrag auch zu Steuermindereinnahmen in den öffentlichen Haushalten. Durch diese unmittelbare fiskalische Wirkung zählen Familienleistungsausgleich und Sozialhilfe zu einem zentralen Element der öffentlichen Steuer- und Finanzpolitik, was die Umsetzung von Reformen nicht einfacher macht.

Da Eltern mit niedrigem Einkommen das sozialkulturelle Existenzminimum ihrer Kinder einschließlich Betreuungs- und Erziehungsaufwand nicht aus eigener Kraft sicherstellen können und von daher im wachsenden Maße Grundsicherung in Anspruch nehmen müssen, wäre es notwendig, das Kindergeld so zu gestalten, dass es im unteren Einkommensbereich bedarfsdeckend ist und den Rückgriff auf Arbeitslosengeld II und Sozialgeld ersetzt. Das würde voraussetzen, das Kindergeld nicht mehr nur als Pauschalbetrag zu zahlen, sondern im unteren Einkommensbereich bis hin zur Übernahme des vollen Kinderexistenzminimums aufzustocken. Kindergeld und die Bedarfssätze für Kinder im SGB II bzw. SGB XII wären dann identisch, und mit steigendem Haushaltseinkommen würde das Kindergeld bis hin zum Sockelbetrag abgeschmolzen. Bei einer solchen degressiven Ausgestaltung des Kindergelds bleibt allerdings zu bedenken, dass die gleitende Absenkung der Zahlbeträge zu einer Kindergeldaufstockung bis hin in die stark besetzten mittlere Einkommensgruppen führt und damit sehr kostenaufwendig ist. Der *Kinderzuschlag* kann als ein Schritt in diese Richtung interpretiert werden.

Elterngeld: Einkommensersatz oder Alternative zur Erwerbsarbeit?

Kontrovers diskutiert wird die Weiterentwicklung jener familienpolitischen Leistungen, die auf einen Ausgleich der erziehungsbedingten Ausfälle bzw. Minderungen im laufenden Einkommen und bei der sozialen Sicherung abstellen. Strittig ist, in welche Richtung sich das Leistungssystem entwickeln soll:

- Auf der einen Seite wird gefordert, ein pauschales Erziehungsgehalt zu gewähren, es auf eine gehaltsähnliche Höhe (z.B. 700 € im Monat) aufzustocken, mit Rentenansprüchen zu versehen und für einen langen Zeitraum (bis zum 12. Lebensjahr des Kindes) zu zahlen. Ziel einer solchen Regelung soll es sein, Erziehungsarbeit mit Erwerbsarbeit gleichzustellen und es einem Elternteil zu ermöglichen, *statt* erwerbstätig zu sein, finanziell und sozial abgesichert Familien- und Erziehungsarbeit zu leisten. Dadurch soll zugleich der Arbeitsmarkt entlastet und die Nachfrage nach öffentlichen Kinderbetreuungseinrichtungen begrenzt werden.

- Dagegen wird gehalten, dass die mit diesem Konzept verbundene Alternative „entweder Erwerbstätigkeit oder Familientätigkeit" das traditionelle Familienbild zementiert und allein zu Lasten der Frauen geht. Da das Erziehungsgehalt immer deutlich niedriger als ein existenzsicherndes Arbeitseinkommen liegen wird (und selbst dann kaum zu finanzieren ist), werden es die Mütter und nicht die Väter sein, die auf die Familie verwiesen werden. Es käme zu einer dauerhaften Verdrängung der Mütter vom Arbeitsmarkt, da eine berufliche Wiedereingliederung nach einer derart langen Familientätigkeit schwer, wenn nicht unmöglich ist. Das wäre ein gleichstellungs- und arbeitsmarktpolitischer Rückschritt und angesichts der demografischen Herausforderungen ein falsches Signal (vgl. Bd. I, Kap. „Sozialpolitik im ökonomischen Prozess", Pkt. 5.3.1).
- Vorstellungen, die Berufstätigkeit und Familie nicht als Alternativen ansehen, sondern als gleichberechtigte Lebensbereiche, die mit- und nebeneinander zu vereinbaren sind, zielen demgegenüber auf familienpolitische Transferleistungen, die den zeitweiligen erziehungsbedingten Ausfall des Erwerbseinkommens ersetzen und die Einkommensminderung infolge von erziehungsbedingter Teilzeitarbeit ausgleichen sollen. Es geht also nicht um ein Entgelt für Erziehungsarbeit, sondern um einen *Lohnersatz*. Der weitestgehende Schritt in diese Richtung wäre die Einführung einer beitragsfinanzierten Elternschaftsversicherung nach skandinavischem Vorbild. Einen großen Schritt in diese Richtung geht die neue Regelung des Elterngeldes, die allerdings steuerfinanziert ist.
- Lohnersatzleistungen, die sich an der Höhe des bisherigen Einkommens orientieren, hätten dabei den Vorteil, dass es auch den Männern finanziell möglich gemacht würde, ihre Arbeit wegen der Übernahme von Erziehungsaufgaben zeitweilig zu unterbrechen oder zu reduzieren. Ein solches Modell sorgt zugleich für eine kontinuierliche Erwerbstätigkeit von Frauen und ist damit wichtiges Element für einen eigenständigen sozialen Schutz der Frauen auch im Alter und würde die Notwendigkeit der bisherigen abgeleiteten Hinterbliebenenrente mindern. (vgl. zum Ausbau der eigenständigen Alterssicherung von Frauen Kap. „Alter", Pkt. 11.3.3).

Studiengebühren

Grundsätzliche gesellschaftspolitische Weichenstellungen sind mit der Entscheidung verbunden, ob, in welcher Höhe und unter welchen Konditionen beim Besuch von weiterführenden Schulen und von Hochschulen Gebühren erhoben werden sollen oder nicht. Viele Bundesländer sind in den vergangenen Jahren diesen Schritt gegangen. Der Übergang zur Gebühren- bzw. Beitragsfinanzierung einer qualifizierten Ausbildung sollte auf jeden Fall mit einer erweiterten individuellen Ausbildungsfinanzierung verknüpft werden, weil sich nur ein Teil der Studierenden und ihrer Eltern eine private Finanzierung leisten kann. Aber auch die Übernahme der Studiengebühren durch öffentliche Darlehen dürfte angesichts der hohen Rückzahlbeträge (Tilgung und Zinsen) eine Abschreckungswirkung auslösen.

Kinder- statt Eheorientierung

Die hier nur skizzierten Reformüberlegungen führen zu Mehrausgaben und stehen damit unter dem Vorbehalt ihrer Finanzierungsfähigkeit. Sollen zusätzliche Mittel bereitgestellt werden, ist deshalb auch immer nach Umschichtungsmöglichkeiten *innerhalb* der öffentlichen Ausgaben für Familien zu suchen. Im Mittelpunkt der Kritik steht vor allem die pauschale Subventionierung der Ehe an sich, wie sie in der Hinterbliebenenversorgung und im steuerrechtlichen Ehegattensplitting zum Ausdruck kommt. Diskutiert wird der Übergang vom Ehegatten- zum *Familiensplitting*: Bei dieser Regelung wird das Familieneinkommen durch die Zahl der Familienmitglieder geteilt und nach dem Progressionstarif versteuert. Allerdings sind die Verteilungseffekte eines solchen Verfahrens problematisch:

- Der Steuervorteil liegt umso höher, je höher das Gesamteinkommen ist. Dies gilt auch dann, wenn für die Kinder ein niedriger Divisor als 1 festgelegt wird. Liegt auf der anderen Seite kein steuerpflichtiges Einkommen vor, entsteht überhaupt kein Vorteil.
- Je mehr Kinder eine Familie hat, desto weniger bekommt sie durch das Familiensplitting für jedes zusätzliche Kind, da wegen der Progression des Einkommensteuertarifs der steuerliche Vorteil mit jedem zusätzlichen Divisor sinkt.

Ein grundsätzlicher Schritt bestünde darin, auf das bisherige Splittingverfahren bei der Besteuerung von Ehegatten ganz zu verzichten und zur Individualbesteuerung überzugehen, dabei allerdings für die Unterhaltsleistungen zwischen den Ehepartnern einen Freibetrag zu berücksichtigen (Realsplitting). Problem einer solch „sauberen" Lösung ist, dass das Splittingverfahren derzeit nicht nur Kinderlose stützt (hier dürfte der Anteil der reinen Hausfrauenehen in den nächsten Jahren eher rückläufig sein), sondern eben auch viele Familien mit Kindern oder pflegebedürftigen Angehörigen, in denen die Frauen nicht erwerbstätig sind, bzw. jene Fälle, bei denen die Frauen nach Beendigung der Familienphase nicht zurück in die Berufstätigkeit finden. Eine Abschaffung des Splitting müsste hier zu empfindlichen Einkommenseinbußen führen und wäre insofern nur durchführbar, wenn uno actu Kindergeld und Elterngeld erhöht würden. Eine Lösung könnte darin bestehen, den Splitting-Vorteil in Höhe und personeller Reichweite zu begrenzen, etwa durch die Festlegung einer Maximal-Entlastung und/oder durch eine Differenzierung des Splittingfaktors nach Familienstand und Kinderzahl (Ausschluss der Kinderlosen oder volle Wirksamkeit nur bei unterhaltspflichtigen Kindern).

Steuerliche Entlastung von Familien

Wenn vorgeschlagen wird, zur Finanzierung der Familienförderung Steuern zu erhöhen, ist auf die Belastungswirkung unterschiedlicher Steuerarten zu achten, um zu verhindern, dass familienpolitische Leistungen nicht zum größten Teil von den Familien selbst, und hier insbesondere von den Einkommensschwächeren, zu tragen sind. Eine Anhebung von Verbrauchsteuern beispielsweise würde gerade kinderreiche Familien im unteren Einkommenssegment treffen (vgl. Bd. I, Kap. „Einkommen", Pkt. 4.1).

Zu kontroversen Diskussionen führt der Vorschlag, aus Gerechtigkeitsgründen die Steuerbelastung von Kinderlosen durch einen Zuschlag auf die Einkommensteuer zu erhöhen. Eine „Kindersteuer" dieser Art setzt sich jedoch mehreren Einwänden aus: Eine weitere Steigerung der Abgabenbelastung ist nicht nur ökonomisch problematisch. Sie nutzt auch den Familien solange nichts, wie sie nicht unmittelbar mit Leistungsverbesserungen verbunden ist. Zudem bleibt offen, wer als „kinderlos" definiert wird. Sind damit auch diejenigen gemeint, deren Kinder volljährig oder nicht mehr auf der Steuerkarte eingetragen sind? Das aber muss nicht heißen, dass keine Unterhaltszahlungen mehr erfolgen. Eine Begrenzung des Steuerzuschlags ausschließlich auf diejenigen, die (noch) keine Kinder geboren haben, würde hingegen den Kreis der Steuerpflichtigen sehr einengen und finanziell wenig ergiebig sein.

Einführung einer Familienkasse?

Allseits beklagt wird die Unübersichtlichkeit der Familienpolitik. Es stehen sich unterschiedliche Träger, Institutionen, Akteure mit verschiedenen Zuständigkeiten und Finanzierungsregelungen gegenüber. Neben dem Bund sind die Länder und vor allem die Gemeinden und daneben die Sozialversicherungsträger involviert. Beim Bund wiederum sind verschiedene Ministerien zuständig. Direkte Transfers überlagern sich mit steuerlichen Entlastungen. So bleibt unklar, welche Verteilungswirkungen schlussendlich erreicht werden und ob die Familienpolitik ihren Zweck erfüllt.

Immer wieder thematisiert wird deshalb die Überlegung, die Finanzierung und womöglich auch die Abwicklung der familienpolitischen Leistungen in einer „Familienkasse" zu bündeln. Zersplitterung und Intransparenz könnten überwunden und eindeutige verteilungspolitische Zielsetzungen verfolgt werden. Eine solche Kasse könnte – vergleichbar zu den Sozialversicherungsträgern – als Parafiskus organisiert und damit dem unmittelbaren haushaltspolitischen Zugriff entzogen sein, was aber eine weitgehende Beitragsfinanzierung voraussetzt. Hingegen spricht aber viel für eine (stärkere) Steuerfinanzierung, da es problematisch ist, allgemeine, die gesamte Bevölkerung betreffende Leistungen nur aus dem Kreis der Beitragszahler zu finanzieren. So wäre es denkbar, die Familienleistungen der Sozialversicherungen (so nicht nur die Kindererziehungszeiten in der Rentenversicherung, sondern die Familienhilfe in der Kranken- und Pflegeversicherung und kindbezogene Leistungen in der Arbeitslosenversicherung) über Steuern zu finanzieren und über eine Familienkasse zu verwalten.

Die föderative Staats- und Finanzstruktur in Deutschland macht es jedoch nicht einfach, eine solche Familienkasse zu aufzubauen. Die fehlenden Finanzbeziehungen zwischen Bund und Kommunen verhindern eine direkte Finanzierung der kommunalen Aufgaben (so des Angebotes an Tageseinrichtungen für Kinder) durch den Bund. Und es ist auch fraglich, ob die Gemeinden ihre Zuständigkeiten an eine Familienkasse abtreten würden.

7 Vereinbarkeit von Beruf und Familie

7.1 Phasenerwerbstätigkeit oder Parallelität von Beruf und Familie?

Vor dem Hintergrund des ökonomischen, sozialstrukturellen und demografischen Wandels ist die Problematik der Vereinbarkeit von Beruf und Familie in den Mittelpunkt der Familienpolitik gerückt. Das hergebrachte Bild der nichterwerbstätigen, sich ganz der Familie und der Erziehung der Kinder widmenden Hausfrau und Mutter entspricht weder den Lebensplänen der Frauen, noch der gesellschaftlichen Realität. Schon seit langem zeigt die Erwerbsstatistik, dass das berufliche Engagement von Frauen längst nicht mehr auf jene Frauen beschränkt ist, die keine Kinder (mehr) zu versorgen haben. Im Jahre 2005 waren 63 % (West) bzw. 75 % (Ost) aller Frauen mit Kindern erwerbstätig. In der alten Bundesrepublik lag im Jahr 1972 hingegen die Erwerbstätigenquote noch bei 39, 7 %. Dem entspricht, dass repräsentative Umfragen übereinstimmend bestätigen, dass die übergroße Mehrheit der Frauen Beruf und Familie miteinander vereinbaren will. Nur noch eine Minderheit von deutlich unter 10 % möchte den Beruf ganz aufgeben, wenn Kinder zu versorgen sind.

Zudem lässt sich zeigen, dass die Schwierigkeiten, die vor allem qualifizierte Frauen haben, Ausbildung, beruflichen Einstieg und berufliche Fortentwicklung mit einem Kinderwunsch zu vereinbaren, als ein zentraler Grund für den hohen Grad an Kinderlosigkeit zu sehen sind, dass also eine „gelungene“ Vereinbarkeit die Entscheidung von jungen Frauen für ein Leben mit Kindern positiv beeinflusst. Mit der Regierungsübernahme durch die rot-grüne Koalition im Jahre 1998 und verstärkt fortgesetzt in der seit 2005 regierenden großen Koalition gilt das Ziel einer besseren Vereinbarkeit von Berufstätigkeit und Familie als Kernelement einer Familienpolitik, die über die traditionellen Geldleistungen hinaus reichen soll und durch den Ausbau einer bedarfsgerechten Infrastruktur für Kinder aller Altersstufen auch einen Beitrag zur Überwindung von Kinder- und Familienarmut und sozialer Ausgrenzung im Erwerbsleben sowie zur Bildungsförderung leisten will.

Im europäischen Vergleich rangiert Deutschland immer noch im unteren Bereich, was die aktive Erwerbstätigkeit von Müttern betrifft (vgl. Abbildung VII.10). Die zwei Lebensbereiche, nämlich Kinder und Familie einerseits und Teilhabe an der Erwerbsarbeit und Anspruch auf beruflichen Erfolg andererseits, stehen in Deutschland für viele Frauen also noch alternativ zueinander. Wenn sie in wechselseitige Übereinstimmung gebracht werden sollen, ist allerdings zu beachten, dass in der wissenschaftlichen wie politischen Debatte zumeist allein auf die Lebens- und Erwerbsmuster von Frauen Bezug genommen wird. Die traditionell einseitige Orientierung von Männern bzw. Vätern auf die Erwerbsarbeit wird damit unausgesprochen als unveränderbar unterstellt. Hinzu kommt, dass die „Vereinbarkeitsproblematik" in der Vergangenheit nahezu ausschließlich auf die Betreuung von Kindern bezogen wurde. Angesichts der Zunahme von Alterspflegebedürftigkeit und der in diesem Zusammenhang stark steigenden familiären Pflege- und Betreuungsaufgaben ist jedoch seit einigen Jahren mit der Vereinbarkeit von Beruf und häuslichen Pflegeverpflichtungen eine neue Dimension hinzugekommen, die zumeist die (noch erwerbstätige) Töchtergeneration betrifft (vgl. Kapitel „Alter", Pkt. 1.2.2).

Wenn nach den Maßnahmen gefragt wird, um die Verknüpfung der beiden Lebensbereiche Berufstätigkeit und Familie besser und einfacher zu gestalten, muss zunächst verdeutlicht werden, was unter „Vereinbarkeit" konkret verstanden wird. Idealtypisch lassen sich zwei Konzepte unterscheiden:

- Vereinbarkeit kann als das zeitliche *Nacheinander* von Beruf und Familie verstanden werden (*sukzessive Vereinbarkeit*). Werden z.B. Kinder geboren, dann unterbricht die Mutter ihre Berufstätigkeit für einen längeren Zeitraum, um sich ganz den Kindern widmen zu können. Nach diesem Modell der Phasenerwerbstätigkeit erfolgt der berufliche Wiedereinstieg erst dann, wenn die Kinder älter sind.
- Vereinbarkeit im eigentlichen Sinne bezieht sich auf das zeitliche *Nebeneinander* von Beruf und Familie (*parallele Vereinbarkeit*). Z.B. nimmt die Mutter schon sehr bald nach der Geburt des Kindes ihre Berufstätigkeit wieder auf, berufliche und familiäre Aufgaben und Zeitanforderungen müssen laufend abgestimmt werden. Dieses Muster gilt analog für erwerbstätige Frauen, die neben ihrer beruflichen Verpflichtung mit häuslichen Pflegeaufgaben betraut sind.

Das zweite Konzept lässt sich noch weiter ausdifferenzieren. Kriterium ist der Grad der Erwerbsbeteiligung der Mutter und der Erziehungsbeteiligung des Vaters:

- Für die Versorgung und Erziehung der Kinder ist die Mutter zuständig, ihre Berufstätigkeit basiert auf Teilzeitarbeit oder geringfügiger Beschäftigung. Der Vater ist vollzeitig erwerbstätig.
- Beide Elternteile sind vollzeitig erwerbstätig, die Kinderbetreuung wird in einem hohen Maße von anderen Personen und Instanzen übernommen.
- Beide Elternteile reduzieren (abwechselnd oder parallel) ihre Erwerbsarbeitszeit; Mutter und Vater beteiligen sich gleichberechtigt an der Betreuungs- und Erziehungsarbeit.

Aus diesen Konzepten bzw. Modellen, die sich in der Realität überlagern und vermischen können, ergeben sich unterschiedliche Konsequenzen für die Ausgestaltung von Sozial-, Familien- und Arbeitspolitik: Das *Phasenmodell* basiert auf der geschlechtsspezifischen Arbeits- und Rollenteilung. Während die Frau die Haus- und Erziehungsarbeit übernimmt, kann sich der Mann voll auf die Berufstätigkeit und den Einkommenserwerb konzentrieren. Da die Berufsrückkehr der Frau erst dann erfolgt, wenn die Kinder älter sind und sich auch für das letzte Kind der Betreuungs- und Versorgungsaufwand reduziert hat, wird das Erwerbssystem von den besonderen Schwierigkeiten und Zeitbedarfen, die mit der Pflege und Betreuung jüngerer Kinder verbunden sind, nicht berührt. Auch der Bedarf an Diensten und Einrichtungen zur familienergänzenden Betreuung von Kindern bleibt begrenzt. Dieses Modell funktioniert allerdings nur dann, wenn der Lebensunterhalt der Frau und ihre Versorgung im Alter durch die Ehe abgesichert sind, der Verdienst des die „Ernährerfunktion" übernehmenden Ehemannes ausreichend hoch ist und das Haushaltseinkommen zusätzlich durch familienpolitische Transfers und/ oder steuerliche Entlastungen aufgestockt wird.

Diese Voraussetzungen für das männliche Ernährermodell und die Versorgerehe werden jedoch zunehmend unsicher, für ledige Mütter und für Mütter nach Trennung und Scheidung treffen sie ohnehin nicht zu. Zu massiven Problemen kommt es beim beruflichen Wiedereinstieg der Frau nach Beendigung der Familienphase, da nach langen Unterbrechungsphasen erworbene Qualifikationen entwertet sind und die Risiken von Arbeitslosigkeit oder unterwertiger Beschäftigung drohen. Wenn aus der Phasenunterbrechung keine dauerhafte Ausgrenzung vom Arbeitsmarkt werden soll, werden besondere Wiedereingliederungs- und Qualifizierungsmaßnahmen im Rahmen der Arbeitsmarktpolitik erforderlich (vgl. Bd. I, Kap. „Arbeit und Arbeitsmarkt", Pkt. 8.5.2).

Der Ansatz, Erwerbstätigkeit und Kindererziehung zeitlich *parallel* zu praktizieren, bietet den Frauen die Möglichkeit einer Teilhabe auf dem Arbeitsmarkt und entlastet die Männer von ihrer Ernährerrolle. Dafür bedarf es eines verlässlichen Angebotes an Diensten und Einrichtungen zur Betreuung und Erziehung der Kinder. Aber solange die Berufstätigkeit der Mütter auf Teilzeitbasis beruht und das Erwerbseinkommen nur den Charakter eines „Zuverdienstes" hat, bleibt die Abhängigkeit vom Einkommen des Mannes, die Versorgerehe wird modifiziert, aber nicht hinfällig. Auch bleiben die beruflichen Entwicklungsperspektiven für die Mütter begrenzt.

Bei einer Ausdehnung der Arbeitszeit bis hin zur Vollzeitarbeit beider Elternteile gewinnen die Anforderungen an eine umfassende und qualitativ hochwertige Infrastruktur für Kinder aller Altersstufen an Bedeutung. Zugleich wird die Arbeitswelt mit den familiären Zeitstrukturen und Verpflichtungen, d.h. mit den Zeitbedarfen von Kindern und den Eventualitäten des Familienalltags konfrontiert. Das auf männliche Lebensmuster und Biographien zugeschnittene Normalarbeitsverhältnis steht unter diesen Bedingungen unter erheblichem Anpassungs- und Veränderungsdruck.

7.2 Tatsächlich praktizierte Vereinbarkeitsmuster

Betreuung und Erziehung von Kindern

Fragt man nach dem tatsächlich praktizierten Vereinbarkeitsmuster in der Kinderbetreuung in Deutschland, so erfolgt immer noch eine zweigeteilte Antwort. Während in der DDR und – abgeschwächt – in den neuen Bundesländern das Parallelitätsmodell dominiert (hat), lässt sich in den alten Bundesländern immer nach wie vor ein Vorrang der Option des Nacheinanders von Erwerbs- und Familienarbeit erkennen. Zwar wird die Wahlfreiheit zwischen der phasenweisen und simultanen Vereinbarkeit betont, aber faktisch richten sich die familien- und sozialpolitischen Maßnahmen immer noch prioritär auf das Ziel aus, die Erwerbstätigkeit nach der Geburt des Kindes für eine längere Zeit zu unterbrechen.

Gestützt wurde diese Norm durch die in der (alten) Bundesrepublik immer noch weit verbreitete, wenngleich wissenschaftlich nicht haltbare Auffassung, dass außerhäusliche Erwerbstätigkeit von Müttern und institutionelle „Fremd"betreuung den Kindern Schaden zufügen, vor allem hinsichtlich ihrer kognitiven Entwicklung, ihres sozialen Verhaltens und der Beziehungen zu den Eltern. Erst langsam hat sich die Erkenntnis durchgesetzt, dass kleinere Kinder durch den engen Kontakt mit weiteren Bezugspersonen, also auch mit professionellen ErzieherInnen, in ihrer Entwicklung profitieren können, und dass das normsetzende Modell der Mutter-Kind-Dyade kritisch zu hinterfragen ist. Entscheidend kommt es immer auf die Verlässlichkeit, Intensität und Qualität der Beziehungen zwischen Bezugsperson und Kind an. Zugleich hat sich die Einsicht verstärkt, dass die Bildungschancen der Kinder entscheidend von ihrer Frühförderung abhängig sind.

Ging man zunächst mehrheitlich noch davon aus, dass eine Betreuung des Kindes durch die Mutter bis mindestens zum Schulalter geboten und erst dann eine Berufsrückkehr verantwortlich sei, so hat sich danach die Auffassung verfestigt, dass ein Unterbrechungszeitraum von mindestens drei Jahren notwendig und anzustreben sei. Der Rechtsanspruch auf einen Kindergartenplatz ab Vollendung des dritten Lebensjahr des Kindes und die gesetzliche dreijährige Elternzeit, flankiert durch die ebenfalls auf drei Jahre bezogenen rentenrechtliche Anerkennung von Kindererziehungszeiten, stecken hier die zeitlichen Vorgaben ab. Erst seit einigen Jahren öffnet sich die politische Diskussion: Die Unterbrechungsphasen sollen verkürzt und Betreuungsplätze auch für Kleinkinder unter drei Jahren bereitgestellt werden.

Demgegenüber waren in der DDR vor der Vereinigung neun von zehn Müttern berufstätig, und zwar überwiegend in Vollzeit. Auch betrug die Unterbrechungsphase in der Regel weniger als ein Jahr. Zwar kam es nach der Wende auch hier zu einem deutlichen Rückgang in der Erwerbsbeteiligung (auch) von Müttern mit Kleinkindern, schon bald jedoch stabilisierte sich die Erwerbstätigenquote wieder und liegt heute – bei Frauen im Alter von 25 bis unter 45 Jahren mit und ohne Kinder – bei rund 72 %. Wenngleich die Erwerbstätigenquote von Müttern mit Kindern von unter 6 Jahren leicht darunter liegt, so übersteigt sie dennoch signifikant die westdeutsche Quote.

In den alten Ländern entscheidet sich hingegen die überwiegende Mehrzahl der Mütter heute dafür, in den ersten zwei bis drei Jahren nach der Geburt die Erwerbstätigkeit zu unterbrechen, die Erwerbstätigenquote bei Kindern unter drei Jahren liegt (2004) bei unter 30 % (vgl. dazu auch Bd. I, Kap. „Arbeit und Arbeitsmarkt", Pkt. 2.4.2). Aber die Gruppe der (vor allem gut qualifizierten und/oder alleinerziehenden) Frauen wächst, die das Recht auf Berufstätigkeit auch mit kleinen Kindern wahrnehmen möchten. Für andere Frauen wiederum, insbesondere dann, wenn zwei und mehr Kinder zu versorgen sind, ist mangels akzeptabler Alternativen eine längere Familienpause unausweichlich. Diese unterschiedlichen Verhaltensmuster sind einerseits eine Reaktion auf die unzureichenden Rahmenbedingungen, entspringen andererseits aber auch durchaus den individuellen Wünschen.

Abbildung VII.10:

Erwerbstätigenquoten von Frauen mit Kindern im europäischen Vergleich 2003

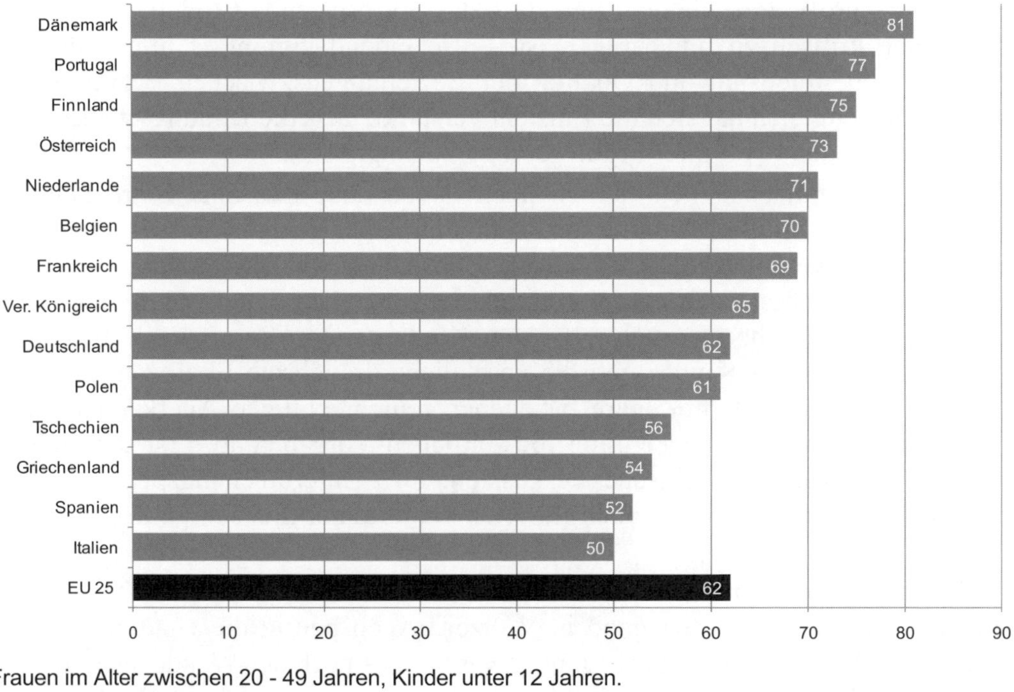

Frauen im Alter zwischen 20 - 49 Jahren, Kinder unter 12 Jahren.

Quelle: Eurostat, Statistik kurz gefasst, Vereinbarkeit von Familie und Beruf, Reihe: Bevölkerung und soziale Bedingungen 4/2005.

Abbildung VII.11 bringt zusätzlich zum Ausdruck, dass in den alten Bundesländern Müttererwerbstätigkeit weit überwiegend Teilzeitarbeit ist. Teilzeitarbeit markiert damit für eine wachsende Zahl von Müttern mit Kleinkindern einen Mittel- und Ausweg zwischen den Extremen der männlich definierten Norm einer durchgängigen Vollzeiterwerbstätigkeit vom Ende der Ausbildung bis zum Rentenalter, die auf die außerberuflichen, familiären Lebensbedingungen kaum Rücksicht nimmt, und dem traditionellen Modell der Familienhausfrau, die sich nach der Geburt der Kinder dauerhaft aus der Berufstätigkeit zurückzieht. Demgegenüber weisen Mütter mit Kleinkindern in den neuen Ländern eine deutlich höhere Vollzeitbeschäftigungsquote auf.

Abbildung VII.11:

Erwerbstätigenquoten von Frauen mit Kindern, Zahl der Kinder und Voll-/ Teilzeittätigkeit 2004

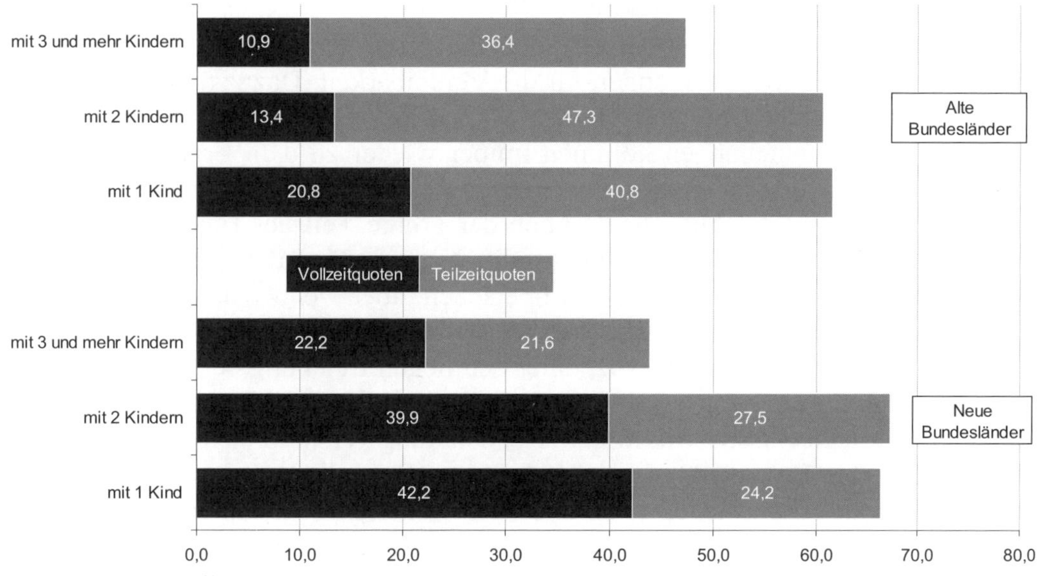

Quelle: Statistisches Bundesamt, Mikrozensus 2005, Wiesbaden 2005.

Insgesamt ergeben sich für die Müttererwerbstätigkeit in Deutschland folgende Trendaussagen:

- Die Beteiligung am Erwerbsleben sinkt mit der Zahl der zu versorgenden Kinder.
- Bei sehr jungen Kindern (unter 3 Jahren) dominiert insbesondere in den alten Ländern die Nichterwerbsarbeit.

- Mit dem Alter der Kinder steigt dann der Anteil der erwerbstätigen Mütter in allen Arbeitszeitformen. Allerdings gibt in Ostdeutschland jede zweite teilzeitbeschäftigte Mutter an, Teilzeit wegen eines fehlenden Vollzeit-Arbeitsplatzes nur als „Notlösung“ zu arbeiten.
- Die Erwerbsbeteiligung von Müttern nimmt insbesondere dann zu, wenn die Kinder in das Kindergartenalter kommen, und erst recht, wenn sie das Schulalter erreicht haben.
- Insgesamt bleibt auch von den Müttern mit einem Kind ab 6 Jahre (und älter) ein Drittel der Frauen (für immer) nicht erwerbstätig.
- Insgesamt sinken die Unterbrechungszeiträume. Zugleich steigt – bei späterem Eintritt in das Erwerbsleben – die Dauer der Erwerbstätigkeit.

Die Vätererwerbstätigkeit wird durch Kinder hingegen nicht beeinflusst. Die Erwerbstätigenquote von Vätern ist sogar höher als die von Männern ohne Kinder. Es zeichnet sich auch keine Tendenz dahingehend ab, dass Väter nach der Geburt von Kindern ihre Erwerbsarbeitszeit reduzieren.

Neben den betrieblichen setzen auch die privat-familiären Lebensumstände entscheidende Rahmenbedingungen für die Vereinbarkeit. Dazu zählt insbesondere eine partnerschaftliche Unterstützung der Männer bei der Kindererziehung oder der Elternpflege. Untersuchungen kommen immer wieder zu dem Ergebnis, dass der zunehmenden Erwerbsintegration von Frauen keine Familienintegration der Männer entspricht, dass also auch heute noch der größte Teil der Hausarbeit und der Zeit für Kinderbetreuung auf Frauen entfällt. Zwar sind bei jüngeren Männern graduelle Verhaltensänderungen nicht zu übersehen, aber wenn Kinder geboren werden und die Frauen ihre Arbeitszeiten den Anforderungen der Kinderbetreuung anpassen, kommt es doch wieder zu einer deutlichen Belebung der familiären Aufgabenverteilung und zu einer Verringerung der Mithilfe der Männer bei der Hausarbeit. Die Geschlechtsspezifik in der Arbeitsteilung verstärkt sich vor allem dann, wenn Frauen ihre Erwerbstätigkeit unterbrechen. Dies alles gilt im Grundsatz auch für die häusliche Altenpflege, wo Söhne oder Schwiegersöhne allenfalls in organisatorischen Dingen (z.B. Transportdienste, Behördengänge) Hilfestellung leisten.

Der Rückgriff auf das Hilfs- und Unterstützungspotential der Herkunftsfamilie, d.h. vor allem auf die Hilfe der Großeltern, ist nach wie vor ein unverzichtbares Element der alltäglichen Bewältigung eines Lebens mit Kindern. Großmütter stellen gerade in Notsituationen (Krankheiten, Ausfall der öffentlichen Versorgungseinrichtung) oftmals den letzten „Rettungsanker“ dar. Schließlich entwickeln sich durch die Einbindung der Familien in das soziale und nachbarschaftliche Umfeld informelle Netzwerke und Unterstützungsstrukturen, die wechselseitige Hilfeleistungen bei der Betreuung von Kindern möglich machen.

In dem Maße, wie sich Erziehungsphase und Erwerbsunterbrechung verkürzen, verwischen auch die scharfen Trennlinien zwischen dem Phasen- und Parallelitätsmodell. Denn auch Kinder, die das dritte Lebensjahr vollendet haben, benötigen noch ein hohes Maß an Betreuung, was Tageseinrichtungen für Kinder ebenso erforderlich macht wie eine Familienorientierung der Arbeitswelt, wenn ab diesem Alter die Arbeit wieder aufgenommen werden soll.

Häusliche Altenpflege

Auch im Falle der häuslichen Altenpflege durch jene Frauen (zumeist Töchter und Schwiegertöchter) im noch erwerbsfähigen Alter lassen sich zwei Verhaltensmuster unterscheiden: entweder (auch zeitlich eingeschränkte) parallele Berufstätigkeit oder Nicht-Erwerbstätigkeit. Ersteres trifft insbesondere auf höher qualifizierte und/oder besser verdienende Frauen zu. Von den im Jahre 2002 pflegenden und zugleich erwerbstätigen Frauen im erwerbsfähigen Alter war etwa die Hälfte in Vollzeit beschäftigt. Vor allem in der Anfangsphase wird versucht – oftmals auch unter Zuhilfenahme von professioneller Hilfe –, entweder die Erwerbsarbeit ganz aufrecht zu erhalten oder – wenn dies nicht (mehr) möglich ist – auf Teilzeitarbeit auszuweichen und/oder die Arbeitszeit zu flexibilisieren. Auch dieses Modell ist somit hoch voraussetzungsvoll: Erforderlich sind insbesondere Angebote zur Teilzeitarbeit und zur variablen Arbeitszeitgestaltung sowie zeitlich flexible professionelle Pflegedienste, ein Netz von Tagespflegeeinrichtungen und/oder weitere familiäre bzw. nachbarschaftliche Unterstützung. Zunehmend wird versucht, häusliche Pflegehilfen über den „Schwarzmarkt", d.h. jenseits von sozialversicherungspflichtiger und geschützter Beschäftigung, zu organisieren.

Sollte diese Form der Parallelität nicht (mehr) möglich sein, sei es wegen des in der Regel bereits selbst fortgeschrittenen Lebensalters der pflegenden Töchtergeneration oder wegen der zu hohen Belastungen vor allem in späteren Pflegebedürftigkeitsstadien, erfolgt die (oftmals unfreiwillige) vorzeitige Berufsaufgabe, vielfach unter Nutzung der gesetzlich vorgezogenen Verrentungsmöglichkeiten. Ein Wiedereinstieg ins Erwerbsleben nach Beendigung der Pflegephase kommt somit – im Gegensatz zur Kinderbetreuung – in der häuslichen Altenpflege nur sehr selten vor. Folge sind neben laufenden Einkommenseinbußen oftmals Verluste in der eigenen Alterssicherung. Zwar übernimmt die Pflegeversicherung in bestimmten Fällen die Zahlung von Pflegegeldern oder Beiträge zur Alterssicherung, die Leistungen reichen aber in der Regel nicht zur Kompensation der pflegebedingten Einbußen aus.

7.3 Tageseinrichtungen für Kinder

Familienpolitik muss die unterschiedlichen Wünsche und Vorstellungen von Eltern hinsichtlich der Vereinbarkeit von Beruf und Familie respektieren. Sie bietet aber nur dann die Voraussetzungen für eine wirkliche Wahlfreiheit, wenn sie nicht ausschließlich die längere Berufsunterbrechung, sondern auch die parallele Vereinbarkeit fördert und lebbar macht. Die Zielsetzung, auch nach der Geburt von Kindern erwerbstätig sein und bleiben zu können und sich beruflich fortzuentwickeln, setzt zwingend voraus, für alle Altersgruppen der Kinder ein bedarfsgerechtes Angebot an Tageseinrichtungen mit arbeitszeitangepassten Öffnungszeiten bereitzustellen. Insbesondere alleinerziehende Mütter, die ein eigenes Erwerbseinkommen erzielen und nicht langfristig auf den Grundsicherungsbezug verwiesen sein wollen, sind zwingend auf ein solches Angebot angewiesen.

Einrichtungen der institutionellen Betreuung von Kindern sind jedoch mehr als ein Entlastungsangebot für berufstätige Eltern. Sie haben einen expliziten Erziehungs- und Bildungsauftrag und sind angesichts des Wandels familiärer Lebensformen, geänderter Lebenswelten von Kindern und steigender Bildungsanforderungen Ausdruck der gesellschaftlichen Verantwortung für die Gewährleistung angemessener Sozialisationsbedingungen für Kinder. Räume für Kinder stellen sich nicht mehr automatisch her. Kindertageseinrichtungen können den Kindern Lebenserfahrungen ermöglichen, die sie früher außerhalb der Aufsicht von Erwachsenen mit Geschwistern, in der Nachbarschaft oder auf der Straße machen konnten. Kinder brauchen nicht nur Erfahrungsräume über die (Klein-)Familie hinaus und den Lern- und Spielzusammenhang mit anderen Kindern, sondern auch in familiären Krisensituationen stützende und verlässliche Gruppen. Insofern kommt den Tageseinrichtungen für Kinder neben einem expliziten Bildungsauftrag auch die Funktion zu, ein Instrument zur Herstellung von mehr Chancengleichheit zu sein. Diese Sichtweise gewinnt seit der Vorlage der PISA-Ergebnisse in Deutschland zwar zunehmend Verbreiterung, ist jedoch bei weitem nicht flächendeckend umgesetzt.

Das in Deutschland realisierte Angebot an öffentlichen Kinderbetreuungseinrichtungen für Kinder aller Altersstufen wird durch das *Kinder- und Jugendhilfegesetz* (KJHG/SGB VIII) normiert, Durchführung und Finanzierung der Kinderbetreuung sind Aufgaben der Länder und Gemeinden. Das Kinder- und Jugendhilfegesetz setzt die bundeseinheitlichen Rahmenbedingungen, in den landesrechtlichen Ausführungsgesetzen werden die konkreten Bestimmungen festgelegt. Träger der Einrichtungen sind erst nachrangig die Kommunen, dem Subsidiaritätsprinzip entsprechend kommt den Angeboten der Kirchen und Wohlfahrtsverbände ein bedingter Vorrang zu (vgl. Kap. „Soziale Dienste", Pkt. 3.2.1). In den alten Bundesländern werden rund 75 % der Plätze von freien Trägern bereitgestellt (für Nordrhein-Westfalen vgl. Übersicht VII.1). An Bedeutung gewonnen haben Einrichtungen in Trägerschaft der Eltern (Elterninitiativen). Betriebskindergärten, die in der DDR verbreitet waren, finden sich kaum (noch). Häufiger ist die Variante, dass Unternehmen für ihre Beschäftigten Plätze in Einrichtungen anderer Träger „einkaufen". Die Planungsaufgaben für die Versorgungsangebote liegen bei den kommunalen Jugendämtern. Finanziert werden die Bau- und Betriebskosten der Einrichtungen durch die Kommunen, das Land gewährt Zuschüsse. Von den freien Trägern werden Eigenleistungen erwartet.

In der Regel müssen die Eltern einkommensabhängige Kindergartenbeiträge zahlen, durch die ein Teil der Betriebskosten gedeckt werden soll. Da die Gefahr besteht, dass diese Belastungen insbesondere einkommens- und bildungsschwache

Familien (darunter viele AusländerInnen) davon abhalten, diese Angebote auch zu nutzen, wird in einigen Bundesländern, so in Rheinland-Pfalz (gestaffelt nach dem Lebensalter der Kinder), auf die Beitragserhebung verzichtet.

Der Begriff „Tageseinrichtungen für Kinder“ gilt als Oberbegriff für verschiedene Arten und Formen von Einrichtungen, die allesamt die familienergänzende Betreuung, Bildung und Erziehung der Kinder zur Aufgabe haben. Je nach Bundesland ergibt sich ein sehr unterschiedliches Bild der Versorgungsstruktur; erschwert wird ein Überblick durch abweichende Begriffe, die die jeweiligen Einrichtungen tragen. Für Nordrhein-Westfalen beispielsweise lässt sich – differenziert nach dem Lebensalter der Kinder und der Öffnungszeiten der Einrichtungen – die in Übersicht VII.1 wiedergegebene Systematisierung vornehmen.

Kindergärten

Das KJHG/SGB VIII sieht seit 1999 einen uneingeschränkten Rechtsanspruch auf einen Kindergartenplatz vor. Jedes Kind hat vom vollendeten dritten Lebensjahr an bis zum Schuleintritt Anspruch auf den Besuch eines Kindergartens. Zugleich sind für Kinder im Alter von unter drei Jahren und für Kinder im schulpflichtigen Alter Plätze in Tageseinrichtungen entsprechend dem Bedarf vorzuhalten. Dieser lange Zeit umstrittene Rechtsanspruch wurde 1992 im KJHG als flankierende Maßnahme im Zusammenhang mit der Reform des § 218 eingeführt. Ziel war es, dazu beizutragen, dass Frauen ihre Schwangerschaft annehmen und nach Beendigung der Elternzeit gegenüber berufstätigen Frauen ohne Kinder keine unzumutbaren Nachteile erleiden. Das Gesetz definiert allerdings nicht, welchen Umfang und welche Qualität das Angebot haben muss; auch durch die Bereitstellung eines Halbtagsplatzes ohne Mittagsbetreuung wird der Rechtsanspruch erfüllt. Der Rechtsanspruch richtet sich an den Träger der öffentlichen Jugendhilfe, also vor allem an die Kommunen.

Bei der Umsetzung dieses Rechtsanspruchs ist zwischen den alten und den neuen Bundesländern zu unterscheiden: In der DDR war ein flächendeckendes Angebot an Kindergärten auf Ganztagsbasis wie auch von Krippen- und Hortplätzen selbstverständlich. Die Begrenzung des KJHG auf einen Rechtsanspruch für Kinder im Kindergartenalter, und dies auch nur in der Halbtagsform, ist insofern für die neuen Länder ein Rückschritt. In den Landesgesetzen wird diese Lücke jedoch weitgehend ausgeglichen, hier finden sich Anspruchsregelungen für Kinder aller Altersstufen und für Ganztagsplätze. Gleichwohl ist es in den neuen Ländern zu einem massiven Abbau der Plätze gekommen, angesichts der rückläufigen Geburtenzahlen dort bleiben die Versorgungsquoten aber relativ hoch.

Übersicht VII.1:

Struktur der Tageseinrichtungen für Kinder in Nordrhein-Westfalen		
Kinderkrippen	Kinder zwischen 4 Monaten und drei Jahren	
Kindergärten	Kinder von 3 Jahren bis zum Schuleintritt (im Schnitt 6,5 Jahre)	
Halbtagskindergärten	Öffnungszeit von mindestens 7 Stunden, davon mindestens 5 Stunden ohne Unterbrechung, nach der Mittagsunterbrechung evtl. Nachmittagsbetreuung	
Ganztagskindergärten („Kindergarten-Tagesstätte“)	Betreuung über Mittag mit Mittagsverpflegung, Regelöffnungszeit von mindestens 8,5 Stunden	
Kinderhort	für Schulkinder bis 14 Jahre, Regelöffnungszeit 7 Stunden	
Tagseinrichtungen mit altersgemischten Gruppen	Zusammenfassung von Krippen-, Kindergarten- und Hortangeboten in altersgemischten Gruppen, Regelöffnungszeit mindestens 8,5 Stunden	
Kleine altersgemischte Gruppe	Kinder zwischen 4 Monaten und Schuleintrittsalter	
Große altersgemischte Gruppe	Kinder zwischen 3 und 14 Jahren	
Familienzentrum (Modellprojekt)	Zusammenführung von Bildung, Erziehung und Betreuung als Aufgabe der Kindertageseinrichtung mit Angeboten der Beratung und Hilfe für Familien	
Plätze in Tageseinrichtungen nach Trägern in %		
	insgesamt	Kindertagesstätten
Caritas-Verbände	33,8	18,3
Diakonisches Werk	18,6	14,0
Der Paritätische	7,8	15,6
Arbeiterwohlfahrt	7,3	9,7
Deutsches Rotes Kreuz	3,2	3,6
Sonstige Träger	2,4	3,5
Kommunale Träger	27,0	35,3

Quelle: Ministerium für Generationen, Familie, Frauen und Integration des Landes NRW

Kinderkrippen und Tagespflege

Die vergleichsweise positive Entwicklung bei der Kindergartenversorgung in den alten Bundesländern kontrastiert mit einem unverändert unzureichenden Angebot für Krippenkinder im Alter bis zu drei Jahren (vgl. Tab. VII.12). Die Versorgungsquote mit Krippenplätzen oder in altersgemischten Gruppen erreichte in Westdeutschland im Jahr 2002 (letztverfügbare Daten) gerade einmal 2,7 % (vgl. Abbildung VII. 12). In Ostdeutschland waren es demgegenüber (mit allerdings deutlich sinkender Tendenz seit der Vereinigung) 37,0 %. Die Aussagefähigkeit des westdeutschen Wertes relativiert sich zudem stark, wenn man die beträchtlichen regionalen Unterschiede berücksichtigt. Krippenplätze sind im Wesentlichen auf die Großstädte, insbesondere auf die Stadtstaaten verteilt.

Tabelle VII 12:

Tageseinrichtungen für Kinder, Versorgungsquoten nach Versorgungsform, 2002

	Krippenkinder	Kindergartenkinder	Hortkinder
		in %	
Deutschland	8,5	90	5,8
alte Bundesländer	2,7	88	3,1
neue Bundesländer	37	105	22,4

Krippenkinder: bis unter 3 Jahre; Kindergartenkinder 3 bis unter 6,5 Jahren; Hortkinder: 6 bis unter 14 Jahren

Quelle: Eigene Berechnungen nach Statistisches Bundesamt, Statistik der Kinder- und Jugendhilfe, Wiesbaden 2003.

Die Unterversorgung mit Krippenplätzen hat auch sozial-strukturelle Effekte: Eltern bzw. Kinder mit Eltern ausländischer Herkunft, aus benachteiligten Wohngebieten und/oder in schwierigen Lebenslagen sind im besonderen Maße betroffen (vgl. für Nordrhein-Westfalen Tabelle VII.13). Das hat negative Rückwirkungen nicht zuletzt auf den Spracherwerb von Kindern sowie auf die allgemeine Integration von Kindern mit Migrationshintergrund.

Tabelle VII.13

Tageseinrichtungen für Kinder in NRW: Versorgungsquoten nach Alter und Herkunft 2004

Alter der Kinder	Kinder insgesamt	Kinder mit Eltern ausländischer Herkunft
	in % der jeweiligen Altersgruppe	
Unter 1 Jahr	0,5	0,1
1 bis unter 2 Jahre	2,4	0,5
2 bis unter 3 Jahre	5,5	1,2
3 bis unter 4 Jahre	74,7	19,2
4 bis unter 5 Jahre	96,3	25,7
5 bis Schulpflicht	133,8	34,7
Schulkinder unter 10 Jahre	5,6	1,7

Quelle: Ministerium für Generationen, Familie, Frauen und Integration des Landes NRW.

Abbildung VII.12:

Entwicklung der Platz-Kind-Relation bei Krippenplätzen und Kindergartenplätzen 1990/91 - 2002

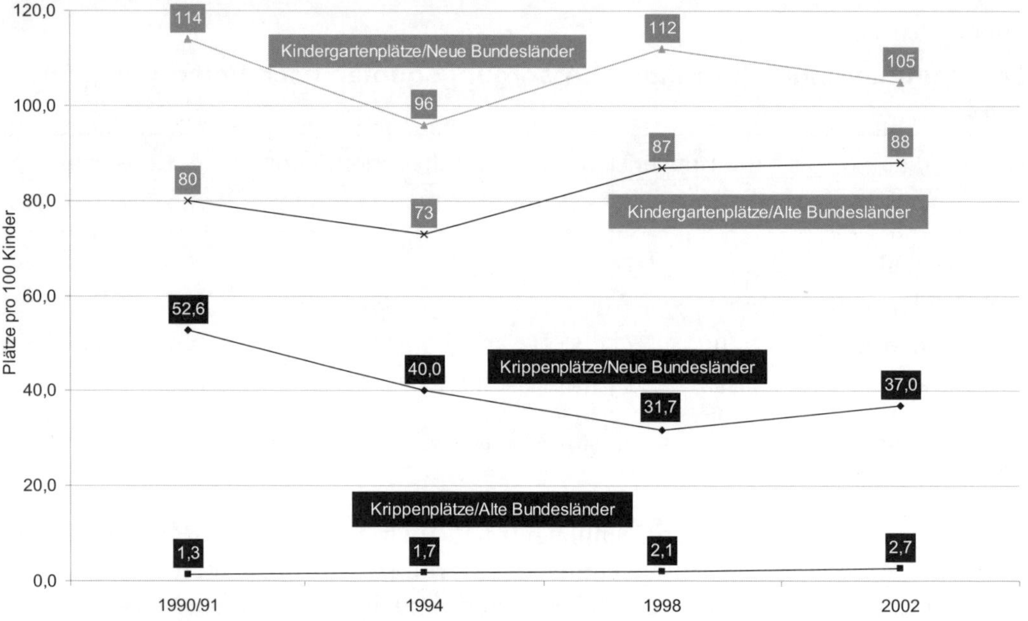

Krippenplätze: Plätze pro 100 Kinder im Alter von 0-3 Jahren

Kindergartenplätze: Plätze pro 100 Kinder im Alter von 3 bis unter 6,5 Jahren

Quelle: Statistisches Bundesamt, Statistik der Kinder- und Jugendhilfe, Wiesbaden 2003.

Als Alternative zur Krippenbetreuung kann die *Tagespflege* gelten. Tagespflegestellen („Tagesmütter"), in denen mehr als 3 Kinder untergebracht sind und die öffentlich vermittelt werden, müssen vom Jugendamt auf ihre Eignung überprüft werden. Unter bestimmten Voraussetzungen (Einkommenslage der Eltern) trägt das Jugendamt auch die Kosten für die Tagesmutter. Da die anerkannten Pflegegeldsätze sehr niedrig liegen und zudem keine Investitionskosten für den Bau von Einrichtungen anfallen, ist die Tagespflege für die Kommunen deutlich kostengünstiger als die Krippenbetreuung. Als vorteilhaft wird auch die familienähnliche und flexibel ausgestaltbare Betreuungskonstellation gesehen. Aber die Nachteile der Tagespflege wiegen schwer: Qualität und Verlässlichkeit der Betreuung sind nicht sichergestellt, denn Qualitätsstandards vergleichbar zu Tageseinrichtungen werden nicht vorausgesetzt, und bei Krankheit oder Urlaub der Tagesmutter gibt es keinen Ersatz. Noch problematischer – vor allem für das Kind – ist es, wenn Tagesmütter wegen Kündigung von der einen oder anderen Seite gewechselt werden müssen. Da es sich bei der Tagespflege häufig um ein ausgesprochen prekäres Beschäftigungsverhältnis in Form einer selbstständigen Arbeit handelt (niedrige Bezahlung, kein arbeits- und sozialrechtlicher Schutz), ist die Wahrscheinlichkeit nicht gering, dass sich die Tagesmütter bald nach besseren Alternativen umsehen. Im Übrigen ist zu vermuten, dass der überwiegende Teil der Tagespflegestellen nicht über das Jugendamt vermittelt, sondern über den „grauen Markt“ geregelt wird.

Versorgung von Schulkindern

Eine gleichermaßen unbefriedigende Betreuungssituation liegt vor, wenn die Kinder das Schulalter erreicht haben. Die weitaus meisten Schulen in Deutschland sind im Unterschied zur Situation in den meisten Ländern der EU reine Vormittagseinrichtungen, die nach ihrem Selbstverständnis einen Bildungs-, aber keinen Betreuungsauftrag haben. Ganztagsschulen oder Schulen mit Mittagsverpflegung sind immer noch nicht weit verbreitet. Hinzu kommt, dass sich die Schulen kaum verantwortlich fühlen für späten Unterrichtsbeginn, frühes Unterrichtsende oder für Stundenausfall. Völlig ungesichert ist zudem die Betreuung an freien Tagen und in den Ferien. Diese Strukturen setzen die Nicht-Erwerbstätigkeit eines Elternteils, in der Regel der Mutter, voraus, die für eine korrespondierende Betreuung zu Hause sorgt sowie bei den Hausaufgaben mithilft.

Wie Tabelle VII.12 zeigt, ist auch das Angebot an Hortplätzen in den alten Bundesländern mit einer Versorgungsquote von nur 3,1 % (2002) äußerst gering. Dem entspricht, dass die Betreuung von Schulkindern im Hort lange Zeit als Notfall galt. Die knappen Plätze wurden und werden immer noch vorrangig für Kinder von Alleinerziehenden oder für Kinder aus schwierigen Familienverhältnissen vorgesehen, was wiederum zum Negativ-Image des Hortes beiträgt. In den neuen Bundesländern liegen die Verhältnisse grundlegend anders: In den Zeiten der DDR gab es in den Klassen 1 bis 4 eine Versorgung für über 80 % der Kinder. Seit der Wende sind aber auch die Hortplätze drastisch abgebaut worden, die Versorgungsquote lag im Jahre 2002 aber immer noch bei 22,4 %.

Ausbaupläne

Insgesamt stellt sich in den alten Bundesländern die Situation der Betreuung von Kindern immer noch als sehr lückenhaft und damit als ein entscheidender Hemmschuh für eine akzeptable Vereinbarkeit von Berufstätigkeit und Familie dar. Zwar ist nicht zu verkennen, dass es durch das Ausbauprogramm bei der Kindergartenversorgung und durch spezielle Länderprogramme zu einer Verbesserung gekommen ist. Allerdings haben die von den Kommunen unter schwierigen finanzwirtschaftlichen Verhältnissen (vgl. Bd. 1, Kap. „Ökonomische Grundlagen und Finanzierung“, Pkt. 4.4) erbrachten Mehraufwendungen für diesen Bereich bislang nicht dazu geführt, dass die Betreuungsangebote für Krippen- wie für Schulkinder auf ein bedarfsgerechtes Niveau angehoben werden konnten.

Insbesondere der Bedarf an Krippenplätzen ist übergroß. Dies wird deutlich, wenn man berücksichtigt, dass der Bezug von Elterngeld auf maximal 12 bzw. 14 Monate begrenzt ist. Und immerhin sind (2004/alte Bundesländer) knapp 30 % der Mütter mit Kindern unter 3 Jahren aktiv erwerbstätig. Grob geschätzt müsste damit für ein Drittel der Kinder in dieser Altersgruppe ein Krippenplatz vorhanden sein. Für junge Eltern aus den neuen Ländern ergibt sich zudem teilweise eine paradoxe Situation: Auf der Suche nach Erwerbsarbeit verlassen viele Ostdeutschland, wo ein vergleichsweise hoher Betreuungsstandard für Kinder besteht, um dann im Westen möglicherweise zwar Arbeit zu finden, dafür aber keine ausreichenden Kinderbetreuungsangebote.

Angesichts des Wandels in der öffentlichen Beurteilung von Müttererwerbsarbeit, des wachsenden Wunsches der Frauen, Kinder und Berufstätigkeit zeitgleich vereinbaren zu wollen, sowie eines gewachsenen bildungspolitischen Bewusstseins auch hinsichtlich der vorschulischen Erziehung gilt die Ausweitung und Verbesserung der Betreuungsangebote vor allem für Kinder im Krippenalter mittlerweile als erklärtes familien- wie auch bildungspolitisches Ziel. So hat die große Koalition die Absicht, bis zum Jahr 2013 ein Angebot an Krippenplätzen für etwa ein Drittel der Kinder bereit zu stellen.

Diese Ausbauzielsetzung gilt auch für die Umstellung des Schulwesens in Richtung eines Ganztagsunterrichts. Damit kommen auf den Bund, die Länder und die Kommunen erhebliche Mehrbelastungen zu. Zwar führt der demografisch bedingte Rückgang der Kinderzahlen in den nächsten Jahren zu einer gewissen Entlastung, aber es bleibt die Suche nach zusätzlichen Finanzierungsmitteln und nach Umschichtungsmöglichkeiten innerhalb der Etats für familienpolitische Leistungen. Diskutiert wird deshalb darüber, die steuerlichen Vergünstigungen durch das Ehegattensplitting abzubauen und/oder in Zukunft auf Erhöhungen von Kindergeld und Kinderfreibeträgen zu verzichten, um den Ausbau der Kinderbetreuung finanzieren zu können.

7.4 Privater Betreuungsmarkt für Kinder

Die Defizite bei der öffentlichen Kinderbetreuung machen für Frauen, die auf Berufstätigkeit nicht verzichten können bzw. wollen, den Rückgriff auf private Hilfeleistungen notwendig. Ein hohes Maß an Unterstützung wird in der familiären und nachbarschaftlichen Umgebung gefunden. Zu den wichtigsten Garanten der Kinderbetreuung zählen nach wie vor die Großeltern. Neueren Datums sind Elternselbsthilfegruppen wie Babygruppen, Spielkreise oder Müttergruppen.

Zu erkennen ist aber auch, dass in den alten Bundesländern in den letzten Jahren ein privater „Betreuungsmarkt“ für Kinder entstanden und gewachsen ist. Eltern aus mittleren und höheren Einkommensgruppen greifen vermehrt auf die Hilfe durch bezahlte Kräfte (Kinderfrauen, Tagesmütter, Babysitter, private Hausaufgabenhilfen) zurück. Auch die Anstellung von Putzhilfen in Privathaushalten hat zugenommen. Ein Großteil der geringfügig oder auch „schwarz“ beschäftigten Frauen findet sich auf dem Arbeitsmarkt für private Haushaltsdienste. Dieser Trend wird durch die Verbreitung von Niedriglöhnen begünstigt. Durch den Druck, den Arbeitslosigkeit und (legale wie illegale) Zuwanderung auf das Lohnniveau in diesem Segment des Arbeitsmarktes ausüben, lassen sich Hilfskräfte zu niedrigen

Arbeitskosten beschäftigen. Auch durch die Möglichkeit, Kinderbetreuungskosten und haushaltsnahe Dienstleistungen steuerlich absetzen zu können (vgl. Pkt. 6.1.3) dieses Kapitels), werden marktliche Betreuungsangebote gefördert, allerdings kann es sich dann hierbei nicht um Schwarzarbeit handeln.

Die private Finanzierung und Anstellung von Haushalts- und Betreuungshilfen rechnet sich allerdings nur dann, wenn die Frau einen qualifizierten Beruf ausübt und damit gut verdient. Bei einem niedrigen bis mittleren Einkommen ist dieser Weg rein ökonomisch gesehen nicht sinnvoll, da der eigene (Netto!)Verdienst nahezu vollständig für die Mehrausgaben eingesetzt werden müsste und die steuerlichen Entlastungen nur gering ausfallen. Hier überwiegen die Anreize für eine Erwerbsunterbrechung oder die Aufnahme einer lediglich geringfügigen Beschäftigung. Denn mit steigendem Einkommen der Frau mindern sich sowohl die Entlastungseffekte durch das Ehegattensplitting als auch einkommensabhängige Sozialleistungen (z.B. Wohngeld), während auf der anderen Seite die einkommensabhängigen Kindergartenbeiträge steigen.

7.5 Familiengerechte Gestaltung der Arbeitswelt

7.5.1 (Zeit)Anforderungen von Arbeitswelt und Familie im Konflikt

Die Anforderungen in der Arbeitswelt und in der Familie unterscheiden sich in mehrfacher Hinsicht und konkurrieren gegeneinander. Zu Konflikten zwischen beiden Bereichen kommt es vor allem deswegen, weil Erwerbsarbeit und Erziehungsarbeit unterschiedliche Zeitbedarfe und -strukturen aufweisen. Bei den zeitlichen Anforderungen durch die Kindererziehung bleibt zunächst einmal zu berücksichtigen, dass die Versorgung und Erziehung von Kindern immer als zusätzliche Belastung angesehen werden muss. Sie setzt auf der alltäglichen Lebens- und Haushaltsführung, d.h. auf der ohnehin anfallenden Hausarbeit, auf. Trotz der Technisierung des Haushalts und der Verlagerung von Hausarbeiten auf externe Dienstleister (z.B. Reinigung, Restaurant, Fertig- und Tiefkühlkost) ist es insgesamt zu keiner wesentlichen Reduktion der Zeitaufwandes für die Hausarbeit gekommen, weil sich auf der anderen Seite die Ansprüche und Erwartungen hinsichtlich Komfort, Sauberkeit, Freizeitgestaltung erhöht haben. Zwar sind Zeitbedarf und Zeitrhythmus der allgemeinen Hausarbeit variabel, doch durch die (häufig zersplitterten, nicht aufeinander abgestimmten) Zeitvorgaben der externen Ämter und Dienstleistungseinrichtungen wie Behördenzeiten, Ladenöffnungszeiten, Sprechstunden von Ärzten sind die Freiheitsgrade begrenzt. Schon hier kann es schwierig werden, die Fäden der verschiedenen Zeitstrukturen zusammenzuführen.

Sind Kinder zu versorgen, vergrößert sich der Zeitbedarf schlagartig. Entsprechend größer werden die Probleme der Koordination von Zeitabläufen und -strukturen der unterschiedlichen externen und internen Zeitgeber (Kindergarten- und Schulzeiten, außerhäusliche Freizeitaktivitäten, Verkehrszeiten öffentlicher Transportmittel, Ferien, Krankheiten, außerschulische Bildungsangebote usw.). Der Familienalltag wird zum aufwendigen Puzzle; die Lebensbereiche der einzelnen Familienmitglieder mit ihren unterschiedlichen Rhythmen, Aufenthaltsorten und Anforderungsstrukturen passen nicht automatisch von sich aus zusammen, sondern müssen geplant und organisiert werden.

Die zeitlichen Anforderungen durch die Kindererziehung hängen entscheidend davon ab, bis zu welchem Alter des Kindes dessen ausschließliche Betreuung durch die Eltern/einen Elternteil als notwendig bzw. erwünscht angesehen wird und ab wann und in welchem Stundenumfang die familiäre Betreuung durch andere Personen und Einrichtungen ergänzt wird. Bei einer außerfamiliären Betreuung bestimmen im Wesentlichen die Öffnungszeiten der Einrichtungen Dauer und Lage der möglichen außerhäuslichen Abwesenheit der Eltern. Die täglichen Zeitstrukturen sind damit fest vorgegeben und müssen regelmäßig eingehalten werden. Andererseits können immer unvorhergesehene Ereignisse auftreten (akuter Krankheitsfall, Besuch des Arztes, Ausfall des Kindergartens oder der Schule oder anderer familiärer Bezugspersonen usw.), die dann eine spontane Anpassung und Ausdehnung der häuslichen Anwesenheit erforderlich machen.

Dieses Ergebnis lässt sich konfrontieren mit den *Zeitstrukturen der Erwerbsarbeit*. Zu unterscheiden ist auch hier zwischen der Dauer sowie der Lage und Verteilung der Arbeitszeit:

- Bei der Dauer der Arbeitszeit zeigt sich, dass die tarifliche Normalarbeitszeit trotz der Arbeitszeitverkürzungen der letzten Jahre immer noch zu einem langen Arbeitstag führt. Bei einer Arbeitszeit von 8 Stunden am Tag errechnet sich einschließlich Pausen, Rüst- und Wegezeiten eine arbeitsgebundene Zeit von durchschnittlich 9,5 Stunden (vgl. Kap. „Arbeit und Gesundheitsschutz", Pkt. 1.1.1). Eine kontinuierliche außerhäusliche Abwesenheit in dieser Länge lässt sich mit der Betreuung jüngerer Kinder kaum vereinbaren. Dies ist nur dann möglich, wenn ergänzend zu Kindergarten oder Schule andere Personen die Betreuung übernehmen. Erschwerend kommt hinzu, dass in vielen Arbeitsstellen die Bereitschaft zu Überstunden erwartet wird. Angesichts dieser Bedingungen bildet Teilzeitarbeit, d.h. die individuell reduzierte Arbeitszeit mit einem entsprechend geminderten Bruttoverdienst, für die Mehrzahl der Frauen die einzige Chance, um die Berufstätigkeit mit den familiären Aufgaben in Einklang bringen zu können.
- Bei der Lage des individuellen Arbeitseinsatzes ist in den Betrieben und Verwaltungen der Trend festzustellen, aus ökonomischen Gründen vermehrt Schichtarbeit, Nachtarbeit und Wochenendarbeit zu praktizieren. Arbeitszeiten bis in den späten Abend hinein, Nachtarbeit, Arbeit am Wochenende, an Sonn- und Feiertagen konkurrieren aber nicht nur mit persönlichen Zeitverwendungswünschen, sondern stehen auch im Gegensatz zu den Zeitstrukturen der außerhäuslichen Kinderbetreuungseinrichtungen. Da die Tageseinrichtungen für Kinder wie auch die Schulen auf den Vormittag und (allerdings sehr begrenzt) auf den frühen Nachmittag orientieren, ist bei derartigen Arbeitszeiten

eine Synchronisierung mit den außerbetrieblichen Zeitstrukturen kaum möglich.

- Gleichermaßen schwierig für berufstätige Eltern, die Kinder zu versorgen haben, wird es, wenn die Verteilung der individuell vereinbarten Arbeitszeit im Verlauf des Tages, der Woche, der Monats nicht feststeht, sondern nach Maßgabe konjunktureller, saisonaler und branchentypischer Produktions- und Nachfrageschwankungen variiert. Hinzu kommt, dass junge Menschen gerade im Familiengründungsalter zunehmend öfter befristete Verträge angeboten bekommen. In allen Bereichen der Wirtschaft setzen sich solche variablen Arbeitszeiten durch, auf der Grundlage von Teilzeit- wie von Vollzeitarbeit. Die vertragliche Arbeitszeit muss dann nur im Durchschnitt eines bestimmten Zeitraums (Woche, Monats, mehrere Monate) erreicht werden, was erhebliche Schwankungen innerhalb dieses Zeitraums zulässt. Das wird für Eltern zum Problem, da sich die Betreuung von Kindern nicht auf „später", auf den Abend, auf das Wochenende oder freie Tage „verschieben" lässt und regelmäßige und berechenbare häusliche Anwesenheitszeiten unumgänglich sind. Auf der anderen Seite verlangen die im Familienalltag üblichen unvorgesehenen Ereignisse auf Seiten der Eltern aber auch die Möglichkeit, den Einsatz der individuellen Arbeitszeiten bzw. die Lage der arbeitsfreien Zeiten variieren zu können (Gleitzeitarbeit, Freistellungen, Sonderurlaub, Urlaubstage, Freischichten usw.).

In der betrieblichen Praxis ist nicht sichergestellt, dass berufstätige Eltern ihre spezifischen Zeitinteressen realisieren können. Zwischen den betrieblichen Zeitvorgaben und den persönlichen Zeitbedürfnissen der Beschäftigten gibt es kein harmonisches Verhältnis, sondern vielmehr ein strukturelles Konfliktfeld, das durch Interessensüberschneidungen und -schnittmengen gemildert, aber nicht grundsätzlich überbrückt wird. Angesichts der Machtasymmetrie auf dem Arbeitsmarkt verfügen nur leistungsstarke Beschäftigte mit einer wichtigen betrieblichen Position und Qualifikation über „Zeitsouveränität", d.h. über die (Verhandlungs-)Stärke, ihre Interessen individuell auszuhandeln und auch gegen den Betrieb durchzusetzen. Hingegen muss sich, wenn die Entscheidung über Dauer, Lage und Verteilung der Arbeitszeit auf einzelvertraglicher Grundlage beruht, die Mehrzahl der Beschäftigten den betrieblichen Vorgaben unterordnen.

Wenn es aber ein sozial- und familienpolitisches Ziel ist, die Vereinbarkeit von Beruf und Familie zu erleichtern, bedarf es formalisierter Arbeitszeitregelungen auf gesetzlicher und/oder kollektivvertraglicher Basis. Ohne Regelungen, die Ansprüche und Rechte normieren, kann eine familienorientierte Strukturierung von Dauer, Lage und Verteilung der Arbeitszeit sowohl unter Schutz- als auch unter Gestaltungsaspekten nicht allgemeingültig und im Konfliktfall auch gegen das Kalkül betrieblicher Personalpolitik und/oder gegen die Interessen von anderen Beschäftigten(-gruppen) durchgesetzt werden.

Insgesamt wirkt es sich auf die Lebensbedingungen in modernen Gesellschaften problematisch aus, dass sich Berufseinstieg und Karriereplanung einerseits und Familiengründung andererseits zeitlich überschneiden und auf eine ganz bestimmte Lebensphase (heute häufig zwischen dem 28. und 35. Lebensjahr) begrenzen; es kommt gleichsam zu einer „Rushhour des Lebens“, die nicht nur oftmals mit dem weiteren Hinausschieben des Kinderwunsches bzw. sogar dem vollständigen Verzicht auf Kinder verbunden ist (vgl. Pkt. 4.3 dieses Kapitels), sondern auch mit einer wachsenden Überforderung bei vielen jungen Menschen einhergeht. Dem entspricht, dass empirische Befunde die Unzufriedenheit von ArbeitnehmerInnen mit Kindern mit den vorherrschenden Verteilungsmustern von Arbeitszeit im Lebenslauf belegen. Es zeigt sich eine auffällige Diskrepanz zwischen Arbeitszeitwünschen und -wirklichkeit: Ein erheblicher Anteil wünscht sich sowohl eine andere Arbeitszeitgestaltung als auch ein anderes Arbeitszeitmodell mit dem Partner. Selbst in der Phase der Kleinkindbetreuung entspricht das traditionelle westliche Alleinverdiener-Modell in hohem Maße nicht den Erwerbswünschen der Frauen mit Kindern, obwohl es von der überwiegenden Mehrheit gelebt wird. Die bessere zeitliche Vereinbarkeit von Berufstätigkeit und Familie steht dabei im Zentrum der Wünsche jüngerer Beschäftigter.

Die (zeitlichen) Belastungen durch die Kindererziehung und *Pflegeleistungen* weisen manche Parallelitäten auf, sie unterscheiden sich jedoch auch in mehrfacher Hinsicht, was entsprechend unterschiedliche Anforderungen auf der betrieblichen Ebene nach sich zieht. Bei der Pflege ist der Eintritt der Pflegebedürftigkeit ist nicht prognostizierbar. Auch die Dauer der Pflegebedürftigkeit ist in der Regel nicht absehbar, sie kann nur kurzfristig sein, sich aber auch über viele Jahre hinweg erstrecken und möglicherweise auf mehrere Personen erweitern („Huckepack-Belastung“), wenn etwa die Mutter, die bislang den Vater hauptverantwortlich versorgt und verpflegt hat, mit zunehmender Dauer und Schwere der Pflegeverantwortung selbst hinfällig und hilfebedürftig wird. Ebenso unbestimmt ist der Entwicklungsverlauf der Hilfs- und Pflegebedürftigkeit. Eine „Verbesserung“ dürfte in den allermeisten Fällen ausgeschlossen sein. Schließlich ist die psychische Belastung durch die Pflege ungleich höher als bei der Betreuung und Erziehung von Kindern. Die Geburt von Kindern ist ein freudiges und erfüllendes Ereignis; an dem Leben mit Kindern und an den Entwicklungsfortschritten der Kinder haben die ganze Familie und das soziale Umfeld gerne teil. Dies sieht bei der Versorgung älterer Angehöriger, die häufig genug auch psychisch erkrankt sind, gänzlich anders aus.

7.5.2 Elternzeit

Die Möglichkeit, die Arbeit nach der Geburt von Kindern zu unterbrechen und danach nachteilsfrei wieder zurückkehren zu können, wird durch die gesetzliche Elternzeit geregelt. Die Elternzeit (früher als Erziehungsurlaub bezeichnet) nach dem *Bundeselterngeld- und Elternzeitgesetz* eröffnet den Eltern, die in einem Arbeitsverhältnis stehen, den Anspruch, ihre Berufstätigkeit längstens bis zur Vollendung des 36. Lebensmonats des Kindes zu unterbrechen. Wenn Vater und Mutter erwerbstätig sind, können sie entscheiden, wer von beiden Elternzeit nimmt, gleichzeitig oder abwechselnd. Voraussetzung ist, dass die Berechtigten mit dem Kind im selben Haushalt leben, das Kind überwiegend selbst betreuen und während der Elternzeit nicht mehr als 30 Stunden arbeiten. Zur Gewährung von Elternzeit auf Verlangen des/der Berechtigten ist jeder Arbeitgeber, unabhängig von der Größe oder Art seines Betriebes verpflichtet. Erwartet die Mutter während der Elternzeit ein weiteres Kind, so entsteht nach der Geburt ein neuer Anspruch auf Elternzeit.

Ein Anteil von bis zu zwölf Monaten der Elternzeit kann auch auf die Zeit bis zur Vollendung des achten Lebensjahres des Kindes übertragen werden, wenn der Arbeitgeber zustimmt. Die Elternzeit wird dabei für jeden Elternteil separat betrachtet, d.h. dass die Elternzeit des Partners dem übertragenden Elternteil nicht angerechnet wird. Die Elternzeit kann auch von jedem Elternteil in zwei Zeitabschnitte aufgeteilt werden. Wenn es die Eltern wollen (und es sich finanziell leisten können) ist es auch möglich, dass sie die Anteile der Elternzeit oder sogar die gesamte dreijährige Elternzeit vollständig gleichzeitig nutzen, also nicht begrenzt auf gemeinsame eineinhalb Jahre.

Das Arbeitsverhältnis bleibt während der Elternzeit bestehen; es herrscht *Kündigungsschutz*. Für eine Kündigung nach dem Ende der Elternzeit gelten die Vorschriften des Kündigungsschutzgesetzes. Befristete Verträge verlängern sich durch die Elternzeit nicht. Die Beschäftigungsgarantie beinhaltet einen Anspruch auf Rückkehr auf den alten oder einen gleichwertigen Arbeitsplatz. Eine Umsetzung, die mit einer Schlechterstellung, insbesondere mit einem geringeren Entgelt verbunden wäre, ist nicht zulässig

Während der Elternzeit ist eine Teilzeitarbeit von bis zu 30 Stunden wöchentlich zulässig. Auf eine Teilzeitarbeit in einem Korridor zwischen 15 und 30 Wochenstunden, verbunden mit einem Rückkehrrecht auf den gleichen (Vollzeit)Arbeitsplatz, besteht ein Rechtsanspruch gegenüber dem Arbeitgeber, wenn das Unternehmen mehr als 15 Beschäftigte hat und der Arbeitszeitreduzierung keine dringenden betrieblichen Gründe entgegenstehen.

Die Elternzeit erfolgt ohne Einkommensausgleich. Soweit Anspruch auf Elterngeld besteht, erfolgt allerdings eine Einkommensersatz für maximal 14 Monate (vgl. Pkt. 6.2.1 dieses Kapitels). In der Gesetzlichen Kranken- und Pflegeversicherung wird die Pflichtmitgliedschaft beitragsfrei aufrechterhalten. Die Elternzeit ist in der Arbeitslosenversicherung den Zeiten einer beitragspflichtigen Beschäftigung gleichgestellt.

Die Elternzeit wird (2005) von über 95 % aller anspruchsberechtigten ArbeitnehmerInnen in Anspruch genommen. Nicht bekannt ist, wie hoch der Teil ist, der die Elternzeit im vollen zeitlichen Umfang nimmt. Ebenfalls fehlen Informationen darüber, wieviel Beschäftigte nach Ablauf der Frist dauerhaft in ihren Beruf zurückkehren und wieviele ihre Berufstätigkeit über die Elternzeit hinaus länger unterbrechen. Männer machen von der Elternzeit nur einen sehr geringen Gebrauch (6 %), auch wird der mögliche Wechsel zwischen Vater und Mutter so gut wie nicht wahrgenommen. Diese Zurückhaltung der Väter ist nicht verwunderlich. Da bislang kein Lohnersatz gezahlt wurde und Männer im Regelfall mehr verdienen als ihre Frauen, kann auf den Ausfall des Männer-Einkommens noch weniger verzichtet werden als auf den Ausfall des Frauen-Einkommens. Dies soll sich durch das einkommensbezogene *Elterngeld* ändern (vgl. Pkt. 6.2.1 dieses Kapitels).

Die gesetzliche Elternzeit wird durch eine Reihe von Tarifverträgen und Betriebsvereinbarungen auf bis zu sechs Jahre verlängert. Allerdings ist die Beschäftigungsgarantie – mit Ausnahme des Beamtenrechts und der tarifrechtlichen Regelungen für die ArbeiterInnen und Angestellten des öffentlichen Dienstes – in aller Regel vage gehalten.

7.5.3 Gestaltung von Teilzeitarbeit

Nach Beendigung der Elternzeit wird es nur unter Schwierigkeiten möglich sein, die Berufstätigkeit auf Vollzeitbasis wieder aufzunehmen. Viele Frauen reagieren auf dieses Problem mit einem Wechsel in ein Teilzeitarbeitsverhältnis. Aber da die Betriebe gerade im Bereich qualifizierter Tätigkeiten Teilzeitarbeit eher ablehnend gegenüberstehen und hier einen „vollen“ Einsatz der Arbeitskraft erwarten, ist der Übergang zur Teilzeitarbeit oft nicht möglich mit einem Betriebs- und Berufswechsel und einer Dequalifizierung verbunden. Noch schwieriger ist es für die Frauen, nach einer längeren Familienphase einen qualifikationsgerechten Teilzeitarbeitsplatz zu erhalten. Als ein objektives Problem erweist sich für die Betriebe, dass die Frauen wegen der bereits skizzierten Zeitstrukturen von Kindergärten und Schulen überwiegend Teilzeitarbeit am Vormittag nachfragen. Die von den Betrieben präferierten neuen Formen von variabler Teilzeitarbeit entsprechen aber kaum den Bedürfnissen von Frauen mit Familienaufgaben, wenn man an die regelmäßigen Zeitbedarf von Kindern denkt.

Ein individueller Anspruch auf Teilzeitarbeit wegen Kindererziehung oder nach Elternzeit mit Rückkehrmöglichkeit zur Vollzeitarbeit fand sich in der Vergangenheit bereits im Beamtenrecht und hat zunehmend Berücksichtigung in kollektivvertraglichen Regelungen gefunden. Allerdings können Betriebsvereinbarungen und Tarifverträge zur Teilzeitarbeit naturgemäß nur eine Vorreiterrolle einnehmen, da sie nicht flächendeckend sind und insbesondere den für Frauenbeschäftigung typischen Bereich von Klein- und Mittelbetrieben im Dienstleistungssektor unzureichend erfassen. Eine strukturelle Verbesserung bedeutet in diesem Zusammenhang das seit 2001 geltende „Gesetz über Teilzeitarbeit und befristete Arbeitsverträge“, das – bei Vorlage bestimmter persönlicher Voraussetzungen – einen grundsätzlichen Anspruch auf Teilzeit auch gesetzlich verankert, den auch ArbeitnehmerInnen nach der Elternzeit stellen können. Allerdings gilt der Anspruch nicht für Unternehmen mit weniger als 16 Beschäftigten. Auch kann der Arbeitgeber den

Wunsch auf Teilzeit aus betrieblichen Gründen ablehnen. Hierzu gehören eine wesentliche Beeinträchtigung der Organisation, des Arbeitsablaufs oder der Sicherheit im Betrieb sowie unverhältnismäßige Kosten. Im Gegensatz zur Regelung des Elternzeitgesetzes ist der Anspruch auf Reduzierung der Arbeitszeit nach dem Teilzeit- und Befristungsgesetz auch nicht mit einer Rückkehroption auf die vorherige vertraglich vereinbarte Arbeitszeit verbunden. Arbeitnehmerinnen und Arbeitnehmer, die ihre Arbeitszeit (wieder) ausweiten wollen, haben jedoch das Recht, bei der Besetzung von Arbeitsplätzen gegenüber Neueinstellungen vorrangig berücksichtigt zu werden. Dies gilt dann auch für Beschäftigte, die ihre Arbeitszeit nach einer Reduzierung wieder aufstocken wollen.

Die Regelungen des Elternzeit- und des Teilzeit- und Befristungsgesetzes nehmen damit im Grundsatz Argumente auf, die in der wissenschaftlichen und politischen Debatte unter dem Aspekt der stärkeren Erwerbsintegration von Frauen mit Kindern und der Aufteilung von Erwerbs- und Sorgearbeit zwischen den Elternteilen intensiv diskutiert wurden. Sie stellen einen wichtigen Schritt zu einer Optionalität der Arbeitszeiten für Eltern dar und haben wesentliche Auswirkungen auf die Ausgestaltung der Vereinbarkeit von Erwerbstätigkeit und Kinderbetreuung in Richtung einer Kontinuität in der Erwerbsbeteiligung. Auch werden durch die 30-Stunden-Grenze im Elternzeitgesetz eine Abkehr vom Zuverdienstmodell und eine geschlechterparitätische Aufteilung der Betreuungsarbeit grundsätzlich ermöglicht.

7.5.4 Freistellung bei Krankheit des Kindes

Berufstätige Eltern stehen vor besonderen Problemen, wenn ihre Kinder krank werden und gepflegt werden müssen. Die bestehenden gesetzlichen Regelungen bieten hier eine begrenzte Lösung: Vater und Mutter haben jeweils für jedes Kind bis zu 10 Tagen im Jahr Anspruch auf Freistellung von der Arbeit, der Anspruch für Alleinerziehende beträgt längstens 20 Tage. Die Freistellungstage begrenzen sich bei mehreren Kindern auf maximal 25 Tage pro Elternteil bzw. auf maximal 50 Tage bei Alleinerziehenden. Ein Anspruch besteht nur, wenn das Kind jünger als 12 Jahre ist und eine andere im Haushalt lebende Person das Kind nicht pflegen kann. In der Zeit der Freistellung besteht zugleich Anspruch auf Krankengeld (vgl. Kap. „Gesundheit und Gesundheitssystem“, Pkt. 5.1.3).

In der Praxis wird von dieser Regelung wenig Gebrauch gemacht. Dies betrifft vor allem für die Väter zu. Und für erwerbstätige Mütter, die kranke Kinder zu versorgen haben, ist es oft unproblematischer, Arbeitsunfähigkeit wegen eigener Erkrankung vorzugeben. Im Rahmen der Lohnfortzahlung bedarf es hier in der 3-Tages-Frist in der Regel keines ärztlichen Attestes, und im betrieblichen Alltag kommt es weniger leicht zu Diskriminierungen wegen unterstellter eingeschränkter Leistungsfähigkeit. Um kritische Nachfragen zu vermeiden, wird auch häufig Erholungsurlaub genommen.

8 Kinder- und Jugendhilfe

Für die Eltern ist die Erziehung ihrer Kinder keine leichte Aufgabe. In der Familie können Schwierigkeiten auftreten, die die Entwicklung der Kinder zu eigenverantwortlichen Persönlichkeiten beeinträchtigen. Aber auch hinsichtlich der sozialen Rahmenbedingungen kann das Hineinwachsen junger Menschen in die Gesellschaft mit vielfältigen Problemen verbunden sein. Die Kinder- und Jugendhilfe nach dem Kinder- und Jugendhilfegesetz (KJHG, SGB VIII) ist eine Antwort auf diese Herausforderungen. Kinder- und Jugendhilfe (im folgenden Jugendhilfe) hat die Aufgabe, junge Menschen in ihrer individuellen und sozialen Entwicklung zu fördern, Benachteiligungen zu vermeiden oder abzubauen, sie vor Gefahren für ihr Wohl zu schützen und die Eltern bei der Erziehung zu beraten und zu unterstützen.

Die Hilfen und Leistungen der Jugendhilfe sehen die Kinder und Jugendlichen und ihre Eltern als Adressaten und weisen in ihrer Orientierung an den verschiedenen Lebenslagen und Erziehungssituationen ein breites Spektrum auf. Sie sind präventiv ausgerichtet und sollen Kindern und Eltern nicht erst dann zur Verfügung stehen, wenn die Erziehung in der Familie ernsthaft gefährdet ist, sondern frühzeitig einsetzen, so dass sich Krisen und Konflikte nicht weiter verstärken und Möglichkeiten zur Selbsthilfe eröffnet werden. Da die Leistungen nur dann wirksam werden, wenn sich die Adressaten aktiv beteiligen, besteht der Anspruch zwischen Einrichtungen und Diensten verschiedener Träger zu wählen und Wünsche hinsichtlich der Gestaltung der Hilfe zu äußern. Ausdrücklich vorgesehen ist die Beteiligung von Kindern und Jugendlichen an allen sie betreffenden Entscheidungen der Jugendhilfe. Ordnungsrechtliche Eingriffe in die Familie, die noch im Mittelpunkt des alten Jugendwohlfahrtsgesetzes standen und die das (Negativ)Image der Jugendhilfe (über Jahrzehnte geprägt haben („Fürsorgeerziehung“), treten im KJHG in den Hintergrund.

Zuständig für die Gewährleistung und Finanzierung der Leistungen ist die öffentliche Jugendhilfe, vertreten durch die Jugendämter der Kommunen und Kreise. Gemäß dem Subsidiaritätsprinzip erfolgt die konkrete Leistungserbringung überwiegend durch freie Träger. Die Leistungen bestehen in erster Linie aus persönlichen und erzieherischen Hilfen, wirtschaftliche Hilfen haben eine nur nachrangige Bedeutung. Nur auf einige Leistungen (Hilfe zur Erziehung, Kindergartenplatz) kann ein individueller Rechtsanspruch geltend gemacht werden; der öffentliche Jugendhilfeträger hat jedoch die Pflicht, die für die Aufgabenerfüllung erforderlichen Leistungen, Dienste und Einrichtungen bedarfsgerecht zur Verfügung zu stellen. Hinsichtlich der Art, Qualität und Quantität der Leistungen besteht ein breiter Gestaltungsspielraum, so dass sich das Leistungsangebot zwischen den Kommunen und Regionen in Deutschland erheblich unterscheidet.

Die Jugendhilfe umfasst Leistungen und andere Aufgaben zugunsten junger Menschen und Familien. Leistungen sind:

- Angebote der Jugendarbeit, der Jugendsozialarbeit und des erzieherischen Kinder- und Jugendschutzes,
- Angebote zur Förderung der Erziehung in der Familie,
- Angebote zur Förderung von Kindern in Tageseinrichtungen und in Tagespflege,
- Hilfe zur Erziehung,
- Hilfe für seelisch behinderte Kinder und Jugendliche,
- Hilfe für junge Volljährige.

Zu den anderen Aufgaben zählen u.a.

- die Inobhutnahme von Kindern und Jugendlichen,
- die Herausnahme des Kindes oder des Jugendlichen ohne Zustimmung des Personensorgeberechtigten,
- die Mitwirkung in Verfahren vor den Vormundschafts- und den Familiengerichten sowie in Verfahren nach dem Jugendgerichtsgesetz,
- die Beratung und Belehrung in Verfahren zur Annahme als Kind,

Jugendarbeit und Jugendsozialarbeit.

Die Jugendarbeit hat eine wichtige präventive Wirkung für das Wohl der Jugendlichen. Zu ihren Schwerpunkten gehören die außerschulische Jugendbildung, Jugendarbeit in Sport und Spiel, arbeitswelt-, schul- und familienbezogene Jugendarbeit, Kinder- und Jugenderholung, die internationale Jugendarbeit sowie die Jugendberatung. Das Feld der Jugendarbeit ist eine Domäne von freien Trägern, Jugendverbänden und Jugendgruppen.

Die Jugendsozialarbeit zielt auf den Ausgleich sozialer Benachteiligungen und individueller Beeinträchtigungen von jungen Menschen, sie bietet Beratung und sozialpädagogisch begleitete schulische und berufliche Ausbildungs- und Beschäftigungsmöglichkeiten. Der Jugendsozialarbeit kommt angesichts der hohen Jugendarbeitslosigkeit, insbesondere bei ausländischen und ungelernten Jugendlichen, eine wachsende Bedeutung zu.

Förderung der Erziehung in der Familie

Zur allgemeinen Familienförderung gehören die Familienbildung, die allgemeine Beratung sowie Freizeit- und Familienerholungsangebote.

Neben die Angebote, die für alle gelten, treten differenzierte Hilfen auf Beratung und Unterstützung in besonderen Lebenslagen, so in Fragen der Partnerschaft, Trennung und Scheidung. Insbesondere alleinerziehende Mütter und Väter haben Anspruch auf Unterstützung und Beratung, auf Förderung von geeigneten Wohnformen und auf Betreuung und Versorgung des Kindes in Notsituationen.

Hilfen zur Erziehung

Das KJHG verpflichtet die Jugendämter, bedarfsgerecht Erziehungshilfen anzubieten, Beratungsaufgaben wahrzunehmen und Kinder, Jugendliche und Eltern in ihrem gewohnten Umfeld zu unterstützen, wenn eine dem Wohl des Kindes oder des Jugendlichen entsprechende Erziehung nicht gewährleistet ist und die Hilfe für seine Entwicklung geeignet und notwendig ist. Im Spannungsfeld zwischen möglichst wenig Eingriffen in die Familie und der staatlichen Verpflichtung zum Schutz und zur Hilfe für das Kind steht damit das Wohl des Kindes im Mittelpunkt. Der Schwerpunkt der Hilfen liegt bei den ambulanten und teilstationären Hilfen, die unter Aufrechterhaltung der familiären Lebensgemeinschaft geleistet werden. Darunter fallen die Erziehungsberatung, die soziale Gruppenarbeit, der Erziehungsbeistand, die Erziehung in einer Tagesgruppe, Im Laufe des Jahres 2004 wurden in Deutschland rund 310.000 institutionelle Beratungen beendet. Die Beratungen durch Erziehungsberatungsstellen und andere Dienste liegen dabei mit Abstand an der Spitze der Hilfen. Etwa 60 % der Leistungen erfolgen durch freie Träger.

Auch eine familienunterstützende Jugendhilfe kann auf Hilfen zur Erziehung *außerhalb* des Elternhauses nicht verzichten, wenn die Eltern – auch mit fachlicher Unterstützung – nicht in der Lage sind, das Wohl des Kindes oder Jugendlichen selbst zu gewährleisten. Neben der Erziehung im Heim oder einer betreuten Wohnform (betreutes Einzelwohnen, pädagogisch betreute Wohngemeinschaften) kommt dann insbesondere die Erziehung in einer Pflegefamilie in Betracht.

Am Jahresende 2005 gab es in Deutschland etwa 130.000 Kinder und Jugendliche, die Hilfen zur Erziehung außerhalb des Elternhauses (Vollzeitpflege in einer anderen Familie, Heimerziehung, sonstige betreute Wohnform) erhielten. Knapp die Hälfte (47,3 %) lebten in einem Heim.

Ausgaben der Jugendhilfe

Die Ausgaben der Jugendhilfe beliefen sich im Jahre 2005 auf über 20,8 Mrd. €. Davon tragen Bund, Länder und Gemeinden 90%, der Rest wird durch Teilnehmer- und Kostenbeiträge aufgebracht. Mehr als 53 % der Mittel fließen in die Finanzierung der Tageseinrichtungen für Kinder. 4,8 Mrd. € kostete die Hilfe zur Erziehung, für die Jugendarbeit standen rund 10 % zur Verfügung.

9 Literaturhinweise

Lebensformen, Geschlechterverhältnisse, Familien und Kinder

Alt, Ch., Kindheit in Ost und West. Wandel der familialen Lebensformen in Deutschland aus Kindersicht, Opladen 2001.

Barabas, F., Erler, M., Die Familie. Lehr- und Arbeitsbuch für Familiensoziologie und Familienrecht, Weinheim 2002.

Bauer, F., Zeitbewirtschaftung in Familien, Opladen 2000.

Beck-Gernsheim, E., Was kommt nach der Familie? Einblicke in neue Lebensformen, München 1998.

Berger, P.A., Kahlert, H. (Hrsg.), Der demografische Wandel – Chancen für die Neuordnung der Geschlechterverhältnisse, Fankfurt a.M./New York 2007.

Bertram, H. (Hrsg.), Das Individuum und seine Familie, Opladen 1995.

Bien, W. (Hrsg.), Familie an der Schwelle zum neuen Jahrtausend, Wandel und Entwicklung familiärer Lebensformen, Opladen 1996.

Bien, W., Hartl, A., Teubner, M. (Hrsg.), Patchwork-Eltern und ihre Kinder? Zur Lebenssituation von Stieffamilien, Opladen 2002.

Bien, W., Marbach, J. H. (Hrsg.), Partnerschaft und Familiengründung – Ergebnisse der dritten Welle des Familien-Survey, Opladen 2003.

Bothfeld, S., Klammer, U., Klenner, Ch., WSI-FrauenDatenReport 2005. Handbuch zur wirtschaftlichen und sozialen Situation von Frauen, Berlin 2005.

Braches-Chyrek, R., Zur Lebenslage von Kindern in Ein-Eltern-Familien, Opladen 2002.

Brake, A., Familie - Arbeit - Freizeit: Was zählt? Optionen der Lebensqualität in den Vorstellungen junger Erwachsener, Opladen 2003.

Brand, D., Hammer, V., Balanceakt Alleinerziehende: Lebenslagen, Lebensformen, Erwerbsarbeit, Wiesbaden 2002.

Bundesministerium für Familie und Senioren, 5. Familienbericht, Familien und Familienpolitik im geeinten Deutschland - Zukunft des Humanvermögens, Bericht der Sachverständigenkommission, Bundestagsdrucksache 12/7560.

Bundesministerium für Familie, Frauen und Jugend, 6. Familienbericht, Familien ausländischer Herkunft in Deutschland –Leistungen – Belastungen - Herausforderungen, Bundestagsdrucksache 14/4357.

Burkart, G., Kohli, M., Liebe, Ehe, Elternschaft. Die Zukunft der Familie, München 1992.

Burkhart. G., Wolf, J. (Hrsg.), Lebenszeiten - Erkundungen zur Soziologie der Generationen. Martin Kohli zum 60. Geburtstag, Opladen 2002.

Corneließen, W. (Hrsg.), Gender-Datenreport, erstellt durch das Deutsche Jugendinstitut in Zusammenarbeit mit dem Statistischen Bundesamt im Auftrag des Bundesministeriums für Familie, Senioren, Frauen und Jugend, München 2005.

Ecarius, J., (Hrsg.), Familie: Ein erziehungswissenschaftliches Handbuch, Wiesbaden 2007.

Eckhard, J., Klein, Th., Männer, Kinderwunsch und generatives Verhalten – Eine Auswertung des DJI - Familien - Survey, Wiesbaden 2006.

Eggen, B., Rupp, M. (Hrsg.), Kinderreiche Familien, Wiesbaden 2006.

Engstler, H., Menning, S., Die Familie im Spiegel der amtlichen Statistik, erstellt im Auftrag des Bundesministeriums für Familie, Senioren, Frauen und Jugend in Zusammenarbeit mit dem Statistischen Bundesamt, Berlin 2003.

Gerhardt, U. u.a. (Hrsg.), Familie der Zukunft, Lebensbedingungen und Lebensformen, Opladen 1995.

Herlth, A. u.a., Abschied von der Normalfamilie? Partnerschaft contra Elternschaft, Berlin, Heidelberg 1994.

Huinink, J., Warum noch Familie? Zur Attraktivität von Partnerschaft und Elternschaft in unserer Gesellschaft, Frankfurt a. M./New York 1995.

Kaufmann, F.-X., Zukunft der Familie im vereinten Deutschland, München 1995.

Kohli, M., Szydlik, M. (Hrsg.), Generationen in Familie und Gesellschaft, Opladen 2000.

Kolbe, W., Elternschaft im Wohlfahrtsstaat, Frankfurt a.M./New York 2002.

Krüger, H.-H., Grunert, C. (Hrsg.), Handbuch Kindheits- und Jugendforschung, Opladen 2002.

Leitner, S., Ostner, I., Schratzenstaller, M. (Hrsg.), Wohlfahrtsstaat und Geschlechterverhältnis im Umbruch. Was kommt nach dem Ernährermodell?, Wiesbaden 2004.

Lettke, F., Lange, A. (Hrsg.), Generationen und Familien, Frankfurt a.M. 2007.

Nauck, B., Bertram, H. (Hrsg.), Kinder in Deutschland. Lebensverhältnisse von Kindern im Regionalvergleich, Opladen 1995.

Nave-Herz, R., Familie heute, Darmstadt 2007.

Nave-Herz, R. (Hrsg.), Kontinuität und Wandel der Familie in Deutschland: Eine zeitgeschichtliche Analyse, Stuttgart 2002.

Oechsle, B., Geissler, B. (Hrsg.), Die ungleiche Gleichheit. Junge Frauen und der Wandel im Geschlechterverhältnis, Opladen 1998.

Peuckert, R., Familienformen im sozialen Wandel, 6. Auflage, Wiesbaden 2005.

Rolff, H.-G., Zimmermann, P., Kindheit im Wandel, Weinheim 1997.

Roloff, J., Dorbritz, J., Familienbildung in Deutschland Anfang der 90er Jahre, Opladen 1999.

Schneider, N. u.a., Alleinerziehen - Vielfalt und Dynamik einer Lebensform, Weinheim 2001.

Schweppe, C., Generation und Sozialpädagogik: Theorienbildung, öffentliche und familiale Generationenverhältnisse, Arbeitsfelder, Weinheim 2002.

Szydlik, M., Lebenslange Solidarität: Generationenbeziehungen zwischen erwachsenen Kindern und Eltern, Opladen 2000.

Vaskovics, L. A. (Hrsg.), Familienleitbilder und Familienrealitäten, Opladen 1997.

Zinnecker, J., Silbereisen, R., Kindheit in Deutschland. Aktueller Survey über Kinder und ihre Eltern, 2. Auflage, Weinheim 1998.

Einkommens- und Armutslagen von Familien und Kindern

Andreß, H.-J., Borgloh, B., Güllner, M., Wenn aus Liebe rote Zahlen werden. Über die wirtschaftlichen Folgen von Trennung und Scheidung, Wiesbaden 2003.

Beisenherz, G., Kinderarmut in der Wohlfahrtsgesellschaft, Opladen 2002.

Bruhns, K., Mack, W. (Hrsg.), Aufwachsen und Lernen in der Sozialen Stadt – Kinder und Jugendliche in schwierigen Lebensräumen, Opladen 2001.

Butterwegge, Ch., Holm, K., Imholz, B. u.a., Armut und Kindheit. Ein regionaler, nationaler und internationaler Vergleich, Wiesbaden 2004.

Butterwegge, Ch., Klundt, M. (Hrsg.), Kinderarmut und Generationengerechtigkeit. Familien- und Sozialpolitik im demografischen Wandel, 2. Auflage, Wiesbaden 2003.

Butterwegge, Ch., Klundt, M., Zeng, M., Kinderarmut in Ost- und Westdeutschland, Wiesbaden 2005.

Butterwegge, Ch., Ruiss, D. (Hrsg.), Kinderarmut in Deutschland, 2. Auflage, Frankfurt a.M./New York 2000.

Chasse, K., Zander, M., Rasch, K., Meine Familie ist arm - Wie Kinder im Grundschulalter Armut erleben und bewältigen, 2. Auflage, Opladen 2005.

Eggen, B., Familien in der Sozialhilfe und auf dem Arbeitsmarkt in Ost- und Westdeutschland, Materialien und Berichte der Familienwissenschaftlichen Forschungsstelle, Band 28, Stuttgart 2000.

Klocke, A., Hurrelmann, K. (Hrsg.), Kinder und Jugendliche in Armut, 2. Auflage, Wiesbaden 2001.

Mansel, J., Brinkhoff, K.-P. (Hrsg.), Armut im Jugendalter, Weinheim 1998.

Otto, U. (Hrsg.), Aufwachsen in Armut – Erfahrungswelten und soziale Lagen von Kindern armer Familien, Opladen 1997.

Palentien, Ch., Kinder- und Jugendarmut in Deutschland, Wiesbaden 2004.

Zander, M. (Hrsg.), Kinderarmut. Einführendes Handbuch für Forschung und soziale Praxis, Wiesbaden 2005.

Familienpolitik

Althammer, J. (Hrsg.), Familienpolitik und soziale Sicherung. Festschrift für Heinz Lampert: Festschrift für Heinz Lampert, Berlin 2005.

Althammer, J., Ökonomische Theorie der Familienpolitik. Theoretische und empirische Befunde zu ausgewählten Problemen staatlicher Familienpolitik, Heidelberg 2000.

Bahle, Th., Familienpolitik in Westeuropa. Ursprünge und Wandel im historischen Vergleich, Frankfurt a.M./New York 1995.

Bertram, H., Rösler, W., Ehlert, N., Nachhaltige Familienpolitik – Zukunftssicherung durch einen Dreiklang von Zeitpolitik, finanzieller Transferpolitik und Infrastrukturpolitik, Gutachten für das Bundesministerium für Familie, Senioren, Frauen und Jugend, Berlin 2005.

Bundesministerium für Familie, Senioren, Frauen und Jugend, 7. Familienbericht, Familien zwischen Flexibilität und Verlässlichkeit – Perspektiven für eine lebenslaufbezogene Familienpolitik, Bundestagsdrucksache 16/1360.

Dienel, Chr., Familienpolitik. Eine praxisorientierte Gesamtdarstellung der Handlungsfelder und Probleme, Weinheim 2002.

Dilger, A., Gerlach, I., Schneider, H. (Hrsg.), Betriebliche Familienpolitik, Wiesbaden 2007.

Dohmen, D., Neuordnung der Studienfinanzierung. Eine kritische Bestandsaufnahme des bestehenden Systems und der vorliegenden Reformvorschläge, Frankfurt a.M. 1996.

Gerlach, I., Familienpolitik, Opladen 2004.

Hessische Staatskanzlei (Hrsg.), Die Familienpolitik muss neue Wege gehen! Wiesbaden 2003.

Kuller, Ch., Familienpolitik im föderativen Sozialstaat. Die Formierung eines Politikfeldes in der Bundesrepublik 1949 - 1975, München 2004.

Lampert, H., Priorität für die Familie, Berlin 1996.

Leipert, Ch. (Hrsg.), Demografie und Wohlstand: Neuer Stellenwert für Familie in Wirtschaft und Gesellschaft, Opladen 2003.

Mückl, W.J. (Hrsg.), Familienpolitik – Grundlagen und Gegenwartsprobleme, Paderborn 2002.

Netzler, A., Opielka, M. (Hrsg.), Neubewertung der Familienarbeit in der Sozialpolitik, Opladen 1998.

Rürup, B., Gruescu, S., Nachhaltige Familienpolitik im Interesse einer aktiven Bevölkerungsentwicklung, Gutachten für das Bundesministerium für Familie, Senioren, Frauen und Jugend, Berlin 2003.

Stern, N., Familienpolitische Konzepte im Ländervergleich: Sprungbrett oder Stolperstein für erwerbstätige Mütter? Marburg 2007.

Vollmer, F., Das Ehegattensplitting, Baden-Baden 1998.

Wingen, M., Familienpolitik, Stuttgart 1997.

Wissenschaftlicher Beirat für Familienfragen beim Bundesministerium für Familie, Senioren, Frauen und Jugend, Gutachten: Gerechtigkeit für Familien - Zur Begründung und Weiterentwicklung des Familienlasten- und Familienleistungsausgleichs, Schriftenreihe des BMFSFJ, Band 202, Stuttgart 2001.

Wissenschaftlicher Beirat für Familienfragen, Kinder und ihre Kindheit in Deutschland – Eine Politik für Kinder im Kontext von Familienpolitik, in: Schriftenreihe des Bundesministeriums für Familie, Senioren, Frauen und Jugend, Band 154, Stuttgart 2002.

Vereinbarkeit von Beruf und Familie

Bäcker, G., Stolz-Willig, B. (Hrsg.), Kind, Beruf, Soziale Sicherung, Köln 1994.

Bäcker, G., Köppinger, P., Stolz-Willig, B., Vorstellungen für eine familienorientierte Arbeitswelt der Zukunft - Der Beitrag von Tarifverträgen und Betriebsvereinbarungen, Schriftenreihe des Bundesministeriums für Familie und Senioren Nr. 30.2, Bonn 1994.

Bäcker, G., Stolz-Willig, B., Zwischen Beruf und Pflege - Betriebliche Maßnahmen zur Unterstützung pflegender Arbeitnehmerinnen und Arbeitnehmer, in: Schriftenreihe des Bundesministeriums für Familie, Senioren, Frauen und Jugend, Band 18, Stuttgart 1997.

Birk, R., Welche Maßnahmen empfehlen sich, um die Vereinbarkeit von Berufstätigkeit und Familie zu verbessern?, Gutachten zum Deutschen Juristentag, München 1994.

Bothfeld, S., Vom Erziehungsurlaub zur Elternzeit. Politisches Lernen im Reformprozess, Wiesbaden 2005.

Dingeldey, I. (Hrsg.), Erwerbstätigkeit und Familie in Steuer- und Sozialversicherungssystemen, Opladen 2000.

Fuchs, M., Welche Maßnahmen empfehlen sich, um die Vereinbarkeit von Berufstätigkeit und Familie zu verbessern?, Gutachten zum Deutschen Juristentag, München 1994.

Gerhard, U., Knijn, T., Weckwert, A. u.a., Erwerbstätige Mütter. Ein europäischer Vergleich, München 2003.

Ludwig, I., Schlevogt, V., Klammer, U., Managerinnen des Alltags: Strategien erwerbstätiger Mütter in Ost- und Westdeutschland, Berlin 2002.

Pfau-Effinger, B., Kultur, Kultur und Frauenerwerbstätigkeit in Europa, Theorie und Empirie des internationalen Vergleichs, Opladen 2000.

Reichert, M., Naegele, G., (Hrsg.), Vereinbarkeit von Erwerbstätigkeit und Pflege – Nationale und internationale Perspektiven, Hannover 1998.

Rost, H., Work-Life-Balance. Neue Aufgaben für eine zukunftsorientierte Personalpolitik, Opladen 2004.

Thode, E., Eichhorst, W., Vereinbarkeit von Familie und Beruf. Benchmarking Deutschland aktuell, 2. Auflage, Gütersloh 2003.

Tageseinrichtungen für Kinder, Kinder- und Jugendhilfe

Bien, W., Rauschenbach, Th., Riedel, B. (Hrsg.), Wer betreut Deutschlands Kinder? DJI-Kinderbetreuungsstudie, Berlin 2007.

Bier-Fleiter, C., Familie und öffentliche Erziehung: Aufgaben, Abhängigkeiten und gegenseitige Ansprüche. Opladen 2001.

Diller, A., Jurczyk, K., Rauschenbach, Th. (Hrsg.), Tagespflege zwischen Markt und Familie. Neue Herausforderungen und Perspektiven. Wiesbaden 2005.

Esch, K. u.a., Qualitätskonzepte in der Kindertagesbetreuung: Ein Überblick, Wiesbaden 2006.

Esch, K., Mezger, E., Stöbe-Blossey, S. (Hrsg.), Kinderbetreuung - Dienstleistung für Kinder: Handlungsfelder und Perspektiven, Wiesbaden 2005.

Fthenakis, W.E., Textor, M.R. (Hrsg.), Qualität von Kinderbetreuung. Konzepte, Forschungsergebnisse, internationaler Vergleich, Weinheim 1998.

Münder, J., Familien- und Jugendrecht – Eine sozialwissenschaftlich orientierte Darstellung des Rechts der Sozialisation, Bd. I: Familienrecht, 6. Auflage, Weinheim/Basel 2007, Bd. II: Jugendrecht, 5. Auflage, Weinheim/Basel 1993.

Pluto, L., u.a., Kinder- und Jugendhilfe im Wandel – Eine empirische Strukturanalyse, München 2007.

Rauschenbach, Th. u.a. Non-formale und informelle Bildung im Kindes- und Jugendalter, in: Bundesministerium für Bildung und Forschung (Hrsg.), Konzeptionelle Grundlagen für einen nationalen Bildungsbericht, Band 6, Berlin 2004.

Schröer, W., Struck, N., Wolff, M. (Hrsg.), Handbuch der Kinder- und Jugendhilfe, Weinheim 2005.

Textor, M.-R. (Hrsg.), Praxis der Kinder- und Jugendhilfe, Weinheim/Basel 1995.

Tietze, W. (Hrsg.), Wie gut sind unsere Kindergärten?, Neuwied 1998.

Regelmäßige Veröffentlichungen und Materialquellen

Bundesministerium für Bildung und Wissenschaft, BAföG-Bericht, Bundestagsdrucksache (zuletzt 17. Bericht 2007).

Familienbericht der Bundesregierung, Bundestagsdrucksache, alle 4 Jahre, (zuletzt 7. Familienbericht 2005).

Bericht der Beauftragten der Bundesregierung für die Belange der Ausländer über die Lage der Ausländer in der Bundesrepublik Deutschland, Bundestagsdrucksache, alle 4 Jahre (zuletzt 1997).

Kinder- und Jugendbericht der Bundesregierung, Bundestagsdrucksache, alle 4 Jahre (zuletzt 12. Kinder- und Jugendbericht 2006).

Sozialbericht der Bundesregierung, Bundestagsdrucksache, alle 4 Jahre, (zuletzt Sozialbericht 2005).

Statistisches Bundesamt (Hrsg.)
- Fachserie 1: Bevölkerung und Erwerbstätigkeit
- Fachserie 13: Sozialleistungen, Reihe 6.1 Jugendhilfe

Zeitschriften

Aus Politik und Zeitgeschichte
Blätter der Wohlfahrtspflege
Deutsche Jugend

DIW-Wochenbericht
Zeitschrift für Frauenforschung & Geschlechterstudien
Jugendhilfe
Jugendpolitik
Nachrichtendienst des Deutschen Vereins
Sozialer Fortschritt
Theorie und Praxis der sozialen Arbeit
Zeitschrift für Bevölkerungswissenschaften
Zeitschrift für das gesamte Familienrecht
Zeitschrift für Familienforschung
Zeitschrift für Sozialreform
Wirtschaft und Statistik
WSI-Mitteilungen

VIII Alter

1 Altwerden und Altsein

1.1 Altersklischees und Altersrealität

Mit dem Altwerden und Altsein werden häufig negative Vorstellungen verbunden: Zum alten Eisen zu gehören, ins Altenheim abgeschoben zu werden, arm, einsam und womöglich krank und pflegebedürftig die letzten Lebensjahre verbringen zu müssen, dies waren und sind zum Teil auch heute noch auf das Alter bezogene Klischees und Befürchtungen. Die letzte Lebensphase wird aus dieser Sicht als weitgehend problematisch begriffen, geprägt durch vielfältige Einschränkungen, Verluste und Benachteiligungen.

In den letzten Jahren hat aber auch ein anderes, geradezu entgegen gesetztes Bild in der öffentlichen Diskussion an Bedeutung gewonnen: Im Vergleich zur jüngeren und mittleren Generation gehe es den Alten zu gut, heißt es. Die Rede ist davon, dass die Alten auf Kosten der Jüngeren leben und diesen einseitig die Lasten des demografischen Umbruchs aufbürden. Der Generationenvertrag werde zum „Generationenverrat", durch die überzogenen Ansprüche der Älteren würden Gesellschaft und Wirtschaft überfordert und die Zukunftschancen der nachrückenden Generationen gefährdet.

Was ist nun richtig, wie sieht die Lebensrealität älterer Menschen aus? Unstrittig ist, dass die negative Beschreibung des individuellen Altwerdens und Altseins allenfalls auf Minderheiten der älteren Menschen zutrifft. Vor allem dank der Ausweitung sozialstaatlicher Leistungen und Dienste (hinsichtlich der Renten, der sozialen Dienste sowie der gesundheitlichen und pflegerischen Versorgung) lebt die Mehrheit der älteren Menschen in Deutschland heute selbstständig, sozial abgesichert, in relativer Zufriedenheit und weitgehend sorgen- und problemfrei. Dies gilt auch für ihre finanzielle Lage. Alter bedeutet keineswegs zwangsläufig, funktionslos, desintegriert, isoliert, finanziell unterversorgt, kontaktarm, krank, hilfe- und pflegebedürftig, verwirrt usw. zu sein, um die Klischees aufzugreifen. Im Gegenteil: Immer mehr Menschen werden in befriedigenden und belastungsfreien Lebensbedingungen alt.

Hinzu kommt, dass sich die Altersphase erheblich ausgeweitet hat und heute nicht selten 30 Jahre und mehr beträgt. Es lässt sich von einer eigenständigen Lebensphase Alter sprechen, die die weitaus meisten auch erreichen und die von der

Mehrheit der Altersbevölkerung ohne nennenswerte Beeinträchtigungen durchlebt wird.

Gleichwohl erhöht sich mit zunehmendem Lebensalter das Risiko, dass eine eigenständige und individuell befriedigende Lebensgestaltung aus vielerlei Gründen nicht oder nur begrenzt möglich ist. Es können typische Altersprobleme auftreten, die die Lebenslage der Betroffenen beeinträchtigen, zu zahlreichen Einschränkungen führen und die in jüngeren Bevölkerungsgruppen unbekannt sind bzw. nur sehr selten vorkommen. Man spricht von einer altersgebundenen Ungleichheit.

Typische Altersprobleme resultieren vor allem aus der Aufgabe der Berufstätigkeit. Mit der Beendigung der Erwerbstätigkeit entfällt nicht nur ein zentraler Lebensinhalt, sondern mit dem Wegfall des Arbeitseinkommens zugleich die Grundlage der materiellen Existenzsicherung. Ältere Menschen sind deshalb auf ein Einkommen, das nicht an eine Arbeitsleistung gekoppelt ist, existenziell angewiesen. Ein ausreichendes *Alterseinkommen* ist grundlegende Voraussetzung dafür, dass auch ältere Menschen aktiv und gleichberechtigt am gesellschaftlichen Leben teilnehmen und teilhaben können. Um auch im Alter so lange wie möglich unabhängig und selbstständig zu leben, eine angemessene Wohnung zu unterhalten, soziale Kontakte zu knüpfen und aufrechtzuerhalten sowie um die viele freie Zeit aktiv zu gestalten – dazu bedarf es ausreichender Finanzmittel.

Die Berufsaufgabe bringt aber nicht nur Schwierigkeiten und Probleme mit sich. Dadurch werden auch zeitliche Freiräume für lang geplante Betätigungsmöglichkeiten geschaffen. Insbesondere bei einer zufrieden stellenden materiellen Absicherung und bei guten gesundheitlichen Verhältnissen wird das Alter für viele zu einer langen, eigenständigen und ausfüllenden Lebensphase mit hoher individueller Zufriedenheit. Im Alter nicht mehr arbeiten zu müssen und die Phase des Ruhestands genießen zu können, ist eine der herausragenden Leistungen des Sozialstaats überhaupt. Erst durch die allgemeine Gewährung von Altersrenten und durch die Festlegung von Altersgrenzen weit unterhalb des Sterbealters hat sich die eigenständige Lebensphase Alter herausbilden können.

Aktivitätsspielraum und die Möglichkeit zur selbstständigen Lebensführung der älteren Menschen werden darüber hinaus ganz entscheidend durch ihren *Gesundheitszustand* geprägt. Neben dem Einkommen ist das gesundheitliche Befinden die zweite Schlüsseldeterminante der Lebenslage im Alter. Zwar sind Altwerden, Altsein und Krankheit nicht identisch und auch nicht notwendigerweise miteinander verbunden. Krankheit ist keine unausweichliche Begleiterscheinung des Alters. Dennoch verschlechtert sich im Allgemeinen die gesundheitliche Lage im höheren Lebensalter. Von daher sind Erreichbarkeit, Quantität und Qualität sozialer, gesundheitlicher und pflegerischer Dienste und Angebote von besonderer Bedeutung für die Lebenslage gerade älterer Menschen (vgl. Pkt. 4.2 dieses Kapitels).

Ältere Menschen leben unter sehr unterschiedlichen Verhältnissen und sind alles andere als eine homogene Gruppe. Die Lebenssituation der Hochaltrigen weicht in vielfältiger Hinsicht von der der „jungen“ Alten ab. Aber selbst innerhalb der Gruppe der Hochaltrigen gibt es erhebliche Unterschiede in den Lebenslagen. Dies weist darauf hin, dass sich die sozialen Risiken, die mit dem Altern verbunden sind, nicht allein durch das kalendarische Alter erklären lassen, sondern abhängig sind von einer Vielzahl ineinander greifender und sich verstärkender sozialer, biologischer und psychologischer Einflussfaktoren. Ob die Phase des Alters zur Phase der Einschränkungen oder der „späten Freiheit“ wird, ist maßgeblich abhängig von der sozialen Stellung, die die Betroffenen in ihrem Lebenszyklus innehatten. Die Lebenslagenforschung hat aufgezeigt, dass beeinträchtigte bzw. gefährdete Lebenslagen im Alter nicht zufällig verteilt sind, sondern in hohem Maße mit sozialstrukturellen Merkmalen verknüpft sind. Dabei wird eine enge Beziehung deutlich: Eine durch Abhängigkeit, Unsicherheit, hohe Arbeitsmarktrisiken und soziale Benachteiligungen geprägte Stellung im Erwerbsleben wirkt auch noch bis ins hohe Alter hinein. Demgegenüber behält eine zeitlebens privilegierte gesellschaftliche Stellung auch im Alter ihre Bedeutung, zumindest erleichtert sie den Umgang mit und die Bewältigung von typischen Altersproblemen. Allerdings wird diese Beziehung überlagert durch Kohorteneinflüsse, die Geschlechtszugehörigkeit und den jeweiligen ethnisch-kulturellen Hintergrund.

Die Lebensphase Alter ist also durch soziale Ungleichheiten charakterisiert, bei der Einflüsse der Schicht-, Geschlechts-, Kohorten- und Altersgruppenzugehörigkeit ineinander greifen. Zu erkennen ist eine zunehmende Differenzierung des Alters in Lebenslagen unterschiedlicher Qualität und mit unterschiedlichem sozial- und altenpolitischem Handlungsbedarf. Man kann von einer Polarisierung des Alters in ein „positives“ und ein „negatives“ Alter ausgehen. Das positive Alter ist gesund, aktiv, sozial integriert und verfügt über ein hohes Maß an Selbsthilfepotenzialen und Selbstorganisationsfähigkeit. Nicht zuletzt ist es bei wachsenden Gruppen durch gute bis sehr gute Einkommens- und Vermögensverhältnisse gekennzeichnet, die durch Vererbung – bereits relativ Wohlhabende erben relativ gesehen mehr – immer weiter verbessert werden. Demgegenüber sind Hauptmerkmale des negativen Alters neben finanziellen Einschränkungen zumeist sehr hohes Alter sowie häufig Krankheit, Pflegebedürftigkeit und gesellschaftliche Desintegration.

Nur eine Minderheit der älteren Menschen befindet sich derzeit in sozial problematischen Lebenslagen. „Negatives“ Alter konzentriert sich auf bestimmte Gruppen älterer Menschen, vor allem auf sehr alte Menschen, darunter viele allein stehende Frauen, auf ältere Menschen mit niedrigem sozio-ökonomischen Herkunftsmilieu sowie zunehmend auf solche mit Migrationshintergrund. Darüber hinaus führen regionale Unterschiede z.B. in den Arbeitsmarkt- und Beschäftigungschancen oder Disparitäten in den Angebots- und übrigen Versorgungsstrukturen mit sozialen Diensten zu sozialen Ungleichheiten im Alter.

Die Feststellung, dass das „positive“ Alter für die Situation der Mehrheit der älteren Generation in Deutschland typisch ist, darf allerdings nicht umstandslos in die Zukunft verlängert werden. In Anbetracht der weiteren ökonomischen und demografischen Entwicklung sowie der Ungewissheit über die künftige Richtung der Sozialpolitik ist es eine offene Frage, ob es künftig mehr oder weniger problematische Lebenslagen im Alter gibt. Der Gruppe von älteren Menschen in zufrieden stellenden bis guten und sehr guten Lebenslagen könnte eine wachsende Zahl jener gegenüberstehen, die auf Grund vor allem von Langzeitarbeitslosigkeit, unfreiwilliger Frühverrentung, instabilen Erwerbsarbeitskarrieren und prekären Beschäftigungsverhältnissen mit finanziellen Problemen zu rechnen hat. Wachsende soziale Probleme des Alters können darüber hinaus auch aus den Veränderungen in den Familienstrukturen (vgl. Kap. „Familie", Pkt. 3), dem Bedeutungsanstieg von Hochaltrigkeit sowie insbesondere aus der wachsenden kulturellen Differenzierung der Bevölkerung resultieren.

1.2 Generationensolidarität oder Generationenkonflikt?

1.2.1 Ältere Menschen als ökonomische Belastung?

Die Diskussion um die Folgewirkungen des demografischen Wandels hat dazu geführt, dass in der öffentlichen Debatte das Älterwerden der Gesellschaft vermehrt als soziale und ökonomische Belastung dargestellt wird. Die Konsequenzen des „Ergrauens" der Gesellschaft werden vorrangig durch die Brille steigender Kosten, z.B. für die Alterssicherung, die Versorgung im Krankheitsfall oder bei Pflegebedürftigkeit, gesehen. Befürchtet wird das Auftreten eines *Generationenkonflikts*, nach dem die jüngere bzw. aktive Generation zunehmend weniger gewillt und auch nicht mehr in der Lage sei, ihren Teil des Generationenvertrags zu erfüllen.

Ähnlich wie die negativen Altersbilder vermitteln auch Vorstellungen von der wachsenden Belastung der Jüngeren durch die Alten und des Gegeneinanders von einer „Gewinnergeneration" und „Verlierergeneration" ein eher verzerrtes Bild von der Wirklichkeit. Zwar trifft zu, dass der finanzielle Druck auf die öffentlichen Haushalte und die Parafiski auch wegen der demografischen Entwicklung zunehmen wird, zu fragen ist aber, ob auch in dem Ausmaß, wie vielfach behauptet. Zweifellos stark betroffen ist die Pflegeversicherung, weil sich hier die wachsende Zahl sehr alter Menschen unmittelbar ausgabewirksam bemerkbar macht. Unmittelbar beeinflusst sind auch die Alterssicherungssysteme, für die in Zukunft Finanzierungsprobleme erwartet werden. Diese sind aber nur zu einem gewissen Teil demografisch bedingt und dürften sich zudem relativieren, wenn es gelingt, ein hohes Beschäftigungs- und Erwerbseinkommensniveau zu erreichen und für ältere ArbeitnehmerInnen die Lebensarbeitszeit auch faktisch zu verlängern (vgl. Pkt. 3 dieses Kapitels). Hingegen ist fraglich, ob dieser Trend auch für das Gesundheitswesen gilt, oder ob nicht die durch das Altern der Gesellschaft verursachten Ausgabeneffekte hier stark überschätzt werden (vgl. Kap. „Gesundheit und Gesundheitssystem", Pkt. 2).

Insgesamt gilt, dass der dominierende demografische Belastungsdiskurs die Leistungsseite der Älteren ausblendet. Um das Verhältnis der Generationen beurteilen zu können, bedarf es einer übergreifenden Betrachtung. Zu berücksichtigen sind dabei folgende Aspekte:

- Die wirtschaftliche Leistungskraft der Volkswirtschaft ist nicht allein das Ergebnis des Arbeitseinsatzes der Jüngeren. Die Produktivität der Volkswirtschaft hängt entscheidend vom Bestand an Realkapital, öffentlicher Infrastruktur und Humankapital ab, die von der älteren Generation geschaffen worden sind. Diese Vorleistungen sind ein wichtiger Faktor für Niveau und Entwicklung des Sozialprodukts und entscheiden nicht zuletzt über den Lebensstandard der Jüngeren.
- Diese wirtschaftliche Sicht des Generationenverhältnisses macht deutlich, dass die nachrückende Generation nicht einfach aus dem wechselseitigen Verbund aussteigen kann, sondern immer auch von den Vorleistungen der vorherigen Generationen profitiert. Die These von der Benachteiligung der aktiven Generation beruht somit auf einer unzulässigerweise vorgenommenen Querschnittsbetrachtung. Erforderlich ist vielmehr eine Längsschnittbetrachtung, welche die Entwicklung von Transferströmen im Lebenslauf zum Gegenstand hat und die dabei deutlich macht, dass Menschen jeweils im Zeitablauf die verschiedenen Lebensphasen durchlaufen und damit zeitweilig Nettozahler und zeitweilig Nettoempfänger sind. Die in der aktuellen Periode begünstigten RentnerInnen waren in der Vorperiode in die Gruppe der Nettozahler zu finden.
- Wirtschaftliches Wachstum und gesellschaftlicher Wohlstand werden auch unmittelbar durch die ältere Generation gefördert. Ältere Menschen sind auch dann noch wirtschaftlich aktiv, wenn sie längst ihre Berufstätigkeit aufgegeben haben. Den Belastungen der Aktiven durch die Beitrags- und Steuerabzüge steht auf der anderen Seite die Einkommensverwendung der Älteren gegenüber. Z.B. stellen sie mit ihren nicht unbeträchtlichen Sparguthaben Produktivkapital zur Verfügung, mit dem in neue Technologien, Produkte und Arbeitsplätze investiert wird. Lange Zeit unbeachtet blieb auch ihre Rolle als Konsumenten auf Märkten, die durch sie teilweise erst neu geschaffen und in vielen Fällen weiterentwickelt worden sind. Dies gilt z.B. für den Bau- und Wohnungssektor ebenso wie für den Freizeit- und Tourismusmarkt oder den Sektor persönlicher Dienstleistungen.
- Ältere Menschen sind in der Kranken- und Pflegeversicherung selbst Beitragszahler, sie finanzieren einen Teil ihrer Ausgaben also mit. Sie sind auch Steuerzahler; dies nicht nur hinsichtlich ihrer Rolle als Verbraucher und der entsprechenden Belastungen durch die Verbrauchsteuern. Da in Zukunft die Renten voll der Einkommensteuer unterliegen, tragen die Älteren im vermehrten Maße auch zum Aufkommen der direkten Steuern bei.
- Ältere führen wichtige Arbeiten aus, auch wenn diese nicht monetär vergütet werden, folglich nicht in die Berechnung des Sozialproduktes eingehen und auch keine Erwerbsarbeit darstellen. Beispiele dafür sind Kinderbetreuung

oder die Versorgung von Familienangehörigen im Krankheits- oder Pflegefall. Würden solche Aktivitäten nicht erfolgen und würden stattdessen professionelle Dienstleistungen erforderlich, so würde das Ausmaß ökonomischer Aktivitäten der Älteren unmittelbar deutlich werden.

- Speziell die Sozial- und Gesundheitswirtschaft gilt wegen der demografischen Entwicklung als boomende Branche. Die Nachfrage älterer Menschen nach personenbezogenen sozialen Diensten in den Bereichen Gesundheit und Pflege wächst. Das Altern der Gesellschaft ist einer der Garanten für die wachsende Beschäftigung im Dienstleistungssektor. Allein im Bereich der ambulanten und stationären Altenpflege gibt es derzeit rund 750.000 Arbeitsplätze (vgl. Kapitel „Gesundheit und Gesundheitssystem", Pkt. 7.2.5).

1.2.2 Generationenbeziehungen im familiären Verbund

Auch auf der Mikroebene der Lebenswelten kann nicht einseitig von Generationenkonflikten Rede sein, wohl aber von Ambivalenzen in den Generationenbeziehungen. Diese hat es allerdings historisch immer schon gegeben. Neben praktizierter familiärer Solidarität lassen sich in den Familien stets auch Auseinandersetzungen zwischen den Generationen um Werte, Normen, Einstellungen und Lebensstile antreffen. Dies gilt vielen sogar als Motor bzw. notwendiger Garant für gesellschaftliche Weiterentwicklung und sozialen Fortschritt.

Trotz der populären Diagnose eines Zerfalls der Institution Familie unter dem Zeichen einer wachsenden Individualisierung und Pluralisierung von Lebensformen erweist sich die Familie als erstaunlich leistungsfähig. Die Formen des (Zusammen)Lebens der Menschen haben sich im Zuge des sozialen und demografischen Wandels zwar verändert, dies ist aber nicht gleichbedeutend mit einer Auflösung der intergenerationalen Beziehungen. Der intergenerationale Austausch von Hilfen und Unterstützungsleistungen funktioniert und nimmt trotz der demografisch bedingten Ausdünnung familiärer und sozialer Netze sogar noch zu.

Von Bedeutung sind zum einen die finanziellen Beziehungen. Es sind heute die Alten, die die Jungen finanziell unterstützen: Eltern, Großeltern und auch Urgroßeltern lassen ihren Kindern, Enkel- und Urenkelkindern Sach- und Geldgeschenke zukommen. Auch ist an die Übertragung von Vermögen schon zu Lebzeiten oder im Todesfall (Vererbung) zu denken. Die früher üblichen Übertragungen in umgekehrter Richtung, d.h. die Finanzierung der Älteren durch die Jüngeren, sind hingegen kaum noch zu verzeichnen, d.h. die familiären monetären Generationentransfers laufen entgegengesetzt zu den sozialstaatlichen Transfers. Ohne die finanzielle Unterstützung durch die Eltern- und Großelterngeneration könnte eine wachsende Zahl von jüngeren Familien und vor allem von Alleinerziehenden kaum über die Runden kommen.

Generationenbeziehungen beschränken sich aber keineswegs auf monetäre Leistungen: Die persönlichen Kontakte zwischen Eltern und Kindern enden nicht mit der Auflösung der Ursprungsfamilie, sondern werden über Haushaltsgrenzen hinweg aufrechterhalten – auch dann, wenn große Entfernungen zu überbrücken sind. Dabei handelt es sich nicht nur um die idealtypische, zeitlich versetzte Reziprozität von Geben und Nehmen („die Eltern versorgen ihre Kinder, und im Gegenzug versorgen die Kinder im Erwachsenenalter ihre pflegebedürftig gewordenen Eltern"). Der Austausch findet auch zeitlich parallel statt. Viele Menschen sind bis ins höchste Alter hinein sozial aktiv und engagieren sich im familiären oder nachbarschaftlichen Raum. Großeltern sind unverändert eine wichtige Stütze für die Betreuung der Enkelkinder, wenn die Eltern Beruf und Familie in Einklang bringen wollen.

Noch nie waren die Familien so stark in der privaten Pflege von älteren Angehörigen engagiert wie heute. Mehr als vier Fünftel der zu Hause versorgten Pflegebedürftigen werden von Personen aus dem engen verwandtschaftlichen Umfeld versorgt, und dies trotz wachsender physisch-psychischer Belastungen durch die Dauerpflege von immer schwerer wiegenden Fällen von Pflegebedürftigkeit (vgl. Kap. „Gesundheit und Gesundheitssystem", Pkt. 7.1).

Zwischen praktizierter innerfamiliärer Solidarität über die Generationen hinweg und dem umlagefinanzierten System der sozialen Sicherung besteht ein Zusammenhang: Die junge Generation akzeptiert den sozialstaatlichen Generationenverbund nicht nur deswegen, weil eigene Ansprüche erworben werden. Sie akzeptiert ihn darüber hinaus auch, weil über die gleichzeitig stattfindende Unterhaltssicherung der Elterngeneration eigene Versorgungsverpflichtungen reduziert und zugleich Chancen eröffnet werden, in prekären Situationen selbst finanziell wie praktisch von der Elterngeneration unterstützt zu werden. Umgekehrt gilt dies auch für die Älteren.

Mit intergenerationellem solidarischem Handeln – zumindest im Familienverband – kann vor allem dann gerechnet werden, wenn die Betroffenen selbst familiäre Solidarität praktisch erfahren haben. Es lässt sich folgendes Strukturmuster für *innerfamiliäre Reziprozität* über den gesamten Lebenslauf erkennen: Einmal in der Kindheit und Jugend erfahrene praktische Unterstützung wird später im Bedarfsfall zurückgegeben. Umgekehrt bleiben familiäre Unterstützungsressourcen selbst bis ins hohe Alter erhalten, vorausgesetzt, die eigene gesundheitliche und/oder ökonomische Lage lässt dies zu. Mit anderen Worten: Die zwischen den Generationen praktizierte Alltagssolidarität im Kleinen bildet gleichsam die strukturelle Grundlage für den gesellschaftlichen Generationenausgleich im Großen.

2 Folgewirkungen des demografischen und sozialen Wandels

2.1 Altern der Gesellschaft

Wie alle modernen Gesellschaften so ist auch Deutschland von einem demografischen Umbruch mit der Folge einer Alterung der Bevölkerung gekennzeichnet. Verantwortlich dafür sind im Wesentlichen die anhaltend niedrige Geburtenhäufigkeit sowie der kontinuierliche Anstieg der Lebenserwartung. Auch die starken Zuwanderungen in den zurückliegenden Jahrzehnten haben den Alterungsprozess der Bevölkerung nur abbremsen, aber nicht aufhalten können. Zu unterscheiden ist ein dreifaches Altern der Gesellschaft. Damit gemeint ist

- die Zunahme der absoluten Zahl älterer Menschen,
- der wachsende Anteil der älteren Menschen an der Gesamtbevölkerung und
- der starke Anstieg der sehr alten Menschen im Alter von 80 Jahren und mehr.

Die *Zahl* der älteren Menschen nimmt laufend zu. So hat sich die Zahl der 60 Jahre und älteren Einwohner in Deutschland (alte und neue Bundesländer zusammen) wie folgt entwickelt: 15,2 Mio. im Jahr 1980, 16,3 Mio. im Jahr 1990 und 18,4 Mio. im Jahr 2000 und 20.568 im Jahr 2006.

Der *Anteil* der 60 Jahre und älteren Menschen an der Gesamtbevölkerung stieg von 19,4 % in 1980 über 20,4 % in 1990 und 22,4 % im Jahre 2000 auf 25,0 % im Jahr 2006.

Abbildung VIII.1:

Bevölkerung von 60 Jahren und älter 2006 - 2050

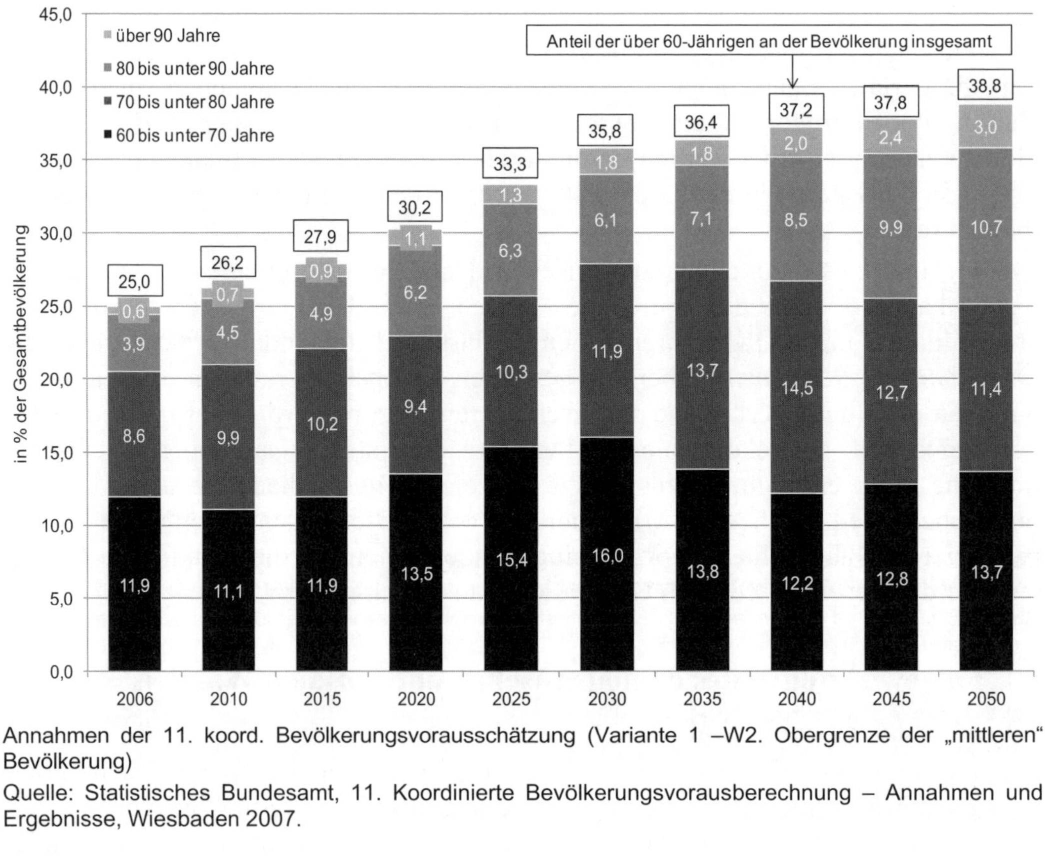

Annahmen der 11. koord. Bevölkerungsvorausschätzung (Variante 1 –W2. Obergrenze der „mittleren" Bevölkerung)

Quelle: Statistisches Bundesamt, 11. Koordinierte Bevölkerungsvorausberechnung – Annahmen und Ergebnisse, Wiesbaden 2007.

Ein besonders starker Zuwachs zeigt sich bei der Zahl der 80jährigen und älteren Menschen: Sie stieg von 1,537 Mio. im Jahre 1970 über 2,092 Mio. im Jahre 1980, über 3,011 Mio. im Jahre 1990 auf 3,77 Mio. in 2006. Das entspricht einem Bevölkerungsanteil von 2,7 % in 1980, 3,8 % in 1990 und 4,5 % im Jahre 2006.

Ein wesentlicher Grund für die starke Zunahme der Zahl der 60jährigen und älteren Menschen an der Gesamtbevölkerung liegt im Anstieg der sog. *ferneren Lebenserwartung*. Betrug sie für die 60jährigen Frauen im Jahre 1970 noch 19,1 Jahre bzw. für die gleichaltrigen Männer noch 15,3 Jahre, so lässt sich bis zum Jahr 2002/2004 für die Frauen ein Anstieg um 5 Jahre auf 24,1 Jahre bzw. für die Männer um 4,7 Jahre auf 20 Jahre feststellen. Für 2050 wird damit gerechnet, dass mit dem Erreichen des 60. Lebensjahrs noch eine Lebenserwartung von 25,3 Jahren (Männer) bzw. 29,1 Jahre (Frauen) besteht (Abbildung VIII.2).

Abbildung VIII.2:

Entwicklung der ferneren Lebenserwartung im Alter von 60 Jahren

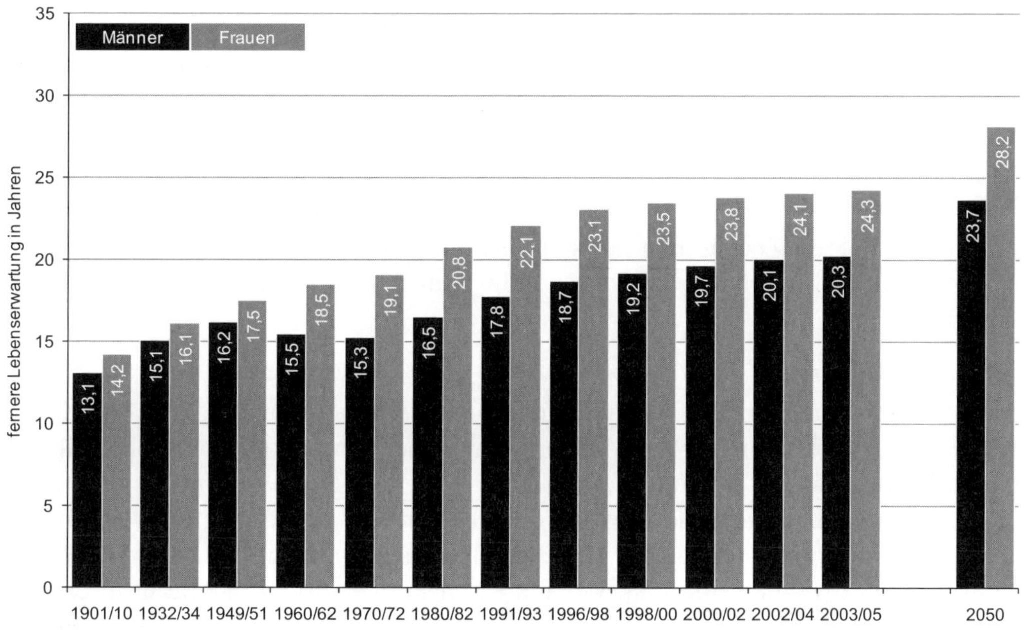

Bis 1932/34: Deutsches Reich; 1949/51 bis 1980/82: alte Bundesländer; ab 1991/93: Deutschland. 2050: Annahmen der 11. koord. Bevölkerungsvorausschätzung (Obergrenze der mittleren Bevölkerung)

Quelle: Statistisches Bundesamt, 11. Koordinierte Bevölkerungsvorausberechnung – Annahmen und Ergebnisse, Wiesbaden 2007.

Dieser auch international feststellbare Trend zur Verschiebung der Altersstruktur wird sich in der Zukunft beschleunigt fortsetzen. Nach den Prognosen des Statistischen Bundesamtes zur künftigen Bevölkerungsentwicklung ist in den nächsten Jahren und Jahrzehnten mit einem weiteren Anstieg sowohl der *Zahl* der älteren wie der sehr alten Menschen als auch ihres jeweiligen *Anteils* an der Gesamtbevölkerung zu rechnen (vgl. Abbildung VIII.1). Die 11. Bevölkerungsvorausberechnung (hier Variante 1 - W2: Annahme einer annähernd konstanten Geburtenhäufigkeit, einer steigenden Lebenserwartung und eines Wanderungssaldos von 200.000 Personen im Jahr) geht von einem allmählichen Sinken der Gesamtbevölkerung von rund 82,3 Mio. im Jahre 2006 auf 79,8 Mio. in 2030 und 74 Mio. in 2050 aus. Gleichzeit nimmt die Zahl der Älteren von rund 20,6 Mio. (2006) auf 28,5 Mio. im Jahr 2030 bzw. auf 28,8 Mio. im Jahr 2050 zu. Infolgedessen steigt der Anteil der 60jährigen und älteren auf 35,8 % im Jahre 2030 und auf 38,8 % im Jahre 2050. Mit anderen Worten: Mehr als jeder Dritte wird dann zur älteren Generation zählen. Eine besonders steile Zunahme verzeichnet die sehr alte Bevölkerung: Der Anteil der 80 bis unter 90jährigen an der Gesamtbevölkerung nimmt im Prognosezeitraum von knapp 3,9 % (2006) auf 10,7 % im Jahre 2050 zu; der Anteil der über 90jährigen an der Gesamtbevölkerung erhöht sich von 0,6 % auf 3,0 % und wird sich somit verfünffachen.

Auch für die ausländische Wohnbevölkerung wird ein allmählicher Alterungsprozess vorhergesagt. Und bei insgesamt weiter steigenden Gesamtzahlen an Ausländern in Deutschland wird auch der Anteil der Ausländer in der Gruppe der über 60jährigen Personen von knapp 6 % im Jahre 2000 auf über 20 % im Jahre 2030 ansteigen.

2.2 Strukturwandel des Alters

Gegenüber früheren Zeiträumen hat sich das Alter heute strukturell verändert. Unter dem Strukturwandel des Alters versteht man insbesondere die folgenden Dimensionen:

Zeitliche Ausdehnung der Altersphase

Bedingt durch den Doppeleffekt von früherem Berufsausstieg (vgl. Pkt. 3 dieses Kapitels) und Verlängerung der sog. ferneren Lebenserwartung dehnt sich die Altersphase immer weiter aus und beträgt nicht selten 30 Jahre und mehr. Heute haben Menschen, wenn sie endgültig aus dem Erwerbsleben ausscheiden, im Durchschnitt noch rund ein Viertel ihrer Lebenszeit vor sich. Für immer mehr Menschen nimmt die Zeit im Alter eine relativ wie absolut immer größere Rolle in ihrem Leben ein.

Differenzierung des Alters

Die zeitliche Ausdehnung der Lebensphase Alter hat vielfältige Differenzierungsprozesse innerhalb der Altenpopulation zur Folge. Weit verbreitet ist die Einteilung in „junge Alte“, „mittlere Alte“ und „Hochaltrige“. Unter sozialpolitischen Aspekten ist diese Binnendifferenzierung bedeutsam, weil mit der Verschiedenheit von Lebenslagen auch unterschiedliche soziale Probleme verbunden sind. Infolgedessen sind einheitliche, auf die Gruppe der älteren Menschen allgemein bezogene Konzepte und Maßnahmen wenig problemangemessen und werden auch in der

Praxis zunehmend durch eine zielgruppenspezifische Altenpolitik ersetzt (vgl. Pkt. 4.2 dieses Kapitels).

Abbildung VIII.3:

Bevölkerung nach Altersgruppen und Geschlecht 2005

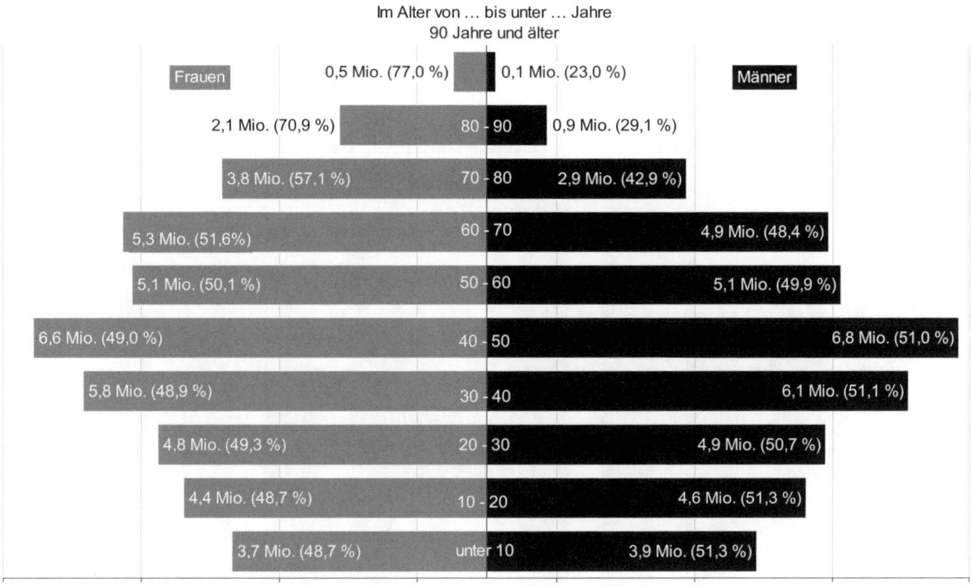

In Mio. und in % der jeweiligen Bevölkerung.

Quelle: Statistisches Bundesamt, Bevölkerungsfortschreibung, Fachserie 1, Reihe 1.3.

Ethnisch-kulturelle Differenzierung des Alters

In dem Maße, in dem ältere MigrantInnen auf Dauer in Deutschland bleiben, verändert sich auch die kulturelle Zusammensetzung der Altenbevölkerung. Damit steigt das Erfordernis, die spezifischen sozialen Probleme und Bedürfnisse dieser Bevölkerungsgruppen in der Sozial- und Altenpolitik gesondert zu berücksichtigen.

Verjüngung des Alters

Bestimmte Altersprobleme treten in immer früheren Stadien des Lebenslaufes auf (so auf dem Arbeitsmarkt). Die Menschen werden insbesondere durch den ökonomischen und sozialen Wandel alt „gemacht“, ohne bereits selbst kalendarisch alt zu sein. Dieser Trend widerspricht jedoch der Selbstzuordnung zur Gruppe der Alten: Die Selbsteinschätzung als „alt“ erfolgt zunehmend später und beginnt heute im Durchschnitt erst weit nach dem 75. Lebensjahr.

Feminisierung des Alters

Das Bild vom Alter wird weitgehend von Frauen geprägt. Bedingt durch die längere Lebenserwartung der Frauen, aber auch in Folge der überdurchschnittlich hohen

Mortalität der Männer während des 2. Weltkriegs überwiegt ihr Anteil an der Altenpopulation in Deutschland.

Derzeit beträgt die Geschlechterverteilung bei den 60jährigen und älteren etwa gut drei Fünftel Frauen zu knapp zwei Fünftel Männer (vgl. Abbildung VIII.4). Mit zunehmendem Alter verschiebt sich diese Relation immer weiter zu Gunsten der Frauen; bei den über 80jährigen machen die Frauen nahezu drei Viertel der Bevölkerung aus. Altenpolitik ist insofern faktisch vor allem Politik für ältere Frauen.

Abbildung VIII.4:

Familienstand von Männern und Frauen über 60 Jahren 2005

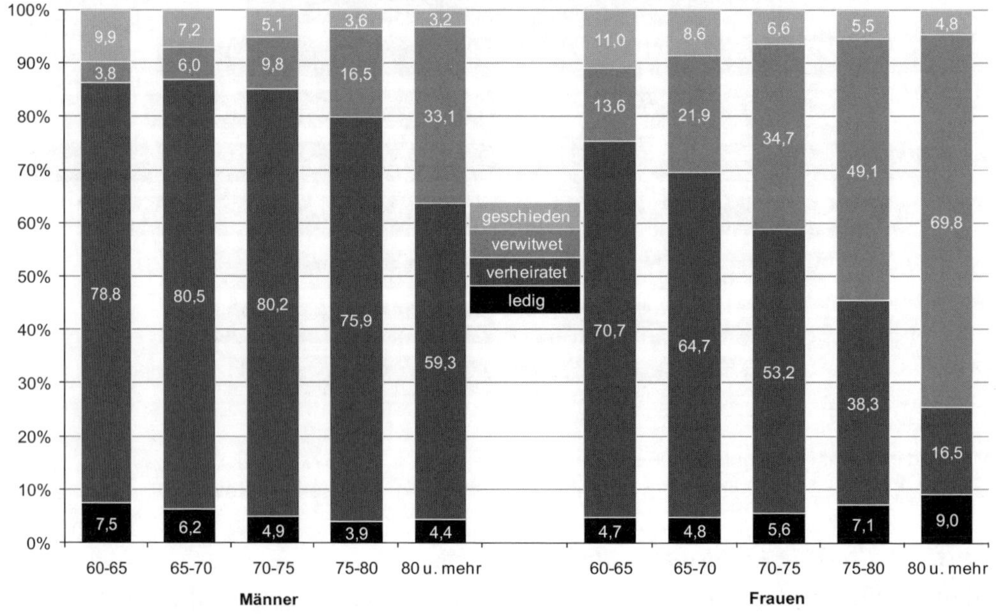

In % der jeweiligen Altersgruppen

Quelle: Statistisches Bundesamt, Bevölkerungsfortschreibung, Fachserie 1, Reihe 1.3.

Singularisierung des Alters

Im höheren Lebensalter leben bzw. wohnen Menschen vermehrt allein. Bundesweit trifft dies auf gut 40 % der Altenbevölkerung ab 65 zu. Dabei handelt es sich zu mehr als 85 % um Frauen. Ältere Frauen leben vor allem deswegen allein, weil sie verwitwet sind. So finden sich unter den 80jährigen und älteren Frauen zu fast 70 % Witwen (vgl. Abbildung VIII.4). Neben der höheren Mortalität der Männer sind dafür auch die geschlechtstypischen Unterschiede in den Heiratsaltern verantwortlich. Zunehmend bestimmen aber auch älter werdende Singles (Ledige, Geschiedene bzw. getrennt Lebende) den Trend zur Singularisierung des Alters.

Mit einem Verbreitungsgrad von knapp 50 % bildet der Zwei-Personen-Altenhaushalt (zumeist verheiratet) die wichtigste Wohnform im Alter (vgl. Kap. „Familie“, Pkt. 3.1). Der Mehrgenerationenhaushalt, also das Leben zusammen mit den Kindern, ist mit weniger als 5 % für ältere Menschen dagegen fast schon zur Ausnahme geworden. Aber auch die neuen Formen des Gemeinschaftswohnens älterer Menschen finden sich (noch) ganz selten. Grundsätzlich bedeutet Alleinleben, überdurchschnittlich häufig auf praktische Unterstützung durch Dritte angewiesen zu sein.

Die schwindende Bedeutung des Zusammenlebens mit Kindern und Enkelkindern entspricht einem weit verbreiteten Wunsch sowohl der Kinder als auch der älteren Menschen selbst. Sie wollen – so lange dies möglich ist – eigenständig wohnen und leben. Die Formel von der „Intimität auf Abstand“ charakterisiert die von den älteren Menschen selbst gewollte Art und Qualität der Beziehungen zur eigenen Familie, denn durch die auch räumliche Distanz zu den Kindern lassen sich am ehesten gegenseitige Abhängigkeiten, Kontrollen und Konflikte vermeiden.

Hochaltrigkeit

Hochaltrigkeit, d.h. ein Leben jenseits des 80. Geburtstages, gilt als herausragender Indikator des Strukturwandels des Alters. Sozialpolitisch bedeutsam ist hierbei die enge Bindung von Krankheit, Hilfe- und Pflegebedürftigkeit an ein sehr hohes Alter. Wachsende Hochaltrigkeit impliziert somit zugleich einen steigenden Bedarf an Unterstützung durch organisierte soziale Dienste, zumal auch die sonstigen traditionellen, vor allem familiären Systeme der Unterstützung für diesen Personenkreis demografisch wie soziostrukturell bedingt schwächer werden und vermutlich nicht im gleichen Maße durch andere Stützsysteme kompensiert werden können.

3 Ausscheiden aus dem Erwerbsleben und Übergang in die Rente

3.1 Berufsaustritt, Altersgrenzen und Altersteilzeit

Die Möglichkeit, im höheren Lebensalter aus dem Erwerbsleben ausscheiden und eine materiell abgesicherte Altersphase erleben zu können, steht und fällt mit der Verfügbarkeit über eine ausreichende Rente und/oder andere Alterseinkommen ab diesem Zeitpunkt. Der durch das Alterssicherungssystem gewährte Rechtsanspruch, ab einer bestimmten Altersgrenze eine Rente beziehen zu können, bedeutet zugleich, nicht mehr bis ins höchste Alter hinein arbeiten zu *müssen*. Die Altersgrenze ist insofern eine zentrale Orientierungsgröße für die Lebensplanung der Beschäftigten und somit fester Bestandteil der Arbeitnehmer-Normalitätserwartung. Das altersbedingte Ausscheiden aus dem Erwerbsleben bedeutet zugleich den Beginn des sozialen Alters und gilt häufig als Definitions- und Abgrenzungsmerkmal der Altersphase.

Grundsätzlich lassen sich folgende Formen des endgültigen Berufsaustritts unterscheiden:

- Frühinvalidität, d.h. Minderung der Erwerbsfähigkeit;

- vorzeitige betriebliche Frühausgliederung über besondere Regelungen (z.B. Alterszeitzeit, Vorruhestand);
- Langzeitarbeitslosigkeit ohne Möglichkeit und Absicht einer Wiederbeschäftigung;
- Inanspruchnahme einer vorgezogenen Altersrente unter besonderen versicherungsrechtlichen Bedingungen;
- Erreichen der gesetzlichen Regelaltersgrenze.

Während die letzten drei Typen als altersbedingte Formen des Ausscheidens aus dem Erwerbsleben gelten können, ist der Berufsaustritt wegen Erwerbsminderung/Frühinvalidität nicht zwangsläufig an ein fortgeschrittenes Lebensalter gebunden. Allerdings konzentrieren sich die anerkannten Fälle von Erwerbsminderungsrenten auf die 50 - 60jährigen.

Abbildung VIII.5:

Status vor Rentenbezug 2004

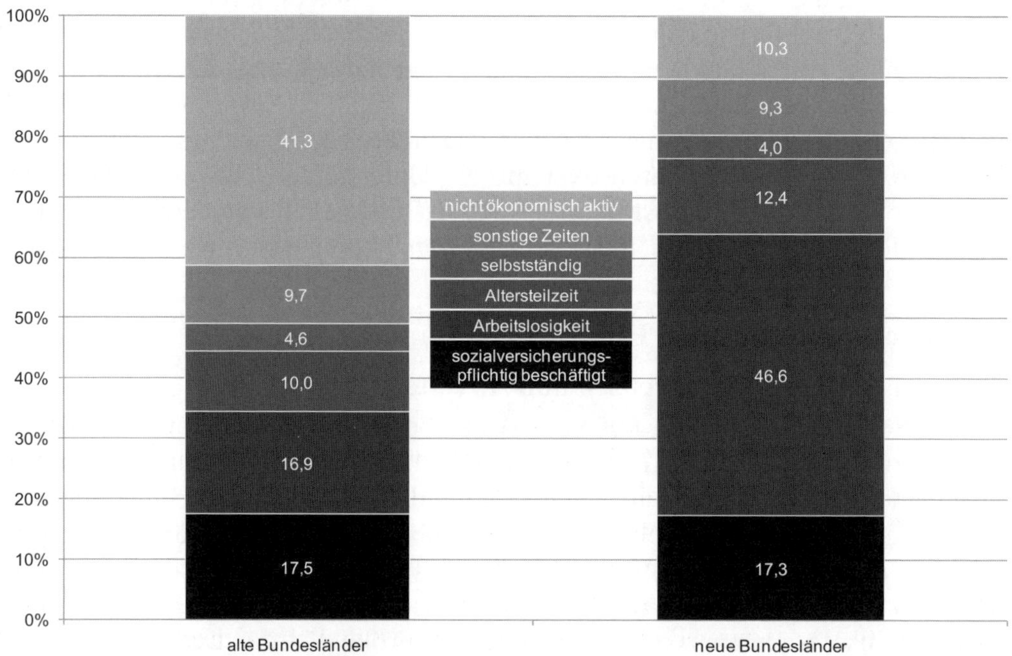

Quelle: Deutsche Rentenversicherung

Berufsaustritt und Renteneintritt sind allerdings nicht identisch. Nur etwa 17 % der Versicherten wechselten 2004 unmittelbar aus einer versicherungspflichtigen Beschäftigung in den Bezug einer Altersrente über (vgl. Abbildung III.5). Die überwiegende Mehrzahl bezieht die Rente nach einer Phase der Arbeitslosigkeit, der Altersteilzeit, der Selbstständigkeit oder der Nicht-Erwerbstätigkeit. Im Jahresdurchschnitt 2004 waren in den neuen Bundesländern 46,6 % der NeurentnerInnen zuvor arbeitslos, in den alten Ländern 16,9 %. Arbeitslosigkeit kann als eine faktische Form des Berufsaustritts die Arbeitslosigkeit im höheren Lebensalter angesehen werden, da der überwiegenden Mehrzahl der Betroffenen eine Rückkehr in den Beruf jenseits der 50-/55-Jahresgrenze wegen der schwierigen Arbeitsmarktlage kaum noch gelingt (vgl. Bd. I, Kap. „Arbeit und Arbeitsmarkt", Pkt. 6.5). Nach einer Phase der Langzeitarbeitslosigkeit wird dann vorzeitig eine Altersrente beantragt.

Betrachtet man die Altersgrenzen in der Gesetzlichen Rentenversicherung, so bildet seit 1916 in der Arbeiterrenten- und bereits seit 1912 in der Angestelltenrentenversicherung das 65. Lebensjahr grundsätzlich die für alle gültige (Regel-)Altersgrenze. Das 65. Lebensjahr ist faktisch eine Obergrenze, wenngleich eine Weiterarbeit danach grundsätzlich möglich ist und sogar mit Rentenzuschlägen „belohnt" wird (vgl. Pkt. 6.5.2.2 dieses Kapitels).

Inanspruchnahme vorgezogener Altersrenten

Allerdings besteht bzw. bestand die Möglichkeit, unter bestimmten Voraussetzungen bereits ab dem 60. Lebensjahr (Frauen, Arbeitslose, Beschäftigte in Altersteilzeit, Schwerbehinderte) bzw. ab dem 63. Lebensjahr (langjährig Versicherte) eine vorgezogene Altersrente zu beziehen. Dafür sind jedoch Rentenabschläge in Kauf zu nehmen. (vgl. Pkt. 6.5.2.2 dieses Kapitels). Diese Abschläge sollen die Frühverrentung eingrenzen und die Rentenversicherung finanziell entlasten. Vorgesehen ist, dass es ab 2012 schrittweise zu einer Anhebung der Regelaltersgrenze auf 67 Jahre kommt (vgl. Pkt. 11.4 dieses Kapitels).

Tabelle VIII.1 lässt die quantitative Bedeutung der jeweiligen Altersrenten und damit der Nutzung der jeweiligen Altersgrenzen für die Rentenneuzugänge bis 2005 erkennen. Es wird deutlich, dass bei den Männern die *Altersrente wegen Arbeitslosigkeit und nach Altersteilzeit*, die bereits mit 60 Jahren bezogen werden kann (beginnend ab 2006 und endend 2010 wird diese Altersgrenze schrittweise von 60 auf 63 Jahre heraufgesetzt und 2012 ganz entfallen), eine immer größere Bedeutung erlangt hat. Diese Rentenzugangsart machte 2005 in den alten Bundesländern fast ein Viertel (23,4 %) aller Rentenneuzugänge aus und hat damit ihren Anteil allein gegenüber 1985 nahezu verdoppelt. Eine noch größere Bedeutung hat diese Rentenart in den neuen Bundesländern, hier bezieht nahezu die Hälfte der männlichen Neurentner (42,5 %) eine Rente wegen Arbeitslosigkeit bzw. nach Altersteilzeit. Die massiven Probleme auf dem Arbeitsmarkt wirken sich hier unmittelbar aus. Der vorgezogene Bezug einer Rente ist eine Reaktion auf die äußerst schlechten Beschäftigungschancen der Älteren. Bei den *Frauen* dominiert die *Altersrente mit 60*. Auf diese Rentenart entfallen 2005 in den alten Bundesländern 27,9 % und in den neuen Bundesländern 63,9 % aller Rentenneuzugänge. Auch hier wirkt sich die Lage auf dem Arbeitsmarkt auf den frühzeitigen Rentenbezug aus.

Tabelle VIII.1:

Rentenzugänge (ohne Hinterbliebenenrenten) nach Rentenarten 1960 - 2005

	Versicherten-renten ins-gesamt	Renten wegen verminderter Erwerbsfähigkeit		Regelaltersrenten		Altersrente für langjährig Versicherte		Alterrenten für Schwer-behinderte		Altersrenten wg. Arbeitslosigkeit u. nach Altersteilzeit		Alters-renten für Frauen
	Männer u. Frauen	Männer	Frauen	Männer	Frauen	Männer	Frauen	Männer	Frauen	Männer	Frauen	Frauen
	absolut	in %		in %		in %		in %		in %		in %
Alte Bundesländer												
1960	427.754	60,8	66,0	36,8	18,7	-	-	-	-	2,4	0,7	19,5
1965	504.274	48,7	50,1	50,1	29,1	-	-	-	-	1,2	0,3	20,5
1970	608.054	48,2	45,4	49,0	28,2	-	-	-	-	2,8	0,2	26,1
1975	691.712	36,9	46,0	26,0	24,2	30,7	1,7	2,7	0,0	3,7	0,7	27,1
1980	635.280	49,4	50,0	14,1	15,1	12,4	0,8	15,6	0,7	8,4	1,6	31,7
1985	609.620	43,9	30,2	16,4	32,0	15,6	1,3	12,2	1,1	11,9	1,1	34,3
1990	740.639	36,0	17,2	19,9	49,9	19,6	1,2	10,8	0,8	13,7	1,8	29,1
1995	877.636	32,7	18,3	21,8	43,0	13,2	3,0	8,1	2,0	24,2	3,4	30,2
2000	879.357	24,2	14,8	21,9	40,8	16,2	2,7	9,9	3,2	27,7	3,0	35,5
2005	772.175	18,7	14,9	34,7	49,0	13,6	2,0	9,6	4,5	23,4	1,8	27,9
Neue Bundesländer												
1995	417.613	13,1	21,5	16,7	2,0	9,2	0,1	0,7	0,1	60,2	6,4	69,9
2000	213.246	23,6	16,2	6,5	4,7	8,5	0,6	5,4	1,7	55,9	3,5	73,4
2005	165.052	21,7	19,7	13,5	8,5	14,5	0,8	7,7	5,4	42,5	16	63,9

Quelle: Deutsche Rentenversicherung, Rentenversicherung in Zahlen 2006.

An Bedeutung verloren hat die *Erwerbsminderungsrente*, ihre Anteilswerte bei den Rentenneuzugängen der Männer sind (in den alten Bundesländern) von 36 % (1990) auf 18,7 % (2005) gesunken. Einen deutlichen Anstieg weist hingegen die *Regelaltersrente* auf. Diese Rentenart wird 2005 von 34,7 % der männlichen Zugangsrentner in Anspruch genommen, gegenüber 21,9 % (2000) und 19,9 % (1990). Der Zuwachs dürfte vor allem darauf zurückzuführen sein, dass dies mittlerweile die einzige Altersrente ist, die ohne Abschläge bezogen werden kann. In den alten Bundesländern hat die *Regelaltersrente* mit 65 Jahren für Frauen (49,0 % aller Neuzugänge) nur in den alten Bundesländern ein sehr großes Gewicht. Sie wird vor allem von jenen Frauen gewählt, die nur wenige Versicherungsjahre (Beitragszeiten aus eigener Erwerbstätigkeit und/ oder Kindererziehungszeiten) aufzuweisen haben. In der Regel folgt hier der Rentenbezug nicht aus einer Beschäftigung heraus; die (Ehe)Frauen haben sich z.T. Jahre vorher bereits aus dem Berufsleben zurückgezogen oder haben nach der Kindererziehungsphase ihre Berufstätigkeit nicht wieder aufgenommen und warten gleichsam auf den Rentenbeginn.

Altersteilzeit

ArbeitnehmerInnen, die sich in der Altersteilzeit befinden, gelten in der Statistik noch als beschäftigt. Die *Altersteilzeit,* die im Arbeitsförderungs- und nicht im Rentenrecht geregelt ist und durch Tarifverträge sowie Betriebsvereinbarungen flankiert wird, beruht auf dem Ansatz, durch die Arbeitszeitverkürzung der Älteren einerseits den Arbeitsmarkt zu entlasten und den Betrieben Möglichkeiten zu geben, Arbeitslose oder Auszubildende einzustellen. Möglich ist dies vom 55. Lebensjahr an, wobei die Arbeitszeit auf die Hälfte der tariflich vereinbarten Arbeitszeit verringert werden muss. Wie die Altersteilzeit konkret verteilt wird, bleibt den Tarifvertragsparteien und/oder dem Einzelvertrag überlassen (vgl. Bd. I, Kap. „Arbeit und Arbeitsmarkt“, Pkt. 8.9.1).

Obwohl zahlreiche sozial-, humanisierungs-, arbeitsmarktpolitische und gerontologische Gründe für einen „gleitenden Ruhestand“ sprechen, hat die Praxis gezeigt, dass die Idee weder von den Betrieben noch von den Beschäftigten in hinreichender Weise angenommen wird. Nur in der geringsten Zahl der Fälle wechseln ältere ArbeitnehmerInnen tatsächlich in die „echte“ Teilzeit. In den weitaus meisten Fällen wird sie stattdessen geblockt, d.h. die theoretisch möglichen Teilzeitphasen werden zu einer Vollzeitphase zusammengefasst. So teilt sich beispielsweise eine Altersteilzeit von 5 Jahren in 2,5 Jahre Vollzeitarbeit und 2,5 Jahre Freistellung auf. Das bedeutet, dass die Betroffenen mit dem Übergang in die Freistellung ihre Berufstätigkeit ganz aufgeben. Die Altersteilzeit hat sich somit zu einem Instrument der *Frühausgliederung* entwickelt.

Durch die Anhebung der (ungekürzten) Altergrenze nach Altersteilzeit von 60 Jahren auf 63 Jahre hat ein Prozess zur Verlängerung der Altersteilzeitphase nach hinten eingesetzt, um die Wirkungen der Abschläge zu minimieren.

Neben der allgemeinen Arbeitsmarktlage (für ältere ArbeitnehmerInnen), die unter den gegenwärtigen Bedingungen de facto jede Alternative zur frühen Berufsaufgabe scheitern lässt, liegen wichtige Gründe für die Schwierigkeiten, neue Arbeitszeitmuster am Ende der Erwerbsbiographie einzuführen, zum einen darin, dass trotz Rechtsanspruch auf einen Teilzeitarbeitsplatz (vgl. Bd. I, Kap. „Arbeit und Arbeitsmarkt“, Pkt. 3.2.2) die betriebliche Bereitschaft zum Ausbau von qualifizierten Teilzeitarbeitsplätzen nach wie vor gering ist. Zum anderen stehen auch viele der begünstigten Älteren der für sie ungewohnten Teilzeitarbeit ablehnend gegenüber. Dies betrifft vor allem Männer. Eine erstmalige und isolierte Positionierung von Teilzeitarbeit am Ende der Erwerbskarriere steht im grundsätzlichen Widerspruch zur gewohnten Vollzeiterwerbsarbeit und wirkt folglich als Fremdkörper in der männlichen Normalbiographie.

3.2 Betriebliche Frühausgliederung und Entberuflichung des Alters

Der seit Mitte der 1970er Jahre feststellbare Trend zur „Entberuflichung des Alters“ findet sich in vielen westlichen Industrieländern und ist Folge sowohl der anhaltenden Arbeitslosigkeit und der besonderen Beschäftigungsprobleme älterer ArbeitnehmerInnen als auch einer altersselektiven betrieblichen Personalpolitik. Dem entsprechen auch die seit Jahren rückläufigen Erwerbstätigenquoten älterer Beschäftigter (vgl. Tabelle IV.9 in Bd. I, Kap. „Arbeit und Arbeitsmarkt“). Die Frühausgliederung und der vorzeitige Bezug einer Altersrente wurden als gezieltes arbeitsmarktpolitisches Instrument eingesetzt, um durch die Reduktion des Arbeitsangebots älterer ArbeitnehmerInnen die Arbeitslosigkeit anderer Personengruppen zu vermeiden.

Die angespannte Arbeitsmarktlage wirkt sich auch auf den Bezug von Renten wegen Minderung der Erwerbsfähigkeit aus: Nach der Rechtsprechung des Bundessozialgerichtes zur *konkreten Betrachtungsweise* werden nämlich Erwerbsminderungsrenten auch dann gezahlt, wenn wegen einer gesundheitlichen Beeinträchtigung zwar noch eine teilschichtige Erwerbstätigkeit möglich ist, aber das konkrete Angebot an entsprechenden Teilzeitarbeitsplätzen fehlt.

Aus betrieblicher Sicht bildet die Frühausgliederung älterer Beschäftigter eine vergleichsweise kostengünstige und reibungslose Maßnahme des Personalabbaus, da die Kosten der betrieblichen Anpassungsstrategien externalisiert, d. h auf die Renten- und Arbeitslosenversicherung und auf die Betroffenen selber verlagert werden können. Nicht immer spielen dabei konkrete Leistungs- und Beschäftigungsprobleme älterer ArbeitnehmerInnen eine Rolle. Vielmehr wurde und wird die Frühausgliederung aus „altersneutralen“ Anlässen als eigenständiges Instrument betrieblicher Personal- und Beschäftigungspolitik eingesetzt, so z.B. zur qualifikatorischen und/oder altersmäßigen Umschichtung und Verjüngung der Belegschaften. Die Entberuflichung des Alters ist insofern Ausdruck einer jahrzehntelang praktizierten Betriebspolitik und verdankt ihre Karriere einem Zusammenspiel betrieblicher Ausgliederungsstrategien mit staatlichen Ausgliederungsanreizen. Sie konnte sich lange Zeit auf ein hohes Maß an Übereinstimmung bei fast allen Beteiligten stützen (u.a. ArbeitnehmerInnen, Gewerkschaften, Betriebsräte, Arbeitgeber, Arbeitsverwaltung).

Die betroffenen älteren ArbeitnehmerInnen sind dabei keineswegs nur als passive Opfer der Ausgliederungsprozesse zu sehen. Unübersehbar ist ein hohes Interesse auf Seiten der Beschäftigten an einem möglichst frühen Berufsaustritt, nicht selten nach dem Motto „Je früher, desto besser". Ein frühes Berufsende hat sich im Bewusstsein der weitaus meisten älteren ArbeitnehmerInnen zu einer Art Errungenschaft im Sinne eines sozialen Besitzstandes entwickelt, dessen Hintergründe nur aus einem komplexen Zusammenwirken von veränderten und zunehmend als belastend und bedrohend empfundenen Arbeits- und Arbeitsmarktbedingungen, einem insgesamt gestiegenen Einkommensniveau im Alter, finanziellen Anreizen seitens der ausgliedernden Betriebe, veränderten Bewertungen von Arbeit und Freizeit sowie einem vielfältigen, primär auf das Private gerichteten Nachholbedarf zu erklären sind („Push- und Pull-Effekte"). Die (Früh)Verrentung wird als eine Art verdiente Gegenleistung für die oft jahrzehntelang erbrachten Verausgabungen und ertragenen Entbehrungen und Belastungen in der Arbeit angesehen, auf den gleichsam ein moralischer Rechtsanspruch besteht. Entscheidend für die breite Akzeptanz ist auch, dass der frühe Ruhestand von den weitaus meisten auch positiv erlebt wird und dass dieses Erleben auf die Verrentungsentscheidung der jeweils nachrückenden Gruppen älterer ArbeitnehmerInnen motivierend zurückwirkt.

Die „große Koalition für die Frührente" ist durch die Maßnahmen zur Anhebung des Renteneintrittsalters und zur Begrenzung alterselektiver Ausgliederungsstrategien der Betriebe aufgelöst worden. Zunehmend wird die im europäischen Vergleich niedrige Erwerbstätigenquote Älterer in Deutschland als ein Problem angesehen. Die Frage bleibt jedoch, ob diese Umkehr in einer Situation anhaltender Arbeitslosigkeit gelingt (vgl. Pkt. 11.4 dieses Kapitels).

Betrachtet man in den alten Bundesländern das durchschnittliche Rentenzugangsalter nach Alterskohorten, wird sichtbar, dass der Trend eines immer früheren Renteneintritts gestoppt ist (vgl. Abbildung VIII.6): Beginnend mit dem Geburtsjahrgang 1936 sinkt bei den Männern das Rentenzugangsalter nicht mehr, und der Geburtsjahrgang 1939, der im Jahr 2004 das 65. Lebensjahr vollendet hat, weist erstmalig eine Erhöhung des durchschnittlichen Rentenzugangsalters auf. Sowohl die Männer als auch die Frauen des Jahrgangs 1939 gehen im Schnitt mit 62,5 Jahren in die Rente. Der Rentenbeginn wird offensichtlich – wie auch von der Politik beabsichtigt – nach hinten verschoben, um die Abschläge zu minimieren oder ganz zu umgehen. Berücksichtigt beim Rentenzugangsalter sind nur die Altersrenten; der Bezug der Rente wegen Erwerbsminderung setzt deutlich früher ein.

Abbildung VIII.6:

Durchschnittliches Alter beim Erstbezug von Altersrenten nach Geburtsjahrgängen alte Bundesländer

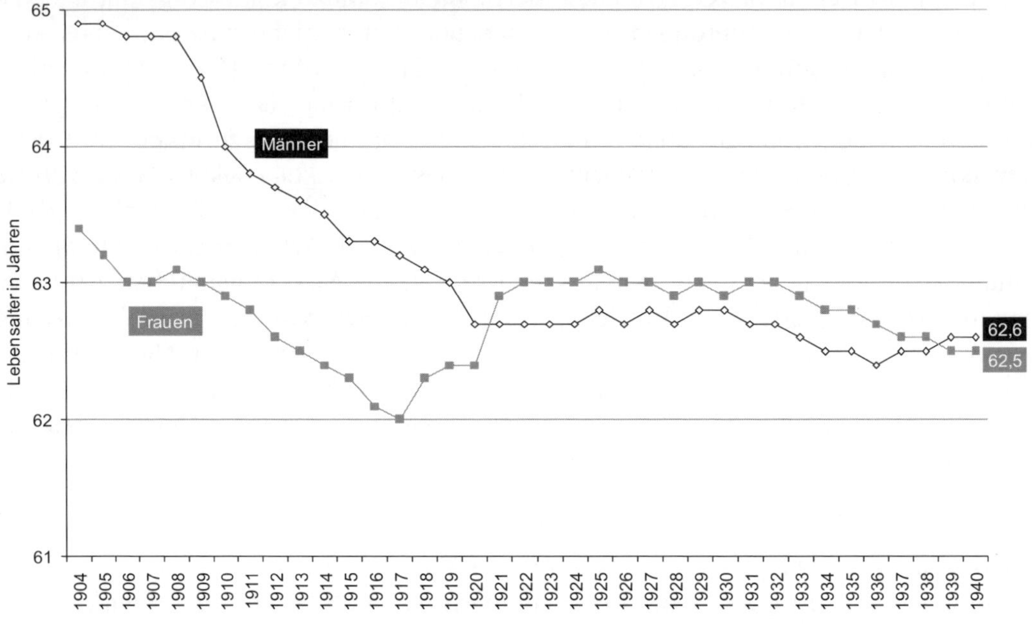

Quelle: Deutsche Rentenversicherung Bund, Rentenversicherung in Zeitreihen, Frankfurt 2006.

4 Lebenslagen im Alter und Perspektiven einer integrierten Altenpolitik

4.1 Altersrollen und familiäre Netzwerke im Umbruch

Die demografische Entwicklung hat weit reichende Konsequenzen für nahezu alle Politikbereiche. Im politischen System kommt es – zumindest numerisch – zu einem Machtzuwachs der Älteren, z.B. gemessen an ihren bei Wahlen abgegebenen Stimmen. Auch die Sozialpolitik konzentriert sich verstärkt auf den Alterungsprozess der Gesellschaft.

Sozialpolitik für ältere Menschen wurde lange Zeit primär als Rentenpolitik aufgefasst. Später kamen die Gesundheits- und Pflegepolitik hinzu. Mittlerweile wird Sozialpolitik für ältere Menschen konzeptionell und strategisch weiter gefasst und als eine an der gesamten Lebenslage im Alter ausgerichteten Politik für das Alter und für ein Leben im Alter verstanden, in der den erwähnten Sozialpolitikbereichen zwar nach wie vor eine zentrale Schlüsselfunktion zukommt, die aber insgesamt weit über die soziale Sicherung im engeren Sinne hinausreicht. Wichtige Bezugspunkte dieser Altenpolitik sind u.a. die Förderung der selbstständigen Lebensführung, des Wohnens im Alter, der Familienbeziehungen und sozialen Netzwerke und der gesellschaftlichen Integration.

Vor dem Hintergrund der zunehmenden zeitlichen Ausdehnung der Altersphase und einer wachsenden Zahl „junger Alter“ ist auch die viele freie Zeit älterer Menschen und ihre sinnstiftende Ausfüllung – sowohl in individueller wie in gesellschaftlicher Perspektive – zu einer neuen Herausforderung für die Betroffenen wie für die Gesellschaft insgesamt geworden. Dabei wird auch deutlich, dass die traditionellen Angebote der Altenhilfe, wie etwa die klassischen Altentagesstätten und -clubs oder die karitativ organisierten Seniorenreisen, immer weniger Zulauf finden und sich im Grundsatz konzeptionell überlebt haben. Zu den angenommenen und innovativen Maßnahmen der Integrationssicherung zählen demgegenüber unterschiedliche Formen der Bildungs-, Freizeit- und Kulturarbeit für ältere Menschen, die zunehmend auch auf intergenerationelle Kommunikation und Begegnung abzielen (z.B. Erzählcafes, Wissensbörsen, Bürgerbegegnungsstätten).

In jüngster Zeit gilt das Interesse der Altenpolitik darüber hinaus geeigneten Angeboten zur Wahrnehmung neuer „produktiver“ Altersrollen. Ziel ist die Förderung von auf Dritte oder auf öffentliche Aufgaben bezogenen Betätigungsformen, wie sie z.B. Seniorenbüros, Seniorengenossenschaften, Altenselbsthilfeorganisationen und Senior-Experten-Service-Dienste darstellen. Der verstärkte Einsatz der „Altersproduktivität“ wird dabei u.a. auf Grund der demografischen Herausforderungen und der Notwendigkeit gefordert, dass auch ältere Menschen selbst stärker einen Eigenbeitrag zur Erfüllung des Generationenvertrags leisten müssten, und zwar über die Arbeitswelt und die Familien hinaus. Es gilt – so die Argumentation – auch im Alter mehr gesellschaftliche Verantwortung zu übernehmen, um die sozialen und gesellschaftlichen Konsequenzen der demografischen Entwicklung produktiv zu bewältigen. Infolgedessen gelte es, die vorhandenen Alterspotenziale, Ressourcen und insbesondere Zeitreserven vieler älterer Menschen als gesellschaftliche „Wertschöpfungsquelle“ zu begreifen und zu nutzen und sie stärker – aber auf freiwilliger Basis – in den Dienst wichtiger öffentlicher Funktions- und Verantwortungsbereiche zu stellen (so z.B. beim bürgerschaftlichen Engagement; vgl. Kap. „Soziale Dienste“, Pkt. 8.2).

Um solche Forderungen und Appelle auch praktisch umzusetzen, kommt es vor allem darauf an, die erheblichen Defizite und Lücken in diesem Arbeitsfeld, die sich z.B. in nur betreuenden und unterhaltenden Angeboten, Tendenzen zur subkulturellen Abschottung und in unzureichenden Bemühungen um intergenerationelle Arbeitsansätze zeigen, abzubauen. So wird z.B. für die Seniorenbildung (z.B. Seniorenstudiengänge an Universitäten) eine strukturelle Neuausrichtung (z.B. Vorbereitung auf den Einsatz im bürgerschaftliches Engagement) gefordert.

In ganz besonderer Weise wird die Lebenslage im Alter von funktionsfähigen Familien- und übrigen sozialen Netzwerkbeziehungen bestimmt. Wie empirische Befunde belegen, ist die Familie weiterhin die zentrale Institution zur sozialen Integration sowie zur emotionalen und instrumentellen Unterstützung älterer Menschen. Dies dokumentiert sich am eindrucksvollsten in der häuslichen Pflege, da nahezu drei Viertel der Pflegebedürftigen zu Hause versorgt werden, davon weit überwiegend durch engste Familienangehörige. In Heimen werden primär solche älteren Menschen betreut, die keine Kinder oder nur entfernt lebende Verwandte haben. Der demografische und soziale Wandel hat dabei zur tendenziellen Schwächung informeller Unterstützungsnetzwerke und -ressourcen, vor allem aus dem familiären Umfeld der Töchter, Schwiegertöchter und Enkelkinder, geführt.

Wenn sich auch traditionelle Familienformen ausdünnen, so ist dennoch der größte Teil älterer und alter Menschen nach wie vor in tragfähige Familienbeziehungen eingebunden. Die intergenerationale Solidarität der Familien ist trotz wachsender Belastungen auf beiden Seiten, so durch Berufstätigkeit der Töchter/Schwiegertöchter und durch schwierige Problemlagen der ganz Alten, ungebrochen. Wie Forschungsergebnisse belegen, bleibt die Reziprozität der Beziehungs-, Unterstützungs- und Hilfemuster zwischen den Generationen über den Lebenslauf hinweg durchweg stabil.

Helfende und/oder pflegende Familienangehörige sind deshalb zu einer zunehmend wichtiger werdenden zweiten Zielgruppe der Altenpolitik geworden. Zu berücksichtigen ist, dass die Kindergeneration wegen der niedrigen Geburtenrate kleiner wird. Schon jetzt haben über 20 % der Altenbevölkerung keine Kinder (mehr), und dieser Anteil wird künftig weiter zunehmen. Bei steigenden Scheidungs- und Trennungsquoten selbst in den mittleren und höheren Altersgruppen und sinkender (Wieder)Verheiratungshäufigkeit ist zudem zu erwarten, dass sich auch der Familienstand älterer Menschen langfristig hin zu einem wachsenden Anteil Geschiedener und Lediger entwickeln wird. Die Folge ist eine Zunahme der Älteren, die außerhalb der eigenen Kernfamilie leben und über kein oder nur ein sehr geringes familiäres Unterstützungspotenzial verfügen.

Daneben wird auch die steigende Erwerbsquote von Frauen bedeutsam: Heute sind gut zwei Drittel aller Frauen im Alter von 50 bis 55 Jahren erwerbstätig. Eine Zunahme wird erwartet und wegen einer zukünftigen Schrumpfung des Erwerbspersonenpotenzials auch für notwendig erachtet. Daraus folgt, dass immer mehr Menschen – zumeist Frauen jenseits des 45. Lebensjahres – Berufstätigkeit und Pflegeverpflichtungen miteinander vereinbaren müssen. Eine Bedarfssteigerung an Diensten zur Förderung und Aufrechterhaltung der selbstständigen Lebensführung Älterer und zur besseren Vereinbarkeit von Berufstätigkeit und Pflege gilt auch vor diesem Hintergrund als sicher.

4.2 Anforderungen an die Altenpolitik: Eigenständige Lebensführung, gesundheitliche, pflegerische und soziale Versorgung

Dem *Wohnen* älterer Menschen kommt eine ganz besondere Bedeutung für die Lebenslage im Alter zu. In den eigenen vier Wänden wird nicht nur die weitaus meiste Zeit im Alter verbracht, auch bestimmen die Wohnbedingungen oftmals über die Chancen selbstständigen Lebens bei schweren körperlichen Einschränkungen. Zu beachten ist, dass ca. 40 % der Älteren heute in Wohneigentum leben, dabei im Westen rund 45 % und im Osten rund 30 %. Generell gilt als Leitmaxime der Altenpolitik, die selbstständige Lebensführung so lange wie möglich aufrecht zu erhalten, was auch dem Wunsch der weitaus meisten älteren Menschen entspricht. Dies wird durch den steigenden Anteil an Wohneigentum noch verstärkt. Das Pflegeversicherungsgesetz gewährt unter bestimmten Bedingungen eine Wohnraumanpassung, allerdings nur bei anerkannter Pflegebedürftigkeit, nicht jedoch wenn „nur" Hilfebedürftigkeit vorliegt, womit der größere Teil des Gesamtbedarfs praktisch ausgegrenzt ist (vgl. Kap. „Gesundheit und Gesundheitssystem", Pkt. 7.2.2).

An Bedeutung gewinnen Formen des sog. Gemeinschafts-, Generationen- oder Servicewohnens („betreutes Wohnen"). Sie alle repräsentieren in unterschiedlichem Ausmaß bedarfsangemessene Kombinationen von Wohn- und Diensteangeboten und zielen zumeist auf Gemeinschaftswohnen außerhalb von Einzelwohnungen sowie häufig auch auf Generationenmischung. Ein hoher Bedarf besteht hinsichtlich der Förderung des „Normalwohnens" älterer Menschen in ihren angestammten Wohnungen, z.B. durch Wohnberatung, Wohnraumanpassung oder durch Umzüge im Bestand.

Das Ziel einer selbstständigen Lebensführung in der eigenen Wohnung ist für die stark wachsende Zahl allein lebender, chronisch kranker älterer Menschen oftmals nur schwer realisierbar. Neben qualifizierten gesundheitlichen und sozialpflegerischen Angeboten in ausreichender Zahl zählen zu den Selbstständigkeit fördernden Maßnahmen insbesondere Dienste der hauswirtschaftlichen Versorgung, d.h. solche Dienste, die das Alltagsmanagement unterstützen (z.B. Putz-, Reinigungs- und Wäschedienste), des Weiteren Hausnotrufsysteme sowie Angebote der Beratung (z.B. Wohn-, Pflege-, allgemeine Sozialberatung) älterer Menschen und der Vermittlung von geeigneten Diensten. Speziell hier bestehen ganz erhebliche Mängel (vgl. Kap. „Soziale Dienste, Pkt. 2.4).

Obwohl Alter keineswegs zwangsläufig mit Krankheit und Pflegebedürftigkeit assoziiert werden kann, steigen beide Risiken mit fortschreitendem Alter. Im Vergleich zu jüngeren Altersgruppen ist das Krankheitsbild Älterer durch *Multimorbidität,* d.h. Gleichzeitigkeit von Alterskrankheiten, alternden Krankheiten und Krankheiten im Alter, sowie durch *Chronifizierung von Akuterkrankungen* gekennzeichnet. Weit über die Hälfte der Menschen im Alter von 60 und mehr leidet unter chronischen Krankheiten. Zudem verläuft die Genesung langsamer als bei jungen Menschen. Bei den 70 - 90jährigen ist von fünf bis neun nebeneinander existierenden Diagnosen auszugehen. Vor allem im sehr hohen Alter, d.h. nach dem 85. bis 90. Lebensjahr, kommt es zusätzlich noch vermehrt zu *Demenzerkrankungen.* Bei den 90jährigen liegt die entsprechende Prävalenzrate nach vorsichtigen Schätzungen bei knapp 35 %, verglichen mit nur etwa 15 % bei den 80- bis unter 85jährigen. Nach diesen Schätzungen gelten derzeit 1 Mio. ältere Menschen als demenziell erkrankt.

Pflegebedürftigkeit im Alter ist zumeist Ergebnis chronischer Erkrankungen und Multimorbidität und ist ebenfalls sehr an Hochaltrigkeit gebunden. Mehr als 60 % der 90jährigen und älteren gelten als pflegebedürftig, verglichen mit nur knapp 3 % der 65- bis unter 70jährigen (vgl. Kap. „Gesundheit und Gesundheitssystem", Pkt. 2.2).

In Alten- und Pflegeheimen wohnen fast nur sehr alte Menschen, das Durchschnittsalter lag hier Ende der 1990er Jahre bei über 85 Jahren. Insbesondere wegen der demografisch bedingt steigenden Zahl sehr alter Menschen ist mit einer weiteren Zunahme sowohl bei den Demenzerkrankungen wie bei Alterspflegebedürftigkeit auszugehen. Bei unveränderter Gesundheitspolitik wird bis zum Jahr 2040 eine Zunahme der zu Hause versorgten Pflegebedürftigen um ca. 45 Prozent und der in Heimen lebenden Pflegebedürftigen sogar um etwa 80 Prozent prognostiziert. Zudem nimmt Alterspflegebedürftigkeit schwerwiegendere Formen an.

Allerdings zeigen sich innerhalb der Altersbevölkerung sehr unterschiedliche Ausprägungen von Krankheit und Gesundheit. Die Risikobereiche Arbeitswelt und ungünstige materielle private Lebensbedingungen sind bisher in ihren Auswirkungen auf den Gesundheitszustand älterer Menschen zu wenig untersucht worden. Entsprechend zu wenig sind die Bereiche im Ziel- und Aufgabenkatalog von Primärprävention berücksichtigt, obwohl sozialepidemiologische Befunde eine enge Verknüpfung von Krankheitsrisiken Älterer mit (früheren) Arbeitsbedingungen und -belastungen sowie mit dem sozio-ökonomischen Status aufweisen. Dies gilt für Pflegebedürftigkeit, gerontopsychiatrische Erkrankungen und Demenzen gleichermaßen.

Die Einführung der *Pflegeversicherung* 1995 war eine überfällige Reaktion auf die zunehmende Bedeutung des Risikos Pflegebedürftigkeit bei älteren Menschen. Aber auch im Bereich der medizinischen Versorgung wächst die Einsicht, das Gesundheitswesen stärker an den geriatrischen Bedarfen auszurichten. Gefordert wird u.a. der Ausbau der geriatrischen Rehabilitation, die Ausweitung geriatrischer Zentren in Akutkrankenhäusern sowie eine bessere Qualifizierung der Ärzte ebenso wie der übrigen nicht ärztlichen Gesundheitsberufe bereits in der Erstausbildung. In ganz besonderer Weise gilt es, die gesundheitliche und pflegerische Versorgung von gerontopsychiatrisch und/oder demenziell erkrankten älteren Menschen zu verbessern. Wesentliche Voraussetzung für eine Geriatrisierung des Gesundheitswesens ist die stärkere Institutionalisierung von Geriatrie und Pflegewissenschaften an den Hochschulen.

Zusammenfassend lassen sich folgende Schwerpunkte künftiger altenpolitischer Handlungserfordernisse jenseits der finanziellen Alterssicherung identifizieren:

- Im Kontext der integrationssichernden Maßnahmen bedarf es insbesondere Maßnahmen zur Förderung und Nutzung der „Produktivität" älterer Menschen.

- Der Sicherung ihres selbstständigen Wohnens dient der Ausbau wohnungsbezogener sozialer Dienste, vor allem hauswirtschaftlicher Hilfen.
- Der Vermeidung von isolationsfördernden Wohnbedingungen dienen ein vermehrtes Angebot an Gemeinschaftswohnen sowie Angebote zum Erhalt und zur Förderung von Kommunikation und Kontakten insbesondere im intergenerationellen Kontext.
- Vor dem Hintergrund steigender Alterspflegebedürftigkeit und Demenzerkrankungen kommt dem Ausbau und der verbesserten Qualifizierung der stationären wie des ambulanten und teilstationären professionellen Pflegeinfrastruktur besondere Beachtung zu. Diese muss vor allem auf die gerontopsychiatrische Pflege zugeschnitten sein.
- Daneben gilt es, die rückläufigen familiären Ressourcen infrastrukturell wie materiell zu stützen bzw. durch komplementäre Dienste zu ergänzen oder zu ersetzen. Gemeinsam mit Betrieben, Verwaltungen und Tarifparteien muss nach Möglichkeiten einer besseren Vereinbarkeit von Berufstätigkeit und Pflege gesucht werden.
- Künftig gilt es, die Förderung und Unterstützung sekundärer informeller Unterstützungssysteme voranzutreiben. Das bürgerschaftliche Engagement für Ältere (möglichst auch mit Älteren) ist auszuweiten
- Insgesamt muss der Ausbau primärer Gesundheitsprävention bereits in früheren Lebensphasen ansetzen, so z.B. durch arbeitsweltbezogene Prävention (z.B. Arbeitsschutz, Humanisierungsforschung, betriebliche Gesundheitszirkel) oder durch die bessere Nutzung der Möglichkeiten lokaler Gesundheitsförderung (vgl. Kapitel „Gesundheit und Gesundheitssystem“, Pkt. 3.1).
- Da der Anteil älterer Menschen mit Migrationshintergrund stark zunehmen wird, ist der Auf- und Ausbau einer Altenhilfeinfrastruktur zu intensivieren, die darauf Bezug nimmt.

5 Alterssicherung: Ziele, Gestaltungsformen und Systeme

Mit der altersbedingten Berufsaufgabe entfällt das Erwerbseinkommen und damit die wesentliche Quelle zur Bestreitung des Lebensunterhalts. Deswegen ist beizeiten Vorsorge für diesen Lebensabschnitt zu treffen – Armut oder die Abhängigkeit von finanziellen Hilfen durch Kinder oder andere Familienangehörige wären ansonsten die zwangsläufige Folge.

Zwar werden sich im Alter bestimmte Ausgaben verringern (z.B. Wegfall der Unterhaltsleistungen an die Kinder, abgeschlossene Ausstattung des Haushaltes, Wegfall berufsbedingter Aufwendungen, miet- und zinsfreie Nutzung von Wohneigentum). Auf der anderen Seite aber erhöhen sich auch einzelne Ausgabenansätze, weil vermehrte Aufwendungen für soziale Kontakte, Gesundheitsvorsorge oder Pflege erforderlich sind. Diese Ausgaben schlagen um so mehr zu Buche, wenn

Kranken- und Pflegeversicherung sowie die sozialen Dienste bestimmte Leistungen nur noch begrenzt übernehmen oder hohe Zuzahlungen zu leisten sind. Insgesamt nimmt deshalb der Einkommensbedarf im Verhältnis zur mittleren Lebensphase nur begrenzt ab, in einzelnen Fällen kann er sich sogar noch erhöhen.

Will man, dass ältere Menschen ab einer bestimmten Altersgrenze nicht mehr erwerbstätig sein müssen, aber dennoch uneingeschränkt am sozialen Leben teilhaben können, dann bedarf es Einkommensübertragungen an die ältere Generation. Zu entscheiden ist,

- wann der Zeitpunkt im Lebenslauf erreicht ist, zu dem die Berufsaufgabe und Einkommensübertragung erfolgt,
- welche Einkommensrisiken abgesichert werden sollen und
- welches Leistungsziel mit der Einkommensübertragung angestrebt wird.

In modernen Gesellschaften setzen der Zeitpunkt der altersbedingten Berufsaufgabe und der Beginn der nachberuflichen Lebensphase weit vor dem durchschnittlichen Todesalter ein. Hierfür ist nicht nur ausschlaggebend, ob Erwerbstätigkeit im höheren Alter wegen des eingeschränkten physischen und psychischen Leistungsvermögens oder wegen der Probleme auf dem Arbeitsmarkt überhaupt noch möglich ist. Vielmehr wird der Zeitpunkt der Berufsaufgabe auch von der Zielsetzung bestimmt, die letzte Lebensphase möglichst in Gesundheit und ohne die Zwänge und Belastungen der Berufsarbeit erleben und genießen zu können. Das Alter gilt als eine eigenständige Lebensphase, in der – weitgehend unabhängig von der Leistungsfähigkeit – älteren Menschen Erwerbsarbeit nicht mehr zugemutet wird. Auf der anderen Seite hängt die Festlegung der Altersgrenze auch von den finanziellen Möglichkeiten ab. Je früher der Zeitpunkt der Berufsaufgabe einsetzt, desto länger muss geleistet werden und desto höher fällt die Belastung derjenigen aus, die die Einkommensübertragungen an die Älteren zu finanzieren haben.

Das Arbeitseinkommen kann auch sehr frühzeitig, weit vor dem regulären Berufsaustrittsalter entfallen, wenn wegen schwerwiegender gesundheitlicher Beeinträchtigungen Erwerbsunfähigkeit eintritt. Die Frage ist, ob dieses Risiko der Erwerbsunfähigkeit bzw. Erwerbsminderung im System der Alterssicherung erfasst wird oder unberücksichtigt bleibt. Ein weiteres Einkommensrisiko entsteht, wenn durch den Tod des Ernährers der wesentliche Teil des Familieneinkommens entfällt und der Lebensunterhalt der Kinder und des nicht erwerbstätigen Ehepartners – in aller Regel sind dies die Hausfrauen – nicht mehr gesichert ist. Auch hier ist zu entscheiden, ob die Absicherung von Hinterbliebenen (Witwen/Witwer/Waisen) zum Aufgabenbereich eines Alterssicherungssystems gehört.

Offen ist schließlich, welche Leistungsziele mit der finanziellen Absicherung im Alter verbunden sind. Idealtypisch lässt sich zwischen zwei (sich nicht ausschließenden) Zielen unterscheiden:

- Das Minimalziel besteht in der *Vermeidung von Einkommensarmut*. Ältere Menschen sollen ein Einkommens- und Lebensstandardniveau erreichen, das zumindest dem sozial-kulturellen Existenzminimum der Gesellschaft entspricht. Dabei ist es letztlich eine politisch-normative Entscheidung, auf welchem Niveau die Armutsgrenze angesetzt wird und ob für ältere Menschen besondere, von der erwerbsfähigen Bevölkerung abweichende Bedingungen gelten.

- Als weiterreichendes Ziel gilt die *Lebensstandardsicherung*. Da sich der Einkommensbedarf im Alter an dem im Arbeitsleben erreichten Einkommens- und Lebensstandardniveau orientiert, wäre ein Absinken des Einkommens beim Berufsaustritt bis an die Armutsgrenze gleichbedeutend mit einer erheblichen Beeinträchtigung der Lebenslage. Die Alterssicherung soll deshalb dazu beitragen, derartige Einkommenseinschnitte zu vermeiden. Offen ist dabei, was unter Lebensstandardsicherung konkret verstanden wird. Zu entscheiden ist insbesondere, welches Einkommen als Referenz dient, das letzte Einkommen oder das Einkommen im Durchschnitt des Berufsverlaufs, das individuelle Arbeitseinkommen oder das Haushaltseinkommen, und ob das Einkommen beim Berufsaustritt voll und ganz ersetzt werden soll oder ob bestimmte Einbußen als tragbar angesehen werden.

5.1 Gestaltungsformen der Alterssicherung

Die älteste, ursprüngliche Form der Unterhaltssicherung für die nicht (mehr) erwerbstätigen und erwerbsfähigen Älteren ist die Unterstützung durch Familienangehörige vor allem durch Kinder und Enkelkinder. Diese, in der vorindustriellen Zeit übliche und in Deutschland noch bis in die Zeit nach dem 2. Weltkrieg hinein praktizierte Form der familiären Unterstützung lässt sich aber unter den Bedingungen moderner Gesellschaften nur noch begrenzt realisieren.

Dies ist bereits erkennbar, wenn man sich die familiäre Absicherung älterer Menschen in der vorindustriellen Zeit vor Augen führt. Im Gegensatz zu manchen idealistisch verklärten Vorstellungen bot sie den älteren Menschen damals wenig mehr als ein Existenzminimum und zwängte sie in eine hohe ökonomische wie private Abhängigkeit von den anderen Familienmitgliedern. Und selbst diese Minimalversorgung war keineswegs immer automatisch gegeben: So wurde z.B. das Altenteil in der Landwirtschaft als explizites Schutzrecht der Altbauern eingeführt, um im Alter einen Anspruch auf Versorgung durch den Jungbauern zu haben und überhaupt auf dem Hof bleiben zu können.

In einer modernen, ausdifferenzierten Gesellschaft haben sich traditionelle Wohn- und Lebensformen (Mehrgenerationenhaushalte) weitgehend aufgelöst und sozial-familiäre Bindungen und Verpflichtungen gelockert. Traditionelle Produktionsformen in der Landwirtschaft und im Handwerk sind selten geworden. Zudem bedeutet der Rückgang der Geburtenhäufigkeit, dass ein wachsender Teil der älteren Menschen überhaupt keine Kinder bzw. weniger Kinder hat, von denen sie im Bedarfsfall unterstützt werden könnten. Darüber hinaus ist von großer Bedeutung, dass die jeweiligen Generationen eigenständig und ökonomisch unabhängig voneinander leben wollen. Aber selbst wenn dies nicht gewollt wäre: Familien wären finanziell auch gar nicht in der Lage, ihren älteren Mitgliedern angesichts der hohen und steigenden Lebenserwartung über Jahrzehnte hinweg ein ausreichendes Einkommen und Lebensniveau zu garantieren.

Die sinkende Leistungsfähigkeit finanzieller Unterstützung durch die Familie war historisch der entscheidende Anlass zum Aufbau von Alterssicherungssystemen, welche die familiären Einkommensübertragungen zunächst ergänzt und schließlich ganz ersetzt haben. Dabei lassen sich grundsätzlich drei Gestaltungsformen unterscheiden, (1) die öffentliche Alterssicherung, (2) die private Altersvorsorge und (3) die betriebliche Altersversorgung.

5.1.1 Öffentliche Alterssicherungssysteme

Aufgabe der gesetzlich geregelten, öffentlich verwalteten und über Beiträge oder Steuern finanzierten Alterssicherung ist die Sicherstellung des Lebensunterhalts der älteren Generation unabhängig von familiärer Unterstützung oder privater Vorsorge. Der internationale Vergleich zeigt, dass es jedoch nicht nur *ein* Alterssicherungssystem gibt, sondern eine breite Vielfalt unterschiedlicher Ausgestaltungsformen, Leistungsziele und Finanzierungsregelungen (vgl. Pkt. 5.3 dieses Kapitels). Auch in Deutschland existieren mehrere Systeme nebeneinander. Will man hier zu einem besseren Verständnis der *staatlichen* Systeme kommen, ist es hilfreich, zwischen drei Grundformen zu unterscheiden, dem Fürsorgemodell, dem Grundrentenmodell und dem Sozialversicherungsmodell. Dabei handelt es sich um Idealtypen, die sich in der Realität durchaus überschneiden und ergänzen können.

Modell Fürsorge

Das aus der traditionellen Armenfürsorge abgeleitete Fürsorgemodell stellt die unterste Schwelle der sozialen Absicherung im Alter dar. Bei Bedürftigkeit werden Einkommensleistungen und/oder Sachleistungen gewährt. Die Finanzierung erfolgt aus dem allgemeinen Steueraufkommen. Die Anspruchsberechtigung bezieht sich (in der Regel) auf die gesamte Bevölkerung, nicht nur auf ältere Menschen. Es gilt das Nachrangprinzip, d.h. dass die Zahlungen nur dann erfolgen, wenn der Lebensunterhalt nicht durch eigenes Einkommen, Vermögen oder durch Leistungen von unterhaltsverpflichteten Angehörigen sichergestellt werden kann. Das Niveau der Leistungen bemisst sich am sozial-kulturellen Existenzminimum, bezogen auf den Bedarf des Haushaltes, in dem der Bedürftige bzw. die Bedürftigen leben.

In der konkreten Ausgestaltung bleibt offen, ob das Fürsorgemodell mit jeweils spezifischen Regelungen und Bedingungen auf einzelne Personen- und Altersgruppen zugeschnitten ist oder als einheitliches System universell gilt. Unterschiede zeigen sich auch bei der Frage, wie streng das Nachrangprinzip greift und wie die Bedürftigkeitsprüfung erfolgt. Entscheidend ist schließlich, wie die Höhe des Existenzminimum definiert wird und ob es eine Anpassung der Leistungen an die allgemeine Einkommens- und Preisentwicklung gibt. (vgl. Bd. I, Kapitel „Einkommen“ Pkt. 7.1).

Da das Absicherungsniveau niedrig ist und infolge des Nachrangprinzips nur ein kleiner Tei der Älteren überhaupt Leistungen erhält, bleibt das Finanzierungsvolumen einer nach dem Fürsorgemodell ausgestalteten Alterssicherung vergleichsweise gering. Das lediglich existenzminimale Niveau hat zur Folge, dass mit dem Übergang in den Ruhestand ein tiefer Einkommenseinschnitt verbunden sein kann. Von der Zielsetzung her soll lediglich Armut vermieden werden. Das Nachrangprinzip wiederum verweist die älteren Menschen zunächst auf die Unterstützung durch ihre Familienangehörigen (in erster Linie auf die Kinder), schafft Abhängigkeiten und kann die familiären Beziehungen gefährden. Bedürftigkeitsprüfungen sind zudem mit sozialer Kontrolle verbunden und wirken entwürdigend; die Leistungsempfänger drohen stigmatisiert und ausgegrenzt zu werden.

Modell Grundrente

Bei einer Grundrente zahlt der Staat allen Bürgern mit Erreichen der Altersgrenze eine Einkommensleistung. Vorleistungen müssen nicht erbracht werden; allerdings kann eine bestimmte Aufenthaltsdauer im Land zur Voraussetzung gemacht werden. Einkommen und Vermögen des Leistungsempfängers oder von Angehörigen werden nicht angerechnet. Die Grundrente ist in ihrer Höhe durch einen pauschalen Betrag gekennzeichnet, der zur Bestreitung eines angemessenen Lebensniveaus ausreichen soll. Leistungsabstufungen bei mehreren Haushaltsmitgliedern sind möglich. Finanziert werden die Leistungen aus allgemeinen Steuermitteln im Umlageverfahren.

Bezug und Höhe der Grundrente sind *unabhängig* vom Erwerbstatus (Dauer der Erwerbstätigkeit, Höhe des Erwerbseinkommens), Phasen der Nicht-Erwerbstätigkeit, etwa wegen Ausbildung, Kindererziehung, Angehörigenpflege, Arbeitslosigkeit, Krankheit) oder von Teilzeitbeschäftigung wirken sich auf den Grundrentenanspruch nicht aus. Damit werden Männer und Frauen trotz ihrer unterschiedlichen Lebensverläufe und Erwerbsbiografien im Alter gleich behandelt.

Grundsätzlich lassen sich beim Grundrentenmodell zwei Varianten unterscheiden:

- Es wird ausschließlich eine Grundrente gezahlt. Weitere öffentliche Alterssicherungssysteme gibt es nicht. Ein besseres, dem Lebensstandard angepasstes Absicherungsniveau kann durch eine zusätzliche private oder betriebliche Altersvorsorge erreicht werden.
- Die Grundrente stellt als Sockelrente eine Basisversorgung dar, die durch obligatorische Zusatzsysteme ergänzt wird. Diese Zusatzsysteme sind erwerbs- und einkommensbezogen, ihnen kommt die Aufgabe der Lebensstandardsicherung zu.

Da beim Modell der Grundrente die gesamte Wohnbevölkerung anspruchsberechtigt ist, errechnet sich ein hohes Finanzierungsvolumen, das ein entsprechend hohes

Steueraufkommen erfordert. Sicherheit und Verlässlichkeit der Grundrente hängen letztlich von politischen Mehrheiten und Entscheidungen ab, für die ältere Generation Mittel aus den öffentlichen Haushalten zur Verfügung zu stellen.

Modell Sozialversicherungsrente

Beim Sozialversicherungsmodell wird die Alterssicherung *versicherungsförmig* gestaltet. Im Unterschied zur Privatversicherung gibt es jedoch eine Pflichtmitgliedschaft und gesetzlich festgelegte Leistungen. Die Finanzierung erfolgt über Beiträge und im Umlageverfahren, die Beiträge richten sich nach dem Arbeitseinkommen, Risikounterschiede werden nicht berücksichtigt. Die Rentenhöhe hängt maßgeblich von der Dauer der Beschäftigung und der Höhe des Arbeitseinkommens ab. Zwischen Beitrag und späterer Leistung besteht ein Entsprechungs- bzw. Äquivalenzverhältnis. Phasen der Nicht-Erwerbstätigkeit oder Phasen eines niedrigen Erwerbseinkommens spiegeln sich in nur niedrigen Renten wider. Dadurch werden Frauen mit ihrer spezifischen, durch Kindererziehung und Erwerbsreduzierungen charakterisierten Biographie im Alter schlechter als die Männer abgesichert sein. Durch einen sozialen Ausgleich kann dieses Äquivalenzverhältnis eingeschränkt werden, indem bestimmte Leistungsansprüche auch ohne entsprechende Beitragszahlungen entstehen oder bestimmte Beitragszahlungen und -zeiten aufgewertet werden. Leistungsziel der Sozialversicherungsrente ist der Lohnersatz bzw. die Orientierung am Lebensstandard.

Wie ein Blick auf die europäischen Rentenversicherungssysteme zeigt, lässt sich das Sozialversicherungsmodell in vielen Varianten ausgestalten. Unterschiede gibt es u.a. hinsichtlich

- des versicherten Personenkreises,
- der erfassten Risiken,
- der Berechnung der individuellen Renten,
- des Rentenniveaus und der Rentenanpassung und
- der Finanzierung.

Knüpft die Sozialversicherung ausschließlich oder vornehmlich an abhängiger Erwerbstätigkeit an, lässt sich von einem kategorialen, lohnarbeitsbezogenen System sprechen. Nicht-Erwerbstätige (wie Hausfrauen) oder selbstständig Erwerbstätige zahlen keine Beiträge und erwerben auch keine Ansprüche. Erfasst hingegen die Sozialversicherung alle Erwerbstätigen oder gar die gesamte Bevölkerung handelt es sich um eine Volks- oder Bürgerversicherung. In aller Regel werden neben den Altersrenten auch Renten wegen Erwerbsminderung und Hinterbliebenenrenten gezahlt. Bei der Berechnung der individuellen Rente kann der Grundsatz der Beitrags-Leistungs-Äquivalenz eng gefasst oder durch Elemente des Solidarausgleichs gelockert werden. Die Festlegung des Rentenniveaus und die Form der Rentenanpassung entscheiden letztlich darüber, in welchem Verhältnis die Renten zum Arbeitseinkommen stehen und ob von einer Lebensstandardsicherung gesprochen werden kann. Bei der Finanzierung können die am Arbeitsentgelt bemessenen Beiträge durch die Arbeitnehmer, durch die Arbeitgeber oder von beiden (zu gleichen oder ungleichen Teilen) übernommen werden. Auch können die Beitragseinnahmen durch steuerfinanzierte Zuschüsse ergänzt werden.

Abhängig vom Umfang des versicherten Personenkreises und vom realisierten Rentenniveau können die finanziellen Dimensionen des Sozialversicherungsmodells sehr groß und damit die Belastungen durch Beiträge hoch sein. Das im Umlageverfahren zu erreichende Gleichgewicht von Einnahmen und Ausgaben kann durch ökonomische Verwerfungen (Arbeitslosigkeit, Beschäftigungs- und Einkommensrückgänge) sowie durch die Folgewirkungen des demografischen Umbruchs gefährdet werden. Neben den ökonomischen wirken aber vor allem politische Risiken (Leistungskürzungen) auf die Tragfähigkeit des Systems ein. Die Frage nach der Sicherheit der im Umlageverfahren finanzierten Renten hängt zentral von politischen Entscheidungen und politischen Mehrheiten ab. Im Blick auf die Zukunft geht es um die Bereitschaft der nachrückenden Generationen, die zur Finanzierung der Renten erforderlichen Beitragslasten zu tragen.

5.1.2 Private Altersvorsorge

Eine Möglichkeit, auch nach Beendigung der Berufstätigkeit ein Einkommen zu beziehen, besteht in der privaten Altersvorsorge. Im jüngeren und mittleren Lebensalter werden durch Konsumverzicht und Spartätigkeit Vermögensbestände angesammelt, die sich durch Wertzuwächse (Zinseszinseffekte oder Kurssteigerung von Wertpapieren) in ihrer Summe kontinuierlich erhöhen (sollen). Im Alter kann dann der Lebensunterhalt durch die sukzessive Vermögensauflösung bestritten werden. Einkommen und Konsum werden also durch den Vorgang von Sparen und Entsparen im Sinne einer intertemporären Einkommensverteilung zeitlich verlagert. Altersvorsorge durch Vermögensbildung richtet sich nach den Entscheidungen und Präferenzen der Menschen, vollzieht sich also *freiwillig* und wird über Kapital- und Versicherungsmärkte organisiert. Die Rendite des Vermögens und damit die Einkommenshöhe im Alter werden durch die Bedingungen und Ergebnisse des Marktes bestimmt.

Angesichts des in den letzten Jahrzehnten deutlich gestiegenen Einkommens- und Lebensstandardniveaus und der wachsenden Möglichkeit, Teile des laufenden Einkommens zurückzulegen und zu sparen, kommt der marktlich organisierten individuellen Altersvorsorge eine hohe Plausibilität zu. Auch wegen der finanziellen Probleme der öffentlichen Alterssicherungssysteme gilt vielen die private Altersvorsorge als der angemessene Weg zur Gestaltung einer finanzierbaren und leistungsfähigen Altersversorgung, dies insbesondere im Hinblick auf die zu erwartenden demografischen Belastungen. Verwiesen wird zudem auf die hohen Renditechancen auf den Kapitalmärkten.

Auf den Kapital- und Versicherungsmärkten bieten Banken, Versicherungen und Finanzdienstleister – mittlerweile weltweit operierend – eine breite, kaum noch überschaubare Palette von *Altersvorsorgeprodukten* an. Auf die reine Vermögensbildung und die Bereitstellung einer möglichst hohen Kapitalsumme konzentrieren sich Bankprodukte (Spareinlagen, Sparverträge), Wertpapiere (Aktien, festverzinsliche Anleihen) und Investment-Fonds. Auch der Erwerb von Wohneigentum (selbst genutztes Wohneigentum, vermietete Eigentumswohnung, Immobilienfonds) kann als Altersvorsorge dienen.

Da die Lebensdauer und damit der Zeitraum für die Auflösung des Kapitalstocks nicht kalkulierbar sind, bleibt für den Einzelnen unsicher, welche Höhe der Vermögensbestand im Alter erreichen muss. Bei einem langen Leben können sich selbst hohe Rücklagen als unzureichend erweisen. Auch bleibt das Risiko eines frühen Todes des Unterhalt leistenden Ehepartners unberücksichtigt. Diese durch die reine Vermögensbildung nicht abgedeckten sog. biometrischen Risiken (Invalidität, vorzeitiger Tod, langes Leben) lassen sich durch die Einschaltung von Versicherungen (Risikolebensversicherung, kapitalbildende Lebensversicherung, private Rentenversicherung) ausgleichen. Bei einer *Risikolebensversicherung* wird bei vorzeitigem Tod die vereinbarte Versicherungssumme fällig. Die mit Erreichen einer Altergrenze einsetzende *private Rente* wird solange gezahlt, wie der Versicherte lebt. Die Kalkulation der Versicherungsbeiträge (auch als Prämien bezeichnet) richtet sich dabei nach der versicherungsmathematisch berechneten durchschnittlichen Lebenserwartung aller Versicherten. Da private Versicherungen ihr angesammeltes Kapital, das für die späteren Leistungen eingesetzt werden muss (Kapitaldeckungsverfahren), in Wertpapieren und Immobilien anlegen, hängt die Höhe der späteren Versicherungsleistung wiederum von der Entwicklung auf den Märkten ab.

Soll eine private Altersvorsorge *alle* älteren Menschen absichern und zugleich ein *ausreichendes* Leistungsniveau gewährleisten, müsste die gesamte Bevölkerung umfassend und frühzeitig sparen bzw. Versicherungsprämien zahlen. Davon kann jedoch nicht ausgegangen werden. Sparfähigkeit und Sparbereitschaft sind in der Bevölkerung unterschiedlich verteilt, sie sind abhängig vom sozio-ökonomischen Status sowie von der jeweiligen Haushaltszusammensetzung und -größe und unterliegen Veränderungen im Lebenslauf. Bei gering verdienenden ArbeitnehmerInnen, bei Familien mit mehreren Kindern und Alleinerziehenden, bei Menschen in Ausbildung oder bei Arbeitslosen kann von einer über den Lebenslauf hinweg kontinuierlichen Vorsorge- und Spar*fähigkeit* keine Rede sein. Hier bestimmen nicht Vermögensbildung, sondern in vielen Fällen eher Verschuldung und Überschuldung das Bild. (vgl. Bd. I, Kap. „Einkommen", Pkt. 5.1).

Wenn keine Sparbeträge zurückgelegt bzw. die Versicherungsprämien nicht gezahlt werden können, wird keine Altersabsicherung aufgebaut. Einen an sozialen Maßstäben orientierten Ausgleich für fehlende Zahlungsfähigkeit infolge von Notlagen oder besonderen Lebenslagen gibt es bei einer marktlichen Altersvorsorge nicht. Es zählen allein die tatsächlich geleisteten Sparbeträge und Prämien, die Renditen und (bei einer Versicherung) die individuellen Risiken. Dieses Risikokalkül hat auch zur Folge, dass Frauen bei einer privaten Rentenversicherung aufgrund ihrer durchschnittlich längeren Lebenserwartung bei gleichen Prämien niedrigere Monatsrenten als Männer erhalten. Die Versicherungen gleichen dadurch ihr Risiko, bei Langlebigkeit länger zahlen zu müssen, aus.

Unzureichend ausgeprägt ist aber auch die *Vorsorgebereitschaft*. Zum einen fehlen die erforderlichen Informationen: Es lässt sich vorab für den Einzelnen nicht abschätzen, wie hoch die Kapitalsumme oder die Rentenleistung beim Berufsaustritt sein müssen, um im späteren Alter über ein Einkommen zu verfügen, das nicht nur Armut vermeidet, sondern auch den im Lebensverlauf erreichten Lebensstandard absichert. Dies ist umso schwieriger, je frühzeitiger der Sparprozess beginnt. Die Spartätigkeit muss jedoch schon im frühen Lebensalter, spätestens beim Berufseintritt, einsetzen. Denn nur wenn die Beiträge lange genug gezahlt werden und sich der Zinseszinseffekt auswirkt, bleiben – bezogen auf eine ausreichend hohe Versicherungssumme oder Rentenzahlung – die monatlichen Belastungen tragbar.

Die Einsicht, bereits in der Jugend für den fernen Zeitraum des Alters vorzusorgen, kann nicht vorausgesetzt werden. Zukünftige Bedarfe, zumal für weit entfernt liegende Lebensphasen wie das Alter, werden gegenüber gegenwärtigen Bedarfen unterschätzt oder minder gewichtet. In den frühen Stadien des Lebenslaufs dominieren naturgemäß andere Einkommensverwendungspräferenzen (z.B. Ausgaben für eine berufliche Ausbildung, für die Wohnungseinrichtung, für die Gründung und den Unterhalt einer Familie). Auch zielt eine Spartätigkeit nicht nur auf die Phase des Alters. Im Lebensverlauf gibt es eine Fülle von Anlässen und Gründen für einen anderweitigen Rückgriff auf das Vermögen (Anschaffungen, Familiengründung, Existenzgründung usw.). Und Notlagen wie Arbeitslosigkeit, Erkrankung oder familiäre Krisen können dazu zwingen, vorhandenes Vermögen aufzulösen oder Versicherungsverträge zu kündigen.

Da die Erträgnisse einer privaten Altersvorsorge durch die Entwicklungen auf den Finanz- und Kapitalmärkten bestimmt werden, besteht die Chance auf hohe Renditen und Wertzuwächse. Den Chancen stehen aber auch Risiken gegenüber. Da die Absicherung im Alter verlässlich sein muss, müssen vor allem die Risiken im Auge behalten werden:

- *Gesamtwirtschaftliche Risiken* wie Zinssenkungen, Einbrüche bei den Aktienkursen, Schwankungen bei den Wechselkursen oder inflationäre Preisentwicklung können die Renditen schmälern oder gar zu massiven Vermögensverlusten führen. Da die Höhe des Wertzuwachses nicht vorhersehbar ist, schon gar nicht in einer längerfristigen Perspektive, lässt sich auch nicht verlässlich kalkulieren, wie hoch die späteren Vermögenswerte oder Renten sein werden. Vergangenheitswerte lassen keine Aussagen für die Zukunft zu. Garantien auf dauerhaft hohe Renditen gibt es ebenso wenig wie Sicherungen vor hohen Preissteigerungsraten. Denn es geht stets um den Realwert, d.h. entscheidend ist, welche Kaufkraft das Vermögen, die Versicherungssumme oder die Leibrenten haben, die im Alter zur Bestreitung des Lebensunterhalts dienen sollen. Nicht zu vergessen ist, dass in der deutschen Vergangenheit speziell Geldvermögen wiederholt durch Inflation und Währungszusammenbrüche entwertet oder ganz vernichtet worden sind. Auch sind kapitalfundierte Alterssicherungssysteme keineswegs weniger anfällig für demografische Risiken, d.h. sie sind wie umlagefinanzierte Formen ebenfalls durch die veränderte Relation zwischen Älteren und Jüngeren in der Gesellschaft belastet (vgl. Bd. I, Kap. „Ökonomische Grundlagen und Finanzierung", Pkt. 7.6).

- *Anlagespezifische Risiken* beziehen sich auf unterschiedliche Altersvorsorgeprodukte. In der Regel zeichnen sich sichere Produkte bzw. Anlagen durch geringere Renditechancen aus, während Anlagen mit hohen Renditen auch mit hohen Risiken behaftet sind. So können Kapitalanlagen auf Aktienbasis oder fondsgebundene Lebensversicherungen renditestark, aber auch verlustreich sein, während sich festverzinsliche Staatsanleihen oder kapitalbildende Lebensversicherungen zwar niedrig verzinsen, aber vor Wertverlusten weitgehend geschützt sind. Zu berücksichtigen sind bei der Berechnung der Renditen immer auch die Kosten, die mit spezifischen Anlagen oder Versicherungsformen verbunden sind (Ausgabeaufschläge, Verwaltungskosten, Abschlusskosten usw.).
- *Anbieterspezifische Risiken* ergeben sich aus der Geschäftspolitik der jeweiligen Banken, Versicherungen oder Finanzdienstleister. Durch verfehlte Anlageentscheidungen, riskante Spekulationen oder unseriöse Praktiken bis hin zur Zahlungsunfähigkeit können Wertverluste entstehen, die die gesamte Alterssicherung gefährden.

Durch *Regulierungen auf den Kapital- und Versicherungsmärkten* (Wettbewerbsrecht, Banken- und Versicherungsaufsicht, Verbraucher- und Anlegerschutz) lassen sich einige dieser Risiken begrenzen sowie Information und Transparenz über die Vorsorgeprodukte verbessern. Gleichwohl beschränkt sich die Regulierung auf die Festlegung eines ordnungspolitischen Rahmens für das Agieren der privatwirtschaftlichen Unternehmen und für die Entfaltung der Marktkräfte. In den Marktprozess selber sowie in Umfang und Gestaltung der Leistungen wird nicht direkt eingegriffen, die Marktabhängigkeit der Alterssicherung bleibt.

Eine indirekte Steuerung der privaten Altersvorsorge kann durch *Steuererleichterungen* und/oder durch die Zahlung von Zulagen erfolgen, um Anreize zur Vermögensbildung oder zum Abschluss von Lebensversicherungen zu geben. Auch ist es möglich, die öffentliche Förderung an solche Anlageformen zu binden, die bestimmte Mindeststandards erfüllen, um über diesen Weg Vorsorgeprodukte zu fördern, die eine ausreichende Sicherheit bieten.

5.1.3 Betriebliche Altersversorgung

Bei der betrieblichen Altersversorgung handelt es sich um Leistungen, die ein Unternehmen mit seinen Mitarbeitern vereinbart und nach deren Pensionierung zahlt. Die Betriebsrente knüpft an das Arbeitsverhältnis an; sie ist eine besondere, aufgeschobene Form der Vergütung und geht als betriebliche Sozialleistung in die Lohnnebenkostenrechnung ein. Um die Leistungen im Anspruchsfall auszahlen zu können, muss ein entsprechender Kapitalstock gebildet worden sein; die betriebliche Altersversorgung beruht damit auf dem *Kapitaldeckungsverfahren*.

Typisch für die betriebliche Altersversorgung ist die kontinuierliche Rentenzahlung bis zum Todesfall und damit die Absicherung mindestens eines biometrischen Risikos. Hierdurch unterscheidet sie sich von einer reinen renditeorientierten Kapitalbildung. Da die betriebliche Altersversorgung in aller Regel freiwillig erfolgt und die Unternehmen die Art der Versorgung selbst bestimmen können, ergeben sich unterschiedliche Ausgestaltungsmöglichkeiten, so hinsichtlich der

- erfassten Beschäftigten,
- abgedeckten Risiken,
- Rentenberechnung und -anpassung,
- Durchführungswege und
- Finanzierung.

So können alle Beschäftigten oder nur bestimmte Beschäftigtengruppen begünstigt sein. Neben Leistungen der Altersversorgung können auch Leistungen bei Invalidität und an Hinterbliebene vereinbart werden. Üblich sind direkte *Leistungszusagen*, also die Zusage auf regelmäßige Zahlung einer vorab definierten Rente, die sich je nach Vereinbarung unterschiedlich berechnen kann, aber insgesamt von der Dauer der Betriebszugehörigkeit abhängt. Davon zu unterscheiden sind *Beitragszusagen*. Hier verpflichtet sich der Arbeitgeber, Beiträge zum Aufbau eines Altersvorsorgekapitals zu zahlen. Die Höhe der Versorgungsleistung ist nicht definiert, sondern hängt allein vom Anlageerfolg ab. Die Risiken des Kapitalmarkts tragen bei Leistungszusagen also die Betriebe, bei Beitragszusagen die Beschäftigten.

Organisation und Durchführung der betrieblichen Altersversorgung sind Aufgabe des Betriebes. Eine eigenständige Durchführung, abgesichert durch Rückstellungen, kommt jedoch nur für Großunternehmen in Betracht. Kleine oder mittlere Betriebe bedienen sich meist eines externen *Durchführungsweges* wie zum Beispiel einer Pensionskasse, eines Pensionsfonds oder einer Direktversicherung. Der externe Versorgungsträger verwaltet den Vorsorgevertrag und zahlt später auch die Leistung an die RentnerInnen aus. Aufgrund der kollektiven Abwicklung ist die betriebliche Altersversorgung in der Regel effizienter als eine individuelle private Altersvorsorge (niedrige Kosten und damit günstiges Preis-Leistungs-Verhältnis) und für den Einzelnen auch einfacher und sicherer.

Die Finanzierung der betrieblichen Altersversorgung erfolgt klassischerweise durch den Arbeitgeber. Gleichermaßen möglich ist aber auch, dass die Beschäftigten Teile ihres Arbeitsentgeltes einsetzen. Aus gesamtwirtschaftlicher Sicht ist dieser Unterschied jedoch nicht entscheidend, da auch die Arbeitgeberleistungen Arbeitskosten und Lohnbestandteile sind.

Solange die betriebliche Altersversorgung eine freiwillige Leistung ist, bleibt offen, welche Unternehmen überhaupt entsprechende Vereinbarungen eingehen und wie diese aussehen. Die Bereitschaft, sich in der betrieblichen Altersversorgung zu engagieren, hängt insbesondere ab von der Größe, der Wirtschaftskraft und dem Selbstverständnis eines Unternehmens, von den Besonderheiten der Branche sowie von der Situation in der Volkswirtschaft und auf dem Arbeitsmarkt insgesamt. Zu berücksichtigen ist dabei, dass mit der betrieblichen Altersversorgung nicht primär sozialpolitische Ziele (Verantwortungs- und Fürsorgedenken des Unternehmens) verfolgt werden. Die Entscheidung eines Unternehmens, den Beschäftigten insgesamt oder einzelnen Gruppen von Beschäftigten eine Altersvorsorge anzubieten, wird maßgeblich durch unternehmensstrategische und personalwirtschaftliche Ziele bestimmt. Es geht um die Steigerung der Attraktivität des Unternehmens, Gewinnung und Bindung qualifizierter Mitarbeiter, Verminderung von Fluktuation, leistungssteigernde Motivationswirkung sowie um Vorteile bei der Unternehmensfinanzierung und um steuerliche Entlastungen.

Das Charakteristikum der betrieblichen Altersversorgung, die Bindung der Leistung an ein Arbeitsverhältnis und an einen Betrieb, führt zu einer Reihe von Problemen, die die Reichweite und Tragfähigkeit dieser Art der Alterssicherung einschränken:

- In der Leistungshöhe sind betriebliche Renten begrenzt, da die Unternehmen ihre finanziellen Belastungen im Rahmen halten wollen. Selbst nach einer langen Betriebszugehörigkeit wird deshalb eine Betriebsrente immer nur eine Ergänzung zu anderen Alterseinkommen sein.
- Bei einer Kündigung des Arbeitsverhältnisses ist nicht sichergestellt, dass die erworbenen Ansprüche erhalten bleiben. Und bei einem Wechsel des Arbeitgebers stellt sich die Frage, ob die Rentenansprüche „mitgenommen" und übertragen werden können oder verfallen (Problem der *Portabilität*). Sind Unverfallbarkeit und Portabilität nicht gewährleistet, geht dies zu Lasten der Beschäftigten, insbesondere dann, wenn nur kurze oder diskontinuierliche Erwerbsverläufe vorliegen. Zugleich wird die Mobilität auf dem Arbeitsmarkt behindert, was angesichts der hohen Dynamik der Wirtschaft nicht erwünscht sein kann.
- Die Sicherheit der betrieblichen Rentenleistungen ist eng an die Leistungskraft des Unternehmens geknüpft. Da es sich um langfristige Verpflichtungen handelt, lassen sich wirtschaftliche Risiken, die die Zahlungsfähigkeit eines Un-

ternehmens gefährden oder im Fall einer Insolvenz sogar ganz beenden, nicht ausschließen.

- Abgesichert werden immer nur jene, die in einem Betrieb beschäftigt sind, der eine entsprechende Vereinbarung eingegangen ist.

Einige dieser Probleme können durch eine staatliche Regulierung der betrieblichen Altersversorgung begrenzt werden. So lassen sich die Unverfallbarkeit und Übertragbarkeit von Ansprüchen sowie die Pflicht zum Insolvenzschutz gesetzlich bestimmen. Der Verbreitungs- und Deckungsgrad der betrieblichen Altersversorgung kann durch eine öffentliche Förderung, so durch steuerliche Anreize oder durch die Zahlung direkter Zulagen, vergrößert werden. Durch die Förderung können auch Anreize für eine bestimmte Ausgestaltung der betrieblichen Altersversorgung gegeben werden, indem die Förderung davon abhängt, dass die Versorgungszusagen und -systeme Mindestbedingungen erfüllen.

Weiterreichend sind obligatorische Regelungen, die die Unternehmen durch Gesetz oder Tarifvertrag zu Leistungen verpflichten. Es hängt von der Ausgestaltung der gesetzlichen oder tarifvertraglichen Regelungen ab, ob die Verpflichtung sich nur auf bestimmte Betriebe, Branchen und Gruppen von Beschäftigten begrenzt, oder die gesamte Wirtschaft erfasst.

Aber auch bei einem die gesamte Wirtschaft erfassenden Obligatorium bleiben Personen, die wegen Krankheit, Kindererziehung, Haus- und Familienarbeit, Arbeitslosigkeit oder Ausbildung dauerhaft oder zwischenzeitlich nicht berufstätig sind, im Alter unversorgt oder unterversorgt. Die betriebliche Altersversorgung ist ausschließlich erwerbsbezogen, sie bindet die Absicherung im Alter an die Erwerbsbeteiligung.

Im Ergebnis zeigt sich, dass weder die private Altersvorsorge noch die betriebliche Altersversorgung in der Lage sind, eine flächendeckende und zugleich ausreichende Absicherung der gesamten Bevölkerung sicherzustellen. Dazu bedarf es eines Sicherungssystems mit einer gesetzlich geregelten Vorsorge- bzw. Versicherungs*pflicht,* einem festgelegten Leistungsumfang und Leistungsniveau sowie einer öffentlichen Bereitstellung und Finanzierung dieser Leistungen. Private Altersvorsorge und die betriebliche Altersversorgung können ein öffentliches System aber ergänzen und aufstocken. Je niedriger das Leistungsniveau der öffentlichen Systeme festgelegt wird, umso größer ist die Notwendigkeit der zusätzlichen privaten oder betrieblichen Vorsorge, um in der Summe der Alterseinkommen auf ein angemessenes Versorgungsniveau zu kommen.

5.2 Alterssicherung in Deutschland – ein Überblick

Historisch bedingt ist die Alterssicherung in Deutschland unübersichtlich strukturiert und organisiert. Es handelt sich um ein Konglomerat unterschiedlicher Systeme, Institutionen und Leistungsprinzipien. Diese Ausdifferenzierung geht einher mit Unterschieden hinsichtlich der Organisation, des erfassten Personenkreises, der jeweils angestrebten Sicherungsziele, der Leistungsvoraussetzungen und -niveaus sowie der Finanzierungsmodalitäten. Trotz gleicher persönlicher Voraussetzungen werden je nach System unterschiedliche Leistungen gewährt.

Um hier einen besseren Überblick zu erhalten, lassen sich die Einzelsysteme unterschiedlichen Ebenen zuordnen. Man spricht von einem „Säulen- oder Ebenen-Modell“ der deutschen Alterssicherung (vgl. Abbildung VIII.7).

(1) Der *ersten Ebene* sind die Regelsysteme zuzuordnen, sie setzen sich zusammen aus:
   - der Gesetzlichen Rentenversicherung (GRV),
   - der Beamtenversorgung und
   - den Alterssicherungseinrichtungen für bestimmte Gruppen von Selbstständigen und Freiberuflern.

(2) Zur *zweiten Ebene* zählt die betriebliche Altersversorgung, die sich unterscheiden lässt in die
   - betriebliche Altersversorgung für die Beschäftigten in der Privatwirtschaft und die
   - Zusatzversorgung für die Arbeiter und Angestellten im öffentlichen Dienst.

(3) Die *dritte Ebene* wird durch die private Altersvorsorge gebildet. Zu unterscheiden ist hier zwischen der altersbezogenen Vermögensbildung und der Lebensversicherung bzw. privaten Rentenversicherung.

(4) Berücksichtigt man schließlich noch die nach dem Fürsorgeprinzip ausgestaltete Grundsicherung im Alter und bei Erwerbsminderung, so kann diese als *vierte Ebene* angesehen werden.

Für die verschiedenen Gruppen der Bevölkerung setzen sich die Alterseinkünfte in unterschiedlicher Weise aus diesen Ebenen zusammen. Insgesamt charakterisieren die *erwerbs- und berufsbezogenen* Alterssicherungssysteme, die die Zugehörigkeit zu den Systemen an den Erwerbs- und Berufsstatus binden und zugleich die Rentenhöhe nach dem vormaligen Erwerbseinkommen und der Dauer der Erwerbstätigkeit ausrichten, die Alterssicherung in Deutschland. Eine die gesamte Bevölkerung umfassende Bürgerversicherung oder eine Grundrente gibt es in Deutschland nicht.

Nahezu die gesamte Bevölkerung ist durch die GRV erfasst: Anfang 2005 zählten fast 34 Mio. Personen zu den aktiv Versicherten (Versicherte, die im Berichtsjahr durch Beiträge oder Anrechnungszeiten Rentenanwartschaften aufbauen). Bezieht man diese Zahl auf die Wohnbevölkerung im Alter von 20 bis unter 60 Jahren, dann errechnet sich eine Versichertenquote von nahezu 80 % der Bevölkerung. Noch nicht mitgerechnet sind dabei die nahezu 18 Mio. passiv Versicherten,

Abbildung VIII.7:
Die vier Ebenen der Alterssicherung in Deutschland

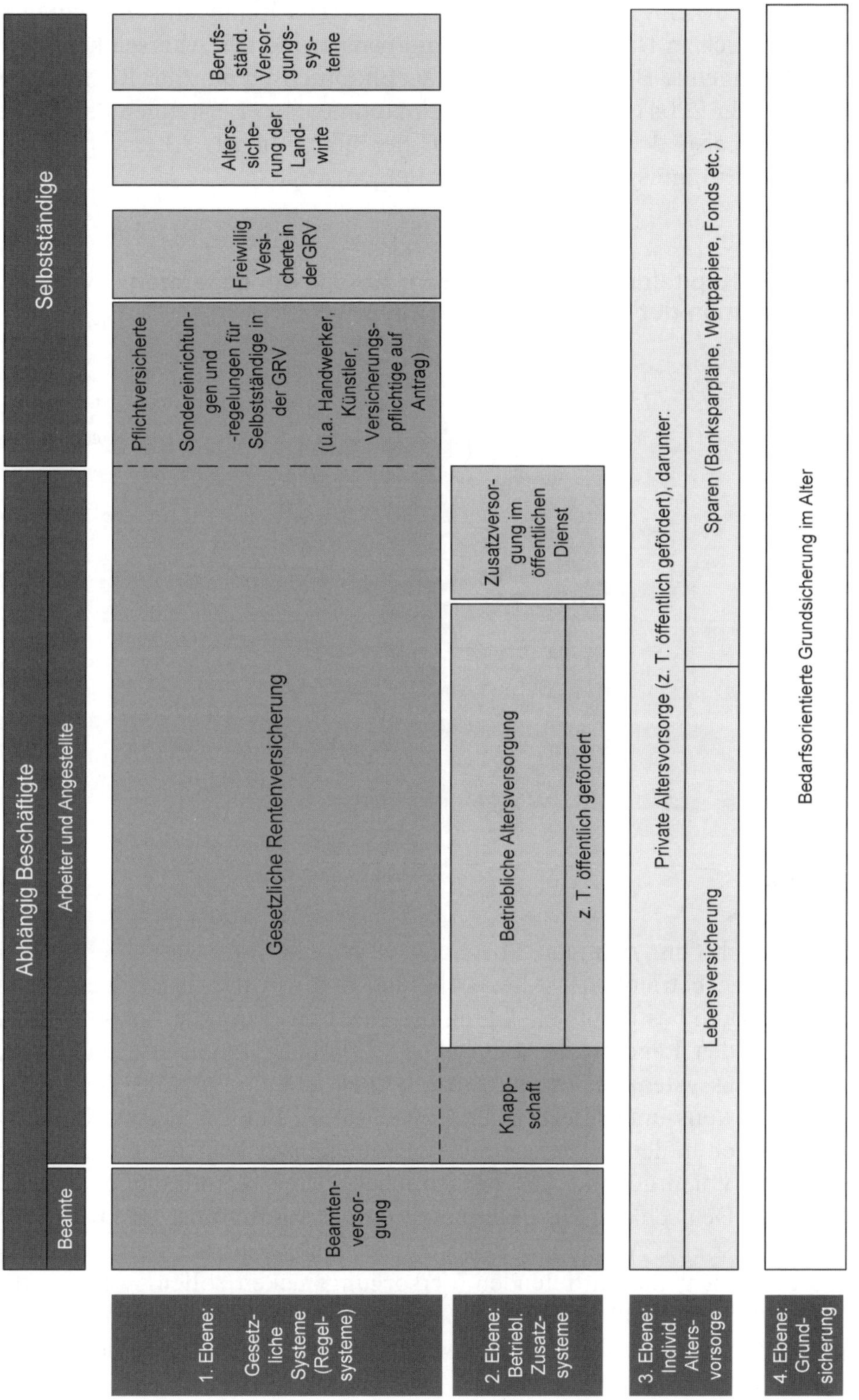

die zwar aktuell keine Beiträge zahlen, aber bereits Rentenanwartschaften aufgebaut haben. Auch in Bezug auf die Zusammensetzung der Alterseinkommen zeigt sich die überragende Bedeutung der GRV. Im Durchschnitt aller Rentnerhaushalte werden (im Jahr 2004) 85 % der Alterseinkommen aus Leistungen der Rentenversicherung gespeist, 5 % aus Leistungen der betrieblichen Altersversorgung und 10 % aus den Erträgnissen der privaten Altersvorsorge.

Abbildung VIII.8:

Umlage- und Kapitaldeckungsverfahren: Anteile am gesamten Ausgabevolumen der Alterssicherung 2003

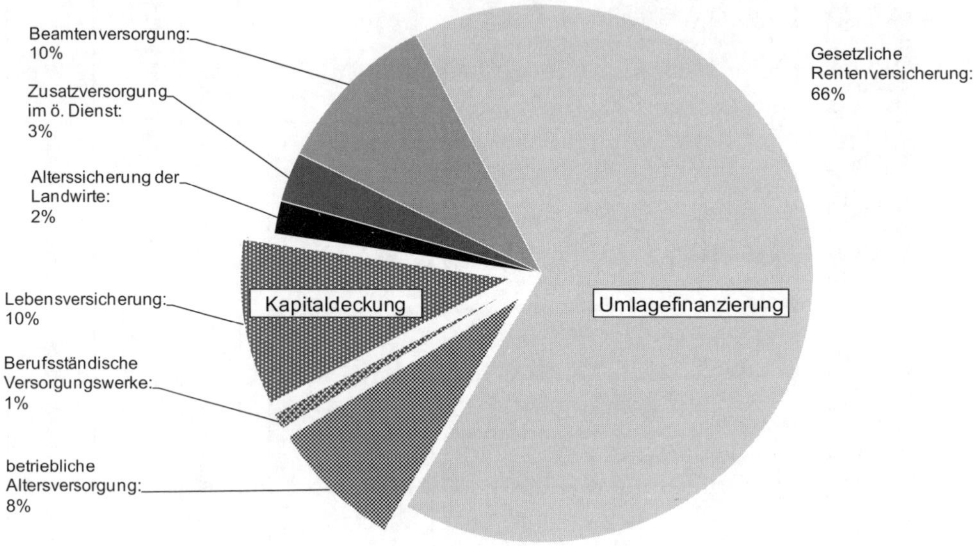

Quelle: VDR 2005

Die Suche nach dem richtigen Mischungsverhältnis von staatlich-obligatorischer Alterssicherung, betrieblicher Alterssicherung und privater, individuell organisierter Altersvorsorge bestimmt seit Jahren die Diskussion um die Zukunft der Alterssicherung. In den Ländern der EU haben öffentlich organisierte und finanzierte Alterssicherungssysteme einerseits sowie betriebliche und private Vorsorgeformen andererseits jeweils unterschiedliches Gewicht (vgl. Pkt. 5.3 dieses Kapitels). Insgesamt lässt sich in den letzten Jahren eine Gewichtsverschiebung in Richtung der individuellen Vorsorge und der betrieblichen Altersversorgung erkennen. Dies trifft auch für Deutschland zu. Beginnend mit der Einführung der „Riester-Rente" im Jahr 2001 ist eine Absenkung des Versorgungsniveaus der Rentenversicherung eingeleitet worden; die auftretenden Versorgungslücken sollen – gefördert durch staatliche Zuschüsse und Steuererleichterungen – durch den Ausbau der privaten Vorsorge und der betrieblichen Altersversorgung geschlossen werden (vgl. Pkt. 7

dieses Kapitels). Die zweite und dritte Ebene sind damit zu einem Bestandteil der staatlichen Alterssicherungspolitik geworden.

Die Ebenen der Alterssicherung lassen sich auch nach ihrem Finanzierungsverfahren unterscheiden: Den im Umlageverfahren finanzierten Systemen (Rentenversicherung, Beamtenversorgung, Alterssicherung der Landwirte, Zusatzversorgung im öffentlichen Dienst und Grundsicherung) stehen die kapitalgedeckten Systeme (betriebliche Altersversorgung, berufsständische Versorgungswerke, Lebensversicherung) gegenüber. Gemessen am gesamten Ausgabenvolumen der Alterssicherung machten im Jahr 2003 die im Umlageverfahren finanzierten Systeme mit 81 % den Löwenanteil aus (vgl. Abbildung VIII.8).

5.2.1 Die Regelsysteme

In die Regelsysteme ist ein bestimmter Personenkreis über die Pflichtmitgliedschaft einbezogen. Neben einer Altersrente bzw. Pension, für die jeweils unterschiedliche Zugangsvoraussetzungen (Altersgrenzen, Wartezeiten etc.) bestehen, können in allen Regelsystemen vorzeitig Leistungen bei einer Erwerbsminderung bezogen werden. Darüber hinaus werden Leistungen an Hinterbliebene (Witwen, Witwer und Waisen) gezahlt.

Gesetzliche Rentenversicherung

Die Gesetzliche Rentenversicherung (GRV) ist eine öffentlich-rechtliche Pflichtversicherung für alle ArbeitnehmerInnen, für bestimmte Gruppen von Selbstständigen sowie für weitere, nicht erwerbstätige Personengruppen. Finanziert wird sie im Umlageverfahren durch Beiträge und ergänzende Steuerzuschüsse. Mitgliedschaft, Festlegung der Beiträge und Gestaltung der Leistungen werden gesetzlich (SGB VI) geregelt. Die Leistungen sind am Grundsatz der Lohn- und Beitragsbezogenheit ausgerichtet, allerdings durch solidarische Elemente ergänzt.

Die GRV verfügte Anfang 2005 über einen aktiven Versichertenbestand von 33,54 Mio. Personen. Sie zahlte 2005 über 24 Mio. Renten an etwa 20 Mio. RentnerInnen (einschließlich Hinterbliebenenrenten). (vgl. Tabelle VIII.3).

Beamtenversorgung

Die Altersversorgung der in einem öffentlich-rechtlichen Dienstverhältnis stehenden Beamten, Richter, Berufssoldaten und ihrer Hinterbliebenen wird nach dem Beamtenversorgungsgesetz und dem Soldatenversorgungsgesetz geregelt. Die Beamtenversorgung wird über die öffentlichen Haushalte finanziert.

Die Zahl der Versorgungsempfänger (Empfänger von Ruhegehalt wegen Erreichen der Altersgrenze oder wegen Dienstunfähigkeit und Empfänger einer Hinterbliebenenversorgung) belief sich 2003 auf gut 1,4 Mio. Personen. Insgesamt mussten alle Dienstherren im Jahr 2003 in ihren Haushalten 33,8 Mrd. € für die Altersversorgung ihrer ehemaligen BeamtInnen und deren Hinterbliebenen aufwenden.

Alterssicherung der Selbstständigen und Freiberufler

Selbstständige bleiben – entsprechend der Tradition der Bismarckschen Sozialversicherungsgesetzgebung – von der Mitgliedschaft in der Rentenversicherung ausgeschlossen. Sie müssen privat für ihr Alter vorsorgen. Von diesem Grundsatz gibt es jedoch Ausnahmen. Für Landwirte und einzelne Gruppen von Freiberufler existieren Sondersysteme. Und andere Gruppen von Selbstständigen sind Pflichtmitglieder in der Rentenversicherung.

Selbstständige in der Rentenversicherung

- Handwerker,
- Selbstständige Lehrer und Erzieher, Hebammen, Hausgewerbetreibende,
- Selbstständige Künstler und Publizisten nach Maßgabe des Künstlersozialversicherungsgesetzes,
- arbeitnehmerähnliche Selbstständige.

Altersversorgung der Landwirte

Die Altersversorgung der Landwirte wurde 1957 durch das Gesetz zur Altershilfe für Landwirte eingeführt und 1995 durch das Agrarsozialreformgesetz umfassend reformiert. Träger sind die landwirtschaftlichen Alterskassen, die jeweils bei den landwirtschaftlichen Berufsgenossenschaften eingerichtet sind. Pflichtversichert sind all diejenigen landwirtschaftlichen Unternehmer, für die die Tätigkeit als selbstständiger Landwirt oder Forstwirt, Winzer, Gartenbauer und dgl. eine ausreichende Existenzgrundlage bildet. Seit 1995 sind ebenfalls mitarbeitende Familienangehörige des Unternehmers und seines Ehegatten pflichtversichert. Finanziert wird die Alterssicherung der Landwirte über Beiträge im Umlageverfahren. Der Bund beteiligt sich mit einer Defizitdeckung. 2005 beliefen sich die Gesamtausgaben auf 3,1 Mrd. €.

Versorgungswerke der Freiberufler

Selbstständige aus den sog. kammerfähigen Berufen sind nach landesgesetzlichen Vorschriften in berufsständischen Versorgungswerken als Pflichtmitglieder erfasst. Dazu zählen Ärzte, Zahnärzte, Apotheker, Architekten sowie die Angehörigen der rechts- und steuerberatenden Berufe. Die Finanzierung der berufsständischen Versorgungswerke erfolgt kapitalfundiert.

5.2.2 Betriebliche Altersversorgung

Zur betrieblichen Altersversorgung zählen die betriebliche Altersversorgung in der Privatwirtschaft und die Zusatzversorgung im öffentlichen Dienst. Während die betriebliche Altersversorgung in der Privatwirtschaft weit überwiegend auf freiwilligen Zusagen der Arbeitgeber beruht und damit nur einen Teil der Beschäftigten erfasst, bezieht die Zusatzversorgung im öffentlichen Dienst alle Beschäftigten des öffentlichen Dienstes und vergleichbarer Bereiche durch tarifvertragliche Regelungen ein. Charakteristisch für beide ist, dass ihre Leistungen andere Altersrenten, im Regelfall solche der GRV, ergänzen und aufstocken. Gezahlt werden Renten wegen Erreichen der Altersgrenze, Hinterbliebenenrenten sowie Renten wegen Erwerbsminderung.

Die betriebliche Altersversorgung in der Privatwirtschaft hat in Deutschland lange Jahre eine eher nachrangige Rolle gespielt. Durch den ab 2000 eingeleiteten Richtungswechsel in der Renten- und Alterssicherungspolitik, der sich durch eine kontinuierliche Absenkung des Rentenniveaus in der GRV und zugleich einer öffentlichen Förderung der betrieblichen und privaten Altersvorsorge charakterisieren lässt, wächst ihr Gewicht. Insbesondere die neu eingeführte Möglichkeit zur Entgeltumwandlung (vgl. Pkt. 7.3.2 dieses Kapitels), die durch eine Vielzahl von Tarifverträgen flankiert wird, dürfte dazu führen, dass die Zahl der Personen, die eine betriebliche Altersrente beziehen, in Zukunft deutlich wachsen wird.

Die Informationen über den Verbreitungsgrad der betrieblichen Altersversorgung in der Privatwirtschaft sind leider spärlich: Im März 2003 hatten 10,3 Mio. sozialversicherungspflichtig Beschäftigte in der Privatwirtschaft Anwartschaften auf eine Betriebsrente erworben, das entspricht etwa 43 % der Beschäftigten. Gut jede dritte Betriebsstätte verfügt über ein Versorgungssystem.

Zur *Zusatzversorgung im öffentlichen Dienst* gehören die Versorgungseinrichtungen der Beschäftigten von Kommunen, Bund und Ländern, der ehemaligen Mitarbeiter von Bundesbahn und Bundespost sowie vieler kirchlicher Träger und von Wohlfahrtsverbänden. Es handelt sich um ein tariflich vereinbartes Pflichtsystem, das die meisten der hier Beschäftigten einbezieht.

5.2.3 Alterssicherung aus privater Vorsorge

Nur für eine sehr kleine Gruppe älterer Menschen basiert die Alterssicherung *hauptsächlich* auf privater Vorsorge (Bildung von Grund-, Produktiv- und Geldvermögen, Abschluss von Lebensversicherungen) Allerdings nimmt für eine wachsende Zahl von Menschen die private Vorsorge eine ergänzende Funktion ein. Dieser Trend wird sich durch die öffentliche Förderung noch verstärken.

Welche Bedeutung den zahlreichen Formen der Vermögensnutzung und -auflösung im Alter zukommt, ist empirisch schwer fassbar. Denn längst nicht alle Formen der Vermögensbildung dienen direkt der Altersvorsorge. Dies trifft nur auf solche zu, die explizit auf das Ziel der späteren Sicherung des Lebensunterhalts im Alter hin aufgebaut und auch nicht vorzeitig anderen Zwecke zugeführt werden.

In der privaten Altersvorsorge kommt in Deutschland vor allem den Lebensversicherungen eine herausragende Bedeutung zu. Nach Angaben der Versicherungswirtschaft gab es 2005 rund 94 Mio. Verträge. Dabei ist jedoch zu beachten, dass Lebensversicherungen nicht nur der Altersvorsorge dienen, sondern z.B. als Risikolebensversicherung auch der Absicherung bei der Finanzierung von Wohneigentum. Der Wert der ausgezahlten Versicherungsleistungen lag im Jahr 2005 rund 64 Mrd. €.

Wie für die gesamte private Altersvorsorge insgesamt gilt auch für Lebensversicherungen, dass sie in der Bevölkerung höchst ungleich verteilt und in den oberen Einkommens- und Berufsgruppen überrepräsentiert sind. Neben den Lebensversicherungen spielen auch Einnahmen aus Vermietung und Verpachtung eine Rolle.

5.2.4 Sonstige Einkommensquellen älterer Menschen

Über die vorgenannten Leistungen hinaus gibt es verschiedene weitere Einkommensquellen, die meist neben den Leistungen aus den Regelsystemen bezogen werden und diese ergänzen. Nur in Ausnahmefällen dienen sie als Haupteinkommensquelle im Alter. Hierzu zählen

- Einnahmen aus einer *(Neben)Erwerbstätigkeit*: Etwa 520.000 Menschen über 65 Jahren waren 2005 noch erwerbstätig. Überwiegend handelt es sich dabei um Selbstständige, Freiberufliche und um Angehörige landwirtschaftlicher Berufe sowie um RentnerInnen, die eine Nebenbeschäftigung ausüben.
- Leistungen aus der *Kriegsopferversorgung*,
- Geldleistungen aus der Pflegeversicherung (*Pflegegeld*) (vgl. Kap. „Gesundheit und Gesundheitssystem", Pkt. 7.2.2),
- Renten aus der *Gesetzlichen Unfallversicherung*, die allerdings teilweise mit den GRV-Renten verrechnet werden (vgl. Kap. „Arbeit und Gesundheit", Pkt. 5.1),
- *Wohngeldleistungen* (vgl. Bd. I, Kap. „Einkommen", Pkt. 7.4) sowie
- Leistungen aus der *bedarfsorientierten Grundsicherung im Alter und bei Erwerbsminderung* erhielten am Jahresende 2005 rund 629.000 Personen. (vgl. Bd. I, Kap. „Einkommen", Pkt. 7.1.6).

5.3 Alterssicherung im europäischen Vergleich

In allen Ländern der EU und auch der OECD stellt die Alterssicherung den Kern der Sozialpolitik und des Systems der Sozialen Sicherung dar. Das wird deutlich, wenn man die ökonomischen und finanziellen Dimensionen betrachtet: Die Ausgaben für Alterssicherung machen durchgängig das Schwergewicht der Sozialausgaben insgesamt aus (in einer Spannweite von 35 % bis 50 %, vgl. Bd. I, Kap. „Ökonomischen Grundlagen und Finanzierung", Tabelle II.5). Entsprechend hoch ist der Anteil der Ausgaben für Alterssicherung am BIP, er liegt im Durchschnitt der Länder der EU-15 bei 12,6 %. Vergleichbar ist auch, dass sich die Alterssicherung in allen Ländern durch einen Mix von allgemeinen bzw. Regelsystemen, zusätzlichen Systemen und ergänzenden privaten Systemen zusammensetzt; in diesem Mix kommt es zu einem Zusammenspiel von verdienstabhängigen und verdienstunabhängigen Leistungszielen. Auch bei der Finanzierung verbinden sich durchgängig das Kapitaldeckungsverfahren, dies immer im Bereich der privaten Altersvorsorge, und das Umlageverfahren, dies in aller Regel bei den allgemeinen und verdienstunabhängigen Systemen.

5.3.1 Gestaltungsvarianten von Alterssicherungssystemen

Stärker als diese Gemeinsamkeiten sind jedoch die Unterschiede. Die nationalen Alterssicherungssysteme sind äußerst komplex und vielgestaltig. Die Abweichungen beziehen sich insbesondere auf die abgedeckten Leistungsbereiche (Alterssicherung, Hinterbliebenensicherung, Invaliditätssicherung), die Sicherungsziele und -niveaus, die institutionelle Ausgestaltung, den gesicherten Personenkreis, die Anspruchsvoraussetzungen, die Leistungsbemessung und -anpassung sowie auf die Finanzierungsverfahren. Wegen dieser Vielfalt ist an dieser Stelle eine vergleichende Darstellung nicht möglich. Durch eine Typologie der Alterssicherungssysteme können jedoch die grundlegenden Unterschiede verdeutlicht werden.

Erwerbs- und verdienstunabhängige Systeme

Alle Länder weisen eine Form der Einkommenssicherung für ältere Menschen auf, deren Primärziel darin besteht, Armut zu verhindern. Erfasst wird in der Regel die gesamte (Wohn)Bevölkerung; Leistungsanspruch und Leistungsniveau hängen nicht vom Erwerbsstatus und der Höhe des vormaligen Einkommens ab. Die Finanzierung erfolgt über Steuern und im Umlageverfahren.

Erhebliche Unterschiede gibt es in der Ausgestaltung und Bedeutung dieser verdienstunabhängigen Systeme, je nachdem ob es sich um Grundrentensysteme, Mindestrentensysteme oder Sozialhilfesysteme handelt:

- Bei *Grundrentensystemen* haben alle älteren Menschen Anspruch auf eine pauschale Leistung – unabhängig vom Einkommen in der Erwerbsphase. Die Grundrente ist nicht einkommens- oder bedürftigkeitsgeprüft. Das Leistungsniveau kann auf der Höhe des jeweiligen nationalen Existenzminimums liegen, jedoch auch unterhalb oder oberhalb des Minimums.
- *Mindestrentenregelungen* begrenzen sich auf die berechtigten RentnerInnen in verdienstabhängigen Systemen und garantieren diesen eine weitgehend pauschalisierte Mindestrente unabhängig von der Erwerbsbiografie und vom vormaligen Einkommen.
- bedürftigkeitsgeprüfte *Sozialhilfesysteme* dienen als das „letzte soziale Netz“; sie greifen, wenn andere Einkommensleistungen im Alter nicht zur Existenzsicherung ausreichen. Dabei kann es sich um allgemeine Sozialhilfesysteme handeln oder um spezielle, nur für ältere Menschen geltende Systeme mit jeweils abweichenden Graden der Einkommens- und Vermögensanrechnung. Ist keine strenge Bedürftigkeitsprüfung vorgesehen, lässt sich bei den speziellen Systemen auch von *Sozialrenten* reden.

Erwerbs- und verdienstabhängige Systeme

Alle Länder sehen zugleich Systeme vor, die älteren Menschen eine als angemessen angesehene Ersatzquote ihres vor der Rente bezogenen Einkommens sichern sollen. Erfasst sind hier nur Erwerbstätige bzw. bestimmte Gruppen von ArbeitnehmerInnen und Selbstständigen. In der Regel handelt es sich um Versicherungssysteme. Zu unterscheiden ist zwischen Regelsystemen, Zusatzsystemen und ergänzenden Systemen.

- Erwerbs- und verdienstabhängige *Regelsysteme* sind als obligatorische Sozialversicherungen ausgestaltet, sie erfassen die gesamte Erwerbsbevölkerung (Volksversicherung) oder auch nur die abhängig Beschäftigten bzw. einzelne Gruppen der abhängig Beschäftigten. Die Höhe der Rente hängt nicht nur von der Dauer der Beschäftigung und Beitragszahlung ab, sondern auch von der Höhe des letzten oder des durchschnittlichen Erwerbseinkommens und von der Höhe der Beitragszahlungen. Diese Äquivalenzbeziehung zwischen Rente und Vorleistungen kann streng ausfallen oder durch Elemente des sozialen Ausgleichs, etwa durch die Gewährleistung von Mindestrenten (siehe oben), stark abgemildert werden. Die Höhe der Einkommensersatzquote hängt vom Leistungsniveau ab. Die Finanzierung erfolgt in der Regel über Beiträge und ergänzende Steuerzuschüsse.
- *Zusatzsysteme* zielen auf die Aufstockung der Renten entweder aus erwerbsbezogenen Regelsystemen, deren Niveau aber alleine nicht ausreicht, um einen angemessenen Einkommensersatz sicherzustellen, oder aus verdienstunabhängigen Systemen (Grundrenten). Sie finanzieren sich über Beiträge und basieren auf dem Kapitaldeckungsverfahren. Die Rentenberechnung erfolgt nach dem Äquivalenzprinzip.

  Zusatzsysteme können
  - obligatorisch oder freiwillig sein,
  - die gesamte Erwerbsbevölkerung umfassen oder nur einzelne Beschäftigtengruppen,
  - öffentlich-rechtlich oder privat-rechtlich (als betriebliche Systeme) organisiert sein,
  - ein unterschiedliches Versorgungsniveau aufweisen (in Abhängigkeit vom Niveau der Grundrente oder des verdienstabhängigen Regelsystems).
- Bei den *ergänzenden Systemen* handelt es sich um die vielfältigen Formen individueller privater Altersvorsorge.

Im Folgenden sollen exemplarisch die Alterssicherungssysteme aus drei Ländern in ihren Grundzügen vorgestellt werden. Diese Systeme unterscheiden sich deutlich vom deutschen System und haben in der jüngeren Debatte eine hohe Aufmerksamkeit erfahren: Für die Niederlande ist eine vergleichsweise hohe Grundrente und eine verdienstabhängige Ergänzung der Grundrenten durch die betriebliche Altersvorsorge typisch. Die Schweiz ist charakterisiert durch eine umfassende Volksversicherung mit einem nur schwachen Äquivalenzbezug der Renten sowie durch eine obligatorische berufliche Zusatzversorgung. In Großbritannien schließlich hat infolge einer sehr niedrigen Grundrente und der schwachen Verbreitung der verdienstabhängigen Zusatzrente die öffentliche Alterssicherung eine nur geringe Bedeutung. Es dominiert die marktliche Altersvorsorge über betriebliche oder private Systeme.

5.3.2 Niederlande: Grundrente und betriebliche Altersversorgung durch Tarifvertrag

Das Alterssicherungssystem in den Niederlanden ist durch die Kombination von Grundrente als erster Säule und Erwerbstätigenversicherung auf betrieblicher Basis als zweiter Säule charakterisiert. Hinzu kommt die private Vorsorge.

Die Grundrente greift für alle Einwohner der Niederlande ab dem 15. Lebensjahr. Die Finanzierung erfolgt im Umlageverfahren durch Abgaben der Versicherten, die auf alle Einkommen (bis zu einer Beitragsbemessungsgrenze) erhoben werden und (2005) bei 17,9 % liegen; für die Hinterbliebenengrundsicherung kommen noch 1,6 % hinzu. Ergänzt wird die Finanzierung durch Zuschüsse aus dem Staatshaushalt.

Das Rentenalter liegt geschlechtsunabhängig bei 65 Jahren ohne Flexibilisierungsmöglichkeiten. Die Grundrente kann ab dem 65. Lebensjahr bezogen werden. Die Höhe der Grundrente leitet sich vom gesetzlichen Mindestlohn ab und beträgt für Verheiratete und gleichgestellte unverheiratete Paare je Partner 50 % des Mindestlohns und für Alleinstehende 70 % des Mindestlohns. Für 2005 errechnen sich daraus 933 € im Monat für Alleinstehende und 637 € je Person bei Paaren. Diese Rentenhöhe wird nach 50 Jahren der Wohnsitzdauer in den Niederlanden erreicht. Für jedes fehlende Versicherungsjahr (u.a. infolge einer Abwesenheit im Ausland) erfolgt eine Kürzung der Rente um jeweils 2 %. Die Grundrenten unterliegen der Steuerpflicht.

Die Zusatzversorgung bezieht sich nur auf die Erwerbsbevölkerung. Die Systeme sind freiwillig und werden überwiegend durch tarifvertragliche Vereinbarungen geregelt. Durch Allgemeinverbindlichkeitserklärungen wird jedoch für die meisten Beschäftigten ein Quasi-Obligatorium erreicht, so dass die Erwerbsbevölkerung zu gut 95 % erfasst wird. Die Beiträge werden gemeinsam von Arbeitgeber und Arbeitnehmer aufgebracht.

Die Leistungen aus der „zweiten Säule" sind so ausgerichtet, dass zusammen mit der Grundrente ein bestimmter Prozentsatz des zuletzt verdienten Lohnes oder des lebensdurchschnittlichen mittleren Lohnes erreicht werden kann. Ziel ist die Größe von 70 %. Die Zusatzversorgung ist kapitalfundiert und beruht insbesondere auf branchenweiten und unternehmenseigenen Pensionsfonds. Das Zusatzsystem greift für die Absicherung der Arbeitseinkommen oberhalb des Mindestlohnsockels. In jedem Jahr der Zugehörigkeit werden üblicherweise 1,75 % der Pension aufgebaut. Erwerbsunterbrechungen führen deshalb dazu, dass das Zielniveau von 70 % nicht erreicht werden kann.

5.3.3 Schweiz: Volksversicherung und obligatorische berufliche Vorsorge

Die Alterssicherung in der Schweiz beruht auf drei Säulen: die Existenzsicherung wird durch die Alters- und Hinterlassenenversicherung (AHV) und die Invalidensicherung (IV) gewährleistet (1. Säule). Der sozialen und ökonomischen Statussicherung im Alter dient die berufliche Vorsorge (2. Säule). Die Sicherung der darüber hinausgehenden persönlichen Bedürfnisse fällt der steuerlich geförderten privaten Vorsorge zu (3. Säule).

Bei der AHV und IV handelt es sich um eine umfassende Volksversicherung: Versichert sind alle Personen, die in der Schweiz wohnen oder eine Erwerbstätigkeit ausüben. Unerheblich ist die Art der Erwerbstätigkeit (selbständig/unselbständig); auch nicht erwerbstätige Einwohner sind versichert. Ehefrauen und Witwen sind aber von der Beitragspflicht befreit, ebenso erwerbstätige Jugendliche bis zum 17. und nicht erwerbstätige Jugendliche bis zum 20. Lebensjahr.

Die Versicherten leisten Beiträge vom gesamten Einkommen aus unselbstständiger oder selbstständiger Arbeit, eine Beitragsbemessungsgrenze gibt es nicht. Wenn kein Erwerbseinkommen vorliegt, dient das Vermögen als Bemessungsgrundlage für die Beiträge (allerdings nur bis zu einem Höchstbeitrag). Bei abhängig Beschäftigten teilen sich Arbeitnehmer und Arbeitgeber die Beitragslast und entrichten je 4,2 %. Bund und Kantone kommen zusammen für jährlich etwa 20 % der Ausgaben auf. Die Invalidenversicherung (IV) wird gleichfalls aus den Beiträgen der Versicherten und der Arbeitgeber finanziert. Die staatlichen Zuschüsse sind hier aber mit 50 % deutlich höher. Insgesamt errechnet sich für AV und IV ein Beitragssatz von 9,8 % vom Arbeitseinkommen.

Anspruch auf eine Altersrente aus der AHV haben Männer mit 65 und Frauen mit 64 Jahren. Die Renten können mit Abschlägen von 3,4 % pro Jahr auch ein oder zwei Jahre früher in Anspruch genommen werden. Die Höhe der Rente aus der AHV hängt von den anrechenbaren Beitragsjahren und dem durchschnittlichen Jahreseinkommen ab. Volle Rente bekommt, wer seit seinem 21. Lebensjahr bis zum gesetzlichen Rentenalter durchgehend Beiträge gezahlt hat. Bei weniger Beitragsjahren werden Teilrenten gezahlt. Festgelegt sind ein Mindestbetrag von (2005) 1.075 SFr (= 690 €/Wechselkurs Ende 2005) und ein Höchstbetrag von 2.150 SFr = 1.378 €. Ehepaare bekommen höchstens 150 % der Maximalrente. Da die Spannweite zwischen Mindest- und Höchstrente relativ gering ist und es auch keine Beitragsbemessungsgrenze gibt, ist das Äquivalenzprinzip nur schwach ausgeprägt. Die Renten werden in der Regel alle zwei Jahre anhand eines Mischindexes angepasst, der dem Durchschnitt von Lohn- und Preisindex entspricht. Die Durchschnittsrente lag 2005 bei 1.865 SFr = 1,196 €.

Als zweite Säule der Alterssicherung dient die obligatorische „berufliche Vorsorge“ (BV). Sie soll zusammen mit der ersten Säule die Absicherung des berufsbedingt gewohnten Lebensstandards im Alter garantieren – mit einem Zielniveau von 60 % des durchschnittlichen Bruttoeinkommens. Erfasst sind alle ArbeitnehmerInnen ab 18 Jahren, die in der ersten Säule versichert sind und mindestens 19.890 SFr im Jahr verdienen. Die Versicherungsobergrenze liegt bei 75.960 SFr. ArbeitnehmerInnen, deren Jahresverdienst die Eintrittsschwelle unterschreitet, sind aus der BV ausgeschlossen, dies betrifft gut ein Fünftel der Erwerbstätigen und hier vor allem die niedrig verdienenden und häufig teilzeitig beschäftigten Frauen.

Die BV wird von privatrechtlich organisierten Pensionskassen und Fonds unterschiedlicher Größe und Struktur durchgeführt, gesetzlich vorgeschrieben ist eine Mindestverzinsung. Die Finanzierung erfolgt durch Beiträge der Arbeitgeber und der Arbeitnehmer nach dem Kapitaldeckungsverfahren. Als Beitragsbemessungsgrundlage dient der zwischen der Obergrenze und der Eintrittsschwelle liegende Teil des Einkommens. Die Beitragssätze liegen durchschnittlich bei 17 % dieser Bemessungsgrundlage. Dabei kann die einzelne Versorgungseinrichtung einheitliche oder nach dem Alter der Versicherten gestaffelte Beiträge vorsehen.

RentnerInnen, deren Rente zusammen mit den übrigen anrechenbaren Einkommen und Vermögen ein Mindestniveau nicht erreicht, haben Anspruch auf die bedarfs- und bedürftigkeitsgeprüfte Ergänzungsleistung des Bundes oder des Kantons. Das Existenzminimum für RentnerInnen (allgemeiner Lebensbedarf, noch ohne Warmmieten) lag 2005 bei 1.470 SFr = 942 €, also deutlich oberhalb der Mindestrente. Auf die Ergänzungsleistung waren Ende 2005 etwa 12 % der AHV-RentnerInnen und 29 % der IV-RenterInnen angewiesen. Zu berücksichtigen ist dabei, dass die Belastungen für die Krankenversicherung in der Schweiz aufgrund der einkommensunabhängigen Kopfpauschalen für Bezieher niedriger Einkommen sehr hoch sind und dass es keine Pflegeversicherung gibt.

5.3.4 Großbritannien: Staatliche Minimalrenten und marktliche Altersvorsorge

Das britische Alterssicherungssystem ist durch sehr niedrige staatliche Renten, sowohl aus dem verdienstunabhängigen Grundrentensystem als auch aus dem verdienstabhängigen Zusatzsystem gekennzeichnet. Die Absicherung über betriebliche Systeme und die private Altersvorsorge hat hingegen ein hohes Gewicht. Dementsprechend bedeutsam sind das Kapitaldeckungsverfahren und die Abhängigkeit der Renten von der Entwicklung auf den Kapitalmärkten.

Die *Basisalterssicherung* (Basic State Pension) ist Teil der allgemeinen Sozialversicherung (National Insurance), bei der alle Erwerbstätigen, deren Einkommen die untere Einkommensgrenze übersteigt, einkommensabhängige Gesamtsozialversicherungsbeiträge leisten müssen. Die Arbeitgeber beteiligen sich etwa zur Hälfte an den Zahlungen. Der Arbeitnehmerbeitragssatz liegt bei 11 % auf den wöchentlichen Einkommensteil zwischen 91 und 610 GBP, der Arbeitgeberbeitragssatz bei 12,8 %. Zusätzlich fließen in die National Insurance Steuermittel.

Anspruch auf eine volle Grundrente besteht, wenn der/die Versicherte mindestens 90 % des Arbeitslebens (Männer: zwischen 16 und 65 Jahren, Frauen: zwischen 16 und 60 Jahren) Beiträge gezahlt hat und diese eine Mindesthöhe aufweisen. Werden die Versicherungsjahre nicht erreicht, errechnen sich Teilrenten. Die Höhe der Grundrente liegt (2004) bei 79,60 GBP in der Woche, umgerechnet in Euro (Wechselkurs von 2004): 118 € in der Woche bzw. 507 € im Monat. Die Höhe der Grundrente entspricht damit in etwa 15 % des Durchschnittseinkommens. Für den Ehepartner (ohne eigene Ansprüche) und für Kinder mit Anspruch auf Kindergeld werden Zulagen gezahlt. Die Leistungen werden gemäß der Preissteigerung erhöht. Der Rentenanspruch besteht für Männer ab dem 65. Lebensjahr, für Frauen ab dem 60. Lebensjahr (schrittweise Anhebung auf 65 ab 2010); ein vorzeitiger Bezug ist nicht möglich.

Zusätzlich zur Grundrente besteht ein Anspruch auf eine *einkommensproportionale Zusatzrente* (State Second Pension, bis 2002: State Earnings Related Pension), wenn Einkünfte und Beitragszahlungen zwischen einer oberen und unteren Einkommensgrenze vorliegen. Pro Versicherungsjahr werden 1,25 % des Einkommens angerechnet; als Berechnungsgrundlage für die Rentenhöhe dient der Durchschnittsarbeitsverdienst während des Erwerbslebens. Niedrigeinkommensbezieher werden durch höhere Einkommensersatzraten begünstigt, das gilt auch für Personen, die ihre Erwerbstätigkeit wegen Kindererziehung oder Pflege unterbrechen oder reduzieren. Die Höchstrente liegt (2004) bei 140,5 GBP pro Woche. Grundrente und Zusatzrente sind umlagefinanziert und unterliegen der Steuerpflicht. Die höchstmöglichen Leistungen aus Grundrente und Zusatzrente zusammen decken etwa 50 % des Durchschnittseinkommens ab.

Die Beschäftigten haben die Möglichkeit, sich von der Pflichtzugehörigkeit zu dem Zusatzsystem befreien zu lassen (Prinzip des *contracting out*), wenn der Arbeitgeber eine mindestens dementsprechende betriebliche Altersversorgung sicherstellt oder der Arbeitnehmer selbst eine entsprechende private, vom Arbeitgeber unabhängige Altersvorsorge (personal pension) vornimmt. Mehr als 70 % der Beschäftigten sind von der zweiten staatlichen Säule befreit und über kapitalfundierte Systeme abgesichert. Die betriebliche Altersvorsorge erfolgt freiwillig, durch die Absenkung der Arbeitnehmer- und Arbeitgeberbeiträge beim contracting out werden jedoch starke Anreize gesetzt. Darüber hinaus gibt es steuerliche Erleichterungen. Die befreiende kapitalgedeckte betriebliche Altersversorgung kann in der Rentenberechnung sowohl leistungsbezogen (defined benefit) als auch beitragsbezogen (defined contribution) sein.

Infolge der niedrigen Grundrente und des Systems der contracting out ist die Bedeutung der staatlichen Altersvorsorge gering, die der betrieblichen und privaten Vorsorgeeinrichtungen (Pensionsfonds und Lebensversicherungen) entsprechend groß. Um den vermehrt aufgetretenen Anlage- und Finanzierungsrisiken zu begegnen, die die Ansprüche vieler ArbeitnehmerInnen entwertet haben, sind die Kontroll- und Anlagevorschriften verschärft worden.

Da die Grundrente deutlich unterhalb des Existenzminimums und der Armutsgrenze lieg, haben einkommensarme RentnerInnen Anspruch auf eine spezielle bedürftigkeitsgeprüfte Sozialhilfe (Pensions Credit), die kleine Ersparnisse von der Anrechnung freistellt.

5.3.5 Leistungsfähigkeit von Alterssicherungssystemen im Vergleich

Entscheidend für die Einkommens- und Versorgungslage der älteren Generation sind letztlich nicht die institutionellen Ausgestaltungsvarianten der Alterssicherung. Vielmehr kommt es darauf an, ob und inwieweit die jeweiligen nationalen Systeme im Zusammenwirken ihrer Komponenten die Ziele der Alterssicherung erreichen. Dabei können drei grundlegende Zieldimensionen unterschieden werden:

- Vermeidung von Altersarmut,
- Sicherung des Lebensstandards in der nachberuflichen Lebensphase,
- Verringerung von intragenerationalen Einkommensdisparitäten.

Die Ergebnisse der vergleichenden Armutsforschung (vgl. Bd. I, Kap. „Einkommen“, Pkt. 8.5) zeigen, dass in Großbritannien die Armutsquoten in der Gruppe der über 65jährigen sehr hoch liegen (24 % im Jahr 2003), hingegen in den Niederlanden nur bei 7 %. Deutschland und die Schweiz nehmen eine mittlere Position im europäischen Vergleich ein. Auch im Grad der Lebensstandardsicherung (Vergleich der bedarfsgewichteten Durchschnittseinkommen der Haushalte von Erwerbstätigen- und Nicht-Erwerbstätigen, vgl. Bd. I, Kap. „Einkommen“, Pkt. 2.4.2) ergeben sich erhebliche Abweichungen: Es zeigt sich, dass die relative Position der älteren Haushalte in Großbritannien am schlechtesten, in der Schweiz und in den Niederlanden am besten ist. Um zu genaueren Ergebnissen zu kommen, müsste beim Einkommensersatz allerdings noch stärker nach der sozialen, beruflichen und finanziellen Position einzelner Gruppen von Erwerbstätigen unterschieden werden. Diese Differenzierung leitet über zur dritten Zieldimension, der Frage nach den Einkommensdifferenzen innerhalb der Gruppe der Älteren. Die Befunde zeigen, dass die Einkommensungleichheit in Großbritannien und in der Schweiz besonders stark ausfällt, in den Niederlanden und in Deutschland eher schwach (vgl. dazu Pkt. 9 dieses Kapitels). Hier kommt zum Ausdruck, dass private Formen der Alterssicherung eine nur geringe Umverteilungswirkung haben.

Indikatoren für die Leistungsfähigkeit von Alterssicherungssystemen sind aber auch der Rechtsstatus der RentnerInnen (der bei bedürftigkeitsgeprüften Leistungen niedrig ist), die Vertrauenswürdigkeit und Sicherheit der Systeme (die z.B. in einer Anpassungsdynamik zum Ausdruck kommt), Akzeptanz und Finanzierungsgerechtigkeit sowie die Finanzierungsfähigkeit, dies insbesondere im Hinblick auf den demografischen Wandel, der die europäischen Gesellschaften gleichermaßen erfasst.

6 Die Gesetzliche Rentenversicherung

6.1 Versicherungsprinzip und Solidarausgleich

Die Gesetzliche Rentenversicherung (GRV) wurde 1889 mit dem „Gesetz betreffend die Invaliditäts- und Alterssicherung" eingeführt und ist heute im SGB VI geregelt. Sie ist der wichtigste Teil der Sozialversicherung in Deutschland. Während ursprünglich das Leistungsziel der Rentenversicherung nur darin bestand, einen Zuschuss zum Lebensunterhalt zu leisten und Armutslagen zu vermeiden, ist der GRV mit der Einführung der dynamischen Rente im Jahr 1957 die Aufgabe zuerkannt worden, im Anschluss an das Arbeitsleben den erreichten Lebensstandard zu sichern. Diese umfassende Zielsetzung ist jedoch im Zuge der Ende der 1990er Jahre einsetzenden Rentenreformen schrittweise zurückgenommen worden. In Zukunft wird die gesetzliche Rente nur noch ein zwar wesentlicher, aber kleiner werdender *Teil* der Lebensstandardsicherung sein. Die Versorgungslücken sollen durch Leistungen der privaten und betrieblichen Altersvorsorge ausgeglichen werden.

Grundsätzlich bezieht sich das Ziel der Lebensstandardsicherung in der GRV auf die durch Erwerbsarbeit erzielte *lebensdurchschnittliche* Einkommensposition und nicht auf den Standard unmittelbar vor dem Austritt aus dem Erwerbsleben. Allerdings ist weder genau definiert, wie lange das Arbeitsleben zum Erreichen des Ziels der Lebensstandardsicherung gedauert haben muss, noch besteht Einigkeit über das angemessene Niveau der Renten in Relation zum früheren Erwerbseinkommen. Letztlich handelt es sich um Bewertungsfragen. Üblicherweise gelten 45 Versicherungsjahre als Norm für ein „erfülltes" Arbeitsleben, und von Lebensstandardsicherung wurde bislang dann gesprochen, wenn die Rente 70 % des vergleichbaren Netto-Arbeitnehmereinkommens ausmacht (Netto-Rentenniveau). Diese 70 %-Marge wird in Zukunft infolge der mehrfachen Änderungen im Rentenanpassungsverfahren jedoch deutlich absinken. Veränderungen ergeben sich zusätzlich dadurch, dass die Renten zukünftig besteuert werden, die Beiträge aber steuerfrei bleiben.

Die Wirkungsweise der GRV wird durch das Versicherungsprinzip geprägt: Die Mitglieder sind gegen das Risiko versichert, bei Erwerbsminderung oder im Alter ihr Arbeitseinkommen zu verlieren. Bei Eintritt des Versicherungsfalls erfolgt die Leistung in Form einer Versichertenrente (*Kausalprinzip*).

Die Finanzierung erfolgt über Beiträge, die sich mit einem einheitlich Prozentsatz an der Höhe des Bruttoarbeitseinkommens bemessen. Hinzu kommt als zweite, zunehmend bedeutsame Finanzierungsquelle ein steuerfinanzierter Bundeszuschuss. Die Finanzierungsart ist das Umlageverfahren (vgl. Bd. I, Kap. „Ökonomische Grundlagen und Finanzierung ", Pkt. 6.5; und Pkt. 6.10 dieses Kapitels).

Die individuelle Rentenhöhe errechnet sich nach dem Grundsatz der *Äquivalenz*: Höhe und Dauer des durch Beitragszahlungen belegten Arbeitseinkommens sind die dafür eigentlich bestimmenden Faktoren. Zwischen Vorleistung (Beitrag) und Gegenleistung (Rente) besteht somit eine direkte Beziehung (Grundsatz der Lohn- und Beitragsbezogenheit der Renten). Direkt bedarfsbezogene Maßstäbe oder Mindest- bzw. Sockelleistungen finden sich bei der Rentenberechnung nicht. Die Vermeidung von Armut im Alter ist kein explizites Ziel der GRV.

Daraus ergeben sich folgende sozialpolitische Konsequenzen:

- Im Alter wird der im Berufsleben erarbeitete Einkommensstand zu einem bestimmten Teil ausgeglichen. Die Rente fungiert als *Lohnersatz*. Wer ausreichend lange versicherungspflichtig beschäftigt war, verfügt im Alter über eigenständige und in aller Regel oberhalb der Armutsgrenze liegende Rentenansprüche. Wer allerdings nur kurzzeitig beschäftigt war und schon im Arbeitsleben nur ein niedriges Einkommen erzielt hat oder einer Teilzeitarbeit nachging, wird dies auch durch eine geringe Höhe der Rente zu spüren bekommen. Maßstab für die Rentenberechnung ist also die Einkommensverteilung, die der Arbeitsmarkt generiert. Die große Spannweite der Arbeitseinkommen wird ins Alter hinein übertragen.
- Beim Risikoeintritt (Erwerbsminderung, Erreichen der Altersgrenzen, Tod einer/s Versicherten) besteht ein unabdingbarer Rechtsanspruch auf eine Rente. Die persönlichen Verhältnisse spielen bei der Rentenberechnung keine Rolle, Bedürftigkeitsprüfungen finden nicht statt. Die Höhe der Rente ist gesetzlich fixiert. Es gibt keine Ermessensentscheidungen.
- Die durch Beitragszahlung erworbenen Rentenanwartschaften haben Eigentumscharakter und sind verfassungsrechtlich geschützt.
- Durch die Lohnorientierung der Rente und deren Dynamisierung wird der Verlauf des Lebenseinkommens verstetigt und eine längerfristige Lebensplanung ermöglicht.

Im Unterschied zur Krankenversicherung ist der Solidarausgleich in der Rentenversicherung nur schwach ausgeprägt. Dennoch wird die Lohn- und Beitragsbezogenheit der Renten mehrfach durch Elemente des *Solidarprinzips* durchbrochen: So werden unter bestimmten Bedingungen auch Zeiten berücksichtigt, in denen keine oder nur geringe Beiträge entrichtet werden konnten, wie z.B. Krieg, Gefangenschaft, Arbeitslosigkeit, Krankheit oder Berufsausbildung. In definierten Lebensphasen, wie z.B. Kindererziehungs- oder Pflegezeiten, oder beim Bezug von Lohnersatzleistungen, wie z.B. Arbeitslosengeld I und II oder Krankengeld, übernehmen der Staat oder die jeweiligen Sozialversicherungsträger die Beiträge. Unter bestimmten Bedingungen werden auch niedrige Beiträge rechnerisch angehoben, wie z.B. für Zeiten erziehungsbedingter Teilzeitarbeit (vgl. Pkt. 6.5.2.1 dieses Kapitels).

Der für die *Sozial*versicherung konstitutive *soziale Ausgleich* weicht also die reine Äquivalenzbeziehung zwischen Beitrag und Rente auf. Hinzu kommt, dass sich die Beiträge nicht nach dem individuellen Risiko, sondern als Prozentsatz vom Bruttoeinkommen berechnen. Die von einer Privatversicherung abweichende Stellung der Rentenversicherung kommt schließlich in dem steuerfinanzierten Bundeszuschuss zum Ausdruck, der zur Abdeckung der allgemeinen gesellschaftspolitischen Aufgaben der Rentenversicherung dient; eine ausschließliche Finanzierung allein durch den Kreis der Beitragszahler wäre verteilungspolitisch nicht zu rechtfertigen. (vgl. Pkt. 6.10 dieses Kapitels).

6.2 Versicherte Personen

Die GRV ist eine Pflichtversicherung für alle ArbeitnehmerInnen ohne Rücksicht auf die Höhe ihres Einkommens. Pflichtversichert sind weiterhin u.a. Wehr- und Zivildienstleistende, deren Beiträge voll vom Bund übernommen werden; des Weiteren alle Empfänger von Lohnersatzleistungen der Bundesagentur für Arbeit, alle Bezieher von Krankengeld, Personen, für die eine Kindererziehungszeit anzurechnen ist, Mütter oder Väter für die Dauer der Elternzeit, private Pflegepersonen sowie bestimmte Gruppen selbstständig Gewerbetreibender wie Künstler, Publizisten, Heimarbeiterinnen, Hausgewerbetreibende und Handwerker (vgl. Tabelle VIII.2).

Tabelle VIII.2:

Die Versicherten in der Gesetzlichen Rentenversicherung 2004

Versicherte	absolut
Aktiv Versicherte	33.357.295
darunter:	
Pflichtversicherte	30.052.252
- Beschäftigte	25.008.648
- Wehr- und Zivildienstleistende	130.547
- Leistungsempfänger nach dem SGB III	4.069.118
- sonstige Leistungsempfänger	313.370
- Pflegepersonen	227.262
- Kindererziehende	508.784
- Selbstständige	61.705
- Handwerker	64.431
- Künstler und Publizisten	112.049
Freiwillig Versicherte	508.784
Geringfügig Beschäftigte	2.486.711
Passiv Versicherte	18.064.705
Versicherte insgesamt	51.422.000

Am 31.12.2004

Quelle: Deutsche Rentenversicherung, Rentenversicherung in Zahlen 2006, Berlin 2006.

Seit 1999 unterliegen auch sog. *arbeitnehmerähnliche Selbstständige* der Rentenversicherungspflicht (für die übrigen Zweige der Sozialen Sicherung besteht jedoch keine Versicherungspflicht). Hierbei handelt es sich um solche Personen, die – mit Ausnahme von Familienangehörigen – keine weiteren versicherungspflichtigen ArbeitnehmerInnen beschäftigen und regelmäßig und im Wesentlichen nur für einen Auftraggeber tätig sind. Im Gegensatz zu den scheinselbstständigen ArbeitnehmerInnen (s.u.) gelten sie als unzweifelhaft selbstständig. Folglich müssen sie auch die Rentenversicherungsbeiträge allein bezahlen, ohne dass der Auftraggeber mit herangezogen wird. Die Entscheidung über die Rentenversicherungspflicht trifft allein der zuständige Rentenversicherungsträger. Allerdings besteht bei Vorlage bestimmter Voraussetzungen (z.B. über 50 Jahre, Vorhandensein einer Lebensversicherung oder einer betrieblichen Versorgungszusage) die Möglichkeit, sich von der Versicherungspflicht befreien zu lassen.

Seit 1999 sind auch solche *scheinselbstständigen* ArbeitnehmerInnen in allen Zweigen der Sozialversicherung und damit auch in der GRV pflichtversichert, die über die beiden für arbeitnehmerähnliche Selbstständige geltenden GRV-Pflichtversicherungskriterien hinaus auch noch die für ArbeitnehmerInnen typischen Arbeitsleistungen erbringen, Weisungen des Auftraggebers unterliegen, in deren Arbeitsorganisation eingebunden sind und nicht unternehmerisch am Markt auftreten. Hier hat der Auftraggeber als Arbeitgeber auch die Hälfte der Sozialversicherungsbeiträge zu zahlen.

Darüber hinaus besteht unter bestimmten Bedingungen die Möglichkeit, sich nachversichern bzw. sich freiwillig versichern zu lassen.

Der Charakter der Gesetzlichen Rentenversicherung als Pflichtversicherung ist aber verschiedentlich durchbrochen. So gibt es die Versicherungsfreiheit kraft Gesetzes. Diese gilt

- für Beamte und beamtenähnliche Personen mit Ansprüchen aus der Beamtenversorgung sowie
- für die geringfügigen Beschäftigungsverhältnisse (vgl. Bd. I, Kap. „Einkommen", Pkt. 6.1).

6.3 Leistungsbereiche der Rentenversicherung im Überblick

Das gesetzlich vorgeschriebene Leistungsspektrum der Rentenversicherung umfasst die

(1) Zahlung von Versichertenrenten (Altersrenten und Renten wegen verminderter Erwerbsfähigkeit);

(2) Zahlung von Hinterbliebenenrenten (Witwen-, Witwer- und Waisenrenten);

(3) Zahlung von Zuschüssen an die Krankenversicherung der Rentner (KVdR);

(4) Durchführung von Rehabilitationsmaßnahmen (vgl. Kap. „Gesundheit und Gesundheitssystem", Pkt. 9.2).

Im Jahr 2005 zahlte die GRV etwa 24 Mio. Renten, zu zwei Dritteln Versichertenrenten und zu einem Drittel Hinterbliebenenrenten (vgl. Tabelle VIII.3). Da eine Person mehrere Renten beziehen kann, ist die Zahl der RentnerInnen mit 20 Mio. deutlich geringer als die der gezahlten Renten. Etwa 3,9 Mio. Personen, d.h. knapp ein Fünftel aller RentnerInnen, bezogen 2005 zugleich mehrere Renten (Kumulation), dabei zumeist eine eigene Versichertenrente und eine abgeleitete Hinterbliebenenrente. Dies betrifft weit überwiegend Frauen (vgl. Pkt. 6.9 dieses Kapitels).

Die Zahl der Versicherten- und Hinterbliebenenrenten steigt seit Jahren (vgl. Abbildung VIII.9). Abgesehen von der mit dem Einbezug der Ost-RentnerInnen in die GRV im Zuge der Vereinigung erfolgten sprunghaften Zunahme spiegelt diese Entwicklung ganz unterschiedliche Einflussgrößen wider. Hier sind insbesondere zu nennen:

- die gestiegene Frauenerwerbstätigkeit;
- die Zuwanderung;
- die rentenbegründende Anrechnung von Kindererziehungszeiten;
- das sinkende Rentenzugangsalter;
- die steigende Lebenserwartung.

Tabelle VIII.3:

Zahl der RentnerInnen in der Gesetzlichen Rentenversicherung 2005

	Rentner insgesamt	Einzelrentner insgesamt	Versicherten-renten	Renten wg. Todes	Mehrfach-rentner
Alte Bundesländer					
Männer	6.705.833	6.467.309	6.405.021	62.288	238.524
Frauen	9.249.108	6.542.626	5.213.902	1.328.724	2.706.482
insgesamt	15.954.941	13.009.935	11.618.923	1.391.012	2.945.006
Neue Bundesländer					
Männer	1.633.176	1.510.070	1.485.960	24.110	123.106
Frauen	2.423.539	1.602.096	1.486.408	115.688	821.443
insgesamt	4.056.715	3.112.166	2.972.368	139.798	944.549
Deutschland					
Männer	8.339.009	7.977.379	7.890.981	86.398	361.630
Frauen	11.672.647	8.144.722	6.700.310	1.444.412	3.527.925
insgesamt	20.011.656	16.122.101	14.591.291	1.530.810	3.889.555

Quelle: Deutsche Rentenversicherung, Rentenversicherung in Zahlen 2006, Berlin 2006.

Durch die Doppelwirkung von sinkendem Rentenzugangsalter und steigender Lebenserwartung erhöhte sich von 1980 bis 2005 die Rentenbezugsdauer in den alten

Bundesländern von durchschnittlich 11,0 Jahren (Männer) bzw. 13,8 Jahre (Frauen) auf 15,2 Jahre (Männer) bzw. 19,3 Jahre (Frauen)

In den nachstehenden Abschnitten sollen zunächst nur die Versichertenrenten (Renten wegen Erwerbsminderung und wegen Alters) betrachtet werden. Die Hinterbliebenenrenten werden an späterer Stelle behandelt (vgl. Pkt. 6.9 dieses Kapitels).

Zu den Leistungsbereichen der GRV gehört auch ihre Beteiligung an der Krankenversicherung der Rentner (KVdR). Der Beitragssatz in der KVdR entspricht dem jeweiligen individuellen Beitragssatz der Krankenversicherung und kann daher unterschiedlich sein. Die eine Hälfte wird von der GRV getragen (KVdR-Zuschuss), die andere ist von den RentnerInnen selbst aufzubringen und wird von der GRV automatisch an die KVdR abgeführt. Ab 2005 müssen – wie alle in der GKV Versicherten – auch die RentnerInnen einen zusätzlichen Beitrag von 0,9 % der Rente tragen. Diese Einnahmen sind für die Finanzierung des Zahnersatzes und des Krankengelds vorgesehen. Die Beiträge zur Pflegeversicherung sind seit 2004 von den RentnerInnen alleine aufzubringen.

Abbildung VIII.9

Entwicklung der Renten nach Rentenarten 1970 - 2005

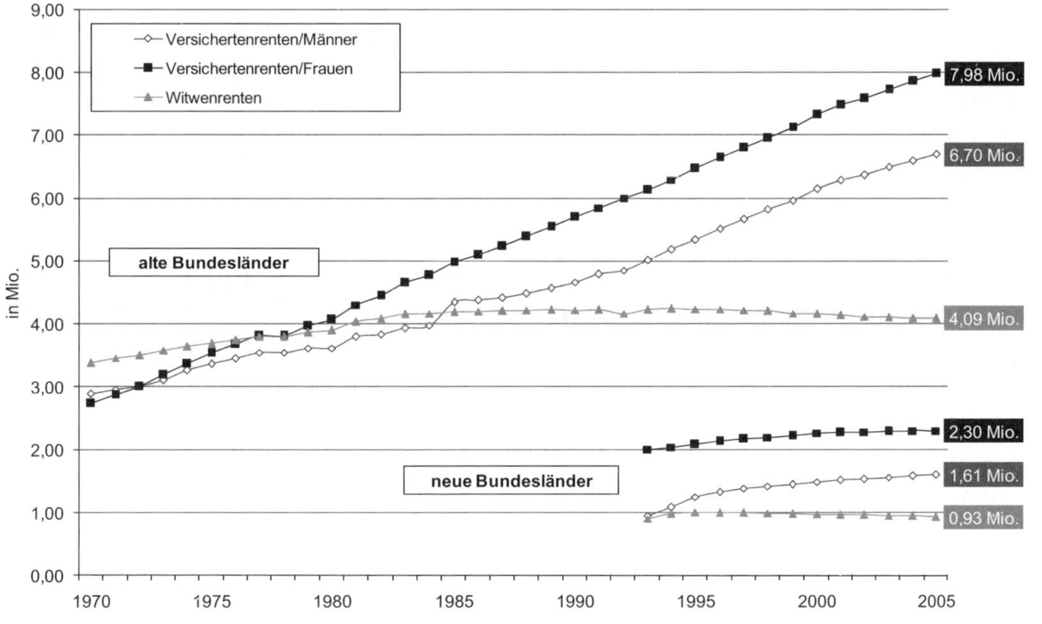

Quelle: Deutsche Rentenversicherung, Rentenversicherung in Zeitreihen, Berlin 2006.

Ausgezahlt werden lediglich Nettorenten nach Abzug der individuellen KVdR- und Pflegeversicherungsbeiträge. Sonstige neben den GRV-Renten bezogene Zusatzeinkommen wie z.B. Einkommen aus selbstständiger Tätigkeit, Betriebsrenten, Beamtenpensionen und Renten aus der Alterssicherung der Landwirte werden ebenfalls mit Beiträgen zur Kranken- und Pflegeversicherung belastet. Demgegenüber bleiben Vermögenseinnahmen beitragsfrei.

Die tatsächlichen Ausgaben der Krankenkassen für die Rentner werden aber nur teilweise durch die Beiträge zur KVdR gedeckt. Somit erfolgt auch in der Krankenversicherung eine Art Altersausgleich: Jüngere Versicherte tragen mit ihren Beiträgen erheblich zur Deckung der überproportional hohen Krankenkosten der RentnerInnen bei (vgl. Kap. „Gesundheit und Gesundheitssystem", Pkt. 5.1.5).

6.4 Rentenarten und Bezugsvoraussetzungen

Der Bezug der Renten ist an bestimmte versicherungsrechtliche und persönliche Voraussetzungen geknüpft. Grundsätzlich werden Versichertenrenten gewährt, wenn der Versicherungsfall (Erwerbsminderung, Erreichen der Altersgrenzen) eingetreten ist und die für die jeweilige Rente erforderliche Wartezeit erfüllt ist. Auch muss die Rente beantragt werden. Unter Wartezeit versteht man die Zeit, der man der GRV mindestens angehört haben muss, um Leistungen zu beanspruchen (Mindestversicherungszeit).

6.4.1 Renten wegen verminderter Erwerbsfähigkeit

Renten wegen verminderter Erwerbsfähigkeit, auch Invaliditätsrenten genannt, sollen das Risiko der Invalidität vor Erreichen der Altersgrenzen abdecken. Ziel ist es, das Einkommen zu ersetzen, wenn die Erwerbsfähigkeit des Versicherten in einem bestimmten Maß eingeschränkt oder ganz weggefallen ist.

Bei der Beurteilung der Erwerbsfähigkeit kommt es auf die Feststellung an, ob und in welchem Maße einer Erwerbstätigkeit nachgegangen bzw. ein Einkommen erzielt werden kann. Maßstab ist dabei die Erwerbsfähigkeit des Versicherten auf dem allgemeinen Arbeitsmarkt, d.h. in jeder nur denkbaren Tätigkeit, die es auf dem Arbeitsmarkt gibt. Allerdings kommen dabei nur Tätigkeiten in Betracht, die auf dem allgemeinen Arbeitsmarkt üblich sind. Die subjektive Zumutbarkeit unter dem Gesichtspunkt der Ausbildung und des Status der bisherigen beruflichen Tätigkeit ist hingegen ohne Bedeutung (das Risiko der Berufsunfähigkeit wird nicht mehr durch die GRV abgedeckt). In Abhängigkeit vom gesundheitlichen Restleistungsvermögen kann die Rente wegen Erwerbsminderung in voller oder in halber Höhe geleistet werden:

- Ein Versicherter ist voll erwerbsgemindert, wenn er aus gesundheitlichen Gründen auf nicht absehbare Zeit nur noch weniger als drei Stunden pro Tag (innerhalb einer Fünftagewoche) arbeiten kann. Die *Rente wegen voller Erwerbsminderung* soll einen vollen Lohnersatz bieten und wird deshalb wie eine Altersrente berechnet.

- Eine halbe Erwerbsminderungsrente erhalten Erwerbsgeminderte bei einem Restleistungsvermögen auf dem allgemeinen Arbeitsmarkt von 3 bis unter 6 Stunden täglich *(Rente wegen teilweiser Erwerbsminderung)*. Die Rente wegen teilweiser Erwerbsminderung ist deshalb nur halb so hoch wie eine Rente wegen voller Erwerbsminderung, weil die Betroffenen mit dem ihnen verbliebenen Restleistungsvermögen grundsätzlich noch das zur Ergänzung der Rente notwendige Einkommen erarbeiten können.

Wer unter den üblichen Bedingungen des allgemeinen Arbeitsmarktes mindestens 6 Stunden pro Tag arbeiten kann, ist nicht erwerbsgemindert und erhält auch keine Rente.

Die Erwerbsminderung wird im Allgemeinen zunächst durch einen Arzt festgestellt, danach durch den medizinischen Dienst des Versicherungsträgers oder eines eigens beauftragten Arztes erneut geprüft. Der Versicherungsträger entscheidet anschließend, ob die medizinischen oder versicherungsrechtlichen Voraussetzungen für den Rentenbezug gegeben sind.

Seit dem Urteil des Bundessozialgerichtes (BSG) von 1976 zur „*konkreten Betrachtungsweise*“ beruht die Zuerkennung von Erwerbsminderung nicht allein auf der Anerkennung von gesundheitlichen Schäden, sondern gleichrangig auch auf dem Fehlen eines geeigneten (Teilzeit-)Arbeitsplatzes. Eine volle Erwerbsminderungsrente erhalten deswegen auch teilweise Erwerbsgeminderte, die ihr Restleistungsvermögen wegen Arbeitslosigkeit nicht in Erwerbseinkommen umsetzen können. Dies ist angesichts der realen Beschäftigungslage auf dem Arbeitsmarkt seit Jahren die Regel. Insofern wird die GRV nicht unerheblich mit den Folgen der Arbeitslosigkeit belastet (vgl. Pkt. 10 dieses Kapitels).

Erwerbsminderungsrenten werden in der Regel als Zeitrenten für längstens 3 Jahre nach Rentenbeginn geleistet – die Befristung kann wiederholt werden. Sie werden bis zur Vollendung des 65. Lebensjahres oder bis zur Erreichung einer vorgezogenen Altersgrenze gezahlt. Anschließend steht dem Versicherten die Regelaltersrente oder eine vorgezogene Altersrente zu. Die Umwandlung hat jedoch keine Auswirkungen auf die Rentenhöhe.

6.4.2 Altersrenten

6.4.2.1 Rentenarten, Altersgrenzen und Rentenabschläge

Die Zahlung von Altersrenten ist an das Erreichen bestimmter Altersgrenzen geknüpft, ist also unabhängig von der tatsächlichen Erwerbsfähigkeit des betreffenden Versicherten. Vielmehr wird eine Weiterarbeit zwar nicht ausgeschlossen, aber auch nicht mehr zugemutet. Sind die jeweiligen Altersgrenzen und Wartezeiten erreicht, so heißt dies andererseits aber auch nicht, zu diesem Zeitpunkt die Rente beantragen und aus dem Erwerbsleben ausscheiden zu müssen. Vielmehr sieht das Rentenrecht ausdrücklich die Weiterarbeitsmöglichkeit danach vor, für die sogar ein monatlicher Rentenzuschlag von 0,6 % zwischen dem 65. und 67. Lebensjahr für jeden über das 65. Lebensjahr hinaus versicherungspflichtig länger gearbeiteten Monat gezahlt wird. Dass diese Möglichkeit de facto aber nicht genutzt wird, hängt insbesondere von den ungünstigen Beschäftigungschancen für ältere ArbeitnehmerInnen ab.

Beginnend ab 1997 sind in den zurückliegenden Jahren die Altersgrenzen schrittweise heraufgesetzt worden. Ziel war es, den Trend der beruflichen Frühausgliederung und Frühverrentung zu stoppen und umzukehren (vgl. dazu Pkt. 3.2 dieses Kapitels) sowie die infolge der steigenden Lebenserwartung ohnehin eintretende Verlängerung der Rentenbezugsdauer nicht noch durch einen frühen Rentenbeginn zu forcieren. Seit 2005 können Altersrenten ohne Abschläge nur noch mit Vollendung des 65. Lebensjahres bezogen werden. Eine Ausnahme macht die Altersrente für Schwerbehinderte, hier liegt der abschlagfreie Rentenbeginn bei 63 Jahren.

Beginnend ab 2012 wird die Regelaltersgrenze ohne Abschläge dann schrittweise auf das 67. Lebensjahr heraufgesetzt (vgl. Pkt. 12.1 dieses Kapitels). Allerdings ist, wenn bestimmte versicherungsrechtliche und persönliche Voraussetzungen vorliegen, nach wie vor ein vorgezogener Rentenbeginn möglich (vgl. Übersicht VIII.1); jedoch wird dann die Rente um Abschläge gemindert. Diese bei einem vorzeitigen Rentenbezug anfallenden Rentenabschläge (versicherungstechnische Abschläge) sind für die gesamte Rentenlaufzeit, und nicht nur für die Zeit bis zum Erreichen der Regelaltersgrenze wirksam. Sie betragen 0,3 % pro Monat. Für einen um ein Jahr vorgezogenen Rentenbeginn bedeutet dies somit eine Rentengesamtminderung von 3,6 %. Die Minderung erhöht sich auf 7,2 %, wenn z.B. langjährig Versicherte bereits mit 63 Jahren, d.h. 2 Jahre vor der Regelaltersgrenze, ihre Rente beziehen. Sie erhöht sich entsprechend auf 18,0 %, wenn z.B. Frauen ihre Rente um 5 Jahre vorziehen. Zwar können die abschlagsbedingten Rentenminderungen durch zusätzliche freiwillige Beitragszahlungen ausgeglichen werden. Diese sind jedoch sehr hoch, mit der Folge, dass davon kaum Gebrauch gemacht wird. Zu weiteren Renteneinbußen kommt es dadurch, dass sich bei vorzeitigem Rentenbeginn zugleich die anrechnungsfähigen Versicherungsjahre vermindern und auch von daher die Rente niedriger ausfällt.

Im Ergebnis wird ein Teil der Versicherten den Rentenbeginn nach hinten verschieben, um Rentenkürzungen zu vermeiden oder zu vermindern (vgl. Pkt. 12.2 dieses Kapitels). Benachteiligt sind jene, die diese Möglichkeit wegen Arbeitslosigkeit, fehlender Beschäftigungsperspektiven oder wegen gesundheitlicher Beeinträchtigungen nicht haben. Im Rentenzugang 2005 wurde bei der Hälfte der RentnerInnen die Rente (Versichertenrente) um Abschläge gekürzt. Besonders ausgeprägt ist der Rentenzugang mit Abschlägen in den neuen Bundesländern, nämlich bei etwa drei Viertel aller Zugänge. Die Höhe der Abschläge bewegt sich zwischen 10 und 15 % der ungekürzten Rente (vgl. Tabelle VIII.4).

Übersicht VIII.1:

Rentenarten und Altersgrenzen in der Rentenversicherung (Rechtsstand bis 2011)

Regelaltersrente mit 65 Jahren:

Anspruch auf eine Regelaltersrente hat, wer das 65. Lebensjahr vollendet und die allgemeine („kurze“) Wartezeit von 5 Jahren erfüllt hat. Die Regelaltersrente wird ohne Abschläge gezahlt.

Altersrente für Frauen mit 60 Jahren:

Für Frauen besteht die Möglichkeit, mit 60 Jahren eine Altersrente zu beziehen, wenn sie nach Vollendung des 40. Lebensjahres mehr als 10 Jahre Pflichtbeitragszeiten vorzuweisen und die Wartezeit von 15 Jahren erfüllt haben.

Die Altersgrenze erhöht sich – beginnend ab 2006 und endend 2010 – schrittweise von 60 auf 63 Jahre.

Ab 2012 werden (neue) Altersrenten für Frauen nicht mehr geleistet. Betroffen sind die Geburtsjahrgänge ab 1952.

Altersrente für langjährig Versicherte mit 63 Jahren:

Auf diese Altersrente haben Versicherte Anspruch, die das 63. Lebensjahr vollendet und die („große“) Wartezeit von 35 Jahren erfüllt haben.

Altersrente wegen Arbeitslosigkeit und nach Altersteilzeitarbeit mit 60 Jahren:

Auf diese Altersrente haben solche Versicherten Anspruch, die

- das 60. Lebensjahr vollendet und die Wartezeit von 15 Jahren erfüllt haben und
- entweder bei Beginn der Rente arbeitslos sind sowie innerhalb der letzten eineinhalb Jahre insgesamt 52 Wochen arbeitslos waren oder die 24 Monate Altersteilzeit ausgeübt haben.

Die Altersgrenze erhöht sich – beginnend ab 2006 und endend 2010 – schrittweise von 60 auf 63 Jahre. Ab 2012 werden (neue) Altersrenten wegen Arbeitslosigkeit und nach Altersteilzeitarbeit nicht mehr geleistet. Betroffen sind die Geburtsjahrgänge ab 1952.

Altersrente für Schwerbehinderte:

Sie wird solchen Versicherten gewährt, die das 60. Lebensjahr vollendet haben und bei Beginn der Altersrente entweder als Schwerbehinderter (mindestens 50prozentige anerkannte Schwerbehinderung) oder aber bereits als erwerbsgemindert anerkannt sind und die große Wartezeit von 35 Jahren erfüllt haben.

Die Rentenabschläge sind in ihrer Höhe so bemessen, dass die mit einem vorgezogenen Rentenbeginn einhergehende Verlängerung der Rentenbezugsdauer nicht zu einer finanziellen Mehrbelastung der Rentenversicherung führt. Allerdings wirkt sich der Neutralisierungseffekt der Abschläge erst im Verlauf der gesamten Rentenlaufzeit aus. Wird eine Rente frühzeitig in Anspruch genommen, so erhöhen sich zunächst die Ausgaben; die Ausgabenminderungen aufgrund der Abschläge machen sich erst langfristig bemerkbar.

Für alle Renten, die vor dem 65. Lebensjahr bezogen werden, gelten enge Hinzuverdienstgrenzen. Ab Erreichen der Regelaltersgrenze von 65 Jahren gibt es keine Hinzuverdienstbeschränkungen mehr, d.h. alle 65jährigen und älteren können theoretisch neben der Rente Erwerbseinkommen in unbegrenzter Höhe erzielen.

Tabelle VIII.4:
Abschläge im Rentenzugang 2005

		alte Bundesländer		neue Bundesländer	
	insgesamt	Männer	Frauen	Männer	Frauen
Versichertenrenten insg. darunter	937.227	393.742	386.389	88972	76.080
ohne Abschläge wegen Vertrauensschutz in %	4,6	7,2	2,1	6,1	2,4
Nichtbetroffene oder „Aufschieber" in %	44,7	40,3	58,4	20,0	21,9
mit Abschlägen in %	50,7	51,5	39,5	73,9	75,7
durchschnittliche Abschlagsmonate	37,5	34,4	40,2	36,0	42,5
durchschnittliche Höhe der Rentenminderung in €	95	103	79	95	94
durchschnittliche Höhe der Rentenminderung in %	13,0	11,5	15,7	10,2	12,6

Quelle: Deutsche Rentenversicherung, Rentenversicherung in Zahlen 2006, Berlin 2006.

Es gibt aber auch die Möglichkeit, zwischen *Vollrente* einerseits sowie *Teilrente* und teilweiser Weiterarbeit andererseits zu wählen. Die Möglichkeit zur Teilrente gilt für alle Altersrentenarten. Dabei ist es alternativ möglich, entweder ein Drittel, die Hälfte oder zwei Drittel der Vollrente zu beziehen. Wichtigstes Ziel dieser Regelung ist die Förderung eines gleitenden Übergangs von der Vollerwerbstätigkeit in den Ruhestand. Die Entscheidung für die Teilrente bindet die Versicherten nicht für alle Zeit. Sie können jederzeit wieder darauf verzichten und die Vollrente beziehen. Für RentnerInnen, die vor Erreichen der Regelaltersgrenze eine Teilrente beantragen, gelten Hinzuverdienstgrenzen. Überschreitet das Einkommen aus Erwerbsarbeit diese Grenzen, so wird die Teilrente entsprechend gekürzt.

Die Teilrente eröffnet allerdings nur eine rentenrechtsinterne Wahlmöglichkeit, d.h. die Option ist nur dann realisierbar, wenn die Betriebe für ältere ArbeitnehmerInnen eine entsprechende Teilzeitbeschäftigung anbieten. Dazu sind sie weder verpflichtet, noch sind sie in Anbetracht der derzeitigen Lage auf dem (Teilzeit)Arbeitsmarkt für ältere ArbeitnehmerInnen daran interessiert. Dies dürfte zugleich der Hauptgrund dafür sein, dass die Teilrente bislang keine Wirkung erzielt hat und nur von ganz wenigen Betroffenen überhaupt genutzt worden ist.

6.5 Rentenberechnung

6.5.1 Grundprinzipien im Überblick

Grundsätzlich bestimmen zwei Faktoren die Höhe und damit Sicherungsqualität der Rente:

- das beitragspflichtige Arbeitseinkommen, das die/der Versicherte im Verlauf des gesamten Arbeitslebens erzielt hat;
- die Dauer der versicherungspflichtigen Erwerbstätigkeit.

Grundsätzlich besteht eine enge Äquivalenzbeziehung (Leistung/Gegenleistung) zwischen der Höhe des beitragspflichtigen Erwerbseinkommens und seiner Dauer auf der einen und der Höhe der Rente auf der anderen Seite: Je höher das zurückliegende beitragspflichtige Arbeitseinkommen und je länger die Beitragszahlungsdauer, desto höher fällt die individuelle Rente aus. Bei nur geringem Verdienst und/oder wenigen Beitragsjahren hingegen kann die Rente nur wenige Euro betragen.

Bei der Rentenberechnung ist nicht die absolute Höhe der in den zurückliegenden Jahren erzielten Arbeitseinkommen entscheidend. Ausschlaggebend ist vielmehr, in welchem Verhältnis das Bruttoeinkommen des Versicherten zum Bruttoeinkommen aller Versicherten gestanden hat, und zwar über die gesamte Zeit zwischen Eintritt ins Arbeitsleben und Rentenbezug hinweg. Relevant für die individuelle Rentenberechnung ist die lebensdurchschnittliche Einkommensposition des Versicherten während seiner gesamten Erwerbsbiographie, sie bestimmt zugleich seine Position in der „Rentenhierarchie". Äquivalenz zwischen Beitrag und Leistung ist also nicht im Sinne einer betragsmäßigen, in Euro-Werten bemessenen Beziehung, sondern im Sinne einer *Teilhabe-Äquivalenz* zu verstehen: Wer während des Erwerbslebens über- bzw. unterdurchschnittlich verdient hat, dessen spätere Rente wird – im Vergleich zu anderen Renten – über bzw. unter dem Durchschnitt liegen. Die „Rangstelle" in der Hierarchie der Erwerbseinkommen wird also beim Rentenbezug beibehalten. Daraus folgt, dass das Verhältnis zwischen der späteren Rente und dem im Durchschnitt der Erwerbsbiografie erzielten Arbeitsentgelt für Versicherte mit gleicher Anzahl von Beitragsjahren gleich ist – unabhängig davon wann die Anwartschaften erzielt worden sind und wie hoch der Beitragssatz war. Die Höhe der Beitragssätze und ihre Schwankungen spielen für die Bestimmung der Rangstelle in der Einkommenshierarchie keine Rolle. Versicherungszeiten mit niedrigen Beitragssätzen, wie sie in Phasen günstiger ökonomischer und demografischer Verhältnisse üblich waren, bedeuten aber, dass die „Rendite" der Rente, d.h. das Verhältnis zwischen eingezahlten und später erhaltenen Leistungen, günstig ist (vgl. Pkt. 7.2.2 dieses Kapitels).

Die Erwerbsorientierung der Rentenberechnung wird an verschiedenen Stellen durch das *Solidarprinzip* durchbrochen, indem Leistungen für bestimmte biographische Abschnitte oder Ereignisse gewährt werden, obwohl keine Erwerbstätigkeit vorlag und keine Beiträge entrichtet wurden. Auch werden Beitragszeiten, in denen aus bestimmten schutzwürdigen Gründen nur gering verdient werden konnte, höher bewertet. Demgegenüber gibt es in einer privatwirtschaftlichen, nach dem reinen Äquivalenzprinzip organisierten Alterssicherung solche Elemente des Solidarprinzips nicht.

Mit diesen Ausführungen ist zugleich die Grundstruktur der Rentenformel beschrieben.

Übersicht VIII.2:

Rentenformel (Grundformel)
SEp x ZF x RaF x aRw = monatliche Bruttorente (Summe der persönlichen Entgeltpunkte x Zugangsfaktor x Rentenartenfaktor x aktueller Rentenwert = monatliche Bruttorente)

6.5.2 Rentenformel

6.5.2.1 Persönliche Entgeltpunkte

In die Rentenformel geht erstens die Summe der persönlichen Entgeltpunkte (SEp) ein. Sie berücksichtigen die folgenden drei für die individuelle Rentenberechnung relevanten Komponenten der Erwerbsbiographie der/des Versicherten:

- das im Verlauf des Versichertenlebens erreichte Lohn- und Gehaltsniveau in Relation zum Durchschnittseinkommen aller Versicherten in diesem Zeitraum (lebensdurchschnittliche relative Einkommensposition);
- die anrechnungsfähigen Versicherungszeiten. Sie setzen sich aus Beitragszeiten, beitragsfreien Zeiten (Anrechnungszeiten, Zurechnungszeiten, Ersatzzeiten) sowie Berücksichtigungszeiten zusammen. Während die drei ersten Zeiten direkt angerechnet werden, finden die Berücksichtigungszeiten nur indirekt Eingang in die Rentenberechnung;
- die Rentenabschläge bei vorzeitigem Rentenbezug bzw. rentensteigernde Zuschläge bei einem hinausgeschobenen Bezugsbeginn.

Entgeltpunkte für Beitragszeiten

Pflichtbeitragszeiten sind solche Zeiten, in denen Pflichtbeiträge aufgrund eines Beschäftigungsverhältnisses (inkl. Berufsausbildung) oder freiwillige Beiträge gezahlt wurden. Als Pflichtbeitragszeiten gelten auch Beiträge aus Entgeltersatzzeiten (wie Krankengeld, Arbeitslosengeld und Arbeitslosengeld II), Kindererziehungszeiten sowie Zeiten nicht gewerbsmäßiger Pflege nach der Pflegeversicherung. Die Beiträge für die Kindererziehungszeiten werden durch den Bund, für Pflegezeiten durch die Pflegekassen gezahlt.

Die Anrechnung der mit eigenen Beiträgen belegten Pflichtbeitragszeiten in der Rentenformel erfolgt über die Ermittlung der relativen Einkommensposition der/s einzelnen Versicherten. Diese ergibt sich im Wesentlichen als Verhältnis (Prozentsatz), in dem – Jahr für Jahr der Erwerbsbiografie – das persönliche rentenversicherungspflichtige Bruttoarbeitsentgelt zum rentenversicherungspflichtigen Durchschnittsbruttoeinkommen aller Versicherten gestanden hat. Dieses Verhältnis wird für jedes Jahr der Erwerbsbiographie gesondert berechnet. Daraus lassen sich dann jeweils die Jahresentgeltpunkte ermitteln, die anschließend – um die lebensdurchschnittliche Einkommensposition zu erhalten – addiert werden.

Diese Summe geht dann als Summe aller Entgeltpunkte (SEp) in die Rentenformel ein. Sie spiegelt gleichsam den Lebensstandard wider, den die/der Versicherte während der gesamten versicherungspflichtigen Erwerbsphase innehatte. Sie ist unabhängig von der jeweiligen Höhe des Beitragssatzes ebenso wie von der absoluten Höhe des Bruttoeinkommens in den zurückliegenden Kalenderjahren. Auch die Anrechnung von freiwilligen Beiträgen erfolgt im Grundsatz nach diesem Prinzip. Lediglich für die Anrechnung der Kindererziehungs- und Pflegezeiten gelten gesonderte Vorschriften (s.u.).

Ein Entgeltpunkt von 1 im Referenzjahr bedeutet, dass die/der Versicherte in diesem Jahr genau das Durchschnittseinkommen aller Versicherten verdient hat. Liegt der Entgeltpunkt unter 1, dann hat sie/er weniger, liegt er über 1, dann hat sie/er in dem Referenzjahr mehr als der Durchschnitt aller Versicherten verdient.

Allerdings geht der lebensdurchschnittliche Bruttoverdienst nicht voll in die Rentenberechnung ein. Vielmehr wird er durch die jeweils gültige Beitragsbemessungsgrenze begrenzt, d.h. in den persönlichen Prozentsatz geht nur das darunter liegende Bruttoeinkommen ein. Die Beitragsbemessungsgrenze ist an die allgemeine Einkommensentwicklung gekoppelt (dynamisiert) und liegt 2007 bei 5.250 € im Monat (alte Bundesländer) bzw. bei 4.550 € (neue Bundesländer) (vgl. Bd. I, Kap. „Einkommen", Pkt. 6.3). Einkommensbestandteile, die über die Beitragsbemessungsgrenze hinausgehen, sind somit nicht beitragspflichtig. Die betreffenden Versicherten brauchen somit nur einen geringeren Prozentsatz ihres Gesamteinkommens an die GRV abzuführen, erwerben dafür aber auch nur geringere Rentenansprüche. Davon profitieren weit überwiegend männliche Beschäftigte in den alten Bundesländern. Betroffen sind etwa 12 % aller männlichen und weniger als 2 % aller weiblichen Versicherten.

Die Beitragsbemessungsgrenze fungiert somit als „Leistungsbemessungsgrenze". Die daraus resultierende Versorgungslücke veranlasst viele Besserverdienende zur privaten Altersvorsorge. Darüber hinaus ist dies mit ein Anlass für betriebliche Alterssicherungsangebote (vgl. Pkt. 8.1 dieses Kapitels).

Insgesamt streuen in der GRV die addierten Entgeltpunkte stark. Dies ist zum einen Ausdruck unterschiedlicher Erwerbsbiographien (z.B. kurze und unterbrochene Beschäftigungszeiten typischerweise bei Frauen). Zum anderen drücken sich darin auch unterschiedliche Verdienstmöglichkeiten und -chancen während des Erwerbslebens aus (z.B. Teilzeitbeschäftigung, Phasen geringer Verdienste am Anfang der Berufskarriere, unterschiedliche Lohn- und Gehaltsniveaus in einzelnen Branchen und Qualifikationsniveaus, Unterschiede zwischen Frauen- und Männerentlohnung) (vgl. Pkt. 3.6.3 dieses Kapitels).

Zusätzliche Entgeltpunkte

Mindestbewertungen für bestimmte Pflichtbeitragszeiten werden für besonders schutzwürdige biographische Ereignisse und Abschnitte gewährt, in denen entweder gar nicht (wie z.B. im Fall der familienbedingten Berufsunterbrechung oder -aufgabe) oder nur unterdurchschnittlich (z.B. während einer Berufsausbildung) verdient werden konnte. Ihre Zuerkennung ist der deutlichste Ausdruck des Solidarprinzips in der GRV, das vor allem für die Anerkennung von Kindererziehungs- und von Zeiten der nicht erwerbsmäßigen Pflege gilt.

Kindererziehungszeiten

Durch die rentenrechtliche Behandlung der Kindererziehungs- als Pflichtbeitragszeiten soll anerkannt werden, dass Mütter (oder wahlweise Väter, was jedoch sehr selten vorkommt) keiner oder nur im eingeschränkten Umfang einer Erwerbsarbeit nachgehen und aus diesem Grunde keine oder nur unzureichende eigene Rentenanwartschaften aufbauen können (konnten). Für Geburten ab 1992 belaufen sich die anrechenbaren Kindererziehungszeiten auf 3 Jahre je Kind, für Geburten vor 1992 lediglich auf 1 Jahr. Überschneiden sich die Zeiten der Kinderziehung, wird die Kindererziehungszeit so verlängert, so dass für jedes Kind 36 Monate angerechnet werden. Die Anrechnung erfolgt additiv, d.h. Kindererziehungszeiten werden auch in den Fällen zusätzlich gewährt, in denen bereits Beiträge aus einer zeitgleichen Erwerbstätigkeit an die GRV entrichtet worden sind. Kindererziehungszeiten wirken rentensteigernd wie -begründend zugleich. Bewertet werden sie mit dem Durchschnittsentgelt aller Versicherten im jeweiligen Erziehungsjahr. Für die Kindererziehungszeiten führt der Bund Beiträge direkt an die GRV ab. Ein Kind führt damit (in Werten von 2006) zu einem Rentenplus von etwa 78 bzw. 69 € in den alten bzw. neuen Bundesländern. Die Erziehung von zwei Kindern reicht aus, um auch ohne Beiträge aus Erwerbstätigkeit einen kleinen eigenständigen Rentenanspruch zu erhalten, da ja damit die Wartezeit von fünf Jahren erfüllt ist.

Aufstockung von Anwartschaften bei Teilzeitarbeit

Mütter – auch Väter, wenn sie die Kindererziehung übernommen haben – erhalten bei Rentenbeginn ab 2001 höhere Rentenanwartschaften für ihre Pflichtbeitragszeiten während der Erziehung eines Kindes bis zu dessen 10. Lebensjahr. Voraussetzung ist, dass der Verdienst in dieser Zeit unterhalb des Durchschnitts liegt. Das kann infolge von Teilzeitarbeit aber auch infolge einer Niedriglohntätigkeit der Fall sein. Die Verdienste werden rückwirkend für Beitragszeiten ab 1992 um maximal 50 %, jedoch höchstens auf das jeweilige Durchschnittseinkommen des betreffenden Jahres aufgewertet, sofern mindestens 25 Jahre an rentenrechtlichen Zeiten (also einschließlich der Kinderberücksichtigungszeiten) erreicht werden. Diese

Höherbewertung gilt gleichermaßen für Beitragszeiten, die während der Betreuung eines pflegebedürftigen Kindes bis zu dessen 18. Lebensjahr anfallen.

Von dieser an versicherungspflichtige Erwerbstätigkeit gebundenen Höherbewertung wird abgegangen, wenn zwei oder mehr Kinder unter 10 Jahren gleichzeitig zu betreuen sind. In diesem Fall erfolgen Leistungen auch bei Nicht-Erwerbstätigkeit: Mütter oder Väter, die wegen der Erziehung von zwei oder mehr Kindern unter 10 Jahren nicht erwerbstätig sind, erhalten eine Gutschrift von Entgeltpunkten von einem Drittel des Durchschnittsverdienstes pro Jahr.

Berufsausbildungszeiten

Pflichtbeitragszeiten für eine Berufsausbildung gelten rentenrechtlich als beitragsgeminderte Zeiten, d.h. sie sind als Beitragszeiten zugleich mit Anrechnungszeiten (s.u.) belegt. Anerkannt werden bei abgeschlossener Berufsausbildung 3 Jahre. Der sozialpolitische Sinn dieser Regelung liegt darin, die Betroffenen wegen des im Allgemeinen während der Berufsausbildung unterdurchschnittlichen Verdienstes rentenrechtlich nicht zu benachteiligen. Seit 1997 werden die Berufsausbildungszeiten mit 75 % der Gesamtleistungsbewertung (s.u.), höchstens aber mit 0,0625 Entgeltpunkten/Monat, bewertet.

Rente nach Mindesteinkommen

Für Versicherungszeiten vor 1992 erfolgt eine Mindestbewertung von Pflichtbeiträgen, denen niedrige Arbeitsverdienste zugrunde liegen. Dies sind Arbeitsverdienste, die im Durchschnitt unter 75 Prozent des Durchschnittsentgelts aller Versicherten liegen. Voraussetzung ist, dass insgesamt 35 Jahre mit rentenrechtlichen Zeiten vorhanden sind und dass der Durchschnittswert aus allen Pflichtbeiträgen bis zum Rentenbeginn unter 0,75 Entgeltpunkten liegt. Ist dies der Fall, wird der monatliche Durchschnittswert aus den Pflichtbeiträgen vor 1992 auf das 1,5-fache erhöht, jedoch auf höchstens 75 Prozent des Durchschnittsentgelts aller Versicherten monatlich.

Rentenanwartschaften für behinderte Menschen

Behinderten in anerkannten Werkstätten und in Einrichtungen, die mit gewisser Regelmäßigkeit eine Leistung von mindestens einem Fünftel eines voll erwerbstätigen Beschäftigten erbringen, werden auf Antrag ebenfalls Mindestbewertungen in Höhe eines Entgeltpunktes von 0,75 pro Jahr zuerkannt. Sozialpolitisches Ziel dieser Regelung ist der Aufbau einer eigenständigen Alterssicherung wenigstens von Teilen der Behinderten und damit die Vermeidung der sonst für sie zwangsläufigen Sozialhilfebedürftigkeit und damit von Armut im Alter.

Pflegezeiten

Seit der Einführung der Pflegeversicherung im Jahr 1995 werden für Pflegepersonen Beiträge zur Rentenversicherung entrichtet. Pflegepersonen sind solche Personen, die einen Pflegebedürftigen in seiner häuslichen Umgebung nicht erwerbsmäßig pflegen, also zumeist Angehörige oder Nachbarn. Die Pflege muss wenigstens 14 Stunden wöchentlich umfassen, und die Pflegeperson darf dabei höchstens 30 Stunden wöchentlich erwerbstätig sein. Zudem muss die/der Pflegebedürftige selbst einen Anspruch auf Leistungen aus der gesetzlichen oder einer privaten Pflegeversicherung haben. Bei der Beitragszahlung wird ein fiktives Monatsentgelt zu Grunde gelegt, dessen Höhe sich nach dem Schweregrad der Pflegebedürftigkeit, d.h. nach den drei Pflegestufen und dem zeitlichen Pflegeaufwand richtet (vgl. Kap. „Gesundheit und Gesundheitssystem“, Pkt. 7.2.2). Im Jahr 2006 wurde ein fiktives versichertes Einkommen von zwischen 644 € und 1.932 € (West) bzw. zwischen 541 € und 1.624 € (Ost) monatlich zugrunde gelegt. Damit lagen die abgesicherten Einkommen jeweils im unteren Bereich, d.h. es können nur unterdurchschnittliche Rentenansprüche erworben werden. Bei einem Jahr Pflegetätigkeit errechnet sich maximal ein monatlicher Rentenanspruch von 20,49 € (bei einem fiktiven Einkommen von 1.932 €).

Entgeltpunkte für beitragsfreie Zeiten

Neben Beitragszeiten können auch beitragsfreie Zeiten, d.h. solche Zeiten, in denen die/der Versicherte überhaupt keiner Beschäftigung gegen Entgelt nachgehen konnte und für die folglich überhaupt keine Beiträge entrichtet wurden, in der Rentenformel berücksichtigt werden. Dabei handelt es sich um Anrechnungszeiten, die weitgehend den früheren Ausfallzeiten, Zurechnungszeiten und Ersatzzeiten entsprechen. Sie alle ergeben zusätzliche Rentenansprüche, wirken also unmittelbar rentensteigernd. Bewertet werden sie entsprechend dem Durchschnittswert der individuell erbrachten Gesamtbeitragsleistung (Gesamtleistungsbewertung). Demgegenüber wirken Berücksichtigungszeiten nicht unmittelbar auf die Rentenhöhe ein. Sie spielen allerdings eine Rolle bei der Bewertung der beitragsfreien und beitragsgeminderten Zeiten sowie bei den Voraussetzungen einer Rente wegen Erwerbsminderung.

Anrechnungszeiten

Anrechnungszeiten sind insbesondere Zeiten der krankheitsbedingten Arbeitsunfähigkeit oder Teilnahme an einer Rehabilitationsmaßnahme, der Schwangerschaft oder Mutterschaft während der Schutzfristen, bestimmte Zeiten registrierter Arbeitslosigkeit, der beruflichen Ausbildung (diese sind jedoch zugleich auch Pflichtbeitragszeiten), der Schulausbildung (nach dem vollendeten 17. Lebensjahr) sowie Zeiten einer abgeschlossenen Fachschul- oder Hochschulausbildung.

Insbesondere Zeiten von Arbeitslosigkeit und Ausbildung waren in der Vergangenheit wiederholt Objekt rentenpolitischer Sparbeschlüsse. Die anzuerkennenden Ausbildungszeiten wurden 1997 auf 3 Jahre reduziert. Ab 2009 gelten diese Zeiten dann auch nur noch für eine Fachschulausbildung oder für eine Teilnahme an berufsvorbereitenden Bildungsmaßnahmen, nicht mehr für eine Schul- oder Hochschulausbildung.

Zurechnungszeiten

Zurechnungszeiten werden bei Eintritt von Berufs- und Erwerbsunfähigkeit bis zur Vollendung des 55. Lebensjahres voll, und dann für die darüber hinaus gehenden Jahre bis zur Vollendung des 60. Lebensjahres, d.h. bis zum Erreichen der Altersgrenze für Schwerbehinderte, Berufs- oder Erwerbsunfähige, zu zwei Dritteln „hinzugerechnet". Der sozialpolitische Sinn dieser Regelung liegt auch hier in der Vermeidung von zu geringen Rentenansprüchen aufgrund von früher Invalidität und gilt als ein weiteres Instrument der Armutsvermeidung innerhalb der GRV.

Ersatzzeiten

Mit der Anerkennung von Ersatzzeiten werden den Betroffenen insbesondere die durch Kriegsdienst, Vertreibung und Flucht entstandenen Lücken in der Erwerbsbiographie „ersetzt". Sind die Voraussetzungen gegeben, so führen diese beitragsfreien Zeiten jeweils zu einer Ausweitung der anrechnungsfähigen Versicherungszeiten und damit zu einer Erhöhung der persönlichen Entgeltpunkte. Rentenansprüche für solche Zeiten werden grundsätzlich nach den individuellen Gegebenheiten des Versicherungsverlaufs (durchschnittliche Rentenansprüche pro Jahr, mit Beiträgen belegte Zeiten und Lücken) bewertet. Maßgebend dafür ist der Durchschnitt der individuellen Gesamtleistung an Beiträgen im belegungsfähigen Zeitraum.

Berücksichtigungszeiten

Berücksichtigungszeiten wegen Kindererziehung und häuslicher Pflege sind weder rentenbegründend noch -steigernd. Mit ihnen sollen die Lücken in der Versichertenbiografie „berücksichtigt" werden, die durch Zeiten der Kindererziehung bis zum vollendeten 10. Lebensjahr entstanden sind. Sie dienen der Aufrechterhaltung des Anspruchs auf eine Erwerbsminderungsrente und werden auf die Erfüllung der besonderen Wartezeit von 35 Jahren sowie auf die Anspruchsvoraussetzungen der Rente nach Mindesteinkommen angerechnet.

6.5.2.2 Zugangsfaktor und Rentenartfaktor

Der *Zugangsfaktor* (ZF) berücksichtigt in der Rentenformel den Zeitpunkt des Beginns einer Altersrente, d.h. ob die/der Versicherte vor, mit oder nach Erreichen der jeweils maßgeblichen gesetzlichen Altersgrenze ausgeschieden ist. Er stellt sicher, dass in der Rentenberechnung bei vorgezogenem Rentenbeginn versicherungstechnische *Abschläge* bzw. bei hinausgeschobenem Rentenbeginn *Zuschläge* zur Anwendung kommen (vgl. Pkt. 6.4.2.2 dieses Kapitels).

Der Zugangsfaktor wirkt sich auf die Summe der Entgeltpunkte aus. Er beträgt 1,0 für alle (Regel)Fälle, in denen eine Altersrente mit Erreichen der maßgeblichen Regelaltersgrenze bezogen wird; die Summe der Entgeltpunkte bleibt unverändert. Ein geminderter Zugangsfaktor kommt bei vorgezogenen Altersrenten zur Anwendung. Er vermindert die Entgeltpunkte um 0,003 pro Monat – dies entspricht dem für einen früheren Rentenbezug pro Monat gesetzlich vorgeschriebenen Rentenabschlag von 0,3 %. Andererseits erhöht sich der Zugangsfaktor dann um 0,005 für jeden Monat – dies entspricht einer Rentenerhöhung um 0,5 % pro Monat –, in dem die Rente nach Vollendung des 65. Lebensjahres noch nicht in Anspruch genommen wird. Allerdings gilt diese Möglichkeit nur bis maximal zum 67. Lebensjahr.

Der *Rentenartenfaktor* (RaF) berücksichtigt, um welche Rentenart (z.B. Rente wegen Erwerbsminderung, wegen Alters, Teilrente) es sich handelt und welches Sicherungsziel jeweils damit erreicht werden soll. Gegenüber der vollen Altersrente niedrigere Sicherungsziele bestehen naturgemäß bei der Teilrente sowie bei der „kleinen" Hinterbliebenenrente. Der Rentenartenfaktor beträgt bei

- Renten wegen Alters: 1,0;
- Teilrenten entweder: 0,33, 0,66 oder 0,5;
- Renten wegen Berufsunfähigkeit: 0,6667;
- Renten wegen Erwerbsunfähigkeit: 1,0;
- großen Hinterbliebenenrenten: 1,0;
- kleinen Hinterbliebenenrenten: 0,25.

6.5.2.3 Der aktuelle Rentenwert

Über die absolute, in Euro gemessene Rentenhöhe ist durch die Multiplikation der persönlichen Entgeltpunkte mit dem Zugangs- und Rentenartenfaktor noch nichts ausgesagt. Es handelt sich noch immer um eine relative Größe. Um einen Zahlbetrag zu erhalten, muss diese deshalb mit einer absoluten, in Euro bezifferten Größe verknüpft werden. Und es muss sich dabei um einen jeweils aktuellen Euro-Betrag handeln, wenn die Rentenanwartschaft auf die Gegenwart bezogen wird und die RentnerInnen an der Entwicklung des allgemeinen Lebensstandards teilhaben sollen. In die Rentenberechnung wird deshalb ein Euro-Betrag eingeführt, der die aktuelle Lohn- und Gehaltssituation aller versicherungspflichtig Beschäftigten wiedergeben soll. Er wird im Prinzip jährlich neu ermittelt, so dass stets ein bestimmtes Verhältnis zwischen den Renten und den Einkommen der Erwerbstätigen garantiert ist. Dadurch soll sichergestellt werden, dass die Rentenanwartschaften aus den zurückliegenden Jahren nicht ständig an Wert verlieren.

Dieser Betrag ist der *aktuelle Rentenwert* (aW). Er gibt an, wie viel ein Entgeltpunkt in Euro pro Monat wert ist. Er wird jährlich zum 01. 07. per Rechtsverordnung neu festgestellt und bewirkt damit die Dynamisierung der Renten und Rentenanwartschaften entsprechend der allgemeinen Lohn- und Gehaltsentwicklung (vgl. Pkt. 6.6 dieses Kapitels). Der aktuelle Rentenwert für den Zeitraum 2. Halbjahr 2006/1. Halbjahr 2007 betrug 26,13 € in den alten und 22,97 € in den neuen Bundesländern. Der geringere aktuelle Rentenwert in den neuen Bundesländern hat seine Ursache in dem dort nach wie vor niedrigeren Lohn- und Gehaltsniveau.

Übersicht VIII.3:

Beispiel für die Berechnung einer Brutto-Altersrente nach der Rentenformel
Ein Versicherter weist 38 anrechnungsfähige Versicherungsjahre aus (36 Jahre versicherungspflichtige Beschäftigung und am Ende des Arbeitslebens 2 Jahre Bezug von Arbeitslosengeld) und bezieht im Oktober 2005 mit 60 Jahren eine vorgezogene Altersrente wegen Arbeitslosigkeit.
Für jedes Jahr des Erwerbslebens wird das individuelle Einkommen dem Durchschnittseinkommen aller Versicherten gegenübergestellt. Im Schnitt dieser Jahre hat er 110 % des jeweiligen Durchschnittseinkommens verdient. In der Summe errechnen sich daraus 38 x 1,1 = 41,8 *Entgeltpunkte*.
Da aber die Altersrente bereits mit Vollendung des 60. Lebensjahres bezogen wird, also um 60 Monate vorzeitig (60 Monate x 0,003), vermindert sich der *Zugangsfaktor* auf 0,82 (1,0 - [60 x 0,003]) und die *Summe der Entgeltpunkte* entsprechend auf 34,28 (41,8 x 0,82 = 34,28).
Der *Rentenartfaktor* bei der Altersrente beträgt 1,0 - die Summe der persönlichen Entgeltpunkte (34,28 x 1 = 34,28) bleibt unverändert.
Die Entgeltpunkte werden mit dem *aktuellen Rentenwert* multipliziert. Im 2. Halbjahr 2005 betrug der aktuelle Rentenwert in den alten Ländern 26,13 € und in den neuen Ländern 22,97 €.
Dies führt zu einer *Brutto*monatsrente von - 34,28 x 26,13 € = 895,74 € (alte Länder) bzw. - 34,28 x 22,97 € = 787,41 € (neue Länder).

Die Renten in der GRV sind in ihrer Höhe begrenzt: Wegen der Beitragsbemessungsgrenze und der begrenzten Versicherungszeit ist eine theoretische Obergrenze nicht überschreitbar. Im fiktiven Fall, dass ein Versicherter immer (also bereits ab dem 1. Berufsjahr) ein Einkommen oberhalb der Beitragsbemessungsgrenze bezogen hat – und dies über 50 Jahre hinweg, errechnet sich bei einem Renteneintritt mit 65 Jahren in den alten Bundesländern eine maximale Bruttorente von etwa 2.700 €.

6.6 Rentenanpassung

Angesichts eines steigenden Preisniveaus verliert eine einmal errechnete Rente im Laufe der Jahre ihren Wert; bei unverändertem Nominalwert sinken die Kaufkraft der Renten und der Lebensstandard der RentnerInnen. Unveränderte Renten bedeuten aber auch, dass sich die relative Einkommensposition der RentnerInnen gegenüber der aktiven Erwerbsbevölkerung verschlechtert. Denn wenn im Zuge der wirtschaftlichen Entwicklung die Erwerbseinkommen steigen, die Renten aber nicht, dann wird die ältere Generation von der allgemeinen Wohlstandsentwicklung abgekoppelt, ihre gleichberechtigte Teilhabe an der Gesellschaft ist nicht gewährleistet.

Es reicht also nicht, die individuelle Rente nur bei ihrer Erstberechnung am allgemeinen Einkommensniveau (aktueller Rentenwert) auszurichten; die Renten müssen über vieljährige Laufzeit hinweg immer wieder an die wirtschaftliche Entwicklung angepasst werden. Erfolgt die Anpassung der Renten nach einem regelförmigen und jährlichen Verfahren, lässt sich von einer *Dynamisierung der Renten* reden. Die Rentendynamisierung soll den älteren Menschen garantieren, dass ihre einmal festgestellte Rente mit der allgemeinen Entwicklung des Lebensstandards Schritt hält. Wenn die Rentenanpassung nicht von Fall zu Fall, sondern nach einem gesetzlich festgelegten und nachprüfbaren Regelverfahren erfolgt, führt dies zu einem hohen Maß an (Rechts)Sicherheit. Verlässlichkeit und Sicherheit sind besonders dann wichtig, wenn die Menschen ihre Lebensplanung neu strukturieren, so bei altersbedingter Berufsaufgabe, und womöglich langfristig wirksame finanzielle Dispositionen für die Gestaltung der neuen Lebensphase treffen.

Die Rentendynamik zählt nicht zum Kernbestand der Bismarckschen Sozialversicherungsgesetzgebung, sondern wurde erst mit der großen Rentenreform von 1957 durchgesetzt und danach auf andere Sozialleistungen (u.a. Unfallrente, Kriegsopferversorgung) übertragen. Erst seitdem hat die gesetzliche Rente ihre ursprüngliche Funktion als begrenzter Einkommenszuschuss hinter sich gelassen und sich dem Grundsatz einer Teilhaberente geöffnet. Mit der Einführung der „dynamischen Rente“ war zugleich die Grundentscheidung verbunden, die Rentenpassung an die Entwicklung der Einkommen der ArbeitnehmerInnen zu binden (lohndynamische Rente) und dies über die Veränderung des aktuellen Rentenwertes wirksam werden zu lassen.

Die Ausgestaltung der Lohndynamik hat in den zurückliegenden Jahren mehrfache, kaum noch überschaubare Veränderungen erfahren. Stets ging es dabei um die Frage, welche konkrete Maßgröße bei der Lohnentwicklung als Maßstab für die Anpassung dienen soll. Da bei der jährlichen Rentenanpassung *alle* Renten erhöht werden, kommt der Wahl der Maßgröße eine erhebliche finanzielle Bedeutung zu. So führt eine Rentenerhöhung um 1 % im Jahr 2006 zu einer jährlichen Mehrausgabe von etwa 2 Mrd. €.

Die dauerhaften finanziellen Folgewirkungen einer Rentenerhöhung haben immer wieder Anlass gegeben, die Anpassung in einzelnen Jahren auszusetzen bzw. zu verschieben oder die Anpassungsformel mit dem Ziel einer Absenkung des Erhöhungssatzes zu verändern, um über diesen Weg Finanzierungsproblemen in der Rentenversicherung zu begegnen und Beitragssatzanhebungen zu vermeiden.

- Mit Beginn der dynamischen Rente wurde eine Bruttolohnanpassung praktiziert, Maßgröße war die Veränderung der Bruttolohn- und -gehaltssumme je durchschnittlich beschäftigten Arbeitnehmer im Vorjahr.
- Nach Inkrafttreten des Rentenreformgesetzes 1992 orientierte sich die Rentenanpassung nur noch an der (niedrigeren) Zuwachsrate des Nettolohnniveaus (Zuwächse der Bruttoarbeitsentgelte nach Abzug von direkten Steuern und Beiträgen).

- Die Rentenreform von 2001 legte fest, dass die Rentenanpassung der Nettoentwicklung ab 2002 nur noch abgebremst folgt: Veränderungen der Abgabenbelastung, die nicht die Alterssicherung betreffen (wie direkte Steuern, Beiträge zur Kranken-, Pflege- und Arbeitslosenversicherung), finden keine Berücksichtigung mehr. Anpassungsmindernd angerechnet werden Veränderungen des Beitragssatzes zur Rentenversicherung (in voller Höhe, also einschließlich des Arbeitgeberanteils) sowie der private Beitrag für die staatlich geförderte zusätzliche Altersvorsorge. Unabhängig davon, ob er tatsächlich geleistet wird, wird ein Vorsorgebeitrag unterstellt, der im Jahr 2002 mit 0,5 % des Bruttoarbeitsentgelts einsetzt, sich jährlich um weitere 0,5 % erhöht und bis zum Jahr 2009 den Satz von 4 % erreicht. Darüber hinaus wird ab dem Jahr 2011 ein konstanter Faktor in die Anpassungsformel eingefügt, der den Anstieg der Renten zusätzlich begrenzt.
- Mit der Rentenreform 2005 wurde ein „Nachhaltigkeitsfaktor" in die Rentenanpassungsformel integriert. Dadurch wird auch die Entwicklung des zahlenmäßigen Verhältnisses von Leistungsbeziehern und versicherungspflichtig Beschäftigten anpassungsmindernd berücksichtigt. Sinkt – wie aus demografischen Gründen zu erwarten – die Anzahl der Erwerbstätigen und Beitragszahlenden, fallen die Rentenerhöhungen niedriger aus.

Diese Veränderungen haben zu einer hoch komplizierten Anpassungsregelung geführt, die selbst für Experten kaum noch verständlich ist. Das wird allein deutlich, wenn man sich die Formulierung im SGB IV ansieht. Sie ist in der Übersicht VIII.4 wiedergegeben.

Für das Verständnis der Rentenanpassungsformel sind jedoch nicht die Details und ihre Begründungen entscheidend, wichtig ist das Ergebnis: Die Rentenerhöhungen werden in den nächsten Jahren schrittweise abgebremst und von den Einkommenszuwächsen der Aktiven mehr und mehr abgekoppelt. Grundlegendes Ziel der Sozialpolitik ist es, die Beitragsbelastungen für die Versicherten und die Arbeitgeber zu begrenzen. Als Eckpfeiler gilt die Maßgabe, den Beitragssatz – trotz der demografischen Belastungen – bis zum Jahr 2020 unter 20 % und bis 2030 unter 22 % zu halten. Es gilt der Grundsatz einer „einnahmeorientierten Ausgabenpolitik".

In der Folge wird es zu einem kontinuierlichen Absenken des Leistungsniveaus der Rentenversicherung kommen. Die Leistungen aus der GRV werden zur finanziellen Sicherung eines als ausreichend erachteten Lebensstandards im Alter zukünftig nicht mehr ausreichen. In ihren mittelfristigen Vorausschätzungen geht die Bundesregierung davon aus, dass das gegenwärtige Netto-Rentenniveau vor Steuern von 53,6 % (2003) bis zum Jahr 2018 auf 45,6 % sinken wird. Dieser „Fall nach unten" soll jedoch durch ein Mindestniveau von 46 %, das bis zum Jahr 2020 nicht unterschritten werden soll, begrenzt werden (Niveausicherungsklausel).

Übersicht VIII.4:

Rentenanpassungsformel einschließlich Nachhaltigkeitsfaktor, Rechtsstand 1.1.2007 (ohne Nachholfaktor)
SGB IV, § 68, Absatz 5: Aktueller Rentenwert „Der nach den Absätzen 1 bis 4 anstelle des bisherigen aktuellen Rentenwerts zu bestimmende neue aktuelle Rentenwert wird nach folgender Formel ermittelt: ARt = ARt-1 × (BEt-1/BEt-2) × ([100 – AVA2010 – RVBt-1]/[100 – AVA2010 – RVBt-2]) × ([1 – [RQt-1/RQt-2]] × α + 1) Dabei sind: ARt = zu bestimmender aktueller Rentenwert ab dem 1. Juli, ARt-1 = bisheriger aktueller Rentenwert, BEt-1 = Bruttolohn- und -gehaltssumme je durchschnittlich beschäftigten Arbeitnehmer im vergangenen Kalenderjahr, BEt-2 = Bruttolohn- und -gehaltssumme je durchschnittlich beschäftigten Arbeitnehmer im vorvergangenen Kalenderjahr unter Berücksichtigung der Veränderung der beitragspflichtigen Bruttolohn- und -gehaltssumme je durchschnittlich beschäftigten Arbeitnehmer ohne Beamte einschließlich der Bezieher von Arbeitslosengeld, AVA2010 = Altersvorsorgeanteil für das Jahr 2010 in Höhe von 4 vom Hundert, RVBt-1 = durchschnittlicher Beitragssatz in der Rentenversicherung der Arbeiter und der Angestellten im vergangenen Kalenderjahr, RVBt-2 = durchschnittlicher Beitragssatz in der Rentenversicherung der Arbeiter und der Angestellten im vorvergangenen Kalenderjahr, RQt-1 = Rentnerquotient im vergangenen Kalenderjahr, RQt-2 = Rentnerquotient im vorvergangenen Kalenderjahr.“

Tabelle VIII.5 gibt einen Überblick über die Rentenanpassungssätze seit 1991. Auffällig ist die schrittweise Abflachung der Rentenerhöhungen – bis hin zur Aussetzung der Anpassung beginnend im Jahr 2004.

Charakteristisch für die Entwicklung in den 1990er Jahren sind die starken Rentenerhöhungen in den neuen Bundesländern. Die verglichen mit den alten Bundesländern häufigeren Anpassungstermine und höheren Anpassungsraten hängen mit den stärker steigenden Löhnen zusammen. So sind die Renten in den neuen Bundesländern zwischen 1990 und 1997 nominal um mehr als das 2,8fache gestiegen. Allerdings haben sich gegen Ende der 1990er Jahre die Zuwachsraten merklich abgeflacht. Die Relation der Bruttostandardrente Ost/West hat sich von 46,4 % im Jahr 1991 auf 85,4 % im Jahr 1997 erhöht. Bis 2003 erfolgte ein weiterer, allerdings geringer Anstieg auf 87,9 %.

Bei stagnierenden und erst recht bei rückläufigen Löhnen liegt auch eine Kürzung der nominalen Renten in der Konsequenz der Anpassungsregel. Dabei ist berücksichtigen, dass die durchschnittlichen Bruttoarbeitsentgelte zusätzlich dadurch nach unten gedrückt werden, dass in die Berechnung auch die Löhne aus den Mini-Jobs eingehen. Eine *Rentenschutzklausel* sieht allerdings vor, dass die nominalen

Renten nicht sinken dürfen. Dies hat wiederum zur Folge, dass bei einer schwachen Lohnentwicklung der eigentlich intendierte Rückgang des Rentenniveaus nicht bzw.

Tabelle VIII.5:

Rentenanpassungen, Standardrenten und Rentenniveau 1991 - 2006

	alte Bundesländer				neue Bundesländer			
		Standard-				Standard-		
Zeitpunkt	Anpassung in %	Bruttorente[1)] DM/€[1]	Nettorente[2)] DM/€	Niveau in %	Anpassung in %	Bruttorente[1)] DM/€	Ost/West in %	Nettorente[2)] DM/€
1.1.1991	-	-	-		15,00	826	46,4	773
1.7.1991	4,70	1.865	1.751	67,3	15,00	950	50,9	889
1.1.1992	-	-	-		11,65	1.061	56,9	993
1.7.1992	2,87	1.918	1.798	67,0	12,73	1.196	62,3	1.120
1.1.1993	-		-		6,10	1.269	66,1	1.188
1.7.1993	4,36	2.002	1.886	66,9	14,12	1.448	72,3	1.357
1.1.1994	-	-	-		3,64	1.500	74,9	1.407
1.7.1994	3,39	2.070	1.931	69,3	3,45	1.552	75,0	1.451
1.1.1995	-	-	-		2,78	1.595	77,1	1.484
1.7.1995	0,50	2.080	1.933	70,0	2,48	1.635	78,6	1.522
1.1.1996	-	-	-		4,38	1.706	82,0	1.589
1.7.1996	0,95	2.100	1.942	70,2	1,21	1.727	82,2	1.598
1.7.1997	1,65	2.135	1.975	71,4	5,55	1.823	85,4	1.683
1.7.1998	0,44	2.144	1.980	70,9	0,89	1.839	85,8	1.695
1.7.1999	1,34	2.173	2.008	70,4	2,79	1.890	87,0	1.743
1.7.2000	0,60	2.186	2.020	69,6	0,60	1.902	87,0	1.754
1.7.2001*	1,91	1.139	1.053	68,3	2,11	993	87,2	916
1.7.2002	2,16	1.164	1.072	68,8	2,89	1.022	87,8	941
1.7.2003	1,04	1.176	1.082	69,5	1,19	1.034	87,9	953
1.7.2004	0	1.176	1.083	68,1	0	1.034	87,9	952
1.7.2005	0	1.176	1.073	67,3	0	1.034	87,9	944
1.7.2006	0	1.176	-	-	0	1.034	87,9	-

1) Durchschnittsverdienst und 45 anrechnungsfähige Versicherungsjahre (= 45 EP), gerundet.

2) Brutto-Standardrente abzüglich des (durchschnittlichen) Eigenbeitrags der Rentner zur Kranken- und Pflegeversicherung der Rentner. Ohne Berücksichtigung der Besteuerung von Renten.

* ab 2001 in € - nicht bekannt

Quelle: Verband Deutscher Rentenversicherungsträger (Hrsg.), Rentenversicherung in Zeitreihen 2004. Bundesministerium für Gesundheit und Soziale Sicherung (Hrsg.), Arbeits- und Sozialstatistik, mehrere Jahrgänge und eigene Berechnungen.

nicht im vollen Maße erreicht wird. Um dennoch zu dem langfristig gewünschten Ergebnis zu kommen, wird die verhinderte Rentenniveauabsenkung in Zeiten einer besseren Lohnentwicklung nachgeholt. Durch einen in die Rentenformel noch zusätzlich eingebauten *„Nachholfaktor"* wird dann die Rentenanpassung über mehrere Jahre noch zusätzlich gebremst. Deswegen ist bis weit über das Jahr 2010 hinaus damit zu rechnen, dass es zu keiner nennenswerten nominellen Rentenerhöhung mehr kommt.

Langfristig betrachtet haben die lohndynamisierten Rentenanpassungen zu Rentensteigerungen geführt, die in aller Regel über dem Anstieg des Preisniveaus lagen. Bei nur noch niedrigen Lohnzuwächsen kann es aber auch dazu kommen, dass die Rentenzuwächse die Preissteigerungen nicht ausgleichen und der Realwert der Renten sinkt. Dies ist seit Anfang 2000 der Fall. Seit 2004 schließlich ist es zu keiner Rentenanpassung mehr gekommen; die neue Rentenanpassungsformel und die nahezu stagnierenden Löhne wirken hier zusammen.

6.7 Bruttorenten, Nettorenten und Rentenbesteuerung

Die auf dem skizzierten Wege errechnete Monatsrente ist nicht mit dem tatsächlichen Auszahlbetrag identisch. Es handelt sich vielmehr um die Bruttorente, von der die individuellen Beiträge zur Krankenversicherung und zur Pflegeversicherung automatisch abgezogen werden. Bei der Krankenversicherung muss der Beitragssatz zur Hälfte von den Rentnern getragen werden, bei der Pflegeversicherung muss er vollständig übernommen werden. Die ab 2004 geltende alleinige Belastung der Rentner durch die Beitragszahlung an die Pflegeversicherung hat dazu geführt, dass die ausgezahlte Rente um 0,85 % zusätzliche Abzüge gemindert wurde.

Im Einzelfall können sich Abzüge auch aus der Anrechnung vorgezogener Altersrenten mit eigenen Erwerbseinkünften oberhalb der Hinzuverdienstgrenzen sowie aus der Verrechnung von GRV-Renten mit Renten aus der Unfallversicherung ergeben. Letzteres ist dann der Fall, wenn beide Renten einen bestimmten Grenzbetrag übersteigen. Die relativ häufige Parallelität des Bezugs von GRV-Renten mit Beamtenpensionen wird, um eine Doppelversorgung zu vermeiden, über Kürzungen bei den Beamtenpensionen geregelt (vgl. Pkt. 9.1 dieses Kapitels).

Steuerliche Abzüge hingegen fielen bei den GRV-Renten bislang kaum an. Renten waren zwar nicht prinzipiell steuerfrei. Da aber die Besteuerung nur den sog. Ertragsanteil der Renten betraf, blieben – auch wegen der bestehenden steuerlichen Freibeträge – die weitaus meisten Renten de facto steuerfrei. Im Gegensatz zu den Renten aus der GRV wurden die Beamtenpensionen genauso besteuert wie die Einkünfte von aktiven ArbeitnehmerInnen. Diese steuerliche Ungleichbehandlung ist in Folge einer Rechtsprechung des Bundesverfassungsgerichts aufgehoben worden.

Nach den Regelungen des Alterseinkünftegesetzes gilt seit 2005 auch bei den Renten aus der GRV das Prinzip der nachgelagerten Besteuerung, das jedoch nur schrittweise, über einen Zeitraum von 45 Jahren hinweg eingeführt wird: 2005 beträgt für alle Bestandsrentner und für jene RentnerInnen, die in diesem Jahr erstmalig eine Rente beziehen, der Besteuerungsanteil 50 % des Rentenbetrages. Da das steuerfreie Existenzminimum bei 7.664 € im Jahr liegt, wird dennoch die Mehrzahl der RentnerInnen, vorausgesetzt neben der GRV-Rente fließen nicht noch im nennenswerten Maße weitere Einkommen zu, zunächst steuerfrei bleiben.

Der Besteuerungsanteil wird für jeden *neu* hinzukommenden Rentnerjahrgang, also ab dem Jahr 2006, bis zum Jahr 2020 jährlich um jeweils 2 % angehoben, so dass bei dem Neurentnerjahrgang des Jahres 2020 schließlich 80 % dieser Renten aus Altersvorsorgeverträgen der Besteuerung zugrunde gelegt werden. Von 2020 bis 2040 steigt der Besteuerungsanteil langsamer, jährlich um einen Prozentpunkt. Im Jahr 2040 wird dann die volle Besteuerung erreicht sein. Im Gegenzug werden die Vorsorgeaufwendungen (Arbeitnehmerbeiträge) schrittweise (volle Wirkung im Jahr 2025) von der Besteuerung freigestellt.

Der sich ergebende steuerfrei bleibende Teil der Jahresbruttorente wird auf Dauer festgeschrieben, d.h. jeder Jahrgang behält seinen absoluten Rentenfreibetrag, der von der Besteuerung ausgeschlossen bleibt. Da dieser Freibetrag über die gesamte Rentenlaufzeit nominal konstant bleibt, also im Verlauf von Rentenerhöhungen an Wert verliert, kann es dazu kommen, dass auch „Altfälle" sukzessive in die Besteuerung hinein wachsen.

Übersicht VIII.5:

Beispiel für die Berechnung einer Netto-Altersrente:	
Ausgang: Bruttomonatsrente von 895,74 € im Jahr 2005/ alte Bundesländer	
abzüglich	
- voller Beitragssatz zur Pflegeversicherung (1,7 %) =	15,23 €
- halber Beitragssatz zur Krankenversicherung (½ x 14,0 %) =	62,70 €
- besonderer Beitragssatz zur Krankenversicherung (0,9 %)=	8,06 €
abzüglich Einkommensteuer, keine weiteren Einkommen	
Besteuerungsanteil 2005 = 50 % = 447,87 €/Monat bzw. 5.374,44 €/Jahr	
steuerfreies Existenzminimum bei 7.664 € = keine Steuerabzüge	
Netto-Rente:. 895,75 € ./· 85,99 € Sozialversicherungsbeiträge =	809,76 €

6.8 Niveau und Verteilung der Renten

Bei der Frage nach der derzeitigen und zukünftigen Höhe der Renten sind zwei Analyseebenen zu unterscheiden: Zum einen interessiert die Höhe der sog. Standardrente und des Rentenniveaus. Zum anderen geht es um die Höhe und Verteilung der tatsächlich gezahlten Renten.

6.8.1 Standardrente und Rentenniveau

Soll die Rente eine Lohnersatzfunktion haben, dann interessiert zunächst das Verhältnis zwischen Rentenhöhe und dem Einkommen der Erwerbstätigen. Zu diesem Zweck wird die *Standardrente* ermittelt und mit dem durchschnittlichen Arbeitseinkommen verglichen. Die Standardrente beruht auf einem Modell: Es ist die Rente, die ein/e Versicherte/r bei 45 anrechnungsfähigen Versicherungsjahren erhält, wenn sie/er einen Verdienst hat, der dem Durchschnitt aller Versicherten entspricht.

Im Juli 2006 lag in den alten Bundesländern die Brutto-Standardrente nach 45 Versicherungsjahren bei 1.176 € im Monat, die Netto-Standardrente bei 1.073 €. (vgl. Tabelle VIII.5). Allerdings hat die Standardrente mehr Modellcharakter als Spiegelbild der Realität zu sein. Sie darf daher nicht mit der Durchschnittsrente verwechselt werden. Schon die gesetzten Annahmen – Durchschnittsverdienst, 45 anrechnungsfähige Versicherungsjahre – treffen in der Realität nur auf einen kleinen Teil der RentnerInnen zu:

- So betrug in den alten Bundesländern Ende 2005 die durchschnittliche Zahl an Versicherungsjahren bei den Männer 40,3 und bei den Frauen 26,1 Jahre.
- In den neuen Ländern waren es mit 45,1 (Männer) bzw. 37,0 Jahren (Frauen) jeweils deutlich mehr.
- In den alten Ländern wiesen zum gleichen Zeitpunkt 59,2 % der Männer und 96,2 % der Frauen nicht die für den Standardrentner unterstellten 45 Versicherungsjahre auf.
- Günstiger wiederum war die Situation in den neuen Ländern. Hier unterschritten 39,9 % der Männer und 88,5 % der Frauen die Schwelle von 45 Jahren.

Setzt man die Standardrente ins Verhältnis zum durchschnittlichen Nettoeinkommen aller Versicherten in diesem Jahr, dann erhält man das (Netto)Rentenniveau. Es ist ein Indikator für die intergenerationelle Verteilung, da es einen Vergleich zwischen den Einkommen der RentnerInnen und den aktiv Erwerbstätigen einer Generation ermöglicht.

2005 lag das (Netto)Rentenniveau in der GRV bei 67,6 %. Mit anderen Worten: Zu diesem Zeitpunkt hatte der Standardrentner, der immer durchschnittlich verdient hat und 45 Versicherungsjahren aufweist, gut zwei Drittel des verfügbaren Nettoeinkommens vergleichbarer ArbeitnehmerInnen. Die Versichertenrenten reichen also auch bei sehr langen Versicherungsdauern allein nicht aus, um den während des Erwerbslebens erreichten materiellen Lebensstandard in das Alter mit zu übernehmen.

Da das Rentenniveau das Verhältnis von Renten zu Arbeitnehmereinkommen widerspiegelt, gibt seine Entwicklung auch darüber Auskunft, wie sich die Einkommensverteilung zwischen Rentnern und Erwerbstätigen im Zeitablauf verändert hat. Nach 1957, dem Zeitpunkt der Einführung der dynamischen Rente, ist das (Netto)Rentenniveau zunächst gesunken, dann aber seit Ende der 1960er Jahre bis weit in die 1970er Jahre hinein deutlich angestiegen (von 59,3 % in 1965 auf 73,2 % in 1977). Lange Zeit war dieser Anstieg sozialpolitisch gewollt, um die Versorgungslage der Rentner im Vergleich zu den Aktiven zu verbessern, und er resultierte wesentlich aus dem reinen bruttolohnbezogenen Anpassungsverfahren. In den 80er und 90er Jahren des letzten Jahrhunderts hat sich das Nettorentenniveau dann bei ca. 70 % – mit vergleichsweise geringen Schwankungen – eingependelt.

Bei der Abschätzung der *zukünftigen* Entwicklung des Rentenniveaus kann allerdings nicht länger von der bisherigen Maßgröße des Nettorentenniveaus ausgegangen werden, da die Renten ab 2005 – je nach Geburtsjahrgang unterschiedlich – besteuert und zugleich die Beiträge schrittweise steuerfrei gestellt werden. Als neue Maßgröße bietet sich deshalb das *Nettorentenniveau vor Steuern* an: Verglichen werden die durchschnittlichen Arbeitnehmereinkommen und die Standardrente jeweils nach Abzug der Sozialversicherungsbeiträge und bei den Arbeitnehmern zusätzlich bereinigt um den durchschnittlichen Aufwand für die private Vorsorge. Abbildung VIII.10 lässt erkennen, dass nach den Vorausberechnungen der Bundesregierung das Rentenniveau vor Steuern bis zum Jahr 2018 auf 46,5 % sinken wird. Noch stärker sinken wird infolge der Einführung der nachgelagerten Besteuerung das Nettorentenniveau nach Steuern für die jeweiligen Rentenneuzugänge.

Abbildung VIII.10:

Entwicklung des Rentenniveaus 1970 - 2018

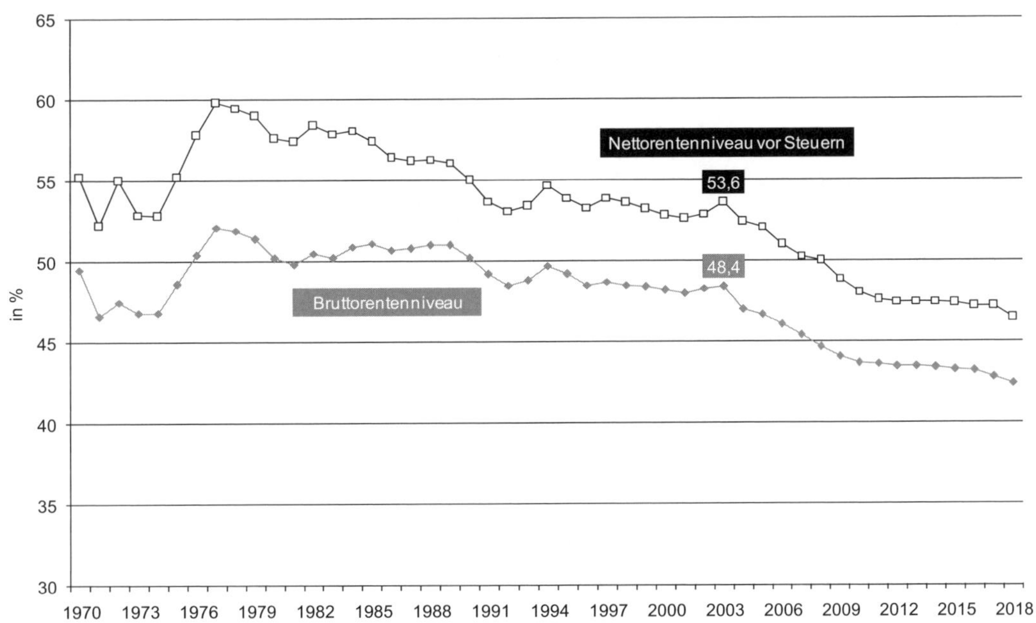

Ab 2003 Schätzwerte

Quelle: Nettorentenniveau vor Steuern: Rentenversicherungsbericht 2004; Bruttorentenniveau: VDR

6.8.2 Durchschnittliche Höhe und Verteilung der Renten

Die auf Modellannahmen basierenden Größen Standardrente und Rentenniveau geben Auskunft über die Einkommensverteilung zwischen den Generationen; Aussagen über die tatsächlich gezahlten Renten lassen sie nicht zu. Hier bietet es sich an, einen Blick auf die Durchschnittsrenten zu werfen (vgl. Tabelle VIII.6). Die Analyse der durchschnittlichen Rentenhöhe, aufgeschlüsselt nach Rentenart, Geschlecht sowie neuen und alten Bundesländern, lässt ein deutliches Gefälle erkennen u.a. zwischen

- Renten in den alten und in den neuen Bundesländern;
- Renten an Männer und Frauen;
- Altersrenten und Erwerbsminderungsrenten
- Regelaltersrenten und vorgezogenen Altersrenten.

Tabelle VIII.6:

Durchschnittliche Höhe der Renten nach Rentenart 2005

	Männer		Frauen	
Rentenart	alte Länder €	neue Länder €	alte Länder €	neue Länder €
Renten wegen verminderter Erwerbsfähigkeit	788	682	648	660
Altersrenten wegen/für:				
- Arbeitslosigkeit	1.150	1.005	667	710
- Frauen	-	-	659	717
- Schwerbehinderung bzw. Erwerbsminderung	1.137	957	723	753
- langjährig Versicherte	1.147	1.095	517	602
- Regelaltersrente	781	1.127	352	608
Versichertenrenten insg.	923	944	502	634
Renten wegen Todes darunter:				
- Witwen-/Witwerrenten	219	258	549	563

Rentenhöhe nach Abzug des KVdR/PVdR-Beitrags

Quelle: Deutsche Rentenversicherung, Rentenversicherung in Zahlen 2006, Berlin 2006.

Unterschiede zwischen den alten und neuen Bundesländern

Die Durchschnittsrenten der Männer in den neuen Bundesländern liegen leicht niedriger als in den alten Ländern. Dies ist im Wesentlichen Folge des niedrigeren aktuellen Rentenwerts in den neuen Ländern, der die noch bestehenden Unterschiede im Lohn- und Gehaltsniveau zwischen Ost und West widerspiegelt. Allerdings haben sich die unmittelbar nach der Einigung noch sehr starken Unterschiede im Zuge der häufigeren und höheren Rentenanpassungen im Osten (vgl. Tabelle VIII.5) weitgehend eingeebnet.

Die Durchschnittsrenten der Frauen in den neuen Bundesländern sind jedoch höher als die in den alten Bundesländern. So erreichten die durchschnittlichen Versichertenrenten für Frauen insgesamt im Westen im Jahr 2005 einen Wert von 502 €, im Osten hingegen von 634 €. Die hohe Frauenerwerbsbeteiligung und die entsprechend hohe Zahl an Versicherungszeiten in der vormaligen DDR und nachfolgend auch in den neuen Ländern bieten hier die Erklärung: Während Frauen in den alten Ländern im Durchschnitt 26,1 Versicherungsjahre aufweisen, sind es 37 Versicherungsjahre in den neuen Ländern. Dieser erwerbsbiografische Unterschied überkompensiert den niedrigen aktuellen Rentenwert in den neuen Ländern.

Unterschiede zwischen Männern und Frauen

Die Durchschnittsrenten von Frauen unterschreiten in West- wie in Ost-Deutschland die der Männer. Die geschlechtsspezifischen Berufsverläufe und Einkommenspositionen spiegeln sich hier wider. Sichtbar wird aber auch, dass die Abstände zwischen den Geschlechtern in den neuen Bundesländern merklich geringer ausfallen. Dies ist die Konsequenz der hohen, von den Männern kaum abweichenden Erwerbsbeteiligung der Frauen in der vormaligen DDR bzw. in den neuen Bundesländern.

Unterschiede bei den Rentenarten

Abweichungen zeigen sich auch bei den Rentenarten. Einen besonders niedrigen Durchschnittswert weisen die Renten wegen Erwerbsminderung aus. Rentner, die wegen schwerwiegender gesundheitlicher Beeinträchtigungen vorzeitig aus dem Erwerbsleben ausscheiden und eine Erwerbsminderungsrente beziehen, verfügen über eine geringere Zahl an anrechnungsfähigen Versicherungsjahren. Auch Zurechnungszeiten (vgl. Pkt. 6.5.2.1 dieses Kapitels) gleichen die dadurch entstehenden Sicherungslücken nicht aus. Darüber hinaus haben Bezieher von Erwerbsminderungsrenten während ihres aktiven Erwerbslebens überdurchschnittlich häufig gering verdient. Schlechter bezahlte Arbeitskräfte sind offensichtlich stärkeren Belastungen im Arbeitsleben ausgesetzt und tragen infolgedessen ein höheres Frühinvaliditätsrisiko.

Erklärungsbedürftig ist, warum die vorgezogenen Altersrenten im Schnitt höher sind als die Regelaltersrenten, die erst mit dem 65. Lebensjahr bezogen werden. Ursächlich für die Unterschiede sind im Wesentlichen die versicherungsrechtlichen Voraussetzungen: Die Inanspruchnahme von Regelaltersrenten geht überwiegend mit geringen Versicherungsjahren einher, während Altersrenten wegen Arbeitslosigkeit, wegen Schwerbehinderung oder für langjährig Versicherte nur bezogen werden können, wenn ausreichend viele Versicherungsjahre erreicht worden sind. Die Zahl der Versicherungsjahre korrespondiert zugleich positiv mit der Höhe der individuellen Verdienste bzw. Entgeltpunkte.

Rentenschichtung

Durchschnittsrenten spiegeln den Mittelwert aller Einzelrenten wider. Verdeckt wird dabei, dass sich hinter den Durchschnittsgrößen eine große Vielfalt höchst unterschiedlicher Rentenzahlbeträge verbirgt. Die Spanne zwischen niedrigen und hohen Renten wird eingeebnet. Demgegenüber bietet die Darstellung der Rentenschichtung einen Überblick über die Verteilung der Renten nach einzelnen Zahlbeträgen – differenziert nach Geschlecht (vgl. Abbildungen VIII.11 und VIII.12).

So gilt für die alten Bundesländer im Jahr 2005, dass

- 36,8 % der Rentnerinnen eine Rente unterhalb von 300 € erhalten; bei den Männern sind dies 11,7 %.
- mehr als die Hälfte (51,4 %) der Rentnerinnen eine Rente unterhalb 450 € beziehen. Bei den Männern sind dies 17,1 %.

Die in der Abbildung VIII.11 ersichtliche Konzentration der Frauenrenten auf niedrige Zahlbeträge (linksschiefe Verteilung), findet sich in den neuen Bundesländern nicht (vgl. Abbildung VIII.12). Dort ist die Verteilung stärker ausgeglichen, so beziehen

- nur 6,0 % der Rentnerinnen eine Rente unterhalb von 300 € und
- nur 14,6 % der Rentnerinnen eine Rente unterhalb von 450 €.

Abbildung VIII.11:

Verteilung der Versichertenrenten in den alten Bundesländern 2005

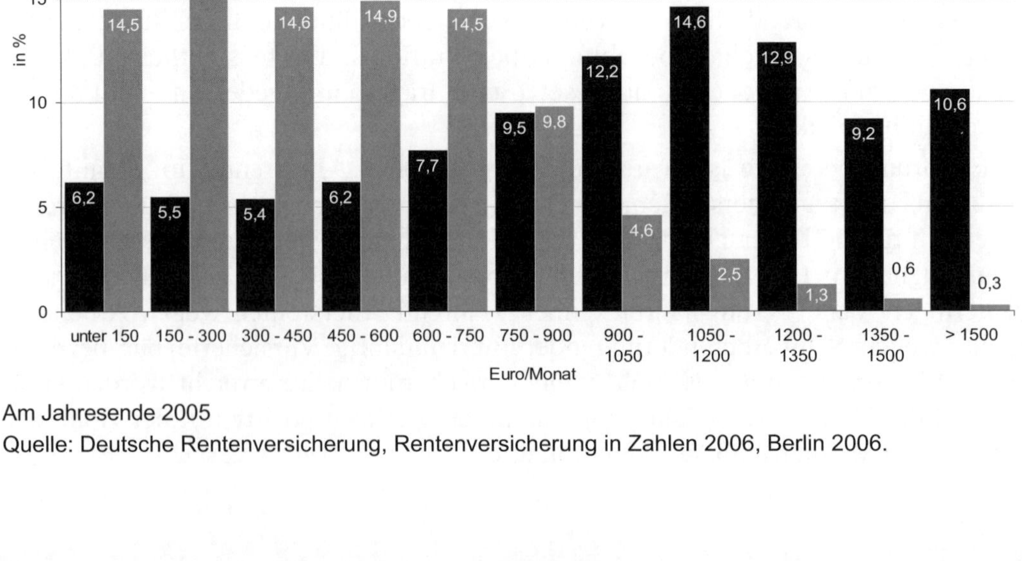

Am Jahresende 2005

Quelle: Deutsche Rentenversicherung, Rentenversicherung in Zahlen 2006, Berlin 2006.

Abbildung VIII.12:

Verteilung der Versichertenrenten in den neuen Bundesländern 2005

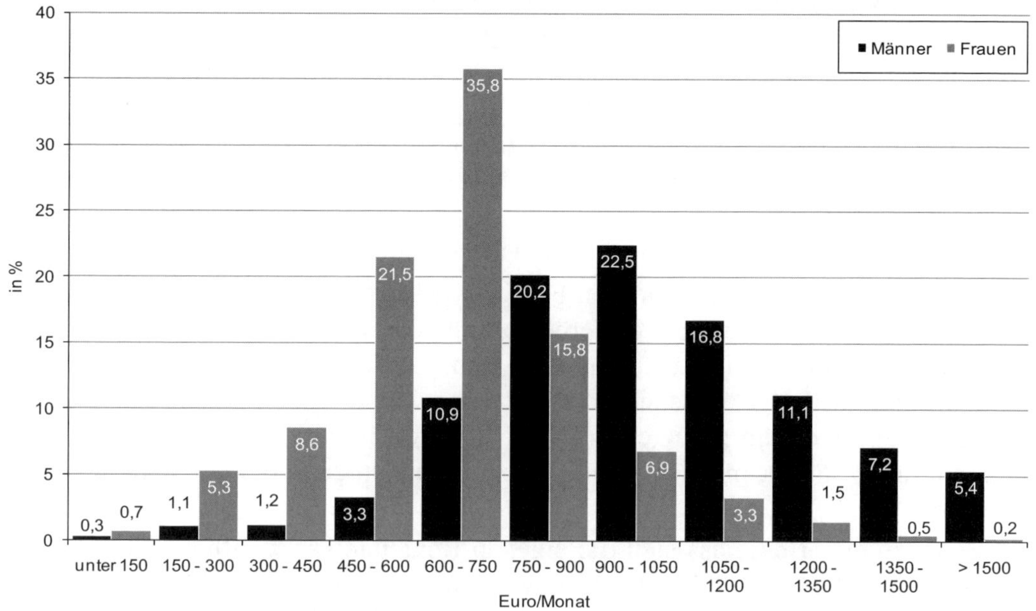

Am Jahresende 2005

Quelle: Deutsche Rentenversicherung, Rentenversicherung in Zahlen 2006, Berlin 2006.

In den alten wie in den neuen Bundesländern lässt sich erkennen, dass es wirklich hohe Renten – auch für Männer – nur in wenigen Fällen gibt. Eine Rente oberhalb von 1.500 € beziehen 10,6 % der Männer in den alten und 5,4 % der Männer in den neuen Bundesländern.

6.8.3 Niedrigrenten

Niedrige Renten ergeben sich – vermittelt über die Konstruktionsprinzipien der Rentenformel – aus lebensdurchschnittlich niedrigen Erwerbseinkommen und kurzen Versicherungsverläufen. Betroffen sind insbesondere die folgenden Gruppen, die sich zwar häufig überschneiden, im Folgenden aber aus analytischen Gründen getrennt behandelt werden.

Frauen (aus den alten Bundesländern)

Die Zahl der Frauen, die überhaupt keine eigenen Versichertenrenten beziehen, ist aufgrund ihrer stark gestiegenen Erwerbsbeteiligung einerseits und der rentenbegründenden Anrechnung von Kindererziehungs- und Pflegezeiten andererseits sehr gering geworden. Es bleibt aber – zumindest in den alten Bundesländern – das Problem ihrer gegenüber den Männern im Durchschnitt deutlich niedrigeren Renten. Dafür ist bei den Frauen die kumulative Wirkung von geringeren lebensdurchschnittlichen Verdiensten und kürzeren Versicherungsverläufen verantwortlich. So haben die weitaus meisten der alten Frauen im früheren Berufsleben nur niedrige Positionen erreicht – infolge einer schlechteren Schul- und Berufsausbildung, reduzierter Aufstiegschancen und offener wie versteckter Diskriminierungen.

Die kürzeren Versicherungsverläufe lassen sich in erster Linie auf die Unterbrechung oder gar Aufgabe der Erwerbstätigkeit aufgrund familiärer Verpflichtungen (insbesondere Kindererziehung und Pflege von Angehörigen) zurückführen. Aber auch die Übernahme versicherungsfreier geringfügiger Tätigkeiten führt zu Lücken in der Versicherungsbiografie. Differenzierte Auswertungen der Daten zeigen, dass die Rentenhöhe mit der Zahl der Kinder sinkt, dies vor allem in den alten Bundesländern und hier wiederum insbesondere bei den Ehefrauen.

Die niedrige Entgeltposition von Frauen wird bestimmt durch deren schlechtere Bezahlung bzw. durch die Minderbewertung von typischen Frauenberufen und -branchen sowie durch die Ausübung von Teilzeitarbeit. Teilzeitarbeit hat nach der Rentenformel zur Folge, dass sich die Rentenanwartschaften parallel zur reduzierten Arbeitszeit und zum reduzierten Bruttolohn verringern. Je länger Teilzeitarbeit andauert, umso stärker machen sich die Lohneinbußen auch bei der späteren Rente bemerkbar.

Es ist zu erwarten, dass sich die eigenen Rentenanwartschaften von Frauen in der Zukunft verbessern und in den Rentenbezug nachrückende Jahrgänge insofern jeweils höhere Renten erhalten. Denn die Erwerbsbeteiligung von Frauen steigt und familienbedingte Erwerbsunterbrechungen werden kürzer und seltener. Die sog. „Nur-Familienhausfrau“ ist zu einer seltenen Ausnahme geworden. Infolgedessen werden nachfolgende Frauengenerationen im Durchschnitt längere Versicherungsverläufe aufweisen, auch begünstigt durch die additive Anrechnung von Kindererziehungs- und Pflegezeiten. Des Weiteren rücken sie verstärkt in besser dotierte Tätigkeiten auf, was aber insbesondere für die wachsende Zahl kinderloser Frauen gilt. Eine Anpassung an die Männerrenten ist gleichwohl nicht in Sicht. Für berufstätige Mütter ändert sich an der traditionellen geschlechtsspezifischen Arbeitsteilung nur wenig. Die sich ausdehnende Beschäftigung von Frauen in Teilzeit und die fortbestehenden Schwierigkeiten, trotz der Erziehung von Kindern qualifizierte berufliche Positionen einzunehmen, sind Indizien dafür.

Selbstständige

Bei den (ehemals) Selbstständigen werden niedrige Renten vor allem durch die im Durchschnitt kürzeren Versicherungsverläufe verursacht. Zwei Gruppen sind zu unterscheiden: einmal diejenigen, die aus einer selbstständigen Tätigkeit heraus in eine abhängige Beschäftigung gewechselt sind, sowie jene, die aus einer zunächst abhängigen Beschäftigung heraus später selbstständig geworden sind. Beide Gruppen müssen aber nicht zwangsläufig auch ökonomisch unterversorgt sein. Dieses Risiko wird dann vermieden, wenn die Betroffenen auf weitere Einkommensquellen insbesondere aus ergänzender privater Vorsorge zurückgreifen können. In diesem Fall sind die Renten nicht die Haupteinkommensquelle, sondern ihrerseits nur eine Ergänzung anderer Haupteinkommen. Selbstständige jedoch, die über solche anderen Alterseinkommen nicht verfügen, da sie zur freiwilligen Altersvorsorge nicht bereit oder fähig waren, geraten im Alter in eine prekäre Situation.

Migranten

Niedrige Rentenanwartschaften und Renten charakterisieren auch die Situation vieler Migranten. Dies trifft verstärkt auf die jeweils erste Generation der Zuwanderer zu, die in Deutschland und auf dem deutschen Arbeitsmarkt erst Fuß fassen muss. Geringere Verdienste und kürzere Versicherungsverläufe kumulieren auch hier. Hinzu kommt das Problem einer teilweise nur begrenzten rentenrechtlichen Anerkennung von Erwerbsphasen in den Herkunftsländern. Besondere Probleme beim Zugang zum Arbeitsmarkt und zu den Institutionen der sozialen Sicherung ergeben sich für Asylbewerber und Bürgerkriegsflüchtlinge.

Demgegenüber gibt es für die Aussiedler, soweit sie als Deutschstämmige aus Osteuropa und den Nachfolgestaaten der Sowjetunion nach Deutschland gekommen sind, keine Benachteiligungen bei der Anerkennung von Zeiten im Herkunftsland. Sie werden nach dem Fremdrentenrecht im Prinzip so behandelt, als hätten sie ihr Erwerbsleben bis zur Übersiedlung bereits in Deutschland verbracht. Wegen der in aller Regel langen und ununterbrochenen Berufskarrieren erreichen solche Rentner eine Rentenhöhe, die etwa dem Durchschnitt der einheimischen Bevölkerung entspricht.

Langzeitarbeitslose

Absehbar ist, dass die wachsende Gruppe der Langzeitarbeitslosen mit nur niedrigen Renten rechnen kann. Mehrere Faktoren wirken hier zusammen und verstärken sich wechselseitig:

- Vom Risiko, längerfristig oder gar dauerhaft vom Arbeitsmarkt ausgeschlossen zu werden, sind vor allem die eher schlecht verdienenden ArbeitnehmerInnen ohne schulische und/oder berufliche Ausbildung betroffen. Wenn eine Rückkehr in den Arbeitsmarkt gelingt, dann häufig nur im Niedriglohnsektor und auf der Basis prekärer Beschäftigungsverhältnisse.
- Die Rentenbeiträge bei Arbeitslosigkeit sind in den zurückliegenden Jahren immer wieder abgesenkt worden. Für die Empfänger von Arbeitslosengeld II wird nur noch ein Beitrag von 40 €/Monat gezahlt. Daraus errechnet sich für ein volles Jahr des Leistungsbezugs eine monatliche Rente von gerade einmal 2 €.
- Älteren Langzeitarbeitslosen bleibt mit Vollendung des 60. Lebensjahres kaum eine andere Wahl, als die vorgezogene Altersrente nach Arbeitslosigkeit beantragen. Eine Vermittlung in eine neue Beschäftigung wird schon ab 55 Jahren nur noch in Ausnahmefällen gelingen. Bei einem um fünf Jahre vorgezogenen Rentenbeginn reduziert sich die ohnehin niedrige Rente dann noch einmal um 18 %.

6.8.4 Niedrigrenten und Grundsicherungsniveau

Niedrige Renten sind ein Armuts*risiko*, aber nicht gleichbedeutend mit Armut. Denn der Bezug einer niedrigen Rente besagt noch nicht, dass der Lebensunterhalt ausschließlich mit diesem Einkommen bestritten werden muss. Maßgebend ist die finanzielle *Gesamt*situation der betroffenen Person. So ist es wahrscheinlich, dass die „kleine" Versichertenrente einer älteren Witwe durch eine Hinterbliebenenrente aufgestockt wird. Selbstständige dagegen, die nur über niedrige Renten aus der GRV verfügen, sichern ihr Alterseinkommen womöglich hauptsächlich über Vermögenseinkünfte oder private Renten ab. Vor allem aber ist zu berücksichtigen, dass die Einkommenslage stets im Kontext des Haushalts zu bewerten ist. Bei älteren Menschen ist hier in erster Linie an die verbreitete Konstellation der (Ehe)Paar-Haushalte zu denken: Die Einkommen beider Partner fließen in den gemeinsamen Haushalt ein, die niedrige Rente der Frau und die üblicherweise höhere Rente des Mannes bilden zusammen das verfügbare Gesamteinkommen, das in der Regel die Schwelle der im Fall von Bedürftigkeit gezahlten Grundsicherung im Alter übersteigt (vgl. Pkt.9.1 in diesem Kapitel).

Gleichwohl bleibt die Frage, ob und unter welchen Voraussetzungen die individuellen Renten den Bedarfssatz der Grundsicherung/Sozialhilfe erreichen oder unterschreiten, ein zentrales Merkmal zur Bewertung der Leistungsfähigkeit der Rentenversicherung. Wenn nämlich die auf verpflichtenden *Beitragszahlungen* beruhende Rente noch nicht einmal das Niveau der *vorleistungsunabhängigen* Grundsicherung erreicht, gefährdet dies die Legitimation und Akzeptanz des Systems. Bei einer nur kurzen Versicherungsbiografie kann es nicht verwundern, wenn die Renten nur niedrig ausfallen und zum Leben nicht reichen. Warum aber langjährig Beiträge zahlen, wenn im Alter auch ohne vorherige Beitragsleistungen Anspruch auf eine Grundsicherung im Alter besteht, die so hoch ist wie die Rente oder diese gar übersteigt?

Entscheidend ist also, nach wie viel Jahren der Beitragszahlung die Renten die Grundsicherungsschwelle überschreiten. Das hängt von der Entgeltposition der Versicherten und vom Rentenniveau ab. Je niedriger die Entgeltposition desto länger muss bei einem gegebenen Rentenniveau die Beitragszahlung sein. Um mit der *Netto*-Rente (also nach Abzug der Sozialversicherungsbeiträge) das Grundsicherungsniveau (einschließlich Warmmiete) zu erreichen, das im Jahr 2006/alte Länder bei einem Einpersonenhaushalt bei 676 € liegt (vgl. Kap. Einkommen", Pkt. 7.1.2), sind

- bei einem Durchschnittsverdienst (je Jahr ein Entgeltpunkt) 28,6 Versicherungsjahre erforderlich,
- bei einer Entgeltposition von 75 % schon 38,2 Jahre und
- bei einer Entgeltposition von nur 60 % schließlich 47,7 Jahre.

Jede Absenkung des Rentenniveaus bedeutet, dass für das Erreichen des Schwellenwerts noch mehr Versicherungsjahre vorliegen müssen. Gemessen an der heutigen Verteilung der Versicherungsjahre werden dann viele Männer und sehr viele Frauen auf Renten unterhalb des Grundsicherungsniveaus verwiesen. Dieses Risiko tritt noch schneller ein, wenn wegen der Unmöglichkeit, bis zur Regelaltersgrenze im Arbeitsleben zu verbleiben, die Renten durch Rentenabschläge bei vorgezogenem Rentenbeginn gekürzt werden.

Ein schnelles Unterschreiten der Grundsicherungsschwelle gefährdet nicht nur die Akzeptanz der GRV. Zugleich sinkt auch die Bereitschaft, privat oder betrieblich vorzusorgen. Solange auch mit einer zusätzlichen Alterssicherung das Grundsicherungsniveau nicht erreicht wird, ändert sich an der Einkommenslage nichts; allein der Aufstockungsbetrag verringert sich, das Sozialamt wird entlastet.

6.9 Hinterbliebenenrenten und Versorgungsausgleich

In der GRV ist – wie in den anderen Sicherungssystemen auch – die Hinterbliebenensicherung als abgeleitete Sicherung konzipiert. Grundmuster ist die sog. Hausfrauenehe: Der Mann versorgt über sein Einkommen die Familie, die Frau ist für Kindererziehung und Hausarbeit zuständig. Im Hinterbliebenenfall erhält die Witwe dann einen abgeleiteten Anteil von der Rente des Ehepartners bzw. von seinen Rentenanwartschaften. Die Witwenrente ist somit ein Ersatz für den vorherigen Unterhaltsanspruch, den die Frau gegenüber dem verstorbenen Mann hatte (Unterhaltsersatzfunktion). Die Hinterbliebenensicherung knüpft an das Versorgungsprinzip an, vermittelt ausschließlich über den Status der Ehe.

Die heutige Hinterbliebenensicherung umfasst Renten an Witwen, Witwer und Waisen. Letztere werden hier nicht dargestellt. Die Witwen/Witwersicherung beruht seit 1986 auf dem sog. Anrechnungsmodell, das 2002 noch einmal verschärft worden ist, und hat eine Zwitterstellung zwischen Versicherungs- und Fürsorgeleistung.

Klammert man an dieser Stelle die Übergangs- und Vertrauensschutzregelungen, die sich auf den alten Rechtsstand beziehen, aus, dann gelten folgende Regelungen: Witwen und Witwer haben gleichermaßen einen unbedingten, nur vom Versicherungsfall des Todes abhängigen Rentenanspruch in Höhe von 55 % der Rente wegen voller Erwerbsminderung des/der Verstorbenen. Die Rente wird gewährt, wenn eine Wartezeit von 60 Monaten vorliegt oder die Verstorbenen schon Rentner waren, die Ehe mindestens ein Jahr angedauert hat und wenn die Hinterbliebenen über 45 Jahre alt sind oder wenn sie erwerbsgemindert sind oder mindestens ein Kind aufziehen. Hinterbliebene, die Kinder erziehen bzw. erzogen haben, erhalten einen Zuschlag zur Rente (zwei Entgeltpunkte je Kind).

Davon zu unterscheiden ist die „kleine" Witwenrente, die bereits vor dem 45. Lebensjahr bezogen werden kann, aber nur für 24 Monate gezahlt wird und auch nur 25 % der Erwerbsminderungsrente des/der Verstorbenen ausmacht.

Im Unterschied zur Versichertenrente wird die Hinterbliebenenrente nur dann in voller Höhe ausgezahlt, wenn die übrigen anrechenbaren Einkünfte unter einem bestimmten Freibetrag liegen. Angerechnet – d.h. die Hinterbliebenenrente wird entsprechend gekürzt – werden 40 % der Einkünfte. Der Freibetrag beträgt das 26,4 fache des aktuellen Rentenwerts, zuzüglich eines Betrags in Höhe des 5,6 fachen des aktuellen Rentenwerts für jedes waisengeldberechtigte Kind. Im zweiten Halbjahr 2006/ersten Halbjahr 2007 betrugen die entsprechenden monatlichen Freibeträge 689,83 € in den alten sowie 609,41 € in den neuen Bundesländern. Die Koppelung des Freibetrags an den aktuellen Rentenwert hat dabei dessen Dynamisierung zur Folge.

Übersicht VIII.6:

Beispiel für die Berechnung einer Hinterbliebenenrente (2006, 2. Halbjahr, alte Länder):	
Eigene Rente der/s Hinterbliebenen	900 €
weitere Einkommen: Betriebsrente	70 €
Rentenanspruch der/s Verstorbenen	1.800 €
Hinterbliebenenrente ohne Kinder vor Anrechnung (55 % von 1.800 €)	990 €
Freibetrag	689,83 €
Die eigene Rente und die Betriebsrente übersteigen den Freibetrag um	350,17 €
davon werden 40 % angerechnet	140,07 €
Von der Witwen-/Witwerrente verbleiben	849,93 €
Neue Gesamtversorgung der/s Hinterbliebenen	
Eigene Rente und Betriebsrente	970 €
+ neue Hinterbliebenenrente	849,93 €
= Summe	1.819,93 €
Das entspricht 65,7 % der von den Ehepartnern gemeinsam erhaltenen Renten.	

Im Prinzip werden alle Einkommensarten angerechnet: Arbeitsentgelte, Lohnersatzleistungen, Gewinne und Vermögenseinkünfte sowie die Renten aus allen Alterssicherungssystemen.

Je nach Höhe des eigenen Einkommens und der Hinterbliebenenrente vor Anrechnung sowie nach Relation der beiden Größen zueinander ergeben sich unterschiedliche Wirkungen der Anrechnung und des Gesamtversorgungsgrades. Allgemein gilt: Die volle Hinterbliebenenrente erhalten all diejenigen, deren eigenes Einkommen den Freibetrag nicht überschreitet. Oberhalb dieser Grenze sinkt der tatsächliche Hinterbliebenenrentenanspruch um so eher auf Null, je niedriger der Anspruch vor Anrechnung und je höher das eigene Einkommen ist. Wegen der durchschnittlich geringeren Versichertenrenten von Frauen, die sehr häufig unterhalb oder nur knapp oberhalb der Freibeträge liegen, betrifft die Anrechnung überwiegend die Witwer.

Aufgrund ihres abgeleiteten Charakters sind Witwenrenten Spiegelbild der Verteilungsverhältnisse der originären Männerrenten, allerdings auf einem deutlich abgesenkten Niveau. Je nach Höhe der Rente des Verstorbenen stellt sich heute das Niveau der Witwensicherung in der GRV höchst unterschiedlich dar. Frauen, die auf die Ehe als Versorgungsinstanz gesetzt und „gut" geheiratet haben, verfügen über die höchsten Ansprüche. Im Durchschnitt lag 2006 die Witwenrente in den alten Bundesländern bei 549 € bzw. in den neuen Bundesländern bei 563 € (vgl. Tabelle VIII.6). Damit übersteigen die aus dem Eheverhältnis abgeleiteten Renten die aus Erwerbstätigkeit erworbenen eigenständigen Renten von Frauen. Zwar ist absehbar, dass die eigenständigen Renten von Frauen in den nächsten Jahren an Gewicht gewinnen und die Witwenrenten an Gewicht verlieren werden. Aufgrund der steigenden Frauenerwerbstätigkeit erhöhen sich bei den nachrückenden Jahrgängen die Rentenanwartschaften, zugleich wird die Einkommensanrechnung bei der Witwenrente stärker greifen. Aber dennoch wird die Witwenrente noch für viele Jahre ein ganz wesentliches Element der Einkommenssicherung älterer Frauen bleiben.

Alternativ zur Witwen-/Witwerrente neuen Rechts können Ehegatten gemeinsam bestimmen, dass die in der Ehezeit gemeinsam erworbenen Rentenansprüche zwischen ihnen aufgeteilt werden. Mit dieser verbindlichen Entscheidung für das *Rentensplitting* wird eine spätere Witwen- oder Witwerrente ausgeschlossen. Vorteile gibt es meist für Frauen, deren durch Rentensplitting erworbenen Rentenansprüche im Gegensatz zur Hinterbliebenenrente nicht der Einkommensanrechnung unterliegen. Auch bei einer möglichen Scheidung und späteren Wiederheirat mit einem anderen Partner entfallen diese erworbenen Rentenansprüche nicht. Das Rentensplitting ist zulässig, wenn die Ehe nach dem 31.12.2001 geschlossen worden ist oder die Ehe am 31.12.2001 bestand und beide Ehegatten nach dem 1.1.1962 geboren sind. Anspruch auf Durchführung des Rentensplittings besteht, wenn beide Ehegatten Anspruch auf eine Rente wegen Alters haben oder ein Ehegatte zuvor verstirbt. Zusätzliches Erfordernis ist, dass am Ende der Splittingzeit bei beiden Ehegatten bzw. beim überlebenden Ehegatten 25 Jahre an rentenrechtlichen Zeiten vorhanden sind.

Ähnlich geregelt wie das Splitting ist der *Versorgungsausgleich* bei Scheidung. Hier wird – entsprechend dem Leitbild einer gleichberechtigten Partnerschaft in der Ehe und dem Grundgedanken des Zugewinnausgleichs – eine gleichmäßige Aufteilung der in der Ehezeit erworbenen Versorgungsanrechte auf beide Ehegatten vorgenommen. Dies erfolgt in der Weise, dass die Werte der in der Ehezeit jeweils von den Eheleuten erworbenen Versorgungsanwartschaften einander gegenübergestellt werden und der Ehegatte mit den höheren Anwartschaften die Hälfte des Unterschiedbetrages an den geschiedenen Ehegatten abgeben muss. Der geschiedene Ehepartner erhält damit einen eigenständigen Versorgungsanspruch. Diese Regelung gilt grundsätzlich für alle Renten und Pensionen der GRV, der Beamtenversorgung oder anderer öffentlich-rechtlicher Versorgungsträger. Für Leistungen aus der betrieblichen Altersversorgung und anderer privater Sicherungsformen gelten Sonderregelungen.

6.10 Finanzierung

Die Gesetzliche Rentenversicherung finanziert ihre Ausgaben durch Beitragseinnahmen und den Bundeszuschuss. Das Finanzierungsverfahren beruht auf dem Umlageprinzip: Die Einnahmen in jedem Jahr werden vollständig für die Ausgaben desselben Jahres verwendet.

Ausgaben

Die Ausgaben der GRV beliefen sich 2005 auf einen Wert von 235,6 Mrd. €. Im Sozialleistungssystem stellt damit die GRV den größten Leistungsträger dar. 32,6 % aller Sozialausgaben wurden 2005 durch die Rentenversicherung finanziert. Im Verhältnis zum Sozialprodukt macht das einen Anteil von 10,7 % aus (vgl. Bd. I, Kap. „Ökonomische Grundlagen und Finanzierung“, Pkt. 2.2).

Die Renten stellen mit nahezu 90 % aller Ausgaben den mit Abstand größten Ausgabeposten der GRV dar (Tabelle VIII.7). Dabei dominieren die Ausgaben für Altersrenten (67,1 %); aber beachtlich ist auch, dass allein für die Finanzierung der Hinterbliebenenrenten 16,3 % der gesamten Ausgaben aufgewendet werden müssen. Die Verwaltungs- und Verfahrenskosten haben bei der GRV eine nur geringe Bedeutung (1,6 %); im Unterschied zur privaten Lebens- und Rentenversicherung arbeitet die GRV durchaus kostengünstig.

Tabelle VIII.7:

Ausgaben der Gesetzlichen Rentenversicherung 2001, 2003 und 2005

Ausgaben	2001		2003		2005	
	Mrd. €	in %	Mrd. €	in %	Mrd. €	in %
Ausgaben gesamt	220,3	100	233,9	100	235,6	100
Rentenausgaben	195,8	88,9	207,7	88,8	211,9	89,9
darunter:						
Erwerbsminderungsrenten	17,2	7,8	16,6	7,1	15,3	6,5
Altersrenten	141,5	64,2	152,7	65,3	158,3	67,1
Hinterbliebenenrenten	37,1	16,8	38,4	16,4	38,3	16,3
Beiträge zur KVdR	13,2	6,0	14,5	6,2	14,3	6,1
Beiträge zur PVdR	1,6	0,7	1,7	0,7	-	-
Leistungen zur Teilhabe	4,6	2,1	4,9	2,1	4,6	1,9
Kindererziehungsleistungen	1,0	0,5	0,8	0,3	0,6	0,3
Verwaltungs- u. Verfahrenskosten	3,6	1,6	3,8	1,6	3,8	1,6
Sonstige Ausgaben	0,4	0,2	0,3	0,1	0,4	0,1

Quelle: Deutsche Rentenversicherung, Rentenversicherung in Zeitreihen 2006, Berlin 2006.

Beitragseinnahmen

Bei den Einnahmen kommt entsprechend dem Versicherungsprinzip das Schwergewicht den Beiträgen zu. Mit rund 169 Mrd. €, das entspricht 73 %, stellten die Beitragseinnahmen 2005 den weit überwiegenden Anteil an den Gesamteinnahmen der GRV (vgl. Tabelle VIII.8).

Der Beitragssatz beträgt seit 1999 19,5 % und ist zum 01.01.2007 auf 19,9 % angehoben worden. Als Bemessungsgrundlage für die Beitragserhebung dient das versicherungspflichtige Bruttoarbeitseinkommen. Arbeitgeber und Arbeitnehmer zahlen die Beiträge je zur Hälfte von 9,95 %. Beschäftigte in den geringfügigen Beschäftigungsverhältnissen zahlen keine Beiträge, können aber auf Antrag für einen Beitrag von 7,5 % die volle Absicherung in der Rentenversicherung erhalten. Der Arbeitgeber muss für die geringfügig Beschäftigten einen pauschalen Beitragssatz von 15 % an die GRV zahlen.

Freiwillig Versicherte tragen ihren Gesamtbeitrag allein. Der freiwillige Mindestbeitrag lag im 1. Halbjahr 2006 bundesweit bei monatlich 78 €.

Tabelle VIII.8:

Einnahmen der Gesetzlichen Rentenversicherung 2001, 2003 und 2005

Einnahmen	2001		2003		2005	
	Mrd. €	in %	Mrd. €	in %	Mrd. €	in %
Einnahmen gesamt	220,3	100	231,9	100	231,7	100
Beitragseinnahmen	164,7	76,1	169,4	73,0	169,0	72,9
darunter:						
Pflichtbeiträge für Leistungsempfänger der BA	8,4	5,1	10,1	5,9	10,7	6,3
Pflichtbeiträge für Leistungsempfänger der Kranken- und Unfallversicherung	1,7	1,0	1,6	0,9	1,4	0,8
Pflichtbeiträge für Pflegepersonen	1,1	0,6	1,0	0,5	0,9	0,5
Pflichtbeiträge für Kindererziehungszeiten	11,5	6,9	11,9	7,0	11,7	6,9
Bundeszuschüsse	41,2	19,0	43,9	18,9	44,3	19,1
Zusätzliche Bundeszuschüsse	12,2	4,2	17,3	7,5	17,3	7,5
Erstattungen	0,8	0,3	0,9	0,4	0,8	0,3
Vermögenserträge	0,7	0,2	0,3	0,1	0,1	0,0
Sonstige Einnahmen	0,8	0,1	0,2	0,1	0,2	0,1

Beitragssätze: 2001: 19,1 %; 2003: 19,5 %; 2005: 19,5 %.

Quelle: Deutsche Rentenversicherung, Rentenversicherung in Zahlen 2006, Berlin 2006 und Angaben des Deutschen Rentenversicherung Bund.

Das Einkommen der Versicherten ist nicht unbegrenzt, sondern nur bis zu einer Obergrenze beitragspflichtig, der Beitragsbemessungsgrenze. Sie liegt Anfang 2007 bei 5.250 € (alte Länder) bzw. bei 4.550 (neue Länder). Darüber liegende Einkommensbestandteile bleiben somit beitragsfrei, so dass bei höheren Einkommen die Gesamtbelastung des Einkommens durch die Beiträge relativ geringer ist als bei niedrigen Einkommen (degressive statt proportionale Belastung). Für Anfang 2007 folgte daraus ein höchstmöglicher Monatsbeitrag von 1.044,75 € in den alten und 905,45 € in den neuen Ländern.

Mit ihren Bruttoverdiensten oberhalb der Beitragsbemessungsgrenze lagen in den alten Ländern 2006 knapp 12 % aller männlichen und knapp 2 % aller weiblichen Versicherten. Da bei der Berechnung der individuellen Rente jedoch nur die Einkommensbestandteile berücksichtigt werden, die unterhalb der Beitragsbemessungsgrenze liegen, bedeutet dies später auch eine entsprechende Begrenzung der Renten nach oben. Somit hebt sich in einer längerfristigen Betrachtung dieser Vorteil für die Besserverdienenden wieder auf.

Beitragspflichtig sind auch die Lohnersatzleistungen, wie z.B. Arbeitslosengeld I, Krankengeld oder Verletztengeld. Hier beträgt die Bemessungsgrundlage 80 % des jeweils dieser Lohnersatzleistung zugrunde liegenden Arbeitsentgelts. Für Langzeitarbeitslose, die Arbeitslosengeld II beziehen, wird ein pauschaler Beitrag von 40 €/Monat gezahlt. Die Beiträge werden dabei jeweils vom zuständigen Sozialversicherungsträger abgeführt. Für nicht erwerbsmäßig Pflegende nach SGB XI werden sie von den Pflegekassen, für Wehr- und Zivildienstleistende sowie für Kindererziehungszeiten jeweils vom Bund übernommen.

Die Beitragssätze sind in der Vergangenheit stetig gestiegen. Sie lagen 1950 noch bei 10 % und stiegen über 14 % (1957) und 18 % (1980) bis auf 18,7 % (1990). Zwischen 1997 und März 1999 wurde mit 20,3 % der bisherige Höchststand erreicht, bevor die Beitragssätze zum April 1999 auf 19,5 % abgesenkt wurden. Ab 2007 ist der Beitragssatz wieder auf 19,9 % erhöht worden (vgl. auch Tabelle II.8 in Bd. I, Kap. „Ökonomische Grundlagen und Finanzierung“, Pkt. 3.4).

Bundeszuschuss

Neben den Beiträgen finanziert sich die GRV durch Zuschüsse aus dem Bundeshaushalt, die aus dem allgemeinen Steueraufkommen getragen werden. Damit sollen die allgemeinen gesellschaftspolitischen Aufgaben der Rentenversicherung abgedeckt und der Verantwortung des Bundes für die Stabilität dieses wichtigsten Sozialversicherungszweiges Rechnung getragen werden. Zu den gesellschaftspolitischen Aufgaben der GRV zählen u.a. die Abdeckung eines Teils der Folgekosten der deutschen Einheit, bestimmte Kriegsfolgelasten, Renten an Spätaussiedler sowie die lange Zeit mögliche kostenneutrale Inanspruchnahme vorgezogener Altersgrenzen.

Darüber hinaus ist der Bund verpflichtet, bei kurzfristigen Liquiditätsproblemen, d.h. dann, wenn die Rücklage nicht ausreicht, mit einem unverzinslichen Darlehen einzuspringen.

Der Anteil des Bundeszuschusses an den Gesamtausgaben der GRV hat ein wechselvollen Verlauf (vgl. Abbildung VIII.13): Ausgehend von einem Ausgangsniveau von 31,8 % im Jahre 1957 wurde 1990 mit einem Anteil von 16,9 % ein Tiefstand erreicht. Dieser Rückgang war Folge der Koppelung der Anpassung des Bundeszuschusses allein an die allgemeine Lohn- und Gehaltsentwicklung: Weil aber die Rentenausgaben in der Vergangenheit aufgrund von mehr Anspruchsberechtigten, der gestiegenen Lebenserwartung und von Leistungsverbesserungen stets stärker als die Arbeitsentgelte stiegen, sank auch der Anteil des Bundeszuschusses entsprechend.

Abbildung VIII.13:

Anteil des Bundeszuschusses an den Ausgaben der Gesetzlichen Rentenversicherung 1957 - 2005

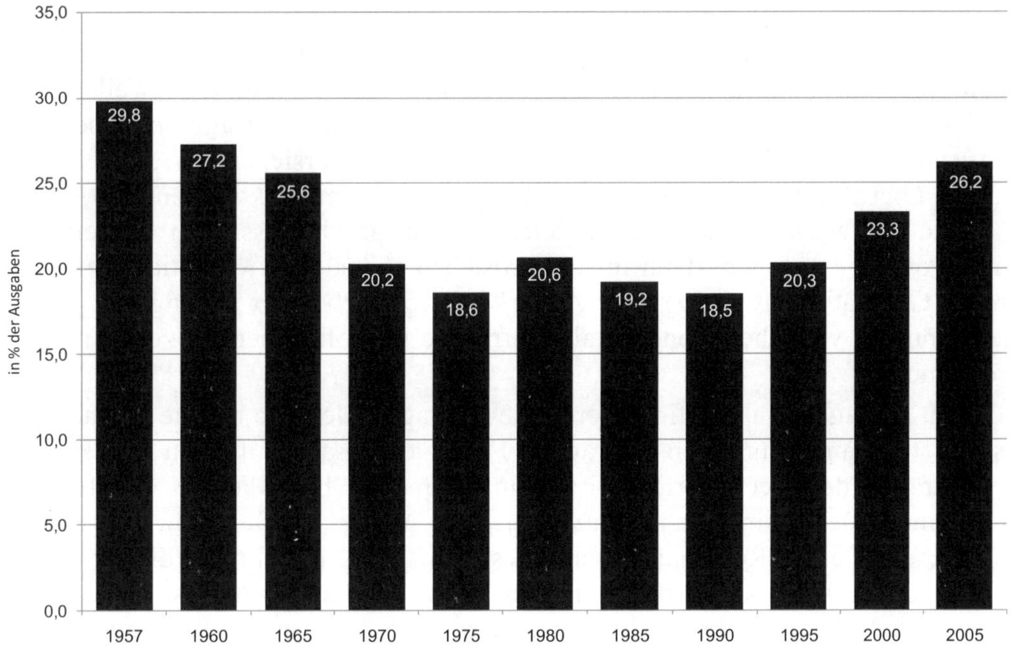

In % aller Ausgaben; ohne die aus Bundesmitteln finanzierten Beiträge für Kindererziehungszeiten
Quelle: Deutsche Rentenversicherung, Rentenversicherung in Zeitreihen, Berlin 2006.

Mit dem Rentenreformgesetz von 1992 erfolgte eine Neuordnung des Bundeszuschusses: Er wurde aufgestockt und folgt seither nicht mehr nur der Entwicklung der Arbeitsentgelte, sondern zusätzlich auch der Veränderung des Beitragssatzes. Neben diesem Regelbundeszuschuss gibt es seit 1998 einen (durch die Anhebung der Mehrwertsteuer finanzierten) zusätzlichen Bundeszuschuss, der jeweils entsprechend des Anstiegs der Mehrwertsteuereinnahmen dynamisiert wird. Eine weitere Entlastung der Beitragszahler erfolgte Anfang 1999 durch die Übernahme bestimmter Ausgaben der Rentenversicherung in den neuen Bundesländern durch den Bund sowie durch direkte Beitragszahlungen des Bundes für Zeiten der Kindererziehung. Die Gegenfinanzierung erfolgte durch die Öko-Steuer (vgl. Bd. I., Kap. „Ökonomische Grundlagen und Finanzierung", Pkt. 7.2).

Im Ergebnis ist der Anteil des Bundeszuschusses an den Ausgaben der GRV seit Anfang der 1990er Jahre kontinuierlich gestiegen und hat 2005 (ohne die Beiträge für Kindererziehungszeiten) einen Wert von 26,62 % erreicht (vgl. Abbildung VIII.13). Die Summe von 61,4 Mrd. € (vgl. Tabelle VIII.8, dort als Prozent aller Einnahmen ausgewiesen) schlägt sich im Bundeshaushalt nieder; rund 29,8 % der Gesamtausgaben des Bundeshaushaltes wurden 2005 für Leistungen an die Rentenversicherung verwendet (vgl. Bd. I, „Ökonomische Grundlagen und Finanzierung", Tabelle II.9).

Finanzierung im Umlageverfahren

Was die Gesetzliche Rentenversicherung im Laufe einer Periode an Renten auszahlt, muss in derselben Periode auch wieder an Einnahmen hereinkommen, um den Haushalt auszugleichen. Durch dieses Umlageverfahren trägt die jeweils aktive erwerbstätige Generation die Finanzierung der Einkommen der älteren Generation (intergenerationelle Einkommensumschichtung). Die versicherten Arbeitnehmer bezahlen über ihre Beiträge, d.h. über Abzüge von ihrem Einkommen, die Renten von heute und erwerben dadurch zugleich den Anspruch, dass auch ihre eigenen Renten von der künftigen, dann im Erwerbsleben stehenden Generation finanziert werden (Generationenvertrag). Der Anspruch ist jedoch nicht im engeren juristischen Sinne zu verstehen, sondern als Norm, die im politischen Prozess eingelöst werden muss.

Beim Umlageverfahren finanzieren die Beitragszahler also nie die eigene Rente, sie leisten immer nur einen Beitrag zur Finanzierung der laufenden Renten. Aus den Beiträgen der Versicherten wird kein Vermögen bzw. kein Kapitalbestand angesammelt. Der Beitragszahler erwirbt jedoch Anwartschaften, d.h. eine staatliche Zusage auf einen Rentenanspruch. Dieser Anspruch besteht allerdings nicht in einem absoluten Wert, sondern in Entgeltpunkten (vgl. Pkt. 6.5 dieses Kapitels). Im Umlagesystem gibt es keine Rechte hinsichtlich einer bestimmten Rentenhöhe oder eines bestimmen Rentenniveaus, sondern immer nur Ansprüche auf eine relative Beteiligung an der wirtschaftlichen Leistungsfähigkeit der jeweiligen Erwerbsgeneration. Insofern vertraut das Umlageverfahren prinzipiell auf die langfristige Stabilität und Ergiebigkeit der Lohn- bzw. Erwerbseinkommen und der Bereitschaft der jeweiligen Erwerbsgeneration, Beiträge in der erforderlichen Höhe zu leisten.

Kapitalrücklagen, wie sie beim Kapitaldeckungsverfahren erforderlich sind, existieren beim Umlageverfahren nicht. Vorgehalten werden muss lediglich eine kleine finanzielle Reserve (im Gesetz als „*Nachhaltigkeitsreserve*" bezeichnet) im Mindestvolumen von 0,2 Monatsausgaben, mit der kurzfristige Liquiditätslücken abgedeckt werden können. Vor dem Hintergrund der Finanzierungsprobleme, die die GRV beginnend in den 1990er Jahren begleiten, sind die Rücklagen kontinuierlich abgebaut worden.

6.11 Organisationsstruktur

Seit Oktober 2005 werden die Aufgaben der Gesetzlichen Rentenversicherung (allgemeine Rentenversicherung und knappschaftliche Rentenversicherung) von Regionalträgern und Bundesträgern wahrgenommen, die unter dem gemeinsamen Namen Deutsche Rentenversicherung firmieren. Der Name der 16 Regionalträger der gesetzlichen Rentenversicherung besteht aus der Bezeichnung „Deutsche Rentenversicherung" und einem Zusatz für ihre jeweilige regionale Zuständigkeit (z.B. Deutsche Rentenversicherung – Hessen). Bundesträger sind die Deutsche Rentenversicherung Bund und die Deutsche Rentenversicherung Knappschaft-Bahn-See. Die Deutsche Rentenversicherung Bund nimmt auch die Grundsatz- und Querschnittsaufgaben und die gemeinsamen Angelegenheiten der Träger der Rentenversicherung wahr.

Die Träger der RV werden, wie die übrigen Träger der Sozialversicherung mit Ausnahme der gesetzlichen Unfallversicherung, im Verhältnis 50:50 durch Vertreter der Arbeitgeber und der Versicherten selbstverwaltet und stehen unter staatlicher Rechtsaufsicht. Die Rentenversicherung verfügt über Finanzhoheit und ist damit kein Teil der öffentlichen Haushalte. Allerdings werden Leistungsrecht und Finanzierung (Beitragssätze, Bundeszuschüsse) durch Gesetz geregelt.

Die neue Organisationsstruktur trennt nicht mehr nach Arbeitern und Angestellten. Dieser Statusbezug war maßgebend für die bisherige Gliederung der Rentenversicherung, die einen (bundesweiten) Träger für die Angestellten (BfA: Bundesversicherungsanstalt für Angestellte), 22 regionale Träger für die Arbeiter (LVA: Landesversicherungsanstalten) und Spezialträger vorsah. Spitzenverband der Rentenversicherungsträger war der Verband Deutscher Rentenversicherungsträger (VDR).

Im Zuge der Reform wurden VDR und BfA zur Deutschen Rentenversicherung Bund zusammengelegt und die Anzahl der Landesversicherungsanstalten reduziert. Die Bundesknappschaft, die Seekasse sowie die Bahnversicherungsanstalt wurden in einem eigenständigen und gemeinsamen Bundesträger, der Deutschen Rentenversicherung Knappschaft-Bahn-See, zusammengefasst. Bei der Erstzuteilung einer Versicherungsnummer wird die Zuordnung nach dem Zufallsprinzip vorgenommen. Versicherte werden also unabhängig davon, ob sie Arbeiter oder Angestellte sind, entweder auf die Deutsche Rentenversicherung Bund oder auf Regionalträger zugeteilt. Mittelfristig sollen die Versicherten im Verhältnis 55 %

Regionalträger, 40 % DRV Bund, 5 % DRV Knappschaft-Bahn-See aufgeteilt sein. Die einzelnen Träger bleiben rechtlich selbstständig.

7 Betriebliche und private Altersvorsorge und ihre Förderung

Wie die Daten verdeutlicht haben, reichen die Leistungen der GRV in vielen Fällen und für viele Fallgruppen nicht aus, um eine ausreichende Absicherung im Alter zu gewährleisten. Dieses Problem wird sich in den nächsten Jahren infolge des Absinkens des Rentenniveaus noch vergrößern. Zu überprüfen ist, ob die betriebliche und private Alterssicherung die ihr zugewiesene Kompensations- und Ersatzfunktion erfüllen können und in der Lage sind, die derzeitigen wie zukünftigen Versorgungslücken auszugleichen.

7.1 Betriebliche Altersversorgung

Die betriebliche Altersversorgung in Deutschland ist privatrechtlich und freiwillig organisiert und insofern durch eine Fülle jeweils betriebsspezifischer Vereinbarungen und Gestaltungsformen charakterisiert. Allerdings werden durch steuer-, versicherungs- und arbeitsrechtliche Regulierungen – hier insbesondere durch das *Betriebsrentengesetz* (Gesetz zur Verbesserung der betrieblichen Altersversorgung) – Rahmenbedingungen gesetzt. Im Zuge der öffentlichen Förderung der betrieblichen Altersversorgung sind dabei die Mindestanforderungen noch einmal verstärkt worden.

Die Zusagen auf betriebliche Altersversorgung können direkt in Arbeitsverträgen, im Rahmen von Betriebsvereinbarungen oder in Tarifverträgen gemacht werden. Neben der Möglichkeit einer arbeitgeberseitigen freiwilligen Versorgungszusage haben alle Beschäftigten, soweit dies der Tarifvertrag zulässt, einen individuellen *Anspruch* auf betriebliche Altersversorgung in Form der *Entgeltumwandlung*. Eine Entgeltumwandlung liegt dann vor, wenn der *Arbeitnehmer* die Beiträge, die der Arbeitgeber einzahlt, selbst durch (Bar)-Lohnverzicht finanziert.

7.1.1 Durchführungswege

Bei der Organisation der betrieblichen Altersversorgung (bAV) können sich die Unternehmen nach den Regelungen des Betriebsrentengesetzes für unterschiedliche Durchführungswege entscheiden:

- Bei *Direkt- oder Pensionszusagen* verpflichtet sich der Arbeitgeber, seinen Mitarbeitern unmittelbar aus dem Betriebsvermögen eine Altersrente zu zahlen. Um die Zusagen später auch finanzieren zu können, werden Rückstellungen gebildet, die den Gewinn mindern. Für Direktzusagen gibt es keine Anlagevorschriften, sie unterliegen keiner gesetzlichen Aufsicht, das Unternehmen kann die Rückstellungen zinsfrei auch im Betrieb investieren.

- Eine *Unterstützungskasse* ist eine rechtlich selbstständige Versorgungseinrichtung, die die betriebliche Altersversorgung im Auftrag des Arbeitgebers leistet, auf ihre Leistungen aber keinen Rechtsanspruch gewährt. Allerdings bleibt der Arbeitgeber, der die Versorgungszusage gemacht hat, gegenüber seinem Arbeitnehmer zur Leistung verpflichtet. Die Unterstützungskasse kann frei über das angesammelte Kapital verfügen und es z.B. dem Arbeitgeber als Darlehen zur Verfügung stellen.
- Unter *Direktversicherung* wird eine private Kapitallebens- oder Leibrentenversicherung verstanden, die das Unternehmen für seine Beschäftigten abschließt. Das Bezugsrecht für die Leistungen aus der Versicherung liegt beim Arbeitnehmer bzw. seinen Hinterbliebenen.
- *Pensionskassen* sind rechtlich selbstständige Versorgungseinrichtungen, quasi Versicherungsgesellschaften. Sie beschränken sich auf die betriebliche Altersvorsorge, können von einem Unternehmen oder einer Unternehmensgruppe getragen werden, können aber auch als überbetriebliche Pensionskassen für einen größeren Kreis von Unternehmen offen sein.
- *Pensionsfonds* sind rechtlich selbstständige, vom Unternehmen getrennte Versorgungsträger, die als Investmentfonds arbeiten und im Unterschied zu Pensionskassen und Lebensversicherungen bei der Kapitalanlage ein deutlich höheres Anlagerisiko (z.B. durch einen hohen Aktienanteil) eingehen können.

Abbildung VIII.14:

Deckungsmittel der betrieblichen Altersversorgung 2004

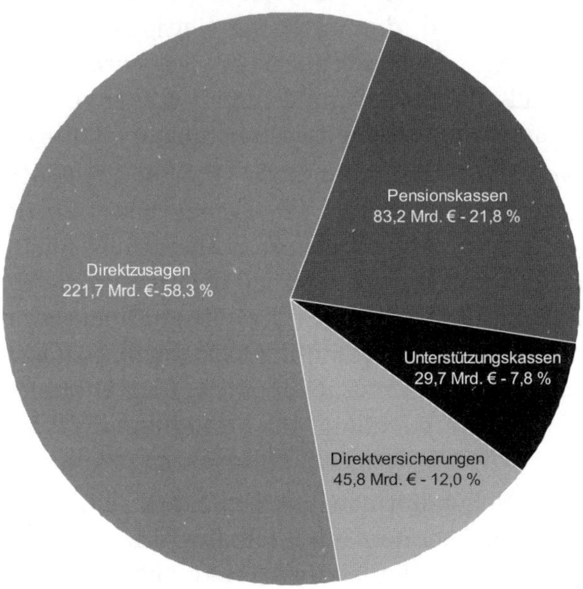

Quelle: Arbeitsgemeinschaft der betrieblichen Altersversorgung

Im Vergleich dieser fünf Durchführungswege haben die Direktzusagen das größte Gewicht: 2004 lagen die gesamten Deckungsmittel der bAV bei 381 Mrd. €; nahezu 60 % entfielen davon auf die Direktzusagen (vgl. Abbildung VIII.14).

Grundsätzlich wird der Durchführungsweg durch den Arbeitgeber bestimmt. Einschränkungen bei der Wahl des Durchführungsweges und der Auswahl des Versorgungsträgers können sich aber aus tarifvertraglichen Regelungen ergeben. Bei der Entgeltumwandlung muss der Arbeitgeber zwischen den Durchführungswegen Direktversicherung, Pensionskasse oder Pensionsfonds wählen, weil nur diese die Voraussetzungen der Förderung erfüllen.

7.1.2 Unverfallbarkeit, Insolvenzsicherung, Rentenanpassung

Wenn das Arbeitsverhältnis, z.B. durch Kündigung, vor Eintritt des Versorgungsfalls endet, besteht eine *Unverfallbarkeit* der erworbenen Anwartschaften, wenn die Versorgungszusage mindestens fünf Jahre bestanden hat und der Beschäftigte mindestens 30 Jahre alt ist. Über Entgeltumwandlung finanzierte Altersversorgung ist durch sofortige Unverfallbarkeit gesichert. Wenn die Versorgungszusage nach 2004 erteilt wurde und diese über eine Pensionskasse, einen Pensionsfonds oder eine Direktversicherung durchgeführt wird, kann beim Wechsel des Arbeitsplatzes eine Übertragung der Anwartschaften auf den Versorgungsträger des neuen Arbeitgebers verlangt werden.

Soweit die Erfüllung von Versorgungszusagen von der Zahlungsfähigkeit des Arbeitgebers abhängig ist, so bei der Direktzusage, bei Unterstützungskassen und bei Pensionsfonds, besteht die gesetzliche Pflicht zur *Insolvenzsicherung*. Der Pensionssicherungsfonds des Pensions-Sicherungs-Vereins übernimmt für Unternehmen, die zahlungsunfähig sind, die laufenden Betriebsrenten und die unverfallbaren Rentenanwartschaften. Die Durchführungswege Direktversicherung, Pensionskasse und Pensionsfonds stehen aufgrund ihrer Versicherungsförmigkeit unter der Aufsicht der Bundesanstalt für Finanzdienstleistungen (BaFin).

Um den Wert von Betriebsrenten vor den Folgen einer Inflation zu sichern, ist vorgesehen, dass die Arbeitgeber alle 3 Jahre eine *Anpassung* der laufenden Renten an die Entwicklung der Lebenshaltungskosten überprüfen müssen. Maßstab für die Überprüfung ist die wirtschaftliche Lage des Unternehmens, was dann leicht zum Verzicht auf die Anpassung führen kann. Für Neuzusagen gilt die Anpassungsverpflichtung schon dann als erfüllt, wenn der Arbeitgeber sich verpflichtet, die Betriebsrenten jährlich um ein Prozent anzupassen. Eine Pflicht zu einer Anpassung der Betriebsrenten an die Entwicklung der Einkommen (Dynamisierung) existiert nicht.

Die vorgenannten Schutznormen unterscheiden sich nach den Versorgungsformeln. Neben den traditionellen unmittelbaren Leistungszusagen gibt es Beitragszusagen. Beitragszusagen verlagern das Anlagerisiko auf die Beschäftigten; eine bestimmte Rentenhöhe und deren Dynamisierung müssen die Arbeitgeber nicht zusagen, sie haften lediglich für den Nominalwert der gezahlten Beiträge (Mindestleistung). Der ab 2001 ermöglichte Durchführungsweg des Pensionsfonds sieht in der Regel Beitragszusagen mit Mindestleistungen vor.

7.1.3 Verbreitung, Finanzierung und Rentenhöhe

Aus den Ergebnissen der Infratest-Untersuchungen (repräsentative Befragungen) ergibt sich, dass 41 % der Betriebe in der Privatwirtschaft im Jahr 2004 über eine betriebliche Altersversorgung verfügten. Der Verbreitungsgrad ist damit gegenüber 2001 um 11 Prozentpunkte gestiegen (vgl. Tabelle VIII.9). Ein besonders starker Zuwachs zeigt sich in den neuen Ländern, von 24 % der Betriebe im Jahr 2001 auf 36 % im Jahr 2004.

Insgesamt hatte 2004 knapp die Hälfte (46 %) der in den jeweiligen Betrieben sozialversicherungspflichtig Beschäftigten Anwartschaften. In den alten Ländern lag der Anteil bei 48 %, in den neuen Ländern bei 32 %. In den alten Bundesländern sind weibliche Beschäftigte bei der betrieblichen Altersversorgung unterrepräsentiert: Frauen in der Privatwirtschaft haben zu 44 % Anwartschaften erworben – gegenüber 51 % der Männer.

Die Verbreitung der betrieblichen Altersversorgung hängt in einem hohen Maße von der Größe und der Branchenzugehörigkeit der Betriebe ab. Je größer der Betrieb, um so häufiger finden sich bei den Beschäftigten Versorgungsanwartschaften. Zwei Extreme können diesen Zusammenhang illustrieren: In Betrieben mit 1 bis 4 Mitarbeitern haben 21 % der Beschäftigten Anwartschaften, in Betrieben mit 1000 Mitarbeitern und mehr liegt der Verbreitungsgrad bei 85 %. Bei den Branchen stehen die Bereiche Kredit/Versicherungen (84 %) und Bergbau/Energie (71 %) an der Spitze. Selten zu finden mit jeweils etwa 25 % der Beschäftigten ist die betriebliche Altersversorgung in den Bereichen Gastgewerbe, sonstige Dienstleistungen und Gesundheits- und Sozialwesen (außerhalb des öffentlichen Dienstes).

Die Verbreitungsgrad der Betriebsrenten, die *aktuell* an die nicht mehr Erwerbstätigen ausgezahlt werden, liegt deutlich niedriger als der Verbreitungsgrad der Anwartschaften: Von den über 65jährigen bezogen im Jahr 2003 46 % der Männer, aber nur 9 % der Frauen eine eigene Betriebsrente. In den neuen Ländern waren es sogar nur 2 % der Männer und 1 % der Frauen. Unterscheidet man nach Altersjahrgängen, so steigen die Betriebsrentenzahlungen bei den jüngeren Kohorten; dies aber im Wesentlichen nur bei den Männern, kaum bei den Frauen. Denn nicht alle ArbeitnehmerInnen, die Anwartschaften erworben haben, werden später auch Betriebsrenten beziehen, da bei einer vorzeitigen Beendigung des Arbeitsverhältnisses die Unverfallbarkeitsregelung nicht greift. Benachteiligt sind vor allem jüngere Arbeitslose sowie Frauen, die ihr Beschäftigungsverhältnis wegen der Kindererziehung aufgeben.

Tabelle VIII.9:

Verbreitungsgrad der betrieblichen Altersversorgung in der Privatwirtschaft 2001 - 2004

	2001 in %	2002 in %	2003 in %	2004 in %
Deutschland				
Betriebsstätten	31	34	37	41
Arbeitnehmer	38	42	45	46
Männer	39	43	47	47
Frauen	33	37	41	42
Alte Bundesländer				
Betriebsstätten	32	35	39	42
Arbeitnehmer	42	45	47	48
Männer	44	47	50	51
Frauen	35	39	43	44
neue Bundesländer				
Betriebsstätten	24	29	32	36
Arbeitnehmer	19	24	30	32
Männer	18	23	29	30
Frauen	20	26	32	34

2001 – 2003 jeweils im Dezember; 2004 im Juni

Quelle: TNS Infratest Sozialforschung, Situation und Entwicklung der betrieblichen Altersversorgung in der Privatwirtschaft 2001 - 2004, München 2005.

Die durchschnittliche Höhe der Betriebsrente lag bei den Männern bei 468 €, bei den Frauen bei 219 €. Ähnlich wie bei den Renten der GRV fallen auch bei den Betriebsrenten die abgeleiteten Witwenrenten höher aus als die eigenen Renten von Frauen. Durchschnittswerte sind jedoch wenig aussagefähig, da die Zahlbeträge sehr weit streuen. Betrachtet man die Schichtung der Renten, wird deutlich, dass bei den Männern knapp die Hälfte der Renten unter 200 € liegt; bei den Frauen beziehen sogar zwei Drittel eine Rente unter diesem Betrag. Auf der anderen Seite erhalten 13 % der Männer eine Betriebsrente von 1.000 € und mehr (vgl. Tabelle VIII.10).

Die Gesamtausgaben der betrieblichen Altersversorgung in der Privatwirtschaft werden im Sozialbudget 2005 auf 18,9 Mrd. € beziffert (vgl. Bd. I, „Ökonomische Grundlagen und Finanzierung“, Pkt. 2.1). Dies entspricht 2,6 % aller Sozialausgaben und 7,8 % der Ausgaben der Gesetzlichen Rentenversicherung.

Tabelle VIII.10:

Schichtung der Leistungen der betrieblichen Altersversorgung in der Privatwirtschaft 2003

Nettorenten €	Eigene Renten Männer %	Eigene Renten Frauen %	Abgeleitete Renten Witwen %
bis unter 25	3	6	7
25 bis unter 50	6	16	16
50 bis unter 100	19	22	21
100 bis unter 200	21	22	26
200 bis unter 300	13	13	11
300 bis unter 500	14	12	8
500 bis unter 700	7	4	3
700 bis unter 1.000	5	3	4
1000 und mehr	13	2	4
Durchschnitt	468	219	236

Quelle: TNS Infratest Sozialforschung, Alterssicherung in Deutschland 2003 (ASID 2003), München 2005.

Finanziert werden die Betriebsrenten zu 38 % allein von den Arbeitgebern, dies mit sinkender Tendenz, denn 2001 deckte die arbeitgeberseitige Finanzierung noch 54 % ab. Entsprechend steigt die Bedeutung der gemischten Finanzierung durch Arbeitgeber und Arbeitnehmer (41 %). Ausschließlich arbeitnehmerfinanzierte Vereinbarungen finden sich zu 29 %.

7.2 Private Altersvorsorge: Lebensversicherungen

7.2.1 Versicherungsformen

Vermögensbildung und Lebensversicherung sind die zwei zentralen Elemente der privaten Altersvorsorge dar. Hinzu kommen noch der Erwerb und Besitz von selbst genutzten oder vermieteten Immobilien. Allerdings ist es kaum möglich, exakt abzugrenzen, welche Vorsorgeprodukte spezifisch und ausschließlich auf die Lebensphase des Alters zielen. Kapitalanlagen in Aktien, festverzinslichen Wertpapieren, Fonds oder Banksparplänen können bereits vor Erreichen der Altersgrenze angegriffen und verbraucht werden. Deshalb werden im Rahmen der sog. Riester-Förderung auch nur solche Produkte über Steuern bzw. Zulagen gefördert, die gewährleisten, dass die Auszahlungen nicht vor dem 60. Lebensjahr erfolgen und in Form einer lebenslangen Leistung erbracht werden.

Etwas eindeutiger ist die Lage im Bereich der Lebensversicherungen, die in Deutschland die zentrale Rolle in der privaten Altersvorsorge einnehmen, wozu maßgeblich auch die bisherigen steuerlichen Vergünstigungen dieser Vorsorgeform beigetragen haben. Etwa 45 % der 30- bis 49jährigen haben (2001) mindestens eine Lebensversicherung abgeschlossen. Lebensversicherungen werden in einer Fülle von Varianten angeboten, die Wahlmöglichkeiten entsprechend den individuellen Bedürfnissen einräumen, aber auch zu Unübersichtlichkeit und Intransparenz führen. Ganz allgemein ist zwischen folgenden Produkten zu unterscheiden:

Risikolebensversicherung

Insbesondere zur Absicherung von wirtschaftlich abhängigen Angehörigen wird mit einer Risikolebensversicherung gegen den vorzeitigen Tod versichert. Im Todesfall wird die vereinbarte Versicherungssumme ausgezahlt. Der Beitrag (Versicherungsprämie) ist abhängig vom Alter, Geschlecht und Gesundheitszustand der versicherten Person zu Versicherungsbeginn.

Kapitalbildende Lebensversicherung

Bei einer Kapitallebensversicherung werden Todesfallabsicherung (Tod des Versicherten vor Ablauf der vereinbarten Laufzeit) und Sparanlage kombiniert; ein (kleinerer) Teil der Beiträge dient dem Todesfallschutz, der andere zum Aufbau des Vorsorgekapitals ähnlich einem Sparvertrag mit langer Laufzeit. Erlebt die versicherte Person den Ablauf der Versicherungsdauer (z.B. 65. Lebensjahr), wird die Erlebensfallleistung als Kapitalbetrag oder wahlweise auch als Rente ausgezahlt. Die Kapitallebensversicherung ist eine weit verbreitete Form der Vermögensbildung, dies auch wegen der in der Vergangenheit günstigen steuerlichen Behandlung.

Private Rentenversicherung/Leibrente

Bei einer privaten Rentenversicherung wird eine lebenslange Rente gezahlt. Dadurch kann das biometrische Risiko der Unwägbarkeit der Lebensdauer abgesichert werden, ein Todesfallschutz ist in der Regel nicht vorgesehen. Der Versicherte zahlt dafür entweder regelmäßig Beiträge ein („aufgeschobene Rentenversicherung gegen laufende Beiträge"), die Auszahlung erfolgt dann im Erlebensfall (Erreichen einer Altersgrenze) oder er leistet eine Einmalzahlung. Beginnen die Rentenzahlungen direkt nach Zahlung eines Einmalbeitrags, handelt es sich um eine „sofort beginnende Rente gegen Einmalbeitrag".

Die Höhe der Prämien sowohl bei der aufgeschobenen als auch bei der Sofortrente orientiert sich an dem „Risiko" des langen Lebens. Angesichts steigender Lebenserwartung wird insofern die private Rentenversicherung kontinuierlich teurer. Die Kalkulation nach Maßgabe der Lebenserwartung bedeutet zugleich, dass Frauen ihrer geringeren Sterbewahrscheinlichkeit bei gleichen Prämien eine niedrigere Rente erhalten.

Wenn die versicherte Person nach Beginn der Rentenzahlung verstirbt, endet die Auszahlung. Um die finanziellen Folgen für die Hinterbliebenen in dieser Situation abzumildern, kann eine Renten-Garantiezeit oder eine zeitlich unbegrenzte Absicherung der Hinterbliebenen vereinbart werden. Im Unterschied zur Gesetzlichen Rentenversicherung lassen sich diese Erweiterungen des Versicherungsschutzes nur gegen Zahlung einer zusätzlichen Prämie oder um den Preis niedrigerer Leibrentenleistungen erreichen.

7.2.2 Leistungen, Renditen und Risiken

Der Markt der Lebensversicherungen ist gesetzlich reguliert, mit dem Ziel des Verbraucher- und Anlegerschutzes müssen Lebensversicherungen ihr Kapital in risikoarmen Formen anlegen (z.B. Staatsanleihen). Sie sind zudem verpflichtet, bei Vertragsabschluss eine Mindestverzinsung (*Garantiezins*) zu gewährleisten. Dieser Garantiezins orientiert sich an den Durchschnittsrenditen auf dem Kapitalmarkt und ist entsprechend der allgemeinen Kapitalmarktentwicklung in den letzten Jahren deutlich gefallen. Er liegt für Neuverträge ab 2007 bei 2,25 % (1999 noch 4 %).

Erwirtschaften die Versicherungen Überschüsse, die über den Garantiezins hinausgehen, werden diese den Verträgen gutgeschrieben. Die Höhe der Überschüsse liegt nicht fest, sondern hängt wesentlich von der Kapitalmarktentwicklung und der Anlagepolitik des Unternehmens ab. Zu rechnen ist deshalb nur mit den wirklich garantierten Leistungen und nicht mit prognostizierten Überschüssen. Gerade in den Jahren seit 2000 haben viele Gesellschaften ihre Überschussbeteiligung zum Teil drastisch gekürzt.

Die Höhe des im Erlebensfall ausgezahlten Kapitalbetrags bzw. der Rente hängt ab von der Sparsumme, die sich über die Vertragszeit hinweg angesammelt hat, und deren Verzinsung durch Garantiezins und Überschussbeteiligung. Die Sparsumme ist jedoch nicht identisch mit der Summe der eingezahlten Prämien/ Beiträge. Abgezogen werden müssen der Kostenanteil und (bei Lebensversicherungen) der Risikoanteil, die beide nicht zur Kapitalbildung zur Verfügung stehen, sondern laufend verbraucht werden. Der Kostenanteil beinhaltet die laufenden Verwaltungs- und Inkassokosten und die einmaligen Abschlusskosten, die letzteren werden in der Regel in den ersten Jahren der Laufzeit angerechnet. Der Risikoanteil deckt das Todesfallrisiko ab. Welcher Prozentsatz des Beitrags tatsächlich kapitalbildend angelegt wird, ist kaum ermittelbar und verallgemeinerbar, denn die Versicherungsunternehmen sind nicht verpflichtet, den Kostenanteil anzugeben. Im Schnitt dürfte der Sparanteil bei weniger als 85 % der eingezahlten Beiträge liegen. Da sich Garantiezins und Überschussbeteiligung nur auf den Sparanteil beziehen, liegen die tatsächlichen Renditen, die sich aus den Beiträgen an eine Lebens- bzw. Rentenversicherung erzielen lassen, deutlich niedriger als der Garantiezins.

Hinzu kommt, dass die beim Erlebensfall ausgezahlten Kapitalbeträge bzw. Renten in ihrer Höhe über die Rentenlaufzeit hinweg unverändert bleiben, was über die Jahre hinweg schon bei einer leichten Inflation zu einem erheblichen Kaufkraftverlust führt. Die bei der gesetzlichen Rente vorgesehene automatische Anpassung der Leistungen an die Einkommensentwicklung oder an Preisentwicklung gibt es bei der privaten Rentenversicherung nicht. Vertraglich lassen sich zwar Anpassungsklauseln vereinbaren (etwa einen jährlichen Erhöhungssatz der Renten um einen bestimmten Prozentsatz); diese Vereinbarung muss jedoch durch eine geringere Höhe der Eingangsrente oder durch entsprechend steigende Prämien bezahlt werden.

Zu Problemen führt eine Kündigung des Vertrags. Rückerstattet wird lediglich der Sparanteil, gemindert um Storno-Abzüge (*Rückkaufswert*). Werden die Abschlusskosten in den ersten Jahren nach Vertragsbeginn angerechnet, ist in der Anfangszeit der Versicherung noch kein Rückkaufswert vorhanden. Es entsteht ein Totalverlust der eingezahlten Beiträge.

Mit höheren Renditechancen aber auch mit hohen Risiken sind sog. fondsgebundene Lebens- oder Rentenversicherungen verbunden. Bei diesen wird der Sparanteil der bezahlten Prämien in Fondsanteile angelegt. Je nach Art der ausgewählten Fonds (Aktien- oder Rentenfonds) nimmt der Versicherungsnehmer direkt an der Entwicklung der Aktien bzw. der Rentenpapiere teil. Insofern besteht die Chance auf Kurs- und Wertgewinne. Andererseits wachsen auch die Risiken. Da es keine Garantie auf Börsengewinne gibt, kann es bei einer negativen Kursentwicklung durchaus dazu kommen, dass erhebliche Verluste entstehen und die Leistung noch unterhalb der eingezahlten Beitragssumme liegt. Eine Garantieverzinsung gibt es bei fondsgebundene Lebens- oder Rentenversicherungen nicht.

Insgesamt sind Lebensversicherungen in Deutschland sehr verbreitet: Nach Angaben des Gesamtverbandes der Deutschen Versicherungswirtschaft gibt es (2005) über 95 Mio. Hauptversicherungsverträge, hinzu kommen noch etwa 38 Mio. Zusatzpolicen (z.B. Absicherung von Unfalltod oder Berufs- und Erwerbsunfähigkeit). Die Hauptversicherungen konzentrieren sich dabei auf die Einzel-Kapitalversicherungen (Anteil von 48 %), den stärksten Zuwachs verzeichnen aber die Rentenversicherungen (Anteil von 23 %). Die ausgezahlten Leistungen an Versicherungsnehmer und Hinterbliebene aus Haupt- und Zusatzversicherungen summieren sich auf einen Betrag von 37,5 Mrd. €; dies entspricht knapp 26 % der Ausgaben der Gesetzlichen Rentenversicherung (ohne Bahn, See und Knappschaft). Unter den Leistungen dominieren wiederum die Kapitalbeträge (Anteil von 58 %). Diese sind aber nicht zwingend für die Alterssicherung vorgesehen, sondern können auch für andere Zwecke eingesetzt werden.

7.3 Förderung der privaten und betrieblichen Altersvorsorge

Seit der Rentenreform 2001 ist es zum ausdrücklichen Ziel der staatlichen Sozialpolitik geworden, die private, kapitalgedeckte Alterssicherung auszuweiten und die individuelle Vorsorgefähigkeit und -bereitschaft durch staatliche Fördermaßnahmen zu stärken. Die Absicherung im Rahmen der betrieblichen Alterssicherung und privaten Vorsorge bleibt jedoch in der Eigenverantwortung und damit freiwillig.

Die gesetzlichen Regelungen sehen zwei Fördermöglichkeiten vor: Die Förderung der privaten Altersvorsorge durch Zulagen oder steuerlichen Sonderausgabenabzug (die sog. Riester-Förderung – benannt nach dem damaligen Arbeits- und Sozialminister Riester) und die Förderung der Entgeltumwandlung im Rahmen der betrieblichen Altersvorsorge durch Steuervorteile und Sozialabgabenfreiheit (die sog. Eichel-Förderung – benannt nach dem damaligen Finanzminister Eichel). Zum geförderten Personenkreis gehören insbesondere die rentenversicherungspflichtig Beschäftigten, die Beamten und auch die jeweiligen Ehepartner.

7.3.1 Förderung durch Zulagen und Steuererleichterungen

Die im Einkommensteuergesetz verankerte Förderung sieht – vergleichbar zur Kindergeldregelung – eine wahlweise Kombination von Zulagen und steuerlichen Sonderausgaben vor. Die Zulage setzt sich zusammen aus einer Grundzulage und einer Kinderzulage. Deren Höhe steigt beginnend ab 2002 bis 2008 in vier Schritten an. In der Endstufe (2008) wird für

- Alleinstehende eine Grundzulage bis zu 154 € im Jahr,
- Verheiratete eine Grundzulage bis zu 308 €
- (kindergeldberechtigte) Kinder eine Kinderzulage je Kind bis zu 185 € gezahlt.

Um die jeweils volle Zulagenförderung zu erhalten, muss ein bestimmter Prozentsatz des Bruttoeinkommens eingesetzt werden. Vorausgesetzt wird, dass 2006 und 2007 drei Prozent und ab 2008 vier Prozent des sozialversicherungspflichtigen Vorjahresbruttoeinkommens in eine zugelassene Form der privaten Altersvorsorge einfließen. Die Zulagen sind hierbei eingerechnet. Von der Förderung profitieren vor allem Personen mit niedrigem Einkommen, da der erforderliche Sparbeitrag bereits mit einem relativ geringen Eigenanteil erreicht wird. So liegt die Förderquote bei einer Familie mit 2 Kindern, einem Verdiener und einem Jahresbruttoeinkommen von 20.000 € bei 84 %.

Der wahlweise in Anspruch zu nehmende Sonderausgabenabzug beläuft sich in der Endstufe (2008) auf 4 % des Bruttoeinkommens bis zur Beitragsbemessungsgrenze. Er ist für jene attraktiv, die über ein hohes Einkommen verfügen. Hier fällt dann die Steuerersparnis größer aus als die Zulage. Gerade bei diesem Personenkreis bleibt allerdings fraglich, ob ein *zusätzlicher* Altersvermögensaufbau gefördert wird oder ob die steuerliche Erleichterung nur für eine ohnehin geplante Vermögensbildung genutzt wird, so dass es hier lediglich zu Mitnahmeeffekten kommt.

Die öffentliche Förderung gibt es nur für solche Anlageformen, die von der Bundesanstalt für Finanzdienstleistungen (BaFin) eine Zertifizierung erhalten. Dafür ist es erforderlich, dass die Produkte eine Reihe von Kriterien erfüllen, so insbesondere:

- Die Rentenzahlung beginnt frühestens mit dem 60. Lebensjahr beziehungsweise im Fall der vorzeitigen Erwerbsminderung zu diesem Zeitpunkt.
- Eine Auszahlung muss in Form einer lebenslang steigenden oder gleich bleibenden monatlichen Leibrente erfolgen, allerdings dürfen bis zu 30 Prozent

des angesparten Kapitals bei Beginn der Rentenzahlung auf einmal ausgezahlt werden.

- Mindestens die eingezahlten Beträge (Eigenbeiträge und Zulagen) müssen zu Beginn der Auszahlungsphase zur Verfügung stehen.
- Das angesammelte Kapital darf in der Ansparphase nicht beliehen, verpfändet oder anderweitig verwendet werden können.
- Die Altersvorsorgeleistungen dürfen nicht beim Arbeitslosengeld II angerechnet werden.
- Die Abschluss- und Vertriebskosten müssen über einen Zeitraum von zehn Jahren verteilt werden.
- Für Verträge ab 2006 sind geschlechtsneutrale Tarife (Unisex-Tarife) vorgesehen. Frauen und Männer erhalten bei gleichen Beiträgen auch die gleichen monatlichen Leistungen.

Anbieter von förderfähigen Anlageformen sind im Wesentlichen Lebensversicherungsunternehmen, Banken, andere Kreditinstitute, Kapitalanlagegesellschaften und Finanzdienstleister. Sie bieten eine Vielzahl von förderfähigen Finanzprodukten an; derzeit sind nahezu 4000 Anlageprodukte zertifiziert. Dabei handelt es sich um Formen einer privaten Rentenversicherung, eines Banksparplans oder eines Investmentfondssparplans.

Wie viele Personen insgesamt förderfähig sind, ist nicht exakt ermittelbar. Die primär förderfähigen Pflichtversicherten und Beamten machen rund 34 Millionen Personen aus. Zusammen mit den abgeleitet förderfähigen Ehepartnern dürften es aber weit über 40 Millionen Personen sein, die ein Anrecht auf die Riester-Förderung haben. Abgeschlossen wurden (bis Ende 2006) gut 8 Millionen Verträge, dabei handelt es sich zu 80 % um Versicherungsverträge, zu 4,6 % um Bausparverträge und zu 15,3 % um Investmentfondsverträge. Obgleich seit 2005 ein starker Zuwachs der geförderten privaten Altersvorsorge eingesetzt hat, verzichten immer noch 80 % der Berechtigten auf die durchaus großzügigen öffentlichen Zulagen. Ein Grund dafür dürfte sein, dass für die betriebliche Altersversorgung, die sog. Eichel-Förderung, im Rahmen der Entgeltumwandlung attraktiver ist.

7.3.2 Steuer- und Beitragsfreiheit bei Entgeltumwandlung und tarifvertragliche Regelungen

Im Rahmen des Rechtsanspruchs der Arbeitnehmer auf Entgeltumwandlung kann Lohn bis zu 4 % der Beitragsbemessungsgrenze in der GRV in Beiträge zur Altersversorgung eingesetzt werden. Die Entgeltumwandlung kann aus dem Nettoeinkommen erfolgen und durch Zulagen gefördert werden (siehe oben). Attraktiver für die meisten ArbeitnehmerInnen ist aber die sog. Eichel-Förderung, nämlich die Entgeltumwandlung aus dem Bruttoeinkommen. Der eingesetzte Lohn unterliegt also keiner Steuerpflicht und (bis 2008) keiner Beitragspflicht. ArbeitnehmerInnen können demnach im Jahr 2006 Lohn bis zu einer Höhe von 2.520 € im Jahr (4 %

der Beitragsbemessungsgrenze 2006) für die betriebliche Alterssicherung einsetzen, ihre Einbuße im Nettoeinkommen fällt jedoch entsprechend der individuellen Situation (Steuersatz und Beitragsabzüge) deutlich geringer aus.

Tarifpolitik und Tarifverträge kommen bei der Entgeltumwandlung dadurch ins Spiel, dass die Umwandlung von tariflichen Vergütungen nur mit Zustimmung der Tarifvertragsparteien erfolgen kann (*Tarifvorbehalt*). Die Tarifvertragsparteien schließen entweder einen entsprechenden Tarifvertrag ab, der eine Entgeltumwandlung regelt, oder sie vereinbaren eine entsprechende Öffnungsklausel. Die meisten Tarifabkommen sehen vor, dass die bereits seit vielen Jahren vereinbarten vermögenswirksamen Leistungen umgewandelt werden können. Darüber hinaus besteht in vielen Branchen die Möglichkeit, das Urlaubsgeld, die Jahressonderzahlung und sonstige Entgeltbestandteile umzuwandeln. Teilweise konnten die Gewerkschaften auch einen Arbeitgeberzuschuss durchsetzen. Das Volumen orientiert sich zumeist an der Höhe der eingesparten Arbeitgeberanteile zur Sozialversicherung.

In einer Reihe von Tarifbereichen haben die Tarifparteien branchenspezifische Versorgungswerke gegründet – so das Versorgungswerk „MetallRente“ für die Metall- und Elektroindustrie oder den „Chemie-Pensionsfonds“ für die Chemieindustrie. Diese Versorgungswerke bieten den Arbeitgebern die Möglichkeit an, ihre betriebliche Altersversorgung kostengünstig über Direktversicherung, Pensionskassen oder Pensionsfonds abzuwickeln. Sie werden aber nicht selbst operativ tätig, sondern beauftragen ausgewählte Finanzdienstleister mit der Durchführung.

Über die praktische Nutzung der tariflich geregelten Möglichkeiten der Entgeltumwandlung liegen kaum differenzierte Informationen vor. Metall-Rente, das größte Versorgungswerk, zählte Ende 2005 rund 155.000 Versicherte und etwa 8.600 Unternehmen, insbesondere aus dem Bereich kleiner und mittelständischer Betriebe. Gemessen an der Gesamtzahl der Beschäftigten in diesem Wirtschaftszweig liegt hier die Inanspruchnahmequote niedrig.

8 Alterssicherung im öffentlichen Dienst: Beamtenversorgung und Zusatzversorgung

8.1 Beamtenversorgung

Beamte, Richter und Berufssoldaten zählen nicht zu den rentenversicherungspflichtigen Arbeitnehmern. Ihre Altersversorgung erfolgt durch den jeweiligen Dienstherrn (Bund, Länder, Gemeinden, sonstige öffentlich-rechtliche Körperschaften). Basis für das Beamtenversorgungsrecht sind die im Grundgesetz festgelegten „hergebrachten Grundsätze des Berufsbeamtentums”. In der Beamtenbesoldung und -versorgung dominiert das *Alimentationsprinzip*, nach dem der Staat die Fürsorgepflicht hat, den Unterhalt seiner Beamten und deren Angehörigen durch angemessene Dienst- und Versorgungsbezüge sicherzustellen.

Das Beamtenversorgungsgesetz regelt die Versorgung einheitlich für alle Versorgungsempfänger des Bundes, der Länder, der Gemeinden sowie der Körperschaften, Anstalten und Stiftungen des öffentlichen Rechts. Das Gesetz gilt auch für Beamte, die bei den Aktiengesellschaften in den privatisierten Bereichen der Post, Postbank, Telekom und Bahn beschäftigt sind bzw. waren. Der Leistungsbereich der Beamtenversorgung umfasst vor allem die Zahlung von Ruhegehältern wegen Erreichen der Altersgrenzen oder wegen Dienstunfähigkeit, von Leistungen an Hinterbliebene sowie die Beihilfe im Krankheitsfall. Finanziert wird die Beamtenversorgung aus den Haushalten der jeweils zuständigen Gebietskörperschaft. Ob wegen der Beitragsfreiheit die Bruttoverdienste von Beamten entsprechend niedriger ausfallen, lässt sich empirisch nicht klären.

2003 gab es etwa 1,4 Mio. Versorgungsempfänger (vgl. Abbildung VIII.15); die Leistungen summieren sich auf ein Volumen von 33,8 Mrd. €, was 4,9 % aller Sozialleistungen und 1,7 % des Bruttoinlandsprodukts entspricht.

Die Alterssicherung der Beamten ist als sog. bifunktionales Versorgungssystem ausgestaltet. Das Ruhegehalt soll sowohl Basissicherung als auch Zusatzversorgung sein und gewährt dabei ein vergleichsweise hohes Versorgungsniveau, das an die Dienstzeit und an die Höhe der letzten Dienstbezüge anknüpft. Zur ruhegehaltsfähigen Dienstzeit zählen insbesondere Zeiten in einem Beamtenverhältnis, in einem privatrechtlichen Arbeitsverhältnis im öffentlichen Dienst sowie (im begrenzten Umfang) Ausbildungszeiten. Basis für die Berechnung der Pension ist in der Regel das zuletzt erreichte Grundgehalt, der Familienzuschlag der Stufe 1 sowie sonstige ruhegehaltsfähige Dienstbezüge. Vorausgesetzt wird, dass dieses letzte Gehalt mindestens drei Jahre vor der Pensionierung bezogen wurde. Im Gegensatz zur GRV kennt die Beamtenversorgung keine Beitragsbemessungs- und Leistungsbemessungsgrenze, so dass alle, also auch sehr hohe Einkommen, im Alter abgedeckt werden.

Das Ruhegehalt beträgt für jedes Jahr ruhegehaltsfähiger Dienstzeit 1,875 %, insgesamt jedoch höchstens 75 % der ruhegehaltsfähigen Dienstbezüge. Es besteht somit ein maximal möglicher Versorgungsanspruch von 75 %, der nach 40 Jahren erreicht wird. Ruhegehaltsempfänger erhalten wie die aktiven Beamten ein Weihnachtsgeld. Die Höhe der Ruhegehälter wird entsprechend der Beamtenbesoldung dynamisiert. Wegen des Senioritätsprinzips in der Beamtenbesoldung bilden die ruhegehaltsfähigen Bezüge stets das höchste Gehalt in der gesamten Laufbahn. In der GRV wird demgegenüber aber das lebensdurchschnittliche Einkommen bei der Rentenberechnung zugrunde gelegt, was – zusammen mit den anderen Strukturunterschieden in der Leistungsermittlung – zu deutlich höheren Ruhegehältern in der Beamtenversorgung gegenüber den Versichertenrenten der GRV führt.

Beginnend ab 2003 wird – parallel zur Absenkung des Rentenniveaus in der Gesetzlichen Rentenversicherung – der Höchstruhegehaltssatz schrittweise auf

71,75 % abgesenkt. Dies wird dadurch erreicht, dass die jährliche Versorgungsanpassung der Besoldungserhöhung nur noch begrenzt folgt.

Die Beamtenversorgung sieht einen Anspruch auf Mindestversorgung in Form eines Mindestruhegehaltes vor, der nach 5 Dienstjahren erreicht wird. Die Mindestversorgung beträgt 35 % der ruhegehaltsfähigen Dienstbezüge oder 65 % der Endstufe in der Besoldungsgruppe A4. Analog dazu gibt es in der BV auch eine Mindesthinterbliebenensicherung.

Die Beamtenpensionen unterliegen voll der Besteuerung. Auch müssen die im Ruhestand lebenden Beamten ihre (beihilfeorientierte) private Kranken- und Pflegeversicherung selbst bezahlen. Dies gilt auch für Hinterbliebene.

Beamtenpensionen werden u.U. beim Zusammentreffen mit anderen Bezügen gekürzt. So bestehen diverse Verrechnungsregelungen mit gleichzeitig erzieltem Erwerbseinkommen, mit Renten aus der GRV sowie Alterseinkünften aus berufsständischen Versorgungseinrichtungen. Auch gibt es besondere Anrechnungsregelungen für das Zusammentreffen von mehreren Versorgungsbezügen bei einer Person: Häufigstes Beispiel ist der gleichzeitige Bezug von Witwengeld und eigenem Ruhegehalt bei ehemaligen Beamtinnen.

Die Regelaltersgrenze liegt auch in der Beamtenversorgung bei 65 Jahren; bei einer vorgezogenen Pension werden Versorgungsabschläge in Höhe von 3,6 % je Jahr abgezogen. Auch in der Beamtenversorgung dominiert die Frühpensionierung. 2003 beendeten 19,8 % aller Beamten ihre Berufstätigkeit mit 65 Jahren. Vier Fünftel haben das Dienstverhältnis früher beendet, darunter 25 % wegen (gesundheitsbedingter) vorzeitiger dauerhafter Dienstunfähigkeit.

Die Strukturunterschiede in den Leistungsprinzipien zwischen Beamtenversorgung und GRV spiegeln sich sowohl im Versorgungsniveau als auch in der Schichtung der Alterseinkommen wider. Sie zeigen eine klare Besserstellung der ehemaligen Beamten bzw. ihrer Hinterbliebenen:

- Die Sicherungsqualität der Mindestruhegehälter kann exemplarisch an einer Gegenüberstellung mit den GRV-Renten verdeutlicht werden: Demnach lagen 2004 zwei Drittel aller Versichertenrenten für Männer und sogar rund 97 % aller Versichertenrenten für Frauen unter dem Mindestruhegehaltsbetrag der Beamtenversorgung von 1.226 € (ledig).
- Die *durchschnittliche* Bruttohöhe des Ruhegehalts im Bereich von Bund, Ländern und Gemeinden lag 2003 bei 2.600 €. 17 % der Pensionäre bezogen weniger als 1.500 €; 20 % mehr als 3.000 €. In der Rentenversicherung lag der Durchschnittswert bei 613 € (Altersrenten, Männer und Frauen).

Bei dem Vergleich der Durchschnittsgrößen ist einschränkend zu berücksichtigen, dass die Unterschiede auch auf strukturellen Faktoren beruhen: Das Einkommensniveau der Beamten ist höher als das der in der GRV versicherten Arbeitnehmer, da die Beschäftigten im Beamtenstatus weit überwiegend mit höherwertigen Tätigkeiten beauftragt sind und einen qualifizierten schulischen und beruflichen Abschluss aufweisen. Zudem kennt die Beamtenversorgung keine Beitrags- und Leistungsbemessungsgrenze. Auch wird im bifunktionalen System der Beamtenversorgung das Ruhegehalt nicht noch durch Leistungen der betrieblichen Altersversorgung aufgestockt, wie dies bei Arbeitern und Angestellten häufig der Fall ist.

Abbildung VIII.15:

Versorgungsempfänger im öffentlichen Dienst in Tausend:1980 - 2040

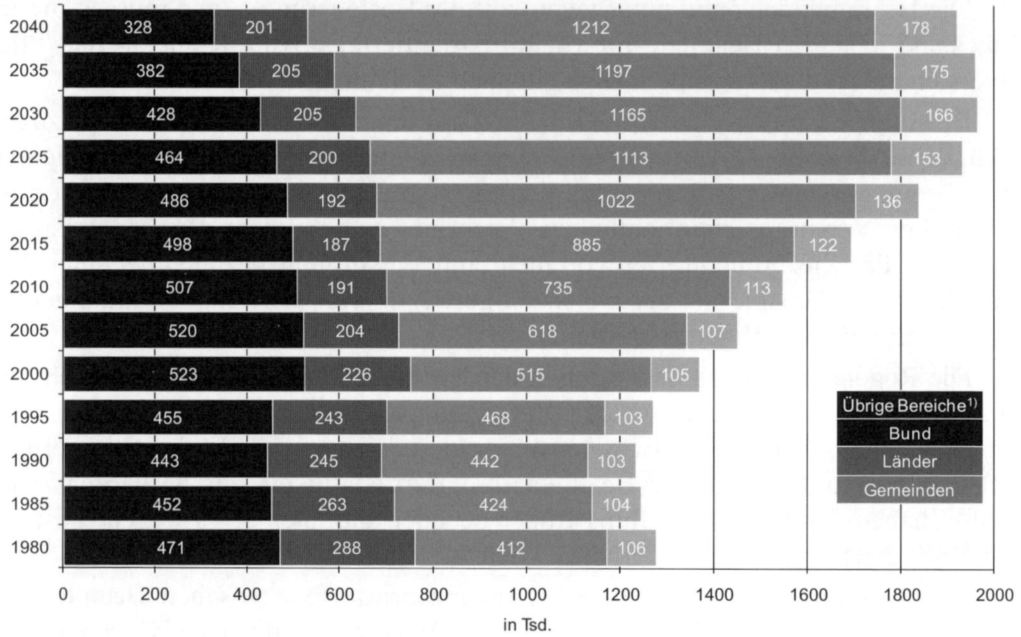

Übrige Bereiche: Bahn, Post, mittelbarer öffentlicher Dienst

Quelle: Statistisches Bundesamt, Fachserie 14, Reihe 6/1,- 3. Versorgungsbericht der Bundesregierung, Berlin 2005.

Für die Zukunft lässt sich ein stark steigender Finanzaufwand für die Beamtenversorgung voraussagen. Dies ist insbesondere auf die vor allem in den 1970er Jahren erfolgten vielen Neueinstellungen mit Schwerpunkten im gehobenen und höheren Dienst zurückzuführen. Von 1970 bis 2000 stieg die Zahl der Beamten, Richter, Berufssoldaten von ca. 900.000 auf 1.500.000 (ohne Bahn und Post). Nach Vorausberechnungen wird entsprechend die Zahl der Versorgungsempfänger von 890.000 im Jahr 2003 bis auf 1.500.000 im Jahr 2030 (jeweils nur Bund, Länder und Gemeinden) kontinuierlich ansteigen (vgl. Abbildung VIII.15). Die Zahl der Pensionäre in den übrigen Bereichen (Bahn, Post, mittelbarer öffentlicher Dienst) wird sich hingegen leicht rückläufig entwickeln.

8.2 Zusatzversorgung im öffentlichen Dienst

Die *tarifvertraglich* vereinbarte Zusatzversorgung im öffentlichen Dienst (ZÖD) wurde ursprünglich mit dem Ziel eingeführt, die Arbeiter und Angestellten des öffentlichen Dienstes hinsichtlich ihrer Altersvorsorge mit den Beamten gleichzustellen und ihnen eine an den Grundsätzen der Beamtenversorgung ausgerichtete *Gesamtversorgung* zu gewährleisten. Daraus folgend bezogen die (langjährigen) Angestellten und Arbeiter im öffentlichen Dienst eine Zusatzrente, die so bemessen war, dass sie zusammen mit der gesetzlichen Rente in etwa die Höhe der Nettoeinkünfte aus einer Beamtenpension erreichte. Analog zur Beamtenpension wurde die Höhe der ZÖD nicht am gesamten Erwerbsverlauf bemessen, sondern an der Höhe der Einkünfte der letzten drei Tätigkeitsjahre. Finanziert wurden die Leistungen weitgehend durch Umlagen der öffentlichen Arbeitgeber; praktiziert wurde also das Umlageverfahren.

2002 ist das bisherige Gesamtversorgungssystem abgeschafft und in ein Betriebsrentensystem überführt worden. Um bei diesem Systemwechsel zu vermeiden, dass Personen Einbußen erleiden, die bereits ZÖD-Renten beziehen oder als sog. rentennahe Jahrgänge kurz vor dem Rentenbeginn stehen, gelten umfangreiche Übergangs- und Besitzstandsregelungen.

Das neue Modell bezieht sich nicht mehr auf das Endgehalt, sondern berücksichtigt die gesamte Arbeitsleistung. Dazu werden ganz ähnlich wie beim Verfahren der Entgeltpunkte in der GRV jährlich Versorgungspunkte ermittelt, deren Anzahl von der Entgeltposition und vom Lebensalter der Beschäftigten abhängt. Im Rentenfall werden die Versorgungspunkte durch deren Multiplikation mit einem Messbetrag in eine monatliche Betriebsrente umgerechnet. Der im Tarifvertrag festgelegte Messbetrag liegt bei 4 €. Die ZÖD-Renten werden jährlich um 1 Prozent erhöht.

Die Versicherungsfälle entsprechen denen in der GRV, ebenso die Abschläge, die bei einem vorgezogenen Rentenbeginn erhoben werden. Infolge des Systemwechsels haben auch ArbeitnehmerInnen des öffentlichen Dienstes Anspruch auf die staatliche Förderung der betrieblichen und privaten Altersvorsorge.

Die Finanzierung erfolgt wie bisher überwiegend aus den Umlagen der Arbeitgeber und einem Umlagebeitrag der Arbeitnehmer.

In die ZÖD einbezogen sind alle Arbeiter und Angestellte des öffentlichen Dienstes als Pflichtmitglieder unabhängig von Status, Geschlecht etc. Hinzu kommen die Beschäftigten im mittelbaren öffentlichen Dienst und bei solchen Arbeitgebern, die das Tarifrecht des öffentlichen Dienstes anwenden. Der größte Träger der ZÖD ist die Versorgungsanstalt des Bundes und der Länder. Daneben bestehen noch 24 Zusatzversorgungskassen des kommunalen und kirchlichen Dienstes, die unter dem Dach der Arbeitsgemeinschaft kommunale und kirchliche Altersversorgung (AKA) zusammengefasst sind.

9 Einkommenslage und -verteilung im Alter

9.1 Kumulation von Renten und Gesamteinkommen

Die Rentenzahlbeträge aus den verschiedenen Institutionen der Alterssicherung geben nur begrenzt Auskunft über die tatsächliche Einkommens- und Versorgungslage der älteren Menschen. Um ein umfassendes Bild zu erhalten, ist zu berücksichtigen, dass eine *Person* mehrere Leistungen (eigene und abgeleitete) aus einem oder mehreren Systemen beziehen kann. Das Gesamteinkommen auf der personellen Ebene ermittelt sich also durch die *Kumulation* mehrerer, aus unterschiedlichen Quellen stammender Renten.

Tabelle VIII.11:
Kumulationsformen von Alterssicherungsansprüchen 2003

Alterssicherungsleistungen	Gesamt in %	Männer in %	Frauen in %
Alte Bundesländer			
Nur eigene GRV-Rente	37	39	36
Eigene u. abgeleitete GRV-Rente	13	1	21
Eigene GRV-Rente und Betriebsrente	14	29	4
Eigene GRV-Rente und ZÖD-Rente	7	10	6
Nur eigene Beamtenpension	2	5	1
Eigene GRV-Rente und Beamtenpension	2	5	0
Keine Alterssicherungsleistungen	4	2	6
Sonstige	20	9	27
Gesamt	100	100	100
Neue Bundesländer			
Nur eigene GRV-Rente	68	88	54
Eigene u. abgeleitete GRV-Rente	29	7	43
Eigene GRV-Rente und Betriebsrente	1	1	0
Eigene GRV-Rente und ZÖD-Rente	1	2	1
Sonstige	1	0	2
Gesamt	100	100	100

0 = weniger als 0,5, jedoch mehr als 0

Quelle: Bieber, U., Klebula, D., Erste Ergebnisse aus der Studie Alterssicherung in Deutschland 2003, in: Deutsche Rentenversicherung 6-7/2005, S. 371.

Die Ergebnisse der auf einer repräsentativen Befragung beruhenden Studie „Alterssicherung in Deutschland“ zeigen, dass in den alten wie in den neuen Bundesländern der weit überwiegende Teil der älteren Männer (91 % bzw. 99 %) und älteren

Frauen (82 % bzw. 99 %) Renten aus der GRV bezieht. Charakteristisch für die Situation in den *alten* Ländern ist nun, dass die GRV-Rente häufig durch andere Leistungen ergänzt wird (vgl. Tabelle VIII.11). 44 % der Männer haben einen zusätzlich Anspruch auf Betriebsrenten und Zusatzversorgung sowie auf eine Beamtenpension. Ausschließlich auf die eigene GRV-Rente angewiesen sind 39 %. Bei den Frauen spielt die Witwenrente eine entscheidende Rolle, während ergänzende Betriebsrenten und Leistungen der Zusatzversorgung (insgesamt 10 % der Fälle) nur eine nachrangige Bedeutung haben. Etwa ein Viertel der älteren Frauen bezieht neben der eigenen eine abgeleitete Hinterbliebenenrente. Ausschließlich auf die eigene GRV-Rente angewiesen sind 36 % der Frauen.

Ein grundsätzlich anderes Bild zeigt sich in den *neuen* Ländern. Dort ist die GRV-Rente für 88 % der Männer und 54 % der Frauen das ausschließliche Alterseinkommen. Betriebsrenten, Renten aus der Zusatzversorgung im öffentlichen Dienst und Leistungen der Beamtenversorgung sind unbedeutend bzw. überhaupt nicht vorhanden. Bei den Frauen kommt (in 43 % der Fälle) noch die abgeleitete Hinterbliebenenrente hinzu.

Die Rentenkumulation hat unmittelbar Rückwirkung auf das personelle Gesamteinkommen im Alter. Im Folgenden wird zunächst auf die *durchschnittlichen* Nettoeinkommen eingegangen und zwischen den alten und neuen Ländern sowie zwischen Haushaltstypen unterschieden (vgl. Tabelle VIII.12):

- Aufgrund des weitgehenden Fehlens weiterer Leistungen aus anderen Sicherungssystemen liegen die Nettoalterseinkommen in den neuen Bundesländern im Schnitt deutlich niedriger als in den alten Bundesländern. Die höheren GRV-Renten können diese Benachteiligung der Älteren in den neuen Ländern nicht ausgleichen. Besser gestellt sind lediglich die Ehefrauen, weil im Osten auch verheiratete Frauen regulär erwerbstätig waren bzw. sind.
- Das Einkommen der verheirateten Männer übersteigt das der verheirateten Frauen deutlich. Zwar steigt die Verbreitungsquote von eigenen GRV-Renten bei den Frauen von Kohorte zu Kohorte an und nähert sich dem entsprechenden Anteil der Männer an (fast 100 % der Ehefrauen in den neuen und 79 % der Ehefrauen in den alten Ländern verfügen über eigenständige Ansprüche). Aber die Renten sind trotz einer Aufwärtsentwicklung in den letzten Jahren immer noch niedrig, so dass die Einkommenssituation der älteren Ehepaare nach wie vor weit überwiegend, nämlich zu 75,6 % in den alten Ländern und zu 63,9 % in den neuen Ländern, vom Einkommen der Ehemänner bestimmt wird.
- Bei den allein stehenden Frauen setzt sich das Gesamteinkommen sehr unterschiedlich zusammen. Während für die Witwen die zusätzlich zur eigenen Rente gezahlte Hinterbliebenenrente die Haupteinkommensquelle darstellt, erreichen ledige Frauen ihren Rentenanspruch nur durch überdurchschnittlich lange Erwerbs- und Versicherungszeiten.

Tabelle VIII.12:

Nettoeinkommen der älteren Bevölkerung: Durchschnittswerte und Schichtung 2003

Nettoeinkommen	Ehepaare	Alleinstehende Männer	Alleinstehende. Frauen		
			ledig	geschieden	verwitwet
	in %	in %	in %	in %	in %
Alte Bundesländer					
Durchschnitt in €	2.211	1.515	1.189	1.051	1.195
Zuwachs 1999 - 2003	10,7	8,9	6,2	10,2	4,5
Bis unter 200	0	0	1	0	0
200 bis unter 300	0	1	3	3	1
300 bis unter 500	0	2	4	3	4
500 bis unter 700	1	5	12	16	9
700 bis unter 1.000	4	13	27	33	27
1.000 bis unter 1.500	20	39	26	29	38
1.500 bis unter 2.000	26	22	15	11	13
2.000 bis unter 2.500	20	10	7	3	5
2.500 bis unter 5.000	26	8	4	2	3
5.000 und mehr	2	0	-	-	0
Neue Bundesländer					
Durchschnitt in €	1.938	1.284	953	827	1.207
Zuwachs 1999 - 2003	8,7	9,0	8,9	10,1	15,0
Bis unter 200	-	-	-	-	0
200 bis unter 300	-	0	0	1	-
300 bis unter 500	0	1	2	2	1
500 bis unter 700	0	3	17	30	4
700 bis unter 1.000	1	21	45	47	19
1.000 bis unter 1.500	14	54	31	18	61
1.500 bis unter 2.000	47	18	5	1	14
2.000 bis unter 2.500	27	2	-	1	2
2.500 bis unter 5.000	10	1	-	0	0
5.000 und mehr	0	1	-	-	-
in % der alten Länder	88	85	80	79	101

Bevölkerung: 65 Jahre und älter, bei Ehepaaren: Mann 65 Jahre und älter

Quelle: TNS Infratest Sozialforschung, Alterssicherung in Deutschland 2003 (ASID 2003), München 2005, S. 91 f.

Des Weiteren ist zu berücksichtigen, dass sich hinter den Durchschnittswerten eine breite Streuung der Einkommen verbirgt. So verfügen über weniger als 700 € im Monat (2003/alte Bundesländer)

- 8 % der allein stehenden Männer;
- 20 % der ledigen Frauen;
- 22 % der geschiedenen Frauen und
- 14 % der verwitweten Frauen.

Hier handelt es sich um Personen, die wegen ihrer ungünstigen Erwerbs- und Versicherungsbiografie nur niedrige eigene und abgeleitete GRV-Renten erhalten *und* zugleich auch keinen Zugang zu Leistungen aus anderen Sicherungssystemen haben.

Auf der anderen Seite geben immerhin 8 % der allein stehenden Männer und 28 % der Ehepaare an, über mehr als 2.500 € netto im Monat zu verfügen.

Nicht bekannt ist, wie hoch der Anteil der Älteren ist, die nach Beendigung ihrer Berufstätigkeit ihre Einkommensposition in etwa beibehalten können, also durch die Kombination von öffentlichen Regelleistungen und privaten wie betrieblichen Zusatzleistungen ein lebensstandardsicherndes Einkommen erhalten, und wie hoch der Anteil derer ist, die beim Übergang in den Ruhestand mit spürbaren Einbußen zu rechnen haben. Aus den Strukturprinzipien der Alterssicherungssysteme ergibt sich, dass Beamte sowie Arbeiter und Angestellte aus dem öffentlichen Dienst im Alter gut versorgt sind, da die Beamtenversorgung ein bifunktionales System ist (Regel- und Zusatzleistung in einem) und die Zusatzversorgung für Arbeiter und Angestellte nahezu alle Beschäftigten im öffentlichen Dienst erfasst. Problematischer gestaltet sich demgegenüber die Absicherung der Beschäftigten in der Privatwirtschaft. Denn weder die private noch die betriebliche Altersvorsorge sind in der Lage, die durch die Rentenversicherung nicht abgedeckten Versorgungslücken flächendeckend und ausreichend zu kompensieren.

9.2 Armut und Reichtum im Alter

Die Mehrzahl der älteren Menschen lebt in (Ehe)Paar-Beziehungen zusammen und wirtschaftet mit dem gemeinsamen Einkommen. Um deren Einkommenslage mit allein Stehenden zu können, müssen bei verheirateten Rentnern die personellen Einkommen zusammengefasst und als Pro-Kopf-Einkommen ausgewiesen werden. Zugleich ist der Kostenvorteil, der durch das Wirtschaften in einem gemeinsamen Haushalt entsteht, durch eine Bedarfsgewichtung zu berücksichtigen (vgl. dazu Bd. I, Kap. „Einkommen", Pkt. 2.4.5).

Das so am *Nettoäquivalenzeinkommen* bemessene und den älteren Menschen durchschnittlich zur Verfügung stehende Einkommen liegt bei Verheirateten oberhalb des gesamtgesellschaftlichen Durchschnitts. Haushalte in jüngeren Altersgruppen oder in besonderen Lebenslagen (Arbeitslosigkeit, allein Erziehende) stehen sich deutlich schlechter. Heute sind es die Älteren, die auf der Basis einer insgesamt guten Einkommenslage einmalig oder ständig private Übertragungen an ihre Kinder und Enkelkinder leisten.

Auch die Befunde aus der Armutsforschung zeigen, dass das Armutsrisiko bei älteren Menschen vergleichsweise niedrig ist und sich in den zurückliegenden Jahren deutlich verringert hat. Maßstab ist jeweils das Unterschreiten einer Einkommenshöhe von 60 % des bedarfsgewichteten Durchschnittseinkommens (Median) (vgl. Bd. I, Kap. „Einkommen“, Pkt. 2.4.2): So weisen Rentner und Pensionäre im Jahr 2003 eine Armutsquote von 11,8 % auf – gegenüber 13,5 % der Gesamtbevölkerung. Älteren Frauen sind mit 13,5 % stärker betroffen als ältere Männer mit 9,8 %. Deutlich höhere Armutsrisiken haben Arbeitslosenhaushalte sowie Familien mit Kindern und hier insbesondere allein Erziehende. Bezogen auf das Ziel der Armutsvermeidung kann also die Leistungsfähigkeit der Alterssicherungssysteme allgemein und der gesetzlichen Rentenversicherung im Besonderen als durchaus gut angesehen werden.

Auch der Anteil der älteren Menschen, die Sozialhilfe bzw. Grundsicherung im Alter empfangen, ist vergleichsweise niedrig. Am Jahresende 2005 bezogen rund 340.000 Personen ab 65 Jahren Leistungen der bedarfsorientierten Grundsicherung, das entspricht in etwa 1,9 % der Menschen ab 65 Jahren. (vgl. Bd. I, Kap. „Einkommen”, Pkt. 7.1.6).

Allerdings erfasst die Statistik den Personenkreis der armen alten Menschen nur ungenau, da speziell bei sehr alten Menschen noch immer eine hohe Unterausschöpfung ihrer Leistungsansprüche besteht. Die Gründe liegen vor allem in einer hohen Behördenscheu gegenüber der Institution „Sozialamt“, einer ausgesprochenen Verzichtshaltung insbesondere sehr alter Menschen, fehlenden Kenntnissen über Leistungen und Zugangsvoraussetzungen, der Furcht vor der Unterhaltsverpflichtung der eigenen Kinder sowie in einer ausgeprägten Angst vor der möglichen Stigmatisierung und Diskriminierung als Sozialhilfeempfänger. Es bleibt abzuwarten, ob bei der neuen Grundsicherung im Alter, die ja auf den Unterhaltsrückgriff auf Kinder verzichtet, die Quote der Nichtinanspruchnahme sinkt.

Den armen Älteren stehen die Menschen gegenüber, deren Einkommenslage im Alter durch Reichtum charakterisiert ist. Da sich die Vermögensbildung im Lebensverlauf vollzieht, sind es vor allem die Älteren, die auf Geld-, Grund- und Produktivvermögen zurückgreifen und dieses vererben können. Mitte der 1990er Jahre verfügten die Altenhaushalte mit einer Bezugsperson von über 65 Jahren über rund ein Viertel des gesamten Geldvermögens in Deutschland. Ihr Anteil an allen Haushalten betrug aber nur 17 %. Weitere 40 % der Rentnerhaushalte besaßen zugleich Immobilien. Allerdings ist das Vermögen auch im Alter sehr ungleich verteilt, und zwar noch stärker als das Einkommen: In der Gruppe der Mehrpersonenhaushalte über 65 Jahren gehörten 1998 den unteren 50 % dieser Haushalte nur 13 % des Geld- und Grundvermögens, hingegen fielen 33,7 % des Privatvermögens auf die obersten 10 % dieser Haushalte.

10 Zukunfts- und Finanzierungsprobleme der Rentenversicherung

Seit Jahren sind die Alterssicherungssysteme mit Finanzierungsproblemen konfrontiert. Die Politik reagiert mit der Anhebung der Einnahmen, vor allem aber mit Leistungs- und Ausgabenkürzungen. Rentenreformen werden in einem immer schnelleren Tempo von neuen Rentenreformen abgelöst. Das Vertrauen der Bevölkerung in die Stabilität und Sicherheit der Rentenversicherung schwindet. Die Besorgnis wächst, ob sich die Rentenversicherung angesichts des demografischen Umbruchs überhaupt noch finanzieren lässt. Vor allem die Jüngeren befürchten, zwar viel in das System einzahlen zu müssen, im eigenen Alter aber nur noch wenig zu erhalten. Die Rentenversicherung befindet sich nicht nur in einer andauernden Finanzkrise, sondern auch in einer Vertrauens- und Legitimationskrise.

Wie soll auf die Krise reagiert werden, reichen systemimmanente Reformen oder bedarf es grundlegender institutioneller Reformen bis hin zu einem Wechsel der Systeme? Die Beantwortung dieser Fragen setzt voraus, die Ursachen der Finanzierungsprobleme zu identifizieren. Im Folgen wird deshalb analysiert, welche Einflussfaktoren dafür verantwortlich sind, dass immer wieder neue Finanzierungslücken aufklaffen.

10.1 Störungen des Gleichgewichts von Einnahmen und Ausgaben

Bei Systemen, die das Umlageverfahren praktizieren, entstehen Finanzierungsprobleme jeweils dann, wenn die laufenden Einnahmen und die Ausgaben voneinander abweichen. Bei der Gesetzlichen Rentenversicherung, die über einen eigenständigen Haushalt abgewickelt wird, äußert sich ein Ungleichgewicht zwischen Einnahmen und Ausgaben unmittelbar und sichtbar in einem Haushaltsdefizit. Mit den Rücklagen lassen sich allenfalls kurzfristige Schwankungen von Einnahmen und Ausgaben ausgleichen. Bei den anderen Alterssicherungssystemen werden die Finanzierungsprobleme hingegen nicht gleichermaßen unmittelbar sichtbar. Die Beamtenversorgung beispielsweise ist in die allgemeinen Haushalte der Gebietskörperschaften eingebettet und wird über Steuern finanziert. Steigen hier die Ausgaben überproportional an, muss der Mehraufwand durch Kürzungen bei den anderen öffentlichen Leistungen oder durch Steuererhöhungen ausgeglichen werden. Im Unterschied zu Beitragssatzerhöhungen lassen sich Steuererhöhungen aber nicht einzelnen Ausgaben zurechnen.

Eine Störung des Gleichgewichts von Einnahmen und Ausgaben in der GRV kann mehrere Ursachen haben, denn auf die Finanzlage der GRV wirken Faktoren ein, die sowohl die Einnahmen wie die Ausgaben betreffen.

Die *Rentenausgaben* in einem Jahr errechnen sich aus

(1) der Zahl der Rentner bzw. der Zahl der Renten und

(2) der durchschnittlichen Rentenhöhe.

Die *Beitragseinnahmen* errechnen sich – bei gegebenem Beitragssatz und Bundeszuschuss – aus
(3) der Zahl der versicherungs- und beitragspflichtigen Beschäftigten und
(4) der durchschnittlichen Höhe des versicherungspflichtigen Bruttoentgelts.

Zu (1): Die Zahl der Renten ist abhängig von

- der Entwicklung, Altersstruktur und Lebenserwartung der Bevölkerung,
- dem Anteil der Rentenberechtigten an der Bevölkerung,
- den Altersgrenzen und dem Rentenzugangsalter.

Zu (2): Die durchschnittliche Rentenhöhe ist abhängig von

- der Struktur der Rentenanwartschaften,
- der Ausgestaltung des Solidarausgleichs im Leistungsrecht,
- der Rentenbemessung und -anpassung nach Maßgabe der Rentenformel.

Zu (3): Die Zahl der versicherungspflichtigen Beschäftigten ist abhängig von

- der Entwicklung, Altersstruktur und Erwerbsbeteiligung der Bevölkerung,
- der Zahl der tatsächlich Erwerbstätigen (ohne Arbeitslose);
- dem Anteil der versicherungspflichtig Beschäftigten an den Erwerbstätigen.

Zu (4): Das durchschnittliche Bruttoentgelt ist abhängig von

- dem Lohn-/Gehaltssatz der beitragspflichtig Beschäftigten je Stunde,
- der Arbeitszeit je Beschäftigten.

Bei der Analyse dieser Faktoren fällt auf, dass die Faktoren (2) und (4) im Zeitverlauf eine im Grundsatz gleichgewichtige Entwicklung aufweisen. Sieht man nämlich von strukturellen Veränderungen bei den Rentenanwartschaften ab, die sich eher langfristig bemerkbar machen und in ihrer Richtung unbestimmt sind (z.B. höhere Rentenanwartschaften der in den Rentenbezug nachrückenden Frauenkohorten, zugleich aber niedrigere Rentenanwartschaften der nachrückenden Männerkohorten), kommt es vor allem auf das Verhältnis von Lohnerhöhungen und Rentenanpassung an. Da sich die Rentenanpassung nach dem Prinzip der Rentendynamik an den Lohnerhöhungen ausrichtet, bewegen sich Ausgaben und Einnahmen insofern in dieselbe Richtung. Es kommt sogar zu Entlastungen, denn nach den mehrfachen Revisionen der Rentenformel folgen die Rentenanpassungen den Lohnerhöhungen nur noch abgebremst.

Maßgebend für das Finanzgleichgewicht ist deswegen in erster Linie das Verhältnis von (1) und (3), also von Rentnern und Beitragszahlern. Es wird als *Rentnerquotient* bezeichnet. Wenn mehr Rentnern weniger Beitragszahler gegenüberstehen, entsteht eine Lücke zwischen Ausgaben und Einnahmen. Dafür können längerfristig wirkende *demografische* Verschiebungen verantwortlich sein, aber auch die aktuellen Probleme auf dem *Arbeitsmarkt*. Die Analyse zeigt, dass die Finanzierungsprobleme der letzten Jahre arbeitsmarktbedingt sind; die demografischen Belastungen werden ab 2010 wirksam.

Abbildung VIII.16:

Bestimmungsgrößen von Rentenempfängern und Beitragszahlern in der Gesetzlichen Rentenversicherung

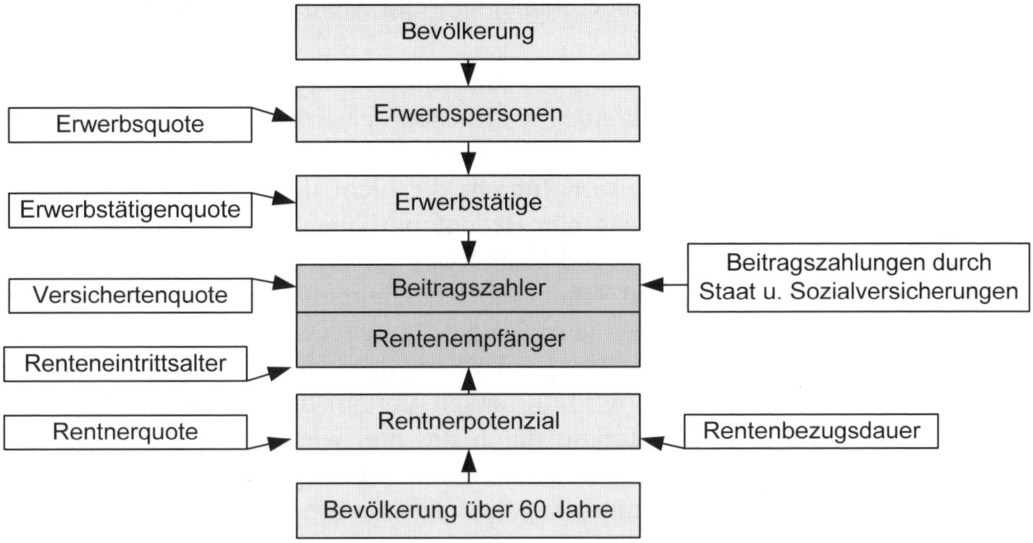

10.2 Rentenversicherung und Arbeitsmarkt

Die Lage auf dem Arbeitsmarkt wirkt in mehrfacher Hinsicht auf die Finanzlage der Rentenversicherung ein. Entwickelt sich die Zahl der sozialversicherungspflichtigen Beschäftigten rückläufig, was seit 2000 der Fall ist (vgl. Bd. I, Kap. „Arbeit und Arbeitsmarkt", Pkt. 3.2), kommt es unmittelbar zu Beitragsmindereinnahmen. Zwar entrichtet die Bundesagentur für Arbeit für ihre Leistungsempfänger Beiträge, aber deren Höhe ist niedrig, da sie auf der Basis einer reduzierten Bemessungsgrundlage berechnet werden (vgl. Pkt. 6.10 dieses Kapitels). Zudem gilt die Beitragspflicht nur für diejenigen Arbeitslosen, die überhaupt Lohnersatzleistungen beziehen. Ein völliger Beitragsausfall entsteht deshalb durch die hohe Zahl der nicht registrierten Arbeitslosen.

Diesen Einnahmeverlusten stehen arbeitslosigkeitsbedingte Ausgabensteigerungen gegenüber: Das niedrige Rentenzugangsalters lässt sich maßgeblich durch den Druck der Arbeitslosigkeit erklären. Für die GRV resultiert daraus eine finanzielle Doppelbelastung aufgrund kürzerer Beitragsdauern einerseits und längerer Rentenlaufzeiten andererseits. So ist in den alten Bundesländern der Anteil der mit der sog. Arbeitslosenaltersgrenze in die Rente übergewechselten männlichen Versicherten an allen Rentenneuzugängen von 2,8 % im Jahre 1970 auf 8,4 % im Jahre 1980, über 13,7 % im Jahre 1990 auf 23 % im Jahre 2003 angestiegen (vgl. Tabelle VIII.1). Die Rentenversicherung trägt insofern einen hohen des Teil Arbeitsmarktrisikos, indem sie die (amtlich ausgewiesene) Arbeitslosigkeit reduziert und die Bundesagentur für Arbeit von Ausgaben entlastet. Dies gilt auch für die zahlreichen Fälle der sog. „konkreten Betrachtungsweise" bei den Erwerbsminderungsrenten (vgl. Pkt. 6.4.1 dieses Kapitels). Allein für 2004 beziffert das Institut für Arbeitsmarkt- und Berufsforschung der Bundesagentur für Arbeit die Gesamtkosten der Arbeitslosigkeit, d.h. Mindereinnahmen und Mehrausgaben, für die GRV mit knapp 9,7 Mrd. €.

Da für die Einnahmenseite der GRV die Entwicklung der beitragszahlenden Beschäftigten entscheidend ist, können sich neben der Arbeitslosigkeit auch jene Veränderungen auf dem Arbeitsmarkt einnahmemindernd auswirken, die zu einer Ausweitung von Arbeitsverhältnissen führen, die nicht der Versicherungspflicht unterliegen. Eine große und wachsende Bedeutung haben hier die geringfügigen Beschäftigungsverhältnisse (Mini- und Midi-Jobs), die Arbeitsgelegenheiten sowie alle Formen der tatsächlichen und Scheinselbstständigkeit (vgl. Bd. I, Kap. „Arbeit und Arbeitsmarkt", Pkt. 3.2). Dies wird für die Rentenversicherung, wie auch für die anderen Sozialversicherungsträger, vor allem dann zum Problem, wenn ein Verdrängungsprozess eingeleitet wird, in dessen Verlauf die teuren, d.h. beitragspflichtigen Beschäftigungsverhältnisse durch die preiswerten, d.h. beitragsfreien ersetzt werden. Zwar werden bei fehlender Beitragszahlung auch keine Rentenanwartschaften erworben, so dass langfristig eine entsprechende Ausgabenminderung zu erwarten ist. Kurz- und mittelfristig jedoch überwiegen die Einbußen auf der Einnahmenseite.

Der Trend zur Teilzeitarbeit, soweit Teilzeitarbeit versicherungspflichtig ist, wirkt sich dagegen auf der Einnahmenseite nicht nachteilig aus. Denn das Beitragsaufkommen bleibt unverändert, wenn – um ein Beispiel zu nehmen – ein Vollzeitbeschäftigungsverhältnis in zwei Teilzeitbeschäftigungsverhältnisse umgewandelt wird. Durch das Berechnungsverfahren ergeben sich sogar Einsparungen bei den Ausgaben: Da sich die Lohndynamik am Einkommenszuwachs je einzelner/m durchschnittlich beschäftigten Arbeitnehmer orientiert und der Trend zur Teilzeitarbeit mit niedrigeren pro-Kopf Lohnzuwächsen verbunden ist, errechnen sich niedrigere aktuelle Rentenwerte und damit niedrigere Rentenanpassungssätze, als dies bei konstanter Arbeitszeit der Fall gewesen wäre. Dieser Effekt tritt gleichermaßen bei kollektiven Arbeitszeitverkürzungen auf. Auch hier wird ein Mehr an freier Zeit gegen niedrigere Lohnzuwächse „getauscht".

10.3 Alterssicherung im demografischen Umbruch

Die anhaltend niedrige Geburtenrate und die weitere Zunahme der sog. ferneren Lebenserwartung führen zu einer gegenläufigen Entwicklung in der Altersstruktur der Bevölkerung: Die Zahl der älteren Menschen nimmt auf der einen Seite zu, während auf der anderen Seite die Zahl der Personen im erwerbsfähigen Alter sinkt (vgl. Pkt. 2.1 dieses Kapitels). Diese Scherenentwicklung ist vornehmlich für die Zeit nach 2010/15 charakteristisch, wobei zwischen 2020 und 2030 besonders steile Anstiegsraten erwartet werden (vgl. Bd. I, Kap. „Ökonomische Grundlagen und Finanzierung", Pkt. 5.1).

Dramatisierende Prognosen, dass es angesichts dieses Umbruchs entweder zu steil ansteigenden Beitragssätzen oder aber zu tiefen Leistungseinschnitten kommen muss, um die Rentenausgaben zu finanzieren, sind allerdings mit Vorsicht zu behandeln. Denn Annahmen über die künftige Altersstruktur der Bevölkerung sind nicht gleichzusetzen mit der Entwicklung des Verhältnisses von Beitragszahlern und Rentnern in der GRV. Für die Einnahmenseite der Rentenversicherung ist nämlich nicht die Entwicklung der Bevölkerung im erwerbs*fähigen* Alter, sondern allein die Zahl der tatsächlich erwerbs*tätigen* und beitragszahlenden Beschäftigten maßgebend. Unter bestimmten, politisch gestaltbaren Voraussetzungen lässt sich in mittel- und längerfristiger Perspektive durchaus dafür sorgen, dass die Zahl der Erwerbstätigen nicht oder nur schwach rückläufig ist. Auch der Anstieg der Zahl der RentnerInnen kann gebremst werden. Damit wird sich der Rentnerquotient, d.h. das Verhältnis von Rentenempfängern zu Beitragszahlern, weniger dramatisch entwickeln, als dies bei den rein demografischen Berechnungen den Anschein hat:

- So kann von einem anhaltenden Trend der Zuwanderung, insbesondere von jüngeren Personen im erwerbsfähigen Alter ausgegangen werden. Zwar wird damit der Megatrend der Verschiebung der Altersstruktur der Bevölkerung nicht gestoppt, wohl aber im Anstieg abgeschwächt. In längerfristiger Perspektive, insbesondere für die Zeit nach 2010/15, lässt sich für eine aktive, arbeitsmarktpolitisch begründete Einwanderungspolitik plädieren, um das aus demografischen Gründen dann abnehmende einheimische Erwerbspersonenpotenzial zu ergänzen.
- Nach wie vor ist in den alten Bundesländern (nicht in den neuen Bundesländern!) die Frauenerwerbstätigenquote gering. Andererseits steigt die Erwerbsorientierung der Frauen kontinuierlich. Durch eine gezielte Förderung der Beschäftigungschancen von Frauen und durch eine Politik der besseren Vereinbarkeit von Berufstätigkeit und Familie lässt sich deshalb mittelfristig eine Ausweitung der Frauenerwerbstätigkeit etwa auf US-amerikanische oder skandinavische Erwerbstätigenquoten von rund 80 % und darüber ermöglichen.
- Die niedrige Erwerbstätigenquote älterer ArbeitnehmerInnen ist wesentlich arbeitsmarktbedingt und von daher auch umkehrbar. So ist eine Ausweitung der Alterserwerbsarbeit möglich, wenn für eine angemessene Gestaltung der Arbeits- und Beschäftigungsbedingungen (z.B. Qualifizierung nach dem Muster lebenslangen Lernens, Arbeitsplatzgestaltung, vorbeugender Gesundheitsschutz) gesorgt wird (vgl. Kap. „Arbeit und Gesundheitsschutz“, Pkt. 2). Ohnehin kann vermutet werden, dass bei einem Abbau der Arbeitslosigkeit und einer insgesamt schwächeren Besetzung der nachrückenden Jahrgänge die Betriebe wieder ein stärkeres Interesse an der Weiterbeschäftigung zumindest von Teilen ihrer älteren Belegschaften haben.

Da also die demografische Entwicklung nicht allein auf das Finanzierungsgleichgewicht der GRV einwirkt, ist ein demografischer Determinismus nicht angebracht. Vielmehr sind mit dem Beschäftigungsniveau und der Beschäftigtenstruktur von der demografischen Entwicklung unabhängige Faktoren wirksam, die durch Maßnahmen der Wirtschafts- und Beschäftigungspolitik steuerbar sind (vgl. zum Folgenden ausführlich Bd. I, Kap. „Ökonomische Grundlagen und Finanzierung“, Pkt. 5.3). Von zentraler Bedeutung ist deshalb in kurz- wie in längerfristiger Perspektive die Frage, wie ein Abbau der Arbeitslosigkeit erreicht und ein hohes Beschäftigungsniveau gesichert werden kann.

Aber auch dann, wenn eine Anhebung der Beitragssätze erforderlich wird, muss dies nicht mit einer absoluten Verschlechterung im Einkommens- und Lebensstandardniveau der beitragzahlenden Arbeitnehmer einhergehen. Vielmehr spricht alles dafür, dass Produktivität und Wertschöpfung der Gesellschaft weiter steigen werden und dass damit das zwischen den Bürgern – aktive wie inaktive – aufzuteilende Sozialprodukt größer wird. Das heißt, dass die höheren Belastungen aus den Zuwächsen der Bruttoeinkommen getragen werden können. Bei einer in Zukunft schrumpfenden Bevölkerung kann selbst bei einem nur schwach steigenden Sozialprodukt das Pro-Kopf-Einkommenswachstum vergleichsweise hoch ausfallen.

Die anderen umlagefinanzierten Alterssicherungssysteme sind von den Folgewirkungen des demografischen Umbruchs gleichermaßen betroffen. So wird es im Bereich der steuerfinanzierten Beamtenversorgung zu einem deutlichen Zuwachs der Zahl der Pensionäre kommen (vgl. Abbildung VIII. 15). Betroffen von den daraus resultierenden Aufwendungen sind aufgrund ihrer Personalstruktur (eine hohe Zahl von Beamten in Polizei, Justiz, Schule und Hochschule) schwerpunktmäßig die Länder. Die Länderhaushalte werden in Zukunft stark durch die Pensionszahlungen belastet.

Auch kapitalfundierte Alterssicherungssysteme sind keineswegs von den demografischen Risiken befreit (vgl. dazu im Einzelnen Bd. I, Kap. „Ökonomische Grundlagen und Finanzierung“, Pkt. 7.6). Eine steigende Lebenserwartung führt zwangsläufig dazu, dass der für die Altersphase angesammelte Kapitalstock nun für eine längere Zeit reichen muss. Entweder sinken die monatlichen Auszahlungen bzw. Renten oder aber der Kapitalstock muss größer ausfallen, was eine höhere Spar- bzw. Prämienzahlung zur Folge hat. Zugleich hat die Verschiebung der Altersstruktur Einfluss auf die Renditen einer kapitalfundierten Altersvorsorge. Denn je größer die Zahl derjenigen wird, die das angesparte Kapital aufzehren, also in Geld umwandeln wollen, weil sie im Alter davon leben wollen, und je kleiner die Zahl derer wird, die sparen und Kapital aufbauen, um so mehr steigt die Gefahr, dass der Kapitalbestand durch das „Entsparen“ entwertet wird. Denn wenn es bei einer schrumpfenden Bevölkerung nicht genügend Käufer für die aufzulösenden Vermögenstitel einer wachsenden Zahl von Rentnern gibt, fällt deren Kurs und damit deren Wert. Das gesparte Kapital wird sich dann als zu gering herausstellen, um den Lebensstandard zu sichern.

Es bleibt die Einsicht, dass sich das realwirtschaftliche Problem des demografischen Umbruchs, mehr Ältere müssen durch weniger Jüngere versorgt, werden, nicht durch die Wahl einer anderen Finanzierungsform umgehen lässt. Vielmehr kommt es darauf an, dass das Sozialprodukts in Zukunft steigt und hoch genug ist, um den Prozess der intergenerationalen Umverteilung ohne Einkommensverluste realisieren zu können.

10.4 Benachteiligung der Jüngeren? Renditen im Generationenvergleich

Die alterslastbedingten Finanzierungsprobleme der Rentenversicherung lassen die Sorge laut werden, dass die nachrückenden Generationen (im Sinne von Kohorten) nicht mehr genug an Leistungen aus der Rentenversicherung herausbekommen, ja womöglich mehr einzahlen als sie später als Renten erhalten. In diesem Fall läge der Barwert der Rentenzahlungen unter dem Barwert der für die Altersvorsorge gezahlten Beiträge. Die Jüngeren wären damit gegenüber den Vorgängerkohorten benachteiligt, die höhere Renditen erreichen konnten. Das Prinzip der *Generationengerechtigkeit* würde verletzt, hier verstanden als der Anspruch der Kohorten, *unabhängig* von ihrer Besetzungsstärke einen angemessenen verzinsten Gegenwert ihrer Beiträge zurück zu erhalten.

Dieses auf die Aufrechnung von Leistung und Gegenleistung bezogene Renditedenken basiert auf der normbildenden Äquivalenzlogik der Rentenversicherung, die eine Gegenleistung für die gezahlten Beiträge verspricht. Übersehen wird dabei jedoch, dass tatsächlich die Höhe der Beitrags*sätze* keinen Einfluss auf die Berechnung der Rente hat: Die für die Rentenformel maßgebenden Entgeltpunkte errechnen sich allein aus dem relativen Einkommen, das der Beitragszahlung zu Grund liegt.

Wenn nun aus demografischen Gründen die Zahl der Beitragszahler zurückgeht und die Beitragssätze angehoben werden müssen, um ein gegebenes Rentenniveau finanzieren zu können, ist es unvermeidbar, dass die Beitragsrenditen sukzessive sinken. So gesehen finden die jeweils jüngeren Geburtsjahrgänge, die am Anfang ihres Erwerbslebens stehen oder davor sind, in die Erwerbsphase einzusteigen, schlechtere Bedingungen vor als ihre Vorgängerkohorten. Während die stärker besetzten Vorgängerkohorten mit niedrigeren Beitragssätzen ein höheres Rentenniveau erreichen konnten, fällt die „*Generationenbilanz*" der schwächer besetzten Jüngeren, die mit deutlich geringeren Renditen aus der Rentenversicherung rechnen müssen, negativ aus. Allerdings bleiben die Renditen für die heute jungen Versichertenjahrgänge immer noch deutlich positiv, da nicht außer Acht bleiben darf, dass sich aufgrund der steigenden Lebenserwartung die Rentenlaufzeit verlängert, also der Gegenwert der Beiträge erhöht.

Eine Festschreibung des Beitragssatzes über die Zeit, die erforderlich wäre, um kohortenübergreifend gleiche Bedingungen auf der Kosten- und Belastungsseite herzustellen, hat infolge des dann zwingend absinkenden Rentenniveaus zunächst eine Schlechterstellung der heutigen RentnerInnen zur Folge. Aber auch die

Jüngeren erzielen dadurch keinen „Gewinn“, da sie nicht nur ein Interesse an niedrigen Kosten, d.h. Beitragssätzen, haben sondern zugleich auch an hohen Erträgen, d.h. Renten. Da das abgesenkte Rentenniveau auch die nachrückenden Generationen belastet, lässt sich eine konstante Kosten-Ertragsbilanz über diesen Weg nicht erreichen.

Die Frage ist nun, ob die bei einem wachsenden Rentnerquotienten eintretenden Renditeverschlechterungen gegen Gerechtigkeitsvorstellungen verstoßen und als Problem angesehen werden müssen (und ob dies bei einer privaten Altersvorsorge anders ist). Als Maßstab dient hier ein Gerechtigkeitsbild, das sich auf das marktmäßige Aufrechnen von Leistung und Gegenleistung in einer intergenerationalen Perspektive beschränkt. Das im Sozialstaat allgemein und der Rentenversicherung im Besonderen zum Ausdruck kommende Solidarverhältnis zwischen den Generationen wird in Renditevergleiche ökonomistisch umgedeutet. Das Ziel, auch den nachrückenden Generationen angemessene Renditen zu sichern, kann aber nicht der wichtigste oder gar ausschließliche Maßstab für die Alterssicherungspolitik sein, wenn man an die Ziele Sicherheit, Zuverlässigkeit, Wohlstandsteilhabe, Armutsfestigkeit und wirtschaftliche Tragfähigkeit denkt. Der Ansatz, eine rechnerische Gleichstellung zwischen den Generationen herzustellen, muss auch deswegen scheitern, weil es eine Gleichbehandlung über die Zeit nicht gibt und geben kann. Jede Generation unterliegt einmaligen Bedingungen und Herausforderungen, wenn man in Deutschland nur an Krieg, Wiederaufbau, DDR-System und Arbeitslosigkeit denkt. Auch die Altersstruktur der Bevölkerung unterliegt ständigen Veränderungen, die Rechtsprechung führt zu neuen Entscheidungen und die politischen Verhältnisse, Mehrheiten und Meinungen sind in einer Demokratie nicht absehbar. Der Anspruch auf Gleichbehandlung würde jede Veränderung ausschließen, sei es – um nur einige Beispiele zu nennen – im Steuerrecht, in der Arbeitmarktpolitik oder in der Sozialversicherung. Die Angleichung der Renten in den neuen Bundesländern an das westdeutsche Niveau, die Anerkennung von Kindererziehungszeiten in der Rentenversicherung ab einem bestimmten Stichtag oder die Einführung der Pflegeversicherung mit sofortigem Anspruchsrecht auf Leistungen und einem entsprechenden Einführungsvorteil der ersten Empfängergeneration hätte es nicht geben dürfen, weil bestimmte Kohorten bessere oder schlechtere Renditen realisieren.

Aber selbst dann, wenn man sich auf die Ebene der Vergleiche zwischen Kohorten begibt, lässt sich nicht davon sprechen, dass die Jüngeren zu einer „Verlierergeneration“ zählen werden.

- Die stärkere Belastung der nachrückenden Kohorten bezieht sich auf relative Größen. Bei einem insgesamt größer werdenden Sozialprodukt werden trotz steigender Beitragssätze auch die Arbeitnehmereinkommen noch steigen.
- Bewertet man die geringere relative Beitragsbelastung der Vorgängerkohorten als „Bevorzugung“, fällt aus dem Blickfeld, dass früher nicht nur der allge-

meine Lebensstandard und die gesamtwirtschaftlichen Verteilungsspielräume enger waren, sondern für die Rentenanwartschaft bzw. für einen Entgeltpunkt weitaus länger gearbeitet werden musste, als dies heute und auch in Zukunft der Fall ist.

- Renten, wie alle anderen Sozialleistungen auch, werden aus dem erwirtschafteten Volkseinkommen und nicht aus demografischen Quoten finanziert. Das wirtschaftliche Leistungsvermögen der Volkswirtschaft, d.h. Niveau und Entwicklungstempo des Sozialproduktes, ist dabei nicht allein Ergebnis von Investitionsdynamik und Arbeitseinsatz in der aktuellen Periode. Die Produktivität der Arbeitsleistung hängt auch elementar vom Bestand an Realkapital, öffentlicher Infrastruktur und Humankapital ab, der in der vergangenen Periode von der jetzt älteren Generation geschaffen worden ist. Diese Vorleistungen sind ein wichtiger Faktor für das Einkommensniveau der nachrückenden Kohorten.
- In den Generationenvergleich sind alle Transferströme einzubeziehen, also die früheren wie die aktuellen Leistungen der älteren Generation an die Jüngeren, dies im öffentlichen (Steuer- und Beitragszahlungen der Älteren) und privaten Bereich (laufende und einmalige Übertragungen an Kinder und Enkelkinder).

Die stärkere Belastung der jüngeren Kohorten lässt sich auch bei einer kapitalgedeckten privaten Altersvorsorge nicht vermeiden. Zwar hat es den Anschein, dass bei der Kapitalfundierung jede Generation nur für sich selber sorgt, so dass die Besetzungsstärke und die Zahlungsfähigkeit der nachrückenden Jahrgänge keine Bedeutung haben. Dies gilt aber nicht aus gesamtwirtschaftlicher Sicht; in der Summe aller Fälle hat eine ungünstiger werdende Altersstruktur durchaus Rückwirkungen auf den Kapitalmarkt und setzt die Renditen unter Druck. Auch insgesamt lässt sich die häufig geäußerte Auffassung empirisch nicht belegen, die Rendite bei der kapitalbasierten Altersvorsorge liege deutlich über der der umlagefinanzierten Rentenversicherung. Die allgemeinen Kapitalmarktzinsen oder durchschnittliche Umlaufrenditen öffentlicher Anleihen sind kein Maßstab, weil nur Gleiches mit Gleichem verglichen werden kann. Auf dem Markt gibt es aber keine Altersvorsorgeprodukte, die hinsichtlich ihres Leistungsspektrums (monatliche Altersrente, sozialer Ausgleich, Hinterbliebenenrente, Erwerbsminderungsrente, Rehabilitation), ihrer Dynamik und ihrer Sicherheit mit der Rentenversicherung verglichen werden können. Sicherlich finden sich Altersvorsorgeprodukte mit hohen Renditen, diese decken in der Regel aber noch nicht einmal die biometrischen Risiken ab und sind mit hohen Unsicherheiten behaftet. Die höhere Rendite ist zum Teil nichts anderes als ein Risikozuschlag für die größere Unsicherheit.

10.5 Politik der Konsolidierung der Rentenfinanzen

Wie die Darstellung gezeigt hat, sind die seit Ende der 1980er Jahre anhaltenden Finanzierungsprobleme in der Rentenversicherung keine Folge des (erst später einsetzenden) demografischen Umbruchs, sondern lassen sich im Wesentlichen auf die angespannte Lage auf dem Arbeitsmarkt zurückführen. Hinzu kommen die Folgewirkungen der Übertragung des Rentenrechts auf die neuen Bundesländer, die den Rentnern dort zwar eine wesentliche Einkommensverbesserung gebracht hat, aber durch Transfers aus den alten Bundesländern finanziert werden muss. Vor diesem Hintergrund war die Rentenpolitik der letzten Jahre in erster Linie eine Politik der Konsolidierung der Rentenfinanzen. Leistungsverbesserungen beschränkten sich auf einzelne familienpolitische Komponenten. Ziel der Konsolidierungsmaßnahmen war es, durch zusätzliche Einnahmen auf der einen und durch Leistungskürzungen auf der anderen Seite einen Anstieg der Beitragssätze zu vermeiden. Spätestens seit Beginn der ersten rot-grünen Bundesregierung dominiert das Prinzip eines auf lange Jahre festgeschriebenen Beitragssatzes und damit einer einnahmeorientierten Ausgabenpolitik.

Einnahmenverbesserungen wurden erzielt durch

- die mehrfache Anhebung des Bundeszuschusses (vgl. Pkt. 6.10 dieses Kapitels). Mittlerweile hat die Steuerfinanzierung in der Rentenversicherung ein so hohes Niveau erreicht, dass von einer Unterabdeckung der sog. versicherungsfremden Leistungen nicht mehr gesprochen werden kann. Der Bundeszuschuss reicht weit über die Dimensionen des sog. externen Ausgleichs hinaus und ist Ausdruck der politisch gewollten Beteiligung des Bundes an der längerfristigen Finanzierbarkeit der GRV (vgl. Bd. I, Kap. „Ökonomische Grundlagen und Finanzierung“, Pkt. 3.5);
- Beitragszahlungen des Bundes für Kindererziehungszeiten;
- die Erhöhung der Beitragsbemessungsgrenze;
- mehrfache Absenkung der Rücklagen
- das Vorziehen der Beitragszahlung durch die Arbeitgeber auf den Monatsanfang mit einem positiven Einmaleffekt im Jahr 2006.

Durch Rechtsänderungen in anderen Bereichen der Sozialpolitik ist es aber auch zu *Einnahmeminderungen* bei der Rentenversicherung gekommen, dazu zählen u.a.

- Ausdehnung der versicherungsfreien Beschäftigung durch Neuregelung der Mini- und Midi-Jobs,
- verkürzte Dauer der Zahlung von Arbeitslosengeld I,
- mehrfache Absenkungen der Beiträge für Leistungsempfänger der Bundesagentur für Arbeit, insbesondere für Empfänger von ALG II
- die beitragsfreie Entgeltumwandlung und deren voraussichtliche Verlängerung über 2008 hinaus.

Zu *Ausgabenbegrenzungen* haben insbesondere die Gesetze der Jahre 1999 (Rentenreformgesetz), 2002 (Altersvermögensgesetz und Altersvermögensergänzungsgesetz = „Riester Rente“) und 2005 (Rentenversicherungsnachhaltigkeitsgesetz) beigetragen. Folgende Eckpunkte sind hierbei von besonderer Bedeutung:

- mehrfache Abschwächung der Rentendynamik;
- Kürzungen bei der Berücksichtigung von beitragsfreien Zeiten (z.B. wegen Arbeitslosigkeit, Krankheit, Wehrdienst);
- Neuregelung der Renten wegen Berufs- und Erwerbsunfähigkeit durch Einführung einer Erwerbsminderungsrente;
- mehrfache Kürzungen bis hin zu Streichungen von rentensteigernden Anrechnungszeiten bei Schul- und Hochschulausbildung;
- Kürzung des Berechnungssatzes der Hinterbliebenenrente und Erweiterung der Einkommensanrechnung;
- Übernahme des vollen Beitragssatzes zur Pflegeversicherung durch die Rentner,
- Zusatzbeitrag zur Krankenversicherung der Rentner analog zu den Erwerbstätigen für die Finanzierung von Zahnersatz und Krankengeld,
- Beschleunigte Anhebung der Altersgrenzen und Einführung von versicherungstechnischen Abschlägen bei vorgezogenem Rentenbezug.

Diese Einschnitte führen in ihren summierten Effekten zu einer erheblichen Ausgabenminderung, die sich nicht nur kurzfristig, sondern vor allem mittel- und längerfristig bemerkbar macht. Nach den Berechnungen der Bundesregierung wird der Beitragssatz trotz der demografischen Belastungen bis zum Jahr 2030 die Grenze von 22 % nicht überschreiten. Die ersten Langfristprognosen, die gegen Ende der 1980er Jahre veröffentlicht wurden, gingen hingegen noch von einem Anstieg des Beitragssatzes bis auf über 36 % aus. Diese Begrenzung der Beitragsbelastung der Aktiven ist auf der anderen Seite mit einer ebenso erheblichen Absenkung des Leistungsniveaus der Rentenversicherung verbunden. An der immer wieder aufflammenden akuten Finanzkrise der Rentenversicherung haben die Maßnahmen indes nur wenig verändert. Durch die andauernd schlechte Wirtschaftslage, die Lohnstagnation und die dramatische Situation auf dem Arbeitsmarkt werden neue Einnahmenlücken aufgerissen. Die aktuelle Finanzierungskrise der Rentenversicherung ist eine Einnahmenkrise. Da die Rücklagen vollständig abgeschmolzen sind, wird eine Erhöhung des Beitragssatzes im Jahr 2007 auf 19,9 % unausweichlich.

11 Reformbedarf und -perspektiven der Alterssicherung

Die seit langen Jahren geführte wissenschaftliche und politische Diskussion über die zukünftige Ausgestaltung der Alterssicherung in Deutschland wird sich vor dem Hintergrund erschwerter Rahmenbedingungen und neuen Herausforderungen fortsetzen. Denn die ökonomischen, demografischen, politischen und sozialstrukturellen Veränderungen haben dazu geführt, dass der Sozialstaat unter einem erheblichen Anpassungsdruck steht. Dies betrifft auch und vor allem die Gesetzliche Rentenversicherung, die allein hinsichtlich ihrer finanziellen und personellen Bedeutung das wichtigste Element des deutschen Sozialstaatsmodells darstellt. Auf der politischen Themenliste stehen Veränderungen sowohl im Leistungssystem als auch bei der Finanzierung. Diese Veränderungen unterscheiden sich in ihrer Zielsetzung und Reichweite:

- Zum einen geht es um das Verhältnis von öffentlicher, umlagefinanzierter und privater, kapitalfundierter Alterssicherung und damit um die Frage, ob die Privatisierung der Alterssicherung weiter vorangetrieben wird.
- Zum zweiten wird diskutiert, ob es im Bereich der öffentlichen Alterssicherung bei der Gesetzlichen Rentenversicherung bleibt, oder ob ein grundlegender Systemwechsel hin zur Grundrente eingeleitet werden soll. Bei einer Entscheidung für die Rentenversicherung muss dann allerdings geklärt werden, welche systemimmanenten Reformen notwendig sind, um die lohn- und beitragsbezogene Rente leistungs- und finanzierungsfähig zu halten.
- Zum dritten ist mit Rückwirkung auf alle Alterssicherungssysteme und -formen zu klären, ob es der demografische Wandel erforderlich macht, die Altersgrenzen anzuheben und das Ruhestandsalter nach hinten zu verlagern.

11.1 Rückführung der Rentenversicherung und Ausbau der betrieblichen und privaten Altersvorsorge

Angesichts der anhaltenden Finanzierungsprobleme der Rentenversicherung findet die Forderung Resonanz, die Finanzierungsfähigkeit der Rentenversicherung durch eine noch stärkere und schnellere Absenkung des Rentenniveaus sicher zu stellen und zugleich den Ausbau der privaten und betrieblichen Altersvorsorge zu forcieren. Eine solche Strategie, die das Mischungsverhältnis zwischen der Rentenversicherung auf der einen und der privaten wie betrieblichen Altersvorsorge auf der anderen Seite weiter in Richtung der kapitalgedeckten, marktlichen Vorsorge verschiebt, würde allerdings die Probleme, die schon jetzt in der Rentenversicherung erkennbar sind, verschärfen und insgesamt Charakter und Zielrichtung des Sozialstaats verändern.

Wenn nämlich das Niveau der lohn- und beitragsbezogenen Rente weiter absinkt und eine wachsende Zahl von Versicherten trotz langjähriger Beitragspflicht nur noch eine unzureichende, kaum das Armutsniveau erreichende Rente erhält, werden Akzeptanz und Legitimität des Sozialstaats allgemein und der Rentenversicherung im Besonderen strukturell gefährdet. Ziel des Sozialstaats kann es aber nicht sein, besonders wenig zu kosten, sondern er muss seinen Zweck erfüllen, nämlich eine verlässliche Absicherung auch und gerade im Alter zu gewährleisten. Das ist nicht erreichbar, wenn sich die Politik einseitig auf das Ziel der Beitragssatzstabilität konzentriert. Das Zurückdrängen der Altersarmut war eine herausragende Leistung der Rentenversicherung in Deutschland. Wird die Politik der Rückführung der Rentenversicherung fortgesetzt, wird es wieder vermehrt zu Altersarmut kommen. Vor allem die Langzeitarbeitslosen laufen Gefahr, auch im Alter in Armut leben zu müssen (vgl. Pkt. 6.8.3 dieses Kapitels).

Soll diese Entwicklung vermieden werden, wird es erforderlich, die sozialen Ausgleichsleistungen in der Rentenversicherung wieder zu verstärken und beim Rentenniveau ein Mindestniveau (Niveausicherungsklausel) festzulegen, das nicht unterschritten werden darf. Dies setzt dann zwingend Anpassungen auf der Einnahmeseite voraus; steigende Beitragssätze lassen sich nicht ausschließen.

Mehrbelastungen der mittleren Generation werden auch bei einem anderen Mischungsverhältnis zwischen öffentlicher und privater Vorsorge nicht zu vermeiden sein. Denn auch in einem privaten oder betrieblichen Alterssicherungssystem ist die Absicherung einer wachsenden Zahl älterer Menschen nicht kostenlos zu haben. Immer müssen Bestandteile aus dem verfügbaren Einkommen für die Vorsorge abgezweigt werden. Wenn auf die Finanzierbarkeit der Alterssicherung abgestellt wird, reicht es also nicht, nur die Rentenversicherungsbeiträge zu betrachten; hinzugezählt werden müssen die Abzüge für die private und betriebliche Vorsorge. Es kommt zu einer Doppelbelastung der jüngeren und mittleren Generation, die neben den Rentenbeiträgen auch noch den Aufbau des eigenen Kapitalstocks finanzieren müssen. Entlastet werden die Arbeitgeber, da die private Altersvorsorge keinen Arbeitgeberbeitrag kennt.

Die bei einer Rückführung der Rentenversicherung aufreißenden Sicherungslücken, werden weder die betriebliche noch die private Vorsorge ausgleichen können. Die vorliegenden Erkenntnisse und Erfahrungen zeigen, dass der Austausch zwischen der öffentlichen, im Umlageverfahren organisierten Rentenversicherung und privaten, kapitalfundierten Vorsorgeformen sich nicht im Verhältnis 1:1 vollziehen kann und wird. Charakteristikum aller Formen einer nicht obligatorischen privaten Altersvorsorge ist gerade, dass sie im Unterschied zur gesetzlichen Rente nicht flächendeckend und sozial ausgleichend gestaltet sind, sondern in mehrfacher Hinsicht selektiv wirken. Es wird zu Begünstigten, aber auch zu Benachteiligten kommen. Die Einkommensabsicherung im Alter wird sich in einem hohen Maße nach oben und unten ausdifferenzieren.

Elemente des Solidarausgleichs, die für die gesetzliche Rentenversicherung trotz aller Kürzungen immer noch typisch sind, so die Anrechnung von Zeiten der Arbeitslosigkeit, der Krankheit, der Kindererziehung, der Pflege, der Ausbildung oder die Höherstufung von Beiträgen aus erziehungsbedingter Teilzeitarbeit kennen private und betriebliche Systeme systembedingt nicht. Sinkt nun das Rentenniveau kontinuierlich ab, mindert sich der Wert auch dieser Zeiten, ohne dass durch private Vorsorge ein Ausgleich geleistet werden könnte. Die bei der GRV ohnehin schon enge Kopplung zwischen Arbeitsmarktbeteiligung und Einkommenshöhe auf der einen und Rentenansprüchen auf der anderen Seite wird bei der privaten und betrieblichen Altersvorsorge noch einmal verstärkt. Jene erhalten keine oder nur unzureichende Zusatzleistungen, denen der Zugang zum Arbeitsmarkt zwischenzeitlich oder dauerhaft versperrt ist, die wenig und unregelmäßig verdienen und die die Vorgaben des Normalarbeitsverhältnisses nicht erfüllen.

Aber auch dann, wenn privat vorgesorgt wird, ist eine ausreichende Gesamtabsicherung im Alter nicht automatisch gewährleistet. Denn den Betroffenen ist im jüngeren und mittleren Lebensalter unbekannt, welche Einkommenslücke sie beim Übergang vom Arbeitsleben in den Ruhestand durch private Vorsorge abdecken müssen. Immerhin geben die Rentenmitteilungen der GRV, die die Versicherten über den Stand und die wahrscheinliche Entwicklung ihrer Rentenanwartschaften informieren, eine Orientierung. Da sich aber die konkrete Versorgungslücke erst im späteren Berufsverlauf, gegen Ende des Erwerbslebens abzeichnet, wird es schwer bis unmöglich, dann noch die Vorsorgeanstrengungen zu intensivieren.

Als ein weiteres Risiko erweist sich bei der privaten Vorsorge die fehlende Dynamisierung der Leistungen. Die nominal konstanten Renten einer privaten Rentenversicherung verlieren im Zuge der allgemeinen Einkommens- und Preisentwicklung an Kaufkraft. Ältere Menschen im Alter von 80 Jahren und mehr, die also ihre private Rente sehr lange beziehen, müssen schon bei einer niedrigen Inflationsrate Sorge haben, dass der Gegenwert ihrer privaten Rente rapide sinkt. Bei der betrieblichen Altersversorgung sind zwar Anpassungsregelungen vorhanden, eine feste Kopplung an die Preisentwicklung ist jedoch nicht üblich.

Ein *Obligatorium* bei der betrieblichen Altersvorsorge wäre ein Weg, um deren Verbreitungsgrad zu vergrößern. Um den Tarifparteien einen Gestaltungsspielraum zu geben, sollten dabei tarifliche Vereinbarungen den Vorrang haben. Ob ein Obligatorium auch bei der privaten Altervorsorge sinnvoll ist, muss hingegen bezweifelt werden. Denn ganz abgesehen von den Schwierigkeiten, eine Verpflichtung zur privaten Vorsorge administrativ durchzusetzen, ist nach dem Sinn einer Regelung zu fragen, alle Bürger zum Sparen und zur Kapitalbildung zu verpflichten, d.h. auch jene, die nur wenig verdienen oder arbeitslos sind und deren Problem die Verschuldung und häufig genug die Überschuldung ist.

Hinter der gesellschaftspolitischen Grundentscheidung über die Ausrichtung der Alterssicherung stehen schließlich auch wirtschaftliche Interessen. Die Rückführung der Rentenversicherung erweitert den Markt für Altersvorsorgeprodukte und liegt im vitalen Interesse der international operierenden Versicherungen, Banken und Fondsgesellschaften, die mit Umsätzen und Gewinnen in mehrstelligen Milliardenbeträgen rechnen können. Pensionsfonds zählen mittlerweile zu den größten Finanzinvestoren auf den internationalen Märkten.

11.2 Grundrente oder lohn- und beitragsbezogene Rente

Das bei einer Ausdünnung der Rentenversicherung anwachsende Risiko der Altersarmut ließe sich durch einen Systemwechsel hin zu einer Grundrente vermeiden: Die öffentliche Alterssicherung wäre nicht länger lohn- und leistungsbezogen, sondern auf das Ziel einer armutsfesten Grundabsicherung ausgerichtet. Dieses Modell einer steuerfinanzierten Grundrente („Staatsbürgerrente") würde jedem älteren Bürger ab einer bestimmten Altersgrenze (z.B. 65 Jahre) und ab einer bestimmten Wohnsitzdauer (z.B. nach 25 Jahren Aufenthalt) einen voraussetzungslosen Leistungsanspruch einräumen. Die über das Grundrentenniveau hinausreichende, äquivalenzbezogene Zusatzversorgung müsste dann kapitalgedeckt sein und über den Markt geregelt werden. Je nach Modellvariante lässt sich diese Zusatzversorgung freiwillig oder obligatorisch ausgestalten.

Die interpersonelle Umverteilung wäre dann allein auf die Grundrente begrenzt, während die Zusatzsysteme in der zweiten und dritten Säule die Lebensstandardsicherung zum Ziel haben. Die vormalige Erwerbs- und Einkommensposition würden weder den Anspruch auf Grundsicherung im Alter noch deren Leistungshöhe berühren. Erwerbsunterbrechungen, Nicht-Erwerbstätigkeit, Kindererziehung, Arbeitslosigkeit, Teilzeitarbeit, der Übergang zur Selbständigkeit hätten keine negativen Auswirkungen auf die Grundrente.

Über das Pro und Kontra eines Übergangs zu einem Grundrentensystem ist in den zurückliegenden Jahren kontrovers diskutiert worden. Die langjährige Debatte hat gezeigt, dass die Bedenken gegenüber einem solchen Radikalschnitt überwiegen:

- Die hohen Aufwendungen für eine Grundrente sind nur über deutliche Erhöhungen von Einkommen- und/oder Verbrauchsteuern finanzierbar. Im Gegenzug würden die Beitragsbelastungen aber nur langsam sinken. Betroffen von den Steuererhöhungen wäre primär die jeweils erwerbstätige Generation, die aber gleichzeitig noch nach dem Umlageverfahren so lange für die Finanzierung der laufenden Renten der jeweiligen Rentnergeneration zuständig ist, bis diese gleichsam „natürlich" auslaufen. Denn die gesetzlichen Renten und Rentenanwartschaften unterliegen einer grundgesetzlich geschützten Eigentumsgarantie und müssen gezahlt werden. Zusätzlich wäre auch noch für die ergänzende private Altersvorsorge zu sparen. Die entsprechende „Übergangsperiode" wird dabei auf 40 - 50 Jahre geschätzt. Diese Parallelität von „Aufbaufinanzierung" und „Auslauffinanzierung" würde die Übergangsgeneration überfordern. Der Systemwechsel wäre für sie wesentlich teurer als die Fortführung der Rentenversicherung. In einer Zeit, in der auch bei der Grundrente die demografischen Belastungen wirksam werden, weil sich das Verhältnis zwischen der älteren Bevölkerung und den Steuerzahlern verschiebt, fallen also noch Zusatzbelastungen an.
- Der Abgabenwiderstand bei Steuern ist höher ist als bei Sozialversicherungsbeiträgen. Diese werden aufgrund des sichtbaren Entsprechungsverhältnisses von Zahlungen und späteren Leistungen weit eher akzeptiert. Zugleich haben steuerfinanzierte Grundrenten ein geringeres Maß an Rechtssicherheit, Berechenbarkeit und gesellschaftlicher Anerkennung als beitragsfinanzierte Renten.
- Angesichts der Finanzierungsprobleme in der Umstellungsphase wird die Grundrente unter Druck geraten; das Risiko von Niveauabsenkungen und Einkommens- und Vermögensanrechnungen wächst. Da die Grundrenten aus den allgemeinen Haushaltsmitteln aufgebracht werden müssen und ihnen der Ei-

gentumscharakter fehlt, der bei Versicherungsrenten durch die Äquivalenz zwischen Beiträgen und späteren Leistungen hergestellt wird, stehen fiskalpolitisch motivierten Eingriffen nur wenig Hindernisse entgegen. Internationale Vergleiche belegen, dass Grundrenten in ihrem Niveau häufig noch unterhalb des jeweiligen Sozialhilfeniveaus liegen und Armut keinesfalls zuverlässig vermeiden. Dann aber sind jene Älteren die Benachteiligten, die keine zusätzlichen Ansprüche in der zweiten und dritten Säule aufbauen können.

- Ein Einkommensniveau im Alter oberhalb des Existenzminimums bliebe allein abhängig von der Fähigkeit und Bereitschaft zur zusätzlichen privaten Vorsorge. Darüber wird ein Teil der ArbeitnehmerInnen nicht verfügen. Es käme zu einer starken Differenzierung der Alterseinkommen; die soziale Ungleichheit in der Gesellschaft würde sich vergrößern.
- Da auch ohne jede Erwerbsbeteiligung ein Leistungsanspruch erworben wird; fehlen Anreize zur Aufnahme von Erwerbsarbeit und zur Erzielung eines höheren Einkommens.
- Da sich die Arbeitsmarkt- und Einkommensposition nicht auf die Grundrente auswirken, könnten Einführung und Existenz einer Grundrente einen (weiteren) Anlass für eine weitgehende Deregulierung des Arbeitsmarktes und einen Ausbau der Niedriglohnbeschäftigung bieten, mit nachteiligen Folgen für die Beschäftigten in der Erwerbsphase.

11.3 Ansatzpunkte für Strukturreformen in der Gesetzlichen Rentenversicherung

Da viele Gründe gegen einen radikalen Systemwechsel in der Alterssicherung sprechen, bleibt die Suche nach sozial akzeptablen und zugleich umsetz- wie finanzierbaren *systemimmanenten* Strukturreformen der GRV eine Zukunftsaufgabe der Politik. Gefragt ist nach Optionen innerhalb des Systems zu seiner Anpassung und Weiterentwicklung auch unter schwierigen ökonomischen und demografischen Voraussetzungen. Gleichzeitig muss die Rentenversicherung auf die Veränderungen in der Arbeitswelt sowie in den privaten Lebensformen reagieren. Dies gilt insbesondere für die Absicherung von bestimmten biografischen Ereignissen oder Abschnitten, für die keine oder zu geringe Beiträge entrichtet werden konnten.

11.3.1 Vermeidung von Niedrigrenten durch Höherbewertung niedriger Entgelte oder Mindestrenten

Um zu vermeiden, dass bei einem sukzessive absinkenden Rentenniveau immer mehr Versicherte nur noch eine Rente unterhalb des Sozialhilfe/Grundsicherungsniveaus erhalten, können gezielte Veränderungen bei der Rentenberechnung vorgenommen werden. Zwar stockt die bedarfsorientierte Grundsicherung im Alter eine niedrige Rente auf, so dass Armut vermieden wird – vorausgesetzt, dass das Bedarfsniveau der Grundsicherung tatsächlich das sozial-kulturelle Existenzminimum erreicht (vgl. Bd. I., Kap. „Einkommen“, Pkt. 7.1.6). Aber die Leistungen sind im Unterschied zu einer Rente bedürftigkeitsgeprüft und haben von daher eine andere, minderwertige Qualität. Gemeinsames Charakteristikum struktureller Eingriffe in die Rentenberechnung ist, dass von der strengen, proportionalen Äquivalenz zwischen verbeitragtem Entgelt und Rentenanwartschaften abgewichen wird und bestimmte Versicherungsjahre oder Zeiten mit einer niedrigen Einkommensposition höher bewertet werden, um schneller und leichter auf eine ausreichende, armutsvermeidende Zahl von Entgeltpunkten zu kommen. Ansatzpunkte dafür könnten sein:

- Höherbewertung niedriger Entgelte durch Weiterführung der Rente nach Mindesteinkommen (vgl. Pkt. 6.5.2.1 dieses Kapitels);
- Höherbewertung niedriger Entgelte in den ersten Berufsjahren, z.B. in den ersten zehn Jahren nach dem Berufseinstieg;
- Höherbewertung der Beitragszeiten bis zum Erreichen eines Mindestwerts von Entgeltpunkten;
- Gewährleistung von zusätzlichen, flexiblen Anwartschaften (etwa ein Entgeltpunkt für vier Jahre Beitragszahlung), die zur Aufstockung von Entgeltpunkten eingesetzt werden können.

Sollen solche Modifikationen der Rentenformel kostenneutral erfolgen, müssen die regulären Rentenanwartschaften entsprechend geringer bewertet werden. Dies führt zu einer Umverteilung innerhalb des Versichertenkreises: Versicherte mit unterdurchschnittlichen Entgelten und Beitragszeiten würden zu Lasten von Versicherten mit langen Beitragszeiten und einer überdurchschnittlichen Entgeltposition begünstigt. Fraglich ist aber auch, ob die Umverteilungseffekte dieser pauschalen Regelungen gerechtfertigt sind. Problematisch ist insbesondere, dass von der Höherbewertung auch jene profitieren würden, die im Gesamtverlauf ihres Erwerbslebens ausreichend hohe Anwartschaften erwerben. Zudem wird nicht nach den Gründen für eine niedrige Entgeltposition gefragt wird. Teilzeitbeschäftigte würden ganz generell besser gestellt, obgleich reduzierte Arbeitszeiten und entsprechend niedrige Monatseinkommens in vielen Fällen bewusst und freiwillig gewählt werden. Zu berücksichtigen ist zudem, dass niedrige Beitragszeiten auch durch den Wechsel in ein Beamtenverhältnis oder in die Selbstständigkeit entstehen können und nicht zwangsläufig ein Indikator für eine unzureichende Alterssicherung sind. Dies alles spricht dafür, die Höherbewertung von Entgelten und Beitragszeiten *gezielt* auf solche Lebensphasen zu konzentrieren, die unter besonderen Belastungen stehen – wie Phasen der Arbeitslosigkeit, der erziehungsbedingten Teilzeitarbeit oder der Beschäftigung im Niedriglohnsektor (festgemacht an niedrigen Stundenentgelten).

Die stärkste Veränderung gegenüber dem geltenden Rentenrecht würde von einer *Mindest- oder Sockelrente* ausgehen. Bei einer unmittelbar in die GRV integrierten und nicht bedürftigkeitsgeprüften Mindestrente würden alle Versicherten nach einer Mindestbeitragszeit automatisch eine Leistung in Höhe des sozial-kulturellen Existenzminimums erwerben. Da durch den Sockel ein lebensstandardsicherndes Versorgungsniveau schneller erreicht wird, fällt der Leistungs- und Finanzierungsbedarf der GRV geringer aus als bislang, der Beitragssatz würde sinken. Dies hat allerdings zur Konsequenz, dass alle Rentenanwartschaften auf die Sockelrenten angerechnet würden; die beitragserworbenen Anwartschaften würden sich dann nur noch „lohnen", wenn sie den Sockel überschreiten. Belastet würden wiederum die ArbeitnehmerInnen mit mittlerem und höherem Einkommen, da eine Finanzierung kostenneutral nur durch einen insgesamt niedrigeren aktuellen Rentenwert zu erreichen wäre. Ökonomisch betrachtet würden sich für die belastete Gruppe der Versicherten die Beitragsrenditen verschlechtern. In der Konkurrenz zur Privatversicherung, die überhaupt keine personelle Umverteilung kennt, würde die Gesetzliche Rentenversicherung an Attraktivität verlieren.

Eine Mindestrente verknüpft den Ansatz einer von der Erwerbstätigkeit und den Arbeitsverhältnissen abgekoppelten Grundrente mit den Prinzipien der Gesetzlichen Rentenversicherung. Das Äquivalenzprinzip würde im unteren Einkommensbereich aufgegeben, oberhalb des Sockels aber fortgeführt. Verteilungspolitisch führt dies zu einer starken Verschiebung zu Gunsten von Niedrigeinkommensbeziehern und Personen mit nur kurzen Erwerbsverläufen; eine Steuerfinanzierung dieser Leistung wäre zwingend erforderlich. Hingegen wird Armut zuverlässig vermieden, soweit ein ausreichend hohes und dynamisiertes Leistungsniveau vorausgesetzt werden kann. Und im Unterschied zur „reinen" Grundrente wird bei der Kombination von universeller Mindestrente und Arbeitnehmer-Rentenversicherung die Zusatzversorgung nicht der individuellen oder betrieblichen privaten Vorsorge überlassen, sondern nach wie vor maßgeblich über die Rentenversicherung übertragen.

11.3.2 Ausweitung der Versicherungspflicht, Absicherung von Selbstständigen

Soll eine Mindestrente die gesamte Bevölkerung erfassen, dann müsste auch die Rentenversicherung in Richtung einer *Bürger- oder Volksversicherung* ausgeweitet werden. Allerdings macht eine Versicherungs- und Beitragspflicht auch für Nicht-Erwerbstätige wenig Sinn, da es ja kein Einkommen zu ersetzen gilt (vgl. dazu jedoch auch das Modell der voll eigenständigen Sicherung unter VIII.11.4.4), so dass es eher um die Absicherung aller Erwerbstätigen geht. Eine solche *Erwerbstätigenversicherung* hätte das gesellschaftspolitische Ziel, das berufsständisch gegliederte Alterssicherungssystem (Arbeitnehmer, Beamte, Landwirte, freie Berufe, sonstige Selbstständige) zu überwinden und den Finanzierungs- und Solidarverbund der Rentenversicherung zu verallgemeinern. Hinzu kommt das sozialpolitische Ziel, derzeit ungesicherte Erwerbstätige, das sind in erster Linie Selbstständige, in den Schutzbereich der Rentenversicherung einzubeziehen. Eine finanzielle Entlastung errechnet sich durch die Ausweitung der Versicherungspflicht jedoch nur kurzfristig, denn längerfristig stehen den zusätzlichen Beitragseinnahmen auch entsprechend hohe Leistungen gegenüber.

Derzeit unterliegt nur ein Teil der Selbstständigen der Versicherungs- bzw. Absicherungspflicht (vgl. Pkt. 6.2 dieses Kapitels). Für die im Wesentlichen nach bestimmten Berufen und Tätigkeiten vorgenommenen Zuordnung einzelner Gruppen von Selbstständigen auf die Rentenversicherung, die Alterssicherung für Landwirte, die Künstlersozialversicherung und die berufsständischen Versorgungssysteme findet sich keine sozialpolitische Begründung. Der Umkehrschluss, dass gerade jene Selbstständigen, die keinem Pflichtversicherungsschutz unterliegen, am besten und ehesten in der Lage sind, freiwillig und privat für ihr Alter vorzusorgen, ist sicherlich unzulässig.

Wenn gerade jene Gruppen von Selbstständigen, und hier insbesondere von Ein-Personen-Unternehmern im Dienstleistungssektor, an Bedeutung gewinnen, die nicht in den Versicherungs- und Schutzbereich der Rentenversicherung oder von Sondersystemen fallen, dann muss für diesen Kreis in der Zukunft mit Sicherungslücken im Alter gerechnet werden. Zu unterscheiden ist dabei, ob Selbstständigkeit bereits bei Berufsbeginn gewählt wird, oder ob es im Verlauf der Erwerbstätigkeit zu einem Wechsel von einer abhängigen zu einer selbstständigen Beschäftigung kommt und/oder ob zwischen Selbstständigkeit und abhängiger Arbeit mehrfach gewechselt wird. Es spricht viel dafür, dass in all diesen Fällen nicht nur die objektive, finanzielle Fähigkeit, sondern auch die subjektive Bereitschaft zu einer ausreichenden und kontinuierlichen privaten Vorsorge begrenzt ist. Hinzu kommt, dass die Einkommensverläufe bei Selbstständigkeit stärker als bei abhängiger Beschäftigung durch Unsicherheit und Unstetigkeit geprägt sind und gerade bei einer Existenzgründung finanzielle Engpässe an der Tagesordnung sind. Unsicher ist auch, ob das Betriebskapital am Ende der Erwerbstätigkeit ausreicht, um zumindest einen Teil des Einkommensbedarfs im Alter abzudecken.

Bei einer Ausweitung der Versicherungspflicht auf alle Erwerbstätigen ergeben sich allerdings auch eine Fülle von Problemen: So ist zu fragen, ob auch jene Selbstständigen in die Rentenversicherung einbezogen werden sollen, die bereits anderweitig ausreichend abgesichert sind (z.B. in berufsständischen Versorgungssystemen oder in der landwirtschaftlichen Altershilfe) und ob entsprechend die Sondersysteme abgeschafft werden sollen. Auch ist zu klären, ob nur Mindestbeiträge zu entrichten sind oder einkommensabhängige Beiträge, jeweils ohne Arbeitgeberbeiträge. Zu überlegen wäre, für die Startphase selbstständiger Tätigkeit verringerte Beitragszahlungen festzulegen, um die Aufnahme selbstständiger Arbeit nicht zu behindern.

Als besonders voraussetzungsvoll erweist sich die Einbeziehung der Beamten in die Rentenversicherung, da nach herrschender Rechtsaufassung ein solcher Schritt eine Änderung des Grundgesetzes voraussetzt. Zudem müsste geklärt werden, ob der Übergang schon für die derzeitigen Pensionäre gilt oder nur für die jetzt aktiven Beamten und zukünftigen Pensionäre oder nur für zukünftige Beamte. Je nach Variante ergeben sich unterschiedliche Ent- bzw. Belastungen der Rentenversicherung einerseits und der für die Pensionszahlungen zuständigen Gebietskörperschaften andererseits.

11.3.3 Alterssicherung von Frauen

Wenn über Strukturreformen in der GRV diskutiert wird, steht immer auch die Forderung auf der Tagesordnung, die eigenständige Alterssicherung von Frauen zu verbessern und über den Stellenwert der Hinterbliebenensicherung zu entscheiden. Der gesellschaftspolitische Gehalt der Forderung nach Eigenständigkeit besteht darin, dass das traditionelle unterhaltsrechtliche Abhängigkeitsverhältnis in der Ehe, jedenfalls so weit es um sozialrechtliche Ansprüche geht, durch ein partnerschaftliches Verhältnis gegenseitiger Unabhängigkeit und die Anerkennung von Eigenwert und Eigenleistung der Frauen ersetzt werden sollte. In diesem Zusammenhang ergeben sich wichtige Verbindungslinien zur Problematik der langfristigen Finanzierbarkeit der Alterssicherung. Denn das Alterssicherungssystem verteilt nicht nur Einkommen von der Erwerbsbevölkerung auf die ältere Generation um, sondern wirkt zugleich auch durch ökonomische Anreize und durch die Prämierung bzw. Nichtberücksichtigung von sozialen Rollen auf die Entwicklung der Erwerbsbevölkerung zurück. So kann speziell die Ausgestaltung der Alterssicherung von Frauen das weibliche Erwerbsverhalten beeinflussen.

Die Kardinalfrage aller Reformvorschläge lautet, wie eigenständige Rentenansprüche auch für solche Frauen aufgebaut werden können, die nicht kontinuierlich und vollzeitig erwerbstätig sind. Dazu gibt es im Prinzip drei Wege:

- einheitliche einkommensunabhängige Grundrente oder Sockelrente;
- eigenständige Versicherungspflicht auch aller Nichterwerbstätigen („Voll eigenständige Alterssicherung“);
- Anwartschaftsübertragung von den Ehemännern auf die Ehefrauen durch Rentensplitting;
- verstärkte Anrechnung von Zeiten der Kindererziehung.

Der Kern des Modells der sog. *voll eigenständigen Alterssicherung* ist die Versicherungs- und Mindestbeitragspflicht der gesamten erwachsenen Wohnbevölkerung ohne Rücksicht auf den Erwerbsstatus, also auch für Nichterwerbstätige. Damit wäre sichergestellt, dass die gesamte Wohnbevölkerung im Alter über eine ausreichende beitragsfundierte Grundversorgung verfügt.

Damit entsteht ein bewusst gewollter Anreiz auf die Frauen, weitgehend durchgängig und voll berufstätig zu sein – von der kurzen Zeit der Kleinkindererziehung abgesehen. Es ist aber fraglich, ob die kompromisslose Vollerwerbstätigkeit den Wünschen aller Frauen, auch der jüngeren Generation, entspricht. Ferner führt die „voll eigenständige Alterssicherung“ unter dem Gesichtspunkt einer bedarfsgerechten Verteilung der Lebenseinkommen zu wenig sinnvollen Ergebnissen: Die Beitragslast für Paare, in denen die Frau nicht oder nur in geringem Umfang erwerbstätig ist, verdoppelt sich nahezu. Dafür ist das Ehepaar im Alter überversorgt, wenn beide Renten gezahlt werden. Im Hinterbliebenenfall wiederum können Witwe oder Witwer mit je 50 % des vormaligen Gesamtanspruches ihren Lebensstandard kaum aufrechterhalten.

Das Modell des *Rentensplitting* sieht den Ausbau eigenständiger Anwartschaften von Ehefrauen durch *verpflichtende* Anwartschaftsübertragungen von den Männern auf die Frauen vor (vgl. zur gegenwärtigen optionalen Regelung Pkt. 6.9 dieses Kapitels). Die abgeleiteten Hinterbliebenenrenten könnten dann entfallen; eingeführt wird stattdessen ein Rentensplitting für jene Anwartschaften, die während der Ehe erworben worden sind. Dabei ist zu prüfen, wann das Splitting durchgeführt wird, z.B. schon während des Anwartschaftserwerbs oder erst dann, wenn beide Ehegatten rentenberechtigt sind. Die eigenen Anwartschaften aus der Zeit außerhalb der Ehe treten ungeschmälert hinzu. Diese Regelungen führen zu Besser- aber auch zu Schlechterstellungen. Schlechter gestellt gegenüber der derzeitigen Hinterbliebenenrente wären vor allem die Witwer. Sie verlieren immer dann, wenn lange Ehezeiten vorliegen, die Frau niedrige und der Mann hohe Anwartschaften hat. Dann kann es dazu kommen, dass die gesplittete Rente, die der Witwer erhält, geringer ist als die ursprüngliche, aus eigenen Beiträgen erworbene Anwartschaft. Das ist die Konsequenz der zivilrechtlichen Regelung, Anwartschaften, die während der Ehezeit erworben worden sind, auf beide Partner gleichberechtigt zu verteilen. Dieser Gedanke liegt auch dem Versorgungsausgleich zu Grunde. Dabei kann es nur um langfristige Regelungen gehen, die erst für die nachrückenden Jahrgänge bzw. für neu geschlossene Ehen und nicht für den Rentenbestand gelten.

In der kritischen Diskussion steht auch die Hinterbliebenensicherung als solche:

- Die Hinterbliebenenrente als de facto beitragsfreie Leistung orientiert sich am hergebrachten Leitbild der Versorgerehe und stellt eine Unterhaltsersatzfunktion dar. Die Ehe ist aber längst nicht mehr gleichbedeutend mit der Geburt und Erziehung von Kindern. Die Gewährleistung einer beitraglosen Hinterbliebenenrente ist somit schon allein deshalb fragwürdig, weil sie Anreize für die Nichterwerbstätigkeit von Frauen liefert, die aber angesichts niedriger Geburtenraten und steigender Kinderlosigkeit sowie des wachsenden Trennungs- und Scheidungsrisikos nicht mehr zeitgemäß ist.
- Es liegt in der Logik der Hinterbliebenensicherung als abgeleitete Sicherungsform, dass sich z.B. die nur begrenzt erwerbstätig gewesene Witwe eines gut verdienenden Angestellten mit ihrer Witwenrente besser steht als eine nicht verheiratete Mutter, die ihr Leben lang erwerbstätig sein musste, aber aufgrund von Lohnbenachteiligungen nur eine geringe Versichertenrente erhält und die darüber hinaus auch noch mit ihren Beiträgen die Witwenrenten der nicht erwerbstätigen verheirateten Frauen mitfinanziert hat.

Angesichts der hohen Bedeutung, die die Witwenrente für die Alterssicherung von Frauen immer noch hat (vgl. Pkt. 6.9 dieses Kapitels) kann eine Rückführung der Hinterbliebenenversorgung aber erst dann verantwortet werden, wenn sich die eigenständigen Rentenanwartschaften von Frauen tatsächlich deutlich verbessert haben. Da die Rentenversicherung Benachteiligungen von Frauen auf dem Arbeitsmarkt und in der Gesellschaft nur begrenzt ausgleichen kann, muss deshalb vorrangig auf die Intensivierung einer geschlechtersensiblen Arbeitsmarkt-, Gleichstellungs- und Vereinbarkeitspolitik gesetzt werden. Die Rentenversicherung selber könnte die eigenständigen Versicherungsansprüche von Frauen durch eine ausgeweitete Anerkennung von Kindererziehungszeiten (auch für Geburten vor 1992) und durch Höherbewertungen verbessern.

11.3.4 Bemessung von Beiträgen oder Renten nach der Kinderzahl

Angesichts des demografischen Umbruchs und der nicht mehr zu unterstellenden Selbstverständlichkeit Kinder zu haben, gewinnt die Forderung an Gewicht, jene Personen, die es noch auf sich nehmen, Kinder zu bekommen, zu pflegen und zu erziehen, bei der Beitragszahlung zur Rentenversicherung zu entlasten. Der Beitragssatz würde sich in Abhängigkeit von der Kinderzahl reduzieren, während Kinderlose, um den Einnahmeausfall auszugleichen, höhere Beitragssätze zahlen müssten. Begründet wird dieser Ansatz mit dem Argument, dass die Eltern durch das Aufziehen ihrer Kinder bereits einen „generativen Beitrag“ zur umlagefinanzierten Rentenversicherung leisten. Denn ohne Kinder wird es keine nachrückende Generation mehr geben, die in der nächsten Periode die Renten der dann Alten finanziert. Kinderlose, so die These, leben im Alter von den Kindern der anderen, da sie lediglich einen monetären aber keinen Realbeitrag in Form der Kindererziehung geleistet haben.

So eingängig diese Argumentation auf den ersten Blick auch ist, so wenig kann sie bei einer differenzierten Analyse überzeugen. Denn nicht nur die Rentenversicherung, sondern alle gesellschaftlichen, staatlichen und ökonomischen Bereiche sind auf eine nicht abreißende Generationenfolge angewiesen. So können in Zukunft nur dann die öffentlichen Leistungen, seien es die Ausgaben für die Beamtenversorgung, die Bildung, die Infrastruktur oder die innere und äußere Sicherheit, finanziert werden, wenn noch Menschen da sind, die die Steuern zahlen. Auch die kapitalgedeckte Altersvorsorge funktioniert nur, wenn es nachrückende Generationen gibt, die die Wertpapiere oder Immobilien übernehmen, die die Älteren „entsparen“, d.h. für den Konsum nutzen wollen. Diese Angewiesenheit auf die Generationenfolge gilt auch im realwirtschaftlichen Zusammenhang: Die nicht mehr erwerbstätigen Älteren, die Dienste und Güter in Anspruch nehmen wollen, sind darauf angewiesen, dass Erwerbstätige nachrücken, die die Dienstleistungen und Produkte erstellen. Zugespitzt: Die Älteren müssen in der ärztlichen und pflegerischen Versorgung, beim Polizeischutz, beim Kauf von Lebensmitteln usw. usf. darauf setzen, dass Menschen Kinder bekommen haben, die dann für diese und weitere Tätigkeiten zur Verfügung stehen und das Wirtschaftsleben überhaupt in Gang halten. Allerdings darf nicht nur auf die Kinderzahl abgestellt werden, auch auf die ökonomischen Rahmenbedingungen kommt es an. Für die Finanzierung der Alterssicherung ist weniger die zahlenmäßige Stärke einer Generation als das erwirtschaftete Sozialprodukt entscheidend (vgl. auch Kap. „Familie", Pkt. 4.4).

Angesichts der umfassenden Bedeutung, die der Generationenfolge zukommt, ist es deshalb verfehlt, die Entlastung von Eltern auf die Gesetzliche Rentenversicherung zu begrenzen. Die Förderung von Familien und der Ausgleich von kinderbedingten Kosten sind Aufgabe der *gesamten* Gesellschaft, so insbesondere des steuerfinanzierten Familienleistungsausgleichs, und nicht nur der Solidargemeinschaft der Rentenversicherten.

Kinderspezifische Rentenversicherungsbeiträge hingegen wirken selektiv. Je höher die Einkommen, desto stärker fallen die Entlastungen durch die abgesenkten Beitragssätze aus. Kinder Erziehende mit Niedrigeinkommen würden demgegenüber kaum entlastet, und Eltern, die nicht versichert sind, gingen völlig leer aus. Bei einer absoluten Beitragsgutschrift je Kind würden diese Effekte vermieden. Im Ergebnis wäre eine solche Gutschrift aber nicht anderes als ein besonderes, beitragsfinanziertes Kindergeld für Mitglieder der Rentenversicherung. Auch die Belastungen für Kinderlose wären ungleich verteilt. Gut verdienende Versicherte mit einem Einkommen oberhalb der Beitragsbemessungsgrenze wären relativ gering betroffen; Im besonderen Maße begünstigt wären Kinderlose, die Mitglied anderer Alterssicherungssysteme sind und nicht der Rentenversicherung angehören.

Mit dem Konstrukt des generativen oder Realbeitrags, der neben den monetären Beitrag tritt, lässt sich auch eine Rentenstaffelung nach der Kinderzahl begründen. Eine solche „*Elternrente*" soll die Kindererziehenden begünstigen, die im Unterschied zu den Kinderlosen den „Drei-Generationen-Vertrag" der Rentenversicherung einhalten, also als mittlere Generation über ihre monetären Beiträge die Elterngeneration finanzieren und zugleich für die Kosten der Kindergeneration aufkommen. Als Kosten gelten hier auch die Opportunitätskosten, die sich als Verzicht auf eigene Einkommenserzielung darstellen lassen. Die Belastung der Kinderlosen soll zugleich einen Anreiz liefern, sich doch für ein Kind zu entscheiden. Problematisch an diesem Ansatz ist vor allem die auf die Rentenversicherung begrenzte pauschale Rentenerhöhung bei den Kindererziehenden und Rentenkürzung der Kinderlosen. Wenn Kinder geboren und erzogen werden und dadurch Einbußen im aktuellen Einkommen und bei den späteren Renten entstehen, so ist ein Ausgleich für *alle* Mütter bzw. Väter zu schaffen, der als gesamtgesellschaftliche Aufgabe aus dem allgemeinen Steueraufkommen zu finanzieren ist. Einkommensverluste in der Erwerbsphase müssen durch die Familienpolitik aufgefangen werden (vgl. dazu Kap. „Familie und Kinder"), der Ausgleich für kinderbedingte Einbußen bei der Alterssicherung wird schon jetzt durch die rentenrechtliche Anerkennung von Kindererziehungszeiten und die Höherbewertung von Beiträgen bei erziehungsbedingter Teilzeitarbeit berücksichtigt. Zu fragen wäre, ob es hier noch Verbesserungen und Ausweitungen bedarf (vgl. Pkt. 10.4.4). Keine empirischen Hinweise gibt es dafür, dass die niedrigen Geburtenraten eine unmittelbare Folge der Konstruktionsprinzipien der Rentenversicherung sind und Niedrigrenten für Kinderlose die Geburtenhäufigkeit steigern könnten. Vielmehr weisen alle Befunde darauf hin, dass die Entscheidung für ein Kind vor allem an der mangelnden Vereinbarkeit von Beruf und Familie scheitert.

12 Heraufsetzung der Altersgrenzen und Verlängerung der Lebensarbeitszeit

12.1 Anhebung der Regelaltersgrenze auf 67 Jahre ab 2012

Für die Leistungs- und Finanzierungsfähigkeit eines jeden Alterssicherungssystems, so auch für die Rentenversicherung, spielt die Festlegung der Altersgrenzen, ab deren Erreichen eine Rente wegen Alters bezogen werden kann (aber nicht muss), eine entscheidende Rolle: Bei gegebener Lebenserwartung bestimmt die Altersgrenze die durchschnittliche Rentenlaufdauer und ist damit eine zentrale Determinante für Höhe und Entwicklung der Rentenausgaben. Unterstellt man, dass die Altersgrenze auch beeinflusst, wie lange Arbeitnehmer versicherungspflichtig beschäftigt bleiben, dann ergeben sich zugleich positive Rückwirkungen auf die Beitragseinnahmen und zeitversetzt auf die Höhe der individuellen Rentenanwartschaften. Arbeiten die Versicherten länger, steigt die Zahl der Entgeltpunkte und die Absenkung des Rentenniveaus kann abgefedert werden.

Aus diesen Überlegungen heraus liegt es nahe, die Variation der Altersgrenze als eine zentrale Stellgröße zur Sicherung der Finanzierbarkeit der Rentenversicherung anzusehen: Das Berufsaustritt- und das Rentenzugangsalter sollen erhöht, der aus der Erhöhung der Lebenserwartung folgende Anstieg der Rentenbezugsdauer gebremst werden. Diese Grundphilosophie war auch maßgebend für in den zurückliegenden Jahren vollzogene Anhebung der vorgezogenen Altersgrenzen sowie der Einführung von Rentenabschlägen bei einem Rentenzug vor dem 65. Lebensjahr (vgl. Übersicht VIII.1 in diesem Kapitel). In der Umsetzung befinden sich noch die schrittweise Anhebung der Altersrente für Frauen sowie Altersrente wegen Arbeitslosigkeit und nach Altersteilzeit auf 63 Jahre (abgeschlossen im Jahr 2010) und das endgültige Auslaufen dieser Altersrenten im Jahr 2012.

Mit der Anfang 2007 vom Bundestag beschlossenen Regelung nunmehr auch die *Regelaltersgrenze* vom 65. auf das 67. Lebensjahr heraufzusetzen, wird diese Politik fortgesetzt. Die Anhebung soll ab 2012 einsetzen (in zunächst Zweimonats- und später Einmonatsschritten je Jahr) und 2029 abgeschlossen sein. Der Altersjahrgang 1946 wäre der letzte, der mit Vollendung des 65. Lebensjahres abschlagsfrei eine Altersrente beziehen kann und für den Jahrgang 1964 würde dann für alle das neue gesetzliche Rentenalter von 67 Jahren gelten (vgl. Übersicht VIII.7).

Übersicht VIII.7:

Anhebung der Altersgrenzen ab 2012
(ohne Berücksichtigung von Vertrauensschutzregelungen)

Regelaltersgrenze:

Die Regelaltersgrenze wird in Jahrgangsstufen beginnend ab 2012 bis zum Jahr 2029 auf 67 Jahre angehoben

Altersrente für langjährig Versicherte:

Die Altersgrenze für langjährig Versicherte (Wartezeit von 35 Jahren) wird auf 67 Jahre erhöht; eine vorzeitige Inanspruchnahme ist nach vollendetem 63. Lebensjahr möglich. Bei vollem vorzeitigen Bezug liegt der maximale Rentenabschlag bei 14,4 %.

Altersrente für Schwerbehinderte:

Die Altersgrenze wird auf 65 Jahre erhöht; eine vorzeitige Inanspruchnahme ist nach vollendetem 62. Lebensjahr möglich. Bei vollem vorzeitigen Bezug liegt der maximale Rentenabschlag bei 10,8 %.

Altersrente für besonders langjährig Versicherte:

Die Altersgrenze für diese neu eingeführte Rentenart liegt bei 65 Jahren. Voraussetzung ist eine Wartezeit von 45 Jahren. Zur Wartezeiterfüllung zählen Pflichtbeitragszeiten aus Beschäftigung, selbstständiger Tätigkeit und Pflege sowie aus Zeiten der Kindererziehung bis zum 10. Lebensjahr des Kindes. Nicht berücksichtigt werden Pflichtversicherungszeiten wegen des Bezuges von Arbeitslosengeld und Arbeitslosengeld II.

Große Witwenrente:

Die Altersgrenze wird von 45 auf 47 Jahre angehoben, jedoch nicht bei aktueller Kindererziehung

Rente wegen verminderter Erwerbsfähigkeit:

Maximaler Rentenabschlag von 10,8 %, wenn der Beginn dieser Rente vor dem vollendeten 62. Lebensjahr liegt (bisher 60. Lebensjahr). Wer die Erwerbsminderungsrente dann mit 64 Jahren in Anspruch nimmt, hat einen Rentenabschlag von 3,6 %, mit 63 Jahren von 7,2 % und ab dem 62. Lebensjahr und jünger den Höchstabschlag von 10,8 %. Für erwerbsgeminderte Versicherte mit 35 Pflichtbeitragsjahren verbleibt es bei dem heute geltenden Alter von 63 Jahren. Ab 2024 gilt dies dann nur noch für erwerbsgeminderte Versicherte, die 40 Pflichtbeitragsjahre nachweisen können. Als Pflichtbeitragszeiten gelten grundsätzlich dieselben Zeiten wie bei der Altersrente für besonders langjährig Versicherte.

12.2 Entwicklung des Arbeitsmarktes und Beschäftigungsperspektiven Älterer

Die Begründung für die Anhebung der Altersgrenzen leidet jedoch darunter, dass sie vorrangig auf die Rentenfinanzen abstellt und die Rückwirkungen auf andere Bereiche innerhalb und außerhalb der Rentenversicherung vernachlässigt. Als ungesichert erweist sich die Annahme, dass die Älteren parallel zum späteren Renteneintritt auch länger im Berufs- und Arbeitsleben verbleiben. Nur dann nämlich, wenn die älteren Arbeitnehmer tatsächlich bis zum 65. und später bis zum 67. Lebensjahr versicherungspflichtig tätig sind, also ihren Arbeitsplatz beibehalten oder im Anschluss an eine Arbeitslosigkeit auch im höheren Alter wieder einen neuen Arbeitsplatz finden, erfolgt der Übergang in den hinausgeschobenen Ruhestand naht- und problemlos. Davon kann aber nicht ausgegangen werden. Schon derzeit – bei der Regelaltergrenze von 65 Jahren – fallen Regelaltersgrenze und Berufsaustrittsalter weit auseinander. Das durchschnittliche Zugangsalter beim Bezug einer Altersrente ist in den letzten Jahren zwar gestiegen, in erster Linie als unmittelbare Folge der zunehmend stärker greifenden Rentenabschläge, liegt aber dennoch bei nur knapp 63 Jahren (vgl. Abbildung VIII.6): Der Zugang zur Rente erfolgt überwiegend nach einer Phase der Arbeitslosigkeit, der Altersteilzeit, der geringfügigen Beschäftigung oder der Nicht-Erwerbstätigkeit. Arbeitslosigkeit, registriert und nicht registriert, ist *das* zentrale Problem bei den älteren Arbeitnehmern und gleichbedeutend mit Langzeitarbeitslosigkeit (vgl. Bd. I, Kap. „Arbeit und Arbeitsmarkt“, Pkt. 6.5).

Die Frage ist, ob die Annahme einer in Zukunft deutlich verbesserter Beschäftigungsperspektive für die Älteren berechtigt ist und sich die prekäre Lage auf dem Arbeitsmarkt spätestens ab 2012, wenn der Prozess der Heraufsetzung der Regelaltersgrenze einsetzt, grundlegend ändert. Die vorliegenden Arbeitsmarktprojektionen kommen zu dem Ergebnis, dass auf mittlere Sicht kein nachhaltiger Abbau der Arbeitslosigkeit zu erwarten ist und sich der demografisch bedingte Rückgang des Arbeitsangebots erst ab dem Jahr 2020 entlastend auf den Arbeitsmarkt auswirkt (vgl. Bd. I, Kap. „Arbeit und Arbeitsmarkt“, Pkt. 2.2.3).

Wenn aber die Lage auf dem Arbeitsmarkt durch ein anhaltendes Ungleichgewicht zwischen hohem Arbeitsangebot und unzureichender Arbeitsnachfrage geprägt ist, dann verschärft die Anhebung der Altersgrenzen die Situation. Bleiben nämlich ganze Altersjahrgänge länger im Arbeitsleben, wird ein *Anstieg* des Arbeitskräftepotenzials ausgelöst, der die entlastende Wirkung der geringer besetzten Nachwuchsjahrgänge einschränkt. Damit infolgedessen die Arbeitslosigkeit nicht ansteigt, müssen nach Berechnung des IAB – je nach Reaktion der Betroffenen – zwischen 1,2 Mio. und 3 Mio. zusätzlichen Arbeitsplätze geschaffen werden.

Wird dies nicht erreicht, besteht die Gefahr, dass viele Ältere in die Langzeitarbeitslosigkeit abgedrängt werden. Sie müssen dann mit den Leistungen des Arbeitslosengelds II auskommen und werden trotz der Abschläge von den (verbliebenen) Möglichkeiten eines vorzeitigen Rentenbezugs Gebrauch machen. In allen Fällen kommt es zu einer merklichen Rentenminderung, die von einigen Arbeitnehmern – wenn das individuelle und Haushaltseinkommen ausreichend hoch sind – freiwillig gewählt, von der Mehrzahl der Betroffenen angesichts der fehlenden Beschäftigungschancen aber faktisch erzwungen wird.

Dieses Szenario beruht auf der Einschätzung, dass die Unternehmen unter den Bedingungen eines anhaltenden Angebotsüberschusses auf dem Arbeitsmarkt nur begrenzt bereit sein werden, bei Einstellungen auf ältere Langzeitarbeitslose zurückzugreifen. Solange im quantitativ und qualitativ ausreichenden Maße jüngere

Arbeitsuchende zur Verfügung stehen, bleiben ältere Arbeitsuchende in einer Außenseiterposition. Besser sind die Chancen eines längeren Verbleibs älterer ArbeitnehmerInnen im Betrieb einzuschätzen: Der Wegfall der vorgezogenen Verrentungsmöglichkeiten setzt einer Personalpolitik der Frühausgliederungspolitik enge Grenzen. Gleichwohl wird in Unternehmenskrisen, die einen Personalabbau erforderlich macht, auch in Zukunft der Weg beschritten werden, eher auf die älteren als auf die jüngeren Beschäftigten zu verzichten.

Angesichts dieser Unwägbarkeiten sieht das Gesetz eine *Bestandsprüfungsklausel* vor: Ab 2010 ist die Bundesregierung verpflichtet, alle vier Jahre einen Bericht über die Entwicklung der Beschäftigung älterer ArbeitnehmerInnen vorzulegen und eine Einschätzung darüber abzugeben, ob die Anhebung der Regelaltersgrenze unter Berücksichtigung der Arbeitsmarktlage sowie der wirtschaftlichen und sozialen Situation der Betroffenen weiterhin vertretbar erscheint und die getroffenen gesetzlichen Regelungen bestehen bleiben können.

12.3 Entwicklung der beruflichen Leistungsfähigkeit im Alter

Aber nicht nur die Arbeitsmarktlage ist zu berücksichtigen. Auch die Annahme, dass die älteren Arbeitnehmer in ihrer körperlichen und psychischen Konstitution allesamt in der Lage sind, bis zum 65. oder gar 67. Lebensjahr zu arbeiten, muss hinterfragt werden.

Ergebnisse der gerontologischen Forschung lassen erkennen, dass nicht von einer im fortgeschrittenen Lebensalter generell nachlassenden beruflichen Leistungsfähigkeit gesprochen werden kann und dass es keinen allein vom Alter abhängigen Abbau des physisch-psychischen Leistungsvermögens gibt. Vielmehr findet mit fortschreitendem Alter eine Veränderung in der Struktur der Einzelkomponenten des Leistungsvermögens statt:

- Abnahme einzelner, insbesondere funktionaler Fähigkeiten mit fortschreitendem Lebensalter (z.B. Muskelkraft und Beweglichkeit, physisch-psychische Belastbarkeit, Wahrnehmungsfähigkeit verschiedener Sinnesorgane, Umstellungsfähigkeit, Geschwindigkeit der Informationsaufnahme und -verarbeitung, Lern- und Aufnahmebereitschaft, Reaktionsvermögen oder das Kurzzeitgedächtnis).
- Zunahme von vor allem prozessübergreifenden Fähigkeitsdimensionen (so z.B. Geübtheit, Genauigkeit, Erfahrung, Urteilsvermögen, Zuverlässigkeit, Verantwortungsbewusstsein oder gute Kenntnisse von betrieblichen und produktionsbezogenen Zusammenhängen).
- Konstanz bestimmter Qualifikationsbestandteile (so z.B. Aufmerksamkeit, Konzentrations- und Merkfähigkeit oder das Langzeitgedächtnis).

Typisch für ältere Arbeitnehmer ist demnach ein Leistungswandel und nicht eine allgemeine Leistungsreduktion. Im betrieblichen Alltag beeinträchtigt der Leistungswandel jedoch die beruflichen Chancen all jener Älteren, die in solchen Berufen und Tätigkeitsfeldern eingesetzt sind, bei denen die mit dem Alter eher rückläufigen Leistungsmerkmale ein besonderes Gewicht haben. Besonders gefährdet sind deswegen Beschäftigte, die belastungsintensive Tätigkeiten ausüben. Hier handelt es sich in erster Linie um Tätigkeiten (nicht nur im industriellen Bereich), die mit starken körperlichen Belastungen verbunden sind, einem hohen Arbeitstempo unterliegen, mit Wechselschicht und Nachtarbeit zusammenhängen und unter ungünstigen Arbeitsumgebungseinflüssen durchgeführt werden müssen. Für zahlreiche Berufe und Arbeitsplätze gibt es insofern begrenzte Tätigkeitsdauern, d.h. faktische Höchstaltersgrenzen, die eine Weiterarbeit bis zum 67. Lebensjahr praktisch unmöglich machen (so z.B. in der Alten- und Krankenpflege, in Montagebereichen der Automobilindustrie, im Transport- und Verkehrswesen oder im Baugewerbe).

Die Befunde über eine steigende Lebenserwartung – auch noch in den höheren Altersjahrgängen – drohen die Tatsache in den Hintergrund zu drängen, dass nach wie vor ein Teil der Beschäftigten das Arbeitsleben in Arbeitsunfähigkeit beendet. Die Betroffenen sind wegen gesundheitlicher Einschränkungen zur frühzeitigen und unfreiwilligen Berufsaufgabe gezwungen oder kommen wegen eines Frühtodes überhaupt nicht mehr in das Rentenalter. Je niedriger die soziale Schicht – gemessen an der Ausbildung, am beruflichen Status und an der Einkommenshöhe – desto niedriger ist die Lebenserwartung und desto häufiger droht eine Erwerbsunfähigkeit bereits vor dem regulären Verrentungsalter. Zwar haben sich die Zugänge in die Erwerbsminderungsrente in den letzten Jahren deutlich vermindert (vgl. Pkt. 3.1 dieses Kapitels). Aber zu berücksichtigen ist dabei, dass wegen der erhöhten Anforderungen im Antrags- und Bewilligungsverfahren auf andere frühzeitige Rentenzugänge ausgewichen worden ist, so auf die Altersrente mit 60 Jahren wegen Schwerbehinderung. Da diese alternativen Ausgliederungspfade aber zunehmend versperrt werden, dürften die Erwerbsminderungsrenten wieder deutlich an Bedeutung gewinnen. Das gilt erst recht, wenn die Regelaltersgrenze auf das 67. Lebensjahr angehoben worden ist.

Die Überforderung bei der Ausübung belastungsintensiver Tätigkeiten ist nicht allein auf biologische Altersvorgänge und den damit verbundenen konstitutionellen Abbauprozessen zurückzuführen. Es sind auch die Belastungen und Anforderungen der Arbeitsplätze selbst, die mit zu den gesundheitlichen Beeinträchtigungen und (häufig chronischen) Krankheiten beitragen, von denen ältere Beschäftigte überdurchschnittlich betroffen sind. Ältere sind zwar seltener, dafür aber länger krank als jüngere und weisen pro Jahr die meisten Arbeitsunfähigkeitstage auf (vgl. Kap. „Arbeit und Gesundheit“, Pkt. 1.2.1). Die vorliegenden Morbiditätsdaten lassen erkennen, dass hinter diesen gesundheitlichen Problemen lebenslang wirkende Belastungen und Beanspruchungen stehen, wobei die Belastungsdauer gerade bei gering Qualifizierten durch ihren frühen Berufseinstieg besonders lang ist. Da sich die Belastungen kaum merklich und nur allmählich niederschlagen, wäre es verkürzt, bei der Einschätzung der physisch-psychischen Leistungsfähigkeit allein auf die zuletzt ausgeübte Tätigkeit zu achten.

12.4 Perspektiven der Erwerbsarbeit im Alter

Vor dem Hintergrund dieser Befunde könnte an die Einführung von Regelungen gedacht werden, die die Möglichkeit eines vorzeitigen Rentenbezugs an bestimmte, überdurchschnittlich belastende Tätigkeiten und Berufe (Bauarbeiter, Dachdecker, Nacht- und Schichtarbeit usw. usf.), oder an eine maximalen Beschäftigungs- und Versicherungsdauer (z.B. 45 Versicherungsjahre) binden. Solche Vorstellungen und Ansätze werfen aber Probleme auf:

- Es wird kaum möglich sein, einen Konsens darüber zu finden, welche Berufe und Tätigkeiten, für welche Dauer ihrer Ausübung, in welcher Lage in der Erwerbsbiografie, mit welchen Arbeitszeiten und in welcher betrieblichen Position als außergewöhnlich gesundheitlich belastend anerkannt werden können. Auch die Sozialmedizin ist überfordert, Befunde über kausale Zusammenhänge zwischen Berufen bzw. Tätigkeiten und Erwerbsminderung zu liefern, zumal es ja nicht nur um physische sondern auch um psychische Belastungen geht.
- Auch die Dauer einer versicherungspflichtigen Beschäftigung ist kein verlässlicher Indikator für eine gesundheitliche Überforderung und für die Ermöglichung eines vorzeitigen Rentenbezugs. Orientiert wird nämlich einseitig auf das männliche Normalarbeitsverhältnis (kontinuierliche versicherungspflichtige Erwerbsarbeit zwischen Ausbildungsabschluss und Rentenalter). Dies gilt auch für die neu eingeführte Altersrente für besonders langjährig Versicherte (45 Jahre). ArbeitnehmerInnen mit diskontinuierlichen und kürzeren Erwerbs- und Versicherungsbiografien werden insofern grundsätzlich von dieser Regelung ausgeschlossen, obgleich auch und gerade diese Personengruppen besonderen Belastungen und Beanspruchungen im Lebensverlauf unterliegen können. Dazu zählen vor allem Beschäftigte mit wiederkehrenden Phasen von Arbeitslosigkeit.

Wenn man im Hinblick auf die Arbeitsbelastungen und den Gesundheitszustand die absehbare ökonomische, technologische und soziale Entwicklung betrachtet, liegt die Erwartung nahe, dass sich der Kreis der Beschäftigten mit vorzeitigem gesundheitlichem Verschleiß in Zukunft verkleinern wird. Nach heutigem Wissensstand lässt sich für diese These allerdings kein abschließendes Urteil abgeben. Zu widersprüchlich sind die Ausgangsdaten: Auf der einen Seite lassen sich durch verbesserte, d.h. belastungsärmere Arbeitsbedingungen (z.B. durch die Abnahme körperlicher Schwerarbeit), durch die Verschiebung der Beschäftigungsschwerpunkte auf den Dienstleistungssektor sowie durch kürzere Arbeitszeiten notieren. Demgegenüber stehen jedoch eine Zunahme vor allem bei den sog. psychischen Belastungsfaktoren (Stress, Zeit- und Termindruck, burn-out Syndrom etc.), die

Ausweitung von Nacht- und Schichtarbeit sowie die Persistenz körperlicher Belastungen (Schwerarbeit, einseitige Belastungen des Stütz- und Bewegungsapparats) in Teilbereichen der Wirtschaft.

Die Erhöhung der Beschäftigungsquote Älterer ist notwendig. Denn die mit dem demografischen Wandel verbundenen Belastungen können nur dann getragen werden, wenn es gelingt die Arbeitslosigkeit abzubauen und mehr Beschäftigung zu schaffen. Die skizzierten Probleme, die mit der Heraufsetzung der Altersgrenzen verbunden sind, zeigen jedoch auf, dass diese Zielsetzung nicht allein oder einseitig durch die Rentenversicherung erreicht werden kann. Vorrang haben Reformen in wirtschafts-, arbeits- und beschäftigungspolitischen Handlungsfeldern. So müssen die Voraussetzungen dafür verbessert werden, dass ältere Beschäftigte hinsichtlich ihrer gesundheitlichen Konstitution und ihres beruflichen Leistungspotenzials in der Lage sind, tatsächlich länger im Berufsleben zu verbleiben und das Berufsautrittsalter an die gegenwärtige Altersgrenze von 65 Jahren herangeführt wird. Hier kommt den Betrieben die entscheidende Bedeutung zu. Eine präventive Wende in der betrieblichen Personal- und Beschäftigungspolitik müsste deshalb schwerpunktmäßig auf drei Ebenen ansetzen:

- Verstärkung der betrieblichen wie außerbetrieblichen Maßnahmen zur Qualifikationsanpassung und -erhaltung über alle Altersstufen hinweg; mehr denn je wird lebenslanges, berufsorientiertes Lernen notwendig sein. Besondere Qualifizierungsanstrengungen werden für die Integration der zugewanderten (und ebenfalls älter werdenden) ArbeitnehmerInnen notwendig sein;
- Intensivierung des Arbeits- und Gesundheitsschutzes, Maßnahmen zur Humanisierung der Arbeitsbedingungen, Veränderungen der Lohn- und Leistungspolitik und Orientierung der Normen an der Lebensarbeitszeitperspektive;
- Maßnahmen zur Anpassung von Arbeitsanforderungen und -belastungen an das veränderte Leistungsvermögen älter werdender Arbeitnehmer: Umstrukturierung von Arbeitsaufgaben und Tätigkeiten. Ziel muss es sein, die altersbedingten Funktions- und Leistungsschwächen (wie u.a. körperliche Belastbarkeit, Seh- und Hörvermögen, Reaktionsgeschwindigkeit, Arbeitsintensität und Umstellungsfähigkeit) auszugleichen und die besonderen Stärken älterer Beschäftigter (wie u.a. Erfahrung, Genauigkeit, Zuverlässigkeit, Verantwortungsbewusstsein) zu fördern und zu nutzen.

13 Literaturhinweise

Lebenslagen im Alter

Altenbericht, Erster Altenbericht zur Lage der älteren Generation in der Bundesrepublik Deutschland, Bundestagsdrucksache 12/5897 vom 23.02.1993.

Altenbericht, Zweiter Bericht zur Lage der älteren Generation in der Bundesrepublik Deutschland: Wohnen im Alter, Bundestagsdrucksache 13/9750 vom 28.01.1998.

Altenbericht, Dritter Bericht zur Lage der Lage der älteren Generation in der Bundesrepublik Deutschland: Alter und Gesellschaft, Bundestagsdrucksache 14/5130 vom 19.01.2001.

Altenbericht, Vierter Bericht zur Lage der Lage der älteren Generation in der Bundesrepublik Deutschland: Risiken, Lebensqualität und Versorgung Hochaltriger – unter besonderer Berücksichtigung demenzieller Erkrankungen, Bundestagsdrucksache 14/8822 vom 18.04.2002.

Altenbericht, Fünfter Bericht zur Lage der Lage der älteren Generation in der Bundesrepublik Deutschland: „Potenziale des Alters in Wirtschaft und Gesellschaft – Der Beitrag älterer Menschen zum Zusammenhalt der Generationen", Berlin 2005.

Amann, A. (Hrsg.), Kurswechsel für das Alter, Wien, Köln, Weimar 2000.

Amann, A., Backes, G., Clemens, W. (Hrsg.), Alter(n): Wandel der Lebensformen und Lebensführung. Opladen 2003.

Aner, K., Karl,F., Rosenmayr, L. (Hrsg.), Die neuen Alten – Retter des Sozialen?, Wiesbaden 2007.

Bäcker, G., Naegele, G., Alternde Gesellschaft und Erwerbstätigkeit – Modelle zum Übergang vom Erwerbsleben in den Ruhestand, Köln 1993.

Backes, G., Clemens, W., Zukunft der Soziologie des Alter(n)s, Opladen 2002.

Backes, G., Clemens, W., Lebensphase Alter. Eine Einführung in die sozialwissenschaftliche Alternsforschung, Weinheim, München 1998.

Backes, G., Clemens, W., Schroeter, K.R. (Hrsg.), Zur Konstruktion sozialer Ordnungen des Alter(n)s, Opladen 2002.

Baltes, M., Montada, L. (Hrsg.), Produktives Leben im Alter, Frankfurt a.M./New York 1996.

Baltes, P.B., Mittelstraß, J., Staudinger, U.M. (Hrsg.), Alter und Altern: Ein interdisziplinärer Studientext zur Gerontologie, Berlin/New York 1994.

Burkhart. G., Wolf, J. (Hrsg.), Lebenszeiten – Erkundungen zur Soziologie der Generationen. Martin Kohli zum 60. Geburtstag, Opladen 2002.

Burmeister, K., Böhning, B. (Hrsg.), Generationen und Gerechtigkeit, Hamburg 2004.

Burzan, N., Zeitgestaltung im Alter. Eine Untersuchung im Zusammenhang mit Biographie und sozialer Ungleichheit, Opladen 2003.

Clemens, W., Backes, G. (Hrsg.), Altern und Gesellschaft. Gesellschaftliche Modernisierung durch Altersstrukturwandel, Opladen 1998.

Deutscher Bundestag (Hrsg.), Abschlussbericht der Enquete-Kommission Demographischer Wandel – Herausforderungen unserer älter werdenden Gesellschaft an den einzelnen und die Politik, Bundestagsdrucksache 14/8800 vom 28.03.2002.

Farny, D., Lütke-Bornefeld, P., Zellenberg, G. (Hrsg.), Lebenssituationen älterer Menschen. Beschreibung und Prognose aus interdisziplinärer Sicht, Berlin 1996.

Frerichs, F., Älterwerden im Betrieb, Beschäftigungschancen und -risiken im demografischen Wandel, Opladen 1998.

Hoppe, B., Wulf, C. (Hrsg.), Altern braucht Zukunft, Anthropologie, Perspektiven, Orientierungen, Hamburg 1996.

Kohli, M., Künemund, H. (Hrsg.), Die zweite Lebenshälfte – Gesellschaftliche Lage und Partizipation im Spiegel des Alters-Survey, Wiesbaden 2005.

Kruse, A., Martin, M. (Hrsg.), Enzyklopädie der Gerontologie. Alternsprozesse in multidisziplinärer Sicht, Bern 2004.

Mai, R., Die Alten der Zukunft. Eine bevölkerungsstatistische Datenanalyse, Opladen 2003.

Naegele, G., Tews, H.P. (Hrsg.), Lebenslagen im Strukturwandel des Alters, Alternde Gesellschaft – Folgen für die Politik, Opladen 1993.

Niederfranke, A., Naegele, G., Frahm, E. (Hrsg.), Funkkolleg Altern, Opladen 1999.

Mayer, K.U., Baltes, P.B., Die Berliner Altersstudie, Berlin 1996.

Motel-Klingbiel, A., Alter und Generationenvertrag im Wandel des Sozialstaats. Alterssicherung und private Generationenbeziehungen in der zweiten Lebenshälfte, Berlin 2000.

Motel-Klingbiel, A., von Kondratowitz, H.-J., Tesch-Römer, C. (Hrsg.), Lebensqualität im Alter – Generationenbeziehungen und öffentliche Servicesysteme im sozialen Wandel, Opladen 2001.

Naegele, G., Schütz, R.-M. (Hrsg.), Soziale Gerontologie und Sozialpolitik für ältere Menschen, Gedenkschrift für Margret Dieck, Opladen 1999.

Naegele, G., Tews, H.P. (Hrsg.), Lebenslagen im Strukturwandel des Alters, Alternde Gesellschaft – Folgen für die Politik, Opladen 1993.

Niederfranke, A., Naegele, G., Frahm, E. (Hrsg.), Funkkolleg Altern, Opladen 1999.

Reichert, M., Maly-Lukas, M., Schönknecht, C. (Hrsg.), Älter werdende und ältere Frauen heute. Zur Vielfalt ihrer Lebenssituationen, Opladen 2003.

Reimann, H. und H. (Hrsg.), Das Alter, Einführung in die Gerontologie, Stuttgart 1994.

Ritter, U., Hohmeier, J., Alterspolitik – Eine sozio-ökonomische Perspektive, München, Wien 1999.

Schulz-Nieswand, F., Sozialpolitik und Alter, Grundriss Gerontologie, Band 5, Stuttgart 2006.

Stiftung für die Rechte zukünftiger Generationen (Hrsg.), Handbuch Generationengerechtigkeit, München 2003.

Stosberg, M., Blüher, St., Neue Vergesellschaftungsformen des Alter(n)s, Opladen 2003.

Tesch-Römer, C., Engstler, H., Wurm, S., Altwerden in Deutschland. Sozialer Wandel und individuelle Entwicklung in der zweiten Lebenshälfte. Wiesbaden 2006.

Übergang vom Arbeitsleben in den Ruhestand

Bäcker, G., Naegele, G., Alternde Gesellschaft und Erwerbstätigkeit – Modelle zum Übergang vom Erwerbsleben in den Ruhestand, Köln 1993.

Badura, B., Schellschmidt, H., Vetter, C. (Hrsg.), Fehlzeiten Report 2002 – Demographischer Wandel. Herausforderungen für die betriebliche Personal- und Gesundheitspolitik. Berlin 2002.

Barkholdt, C. (Hrsg.), Prekärer Übergang in den Ruhestand – Handlungsbedarf aus arbeitsmarktpolitischer, rentenrechtlicher und betrieblicher Perspektive, Wiesbaden 2002.

Behrend, Ch. (Hrsg.), Chancen für die Erwerbsarbeit im Alter – Betriebliche Personalpolitik und ältere Erwerbstätige, Opladen 2001.

Behrens, J., Morschhäuser, M., Viebrok, H., Länger erwerbstätig – aber wie?, Wiesbaden 1999.

Clemens, W., Ältere Arbeitnehmer im sozialen Wandel – Von der verschmähten zur gefragten Humanressource? Opladen 2001.

Frerichs, F., Älterwerden im Betrieb, Beschäftigungschancen und -risiken im demografischen Wandel, Opladen 1998.

Herfurth, M., Kohli, M., Zimmermann, K.F. (Hrsg.), Arbeit in einer alternden Gesellschaft. Opladen 2003.

Richardi, R., Reichold, H., Altersgrenzen und Alterssicherung im Arbeitsrecht, München 2003.

Rothkirch, Chr. (Hrsg.), Altern und Arbeit: Herausforderung für Wirtschaft und Gesellschaft, Berlin 2000.

Alterssicherungssysteme: Rentenversicherung, betriebliche Altersversorgung

Bertelsmann Stiftung (Hrsg.), Vorsorgereport: Private Alterssicherung in Deutschland, Verlag Bertelsmann-Stiftung, Gütersloh 2003.

Börsch-Supan, A., Die Auswirkungen der Bevölkerungsalterung auf Aktien-, Renten- und Immobilienvermögen, Deutsches Institut für Altersvorsorge, Köln 2003.

Bundesministerium für Arbeit und Sozialordnung (Hrsg.), Alterssicherung in Deutschland 1995, Forschungsbericht 264, Bonn 1997.

Bundesministerium für Arbeit und Soziales (Hrsg.), Übersicht über das Sozialrecht, Stand: 1. Januar 2006, Berlin 2006.

Deutsche Rentenversicherung Bund (Hrsg.), Das Soziale in der Alterssicherung, DRV-Schriften Band 66, Berlin 2006.

Deutscher Bundestag, Abschlussbericht der Enquete-Kommission Demographischer Wandel – Herausforderungen unserer älter werdenden Gesellschaft an den einzelnen und die Politik Bundestagsdrucksache 14/8800 vom 28.03.2002.

Ebert, Th., Generationengerechtigkeit in der gesetzlichen Rentenversicherung – Delegitimation des Sozialstaats?, Düsseldorf 2005.

Eitenmüller, St., Eckerle, K., Umfinanzierung der Alterssicherung, Düsseldorf 2000.

Fachinger, U., Oelschläger, A., Schmähl, W., Alterssicherung von Selbstständigen – Bestandsaufnahme und Reformoptionen, Münster 2004.

Fachinger, U., Rothgang, H., Viebrock, H. (Hrsg.), Die Konzeption sozialer Sicherung, Festschrift für Winfried Schmähl zum 60. Geburtstag, Baden-Baden 2002.

Fasshauer, St., Das Alterssicherungssystem in Deutschland im Rahmen der Neuen Institutionenökonomie, Hamburg 2003.

Gerke, W., Schwintowski, H.-P., Alterssicherung aus rechtlicher und ökonomischer Sicht, Baden-Baden 2004.

Kortmann, K., Schatz, Ch. (Infratest Burke Sozialforschung), Altersvorsorge in Deutschland 1996 – Lebensverläufe und künftige Einkommen im Alter. Forschungsprojekt im Auftrag des VDR und des Bundesministeriums für Arbeit und Sozialordnung, in: DRV-Schriften Band 19/BMA-Forschungsbericht Band 277, Frankfurt/Bonn 2000.

Mezger, E. (Hrsg.), Zukunft der Alterssicherung, Düsseldorf 2000.

Ockenga, E., Renten wegen verminderter Erwerbsfähigkeit, Frankfurt 1994.

Oelschläger, A., Alterssicherung von Selbstständigen – Entwicklung, Status quo und Reformoptionen, Berlin 2005.
Opielka, M. (Hrsg.), Grundrente in Deutschland – Sozialpolitische Analysen, Wiesbaden 2004.
Perreng, M., Kerschbaumer. J., Private und betriebliche Altersvorsorge. Der Ratgeber zur neuen Einkommenssicherung im Alter, Frankfurt 2003.
Prognos (Eitenmüller, S., Schüssler, R.), Auswirkungen veränderter Rahmenbedingungen auf die Finanzen der Gesetzlichen Rentenversicherung, DRV-Schriften Band 49, Franfurt 2004.
Rische, H., Schmähl, W. (Hrsg.), Gesundheits- und Alterssicherung – gleiche Herausforderungen, gleiche Lösungen?, Münster 2004.
Ruland, F. (Hrsg.), Handbuch der Gesetzlichen Rentenversicherung. Neuwied 1990.
Schmähl, W., Michaelis, K. (Hrsg.), Alterssicherung von Frauen – Leitbilder, gesellschaftlicher Wandel und Reformen, Wiesbaden 2001.
Schmähl, W. (Hrsg.), Mindestsicherung im Alter – Erfahrungen, Herausforderungen, Strategien, Frankfurt 1993.
Seel, B. (Hrsg.), Sicherungssysteme in einer alternden Gesellschaft, Frankfurt a.M./New York 1998.
VDR (Hrsg.), Interdependenzen in der sozialen Sicherung – Wirkungen und Reformoptionen, DRV-Schriften Band 60, Franfurt 2005.
VDR (Hrsg.), Generationengerechtigkeit – Inhalt, Bedeutung und Konsequenzen für die Alterssicherung, DRV-Schriften Band 51, Frankfurt 2004.
VDR (Hrsg.), Arbeitsmarkt und Alterssicherung, DRV-Schriften Band 42, Franfurt 2003.
VDR (Hrsg.), Sozialversicherung und Familie zwischen sozialem Ausgleich und staatlicher Verantwortung, DRV-Schriften Band 46, Franfurt 2003.
VDR (Hrsg.), Soziale Sicherung der Frau, DRV-Schriften Band 23, Franfurt 2000.
Veil, M., Alterssicherung von Frauen in Deutschland und Frankreich. Reformperspektiven und Reformblockaden, Berlin 2002.
von Maydell, B., Ruland, F. (Hrsg.), Sozialrechtshandbuch, Neuwied 2003.

Alterssicherung im europäischen und internationalen Vergleich

Döring, D., Die Zukunft der Alterssicherung – Europäische Strategie und der deutsche Weg, Frankfurt 2002.
Fenge, R. u.a., Alterssicherung im internationalen Vergleich. Finanzierung, Leistungen, Besteuerung, München 2003.
Reinhard, H.-J. (Hrsg.), Demographischer Wandel und Alterssicherung – Rentenpolitik in neun europäischen Ländern und den USA im Vergleich, Baden-Baden 2001.
Schmeisser, W., Bischoff, B., Neustrukturierung der drei Säulen des Alterssicherungssystems in Deutschland im Spiegel einer länderübergreifenden Betrachtung, Mering 2003.
VDR (Hrsg.), Renten auf einen Blick: Staatliche Politik im OECD-Ländervergleich, DRV-Schriften Band 61, Frankfurt 2005.
VDR (Hrsg.), Offene Methode der Koordinierung im Bereich der Alterssicherung – Quo Vadis?, DRV-Schriften Band 47, Frankfurt 2003.
VDR (Hrsg.), Rentenversicherung im internationalen Vergleich, DRV-Schriften Band 45, Frankfurt 2003.
Wasner, B., Alterssicherung in Europa: Institutionenwandel durch Europäisierung? Münster 2005.

Regelmäßige Veröffentlichungen und Materialquellen

Alterssicherungsbericht der Bundesregierung, Bundestagsdrucksache, (alle vier Jahre, zuletzt 2006).

Versorgungsbericht der Bundesregierung, Bundestagsdrucksache (alle vier Jahre, zuletzt 2005).

Altenbericht der Bundesregierung, Bundestagsdrucksache (alle vier Jahre, zuletzt 2006).

Rentenversicherungsbericht der Bundesregierung und Gutachten des Sozialbeirats, Bundestagsdrucksache (jährlich).

Sachverständigenrat zur Begutachtung der gesamtwirtschaftlichen Entwicklung, Jahresgutachten, Bundestagsdrucksache (jährlich).

Deutsche Rentenversicherung Bund, Rentenversicherung in Zahlen (jährlich).

Deutsche Rentenversicherung Bund, Rentenversicherung in Zeitreihen (jährlich).

Zeitschriften

Gesundheits- und Sozialpolitik
Bundesarbeitsblatt
Deutsche Rentenversicherung
RV-aktuell
Sozialer Fortschritt
Soziale Sicherheit
Wirtschaft und Statistik
Wirtschaftsdienst
WSI-Mitteilungen
Zeitschrift für Gerontologie und Geriatrie
Zeitschrift für Sozialreform

IX Soziale Dienste

1 Hilfebedürftigkeit, soziale Probleme und soziale Dienste

Soziale Probleme und aus ihnen resultierende Anforderungen an die Sozialpolitik ergeben sich nicht allein aus einer unzureichenden Verfügung über materielle Ressourcen. Es gibt eine Vielzahl von sozialen Bedarfs- und Notlagen, deren Lösung oder Linderung durch die Bereitstellung von (mehr) Einkommen allein nicht möglich ist. Dies wird offensichtlich, wenn man etwa an die Lebensrisiken Krankheit und Pflegebedürftigkeit oder an die verschiedenen psychosozialen Notsituationen denkt. Von entscheidender Bedeutung für die Lebenslage ist daher nicht nur, inwieweit die materiellen Grundbedürfnisse eines Menschen befriedigt werden und ausreichende Kaufkraft sichergestellt wird, sondern auch, ob und in welchem Umfang im Falle von sozialen Bedarfs- und Notlagen auf persönliche Hilfen durch andere zurückgegriffen werden kann, wenn die Betroffenen zur Problembewältigung allein nicht in der Lage sind. Lebenslage und Lebensqualität der Menschen werden also sowohl durch die Verfügungsmöglichkeit über Einkommen als auch über personengebezogene Hilfen bestimmt. Je nach Problemlage und Lebenssituation kommt dabei den sozialen Hilfe- und Unterstützungsleistungen eine unterschiedliche Bedeutung zu: Sie können in vielen Fällen von Behinderung, Pflegebedürftigkeit und Krankheit wichtiger sein als finanzielle Leistungen.

In die Situation des Hilfebedarfs geraten Menschen nicht nur in außergewöhnlichen Notlagen, sondern auch in typischen Lebenslagen und -phasen:

- Kinder sind ohne Hilfen durch andere gar nicht existenzfähig. Ihre Pflege, Betreuung und Erziehung sind für die körperliche, seelische und geistige Entwicklung unabdingbar. Dies gilt naturgemäß insbesondere für Kleinkinder, denen eine eigenständige Lebensführung ohne Hilfe anderer überhaupt nicht möglich ist. Aber auch für ältere Kinder und für Jugendliche besteht ein hoher Bedarf an Bildungs- und Erziehungsleistungen.
- Auch im Krankheitsfall sind die Betroffenen in einem hohen Maße auf persönliche Hilfen durch andere angewiesen: Die hochwertigsten medizinischen Apparaturen und die kostspieligsten Heil- und Hilfsmittel ersetzen nicht die Krankenpflege, können allein Heilungs- und Genesungsprozesse nicht bewirken.
- In der Lebensphase Alter schließlich nimmt der Bedarf an persönlichen Hilfen deutlich zu, treten doch mit fortschreitendem Lebensalter jene problematischen

Veränderungen in der Lebenslage immer häufiger auf, die eine Begrenzung der eigenständigen Lebensführung zur Folge haben, wie etwa Einschränkungen der körperlichen Fähigkeiten, chronische Krankheiten und Pflegebedürftigkeit.

Übersicht IX.1:

Ausgewählte Anlässe, Zielgruppen und Handlungsformen sozialer Dienstleistungen
Problemlagen und Anlässe
Versorgungs- und Betreuungsbedarf von Kindern
Erziehungs- und Partnerschaftsprobleme
Bildung, Ausbildung, Weiterbildung
Krankheit, Behinderung, Pflegebedürftigkeit
Hilfebedürftigkeit bei der alltäglichen Lebensführung
Wohnungsprobleme
Delinquenz
Armut, Ausgrenzung, Isolation
Sucht
Seelische Notlagen
Überschuldung
Arbeitslosigkeit
Zielgruppen
Kinder und Jugendliche
Ältere, insbesondere Hochaltrige
Kranke
Behinderte Menschen
Pflegebedürftige
Migranten und Flüchtlinge
Wohnungslose
Arbeitslose
Personen in sonstigen sozial schwierigen Lebenslagen
Handlungsformen
Unterrichten und Erziehen
Beraten und Informieren
Betreuen und Versorgen
Behandeln, Pflegen, Rehabilitieren
Therapieren
Hilfe bei häuslichen Verrichtungen
Emotionale Unterstützung

Mit diesen Beispielen ist die Bandbreite sozialer Hilfebedürftigkeit aber lediglich angedeutet. Tatsächlich findet sich eine breite Vielfalt von Bedarfs- und Problemlagen, die persönliche Hilfen erfordern. Der Überblick über die Breite dieses helfenden, persönlichen Handelns wird erleichtert, wenn man zwischen Anlässen, Zielgruppen sowie Handlungsformen unterscheidet (vgl. Übersicht IX.1).

1.1 Was sind soziale Dienste?

Soweit die mit der Bewältigung der sozialen Risiken und Probleme verbundenen personenbezogenen Leistungen *professionell* und *entgeltlich* erbracht werden, bezeichnet man sie als *soziale Dienste* oder *soziale Dienstleistungen.* Beide Begriffe werden in der Regel und auch im Folgenden synonym verwendet; mitunter wird aber auch unterschieden: Als „soziale Dienstleistungen" gelten dann die beratenden, betreuenden, erzieherischen, therapeutischen und pflegerischen *Tätigkeiten* im engeren Sinne. Unter „sozialen Diensten" werden die Dienstleistungsangebote von Ämtern, Behörden, Verbänden sowie sozialen Einrichtungen und Unternehmen verstanden. Bei dieser *institutionellen Sicht* wird auf die Leistung der gesamten Einrichtung abgestellt. Die Leistungserstellung erfolgt in einem betrieblichen Rahmen und erfordert auch solches Personal (z.B. Verwaltungskräfte), das nicht unmittelbar in den Prozess der personalen Hilfe eingebunden ist.

Familiäre oder ehrenamtliche Hilfeleistungen, da nicht professionell und entgeltlich erbracht, zählen nach dieser Definition nicht zu den sozialen Dienstleistungen oder sozialen Diensten. Dabei darf jedoch nicht aus den Augen gelassen werden, dass die meisten personenbezogenen Hilfe- und Unterstützungsleistungen unverändert nicht durch bezahlte Professionelle, sondern durch Laien im familiären und sozialen Raum erfolgen, vor allem durch Familienangehörige, Freunde und Nachbarn oder durch Personen, die im Rahmen eines bürgerschaftlichen Engagements helfend tätig werden. Die Beispiele Betreuung und Erziehung von Kindern, Versorgung von Kranken und Pflegebedürftigen, Unterstützung von Behinderten machen dies deutlich. Von den Beteiligten werden solche Hilfeleistungen dabei im Allgemeinen nicht als bewusst oder gezielt angebotene „Dienstleistung" verstanden, sondern vielmehr als Selbstverständlichkeit im Umgang miteinander wahrgenommen.

Allerdings lassen sich nicht-professionelle Hilfen und professionell erbrachte soziale Dienste nicht isoliert voneinander betrachten. Zumeist besteht, so beispielsweise in der ambulanten Alten- und Behindertenpflege oder bei der Kindererziehung, ein komplementäres Verhältnis. Die familiär-häuslichen Leistungen werden durch professionelle Dienste ergänzt und unterstützt. In anderen Bereichen zeigt sich aber auch ein Substitutions- und Konkurrenzverhältnis, das zu Spannungen und Konflikten führen kann. Familienhilfe oder ehrenamtliche Hilfe werden durch professionelle Dienste ersetzt, oder aber ehrenamtliche Kräfte treten an die Stelle von hauptamtlichen Professionellen. Eine Darstellung und Analyse von Strukturen und Entwicklungsrichtungen sozialer Dienste macht es deshalb erforderlich, auch auf die nicht-professionell und unentgeltlich erbrachten Hilfeleistungen einzugehen (vgl. Pkt. 8. dieses Kapitels).

1.2 Soziale Dienste als Reaktion auf soziale Probleme

Soziale Dienste grenzen sich von anderen erwerbsförmigen personenbezogenen Diensten insofern ab, als ihr Anlass in der Regel ein *soziales Problem* ist bzw. als solches angesehen und anerkannt wird. Die Unterschiede sind freilich fließend, wie man etwa an den Beispielen mobile Essensversorgung, Körperpflege und Putzdienste sieht: Im Normalfall handelt es sich hier um kommerzielle persönliche Dienstleistungen, wie sie auch durch Pizza-Taxis, Friseure und Putzhilfen geleistet werden könnten. Solche Leistungen werden jedoch dann als soziale Dienste aufgefasst, soweit sie sich gezielt an bestimmte sozial benachteiligte Personengruppen wie z.B. Behinderte und Pflegebedürftige richten und sozialstaatlich reguliert und finanziert sind.

Soziale Probleme beziehen sich auf bestimmte soziale Bedingungen, Strukturen oder Situationen, die als Störung, Widerspruch oder Funktionsproblem der Gesellschaft analysiert werden können. Sie müssen empirisch wahrnehmbar sein. Welcher daraus resultierender Hilfebedarf wie und in welcher Form dann auch professionell abgedeckt wird, hängt aber weder allein von übergeordneten sozialstaatlichen Zielen noch von der objektiven Bedarfslage ab. Immer auch entscheiden gesellschaftliche und weltanschauliche Normen, Vorstellungen und Interessen von Parteien, Verbänden und Organisationen sowie die jeweiligen sozio-ökonomischen und politischen Rahmenbedingungen darüber,

- ob soziale Probleme als solche überhaupt öffentlich anerkannt,
- welche sozialen Dienste dann auch angeboten und
- in welchem Ausmaß die Dienste öffentlich finanziert werden.

Die gesellschaftlichen Vorstellungen über das, was als soziales Problem definiert und anerkannt wird, und über das, was als individuelles Problem gesellschaftlich unbeachtet bleibt, unterliegen einem ständigen Wandel. Dies zeigt sich z.B. an der jahrzehntelangen Missachtung des Themas Alkoholismus: Alkoholmissbrauch galt als individuelles Fehlverhalten, aber nicht als Krankheit. Ein weiteres Beispiel ist die Gewalt in der Familie, die über lange Jahre tabuisiert, als private Angelegenheit behandelt und nicht als Anlass für soziale Interventionen und Hilfen angesehen wurde. Ein weiteres Beispiel dafür, wie lange es bis zur gesellschaftlichen Anerkennung als soziales Problem dauern kann, ist das Risiko der Pflegebedürftigkeit. Erst nach einer mehr als 20jährigen Vorlaufdiskussion wurde 1994 die Gesetzliche Pflegeversicherung eingeführt.

2 Soziale Dienste: Grundlagen, Strukturen und Trends

2.1 Charakteristika sozialer Dienstleistungen

Bereitstellung und Finanzierung sozialer Dienste zählen zu einem immer wichtiger werdenden Aufgabengebiet der Sozialpolitik. Die Einkommensstrategie in der Sozialpolitik wird durch die Dienstleistungsstrategie flankiert; soziale Dienste ersetzen die Umverteilung von Einkommen also nicht, sondern wirken ergänzend zu monetären Sozialtransfers.

Trotz ihrer Vielfältigkeit weisen soziale Dienstleistungen eine Reihe von Gemeinsamkeiten auf, die sie von der Güterproduktion, aber auch von sach- und unternehmensbezogenen Dienstleistungen unterscheiden und besondere Bedingungen für ihre Erbringung zur Folge haben. Bei diesen im Folgenden zu skizzierenden Charakteristika wird Bezug genommen auf die unmittelbare Tätigkeit am hilfesuchenden Menschen. Davon unbenommen fallen in den Einrichtungen, die soziale Dienste bereitstellen, auch andere Tätigkeiten an, die hier aber unberücksichtigt bleiben (Versorgung, Verwaltung, Hauswirtschaft usw.).

Personenbezug

Soziale Dienste sind ihrer Natur nach helfend, beratend, betreuend, unterstützend und damit personenorientiert. Die Tätigkeit basiert auf institutionell hergestellten Interaktionsbeziehungen zwischen den beruflichen Experten auf der einen und den Hilfe und Unterstützung Suchenden auf der anderen Seite. Es handelt sich um interaktionszentrierte Tätigkeiten mit direktem Personenkontakt, bei der die Helfer eine Vertrauensstellung einnehmen. Sie werden gegen Entgelt erbracht und beruhen nicht – wie die Hilfe im Familienkontext – auf normativ bestimmten Erwartungen gegenseitiger Hilfeleistungen (Reziprozitätserwartungen) (vgl. Pkt. 8.3 dieses Kapitels). Aufgrund der hohen Anforderungen hinsichtlich der Kompetenzen zur Problemdiagnose und -lösung und der Verantwortungsübernahme gegenüber den Klienten erfordert die Erbringung sozialer Dienste in aller Regel eine spezifische fachliche Qualifikation.

Die Tätigkeiten beschränken sich allerdings nicht auf die persönlichen Interaktionsbeziehungen. Aufgrund der neuen Steuerungsmodelle und ihrer Bürokratisierungsfolgen (vgl. Pkt. 6.2 dieses Kapitels) sowie der Qualitätssicherungsbestimmungen (vgl. Pkt. 7. dieses Kapitels) prägen immer mehr administrative Elemente den Arbeitsalltag. Protokoll- und Aktenführung, Berichtslegung, Falldokumentationen, Führung von Statistiken und EDV-Arbeit sind typische Merkmale moderner sozialer Dienstleistungsarbeit geworden, welche die unmittelbare Tätigkeit mit und an den Klienten überlagern.

Personalintensität und begrenzte Rationalisierbarkeit

Da die Tätigkeit an und mit Menschen erfolgt, lässt sie sich nicht oder nur sehr begrenzt durch Maschinerie oder neue Informations- und Kommunikationstechnologien ersetzen. Wegen dieser geringen Rationalisierungsfähigkeit sind soziale

Dienste personal- und damit kostenintensiv. Es liegt auch in der Natur personenbezogener sozialer Dienste, in ihrer „Produktivitätsentwicklung“ immer im Rückstand gegenüber dem gesamtwirtschaftlichen Zuwachs zu bleiben und damit gegenüber industriell gefertigten Gütern relativ teuer zu werden. Kostensteigerungen sind damit vorprogrammiert (vgl. auch Kap. „Gesundheit und Gesundheitssystem“, Pkt. 10.1).

Uno-actu-Prinzip

Für soziale Dienste gilt das uno-actu-Prinzip: Da sie unmittelbar an und mit Personen vollzogen werden, fallen ihre Produktion und Konsumtion zeitlich und räumlich zusammen. Der Zwang zur gleichzeitigen Anwesenheit von Produzent und Leistungsempfänger lässt es nicht zu, dass soziale Dienste auf „Vorrat“ erstellt und gelagert werden. Vielmehr ist die Vorhaltung von Kapazitäten erforderlich, um sicherzustellen, dass auch bei vorab nicht absehbaren Notlagen die Leistungen schnellstmöglich erbracht werden können. Die Gleichzeitigkeit hat in räumlicher Hinsicht zur Konsequenz, dass entweder der Leistungsempfänger zum Produzenten kommen muss oder umgekehrt der Produzent den Leistungsempfänger aufsuchen muss. Da sich die Leistungen nicht transportieren lassen, müssen sich immer die Menschen bewegen. Um möglichst viele Hilfebedürftige zu erreichen, ist deshalb, soweit mach- und finanzierbar, eine Wohnortnähe der Angebote erforderlich. Die fehlende Transportfähigkeit von personengebundenen Dienstleistungen bedeutet schließlich, dass ein Import von sozialen Diensten aus dem Ausland nur möglich ist, wenn ausländische Dienstleister ihre Leistungen vor Ort in Deutschland anbieten.

Ko-Produktion

Bei der Inanspruchnahme sozialer Dienste ist nicht nur die Präsenz der Betroffenen erforderlich, unverzichtbar ist ebenso deren aktive Beteiligung. Die Adressaten der Dienste sind immer auch Ko-Produzenten, d.h. zugleich Objekt und Subjekt des Dienstleistungsprozesses. Das Ergebnis einer sozialen Dienstleistung hängt also nicht allein vom angebotenen Leistungspotenzial (z.B. Qualifikation, Zeiteinsatz) der Professionellen ab, sondern gleichermaßen von der Kooperationswilligkeit und -fähigkeit des Leistungsnehmers. Der Besuch bei einem Arzt, das Aufsuchen einer Erziehungsberatungsstelle oder die Ratsuche bei einer Einrichtung der Schuldnerberatung haben wenig Sinn, wenn nicht der Hilfesuchende bereit ist, im Hilfeprozess aktiv mitzuwirken. Die Mitwirkung kann nur freiwillig erfolgen, eine erzwungene Beratung oder Hilfe kann es nicht geben.

Unbestimmtheit der Nachfrage

Die Nachfrage nach sozialen Diensten ist in der Regel unspezifisch und ergibt sich zumeist erst im Verlauf des Interaktionsprozesses. Nur selten bezieht sie sich auf eine ganz bestimmte Leistung. Typisch sind hingegen allgemeine Bedarfsanforderungen: „Wie werde ich meine Schulden los?“ „Wie löse ich die Erziehungsprobleme mit meinem Kind?" „Wie kann ich bei der Versorgung meiner altersdementen Mutter unterstützt werden?". Infolge dieser Unbestimmtheit kommt es häufig vor, dass erst die Professionellen die eigentlichen Probleme und ihre Ursachen erkennen und den konkreten Hilfe- und Unterstützungsbedarf definieren.

Der Hilfe- und Unterstützungsbedarf bezieht sich immer auf einen ganz bestimmten Einzelfall. Deshalb kennt die soziale Dienstleistungsproduktion auch nur ganz selten pauschale, standardisierte Lösungen. Die Leistungen können längerfristig bis ständig erforderlich sein. Dies gilt z.B. für Hilfen für Behinderte, Pflegebedürftige, chronisch Kranke oder für die Betreuung und Erziehung von Kindern. Oftmals sind sie aber auch nur kurzfristig oder sporadisch notwendig, wie z.B. im akuten Krankheitsfall, oder wenn eine spezifische Beratung benötigt wird. Der Bedarf kann unerwartet und plötzlich auftreten, etwa bei Krankheiten oder Unfällen, sich schleichend entwickeln, wie z.B. bei Pflegebedürftigkeit, oder absehbar sein, wie z.B. bei der Betreuung von Kindern.

Soziale Dienste als Erfahrungs- und Vertrauensgüter

Zu den Charakteristika sozialer Dienste zählt weiterhin, dass sie sog. *Erfahrungsgüter* sind, d.h. im Gegensatz zu den meisten Konsumgütern kann ihre Qualität nicht *vor* ihrer Erbringung und Nutzung geprüft und beurteilt werden. Die Qualität lässt sich erst „erfahren", *nachdem* die Leistungen in Anspruch genommen worden sind. Eine Pflegeleistung etwa lässt sich immer erst im Nachhinein bewerten. Negative Konsequenzen schlecht oder unzureichend erbrachter sozialer Dienste können dann kaum noch oder nur mit einem sehr großen Aufwand rückgängig gemacht werden. Der auf Gütermärkten durchaus übliche Wechsel des Anbieters, um zukünftig bessere Bedingungen zu haben, ist bei manchen sozialen Diensten und Einrichtungen nur mit großem Aufwand möglich, wenn man etwa an den Wechsel einer Kindertagesstätte, einer Behinderteneinrichtung oder eines Pflegeheimes denkt. Auch sind Alternativen im lokalen oder regionalen Umfeld häufig nicht vorhanden.

Erschwerend kommt hinzu, dass bei vielen sozialen Diensten das *Ergebnis* nicht *unmittelbar* spürbar ist, sondern erst mit Zeitverzug oder gar nicht auftritt, wie z.B. im Falle der Erziehungs- oder Eheberatung. Als Ergebnis gilt dabei nicht die vollzogene Dienstleistung als solche (output), sondern deren Wirkung (outcome). Diese aber wiederum lässt sich nicht eindeutig dem Leistungsinput (so Konzepte, Methode und Zeitaufwand der Leistung, Qualifikation der Professionellen) zuordnen, sondern ist vom Leistungsprozess und damit – wie bereits aufgezeigt – auch stark von der Person des Adressaten und dessen Engagement abhängig. Darüber hinaus kann die Wirkung der Dienstleistungen durch Veränderungen in den allgemeinen Lebensbedingungen des Klienten überlagert werden, so dass ein Nachweis über den Zusammenhang von input und outcome nur schwer möglich ist.

Diese Schwierigkeiten, die Qualität von sozialen Diensten zu erfassen, machen sie zu *Vertrauensgütern*. Hier muss der Leistungsempfänger darauf vertrauen, dass er die richtige Leistung erhält. Dieses Vertrauens- und Abhängigkeitsverhältnis tritt insbesondere dann auf, wenn ein komplexes soziales Problem vorliegt und der Hilfesuchende wegen fehlender Sachkenntnis und des dadurch bedingten Machtgefälles zwischen Professionellen und Laien sowie insbesondere wegen eingeschränkter Handlungs- und Entscheidungsfähigkeit diesen als „Agenten" zur Spezifizierung der erforderlichen Einzelleistungen einsetzen muss. Der Professionelle definiert nicht nur die Probleme, er bestimmt damit auch Angebot und Nachfrage zugleich. Dies trifft im besonderen Maße für den Arzt bzw. die Ärztin zu (vgl. Kap. „Gesundheit und Gesundheitssystem", Pkt. 4.1.1), aber beispielsweise auch für die beratenden und erziehenden Sozialarbeiter/-pädagogen in der Jugendhilfe.

Je stärker sich die Professionalisierung bei den Leistungsanbietern ausprägt, d.h. je stärker die Tätigkeiten in den sozialen Diensten einem Prozess der Verberuflichung, Ausdifferenzierung und Verwissenschaftlichung unterliegen, um so größer werden die Informationsasymmetrien und folglich die Machtungleichheit zwischen Anbietern und Nutzern. Die Anbieter verfügen als Experten im Allgemeinen über bessere Informationen als die Nutzer. Damit verringern sich für sie die Möglichkeiten der Leistungsüberprüfung und Qualitätskontrolle. Es sind speziell diese Wesensmerkmale sozialer Dienste als Erfahrungs- und Vertrauensgüter, welche die Qualitätssicherung und den Verbraucherschutz in der sozialen Dienstleistungserbringung zu hoch voraussetzungsvollen und schwierigen Aufgaben machen (vgl. Pkt. 7. dieses Kapitels).

2.2 Soziale Dienste zwischen Staat und Markt

Soziale Dienstleistungen bewegen sich hinsichtlich ihrer Erbringung und Finanzierung zwischen Staat und Markt. Während beim Marktmodell Angebot und Nachfrage in Quantität und Qualität über Preise gesteuert werden, werden beim Sozialstaatsmodell die Leistungen öffentlich bereitgestellt und/oder öffentlich finanziert. Zwar finden sich zunehmend Beispiele für rein marktförmige Angebots- und Nachfragestrukturen, so im Bereich von Beratungs- und Erziehungsleistungen. In aller Regel sind in Deutschland soziale Dienste aber im unterschiedlichen Maße dem Markt- und Wettbewerbsprozess entzogen, werden also nicht zu Marktpreisen angeboten und nachgefragt, sondern über Steuern und Beiträge finanziert und können kostenfrei in Anspruch genommen werden. Allerdings tritt der Staat selber zumeist erst nachrangig als Produzent sozialer Dienste auf. Mit Leistungserstellung werden vorrangig gemeinnützige Einrichtungen und Träger beauftragt, die sich in den Verbänden der freien Wohlfahrtspflege zusammengeschlossen haben. In bestimmten Marktsegmenten gilt dies zunehmend aber auch für privat-gewerbliche Unternehmen. Die Anbieter stehen dabei in Konkurrenz zueinander, das gilt für den non-profit- wie für den profit-Sektor gleichermaßen. In allen Fällen ist jedoch die Inanspruchnahme für den Klienten (weitgehend) kostenlos; die Finanzierung erfolgt über öffentliche Abgaben.

Diese politische Steuerung und Finanzierung sozialer Dienste lässt sich aus zwei unterschiedlichen Begründungen bzw. Ursachen ableiten (vgl. Übersicht IX.2):

- Bei bestimmten Leistungen versagt der Markt- und Wettbewerbsmechanismus, ein privatwirtschaftliches Angebot würde überhaupt nicht entstehen.
- Zwar kann bei der Mehrzahl der sozialen Dienste der Marktmechanismus für Angebot und Nachfrage sorgen, aber die Ergebnisse sind sozialpolitisch problematisch. Denn bei einer Preissteuerung der Nachfrage wird die Inanspruchnahme durch das individuelle Einkommen bestimmt und bleibt damit begrenzt. Dies ist immer dann problematisch, wenn die Leistungen auf solche Bedarfe und Problemlagen zielen, deren Erfüllung bzw. Behebung aus der Sicht der Gesellschaft weder von der individuellen Zahlungsbereitschaft noch von der Zahlungsfähigkeit der Betroffenen abhängen soll.

Fehlende Marktfähigkeit

Eine Reihe von sozialen Diensten ist überhaupt nicht marktfähig, weil mangels einer individuellen Nachfrage kein privates Angebot entstehen kann. Klassische Beispiele für solche *öffentlichen Güter* sind die innere und äußere Sicherheit oder die Existenzsicherung (Grundsicherung/Sozialhilfe). Aber auch weite Bereiche der kommunalen Sozial- und Jugendhilfepolitik fallen hierunter.

Gemeinwesenarbeit, Schul- und Straßensozialarbeit, präventive Jugendarbeit stehen beispielhaft für Leistungen, für die es keine individuelle kaufkräftige Nachfrage und dementsprechend auch kein privates Angebot gibt. Da diese Leistungen nicht auf einen einzelnen Adressaten zielen, sondern auf Sozialräume und größere Gruppen der Bevölkerung und kein Bewohner vom Nutzen ausgeschlossen werden kann (und soll), wird es keine individuelle Bereitschaft zur Zahlung von Marktpreisen geben. Denn auch jene können die Leistungen in Anspruch nehmen bzw. profitieren vom Leistungsergebnis – wie Einschränkung von Kriminalität und Gewalt, Aufwertung des Stadtteils und Wohngebietes, Gewährleistung von Sicherheit – die nicht zahlen. Dieses Problem lässt sich nur dadurch lösen, dass die Leistungen öffentlich finanziert werden.

Ungeeignet ist der Markt bei solchen Leistungen, die aus einem übergeordneten öffentlichen Interesse mitunter gar verordnet werden müssen. Hier entsteht eine Nachfrage schon deshalb nicht, weil potenzielle Konsumenten den Nutzen nicht erkennen können oder wollen. Zudem zeichnen sie sich häufig auch durch Eingriffs- und Kontrollcharakter aus und müssen teilweise sogar gegen den Willen der Betroffenen in Anspruch genommen werden, so z.B. die Straffälligenhilfe, Gerichtshilfe, Inobhutnahme oder Heimunterbringung.

Marktfähigkeit fehlt bei jenen Diensten und Einrichtungen, die für Not- und Krisenfälle ausreichend Kapazitäten bereithalten müssen, unabhängig davon, ob sie jeweils voll genutzt werden – das gilt etwa für den Jugendschutz, für Ambulanzen, den Rettungsdienst oder für Frauenhäuser. Da die hohen Vorhaltekosten nicht den jeweiligen Nutzern zugerechnet werden können, rentiert sich hier ein gewerbliches Angebot nicht. Unrentabel und damit nicht marktfähig können auch wohnortnahe Angebote sein. Diese sind zwar erforderlich, um bestimmte Personen und Nachfrager überhaupt erst zu erreichen. Wenn die Nachfrage aber wegen des engen räumlichen Einzugfeldes zu gering ist, werden sich private Anbieter hier nicht engagieren. Beispiele dafür sind wohnortnahe Versorgungsangebote im ländlichen, dünn besiedelten Raum wie Kindertagesstätten und Beratungszentren.

Korrektur unzureichender Marktergebnisse

Nur ein (kleinerer) Teil der sozialen Dienste hat den Charakter eines „öffentlichen Gutes". Die Mehrzahl ließe sich marktmäßig anbieten, so wie das auch bei allen anderen personenbezogenen Dienstleistungen der Fall ist, da sich der Nutzen der Inanspruchnahme zu wesentlichen Teilen auf die Käufer begrenzen lässt, das Ausschlussprinzip also greift. Wenn es dennoch zu einer öffentlichen Bereitstellung und/oder Finanzierung kommt, dann mit dem Ziel, das Marktergebnis zu korrigieren. Zu sprechen ist hier von sog. *meritorischen Gütern.*

Würde der Zugang zu diesen Gütern nämlich über Preise gesteuert, dann käme im Hinblick auf erwünschte sozialpolitische Zielsetzungen nur ein lückenhaftes und ausschließlich auf bestimmte Bedarfslagen und Empfängergruppen ausgerichtetes Versorgungsniveau zustande. Denn Preise grenzen nicht-kaufkräftige Nachfrage aus, sie lassen nur jene Personen zum Zuge kommen, die zahlungsfähig sind. Da es sich bei sozialen Diensten in aller Regel um qualifizierte Tätigkeiten handelt und diese kaum rationalisierbar sind, liegt der Preis professioneller Tätigkeiten – zu Marktbedingungen kalkuliert – sehr hoch und könnte deshalb nur von einem Teil der Haushalte finanziert werden. Selbst durchschnittliche und höhere Einkommen sind schnell überfordert, wenn der Hilfebedarf umfangreich ist und/oder lange andauert. Personen mit geringen Einkommen, bei denen jedoch der soziale Dienstleistungsbedarf erfahrungsgemäß am größten ist, wären völlig ausgeschlossen.

Die Verteilung bzw. Inanspruchnahme sozialer Dienste analog der Einkommens- und Vermögensverteilung ist nicht nur sozialpolitisch inakzeptabel, sondern würde auch zu negativen externen Effekten führen, von denen die gesamte Gesellschaft betroffen wäre und die kostenträchtige Folgeprobleme nach sich ziehen würden. Die Einkommensverhältnisse dürfen insofern bei all jenen Leistungen, an deren Inanspruchnahme nicht nur der Einzelne, sondern auch die Gesellschaft insgesamt ein Interesse und Nutzen hat, keine Barriere für die Nachfrage sein.

Übersicht IX.2:

	Güter und Dienstleistungen und ihre Eigenschaften		
	Öffentliche Güter	**Meritorische Güter**	**Private Güter**
Merkmale	Güter/Dienstleistungen, die auf Grund von Marktversagen und politischer Entscheidung durch die öffentliche Hand kostenfrei angeboten werden (Finanzierung über Steuern), da sie von allgemeinem Wert sind und ihr Gebrauch nicht privatisierbar/individualisierbar ist bzw. sein soll. Die Nutzung dieser Güter durch Einzelne schließt die Inanspruchnahme durch Andere nicht aus.	Teilgruppe der öffentlichen Güter, die von der öffentlichen Hand auf Grund von Erwägungen des Allgemeinwohls bereitgestellt werden. Bei freiem Angebot über den Markt wird die Nachfrage der Adressaten nicht (ausreichend) berücksichtigt. In Bezug auf die Konsumentensouveränität nimmt der Staat eine Korrektur von Handlungsdefiziten vor. Der pädagogische Interventionstyp setzt an einer Veränderung des Präferenzsystems der Klienten an. Es werden Verhaltensweisen und Konsummuster beeinflusst. Die Präferenzen werden durch den Gebrauch der angebotenen Dienstleistungen korrigiert.	Güter/Dienstleistungen, die über Kauf/Verkauf frei am Markt zu haben sind, wobei der Kauf die Nutzung durch andere Kunden grundsätzlich ausschließt.
Beispiele	Innere u. äußere Sicherheit Soziale Existenzsicherung Präventive Jugendhilfe Gemeinwesenarbeit	Hilfen zur Erziehung, Schuldnerberatung Arbeitsvermittlung Altenpflege	Freizeitveranstaltungen Putz- und Haushaltshilfen Hotel- u. Gaststättenbesuche Frisör

Quelle: in Anlehnung an Trube, A., Wohlfahrt, N., Von der Bürokratie zur Merkatokratie?, in: Boessenecker, K.-H., Trube, A., Wohlfahrt, N. (Hrsg.), Privatisierung im Sozialsektor, Münster 2000, S. 27.

Eine Markt- und Preissteuerung führt aber nicht nur wegen der Einkommensrestriktionen zu Versorgungsdefiziten. Auch die Ausstattung mit ausreichender Kaufkraft würde das Problem nicht oder nur unzureichend lösen. Denn es kann nicht unterstellt werden, dass die für den Kauf der Leistung maßgebenden individuellen subjektiven Wertschätzungen das gesellschaftlich erwünschte Versorgungsniveau sicherstellen. Der für die Marktwirtschaft leitende Grundsatz, dass die Konsumenten am besten wissen, welche Bedürfnisse sie haben (Konsumentensouveränität), gilt bei der Nachfrage nach sozialen Diensten nicht oder nur sehr eingeschränkt – eine anderweitige Verwendung des Einkommens kann u.a. wegen Informationsmängeln, Irrtümern oder wegen der Überbetonung des Gegenwartsnutzens von Konsumgütern vorgezogen werden. Durch die Bereitstellung von Sachleistungen, die kostenfrei in Anspruch genommen werden können, werden insofern Präferenzen verschoben und korrigiert. Im Unterschied zur sozialpolitischen Einkommensstrategie greift der Staat also nicht nur in die Einkommens*verteilung* ein, sondern bestimmt auch den *Verwendungszweck* des Einkommens, um über diesen Weg ein insgesamt höheres Versorgungsniveau zu erreichen.

Das Axiom der Konsumentensouveränität geht darüber hinaus an jenen Personen völlig vorbei, die aufgrund ihrer Lebens- und Problemlage nur über eingeschränkte Handlungs- und Entscheidungsfähigkeiten verfügen und zur artikulierten Nachfrage nach konkreten Diensten überhaupt nicht fähig sind. Zu denken ist u.a. an Drogenabhängige, psychisch Kranke, Schwerstpflegebedürftige und/oder an Demenz Erkrankte. In der Jugendhilfe beispielsweise sind nicht nur individuelle Problemmeldungen von betroffenen Jugendlichen bzw. deren Eltern Auslöser von Aktivitäten, sondern auch Defizite im Hinblick auf einen gesellschaftlich als wünschenswert definierten Zustand. Jugendhilfe folgt in ihrem Handeln einem gesellschaftlichen Normalisierungsauftrag und orientiert sich nicht allein an den Wünschen ihrer Adressaten.

Regulierung von Leistungsanbietern und Leistungserstellung

Die öffentliche Finanzierung von sozialen Diensten bedeutet, dass die Leistungen kostenfrei und nach Bedarfskriterien in Anspruch genommen werden können. Eine qualitativ ausreichende Versorgung ist damit aber noch nicht sichergestellt. Es gibt keinen Automatismus, der dafür sorgt, dass sich die Anbieter stets im Interesse der Klienten verhalten. Das gilt sowohl für Dienste, die der Staat in Eigenregie erbringt als auch für privatwirtschaftliche oder gemeinnützige Anbieter, die sich über öffentliche Mittel refinanzieren. Denn in der Regel erfolgt die Nachfrage nach sozialen Diensten sehr allgemein. Bei allen komplexen Problemen, deren Analyse Fachkenntnis voraussetzt, beauftragt der Betroffene den Professionellen, in seinem wohlverstandenen Interesse zu handeln und „das Beste“ für ihn zu tun. Damit wird die spezifische Nachfrage nach Einzelleistungen im Wesentlichen durch den Leistungserbringer selbst definiert. Da das Risiko groß ist, dass diese Machtstellung ökonomisch ausgenutzt wird, ist eine politische Regulierung der Anbieter und des Angebotes notwendig. Das Handeln der Akteure wird durch gesetzliche Ge- und Verbote geordnet. Beispiele dafür sind das Heimgesetz oder die (Landes)Gesetze für Kindertageseinrichtungen. Ziel ist, die Dominanz der Anbieterseite zu begrenzen, die Position der Nachfrager und Klienten zu stärken, Informationsasymmetrien auszugleichen und Qualitätsmaßstäbe festzulegen.

2.3 Träger, Angebote und Beschäftigung im Überblick

Dem Betrachter präsentiert sich heute ein äußerst heterogenes Bild sozialer Dienste. Diese Vielfalt spiegelt sich sowohl auf der Träger- und Angebotsseite wie auch bei den beteiligten Berufen wider. Sie verdeutlicht die Bandbreite möglicher sozialer Hilfebedarfe und persönlicher Konflikt- und Notsituationen, ist damit zugleich auch Ausdruck der historischen Bedingtheit von Hilfebedarfen und der sozialpolitischen Reaktionen darauf. Zudem spiegelt sich darin der aktuelle Stand der Verberuflichung sozialer Dienste wider. Übersicht IX.3 lässt diese Vielfalt erkennen.

Übersicht IX.3:

Ausgewählte soziale Dienste und Einrichtungen	
Adressaten	**Dienste und Einrichtungen**
Kinder und Jugendliche	Kinderkrippen, Kindergärten, Kinderhorte, Tagespflege, außerschulische Jugendbildung, Jugendfreizeitstätten, Jugendsozialarbeit, Kinderschutzzentren
Familien	Ehe- und Scheidungsberatung, Schwangerschaftskonfliktberatung, Familienbildung, Familienerholung, Erziehungsberatung, Hilfe zur Erziehung, sozialpädagogische Familienhilfen
Frauen	Wiedereingliederungshilfen nach familienbedingter Berufsunterbrechung, Beratungsstellen für misshandelte Frauen, Frauenhäuser, Prostituiertenhilfe
Ältere Menschen	Altenberatungsangebote, Hilfen zur Aufrechterhaltung der selbstständigen Lebensführung, spezielle Wohnungsangebote wie betreutes Wohnen
ArbeitnehmerInnen	Betriebliche Sozialarbeit, berufliche Integrationshilfen für besondere Beschäftigtengruppen (z.B. Behinderte), Maßnahmen zur Vorbereitung auf den Ruhestand
Arbeitslose	Beschäftigungsprojekte, berufsvorbereitende Maßnahmen und andere Jugendberufshilfen, Unterstützungs- und Trainingsprogramme für Langzeitarbeitslose, Arbeitslosenzentren
Kranke und Pflegebedürftige	Ambulante, teilstationäre und stationäre medizinisch-pflegerische Versorgung, häusliche Krankenpflege, nachgehende Betreuung, öffentlicher Gesundheitsdienst
Suchtkranke	Suchtkrankenhilfe, Drogenberatung, Therapiezentren und -kliniken
Psychisch Kranke	Sozial-psychiatrische Dienste, betreutes Wohnen, Kontaktclubs, Telefonseelsorge
Behinderte	Eingliederungshilfe, Sonderkindergärten und -schulen, Behindertenwerkstätten, Wohnheime, betreutes Wohnen, begleitende Hilfe im Arbeits- und Berufsleben
Personen in sozial schwierigen Lebenslagen	Jugendgerichtshilfe, Bewährungshilfe, Straffälligenhilfe, Hilfen für Wohnungslose
SpätaussiedlerInnen, AusländerInnen, Asylsuchende	Sprachkurse, Ausländersozialberatung, Wohn- und Unterbringungsangebote
Personen mit Beratungsbedarf	Mieterberatung, Schuldnerberatung, Verbraucherberatung

Entsprechend der historischen Funktionstrennung der Sozialpolitik in Deutschland in eine *zentralstaatliche* Ebene, zuständig für die Absicherung der Standardrisiken, und in eine *kommunale* Ebene, zuständig für die Absicherung der persönlichen Hilfebedarfe, sind für die Erbringung, Bereitstellung und Finanzierung sozialer Dienste auch heute in erster Linie die Kommunen als örtliche Träger zuständig. Dies ist zugleich Ausdruck ihres verfassungsmäßigen Auftrags zur *Daseinsvorsorge* (Art. 28 II GG). Gemäß dem *Subsidiaritätsprinzip* delegieren die Kommunen diese Aufgaben jedoch weitgehend auf frei-gemeinnützige und zunehmend auch auf privat-gewerbliche Träger (vgl. Pkt. 6.2 dieses Kapitels).

Tabelle IX.1:
Beschäftigte im Bereich sozialer Dienstleistungen 1999 und 2004

	1999		2004	
	abs.	in % der Beschäftigten	abs.	in % der Beschäftigten
nach Wirtschaftsgruppen				
Kindergärten, Vor- und Grundschulen	271.110	0,9	275.073	1,0
Gesundheitswesen	1.877.014	6,8	1.943.245	7,3
Sozialwesen	988.813	3,6	1.131.500	4,3
nach Berufsgruppen und -ordnungen				
Ärzte, Apotheker	159.321	0,6	177.949	0,7
Übrige Gesundheitsberufe	1.441.555	5,6	1.554.557	6,3
darunter:				
Krankenschwestern, -pfleger, Hebammen	592.062	2,3	623.014	2,5
Helfer in der Krankenpflege	199.874	0,8	218.339	0,9
Sozialpflegerische Berufe	853.870	3,3	971.899	3,9
darunter::				
Sozialarbeiter, Sozialpfleger, Jugend- und Altenpfleger	307.938	1,5	363.045	1,5
Heimleiter, Sozialpädagogen	198.106	0,8	231.315	0,9
Kindergärtnerinnen u. -pflegerinnen	338.863	1,3	366.533	1,5

Ohne Auszubildende und ohne Freiberufliche bzw. Selbstständige.

Quelle: Institut für Arbeitsmarkt- und Berufsforschung (IAB), Berufe im Spiegel der Statistik. Bundesagentur für Arbeit, Statistik Beschäftigung.

Infolge der verzögerten Entwicklung der sozialpolitischen Dienstleistungsstrategie in Deutschland hat auch die Verberuflichung der sozialen Dienste spät eingesetzt. Ab dem Zweiten Weltkrieg lässt sich eine Bedeutungszunahme erkennen, ein steiler Zuwachs setzt ab den 1970er Jahren ein. Mittlerweile zählen der soziale Dienstleistungssektor und die Sozialberufe als Wachstumsfelder und beschäftigungspolitische Hoffnungsträger.

Waren 1970 erst knapp 5 % aller sozialversicherungspflichtig Beschäftigten in den Wirtschaftsbereichen beschäftigt, die den sozialen Dienstleistungen zugerechnet werden können (Gesundheitswesen und Sozialwesen), so ist ihr Anteil auf 11,3 % (1999) und 12,6 % (2004) angestiegen. Im gesamten Sozialbereich (Kindergärten, Vor- und Grundschulen, Gesundheitswesen und Sozialwesen) waren im Jahr 2004 über 3,3 Millionen Menschen sozialversicherungspflichtig erwerbstätig (vgl. Tabelle IX.1). Sie sind überwiegend bei den Verbänden der freien Wohlfahrtspflege und bei kommunalen und kirchlichen Trägern angestellt. Allein in der freien Wohlfahrtspflege arbeiteten im Jahre 2000 insgesamt 1,16 Mio. Beschäftigte hauptamtlich (vgl. Tabelle IX.2). Darunter fallen jedoch nicht nur jene, die unmittelbar die sozialen Dienstleistungen erbringen, sondern auch das Personal in der Verwaltung, in der Hauswirtschaft und in den technischen Diensten.

Neben der quantitativen Ausweitung ist die Herausbildung einer Vielzahl von unterschiedlichen Berufen ein wesentliches Kennzeichen der Entwicklung der sozialen Dienstleistungen. Zu unterscheiden ist hier zwischen Gesundheitsberufen und sozialpflegerischen Berufen, zu den letzteren zählen SozialarbeiterInnen, SozialpflegerInnen, Jugend- und AltenpflegerInnen, HeimleiterInnen, SozialpädagogInnen, ErzieherInnen. Tabelle IX.1 macht deutlich, dass im Jahr 2004 die sozialpflegerischen Berufe von etwa 972.000 sozialversicherungspflichtig Beschäftigten ausgeübt werden. Trotz des allgemeinen Rückgangs der Beschäftigung ist es im Vergleich zum Jahr 1999 zu einem Anstieg um fast 14 % gekommen. Zwar handelt es sich dabei nicht nur um Beschäftigte in dem erlernten Beruf, sondern um die tatsächlich ausgeübte Tätigkeit. Gleichwohl lässt sich im Sozialwesen – wie zuvor schon im Gesundheitswesen – ein Trend zur Professionalisierung der Tätigkeit erkennen, denn immer mehr Beschäftigte weisen eine fachspezifische Berufsausbildung und (Fach)Hochschulausbildung auf. Dennoch werden in der sozial- und arbeitsmarktpolitischen Debatte soziale Dienstleistungen immer wieder als „Jedermannstätigkeit“ und somit als relativ voraussetzungslose Arbeit bezeichnet, die für unqualifizierte Langzeitarbeitslose gut geeignet seien.

Soziale Berufe sind Frauenberufe: Soziale Dienste werden derzeit zu rund 85 % von Frauen ausgeführt. Dadurch ist auch der Anteil der Teilzeitbeschäftigten überdurchschnittlich hoch. Allerdings dominieren Männer in den Leitungstätigkeiten, so dass noch immer das Bild der „Frauenberufe in Männerregie“ zutrifft.

Der Bereich der sozialen Dienste ist zugleich durch Beschäftigungsformen gekennzeichnet, die vom Normalfall der regulären sozialversicherungspflichtigen

Vollzeit- oder Teilzeittätigkeit abweichen. Vornehmlich von öffentlichen und gemeinnützigen Anbietern werden in einem hohen Maße Beschäftigte eingesetzt, die deutlich „preisgünstiger“ sind. Das betrifft u.a. geringfügig Beschäftigte („Minijobs“) und selbstständige Honorarkräfte, PraktikantInnen, SchülerInnen in den Ausbildungsberufen sowie Studierende im Praktikum oder Anerkennungsjahr (vgl. Pkt. 6.4 dieses Kapitels). Ein besonderes Gewicht kommt den rund 100.000 Zivildienstleistenden sowie den etwa 10.000 Helfern im freiwilligen sozialen und ökologischen Jahr zu (jeweils 2003 im Jahresschnitt). Von den Zivildienstleistenden waren dabei über die Hälfte im Bereich der Pflegehilfen und Betreuungsdienste tätig. Ohne ihre Arbeit könnte die Versorgung nicht garantiert werden.

2.4 Leistungsausweitung und -differenzierung

Die erhebliche Ausweitung, Differenzierung und Spezialisierung sozialer Dienste in den zurückliegenden Jahren hängt insbesondere mit folgenden, längerfristig wirkenden gesellschaftlichen und sozialstrukturellen Trends zusammen:

- Auf der einen Seite kommt es durch die deutliche quantitative Ausweitung von persönlichen Konflikt- und Notlagen und deren qualitativer Veränderung zu einem wachsenden Bedarf der Bevölkerung an persönlicher Hilfe und Unterstützung. Gesunder Menschenverstand oder guter Wille reichen zu ihrer Bewältigung nicht aus, erforderlich sind berufsfachliche Spezialkenntnisse wie z.B. spezielle Beratungstechniken, ganzheitliche Pflegekonzepte oder Sozialrechtskenntnisse.
- Auf der anderen Seite ist ein schleichender Rückgang der Leistungsressourcen der individuellen Selbst- und Familienhilfe erkennbar, d.h. private Hilfemöglichkeiten nehmen ab.
- Die wachsende Nachfrage nach sozialen Diensten wird des Weiteren durch einen Wandel in der privaten Nachfrage bestimmt. Höhere Einkommen, mehr disponible Zeit oder die wachsende Komplexität und Intransparenz des Wirtschafts-, Steuer- und Rechtssystems führen ebenfalls zu einem wachsenden Bedarf an Beratung, Unterstützung, Hilfe und Kommunikation. Insgesamt lässt sich das Wachstum des Sozial- und Gesundheitssektors als eine direkte Folge der Steigerung des Lebensstandards interpretieren, der überhaupt erst einmal die Finanzierbarkeit von organisierter Expertenhilfe ermöglicht hat.
- Auch die Interessen der Diensteanbieter selbst können nachfragesteigernd wirken: Die in den sozialen Diensten engagierten Träger bzw. beruflich Tätigen sind naturgemäß an Erhalt und Ausweitung ihrer Einrichtungen und Dienste bzw. Arbeitsplätze interessiert und sind in ihrer Rolle als Agenten in der Lage, die konkrete Nachfrage nach ihren Dienstleistungen selbst zu beeinflussen. Die Gefahr besteht, dass erst dadurch Hilfeempfänger zu Abhängigen der Helfer werden. Im Extrem kann sogar ein neu geschaffenes Angebot zur Nachfrage nach sozialen Diensten führen.

Es sind somit vor allem die abnehmenden Problemlösungskapazitäten primärer Sozialformen vor dem Hintergrund der sozial-ökonomischen und demografischen Veränderungen, die den Trend zur Ausweitung und Differenzierung sozialer Dienste bestimmt haben. In dieser funktionalen Sicht ist dies Ergebnis eines längerfristigen Prozesses, der im hohen Maße solche umfangreichen und zugleich komplizierten Hilfebedarfe mit sich gebracht hat, mit deren Absicherung und Befriedigung die privaten, insbesondere familiären Hilfspotenziale mehr und mehr überfordert sind. Dem widerspricht nicht, dass auch heute noch die Familie in vielen Bereichen die wichtigste Quelle an Unterstützung und Hilfen bei persönlichen Notlagen bildet (vgl. Pkt. 8.1 dieses Kapitels).

Prognosen gehen davon aus, dass die Beschäftigtenzahlen in den sozialen Dienstleistungsberufen weiter steigen werden. Gemeinhin gilt der soziale Dienstleistungssektor als ein wichtiger Bereich für neue Arbeitsplätze. Vor allem die Gesundheits- und Seniorenwirtschaft lassen sich als Wachstumsbranchen identifizieren. Angesichts der anhaltenden Arbeitsplatzverluste im industriellen Sektor ist dies eine durchaus wünschenswerte Entwicklung. Im Einzelnen lassen sich folgende Trends erkennen:

- Bei einer rückläufigen Gesamtbevölkerung wird die Zahl der älteren, insbesondere der sehr alten Menschen weiter steigen und damit auch der alterstypische Hilfebedarf. Gleichzeitig nimmt der Anteil an jüngeren Menschen als potenzielle Helfer insbesondere in den Familien weiter ab. Die wachsende Zahl Kinderloser kann überhaupt nicht auf Unterstützung durch engste Familienmitglieder rechnen.
- Auch die zunehmende räumliche Trennung von Familienangehörigen kann zur Schwächung familiärer Hilferessourcen führen, zumindest im Bereich der direkten, unmittelbaren Unterstützung. Die Problematik der geographischen Distanz betrifft aber auch soziale Netzwerke wie Freundeskreise oder langjährige Nachbarschaften. Zugleich führen die Veränderungen in den Lebens- und Haushaltsformen, wie z.B. die Zunahme der Ein-Personenhaushalte, dazu, dass die Netzwerke des sozialen Nahraumes weniger dicht und im Bedarfsfall weniger verlässlich werden.
- Die insgesamt steigende Frauen- und Müttererwerbstätigkeit und der Wandel im Geschlechterrollenverständnis verringern tendenziell das Potenzial an unentgeltlicher familienbezogener Arbeit von Frauen. Auf der anderen Seite ist nicht zu erkennen, dass Männer diese Lücken ausfüllen werden.
- Im Prozess der Individualisierung vermindert sich der Verpflichtungscharakter familiärer Hilfe. Die Verbindlichkeit geborener Gemeinschaften verliert an Bedeutung, der Verwandtschaftsstatus allein ist nicht mehr automatisch ein Grund zur Hilfeleistung. Auch lässt die Bindung an religiöse Werte nach, wodurch sich auch die Unterstützungsbereitschaft gegenüber nicht verwandten Dritten einschränken kann.

- Veränderungen im Krankheitsspektrum der Bevölkerung, wie vor allem der Bedeutungszuwachs chronisch-degenerativer Krankheiten, die Zunahme von psychischen Krankheitsbildern, von Suchterkrankungen und Drogenabhängigkeit, führen zu einer Ausweitung des Behandlungs- und Pflegebedarfs. Nachfragewirksam sind weiterhin ein gewachsener Kenntnisstand und ein insgesamt gestiegenes Problembewusstsein in der Bevölkerung.
- Im Zuge des ökonomischen Umbruchs und seiner problematischen Folgen (Langzeitarbeitslosigkeit, wachsende Armutsrisiken, soziale Ausgrenzung und räumliche Segregation) muss mit einem anhaltend hohen sozialen Problempotenzial gerechnet werden. Hinzu kommt die Aufgabe, die anhaltende Migration sozial-, bildungs- und gesellschaftspolitisch zu begleiten.

All diese Faktoren lassen eine zunehmende Nachfrage nach sozialen Diensten erwarten. Allerdings erfolgt eine Beschäftigungsexpansion nicht im Selbstlauf. Soweit soziale Dienste öffentlich erbracht und/oder finanziert werden, stellt sich immer auch das Problem der Finanzierbarkeit. Offen ist, wie sich der Markt für private soziale Dienste entwickelt, ob die Bereiche Freizeit, Bildung, Kultur, Gesundheitsförderung, Wellness und Tourismus weiter an Bedeutung gewinnen und ob sich für soziale Berufe neue und dauerhafte Einsatzfelder öffnen. Offen ist auch, ob es gelingt, das rückläufige familiäre Hilfepotenzial durch sozialpolitische Flankierung zu stabilisieren (Zahlung von Pflegegeld, Maßnahmen zur Vereinbarkeit von Berufstätigkeit und Kindererziehung sowie von Berufstätigkeit und privater Pflege) oder neue Formen des freiwilligen sozialen und bürgerschaftlichen Engagements zu finden und zu fördern. Frei werdende Zeitressourcen könnten dafür genutzt werden (vgl. Pkt. 8.2 dieses Kapitels).

2.5 Rechtliche Grundlagen sozialer Dienste

Niveau, Struktur und Entwicklung der Bereitstellung und Inanspruchnahme von sozialen Diensten werden bei einer öffentlichen Finanzierung politisch gesteuert. Über die Frage, was, für wen, wann und wo angeboten wird, entscheiden nicht primär die Kräfte des Marktes, sondern politische Instanzen, die in einer Demokratie durch Wahlen legitimiert sind. Es ist deshalb zunächst immer eine politische Frage, in welchem Ausmaß für soziale Dienste öffentliche Finanzmittel bereitgestellt werden. Zu entscheiden ist über das Steuer- und Beitragsaufkommen, die Belastbarkeit von Bürgern und Wirtschaft sowie über die Prioritätensetzung bei den öffentlichen Aufgaben und Ausgaben. Die konkrete Struktur der sozialen Dienste hängt darüber hinaus von den rechtlichen Regelungen, den Finanzierungsverfahren, aber auch von den Eigeninteressen der Einrichtungsträger und den fachlichen Entscheidungen der Leistungserbringer ab.

In einem Rechtsstaat werden öffentliche Einnahmen wie Ausgaben und Leistungen durch Gesetze und Verordnungen geregelt. Die Gebietskörperschaften unterliegen in ihrem Ausgaben- und Finanzgebaren haushaltsrechtlichen Bestimmungen und Kontrollen. Diese *Verrechtlichung* betrifft auch die sozialen Dienste. Insofern ist das vorhandene Angebot an sozialen Diensten immer auch Reflex der jeweiligen Rechtsgrundlagen und nicht allein eine Reaktion auf den tatsächlichen Bedarf. Darin wiederum zeigen sich Prioritäten bzw. Widerstände der Politik, bestimmte soziale Probleme überhaupt rechtlich zu regeln und ihnen eine angemessene Finanzierungsgrundlage zu geben. Im Ergebnis heißt dies: Dort, wo durch die Rechtsetzung und Rechtsprechung präzise Leistungsansprüche sowie eindeutige und abgesicherte Finanzierungszusagen für klar definierte persönliche und/oder soziale Bedarfslagen vorgegeben sind, werden auch entsprechende Angebote seitens der Träger bereitgestellt und dauerhaft unterhalten – und umgekehrt.

Der Hilfesuchende hat dann das höchste Maß an Sicherheit und Verlässlichkeit, wenn ein individueller und zur Not auch einklagbarer Rechtsanspruch auf Leistungen gegeben ist. Insgesamt gilt, dass die Rechtsansprüche des Einzelnen auf personenbezogene Hilfen deutlich schwächer ausgeprägt sind, als die Rechtsansprüche auf Geldleistungen, wie sie durch die Leistungsgesetze des Bundes (z.B. Ansprüche auf Wohngeld, Elterngeld, Ausbildungsförderung) oder durch die Sozialversicherungsgesetze (z.B. Ansprüche auf Renten, Arbeitslosengeld, Krankengeld) normiert sind. Soziale Dienste sind vor allem im Bereich des Gesundheitssystems und der pflegerischen Versorgung durch Rechtsansprüche abgesichert; die Mitglieder der Gesetzlichen Krankenversicherung bzw. der Pflegeversicherung haben aufgrund ihrer Beitragszahlungen Ansprüche auf medizinische und pflegerische Dienste.

So ist die seit Mitte der 1990er Jahre stattgefundene deutliche Ausweitung der Dienste und Einrichtungen für ambulante und teilstationäre Pflege wesentlich Ausdruck der mit der Einführung der Pflegeversicherung erfolgten sozialrechtlichen Absicherung des Pflegebedarfs. Dem Risiko der Pflegebedürftigkeit wurde der Status eines allgemeinen Lebensrisikos zuerkannt, mit der Konsequenz seiner (Teil)Absicherung innerhalb der Sozialversicherung. Seither stehen die weitaus meisten pflegerischen Dienste und Einrichtungen im Grundsatz auf einer gesicherten Finanzierungsgrundlage und konnten in der Konsequenz ihre Kapazitäten im Zuge der allmählichen Umsetzung der Pflegeversicherung deutlich ausweiten (vgl. Kap. „Gesundheit und Gesundheitssystem“, Pkt. 7.2.5).

Soziale Dienste, die außerhalb des Sozialversicherungsrechts geregelt sind, werden weit überwiegend durch Bundesgesetze (so durch das SGB VIII/Kinder- und Jugendhilfe) sowie durch landesrechtliche Vorschriften normiert, aber jeweils von den Kommunen ausgeführt und finanziert. Im Kinder- und Jugendhilfegesetz finden sich bis auf wenige Ausnahmen keine individuell einklagbaren Rechtsansprüche auf spezifische Leistungen. Charakteristisch sind vielmehr Ansprüche „dem Grunde nach“ sowie Kann- und Soll-Vorschriften. In der Regel handelt es sich um Handlungspflichten der zur Gewährleistung der Kinder- und Jugendhilfe verpflichteten Städte und Kreise. Entscheidungen über Leistungen an BürgerInnen unterliegen aber der verwaltungsrechtlichen Überprüfbarkeit; bei Ablehnung von

Anträgen steht die Möglichkeit zum Widerspruch bis hin zum verwaltungsgerichtlichen Klageweg offen.

Für alle bundes- und landesgesetzlichen Vorschriften gilt, dass sie neben der grundsätzlichen Leistungsverpflichtung zumeist nur den organisatorischen Rahmen für die Hilfegewährung vorgeben (also das „ob"), die konkrete Gewährleistungspraxis (d.h. das „wie") jedoch weitgehend den jeweiligen Durchführungsorganen überlassen. Dies sind zumeist die örtlichen und überörtlichen Träger, die ihrerseits wiederum die Aufgaben häufig auf frei-gemeinnützige oder privat-gewerbliche Träger delegieren. Der/die einzelne BürgerIn hat zwar Ansprüche auf soziale Dienste dem Grunde nach, nicht jedoch auf ein bestimmtes Versorgungsniveau und auf eine ganz bestimmte Art der Ausführung. Die prinzipielle Gestaltungsfreiheit von sozialen Diensten durch die örtlichen Träger ist Ausdruck ihrer Organisations- und Personalhoheit. Dies bedeutet für die Hilfesuchenden auf der einen Seite zwar den theoretischen Vorteil eines regionale Besonderheiten und Erfordernisse berücksichtigenden Diensteangebotes, aber auf der anderen Seite nicht selten auch Unklarheit und Ungewissheit. So wirken die oftmals unterschiedlichen Beratungs- und Vergabepraktiken in den Ämtern auf viele Betroffene wie eine ungleiche Behandlung gleicher Sachverhalte durch ein und dieselbe Institution, infolgedessen auch nicht selten wie „reine Willkür".

Die Kommunen haben die Möglichkeit, über die bundes- und landesrechtlichen Vorgaben hinaus *freiwillige* Leistungen anzubieten. Diese sind aber immer abhängig von den örtlichen Besonderheiten und dabei insbesondere den Finanzierungsmöglichkeiten. Eine Folge ist, dass das tatsächliche Angebot häufig ein Vielfaches unter dem eigentlichen Bedarf liegt. Die Liste an Beispielen einer Bedarfsunterdeckung ist lang: Hilfen zur besseren Vereinbarung von Beruf und (Klein) Kindererziehung, Hilfen für Wohnungslose, Angebote für Arbeitslose, Freizeit- und Erholungsangebote für bestimmte sozial benachteiligte Gruppen, sozial-kulturelle Bürgerzentren, Schuldner-, Verbraucher- und Suchtkrankenberatung, Angebote für MigrantInnen, unterstützende und ergänzende Dienste für ältere Menschen im vorpflegerischen Raum. Wegen der kommunalen Finanznot haben viele Kommunen seit einigen Jahren ihre (wenigen) freiwilligen Angebote sogar noch zurück genommen (vgl. Pkt. 6.4 dieses Kapitels).

Die Bereitstellung sozialer Dienste ist noch lange nicht mit ihrer tatsächlichen Nutzung identisch. Ob und durch welche Personen Angebote angenommen werden, ob die Inanspruchnahme bedarfsgerecht ist oder eine Unter- bzw. auch eine Überinanspruchnahme stattfindet, ist u.a. stark abhängig von der konkreten administrativen Praxis und dem Verhalten der Leistungserbringer. Insofern ist die individuelle Nutzung von Diensteangeboten stark voraussetzungsvoll. Es gilt z.B. Komm-Strukturen zu überwinden, Papierkriege zu führen oder Verwaltungsstrukturen zu durchschauen. Viele Menschen – insbesondere mit sehr umfassendem und differenziertem Hilfebedarf – finden sich nicht im Dickicht der unterschiedlichen sozialen Dienste zurecht.

Die Formen administrativer Leistungsabwicklung, die noch immer in weiten Teilen den bekannten Strukturprinzipien bürokratischer Organisation folgen, wie Standardisierung, Typisierung, Formalisierung (Schriftlichkeit und Aktenführung), Arbeitsteilung und Spezialisierung, können sich als Barrieren erweisen, so dass in der Konsequenz viele an sich Leistungsberechtigte an rechtlichen und/oder administrativen Hürden scheitern. Dies gilt insbesondere für sehr alte Menschen mit traditioneller Behördenscheu, für MigrantInnen mit Verständnis- und Verständigungsproblemen oder für Menschen mit einem niedrigen Bildungsniveau und Sozialstatus. Der Zugang zu sozialen Diensten ist häufig mehr über die Schichtzugehörigkeit oder eine höhere Bildung gesteuert als über den tatsächlichen Bedarf. Dies gilt z.B. für die sozial selektive Nutzung von Beratungs- und Informationsangeboten, von Kultur- und Freizeitangeboten oder von Vorsorgeuntersuchungen. Mit mehr Bürgerfreundlichkeit soll dem entgegen gewirkt werden (vgl. Pkt. 7. dieses Kapitels).

Zu Problemen kommt es auch, wenn im Zuge des Prozesses von Standardisierung, Spezialisierung und Professionalisierung die Hilfebedürftigen nach Einzelproblemen unterteilt werden. Statt eine ganzheitliche Problemsicht und Problemlösung vorzunehmen, werden Aufgaben getrennt wahrgenommen. So kann es im Zuge der administrativen Bearbeitung eines Anspruchs geschehen, dass der Gesamtbedarf eines Menschen lediglich an die gesetzlichen Vorgaben angepasst wird, womit in der Konsequenz nur Teile der Gesamtproblematik erfasst, andere dagegen ausgefiltert werden. Insofern stößt der Prozess der Verrechtlichung und Bürokratisierung an enge Grenzen, da sich viele immaterielle Bedarflagen überhaupt nicht normieren lassen, z.B. im Bereich der psychosozialen Beratung oder der persönlichen Zuwendung.

3 Träger und Anbieter sozialer Dienste

Soziale Dienste werden von folgenden Trägern verschiedener Rechts- und Organisationsformen angeboten (vgl. Abbildung IX.1):

Öffentliche Träger, dazu gehören:

- die Sozialversicherungsträger,
- die Städte, (Land-)Kreise und Gemeinden als örtliche Träger,
- die Länder sowie die höheren Kommunalverbände als überörtliche Träger.

Wohlfahrtspflege, darunter

- Organisationen, Vereine und Verbände, die den sechs Spitzenverbänden der Wohlfahrtspflege angeschlossen sind,
- Kirchen und sonstige Religionsgemeinschaften,
- andere ausdrücklich als frei-gemeinnützige Träger anerkannte Wohlfahrtsorganisationen.

Privat-gewerbliche Träger, hierbei handelt es sich im Wesentlichen um

- Einzelpersonen, die auf Rechnung arbeiten (z.B. selbstständige ErzieherInnen, selbstständige SozialarbeiterInnen),
- kleinere Firmen (z.B. private Pflegedienste) sowie
- größere Sozialunternehmen und -konzerne, oft mit mehreren Niederlassungen und vielfach in der Rechtsform der GmbH oder AG (z.B. private Alten- und Pflegeheime, Krankenhäuser, Rehabilitationsklinken).

Insgesamt ist die Entwicklung des bundesdeutschen Systems der sozialen Dienstleistungsproduktion durch einen international einmaligen *Wohlfahrtskorporatismus* gekennzeichnet. Dabei besitzen die Verbände der Wohlfahrtspflege eine gesetzlich gestützte privilegierte Stellung (vgl. Pkt. 3.3.2 dieses Kapitels).

3.1 Öffentliche Träger

3.1.1 Sozialversicherungen

Zu den öffentlichen Trägern zählen zunächst die Sozialversicherungsinstitutionen. Für ihre Versicherten bzw. Mitglieder stellen sie entweder in eigener Regie bestimmte soziale Dienste bereit, so z.B. Sozialdienste bei einzelnen Krankenkassen, medizinische Dienste und Beratungsangebote der Pflegekassen, Berufsberatung oder Arbeitsvermittlung bei den Arbeitsämtern, oder – was normalerweise der Fall ist – finanzieren die Dienste anderer (öffentlicher, frei-gemeinnütziger oder privatgewerblicher) Träger. Leistungsinanspruchnahme und Finanzierung folgen hierbei im Allgemeinen dem *Sachleistungsprinzip.* Lediglich die Pflegeversicherung folgt mit der – alternativ oder ergänzend zum Sachleistungsprinzip möglichen – Zahlung von Pflegegeldern an ihre Versicherten auch dem *Geldleistungsprinzip.*

Auf der Grundlage des Sachleistungsprinzips können die Versicherten bestimmte soziale Dienstleistungen kostenlos in Anspruch nehmen, weil ihre Versicherung mit den jeweiligen Anbietern hierüber vertragliche Vereinbarungen abgeschlossen hat. Die entsprechenden Kosten bzw. Honorare werden aus dem Beitragsaufkommen finanziert. So gewähren die Krankenkassen ärztliche Leistungen oder Krankenhauspflege, die Pflegekassen übernehmen pflegerische Leistungen durch Sozialstationen, Tages-, Kurzzeit-, Nachtpflegeeinrichtungen oder in Pflegeheimen, soweit mit den Anbietern Versorgungsverträge abgeschlossen sind (vgl. Kap. „Gesundheit und Gesundheitssystem", Pkt. 7.2.5). Die Rentenversicherungsträger bewilligen Kuren bzw. Rehabilitationsmaßnahmen, die Arbeitsämter schließlich übernehmen die Kosten für eine berufliche Bildungsmaßnahme. In all diesen Fällen brauchen die Versicherten nicht direkt zu bezahlen. Die Abrechnung erfolgt zwischen dem entsprechenden Sozialversicherungsträger und dem Leistungsanbieter. Eine Variante des Sachleistungsprinzips ist die Vergabe von Gutscheinen an die Begünstigten, mit denen sie die ihnen zustehenden Leistungen beim Leistungsanbieter eintauschen können (vgl. Pkt. 6.3 dieses Kapitels).

Abbildung IX.1:

Träger und Anbieter sozialer Dienste

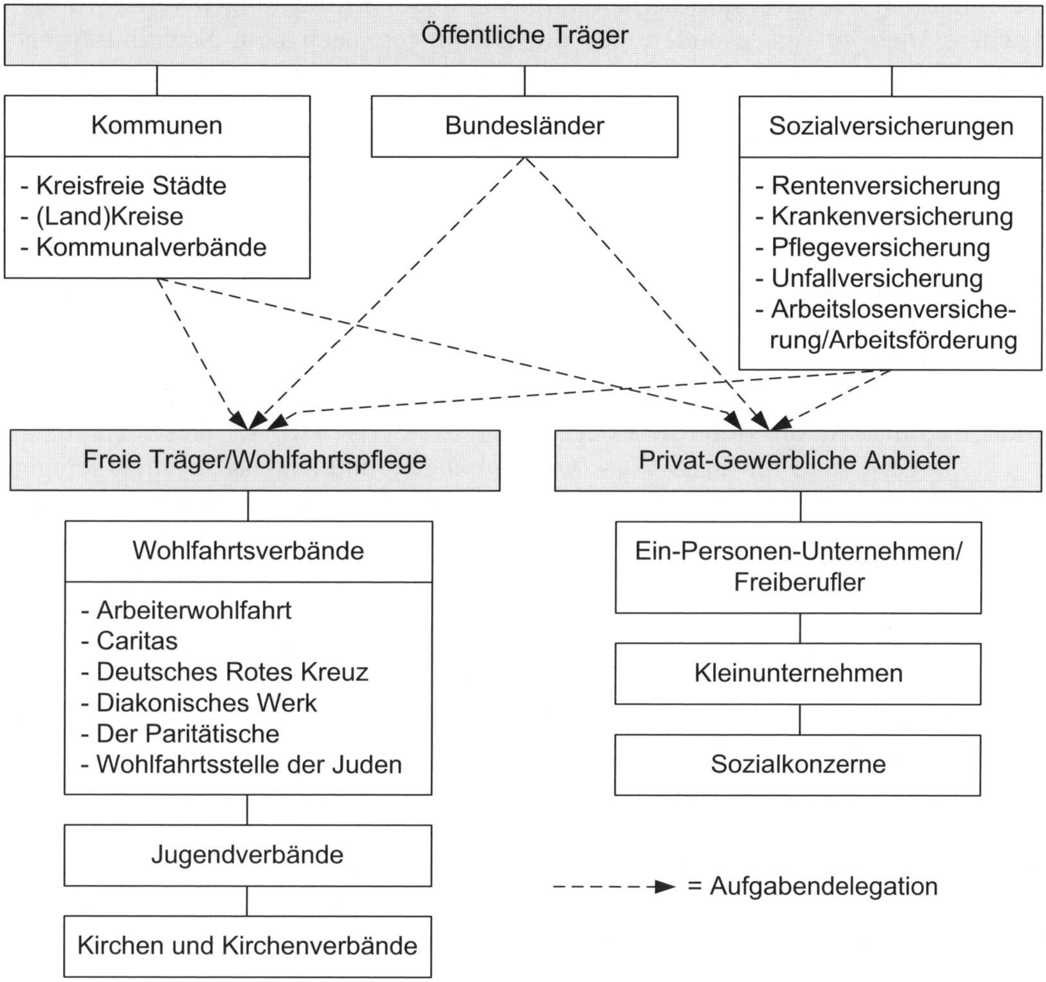

3.1.2 Kreisfreie Städte, (Land-)Kreise und Gemeinden

Zu den öffentlichen Trägern zählen weiterhin die Städte, (Land)Kreise und Gemeinden als *örtliche* Träger. Ihre Aufgaben leiten sich aus der verfassungsrechtlich abgesicherten Zuständigkeit der Kommunen – als Teil ihres Rechts zur kommunalen Selbstverwaltung – für die sozialen „Anliegen der örtlichen Gemeinschaft" (Art. 28 II GG; „Daseinsvorsorge") ab. Dies wird im Sozialgesetzbuch I (SGB) noch dahingehend konkretisiert, dass die Leistungsträger verpflichtet sind, darauf hinzuwirken, dass die zur Ausführung von Sozialleistungen erforderlichen Dienstleistungen ausreichend zur Verfügung stehen und dass dies in „Zusammenarbeit mit gemeinnützigen und freien Einrichtungen und Organisationen" zu erfolgen hat (institutionelle Subsidiarität; vgl. Pkt. 3.2.2 dieses Kapitels).

Ergänzt werden diese allgemeinen Vorschriften durch verschiedene Sozialgesetze des Bundes und der Länder, die jeweils die örtlichen Träger für die konkrete Durchführung der darin normierten Aufgaben und Verpflichtungen verantwortlich machen. Dies gilt insbesondere für die Leistungen nach dem Sozialhilfegesetz (SGB XII) sowie dem Kinder- und Jugendhilfegesetz (SGB VIII). So sind die kreisfreien Städte und (Land)Kreise zugleich die örtlichen Träger der Sozial-, Kinder- und Jugendhilfe. Die damit jeweils verbundenen Aufgaben gehören zu ihren Pflichtaufgaben (*pflichtige Selbstverwaltungsaufgaben*). Weitere typische Beispiele für bundesgesetzlich vorgegebene Pflichtaufgaben, die im Sinne der *mittelbaren Staatsverwaltung* kommunal durchgeführt werden und für die eine staatliche Rechtsaufsicht besteht, sind z.B. die Jugendgerichtshilfe, die Adoptionsvermittlung oder die Schwangerschaftskonfliktberatung. Beispiele für landesgesetzlich geregelte Pflichtaufgaben sind die Versorgung mit Kindergartenplätzen nach den jeweiligen Landeskindergartengesetzen – zumeist als SGB VIII-Ausführungsgesetze der Länder – oder wie in NRW die Pflegekonferenzen (vgl. Pkt. 4.1 dieses Kapitels). Ein wichtiger Grund für die *Delegation* von bundes- und landesgesetzlich geregelten Aufgaben zur praktischen Durchführung auf die kommunale Ebene liegt in den dort besseren Möglichkeiten für eine dezentrale und bürgernahe Versorgung.

Die Kommunen sind aber nicht nur für die klassischen sozialen Dienste und Einrichtungen der Jugend-, Familien- und Altenhilfe zuständig. Vielmehr haben sie im Lauf der Zeit ihre Zuständigkeit im Rahmen der kommunalen Selbstverwaltung und einer breiteren Interpretation der Daseinsvorsorge auf nahezu alle sozialen Arbeitsfelder ausgedehnt und sind somit zu einem eigenständigen sozialpolitischen Akteur mit deutlichen Schwerpunkten auf den Sach- und Dienstleistungen avanciert. So gibt es vielerorts kommunale Jugendberufshilfen ebenso wie Frauenhäuser oder Beratungsstellen für unterschiedliche Anlässe und Zielgruppen. Häufig bilden auch mehrere örtliche Träger Zweckverbände zur gemeinsamen Durchführung von sozialen Aufgaben, bei denen die Finanzkraft einer einzelnen Kommune nicht ausreichen oder der örtliche Bedarf ein eigenes kommunales Angebot nicht rechtfertigen würde (z.B. mehrere Kommunen betreiben eine gemeinsame Drogenberatungsstelle). Letztlich ist das kommunale Engagement im Bereich der sozialen Dienste weniger ein Ausdruck formaler Zuständigkeit als vielmehr der jeweiligen finanziellen Möglichkeiten.

3.1.2.1 Kommunale Sozialverwaltung

Zur Durchführung ihrer sozialen Aufgaben unterhalten die Städte, Gemeinden und (Land-)Kreise eigene Ämter, Fachbereiche, Einrichtungen und Dienste. In ihrer konkreten Ausgestaltung sind sie dabei weitgehend frei von gesetzlichen Vorgaben und orientieren sich an der örtlichen Bedarfslage sowie an sonstigen regionalen Besonderheiten. Dies ist Ausdruck der *Organisationsfreiheit* und *Personalhoheit* der Städte und Gemeinden im Rahmen ihres kommunalen Selbstverwaltungsrechts, d.h. Kommunen haben das Recht auf eine für ihre Zwecke erforderliche eigenständige Organisations- und Personalpolitik, soweit dem nicht gesetzliche Vorgaben (z.B. zum Aufbau eines Jugendamtes gemäß den Bestimmungen des SGB VIII) oder tarifpolitische/beamtenrechtliche Vereinbarungen entgegenstehen. Dennoch haben sich in den Kommunen bundesweit nahezu einheitliche Strukturen in der Aufbau-, Ablauforganisation und Personalausstattung herausgebildet, die auch im Zuge des Transformationsprozesses fast unverändert auf die neuen Bundesländer übertragen worden sind.

Die wichtigsten für die Bereitstellung sozialer Dienste zuständigen Ämter sind das Sozial-, das Jugend- und das Gesundheitsamt mit ihren jeweiligen Haupt- und Unterabteilungen/Fachbereichen:

- Die *Sozialämter* sind insbesondere zuständig für die Aufgaben der Kommunen als örtliche Träger der Sozialhilfe nach den Vorschriften des SGB XII (Sozialhilfegesetz) (vgl. Bd. I, Kap. „Einkommen“, Pkt. 7.1.8). Je nach örtlichen Bedingungen kann die Zuständigkeit auch noch auf weitere Sozialleistungen ausgedehnt werden, so in der Regel für die Abwicklung der bedarfsorientierten sozialen Grundsicherung im Alter, aber auch für die Aufgaben nach dem Asylbewerberleistungsgesetz und nach dem Betreuungsrecht, für die Hilfen an Wohnungslose sowie insgesamt für die kommunale Sozialplanung. Sozialämter bestehen in allen kreisfreien Städten und (Land-)Kreisen; soweit kreisangehörige Städte und Gemeinden mit der Durchführung von Sozialhilfe-Aufgaben betraut sind, auch dort. Obwohl die örtlichen Träger nicht verpflichtet sind, Sozialämter einzurichten, ist dies doch in größeren Städten nahezu bundesweit der Fall.
- Die *Jugendämter* sind in ihrem regionalen Einzugsbereich maßgeblich zuständig für die Durchführung der Aufgaben nach dem Sozialgesetzbuch Kinder- und Jugendhilfe (SGB VIII) (vgl. Kap. „Familie“, Pkt. 8). Dessen Aufgabenkatalog spiegelt faktisch die interne Aufbauorganisation eines Jugendamtes wider. Jugendämter zeichnen sich durch eine Doppelfunktion aus: Einerseits sind sie Träger von Diensten und Einrichtungen, andererseits Gewährleistungsträger für eine angemessene Infrastruktur und für die Ausstattung mit entsprechenden sozialen Diensten. Im Gegensatz zu den Sozialämtern ist die Einrichtung von Jugendämtern für alle kreisfreien Städte und (Land-)Kreise verpflichtend; sowie – je nach Landesrecht – auf Antrag möglich in allen kreisangehörigen Städten und Gemeinden, wenn ihre Leistungsfähigkeit zur Erfüllung der Aufgaben nach dem SGB VIII sicher gestellt ist. Dies gilt z.B. in NRW in kreisangehörigen Städten und Gemeinden mit mehr als 25.000 Einwohnern. Ein besonderes Strukturmerkmal des Jugendamtes ist seine Zweigliedrigkeit: Es besteht aus der Verwaltung des Jugendamtes, das in der Öffentlichkeit allgemein als das Jugendamt gilt, sowie dem Jugendhilfeausschuss. Letzterer ist insofern eine kommunale Besonderheit, da in ihm als einzigem kommunalem Ausschuss auch Vertreter gesellschaftlicher Gruppen als „geborene“ Mitglieder stimmberechtigt an den Entscheidungen mitwirken.

- Die *Gesundheitsämter* sind zuständig für den öffentlichen Gesundheitsdienst (ÖGD) (vgl. Kap. „Gesundheit und Gesundheitssystem“, S. 4.2). Sie sind wie Jugendämter für alle kreisfreien Städte und (Land-)Kreise verpflichtend. Ihr Aufgabenbestand ist traditionell zweigeteilt: Zum einen handelt es sich schwerpunktmäßig um typische Aufsichts- und Kontrollarbeit, die aus der staatlichen Gesundheitsaufsicht resultieren, wie z.B. amtsärztliche Versorgung, Gesundheitsschutz und -aufsicht. Zum anderen sind sie für die kommunale Gesundheitspflege zuständig, d.h. konkret für Kinder-, Jugend- und Müttergesundheitspflege oder für die ambulante psychiatrische Versorgung sowie neuerdings – als kommunalpolitische Querschnittsaufgabe – für lokale Gesundheitsförderung, -berichterstattung und -planung.
- Die Maßnahmen der Sozialämter, die auf die Arbeitsmarktintegration von Arbeitslosen mit Sozialhilfebezug zielen, wurden nach der Zusammenführung von Arbeitslosen- und Sozialhilfe auf *Arbeitsgemeinschaften* (ARGE) verlagert. In den Job-Centern tragen Kommunen und örtliche Arbeitsagenturen gemeinsam die Verantwortung für die (Wieder)Eingliederung der Langzeitarbeitslosen. Während sich die Arbeitsagenturen auf die Zahlung des Arbeitslosengeldes II sowie auf die Maßnahmen der Arbeitsförderung konzentrieren, sind die Kommunen vor allem für die Erbringung ergänzender Leistungen, wie Kinderbetreuung, Schuldnerberatung, psychosoziale Betreuung und Suchtberatung, zuständig.
- In jenen 69 Kommunen (2006), die nach dem sog. Optionsmodell *alleine* die Verantwortung für das SGB II übernommen haben, sind die bestehenden kommunalen Ämter oder Organisationen ausgebaut worden (vgl. Bd. I, Kap. „Arbeit und Arbeitsmarkt“, Pkt. 8.8.3). Die Namensgebung ist vielfältig: z.B. Zentrum für Arbeit, Service-Punkt Arbeit, Amt für Beschäftigung.
- Weitere kommunale Ämter mit Spezialaufgaben in der örtlichen Sozialpolitik sind die *Wohnungsämter* (insbesondere für die Wohnraumversorgung) sowie die Versorgungsämter (als Landesbehörden u.a. zuständig für Aufgaben der sozialen Entschädigung bei Gesundheitsschäden, vor allem im Zusammenhang mit der Kriegsopferfürsorge) oder die Ämter für Krankenhäuser (soweit diese nicht in der Rechtsform einer kommunalen GmbH betrieben werden). Je nach örtlichen Gegebenheiten können auch Schul-, Kultur- oder Sportämter an lokalen sozialpolitischen Aufgaben beteiligt sein.

Die bestehende Ämtertrennung ist Ergebnis der zumeist gesetzesanalogen Aufbauorganisation der Sozialverwaltung und steht deswegen schon seit langem in der Kritik. Betont wird u.a. die fehlende Orientierung an der realen Lebenswelt der Betroffenen. So stehen die getrennten Ämterstrukturen im Grundsatz quer zu den häufig sehr komplexen Problemen der Klienten (Multiproblemfälle). Ämter sind nach Sachgesichtspunkten organisiert, aber nicht entsprechend der tatsächlichen Fallkonstellationen. Für Armutslagen beispielsweise ist häufig die Gleichzeitigkeit von Arbeitsmarkt-, Erziehungs-, Familien-, Wohnungs- und Gesundheitsproblemen charakteristisch. Zuständig sind jedoch traditionell jeweils die Arbeitsverwaltung sowie die Jugend-, Wohnungs- und Gesundheitsämter. Daraus können Mehrfachbetreuungen resultieren, nicht selten sogar ohne Wissen der beteiligten Ämter voneinander. Naturgemäß wird dadurch eine ganzheitliche Problemsicht und -bearbeitung erschwert. Auch steigt der verwaltungsinterne Arbeitsaufwand unnötig.

Zielsetzung der neuen Job-Center, die nach den Regelungen des SGB II eingerichtet worden sind, ist es gerade, diese Zergliederung der Hilfen für Arbeitslose zu überwinden. Reformvorschläge zielen auch auf die Reorganisation der Sozialverwaltung nach lebensweltlichen, d.h. ganzheitlichen Gesichtspunkten. So gibt es in vielen Kommunen mittlerweile Fachbereiche Soziales, die insbesondere Sozial- und Jugendhilfe integrieren, aber z.B. auch Wohnungshilfen, Alten- und Gesundheitshilfe einschließen.

3.1.2.2 Kommunale soziale Dienste

Im Regelfall unterhalten die örtlichen Träger eigene sozialarbeiterische/sozialpädagogische Außendienste, die vor Ort, d.h. direkt mit den Betroffenen, arbeiten. Sie sind durch eine dezentrale Aufgabenwahrnehmung und Geh-Struktur gekennzeichnet, d.h. die Hilfesuchenden werden zumeist zu Hause aufgesucht und müssen nicht, wie im Falle der Komm-Struktur, mit ihren Bedarfsanliegen bei den zuständigen Ämtern und Einrichtungen selbst vorstellig werden. Damit lassen sich typische Zugangsbarrieren zu sozialen Diensten leichter überwinden.

Die Grundorganisationsform für die kommunale soziale Dienstleistungserbringung ist der *Allgemeine Soziale Dienst (ASD)*, früher als Familienfürsorge, neuerdings auch häufig als Kommunaler Sozialdienst (KSD) bezeichnet. Er gilt gemeinhin als der Basisdienst der sozialen Arbeit vor Ort. Wegen des starken Anteils von Jugendhilfeaufgaben ist er üblicherweise organisatorisch dem Jugendamt zugeordnet, eher selten dagegen dem Sozialamt. Häufig ist auch – so vor allem in größeren Städten – die Organisationsform eines eigenständigen Amtes für soziale Dienste vorzufinden. In seltenen Fällen sind die Aufgaben des ASD/KSD an einen freien Träger delegiert. Der ASD/KSD ist einer der größten und bedeutendsten örtlichen sozialen Dienste überhaupt und zuständig für die allgemeine soziale Grundversorgung im jeweiligen Einzugsgebiet. Er ist zumeist nach dem Regionalprinzip aufgebaut, d.h. pro Bezirk ist eine sozialarbeiterische/sozialpädagogische Fachkraft tätig. Typisch für den ASD/KSD ist somit die Bezirkssozialarbeit.

Die Aufgaben des ASD/KSD sind breit gestreut und umfassen im Prinzip alle mit der Durchführung von gesetzlich vorgeschriebenen wie freiwilligen kommunalen Sozialleistungen verbundenen sozialarbeiterischen und sozialpädagogischen Aufgaben mit Schwerpunkten im Bereich außendienstlicher Tätigkeit. Maßgeblich sind u.a. die jeweiligen Vorschriften des Bürgerlichen Gesetzbuches (BGB), des Jugendgerichtsgesetzes (JGG), Kinder- und Jugendhilfegesetzes (SGB VIII), des

Sozialhilfegesetzes (SGB XII) und weiterer Sozialgesetze. Traditionelle Arbeitsschwerpunkte liegen im Bereich der Kinder-, Jugend- und Familienhilfe.

Das gegenüber der alten Familienfürsorge heute stark ausgeweitete Aufgabenspektrum spiegelt am deutlichsten die im Zuge des demografischen und sozialen Wandels stattgefundene Ausdifferenzierung von sozialen Risiken und Notlagen wider. So gehören zum aktuellen Aufgabenkatalog des ASD/KSD u.a. die Schwangeren- und Erziehungsberatung, Kernaufgaben aus dem Bereich der Kinder-, Jugend- und Partnerschaftshilfe wie Information, Beratung, Vermittlung bei Konflikten zwischen den Partnern oder zwischen Kindern und Eltern bei Trennung oder Scheidung; des Weiteren Schuldnerberatung, individuelle Krisenintervention, vorbeugende Gesundheits- und Krankenhilfe, Hilfe zur Pflege, Altenhilfe, Vermittlung wirtschaftlicher Hilfen nach dem SGB XII, also Geld- und Sachleistungen, Integrationshilfen für besondere Gruppen oder für Personen mit besonderen sozialen Schwierigkeiten wie Menschen mit Behinderungen, AusländerInnen und Wohnungssuchende. Hinzu kommen laufende Kooperationen mit Familien-, Vormundschafts- und Jugendgerichten sowie mit anderen Institutionen wie z.B. mit Schulen, Banken und den lokalen Job-Centern sowie Arbeitsagenturen.

Insgesamt versteht sich der ASD/KSD als Anlauf-, Filter- und Sondierungsstelle wie auch als konkrete Leistungs- und Vermittlungsinstitution. Zentrale Arbeitsprinzipien sind problemübergreifende Ganzheitlichkeit (Allzuständigkeit, Generalistentum), d.h. Lebensweltbezug. Allerdings kommt es auch vor, dass Kontroll- und Ermittlungsaufgaben, so vor allem für die Sozial- und Ordnungsämter oder die Ausländerbehörden, wahrgenommen werden müssen. Indem der ASD/KSD Außendienstaufgaben für mehrere Ämter gleichzeitig übernimmt, trägt er damit auf Seiten der Dienste mit dazu bei, die viel kritisierte Ämtertrennung in der Sozialverwaltung zu überwinden. Weitergehende Reformen zielen auf die fallbezogene Aufhebung der sonst zumeist strikten Trennung zwischen Innen- und Außendienst, also der Trennung zwischen administrativer (durch Sachbearbeiter) und sozialarbeiterischer/-pädagogischer Fallbearbeitung (durch Angehörige sozialer Berufe), z.B. durch gemeinsame Fallentscheidungen.

Zwar liegt traditionell der Arbeitsschwerpunkt des ASD/KSD in der Einzelfallhilfe. Dennoch gibt es gemeinwesenorientierte Ansätze, die auf die präventive Vermeidung und Überwindung sozialer Probleme vor Ort abheben. Dazu gehört auch, die wohnbezirksbezogenen Erfahrungen des ASD/KSD besser für eine regionalisierte und bedarfsgerechtere Planung und Ausgestaltung sozialer Dienste zu nutzen. Reformvorschläge zielen auf eine stärkere klientenbezogene Interessenvertretung in der Lokalpolitik, die Übernahme von Aufgaben des case-managements, den Aufbau und die Förderung von Netzwerkstrukturen sowie auf die Mobilisierung von Selbsthilfekräften. Letzteres ist auch Ausdruck von Bestrebungen, das Konzept des aktivierenden Sozialstaats auf die Ebene der kommunalen Sozialverwaltungen zu übertragen. Diese Vielschichtigkeit in der konkreten Aufgabenbeschreibung und praktischen Arbeit, die zudem noch regionale Besonderheiten aufweist, macht es dem ASD/KSD naturgemäß schwer, ein eigenständiges fachliches Profil zu gewinnen und zu behaupten.

Für besondere soziale Schwerpunktbereiche bzw. für bestimmte Probleme, Aufgabenfelder oder Zielgruppen gibt es in den Kommunen oftmals noch verschiedene Spezialdienste, oder auch besondere soziale Dienste genannt (BSD), die entweder gesetzlich vorgeschrieben sind, auf landesrechtlichen Sonderbestimmungen beruhen oder im Rahmen der kommunalen Organisationsfreiheit freiwillig eingerichtet sind. Sie bestehen in der Regel neben dem ASD/KSD und arbeiten zumeist bezirksübergreifend. Organisatorisch können sie – je nach Aufgabenbereich – entweder als besondere soziale Dienste an die jeweiligen Fachämter, also vor allem an das Sozial-, Jugend- und Gesundheitsamt, angebunden oder aber – und dies mit zunehmender Tendenz – in freie Trägerschaft überführt sein. Sie gibt es zumeist immer dann, wenn genügend Nachfrage besteht und aufgrund der Besonderheit des Hilfe- und Unterstützungsbedarfs vertieftes Fachwissen, besondere Erfahrungen und/oder die ständige Kooperation mit Dritten wie z.B. mit Gerichten erforderlich ist. Solche Spezialdienste gibt es z.B. im Bereich der Sozialhilfe/Sozialämter für die Arbeit mit Älteren (z.B. Seniorenberatung), die Heimunterbringung oder als Sonderdienste für AusländerInnen, AussiedlerInnen und Flüchtlinge. Im Bereich der Kinder- und Jugendhilfe/Jugendämter werden z.B. vielfach die Erziehungsberatung, die Schulsozialarbeit, die Jugendgerichtshilfe, das Pflegekinderwesen oder die sozialpädagogische Familienhilfe durch einen Spezialdienst durchgeführt. Im Bereich der Gesundheitshilfe/Gesundheitsämter gilt dies für die Arbeit mit psychisch Kranken (sozialpsychiatrische Dienste), mit Suchtkranken oder die Krankenhaussozialarbeit.

Das Nebeneinander von ASD/KSD und BSD, zu dem vor Ort auch noch soziale Dienste und Einrichtungen der freien Wohlfahrtspflege oder privat-gewerblicher Träger kommen, gibt Anlass zur Kritik. Sie bezieht sich zum einen auf die traditionelle Spannung zwischen Generalisierung (ASD/KSD) und Spezialisierung (BSD) sozialer Dienste, zum anderen auf Fragmentierungen und Mehrfachzuständigkeiten, fehlende Abstimmung untereinander und – aus Sicht der Betroffenen – deren Intransparenz. Diese Kritik ist seit längerem Bezugspunkt für Bemühungen um mehr Kooperation und Vernetzung in der kommunalen Sozialpolitik (vgl. Pkt. 4.1 dieses Kapitels).

3.1.2.3 Höhere Kommunalverbände

Für bestimmte soziale Aufgaben sind nicht mehr die einzelnen Städte, (Land-) Kreise und Gemeinden zuständig, sondern entweder die Bundesländer (z.B. für das öffentliche Gesundheitswesen, für die Krankenhausplanung) oder aber die höheren Kommunalverbände als *überörtliche Träger* von sozialen Diensten. Dies gilt insbesondere für die überörtlichen Träger nach den Bestimmungen der Sozialhilfe gemäß SGB XII und des Kinder- und Jugendhilfegesetzes (SGB VIII).

Überörtliche Träger nach SGB XII sind z.B. in NRW die beiden Landschaftsverbände Rheinland und Westfalen-Lippe, in Bayern die sieben Regierungsbezirke oder in Baden-Württemberg die Landeswohlfahrtsverbände Baden und Württemberg-Hohenzollern. Zur Durchführung ihrer Aufgaben können sie wieder andere, zumeist örtliche Träger heranziehen, müssen dann aber einen Teil der Kosten tragen. Mit ihrem Angebot decken sie jeweils einen bestimmten regionalen Einzugsbereich ab. Entsprechend ihrem Anteil an der Gesamtzahl der Fälle bzw. den Gesamtaufwendungen müssen sich die örtlichen Träger dieser Region per Umlage an den Kosten beteiligen.

Neben der fachlichen Beratung und teilweise auch Kontrolle der übrigen Träger (insbesondere von Heimen und vergleichbaren Einrichtungen) liegt die Zuständigkeit der überörtlichen Träger in solchen sozialen Aufgaben, die nur in einem größeren Gebietsrahmen zu lösen sind, weil deren Durchführung z.B. besonders schwierig und/oder teuer ist und deshalb nicht so leistungsfähige und/oder finanzschwache Kommunen überfordert wären. Sie sind auch dann zuständig, wenn ein übergeordnetes sozialstaatliches Interesse an einer möglichst einheitlichen Aufgabenerledigung besteht. Häufig handelt es sich auch um solche Bedarfe, für die sich ein eigenständiges kommunales Angebot aufgrund der geringen Nachfrage gar nicht lohnen würde. Indem ihre Dienste und Einrichtungen auf die Herstellung vergleichbarer Lebensverhältnisse in allen Landesteilen zielen, kommt den überörtlichen Trägern somit auch die Funktion eines regionalen Ausgleichfaktors zu.

Je nach Landesgesetz sind überörtliche Träger verantwortlich z.B. für die Blindenhilfe, für die Aufgaben der Hauptfürsorgestellen sowie weitere Vorschriften nach dem Schwerbehindertenrecht (wie Erhebung und Verwendung der Ausgleichsabgabe sowie für die voll- und teilstationäre Suchtkrankenhilfe. Z.B. unterhalten die überörtlichen Träger Fachkrankenhäuser für die Drogen- und Suchtkrankentherapie. Ihnen obliegt weiterhin die Heimaufsicht im Bereich der Behinderten- und Jugendhilfe sowie hier auch teilweise der Betrieb und die Finanzierung von Heimen, Schulen und anderen Einrichtungen (z.B. Behindertenwerkstätten).

3.2 Freie Wohlfahrtspflege

3.2.1 Die Wohlfahrtsverbände und ihre Bedeutung

Charakteristisch für die organisierte soziale Dienstleistungserbringung in Deutschland ist die starke Beteiligung der freien Wohlfahrtspflege. Diese hat sich in Abgrenzung von der staatlichen Sozialpolitik als *intermediäre* Einrichtung etabliert und sich zum Ziel gesetzt, weder staatlich noch privat-gewerblich organisierte soziale Arbeit verrichten zu wollen. Gemeinnützigkeit, Freiwilligkeit und weltanschauliche Bindung gelten als ihre Markenzeichen. Obwohl die freie Wohlfahrtspflege rechtlich nicht eindeutig definiert ist, versteht man heute darunter die Vereine, Verbände und Organisationen, die sich in den sechs Spitzenverbänden der freien Wohlfahrtspflege zusammengeschlossen haben. Diese Spitzenverbände vertreten ihre gemeinsamen Interessen in der Bundesarbeitsgemeinschaft der freien

Wohlfahrtspflege (BAGFW). Zu den freien Trägern zählen auch die Einrichtungen von Kirchen und sonstigen Religionsgemeinschaften sowie die Jugendverbände und Organisationen der Jugendsozialarbeit.

Im Trägersystem sozialer Dienste nehmen die Wohlfahrtsverbände eine Art Zwischenstellung ein: Einerseits sind sie nicht staatlich, d.h. sie sind privatrechtlich organisiert, entscheiden eigenständig über die Prioritäten ihrer Arbeit und deren Ausrichtung und sind zu ihren Leistungen grundsätzlich nicht verpflichtet. Andererseits sind sie auch nicht gewinnorientiert wie privat-gewerbliche Anbieter, sondern als Non-Profit-Organisationen sowohl an den Bedürfnissen der Hilfeempfänger wie an einem gesellschaftlichen Gemeinwohlverständnis orientiert. Im Unterschied zu Profit-Organisationen arbeiten sie nicht nur mit bezahlten Mitarbeitern, sondern unter Einbeziehung von privatem, unentgeltlichem Engagement – vor allem auf Basis des klassischen Ehrenamtes (vgl. Pkt. 8.3.1 dieses Kapitels).

Nach verbandsoffiziellen Selbstdarstellungen zeichnen sich die Wohlfahrtsverbände vor allem durch eine besondere Nähe zu den sozialen Problemen vor Ort wie zu Betroffenen und Helfern aus. Proklamiert wird die Funktion der „Gemeinwohl-Agenturen". Sie verstehen sich als Vertreter der Interessen und Bedürfnisse von sozial schwachen Bevölkerungsgruppen, für die sie eine Lobbyfunktion, verbunden mit sozialanwaltschaftlichen Zielsetzungen, wahrnehmen. Gemeinsames Ziel aller in der BAGFW vertretenen Verbände ist – wie es in einer gemeinsamen Denkschrift von 2002 heißt – die „Verbesserung von Lebenslagen … von Menschen, die der Hilfe bedürfen. ... Dafür stellen sie notwendige Hilfen zur Verfügung, bieten Dienstleistungen an und eröffnen Möglichkeiten des ehrenamtlichen Engagements. Politisch setzen sich die Verbände anwaltschaftlich für bessere Lebensbedingungen von Menschen ein, die arm, krank, pflegebedürftig oder von anderen sozialen Notlagen betroffen sind".

Im Selbstverständnis der Wohlfahrtsverbände zeichnet sich ihre Arbeit im Vergleich zu den öffentlichen Trägern durch ein besonderes Vertrauensverhältnis zu den Klienten und durch ein höheres Maß an Spontaneität, Flexibilität und Kreativität im Erkennen und Bearbeiten neuer Probleme aus. Betont werden Unabhängigkeit in Ziel- und Zwecksetzung, Ungebundenheit von öffentlicher Weisung sowie weltanschauliche und konfessionelle Pluralität.

Die besondere Stellung der freien Träger mit ihren eigenständigen Zielen wird in den Büchern des Sozialgesetzbuches ausdrücklich anerkannt, was zugleich als Ausdruck des Subsidiaritätsprinzips gilt (vgl. Pkt. 3.2.2 dieses Kapitels). Die Rechtfertigung unterschiedlicher weltanschaulicher und konfessioneller Orientierungen schöpfen die Wohlfahrtsverbände auch aus dem im Sozial- bzw. Kinder- und Jugendhilferecht verankerten „Wunsch- und Wahlrecht der Hilfesuchenden".

Wohlfahrtsverbände sind multifunktionale Organisationen. Sie

- sind zum einen Anbieter sozialer Dienstleistungen und stehen in (begrenzter) Konkurrenz zueinander sowie in Konkurrenz gegenüber privat-gewerblichen

Anbietern. Sie müssen nach betriebswirtschaftlichen Rationalkalkülen handeln. In bestimmten Bereichen der sozialen Dienste nehmen sie eine beherrschende Stellung ein;

- verstehen sich als Mitgarant des Sicherstellungsauftrages der Kommunen gemäß dem verfassungsrechtlichen Auftrag zur Daseinsvorsorge;
- sind Weltanschauungsverbände mit ganz bestimmten normativen, d.h. konfessionellen oder parteigebundenen oder überparteilichen Leitbildern;
- agieren als sozialpolitische Interessensverbände mit einem sozialanwaltschaftlichen Auftrag;
- sind Mitgliedervereine mit beachtlichen Mitgliederzahlen.

Diese Multifunktionalität in eine Gesamtstrategie einzubinden, die zudem ihre öffentliche Förderung legitimiert, erfordert eine schwierige Balance. Diese wird umso schwieriger, je stärker die freie Wohlfahrtspflege auf öffentliche Mittel angewiesen ist, einem wachsenden Ökonomisierungsdruck unterliegt und in einer Gesellschaft agiert, in der sich traditionelle religiöse und politische Bindungen auflösen.

3.2.2 Spitzenverbände der Freien Wohlfahrtspflege

Zu den sechs Spitzenverbänden der Freien Wohlfahrtspflege zählen:

- Deutscher Caritasverband,
- Diakonisches Werk,
- Arbeiterwohlfahrt,
- Deutsches Rotes Kreuz,
- Paritätischer Wohlfahrtsverband,
- Zentralwohlfahrtsstelle der Juden.

Übersicht IX.4:

Diakonisches Werk

Dem Diakonischen Werk der evangelischen Kirche Deutschlands (DW) gehören als Mitglieder die Diakonischen Werke der 22 Landeskirchen der EKD, neun Freikirchen mit ihren diakonischen Einrichtungen sowie 81 Fachverbände der verschiedensten Arbeitsfelder an. In den Diakonischen Werken auf landeskirchlicher Ebene sind die einzelnen rechtlich selbstständigen Diakonien der örtlichen Kirchengemeinden bzw. Kirchenverbände vereinigt. Hinzu kommen große Einzelmitglieder, z.B. Krankenhäuser oder Behindertenheime, in der Rechtsform von Stiftungen oder gGmbHs.

Träger von Einrichtungen und Diensten sind die kreiskirchlichen und gemeindlichen diakonischen Werke (als eingetragene Vereine) sowie die Stiftungen und gGmbHs. Die größte Bedeutung haben die v. Bodelschwingschen Anstalten Bethel mit etwa 15.000 Plätzen in den (teil)stationären ambulanten Einrichtungen und gut 13.5000 MitarbeiterInnen.

Das Diakonische Werk entstand 1976 durch die Fusion des bis dahin selbständig nebeneinander bestehenden Hilfswerkes der Evangelischen Kirche in Deutschland (Gründung nach 1945) und der Inneren Mission. Die Innere Mission. gegründet 1848, geht zurück auf den Theologen Johann Hinrich Wichern, der beim Wittenberger Kirchentag das Programm der Inneren Mission gegen geistliche und materielle Armut sowie soziale Not entwarf.

In dem 1997 verabschiedeten Leitbild ist die Diakonie Wesens- und Lebensäußerung der evangelischen Kirche, sie geht vom Gottesdienst in der Gemeinde aus und ist gelebter Glaube. Nach ihrem Selbstverständnis erhebt die Diakonie die Stimme für diejenigen, die nicht gehört werden und tritt ein für eine menschenwürdige Gesetzgebung, eine chancengerechte Gesellschaft und eine konsequente Orientierung am Gemeinwohl.

Die Mitgliedsverbände und -organisationen der Diakonie bieten (2003) über 27.000 Einrichtungen und Dienste unterschiedlicher Größe und Rechtsform mit mehr als einer Million Plätzen/Betten an. Beschäftigt sind mehr als 450.000 hauptamtliche MitarbeiterInnen. Ferner gibt es etwa 3.600 diakonische Helfergruppen. Rund 400.000 ehrenamtliche Mitarbeiterinnen und Mitarbeiter sind in der Diakonie aktiv.

Vergleichbar zur katholischen Kirche und zu den Einrichtungen der Caritas unterliegen die Mitarbeiter einem eigenen kirchlichen Tarif- und Arbeitsrecht.

Übersicht IX.5:

Caritas

Der 1897 gegründete Deutsche Caritasverband (DCV) ist die von den deutschen Bischöfen anerkannte institutionelle Zusammenfassung der katholischen Caritas in Deutschland. Der Gesamtverband setzt sich zusammen aus seinen Mitgliedsverbänden (27 Diözesanverbände und Landes-Caritasverbände) und den anerkannten caritativen Fachverbänden.

Zu den Fachverbänden gehören u.a. der Malteser Hilfsdienst, der Kreuzbund und der Sozialdienst katholischer Frauen (SKF). Auch die persönliche Mitgliedschaft auf Ortsebene ist möglich.

Die Organisation der Caritasverbände ist dezentral und unterliegt innerkirchlich der diözesanen Struktur. Hierzu gehören 636 Orts-, Kreis- und Bezirks-Caritasverbände sowie 262 karitative Ordensgemeinschaften. Die Landes- und Diözesanverbände mit Ihren Kreis- und Stadtverbänden und Fachverbänden sind jeweils wirtschaftlich selbstständige Rechtsträger, z.B. eingetragene Vereine oder gGmbHs (gemeinnützige Gesellschaften mit beschränkter Haftung). Die Einrichtungen und Dienste werden in der Regel von ihnen angeboten. Krankenhäuser haben häufig die Rechtsform von Stiftungen. Der Deutsche Caritasverband, die Landescaritasverbände und Diözesancaritasverbände sind hingegen als Dachverbände anzusehen.

Im Leitbild von 1997 bekennt sich der Deutsche Caritasverband zu den theologischen Grundsätzen mit dem christlichen Gott als Quelle, Jesus Christus als Auftrag und Ermutigung und dem Heiligen Geist als Lebenskraft für die Caritasarbeit. Als Ziele für die Arbeit werden der Schutz der Menschenwürde, die Solidarität in einer pluralen Welt sowie die Verpflichtung hierzu über Grenzen hinweg festgelegt. Hinsichtlich seiner Aufgaben sieht sich der Caritasverband zur Hilfe für Menschen in Not sowie als Anwalt und Partner Benachteiligter verpflichtet.

Die Mitglieder des Verbandes beschäftigen (2005) 482.000 hauptamtliche MitarbeiterInnen. Hinzu kommen schätzungsweise noch einmal so viele ehrenamtliche MitarbeiterInnen und Helfer, die Zahl der Helfergruppen liegt bei 3.700. Unterhalten werden rund 25.000 Einrichtungen und Dienste mit etwa 1.200.000 Plätzen/Betten. Darunter dominieren die Gesundheitshilfe sowie die Kinder- und Jugendhilfe.

Die MitarbeiterInnen werden nach einem eigenen Tarifwerk eingestellt und entlohnt, das an die Regelungen des Öffentlichen Dienstes (BAT bzw. neu TVöD) angelehnt ist. Es handelt sich hierbei jedoch nicht um einen Tarifvertrag. Der Caritasverband ist ein Tendenzbetrieb der römisch-katholischen Kirche. Mit den Gewerkschaften werden keine Verträge geschlossen, Tarifregelungen werden von einer paritätisch besetzten Kommission (Arbeitsrechtliche Kommission) verhandelt.

Das Betriebsverfassungsgesetz gilt nicht. Stattdessen wird die Grundordnung des kirchlichen Dienstes im Rahmen kirchlicher Arbeitsverhältnisse wie in der verfassten Kirche angewandt (Mitarbeitervertretungen).

Übersicht IX.6:

Der Paritätische

Der Paritätische Wohlfahrtsverband (DPWV) ist ein Wohlfahrtsverband, der sich aus einer Fülle von einzelnen Organisationen, Einrichtungen und Gruppierungen der Wohlfahrtspflege zusammensetzt, die soziale Arbeit für andere oder als Selbsthilfe leisten. Die Mitglieder sind eigenständig und unterscheiden sich in ihrer Größe und Aufgabenstellung beträchtlich.

Der Paritätische Wohlfahrtsverband gliedert sich in 16 Landesverbände; die Landesverbände bilden Kreisgruppen, die das Gebiet einer kreisfreien Stadt oder eines Landkreises umfassen. Die Kreisgeschäftsstellen fungieren als „Außenstellen", haben also keine eigene Rechtsfähigkeit.

Der Gesamtverband übernimmt die bundesweite Vertretung der Mitgliedsorganisationen. Ihm sind auch die rund 150 bundesweit tätigen Mitgliedsorganisationen angeschlossen. Dazu zählen so unterschiedliche Organisationen wie: Sozialverband VdK (1,4 Mio. Mitglieder), Arbeiter-Samariterbund (1,1 Mio. Mitglieder), Volkssolidarität (360.000 Mitglieder), Deutsche Aids-Hilfe, Kinderschutzbund, Pro-Familia, Verband allein erziehender Mütter und Väter. Auf der Ebene der Kreisgruppen dominieren hingegen eher kleine und autonome Organisationen, Vereine, Projekte und Initiativen, die sich vor allem im Zuge der Alternativ- und Selbsthilfebewegung herausgebildet haben. In der Summe vereinigt der Paritätische mehr als 10.000 Mitgliedsorganisationen und Initiativen aus dem breiten Spektrum sozialer Arbeit.

Die normative Basis des 1920 auf Betreiben von unabhängigen Krankenanstalten gegründeten DPWV war und ist nach eigenem Bekunden Toleranz und Parität. Gearbeitet wird mit den Prinzipien Pluralität, Toleranz und Offenheit. Nach den Grundsätzen von 1989 will der Paritätische Mittler sein zwischen Generationen und zwischen Weltanschauungen, zwischen Ansätzen und Methoden sozialer Arbeit, auch zwischen seinen Mitgliedsorganisationen. Er vertritt – so das Selbstverständnis – mit seinen Mitgliedsorganisationen insbesondere die Belange der sozial Benachteiligten sowie der von Ungleichheit und Ausgrenzung Betroffenen oder Bedrohten und wirkt auf eine Sozial- und Gesellschaftspolitik hin, die die Ursachen von Benachteiligung beseitigen und ein selbst bestimmendes Leben ermöglichen soll.

Übersicht IX.7:

Zentralwohlfahrtsstelle der Juden

Die Zentralwohlfahrtsstelle der Juden in Deutschland (ZWST), gegründet 1951, ist der mit Abstand kleinste unter den 6 Spitzenverbänden der freien Wohlfahrtspflege. Aus dem Erlebnis des Holocaust heraus entwickelte sich eine spezifische Art jüdischer Sozialarbeit, um den Opfern Hilfe anzubieten. Arbeitsschwerpunkte der Sozialarbeit für die insgesamt rund 26.000 heute in Deutschland lebenden Juden sind die Alten- und Jugendarbeit, die von ca. 1.000 MitarbeiternInnen wahrgenommen werden. Die Mitglieder des ZWST waren im Jahre 2002 16 Landesverbände der jüdischen Gemeinden, drei selbstständige Gemeinden und der Jüdische Frauenbund.

Übersicht IX.8:

Arbeiterwohlfahrt
Die AWO ist eine Mitgliederorganisation mit rund 430.000 Einzelmitgliedern (2005). Sie gliedert sich in 3.800 Ortsvereine, 480 Kreisverbände und 29 Bezirks- und Landesverbände. Neben der persönlichen Mitgliedschaft gibt es auf den unterschiedlichen Ebenen der AWO auch über 800 selbstständige Einrichtungen, Initiativen und Organisationen, Vereine, Sozialunternehmen, die den Rahmen eines Dachverbandes benötigen (Beratung in Personal- und Abrechnungsfragen, Hilfen bei der Antragsstellung öffentlicher Mittel). Die Einrichtungen und Dienste werden in der Regel von den Bezirken vorgehalten. Die ehrenamtliche Arbeit findet in den Ortsvereinen und Kreisverbänden statt. Der Kreis der ehrenamtlichen HelferInnen/MitarbeiterInnen wird 2005 mit 1.000.000 angegeben. Die AWO ist aus den Ideen der sozialdemokratischen Arbeiterbewegung entstanden und wurde 1919 ursprünglich als eine Unterabteilung der SPD gegründet. Sie stützt sich noch heute auf ihre Wurzeln, da sie sich als Wohlfahrtsverband und als gesellschaftspolitischer Verband versteht. Grundwerte des Handelns sind nach eigener Darlegung Freiheit, Gerechtigkeit, Toleranz und Solidarität. Die AWO beschäftigt 140.000 hauptamtliche MitarbeiterInnen und unterhält über 14.000 Einrichtungen und Dienste mit insgesamt über 330.000 Plätzen/Betten (2005). Einen hohen Stellwert hat die Altenhilfe.

Übersicht IX.9:

Deutsches Rotes Kreuz
Das Deutsche Rote Kreuz (DRK), 1921 gegründet, ist ein Mitgliederverband und weist eine duale Struktur auf: Einerseits ist das DRK eine „nationale Hilfsgesellschaft" (Ursprungsaufgabe: Versorgung verwundeter Soldaten, heute mit Schwerpunkten im Zivilschutz und Katastropheneinsatz), andererseits ist das DRK ein Wohlfahrtsverband mit Schwerpunkten im Bereich medizinischer Dienste. Das DRK gliedert sich in rechtlich eigenständige 19 Landes- und mehr als 500 Kreisverbände, die die operativen Aufgaben vor Ort, d.h. in dem jeweiligen Kreisgebiet, erfüllen. Getragen wird es von etwa 4,1 Millionen Fördermitgliedern. Eine eigenständige Bedeutung haben die DRK-Schwesternschaften. Das DRK orientiert sich satzungsgemäß an den allgemeinen normativen Grundsätzen von Menschlichkeit, Unparteilichkeit, Neutralität, Unabhängigkeit und Freiwilligkeit, Einheit sowie Universalität. Das DRK bietet (2004) rund 8.000 Einrichtungen und Dienste mit 167.000 Plätzen/ Betten an. Beschäftigt sind nahezu 80.000 hauptamtliche MitarbeiterInnen. Rund 400.000 freiwillige Helfer sind im DRK aktiv.

Tabelle IX.2:

Freie Wohlfahrtspflege: Einrichtungen, Plätze, Beschäftigte 1970 - 2004

Arbeitsbereiche	Jahr	Einrichtungen	Plätze	Beschäftigte
Krankenhäuser	1970	1.205	227.794	226.110
	1981	1.018	226.866	226.110
	1990	1.086	219.975	251.919
	2000	1.227	220.507	317.516
	2004	1.422	222.097	330.248
Jugendhilfe	1970	19.377	1.298.105	97.512
	1981	22.416	1.322.828	133.084
	1990	24.701	1.347.159	148.203
	2000	33.974	1.835.231	256.732
	2004	36.406	1.915.782	275.060
Familienhilfe	1970	13.077	59.324	31.646
	1981	9.018	71.831	42.967
	1990	9.509	79.765	49.453
	2000	9.453	58.757	89.447
	2004	7.646	47.208	67.057
Altenhilfe	1970	6.416	335.462	49.970
	1981	8.365	358.302	90.182
	1990	9.584	418.252	138.734
	2000	15.212	481.495	237.577
	2004	15.796	517.788	367.303
Hilfen für Menschen mit Behinderungen und psychischen Erkrankungen	1970	1.527	81.369	19.011
	1981	4.627	176.100	62.627
	1990	8.122	248.562	96.659
	2000	12.449	344.819	157.711
	2004	14.285	499.390	242.830
Sonstige Einrichtungen und Dienste	1970	9.269	91.515	20.416
	1981	11.108	133.304	28.095
	1990	14.023	202.888	55.533
	2000	19.683	215.417	88.921
	2004[1)]	15.280	316.458	78.248
Aus-, Fort- und Weiterbildungsstätten	1970	1.604	58.000	9.472
	1981	1.534	92.275	9.805
	1990	1.441	108.322	10.625
	2000	1.568	114.310	16.425
	2004	1.542	95.731	16.072

Selbsthilfegruppen und Gruppen des bürgerschaftlichen Engagements	1977	9.828	-	-
	1981	16.538	-	-
	1990	27.362	-	-
	2000	28.397	-	-
	2004	34.923	-	-
Gesamt (ohne Selbsthilfe)	1970	52.475	2.151.569	381.888
	1981	58.068	2.181.506	592.870
	1990	68.466	2.624.923	751.126
	2000	93.566	3.270.536	1.164.329
	2004	98.837	3.619.799	1.414.937

1) Neue Kategorisierung: Hilfe für Personen in besonderen sozialen Situationen und weitere Hilfen; mit den Vorjahresdaten nicht vergleichbar.

Quelle: Bundesarbeitsgemeinschaft der Freien Wohlfahrtspflege, Gesamtstatistik der Einrichtungen und Dienste der Freien Wohlfahrtspflege, Berlin 2006.

Im Jahre 2004 verfügten die sechs Spitzenverbände der freien Wohlfahrtspflege zusammen knapp 99.000 soziale Einrichtungen mit über 3,6 Millionen Plätzen bzw. Betten (vgl. Tabelle IX.2). Zum gleichen Zeitpunkt waren etwa 1,42 Millionen hauptamtliche Beschäftigte (1970: 380.000) bei ihnen tätig, davon rund 47 % als Teilzeitbeschäftigte. Daneben wirken nach eigenen Angaben zwischen 2,5 und 3 Millionen sozial-bürgerschaftlich Engagierte (mit eingeschlossen Mitglieder von Selbsthilfegruppen). Die Zahl der Einrichtungen, Plätze und Beschäftigten ist durch eine außerordentliche Expansion charakterisiert: So hat sich die Zahl der Hauptamtlichen gegenüber 1970 fast vervierfacht; seit 1990 errechnet sich ein Zuwachs von 88,3 %. Inhaltlich lassen sich deutliche Arbeitsschwerpunkte in der Jugend-, Alten- und Behindertenhilfe erkennen. Beispielsweise befanden sich im Jahre 2000 ca. 48 % aller Angebote im Jugendhilfebereich, knapp 47 % aller Alten-, Pflege- und Behindertenheime (mit rund 60 % aller Plätze), etwa 42 % aller ambulanten Pflegedienste und über 40 % aller Krankenhausbetten in frei-gemeinnütziger Trägerschaft. Insgesamt werden rund drei Viertel der sozialen Dienstleistungen in Deutschland von den Wohlfahrtsverbänden angeboten und organisiert.

Allein der Caritasverband hat mit seinen 482.000 MitarbeiterInnen (2005) eine mehr als doppelt so hohe Beschäftigtenzahl wie der Siemens-Konzern in Deutschland. Allerdings umschreibt der für die Charakterisierung von Wohlfahrtsverbänden häufig genutzte Begriff „Wohlfahrtskonzern" die Situation nicht richtig, da im Unterschied zu privatwirtschaftlichen, börsennotierten Weltkonzernen die Wohlfahrtsverbände keineswegs straff hierarchisch organisiert sind. Vielmehr haben die einzelnen Mitgliedsverbände bzw. die Vereine auf Orts-, Bezirks- und Landesebene ein sehr hohes Maß an Autonomie. Die Spitzenverbände sind Dachverbände, die nicht mit einer Konzernzentrale zu vergleichen sind, sondern in mancher Hinsicht eher einem Industrie- oder Arbeitgeberverband ähneln.

Trotz ihrer großen strukturellen und ideellen Unterschiede bilden die Spitzenverbände auf Bundes-, Landes- und Kommunalebene einen stabilen korporatistischen Zusammenhang, der vor allem auf lokaler Ebene eng mit Kirchen- und Parteistrukturen verbunden ist. Diese korporatistische Einbindung der Wohlfahrtsverbände, die es bereits seit der Weimarer Republik gibt, ist eine bundesdeutsche Besonderheit, die im gesamten europäischen Raum so nicht bekannt ist.

3.2.3 Gemeinnützigkeit und Subsidiaritätsprinzip

Vom Grundsatz her verfolgen Wohlfahrtsverbände primär den Zweck der sozialen Dienstleistungsproduktion. Dabei sind sie – ihrem Anspruch nach – nicht an ökonomischen Interessen, sondern an ihren jeweiligen Normen und Wertvorstellungen (Leitbilder) orientiert, die sie auch in ihrer praktischen Tätigkeit zum Ausdruck bringen wollen.

Wichtigste Grundlage für die Anerkennung als eigenständiger Träger der Wohlfahrtspflege vor Ort ist die *Gemeinnützigkeit* nach dem Steuerrecht. Diese ist dann gegeben, wenn die Tätigkeit satzungsgemäß wie faktisch ausschließlich und unmittelbar darauf gerichtet ist, die Allgemeinheit auf materiellem, geistigem oder sittlichem Gebiet zu fördern, d.h. wenn sie gemeinnützigen, mildtätigen oder kirchlichen Zwecken dient. Als in diesem Sinne förderungswürdig gelten neben dem Wohlfahrtswesen, der Jugend- und Altenhilfe und dem öffentlichen Gesundheitswesen auch Wissenschaft und Forschung sowie Bildung und Erziehung. Zu den zentralen Anerkennungskriterien als frei-gemeinnützige Träger zählen die „Mildtätigkeit“, d.h. die Förderung und Unterstützung von Personen in Not, sowie die „Selbstlosigkeit“. Es dürfen nicht in erster Linie eigenwirtschaftliche (z.B. gewerbliche), sondern nur die satzungsgemäßen Zwecke verfolgt und die Mittel nur dafür verwendet werden. Zwar können Überschüsse erzielt, aber die Mittel dürfen weder den Eigentümern zufließen noch an Mitarbeiterinnen und Mitarbeiter ausgezahlt werden. Das für privat-gewerbliche Anbieter typische Einkommens- und Gewinnmaximierungsinteresse ist also ausgeschlossen. Gemeinnützige Träger sind in verschiedener Hinsicht steuerbegünstigt. So gelten für sie u.a. die Befreiung von der Körperschaftssteuer und Gewerbesteuer und ein ermäßigter Umsatzsteuersatz. Ihre Anerkennung erfolgt durch die örtlichen Finanzämter. Dies schließt dann auch das Recht ein, Spenden einzuwerben und hierfür steuerentlastende Empfangsbescheinigungen auszustellen.

Die Steuervergünstigung gilt auch, wenn ein wirtschaftlicher Geschäftsbetrieb unterhalten wird; allerdings nur dann, wenn es sich um einen Zweckbetrieb handelt. Dies ist dann gegeben, wenn seine Gesamtausrichtung der Realisierung der steuerbegünstigten, satzungsmäßigen Zwecke des jeweiligen Trägers dient und die Zwecke nur durch einen solchen Geschäftsbetrieb erreicht werden können. Auch darf der Zweckbetrieb gegenüber anderen, nicht steuerlich begünstigten Betrieben derselben oder ähnlichen Art in nicht größerem Umfang in Konkurrenz stehen.

Eine Einrichtung der Wohlfahrtspflege ist immer dann ein Zweckbetrieb, wenn sie im besonderen Maße schutzbedürftigen Personen dient.

Das Verhältnis zwischen öffentlichen und frei-gemeinnützigen Trägern der sozialen Dienste ist durch das *Subsidiaritätsprinzip* geregelt. Dieses Prinzip gibt vor, dass sich die freien Träger, d.h. die Wohlfahrtsverbände und die Kirchen, nicht nur an der öffentlichen Aufgabenerfüllung beteiligen können und einen Anspruch auf Förderung ihrer Arbeit durch den öffentlichen Träger haben, sondern grundsätzlich einen *Vorrang* bei der Aufgabenstellung genießen sollen. Demnach haben öffentliche Träger, also in der Regel die Kommunen, von der Bereitstellung eigener Dienste und Einrichtungen abzusehen, wenn geeignete Angebote der freien Träger vorhanden sind, ausgebaut oder geschaffen werden können. Praktisch bedeutet dies, dass beispielsweise das Jugendamt zunächst die freien Träger der Jugendhilfe zu fragen hat, wenn etwa eine neue Tageseinrichtung für Kinder errichtet werden soll und dass die Stadt selber erst dann tätig werden darf, wenn die Verbände kein Interesse zeigen.

Die Auseinandersetzung über dieses Verständnis der institutionellen Subsidiarität hat in der Vergangenheit immer wieder zu Konflikten geführt. Bereits in der Weimarer Republik war die Frage über Verortung und Ausgestaltung der Wohlfahrtspflege durch die Kontroverse zwischen Staat und Kirche um Kompetenzen und Zuständigkeiten geprägt. Insbesondere die katholische Kirche und die ihr nahe stehenden verbandlichen und politischen Kräfte haben das Subsidiaritätsprinzip für sich proklamiert; es ging um die Grenzsicherung gegenüber dem Staat, um die Bestandssicherung der eigenen Angebote und letztlich um die Stellung der Kirchen im säkularisierten Staat. Mit der Einführung des Bundessozialhilfegesetzes und des Jugendwohlfahrtsgesetzes (beide im Jahr 1961) wurde das Subsidiaritätsprinzip gesetzlich normiert und verfestigt. Klagen von einzelnen Bundesländern und Kommunen wurden vom Bundesverfassungsgericht 1967 abgewiesen. Die Kläger hatten sich gegen die Einschränkung der öffentlichen Daseinsvorsorge gewandt, da diese – anders als die verbandliche und kirchliche Wohlfahrtspflege – zur weltanschaulichen und religiösen Neutralität verpflichtet ist und sich unterschiedslos an *alle* BürgerInnen richtet.

Die Kontroverse zwischen Staat und freien Trägern hat allerdings in der Expansionsphase der sozialen Dienste an Bedeutung verloren. Zwischen Politik und Verbänden haben sich Netzwerke herausgebildet, eine enge fachliche Zusammenarbeit wurde entwickelt. Die Verknüpfung der frei-gemeinnützigen Träger mit der kommunalen Sozialpolitik wird daran deutlich, dass sie personell bzw. teilweise sogar institutionell in den zuständigen kommunalen Ausschüssen vertreten – im Jugendhilfeausschuss sogar als geborene stimmberechtigte Mitglieder – und insgesamt an der Sozialplanung beteiligt sind. Diese Kooperation in dem Modell der „dualen Wohlfahrtspflege“ kommt auch in den Aktivitäten des „Deutschen Vereins für öffentliche und private Fürsorge“ gut zum Ausdruck, der auf Bundesebene tätig wird, fachpolitisch wirkt und in der Öffentlichkeit durch abgestimmte Stellungnahmen und Positionen zu sozialpolitischen Fragen auftritt.

Zu einer deutlichen Einschränkung des verbändezentrierten Subsidiaritätsverständnisses ist es durch die Einführung der Pflegeversicherung gekommen, da der bedingte Vorrang bei der Leistungserbringung auch auf die privaten, erwerbswirtschaftlichen Anbieter ausgedehnt wurde. Ziel war es, dadurch den Preis- und Qualitätswettbewerb im sich entwickelnden Pflegemarkt anzuregen (vgl. Kap. „Gesundheit und Gesundheitssystem", Pkt. 7.5). 1996 wurde diese modifizierte Vorrangstellung dann auch in das heutige SGB XII und auch in die Kinder- und Jugendhilfe übernommen. Für die privat-gewerblichen Anbieter legitimiert dieses modifizierte Subsidiaritätsprinzip seither einen institutionell abgesicherten Marktzugang, für die frei-gemeinnützigen Anbieter dagegen bedeutet es eine staatlich verordnete Konkurrenz.

Obwohl für die freie Wohlfahrtspflege der Wettbewerb mit den privat-gewerblichen Anbietern vor allem in den „lukrativen" Marktsegmenten typisch geworden ist, gibt es nach wie vor beachtliche Wettbewerbsvorteile. Neben den steuerlichen Begünstigungen gilt dies insbesondere für die generelle Förderverpflichtung durch die öffentlichen Träger, die zumeist über Zuwendungen erfolgt. Auch werden die Verträge über Leistungen nach dem SGB VIII und SGB XII (vgl. Pkt. 5.2 dieses Kapitels) überwiegend mit frei-gemeinnützigen Trägern abgeschlossen. In der Kinder- und Jugendhilfe liegt dies u.a. daran, dass die privat-gewerblichen Anbieter zumeist nicht den Status des „anerkannten Trägers der freien Jugendhilfe" haben. In der Konsequenz bieten die Wohlfahrtsverbände insgesamt deutlich mehr soziale Dienste an als die Kommunen und die privat-gewerblichen Anbieter zusammen. Eine Ausnahme machen die ambulanten Pflegedienste, hier sind vielerorts privat-gewerbliche Anbieter marktführend (vgl. Pkt. 5.1.3 dieses Kapitels).

Trotz der Sonderstellung der freien Träger haben die Kommunen die Letzt- und Gesamtverantwortung für Quantität, Qualität und die konkrete Ausgestaltung der sozialen Dienste und Einrichtungen vor Ort. Da sie bei der Planung und Bereitstellung sozialer Dienste stets die kulturellen und weltanschaulichen Bedürfnisse der Gesamtbevölkerung im Auge haben müssen und frei-gemeinnützige wie privatgewerbliche Träger nicht gezwungen werden können, bestimmte Angebote zu machen, sind sie bei entsprechendem Bedarf auch gehalten, eigenständig tätig zu werden. Sie haben allerdings auch die Möglichkeit, durch Finanzierungsanreize („goldener Zügel") auf die freien und privat-gewerblichen Anbieter Einfluss zu nehmen. Unter den Bedingungen neuer Finanzierungsformen und Steuerungsmodelle können diese Zügel enger gezogen werden.

3.2.4 Die freie Wohlfahrtspflege unter Anpassungsdruck

Obwohl die frei-gemeinnützigen Träger bis auf einen relativ geringen Eigenanteil weit überwiegend durch öffentliche Mittel finanziert werden (vgl. Pkt. 5.1.2 dieses Kapitels), unterliegen sie bis heute in ihrer inhaltlichen Arbeit de fakto keinen

Überprüfungen. Dieser Widerspruch zwischen öffentlicher Finanzierung und religiöser bzw. weltanschaulicher Ausrichtung provoziert Kritik. So gilt bei den konfessionellen Trägern die religiöse Orientierung in vielen Fällen immer noch als Selektionskriterium für die Auswahl von Klienten, so werden z.B. Kinder mit islamischer Religionszugehörigkeit in katholischen Kindergärten nur nachrangig aufgenommen. Auch bei der Einstellung von Beschäftigten spielt die Religionszugehörigkeit eine Rolle. Die Einrichtungen der frei-gemeinnützigen Träger gelten als *Tendenzbetriebe*, was bedeutet, dass die Regelungen des Betriebsverfassungsgesetzes nur begrenzt – oder bei Einrichtungen kirchlicher Träger – überhaupt keine Anwendung finden. Auf Kritik stößt auch die prinzipielle Möglichkeit, sich als Wohlfahrtsverband auf bestimmte Aufgaben zu konzentrieren und andere, vor allem finanziell wenig attraktive Arbeitsfelder zu vernachlässigen bzw. im Extrem der alleinigen kommunalen Zuständigkeit zu überlassen. Ein aktuelles Beispiel dafür ist der mit Finanzierungsproblemen begründete Rückzug vieler kirchlicher Träger aus dem Angebot an Kindertagesstätten. Andererseits aber sind die freien Verbände wegen des stark gewachsenen Konkurrenzdrucks durch die privatgewerblichen Anbieter zwangsläufig auch weniger wählerisch geworden.

Diese Kritik ist Teil der umfassenderen Frage, welche Bedeutung der freien Wohlfahrtspflege unter veränderten gesellschaftlichen und sozial ökonomischen Rahmenbedingungen heute noch zukommt und welche Legitimation Gemeinwohl- und Subsidiaritätsprinzip angesichts der verschärften Wettbewerbsbedingungen noch haben. Viele Indizien deuten darauf hin, dass es für die Wohlfahrtsverbände zunehmend schwieriger wird, ihre intermediäre Stellung, d.h. ihre Position zwischen Markt und Staat, zu begründen und zu halten:

- Wegen der korporatistischen Zusammenarbeit mit Politik und Verwaltung ist es zu einer faktischen wie finanziellen Abhängigkeit der Wohlfahrtsverbände vom Staat gekommen. In der Folge lässt sich die proklamierte Unabhängigkeit der Wohlfahrtsverbände nur noch schwer nachvollziehen.
- Der den gesamten sozialen Dienstleistungssektor kennzeichnende Ökonomisierungsdruck hat längst die freie Wohlfahrtspflege erreicht. Dies ist zum einen Ergebnis der Marktöffnung für privat-gewerbliche Anbieter und der dadurch ausgelösten Wettbewerbssituation. Bei Anwendung des europäischen Wettbewerbsrechts auch auf den Bereich der sozialen Dienste wird dieser Druck noch zunehmen. Zum anderen werden auch die Wohlfahrtsverbände zunehmend zum Objekt der neuen Steuerung, mit der die Kommunen versuchen, die soziale Dienstleistungsproduktion effektiver und vor allem kostengünstiger zu gestalten.
- Es wird für die Wohlfahrtsverbände immer schwieriger, Personen für den Einsatz im traditionellen Ehrenamt zu gewinnen (vgl. Pkt. 8.3.1 dieses Kapitels). Allerdings gilt dies nicht nur für die frei-gemeinnützigen Träger allein, sondern ist Ausdruck einer generell abnehmenden Bindungskraft traditioneller,

vielfach mit klassischer Wohlfahrtspflege assoziierter Werte wie Nächstenliebe oder Solidarität.

- Es ist fraglich, ob es in der konkreten, d.h. unmittelbaren Diensteerbringung der Wohlfahrtspflege überhaupt noch Unterschiede zu öffentlichen oder privat-gewerblichen Angeboten gibt. Die Prozesse der Zentralisierung, Bürokratisierung und Ökonomisierung haben auf die Wohlfahrtsverbände übergegriffen.

Die gegenwärtigen Modernisierungsbemühungen der Verbände sind durch den Spagat gekennzeichnet, sich anpassen zu müssen, ohne dabei ihre spezifische Herkunft und Tradition, d.h. ihre Leitbilder, gefährden oder gar aufgeben zu wollen. Es geht ihnen sowohl um die Revitalisierung ihrer intermediären Funktion als auch um die Anpassung ihrer besonderen Funktion als gemeinwohlorientierter, sozialer Dienstleistungsanbieter an veränderte ökonomische Rahmenbedingungen. Bei allen Verbänden finden nach außen wie nach innen gerichtete Bestrebungen zur Neubestimmung des Verbandsprofils statt. Die neue Leitbilddebatte knüpft dabei u.a. an moderne Sozialmanagement-Konzepte wie z.B. Corporate-Identity an. Heute betrachten sich Wohlfahrtsverbände als lernende Organisationen. Ein typisches Beispiel dafür ist ihre Öffnung für die lange Zeit aus Konkurrenzgründen praktisch ausgegrenzte organisierte Selbsthilfe (vgl. Pkt. 8.3.3 dieses Kapitels).

Kennzeichen der zunehmenden internen Ökonomisierung ist insbesondere die Neujustierung des Verhältnisses von Trägern bzw. Einrichtungen und dem Gesamtverband, in deren Gefolge es zu einer Aufwertung der betrieblichen Ebene gekommen ist. Dies erfolgt insbesondere über Fusionen und die Bildung größerer Organisationseinheiten. Auch kommen vermehrt neue Sozialmanagement-Konzepte und betriebswirtschaftliche Methoden und Instrumente zur Anwendung, wie z.B. Budgetierung, Controlling oder die Einführung von Profit-Centern.

4 Koordination, Wohlfahrtsmix und Sozialplanung als Aufgaben der kommunalen Sozialpolitik

Charakteristikum sozialer Dienstleistungserbringung in Deutschland sind Vielfalt und Nebeneinander von Trägern und Angebotsformen bei z.T. denselben Zielgruppen. Spätestens mit der Marktöffnung für die privat-gewerblichen Anbieter Mitte der 1990er Jahre hat sich diese Vielfalt noch verbreitert. Heute stellt sich dem Betrachter auf örtlicher Ebene eine heterogene Anbieter- und Dienstestruktur, die für den einzelnen Hilfesuchenden keineswegs mehr nur Wahlfreiheit und Pluralität, sondern zunehmend auch Undurchschaubarkeit und Hilflosigkeit bedeuten. Mögliche Folgen sind u.a. Unterausschöpfung von Ansprüchen und Akzeptanzprobleme. Für die Versorgung kann die Vielfalt zwar mehr Wettbewerb und damit Leistungsverbesserungen bedeuten; andererseits aber auch zu regionalen Über- oder Unterangebot führen.

4.1 Koordination sozialer Dienste

Für die Kooperation von Trägern und die Vernetzung von Angeboten gibt es keinen Automatismus. Freiwillige Verabredungen sind angesichts von traditionellen Arbeitsschwerpunkten, Gebietsmonopolen und Wettbewerb wenig wahrscheinlich. Gefragt sind somit Möglichkeiten einer fachlich sinnvollen wie zugleich effizienten Koordination im Wohlfahrtsmix. Grundsätzlich lassen sich hier drei Wege unterscheiden:

Case-management

Das Konzept des case-management stammt aus der Praxis der Sozialarbeit und ist in der Bundesrepublik, im Gegensatz zu den USA und dem Vereinigten Königreich (vgl. Pkt. 9. dieses Kapitels), im Bereich der sozialen Dienste noch vergleichsweise selten. Case-management meint das auf den konkreten Einzelfall bezogene Management der gesamten Diensteorganisation und -gestaltung einschließlich der jeweiligen Netzwerkstrukturen des persönlichen sozialen Umfeldes sowie der dazugehörigen Finanzierung. Voraussetzung ist somit systematisches, auf Kooperation und Vernetzung zielendes professionelles soziales Handeln. Indem case-management eher in und mit Kontexten arbeitet, ist es mehr als bloße soziale Einzelfallhilfe. Es ist offensichtlich, dass case-management fachlich wie menschlich hoch voraussetzungsvoll ist und u.a. koordinierende Fähigkeiten sowie die Bereitschaft zur Anerkennung und zur gleichberechtigten Zusammenarbeit mit den jeweils anderen Fachvertretern, -qualifikationen und -kompetenzen voraussetzt. Case-manager können beispielsweise Sozialarbeiterinnen und Sozialarbeiter des ASD/KSD ebenso sein wie die hauptverantwortliche Pflegekraft der zuständigen Sozialstation oder der behandelnde Hausarzt.

Träger- und gebietsübergreifende Koordination

Die träger- und gebietsübergreifende örtliche Gesamtplanung und -koordination zielt auf ein integriertes und auch regional aufeinander abgestimmtes Gesamtsystem an sozialen Hilfen. Bundesgesetzliche Vorgaben dazu gibt es jedoch bisher nur für die Pflege. Hier postuliert das SGB XI ausdrücklich „eine leistungsfähige, regional gegliederte, ortsnahe und aufeinander abgestimmte ambulante und stationäre pflegerische Versorgung der Bevölkerung“. Für andere soziale Arbeitsfelder gibt es zumeist freiwillig vereinbarte örtliche Koordinationsgremien. Verbreitet sind SGB XII-Arbeitsgemeinschaften unter Beteiligung aller Träger und Anbieter – häufig unter Einbezug der Selbsthilfegruppen – zu bestimmten sozialen Themen. So gibt es z.B. Arbeitsgemeinschaften der Behindertenverbände oder der Träger der Altenhilfe. Vielerorts wird auch im Rahmen von Modellprojekten versucht, durch freiwillige Verabredungen, z.B. im Rahmen von runden Tischen oder Leitstellen, die bestehenden Träger und ihre jeweiligen Angebote besser miteinander zu verzahnen.

Daneben gibt es je nach Landesrecht gesetzliche Vorgaben. So sieht das Landespflegegesetz NRW die Einrichtung von örtlichen Pflegekonferenzen zur besseren Abstimmung der verschiedenen, für die pflegerische Versorgung der Bevölkerung zuständigen Akteure und Anbieter unter der Geschäftsführung der Sozialverwaltungen vor. Neben der Qualitätssicherung (vgl. Pkt. 7. dieses Kapitels) gehört die Beteiligung an der örtlichen Pflegebedarfsplanung zu ihrem Kernauftrag. Die ebenfalls in NRW verpflichtend vorgeschriebenen kommunalen Gesundheitskonferenzen zielen zur Umsetzung der Aufgaben des Öffentlichen Gesundheitsdienstes auf eine bessere örtliche Abstimmung der Aktivitäten der beteiligten gesundheitspolitischen Akteure wie Kassen, Ärzteverbände oder Selbsthilfegruppen.

Sozialraummanagement

Als neuer Ansatz der trägerübergreifenden Koordination, der insbesondere die Schnittstellenproblematik überwinden soll, hat sich das Sozialraummanagement oder Quartiersmanagement herausgebildet. Hierbei wirken Gemeinwesenarbeiter und kommunale Raumplaner zusammen, um auf der Basis von Kontrakten auf Stadtteile bezogene Dienstleistungen kundenorientiert zu organisieren. Eine wichtige Rolle spielt hierbei das Sozialraumbudget. Es soll eine bessere Nutzung der sozialräumlichen Ressourcen bewirken. Dies kann z.B. durch einen besser koordinierten Einsatz von Maßnahmen der Sozial- und Jugendhilfe geschehen. Dieser kann z.B. eine Verkürzung von Hilfeverläufen unterstützen. Grundsätzlich ist das Sozialraumbudget nicht als detailliert zugeordnete Geldzuwendung für die in Sozialräumen agierenden Institutionen zu verstehen.

Wohlfahrtsmix

Die Vorstellung von einem örtlichen Wohlfahrtsmix zielt auf die „richtige Mischung" der drei großen Trägergruppen Öffentliche, Frei-Gemeinnützige und Privat-Gewerbliche einerseits und die jeweilige Einbeziehung des informellen Helfernetzwerkes andererseits. Zu berücksichtigen sind dabei verfassungsrechtliche Vorgaben und die Urteile des Bundesverfassungsgerichtes zum Subsidiaritätsprinzip, die die öffentliche Letzt- und Gesamtverantwortung betonen. Da es für den örtlichen Wohlfahrtsmix aufgrund regionaler Besonderheiten und Unterschiede keine Standardlösungen geben kann, müssen die Verständigungen vor Ort erfolgen. Ausgehend von den je spezifischen Vor- und Nachteilen der drei in Frage stehenden Anbietergruppen lassen sich bei der Verantwortungszuweisung Prioritäten setzen:

- Den *öffentlichen* Trägern wird vor allem die Funktion zukommen, im Wohlfahrtsmix Zugänglichkeit, Verlässlichkeit, Durchsetzbarkeit, Überprüfbarkeit und Qualität der Leistungen zu gewährleisten. Aber auch ein eigenständiges Angebot ist erforderlich. Denn wenn trotz Träger- und Angebotsvielfalt keine Pluralität gewährleistet ist und bestimmte Bedarfslagen und Nutzergruppen nicht erreicht werden, sind die Kommunen im Rahmen ihrer Letzt- und Gesamtverantwortung zum Handeln verpflichtet.
- *Frei-gemeinnützige* Träger haben ihr Schwergewicht bei jenen Angeboten, bei denen diese aufgrund ihrer Strukturen und Handlungsbedingungen besonders leistungsfähig sind. So liegt die traditionelle Zuständigkeit der frei-gemeinnützigen Träger bei den nicht-marktfähigen sozialen Dienstleistungs-

bedarfen (z.B. Hilfen für Wohnungssuchende, Sozialberatung, Gemeinwesenarbeit, Jugendarbeit) sowie insgesamt dort, wo es um die Einbeziehung bürgerschaftlichen Engagements, die Förderung von Gemeinwesenorientierung und von Selbsthilfeaktivitäten geht, und des Weiteren dort, wo sozialanwaltschaftliche Funktionen wahrgenommen werden müssen. Eine solche Verantwortungszuweisung setzt jedoch voraus, dass sich frei-gemeinnützige Träger in der Aufgabenwahrnehmung von den privat-gewerblichen Anbietern unterscheiden.

- Die *privat-gewerblichen* Anbieter werden im örtlichen Wohlfahrtsmix in jenen Bereichen stark vertreten sein, bei denen die Leistungen voll und ganz refinanzierbar sind, wie z.B. in der Pflege. Dabei konkurrieren sie in aller Regel mit den frei-gemeinnützigen Anbietern, was im Idealfall positive Auswirkungen auf Fachlichkeit und Qualität der sozialen Dienste auf beiden Seiten haben, sich im Negativfall aber auch zu Lasten der Qualität auswirken kann. Offen ist, ob und mit welchen Instrumenten es gelingt, die Qualität zu sichern und die privat-gewerblichen Anbieter in ein an den Bedarfslagen aller Gruppen der Bevölkerung ausgerichtetes Gesamtsystem sozialer Dienste, d.h. in die sozialpolitische Gesamtverantwortung vor Ort, einzubinden.

4.2 Sozialplanung

Die Organisation des richtigen Trägermixes gehört zum Aufgabengebiet der kommunalen Sozialplanung. Von ihr werden insgesamt Antworten auf die folgenden Fragen erwartet: Wie wird sich der Bedarf künftig entwickeln? Welche sozialen Dienste werden in welcher Quantität und Qualität benötigt? Welches und wie viel ausgebildetes Fachpersonal ist wann erforderlich? Sind örtliche Bedarfsunterschiede zu beachten? Hierbei lassen sich prinzipiell zwei Wege unterscheiden.

Die *traditionelle Bedarfsplanung* versucht, mittels bestimmter (Sozial-)Indikatoren auf die potenzielle Nachfrage zu schließen und darauf aufbauend konkrete, z.T. auch regionalisierte Planungsempfehlungen zu geben. In Deutschland dominiert die Fachplanung, die entweder auf bestimmte Zielgruppen, wie auf Kinder und Jugendliche, Alte oder Menschen mit Behinderungen oder auf bestimmte Angebotstypen, wie z.B. auf die Planung von Plätzen in Kindertagesstätten und Pflegeheimen oder auf Krankenhausbetten, gerichtet ist. Entsprechende Finanzierungszusagen an potenzielle Anbieter folgen dabei meistens dem Prinzip der Objektförderung, d.h. der einrichtungsbezogenen Förderung der Träger durch Übernahme von Investitionskosten. Die Mittelverwendung ist dabei festgeschrieben, und die Investitionen werden in der Regel auf der Basis einer staatlichen Bedarfsplanung subventioniert.

Die *Objektförderung* aufgrund einer staatlichen Planungsverantwortung ist immer dann unverzichtbar, wenn die *Subjektförderung* (u.a. aufgrund eingeschränkter Marktsouveränität der Betroffenen) nicht praktiziert werden kann und zu Versorgungslücken führen würde (vgl. Pkt. 6.3 dieses Kapitels). Dies gilt auch für die Fälle, in denen die Nachfrage wegen fehlender Informationen oder verzerrter Präferenzen von einem politisch gewünschten oder einem fachlich definierten Bedarf nach unten abweicht. Auch gilt die Objektförderung als einziger Garant für eine regional ausgewogene Angebotsstruktur, vor allem in dünn besiedelten Gebieten. Andererseits kann – wie die Praxis gezeigt hat – die Objektförderung zu einer Zweckentfremdung öffentlicher Mittel führen, wenn bestimmte Anbieter oder bestimmte Einrichtungstypen bevorzugt gefördert werden oder flexible Reaktionen auf neue Bedarfslagen durch neue Dienste und Angebote nur schwer möglich sind. Um dies zu vermeiden, bedarf es u.a. innovativer Wege in der Bedarfsplanung.

Bei einer derartigen Bedarfsplanung werden üblicherweise folgende Daten als Indikatoren verwandt: Bevölkerungsgröße, -struktur und -entwicklung, Prävalenzen bestimmter sozialer Indikationen wie z.B. Pflegebedürftigkeit, Sozialhilfebedürftigkeit oder Ausländeranteil, Nutzerstruktur und Nutzerdaten von vorhandenen Diensten und Einrichtungen. Voraussetzung dafür ist eine systematische, möglichst kleinräumige *Sozialberichterstattung*. Für die örtliche Sozialplanung gibt es zwar in einigen Bundesländern spezielle Landesvorschriften, ansonsten gehört sie aber nicht zu den kommunalen Pflichtaufgaben. Obwohl in einem modernen Sozialplanungsverständnis die Betroffenenbeteiligung unerlässlich ist, findet sie in der Praxis nur selten statt. Geeignete Instrumente dazu sind Befragungen, Stadtteilkonferenzen oder runde Tische. Unverzichtbar ist eine möglichst auf Stadtteilebene bezogene Feinplanung, um sozialräumliche Unterschiede in den Bedarfslagen angemessen zu berücksichtigen.

Alternative Planungsoptionen zielen auf eine „Quasi-Marktsteuerung" durch die Nachfrage seitens der Nutzer. Im Kern geht es dabei um die Bereitstellung persönlicher Budgets und damit um die Verlagerung der Angebotssteuerungskraft in die konkrete Nachfrage der Betroffenen. Dahinter steht als Konzept die Subjektförderung, die jedoch hoch voraussetzungsvoll ist (vgl. Pkt. 6.3 dieses Kapitels).

5 Finanzierung: Grundlagen, Strukturen und Verfahren

Quantität und Qualität des Angebotes an sozialen Diensten werden ganz wesentlich durch das Finanzierungsvolumen sowie die jeweiligen Finanzierungsstrukturen bestimmt. Das gegenwärtige System der Finanzierung sozialer Dienste zeichnet sich – entsprechend der Heterogenität der Träger- bzw. Anbieterstruktur – durch eine Mischung verschiedener Finanzierungswege aus. Dadurch wird das ohnehin schon beträchtliche Maß an Intransparenz noch zusätzlich erhöht:

- Bei der Darstellung der Finanzierungsgrundlagen und -strukturen ist – trotz vieler Gemeinsamkeiten – aus analytischen Gründen zwischen den verschiedenen *Träger- bzw. Anbietergruppen* zu unterscheiden. Hier kann generell nach öffentlichen, freien und privat-gewerblichen Trägern differenziert werden.

- Eine zweite Systematisierung fragt nach der jeweiligen *Herkunft* der Mittel. Es überwiegen die öffentlichen, aus Steuer- und Beitragseinnahmen gespeisten Mittel. Hinzu kommen die (Zu)Zahlungen der Nutzer sowie – bei freigemeinnützigen Trägern – Eigenmittel insbesondere aus Mitgliedsbeiträgen, Kirchensteuern, Spenden und Sponsoring.
- Eine dritte Systematik schließlich bezieht sich auf die verschiedenen *Finanzierungsformen*, mit denen die Finanzierung der sozialen Dienste in der Praxis weit überwiegend erfolgt. Hierbei kann hauptsächlich unterschieden werden zwischen Zuwendungen, Leistungsentgelten und Leistungsverträgen.
- Eine vierte Systematisierung lässt sich schließlich nach den *Finanzierungsempfängern* vornehmen. Während dabei in Deutschland die Objekförderung, d.h. die finanzielle Förderung der Träger bzw. der Einrichtungen und Dienste, dominiert, zielt die Subjektförderung auf die unmittelbare Geldzuweisung an den Klienten bzw. Kunden selbst.

5.1 Finanzierung der Träger

5.1.1 Öffentliche Träger

Sozialversicherungen

Die von den fünf Zweigen der Sozialversicherung finanzierten sozialen Dienste werden durch Versicherungsbeiträge, d.h. durch Arbeitgeber- und Arbeitnehmerbeiträge aufgebracht. Da Renten- und Arbeitslosenversicherung/Arbeitsförderung ergänzende Zuschüsse aus dem Bundeshaushalt erhalten, spielen aber auch Steuermittel eine Rolle.

Sach- und Dienstleistungen der Sozialversicherungsträger werden nach Bedarfskriterien bereitgestellt und in Anspruch genommen. Dies bedeutet, dass das Äquivalenzprinzip mit seiner Entsprechung von Leistung (Beitrag) und Gegenleistung (Leistungsanspruch) nicht greift. So richtet sich eine von der Gesetzlichen Krankenversicherung finanzierte Krankenhausbehandlung in ihrer Dauer und Intensität nach medizinischen Notwendigkeiten und nicht nach der Höhe des individuellen Beitrags. Ebenfalls ohne Bedeutung ist die Höhe der Beitragszahlung für die Inanspruchnahme einer Pflegesachleistung, einer von der Rentenversicherung finanzierten Rehabilitationsleistung oder für die Teilnahme an einer von der Bundesagentur für Arbeit finanzierten Qualifizierungsmaßnahme.

Bund, Länder und überörtliche Träger

Soweit Bund und Länder selbst Träger sozialer Dienste sind, was beim Bund in der Regel nicht der Fall ist und bei den Ländern selten vorkommt (z.B. bei den sozialen Diensten in der Justiz), werden die Mittel hierzu aus dem Bundes- bzw. Landeshaushalt bereitgestellt. Die höheren Kommunalverbände als überörtliche Träger finanzieren ihren Dienstleistungsaufwand zu großen Teilen aus Umlagen ihrer Mitgliedsstädte, (Land-)Kreise und Gemeinden entsprechend der jeweiligen Inanspruchnahme der Dienste und Einrichtungen. Darüber hinaus erhalten sie in erheblichem Umfang Landesmittel, teilweise auch für ganz bestimmte Einzelaufgaben (häufig Modellprojekte) Fördermittel des Bundes.

Kommunen

Die Kommunen finanzieren ihren Aufwand für die soziale Daseinsvorsorge grundsätzlich aus eigenen Mitteln. Dies betrifft die freiwilligen Aufgaben wie die Pflichtaufgaben gleichermaßen. Zur Gegenfinanzierung sind die Kommunen auf die Gemeindesteuern, die Steuereinnahmen aus dem Steuerverbund und auf die Zuweisungen der Länder angewiesen. Ergänzend kommen Einnahmen aus Beiträgen und Gebühren hinzu. Zudem sind, um Kosten zu sparen, viele Kommunen mittlerweile dazu übergegangen, für eine Reihe von Diensten eine Eigenbeteiligung zu erheben (vgl. Bd. I, Ökonomische Grundlagen und Finanzierung“, Pkt. 3.6).

Soweit die (Land-)Kreise Träger von sozialen Einrichtungen und Maßnahmen sind, beteiligen sich die kreisangehörigen Städte und Gemeinden über die Kreisumlage an der Finanzierung.

Für ganz bestimmte Aufgaben werden vom Bund, den Ländern und auch von der EU (z.B. im Bereich der Jugendberufshilfen) zweckgebundene Mittel oder Investitionszuschüsse bereitgestellt. Damit wird versucht, auf Angebote und Inhalte der kommunalen Dienstleistungserbringung Einfluss zu nehmen. So sind viele Sozialstationen, Erziehungs-, Aids-, Wohn- oder Pflegeberatungsstellen anfinanziert und auf diese Weise in eine kommunale Dauereinrichtung überführt worden.

Steuern, Gebühren, Entgelte sowie Zuweisungen sind somit die eigentliche finanzielle Basis kommunaler Aufgabenerledigung. Dies gilt nicht nur für die in kommunaler Eigenregie angebotenen Dienste, sondern auch für die Dienste, die an die freien bzw. privat-gewerblichen Träger delegiert werden. Für alle sozialen Dienste – völlig unabhängig von ihrer Trägerschaft – bedeutet dies eine erhebliche Abhängigkeit von konjunkturellen Schwankungen, Arbeitsmarktkrisen und von den Leitlinien der Steuerpolitik (vgl. Bd. I, Kap. „Ökonomische Grundlagen und Finanzierung“, Pkt. 4.4).

5.1.2 Frei-gemeinnützige Träger

Grundsätzlich steht den frei-gemeinnützigen gegenüber den öffentlichen Trägern ein von der Art der Finanzierungsquellen her breiteres Instrumentarium zur Verfügung. In der Regel ist dabei eine Mischung aus Leistungsentgelten, Zuwendungen und Eigenmitteln anzutreffen. Je nach Träger und je nach Dienstleistungsart können sich dabei die Gewichte deutlich unterscheiden. Stationäre Dienste finanzieren sich überwiegend aus Leistungsentgelten. Beratungsangebote wiederum benötigen einen sehr hohen Zuwendungsanteil. Im Einzelnen verfügen die frei-gemeinnützigen Träger vor allem über folgende Einnahmequellen:

- *Zuwendungen* von Kommunen und überörtlichen Trägern zur (Mit)Finanzierung der im Rahmen ihrer Mitwirkung gemäß Subsidiaritätsprinzip erbrachten Leistungen.
- *Leistungsentgelte* für erbrachte Leistungen, die von den verschiedenen Kostenträgern zumeist aufgrund von Leistungsverträgen gezahlt werden. Sie kommen vor allem von den Sozialversicherungsträgern, und dabei primär von Kranken- und Pflegekassen, sowie den Kommunen als örtliche Sozial- und Jugendhilfeträger. Sie können aber auch von Einzelpersonen stammen, wenn diese die Dienste privat in Anspruch nehmen.
- Einnahmen aus Mitgliederbeiträgen;
- Einnahmen aus Kirchensteuern (Caritas und Diakonie);
- Einnahmen aus Spenden, Sammlungen, Sponsoring, Lotterien, Verkauf von Wohlfahrtsmarken usw.;
- Vermögenseinnahmen einschließlich Zinserträge (z.B. aus Kapital, Spenden, Stiftungsgeldern);
- Einnahmen aus Vermietung und Verpachtung.

Diese Heterogenität der verschiedenen Einkommensquellen der freien Wohlfahrtspflege (vgl. beispielhaft Übersicht IX.10) erschwert eine eindeutige, wie für öffentliche Haushalte typische und für jedermann zugängliche Transparenz ihres Finanzierungsgebarens. Ein weiterer Grund dafür liegt in ihrer intermediären Sonderstellung, die es erleichtert hat, sich einer öffentlichen, demokratisch legitimierten Finanzkontrolle weitgehend entziehen zu können.

Übersicht IX.10:

Finanzierung der freien Wohlfahrtspflege
Das Beispiel: Arbeitslosenzentrum Mönchengladbach e.V.

Finanzierungsübersicht 2004

Im Jahr 2004 beliefen sich die Gesamtausgaben auf 237.500,93 Euro. Den Gesamtausgaben standen Gesamteinnahmen in Höhe von 219.467,21 Euro gegenüber. Die Differenz von 18.033,72 Euro wurde den Rücklagen des Vereins entnommen.

Die Gesamteinnahmen teilten sich wie folgt auf:

Leistungsvertrag mit der Stadt Mönchengladbach 17,73 %

Zuwendungen vom Land NRW und aus dem Europäischen Sozialfonds im Rahmen des Programms „Beratungsstellen und Arbeitslosenzentren für Langzeitarbeitslose“ 29,20 %

Beschäftigungsprojekte Mönchengladbach 11,93 %

Mittel aus der Wilberz-Stiftung 13,94 %

Solidaritätsfonds Bistum Aachen 4,56 %

Spenden und Mitgliedsbeiträge 12,65 %

Sonstige Einnahmen 9,99 %

Quelle: Auszug aus dem Geschäftsbericht für das Jahr 2004

Auch die Wohlfahrtsverbände sind seit Mitte der 1990er Jahre einem wachsenden finanziellen Druck ausgesetzt. Zugleich hat sich ihre lange Zeit privilegierte Anbieterposition eingeschränkt. Die Gründe dafür sind vielfältig: So sind für die kirchlichen Träger ein rückläufiges Kirchensteuer- und insgesamt für alle Träger ein rückläufiges Spendenaufkommen zu verzeichnen. Die zweckfreien kommunalen Zuwendungen (institutionelle Förderung) werden gekürzt. Die öffentliche Finanzierung erfolgt zunehmend über Entgeltvereinbarungen und Leistungsverträge (vgl. Pkt. 5.2 dieses Kapitels). Hier haben privat-gewerbliche Konkurrenten Wettbewerbsvorteile, weil sie häufig kostengünstiger anbieten (können). So sind sie nicht, wie viele freie Träger, durch die Finanzierung solcher Aufgaben belastet, die „unrentabel“ sind, weil sie hohe Eigenmittel erfordern.

Die frei-gemeinnützigen Träger stehen somit zunehmend unter dem Zwang zu sparen, anderweitig Mittel zu mobilisieren oder zumindest wirtschaftlicher zu arbeiten. Dabei werden unterschiedliche Wege beschritten: Vergleichsweise selten ist, sich ganz aus nicht-kostendeckend arbeitenden Zuschussbetrieben zurückzuziehen bzw. ihr Leistungsspektrum hier einzuschränken. Dies findet derzeit bei vielen kirchlichen Trägern wegen rückläufiger Kirchensteuereinnahmen statt. Betroffen sind insbesondere Angebote im Kindertagesstättenbereich. Sind davon Pflichtaufgaben betroffen, deren Durchführung zuvor auf sie delegiert worden war, so müssen diese dann wieder von den zuständigen öffentlichen Trägern, also zumeist den Kommunen, übernommen werden. Die Folge ist eine weitere Schwächung der Finanzkraft der öffentlichen Träger. Andererseits jedoch bietet die finanzielle Beteiligung der Wohlfahrtsverbände in vielen Fällen überhaupt erst einmal die Gewähr dafür, dass ein ausreichendes und angemessenes soziales Dienstleistungsangebot vor Ort besteht.

Zunehmend steigen die Wohlfahrtsverbände auch als neue Anbieter in kommerzielle Marktsegmente ein, so z.B. bei der Organisation von Urlaubsreisen oder bei der Gründung von Beerdigungsunternehmen. Die daraus erzielten Gewinne sollen dabei die Ausgaben für nicht-kostendeckende soziale Dienste mit finanzieren. Weit verbreitet ist auch, finanzierungspolitische und Kostentransparenz schaffende Handlungsgrundsätze und Organisationskonzepte aus der privat-gewerblichen Praxis zu übernehmen, wie z.B. Budgetierung oder Controlling, um kostengünstiger und/oder effizienter zu arbeiten. Auch wird versucht, mit gezielten Kampagnen des Fundraising, des social sponsoring und social marketing öffentliche, private oder Firmengelder zu mobilisieren. Insgesamt wächst allerdings die Gefahr, dass diese wachsende Ökonomisierung und Kommerzialisierung der Arbeit die derzeitige Legitimationskrise der freien Wohlfahrtspflege noch verstärkt.

5.1.3 Privat-gewerbliche Träger

Im Gegensatz zu den öffentlichen und frei-gemeinnützigen Trägern verfügen die privat-gewerblichen Anbieter von sozialen Diensten im Grundsatz nur über zwei Finanzierungsquellen: Zum einen verkaufen sie in jenen Sektoren, in denen die kaufkräftige Nachfrage groß genug ist, ihre Dienste zu Marktpreisen an die Betroffenen. Solche Sektoren finden sich insbesondere in den Bereichen Pflege, Gesundheit, Wellness, Beratung und Therapie. Zum anderen erhalten sie – wie die Wohlfahrtsverbände – Vergütungen und Entgelte aus den öffentlichen Haushalten. Voraussetzung ist, dass entsprechende vertragliche Vereinbarungen mit den Kommunen oder den Sozialversicherungsträgern geschlossen worden sind.

5.2 Finanzierungsformen und -verfahren

Eine weitere Systematik der Finanzierungsstrukturen sozialer Dienste ist die nach den jeweiligen Finanzierungsformen und -verfahren. Grundsätzlich kann hier zwischen Zuwendungen, Entgelten und Leistungsverträgen unterschieden werden.

Zuwendungen

Die Angebote gemeinnütziger Träger können durch Zuwendungen finanziert werden. Zuwendungen sind Zuschüsse (Quasi-Subventionen) an Institutionen oder Projekte, an denen der Zuwendungsgeber (Kommunen, Länder) ein erhebliches Interesse hat. Zuwendungen müssen beantragt werden, ihre Bewilligung liegt im Ermessen der öffentlichen Hand. Sie können, müssen aber nicht an bestimmte Zwecke gebunden sein. Man unterscheidet hier zwischen der Projektförderung, die auf einzelne Vorhaben zielt und zeitlich, sachlich sowie kostenmäßig abgegrenzt ist, und der institutionellen Förderung (Globaldotation), die auf die Förderung einer Institution „an sich" abstellt.

Zuwendungen decken in aller Regel nur einen Teil der tatsächlich beim Träger entstandenen Kosten ab, d.h. es wird zumeist ein Eigenanteil des Trägers vorausgesetzt. Die Teilfinanzierung ist in verschiedenen Varianten möglich: Bei der Anteilsfinanzierung wird ein bestimmter Prozentsatz der Kosten übernommen. Bei der Fehlbedarfsfinanzierung wird die Finanzierungslücke abgedeckt, die nach Ausschöpfung aller anderweitigen Finanzierungsquellen verbleibt. Bei der Festbetragsfinanzierung gewährt der Zuwendungsgeber einen fixen Betrag.

Der Zuwendungsbescheid gilt, von Ausnahmen abgesehen, jeweils nur für ein (Haushalts)Jahr. Es wird eine sparsame und wirtschaftliche Mittelverwendung verlangt, die auch vom Zuwendungsgeber im Nachhinein überprüft wird.

Kostenerstattung

Ausgangspunkt für die Kostenerstattung ist eine Kostenübernahmevereinbarung zwischen dem Einrichtungsträger und dem jeweiligen öffentlichen Trägern, in der Regel den örtlichen Sozial- und/oder den Jugendhilfeträgern. Auch dabei muss den Grundsätzen der Wirtschaftlichkeit, Sparsamkeit und Leistungsfähigkeit Rechnung getragen werden. Probleme ergeben sich stets bei der Frage, welche Kosten angemessen sind und anerkannt werden. Lange Zeit galt im Bereich der sozialen Dienste das *Selbstkostendeckungsprinzip*, d.h. die nachträgliche Übernahme vorher entstandener Kosten auf der Basis der jeweils vom Träger nachgewiesenen Kostenstruktur. Allerdings hatten die öffentlichen Träger, welche die nachgewiesenen Kosten übernehmen (müssen), dabei meist keine Transparenz und folglich auch kaum kostenreduzierende Einwirkungsmöglichkeiten. Vielmehr mussten sie mehr oder weniger das akzeptieren, was ihnen in Rechnung gestellt wurde. So galt das Selbstkostendeckungsprinzip als prinzipiell offen für Manipulationen. Hinzu kommt auch, dass von dieser Finanzierungsstruktur nur wenige Anreize für effizientes, wirtschaftliches oder gar sparsames Handeln bei den Diensten ausgingen. Auch galt das Selbstkostendeckungsprinzip als bürokratisch (u.a. Nachweispflicht, langwierige Nachverhandlungen).

Das Kostenerstattungsprinzip in der Finanzierung sozialer Dienste gehört mittlerweile weitgehend der Vergangenheit an und ist durch Leistungsentgelte abgelöst worden.

Leistungsentgelte

Leistungsentgelte sind zu zahlende geldliche Äquivalente für bestimmte geleistete soziale Dienste, die im Rahmen von Vereinbarungen (Entgeltvereinbarungen) von öffentlichen Trägern voll oder teilweise übernommen werden. Auf die Gemeinnützigkeit des Trägers kommt es hierbei nicht an. Das Entgelt kann pauschal erfolgen, die Vergütung von Einzelleistungen beinhalten oder Gegenleistung für jeweils erbrachte Arbeitsstunden sein. So schließt das Jugendamt mit einem freien Träger eine Vereinbarung, dass für jede erbrachte Fachleistungsstunde in der Erziehungsberatung ein Entgelt in einer bestimmten Höhe gezahlt wird. Für den Klienten bleibt damit die Leistung kostenfrei. Über Dauer und Intensität der Hilfe wird im Rahmen des Hilfeplanverfahrens entschieden.

Die Kostenträger sind angehalten, Entgeltvereinbarungen vorrangig mit denjenigen Anbietern abzuschließen, die bei gleichem Leistungsumfang am kostengünstigsten sind. Dies können auch privat-gewerbliche Anbieter sein. Insgesamt bemessen sich die Entgelte nach vorher ausgehandelten und vereinbarten Leistungskategorien und nicht mehr primär nach der jeweiligen Kostensituation der Einrichtung. Neben inhaltlichen Leistungskriterien wie Art, Umfang und Qualität bestimmen Preisobergrenzen und Budgetierungen die öffentliche (kommunale) Finanzierungs- und Förderpraxis bei sozialen Diensten. Eine nachträgliche Entgeltberechnung ist weitgehend ausgeschlossen, vielmehr werden Vereinbarungen für einen künftigen Zeitraum getroffen (*prospektive Budgetierung*). Überschüsse sind ebenso möglich wie Defizite.

Pflege- bzw. Tagessätze

Sonderformen leistungsgerechter Entgelte sind Pflege- oder Tagessätze, die in Pflegesatzvereinbarungen festgelegt sind. Sie gibt es insbesondere in den verschiedenen stationären und teilstationären Einrichtungen des Pflegewesens, der Behinderten-, Sozial- und Jugendhilfe. Im Gesundheitswesen sind die bislang für die Krankenhäuser üblichen einheitlichen Tagespflegesätze durch Fallpauschalen abgelöst worden (vgl. Kap. „Gesundheit und Gesundheitssystem“, S. 6.3.2).

Leistungsverträge

Während Entgeltvereinbarungen festlegen, welches Entgelt die Kommune zahlen muss, wenn Hilfeberechtigte Leistungen des freien Trägers in Anspruch nehmen, kann es Absicht der Kommune sein, eine bestimmte, nach Zielgruppen, Inhalt, Umfang und Qualität festgelegte Leistung unmittelbar durch einen freien Träger *vorhalten* zu lassen. Das Mittel hierzu ist der Abschluss eines Leistungsvertrages. Leistungsverträge regeln dabei die jeweiligen Leistungsbeziehungen zwischen Finanzier (zumeist Kommune) und Geldempfängern (zumeist freier oder privatgewerblicher Träger). Bestandteil sind in der Regel verbindliche Ziele, feste Absprachen über Leistungsprofile und ergebnisorientierte Wirkungen bestimmter sozialer Dienste sowie Regelungen zur Handhabung von Überschüssen und Fehlbeträgen. Leistungsverträge dieser Art sind im Zuge der Anwendung der neuen Steuerung und des Kontraktmanagements (vgl. Pkt. 6.2 dieses Kapitels) zu einem Strukturelement der Finanzierung sozialer Dienste geworden.

Ausgehandelte Preise und Möglichkeiten der direkten Abrechnung zwischen Anbieter und Kunden sollen die Position des Leistungsempfängers stützen, für die mehr Selbstständigkeit und Entscheidungsautonomie erhofft wird, vor allem dann, wenn sie zwischen verschiedenen Diensten und Einrichtungen, mit denen jeweils Leistungsverträge bestehen, wählen können, was jedoch in der Praxis eher selten der Fall ist. Auf der Anbieterseite wiederum werden über den dadurch in Gang gesetzten Wettbewerb eine effiziente Leistungserbringung und eine bessere Leistungsqualität erwartet. Statt der für Zuwendungen typischen haushaltsjährlichen Neubewilligung (oder auch Ablehnung!) werden Leistungsverträge häufig mehrjährig abgeschlossen.

Ausschreibungsverfahren

Leistungsverträge können über freihändige Vergabe oder öffentliche Ausschreibungen vorbereitet werden. Ausschreibungsverfahren werden vermehrt von der Bundesagentur für Arbeit, insbesondere bei berufsvorbereitenden Bildungsmaßnahmen, praktiziert; beim Überschreiten eines bestimmten Volumens auch europaweit. Hier kommt – so die Vorstellung – jener Bewerber zum Zuge, der das beste Preis-Leistungsverhältnis bietet. Jedoch besteht die Gefahr, dass in der Praxis nicht der beste, sondern der billigste und größte Anbieter den Zuschlag erhält. Dadurch kann es dazu kommen, dass kleinere regionale Träger, die bei dem Preisdruck nicht mithalten können, vom Markt verdrängt werden und völlig aufgeben müssen, so dass nur noch wenige große Anbieter den Markt unter sich aufteilen und im Ergebnis der Wettbewerb nicht ausgeweitet sondern ausgeschaltet wird.

Sozialraumbudgets

Eine Finanzierung durch ein Sozialraumbudget liegt vor, wenn die Kommune einen freien Träger oder einen Trägerverbund mit der Aufgabe betraut, soziale Dienste in einem bestimmten Sozialraum, in der Regel ein Stadtteil, anzubieten und für die Finanzierung der Aufgabenerfüllung ein Gesamtbudget zur Verfügung stellt (vgl. Pkt. 4.1. dieses Kapitels). Die Budgethöhe ist Teil eines Leistungsvertrages zwischen der Kommune, z.B. des Jugendamtes, und dem Träger.

5.3 Finanzierung und Erbringung sozialer Dienste im „sozialwirtschaftlichen Dreieck"

Die öffentliche Finanzierung sozialer Dienste ist nicht mit deren öffentlicher Erbringung und Trägerschaft gleichzusetzen. Nur der kleinere Teil der sozialen Dienstleistungen erfolgt in Eigenregie der öffentlichen Hand, z.B. der Kommunen oder der Sozialversicherungen. Der größte Teil der Angebote wird nach Maßgabe der neuen Steuerung via Kontraktmanagement auf frei-gemeinnützige Träger, d.h. vor allem auf die Mitgliedseinrichtungen der Wohlfahrtsverbände, sowie zunehmend auch auf privat-gewerbliche Anbieter delegiert.

Im Einzelnen lässt sich die Erbringung und Finanzierung professioneller sozialer Dienste als Dreiecksverhältnis darstellen (vgl. Abbildung IX.2). Es ergibt sich aus dem Zusammenwirken

- von Leistungsnutzern (Konsumenten/Klienten),
- Leistungserbringern (Anbieter/Einrichtungen/Träger) und
- Leistungsfinanziers/Kostenträger (Kommunen, Sozialversicherungsträger).

Im „sozialwirtschaftlichen Dreieck" finden finanzielle Austauschbeziehungen nicht – wie auf regulären Märkten typisch – zwischen Leistungsempfängern und Leistungserbringern statt, sondern zwischen Leistungserbringern und Kostenträgern. Die Leistungsnehmer sind davon weitgehend befreit. Gegenüber dem Kostenträger haben sie einen grundsätzlichen Anspruch auf die soziale Dienstleistung, gegenüber dem Leistungserbringer den konkreten Leistungsanspruch, jedoch ohne Zahlungsverpflichtung; es sei denn, es sind Selbstbeteiligungsregelungen vereinbart. Kosten und Wirkungen entstehen folglich an unterschiedlichen Stellen. Die Leistungsnehmer sind zwar weitgehend von den Finanztransaktionen ausgeschlossen und haben damit den Vorteil, ihre Nachfrage am Bedarf und nicht an der Zahlungsfähigkeit auszurichten; sie haben andererseits aber den Nachteil, über ihr „Kaufverhalten" nicht auf die konkrete Ausgestaltung, Qualität etc. der Leistung einwirken zu können (z.B. durch Reklamationen, Verhandlungen über Preisnachlässe etc.).

Die eigentlichen „Kunden" im sozialwirtschaftlichen Dreieck sind somit die Kostenträger. Sie vereinbaren Bereitstellung und konkrete Ausgestaltung der Dienste durch die Anbieter, bezahlen dafür und zielen insofern primär auf niedrige Preise. Die Anbieter demgegenüber haben ein Interesse an möglichst hohen Entgelten/Preisen. Beim Kontraktmanagement kann dies folglich dazu führen, dass es beiden Vertragsparteien mehr um Preise und weniger um Qualität geht. Der Wandel der Finanzierungsformen – weg von Zuwendungen und vom Selbstkostendeckungsprinzip und hin zu Leistungsverträgen – zeigt, dass die Kommunen als Finanziers erfolgreich bemüht sind, zwischen den Anbietern einen Preis- und Qualitätswettbewerb zu entfachen. In der Konkurrenz der Anbieter um die knappen öffentlichen Mittel wird ein „Quasi-Markt" etabliert. Träger bzw. Anbieter, die der Konkurrenz nicht standhalten können, unterliegen einem Verdrängungsprozess und der Gefahr der völligen Aufgabe.

Abbildung IX.2:

Sozialwirtschaftliches Dreieck

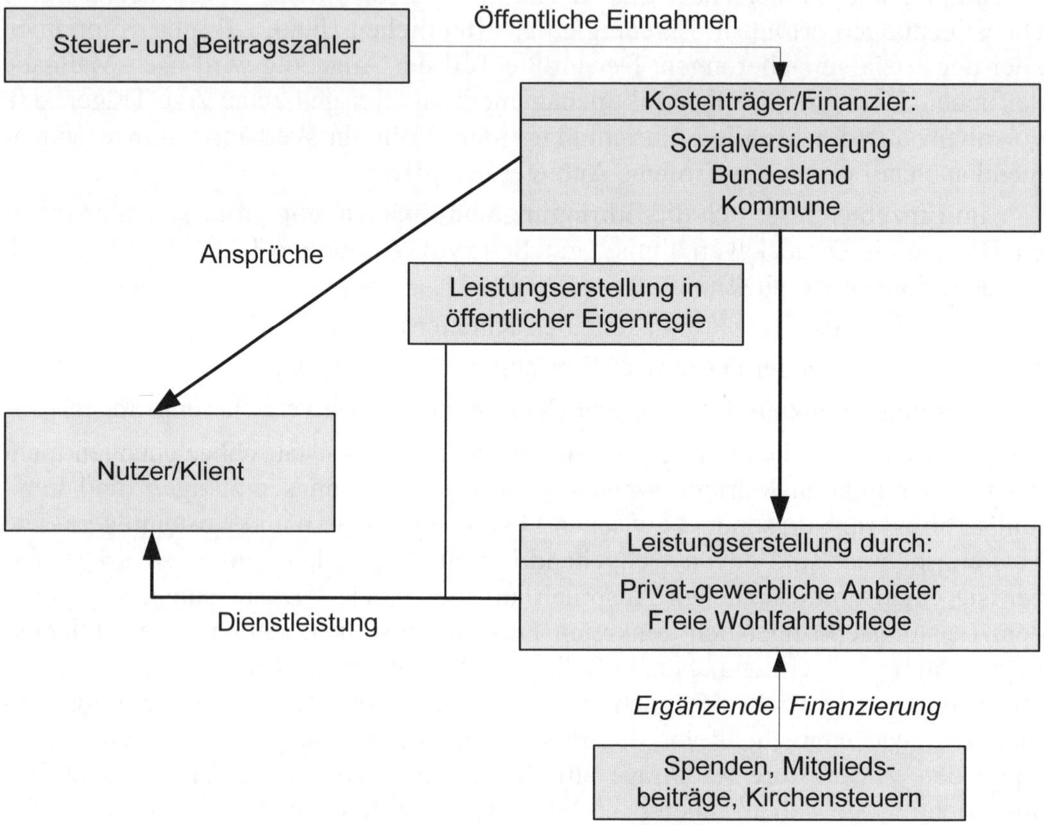

Die Interessen von Kostenträgern und Leistungsempfängern müssen sich in diesem Markt- und Wettbewerbsmechanismus aber nicht unbedingt decken. Denn die letzteren sind vor allem an der konkreten Ausgestaltung und der Qualität der Dienste interessiert und nicht primär an der Senkung der Kosten. Da die Leistungsempfänger im sozialwirtschaftlichen Dreieck eine strukturell schwache Position einnehmen, finden ihre Interessen nur wenig Beachtung. Allerdings ist nach der Rechtslage der öffentliche Träger nicht unbegrenzt berechtigt, einem Leistungsberechtigten nur einen Anbieter zuzuweisen. Vielmehr ist das *Wunsch- und Wahlrecht* zu berücksichtigen.

Zur Stärkung der Position der Leistungsnehmer und zur besseren Durchsetzung ihrer Interessen sind mehrere Wege möglich: So könnten Klientenverbände oder -beauftragte bei den Vertragsverhandlungen beteiligt werden. Ansätze in dieser Richtung finden sich im Gesundheitssystem (Patientenbeauftragte, Patientenverbände, Selbsthilfeorganisationen). Im politischen Raum können Interessensverbände und Wohlfahrtsverbände Einfluss nehmen. Entscheidend ist, dass Qualitätsstandards vereinbart und kontrolliert werden (vgl. Pkt. 7.2 dieses Kapitels) und dass die Hilfebedürftigen ein konkretes Wahlrecht unter den Anbietern haben.

6 Soziale Dienste und die „Ökonomisierung des Sozialen“

Die Diskussion um die Weiterentwicklung der sozialen Dienste in Deutschland konzentriert sich auf die Frage, wie bei knappen öffentlichen Mitteln eine bedarfsgerechte und zugleich qualitativ hochwertige Versorgung sichergestellt werden kann. Um dem Dilemma von steigenden Ausgaben bei den sozialen Diensten einerseits und einer dahinter zurückbleibenden kommunalen Einnahmebasis andererseits zu begegnen, zielen insbesondere die Kommunen als Hauptverantwortliche für die soziale Daseinsvorsorge und deren Finanzierung seit langem darauf ab, den Ausgabenanstieg durch eine Reihe von unterschiedlichen Maßnahmen zu bremsen, die Erstellung sozialer Dienste stärker an den Maßstab ökonomischer Effizienz auszurichten und zur Erreichung dieser Ziele den Wettbewerb im Sozialwesen zu intensivieren. Der Wandel bei den Finanzierungsverfahren spielt hierbei eine zentrale Rolle, ist aber nur ein Teilelement eines Prozesses der „Ökonomisierung des Sozialen“. Als ergänzende Strategien werden diskutiert und praktiziert:

- die Privatisierung öffentlicher Leistungen,
- die Einführung der Modelle der neuen Steuerung,
- der Wechsel von der Subjekt- zur Objektförderung.

6.1 Privatisierung

Im allgemeinen Sprachgebrauch gilt die Ausgliederung vormals öffentlicher (kommunaler) Aufgaben auf andere Träger bzw. Anbieter als Privatisierung. Dabei ist zwischen drei unterschiedlichen Formen von Privatisierung zu unterscheiden (vgl. Übersicht IX.11):

- Die *formale Privatisierung* meint, soziale Einrichtungen und Dienste zwar in öffentlicher Trägerschaft zu belassen, sie aber auszugliedern und in eine privat-rechtliche Form zu überführen. Beispielhaft dafür steht die Umwandlung der kommunalen Einrichtungen der stationären Altenhilfe oder kommunaler Beschäftigungsgesellschaften in GmbHs, in der dann die Kommune jeweils die alleinigen Gesellschaftsanteile hält. Von dieser formalen, d.h. juristischen Privatisierung wird insbesondere eine höhere Flexibilität und Effizienz bei der Aufgabenerfüllung erwartet.
- Die *materielle Privatisierung* bedeutet, bislang kommunal oder im Delegationsverfahren gemeinnützig betriebene Einrichtungen und Dienste ganz an ei-

nen privat-gewerblichen Träger zu verkaufen bzw. zu einem symbolischen Preis abzugeben. Dabei kann es sich auch um frei-gemeinnützige Träger handeln.

- Unter *funktionaler Privatisierung* – auch als Ausführungsprivatisierung bezeichnet – wird verstanden, dass bestimmte Aufgaben an einen privatrechtlichen Träger, zumeist einen freien und/oder privat-gewerblichen, vergeben werden. Dabei bleibt jedoch die öffentliche Aufgaben- und Finanzierungsverantwortung erhalten. Ein Beispiel ist die Beauftragung eines freien Trägers mit Aufgaben der sozialpädagogischen Familienhilfe im Rahmen eines Leistungsvertrages. Im Einzelnen regeln spezielle Verträge die Finanzierung und Leistungserbringung.

Auch die Wohlfahrtsverbände greifen vermehrt zur formalen und funktionalen Privatisierung ihrer bislang gemeinnützigen Tätigkeiten. Es kommt vermehrt zu privat-gewerblichen Ausgründungen von Einrichtungen, um in diesen Bereichen Gewinne erzielen zu können.

Übersicht IX.11:

Formen der Privatisierung sozialer Dienste		
Formen	**Verfahren**	**Beispiele**
Formale Privatisierung	Teile der öffentlichen Verwaltung werden ausgegliedert und in betriebswirtschaftliche Einheiten in privater Rechtsform überführt, wobei die öffentliche Hand vollständig Eigentümerin der neuen Organisation bleibt.	Gründung einer kommunalen Beschäftigungsgesellschaft mbH mit der Alleingesellschafterin Stadt X
Materielle Privatisierung	Eine Einrichtung/ ein Dienst wird aus dem öffentlichen Eigentum an ein privates Unternehmen/gemeinnützigen Träger verkauft bzw. zu einem symbolischen Preis abgegeben.	Verkauf der städtischen Krankenanstalten an einen Wohlfahrtsverband/einen kommerziellen Betrieb
Funktionelle Privatisierung	Öffentliche Aufgaben werden an eine privat-rechtliche Organisation vergeben, wobei unter Beibehaltung der öffentlichen Aufgabenverantwortung spezielle Verträge bzw. Konzessionen die Finanzierung und Leistungserbringung regeln.	Betrauung eines freien Trägers mit Aufgaben der sozialpädagogischen Familienhilfe im Rahmen eines Leistungsvertrages

Quelle: Trube, A., Wohlfahrt, N., Von der Bürokratie zur Merkatokratie?, in: Boessenecker, K.H., Trube, A., Wohlfahrt, N., Privatisierung im Sozialsektor, Münster 2000, S. 21.

Von diesen Formen der Privatisierung wird jeweils ein Mehr an Wettbewerb und infolgedessen eine effiziente und kostengünstige Versorgung nunmehr auch im Markt sozialer Dienste erwartet. Geleitet wird dieser Schritt von der Annahme, dass insbesondere privatwirtschaftlich betriebene Unternehmen die Leistungen besser und preiswerter bereitstellen können. Dies ist aber keinesfalls automatisch gewährleistet: So neigen privat-gewerbliche Anbieter von sozialen Diensten dazu, entweder nur in die gewinnträchtigen Arbeitsfelder einzusteigen oder aber nur solche Aufgaben zu übernehmen, die eine gesicherte Finanzierungsbasis haben. Damit aber bleiben solche relevanten gesellschaftlichen Hilfebedarfe ungedeckt, in denen keine Gewinne erwirtschaftet werden können. Demgegenüber tragen die öffentlichen Träger gemäß ihres Auftrags zur Daseinsvorsorge für alle örtlichen sozialen Probleme Verantwortung. Eine solche „Rosinenpickerei“ durch die Privaten kann für die Kommunen vermutlich sogar noch zu höheren Gesamtkosten führen, da diejenigen rentablen Leistungsbereiche entfallen, mit denen die „Verlustbringer“ hätten subventioniert werden können.

6.2 Höhere Effektivität und Effizienz der Leistungserfüllung durch neue Steuerungsmodelle?

Angesichts der anhaltenden Finanzierungsprobleme der kommunalen Haushalte gewinnt die Aufgabe an Bedeutung, die Effektivität (Wirksamkeit) und Effizienz (Wirtschaftlichkeit) bei der Erbringung sozialer Dienste zu verbessern und statt der traditionellen obrigkeits- und ordnungsstaatlichen Eingriffsverwaltung eine moderne, an den Wünschen der „Kunden“ orientierte Planung und Bereitstellung öffentlicher Leistungen einzuführen. In diese Richtung zielen die *neuen Steuerungsmodelle* (NSM). Sie sind Anfang der 1990er Jahre entwickelt und seither in vielen, zunächst größeren Kommunalverwaltungen eingeführt worden. In der Zwischenzeit haben sie auch die mittleren und kleineren Kommunen erreicht und sind aus der Kommunalverwaltung nicht mehr wegzudenken. Waren zunächst die mit sozialen Aufgaben befassten Ämter noch nicht einbezogen, so erfolgt heute zunehmend auch die Ausdehnung auf die Sozial-, Jugend- und Gesundheitsämter.

Neue Steuerungsmodelle (NSM) beinhalten ganz allgemein den Versuch, betriebswirtschaftliche Effizienzkriterien, Managementdenken sowie Wettbewerbsmechanismen auf die öffentliche Verwaltung zu übertragen. Es handelt sich somit um Steuerungsinstrumente, wie sie in der Privatwirtschaft seit längerem bekannt sind und praktiziert werden. Wurden anfangs NSM aufgrund wachsender Klagen über mangelnde Effektivität und fehlender Bürgerfreundlichkeit als längst überfällige Reformen des Verwaltungshandelns interpretiert, so haben sie sich heute als eigenständige Instrumente der Ökonomisierung des Verwaltungshandelns etabliert. Sie sollen nicht nur zu mehr Wirtschaftlichkeit führen, sondern vor allem Kosteneinsparungen bringen. Womöglich liegt darin sogar der wesentliche Grund für ihre rasche Verbreiterung. Das Konzept begreift sich auch als Alternative zur materiellen Privatisierung, da kommunale Einrichtungen genau wie privatwirtschaftliche Unternehmen mit betriebswirtschaftlichen Verfahren geführt werden.

Im Konzept des NSM sind Kommunalverwaltungen in erster Linie Leistungsverwaltungen, die für die Bürgerinnen und Bürger arbeiten. In der Konsequenz gilt es, Leistungen („Produkte") zu definieren, dazu die entsprechenden Wege („inputs") festzulegen und das angestrebte Resultat („output") zu bestimmen. Die Kommune gilt als ein „Konzern" mit der Verwaltungsspitze als „Vorstand", der die strategischen Entscheidungen über die grundsätzlichen kommunalen Leistungs- und Finanzierungsziele trifft. Der Politik kommt die Rolle eines Auftraggebers zu, der über das „ob" und das „was" entscheidet. Die Verwaltungsspitze wiederum gilt als Auftragnehmer und legt das „wie" der Leistungserbringung fest. Dies erfolgt durch konkrete Vereinbarungen zur operativen Umsetzung, die entweder mit den jeweiligen Fachämtern oder mit Dritten, d.h. im Falle der Sozial-, Kinder- und Jugendhilfe mit frei-gemeinnützigen oder privat-gewerblichen Trägern, im Wege des *Kontraktmanagements* (Leistungsverträge) abgeschlossen werden.

Den Bürgerinnen und Bürgern kommt dabei eine Doppelrolle zu: Einerseits sind sie konkrete Nachfrager nach Diensten („Kunden"), andererseits aber auch „Auftraggeber" der „Konzernspitze". Letzteres wird über Wahlen und die daran angeknüpfte Mandatsvergabe geregelt. In eher seltenen Fällen können sie auch selbst als Leistungserbringer auftreten, so z.B. im Rahmen von Selbsthilfe und/oder bürgerschaftlichem Engagement (vgl. Pkt. 8.2 dieses Kapitels).

In der kommunalen Praxis gibt es nicht *das* neue Steuerungsmodell – etwa im Bereich der Jugendhilfe – sondern unterschiedliche Ansätze und Verfahren. Als gemeinsame Elemente des Konzepts können dabei gelten (vgl. Abbildung IX.3):

- Die Verwaltung wird auf den Bürger als „Kunden" ausgerichtet. Im Vordergrund stehen somit die Interessen der Leistungsnehmer und nicht die Eigeninteressen der Anbieter.
- Soziale Dienstleistungen firmieren als Produkte, die angeboten und nachgefragt werden, zwischen denen die Kunden wählen können und die ihren Preis haben.
- Die Beziehung zwischen Politik und Verwaltung wird durch eine Form des Kontraktmanagements geregelt: Die Politik entscheidet über die Ziele, die zu erbringende Leistung und die notwendigen Mittel. Die Mittel werden in einem Globalbudget fixiert, d.h. nicht auf detaillierte Ausgabenpositionen verteilt, sondern vielmehr den jeweiligen Dienstleistungseinheiten (Ämter, Fachbereiche) als Budgets zur Verfügung gestellt.
- Die Verwaltungen entscheiden im Rahmen des Budgets eigenständig über die Wege zur Zielerreichung. Die entsprechende Steuerung wird somit von der „input"-Seite, d.h. der Bereitstellung von Haushaltsmitteln, auf die „output"-Seite, d.h. auf die tatsächlich erbrachten Leistungen, umgestellt. Fach- und Ressourcenverantwortlichkeiten werden dezentral organisiert.

- Produkte sind die zentralen Steuerungsgrößen. Die Produktbeschreibungen umfassen für Bürgerinnen und Bürger sowie Verwaltung die Ziele, das quantitative Volumen, Qualitätsvorgaben sowie die zu erwartenden Kosten. Sie sind die Grundlage für die entsprechenden Leistungsverträge, die zwischen der jeweiligen Verwaltungseinheit und den eigentlichen Leistungserbringern vereinbart werden. Dabei kann es sich um interne Dienstleistungseinheiten (z.B. kommunale Beratungsstelle) wie um externe Anbieter handeln (z.B. freigemeinnützige oder privat-gewerbliche Träger).
- Die Leistungserbringung wird einem Controlling unterzogen, das das Erreichen der Ziele und der finanziellen Vorgaben im Auge behält.
- Öffentliche Dienstleistungen stehen im Wettbewerb mit privaten Anbietern. Verwaltungsintern beruht der Wettbewerb zwischen einzelnen Verwaltungszweigen auf Leistungsvergleichen, die durch Kennziffern ermittelt werden.

Abbildung IX.3:

Neue Steuerung und Kontraktmanagement

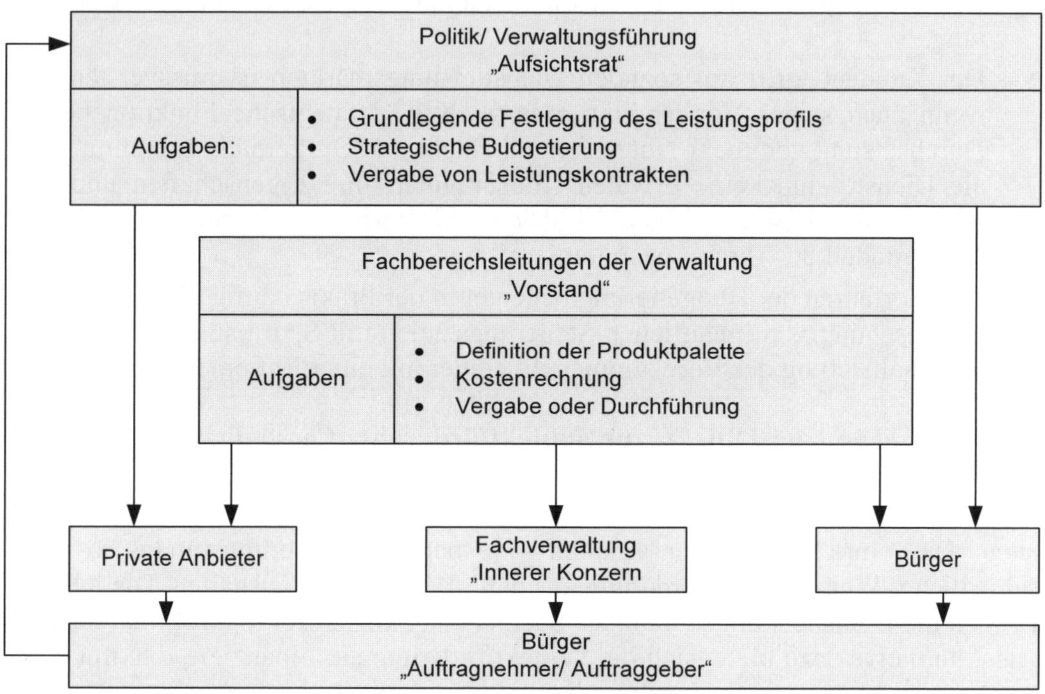

Quelle: Trube, A., Wohlfahrt, N., Von der Bürokratie zur Merkatokratie?, in: Boessenecker, K.H., Trube, A., Wohlfahrt, N., Privatisierung im Sozialsektor, Münster 2000, S. 21.

Zur Beurteilung der NSM im Bereich der sozialen Dienste gibt es konträre Positionen. Die Befürworter halten die NSM für ein geeignetes Instrument, um

- über mehr Wettbewerb nicht nur eine kostengünstigere Dienstleistungserbringung, sondern auch mehr Leistungsqualität anzuregen;
- auch in der Sozialverwaltung zu mehr Effizienz und Effektivität zu kommen und das speziell hier weit verbreitete Missmanagement bzw. eine „Ressourcenverschleuderung“ zu überwinden;
- über den Weg der dezentralen Ressourcenverantwortung die Rolle der Fachleute „an der Basis“ zu stärken.

Demgegenüber wird von den Kritikern u.a. eingewandt:

- Eine Kommune mit einem verfassungsrechtlichen Auftrag zur sozialen Daseinsvorsorge für alle BürgerInnen kann nicht mit einem privatwirtschaftlich geführten, gewinnorientierten Unternehmen gleichgesetzt werden.
- Die „Produkt- und Output-Orientierung“ der NSM verkennt die zentralen Merkmale sozialer Dienste. In der Konsequenz wird soziales Handeln in fachlich unzulässigerweise auf rein messbare Kriterien verengt. Es kommt jedoch nicht auf den mengenmäßigen output an (z.B. Zahl der Beratungsstunden und -fälle, Teilnehmerzahlen), sondern auf „Ergebnisse“ (outcome). Diese stellen sich im Allgemeinen auch erst im Zeitablauf ein, z.B. als Folge einer Beratung.
- Der Kundenbegriff auf sozialen Dienstleistungsmärkten ist missverständlich, wenn auch seiner Verwendung eine wichtige strategische Funktion bei der Durchsetzung von mehr Nutzerfreundlichkeit und Bürgernähe zukommt. Soziale Dienste sind keine privaten Konsumgüter, ihre Eigenschaften uno-actu-Prinzip und Ko-Produktion schließen ein Verbraucherverhalten nach dem Marktmodell des „homo-oeconomicus“ aus.
- Das Verfahren der Budgetierung bedeutet in der Praxis häufig eine unzulässige Vermischung von inhaltlichen Steuerungszielen mit Sparmaßnahmen, d.h. die Rationalisierung der Verwaltung geht einher mit einer Rationierung der Mittel.

6.3 Wechsel von der Objekt- zur Subjektförderung: Persönliches Budget und Gutscheinvergabe

Die Finanzierung sozialer Dienste erfolgt nach dem Grundsatz der *Objektförderung*: Die Einrichtungsträger erhalten – je nach Finanzierungsmodus in unterschiedlicher Weise – eine Förderung aus den öffentlichen Haushalten. Die Klienten können die Dienstleistungen dann als Sachleistung kostenfrei in Anspruch nehmen. Als Alternative dazu bietet sich die Subjektförderung an: Finanziert, d.h. mit Kaufkraft ausgestattet werden hier die Klienten, die damit in die Lage versetzt werden sollen, das ihrem Bedarf entsprechende Angebot auszusuchen und zu bezahlen. Verbunden wird mit diesem Konzept die Erwartung, die Klienten aus der Objektstellung herauszuholen, ihre Eigenverantwortlichkeit zu betonen und zu fördern und damit das Prinzip der Konsumentensouveränität auch im Bereich der sozialen Dienste zur Geltung kommen zu lassen. Zugleich soll die Subjektförderung dazu dienen, ein neues, an den Interessen der Betroffenen ausgerichtetes innovatives Instrument der Sozialplanung zu entwickeln.

Die diskutierten und praktizierten Instrumente der Subjektförderung bei sozialen Diensten lassen sich unterscheiden in persönliche Budgets und Gutscheinregelungen.

Persönliche Budgets

Persönliche Budgets kommen in Deutschland seit 2001 in der Hilfe für Menschen mit Behinderungen, d.h. bei den Leistungen zur Teilhabe nach SGB IX und der Eingliederungshilfe nach SGB XII, zur Anwendung. Es handelt sich um einen zusammengefassten Geldbetrag, den Menschen mit Behinderungen zur Teilhabe am Leben in der Gemeinschaft auf Antrag bei einem Leistungsträger anstelle von Sachleistungen erhalten können. Besteht Anspruch auf Leistungen mehrerer Rehabilitationsträger, lassen sich diese zu einem trägerübergreifenden persönlichen Budget zusammenfassen. Die Betroffenen können selbst bestimmen, welche Hilfen sie wann, wie oft und durch wen in Anspruch nehmen wollen. Sie können auch entscheiden, ob Hilfe durch ausgebildete Kräfte, durch Hilfskräfte oder durch Familienangehörige oder Freunde geleistet wird. Auch ist es möglich, Sach- und Geldleistungen zu kombinieren. Die Höhe des persönlichen Budgets ist abhängig von den Zielsetzungen und von der Art der benötigten Hilfe, soll aber nicht die Höhe der ansonsten gewährten Sachleistungen überschreiten.

Die persönlichen Budgets befinden sich bis Ende 2007 in einer Probephase. Zu ermitteln wird sein, wer die persönlichen Budgets in Anspruch nimmt und in welchen Fällen die Annahme zutrifft, dass das Marktmodell zu einer zugleich effizienten wie klientenorientierten Versorgung mit sozialen Diensten führt. Es ist offensichtlich, dass sich Probleme vor allem bei den Personen ergeben, die zu einer selbstständigen und verantwortlichen Nachfrage auf dem Dienstleistungsmarkt nicht (mehr) in der Lage sind (z.B. Menschen mit geistiger Behinderung). Hier wäre eine Budgetassistenz erforderlich, die dann aber faktisch wieder zu Sachleistungen führt. So wird z.B. in der niederländischen Behindertenhilfe bei der Gewährung persönlicher Budgets im Allgemeinen ein case-manager vorausgesetzt.

Die allgemeine Frage ist, ob und wenn ja welche Leistungsberechtigten in der Lage sind, ihren Bedarf zu bestimmen und die zur Bedarfsdeckung erforderlichen Leistungen so zu definieren, dass sie als informierte und kritische Verbraucher am Markt auftreten und die Qualität der Leistungen und die Seriosität der Anbieter erkennen können. Dies fällt schwer, da sich soziale Dienste aufgrund ihres Charakters als Erfahrungs- und Vertrauensgüter nicht vorab bewerten lassen. Zu berücksichtigen ist auch, dass die Möglichkeit zu einem marktrationalen Verhalten bereits dann einschränkt ist, wenn der Bedarf dringend ist oder gar eine Notlage besteht.

Da beim persönlichen Budget zwischen dem Kostenträger und dem Erbringer einer Dienstleistung keine Rechtsbeziehung besteht und auch keine Prüfung bzw. Anerkennung von Anbietern und ihrer Leistungen erfolgt, spricht viel für die Vermutung, dass vorrangig das Kriterium „billig“ die Nachfrage bestimmen wird. Ebenfalls zu prüfen ist, ob das Budget tatsächlich für die in der Zielvereinbarung festgehaltenen Zwecke eingesetzt wird und ob es eine Kontrollinstanz gibt, die in den privaten Raum hinein reicht und Fehlverwendungen aufdeckt. In Deutschland hat die Praxis der Vergabe von Pflegegeld gemäß SGB XI gezeigt, dass Mitnahmeeffekte und Missbrauchsrisiken möglich und auch an der Tagesordnung sind. Zugleich lässt sich erkennen, dass bei der Zahlung von Pflegegeld Qualitätssicherung und -kontrolle nur sehr schwer möglich sind.

Gutscheine

Durch die Vergabe von Gutscheinen können Fehlverwendungen vermieden werden, da die Gutscheine nur bei den vorgesehenen Leistungsanbietern eingelöst werden können. Die Leistungsanbieter wiederum refinanzieren sich durch die Weiterleitung der gesammelten Gutscheine an den Kostenträger, mit dem zuvor eine (Entgelt)Vereinbarung abgeschlossen worden ist. Verfahren dieser Art finden sich in der Arbeitsmarktpolitik bei den Weiterbildungs- und Vermittlungsgutscheinen (vgl. Bd. I, Kap. „Arbeit und Arbeitsmarkt“, Pkt. 8.5.1) und im Bereich der Kindertagesbetreuung („Kita-Card“ in Hamburg).

Auch die Gutscheine sollen Wettbewerb unter den Anbietern erzeugen und sie veranlassen, ihr Angebot an den Bedarf der Nutzer anzupassen. Denn der Träger, dessen Einrichtung nicht dem Bedarf entspricht und nicht oder nur begrenzt nachgefragt wird, muss mit einer Unterdeckung seiner Kosten und Verlusten rechnen. Voraussetzung dafür ist allerdings, dass der Kostenträger (z.B. das Jugendamt) mit mehreren Anbietern von Kindertagesstätten Leistungsverträge abschließt, so dass überhaupt eine Wahlmöglichkeit besteht.

Beim Gutscheinmodell wie beim persönlichen Budget muss zudem sichergestellt sein, dass die Gutscheine bzw. die Geldbeträge in ihrem Wert tatsächlich kostendeckend sind, dem Preis einer qualitativ hochwertigen Versorgung und Betreuung entsprechen und der laufenden Kostenentwicklung angepasst werden. Ansonsten besteht die Gefahr, dass die Subjektförderung als Sparmaßnahme genutzt, auf Dauer lediglich ein Mindeststandard garantiert wird und bessere Qualitäten zusätzlich zu bezahlen sind. Erschwerend kommt hinzu, dass bei einer reinen Nachfragesteuerung eine längerfristig orientierte Bedarfs- und Angebotsplanung, bei der die Bevölkerungsentwicklung auch in regionaler und lokaler Hinsicht berücksichtigt wird, nicht gewährleistet ist. Am Beispiel des Kindergartens lässt sich das Problem aufzeigen: Eltern suchen für ihre Kinder eine wohnortnahe Betreuung – auch in ländlichen Regionen oder im städtischen Bereich mit niedriger „Kinderdichte“. Das gleiche gilt für Angebote der ambulanten Behindertenbetreuung. Die Nachfragekraft reicht kaum aus, um einen Anbieter zum Betreiben einer kleinen, eher unrentablen Einrichtung zu motivieren.

Die Subjektförderung ist damit an eine Reihe von Voraussetzungen gebunden, wenn sozialpolitische Ziele nicht verletzt werden sollen:

- Sie ist für solche Marktsegmente geeignet, die reguliert sind (Marktaufsicht, Produkt- und/oder Anbieterprüfung, Honorarordnungen).
- Markttransparenz muss geschaffen und gesichert werden. Die verbraucherpolitisch orientierte Beratung, etwa nach dem Muster der unabhängigen Pflegeberatung in NRW, wird zu einer wichtigen Aufgabe.
- Erforderlich sind Informationen und praktische Hilfen bis hin zum Einsatz von Case-Managern, dort wo dies die Situation der Klienten erfordert.

6.4 Finanzierungskrise und Wettbewerbsdruck: Zu Lasten der Versorgung und des Personals?

Der Trend zur Ökonomisierung sozialer Dienste ist vor dem Hintergrund der anhaltenden Finanzierungskrise der öffentlichen Haushalte allgemein und der kommunalen Haushalte im Besonderen zu interpretieren. Die Kommunen stehen vor einem doppelten Finanzproblem: Arbeitslosigkeit, wirtschaftliche Stagnation und rückläufige Einkommen führen zu Einnahmeverlusten; gleichzeitig steigt – teilweise aus den gleichen Gründen – der Bedarf an Sozialleistungen und sozialen Diensten, so z.B. in den Feldern Hilfen für Arbeitslose und deren Familien, Schuldnerberatung, Jugendhilfe, Jugendarbeit, Gemeinwesenarbeit, Schulsozialarbeit (vgl. Bd. I, Kap. „Ökonomische Grundlagen und Finanzierung“, Pkt. 4.3). In der Konsequenz stehen die Kommunen somit vor wachsenden Schwierigkeiten, die Kosten für die in eigener Regie oder in ihrem Auftrag von frei-gemeinnützigen oder privat-gewerblichen Trägern erbrachten sozialen Dienste zu finanzieren.

Der „einfachste“ Weg, öffentliche Ausgaben für soziale Dienste zu reduzieren, besteht darin, Leistungen einzuschränken, in Quantität und/oder Qualität zu verschlechtern oder ganz zu streichen. Dies kann durch gesetzliche Neuregelungen, durch Verschlechterungen von Standards oder – bei freiwilligen Sozialleistungen – direkt durch Mittelkürzungen erfolgen. Zu beachten ist dabei, dass bereits dann Versorgungsniveau und -qualität nicht mehr gehalten werden können, wenn bei der Bemessung von Zuweisungen und Entgelten die Kosten- und Preissteigerungen nicht ausgeglichen werden.

Es muss je nach Art, Zielsetzung und Zielgruppenorientierung der Leistung und Einrichtung differenziert geprüft werden, zu welchen Folgewirkungen der Leistungsabbau führt und welche sozialpolitische Bedeutung das nunmehr eingeschränkte oder ganz aufgegebene Angebot hat. Wenn der Bedarf an einer bestimmten Einrichtung oder einer Dienstleistung rückläufig ist oder gar nicht mehr vorhanden ist, sind eine Leistungseinschränkung oder ein Leistungswegfall anders zu beurteilen als im Fall durchaus bestehender, nun aber nicht mehr abgedeckter Bedarfe. Zwar kann sich, wenn eine kaufkräftige Nachfrage vorhanden ist, für marktfähige Dienste ein privates Angebot entwickeln. Fehlt jedoch die Kaufkraft, werden die Probleme und Hilfebedarfe in die Familie zurück verlagert oder finden überhaupt keine Lösung mehr. Ergebnis dürfte sein, dass reine Marktlösungen zwar vereinzelt vorkommen, aber die Angebote nur einem kleinen Kreis einkommensstarker Personen offen stehen und dass sich auf der anderen Seite Versorgungslücken ergeben.

Will man die fiskalischen Effekte einer Abbaupolitik bewerten, dann müssen den erreichten Einsparungen auch die möglichen Folgekosten gegenüber gestellt werden, die womöglich den Sparbetrag übertreffen. Ein Beispiel bieten Jugendhilfe und Jugendarbeit: Kürzungen können in mittel- und längerfristiger Perspektive wachsende Probleme bei Jugendlichen und infolgedessen hohe Mehrausgaben zur Folge haben.

Einsparungen lassen sich auch durch die Einführung bzw. die Anhebung von Nutzungsentgelten bei der Inanspruchnahme sozialer Dienste erreichen. Es kommt dadurch zu einer partiellen Rückverlagerung der Finanzierungsverantwortung auf die Betroffenen. In dieselbe Richtung zielt der Finanzierungsrückgriff auf unterhaltspflichtige Angehörige (Eltern, Kinder) im Rahmen der Sozialhilfe, wenn der Leistungsempfänger selbst nicht zahlen kann. Regelungen zur Zahlung von Nutzungsentgelten bzw. einer Eigenbeteiligung finden sich mittlerweile bei vielen Einrichtungen und Diensten. Üblich sind (sozial gestaffelte) Elternbeiträge im Bereich der Tageseinrichtungen für Kinder, aber auch in der Jugendhilfe, bei Beratungsangeboten oder in der Altenhilfe. Die Pflegeversicherung übernimmt sowohl im ambulanten wie im stationären Sektor ohnehin nur Teilkosten.

Zwar kann angesichts insgesamt verbesserter Einkommensverhältnisse eine Eigenbeteiligung der Nutzer durchaus in Frage kommen. Denn nicht zuletzt lässt sich durch die Zahlungspflicht die pädagogische Wirkung eines verantwortlichen Umgangs mit knappen Mitteln erhoffen. Wenn allerdings nicht nur von kleineren, eher symbolischen Beträgen die Rede ist, widerspricht die Eigenbeteiligung der grundsätzlichen Zielsetzung, die Inanspruchnahme von sozialen Diensten primär am Bedarf zu orientieren und finanzielle Restriktionen auszuschließen (vgl. Pkt. 2.2 dieses Kapitels). Gerade bei finanziell schwächeren Personengruppen kann es durch die Zahlungspflicht dazu kommen, dass bestimmte soziale Dienste nicht mehr oder nur unzureichend in Anspruch genommen werden, weil die Betroffenen die Mittel hierzu nicht aufbringen können. Zentraler Beurteilungsmaßstab einer Eigenbeteiligung muss deshalb sein, ob und inwieweit die Inanspruchnahme sozial gefiltert verläuft und ob dadurch womöglich soziale Disparitäten in den Lebenslagen der einzelnen Bevölkerungsgruppen weiter vertieft werden.

Einschränkungen bei den kommunalen Ausgaben betreffen nicht nur die Dienste und Einrichtungen, die in kommunaler Eigenregie bereitgestellt werden. Durch Kürzungen von Zuwendungen, die Absenkung von Leistungsentgelten und durch verschlechterte Bedingungen in Leistungsverträgen werden auch die Angebote der anderen Träger, insbesondere der Wohlfahrtsverbände, unter Druck gesetzt. Es kann zum „Aus“ für einzelne Dienste und Einrichtungen kommen, wenn die finanziellen Grundlagen nicht mehr gesichert sind.

Insgesamt ist in den zurückliegenden Jahren der Wettbewerb um die knapper werdenden öffentlichen Mittel schärfer geworden. Es hat sich ein Preiswettbewerb entwickelt, der jenen Anbietern einen Vorteil verschafft, die kostengünstiger arbeiten. Da Erbringung und Bereitstellung sozialer Dienste sehr arbeitsintensiv sind, kommt es vor allem auf die Personalkosten an. Der für die industrielle Produktion übliche Weg, Personalkosten durch technologische Rationalisierung einzusparen, ist jedoch im Bereich sozialer Dienste nur sehr begrenzt möglich. Zwar lassen sich Dienstleistungsmodelle mit Technikeinsatz und hohen Produktivitätseffekten theoretisch denken, wie z.B. eine automatisierte Altenpflege oder eine interaktive Sozialberatung per Internet. Unabhängig davon, ob eine solche Entwicklung sozialpolitisch wünschenswert bzw. ethisch vertretbar ist, bestehen auch Zweifel, ob solche Verfahren überhaupt praktikabel sind.

Abbildung IX.4:

Beschäftigungsformen im Bereich sozialer Dienste

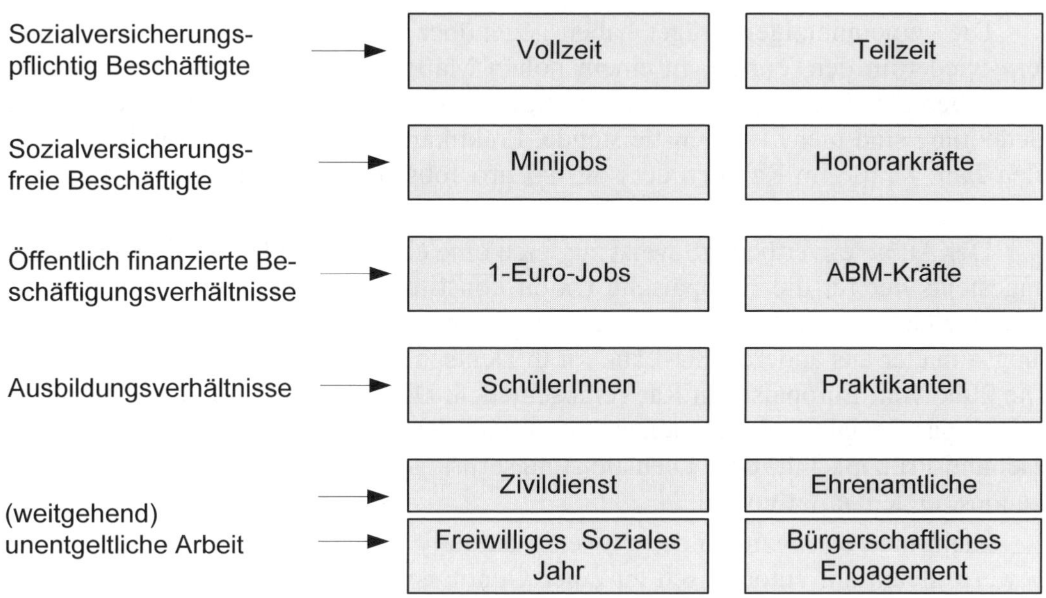

Angesichts dieser Grenzen, Arbeit durch Kapital zu ersetzen, wird der Preis- und Kostenwettbewerb über andere, sich überlappende Wege ausgetragen:

- Einsatz von gering qualifiziertem Personal (Hilfskräfte) und Beschäftigten auf Minijob-Basis,
- Personalreduktion, Absenkung der Personalschlüssel,
- Effektivierung und Flexibilisierung von Arbeitsorganisation und Arbeitszeiten,
- Absenkung von Entgelten.

Bei den Entgelten ist zu berücksichtigen, dass im Bereich privat-gewerblicher Anbieter die Bezahlung in der Regel geringer ausfällt als im öffentlichen Dienst oder bei der freien Wohlfahrtspflege: Die Tarifverträge weisen hier schlechtere Bedingungen auf oder fehlen ganz. Insofern kann – auch (aber nicht nur!) aus diesem Grund – mit niedrigeren Personalkosten gearbeitet und preisgünstiger kalkuliert werden. Dies gilt insbesondere für die einfacheren Tätigkeiten, die bei den Einrichtungen und Trägern zu versehen sind (Verwaltungs- und Versorgungspersonal). Um mithalten zu können, scheiden immer mehr frei-gemeinnützige Träger aus dem Tarifvertrag des öffentlichen Dienstes aus oder geben – so im kirchlichen Bereich – die bisher übliche Anlehnung ihrer Vergütungsregelungen („Arbeitsvertragsrichtlinien") an den Tarifvertrag des öffentlichen Dienstes auf. Die Zeiten, in denen durch den Bundesangestelltentarifvertrag und die entsprechenden Nachfolgetarifverträge eine flächendeckende und einheitliche Wettbewerbsordnung für den gesamten Gesundheits- und Sozialsektor gesetzt worden ist, sind durch einen Wettbewerb um (sinkende) Personalkosten, der zu Lasten der Beschäftigten geht, abgelöst worden.

Die gemeinnützigen Träger haben gegenüber den privat-gewerblichen Anbietern wiederum den Vorteil, in einem hohen Maße Personal einsetzen zu können, das außerhalb eines regulären Beschäftigungsverhältnisses steht. Von besonderer Bedeutung sind hier Zivildienstleistende, Praktikanten, Helfer im freiwilligen sozialen Jahr, Kräfte im Rahmen der sog. 1-Euro-Jobs sowie Ehrenamtliche (vgl. Abbildung IX.4).

Der Anbieterwettbewerb weist zugleich eine europäische Dimension auf. Denn angesichts der für die Europäische Union konstitutiven Prinzipien von Niederlassungsfreiheit und freiem Dienstleistungsverkehr stellt sich die Frage, ob Dienstleistungsanbieter aus anderen EU-Ländern in Deutschland ein Betätigungsfeld suchen. Die 2006 vom Europäischen Rat verabschiedete Dienstleistungsrichtlinie klammert jedoch das Sozial- und Gesundheitswesen von den Vorschriften aus. Auch gilt das Zielland-Prinzip: Für den Dienstleistungserbringer gelten die Vorschriften des Landes, in dem er tätig wird.

Zieht man ein Fazit, so deutet wenig darauf hin, dass der kostenbetonte Wettbewerb gleichsam automatisch zu einer Qualitätsverbesserung führt. Zu erwarten sind vielmehr Qualitätsverluste, wenn aus Kostengründen fachliche Standards nicht mehr eingehalten werden und/oder schlechter bezahltes, unqualifiziertes Personal zum Einsatz kommt. Andererseits müssen aber auch die Chancen gesehen werden. Der Wettbewerb führt zu einem Aufbrechen verkrusteter Träger- und Anbieterstrukturen sowie zu einer Steigerung der Effizienz und kann damit Anstöße für eine sozialpolitisch wünschenswerte Weiterentwicklung sozialer Dienste geben. Entscheidend ist, dass sich die Anbieter stärker als bislang an den Bedürfnissen, Erwartungen und Interessen der Klienten orientieren, dass der Wettbewerb also als Qualitätswettbewerb ausgestaltet wird.

7 Qualität und Qualitätssicherung

7.1 Grundlagen und Methoden

Methoden und Verfahren der Qualitätssicherung haben seit etwa Mitte der 1990er Jahre an Bedeutung gewonnen und sind mittlerweile zu einem festen Bestandteil der Erbringung und Bereitstellung sozialer Dienste geworden. Durch entsprechende Regelungen u.a. in der Pflegeversicherung, der Kinder- und Jugendhilfe, der Sozialhilfe und der Krankenversicherung ist Qualitätssicherung auch gesetzlich normiert. Die Regelungen enthalten allerdings keine Vorgaben über Inhalte oder gar Standards und Niveaus von Qualität. Die Ausgestaltung und Umsetzung der Qualitätsnormen ist in erster Linie den Kostenträgern und den Diensteanbietern überlassen.

Viele Anbieter und Träger haben eigenständige Qualitätssicherungsinstrumente entwickelt und -maßnahmen eingeführt, die kaum noch überschaubar und schon gar nicht miteinander vergleichbar sind. Je nach Arbeitsgebiet gibt es unterschiedliche Konzepte, Modelle und Methoden. Die Ursache liegt darin, dass es für die sozialen Dienste keinen einheitlichen Qualitätsbegriff gibt.

Eine der gebräuchlichsten Definitionen besagt, dass es sich bei Qualität um die Gesamtheit von Eigenschaften und Merkmalen eines Produktes oder einer Dienstleistung handelt, die sich auf deren Eignung zur Erfüllung festgelegter oder vorausgesetzter Erfordernisse beziehen. Erfordernisse können beispielsweise Gesichtspunkte der Leistung, Brauchbarkeit, Zuverlässigkeit, Sicherheit, Umweltverträglichkeit, Wirtschaftlichkeit oder Ästhetik einbeziehen. Im Idealfall lassen sich derartige Erfordernisse als Qualitätsanforderungen mit festgelegten Prüfkriterien beschreiben. Qualität ist in diesem Kontext also die Übereinstimmung von Soll (Erwartungen der Nutzer) und Ist (tatsächlich erbrachte Dienstleistungen). Weit verbreitet ist dabei folgende Differenzierung:

- *Strukturqualität* meint die Rahmenbedingungen, unter denen die Leistung erbracht wird (wie z.B. räumliche, sachliche und personelle Ausstattung).
- *Prozessqualität* bedeutet Art und Umfang der personenbezogenen Dienstleistungserbringung (z.B. Fallanamnese, Hilfeplanung, Ausführung und Dokumentation des Hilfeprozesses).
- *Ergebnisqualität* meint den Grad, zu dem das jeweils anvisierte Ziel der Dienstleistung – auch unter Berücksichtigung der Zufriedenheit des Hilfebedürftigen wie des Helfers – erreicht worden ist.

Im Bereich der sozialen Dienste bezieht sich die Qualitätsmessung entsprechend dieser Strukturierung zumeist auf organisatorisch-institutionelle Strukturen und Abläufe des betrieblichen Erbringungsrahmens sozialer Dienste. Da in der Vergangenheit bereits diesen Dimensionen vielfach nur wenig Beachtung geschenkt wurde, war und ist diese instrumentelle Orientierung für viele Träger und Dienste durchaus hilf- und erfolgreich. Die Prüf- und Kontrollmethoden sind allerdings mit häufig sehr hohen Anteilen von schriftlicher Dokumentation und Berichtslegung verbunden. Für viele soziale Fachkräfte hat sich dadurch der Arbeitsalltag erheblich in Richtung auf bürokratisch-administrative Routinearbeit verändert, wenn nicht gar qualitativ verschlechtert.

Davon jedoch zu trennen ist die Frage, ob sich der instrumentelle Qualitätsbegriff überhaupt für personenbezogene soziale Dienstleistungen und deren spezifische Besonderheiten der Interaktion und Kommunikation mit Menschen in persönlichen und sozialen Notlagen eignet. Im Gegensatz dazu steht ein normatives Qualitätsverständnis. Hierbei geht es weniger um Produkt- oder Dienstleistungseigenschaften, als vielmehr um die Ableitung und Anwendung normativer Zielsetzungen und -vorgaben, die sich auf Wirkungen bei den Nutzern beziehen. Dabei kann es sich sowohl um subjektive Ziele wie Erhöhung der Lebensqualität beim einzelnen Dienstleistungsempfänger selbst als auch um übergeordnete gesellschaftspolitische Vorgaben, sei es mit paternalistischem oder mit emanzipatorischem Zuschnitt, handeln. Letzterem entsprechen Ziele wie Partizipation, Selbstbestimmung/Autonomie, Empowerment oder (soziale) Bürgerrechte. Im Bereich der Wohlfahrtsverbände gibt es Bestrebungen, diese normativen Qualitätsvorgaben mit übergeordneten Leitbildern in Einklang zu bringen.

7.2 Interne und externe Qualitätssicherung, Nutzerbeteiligung

In der praktischen Ableitung und Umsetzung von Qualitätszielen kommt es vor allem darauf an, welche Instanz die Qualitätsverantwortung übernimmt. Grundsätzlich kann zwischen zwei Formen der Qualitätssicherung unterschieden werden:

- Die *interne* Qualitätssicherung bezeichnet die Summe aller Maßnahmen, die der jeweilige Dienst oder die jeweilige Einrichtung selbst vornimmt. Die Liste von Methoden, Instrumenten und Verfahren reicht vom standardisierten Routine-Berichtswesen und der Leistungsdokumentation, über Kennzahlen und Kostenrechnungen bis hin zur Einrichtung von Qualitätszirkeln, die Einsetzung von Qualitätsbeauftragten, Qualitätskonferenzen oder von Assessment-Runden sowie die (Weiter)Entwicklung von Qualitätsstandards und -niveaus im Rahmen von Mitarbeitertreffen. Hinzu kommen Kunden- oder Nutzerbefragungen. Unter Qualitätsmanagement versteht man in diesem Zusammenhang eine Führungsmethode, die auf die Gesamtausrichtung einer Organisation oder Einrichtung und ihrer Mitglieder zur Durchsetzung und den Erhalt von Qualität zielt.
- Die *externe* Qualitätssicherung bezieht sich demgegenüber auf die Überprüfung und Kontrolle durch einrichtungsfremde Institutionen (z.B. örtliche Qualitätssicherungsstelle), Personen (z.B. Ombudsmann) oder Organisationen (z.B. Verbraucherverbände, Selbsthilfeorganisationen). Sie kann sowohl gesetzlich vorgeschrieben, von den Kostenträgern vorgegeben oder gar vom Diensteerbringer selbst initiiert sein (z.B. Evaluierung durch eine unabhängige wissenschaftliche Begleitung). In manchen Kommunalverwaltungen dienen

diesem Ziel neuerdings eigens eingerichtete Beschwerdestellen. Insgesamt jedoch sind in Deutschland die rechtlichen und politischen Rahmenbedingungen für die externe Qualitätssicherung – entsprechend einer generell staatlichen Zurückhaltung bei der Vorgabe von Qualitätszielen und Standards in der Sozialpolitik – sehr schwach ausgebildet. Es überwiegt die Vorstellung von der primären Träger- und Akteursverantwortung.

Soll Qualitätssicherung als anerkanntes Ziel sozialer Dienstleistungserbringung fungieren, bedarf es entsprechender Instrumente zur Überprüfung und Durchsetzung. Dies gilt insbesondere für Qualitätsstandards und -niveaus, die als Zielvereinbarungen bzw. Orientierungsgrößen für Qualitätsmanagementbemühungen ebenso wie als Beurteilungskriterien für die Überprüfung der Wirksamkeit von Qualitätssicherungsmaßnahmen dienen können. Sie sind für viele Bereiche sozialer Dienste (noch) nicht entwickelt bzw. für bestimmte Dienstleistungsarten auch nur schwer zu konzeptualisieren. Dies gilt insbesondere für die Ergebnisqualität aufgrund der Schwierigkeiten, „Kundenerwartungen“ eindeutig zu objektivieren.

Ein emanzipatorisches Verständnis von Qualitätsstandards und -niveaus setzt voraus, bei ihrer Entwicklung nicht nur (möglichst interdisziplinären) Sachverstand zu beteiligen, sondern auch die Interessen der Leistungsempfänger einzubeziehen (partizipative Qualitätssicherung). In dem Maße, in dem diese jedoch in ihrer Beurteilungsfähigkeit eingeschränkt sind, was z.B. auf viele HeimbewohnerInnen zutrifft, bedarf es einer besonders sorgfältigen Erfassung dessen, was für diesen Personenkreis „Qualität“ sein könnte und sollte. Von kooperativer Qualitätssicherung spricht man dann, wenn alle an der Erbringung sozialer Dienste Beteiligten, d.h. unterschiedliche Berufsgruppen ebenso wie Experten, Professionelle und Laien des privat-informellen Helfernetzes, Qualitätssicherung als gemeinschaftliche Aufgabe verstehen und praktizieren.

Qualitätsentwicklung ist stets interessengeleitet. Dies gilt für Kostenträger, Einrichtungsträger, MitarbeiterInnen, Angehörige, Betroffene und deren Vertreter gleichermaßen. Speziell die Berücksichtigung der Nutzerinteressen gilt angesichts der Schwierigkeiten, diese objektivierbar zu machen ((Un)Zufriedenheitsparadoxon), als ein schwer lösbares Problem. Zu beachten sind neben eingeschränkten Lebenslagen auf Seiten vieler Leistungsempfänger Wissens- und Fachlichkeitsvorsprünge bei den Professionellen.

Qualitätssicherung ist zeit- und kostenintensiv und kann in Einzelfällen bis zur Einrichtung neuer Bürokratien reichen. Für viele Einrichtungsträger wie MitarbeiterInnen gleichermaßen bedeutet die Beachtung von qualitätssichernden Vorgaben nichts weiter als noch mehr Bürokratie und bildet daher nicht selten ein motivationshemmendes Umsetzungsproblem.

8 Nicht-professionelle Hilfe- und Unterstützungsleistungen

Trotz des andauernden Trends zur Professionalisierung sozialer Dienste werden unverändert die meisten personenbezogenen Hilfe- und Unterstützungsleistungen nicht von bezahlten Professionellen, sondern von Laien im familiären und sozialen Raum erbracht. Neben der individuellen Eigenhilfe gilt dies vor allem für Familienangehörige, Freunde, Nachbarn und andere Personen aus dem engeren sozialen Netzwerk („kleine soziale Netze"). Hinzu kommen Hilfeleistungen im Rahmen des ehrenamtlichen/freiwilligen sozialen Engagements oder der Selbsthilfe. Die zuletzt genannten außerfamilialen Hilfe- und Unterstützungsformen werden häufig auch unter dem Oberbegriff des sozial-bürgerschaftlichen Engagements (sbE) subsumiert, wobei die Grenzen jeweils fließend sind.

Die tatsächliche wie potenzielle Verfügbarkeit über persönliche Hilfen durch andere Menschen im vorinstitutionellen, familiären und sozialen Raum ist nicht allein unter dem Aspekt der Linderung oder Beseitigung konkreter Bedarfs-, Konflikt- oder Notlagen zu sehen. Art und Ausmaß der sozialen Einbindung der Menschen haben auch Einfluss darauf, ob und in welchem Maße überhaupt soziale Konflikte und Probleme entstehen: Jugendkriminalität beispielsweise hat viel mit der schwindenden sozialen Integration der Menschen in Gemeinschaft und Gesellschaft zu tun. Übergreifend gesehen ist die Einbindung der Bevölkerung in informelle soziale Netzwerke eine unverzichtbare Voraussetzung für den Zusammenhalt einer Gesellschaft, für die Entwicklung von Alltagssolidarität und Gemeinsinn. Ein Gemeinwesen, das in vereinzelte und beziehungslose Individuen zerfällt und nicht auf informelle, aber stabile und verlässliche Stützsysteme in der Familie und im nachbarschaftlichen/freundschaftlichen Kontext zurückgreifen kann, ließe sich durch öffentliche Sozialpolitik nicht reparieren. Sozialstaat und soziale Gesellschaft bauen aufeinander auf.

8.1 Individuelle Selbst- und Familienhilfe

Individuelle Selbsthilfe und Familienhilfe bilden gleichsam den Kernbereich sozialer Hilfen im Vorfeld der Problembearbeitung durch die Sozialpolitik. Weit gefasst, lässt sich bereits der überwiegende Teil der Alltagsbewältigung als individuelle Selbsthilfe bezeichnen: Man legt sich selbst einen Verband an und geht deswegen nicht gleich zu einem Arzt. Man informiert sich selbst über soziale Rechte oder das bestehende Angebot an sozialen Leistungen, ohne eine Beratungsstelle aufzusuchen. Die Eltern erziehen ihre Kinder ohne Hinzuziehung einer Erziehungsberatungsstelle usw.

Familiäre Hilfen sind eingebunden in die Alltäglichkeit des familiären Lebens- und Reproduktionszusammenhangs und werden im Kontext der auf Partnerschaft/Ehe und Verwandtschaft basierenden sozialen Beziehungen erbracht. Die Familie trägt auch heute noch die Letztverantwortung bei der Bewältigung immaterieller Problemlagen. Dies ist insbesondere dann der Fall, wenn die professionellen, sozialstaatlichen Leistungen unzureichend sind oder fehlen. Ebenso fallen die aus dem professionellen System ausgegliederten, „unlösbaren“ Problemfälle zumeist in ihre Zuständigkeit.

Neben der praktischen Hilfe bei Alltagsverrichtungen und -problemen und bei Bedarfs- und Notsituationen bezieht sich Familienhilfe schwerpunktmäßig auf die Bedürfnisse nach Emotionalität, Zuwendung und Trost oder auf sonstige psychosoziale Unterstützung. Familienhilfe zeichnet sich zumeist durch Dauerhaftigkeit, Verlässlichkeit und hohe Verbindlichkeit aus, allerdings nicht durch höchste Fachlichkeit. Auf der Grundlage gefühlsmäßiger Bindungen, kultureller Normen, Moralvorstellungen und religiöser Motive erwächst eine Hilfeverpflichtung, der sich die Familienmitglieder nur schwer entziehen können oder wollen, und die jenseits bestehender gesetzlicher Vorschriften zur Familiensolidarität, wie z.B. die Ehegattensubsidiarität oder die Sorge für die Kinder nach dem BGB, wirksam ist. Familienhilfe beruht dabei zumeist auf Wechselseitigkeit bzw. auf darauf gerichtete Erwartungen. Sie ist weitgehend dauerhaft und im Regelfall auch über die Generationen hinweg präsent. Ob sich dies alles auch künftig noch in dem Umfang wie heute realisieren lässt, muss jedoch aufgrund von Veränderungen in den Familienstrukturen, im Geschlechterrollenverständnis, durch die zunehmende Frauenerwerbstätigkeit sowie wegen der durch berufliche Mobilitätserfordernisse begründeten gestiegenen räumlichen Trennung der Generationen bezweifelt werden.

Die Familienhilfe ist nicht von vornherein gut oder immer fachlich angemessen. Die einfache wie eingängige Formel „Die Familie hilft am besten“ stimmt keineswegs durchgängig. Nicht umsonst hat sich auf dem Hintergrund wachsender Anforderungen an Hilfe- und Unterstützungsleistungen eine Funktionsteilung zwischen familiären und professionell erbrachten Diensten herausgebildet und bewährt, die in wichtigen Bereichen allein deshalb zu einer Auslagerung der Dienste aus dem familiären Lebenszusammenhang geführt hat, weil hier extern erbrachte professionelle Hilfe fachlich besser und problemadäquater ist (Beispiele: Versorgung von Kindern in Kindergärten, bestimmte Fälle von Pflege älterer Familienmitglieder in Pflegeeinrichtungen). Auch zeigen Fälle aus der Praxis, dass einige Familien mit der Bewältigung ihrer sozialen Probleme überfordert sind. So gibt es z.B. zahllose Fälle von schwerwiegenden Erziehungsmängeln der Eltern bis hin zu Vernachlässigung und Kindesmisshandlung, von Gewalt gegen (Ehe)Frauen oder gegen zu Hause versorgte Pflegebedürftige sowie viele Beispiele für eine qualitativ unzureichende häusliche Versorgung von Behinderten und ständig Bettlägerigen.

Eine Beurteilung der familiären Leistungsfähigkeit durch neutrale Instanzen erfolgt aber nur in ganz wenigen Ausnahmefällen, und dann auch zumeist erst nach Bekanntwerden von Missständen, wenn es bereits zu spät ist. Die Familie gilt immer noch als gesellschaftlicher Tabubereich, der einer öffentlichen Kontrolle im Grundsatz nicht bedarf. Dennoch gibt es Ausnahmen: So sind z.B. die Jugendämter verpflichtet, im Falle schwerwiegender Erziehungsmängel, die etwa den Lehrern oder dem Arzt auffallen, familienergänzend oder im Extrem sogar -ersetzend einzuschreiten. An die Gewährung von Pflegegeld an Pflegebedürftige nach dem Pflegeversicherungsgesetz ist die Bedingung geknüpft, dass die häusliche Versorgung „in geeigneter Weise“ sichergestellt sein muss, was auch – je nach Schweregrad der Pflegebedürftigkeit – in unterschiedlichen Abständen von außen durch geeignete Fachkräfte überprüft wird.

Entsprechend dem traditionellen Familienleitbild und der vorherrschenden geschlechtsspezifischen Arbeitsteilung ist Familienhilfe überwiegend Hilfe durch Frauen, sowohl durch nicht (mehr) erwerbstätige als auch durch erwerbstätige Frauen (Vereinbarkeit von Beruf und Familie als Problem). Lediglich in der Altenpflege lässt sich ein beträchtlicher Anteil von Pflege durch Männer, hier zumeist Ehepartner, feststellen. Trotz aller Beschwörungen von der „neuen Männlichkeit“ oder der „neuen Väterlichkeit“: Es sind auch heute noch zumeist die Mütter, Ehefrauen und Töchter, die familiäre Erziehungs-, Pflege- und Betreuungsaufgaben übernehmen, und zwar unentgeltlich und zumeist ohne eigenständige sozialversicherungsrechtliche Absicherung.

Die hohe Bedeutung der Familienhilfe zeigt sich insbesondere bei den erzieherischen und pflegerischen Hilfen: In der Bundesrepublik wird die überwiegende Mehrzahl der Kinder privat versorgt, betreut und erzogen. Das Angebot an Kinderkrippen, Kinderhorten und Ganztagsschulen ist nach wie vor gering (vgl. Kap. „Familie“, Pkt. 7.2). Auch die Versorgung von Menschen mit Behinderungen und die Unterstützung und Pflege von hilfe- und pflegebedürftigen – darunter überwiegend älteren – Menschen wird zumeist von den Familien geleistet. Beispielsweise leben in Deutschland nur etwa ein Drittel der pflegebedürftigen älteren Menschen in stationären Einrichtungen, d.h. die weit überwiegende Mehrheit wird zu Hause bzw. privat von zumeist engsten Angehörigen versorgt.

8.2 Bürgerschaftliches Engagement

Der Begriff des bürgerschaftlichen Engagements dient heute als Sammel- bzw. Oberbegriff für ein breites Spektrum unterschiedlicher Spielarten unbezahlter, freiwilliger und gemeinwohlorientierter Aktivitäten. In den Begriff selbst werden andere Begrifflichkeiten wie Ehrenamt, freiwilliges soziales Engagement, politische oder soziale Partizipation mit aufgenommen. Beziehen sich bürgerschaftliche Aktivitäten im weitesten Sinne auf den sozialen Bereich, dann spricht man von sozial-bürgerschaftlichem Engagement (sbE).

Bürgerschaftliches Engagement lässt sich durch folgende Kriterien charakterisieren:

- Freiwilligkeit,
- nicht auf materiellen Gewinn ausgerichtet,
- gemeinwohlorientiert,
- öffentlich bzw. im öffentlichen Raum stattfindend,
- gemeinschaftliche/kooperative Ausübung.

Die Qualifizierung eines Engagements als spezifisch bürgerschaftliches liegt demnach dann vor, wenn die Agierenden in ihrer Eigenschaft als Bürgerinnen und Bürger handeln und ihre Motivation durch Mitverantwortung für andere und Sensibilität für Anforderungen des Gemeinwesens gekennzeichnet ist. Der Begriff des bürgerschaftlichen Engagements geht dabei über die Verwendung von Zeit hinaus und umfasst auch Geld- und Sachspenden. Die bloße Mitgliedschaft in einer Partei, einer Gewerkschaft, einem Verein oder einem Wohlfahrtsverband zählt indes nicht dazu. Zur Kennzeichnung des besonderen Ortes für bürgerschaftliches Engagement hat sich auch der Begriff des *dritten Sektors* eingebürgert.

Bürgerschaftliches Engagement kann als Bestandteil der aktiven Weiterentwicklung, Ausweitung und Intensivierung der Demokratie begriffen werden. Aus einer anderen Perspektive bezieht sich bürgerschaftliches Engagement auf eine mehr individuelle Ebene und meint damit z.B. das Engagement der einzelnen BürgerInnen in der Zivilgesellschaft, die an der Erörterung öffentlicher Belange sowie an der Artikulation daraus folgender politischer Aktivitäten interessiert und in dieser Hinsicht auch im hohen Maße kompetent sind.

Ein historischer Strang für die Karriere der Idee des zivilbürgerschaftlichen Engagements kann in dem US-amerikanischen Kommunitarismus-Ansatz gesehen werden. Er findet seinen Ausgang in einer grundlegenden Kritik an der Überbetonung des Eigennutzes und der mangelnden Beachtung gemeinschaftlicher Kontexte in Theorie und Praxis des US-amerikanischen (Neo)Liberalismus. Plädiert wird stattdessen für einen neuen Sozialethos, der auf die Revitalisierung von Gemeinsinn und Bürgertugenden abzielt: Nicht nur Staat und Gesellschaft haben nach dieser Sicht Pflichten gegenüber den BürgerInnen, sondern auch die BürgerInnen selbst müssen persönlichen und gesellschaftlichen Pflichten nachkommen. Dies gelte sowohl den Mitgliedern der eigenen Familie gegenüber wie auch gegenüber der Nachbarschaft und der lokalen Gemeinschaft. Allerdings ist zu berücksichtigen, dass in den USA der in Deutschland traditionell bedeutsame Wohlfahrtskorporatismus unbekannt ist. In der praktischen US-amerikanischen Sozialpolitik spielen Wohlfahrtsverbände (da weitgehend nicht existent) keine Rolle.

Diese breite Konzeptualisierung bürgerschaftlichen Engagements ermöglicht es, Bürgerschaftlichkeit als eine eigenständige Dimension für gesellschaftliches, gemeinwohlorientiertes Engagement der verschiedenen Art – sozial, politisch, gesellig – zu verstehen: Formen des sozialen Engagements in Vereinen, Kirchengemeinden, Wohlfahrtsverbänden, Formen der Eigenarbeit, wie z.B. in Genossenschaften, Tauschringen usw., Formen der Selbsthilfe, die Wahrnehmung öffentlicher Funktionen sowie konventionelle und unkonventionelle Formen der politischen Beteiligung.

Folgende Formen und Bereiche des bürgerschaftlichen Engagements lassen sich unterscheiden:

- Politisches Engagement wie z.B. Mitarbeit in Gemeindeparlamenten, Verbänden, Gewerkschaften, Ausländer- oder Seniorenbeiräten;
- Soziales Engagement wie z.B. Tätigkeiten in Jugend- und Wohlfahrtsverbänden, Seniorenverbänden oder Hospizgruppen;
- Engagement in Vereinen, Verbänden und Kirchen wie z.B. ehrenamtliche Vorstandstätigkeiten oder als Jugendtrainer;
- Wahrnehmung öffentlicher Funktionen wie z.B. Schöffen oder Wahlhelfer;
- Formen der gegenseitigen Unterstützung wie z.B. Nachbarschaftshilfen, Genossenschaften und Tauschringe;
- Selbsthilfe sowie
- Engagement in und von Unternehmen, wie z.B. Geld-, Sach- und (Arbeits)-Zeitspenden für bürgerschaftliche und/oder soziale Zwecke.

Bei einem so breiten Verständnis von bürgerschaftlichem Engagement überrascht es nicht, wenn empirische Umfragen wie z.B. der Freiwilligensurvey zu einer Engagementsquote in der Bevölkerung von rund einem Drittel aller BürgerInnen kommt – mit leicht höheren Quoten für Westdeutschland gegenüber Ostdeutschland. Insgesamt bedeutet dies, dass sich weit über 20 Millionen Menschen bürgerschaftlich engagieren. Zeitreihenuntersuchungen lassen zudem eine insgesamt steigende Bereitschaft zum Engagement in der Bevölkerung erkennen. Das Potenzial gilt als noch lange nicht ausgeschöpft.

Generell lassen sich für das bürgerschaftliche Engagement in Deutschland heute die folgenden Trends erkennen:

- *Pluralisierung*: Neben klassischen Engagementsformen in Vereinen, Verbänden etc. sind neue Formen und Zusammenschlüsse getreten, so z.B. in den Bereichen Ökologie, Kultur, Schule, Gesundheit, Gender.
- *Individualisierung*: Engagement erfolgt heute unabhängiger von traditionellen Bindungen und Rollen. Dies gilt im Grundsatz für alle Altersgruppen gleichermaßen: Ob sich Menschen bürgerschaftlich engagieren, hat weniger mit ihrem kalendarischen Lebensabschnitt zu tun, sondern mehr mit der Zugehörigkeit zu einem bestimmten sozialen und kulturellen Milieu im Lebensverlauf.
- *Motivwandel*: Es existiert ein Motivwandel weg von altruistischen hin zu eher ereignis-, spaß- und selbstverwirklichungsbezogenen Motiven. Zunehmend bedeutsam werden auch individuelle Nutzenerwägungen wie z.B. „Reputation“, Investitionen in die Zukunft oder berufliche Gründe.

8.3 Sozial-bürgerschaftliches Engagement

Wenn im Folgenden von sozial-bürgerschaftlichem Engagement (sbE) die Rede ist, dann geht es um freiwilliges und unentgeltliches Engagement bei der sozialen

Dienstleistungserbringung. Obwohl die Grenzen fließend sind, können dabei prinzipiell zwei Formen unterschieden werden:

(1) Soziale Dienstleistungserbringung durch sozial-bürgerschaftliches Engagement selbst und

(2) sozial-bürgerschaftliches Engagement in Kooperation mit professioneller sozialer Dienstleistungsproduktion.

Beide Formen sind mittlerweile fester Bestandteil der Bemühungen um einen neuen Wohlfahrtsmix und gelten als förderungs- und weiterentwicklungswürdig. Ähnlich wie im Allgemeinen bürgerschaftlichen Engagement ist auch das sbE breit gefächert und richtet sich vor allem auf

- den Gesundheitsbereich, wie z.B. das Engagement der „grünen Damen" in Krankenhäusern oder die Mitarbeit in der ambulanten Hospizbewegung;
- die Altenhilfe- und -pflege wie z.B. Mitarbeit in lokalen Kranken- und Altenpflegevereinen, in der häuslichen Versorgung Demenzkranker oder die externe Mitarbeit in Heimbeiräten;
- die Wohnumfeldentwicklung, so etwa die Mitwirkung bei der sozialen Quartierserneuerung;
- Mitarbeit in Beschäftigungs- und Qualifizierungsgesellschaften (z.B. Fördermaßnahmen für arbeitslose Jugendliche);
- Mentorenprojekte (z.B. Senior-Experten-Service);
- die Vermeidung/Überwindung von sozialem Ausschluss wie z.B. soziale Lobbyarbeit oder die Mitarbeit bei Amnesty International;
- Schulangelegenheiten wie z.B. Hausarbeitsbetreuung bei sozial benachteiligten Kindern sowie
- die Kinder- und Jugendhilfe (z.B. Familienselbsthilfe, außerschulische Kinderbetreuung).

Dessen ungeachtet ist allen übrigen, nicht explizit als „sozial" ausgewiesenen Formen des bürgerschaftlichen Engagements häufig gemeinsam, dass auch soziale Themen bearbeitet bzw. sozialpolitische Anliegen verfolgt werden können. Darüber hinaus gibt es ein hohes Maß an bürgerschaftlichem Engagement in der Bevölkerung in Überschneidungsbereichen zum sozialen Sektor. So weisen viele freiwillig und unentgeltlich geleistete Tätigkeiten in Sportvereinen, bei der Freiwilligen Feuerwehr oder den technischen Hilfsdiensten sowie in den verschiedenen Freizeit- und Kulturangeboten stets auch soziale Elemente auf.

In der Praxis sind sozial-bürgerschaftlich Engagierte heute überwiegend im Bereich der „weichen" sozialen Bedarfslagen tätig, also dort, wo Art und Schwere der Aufgabe weder hohe zeitliche, physische, psychische noch besondere qualifikatorische Anforderungen stellen. Allerdings wandelt sich auch hier allmählich das Bild. Modellprojekte zeigen überraschende Erfolge des sbE in der häuslichen Versorgung demenzkranker älterer Menschen oder in der Hospizbewegung. Dennoch gilt, dass die Bearbeitung der „harten“ sozialen Bedarfslagen weit überwiegend den Professionellen vorbehalten bleibt. Aufgrund ihrer häufigen Bindung an formal organisierte Institutionen wie an Wohlfahrtsverbände oder Kirchen ist sbE inhaltlich stark an den Zielsetzungen und Leitbildern der jeweiligen Dachorganisationen ausgerichtet, ist somit zumeist organisiert und aufgabenbezogen.

SbE wird überwiegend von zumeist älteren und nicht (mehr) erwerbstätigen Frauen geleistet. Charakteristisch ist die Komplexität von Motiven und Beweggründen. In der Realität wirken förmliche Verpflichtungen, wie z.B. als Mitglied einer Kirchengemeinde, indirekte Entlohnungs- und Statusanreize zusammen mit selbstlosem, ideell begründetem Engagement („goldenes Helferherz“). Auch Selbstentfaltungsmotive oder das Interesse, Arbeitslosigkeit oder familienbedingte Unterbrechungszeiten nutzbringend zu überbrücken und ggf. sogar als Qualifizierung für eine spätere hauptberufliche Tätigkeit zu nutzen, sind von Bedeutung. Empirische Untersuchungen wie der Freiwilligensurvey zeigen darüber hinaus ein keineswegs ausgeschöpftes Potenzial für sbE in der Bevölkerung. Dies gilt vor allem für die jungen Alten, vorausgesetzt, die „Bedingungen stimmen“. Dazu zählen u.a. Verzicht auf formelle Verpflichtungen, projektorientierte Arbeit, hinreichendes Maß an Selbstbestimmung und -organisation sowie an infrastruktureller Ausstattung.

Obwohl sbE vom Grundsatz her unentgeltlich erfolgt, zeigen sich in Teilbereichen Übergänge zur Vergütung. Typisch sind indirekte Formen der Entlohnung wie Zahlung von Aufwandsentschädigungen, Übernahme von Fahrt- und Telefonkosten oder sonstige immaterielle „Belohnungen“ wie Beteiligung an Fort- und Weiterbildung. Die Träger gehen diesen Weg, um den für professionell erbrachte soziale Dienste erforderlichen Verpflichtungsgrad des sbE zu erhöhen sowie um der rückläufigen Mitwirkungsbereitschaft zu begegnen.

Der sozialpolitisch Wert des sozial-bürgerschaftlichen Engagements wird insbesondere in seiner spontanen, emotional hoch motivierten Herangehensweise, in der persönlichen Zuwendung und Anteilnahme gesehen, womit die Distanz zu den Hilfebedürftigen abgebaut und das Eingehen auf deren psychosozialen Nöte erleichtert werden können. Andererseits kann im Falle fehlender Anerkennung durch die jeweiligen Träger oder die Gesellschaft die Bereitschaft und Motivation auf Seiten der Engagierten sehr schnell zurückgehen. Da sbE nicht arbeitsvertraglich geregelt ist, kann sie jederzeit wieder aufgegeben werden. Dies alles schränkt ihre (Ver)Planbarkeit deutlich ein.

Im allgemeinen Sprachgebrauch werden mit sozial-bürgerschaftlichem Engagement auch Hilfen des sozialen Ehrenamts, Hilfen im sozialen Nahraum oder Selbsthilfe assoziiert. Allerdings sind in der Praxis die Übergänge fließend. Zum besseren Verständnis und aus analytischen Gründen wird im Folgenden eine für die wichtigsten Engagementsformen getrennte Abhandlung vorgenommen.

8.3.1 Soziales Ehrenamt

Lange Zeit verstand man unter sozial-bürgerschaftlichem Engagement nur ehrenamtliche soziale Arbeit, d.h. die meist unentgeltlich helfende Mitarbeit in den traditionellen Diensten und Einrichtungen der freien Wohlfahrtspflege, der Kirchen oder bei kommunalen Trägern. Dies trifft auch heute noch auf sehr viele Formen des sbE zu, denn noch immer ist eine zentrale Organisationsform die Anbindung an die wohlfahrtsverbandliche [illegible] großen Verbände der freien Wohl[illegible] zwischen 2,5 bis 3 Millionen Ehren[illegible]

D[illegible] r Regel immer noch auf ein festes [illegible] mit hauptamtlichen Kräften angew[illegible] sierungsdruck der verbandlichen s[illegible] ndung in die institutionellen Rahme[illegible] ige Organisations- und Arbeitsstr[illegible] n führt dazu, dass auch das verban[illegible] isierungs- und Ökonomisierungsbe[illegible]

Da[illegible] beobachtenden Rückgang in der Ber[illegible] entgeltlich bei Wohlfahrtsverbänd[illegible] ahren stagnierenden Zahlen ehrenam[illegible] kirchlichen Trägern. Die schleich[illegible] t neben einer allgemeinen Kritik an [illegible] zusammen mit der abnehmenden [illegible] liche soziale Arbeit typischen W[illegible] sensolidarität. Stattdessen gewinnen [illegible] r an Gewicht, was vor allem auf [illegible] dem die frei-gemeinnützigen Trä[illegible] eichungen der traditionellen Gesch[illegible] gung von Frauen reduzieren das kl[illegible] Rekrutierungspotenzial für sbE zusätzlich. Gefragt sind daher speziell bei den Wohlfahrtsverbänden Modernisierungskonzepte, welche die neuen Dimensionen der bürgerschaftlichen Beteiligung einschließen, sowie eine neue Kultur des Entscheidens und Planens, die offen ist für die „Ressource Mitarbeit“.

Dem entspricht, dass auch insgesamt seit Mitte der 1980er Jahre ein Strukturwandel des sozialen Ehrenamts konstatiert wird. Zum einen wird damit auf veränderte Motive, Erwartungen und Zeitstrukturen abgehoben. An die Stelle traditioneller Motive wie Pflichtethiken, Selbstlosigkeit und Kontinuität sind vermehrt lebensphasenabhängige und damit zeitlich befristete Gründe für die Bereitschaft zur Mitarbeit getreten. Dies gilt z.B. für Eltern mit Kinderbetreuungsproblemen oder für Frauen in der familienbedingten Unterbrechungsphase.

Auch wird freiwilliges soziales Engagement zunehmend in selbstorganisierten Kontexten von Nachbarschaftshilfe oder neuen Formen der außenorientierten Selbsthilfe eingebunden und wird sehr viel häufiger lediglich punktuell ausgeübt. Das klassische soziale Ehrenamt stirbt somit nicht aus, strukturiert sich jedoch um. Im Effekt kann derzeit noch ein Nebeneinander des klassischen sozialen Ehrenamts mit einem neuen sozial-bürgerschaftlichen Engagement konstatiert werden.

Eine weitere, ebenfalls immer noch gebräuchliche Unterscheidung ist die zwischen politischem und leitendem Ehrenamt. Zum politischen Ehrenamt zählen dabei die Aktivitäten, die nicht mit personenbezogenen Hilfen, sondern mit informationsbezogener Koordination und Verbreitung zu tun haben, wie die typischen politischen Ehrenämter von Männern in Vereinen, Parteien, Gewerkschaften, Kirchen und Wohlfahrtsverbänden, sozialen Diensten und Einrichtungen. Unter das leitende Ehrenamt fällt die freiwillige und unentgeltliche Steuerung von Organisationen in Vorständen, Beiräten und anderen Gremien.

Darüber hinaus wird häufig noch nach thematischem Engagement differenziert, d.h. Mitwirkung in Nachbarschaftshilfen, Stadtteilinitiativen, aber auch in Projekten von Parteien, Stiftungen und Initiativen.

8.3.2 Soziale Hilfen und Unterstützung durch „kleine Netze"

Zu den sog. kleinen Netzen bzw. Netzwerken zählen solche durch (entferntere) Verwandte, Freunde, Nachbarn und Bekannte und zunehmend auch durch Mitglieder von nicht-ehelichen Lebens- oder anderen Wohngemeinschaften (z.B. von Studierenden) geleistete soziale Hilfen und Unterstützung. Häufige Formen sind Hilfen bei der Kinderbetreuung, beim Einkaufen, bei der Erledigung von Behördengängen sowie die Übernahme von Freundschafts- und Nachbarschaftsdienste (z.B. bei schwerer Hausarbeit, beim Umzug und dgl.).

Die Bedeutung solcher Hilfen liegt vor allem im Bereich der alltäglichen kleinen Probleme, d.h. der kurzfristigen, punktuellen und aktuellen Notlagen und Krisensituationen. Voraussetzung ist dabei die Existenz von Sozialbeziehungen überhaupt sowie ein Mindestmaß von Intensität und Intimität. Da sich – im Unterschied zur familiären Hilfe im engeren Sinne – die Hilfe durch so genannte kleine Netze stärker nach Maßgabe persönlicher Zuneigungen richtet, ist sie damit im Allgemeinen weniger verbindlich und verpflichtend. Bei schwierigeren, stark beanspruchenden, mit höherer Verantwortung verbundenen oder bei zeitlich aufwendigeren und verpflichtenden Hilfen ergeben sich – von Ausnahmen abgesehen – sehr schnell Überforderungen.

Allen Formen der Hilfen im Netzwerk ist gemeinsam, dass sie im Regelfall unorganisiert und spontan erbracht werden. Sie basieren im hohen Maße auf Wechselseitigkeit (Reziprozität), d.h. auf der Erwartung, im Bedarfsfall ebenfalls mit Unterstützung rechnen zu können, und geraten folglich rasch an ihre Grenzen, wenn dies nicht in dem erwarteten Maße erfolgt oder sogar ganz unterbleibt. Dennoch sind funktionierende Nachbarschafts- und andere Netzwerkbeziehungen z.B. für viele ältere Menschen oder für Menschen mit Behinderungen eine der wichtigsten Voraussetzungen zur selbstständigen Lebensführung überhaupt. Die Motive beruhen weniger auf traditionellen Werten wie Nächstenliebe oder Humanität. Vielmehr sind sie zumeist eingebunden in eine neue, eher unpathetische und problembezogene von Fall zu Fall Grundüberzeugung von der Notwendigkeit gegenseitiger sozialer Unterstützung (Alltagssolidarität).

8.3.3 Soziale Selbsthilfegruppen, -projekte und Selbsthilfeinitiativen

Auf soziale Probleme und Themen ausgerichtete Selbsthilfegruppen, -projekte und -initiativen beruhen nach ihrem Selbstverständnis auf selbstorganisierter Hilfe in sozialräumlich überschaubaren Beziehungsnetzen. Sie agieren überwiegend auf lokaler und regionaler Ebene. Ziel ist im Allgemeinen die gemeinsame Bearbeitung von sozialen Problemen bei gleicher Betroffenheit, wobei es sich in erster Linie um Eigenhilfe handelt, die aber immer auch Dimensionen von Fremdhilfe enthält. Schwerpunkte liegen im Gesundheits- und Sozialbereich und neuerdings auch im Bereich kultureller Aufgaben. Insgesamt lassen sich drei Typen unterschieden:

Innenorientierte Selbsthilfegruppen und -projekte von Selbst- und Gleichbetroffenen (Selbsthilfegruppen im engeren Sinne)

Wenn im allgemeinen Sprachgebrauch von Selbsthilfe gesprochen wird, dann sind überwiegend solche gemeint. Sie sind Zusammenschlüsse von Personen, die das gleiche soziale Problem aufweisen bzw. gemeinsam von einer bestimmten sozialen Bedarfslage betroffen sind und sich unentgeltlich und zumeist auch ohne besondere Qualifikationen gegenseitig helfen (z.B. Selbsthilfegruppen pflegender Angehöriger, Selbsthilfe nach Krebs, Selbsthilfegruppen Essgestörter). Eine materielle Gewinnerwartung gibt es zumeist nicht.

Neben der Selbst- bzw. Gleichbetroffenheit der Mitglieder von Problemen bilden direkte und zeitsynchrone Reziprozitätsbeziehungen die Basis der Arbeit, d.h. die unmittelbare Unterstützungserwartung. Professionelle Helfer wirken – wenn überhaupt – nur flankierend mit. Die Hilfeleistungen beschränken sich auf ad-hoc-Situationen bzw. auf bestimmte Einzelprobleme von Gleichbetroffenen. Die Laien- oder Betroffenenkompetenz, deren Fachlichkeit allerdings häufig kontrovers eingeschätzt wird, bildet die wichtigste Grundlage ihres Handelns. Wechselseitige Hilfe und Unterstützung ist in aller Regel bereits Ziel der Gruppengründung.

Außenorientierte Selbsthilfegruppen und -projekte

Diese sind zunächst ebenfalls primär auf sich selbst orientiert, wenden sich mit ihren Leistungen aber auch ganz gezielt an andere Betroffene, die (noch) nicht Mitglieder sind (z.B. Rheumaliga, Anonyme Alkoholiker, Gruppen der Lebenshilfe). Auch sind sie stärker formalisiert (z.B. als Verein) und verfügen häufig schon über Untergruppen. Ihre Außenwirkung ist auf die Unterstützung von betroffenen Individuen bezogen. Dies reicht von der öffentlichen Thematisierung bestimmter, aus ihrer Sicht problemverursachender oder -verschärfender Rahmenbedingungen bis hin zu Versuchen, unmittelbar auf Politik Einfluss zu nehmen. Auf diese Weise können sich sogar Formen verbandsähnlicher Fremdhilfe entwickeln, bei der die unentgeltliche Arbeit der Mitglieder dann nur noch eine nachrangige Rolle spielt. Aus einer solchen Entwicklung sind historisch die Wohlfahrtsverbände entstanden.

Selbsthilfeinitiativen
In ihnen engagieren sich Menschen nicht primär aus eigener, sondern aus solidarischer Betroffenheit. Ihr Interesse besteht in der Verbesserung sozialer und gesundheitlicher Probleme insgesamt und der Hilfe für andere Menschen (neue Selbsthilfebewegung). Im Gegensatz zu den außenorientierten Selbsthilfegruppen bezieht sich ihre Außenorientierung auf das soziale und politische Umfeld, auf die staatliche (Sozial)Politik sowie ganz allgemein auf gesellschaftliche Missstände (z.B. Kinderschutzbund, Arbeitsloseninitiativen, Seniorenschutzbund Graue Panther). Die Übergänge zu den organisierten Verbänden sind hier fließend.

Das auf soziale Probleme und Themen ausgerichtete Engagement der innen- wie außenorientierten Selbsthilfegruppen und -projekte richtet sich im Regelfall auf einen bestimmten Personenkreis und auf eine spezifische Hilfeleistung. Andere Gruppen bieten ihre Leistungen auch Nichtmitgliedern an und beschäftigen nicht selten bereits professionelle Kräfte. Leistungsschwerpunkte liegen dabei in psychosozialer Unterstützung, Beratung, Information, praktischer Hilfestellung und Selbsthilfeaktivierung. Sie beziehen sich häufig auf solche (psychosozialen) Problem- und Bedarfslagen, die einer professionellen Bewältigung nur schwer oder nicht zugänglich sind. Wenn auch die Spannweite ihres Problem- und Aufgabenfeldes groß ist, so liegt der Schwerpunkt eindeutig im Sozial- und Gesundheitsbereich (vgl. dazu am Beispiel einer Großstadt Übersicht IX.12). Ihre Aktivitäten beziehen sich vor allem auf Personen, die direkt oder indirekt von folgenden Problemen betroffen sind:

- Chronische Erkrankungen (z.B. Krebs, Rheuma, Diabetes, Epilepsie, Asthma, Aids, Multiple Sklerose);
- Psychosoziale Probleme, z.B. nach Tod eines Angehörigen, nach einer Trennung oder bei psychischen Erkrankungen;
- Behinderungen und Pflegebedürftigkeit, z.B. durch Unfall, Blindheit, chronische Erkrankungen;
- Sucht, d.h. Alkoholismus, Drogen, Spielsucht oder Medikamente;
- Spezielle Problemlagen von Frauen wie z.B. Stillgruppen, brustamputierte Frauen oder misshandelte Frauen;
- Besondere Erziehungsprobleme, z.B. Alleinerziehende, Müttergruppen behinderter Kinder oder fehlende Kinderbetreuung.
- Darüber hinaus gehören solche Selbsthilfegruppen und -projekte dazu, in denen sich Menschen zusammengeschlossen haben, die sich in einer ganz beson-

deren sozialen Problemlage befinden (z.B. Arbeitslose, Sozialhilfeempfänger) oder aber die als Mitglied einer ansonsten nicht prinzipiell mit sozialen Problemen assoziierten Gruppe dennoch gemeinsam bestimmte Probleme aufweisen. Dies gilt z.B. für Angehörige von Ausländergruppen, kontaktsuchende ältere Menschen, Schwule und Lesben.

Dem entspricht eine zusätzliche Differenzierung nach Zielen. *Psychosoziale* Selbsthilfegruppen verfolgen über gleichzeitige Selbstveränderung und soziale Veränderung vor allem therapeutische Ziele. Dies gilt z.B. für die Anonymen Alkoholiker. *Medizinische* Selbsthilfegruppen, wie z.B. die Rheuma-Liga, konzentrieren sich auf außenorientierte Selbsthilfe wie Beratung und Gesetzesbeeinflussung. Zu den *bewusstseinsverändernden* Selbsthilfegruppen gehören die meisten Frauengruppen, zu den lebensgestaltenden u.a. die Landkommunen. *Arbeitsorientierte* Selbsthilfegruppen, zu denen viele Arbeitslose zählen, versuchen, sich eine berufliche Tätigkeit zu erschließen. Schließlich gibt es in wachsender Zahl *ausbildungsorientierte* Selbsthilfegruppen, die sich zu gegenseitiger Unterstützung bei Studium, Ausbildung etc. zusammengeschlossen haben.

Die Gründung von Selbsthilfegruppen, -projekten und -initiativen und die Mitarbeit in ihnen werden zumeist durch mehrere Faktoren bestimmt: Sie sind einerseits Reaktion auf die wachsenden Überforderungen und Unzulänglichkeiten primärer sozialer Netzwerke bei der Bewältigung von neuen sozialen Notlagen, gesundheitlichen Problemen usw., andererseits Reaktion auf Versorgungslücken im professionellen Leistungssystem. Viele Selbsthilfegruppen und -projekte sind sogar in bewusster Ablehnung von professioneller Hilfe entstanden.

Erklärtes Ziel vieler Selbsthilfegruppen ist, die qualitativen Mängel des professionellen Systems zu überwinden und der Expertenhilfe die Eigenkompetenz gegenüberzustellen. Betont wird, aus der Objektsituation des Hilfebedürftigen und -abhängigen ausbrechen und stattdessen die Probleme selbstverantwortlich und im Vertrauen auf die eigene Kraft lösen zu wollen. Diese, in der Arbeit vieler Selbsthilfegruppen implizit angelegte politisch-solidarische Bewältigungsform sozialer Probleme kann somit auch als Ausdruck von Selbstbestimmung interpretiert werden.

Hilfeleistungen in Selbsthilfegruppen und -projekten erfolgen im Unterschied zur Familienhilfe nicht beiläufig und sind auch nicht in die alltäglichen Lebens- und Handlungszusammenhänge eingebunden. Selbsthilfegruppen und -projekte stehen damit zwischen dem primären Sozialsystem und dem professionellen sozialstaatlichen System. Sie sind zumeist neben den professionellen sozialen Diensten tätig, können diese jedoch nicht ersetzen. In dieser ergänzenden Funktion liegen – wie Untersuchungen zeigen – ihre besonderen Vorzüge. Dies ist ein wichtiger Grund dafür, dass Selbsthilfegruppen und -projekte zunehmend durch kommunale Sozialpolitik initiiert, gefördert und gestützt werden. Dies gilt insbesondere für die außenorientierten Selbsthilfegruppen und -projekte.

Übersicht IX.12:

Selbsthilfegruppen von A-Z in Düsseldorf		
Abhängigkeit	- kleinwüchsiger Kinder	Mütter
Aids	- todkranker Kinder	- berufstätige
Ängste	- Kinder m. Down-Syndrom	- mit Behinderungen
Alkohol	Ess-Störungen	Narkolepsie
Allein Erziehend	Epilepsie	Nichtraucherschutz
Allergien	Familienselbsthilfe	Nebennierenerkrankungen
Alzheimer Krankheit	Fehlgeburt	Organtransplantierte
Amputierte Gliedmaßen	Fibromyalgie	Osteoporose
Anfallskrankheit	Gastrektomie	Pankreaktektomie
Angehörige:	Gebärmutterkrebs	Parkinson
- Drogenabhängige	Gehörlosigkeit	PCO-syndrom
- Alkoholsüchtige	Geistige Behinderung	Peritoneal-Dialyse
- Psychisch Kranke	Gesichtsfehlbildung	Phenylketonurie
Arbeitslosigkeit	Gilles-La-Tourette-Syndrom	Poliomyelitis
Arbeitssucht	Haarausfall, kreisrunder	Pro Retina
Asthma	Hepatitis C	Prostatakrebs
Aufmerksamkeitssyndrom	Heredoataxie	Psoriasis
Ausländer	Herz	Psychische Erkrankungen
Autismus	Hirnbeschädigungen/ verl.	Partnerschaft, binationale
Bauchspeicheldrüsenope-	Hörbehinderung	Rheuma
rierte	Homosexualität	Sado-Masochismus
Bauchfelldialyse	Hörbehinderungen	Schiefhals
Behinderungen	Huntington	Schilddrüsener-
Beziehungssucht	Hypophysenerkrankung	krankungen
Blindheit	Ilco	Schlafapnoe
Brustkrebs	Kehlkopflose	Schlaganfall
Bulimie	Kinderlosigkeit	Schmerz
Borderliner Anonymous	Kindstod	Schuppenflechte
Chemische Sensitivität	Kindesentzug	Sehbehinderung
Clusterkopfschmerz	Kleinwüchsige	Sexualität
Colitis ulcerosa	Kleptomanie	Sexueller Missbrauch
Contergangeschädigte	Körperbehinderungen	Sklerodermie
Co-Abhängigkeit	Kopfschmerz	Skoliose
Darmkrebs	- Migräne	Sprachbehinderung
Depression	Krebs	Stillen
Diabetes	Lesben	Stottern
Dialyse, Bauchfell	Leukämie	Sucht
Down-Syndrom	Legasthenie	Tinnitus
Drogen	Lupus Erythematodes	Tourettesyndrom
Eltern:	Medikamentenabhängigkeit	Transplantationen
- allergiekranker Kinder	Messie-Syndrom	Trauer
- Aufmerksamkeitsdefizit	Migräne	Trichotillomanie
- behinderter Kinder	Morbus Bechterew	Unruhige Beine
- herzkranker Kinder	Morbus Crohn	Ullrich-Turner-Syndrom
- hörbehinderter Kinder	Morbus Perthes	Venenerkrankung
- homosexueller Kinder	Multiple Sklerose	Zöliakie (Sprue)
- legasthenischer Kinder	Myasthenie	Zwangserkrankungen

Quelle: Gesundheitsamt der Stadt Düsseldorf, 2006.

Trotz aller öffentlichen Förderung sind Selbsthilfegruppen und -projekte aber nur sehr bedingt als eigenständige, kontinuierliche, verlässliche und planbare soziale Dienstleistungsanbieter einsetzbar. Abgesehen von dem jederzeit möglichen Rückzug ihrer Mitglieder ergeben sich auch durch ihre häufig ungleiche regionale und aufgabenbezogene Präsenz sowie durch die nicht jedermann gleich mögliche Zugänglichkeit zu ihnen natürliche Einschränkungen. Dies gilt insbesondere für die innenorientierten Selbsthilfegruppen und -projekte.

Vor allem innen- wie außenorientierten Selbsthilfegruppen und -projekte haben in der Vergangenheit starke Zuwachsraten gehabt. Nach Schätzungen gibt es derzeit bundesweit über 70.000 aktive Selbsthilfegruppen und -initiativen, in denen knapp 3 Millionen Menschen organisiert sind. Da aber nur ein Teil der Selbsthilfegruppen, -projekte und -initiativen offiziell bekannt ist und viele Gruppen und -projekte in gering formalisierten Formen tätig sind, können sogar weitaus höhere Zahlen vermutet werden.

Im Hinblick auf zukünftige Entwicklungstrends kann von einer weiteren Bedeutungszunahme vor allem im Sozial- und Gesundheitsbereich ausgegangen werden. Förderlich dürfte sich dabei der steigende Bildungsgrad der Bevölkerung auswirken, da dieser den Zugang zur organisierten Selbsthilfe erleichtert. Auch ist zu erwarten, dass das wachsende Potenzial an Kompetenz und Zeit, zumindest in bestimmten Teilsegmenten der Bevölkerung, ebenfalls für Selbsthilfeaktivitäten genutzt werden kann.

Letzteres gilt insbesondere für die jungen Alten. Als Beleg lassen sich zahlreiche neue zielgruppenspezifische Formen der Förderung und Vermittlung von bürgerschaftlichem Engagement in dieser Lebensphase anführen. In ihnen sind überdurchschnittlich viele Menschen, die sich am Ende ihres Erwerbslebens oder in der nachberuflichen Übergangsphase befinden, tätig. Mit Angeboten des gegenseitigen Austausches von sozialen Dienstleistungen richten sie sich dabei vorzugsweise an Menschen im mittleren und höheren Lebensalter (z.B. Seniorengenossenschaften). Allerdings sind weder Stabilität von organisierter Selbsthilfe noch ihre weitere Entwicklung voraussetzungslos. Vielmehr ist auch dafür eine vielseitige direkte, infrastrukturelle und ideelle Förderung notwendig, die ihrerseits wiederum finanzieller und professioneller Absicherung bedarf.

8.3.4 Förderstrategien

Wenn es um die Ausweitung des (sozial-)bürgerschaftlichen Engagements geht, dann lassen sich grundsätzlich vier mögliche Felder für Gestaltungsperspektiven benennen:

- *Individuumsbezogene Förderstrategien:*
  Diese Förderstrategien kommen direkt den Engagierten zugute. Zentrale Ansatzpunkte bestehen in der stärkeren Berücksichtigung von Motivations- und Interessenslagen der Aktiven, darunter insbesondere deren Selbstverwirkli-

chungsinteressen und persönlich erwartete „Gewinne" eines Engagements. Des Weiteren muss auf Möglichkeiten der Mitbestimmung in zeitlicher wie inhaltlicher Hinsicht, professionelle Begleitung, Fortbildungsmöglichkeiten, die Förderung sozialer Kontakte, unbürokratische Aufwandsentschädigung sowie die rechtliche Absicherung in Form von Unfall- und Haftpflichtversicherung geachtet werden. Ganz wesentlich ist auch die Förderung einer so genannten Anerkennungskultur, die hierzulande stark unterentwickelt ist.

- *Kooperationsbezogene Förderstrategien:*

  Hierzu zählen die Verbesserung der Zusammenarbeit von Haupt- und Ehrenamtlichen durch fachlich, inhaltlich und zeitlich begründete Abgrenzung der jeweiligen Leistungs- und Aufgabenbereiche, durch eine sachgerechte Aufgabenteilung; des Weiteren die klare Zuweisung von Verantwortlichkeiten und die bessere Nutzung der je spezifischen, häufig hauptberuflich vorgeprägten Kompetenzen der interessierten Freiwilligen.

- *Gemeinwesenbezogene Förderstrategien:*

  Hierzu zählt insbesondere der Aufbau einer trägerübergreifenden öffentlichen Infrastruktur zur Förderung freiwilligen Engagements und zur Mobilisierung von Interessentinnen und Interessenten. Als geeignete Formen gelten zentrale Informations- und Beratungsstellen, wie z.B. Freiwilligenagenturen oder Seniorenbüros. Kommunale Förderpläne für freiwilliges Engagement sowie damit verbundene transparente Richtlinien tragen nicht nur zur Erhöhung der Engagementbereitschaft bei, sondern insgesamt auch zu einer gesteigerten Zufriedenheit der bereits Engagierten.

- *Gesellschaftsbezogene Förderstrategien:*

  Künftig dürften vor allem solche Förderkonzepte an Bedeutung gewinnen, die auf eine Ausgestaltung unterstützender gesellschaftlicher Rahmenbedingungen zielen. Sie beziehen sich insbesondere auf die Vereinbarkeit von Freiwilligenarbeit mit Erwerbstätigkeit sowie insgesamt auf eine verbesserte Zusammenarbeit mit Betrieben und Tarifpartnern. Es macht auch Sinn, die individuelle Bereitschaft zum freiwilligen Engagement bereits im jüngeren und mittleren Lebensalter, z.B. durch die soziale Absicherung von „Sozialzeiten", steuerliche Vergünstigungen bzw. die Gleichstellung von „Zeitspenden" mit Geldspenden, zu unterstützen. In späteren Phasen des Erwerbslebens lässt sich eine Vorbereitung auf nachberufliches bürgerschaftliches Engagement und Freiwilligenarbeit im Rahmen von Arbeitszeitflexibilisierung, Altersteilzeit und anderen Formen flexibler Übergänge fördern.

8.4 Familienhilfe, Selbsthilfe und sozial-bürgerschaftliches Engagement – Alternative oder Ergänzung zu professionellen sozialen Diensten?

Vor dem Hintergrund anhaltender Finanzierungsschwierigkeiten der öffentlichen Haushalte wird seit langem diskutiert, ob durch einen verstärkten Rückgriff auf den nicht-professionellen Hilfesektor und eine Aufwertung von sozial-bürgerschaftlichem Engagement Alternativen zu einem kostspieligen Ausbau professioneller sozialer Dienste entwickelt werden können.

Gängig ist in diesem Zusammenhang vor allem die Forderung, die Familienhilfe auszuweiten. Berücksichtigt man allerdings die veränderten demografischen und sozialen Bedingungen sowie die Umbrüche in den Lebensstilen der Menschen, wird schnell sichtbar, dass solche Vorstellungen kaum mehr eine Grundlage haben. Bereits heute sind Familien mit bestimmten Problemlagen vielfach bis an den Rand ihrer Leistungsfähigkeit belastet, wie z.B. in der häuslichen Altenpflege. Vor allem bei lang andauernder Verpflichtung und/oder bei demenzkranken Pflegebedürftigen erfolgt dies häufig um den Preis einer physischen und psychischen Überforderung der helfenden Angehörigen und nicht selten einer Gefährdung von Familien- und Ehebeziehungen.

Bemühungen zur Ausweitung der Familienhilfe zielen de facto auf Frauen. Vor allem als Alternative zur Erwerbstätigkeit zementieren sie die traditionelle geschlechtsspezifische Arbeitsteilung. Wird zwischen Familie und Beruf ein „Entweder - Oder" aufgebaut, dann dürfte diese Alternative unter den gegenwärtigen Bedingungen zu Lasten des Kinderwunsches gehen (vgl. dazu Kap. „Familie", Pkt. 4.2). Deshalb stellt sich vor allem die Frage, wie es unter diesen Bedingungen dennoch gelingen kann, das vorhandene Leistungspotenzial der Familien zu stützen und dabei auch die Männer zu motivieren, sich stärker bei sozialen Aufgaben in der Familie zu beteiligen. Es kommt somit darauf an, durch geeignete, und die gewandelten Bedingungen angemessen berücksichtigende soziale Dienste und Einrichtungen die Hilfe- und Unterstützungsfähigkeit der Familien materiell und substantiell zu fördern. Dies setzt keinen Abbau, sondern vielmehr einen familienorientierten Aus- und Umbau des bestehenden Dienstleistungsangebotes voraus:

So ist z.B. zur Unterstützung der Familien bei Kinderbetreuung und -erziehung die Bereitstellung eines quantitativ und qualitativ ausreichenden Angebots an Plätzen in Kindergärten, -krippen und Horten, an Ganztagsschulen, sonstigen Erziehungshilfen und -beratungsstellen, an Freizeit- und außerschulischen Bildungsangeboten oder an Ferienmaßnahmen erforderlich. Dadurch werden die Voraussetzungen dafür geschaffen, dass Kinder möglichst problem- und sorgenfrei aufwachsen und ihr Recht auf Selbstentfaltung und Persönlichkeitsentwicklung auch unter schwierigen Erziehungs- und Familienverhältnissen einlösen können. Dies gilt in einem ganz besonderen Maße für die steigende Zahl der Kinder von Alleinerziehenden. Erst solche familienstützenden und -ergänzenden Dienste und Hilfen ermöglichen es den Frauen überhaupt, Familie und Beruf vereinbaren zu können und nicht vor die Situation gestellt zu werden, beruflichen Erfolg nur ohne Kinder erreichen zu können.

Zur häuslichen Versorgung und Pflege älterer Menschen bedarf es ambulanter Hilfen wie Sozialstationen, teilstationärer Einrichtungen, Kurzzeit- und Urlaubspflegeangebote sowie nicht zuletzt auch der ergänzenden Unterstützung durch sozial engagierte Laienhelfer. Für die zumeist weiblichen Pflegepersonen, die Berufstätigkeit und familiäre Pflegeverpflichtungen vereinbaren wollen (oder müssen), sind darüber hinaus besondere betriebliche, tarifliche oder gesetzgeberische Hilfen erforderlich (z.B. flexible Arbeitszeitregelungen und andere bezahlte Freistellungsmöglichkeiten analog zum Kinderkrankenurlaub). Erst solche Rahmenbedingungen in der Arbeitswelt sowie die Verfügung über professionelle Hilfen, Angebote und Dienste bieten die Gewähr dafür, dass ältere Menschen ihre Lebensjahre in der gewohnten häuslichen Umgebung und bei Aufrechterhaltung der selbständigen Lebensführung verbringen können (vgl. Kap. „Alter", Pkt. 4.2).

Auch das frei gewählte sozial-bürgerschaftliche Engagement kann allerdings weder die Lücken familiärer Hilfen ausgleichen noch Ersatz sein für ein professionelles, organisiertes Leistungsangebot, das flächendeckend, verlässlich und dauerhaft zur Verfügung steht. Denn es gibt keinen Automatismus, der dafür sorgt, dass durch die „segensreichen Wirkungen einer unsichtbaren Hand" überall dort, wo Hilfebedarf besteht, auch unverzüglich informelle Hilfen entstehen, Gruppengründungen erfolgen und eine kontinuierliche Arbeit geleistet wird. Im Gegenteil: Die Mitarbeit wie die Aufkündigung eines sozial-bürgerschaftlichen Engagements beruhen auf freier Entscheidung und persönlicher (Zu)Neigung; mit der Folge, dass das Leistungspotenzial personell, zeitlich und räumlich erheblich begrenzt ist. Zudem decken weder Leistungsspektrum noch Hilfeformen des sbE die gesamte Bandbreite des Hilfebedarfs ab. Auch Selbsthilfegruppen und -projekte können wegen ihrer spezifischen Binnenstruktur und Außenwirkung keine dauerhaften und tragfähigen sozialpolitischen Versorgungsfunktionen übernehmen.

Grundlegendes Merkmal aller Formen des bürgerschaftlichen Engagements ist die *Freiwilligkeit*. Konzepte einer gesetzlichen Verpflichtung zur Übernahme von sozialen Tätigkeiten, wie etwa die Forderung nach einem sozialen Pflichtjahr für Jungendliche als Ersatz für Wehrpflicht und Zivildienst, widersprechen diesem Grundprinzip. Abgesehen davon, dass das Grundgesetz eine allgemeine Dienst- oder Arbeitspflicht ausschließt, bleibt zu fragen, wie mit ungelerntem, verpflichtetem und deswegen vielfach unmotiviertem Personal soziale Dienstleistungen verantwortlich erfüllt werden können. Die Arbeit qualifizierter und engagierter Fachkräfte lässt sich dadurch nicht ersetzen.

Statt Verpflichtungen sollte es deshalb um Förderung gehen, auf Jugendliche bezogen insbesondere um die Förderung des freiwilligen sozialen und ökologischen Jahres. Auch allgemein muss sozial-bürgerschaftliches Engagement direkt und indirekt, professionell, materiell-finanziell und politisch gefördert werden, um im Rahmen seiner Möglichkeiten wirken zu können. Zu den direkten Hilfen gehören z.B. die Übernahme von Sachmitteln, Miet- und Telefonkosten, in zunehmendem Maße auch der Einsatz von Hauptamtlichen; zu den indirekten Unterstützungsformen bestimmte infrastrukturelle Voraussetzungen, so z.B. Kontakt- und Informationsstellen, Anlaufpunkte, Räumlichkeiten, Beratungs- und Fortbildungsangebote oder Mittel für die Öffentlichkeitsarbeit. Zur politischen Förderung schließlich gehört die Unterstützung durch Beiräte und Kuratorien, mit dem Ziel, die Akzeptanz in Politik und Öffentlichkeit zu erhöhen.

So weisen immer mehr kommunale Haushaltspläne Etats für Selbsthilfefonds und -förderung auf. Auf lokaler Ebene sind Selbsthilfestiftungen gegründet worden. Auch auf Bundesebene gibt es eine staatliche Selbsthilfe- und sozial-bürgerschaftliche Engagementsförderung im Rahmen spezieller Modell- oder Förderprogramme. Auch existieren bereits erste bundesgesetzlich geregelte Förder- und Zuständigkeitsbereiche, so z.B. die explizite Berücksichtigung der Selbsthilfegruppen als Träger im Kinder- und Jugendhilferecht oder die Finanzierung von Gesundheitsselbsthilfe im Rahmen der Bestimmungen des Gesundheitsstrukturgesetzes.

Die je spezifischen Leistungspotenziale von Familienhilfe und sozial-bürgerschaftlichem Engagement in Nachbarschaftsgruppen, bei Kirchen und Wohlfahrtsverbänden oder in der organisierten Selbsthilfe lassen es im Grundsatz nicht zu, professionelle Leistungen zu ersetzen, wenn nicht erhebliche Versorgungsdefizite und Qualitätsverschlechterungen einerseits und Überforderungen der vorinstitutionellen Systeme andererseits in Kauf genommen werden sollen. Vielmehr spricht alles für einen auch künftig steigenden Bedarf in den unterschiedlichen Aufgaben- und Tätigkeitsfeldern des Sozial- und Gesundheitswesens. Das kann gleichwohl nicht heißen, die Bewältigung möglichst vieler sozialer Probleme in die alleinige Zuständigkeit des professionellen, öffentlichen Systems zu überführen. Dies ist weder finanziell möglich noch sozial- und gesellschaftspolitisch wünschenswert. Nicht alle Problemlagen und Bewältigungsformen bedürfen der Professionalität. Dies gilt insbesondere für den Bedarf an emotionaler Zuwendung und Stützung und für Hilfen bei den alltäglichen häuslichen Verrichtungen wie Hol-, Bring-, Begleit-, Putz- und Versorgungsdienste. Insofern kommt es darauf an, zwischen dem professionellen und dem nicht-professionellen Sektor Formen der Verknüpfung und Kooperation zu entwickeln. Die Förderung von sozial-bürgerschaftlichem Engagement muss daher zu einem eigenständigen Aufgabengebiet der Sozial- und Gesellschaftspolitik vor allem auf kommunaler Ebene werden. Hier liegt zugleich eine besondere Verpflichtung frei-gemeinnütziger Träger.

9 Soziale Dienste im europäischen Vergleich

Im europäischen Vergleich sozialer Dienste lassen sich – bei aller Heterogenität – insgesamt vier Gruppen von Ländern mit in etwa vergleichbarer sozialer Dienstleistungskultur unterscheiden. Diese sind wesentlich Ausdruck der jeweils übergeordneten nationalen Wohlfahrtkonzepte (vgl. Bd. I, Kap. „Sozialpolitik und soziale Lage“, Pkt. 2). Die folgenden Ausführungen beziehen sich mangels entsprechender Daten und Informationen schwerpunktmäßig auf die alten EU-Mitgliedsländer.

Staaten mit einem skandinavischen Wohlfahrtsregime

Die skandinavischen Länder Dänemark, Finnland und Schweden verfügen jeweils über ein quantitativ wie qualitativ hoch entwickeltes und nahezu ausschließlich öffentlich getragenes System sozialer Dienste. Dies entspricht dem für Skandinavien typischen „sozialdemokratischen" Wohlfahrtsregime. Demzufolge nimmt der Staat gegenüber seinen BürgerInnen eine umfassende sozialpolitische Leistungsverantwortung ein, die nahezu alle Lebensbereiche umfasst und auf hohen Anteilen sowohl öffentlicher Anbieter wie zugleich öffentlicher Finanzierung (im Wesentlichen aus Steuermitteln) beruht.

In seiner reinen Form ist das „sozialdemokratische" Sicherungsmodell für die sozialen Dienste derzeit am deutlichsten in Dänemark ausgeprägt. Demgegenüber lassen sich in Schweden seit Beginn der 1990er Jahre insbesondere in der Kinderbetreuung erste Tendenzen zur Anbieterdifferenzierung in Richtung auf mehr außerstaatliche Non-Profit-Organisationen erkennen. Hier gibt es in wachsender Zahl Elterninitiativen, die – allerdings ebenfalls öffentlich subventioniert – Kinderbetreuungseinrichtungen betreiben. Eine gewisse Ausnahme bildet ebenfalls Norwegen mit einer schon längeren Tradition von Non-Profit-Organisationen. Kommerzielle Anbieter spielen in allen skandinavischen Staaten so gut wie keine Rolle. Lediglich in Schweden gibt es ein (allerdings vergleichsweise kleines) Segment im stationären Altenhilfebereich.

In allen skandinavischen Ländern dominiert die kommunale Zuständigkeit, allen voran Dänemark, d.h. die sozialen Dienste werden traditionell von den Gemeinden geplant, finanziert und erbracht. Dem entspricht eine immer schon starke Stellung der Gemeinden mit relativ hoher Autonomie, eigenen Einnahmequellen und hoher demokratischer Legitimation. Der Zentralstaat koordiniert die Leistungen über Rahmenregelungen, Standards und finanzielle Zuweisungen. Typisch für die soziale Dienstleistungsproduktion skandinavischer Prägung ist weiterhin ein hohes Maß an Nutzerbeteiligung auch bei der Qualitätssicherung. Speziell Schweden ist vorbildhaft für die Vorrangstellung der Interessenvertretungs- gegenüber der primären Dienstleistungsfunktion. Es gibt zahlreiche Patienten-, Behinderten-, Pensionärs- oder Elternvereinigungen mit Mitwirkungskompetenzen auch im Bereich von Planungs- und Aufsichtsaufgaben auf lokaler Ebene.

Skandinavische Länder gelten sowohl in quantitativer wie in qualitativer Hinsicht als weltweit führend im Bereich der Kinderbetreuung, was zugleich Voraussetzung und Folge der traditionell hohen Frauenerwerbstätigkeit ist. Auch in der Versorgung mit ambulanten, teil- und vollstationären (Pflege)Diensten für ältere Menschen weisen die skandinavischen Staaten europaweit mit die günstigsten Versorgungsrelationen auf. Sie sind Teil der nationalen Gesundheitsdienste, wobei für gewöhnlich nicht so strikt zwischen gesundheitlicher Versorgung und Pflege getrennt wird wie z.B. in Deutschland. Typisch für die Altenhilfe in Skandinavien sind weiterhin ein hoher Versorgungsgrad mit hauswirtschaftlichen Diensten und deren systematische Integration in die allgemeine gesundheitliche und pflegerische Versorgungsstruktur.

Staaten mit einem liberalen Wohlfahrtsregime

Demgegenüber stehen die angelsächsischen Länder Vereinigtes Königreich und Irland mit einem eher beschränkten Angebot an öffentlichen sozialen Diensten, jedoch mit vergleichsweise hohen Anteilen privatwirtschaftlicher Anbieter. Dem entspricht das hier vorherrschende „liberale" Wohlfahrtsmodell, demzufolge der Staat vorrangig für die Übernahme von Grundsicherungsfunktionen zuständig ist. Im Vereinigten Königreich dominieren kommerzielle Anbieter den sozialen Dienstleistungssektor, Ausnahmen bestehen lediglich in der ambulanten Altenhilfe. Öffentliche Angebote sind eher nachrangig verbreitet. Dasselbe gilt für Non-Profit-Organisationen. Dies ist zum einen Indiz einer im Vereinigten Königreich ohnehin gering ausgeprägten öffentlichen Verantwortung für individuelle soziale Probleme insgesamt als auch Ergebnis der staatlichen Privatisierungspolitik seit den 1980er Jahren und kann als Vordringen des Thatcherismus auch im Bereich der lokalen Sozialpolitik interpretiert werden. Die Erbringung von Dienstleistungen durch private Anbieter ist Bestandteil der „mixed economy of care", wobei der Wettbewerb von Anbietern gefördert wird und Effizienz- und Kostengesichtspunkte die Vergabe von Leistungen steuern.

Entsprechend der historisch stark ausgeprägten („dualistischen") Funktions- und Aufgabentrennung zwischen Zentralstaat und Gemeinden obliegt die Planung, Bereitstellung und Qualitätssicherung sozialer Dienste grundsätzlich den Gemeinden. Allerdings haben die konservativen Regierungen seit den 1980er Jahren zunehmend die kommunale Selbstverwaltung ausgehöhlt. Seither dominiert auch im Bereich der sozialen Dienste eine zentralstaatliche Regulierung über Mittelzuweisung bei gleichzeitigen Bemühungen um höchstmögliche Effizienz und Kostenersparnis bei der eigentlichen Leistungserbringung vor Ort. Ähnlich wie bei der Neuen Steuerung in Deutschland (vgl. Pkt. 6.3 dieses Kapitels) zielen die entsprechenden Regelungen auf eine Modernisierung der lokalen Sozialbehörden in der Weise, dass soziale Dienste nicht mehr in kommunaler Eigenregie erbracht, sondern möglichst aus dem nicht-staatlichen Sektor angekauft werden sollen.

Andererseits gibt es im Vereinigten Königreich schon seit langem Bemühungen um mehr Nutzerbeteiligung. Dasselbe gilt auch für Qualitätssicherung. Zeitgleich mit der Privatisierung im Bereich der sozialen Dienste wurden Vorschriften erlassen, nach denen die Empfänger als „Konsumenten" bereits in die Planung und dann auch in die Dienstebereitstellung einzubeziehen sind und insgesamt Sorge dafür zu tragen ist, dass deren Entscheidungsfreiheit über die eigene Lebensgestaltung möglichst respektiert wird. In der Behinderten- und Altenhilfe sind Assessment-Verfahren und Care-Management-Systeme unter Beteiligung der Betroffenen zwingend vorgeschrieben. Es existieren zudem gesetzliche Rahmenstandards, welche die Träger bei der Erbringung personenbezogener sozialer Dienste für Erwachsene einzuhalten haben. Ebenso sind in der stationären Hilfe und Pflege Überprüfungsergebnisse der Aufsichtsinstanzen öffentlich zu machen. Insgesamt sind derartige Bemühungen auf dem Hintergrund einer langen und in jüngster Zeit erneut revitalisierten Tradition von Nutzerbeteiligung zu interpretieren, welches – entsprechend dem „bottom-up-Prinzip" – die Demokratisierung des Dienstleistungssektors betont. In vielen Bereichen der britischen sozialen Arbeit ist daher auch von einem „neuen Paradigma des Empowerment" die Rede.

Im Vereinigten Königreich ist das Angebot an Kinderbetreuungseinrichtungen vergleichsweise gering entwickelt, und die wenigen Angebote sind überdies durch traditionelle Klassenunterschiede gekennzeichnet. Öffentliche Einrichtungen werden von Kindern aus einkommensschwächeren Familien besucht, die Mittel- und Oberklasse greift häufig auf private Arrangements zurück. Aufgrund der traditionell lange Zeit dominanten Heimpflege gibt es jedoch einen Nachholbedarf bei den ambulanten und teilstationären Diensten. In den letzten Jahren hat es jedoch im Bereich der Kinderbetreuung wie der Altenhilfe einen deutlichen Ausbau gegeben. Dahinter steht auch das Ziel der Politik, Mütter, insbesondere allein erziehende Mütter, in den Arbeitsmarkt zu integrieren und dafür die infrastrukturellen Voraussetzungen zu schaffen.

Irland rangiert sowohl im Kinderbetreuungs- wie im Altenhilfebereich im europäischen Vergleich sowohl quantitativ wie qualitativ jeweils deutlich im unteren Ende der Versorgungsskala.

Staaten mit einem konservativen Wohlfahrtsregime

Die Niederlande, Frankreich, Belgien und Österreich werden (zusammen mit Deutschland) üblicherweise dem „konservativen" (mitteleuropäischen) Sozialstaatsregime zugeordnet. Dieses zeichnet sich durch ein hohes und zugleich statussicherndes Sozialleistungsniveau mit zudem starken korporatistischen Verflechtungen sowie einer öffentlichen Finanzierungsverantwortung (im Wesentlichen im Rahmen der Sozialversicherung) aus.

In allen Ländern findet man eine vergleichsweise hohe Beteiligung von Non-Profit-Organisationen (NPOs) an der sozialen Dienstleistungsproduktion, allerdings mit unterschiedlichen Anteilen in den einzelnen Marktsegmenten. Dennoch dominieren in Frankreich und Belgien fast überall die öffentlichen Anbieter. In den Niederlanden wiederum nehmen die NPOs teilweise fast schon eine monopolartige Stellung ein (so in der Altenhilfe). Insgesamt zeichnen sich die Niederlande ebenso wie Deutschland durch ein auf dem Subsidiaritätsprinzip aufbauendes System sozialer Dienste aus. In beiden Ländern gibt es auch entsprechend hohe Anteile an kirchlichen Trägern. In den Niederlanden geht die Vorrangstellung der NPOs sogar soweit, dass im stationären Pflegebereich privat-kommerzielle Anbieter erst gar nicht zugelassen sind.

Die eigentliche Dienstleistungsversorgung ist weitgehend dezentralisiert, d.h. zuständig sind jeweils in Frankreich die Departements, in Belgien die beiden großen Sprachgemeinschaften, in den Niederlanden und in Österreich – wie in Deutschland – die Kommunen. Allerdings gibt es überall zentralstaatliche Rahmenbedingungen. Dies betrifft vor allem die Zuständigkeit für die Sozialversicherung und damit die Finanzierung eines Großteils der Dienste im Gesundheits- und Pflegewesen.

Sowohl die Niederlande wie Deutschland sind traditionell unterversorgt mit Kinderbetreuungseinrichtungen, was Ursache und Folge zugleich der immer noch niedrigen Erwerbsbeteiligung von Müttern ist. Anders dagegen sieht die Versorgungslandschaft in Frankreich und Belgien aus. Hier gibt es insbesondere im Bereich der Kinder-, Jugend- und Familienhilfe eine vergleichsweise stark ausgebaute Dienstelandschaft, die sich in großem Umfang in öffentlicher Trägerschaft befindet. Europaweit liegen Belgien und Frankreich bei den Kleinkindbetreuungs- und Vorschulsystemen sogar mit an der Spitze. In Frankreich ist dies auch Ausdruck einer aktiven Familienpolitik, zu der explizit die Vereinbarkeit von Familie und (Frauen)Erwerbstätigkeit zählt.

In der Altenhilfe und -pflege bestehen in allen mitteleuropäischen Staaten vergleichsweise hohe Betreuungsrelationen. Im Detail ist zu differenzieren nach Ländern mit einheitlichen Gesundheits- und Pflegeversorgungssystemen wie Frankreich und Belgien sowie nach Ländern mit einer zusätzlichen Pflegeversicherung wie die Niederlande, Österreich und Deutschland. In der Konsequenz findet man in Belgien und Frankreich eine starke (da institutionalisierte Trennung) zwischen pflegerischen (Krankenversicherung) und hauswirtschaftlichen (dezentralisierte Zuständigkeit) Diensten. In der Praxis trifft diese fehlende Integration auch auf die Niederlande, Deutschland und Österreich zu. Hier sind die Niederlande jedoch mit einem vergleichsweise gut ausgebauten System von care-management (so in der Behindertenhilfe) vorbildlich. Für alle Länder gleichermaßen gilt das Bestreben, ein System flexibler ambulanter und teilstationärer Dienste auf- und auszubauen. Entsprechend groß sind auch gemeinsame Bemühungen zur besseren Fallsteuerung, Koordination und Vernetzung vor allem zwischen stationär und ambulant einerseits sowie neuerdings auch um eine bessere Integration von Pflege und Hauswirtschaft andererseits. Ebenfalls in allen Staaten gleichermaßen lässt sich – nicht zuletzt wegen der vergleichbaren demografischen Entwicklung – ein Trend zur Herausbildung der Altenpflege als ein eigenständiger Bereich sozialer Dienstleistungsproduktion feststellen.

Staaten mit einem nachholenden Wohlfahrtsregime

Die südeuropäischen Länder Griechenland, Spanien und Portugal zählen zu den Staaten mit einem vergleichsweise gering ausgebauten öffentlichen System sozialer Dienste. Dem entspricht ein nationales Wohlfahrtssystem, das wegen seiner noch begrenzten, in den letzten 20 Jahren jedoch stark ausgebauten Leistungen häufig als „nachholend“ bezeichnet wird. Der Grund liegt vor allem in der vorherrschenden „familialistischen“ Tradition in der Sozialpolitik, nach der zuvorderst die Familie, allen voran die Frauen, für die Bearbeitung und Lösung individueller sozialer Probleme zuständig sei. Für Italien und Spanien kommt noch der besondere Einfluss der katholischen Kirche hinzu.

Beide Länder haben allerdings ein vergleichsweise gut ausgebautes System an vorschulischen Betreuungseinrichtungen, was im Übrigen einem gesamteuropäischen Trend entspricht, nach dem katholische Länder traditionell gut mit Vorschuleinrichtungen versorgt sind. Dies gilt auch für Frankreich und Belgien.

Im Bereich der Altenhilfe und -pflege haben alle südeuropäischen Länder gleichermaßen einen deutlichen Nachholbedarf. Im europäischen Vergleich rangieren ihre Versorgungsquoten jeweils am Ende. Bis vor kurzem gab es allenfalls in den Großstädten (allerdings ganz wenige) stationäre Einrichtungen, dasselbe galt für ambulante und teilstationäre Pflegedienste. Entsprechend gibt es in vielen südeuropäischen Großstädten Fälle von Fehlbelegungen von älteren Langzeitpatienten in den Krankenhäusern. In einer wachsenden Zahl von Fällen, die sich allerdings primär auf die wohlhabenden Bevölkerungsgruppen konzentrieren, übernehmen auch privat angestellte, zumeist ausländische (darunter viele asiatische und südamerikanische) Haushalts- und Pflegehilfen die häusliche Versorgung älterer hilfe- und pflegebedürftiger Familienangehöriger. Des Weiteren findet man im katholischen Spanien Modelle der Unterbringung von pflegebedürftigen älteren Menschen in sog. „Gastfamilien“. Allerdings hat inzwischen – vor allem unter dem Einfluss der demografischen Entwicklung – in allen südeuropäischen Ländern eine Debatte darüber begonnen, wie man möglichst schnell eine Altenpflegeinfrastruktur aufbaut.

10 Literaturhinweise

Handbücher, Handwörterbücher

Albrecht, G., Groenemeyer, A., Stallberg, F. (Hrsg.), Handbuch Soziale Probleme, 2. Auflage, Wiesbaden 2007.

Baur, R. (Hrsg.), Lexikon des Sozial- und Gesundheitswesens, 2. Auflage, München 2001.

Deutscher Verein für öffentliche und private Fürsorge (Hrsg.), Fachlexikon der Sozialen Arbeit, 6. Auflage, Frankfurt a.M. 2007.

Dietz, B., Eißel, D., Naumann, D. (Hrsg.), Handbuch der kommunalen Sozialpolitik, Opladen 1999.

Gernert, W. (Hrsg.), Handwörterbuch der Jugendhilfe und Sozialarbeit, Stuttgart 2001.

Kreft, D., Mielenz, I. (Hrsg.), Wörterbuch Soziale Arbeit, 5. Auflage, Weinheim 2005.

Otto, H.-U., Thiersch, H. (Hrsg.), Handbuch Sozialarbeit/Sozialpädagogik, 3. Auflage, München 2005.

Thole, W. (Hrsg.), Grundriss Soziale Arbeit. Ein einführendes Handbuch, Opladen 2002.

Strukturmerkmale, Trends und Bestimmungsgründe für die Entwicklung sozialer Dienste

Bäcker, G., Heinze, R., Naegele, G., Die sozialen Dienste vor neuen Herausforderungen, Dortmunder Beiträge zur Sozial- und Gesellschaftspolitik 1, Münster 1995.

Bauer, R., Personenbezogene soziale Dienstleistungen, Begriff, Qualität und Zukunft, Wiesbaden 2001.

Bosch, G. u.a. (Hrsg.), Die Zukunft von Dienstleistungen, Ihre Auswirkungen auf Arbeit, Umwelt und Lebensqualität, Frankfurt a.M./New York 2003.

Braun, H., Johne, G. (Hrsg.), Die Rolle sozialer Dienste in der Sozialpolitik, Frankfurt a. M./ New York 1993.

Dahme, H.-J., Otto, H.-U., Trube, A., Soziale Arbeit für den aktivierenden Staat, Opladen 2003.

Deutscher Bundestag (Hrsg.), Abschlussbericht der Enquete-Kommission „Demografischer Wandel" – Herausforderungen unserer älter werdenden Gesellschaft an den Einzelnen und die Politik, Zur Sache 3/2001, Bonn.

Finis Siegler, B., Ökonomik sozialer Arbeit, Freiburg i.Br. 1997.

Heinze, R., Die blockierte Gesellschaft, Sozioökonomischer Wandel und die Krise des „Modell Deutschland", Opladen 1998.

Müller, S., Sünker, H., Olk, Th., Böllert, K. (Hrsg.), Soziale Arbeit – Gesellschaftliche Bedingungen und professionelle Perspektiven, Neuwied 2000.

Olk, T., Otto, H.-U. (Hrsg.), Soziale Arbeit als Dienstleistung, Grundlegung, Entwürfe und Modelle. München 2003.

Soziale Dienste und kommunale Sozialpolitik

André, G., Das Sozialamt, Eine historisch-systematische Einführung in seine Entwicklung, Weinheim/Basel 1994.

Backhaus-Maul, H., Kommunale Sozialpolitik, in: Roth, R., Wollmann, H. (Hrsg.), Kommunalpolitik, Politisches Handeln in den Gemeinden, Opladen 1993.

Bieker, R., Kommunale Sozialverwaltung, München/Wien 2006.

Blanke, B. u.a. (Hrsg.), Handbuch zur Verwaltungsreform, 3. Auflage, Wiesbaden 2005.

Bundesarbeitsgemeinschaft der Höheren Kommunalverbände (Hrsg.), Die Höheren Kommunalverbände in der Bundesrepublik Deutschland – Struktur und Aufgaben, Stuttgart 1990.

Deutscher Verein für öffentliche und Private Fürsorge (Hrsg.), Profil für einen kommunalen Sozialdienst, Positionspapier, Stand: Juli 2002, Frankfurt a. M. 2002.

Dietz, B., Eißel, D., Naumann, D. (Hrsg.), Handbuch der kommunalen Sozialpolitik, Opladen 1999.

Gernert, W., Kommunale Sozialverwaltung und Sozialpolitik, Stuttgart 1998.

Kulbach, R., Öffentliche Verwaltung und Soziale Arbeit, Eine Einführung für soziale Berufe, Freiburg i.Br. 1994.

Leisering, L., Die Kreativität des lokalen Sozialstaats. Die Modernisierung der kommunalen Sozialhilfeverwaltungen in Deutschland, Opladen 2003.

Merchel, J., Trägerstrukturen in der Sozialen Arbeit, Eine Einführung, Weinheim/ München 2003.

Nassmacher, H., Nassmacher, K.-H., Kommunalpolitik in Deutschland, Wiesbaden 2007.

Ortmann, F., Öffentliche Verwaltung und Sozialarbeit, Lehrbuch zu Strukturen, bürokratischer Aufgabenbewältigung und sozialpolitischem Handeln der Sozialverwaltung, Weinheim/Basel 1994.

Textor, M.R. (Hrsg.), Allgemeiner Sozialdienst, Weinheim/Basel 1994.

Trube, A., Organisation der örtlichen Sozialverwaltung und Neue Steuerung, Grundlagen und Reformansätze, Deutscher Verein für öffentliche und private Fürsorge, Frankfurt a. M. 2001.

Wohlfahrtsverbände

BAGFW, Bundesarbeitsgemeinschaft der Freien Wohlfahrtspflege (Hrsg.), Die Freie Wohlfahrtspflege, Profil und Leistungen, Freiburg i. Br. 2002.

BAGFW, Bundesarbeitsgemeinschaft der Freien Wohlfahrtspflege, Gesamtstatistik 2004, Berlin 2006.

Beher, K., Liebig, R., Rauschenbach, T., Wohlfahrtsverbände als Arbeitgeber, Weinheim/München 2003.

Boeßenecker, K.H., Spitzenverbände der freien Wohlfahrtspflege: Eine Einführung in Organisationsstrukturen und Handlungsfelder der deutschen Wohlfahrtsverbände, Weinheim/München 2005.

Ettwig, S., Subsidiarität und Demokratisierung der Europäischen Union, Deutscher Verein für öffentliche und private Fürsorge, Reihe Dissertationen, Diplomarbeiten, Dokumentationen Bd. 46, Frankfurt a. M. 2000.

Gabriel, K., Caritas und Sozialstaat unter Veränderungsdruck, Analysen und Perspektiven, Münster 2007.

Klug, W., Wohlfahrtsverbände zwischen Markt, Staat und Selbsthilfe, Freiburg i.Br.1997.

Kulbach, R., Wohlfahrt, N., Schlanke Verwaltung in den Kommunen, Konsequenzen und Herausforderungen für die soziale Arbeit, Freiburg i.Br. 1996.

Loges, F., Entwicklungstendenzen Freier Wohlfahrtspflege im Hinblick auf die Vollendung des Europäischen Binnenmarktes, Freiburg i.Br. 1994.

Merchel, J., Trägerstrukturen in der Sozialen Arbeit, Eine Einführung, Weinheim/München 2003.

Meyer, D., Wettbewerbliche Orientierung in der freien Wohlfahrtspflege, Berlin 1999.

Ottnad, A., Wahl, S., Miegel, M., Zwischen Markt und Mildtätigkeit. Die Bedeutung der freien Wohlfahrtspflege für Gesellschaft, Wirtschaft und Beschäftigung, München 2000.

Pabst, S., Sozialanwälte. Wohlfahrtsverbände zwischen Interessen und Ideen, Augsburg 1996.

Rauschenbach, T., Sachse, C., Olk, T. (Hrsg.), Von der Wertgesellschaft zum Dienstleistungsunternehmen, Jugend- und Wohlfahrtsverbände im Umbruch, Frankfurt a.M. 1995.

Schmid, J., Wohlfahrtsverbände im modernen Wohlfahrtsstaat, Opladen 1995.

Zimmer, A., Priller, E., Gemeinnützige Organisationen im gesellschaftlichen Wandel, Opladen 2003.

Finanzierung, neue Steuerungsmodelle, Vernetzung und Wohlfahrtsmix

Arnold, U., Maelicke, B. (Hrsg.), Lehrbuch der Sozialwirtschaft, 3. Auflage, Baden-Baden 2007.

Bassarak, H. (Hrsg.), Modernisierung kommunaler Sozialverwaltung, Graue Reihe der Hans-Böckler Stiftung 114, Düsseldorf 1997.

Bellermann, M., Soziale Güter und Organisationen zwischen Ökonomie und Politik, Freiburg 2004.

Bieker, R., Neue Kommunalverwaltung, Weinheim/München 2004.

Boeßenecker, K.-H., Trube, A., Wohlfahrt, N. (Hrsg.), Verwaltungsreform von unten? Lokaler Sozialstaat im Umbruch aus verschiedenen Perspektiven, Münster 2001.

Boeßenecker, K.-H., Trube, A., Wohlfahrt, N. (Hrsg.), Privatisierung im Sozialsektor, Rahmenbedingungen, Verlaufsformen und Probleme der Ausgliederung sozialer Dienste, Münster 2000.

Deutscher Caritasverband (Hrsg.), Mehr Markt in der sozialen Arbeit?, Freiburg i.Br.1997.

Evers, A., Olk, T. (Hrsg.), Wohlfahrtspluralismus, Vom Wohlfahrtsstaat zur Wohlfahrtsgesellschaft, Opladen 1996.

Flösser, G., Otto, H.-U. (Hrsg.), Neue Steuerungsmodelle für die Jugendhilfe, Neuwied 1996.

Hinte, W., Sozialräumliche Finanzierungsmodelle – Qualifizierte Jugendhilfe auch in Zeiten knapper Kassen, Berlin 2003.

Ipsen, J. (Hrsg.), Kommunale Aufgabenerfüllung im Zeichen der Finanzkrise, Baden-Baden 1995.

Knorr, F., Scheppach, M., Kontraktmanagement bei kommunalen Sozialverwaltungen und freien Wohlfahrtsverbänden, Regensburg 1999.

Maelicke, B. (Hrsg.), Finanzierung in der Sozialwirtschaft, Baden-Baden 2006.

Merchel, J., Schrapper, C. (Hrsg.), Neue Steuerung – Tendenzen der Organisationsentwicklung in der Kommunalverwaltung, Münster 1996.

Merchel, J., Sozialmanagement, Münster 2001.

Reichard, C., Wollmann, H. (Hrsg.), Kommunalverwaltung im Modernisierungsschub, Basel/Boston/Berlin 1996.

Reis, C., Schulze-Böing, M. (Hrsg.), Planung und Produktion sozialer Dienstleistungen, Die Herausforderung „neuer Steuerungsmodelle", Berlin 1998.

Riege, M., Schubert, H., Sozialraumanalyse, 2. Auflage, Opladen 2005.

Schubert, H. (Hrsg.), Sozialmanagement, Zwischen Wirtschaftlichkeit und fachlichen Zielen, Opladen 2005.

Trube, A., Organisation der örtlichen Sozialverwaltung und Neue Steuerung, Grundlagen und Reformansätze, Deutscher Verein für Öffentliche und Private Fürsorge, Frankfurt a. M. 2001.

Qualititätssicherung

Bauer, R., Qualitätsdiskussion, Observatorium für die Entwicklung der sozialen Dienste in Europa, Arbeitspapier 2, Herausgegeben vom Bundesministerium für Familie, Senioren, Frauen und Jugend, Deutscher Verein für öffentliche und private Fürsorge, Institut für Sozialarbeit und Sozialpädagogik, Frankfurt a. M. 2001.

Boeßenecker, K.-H. u.a. (Hrsg.), Qualitätskonzepte in der sozialen Arbeit: Eine Orientierung für Ausbildung, Studium und Praxis, Weinheim/München 2004.

Igl, G., Kühnert, S., Naegele, G. (Hrsg.), SGB XI als Herausforderung für die Kommunen, Dortmunder Beiträge zur angewandten Gerontologie, Hannover 1996.

Knappe, E., Burger, S. (Hrsg.), Wirtschaftlichkeit und Qualitätskontrolle in sozialen Diensten, Frankfurt a.M./New York 1994.

Maelicke, B. (Hrsg.), Qualitätsmanagement in sozialen Betrieben und Unternehmen, Baden-Baden 1996.

Maelicke, B. (Hrsg.), Veränderungsmanagement in der Sozialwirtschaft, Baden-Baden 2000.

Meinhold, M., Qualitätssicherung und Qualitätsmanagement in der Sozialen Arbeit, Freiburg i.Br. 1997.

Bürgerschaftliches Engagement, Selbsthilfe

Anheier, H., Priller, E., Seibel, W. (Hrsg.), Der Dritte Sektor in Deutschland, Berlin 1998.

Backhaus-Maul, H. u.a. (Hrsg.), Bürgerschaftliches Engagement in Ostdeutschland, Potenziale und Perspektiven, Opladen 2003.

Braun, J., Kettler, U., Becker, I., Selbsthilfe und Selbsthilfeförderung in der Bundesrepublik Deutschland, in: Schriftenreihe des Bundesministeriums für Familie, Senioren, Frauen und Jugend, Band 136, Stuttgart 1997.

Dahme, H.-J., Wohlfahrt, N. (Hrsg.), Netzwerkökonomie im Wohlfahrtsstaat, Berlin 2000.

Deutscher Bundestag (Hrsg.), Abschlussbericht der Enquete-Kommission „Zukunft des Bürgerschaftlichen Engagements", Bürgerschaftliches Engagement: auf dem Weg in eine zukunftsfähige Bürgergesellschaft, Opladen 2002.

Engelhardt, H.D., Was Selbsthilfe leistet, Ökonomische Wirkungen und sozialpolitische Bewertungen, Freiburg i.Br. 1995.

Heinze, R. Olk, T. (Hrsg.), Bürgerengagement in Deutschland, Bestandsaufnahmen und Perspektiven, Opladen 2001.

Hummel, K. (Hrsg.), Bürgerengagement, Seniorengenossenschaften, Bürgerbüros und Gemeinschaftsinitiativen, Freiburg i.Br. 1995.

Kessl, F., Otto, H.-U. (Hrsg.), Soziale Arbeit und Soziales Kapital, Wiesbaden 2004.

Kistler, E., Noll, H.-H. Priller, E. (Hrsg.), Perspektiven gesellschaftlichen Zusammenhalts, Berlin 1999.

Ministerium für Arbeit, Gesundheit und Soziales des Landes NRW (Hrsg.), Zukunft des Sozialstaates. Freiwilliges soziales Engagement und Selbsthilfe, Düsseldorf 1996.

Müller, S., Rauschenbach, T. (Hrsg.), Das soziale Ehrenamt. Nützliche Arbeit zum Nulltarif, Weinheim/München 1988.

Otto, U., Müller, S., Besenfelder, Ch. (Hrsg.), Bürgerschaftliches Engagement, Opladen 2000.

Poldrack, H., Soziales Engagement im Umbruch, Zur Situation in den neuen Bundesländern, Köln/Leipzig 1993.

Rauschenbach, Th., Liebig, R., Beher, K., Strukturwandel des Ehrenamtes. Gemeinwohlorientierung im Modernisierungsprozess, Weinheim/München 2000.

Rohleder, C., Bröscher, P., Freiwilliges Engagement Älterer in Nordrhein-Westfalen, Forschungsbericht, Schriftenreihe des MfFJFG, Düsseldorf 2002.

Sing, D, Kistler, E., Neue Chancen für Frauen? Zwischen Arbeit und Ehrenamt, Düsseldorf 2000.

Stecker, C., Vergütete Solidarität und solidarische Vergütung, Zur Förderung von Ehrenamt und Engagement durch den Sozialstaat, Opladen 2002.

Wendt,. W. R. u.a., Zivilgesellschaft und soziales Handeln. Bürgerschaftliches Engagement in eigenen und gemeinschaftlichen Belangen, Freiburg i.Br. 1996.

Wohlfahrt, N., Breitkopf, H., Selbsthilfegruppen und Soziale Arbeit. Eine Einführung in Soziale Berufe, Freiburg i.Br. 1995.

WSI (Hrsg.), Erwerbsarbeit und Bürgerschaftliches Engagement, Düsseldorf 2001, WSI-Mittelungen, Schwerpunktheft.

Europäischer Vergleich

Bahle, Th., Pfenning, A., Angebotsformen und Trägerstrukturen sozialer Dienste im westeuropäischen Vergleich, Observatorium für die Entwicklung der sozialen Dienste in Europa, Herausgegeben vom Bundesministerium für Familie, Senioren, Frauen und Jugend, Deutscher Verein für öffentliche und private Fürsorge und Institut für Sozialarbeit und Sozialpädagogik (ISS), Frankfurt a. M. 2001.

Bode, I., Disorganisierter Wohlfahrtskapitalismus, Die Reorganisation des Sozialsektors in Deutschland, Frankreich und Großbritannien, Opladen 2004.

Laichsenring, K.,Alaszewski, A. M. (Eds.), Providing Integrated Health and Social Care for Older Persons, A European Overview of Issues at Stake, European Centre Vienna, Ashgate/UK, 2004.

Lange, F., Freie Wohlfahrtspflege und europäische Integration – zwischen Marktangleichung und sozialer Verantwortung, Frankfurt a. M. 2001.

Linzbach, Ch. u.a. (Hrsg.), Die Zukunft der sozialen Dienste vor der Europäischen Herausforderung, Baden-Baden 2005.

Otto, H.-U., Schnurr, St., Privatisierung und Wettbewerb in der Jugendhilfe. Marktorientierte Modernisierungsstrategien in internationaler Perspektive, Neuwied 2000.

Schmid, J., Wohlfahrtsstaaten im Vergleich. Soziale Sicherung in Europa: Organisation, Finanzierung, Leistungen und Probleme, Opladen 2002.

Regelmäßige Veröffentlichungen und Materialquellen

Altenbericht der Bundesregierung, Bundestagsdrucksache (alle vier Jahre, zuletzt 2006).

Familienbericht der Bundesregierung, Bundestagsdrucksache (alle vier Jahre, zuletzt 2006).

Kinder- und Jugendbericht der Bundesregierung, Bundestagsdrucksache (alle vier Jahre, zuletzt 2005).

Zeitschriften und Periodika

Deutsche Zeitschrift für Kommunalwissenschaften

Archiv für Wissenschaft und Praxis der sozialen Arbeit

Blätter der Wohlfahrtspflege

Neue Caritas
Der Landkreis
Der Städtetag
Deutsches Verwaltungsblatt
Diakonie-Report
Nachrichtendienst des deutschen Vereins für Öffentliche und Private Fürsorge
Stadt und Gemeinde
Theorie und Praxis der Sozialen Arbeit
Neuc Praxis
Beiträge zum Recht der sozialen Dienste und Einrichtungen
Widersprüche
Sozialwirtschaft – Zeitschrift für Sozialmanagement
Soziale Arbeit
Sozialer Fortschritt
Sozialmagazin
Widersprüche
Zeitschrift für Sozialreform

Stichwortverzeichnis